学校现代化变革的
本土探索

黄书光 等◎著

华东师范大学出版社
·上海·

图书在版编目(CIP)数据

学校现代化变革的本土探索/黄书光等著.—上海：华东师范大学出版社,2021
 ISBN 978-7-5760-1146-3

Ⅰ.①学… Ⅱ.①黄… Ⅲ.①基础教育-教育史-中国-近代 Ⅳ.①G639.29

中国版本图书馆 CIP 数据核字(2021)第 271561 号

教育部人文社会科学重点研究基地"十三五"规划重大项目
学校现代化变革的本土探索

著　　者　黄书光等
责任编辑　彭呈军
特约审读　单敏月
责任校对　胡　静　时东明
装帧设计　卢晓红

出版发行　华东师范大学出版社
社　　址　上海市中山北路3663号　邮编200062
网　　址　www.ecnupress.com.cn
电　　话　021-60821666　行政传真 021-62572105
客服电话　021-62865537　门市(邮购)电话 021-62869887
地　　址　上海市中山北路3663号华东师范大学校内先锋路口
网　　店　http://hdsdcbs.tmall.com

印 刷 者　上海盛隆印务有限公司
开　　本　787×1092　16开
印　　张　44.25
字　　数　790千字
版　　次　2022年1月第1版
印　　次　2022年1月第1次
书　　号　ISBN 978-7-5760-1146-3
定　　价　178.00元(精装)

出 版 人　王　焰

(如发现本版图书有印订质量问题，请寄回本社客服中心调换或电话 021-62865537 联系)

目　录

导言：学校现代化变革的本土探索与中国经验　　1
 一、中国学校现代化的开启：外力推动与本土创生　　1
 二、学校现代化变革的价值取向与演进轨迹　　3
 三、学校现代化探索的中国经验　　6
 四、本书的研究旨趣、意义及其架构与作者分工　　10

第一章　欧美基础教育学校制度的建构与赫尔巴特理论在中国新式学校的传播　　21
 第一节　欧美基础教育学校制度建构的历史基础　　21
  一、古典文化基础　　21
  二、基督教神学基础　　25
  三、民族主义与国家建构基础　　27
  四、工业革命与经济变革基础　　30
 第二节　欧美基础教育学校制度构建的主要路径与手段　　34
  一、古典学校的继承　　35
  二、教会学校的现代化改造　　38
  三、他国学校制度的借鉴与移植　　40
  四、民族国家教育法规和政策的实施与现代基础教育学校制度的缔造　　42
 第三节　欧美基础教育学校制度的基本结构与学校类型　　45
  一、英国基础教育学校制度的结构与学校类型　　46
  二、法国基础教育学校制度的结构与学校类型　　49

三、德国基础教育学校制度的结构与学校类型　　51
　　　四、美国基础教育学校制度的结构与学校类型　　53
　第四节　赫尔巴特理论在中国新式学校的传播　　56
　　　一、赫尔巴特理论在中国新式学校传播的社会背景与教育基础　　56
　　　二、赫尔巴特理论在中国新式学校传播的路径与方式　　59
　　　三、赫尔巴特理论在中国新式学校的传播与中国新式学校
　　　　　教学实践的发展　　62
　　　四、赫尔巴特理论在中国新式学校传播的历史价值分析　　65

第二章　"和魂洋才"与"中体西用"：近代前期中日基础教育学校变革路径的比较省视　　68
　第一节　中日两种"封建"体制下的学校教育　　69
　　　一、清代前中期的学校　　69
　　　二、德川时期日本的学校　　71
　　　三、系统变革前夕的学校内部变迁　　74
　第二节　"维新"与"固本"：皇帝敕令与教育宗旨的调整　　77
　　　一、日本：从"和魂汉才"到"和魂洋才"　　78
　　　二、中国："中体"与"西用"的分合　　82
　第三节　日本近代学制探索中基础教育学校的发展　　88
　　　一、近代学制的探索与调整　　88
　　　二、小学课程及教材的相应调整　　95
　　　三、师资的训练与检定　　102
　　　四、统计数据所见基础教育学校发展　　104
　第四节　晚清近代学制探索中基础教育学校的发展　　111
　　　一、近代学制的探索　　111
　　　二、课程与教材的调整　　117
　　　三、师资的训练与选任　　122
　　　四、统计所见清末基础教育学校发展概况　　126
　第五节　结语：体用分合与学校变革　　129

第三章　西潮冲击与晚清民初新式学校变革的系统探索　131
第一节　中西文化冲突与新式学堂的创办　132
一、同文馆：新教育的肇端　132
二、传教士与清末地方教育——以李提摩太为例　136
三、清廷的探索：近代学制体系的创建　140
第二节　近代初等师范教育体系的确立与师范学校的实践　143
一、"教育之母"：近代中国师范教育的萌芽　143
二、初等师范教育学校体系的确立及调整　148
三、经亨颐与浙江一师　154
第三节　教会学校的调适与融入中国本土的努力　160
一、宗教精神的传播与教会学校的初建　161
二、收回教育权运动与教会学校的挑战　167
三、管叶羽与贝满女中　173

第四章　杜威实用主义教育理论引入与新教育学校变革范式的本土探索　178
第一节　杜威教育理论及其实验精神的引入与影响　178
一、芝加哥大学实验学校的创立与杜威教育理论的生成　179
二、杜威来华讲学与实用主义教育理论的传播　181
三、杜威教育实验精神的影响与借鉴　184
第二节　陶行知探寻"生活教育"真谛的学校变革之路　187
一、乡村教育困境的破解与"晓庄学校"的创立　187
二、国难中的教育组织创新——"山海工学团"　192
三、抗战建国之才与"育才学校"的理想追求　195
四、学校变革走向与"生活教育"的系统建构　198
第三节　陈鹤琴追求"活教育"旨趣的学校多维探索　200
一、幼稚教育的中国化实验：南京鼓楼幼稚园的兴起　200
二、上海工部局华人子弟学校的建立与推进　202
三、创构与发展：从江西幼稚师范实验学校到上海市立幼稚师范学校　205
四、多维学校变革与"活教育"的孕育及其诞生　209

五、"活教育"精神传播及其对当代学校变革的深层影响　211
第四节　胡适追求自由主义教育理想的学校改革尝试　213
一、追求自由民主办学理念与执掌中国公学的改革举措　213
二、杜威教育理论的中国化求索：学术价值与历史局限　218

第五章　"道尔顿制"与"设计教学法"在中国学校的传播、实验及其意义　221
第一节　"道尔顿制"与"设计教学法"在中小学传播的背景　221
一、反封建、反传统的文化诉求　222
二、从学习日本向学习美国的转变　222
三、对班级授课制弊端的反思　225

第二节　"道尔顿制"与"设计教学法"在中小学传播中的中国化构想与努力　226
一、浸润着忧患意识的"中国化"构想　227
二、走向"中国化"的努力　231

第三节　"道尔顿制"与"设计教学法"在中小学实现中国化遭逢的困境及其成效　244
一、不得不面对的困境　245
二、喜忧参半的成效　249

第四节　"道尔顿制"与"设计教学法"走向中国化中积淀的经验对当代人的启示　252
一、透彻把握外国教育资源的生成原理　253
二、在中国当代教育实践需求中挖掘外国教育资源扎根的基点　254
三、探寻外国教育资源与中国教育传统的楔接点　256

第六章　中西部地区"顶层设计"式与"基础创新"式学校变革取向之比较　258
第一节　雷沛鸿在广西实施"顶层设计"式学校变革　259
一、"顶层设计"式学校变革的背景　259
二、"顶层设计"式学校变革的实施　261
三、"顶层设计"式学校变革的本土化意蕴　265

第二节　李廉方在河南实施"基础创新"式学校变革　　268
　　　　一、"基础创新"式学校变革的背景　　269
　　　　二、"基础创新"式学校变革的理论基础　　271
　　　　三、"基础创新"式学校变革的实验探究　　273
　　　　四、"基础创新"式学校变革的成效　　275
　　第三节　"顶层设计"式与"基础创新"式学校变革的比较　　276
　　　　一、中西部地区各具特色的学校变革　　276
　　　　二、本土化创新是两种学校变革模式的核心追求　　284
　　第四节　中西部地区学校变革探索的理论思考　　288
　　　　一、教育家办学推进学校变革　　289
　　　　二、多样化的基础教育学校变革路径　　292
　　　　三、基础教育变革的文化自觉与社会进步　　295

第七章　基于"新教育中国化"的学校变革理论与实践探索　　298
　　第一节　庄泽宣的"新教育中国化"理论探索与民众学校试验　　298
　　　　一、新式学校教育的"水土不服"与"新教育中国化"理论的肇基　　299
　　　　二、民族性研究与中国基础教育学校变革　　304
　　　　三、新教育的扩充：民众教育试验学校的改良　　309
　　第二节　崔载阳探求民族中心教育旨趣的学校变革　　314
　　　　一、"民族中心教育"学校变革的理论基础　　314
　　　　二、民族中心教育的初步探索：小学实验班的试验　　319
　　　　三、回归乡土：龙眼洞教育实验与乡村学校变革　　324
　　　　四、"烽火中的摇篮"：广东儿童教养院的教育改革　　327
　　第三节　刘百川的教育本土化求索与乡村学校变革　　331
　　　　一、长校东海中学附属实验小学与西方教育理论的省思　　332
　　　　二、大港乡村教育实验区：义务教育与社会教育一体化办学实践　　334
　　　　三、大港联合办学实践及其对当代集团化办学的借鉴价值　　341

第八章 "三民主义"取向下的基础教育学校制度建构 　　347

第一节 "三民主义"教育宗旨与制度建设 　　347
一、从"党化教育"到"三民主义"教育 　　347
二、"新学制"的修订与西方教育制度的本土化探索 　　349
三、中小学教育目标的确立 　　351

第二节 学校理念与组织章程 　　352
一、校训的多元与统一 　　352
二、学校章程及规约 　　355

第三节 课程设置与教学实施 　　357
一、课程设置 　　358
二、教学实施及反馈 　　359

第四节 学生活动 　　364
一、训育的广泛开展 　　364
二、体育运动与体育精神 　　369
三、课外活动 　　371

第五节 学校现代化变革的个案比较:"附中味儿"与"育英精神" 　　373
一、北京师大附中与"附中味儿" 　　373
二、育英学校与"育英精神" 　　377
三、精英学校现代化的共性特征 　　382

第九章 "新民主主义"取向下的基础教育学校制度建构 　　386

第一节 新民主主义教育方针的形成与发展 　　386
一、新民主主义教育方针的萌芽 　　386
二、新民主主义教育方针的形成 　　388
三、新民主主义教育方针的发展 　　392

第二节 逐渐走向正规的根据地基础教育学校建制 　　395
一、苏区基础教育学校制度的初创 　　396
二、抗日民主根据地战时基础教育体制的建立 　　399
三、解放区"新型正规化"教育的推进 　　402

第三节 革命根据地基础教育的课程与教学 　　405

　　　　一、根据地小学的教育目标与课程结构　　　　　　　　405
　　　　二、根据地小学教学组织的本土化探索　　　　　　　　410
　　第四节　革命根据地学校发展的个案考察：杨家湾小学与刘家莲子
　　　　　　坡庄户学　　　　　　　　　　　　　　　　　　　413
　　　　一、陕甘宁边区的办学模范——杨家湾小学　　　　　　414
　　　　二、田野山岭都是课堂——莲子坡的庄户学　　　　　　420

第十章　新中国基础教育学校变革的"苏化"转向与自主探索　　　427
　　第一节　新中国基础教育学校"苏化"的起始、推进与反思　　427
　　　　一、基础教育学校"苏化"的起始　　　　　　　　　　428
　　　　二、基础教育学校"苏化"的推进　　　　　　　　　　432
　　　　三、基础教育学校"苏化"的式微与自主探索意识的觉醒　438
　　第二节　"大跃进"后基础教育学校的变化及其走向　　　　441
　　　　一、"大跃进"后的教育政策导向　　　　　　　　　　441
　　　　二、缩短学制与多种学制改革的实验　　　　　　　　　445
　　　　三、半工半读与半农半读制度的建构　　　　　　　　　447
　　　　四、课程教材中政治性和实践性的凸显　　　　　　　　450
　　第三节　新中国基础教育学校自主探索的个案剖析　　　　　456
　　　　一、北京育才小学等六校开展的小学五年一贯制改革实验　456
　　　　二、江苏省南京师范学院附小开展的"分散识字"实验　461
　　　　三、上海市育才中学的改革实验　　　　　　　　　　　464
　　　　四、三类自主探索个案的整体分析　　　　　　　　　　470
　　　　五、基础教育学校改革探索的经验与教训　　　　　　　473

第十一章　改革开放后基础教育学校变革路径的新探索（上）：国家政策导向　476
　　第一节　改革开放以来基础教育学校变革的内在理路及动因　　476
　　　　一、基础教育学校变革的动因透视　　　　　　　　　　477
　　　　二、改革开放后学校变革的理路探析　　　　　　　　　481
　　第二节　国家政策导向下学校变革的价值重心转移　　　　　486
　　　　一、由效率优先到关注公平　　　　　　　　　　　　　487

二、由机会公平到区域优质均衡　488
　　三、由提高学业质量到关怀学生　491
第三节　"新课改"与学校的"内涵化"变革　493
　　一、"新课改"前学校变革状态概述　493
　　二、"新课改"对学校变革的推动　497
　　三、"新课改"后学校发展方式的转变　503
第四节　国家政策导向下学校变革的个案比较分析　508
　　一、走向"集团化办学"的集体变革——杭州求是小学学校变革实践　508
　　二、中心辐射式的"草根化"变革——太仓实验小学学校变革实践　511
　　三、"新生代"学校的自主变革——深圳市宝安区坪洲小学的变革实践　512
　　四、三种变革类型的比较与分析　514
第五节　内涵发展与多维路向：国家政策导向下学校变革的路径反思　517
　　一、内涵发展：学校自主探索的必然走向　517
　　二、开放协同：学校深度变革的重要保证　519
　　三、学生立场：学校变革的应然追求　521

第十二章　改革开放后基础教育学校变革路径的新探索（下）：民间自主实验　524
第一节　以单科教学改革推动学校整体变革　524
　　一、始于语文教改的南通师范二附小"情境教育"实验　525
　　二、始于数学教改的上海青浦地区学校"青浦实验"　533
　　三、由点到面的学校变革之路　538
第二节　以问题为导向的学校综合变革　539
　　一、致力于提高学生学习信心：上海闸北八中的"成功教育"改革实验　539
　　二、致力于优化教学方法：湖北大学专家主持的"异步教学法"实验　546

　　　　三、不断创新解决问题方式的学校变革之路　　551
　　第三节　专家引领下的学校集团式变革　　552
　　　　一、北京市"小学生全面发展教育实验"　　553
　　　　二、杭州江干区凯旋教育集团改革实践　　558
　　　　三、理念预设与实践生成双向互动的学校集团式变革之路　　562
　　第四节　改革开放后基础教育学校自主实验变革的总体特征　　564
　　　　一、扎根本土的教育思想生成　　564
　　　　二、从实践者的经验出发进行理论建构　　565
　　　　三、行动自觉，持续改进　　565
　　　　四、合作共享，多方共赢　　566

第十三章　新时期学校现代化探索的个案研究：以"新基础教育"的学校系统变革为例　　568
　　第一节　"新基础教育"研究概述　　568
　　　　一、"新基础教育"学校变革研究的目标与性质　　569
　　　　二、"新基础教育"学校变革研究的基本历程　　575
　　　　三、"新基础教育"学校变革研究的主要成效　　582
　　第二节　"新基础教育"研究内容　　591
　　　　一、"新基础教育"学校领导与管理变革　　591
　　　　二、"新基础教育"课堂教学变革　　597
　　　　三、"新基础教育"综合活动改革　　605
　　第三节　"新基础教育"学校变革研究之路的启示　　613
　　　　一、以学校为基本单位，扎根中国本土持续原创　　613
　　　　二、理论适度先行，理论与实践交互生成　　615

第十四章　基础教育学校现代化本土探索的当代成效与发展态势　　621
　　第一节　当前基础教育学校变革的多重坐标　　621
　　　　一、全球化与基础教育学校变革　　621
　　　　二、互联网、人工智能与基础教育学校变革　　630
　　第二节　基础教育学校现代化变革路径的当代探索　　640

一、回应全球化——基础教育学校现代化变革的本土探索　641
　　二、文化自觉——基础教育学校现代化变革的文化本根　645
　　三、关注生命——基础教育现代化变革的生命觉醒　648

第三节　全球化与本土化之张力——基础教育学校现代化变革的
　　　　新抉择（上）　651
　　一、社会主要矛盾变化背景下基础教育学校现代化变革的
　　　　新问题　651
　　二、新高考与基础教育学校现代化变革的阶层之困　656
　　三、当前新高考改革突破阶层困境之路径　664

第四节　理想与现实之悖论——基础教育学校现代化变革的
　　　　新抉择（下）　666
　　一、全球化、本土化与基础教育学校现代化变革　667
　　二、全球化时代基础教育学校变革的理想追求　670

主要参考文献　675
　　一、史籍汇编　675
　　二、著作　679
　　三、报纸期刊文章　687
　　四、学位论文　694
　　五、网络资料　694

导言：学校现代化变革的本土探索与中国经验

基于"全球一体"的国际视野和三千年未遇之近代变局，中国学校现代化，特别是基础教育领域中的学校现代化，是如何开启的？如何在复杂的剧烈社会转型中探究不同历史时期学校变革的价值取向，进而求索其具体演化轨迹及其特点？事实证明，中国学校现代化的开启离不开外在推力与内部动力的相互激荡，是外力推动下的自我觉醒与本土创生。只有结合大时代社会的历史境遇，遵循教育现代化发展的自身逻辑，才能有效地破解难题，力谋学校现代化变革沿着正确的方向不断行进。百余年来的学校现代化本土探索，为面向 2035 年和 2050 年的当代中国教育现代化改革积累了十分宝贵的精神财富，需要我们进行深层次的学理挖掘和文化审察，进而凝练成符合时代学校变革需求、能够融入世界先进教育潮流的鲜活中国经验。

一、中国学校现代化的开启：外力推动与本土创生

1840 年鸦片战争爆发，中国被迫打开国门。借助不平等条约，外国商人、传教士可以在华部分地区经商办学，但此时许多国人尚未跳出传统教育的思维定势，并不认同西方教育的真正价值。直至英法联军攻陷北京，导致在第二次鸦片战争的再度失败，方使统治集团中的一些有识之士猛然间觉醒——要自强救国，必须借鉴西学，吸收西方富强背后的相应教育支撑。

不可否认，中国教育现代化发展背后的"外力推动"具有十分重要的作用。但是，我们也不能过分强调"外来冲击"而忽视对中国内部动力的审察。美国学者柯文在《在中国发现历史——中国中心观在美国的兴起》中就明确指出："早期美国史学家过分地强调了西方冲击对 19 世纪中国的影响，一个特别明显的例子是他们对鸦片战争的解

释。我认为鸦片战争的客观作用并非像我们想象的那样重大。"①最初,我们只是把"外力"等同于洋枪洋炮的军事科技威力,并没有认识到其对中国社会内部的严峻挑战,其"外力冲击"影响也自然受到一定的局限。但随着对"西学"认知的不断深入,对西方真实世界、社会现实的亲历观察,特别是对西方政治、经济和教育制度的深入了解,国人越来越认识到其军事科技威力背后的深厚教育体系,特别是其基础教育学校持续发展之牢固根基。其实,西欧主要发达国家,其基础教育学校渊源久远,至16世纪宗教改革之后,各国基础教育学校发展已渐成体系,进而在德国产生了具有世界性影响的赫尔巴特教育学理论。伴随着"西学东渐"的不断深入,赫尔巴特教育理论也被国人系统引入,并对晚清中国基础教育学校实践领域产生了十分重要的深刻影响。

西方近代教育对中国社会的影响有相当部分是先通过日本,再辐射到我国。日本作为儒教文化圈的一员,其对西方教育文化的态度和方式,对本国教育变革的深层哲思和实践推进,与晚清中国的学校教育变革,都有着千丝万缕的联系。无论是"和魂洋才",还是"中体西用",在不同教育哲学理念引领下,中日学校变革路径必然呈现出一定程度的精微差异;但由于同属儒教文化圈,二者对教育现代化的求索又不可避免地体现出相应的学术共性。诚如学者罗荣渠所言:"儒教文明是一种非宗教的世俗文明,本来就具有理性主义因素。因此,一旦在现代化启动期的障碍被排除之后(主要是结构性变革——原注),在新的内外环境下,传统具有巨大的适应性与应变能力,可能转化为一种推进现代化的动力。"②对标日本近代教育变革的哲学省思,显然有助于我们深入求索中国学校早期现代化探索的理论来源及其复杂构成。

更为重要的是,"事物发展的根本原因,不是在事物的外部而是在事物的内部,在于事物内部的矛盾性。……唯物辩证法认为外因是变化的条件,内因是变化的根据,外因通过内因而起作用"③。中国学校现代化变革的开启与发展固然离不开外力的强烈冲击,但同时更离不开近代先进中国人的独特眼光,离不开对教育现代化本土变革的理性选择和不懈努力。柯文指出:"19世纪最后三十年中国的改革活动和西方冲击有关联。这是毫无问题的。问题在于到底应该把这些活动单纯看成对西方冲击的回应,还是应该也把它们看成在不同程度上针对中国内部挑战而产生的一种受西方影响

---

① [美]柯文.在中国发现历史——中国中心观在美国的兴起[M].林同奇,译.北京:社会科学出版社,2017:81.
② 罗荣渠.现代化新论续编——东亚与中国的现代化进程[M].北京:北京大学出版社,1997:155.
③ 毛泽东.矛盾论[A].毛泽东.毛泽东选集(第一卷)[M].北京:人民出版社,1991:301—302.

的回应。"①洋务派即是高举自强救国的旗帜,将经世派魏源所提出"师夷长技"的口号自觉地落实到实践层面,大力兴办洋务运动和洋务教育,并于1862年首创京师同文馆,从而拉开了中国学校早期现代化探索的历史帷幕。也正是在这个意义上,我们不得不承认:"中国教育现代化的起步不是教育自身自然发展的结果,而是对外部自觉回应的结果。"②

同理,晚清中国的各类新式学校得以逐渐兴起,直至清末近代学制系统的颁布、科举制度的废除,以及学校现代化变革实践得以更大规模的发展,都不能无视特定时期的外力剧烈冲击——从甲午战争的中方惨败到八国联军的野蛮入侵。但是,决定事物发展的性质与方向仍然需要从晚清社会历史的内部矛盾中去寻找其事物发展的根本原因。诚如柯文所言:"晚清中国的改革思想与活动尽管越来越受到西方的影响,但同时也是具有悠久历史的改革传统的一部分。"③事实上,正是晚清统治集团深切感受到自身的统治危机,才迫使其下定决心,力谋"自变革"以挽救危局,从而创生出近代意义上的学制变革,乃至激进的科举革废,这就在客观上推进了中国早期学校现代化的历史进程。

需要说明的是,本书论及的"学校",主要是指近代以来中国基础教育领域的中小学校,但要论述中国"学校现代化"的开启及其演化,则不能不溢出狭义的"学校"论域,而论及其与教会学校、洋务和维新运动中新式学校的内在关联及其发展。同理,基础教育领域的"学校现代化"变革不可能孤立进行,它必然与特定时期的政治、经济和文化变革相互推演激荡,并与其他类型的学校现代化变革相互辩证发展。职是之故,本书所论的基础教育"学校现代化"也必然与整体意义上的"教育现代化"宗旨和特定时空教育变革背景发生关联,并不完全局限于中小学校,而是基于学校现代化变革主题,针对实际办学境况而有所扩充。

二、学校现代化变革的价值取向与演进轨迹

作为外力推动、本土创生的中国学校现代化变革,其与时俱进的价值取向选择无

---

① [美]柯文.在中国发现历史——中国中心观在美国的兴起[M].林同奇,译.北京:社会科学出版社,2017:141.
② 褚洪启.教育现代化的路径——现代教育导论[M].北京:教育科学出版社,2013:124.
③ [美]柯文.在中国发现历史——中国中心观在美国的兴起[M].林同奇,译.北京:社会科学出版社,2017:127.

疑内藏有独特的内在逻辑和演进轨迹。这就要求我们不仅要审视其如何开启,更要紧扣大时代社会发展与教育变迁的历史洪流,去探究和把握学校变革发展的深层动力。

1862年,京师同文馆的创办标志着中国学校早期现代化变革的开启。何以在漫长的洋务教育时期和清末学制变革阶段,其学校变革的总体方针离不开"中体西用"之价值取向?晚清学校特别是基础教育学校在"中体西用"价值取向下又是如何推进的?这不仅要求我们还原当时各类学校变革的整体样貌,思考变革背后的经济基础和政治结构,更要叩问晚清社会的复杂历史境遇及其所能承受的改革诉求。乍看"中体西用",不免嫌其保守;但它确实推动了近代中国社会的变革进化。陈旭麓指出:"'中体'和'西用'不会互不侵犯,'用'在'体'中会发酵,势必不断促进事物的新陈代谢。"①既然西学以"用"的名义进入体制,这就肯定了其在实践层面的合法性,并将随着时间推移而在中国本土逐渐"发酵",推进教育的推陈出新。因为"中体西用","这一口号毕竟把尊圣、崇经、法古的中国文化中心观打开了一个大的缺口,缓解了顽固派对'西学'的全面拒斥,使应变式的改革从被动向主动方面转化。这是最早形成的中国式现代化理论框架。用今天的话说,就是提出了一个改革派和保守派都能大体接受的'说法'"。②

极而言之,当新式学校变革取向未根本撼动晚清统治基础时,其变革举措方能得以一定程度的落实;反之,当其学校变革取向违背晚清统治集团的核心意志时,则必然遭到无情的打压和摧残。洋务运动前期的兴学活动和改革实践之所以进展得相对顺利;戊戌变法期间康有为、梁启超等维新派所倡导的学校教育改革举措之所以被慈禧太后粗暴废除,便是正反两方面实践经验的明证。

不可否认的事实是,随着"西学东渐"的不断扩大与加深,传教士创办的教会学校及其所带来的域外西学知识,在客观上刺激和促进了中国新式学校的实际发展。愈益加剧的内忧外患和亡国畏惧,迫使清廷以更大的步伐迈向现代化变革。可以肯定,假借日本、取法西方的癸卯学制之所以得以颁行,乃至科举制度的废止,都是晚清统治集团逐渐醒悟,特别是该集团中的有识之士力挽危局的自觉变革。也正是在这样的转型性历史变革中,新式学校才得以大规模涌现。

中华民国成立后,特别是"五四"新文化运动之后,传统文化教育愈益受到排斥和批判,自由、平等、科学、民主和个性独立等现代教育观念逐渐深入人心,并直接反映在民初的壬子癸丑学制、特别是1922年的壬戌学制中,从而对当时全国各地学校现代化

---

① 陈旭麓.近代中国社会的新陈代谢[M].上海:上海人民出版社,1992:119.
② 罗荣渠.现代化新论续编——东亚与中国的现代化进程[M].北京:北京大学出版社,1997:144.

变革走向产生了十分重要的深远影响。其后,学制虽有不同程度的重新修订,但更多地是学习借鉴美国的"六三三"制,并注意结合中国国情进行必要的改造和再实验,中国基础教育领域的学校现代化变革进入了一个价值多元共进的历史阶段。概言之,至少有以下三股力量,不同程度地推动了民国时期学校现代化变革的发展走向。

其一,专业教育家与学校现代化变革的多维探索。1919年4月,美国教育家杜威应邀来华及其在中国长达2年多的学术讲演活动,特别是其弟子陶行知、陈鹤琴、胡适等人相继开展的多维学校变革范式,直接推动了杜威生活教育理论及其实验精神在中国的广泛传扬与学术回应。与之相应的实践活动有:道尔顿制、设计教学法等西方最新教学模式被系统引进,舒新城、廖世承等学人所开展的道尔顿制再实验,以及雷沛鸿、李廉方、庄泽宣、崔载阳等教育家所进行的形式多样的本土化学校变革探索。这些专业教育家大多具备求学异域的留学经历,长期关注国际最新教育理论和实践改革动态,但同时他们均善于结合本土国情、文化传统进行创造性、个性化的学校变革探索,积累了许多独特的学校变革经验。

其二,"三民主义"引领与学校现代化的制度建构。与专业教育家所致力的学校现代化变革探索相呼应,南京国民政府并没有完全否定北洋军阀政府所实行的学校教育制度,但强调要在"三民主义"统一思想引领下进行一系列的制度重建,包括新学制修订、学校法规化建设、教材系列化探索等。其基础教育学校制度变革目标十分明确,课程教学日益规范,并呈现出学校办学的精英化取向和理性化建构。

其三,"新民主主义"引领与学校现代化的独特追求。与"三民主义"导向下学校变革路径不同,中国共产党领导下的革命根据地学校,则高举"新民主主义"旗帜,虽然处境极为困难,但以昂扬的革命精神独辟蹊径,致力于特定境遇状态下基础教育学校变革的本土化探索。他们善于因地制宜和灵活办学,注重马克思主义教育思想的中国化实践,创造出特定时空背景下革命根据地学校办学的独特经验。

中华人民共和国的成立,基础教育学校变革开始了"苏化"转向,并逐渐走向了自主探索。新中国成立初期所面临的严峻政治形势——以美国为首的发达资本主义国家的群体封锁,中国人民选择业已成熟的苏联社会主义教育作为"样板",开始了对凯洛夫《教育学》主导下学校教育经验的全盘移植和全面学习,这本是适时应势的历史选择。但过度学习的结果,必然在很大程度上忽视苏联教育经验本身的时代特殊性和局限性,更忽视其与当时中国教育国情的有机结合。20世纪50年代后期,伴随着国际政治形势的微妙变化,教育宏观政策开始进行必要的调整,并明确提出要坚持结合国情的教育中国化改革方向；有识之士更致力于学校内部变革的自主探索，涌现出一些十分难得的探索性本土教育经验。

改革开放后，中国基础教育学校发展进入新的历史时期。在"拨乱反正"中全面清算"文革"对基础教育的灾难性破坏，系统开启以"三个面向"——面向现代化、面向世界、面向未来为办学指针的学校变革历程。与转型期经济现代化改革相呼应，追求效率和注重升学率一度成为基础教育学校发展的基本目标；但随着国家改革的深入和人民智慧的觉醒，越来越多的有识之士开始整体思考和努力探索学校发展的合理价值取向，摒弃过分追求效率和升学率的片面性，更加注重不同人群、不同地区受教育的公平与均衡发展需求，特别是西部贫困地区的乡村社会振兴和学校协调发展。整体而言，当代中国基础教育学校发展越来越呈现出内涵发展的多样化变革态势；一些典型的基础教育学校变革案例，诸如：叶澜主持的"新基础教育改革"、李吉林主持的"情景教育实验"、朱永新主持的"新教育实验"等，已然成为全球化时代中国学校变革经验之样板，正在发挥着越来越广泛、越来越深刻的辐射效应和社会影响。

三、学校现代化探索的中国经验

纵观百余年中国教育现代化，特别是基础教育学校现代化的复杂历史变革，以及几代学人相延接续的不懈努力和艰辛探索，我们逐渐积累和形成既具有鲜明的时代教育特征，又不乏民族本土教育特色的中国经验。扩而言之，我们的基础教育学校现代化变革在长期实践中逐渐凝聚共识，注重在国际视野与本土立场、理论汲取与实验探究、科学精神与人文向度、多元融通与文化自觉、追求效率与促进公平、个体求索与集团推进等方面的有机结合和辩证思考，做出了令世人瞩目的长期改革探索，提出具有浓郁本土学校变革特色的中国教育经验及其智慧。

其一，国际视野与本土立场的结合。秉持开放的国际视野不只是早发型现代化国家的共识，更是后发型现代化国家必须遵守的基本规则。正是得益于"睁眼看世界"的近代先进中国人和具有开新头脑的洋务派教育家，以京师同文馆为代表的一系列洋务学校才得以兴起，从而揭开了中国早期学校现代化的历史序幕。晚清以及民国的诸多教育变革和学校创新，都离不开对世界先进教育经验的学习和借鉴，仅学制变革而言，就历经了师法德国学制、日本学制乃至美国"六三三"学制的变化；就教育理论发展而言，也历经了移植赫尔巴特教育理论到传播杜威教育理论和马克思主义教育理论的嬗变。但不管何种制度、何种理论，它要在中国社会产生重要影响，则必然要服务和服从于中国的本土国情。何以壬寅学制、癸卯学制不能完全照搬德国和日本学制,而突显"中体西用"的指导方针,这是晚清政府"自变革"的国情政治所决定。引进美国学制和杜威教育理论之后,中国教育家一定要站在本土立场上,针对中国教育变革和学校现代化发展的客观情势,进行必要的改造和创新,才能满足特定时期中国社会的发展需要。同理,马克思主义教育思想传入中国后,即很快植入中国革命土壤,与中国革命根据地斗争和全面抗日战争需要相结合,提出符合当时形势需要的"新民主主义"办学方略。毋庸置疑,"本土立场"必然烙上不同办学主体的核心理念、教育理想乃至政治诉求,但都不妨碍他们在原则上秉持国际视野与坚守本土立场的有机结合。

其二,理论汲取与实验探究的结合。近代"西学东渐"以来,德国赫尔巴特教育理论、美国杜威教育理论、苏联凯洛夫《教育学》理论、马克思主义教育理论等各种重要的外来教育理论先后传入中国,教育界有识之士整体上十分注重自觉的新知学习与理论汲取,但同时他们更强调要结合中国学校改革实际,进行实践再探索和理论再创造。以杜威教育理论为例,杜威的中国弟子和追随者陶行知、陈鹤琴等重量级教育家,他们回国之后都自觉地用实用主义教育理论来审视和改造当时中国教育发展问题,但很快他们在实践中都不同程度地发现杜威教育理论本身的局限性,主张结合国情进行大胆的实验再探索。无论是陶行知的晓庄学校实验,还是陈鹤琴的南京鼓楼幼稚园实验以及上海工部局学校实验,他们都通过实实在在的办学理念和课程教学重构等举措,极大地发展和超越杜威"生活教育"理论,从而提出更符合本土国情民性的陶行知"生活教育"理论和陈鹤琴"活教育"理论。同理,中华人民共和国成立之后,我们固然一度"全盘苏化",过分移植凯洛夫《教育学》理论;但到20世纪50年代后期,教育界有识之士开始回归教育学研究的中国化轨道,海派教育家段力佩即是其中的重要代表,他率先否定凯洛夫《教育学》的机械思维及其教法,以校长身份深入教学改革第一线,提出具有本土教育特色的"十六字"经验——"紧扣教材,边讲边练,新旧联系,因材施教",在当时全国基础教育领域产生重要影响。"改革开放"后,他进一步开展实验探索,从学生"学"的角度,提出"有领导的'茶馆式'的教学形式——读读、议议、练练、讲讲",从而跨越苏联理论的局限,实现本土教育理论的跃升。事实上,"改革开放"后的中国基础学校变革,包括饮誉世界的上海两次PISA测试成绩,之所以引起世界教育界的普遍关注,正是我们时刻保持良好的开放包容心态,既理性汲取外国先进教育理论,又结合中国本土实际进行长期的实验探索和智慧创获,使理论与实践得以双向建构,共同成长。

其三，科学精神与人文向度的结合。注重科学精神是西方教育的优良传统，经由工业革命和科学革命的洗礼，"科学"更成为人们顶礼膜拜的对象；离开科学求真，也就无法探知世界何以如此之奥秘。也正是科学如此之重要，"五四"新文化领袖决计不惜一切代价将"科学"精神引入中国，与之相应的科学教育精神、科学实验方法、科学思维方式、科学测验手段也备受推崇，成为新教育运动的题中应有之义。需要追问的是，科学能够解决一切教育问题吗？在玄学家张君劢看来，科学绝非万能，特别是人生观问题，"绝非科学所能为力，惟赖人类之自身而已"。① 而学校作为育人的场所，正是受教育者人生观、价值观和世界观逐渐养成的关键时期，需要我们进行深层次的艺术化精神向导——人文教育引领。诚然，"科学"并非我们固有的教育传统，是"五四"新文化运动特别礼赞的新思想观念，也是中国新教育启蒙的重要元素；倘若矫枉过正，片面提倡"唯科学主义"，则必然受制于物质主义和功利主义的驱使，而泯灭人的自然童心、本体价值和终极关怀。直至今天，我们仍然要努力超越物质主义和功利主义陷阱，重审"人文主义价值观作为教育的基础和宗旨：尊重生命和人格尊严，权利平等和社会正义，文化和社会多样化，以及为建设我们共同的未来而实现团结和共担责任的意识"。② 随着当代科技巨大进步和智能革命的不断升级，我们已经能够用足够精确的量化指标，来全面衡量和分类评估我们学校教育现代化举措的实施效果；但必须指出，"教育现代化推进中的人性关怀和人文向度是难于检测的，而它恰恰是教育现代化变革的本质所在"。③ 有鉴于此，当代中国已有越来越多的校长不仅注重科学精神的培育，更将人文向度贯穿至整个学校的长期发展规划和课程教学设计的整体建构之中，突显二者的相互依存与密切联动。

其四，多元融通与文化自觉的结合。多元文化并存古已有之，早在两汉之际佛教文化即传入我国；发轫于15世纪欧洲的海外殖民扩张而兴起的"全球化"浪潮，和持续影响中国社会变革节律的"西学东渐"，以及新中国成立后的"苏化"和"十年动乱"后的全方位"改革开放"，中国已越来越离不开世界各国先进文化的影响，多元文化并存及其相互融通已成为当代中国社会文化的基本构成。面对多元文化生态，特别是西方殖民主义和霸权主义的文化冲击，我们不能无视其"全球化"背后的西方价值观念渗透及

---

① 张君劢,丁文江,等.科学与人生观[M].济南：山东人民出版社,1997：38.
② 联合国教科文组织,编.反思教育：向"全球共同利益"的理念转变[M].联合国教科文组织总部中文科,译.北京：教育科学出版社,2017：30.
③ 黄书光.中国教育现代化变革的文化透视[J].教育发展研究,2017,(4)：24.

其导向。也正是在这个意义上,我们不能忘记我们自己文化的来龙去脉,要具备理性的"文化自觉"。在费孝通看来,"文化自觉是一个艰巨的过程,首先要认识自己的文化,理解所接触到的多种文化的世界里确定自己的位置,经过自主的适应,和其他文化一起,取长补短,共同建立一个有共同认可的基本秩序和一套各种文化能和平相处,各施所长,联手发展的共处守则"。① 近代以来,我们学校变革的文化导向确实有过认识上的偏差,所谓"全盘西化"、"全盘苏化"即是其中的典型表述;更加极端的做法,还有"破四旧"、"反传统",蔑视和粗暴否定一切传统文化。但今天的中国不仅在经济上取得了令世人瞩目的成就,而且在文化上回归自信。正如英国学者马丁·雅克所言,当代中国"不仅开始勾勒其现代性之外的意义,还将重拾其文化遗产。儒家思想不仅从未消逝,还逐步获得复苏和寻找自己在当今世界的意义,以及提供道德教化的能力"。② 值得欣喜的是,融通中外文化精华,突出民族文化自觉,注重在多元文化融通前提下大力传承和弘扬中华民族优秀文化遗产,彰显学校文化个性和内涵发展,已然成为"改革开放"以来,特别是新时代基础教育学校文化变革的基本走向。

其五,追求效率与促进公平的结合。教育发展离不开经济基础的制约,不平衡的经济基础必然对教育效率与公平的实现产生一定的影响。从孔子开始就提倡"有教无类",力求给人以平等的受教育机会;到20世纪40年代《世界人权宣言》明确规定"一切儿童都有受教育的权利",反映了人类对"教育公平"的不懈追求。但是否一切儿童都能受到公平的基础教育,则要结合特定历史语境进行严密审查。在半殖民地半封建社会的旧中国,有无数难童被迫失学已是不争的事实;但确实也出现像陶行知这样的大教育家,创办了育才学校,开门吸纳许多因战争而无法就学的民族幼苗。新中国成立后,人民子弟受教育的机会和权益得到了制度保障,许多在解放前失学的成年人也都接受基本的扫盲教育。"改革开放"后,由于经济建设的迫切需要和人才诉求,集中资源"办好一批重点中小学"、效率优先一度成为基础教育学校变革的政策选择。这种选择在人才严重断层的"改革开放"初期是有其特殊的时代价值,但过分地集中经费投入、师资配备和基础建设,则必然扩大区域间的优质资源失衡和城乡学校差别,弱化了人民本位初心和百姓所崇尚的教育公平原则。因此,从20世纪90年代开始,特别是新时代城镇化不断推进之后,优质均衡和公平发展已构成当代区域现代化学校变革

---

① 费孝通.跨文化的"席明纳"——人文价值再思考之二[J].读书,1997,(10):4.
② [英]马丁·马克.当中国统治世界:中国的崛起与西方世界的衰弱[M].张莉,刘曲,译.北京:中信出版社,2010:164.

的基本路向,各种形式的集团化办学、学区化改革和乡村学校振兴计划正在全方位有序推进,有望凝练为当代中国基础教育学校现代化发展的最鲜活的基层改革经验。

其六,个体求索与集团推进的结合。不可否认,在百余年基础教育学校现代化的变革洪流中,已经涌现出像陶行知、陈鹤琴、胡适、舒新城、廖世承、雷沛鸿、李廉方、庄泽宣、崔载阳、刘百川、段力佩、顾泠沅、刘京海、李吉林、叶澜等一大批具有自己独特办学理念的教育家型个体探索者,他们的个性化办学案例及其成效无疑极大地推动了中国学校现代化的历史进程。事实上,他们也都不同程度地推动了其所在区域的教育现代化之整体变革。随着时间推移,伴随社会经济和文化发展的全面进步,特别是当代城镇化建设加速推进,人们对优质教育资源的渴望、对公平教育理想的追求无疑愈益强烈。我们不仅要关注个性化办学案例的典型特征和区域辐射,而且对不同类型的集团化办学及其对当代学校现代化的引领作用,进行更加系统的科学规划、积极探索和经验总结。以较早进行集团化办学的杭州市为例,该市业已积累了十分丰富的优质资源有效辐射之办学经验,其属下江干区凯旋教育集团,近年来即通过与特定高校教育专业机构、相关6所中小学校、区域教育行政与街道管理部门的有机联合,依据集团化办学章程,系统开展学校办学理念商讨、特色课程共享与共建、课堂教学诊断与提升,以及各种丰富多彩的专业联席活动,其办学成就已受到同行的广泛赞誉,产生了重要的社会影响。诚然,由于区域社会经济发展的不平衡,学校现代化变革固然离不开专业教育家的个体引领;但个体的力量毕竟是有限的,要整体上使中国教育现代化跃上新台阶,则不能不注重专家个体引领与集团整体推进的有机结合,并注意遵循中国社会经济发展多样化的客观规律,进行合理化的因地制宜和梯度推进。

综上所述,百余年基础教育学校现代化变革的若干中国经验不一定精准,只是研究的一些心得,旨在抛砖引玉。相信"基础教育学校现代化变革"本身的基础性地位,自然会引发感兴趣读者的进一步关注和思考。

四、本书的研究旨趣、意义及其架构与作者分工

本研究以历史唯物主义和辩证唯物主义为指导思想,借鉴历史学、教育学、社会学、文化学等多学科研究成果,注重史论会通与中外互鉴的研究原则,采用历史叙事与逻辑比较、实践探索与理论透视、群体考察与个案剖析相结合的研究方法,力求对近代以来中国基础教育学校现代化变革之路进行深入求索。

中国基础教育学校现代化发展道路的本土探索是教育史研究的重要组成部分,20

多年来已引起国内外专家学者的关注,发表了一些具有一定相关性的研究成果。国外的代表性研究成果有:[加]许美德、[法]巴斯蒂等著的《中外比较教育史》(上海人民出版社 1990 年);[澳]约翰·柯莱威利著的《中国学校教育》(河北教育出版社 1995 年);Hayhoe, Ruth. *China's Universities*, *1895—1995*: *A Century of Cultural Conflict* (New York: Garland Publishing, 1996;中文译名为《中国大学 1895—1995:一个文化冲突的世纪》)。在《中外比较教育史》中,法国巴斯蒂教授对"1840 年以来外国教育实践及制度引入中国的进程"做了全景式的历史考察与分析,加拿大许美德教授则对"中国和工业化世界之间教育关系"展开深入的历史梳理与理论透视,她们都不同程度地分析了西方近代教育传入中国后的适应与受容问题。澳大利亚约翰·柯莱威利教授则从教育学、社会学和史学等多学科视角对中国学校教育的长时段变迁做了宏观的历史考察,并给予较为中肯的评判。许美德教授还在其英文专著《中国大学 1895—1995:一个文化冲突的世纪》中,将中国大学演化置于"全球现代化"视野与"中国本土文化"语境下进行深入细致的历史考辨,反映了其开阔的国际视域和通达的文化情怀。

国内的相关代表性研究成果大致可以分为三类:宏观历史研究、专题历史研究和理论分析研究。

其一,宏观历史研究的主要代表性论著有:周谷平著的《近代西方教育理论在中国的传播》(广东教育出版社 1996 年),杨东平主撰的《艰难的日出:中国现代教育的 20 世纪》(文汇出版社 2003 年),熊明安、周洪宇主编的《中国近现代教育实验史》(山东教育出版社 2000 年),田正平和肖朗主编的《世纪之理想:中国近代义务教育研究》(浙江教育出版社 2000 年)等。周谷平教授对西方主要教育理论在近代中国不同历史阶段的传播与渗透做了系统的历史考察;杨东平教授对 20 世纪中国现代教育发展脉络之内在逻辑做了严密的理论辨析;熊明安和周洪宇教授对近现代著名教育实验发展线索与概貌进行全面的历史梳理;田正平和肖朗则对中国义务教育理论与实践的发展变迁做了较为深入的整体探析。

其二,专题历史研究的主要代表性论著有:吴立保著的《大学校长与中国近代大学本土化研究》(中国社会科学出版社 2010 年)、李海云著的《新教育中国化运动》(华东师范大学 2006 年博士学位论文)、谢文庆著的《本土化视域中的西部地区两种办学取向比较——以雷沛鸿与卢作孚为例》(华东师范大学 2013 年博士学位论文)。他们分别就"大学校长"、"新教育中国化"与"办学取向比较"等三个专题,深入探讨了近代特定时期"教育本土化"的不同表现形式及其本质内涵。

其三,理论分析研究的主要代表性论述有:于伟和李珊珊的《教育理论本土化的三个前提性条件》(载《教育研究》,2010年第4期)、郑金洲的《教育现代化和教育本土化》(载《华东师范大学学报》教育科学版,1997年第3期)、吴冬梅等的《何谓"新教育中国化"》(载《华东师范大学学报》教育科学版,2005年第2期)、戴军和戴淑艳的《试论我国"教育本土化"研究演进的话语谱系》(载《东北师大学报》哲学社会科学版,2011年第4期)。他们主要从教育学原理层面对"教育本土化"与"教育现代化"的辩证关系、"教育理论本土化"的前提性条件、"教育本土化"研究之话语系谱,做了较为深入的概念考索、理论透析和学理思考。

如上所述,中外教育专家各有其不同的关注视点和研究重心,都不同程度地探讨了各类学校的发展变革特点,推动了教育现代化与本土化研究的学术进展,提升了学界对教育本土化问题的认识水平,也为本课题奠定了良好的研究基础。但他们较少以"基础教育学校现代化"变革取向为抓手,去系统探讨基础教育学校现代化变革的本土变迁;或者注意到特定时期的"教育中国化"和"教育本土化"问题,但结合近现代基础教育学校现代化变革而展开系统研究还不够深入和聚焦;或者关注到"教育本土化"的理论分析,但没有站在现代化和全球视野的理论高度,缺乏中外基础教育比较互鉴的学术视角,未能切实结合长时段的历史变迁进行系统的学校变革探索和深层的理论透析。

为了克服以往相关研究的单一化和狭隘化局限,本书拟将"学校现代化变革"研究放在更宽阔的国际视野和近代以来中国社会的剧烈转型变迁中进行相对系统的整体研究。首先深入考察西欧、日本基础教育学校现代化嬗变及其对中国的影响,继而系统探讨中国教育早期学校现代化的启动及其发展路径,理性梳理不同历史阶段学校实践变革的思想资源及其制度设计、本土实验及其理论创新,努力揭示基础教育学校现代化变革的复杂面相与发展道路,凝练和总结百余年基础教育学校现代化变革探索的中国经验,服从和服务于新时代中国教育现代化发展的改革诉求。全书除导言外,共14章。见如下图示。

第一章,欧美基础教育学校制度的建构与赫尔巴特理论在中国新式学校的传播。欧美基础教育学校制度的建构是在承续古希腊理性主义文化、古罗马实用主义文化、中世纪基督教神学文化以及文艺复兴时期人文主义文化的基础上,不断适应民族国家构建实践中对于合格国民培养的需要,不断适应工业革命开展和工厂制度确立对于掌

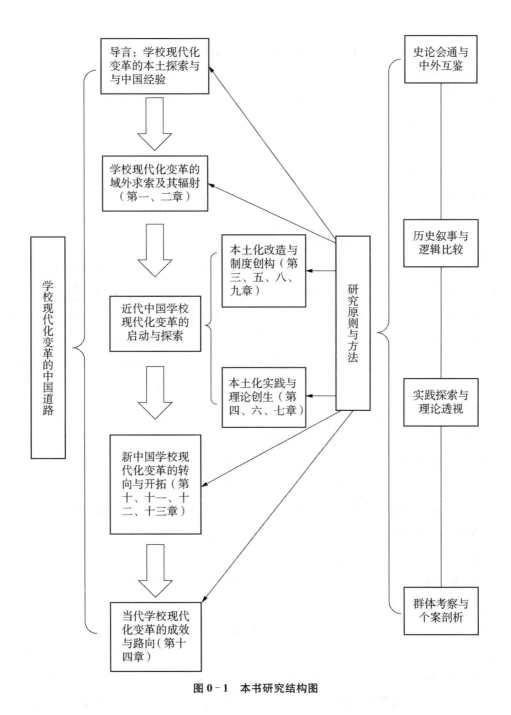

图 0-1 本书研究结构图

握一定知识和技能的劳动者和生产者需要的结果。在继承古典学校和改造教会学校的基础上,英国、法国、德国和美国等民族国家政府通过颁布教育法律法规、设立教育行政管理机构、征收教育税等手段,逐步构建起包括不同形式的初等学校、文科中学、公立中学、实科中学、公学等中等学校在内的欧美基础学校体系。赫尔巴特教育教学理论以其对于现代课程与教学实践的具体引领、提升知识传授效率和扩大教育规模等方面所具有的理论指导优势,在欧美基础教育学校制度的建构历史实践中发挥了意义深远的作用,并对我国新式学校的建立与发展产生了直接的影响。

第二章,"和魂洋才"与"中体西用":近代前期中日基础教育学校变革路径的比较省视。本章以宏观比较视野,集中考察明治日本及晚清中国基础教育学校的变革路径。首先略论清代前中期及德川时代两种"封建"体制下的教育形态,阐释其内部样貌及新兴动态;而后基于两国政体特征,考察其教育宗旨的变化,以见各自"维新"与"固本"的旨趣与挑战;最后以学制变革为主线,从课程与教材调整、师资训练与选任等层面,剖析两国基础教育学校变革的关键要素。整体来看,中日基础教育近代变革既是两国前近代教育内部变化和发展的延续,也是东亚政治与文化秩序面对西洋冲击的回应,此一历程还伴随了两国从传统"帝制国家"向近代"民族国家"的转向。在此过程中,两国均力求处理自身传统与外来资源的平衡。比较而言,在"和魂洋才"与"中体西用"的发轫阶段,中日双方的出发点大体相同:两者均为文化回应策略,均试图调和东西并取长补短,同时强调此种融合中自身的主体性;但随着历史的推移,双方在实践中则渐见差异。因此,两国看似相近的指导思想、教育制度及西学知识引入背后,又因各自不同的教育定位和教育宗旨,加之不同的国内环境和国际契机,遂使两国基础教育学校发展路向渐行渐远,并对此后各自国家的教育走向影响深远。

第三章,西潮冲击与晚清民初新式学校变革的系统探索。本章主要讨论晚清民初在西潮冲击之下各类新式学校发生的剧烈变革。近代中国面对千年未有之大变局,日渐衰弱的国力难以应对重重危机。清廷创办的新式学堂在初期大多仍未脱掉官僚色彩,但随着越来越多的传教士参与及其所带来的西方新知识与新理念,促使这些学堂成为中国早期现代化的重要策源地。新式学堂开始在某些地域较为普遍地设立,与李鸿章、张之洞等人掌握地方实权关系密切,同时这也说明其整体规模和影响仍然很有限。与此同时,在适时调整传教策略之后,传教士主导的教会学校逐渐开始走上正轨,西方科学和语言成为其吸引生源的优势,脱颖而出的登州文会馆、中西书院等校便是其中代表。甲午战败后,国人的探索加快了脚步,新式学堂创办和旧式学堂改造的背后都带有强烈的危机意识,其办学策略颇具创造性。教会学校在20世纪之后陆续遭遇办学危机,亦足以说明国人逐渐觉醒的自我意识以及为自强求变所做的艰辛努力。

西潮冲击是促使包括师范学校在内的各类新式学校创建与发展的重要因素；但不可忽视的是，近代中国社会"中西新旧"的冲突与共存对于中西方有识之士同样都称得上严峻的挑战，其间内容及形式上的复杂多变，体现出的正是这一时代的共同特性。

第四章，杜威实用主义教育理论引入与新教育学校变革范式的本土探索。杜威实用主义教育理论，缘生于19世纪末和20世纪初美国特定的社会历史语境。实用主义思想在杜威来华之前已传入中国，其来华之后的两年多系列演讲和中国信徒的大力宣扬，实用主义教育理论及其实验精神更得到广泛传扬。杜威的三位中国弟子和追随者——陶行知、陈鹤琴、胡适，都注意汲取乃师实用主义教育精髓，注意结合中国国情实际展开不同形式和类型的学校变革探索。其中，陶行知依据当时中国农村乡村教育发展的急切需要和特定时期社会剧烈变革诉求，先后在南京创办晓庄实验学校、在上海首创以"山海工学团"为核心的办学组织机构、在重庆为抗战期间的难童们创建育才学校，逐渐形成并不断完善其立于本土实践的"生活教育"理论。陈鹤琴则从幼儿教育入手，先是创办中国第一所现代幼稚园——南京鼓楼幼稚园，开展幼稚课程的系列实验；继而应邀到上海工部局，创立并推动多所华人子弟学校变革；后赴赣创建江西幼稚师范实验学校，回沪后又兴办上海市立幼稚师范学校，持续不断的多类型学校实验探索，致使陈鹤琴孜孜以求的具有中华民族特色的"活教育"理论得以脱颖而出。同理，胡适对杜威教育理论的"实验"精神倍加赞赏；他有时也论及基础教育，但更关注高等教育，参与蔡元培主持的北大改革，并一度主持上海中国公学的自由办学探索，热衷于杜威教育理论的通俗化阐释与本土化探秘。诚然，他们所崇尚的学校理想蓝图和所尝试的学校变革范式并非完全一致，但均以惊人毅力共同致力于新教育学校发展的中国化探索，作出了自己应有的学术贡献。

第五章，"道尔顿制"与"设计教学法"在中国的传播、实验及其意义。道尔顿制与设计教学法之所以会在中国现代社会迅速传播开来，既与新文化运动期间科学与民主思想的震撼人心、杜威的实用主义教育思想在中国影响的盛极一时密切相关，更与当时中国教育界有识之士对班级授课制难以适应个性差异的弊端进行深切反思密不可分。在道尔顿制与设计教学法的传播中，一直浸润着中国改革者们深层忧患和实践再创新。他们认识到，单靠移植这两种来自西方的教育资源，绝难真正解决中国教育界亟待解决的问题；必须在本土实验的基础上，形成一整套中国化的教育方案。有鉴于此，舒新城、廖世承等仁人志士以极大的毅力投身于道尔顿制和设计教学法的中国化改造。虽然遭遇种种几乎是难以克服的困境，但改革者们还是取得了足以让人称道的成效。这些鲜活的历史经验告诉我们，在引入西方的教育资源时，我们必须将之作为有待检验与重构的质料，探究其产生的社会历史根基、背后蕴含的基本原理。在这一基础之上，深入挖掘中国当代教育变革的内在需要与中国传统教育发展的内生脉络，并与西方教育精华进行有机嫁接。只有这样，西方教育资源的中国化才是真正可能，并焕发生机。

第六章，中西部地区"顶层设计"式与"基础创新"式学校变革取向之比较。针对民国时期中西部地区经济相对落后的实际状况，教育界有识之士着力探索本土化的学校变革路径，雷沛鸿和李廉方即是其中的重要代表。他们早年均受到中国传统文化教育熏陶，后来留学欧美和日本，投身辛亥革命，以救亡图存为己任。其后，雷沛鸿以教育厅长身份依靠现有行政资源，在广西力倡普及国民基础教育，关注社会整体发展，注重教育与社会的互动，开展"顶层设计"式的学校变革；李廉方则侧重个体价值提升，借助理论引领，在河南教育实验区推行"廉方教学法"，注重学校教育的内涵改造，突出"基础创新"式的学校变革。他们同样具有强烈的教育救国情怀和厚实的人文学术精神，以育人为本，立足本土，锐意创新，积极推进区域学校的系统变革。作为基础教育领域的典型代表，他们秉持坚定的信念、独特的思路、广阔的视野和详尽的计划，能够根据实际状况处理好教育与政治、经济、文化诸方面的关系，体现出具有一定创造性的本土化学校变革诉求，推动了中国基础教育学校现代化的历史进程。

第七章，基于"新教育中国化"的学校变革理论与实践探索。庄泽宣、崔载阳与刘百川是"新教育中国化"理念影响下学校变革理论与实践的早期探索者。有鉴于中国经济社会状况与新教育发展之间的内在关联，庄泽宣最早系统地提出"新教育中国化"的理论，他着力探讨民族性研究与现代学校教育制度的相互关系，注重构建民族性、经济力、社会组织与教育等诸要素之间的互渗关系网络，努力探求影响教育的校外力量，主张将民众教育试验学校的改良作为学校教育的有益扩充。崔载阳同样热衷于"新教育中国化"的实践探索，作为中山大学教育研究所的所长，他建立了"民族中心教育"理论，提出了人文基础教育、军事基础教育、政治基础教育与经济基础教育四大课程体系，以求实现自觉、自卫、自治、自养的课程目标；他还先后组织领导了小学教育实验班、广东儿童教养院与龙眼洞乡村教育实验区的学校课程改革实验，通过理论与实践的有效融通，推动小学课堂教学的本土化变革。刘百川则扎根于乡村社会，大力推广乡村教育实验区，试行生活中心教育，普及生计、语文、公民等各种训练。他通过江苏省立大港乡村教育实验区，主张以私塾改良为基础，对实验区内的师资、课程、教材等各项资源进行综合调控、优化组合;并在乡村学校社会化办学实践基础上,提出"四大教育"分步走的独特乡村教育理论,探寻出一条符合中国国情的学校变革之路。三位教育家之所以能够在学校变革理论与实践中取得成功,一是将先进教育理论视作学校变革的"指南针";二是以立足本土实践为实施变革的"钥匙";三是他们都具有投身教育、甘于奉献的情怀与担当。

第八章,"三民主义"取向下的基础教育学校制度建构。以三民主义为价值取向的国统区基础教育是西方学制进一步本土化的探索时期,也是我国现代学校教育制度的初步形成时期。南京国民政府成立后,教育部几次颁布新的学制系统,制订各级各类学校组织法对1922年"新学制"进行修订,但都保持了"六三三学制"的主体部分,并在具体实施方面根据中国时局变化进行了更加具体和深入的本土化探索。国统区部分中小学校以三民主义教育宗旨为指针,以《小学规程》《中学规程》《小学法》《中学法》等教育法令规定的中小学教育目标为指导,以教育部颁布的课程标准为原则,在遵照实施国家课程的基础上,设置学校特色课程,探索现代教育教学方式方法,确立学校文化理念与章程,组织学生广泛参加训育、体育和各种课外活动,初步构建了现代意义上的学校制度,并形成了不同风格的学校文化和精神。从个案比较的角度看,北京师大附中形成的"附中味儿"和北平育英学校形成的"育英精神",其共性大于个性,体现了全人格发展的教育宗旨、蓬勃上进的精神面貌以及中西合璧的文化追求等精英学校现代化的共性特征。

第九章,"新民主主义"取向下的基础教育学校制度建构。中国现代基础教育改革可以借鉴西方,但必须努力完成本土化的使命。与国民党统治区的办学方针及其制度建构不同,中国共产党立足革命根据地,善于将马克思主义理论与中国教育实际相结合,提出民族的、科学的、大众的新民主主义教育方针。围绕这一方针,各根据地制订和颁布一系列基础教育法规,创构了一整套独具战争年代特色的根据地基础教育制度。在推动根据地基础教育发展的过程中,中国共产党遵循从群众实际需求出发的办学原则,因地制宜、因时制宜地进行多种办学形式的尝试,摸索出民办公助的办学经验,找寻到有制度、有计划并以适合当地情况为原则的基础教育学校变革之路。中国共产党在革命根据地开展的独到基础教育变革,不仅为取得战争胜利提供思想文化与人力资源保障,而且为中华人民共和国基础教育发展打下了较为坚实的基础。本章主要探讨新民主主义教育方针的形成与发展历程,追寻根据地基础教育学校制度正规化的变革路径,分析根据地基础教育课程与教学组织的本土化特征,并通过两个典型案例窥探根据地小学创立与发展的生动图景。

　　第十章,新中国基础教育学校变革的"苏化"转向与自主探索。新中国成立初期,教育界掀起了学习苏联经验的热潮,基础教育学校全面"苏化",热衷于全方位地移植苏联教育经验,一度有些急于求成。1956年后,学校自主改革探索的意识逐渐觉醒。1958年"大跃进"开始后,教育界学习苏联经验的热潮有所减弱。1960年中苏关系恶化,学校"苏化"正式停止。"苏化"热潮转向后,基础教育界开展了一系列旨在扫除文盲、普及教育的改革行动,主要包括缩短学制、建立半工半读与半农半读制度、调整课程、重编教材等。在这些宏观政策的引导下,各级各类学校开始运用本土资源和实践经验,展开不同类型的自主改革探索,涌现出许多学校改革探索案例。其中,北京育才小学等六校开展的小学五年一贯制改革实验、江苏省南京师范学院附小开展的"分散识字"实验、上海市育才中学的改革实验最具代表性,展示了当时基础教育学校变革的特点和风貌。这三例个案分别处于新中国教育改革的三个不同时期,且为三种不同类型:一例是建国初期全方位学习苏联时期的"借鉴式"改革探索,一例是"大跃进"后学校自主探索意识觉醒时期的"摸索式"改革探索,还有一例是20世纪60年代初和80年代的注重本土经验时期的"创生式"改革探索。三例个案正好反映了基础学校从最初机械照搬外国教育经验,到批判性学习外国经验并摸索符合本土实际的教育,再到融合中外教育经验开展理论与方法自主创生的改革探索过程。从这个过程中我们可以看到,基础教育学校越来越重视自主改革探索,越来越强调结合本土实际,越来越尊重本土经验。

　　第十一章,改革开放后基础教育学校变革路径的新探索(上):国家政策导向。改革开放以来,中国教育发展所取得的瞩目成就离不开基础教育学校层面持续而深刻的变革。从追求普及九年义务教育提高教育效益开始,学校变革主题不断变化,其背后虽受国际教育变革大潮的引动,但更离不开中国社会经济强劲发展的持续推动,而核心动力则是国家宏观政策导引下,基层教育实践者的智慧迸发。由学校场域萌生的实践智慧不断破解学校变革发展中遇到的难题。学校价值重心从追逐效率转向关注公平,由追求机会公平转向追求教育资源均衡,从强调学生学业质量到关怀学生生活状态,体现出回归人本变革趋势。学校具体的变革实践总是多姿多彩:传统名校利用"集团化办学"的方式拓展新的发展空间;区域内科研实力较强的学校凭借自身科研优势,采用"中心辐射"的方式托管农村薄弱学校,实现共同发展;"新生代"学校则在"名校长"及领导班子带领下追求高位发展。学校变革的个案研究进一步凸显出学校在变革实践中差异化的道路选择与共同的价值追求,实际上也是改革开放四十年来基础教育学校变革的集体缩影。概言之,在国家政策引领下,基础教育学校变革在多维路向探索中呈现出内涵化发展趋势。

第十二章,改革开放后基础教育学校变革路径的新探索(下):民间自主实验。改革开放后,基础教育界产生了大量来自民间的自主改革实验。归纳起来,这些实验主要有三种路径。第一种是由点到面,从单科教学改革发展到学校整体变革的路径。代表案例是南通师范二附小李吉林主导的"情境教育"实验和上海青浦地区顾泠沅主导的"青浦实验",这两项实验均是在改革开放后我国教育大发展时期出现的,都在教育实践领域产生了较大影响。第二种是以问题为导向,不断创新问题解决方式的综合变革路径。代表案例是致力于提高学生学习信心,由上海闸北八中刘京海主导的"成功教育"改革实验;以及致力于优化教学方法,由湖北大学黎世法主导的"异步教学法"实验。这两项改革实验都以30余年的实践证明能够大面积提高教学质量,且实验主导者不断发现新问题,不断创造性地解决问题,始终走在教育改革的前列。第三种是多维共谋,专家引领下的学校团队式变革路径。代表案例北京市"小学生全面发展教育实验"和杭州江干区凯旋教育集团改革实践,这种学校变革方式有较好的理论基础,有学校之间的资源共享,有来自高校专家和教育行政部门等的多方面支持,实现了理论与实践之间的双向共建,是一条行之有效的学校变革之路。这三种具有代表性的学校自主改革探索实践具有四个共同特征:都是有意识的中国化教育思想自主创生;都由实践者自己进行理论建构;变革行动都是自发自觉且持续改进;都注重合作共享和多方共赢。三种变革路径各有所长,形成了若干具有中国本土特色的学校变革样式,相信未来学校的自主改革探索将越走越宽广。

第十三章,新时期学校现代化探索的个案研究:以"新基础教育"的学校系统变革为例。作为新时期学校现代化探索的典型个案,首当推重华东师范大学叶澜教授于1994年创办并持续发展的"新基础教育"研究。它是一项中国社会转型时期的学校转型性变革综合研究,以"培育生命自觉"、"成事成人"为核心价值理念,选择义务教育阶段的部分中小学为实验对象,其基本目标旨在实现当代中国学校的整体转型性变革。进而通过学校整体转型变革、校际生态区建设等推进方略,实现区域教育内涵优质均衡发展和学校现代化整体推进。"新基础教育"研究先后经历探索性(1994—1999年)、发展性(1999—2004年)、成型性(2004—2009年)、扎根性(2009—2012年)、生态式(2012—2015年)研究阶段,目前处于生态区、共生体建设的第二阶段。迄今为止,上海市、江苏省常州市、江苏省淮安市、山东省青岛市、山东省淄博市、广东省深圳市、广东省佛山市、浙江省宁波市、河南省巩义市、北京市、天津市、云南省昆明市、广西省桂林市等全国多个省市100余所学校,正在深度开展"新基础教育"理念引领下的学校系统变革,越来越引起教育界同仁的普遍关注,产生了广泛而深远的社会影响。

第十四章,基础教育学校现代化本土探索的当代成效与发展态势。当前中国基础教育学校变革处于多重坐标的复杂时空背景下,全球化浪潮激荡着基础教育学校深度转型,以互联网和人工智能为基础的信息技术促进了基础教育学校的个性化发展,基础教育学校变革的公平诉求逐渐彰显。回应全球化冲击,基础教育学校现代化变革的当代探索正在持续开展,并已取得一系列成功案例。诸如:叶澜的新基础教育改革、李吉林的情景教育实验、朱永新的新教育实验等,都极大地丰富全球化时代基础教育学校变革的中国经验。21世纪基础教育学校现代化的变革始终被理想与现实之悖论所围困,全球化是基础教育学校变革的重要维度,而本土化乃是基础教育学校变革必须彰显的本质品性,基础教育学校现代化变革必须在鲜活的本土实践中破除悖论、克服矛盾,在全球教育的融会贯通中创生具有中华民族特色的本土教育理论及其独特经验。需要警惕的是,基础教育学校变革的价值取向往往徘徊于价值理性与工具理性之间,极易导致全球化进程中人文精神的失落、科学教育的误读,乃至对生命本体价值的疏忽,全球化时代基础教育学校变革的理想追求理应是科学教育和人文教育的完美融合。

本书是华东师大基础教育改革与发展研究所常务副所长黄书光教授主持的教育部人文社科重点研究基地"十三五"规划重大项目"中国基础教育学校现代化发展道路的本土探索"(16JJD880019)的最终成果。

全书由黄书光等人共同完成。黄书光先提出研究旨趣、基本构想和写作框架,经与课题组成员共同商议修订,分工完稿。导言,由黄书光教授执笔。第一章,由朱治军博士、王保星教授执笔。第二章,由李林副教授执笔。第三章,由娄岙菲副教授执笔。第四章,由黄书光教授执笔。第五章,由王喜旺教授执笔。第六章,由谢文庆副教授执笔。第七章,由杨来恩讲师执笔。第八章,由崔玉婷副教授执笔。第九章,由许庆如副教授执笔。第十章,由陈玉芳副教授执笔。第十一章,由张猛猛博士后执笔。第十二章,由陈玉芳副教授执笔。第十三章,由庞庆举副教授执笔。第十四章,由张济洲教授执笔。最后,由黄书光负责统稿。

华东师范大学基础教育改革与发展研究所　黄书光

2021年8月8日

第一章　欧美基础教育学校制度的建构与赫尔巴特理论在中国新式学校的传播

文艺复兴与宗教改革之后,教育民族主义成为欧洲教育发展的基本取向之一,民族国家与政府的相继建立客观上提出了构建欧美基础教育学校制度的政治要求,进一步强化了教育民族主义与地方主义的发展趋势。18世纪工业革命的发展及其所引发的欧美国家经济生产方式和产业结构的变化,则为欧美基础教育学校制度的建构提供了经济基础,并提出了发展要求,欧美基础教育学校制度构建即是继承欧美传统文化、适应欧美国家政治与经济发展需要而做出的教育努力的结果。其间,还得到以赫尔巴特教育教学理论为代表的西方传统教育教学思想的理论引导,并对我国新式教育与新式学校制度建设产生了有益影响。

第一节　欧美基础教育学校制度建构的历史基础

作为一种重要的社会文化传承机构,学校既以一定的文化作为课程与教学的基本内容,以文化所体现的知识内容和价值观念培养新的一代具备适应社会文化生活的素质与技能,同时又以特定时期的文化作为学校发展的宏观历史基础。欧美基础教育学校制度的建构即是在继承古典文化和基督教神学的基础上完成的。欧美基础教育学校制度的建构还是教育适应民族国家政治制度建设需要的结果。国家与政府取代此前的教会组织或其他社会团体而成为发展教育的主体力量。

一、古典文化基础

在西方,"文化"一词产生于拉丁语 cultura,原义是指对土地的耕作及动植物的培育,后逐渐转化引申为培养、教育、发展、信仰、尊重等含义。[1] 文化一词的内涵,涉及人类活动中的宗教、政治、经济、艺术、科学、技术、教育、语言、习俗等多个重要组成部分,因而构成学校教育发展与变革的重要历史文化基础。西方古典文化起源于古希腊罗马时期,现代西方社会中的自由平等观念、民主制度、科学精神等都可以在古希腊罗马文化中找到源头。黑格尔曾说:"一提到希腊这个名字,在有教养的欧洲人心中,尤其在我们德国人心中,自然会引起一种家园之感。"[2]社会学家阿尔弗雷德·韦伯指出:"西方思想后来所创造和发展起来的物质财富,也被塑注在从希腊人那里学到的形式里。"[3]古希腊人注重对自然本源、宇宙运行规律及对人类社会的政治、道德、人性的探究,其文化表现出明显的理性主义色彩。古罗马的农业文明则孕育出罗马民族注重实用和行动的现实主义文化气质。经历了中世纪基督教神学的统治,西方古典文化在文艺复兴的洗礼中又呈现出明显的人文主义色彩。这些在不同历史时期呈现出的不同文化特质共同构成了西方古典文化的核心要义,成为了欧美基础教育学校制度建构的重要的历史文化基础。

(一) 古希腊的理性主义

理性主义是古希腊文明的重要特征,它主要表现为三个方面:1.客观世界是有秩序、有规律地运动着的,人类有能力和智慧认识这些规律;2.人类的社会生活也是合乎规律的,人类为了更好地生活必须用伦理规范来约束自己;3.执政者应该运用正义来管理国家和维护城邦的共同价值。[4]

古希腊人对理性的追求首先表现在对自然本源及其运行规律的探究上。希腊人创立了一种新的思维方式,他们以自然为对象,对其进行了一系列非功利性的、系统的考察和描述,从而对世界的起源、构造、组织做出了新的解释。比如泰勒斯认为世界的本原为"水";阿那克西曼德提出世界的本原是某种"不生不灭"的、称之为"无限"的东西;阿那克西美尼认为宇宙的原始物质是"埃尔"(气)……尽管他们的探究结果在今天看来并不确切,但他们提出的一系列命题的实质在于确认了世界万物的同一性,即无论世界万物形态如何各异,但其本原是统一的,并最终都复归本原。从认识论上看,古希腊人有意识地寻求世界万物统一性的努力标志着人类认识的一大飞跃,它表明古希腊人在

---

[1] 王小侠.西方文化史论[M].沈阳:辽宁大学出版社,2005:1.
[2] [德]黑格尔.哲学史讲演录[M].贺麟,王太庆,译.北京:商务印书馆,1959:157.
[3] [德]阿尔弗雷德·韦伯.文化社会学视域中的文化史[M].姚燕,译.上海:上海人民出版社,2006:109.
[4] 张明,于井尧.西方文化与教育史[M].长春:吉林文史出版社,2006:18.

解释世界起源时已开始有意识地摆脱希腊神话的束缚，取而代之的是纯粹的理性思维。

古希腊人对理性的追求还表现在对社会和人的研究中。公元前5世纪，当雅典社会发展步入"黄金时期"时，古希腊的哲学研究从关注自然领域转向关注社会和人。政治、道德、人性成为哲学家关注的重点，伦理哲学逐渐取代自然哲学成为新的研究领域。苏格拉底、柏拉图、亚里士多德等对人及人类社会的思考，标志着希腊理性时代的真正到来。苏格拉底认为，人类的美德是建立在科学知识的基础之上的，人们只有掌握了科学知识，才能具有才识，深谋远虑，才能在实践中选择最佳的实践方案，理智地节制自己的感情和做最良善的事。因此，他视科学知识为人类美德的基础，视教育为传授知识和育人的最主要手段。柏拉图从伦理的理性主义导出了政治的理性主义。在《理想国》中，他证明人类有三种灵魂：存在于智慧中的理性灵魂、存在于意志活力中的精神灵魂和存在于自我控制中的欲望灵魂，三者分别对应城邦中的学者阶层、军人阶层和劳动者阶层，在城邦社会中担任统治者、护卫者和物质资料提供者的角色。只有当每个阶层的人都恪尽自己的职责，具有自己应有的美德时，国家的性质才符合正义的理想。古希腊的理性主义文化，在希腊人中培育了一种将思想作为一种见之于世的理性认识成果的"自由思想"风气。[①] 在这种思想风气的影响下，人可以对任何问题进行自由思考并把自己的思考表达出来。这种自由思想无疑是对人性的最大尊重，同时也对西方教育形成尊重学生个性、以学生为本的取向产生了重要影响。

（二）古罗马的现实主义

罗马文化是西方古典文化的重要组成部分，它与希腊文化有着千丝万缕的联系，既承接、保存、传播了希腊文化，同时又具有自身的民族特色。在公元前2世纪以前，古罗马一直实行以小农经济为主体的自给自足的自然经济，农业文明决定了罗马人不像希腊人那样讲究理论性的思维、富有想象力和创造力，而是更为注重知识性、模仿性和实践性。这使得罗马文化表现出一种宝贵的现实主义和求实致用的精神。"古代文明更多地归功于希腊和罗马文化遗产。……如果说，希腊的贡献主要集中于艺术和哲学领域的话，那么，罗马的贡献则主要集中于日常生活的实践运用：行政管理、组织体系和工程技术。"[②]罗马文化中的现实主义特点在其建筑、法律等方面有明显的表现。在建筑方面，古罗马盛行"实用、坚固、美观"的建筑理念，罗马人修造了宏伟的万神殿、

---

① 徐新，主编. 西方文化通览[M]. 北京：北京大学出版社，2015：39.
② 引自张斌贤，主编. 外国教育史[M]. 北京：教育科学出版社，2008：93.

弗莱文圆型剧场、凯旋门、水道建筑、庆功柱等大型工程，这些宏伟建筑凝结了罗马人民智慧的结晶，体现了古罗马求实创造的民族精神。在法律方面，古罗马制定了健全完整的法律体系，形成了较为系统的法学理论。古罗马早在王政时期就有了习惯法。到了共和时期，由于掌握司法权的贵族任意解释习惯法，结果迫使元老院成立了十人立法委员会，于公元前449年起草颁布了《十二表法》（又称《十二铜表法》）。该法分十二表，共计105条，内容涵盖传唤、审理、索债、家长权、继承和监护、所有权和不动产、私法、公法、宗教法等方面，成为古罗马第一部成文法，为之后罗马法的发展奠定了基础。法律体系的形成和发展造就了一批专门从事法律知识讲解和传授的人，罗马法学由此产生。到了共和后期，著名的法学家西塞罗在发展斯多噶学派自然法理论的基础上，将哲学的自然法发展成为法学的自然法。他认为，自然法是"最高的理性，从自然生出来的，指导应做的事，禁止不应做的事"，具有高于一切人类社会立法的权威，并且具有普遍和永恒的性质，只有和自然法相符合的法律才是"真正的法律"。西塞罗的自然法理论为罗马法学及整个法律科学奠定了思想基础。

（三）文艺复兴时期的人文主义

文艺复兴是欧洲新兴资产阶级在思想意识领域发动的一场反封建、反神学的人文主义新文化运动。这一新文化运动的核心是追求个性解放，重视现世生活，崇尚理性和知识的资产阶级"人性论"。推动新文化运动形成和发展的核心思想是人文主义思想，它也是影响西方现代教育变革和学校制度建构的重要文化因素。

人文主义思想的目标是通过宣扬人的卓越，肯定人性的价值，宣扬人生而平等，肯定人的现世生活，重视个人追求财富和个人幸福的权利，要求多方面地发展个人的才智，提倡个人的冒险精神，最终把人从宗教的束缚中解放出来。人文主义思想是在反对中世纪神的权威和对人及人性重新定义的过程中发展起来的。在中世纪基督教的神学统治体系中，上帝被视为一切思想的核心，被赋予了至高无上的权威。上帝的权威，加上基督教的原罪思想、禁欲主义、对来世的强调等观念使得人以及人性受到极大的压抑，人的价值和创造作用受到严重蔑视。在这种思想支配下，个人一出生就被视为罪人，肉体被视为罪恶的王国，人的一生与赎罪联系在一起，只能被动消极地生活而不能追求任何现世生活的幸福。人文主义针对基督教对人及人性的蔑视，极力宣扬人的尊贵和卓越之处，并在此基础上主张人的个性解放，突出个人性格，挖掘个人潜能，倡导个人依靠个人奋斗实现个人理想和价值。比如意大利的人文主义者彼特拉克在其作品中对人作出了高度的赞扬，他认为，人是世界上最宝贵的生命体，应该受到头等重视,他笔下的人被描写成有血有肉充满激情的个体;莎士比亚这样颂扬人的崇高:"人是一件多么了不起的作品!理性是多么地高贵!论行动,多么像天使!宇宙的精华!万物的灵长!"① 皮科也对人的地位和价值予以了高度肯定。他认为,人最宝贵的特征源于上帝在创造人的时候就赋予了个人以自由的意志,人是自由的,人既有可能堕落到较低级的形式,也可以依靠自己的努力上升到最高级的形式。

在强调人和人性的基础上,人文主义者提出了有关人的美德和知识的培养问题,直接影响了西方学校教育的内容和目标设定。时至今日,人文学科依旧是西方教育体系中最主要的内容之一,人文主义观念一直是影响西方教育发展最重要的文化因素。

二、基督教神学基础

一般来说,公元1世纪基督教兴起于罗马帝国统治之下的巴勒斯坦或散居在小亚细亚及埃及等地的犹太人中间,是当时出现的众多犹太教的革新派别之一,之后在整个罗马世界传播开来。早期基督教是作为群众运动产生的。随着基督教的传播,社会各阶层越来越多的人开始加入教会。西方社会和文化的发展演进与基督教有着千丝万缕的联系,可以说,基督教构成了西方社会和文化的重要精神根基。从历史的角度来看,基督教与希伯来文化有着深刻的渊源关系,并且与罗马文化和日耳曼蛮族文化有着极其复杂的互动交融关系。在中世纪一千多年的时间里,基督教作为西欧唯一的宗教信仰和绝对的意识形态,深深地渗透于社会生活的各个方面,塑造了西方文化的基本精神,培养了西方人的心理习惯。后来的宗教改革,从根本上改变了西欧社会的政治、经济、文化格局,促进了自由精神的产生、民族国家的崛起和资本主义经济的发展,成为西方文化实现现代化转型的起点。时至今日,基督教仍然是具有良好科学素养的现代西方人所共同拥有的主流信仰。基督教在西方社会中已经积淀为一种根深蒂固的文化习惯,深深地渗透于西方人的精神生活和心理意识之中。以下从基督教神学所主张的人性论、儿童观、教育目的论等方面来阐述影响西方教育发展和学校制度变革的基督教神学基础。

(一)基督教神学的人性论

基督教认为,人的本性是善恶二重的:一方面,人的现实本性是恶的;另一方面,

---

① [英]莎士比亚全集(第七卷)[M].北京:人民文学出版社,1978:66.

人的先天本性又是善的。原罪说是基督教人性论的思想来源。根据《圣经》的说法,亚当和夏娃在魔鬼的引诱下,违背上帝的诫命偷食禁果,最终被上帝逐出伊甸园,来到人间繁衍子孙。亚当和夏娃的堕落使人类背离了上帝之道,破坏了人类与上帝之间的和谐关系,导致了人类与上帝的疏远与分离,因而构成了人性的"原罪"。后世的基督教思想家在原罪说的基础上做了进一步的发挥,强调人性之恶。比如奥古斯丁认为,人性是恶的,没有人不是在罪恶之中的,即使是刚出生的婴孩亦如此。在基督教神学家看来,人性是恶的,恶的本性深深根植于每个人的生命之中,并伴随着人生的始终。然而,人性恶并不是基督教人性论的全部,在认定现实人性为恶的同时,基督教也认为人性中包含着善的因素,人性的先天本质是善的。《圣经》认为,人是上帝的创造物,上帝不仅按照自己的形象创造了人,还赋予人以善良、公正、智慧、仁爱等灵性。也就是说,至善的上帝在创造人类的同时,也把善的本性赋予了人类,从这个意义上讲,神性即人的本性,人性的本质就此而言是善的。后世神学家也对人性善的本质予以了确认。比如奥古斯丁在认为人性恶的同时也说:"上帝造人原是良善的。"阿奎那认为,人性分为两个层次,基本层次是人的一般自然能力,此为上帝的形象;更高的层次是神给人的"外加的恩赐",亚当和夏娃的堕落使人失掉了神对人"外加的恩赐",但人依然保持着上帝的形象和自然能力。概括而言,在基督教神学看来,善良、公义、仁爱等上帝的属性也表现在人性之中,构成了人的先天本质。

(二) 基督教神学的儿童观

基督教神学关于儿童的观点主要有"性恶论"和"预成说"。"性恶论"主要从基督教神学"原罪说"衍生而来。"性恶论"认为,儿童是带着"原罪"来到人世的,故儿童生来性恶。按照神学家奥古斯丁的"原罪"理论,儿童与其父兄一样为"原罪"所败坏,为严格控制儿童邪恶的欲望,教会要为刚出生的儿童实施洗礼。在儿童成长的过程中,为控制儿童邪恶本性的发展,家长和教师必须惩罚他们的肉体以拯救其灵魂。

关于儿童认识的"预成说"主张,降生到世界上的儿童已经是上帝预制好的小型成年人。儿童与成人之间不存在根本区别,仅仅是身体大小而已,儿童即是"小大人"。既然如此,就应该按照对成人的要求来要求儿童,要求儿童与成人有同样的行为举止。在"原罪说"和"预成说"的双重作用下,对儿童的约束和惩罚成为中世纪教育的重要特征,戒尺、棍棒也成为中世纪学校必备的工具。而儿童身心发展的特殊性,儿童的兴趣和爱好则受到严重的忽视和压制。奥古斯丁曾在《忏悔录》中这样记述自己的童年生活:"我童年不欢喜读书,并且恨别人强迫我读书;但我仍受到强迫,这为我是好的,而我并不好好地做:不受强迫,我便不读书。"①他认为,自己之所以最终能够皈依上帝,能为上帝和教会服务,是与童年时在责打下所学到的知识分不开的。由此,他得出结论,没有任何学习是没有惩罚的,戒尺、皮鞭和棍棒确实是制服儿童、涤除其罪恶所必须的工具。奥古斯丁的记述可谓基督教神学主宰下的儿童观及儿童教育的真实写照。

(三) 基督教神学的教育目的论

基督教神学认为,上帝是至真、至善、至美的,而作为上帝造物的人类,起初是善的,但人类的始祖滥用自由意志,丧失了向善的能力,犯下了原罪,并传递给了后代,导致人生下来就是带有原罪的。基于这一观点,基督教认为,人生在世的最高目的只有不断地赎罪修行,克制欲望,心向上帝,才能得到上帝的宽恕和恩赐,灵魂才能得到拯救,进入"上帝之城",人才能得以永生。基督教的神学世界观决定了基督教神学影响下的教育目的既不是发展人的智力和理性,也不是培育国家的国民,而是主张个人通过一种精神生活和修道行为培养自己对上帝的信仰和虔敬。也就是说,通过基督教的神学教育,使人聆听、懂得上帝的教诲,领悟上帝的至真、至善、至美,并意识到自身的罪恶和如"粪土"般的渺小,从而进行祈祷、忏悔,克服对各种欲望和享受的追求,最后皈依上帝,进而成为能忠心耿耿地为教会服务的教士。神学家奥古斯丁坚守基督教抑制人性、高扬神性的基本宗旨和教育为一切内心修炼的教育本质观,并在此基础上提出了教育为教会和神学服务的目的观。此外,基督教还强调道德教育在教会教育中的首要地位,认为道德教育的目标在于使学生养成虚心、哀恸、温柔、饥渴慕义、怜恤、清心、和睦、为义等"真福八端",培育学生具备宽容、谦虚、热爱真理、正义、爱人、严谨、服从等基督教徒的优良品质。奥古斯丁认为,道德教育并非其目的本身,他希望通过道德教育,一方面使人摆脱现实世界的欲望和享受,用理性克制欲望,使情感服从理性,致力于内心的操持、心灵的修炼,做到清心寡欲;另一方面使人们能够认识到自身的原罪,进而认识到上帝的至善,最终使人养成一种为善的倾向,避恶趋善。只有这样,才能培育对上帝的信仰,并得到上帝所赋予的神性,个人才能得到救赎,进入"上帝之城"。

三、民族主义与国家建构基础

历史学家波拉德认为,"古代历史基本上是城邦(city-state)的历史,中世纪是普世世界国家(universal world-state)的历史,近代历史是民族国家(nation-state)的历

---

① [古罗马]奥古斯丁.忏悔录[M].周士良,译.北京:商务印书馆,1963:15.

史"。① 可以说,西方世界从中世纪迈向近代的历史,也就是近代西方民族主义的兴起和民族国家建构的历史。

(一) 西方民族主义的兴起

"民族主义"在目前的学术界并没有确切的定义。美国学者科恩认为:"民族主义首先而且最重要的应被认为是一种思想状态,(它)体现了个人对民族国家的高度忠诚。"②英国学者安东尼·史密斯提出:"民族主义是一种意识形态运动,目的在于为一个社会群体谋取和维护自治及个性,他们中的某些成员期望民族主义能够形成一个事实上的或潜在的民族。"③埃勒·凯杜里则主张:"民族主义是19世纪初在欧洲被发明的一种学说……(它)坚持认为人类被自然地划分为民族,而这些民族又通过特定的可确认的特征为人们所熟知,而政府唯一的合法形态为民族自我统治的政府。"④以上学者分别从意识形态、社会运动、政治诉求等旧民族主义所作出的界定,反映出民族主义含义的不同侧重点。一般认为,民族主义是建立在民族情感基础上的一种思想观念,是民族共同体成员对本民族的一种热爱和忠诚,是一种对民族统一、独立和强大即生存和发展的追求和理想。⑤

西方民族主义的意识和观念萌芽于中世纪后期。中世纪的西欧社会在基督教的维系下联合形成了一个统一的基督教世界,各地区在政治、思想、文化等方面趋同发展,共同遵循基督教的普世主义价值观。然而普世主义并非中世纪西欧社会的唯一主导观念,广大民众在对基督教顶礼膜拜的同时,还将民族情感投射于封建领主或生长于斯的地方集团,形成了与普世主义相对的地方主义观念。中世纪后期,在经历文艺复兴和宗教改革的洗礼后,西欧社会的统治结构和社会文化发生了剧烈变革。前者将斗争的矛头直指以罗马教会为代表的封建制度,主张以人性代替神性,以人权代替神权;后者则对罗马天主教进行了更为猛烈的攻击,摧毁了其作为普世一统的最高权威。文艺复兴和宗教改革之后,西欧社会教皇权威逐渐衰落,西方的基督教世界逐渐解体,基督教一元的普世主义价值观逐渐被个人主义、世俗主义等多元价值观所取代,各地

---

① 转自李宏图. 论近代西欧民族主义和民族国家[J]. 世界历史,1994(6):8—17.
② Hans Khon. The Idea of Nationalism: A Study of Its Origins and Background [M]. New York: The Macmillan Company, 1946: 10 - 12.
③ Anthony D. Smith. Nationalism: A Trend Report and Bibliography [J]. Current Sociology, 1973 (Vol. 23, No. 3): 26.
④ Elie Kedourie. Nationalism [M]. New York: The Humanities Press, 1901: 9.
⑤ 李宏图. 论近代西欧民族主义和民族国家[J]. 世界历史,1994(6):8—17.

民众被宗教压抑的民族意识和民族精神随之被唤醒。这些变化共同推动了西方民族主义的意识和观念的兴起。

(二) 西方民族国家的建构

在民族主义意识和观念的推动下,西方各民族国家开启各自的追求独立的历史进程。以1648年西欧主要国家签订《威斯特伐里亚和约》(*Treaty of Westphalia*)为标志,西方现代意义上的民族国家体系正式形成。① 在随后的历史发展中,各民族国家纷纷采取了一系列在客观上促进人民对民族国家认同感增强的政策和措施,不断地完成对民族国家的建构。

1. 促进民族国家的统一

完成民族国家的统一是近代西方各民族扫清资本主义发展障碍、维护资产阶级统治和推动民族国家建构的重要举措。以德意志和意大利为例,当西方其他民族向着统一化的道路迈进时,这两个民族因处于四分五裂的状态,其工业化和社会发展进程严重受阻。18世纪后期,受法国大革命的影响,德意志和意大利要求建立统一民族国家的呼声日益高涨。进入19世纪,普鲁士通过推行一系列带有自由主义色彩的改革措施,为民族统一奠定了重要的经济和军事基础。1862年,"铁血宰相"俾斯麦上台,在其精心策划下,普鲁士通过三次王朝战争(普丹战争、普奥战争和普法战争),最终于1871年完成德意志民族的统一,建立起独立的民族国家。意大利的统一是通过王朝战争和公民投票相结合的方式实现的。1859年,通过奥法撒战争,意大利境内唯一独立的邦国撒丁王国基本实现了意大利北部的统一。与此同时,民族英雄加里波第在解放意大利南部后,通过公民投票的方式将其纳入撒丁王国。之后,意大利又借助于普奥战争和普法战争收复领地,实现了完全统一。

2. 推动民主政治的发展

民族国家建设的另一个举措是民主政治制度建设。18、19世纪,西方国家为缓和阶级矛盾、维护资产阶级统治和推进工业化进程,纷纷加快了民主政治制度建设的步伐。英国早在17世纪就确立了君主立宪制,进入19世纪,英国通过1867年和1884年的两次议会改革保障了小资产阶级、上层工人和农业工人等阶层的参政权。在此过程中,英国议会还颁布了《投票法案》(1872)、《取缔选举舞弊及非法行为法》(1883)及《重新分配席位法案》(1885)等法案,进一步发展和完善了民主政治制度。法国大革命

---

① 初育国. 试论民族国家的演进及现状[J]. 北京大学学报(哲学社会科学版),2003(4):102—108.

在经历革命力量和复辟力量的反复较量后,也基本形成了代议民主制的框架。1875年,法国通过《法兰西第三帝国宪法》,正式确立议会和总统权力相当的两院制议会体制。统治意大利的撒丁王国在1848年的欧洲革命中确立两院制的议会制度,这一制度在意大利实现国家统一后,基本得到了沿袭。

3. 增进国家职能的扩展

18、19世纪,西方民族国家建设的另一项举措是发展一系列旨在维护资产阶级统治秩序、解决各种社会矛盾和问题的国家新职能,比如加强劳工保护、推行社会保险和发展公共事业等。英德两国在保护劳工方面采取的举措最多。英国在19世纪70年代取消了对工会活动的诸多限制,用新的《企业主和工人法》取代了不平等的《主仆法》,之后,英国通过《整顿法》(1878)、《工匠住宅法》(1890)、《工人赔偿法》(1897)、《防止虐待儿童法》(1899)等一系列法案的颁布,在保障工人安全、改善工人居住条件、维护负伤工人权益和保障儿童权益等方面取得了较好的成效。德国在19世纪七八十年代间多次颁布法令,确立每周6天的工作制度,同时,还颁布禁用童工、禁止妇女矿下作业、保障妇女产后休假等规定,各邦还实行了工厂视察员制度,确保各项保护劳工的举措得以落实。19世纪后半期是西方社会保险制度推行的重要时期。俾斯麦主政下的德国于1883年颁布《疾病保护法》,开西方社会保险之先河,之后又颁布《工伤事故保险法》(1884)、《残废和老年保险法》(1889)等,推动了社会保险事业的发展。西欧各国在德国的影响下也陆续推行了类似的社会保险制度。19世纪,西方国家发展公共事业主要表现在推行教育改革和发展公共卫生事业方面。以英国为例,政府通过1870年的《初等教育法》正式确立了国民教育制度,之后又通过一系列举措推动了中等技术教育和高等教育的发展。1875年,英国议会通过《公共卫生法案》,完善了地方健康管理制度,建立起世界上第一个公共卫生体系,法案中一系列关于食品标准、环境卫生、健康和居住条件等规定的实施,极大地推动了公共卫生事业的发展。

四、工业革命与经济变革基础

(一) 工业革命的兴起

工业革命是人类历史上实现自我超越的重要阶段,它推动了西方社会从农业生产方式向工业生产方式的转型,开启了人类社会的工业经济时代,同时引发了近代西方在社会、政治、文化、思想等各个领域的巨大变化。就其实质而言,工业革命是一系列引发社会生产从手工劳动向机器生产转变的技术革命的诞生,其兴起有着深刻的时代背景和社会背景。在思想领域,近代科学革命的兴起,极大地改变了西方人对整个宇宙的认识和理解,并为整个西方思想界带来天翻地覆的变化。新航路的开辟、地理大发现、日心说的确立等不仅改变了人们对世界和宇宙的看法,更直接推动了人们科学观念的突破和对新的未知领域的探索。开普勒、伽利略、培根、笛卡尔、牛顿等近代科学家和学者依据科学理性大胆求知,破除对旧知识和古代权威的盲从,强调科学的自主性和思想的自由,创新近代科学知识,开启了近代西方的科学时代。科学时代对近代科学知识的推崇和科学理性的确立,进一步为科学知识应用于生产领域引发近代工业技术革命提供了直接的知识基础。在政治领域,17、18世纪,英、美、法等国资产阶级革命的胜利为资本主义生产方式的发展扫清了障碍,许多为封建贵族及大地主所享有的贸易特权随着封建制度的结束而被剥夺,自由贸易不断扩大,大规模的市场日益形成,工商业日趋蓬勃。在社会生产领域,西方的海外殖民扩张在为资本主义生产提供原始资本积累的同时,也造就一个日趋庞大的世界市场,欧洲传统的、分散式的手工工场已无法满足日益广阔的海外市场需求,许多企业家开始采用机器和其他方法来提高产量,最终引发了工业革命。

  工业革命的浪潮最先在英国掀起,促成这场技术革命的三项发明为蒸汽机、棉纺织技术和焦炉冶炼技术改进。1712年,纽卡门发明第一台实用型蒸汽机,机器动力取代风力、水力、人力、畜力等传统动力,开始应用于经济生产领域。不过,这项堪称"技术领域之奇迹"的发明因其活塞动作慢、蒸汽利用率低、耗煤量大等缺陷并未广泛推广。随后经过瓦特等人近百年的改良,蒸汽机开始广泛应用于各种机器设备中,从而解决了大工业发展所需要的动力问题,推动了工业革命向纵深发展。在纺织领域,哈格里夫斯发明的珍妮纺纱机、阿克莱特发明的水力纺纱机、克隆普顿研制的骡机等一系列新技术被广泛推广和应用,英国纺织工业实现了从家庭手工生产向工厂机械化生产的转型,纺织工业生产成本不断降低,生产效率大大提高。据调查,英国19世纪30年代粗纱的实际生产成本比18世纪80年代的水平降低了1/3,生产1磅棉纱平均资本消耗额减少了3/4。[①] 焦炉冶炼技术的改进是英国工业革命的又一项成就。随着焦炭冶炼法、砂模铸造法、反射炉、鼓风技术等一系列新技术的应用,英国冶铁业发展迅速。据统计,从1755至1850年,英国冶铁业单位产量实际生产成本降低了40%,生铁

---

① [英]罗伯特·艾伦.近代英国工业革命揭秘 放眼全球的深度透视[M].毛立坤,译.杭州:浙江大学出版社,2012:322.

产量从18世纪初的17000吨/年增长到18世纪90年代的125000吨/年。① 工业革命促使英国的工业生产迅速发展,1840年英国工业生产总值已占世界工业生产的45%,②成为当时世界上最强大的工业国,被誉为"世界工厂"。

除英国之外,法、美、德等国的工业革命也相继开展。法国机器生产扩展至各主要工业部门。到19世纪40年代末,法国蒸汽机数量已从1820的65台增至5000台,棉纺织厂增至566家,年消耗棉花达6000万千克以上。在随后的20年间,在政府的鼓励和支持下,法国工业生产大踏步前进。1850至1870年间,法国煤炭产量从不足450万吨增至1333万吨,生铁产量由44万吨增至118万吨,钢产量由28万吨增至101万吨,蒸汽机从6.7万马力增至33.6万马力,铁路总长度增至17924千米。③ 1790年,塞缪尔·斯莱特仿造英国人设计制成珍妮型新式纺纱机,从而揭开了美国工业革命的序幕。1830至1850年美国的棉纺织厂由795家增至1000多家,服装业、制革业、羊毛纺织业等部门先后实现了机械化生产。南北战争后,美国的技术革命迅速扩展,钢铁产量由1860年的92万吨增至1890年的935万吨,煤炭产量则由1860年的1400万吨增至1900年的2.4亿吨,两项均居世界第一。④ 德国的铁路建设在工业革命中迅速发展,19世纪30年代中期,德国第一条铁路——从菲尔特到纽伦堡6.1千米的铁路建成通车。1839年莱比锡至德累斯顿铁路建成。大规模铁路的修建推动了德国采矿、冶金、煤炭和机器制造业的快速发展,促使德国工业发展的重心从轻工业转向重工业,为实现工业飞速发展奠定了坚实基础。

(二)工业革命推动下西方社会的经济转型与发展

工业革命不仅仅是一场技术革命,更是一场社会革命,它开启了人类社会发展的一个崭新阶段,如意大利经济史学家奇波拉所言,"从1780年到1850年,在不到三代人的时间里,一场史无前例的、意义深远的革命改变了英格兰面貌,从那时起,世界不再是以前的世界了"。⑤ 工业革命促使西方社会开始由传统的农业社会向新型的工业社会过渡,改变了世界的面貌,开启了新的历史进程。西方社会的这一工业化转型突

---

① [英]罗伯特·艾伦.近代英国工业革命揭秘 放眼全球的深度透视[M].毛立坤,译.杭州:浙江大学出版社,2012:354—356.
② 吕宁.工业革命的科技奇迹[M].北京:北京工业大学出版社,2014:35.
③ 吕宁.工业革命的科技奇迹[M].北京:北京工业大学出版社,2014:125—127.
④ 吕宁.工业革命的科技奇迹[M].北京:北京工业大学出版社,2014:195.
⑤ [意]卡洛·M.奇波拉,主编.欧洲经济史(第三卷)工业革命[M].吴良健,等,译.北京:商务印书馆,1989:1.

出表现在大机器生产的广泛应用、工业生产总值增长与国民经济结构的变化、交通业、银行业、服务业等产业的兴起、欧洲人口增长诸方面。

1. 大机器生产的广泛应用

经过工业革命的洗礼,西方各类工业普遍实现了机械化生产,以机器代替人工,以煤炭为主要燃料的蒸汽机代替人力、畜力等,以工厂式生产取代家庭作坊式生产,成为人类创造物质财富的主要方式。英国纺织业于19世纪40年代已基本实现机械化,据1841年的材料显示,工厂生产在棉纺织业中已占68.7%的比重,在毛纺织业中占50%,在丝织业中占40%。① 机器生产大幅度提高了西方社会的劳动生产率,1770至1840的70年间,英国工人每个工作日的劳动生产率平均提高了20倍。② 工业革命是迄今为止最伟大的人类发展现象,影响着人类今天和未来的生存方式、生产方式和生活方式。

2. 工业生产总值增长与国民经济结构的变化

工业革命的另一个显著特征是工业生产总值增长、劳动力和资本从农业、林业、渔业等生产部门向制造业、运输业及商业部门转移所引发的产业结构变化。工业革命兴起之前的西方,在社会生产中占主导地位的是第一产业,欧洲大陆及英国的大多数人口生活在农村,主要依靠务农为生,社会生产力十分有限,贫困现象普遍。到了18、19世纪,工业革命的开展与工业生产总值的增加改变了欧洲贫困落后的面貌。据统计,至1820年,英国的煤炭产量占全世界的75%,生铁产量占全世界的40%,工业总产值占全世界工业总产值的一半。③ 与之相对应,工业在国民生产总值中的比重显著上升。1788年,英国的国民生产总值中,农业占40%以上,工业和建筑业占比不足21%,至1850年,工业和建筑业所占比重已上升至35%,农业所占比重下降为21%。④ 英国之外的欧洲其他国家在工业革命后的国民经济结构也发生了类似的变化。1870年,德国的工业、采矿业和运输业占国民生产总值的33.8%,农业下降为37.9%,第三产业占8.15%。就业人口方面,第一产业从1780年的65%下降到1875年的49%,第二产业从1780年的19%上升到1875年的30%,第三产业从1780年的16%上升到1875的21%。⑤ 欧洲工业的发展与产业结构的变化带来的一个直接影响即欧洲的经济重

---

① 常明明.英国经济结构在工业革命中的变化[J].财经政法资讯,2001(2):21.
② 常明明.英国经济结构在工业革命中的变化[J].财经政法资讯,2001(2):21.
③ 王觉非.近代英国史[M].南京:南京大学出版社,1997:256.
④ 常明明.英国经济结构在工业革命中的变化[J].财经政法资讯,2001(2):21.
⑤ 马克垚.世界文明史(上)[M].北京:北京大学出版社,2004:649—650.

心迅速从地中海沿岸转向北部沿海,英国一跃成为世界经济强国。

3. 与工业相关的交通业、金融业、服务业的兴起

传统农业社会对交通业、银行业和服务业需求不大,而现代工业社会则需要一个相对发达的交通业、银行业、服务业作为支撑。西方社会工业化转型的另一个标志便是与工业相关的交通业、银行业、服务业的兴起。交通运输业发展在西方现代工业经济增长中起着至关重要的作用,西方的"运输革命"伴随工业革命同步进行。19世纪,欧洲交通运输业取得了令人惊叹的成就:欧洲铁路长度从1840年的1679英里增至1890年的125000英里,铁路客运量从1840年的3.4亿人次增至1890年的17.5亿人次。到1890年欧洲境内已拥有13000英里的运河和63000多英里的通航河道,世界汽轮的吨位从1830年的30000吨增至1890年的约750万吨,海运货物的吨数则从1千万吨增至1亿5千万吨。[①] 作为现代经济运转的重要支撑行业,金融业随着工业经济的兴起而兴起,为满足金融需要,银行、货币和兑换市场、贴现所、股票交易所和资本市场、经纪业、保险业等开始兴起和发展。数据显示,欧洲和美洲金融媒介机构的资产占全国财富的比率从1800年的1/10增加到1939年第二次世界大战爆发时的1/4,或者更多。[②] 工业革命的开展使得西方的服务业迅速发展和专业化。随着工业发展和财富的增加,各种服务的行业不断涌现,许多人口开始从事无形的商品生产,医药、律师、教育、公共安全、零售、会计、工厂稽查等行业吸引了大量从业人员。

工业革命及其推动下的西方社会经济转型与发展,为西方教育转型和学校制度建构提供了重要的社会经济基础。工业革命所引发的科学技术的广泛应用、对劳动者素质要求的提高、社会物质财富的增加、社会道德问题、竞争意识和政治的变革、工人阶级地位的提升、文化思想观念的变化等要素,均构成了推动教育变革与学校制度实现转型的内在力量。在这些因素的共同推动下,欧美基础教育学校制度开始了现代化的建设历程。

第二节 欧美基础教育学校制度构建的主要路径与手段

在构建路径与手段选择方面,欧美基础教育学校制度建设主要以古典学校的继

---

① [意]卡洛·M.奇波拉,主编.欧洲经济史(第三卷)工业革命[M].吴良健,等,译.北京:商务印书馆,1989:303.
② [意]卡洛·M.奇波拉,主编.欧洲经济史(第三卷)工业革命[M].吴良健,等,译.北京:商务印书馆,1989:307.

承、教会学校的现代化改造,以及民族国家学校制度的有选择性的移植与借鉴为主,在适应民族国家政治制度、经济发展和民众文化水平普遍提高的需要的过程中,逐步构建起具有现代教育普遍意义和各国特色的现代基础教育学校制度。

一、古典学校的继承

中世纪以来,古典文法学校一直是西方学校教育(尤其是中等教育)的主要机构。古典文法学校起源于古希腊,主要是适应社会经济和政治生活的发展,为满足那些有闲阶层子弟参与社会公共生活讨论的需要而设置的。"当时社会的一些公共讨论,无论是政治问题还是哲学问题,都是古希腊人不感到陌生的。然而,参加这些公共讨论的能力,要求通过初等学校水平以上的教育来培养。"①社会经济的发展导致了有闲阶层的增加,这一群体的政治表达诉求直接推动了古典文法学校的产生。古典文法学校主要培养学生掌握参与社会公共生活所需要的文法、逻辑和修辞等语言能力和技巧,"那些非常幸运地得到这种学校教育的人,也就得到了提升和突出自己的机会,或在法庭上作慷慨激昂的演说,或在公共集会上赢得选票,或在哲学辩论会上雄辩地阐述自己的观点"。② 当时的文法学校分为两种,一种偏重于哲学,一种偏重于修辞,二者都为学生提供基本的文法训练。到了古罗马时期,不善于哲学思考而精于公共事务管理的罗马人,更为看重文法学校中的修辞学校在培养帝国未来统治者中的重要地位。同时,统治者也意识到了扩大普通教育的基础对培育未来统治者的必要性,因此,他们决定将未来的统治者"用知识的全副盔甲充分地武装起来",③在文法学校的课程中加入文法、修辞和逻辑等"三艺"以及算术、几何、天文和音乐等"四艺",文法学校的教育内容变得丰富起来。进入中世纪,文法学校被视为异教文化的主要保存场所而受到基督教会的抵制。为求生存,文法学校不得不改变它的教育目的以迎合基督教会的宗教需要,这时的文法学校"已不再是原来为善于出世的和有成就的帝国官员或者效忠于帝国的公民做准备,而是把训练虔诚的和有智慧的教会领袖作为首要任务"。在经过改造的文法学校中,"甚至因为依附于异教文化而早就不受欢迎的文法,也被发现可以用来作为正确翻译和理解《圣经》的工具,以便反对异端学说",④文法学校在中世纪实际

---

① [美]约翰·S·布鲁巴克.教育问题史[M].单中惠,王强,译.济南:山东教育出版社,2012:420.
② [美]约翰·S·布鲁巴克.教育问题史[M].单中惠,王强,译.济南:山东教育出版社,2012:420.
③ 转自[美]约翰·S·布鲁巴克.教育问题史[M].单中惠,王强,译.济南:山东教育出版社,2012:421.
④ [美]约翰·S·布鲁巴克.教育问题史[M].单中惠,王强,译.济南:山东教育出版社,2012:422.

担任了为教会和国家培育需要掌握文字和文法技能的公职人员的职责。随着文艺复兴的到来,古典文法学校在适应新的社会政治、经济、文化和学术兴趣需要的过程中,发展成为向青年传递拉丁文、希腊文等古典文化的新型教育机构。这类学校被统称为"人文主义学校"(Humanistic schools),后来发展为近代法国的古典中学、德国的文科中学(gymnasium)以及英国和美国的拉丁文法学校(Latin grammar school)等。

进入近代,古典文法学校因未能积极适应并满足欧美社会在政治、经济、文化发展的需要而呈现衰退迹象,古典文法学校的存在和发展面临着严重的危机。在社会政治方面,学校教育所依赖的上层社会阶层环境已发生了变化,西方中世纪的基督教教会统治被近代民族国家的统治架构所取代,民族国家政府开始聘募世俗人士而非教会人士为其服务。这一变化对古典文法学校的培养目标产生了直接影响,"原来流行的牧师的人文主义教育和封建贵族的骑士教育,已不适合扮演廷臣这个新角色的贵族的需要。打算成为武士、政治家、事业家和文人(gelant homme)的青年,一致要求一种全新的教育"。[①] 在社会经济方面,工业革命带来的科技和社会经济的发展、城市经济的繁荣、中产阶级的力量壮大等为学校教育的发展提出了一种新的诉求,这一诉求要求学校教育加强与社会生产、生活的联系,并突破精英化教育体制而扩大受教育者的范围。在这一形势下,一种新的学校教育机构——实科学校开始取代文法学校,并在欧美发达国家日渐受到重视。1832年普鲁士颁布的《实科中学毕业考试章程》正式确认了实科学校的合法地位,随后实科学校的数量不断增加,在校学生人数也不断攀升;在英国,实科学校在1870年《初等教育法》颁布实施后获得了迅猛发展,政府为鼓励学校对自然科学学科的重视,在1872年规定,以后凡开设三年自然科学课程的学校都予以特别补助;在美国,一种结合了古典课程和现代实用学科的新的学校类型"阿卡德米"开始日益受到关注,"阿卡德米"的课程范围从希腊文到现代语,从古代《圣经》教义到美国史,从商业法到教学原理,从书法到绘画,从自然哲学到化学,从算术到几何等,几乎无所不包。在社会文化方面,近代自然学科的兴起及其重要性的提高大大扩增了人类的知识领域,并引发西方社会关于人文主义和自然主义之间的冲突和争论。推崇人文主义的学者认为,艺术、文学和哲学的最好标准可以在古希腊和罗马的文化遗产中找到,因此古典文化在社会发展中的地位不能动摇;持有自然主义立场的学者则认为,17、18世纪的欧洲已经发展了自己的文化,这种文化和古代文化相同或者已经超越了

[①] [美]约翰·S·布鲁巴克.教育问题史[M].单中惠,王强,译.济南:山东教育出版社,2012:429.

它们,因此,"新的国语的诗词反对古典语言的诗词,文艺复兴时期的绘画和雕塑反对古代艺术,近代科学反对亚里士多德的科学和哲学"。① 这一争论直接造成了人们对传承古典文化的古典文法学校认知的混乱,一些人甚至开始质疑古典文法学校存在的价值。比如在17和18世纪的美洲殖民地,尽管一些地方法令明确要求具有一定规模的市镇要保证设立拉丁文法学校,对违者将要处以罚款,但许多市镇宁愿违背法令缴纳罚款,也不愿意筹建这样的学校。在一些建有古典文法学校的地区,人们对这类学校的价值也表示怀疑。一位波士顿市的行政人员曾这样抱怨该市的文法学校:"该市有数以百计的男孩,由于他们的家长从来没有打算使他们受到更广泛的教育,因此,只得在他们的早期花费2年、3年、4年或更多的时间待在拉丁文法学校里。事实证明,这对他们以后的成就帮助甚小或者根本就没有帮助。"②

不过,作为欧美社会一种历史悠久的、传统的、重要的学校教育机构,古典文法学校在传承古典文化、推动西方社会发展中的历史作用和地位不容置疑。事实上,在西方现代学校制度建构的过程中,古典文法学校的一些传统和做法也被较好地吸收、保留了下来。现代学校制度的建构对古典学校传统的继承表现在以下方面:第一,重视语言的学习。在一些现代新型学校中,学校课程除了运用现代语言进行教学外,并未放弃对学生拉丁语文法和修辞能力的培养,培养学生谈话优雅和语言得体依然是现代学校重要的教育目标之一。第二,重视人文学科在学校体系中的地位。在一些现代学校尤其是实科学校中,自然科学因被视为"日常使用的机器"而备受重视,然而,传统的古典人文学科如历史、地理,体育方面的舞蹈、剑术、骑马、游泳等,也在新的课程体系中占据着重要的位置。人们发现,"不管新型中等学校的课程如何扩展和更富有吸引力,使人感到奇怪的是,在欧洲,反对传统的中等学校课程的斗争进展十分缓慢,长期以来人文科学在那里仍占有牢固的地位"。③ 第三,古典文法学校作为高等教育预科的性质和其升学职能被现代中学所继承。传统的古典文法学校主要服务于那些预备进入大学继续深造的学生,为升学做准备是其重要职能。在现代学校制度建构的过程中,这一职能被现代中等教育机构所继承。尽管随着社会的不断发展,现代中学被赋予了其他重要职能,但升学作为其重要职能之一,从古代的文法学校发展到现代,被较好地延续了下来。

---

① [美]约翰·S·布鲁巴克.教育问题史[M].单中惠,王强,译.济南:山东教育出版社,2012:430.
② 引自[美]约翰·S·布鲁巴克.教育问题史[M].单中惠,王强,译.济南:山东教育出版社,2012:432.
③ [美]约翰·S·布鲁巴克.教育问题史[M].单中惠,王强,译.济南:山东教育出版社,2012:431.

二、教会学校的现代化改造

教会学校是西方社会在基督教统治下的最重要的教育机构。在文艺复兴和宗教改革的洗礼下,西方社会发生了巨大的变化,传统的基督教世界维持统一的宗教基础出现动摇,基督教一统天下的局面逐渐被打破。同时,随着近代科学革命影响的扩大和启蒙运动的开展,实在论等富有现代色彩的教育理论和教育思想开始流行。在这种形势下,西方传统的教会学校开始在学校领导管理、课程内容与教学方法等方面寻求变革,以适应社会的变化和民众的教育需求。

(一)学校领导管理的变革

西方教育近代化变革的一个重要主题就是教育世俗化。所谓教育世俗化是指将教育逐步从宗教和慈善团体的控制中解放出来,由国家开始承担更多的发展教育与管理教育的责任。伴随着教育世俗化的进程,西方传统教会学校的领导管理权开始发生变化。在英国,由于政府长期对初等教育事务表现淡漠,为民众提供基本的读、写、算和宗教教育的职责长期地落在各教派组织及团体身上。近代英国流行的星期日学校(sunday school)、导生制学校(montorial system of school)、幼儿学校(infant school)等大部分由国教派的"全国贫民教育促进会"(National Society for the Promotion of the Education of the Poor,1811)和非国教派的"皇家兰卡斯特协会"(Royal Lancasterian Institution,1808)设立。[①] 1833年,英国政府开始向这两个组织提供补助金,通过他们向教会学校发放。此后,政府又规定,补助金的发放当视考核情况而定,未能通过考核的学校不能得到补助。1870年,英国政府颁布了《初等教育法》,提出建立由地方纳税人选举产生的学校委员会(School Board)参与学校的领导管理,学校委员会被赋予了征收地方教育税、征收地皮、兴建学校、延聘教师、决定课程内容等广泛的法定权力,[②]从而大大削弱了教会对初等学校的领导管理权。美国、法国、德国也采取类似的举措来促进教会学校领导管理权向国家或地方行政当局的转移。美国通过公立学校运动确立了州立教育管理体制,反对教会学校与公立学校同等分享公共税收资金,从而将基础教育的控制权由教会转向了地方或州教育行政当局。法国通过《费里法案》确立了国民教育义务、免费和世俗化三原则,削弱了宗教团体对学校的干预。德国的宗教与教育部大臣法尔克(Dr. Falk,1827—1900)于1872—1879年间对德国教育制度进行

---

① 程西筠.论19世纪英国初等教育改革[J].世界历史,1989(4):58—67.
② 程西筠.论19世纪英国初等教育改革[J].世界历史,1989(4):58—67.

了改革，取消了教会对初等教育的管理权，而由政府官员担任的督学担负学校的领导管理责任。

（二）课程内容的世俗化

伴随着西方近代科学革命的进程，西方的自然科学逐步摆脱宗教神学的束缚，并获得了巨大发展，自然科学知识也随之出现了空前增长。在此过程中，人们认识到了科学技术在征服和控制自然过程中所具有的积极意义，洞察到了科学的实用价值及其教育意义。然而，西方许多由天主教及传教士创办的文法学校，强调古典语言和文法、使用拉丁语教学、服务于社会上层人士对拉丁语和文科知识的需求的课程内容和办学特点，与社会的发展和普通民众的教育需求相去甚远。为了改变这一状况，英国、法国、德国等开始对教会学校的课程进行革新，推动这些学校跟上社会发展的步伐。在英国，自17世纪中期开始，一些由非国教教派创办的不同于英国传统文法学校和公学的、名为"学园"的新型学校开始流行起来。学园在办学定位方面弥补了传统文法学校和公学脱离社会需求的不足，将办学目标确定为培育资本主义发展需要的实用人才，为英国的工业革命奠定了人才基础。在课程内容方面，除古典科目外，学园还广泛开设数学、英语语法、算术、会计、几何、历史、地理、初等科学、现代外语及工商业知识等课程。1715年，瓦特(Thomas Watt)在伦敦创办的学园开设了数学、天文学、地理学、航海术、军事学、簿记等世俗科目，还建立了科学实验室，用于试验和教学。在法国，传统的耶稣会学校和圣乐会学校也对其教学内容进行了革新。耶稣会在传统的人文学科、哲学科和神学科外，增设了历史、地理、初等数学和科学等现代科目。圣乐会学校在古典学科之外，十分重视具有现代意义的法国历史、地理、现代外语的教学，一些圣乐会学校的教师还十分强调数学在训练人的思维能力方面的作用，主张在学校中扩大数学教学的范围。在德国，虔敬派教徒致力于实科中学的创办，以改变传统教会学校脱离社会发展的状况。1737年，虔敬派牧师席姆勒(Christopher Zemler, 1669—1740)创建了"数学、机械学和经济学实科学校"，教学内容除宗教外，涵盖了数学、物理、机械、天文学、地理、法学、绘画、制图等实用科目。1747年，另一位虔敬派牧师赫克(John Julius Hecker, 1707—1768)创办了一所"经济学和数学实科学校"，讲授宗教、伦理学、德语、法语、拉丁文、数学、绘画、历史、地理、机械、建筑、自然知识、人体知识等实用课程。在他们的影响下，德国很多地区纷纷开办实科学校，一些教会学校也开始增设实科班。

(三) 教学方法的多样化

与课程内容世俗化相适应的是,许多教会学校在教学方法的选用和设计上则走向了多样化。在英国,学园在为学生提供丰富多彩的课程的同时,还十分注重教学方法的革新。学园的教学方法既重视实证,又注重联系现实社会生活,同时又积极鼓励学生思考。在具体的教学形式上,学园广泛采用阅读、学生间辩论、科学实验等方法代替传统教会学校的背诵、读写、默记等方法。19世纪初,由国教会牧师贝尔和基督教公谊会教师兰卡斯特创立的"导生制"教学方法在一些教会学校传播,这种先有教师教授年长学生,再由他们转教其他学生的方法,在一定程度上缓解了当时学校师资不足的困境,满足了更多儿童接受初等教育的要求。法国的耶稣会学校也十分注重教学方法的变革,在传统的讲座、讲授、阅读、写作、背诵、练习、考试、竞赛等方式之外,还增加了讲解、列举、领会、分析、戏剧表演等多样化的教学形式。

三、他国学校制度的借鉴与移植

在西方现代基础教育学校制度的构建中,借鉴和移植他国的学校制度是一种重要的建构方式。而这一方式突出地表现在殖民地时期及建国后美国对欧洲国家(尤其是英国)学校制度的借鉴和移植上。美国对英国和欧洲其他国家学校教育制度的移植和借鉴有着特殊的历史背景和契机。一方面,美国最初13个州的广大地区属英国殖民地,居民80%来自英国,其政治、经济、社会、文化的发展与管理都操控于英国殖民者之手,这为英国学校教育制度向美国的移植提供了便利;另一方面,教育移植发生的17世纪,正是英国和欧洲教育思想和教育制度发生变革的关键时期。这一时期,培根的科学教育思想、洛克的绅士教育思想和夸美纽斯的泛智教育思想等在英国和欧洲其他国家和产生了广泛的影响,学校教育的世俗化、大众化改革及新型学校制度的创立等蓬勃兴起,这些都为美国借鉴和移植英国和其他欧洲国家的学校制度提供了契机。

(一) 初等学校的移植

随着殖民者在北美大陆的定居,英国的各种初等学校也被移植到新英格兰地区,其中包括慈善学校、妇妪学校和读写学校等。受英国本土的强大影响,殖民者认为儿童的教育乃是父母的责任,社会的职责不过是为孤儿和最贫穷的孩子提供教育。这一思想直接导致了英国的慈善学校在北美殖民地尤其是南方地区的建立。1619年,一名匿名捐赠者以500英镑的捐款,资助开办了一所"有一定数目的印第安青年人"入读的学校,此被认为是新大陆慈善学校兴起的开端。此后,不断有人以自己的财产、土地或其他捐赠开办慈善学校。慈善学校一般规模较小,为学生提供基本的宗教教义、英语及简单的读写算知识,一般免收学费和食宿费。由于慈善学校主要接收贫儿,家长必须公开宣布自己的赤贫身份才能送孩子入学,因而这类学校在新大陆并未受到太多的欢迎。妇姆学校也源于英国,一般由年老的家庭妇女在家务之余,利用自己的房屋集合一群孩子进行简单的宗教教育和识字教育。这类学校一般收取不定的学费,有时也能得到一些公共补助。移植到新大陆的另一类初等学校为读写学校。这类学校一般为私立,收取学费。学校除教授读写之外,还视教师的水平为学生提供算术、拉丁文、希腊文等知识。

(二) 学徒制的移植

慈善学校带有侮辱性的入学条件在很大程度上限制了其发展,在北美洲殖民地,学徒制成为众多孤儿、贫民儿童和从英国贩卖而来的儿童接受教育的主要方式。学徒制主要沿用英国1562年的《工匠·徒弟法》及1662年的《济贫法》,一般由父母通过订立合同,将孩子交给掌握一定手工技能的工匠,或由地方当局分配给工匠们分别照管。师傅们负责这些孩子们的衣、食、住以及基本的宗教、道德、读写算的教育,孩子们则为师傅干各种劳动和家务,没有工资,直到20岁左右。自1643年起,弗吉尼亚当局规定,孤儿的监护人和受托人必须尽最大努力用基督精神和基础知识实施教育,以保证儿童们将来可以自己谋生,此后其他地方也先后制定类似的法令。这使得学徒制几乎成了北美社会下层子弟接受教育的唯一方式。

(三) 中等学校的移植

1635年,波士顿当局借鉴英国的古典文法学校模式在波士顿建立了拉丁文法学校。学校以教授拉丁语和希腊语为主,以满足男童升学的需要,同时为培养牧师、官吏、律师等专业人才做准备。拉丁文法学校学制一般为七年,与殖民地其他类型的初等学校之间没有任何内容上的联系。与英国文法学校唯一不同之处在于,波士顿的拉丁文法学校除了收取学费作为经费来源外,还接受捐款、税收及地方政府的其他补助,这使得此类学校带有一定的公立性质。然而由于办学目标和服务对象的限制,北美殖民地的拉丁文法学校并未受到人们的广泛欢迎。

(四) 教区学校的移植

教区学校主要存在于北美洲中部的大西洋殖民地。来自荷兰、瑞典、法国和德国等不同宗教背景和国家的人力图保持与他人的和平相处,并希望通过对别人的尊重换取自己的自由。在中部的纽约殖民地,受荷兰殖民者"改良教会"的控制,该地区由教会提供经费,形成了一个个教区学校。教区学校在教学内容上,除传授基本的读写算之外,还向学生教授荷兰新教教会的教义问答和祈祷书等。在管理方面也采纳荷兰本土的做法,即允许行政机关参与本地区学校的管理。除纽约殖民地外,宾夕法尼亚、新泽西和特拉华殖民地也建立了教区学校,这使得教区学校成为北美洲中部殖民地地区主要的学校教育机构。

四、民族国家教育法规和政策的实施与现代基础教育学校制度的缔造

随着工业革命和西方社会近代化进程的加速,民族国家越来越认识到培养现代公民和合格的劳动者对经济和社会发展的重要性。各国开始通过颁布和实施国民教育法规和政策的方式,缔造符合社会发展要求和满足民众教育需求的现代基础教育学校制度。

(一) 英国

1806年,英国国会议员怀特布雷德(S. Whitbriad)提出《教区学校议案》,建议在每个教区设立由地方税收支持并接受国家管理的公共学校,以适应工业发展对民众的知识要求。由于英国长期实行"放任主义"的政策,该议案遭到上院的否决。在此后的几十年,英国社会就关于是否建立国民教育制度的问题展开激烈争论,但该问题始终悬而未决。1833年,国会议员约翰·罗巴克(John A. Roebuck)向英国下院提议实施义务教育,使所有6—12岁的男孩和女孩都能进入公立学校和其他学校接受教育,然而,罗巴克的建议同样遭到了教会和不主张国家干预教育的人士的强烈反对。同一年,一项由奥尔索普勋爵(Lord Althorp)提出的由政府拨款2万英镑用于支持学校建设的折衷性建议获得议会认可,这标志着英国政府改变以往放任主义的政策、正式干预教育的开始。1839年,英国成立了枢密院教育委员会(Committee of the Privy Council on Education),负责对议会的年度教育拨款进行分配和监督,此后又通过机构调整不断加强政府对学校教育的管理和领导力度。1870年,在英国教育近代化进程和基础教育学校现代化改造中具有重要历史意义的《初等教育法》颁布。该法案的目的是在以最少的公共开支、尽可能不破坏教会的合作和争取最大限度的家长支持的基础上,弥补教会学校的不足。① 其主要内容有:1.以城镇地区的自治市(Borough)和农村地区的教区(Civil Parish)为单位,将全国划分为数千个学区,由国家提供拨款对学

---

① 王承绪,主编.英国教育[M].长春:吉林教育出版社,2000:138—139.

区的学校建设和条件改善进行支持;2.由地方纳税人选举产生学校委员会,赋予委员会征收地方教育税和校舍用地、建立和维护新的公立学校、管理民办学校、确定学费标准和学费减免政策等法定权力;3.规定学校委员会开办的公立学校可以接受中央政府的教育拨款、地方税资助和学费帮助,民办学校不能获得地方税补助,但可得到中央政府的资助;4.关于宗教教学问题,政府授权学区学校委员会可以在世俗化教学和宗教教学之间做出选择。①《初等教育法》的颁布和实施,对英国教育的近代化转型和现代初等教育学校制度的缔造具有重要意义。在弥补英国原有民办学校之不足的基础上建立起新的公立初等教育体制和学校制度,打破了教会对初等教育的垄断,正式确立了公立初等学校制度,形成了与近代社会发展相适应的国民教育制度。

(二) 法国

1802年,拿破仑政府颁布《公共教育基本法》,确立了在法国延续了两个世纪的中央集权式的教育管理体制。在这一体制下,以国立中学和市立中学为代表的公立学校成为法国学校教育体系的核心,法国的公立学校教育制度基本确立。在之后的政权更迭中,不同时期的政府相继提出了改造学校教育制度的主张,其中最有名的是七月王朝时期的《基佐法案》和法兰西第三共和国时期的《费里法案》与《戈伯莱法案》。

基佐(1787—1874)是法国著名的历史学家。作为君主立宪派的领袖和内阁的实权派人物之一,基佐先后担任法国的内务部长和教育部长。他推行教育改革的基本主张是在法国实施免费的国民义务教育。他说:"对儿童实施最低程度的初等教育是国家严格的义务。在法兰西的土地上,只要是有人的地方,无论是偏远的乡镇,还是在大都市,都应该设置这一级教育。"②他提出的《基佐法案》(1833)规定,凡居民超过500人的市镇,至少开办一所公立小学;省府或居民超过6000人的城市,必须开办一所公立高级小学。同时规定,公共教育的经费由中央和地方分担,由地方征收特别税作为教育经费。费里是法兰西第三共和国前期的一位重要的政治家,曾三次担任法国的教育部长。作为哲学家孔德的弟子,费里十分强调人类社会作为一个进化着的统一有机体的属性。他认为,要想稳定共和国的新秩序,绝对需要建立一个新的精神支柱,一个社会"共同的灵魂",而实现这种统一的最有效工具就是学校。③ 为了改组各级教育机构和建立新的教育制度,费里于1881年和1882年分别提出两项教育法令,史称《费里法

---

① 王承绪,主编.英国教育[M].长春:吉林教育出版社,2000:139—140.
② 引自刑克超.法国教育[M].长春:吉林教育出版社,2000:80.
③ 刑克超.法国教育[M].长春:吉林教育出版社,2000:102.

案》。法案规定,共和国所有6—13岁的男女儿童都应接受初等教育,由市镇长和初等教育督学组成的市镇教育委员会负责对儿童的上学情况进行督察;对于不送孩子入学的家长处以罚款、监禁等;废除宗教课程,取消教会、教士监督学校的权力;规定教师必须获得国家颁发的证书才能任教,等等。《费里法案》规定了法国教育实行"免费、世俗和义务教育"的三项原则,奠定了法国现代教育和学校制度发展的基础。1886年,费里的继任者戈伯莱(1828—1905)主持制定了关于初等教育组织机构的法律,即《戈伯莱法案》。法案规定,法国实施初等教育的机构包括幼儿学校、小学附属幼儿班、初级小学、补习班和学徒学校;各级各类学校的教师必须具备相应的资格才能执教;国家对所有公、私立学校进行监督和检查;各省成立初等教育委员会作为地方教育行政管理机构,负责对各级学校教育的领导和监督。①《戈伯莱法案》确定了国家和地方政府对教育的监督管理制度、教师世俗化以及实施初等教育的法定机构,进一步保障了法国普及初等义务教育的全面推行。

(三) 德国

自16世纪起,德意志境内的一些公国先后颁布了一些普及义务教育的法令,这使得德国成为世界上最早颁布世俗性义务教育法令的国家。1763年,普鲁士颁布《初等学校及教师通则》,《通则》分为26个部分,就初等学校的入学年龄、学徒教育、离校资格、出勤要求、学时与学期、礼拜日教育、学费、贫穷儿童的问题、每年的讲道和集会、强迫入学、学校的调查、教师应具备的条件、教师守则、教师的考核、教师合格证、教师出勤、上学前的祈祷、学时、学习课程、常规教材、纪律、学生用书、礼拜、教师与牧师的关系、牧师的监督检查、年终巡视等方面作出了详尽的规定。② 1806年,普鲁士在与法国的战争中战败,在救亡图存的强烈呼声下,推行教育改革,"以精神弥补物质损失"被提上行动日程。时任教育部长的洪堡以新人文主义思想为指导,主持了普鲁士的教育改革事业。在改革计划中,洪堡建立了一个由初等国民学校、文科中学和大学构成的相互衔接的学校体系,并制定了一系列包括学制、课程、学校管理、师资培训等改革方案,初步完成了对德国学校的制度改造。1872年,德国政府颁布《普通学校法》,规定6—14岁的8年初等教育为强迫义务教育阶段,设立基础学校(4年制)和高等国民学校(4年制)为实施义务教育的机构。通过这些法案的颁布和实施,德国的初等义务教育实现了全面普及,现代学校制度基本确立。

---

① 刑克超.法国教育[M].长春:吉林教育出版社,2000:106.
② 夏之莲.外国教育发展史料选粹(上)[G].北京:北京师范大学出版社,2001:394.

（四）美国

美国在建国之初并没有形成统一的学校教育体系和学校制度，儿童接受教育的场所主要是一些宗教组织开办的学校，如路德教派、长老会教派和罗马天主教等都开办了自己的学校。这些学校在教科书的选用、教师资格证、学期安排、收费标准等方面都没有形成统一的制度，很多儿童被排除在初等教育的校门之外。1779年，美国开国元勋杰斐逊在弗吉尼亚州议会上提出《关于进一步普及知识的法案》，明确提出在弗吉尼亚州建立一个包括初等教育、中等教育和高等教育的公立教育体系，其中，初等教育为期三年，实行免费教育，中等教育主要由文法学校实施，为期六年。虽然《关于进一步普及知识的法案》最终没能实施，但它代表了美国建国初期开国元勋们对美国公共学校制度的探索。1799年，来自普罗维登斯机械工人与制造工人联合会的约翰·浩兰向罗德岛州（Rhode Island）递交了一份请愿书，主张为州内各城镇的全体儿童建立免费学校。1800年，罗德岛州通过了《普及免费学校法案》，普罗维登斯机械工人与制造工人联合会即根据该法案建立了美国建国初期最早的一所免费学校。19世纪30年代，在教育改革家贺拉斯·曼（Horace Mann，1796—1859）、亨利·巴纳德（Henry Barnard，1811—1900）等人的推动下，美国掀起了建立由公共税收维持、公共行政机关监督、向所有儿童免费开放的初等学校制度的公立学校运动。1852年，在贺拉斯·曼的推动下，马萨诸塞州颁布了美国第一个由州制定并得以贯彻的普及义务教育法——《强迫就读法》（Compulsory School Attendance Law of 1852）。法律规定，家长必须将8—14岁的儿童送入设于市镇的公立学校上学，每年上学时间不得少于12周，其中必须有6周是连续的，凡违背规定的，处以20元以下罚款。随后，纽约州、康涅狄格州、新罕布什尔州、密执安州、内华达州、堪萨斯州、加利福尼亚州等地也相继通过了建立免费公立学校的议案，美国的公立学校制度逐步形成。

第三节　欧美基础教育学校制度的基本结构与学校类型

在基础教育学校制度体系建设的过程中，英国、法国、德国和美国等欧美国家通过颁布实施相应的教育法令法规、设立教育行政机构、沟通不同类型与不同等级学校之间的课程与教学关联等方式，分别构建起各具特色的包括初等学校和中等学校在内的基础教育学校制度体系。

一、英国基础教育学校制度的结构与学校类型

19 世纪末至 20 世纪初,英国通过颁布实施《初等教育法》和《巴尔福教育法》,逐步确立和完善了基础教育学校制度。承担英国基础教育的学校类型主要包括各种形式的私立初等学校、公立初等学校、公学及其他中等教育学校等。

(一)初等学校

1. 私立初等学校

鉴于特殊的政治、文化传统,在英国国民初等教育教育制度形成之前,为广大民众提供基础性教育的学校机构主要是各类私立初等学校,主要包括慈善学校、星期日学校和导生制学校等。1698 年,英国国教会成立基督教知识促进会(Society for Promoting Christian Knowledge),规划在全国各地建立慈善学校(Charity School)。慈善学校的资金一般来自地方集资和社会认捐等,办学目的在于传播福音和国教精神。慈善学校主要面向下层民众子弟,为其提供基本的读、写、算和初步的职业技能教育,并对对其实施宗教和道德训练。18 世纪,慈善学校在英国风行一时,在很大程度上推动了英国初等教育的发展。

18 世纪下半叶,工业革命的开展使得成千上万的成人和儿童进入工厂、矿井和车间,在这种形势下,日间授课的慈善学校逐渐受到冷落,一种新的学校形式——星期日学校(Sunday School,又译为主日学校)逐渐诞生。星期日学校主要由热心贫民教育的慈善家开办,一般招收贫苦儿童或童工,教学内容包括基本的读、写、算知识和宗教教义、道德准则,同时培育儿童养成严守纪律、诚实、顺从和自治等工业化大生产所要求的行为方式。据统计,英国的星期日学校于 1818 年达到 5 463 所,学生人数达 477 000 余人,至 1835 年,学生人数增至 1 548 000 多人。[①] 星期日学校是 18 世纪末至 19 世纪初英国普通大众接受初等教育的主要机构,它的存在和发展反映了人口增长、工业和都市迅速发展的近代社会对学校教育发展的直接需求。

导生制学校兴起于 18 世纪后期,因实行贝尔和兰卡斯特创办的"导生制"教学方式而得名。和慈善学校与星期日学校一样,导生制学校也针对贫困子弟办学,向其传授基本的读、写、算知识及文化道德、职业技能,使其成为守法的公民和合格的劳动力。学校一般在一个大教室中授课,学生被分为不同的班级,教师先指导每班的导生,然后由导生向其他班级成员传授教学内容。导生制学校有效解决了当时束缚英国大众初

---

① 王承绪,主编. 英国教育[M]. 长春:吉林教育出版社,2000:119.

等教育发展的经费和师资问题,因而很快流行开来。据统计,1830年,导生制学校在英国已达到3670所,在校生人数达346000人。①

2. 公立初等学校

1870年颁布的《初等教育法》规定,全国分设数千学区,由地方纳税人选举产生的学校委员会负责开办公立初等学校,以弥补该地区教育设施的不足。这一规定直接推动了英国公立初等学校的产生和发展,公立初等学校遂成为英国国民初等教育体系中承担基础教育的重要教育机构。《初等教育法》颁布后,为了适应新的形势,英国政府对初等学校的课程和拨款制度进行了改革。在课程方面,提高了读、写、算三门强制性科目的考试标准,扩大了1867年开始设置的"特别科目"的范围,在原有基础上增加了几何、代数、自然科学、自然地理、自然哲学、政治经济学和语言等科目。在拨款制度方面,放宽了拨款条件,改变以往依据每个学生成绩进行拨款的做法,转为依据整个班级的总体成绩进行拨款。1886年,英国政府委任以克罗斯勋爵(Lord Cross)为主席的皇家委员会对初等学校的规模、设施、师资、强制入学、宗教教学、课程、拨款制度等问题进行调查。在课程方面,调查委员会建议初等学校开设更为多样化的课程和实施更为灵活的课程标准,呼吁政府支持初等学校的手工训练和技术教育。至1900年,以往初等学校"必修科目"、"班级科目"和"特别科目"的课程分类方法被重新调整为两类:一类为所有学校都开设的常规科目,另一类为督学认为需要开设的一些科目。"据1902年统计,在当时23295所招收7岁以上儿童的初等学校中,几乎所有学校都开设了英语(包括阅读、文法、作文)、算术、书写、地理、历史、常识、体育和唱歌,20040所学校开设了绘画,1355所学校开设了代数课,1027所学校开设了家政课,719所学校开设了法语课。"②英国初等学校课程表现出多样化的特点。

(二) 中等学校

1. 公学

公学(Public School)是英国历史悠久的中等教育机构,最早的温彻斯特公学诞生于1382年,距今已600余年。从历史发展及公学的性质来看,公学之"公"并非"公立"之意,而是"公众"之意,即公学是为公众提供中等教育的私立学校。公学一般实行校政独立的管理体制,学校设公学董事会作为最高管理机构,享有任免校长、资金募集、监督财政开支等权力,公学校长对内享有人事任免、学生进退、课程设置、学生训导等

---

① 王承绪,主编. 英国教育[M]. 长春:吉林教育出版社,2000:121.
② 王承绪,主编. 英国教育[M]. 长春:吉林教育出版社,2000:149.

充分的自由权。公学课程偏重古典人文学科,注重对学生的人文主义精神的陶冶,培养学生养成虔诚的美德和真正的宗教感情。早期的公学面向寒门开放,且免收学费,但随着英国资产阶级革命爆发、工业革命的兴起,大批资产阶级和贵族子弟涌入公学,公学逐渐由免费招生改为收费招生,且收费甚高,很多寒门子弟被挡在公学校门之外。

19世纪,随着工业革命的兴起,英国社会在经济、政治及文化等方面均发生了深刻的变化。公学在课程和教学方面的保守性、偏重古典课程、忽视实用科目、管理混乱等特点显然不能适应社会发展的要求。公学的改革就此开启。1828年,阿诺德对其担任校长的拉格比公学进行改革。在课程方面,阿诺德肯定了古典学科的教育价值,在古典课程中注入了新人文主义精神,注重通过古典学科向学生传授历史、诗歌、哲学和道德规范等知识,强调教育的目的在于提高学生学习的自我能动性、自我表达能力以及自我学习能力。在学校管理方面,阿诺德提出区别教学、缩小宿舍规模以及增加教师以加强监管,同时,效仿什鲁斯伯里公学设立级长制,让高年级学生管理低年级学生等学校管理措施。① 阿诺德的改革让拉格比公学焕然一新,其他公学和学校纷纷效仿。1861年,由英国政府任命、克拉伦登(Clarendon)伯爵任主席的皇家委员会对九大公学的财政状况、学校管理、课程设置、宗教教学等问题进行了调查。调查报告指出了英国公学存在的主要问题:①学校董事会的地位和权利问题;②校长和教师之间、津贴生和学生之间的关系问题;③课程狭窄问题;④由于机构不完全和教学不良而产生的问题;⑤大量的懒惰习惯、精神空虚和性格粗野的人的问题。② 在克拉伦登调查的推动下,英国政府加强了对公学的监督和管理。1868年,英国政府通过了《公学法》。《公学法》根据克拉伦登委员会的建议,要求公学改革学校的管理机构,规定涉及该法的7所寄宿学校须设立更具代表性的管理机构,新的管理机构享有决定学费、学生数、课程、宗教教学、校长任命等权力。此外,学校可继续享有不受任何政府干预的完全独立权,但要接受慈善团体成员的监督。③ 无论如何,19世纪英国公学的改革在一定程度上使公学发展摆脱了困境,推动了公学在数量上的发展。

2. 其他中等教育学校

(1) 文法学校。1864年,国会委任以汤顿(Taunton)为首的委员会对英国942所文法学校进行调查。汤顿委员会将英国的文法学校分为三类:第一类是实行寄宿制

---

① 李子江,卢嘉濠.19世纪英国公学改革论[J].河北师范大学学报(教育科学版),2016(1):29—33.
② 王承绪,主编.英国教育[M].长春:吉林教育出版社,2000:157.
③ 王承绪,主编.英国教育[M].长春:吉林教育出版社,2000:159.

的文法学校,以升学为目的,为上层贵族和资产阶级服务;第二类是培养军队、医务、法律、政府文职官员、工程和商业等方面人才的文法学校;第三类是为下层阶级而设的文法学校。① 三类学校在课程和学习年限方面均不相同。委员会建议在继续办好为升学做准备的古典学校外,应大力发展自然科学学校,并为平民子弟设置修业年限较短而传授技术的实科学校。

(2) 公立中学。1894 年,英国成立以布莱斯(James Bryce,1838—1922)为委员长的中等教育委员会。委员会建议,为了系统地组建中等教育,英国所有的中等学校应由统一的行政机构领导,并且要建立能够统辖各地方教育局、科学工艺局和慈善委员会等有关中等教育发展的中央行政机构。1902 年,英国议会通过《巴尔福教育法》,规定地方教育局享有设立公立中等学校和为其提供资金的权力,英国的公立中等教育制度形成。借助于这一制度,英格兰和威尔士受补助的中等学校人数迅速增长,至 1914 年共计约 200 000 人。②

(3) 女子中学。19 世纪后期,随着妇女解放运动的兴起,英国的女子中学也有所发展。1858 年,多罗西亚·比尔(Dorothea Beale)被任命为英格兰第一所私人团体办的女子中学——彻尔特纳姆女子学校校长。在此后的 40 多年中,多罗西亚·比尔推动该校成为英国唯一一所全国性的女子中学,学生达千人。在汤顿委员会报告发表后的 30 多年里,英格兰女子中学迅速发展,数量从 1860 年代的 12 所增加至 1895 年的 80 所。③

二、法国基础教育学校制度的结构与学校类型

(一) 初等学校机构

19 世纪初期,拿破仑对初等教育的发展缺乏热情,因而法国在拿破仑时代对公共初级小学没有专门的开支。拿破仑之后的复辟王朝政府对初等学校的发展做出规定,要求在每一市镇设立一个委员会,负责支持和指导初等学校的发展,同时,允许宗教团体和慈善机构应市镇的要求为初等学校提供教师。法令在一定程度上推动了法国初等学校的发展。此时,兰卡斯特教学法传入法国,由于某些资产阶级自由主义者的倡导,一种互教学校(mutual school)在复辟王朝初期有所发展。真正奠定法国初等学校

---

① 滕大春.外国教育通史(第四卷)[M].济南:山东教育出版社,1992:146.
② 滕大春.外国教育通史(第四卷)[M].济南:山东教育出版社,1992:149.
③ 王承绪,主编.英国教育[M].长春:吉林教育出版社,2000:167.

发展基础的是《费里法案》。《费里法案》规定了国民教育义务、免费和世俗化三原则,免除了初等学校的学杂费,规定6至13岁为义务教育的年龄,废除了教会对学校的监督权和牧师担任教师的特权,取消公立学校的宗教课程,代之以道德和公民教育课程……这些举措有力推动了法国公立初等学校的发展。

1886年和1887年,法国又相继颁布法案,对初等学校的课程做出规定,要求初等学校统一开设道德、阅读、书法、文法、算术、历史、地理、自然与农业常识、手工、唱歌、图画和体育等课程。19世纪后期,由维克多·库赞倡导的高等小学也受到了重视。1886年和1887年的教育法案规定,高等小学是初级普通教育的组成部分,是初等学校的延伸,学制三年,开设法文、应用算术、初等代数、几何、物理、农业与工业常识、经济知识、本国历史、经济地理、簿记、会计、手工和外语等课程;从二年级开始,教学按农业、工业和商业三组进行。① 高等小学为学生提供比较广泛和实用的知识,成为法国初等学校机构的一种重要补充。在《费里法案》及其他相关法案的推动下,法国的初等学校获得了明显的发展,到1920年,法国已有公立初等学校3579所,在学人数占到小学生总人数的80%。②

(二)中等学校机构

1. 中心学校。中心学校创办于法国热月党执政时期。1795年,热月党控制下的国会通过《多诺法》(Daunou Law),提出设立中心学校。中心学校是介于中学和大学之间的一种学校形式,学校以课程而不是以班级来组织学生,12至14岁的学生要学习制图、自然史、古代和现代语言,14至16岁的学生要学习数学、自然哲学、试验化学,16至18岁的学生要学习文法、文学、历史和法律,学生在完成规定的课程外,还可以自由选择其他课程。据统计,热月党执政时期共建立了101所中心学校,③在推动法国中等教育的近代化转变方面发挥了积极作用。

2. 国立中学和市立中学。拿破仑执政时期,中心学校被中央政府兴办的国立中学和地方开办的市立中学所取代,国立中学和市立中学此后一直成为法国中等学校的主要类型。国立中学实行寄宿制,办学目标在于为学生升入大学做准备,同时兼为拿破仑军队培养军官。学校同时重视科学知识和古典科目,开设课程包括法语、文学、古典语言、修辞学、道德、数学、物理、化学、天文、历史、地理等。市立中学与国立中学类

---

① 滕大春.外国近代教育史(第二版)[M].北京:人民教育出版社,2002:435.
② 滕大春.外国近代教育史(第二版)[M].北京:人民教育出版社,2002:436.
③ 滕大春.美国教育史(第二版)[M].北京:人民教育出版社,2001:115.

似,其课程学习要求稍低于国立中学。学生在国立中学或市立中学毕业后可获得学士学位,担任国家官员。

3. 专科学校。拿破仑执政时期,为鼓励工商业和技术的发展,政府积极投身于专科学校的发展。这一时期开办的专科学校有医药学校、法律学校、机械与化学工艺学校、数学专科学校、地理历史和政治经济学校等。为了培育军事指挥人才和国立中学师资,拿破仑还创办了被誉为法国西点军校的圣苏尔特种军事学校,恢复了被热月党人停办的巴黎高等师范学校。

4. 女子中学。1867年,在维克多·杜律伊、卡米耶·塞等人的倡导下,法国成立了女子中等教育协会,该协会设立了最后授予毕业证书的3年中学课程。共和党人执政以后,按照1880年颁布的女子教育法案,国立和市立女子中学得以开办。女子中学修业年限为五年,分为两个阶段,第一阶段三年,第二阶段两年。课程设置也以杜律伊提出的方案为基础,即不设古典语文,而设置法语和现代外语、历史、地理、理科知识、家政、手工等。公立女子中学的建立推动了法国女子教育的发展,到第一次世界大战前夕,法国公立女子中学的学生数已接近五万人,约占男子中学学生数的三分之二。①

三、德国基础教育学校制度的结构与学校类型
(一)初等学校

尽管德国是近代较早颁布普及初等教育法令的国家(或地区),但受制于国力、经费、校舍、师资等因素,德国的义务教育在很长一段时期并未彻底实施,许多初等学校设备简陋,师资匮乏,教学水平低下,学生辍学现象严重。自19世纪开始,德国初等学校才真正成为国民教育机构的组成部分。19世纪60年代俾斯麦主政时,德国的初等学校体系逐渐确定下来:初等学校分为初、高两级,每级四年,共计八年。其中,初级称为基础学校(grundschule),高级称为高等国民学校(volksschule)。两级学校都实施强迫义务教育,儿童6岁入学,14岁结业。

1872年,在宗教与教育部部长法尔克的主持下,德国颁布实施《普通初等学校和师资培训学院的管理规章》(简称《普通学校法》)。法令规定,初等学校的宗旨是通过由政府严格控制的学校,抵制革命思想的传播,训练忠顺而又勇敢的国民。在这一宗旨的主导下,宗教和德语教学受到格外重视,宗教教学的目的在于使儿童理解和诵读

---

① 滕大春.美国教育史(第二版)[M].北京:人民教育出版社,2001:438.

圣书,培育儿童的道德情操;德语教学则被视为是统一国民思想、促进民众国家化和激励人们为国家而奋斗牺牲的重要工具。除此之外,阅读教学主要是诵读有关社会生活的文章和讲授比较简易的语法知识;算术教学一般讲授分数及日常生活所需要的小数,程度高的小学还讲授根数开方、初等几何知识等;历史教学侧重学习德意志及普鲁士的历史;地理教学从乡土教材开始,由近及远讲授德国的位置,以及地球的形状、运动和昼夜循环的知识等;博物一科包括人体解剖和生理知识,以及动物、植物和矿物等知识;物理化学讲授比重、物体、运动、音响以及光热磁电等知识。此外,学校还设置画图、唱歌、体操、手工等科目。1872年的教育法还规定,在四年制的初等学校之上建立六年制的中间学校(mittelschule)。中间学校的名称有两重含义:从教育程度上,它处于初等教育和中等教育之间,性质不同于传授古典科目和科学知识的中学;从服务对象上看,它主要服务于小公务员和商人等中间社会阶层的子弟。中间学校主要招收四年制初等学校的毕业生,学制六年,主要教授宗教、德语、算术、几何、自然、物理、化学、地理、历史、外国语、画图、唱歌、体育等实用科目,对学生收取学费。学生毕业后可直接就业,也可转入中学,进而升入大学。19世纪后期,在相关法令的推动下,德国的初等学校获得明显的发展,以普鲁士为例,1861年城市初等学校数量为2935所,共计10 290个班,乡村初等学校有21 838所,共计26 493个班;在40年之后的1901年,城市初等学校的数量达到4 413所,共计35 733个班,乡村初等学校数量达到32 332所,共计63 349个班。①

(二) 中等学校

19世纪,承担德国中等教育的学校机构有文科中学(gymnasium)、文实中学(realgymnasium)和高级实科学校(oberrealschule,也称实科中学)。

文科中学是德国传统的中等教育机构,这类学校重视古典科目的教学,其主要任务是为封建主培养未来的官吏。实科中学主要是为适应德国资本主义工商业和科学技术的发展而设立,两类中学在19世纪前期并存于德国的中等教育体系中。19世纪后期,有关两类中学的地位问题引起德国民众和教育部门的激烈争论。1882年,在教育大臣彭尼兹的主持下,德国公布了《改革中等学校的规程》。规程提出德国中学包括文科中学、文实中学和高级实科学校,三类学校均分为六级,修业9年,中等学校的年级名称按序数逆向排列,即由低到高分别为6级、5级、4级各修业1年,3级下、3级

---

① [德]鲍尔生. 德国教育史[M]. 滕大春,滕大生,译. 北京:人民教育出版社,1986:174.

上、2级下、2级上、1级下、1级上各修业1年。这次改革意在调和文实矛盾,然而实施的结果却是各方均不满意。文科中学和实科中学的斗争于1892年得到了暂时平息,这一年颁布的法令规定德国实施三类中学并存,一是文科中学,以教授拉丁语和希腊语为主,二是文实中学,只教授拉丁语且兼重自然科学,三是高级实科学校,不教授古典语而注重数学、自然科学和现代语言的学习。三类学校的修业年限均为九年,各类学校都开设宗教、德语、历史、唱歌、手工、体育等科目,总共12到16门课程,每周约30课时。① 1901年,在教育大臣斯图特的主持下,德国公布了新的规章,对各类中等学校的课程编制和考试制度作出规定:①文科中学,保持古典语文的教育传统,设置拉丁语(68学时)和希腊语(36学时)两门古典语言课程;②实科中学,不设希腊文,但保存拉丁文,学时为43个,此类学校注重发扬现代精神,在高年级以现代语和现代科学为教学重点;③高级实科学校,以现代文化为主要学科,开设法语(47学时)和英语(25学时)以及德语(34学时)、算术和数学(47学时)等。②

四、美国基础教育学校制度的结构与学校类型

(一)初等学校

建国初期,美国初等教育获得有利的发展契机,各类初等学校机构,如主妇学校、书写学校、市镇学校、导生制学校、星期日学校、幼儿学校等均获得了发展。

导生制学校于1818年由兰卡斯特引入美国,因满足了群众对教育的要求而受到欢迎。据统计,纽约市的导生制学校从1805年到1842年共招生50万人,开支经费350万元。③ 星期日学校源于英国,主要是对那些流浪街头、生活无着的贫儿进行教育。1786年,美国弗吉尼亚州汉诺威县率先设立星期日学校,随后,各地纷纷效仿,一些教会也利用教堂创办这类学校,借教授识字和阅读向青少年灌输宗教思想。幼儿学校源于英国空想社会主义者欧文于1816年在苏格兰新拉纳克进行的办学实验。1818年,美国波士顿市率先效仿,拨款5 000美元成立幼儿学校。④ 最初,幼儿学校和小学分别设置,后来两者合校,幼儿学校成为小学之下的幼儿班,二者在体制上衔接起来。自波士顿引入幼儿学校之后,纽约、费城、卜洛维登斯等地相继推该类学校。总体而

---

① 滕大春.外国教育通史(第四卷)[M].济南:山东教育出版社,1992:91.
② 滕大春.外国教育通史(第四卷)[M].济南:山东教育出版社,1992:95.
③ 滕大春.美国教育史(第二版)[M].北京:人民教育出版社,2001:178.
④ 滕大春.美国教育史(第二版)[M].北京:人民教育出版社,2001:180.

言,美国建国之初的初等学校类型庞杂,彼此无关联,无严格制度,水平相当低劣。这也成为美国在19世纪30年代推行公立学校运动、改进初等教育的重要原因。

作为美国公立学校运动的产物,公立初等学校发展成为美国近代最重要的初等教育机构。公立学校的办学目的在于为国家培养健全的公民,使人人得享平等的受教育权利。它由各地征收的教育税来维持运行,实施免费和强制入学制度,并与宗教机构实现分离。在教学科目方面,由于各州对学校教授科目从未作出规定,公立学校除了读、写、算等传统科目外,其教学内容也随着各种科学文化知识的进步和师资的增加而有所扩展。随着1821年科洛朋(H. T. Colburn)编写的《算术课本》、达文波特(John Davenport)编写的《美国历史课本》以及后来韦伯斯特编撰的《美国历史课本》等纷纷问世,各科教学内容逐渐丰富起来。各州也开始以立法的形式规定学校设置的科目。如马萨诸塞州早期要求学校教授读、写,1789年增加拼写、英语及语法、算术为必设科目,1826年又增加地理课,1857年增加历史课;俄亥俄州于1825年规定所有学校必须教授读法、书法、算术,1831年允许城市学校教授其他科目,1848年又令学校增设地理和语法。经过一系列努力,公立初等学校的教学内容逐渐丰富起来。在教学方式方面,公立初等学校改变美国传统的集不同年龄儿童和青少年于一堂的做法,而开始采用分班、分级授课制。传统学校一般只有一到两个可以容纳数百人的教室,教师在拥挤的教室中对不同年龄的学生进行个别指导,教学质量难以保证。19世纪40年代之后,公立初等学校开始增加教室,或将已建成的大教室隔断为小教室,这样,不同年龄和学力的学生得以被分在不同的教室学习。1860年,这种分班、分级的教学方式已在大城市的小学中广泛实现。

(二) 中等学校

美国在近代出现的中等教育机构主要包括三类:文法学校、文实中学和公立中学。文法学校产生于17世纪,以欧洲特别是英国的古典学校为原型,是当时北美殖民地重要的中等教育机构。以波士顿拉丁文法学校为例,该校以研修拉丁语为主,修业年限为7年,男孩一般7岁或8岁入学,前三年学习基础的拉丁语作品,如《格言》《伊索寓言》等,后四年研读伊拉斯谟、伊索、奥维德、西塞罗等人及其他拉丁和希腊作家的作品。文法学校每天学习时间较长,一般从早上六点或七点持续到下午四五点,每周学习六天。学校纪律严峻,极重体罚,对体育、音乐、艺术、科学、数学等科目也不重视,教学方法注重背诵和记忆。

文实中学伴随着18世纪上半叶美国社会对实用知识技能兴趣的增加而产生。美国最著名的文实中学为富兰克林于1751年创办的费城文实中学,它也成为美国历史上第一所将古典课程与现代实用学科相结合、兼顾升学与就业双重目标的中等学校。在办学方式方面,文实中学采取接受州政府补助、寻求社会或宗教机构捐助及私人办学等多种方式,灵活筹集办学资金及土地,并视具体情况收取数额不等的学费;在内部管理方面,学校多实行寄宿制,或在校内开设预备班,对学校与各政治或宗教团体的关系,文实中学一般不做统一的要求和规定;在课程设置方面,大多数文实中学兼顾古典和实用科目,依据社会需要开设门类广泛的课程,此外还设立选修课,进行课程分科,安排一些短期的小型课程等;在教学方面,文实中学兴盛之时正是美国由个别教学向班级教学转变的过渡时期,文实中学承担了这一改革的重任,许多学校采用班级教学的方式和灵活的教学制度,不设定统一的标准和教学计划;在功能定位方面,文实中学突破了文法学校专为青少年升学服务的单一宗旨,把培育青少年的就业本领也作为重要的目标,使学生毕业后也有能力参加一些职业工作。文实中学在19世纪上半期获得了快速发展,据统计,从1800年至1830年,具有法人资格的文实中学从100多所增加到950所,到1850年前后竟达到6085所,入学人数达263万。①

1827年,马萨诸塞州法律规定创办公立中学,然而,由于反对平民学校人士的阻挠及文实中学的竞争,将中学纳入美国公立教育体系的问题始终未能解决。1874年,美国著名的"卡拉马祖案"作出裁决,肯定了州及学区有权征税建立一个包括公立中学在内的完整的公立学校体系。"卡拉马祖案"确立了地方政府通过征税开设公立中学的合法性,为美国公立中学的发展提供了法律保障,在此之后,公立中学获得了迅速发展。数据显示,从19世纪90年代至第一次世界大战,美国公立中学数上升至2.5万所,入学人数达160万以上。② 在经费支持和办学方式方面,公立中学主要依靠地方教育税维持,同时也接受州及联邦政府的补助,除了法律规定的地方办学之外,也允许较小的行政单位或学区进行联合办学。在课程设置方面,早期公立中学偏重于实用科目及自然科学,但随着社会的发展和人们教育需求的增加,课程的门类也迅速增加。到19世纪末,美国公立中学的课程已包含实用课程、选修课程、大学预科课程等不同门类的多个科目。就学校职能而言,公立中学最初偏重于为广大青年就业做准备,但随着人口的增加、城市的发展和生活水平的提高,希望升大学的青年逐渐增多,公立学校也开始满足一部分青年的升学需求。"卡拉马祖案"判决后,公立中学被明确列入公

---

① 杨孔炽,徐宜安. 美国公立中学发展研究[M]. 武汉:湖北人民出版社,1996:14.
② 滕大春,主编. 外国近代教育史(第二版)[M]. 北京:人民教育出版社,2002:474.

共教育的行列之中,公立中学随即担负起普及和推广教育、让所有青年接受初步的中等教育的职能。

第四节 赫尔巴特理论在中国新式学校的传播

欧美基础学校制度体系的构建及学校教育职能的发挥,客观上呼唤能够在课程设置、教育教学环节与过程、教学手段与方法等方面提供指导的教育教学理论的支持与引导。赫尔巴特的教育教学理论以观念心理学和伦理学为基础,以对儿童多方面兴趣的尊重与发挥为导向,以对教师教学实践中主导作用的确认为核心,着重就知识传授与具体课堂教学形势与阶段作了具体的探索与设计,为基础教育教学实践提供了直接的指导,从理论与实践相结合的层面夯实了欧美基础教育学校制度建设的基本内涵与教育职能。

为适应"数千年来未有之变局",满足西学东渐背景下我国救亡图存的社会需要,我国新式学校得以设立,新式教育制度逐步完善。我国在新式学校教育制度的建设过程中,借译介日本教育著作、发表教育学术论文、留日教育推动等方式引入赫尔巴特的教育教学理论,为我国新式学校与新式教育发展提供了必要助力。

一、赫尔巴特理论在中国新式学校传播的社会背景与教育基础

(一) 救亡图存与西学东渐

鸦片战争之后,面对清王朝日趋衰败的统治和西方列强步步深入的侵略,近代中国出现了"数千年来未有之变局"。如李鸿章所言,"东南海疆万余里,各国通商传教,来往自如,糜集京师及各省腹地,阳托和好之名,阴怀吞噬之计,一国生事,诸国构煽,实为数千年来未有之变局"。① 之后的甲午战败、八国联军侵华更是将中国完全带入了半殖民地半封建社会的境地,"天朝大国"的自信消融殆尽,取而代之的是亡国灭种的威胁。在此背景下,救亡图存、保国自强成为时代发出的最强呼唤和近代中国社会革新的主要目的。洋务派、维新派、革命派等相继登场,他们从经济、文化、政治制度等多个方面对社会的变革推波助澜,试图通过各自的努力拯救深重的国难危机。与救亡图存相伴随的是西学东渐在近代中国的不断加深。西学东渐在19世纪后期至清末的

---

① 引自田正平,主编.中国教育史研究(近代分卷)[M].上海:华东师范大学出版社,2009:25.

中国经历了两次高潮，一次是由洋务派所推动，主张从科技层面借用西学，另一次则是由维新派所倡导，主张从政教层面汲取西学。第二次鸦片战争之后，有识之士开始幡然醒悟，对西方侵略者的坚船利炮产生了前所未有的警觉。以李鸿章、左宗棠等人为代表的洋务派提出"师夷长技以自强"的口号，主张学习西方的语言、科学、现代军事和生产技术等，以达到自强图存的目的。他们兴办新式学堂、发展近代军事和民用工业、建立新式军队、引进西方的先进装备，试图通过这种方式改变中国贫穷落后的局面。然而由于洋务派对西学的认识和引入仅局限性在"用"或"技"的层面，对西方先进的民主政治制度及其背后的思想文化新知却心存畏惧、视而不见，这决定了由他们主导的这次向西方学习无法从根本上改变中国社会的落后状况。甲午战争之后，国人的救亡图存之心进一步加剧，以康有为、梁启超、严复等为代表的维新派开始从制度和思想层面对国家的现实状况进行理性反思，他们不仅把矛头指向洋务派"中体西用"的办学思想上，还主张引进西方近代意义上的政教制度和学术思想，以图从根本上改变中国的落后状况。维新派通过创办学会报刊、翻译西方学术名著、引进西方的文教政治制度等来宣扬和传播西学，为西学东渐在制度层面的深入开展创造了一定条件。不管是洋务派还是维新派，尽管他们没能从根本上拯救深重的国难、改变中国社会的落后局面，但在客观上推动了西学在国内的传播。借助于西学东渐，一些西方先进的教育思想和教育制度开始传入中国，它们推动了中国近代新式教育的产生和教育制度的变革，也在一定程度上为现代学校制度在中国的缔造准备了条件。

（二）新式教育的兴起

1861年以后，清政府出于维护自身统治的需要，在政治、军事、经济等方面采取了一系列重大改革措施，如成立总理衙门、尝试改革政治制度、创建近代工业企业、追求军事近代化等，史称"洋务运动"。所有这些带有明显资本主义色彩的新举措的实施，都呼吁着新式人才的出现，这在客观上为借鉴西方先进经验变革中国传统的教育方式、人才培养模式等提供了社会动力，中国近代新式教育由此兴起。这一时期的新式教育主要体现在以下两个方面。

1. 新式学堂

近代新式学堂发轫于1862年清政府为适应外交需要、培养外语人才而创办的京师同文馆。京师同文馆下设英文馆、法文馆、俄文馆、天文算学馆等，开设英、法、俄、德等外语科目，延请外国教习教学，学生在学习语言的同时，兼修数学、天文、化学、物理、万国公法、世界历史、世界地理等西方近代文化课程。作为中国近代第一所新式学堂，京师同文馆成为传播西学、培养人才的重要基地。在它的引领下，一大批语言学堂、技术学堂、军事学堂等相继创办。除京师同文馆外，新式语言学堂还有上海同文馆（1869年后改称上海广方言馆）、广州同文馆、新疆俄文馆、湖北自强学堂等，旨在教授外国语、培养外交和外语人才；技术学堂有福建船政学堂、江南制造局操炮学堂、福建电报学堂、天津电报学堂、广东实学馆等，旨在培养轮船制造、航海、电讯、医学、矿务等领域的专门人才；军事学堂有天津水师学堂、天津武备学堂、广东水陆师学堂、山东威海卫水师学堂等，主要培养陆军、海军等军事人才。

2. 留学教育

留学教育与新式学堂创办一起成为中国教育近代化起步的重要标志。近代政府层面的留学教育分为两批：1872年的幼童赴美留学和1877年福建船政学堂学生的赴欧留学。1868年签订的《中美续增条约》规定："嗣后中国人欲入美国大小官学学习各等文艺，须照相待最优国之人民一体优待。"①该条约为赴美留学提供了政策依据。在容闳等人的推动下，1872年，清政府分四批派出120名幼童赴美留学，计划通过15年的留学培养国家发展需要的各方面人才。由于国内保守势力的阻挠，幼童的留学活动并没有坚持下去，1881年，清政府分三批撤回留美幼童。1877年，由福建船政学堂派出的28名学生（后增至35人）赴英法两国学习。这届留学生取得了理想的效果，大部分学生完成了学业，回国后担任新式学堂教习、水师管驾官、技术监工等职。此后，福建船政学堂又陆续派出了三届留学生。

(三) 近代教育制度的发端

与新式教育的兴起及学习西方教育相伴随的是我国近代教育制度的发端。1902年，在清末新政和兴学热潮的推动下，我国第一部学校系统章程《钦定学堂章程》（亦称《壬寅学制》）正式颁布。新学制对各级各类学堂的培养目标、修业年限、入学条件、课程设置及相互衔接关系等做了详细规定，但由于本身的不完备及清政府对学制制定者张百熙的疑忌，新学制并未实施。1904年，清政府颁布《奏定学堂章程》（亦称《癸卯学制》），该学制成为我国近代教育史上第一个正式颁布且在全国普遍实施的学制。《癸卯学制》分三段七级：第一段为初等教育，设蒙养院、初等小学堂和高等小学堂；第二段为中等教育，设中学堂；第三段为高等教育，设高等学堂或大学预科、分科大学、通儒院。学制还对各级学堂的办学宗旨、培养目标、入学规则、学习年限、课程设置、教学方

---

① 引自田正平，主编.中国教育史研究（近代分卷）[M].上海：华东师范大学出版社，2009：37.

法、校舍建筑、仪器设备、考试奖惩、教师任用、学校管理等作了详细的规定。《癸卯学制》的颁布标志着我国近代学校教育初步进入了制度化和系统化的时期,我国近代学校教育制度的基本模式就此确立。

民国建立后,南京临时政府为适应社会变革的需要将前清的学部改为教育部,任命蔡元培为民国第一任教育部长。之后公布了"注重道德教育,以实利教育、军国民教育辅之,更以美感教育完成其道德"的教育宗旨。在这一教育宗旨的指导下,国民政府在1912至1913年颁布了《学校系统令》及其他关于小学、中学、专门学校、实业学校、师范学校及大学的相关法令,这些法令综合起来统称《壬子癸丑学制》。《壬子癸丑学制》分三段四级:第一段为初等教育,分初等小学校和高等小学校两级;第二段为中等教育段,只有中学一级;第三段为高等教育,亦只有一级,分预科和本科。初等教育之下设蒙养院,高等教育之上设大学院。《壬子癸丑学制》是适应资产阶级共和制度而颁布的学校教育制度,它体现了民主、共和的教育宗旨和资产阶级自由、平等、博爱的伦理道德观念,它的颁布与实施标志着我国的教育制度向着近代化的方向又迈出了关键性一步,实现了从传统教育向近代教育的本质转化。

二、赫尔巴特理论在中国新式学校传播的路径与方式

赫尔巴特教育理论最初是假道日本传播到中国的。20世纪前后,以日本为媒介传入中国的赫尔巴特教育理论,以各种外显或内隐的方式,影响人们的教育观念和行为指向,并以各种制度、规则为中介,直接或间接地对中国新式学校的教育教学实践产生影响。赫尔巴特教育理论在中国新式学校的传播路径或方式大致可归结为以下几种。

(一) 日本教育著作的译介

20世纪前后,在西学东渐和学习西方先进制度浪潮的推动下,包括赫尔巴特在内的一些西方著名教育学家的学说和著作假道日本传到中国。据统计,这一时期出版的教育学书籍约有64种(包括讲义和报刊连载),其中直接注明译自日本著作和日本人讲述的有36种。[①] 当时国内介绍和传播赫尔巴特教育理论的日本教育译著主要有两类:一类是涉及赫尔巴特教育理论的教育学著作,包括日本立花铣三郎的《教育学》(王国维译,1901)、牧濑五一郎的《教育学教科书》(王国维译,1902)、加纳友市和上田

---

① 周谷平.近代西方教育理论在中国的传播[M].广州:广东教育出版社,1996:27.

仲之助的《实用新教育学》(1902)、吉田熊次的《新教育学释义》(1904)、波多野贞之助的《教育学讲义》(直隶留学日本速成师范生编,1905)、熊谷五郎的《大教育学》(1907)、中岛半次郎的《新编教育学讲义》(韩定生译,1911)等;另一类是介绍赫尔巴特教学理论的日本教授法著作,包括汤本武比古的《教授学》(1901)、大濑甚太郎和中川延治的《教授法沿革史》(1902)、樋木勘次郎的《小学统合新教授法》、长谷川已彦的《教授原理》(1905)、东基吉《小学教授法》、佐佐木吉三郎的《小学校教授法》、棚桥源太郎的《小学校教授法》、富永岩太郎的《大教授法》(1907)、森冈常藏的《各科教授法精义》以及小泉又一的《小学各科教授法》等。以汤本武比古的《教授学》为例,该书共14章,另附5个教案及一个补录,其中第九章至第十三章主要论述了赫尔巴特的"五段形式教学阶段",即预备、授与、联合、结合和应用。附录部分列举了古谣、算术、语文、自然、科学、物理和历史六门学科的教案,这些教案主要根据莱因的"五段形式教学阶段"理论编写而成,为读者直观地呈现了赫尔巴特"五段形式教学阶段"的教案原型,从而也成为我国教师编写教案的原始范本。[①]

(二) 杂志、刊物发文介绍

除了翻译日本的教育学、教授法著作外,国内学者还以在当时教育杂志和刊物上发文的方式介绍和传播赫尔巴特的教育教学理论。这种方式又可分为两种情况:第一,直接撰文介绍和阐述赫尔巴特的教育理论和教学方法。比如1910年张世杓在《教育杂志》(第2卷9号)上发表《莱因氏之五段教授法》一文,文章从赫尔巴特论及莱因,详细介绍了莱因的教授法名著《小学校教授之实际》,并翻译了莱因的教案加以解释。为了利于国人的理解和应用,作者还在文章最后依据莱因的五段教授法列举了若干教学案例,使赫尔巴特的教学理论进一步地具体化。此外,《教育世界》杂志刊载的《费尔巴尔图派之教育》(1903)、《中华教育界》杂志刊载的《十九世纪大教育家海尔巴脱之学说》等文章,也详细地介绍和论述了赫尔巴特的教育理论和学说,推动了赫尔巴特理论在中国新式学校的传播。第二,通过发文介绍日本在推行赫尔巴特形式阶段教授法过程中所颁布的各种教规、教则,间接地推动赫尔巴特理论在中国的传播。《教育杂志》刊载的《教授法批评要项》一文,详细介绍了赫尔巴特教授法理论指导下的日本学校教授阶段的评价标准:"一、目的指示适当否;二、提示新观念时,能以旧观念分解整理,而使之类化否;三、所提示者确实有把握否;四、新旧观念能互相比较而融合否;五、新观

[①] 肖菊梅.清末民初赫尔巴特"五段形式教学阶段"的导入及推广——以汤本武比古的《教授学》为考察中心[J].教师教育学报,2014(6):62—67.

念能得到明确之统括否;六、应用及练习能纯熟适当否。"①据统计,《教育世界》杂志在1901至1903年间所刊载的日本各种教规、教则多达95种。② 对这些教规教则的介绍大大推动了国内新式学校对赫尔巴特理论的了解和接受。

(三)留日学生的推动

20世纪初,留日学生在推动赫尔巴特理论国内的传播过程中起到了重要作用。当时,在全面学习日本的总体氛围下,中国掀起了继洋务运动留学欧美之后的第二次留学高潮,即留日高潮。资料显示,中国的留日学生人数在1905至1906年间达到最高峰,共计8000人以上。③ 在留日学潮中,学习师范和速成教育成为留学生的一大主流,由于他们留学日本之时,正值赫尔巴特理论在日本教育界方兴未艾,他们得以直接接触和学习赫尔巴特理论,并且在学成归国后,成为国内赫尔巴特理论的直接传播者。

事实上,在上述译介日本教育著作和刊发关于赫尔巴特理论的各种文章的活动中,留日师范生已经起到了主力军的作用。除此之外,留日师范生还通过以下方式推动赫尔巴特理论在国内的传播。

(1)通过编辑整理留日期间的听课笔记促进赫尔巴特理论在国内的传播。比如湖北留日师范生和直隶留日速成师范生根据波多野贞之助的授课内容整理而成的《教育学讲义》,以记录详细和可操作性强为主要特征,成为国内传播赫尔巴特理论的重要资料。其他如湖北游学日本师范生编的《师范讲义》等,也在赫尔巴特理论的传播中发挥重要作用。

(2)通过在师范学堂担任教师和在教育部门担任主管,宣传和传播赫尔巴特教育理论。大批的留日师范生在学成归国后担任新式师范学堂的教师,他们直接将赫尔巴特的教育理论和方法传播给国内的师范生,并通过师范生将其运用到具体的教学实践中。一些留学生如范源濂、景耀月、董鸿祎等归国后担任教育部门的要职,在宣传和传播赫尔巴特理论的过程中起到了重要的决策和引领作用。

(3)通过组织和参与教育团体推动赫尔巴特教育理论的传播。比如1905年早稻田大学留学生雷奋、早稻田专门法政学校留学生杨廷栋等人发起了江苏教育会;又如1906年明治大学的钟麟祥、早稻田大学的刘崇佑、东京高等师范的王修等人发起成立了福建教育总会等。这些由留学生发起的教育团体成为当时国内赫尔巴特理论交流

---

① 周谷平. 近代西方教育理论在中国的传播[M]. 广州:广东教育出版社,1996:75.
② 周谷平. 近代西方教育理论在中国的传播[M]. 广州:广东教育出版社,1996:75.
③ 周谷平. 近代西方教育理论在中国的传播[M]. 广州:广东教育出版社,1996:28.

与传播的重要平台。

（四）来华日本教习的助力

来华日本教习是20世纪初另外一支推动赫尔巴特理论在新式学校传播的重要力量。数据统计显示，1909年，在华执教的外籍教习共计356人，其中来自日本的有311人，占总人数的87%。① 教育家俞子夷曾在关于现代小学教学方法演变的回忆录中说："初办师范时期，许多新学均请日本教师讲授，教育部门各科，包括教授法，亦多由日籍教师担任。当然，任教者亦有若干归国留学生，但人数不多。两者同出一源，而日本通行的也只有五段法。"② 日籍教师在我国新式师范学堂中任职的普遍性可见一斑。事实上，20世纪初，大量的日本教习分布在京师、直隶、江苏、广东、湖北、湖南、四川、福建、山东等全国22个地区，他们担任各级师范学校的教育学、教授法、学校管理法等师范教育核心课程的教授工作，成为传播包括赫尔巴特理论在内的日本流行的各类教育理论的有力推动者。以著名日本来华教习藤田丰八为例，他于1897年春来到上海，曾出任江苏师范学堂总教习，还做过当时流行的《教育世界》杂志的编辑顾问。在担任总教习期间，藤田丰八将日本学校的管理模式、课程、教材与教法等引进江苏师范学堂，促进了包括赫尔巴特教育理论在内的西方教育思想、教学方法在国内的引进和传播，也为江苏省培养了一批新式教育的师资。③

三、赫尔巴特理论在中国新式学校的传播与中国新式学校教学实践的发展

1904年，清政府颁布《奏定初级师范学堂章程》，将"教育史、教授法、教育法令、学校管理法等"列为初级师范学堂的必修科目，还明文规定应采用形式阶段教授法："各教科详细节目，讲授之时不可紊其次序、误其指挥，尤贵使互相贯通印证，以为补益。"④ 此外，《章程》还规定师范生须到附属小学中进行教学法实习，"师范各科教员及附属小学堂之堂长与教员，务须会同督率师范生监视其授业，品评其当否，且时自教授之以示模范"。⑤ 借助于师范章程的颁布、教授法科目在新式师范学堂中的普遍开设以及与之相关的教育实习制度、评价制度等的确立，赫尔巴特理论尤其是其"五段教学法"开始进入中国新式学校的课堂教学中。据孙世庆在《中国之初等教育》一文中的回

---

① 周谷平.近代西方教育理论在中国的传播[M].广州：广东教育出版社，1996：32.
② 董远骞，施毓英，编.俞子夷教育论著选[M].北京：人民教育出版社，1991：474.
③ 霍云丽.赫尔巴特学派教育理论在华传播及影响[D].华东师范大学硕士学位论文，2009：14—15.
④ 朱有瓛，主编.中国近代学制史料（第二辑）（上册）[G].上海：华东师范大学出版社，1987：183.
⑤ 朱有瓛，主编.中国近代学制史料（第二辑）（下册）[G].上海：华东师范大学出版社，1989：228.

忆:"自前清创设学校,规定教科,小学教员始知演习教授方法。当时赫尔巴特之阶段教授法传入中国,小学教员皆'奉之为圭臬'。虽实际上或用五段,或用三段,不免变通之点,然其教授之原理,均以赫尔巴特派之学说为依据。"① 近代教育家俞子夷也回忆:"首次大战前,小学教法主要从日本输入,而其内容与本质主要是基于五段法的一套。"② 为了推动五段教学法在新式学校中的运用,一些教育督导官员甚至将是否采用赫尔巴特的五段教学作为衡量各地办学水平和教师教学水平的考察项目之一。例如,1908年直隶视学李揞荣在《调查武清县东北两路各学堂报告》中描述该县初等小学堂的情形:"教员张作舟,系通州初师毕业生,纯谨老成。聆其讲授修身,于五段教授法稍欠研究。体操有纪律而少精神。观其课程表,历史每周二学时,读经一堂,时间长至七十分钟,均商令照章改良。"③

辛亥革命后,为了使赫尔巴特理论更好地适应中国近代学校教育的现实情况、服务于新式学校的课堂教学改革,以俞子夷、杨保恒、周维城等为代表的近代教育家积极地开展关于五段教学法的研究和试验。他们将江苏第一师范学校附属小学作为大本营,根据各学科的实际情况对五段教学法做了灵活变通,比如将国文教学中的五段简化为四段,将算术教学中的五段简化为三段,不同科目虽学段不同,但都力求遵循一定的教学程序,做到教法上有章可循。以国文读法为例,俞子夷等人设置的教学一般过程为:事物教学、目的指示、课文大意、新字解释、课文讲读、讲读练习、段落大意、文体结构、应用练习。④ 其中,事物教学可对应赫尔巴特五段教学法的"预备"阶段,课文大意、新字解释、课文讲读属于五段教学法中的"提示",段落大意属于内容方面,文体结构属于形式方面,二者统称"整理",用以替代"比较"和"概括",最后的应用练习即"应用"。俞子夷等人的教学方法研究和试验,力图结合我国的学校课堂教学实践对赫尔巴特的五段教学法进行适当的改造和变通,在此基础上建立起我国各科教学法的初步基础。俞子夷等人关于赫尔巴特五段教学法的试验和探索,体现了我国本土学者在引进外来教育理论和方法过程中所进行的方法论上的思考,五段教学法也借助于他们的试验,在中国新式学校课堂中得到了深入的应用和推广。

赫尔巴特教育理论尤其是五段教学法在中国新式学校的传播,推动了新式学校教

---

① 孙世庆.中国之初等教育[J].北京师大教育丛刊,1923(4—2):21.
② 董远骞,施毓英,编.俞子夷教育论著选[M].北京:人民教育出版社,1991:478.
③ 朱有瓛,主编.中国近代学制史料(第二辑)(上册)[G].上海:华东师范大学出版社,1987:317.
④ 董远骞,施毓英,编.俞子夷教育论著选[M].北京:人民教育出版社,1991:478.

学实践的变革和发展。首先,借助于赫尔巴特教育理论和教学法的传播,讲授法逐步取代中国传统私塾中的"记诵法",成为新式学校的基本教学方法。《癸卯学制》规定新式学堂的教学方法应"以讲解为最要,讲解明则领悟易","万一有记性过钝",实在不能成诵的学生,"宜于试验时择紧要处令其讲解"①……此款规定对新式学堂的教学起到了指导作用。在推行讲授法的过程中,赫尔巴特的五段教学法因其系统性、实用性和可操作性等特点,很快受到当时师范学校和广大小学教师的欢迎。当时的各科教学普遍采用讲授的方法,以国文教学为例,一般是教师逐字逐句进行讲解,学生通过还讲、习问、默写等方式巩固练习,具体的教学过程通常按照赫尔巴特教学法的预备、提示、联络、总括和应用五个阶段进行。其次,五段教学法和当时的一种单级复式教学编制组织形式(即现代教学论中的复式教学)相结合,形成了新式学校中一种新的、富有效率的教学模式,推动了新式学校教学实践的发展。1909年,为了促进普及教育,江苏省教育会在江苏总督端方的支持下,派遣杨保恒、俞子夷、周维城赴日本考察单级复式教学编制组织、设备情形及一切教学方法。回国后,俞子夷对日本的单级复式课堂教学做了详细汇报,并举办单级教授练习所,推广这种教学组织形式。在实际推广中,他们把单级复式教学组织方式和五段教学法的程序阶段模式结合起来运用于教学实践,即"单级只是编制方式,教法实质仍不外日本通行的那一套所谓赫尔巴特的五段法"②。借助于这种结合,单级复式编制教学组织方式成为五段教学法的有力载体,新式学校师资不足、学生分散、设备不足等困难得到缓解,学校的教学效率得以提高。最后,赫尔巴特五段教学法的传播和应用推动新式学校中一种新的教学辅助手段——"教案"的产生和广泛使用,从而有力地推动了新式学校教学实践的进步。在当时国内流传的一些日本学者关于赫尔巴特理论的教育著作中,往往附有不同科目的教案供学习者参考。比如在汤本武比古所著的《教授学》一书的后面就附有六个根据莱因"五段形式教学阶段"编写而成的教案,每个教案采用"目的—大意—题目—方法(教学程序)"等样式编写,条目清晰,环环相扣,为学习者提供了直观的参考。在赫尔巴特五段教学法推广的过程中,这些教案直接成为我国教师的教学参照范本,很多教师开始仿照这些教案进行自己的教学设计。1905年,中国教师运用形式教学阶段的原始教案分别是直隶张景山的历史教案和王书堂的修身教案,③这两个教案都按照"预备"、"提

---

① 唐炎良,编. 中国近代教育史资料汇编·学制演变[M]. 上海:上海教育出版社,2007:309.
② 董远骞,施毓英,编. 俞子夷教育论著选[M]. 北京:人民教育出版社,1991:471.
③ 杨晓. 清末赫尔巴特"形式教学阶段"传入的中国变式[J]. 教育科学,2000(1):62—64.

示"、"总括"、"应用"四部分进行编写,每一部分都以教师提出问题、学生回答的形式出现,成为形式阶段教学法在我国的最初表现形态。为了鼓励教案编写和推广五段教学法,当时的《教育杂志》甚至公开悬赏征文,评选当时出现的一批优秀教案和上课实录。教案在新式学校中的出现和盛行,为各科教学活动的开展提供了有效的指导和保障,推动了中国近代新式学校教学实践的进步。

四、赫尔巴特理论在中国新式学校传播的历史价值分析

20世纪初,在国人救亡图存、西学东渐,中国近代新式教育兴起的大背景下,赫尔巴特理论借助于教育著作和期刊的译介、留日师范生和来华教习的推动,假道日本传入中国。赫尔巴特理论以其体系的完善性、科学性、教学方法的程序化和可操作性,迅速适应了中国急于建立现代教育学学科、缔造现代基础教育学校制度的需求,对中国近代的教育学科发展和基础教育学校教学实践产生了重要影响。

首先,赫尔巴特教育教学理论,尤其是五段教学法的传播推动了我国近代基础教育课堂教学实践和教学方法的变革,从而在我国基础教育学校制度的近代化转型和现代基础教育学校制度的缔造中起到了关键性作用。赫尔巴特教育教学理论在中国新式学校的传播与推广,正值中国从传统教育向近代新式教育转型的关键时期。这一时期,我国传统的私塾正在被新式学堂所取代,传统私塾的个别授课模式以及与之匹配的以学生记诵为主的教学方法,也逐渐被现代学校的班级授课制和讲授法所代替,开启民智、普及教育成为全社会的呼声。这些变化的发生需要包括教学组织模式、教学程序安排、教学方法、教学计划等一系列的现代教学制度与教育理论的支持,而赫尔巴特的教育教学理论和方法正好满足了这些需求,解决了我国学校制度在近代化转型中面临的诸多难题。赫尔巴特的"五段教学法"以心理学理论为基础,第一次系统地建构了教学过程模式,很好地解决了从个别教学向班级授课制转变后,如何同时而有效地向众多学生传授系统知识的难题。"五段教学法"本身具有较强的程序性、实用性和可操作性,教师可以据此安排自己的教学活动,设计自己的教学程序,使整个教学过程变得有章可循。这样一来,即便是经验不足的新教师,也可以很快地掌握教学的基本程序,按部就班地组织教学活动。总之,赫尔巴特教育教学理论和方法较好地解决了我国学校制度在近代化转型中面临的教育落后、师资匮乏、课堂教学无章可循等难题,从而为我国现代基础教育学校制度的缔造奠定了基础。

其次,赫尔巴特理论影响了20世纪初期我国教育学学科建构的基础,奠定了教育学学科发展的早期框架。有学者认为,在整个20世纪,有三种外国的教育理论对中国教育学的发生、发展产生过特别重大而深远的影响:一是德国的赫尔巴特及其学派的教育学;二是美国杜威的实验主义教育学;三是苏联凯洛夫教育学,三种教育理论分别是在不同历史时期的不同背景下,以不同的方式先后进入并在中国传播的,正是这三次学习和传播"别国"教育理论的过程汇成了中国教育学百年历程中并不多见的"三次热潮"。① 作为中国首次接触到的近代教育学理论,赫尔巴特教育教学理论对中国教育学学科的早期建构无疑产生了深刻的影响。赫尔巴特从教育目的入手,构造了一个逻辑严密的教育学学科体系,"他将教育目的分为直接目的和间接目的,把实现教育目的的手段分为管理、教育性教学和训育。这三个手段之间紧密关联:管理是教育性教学和训育的保障手段,教育性教学是管理和训育的具体实施载体,而训育则是对管理和教育性教学的内化和升华,三者共同促成了教育目的的完成"。② 赫尔巴特教育理论体系的系统性和严密性极大地满足了我国近代教育学学科发展之初对理论体系的需求,因而得到众多教育学者的青睐。我国早期教育学研究者大多仿照赫尔巴特的"目标—手段"框架编写教育学理论著作。如张毓骢1914年编著的《教育学》共分为六编,绪论、目的论、方法论一:教授、方法论二:训育、方法论三:养护以及教育之种类及处所;张子和同年编撰的《大教育学》共分七编,绪论、教育者论、被教育者论、目的论、教授论、训育论及学校论等。③ 从这些早期教育学著作的结构安排中,可以看出赫尔巴特教育学体系对其产生的影响。总之,赫尔巴特教育学理论奠定我国教育学学科发展的早期框架,对我国教育学学科的早期建构产生了重要影响。

最后,作为较早引入中国的教学理论,赫尔巴特的五段教学法在推动我国近代新式学校教学实践变革的同时,也推动了20世纪初期我国教学理论研究的发展,奠定了作为一门学科的教学论发展的最初基础。随着赫尔巴特的五段教学法在我国新式学校中的推广,清末民初的教育界开始在吸收赫尔巴特教学法的基础上独立编纂教学法教材及专题著作。如朱孔文编的《教授法通论》(时中学社1903年版)、商务印书馆编的《教授法原理》(商务印书馆1913年版)、侯鸿鉴编的《最新式七个年单级教授法》(上海中华书局1914年版)、李步青编撰的《新制各科教授法》(上海中华书局1914年版)、

---

① 瞿葆奎.中国教育学百年(上)[J].教育研究,1998(12):3—12.
② 齐姗.赫尔巴特教育学何以在中国扎根[J].教育理论与实践,2018(7):3—7.
③ 侯怀银,祁东方.赫尔巴特《普通教育学》在中国的传播及其影响[J].教育理论与实践,2017(10):16—20.

蒋维乔编的《教授法讲义》(商务印书馆1916年版);余奇编的《教授法要览》(商务印书馆1917年版)、钱体纯编《教授法》(商务印书馆1917年版)等等。① 这些教学法教材及著作,探讨了教学的目的、意义、原则、方法、用具、课程、教材等问题,构成了我国最早的教学论研究实践。其中的大部分教学法著作深受赫尔巴特学派教学思想和理论的影响,比如沿袭了赫尔巴特教授论"目标—材料—方法"的研究思路和分析框架,采纳和吸收了赫尔巴特学派的五段教学法,强调教师在课堂教学中的主导作用以及教材对知识传授的重要价值和意义等。一些研究者还十分注重根据国内课堂教学及学生的具体情况,对赫尔巴特的教学方法进行灵活变通的应用。比如李步青主张在赫尔巴特学派五段教学法的基础上,"教授时,因教材之性质与儿童之心情时有殊异,究宜临机活用而不可拘泥其程式也"。② 这表明我国学者在早期的教学论研究中已开始具有本土化意识和理论转化的自觉。总的来说,在赫尔巴特教学理论和方法的影响下,我国近代教学论学科的基本内容和架构初步确定,③作为一门学科的教学论发展的科学基础得以奠定。

---

① 吴洪成.姜柏强.赫尔巴特五段教授法在中国:引进、实践及反思[J].徐州工程学院学报(社会科学版),2014(2):98—103.
② 李步青.新制各科教授法[M].上海:中华书局,1914:18.
③ 肖朗,肖菊梅.清末民初教学论的知识结构、特征及其影响——以教材文本分析为中心[J].社会科学战线,2013(1):217—224.

第二章 "和魂洋才"与"中体西用":近代前期中日基础教育学校变革路径的比较省视

今日世界交通日益频密,全球化的影响可谓无远弗届;在教育领域,则表现为教育制度的相互借鉴,学科与学术知识的共享传播,以及教育关联人员的跨国流动。然溯其渊源,今日广为世界接纳的学校制度、分科知识、教学形式等,主要是近代工业化以降渐次形成,而后随着早期全球化得以传播。其在东亚地区的展开,实际不过一个半世纪。在此之前,东亚地区在邦交关系、政治体制、教育考试、文化体系、宗教信仰等方面,均迥异于欧美诸国而自成体系。中日两国不仅地域相去不远,而且同处儒家文化圈内。在汉字、官制、礼仪、儒学、佛教诸方面,前近代的日本均深受中国影响。可以说,政治与经济意义上的"朝贡贸易",以及文化与教育意义上的"东亚同文",乃前近代东亚秩序的基本概述。

应对近代西洋文化的扩张和冲击,是包括中日在内的东亚诸国需要面对的共同挑战。中日两国基于各自的国内现状与条件,结合对世界局势的理解和判断,先后展开近代变革。应变需人,育人由学,因此,教育改革在两国的近代化历程中,均居于至关重要的位置。在教育变革的整体指导思想上,晚清中国有所谓"中体西用"之论,明治日本则有"和魂洋才"之说,均体现出两国在"维新"与"固本"之间的艰难抉择及平衡尝试。当然,在看似相近的指导思想、教育制度及西学知识引入背后,又因两国不同的教育定位和教育宗旨,加之不同的国际环境和历史机遇,遂使两国发展轨迹渐行渐远,终由"同文"而"异辙"。本篇拟重归中日两国教育近代化的起点,考察各自基础教育学校(侧重小学阶段)改革与发展中的关键要素。殷鉴未远,来者可追,这对重新审视中国教育的近代发展与今日变革,应当不无裨补。

第一节　中日两种"封建"体制下的学校教育

清代中国(1644—1911)及德川日本(1603—1867)均处于其"封建"体制的末期。近代变革展开之前,两国既有对外相对锁闭、"四民社会"结构、朱子学居于教育正统思想主导地位等相似之处,又有皇权虚实、学校教育普及程度以及对西学接纳态度等不同。在明治维新及自强运动之前,两国内部的变化与条件,实际对各自后来的变革与发展影响甚巨。考论其教育近代化,除了至今沿用较多的"冲击—回应"视角之外,各自内部变化也不可忽视。

一、清代前中期的学校

清代以异族入主,其教育思想及内容、学校与考试制度既多沿袭前明之旧,又以其部族的八旗制度套嵌入内,进而形成颇具特色的政教体系。在学校制度方面,清代仍在北京建立国子监,作为全国最高官学,分率性、修道、诚心、正义、崇志、广业六堂肄业;地方各府州县卫治所所在,则相应设立儒学,订立学额。官学由官费兴办,延聘师儒讲授经史之学,考课生徒。上至中央官学,下至州县儒学,均有孔庙相随,形成庙学一体的格局,举国遵行;除此之外,属于官学性质的尚有各地社学、义学及井学。多属私学性质但深受官学化及科举化影响的书院,在清代教育与学术发展中贡献颇大,所谓"儒学寖衰,教官不举其职,所赖以造士者,独在书院。其裨益育才,非浅鲜也。"①除此之外,尚有地方层面承担童蒙教育、为数甚多的私塾。至于具体学习内容,除了启蒙阶段的基本识字及伦理教育之外,其典型要求颇能见于府州县学入学考试及在学考试之中,《清史稿》载:

> 儒童入学考试,初用《四书》文、《孝经》论各一,《孝经》题少,又以《性理》《太极图说》《通书》《西铭》《正蒙》命题。嗣定正试《四书》文二,覆试《四书》文、《小学》论各一。雍正初,科试加经文。冬月晷短,书一、经一。寻定科试《四书》、经文外,增策论题,仍用《孝经》。乾隆初,覆试兼用《小学》论。中叶以后,试书艺、经艺各一。增五言六韵诗。圣祖先后颁《圣谕广训》及《训饬士子文》于直省儒学。雍正间,学士张照奏令儒童县、府覆试,背录《圣谕广训》一条,著为令。②

---

① 赵尔巽,等.清史稿[M].北京:中华书局,1977:3119.
② 赵尔巽,等.清史稿[M].北京:中华书局,1977:3115.

除了主要针对民人的学校,清代尚有主要针对八旗满洲、蒙古、汉军建立的学校。其中的主要代表,在京师主要有宗人府所管辖的宗学、觉罗学,内务府所管辖的景山官学、咸安宫官学,以及国子监所管辖的八旗官学;在盛京及各八旗驻防之地,亦偶设八旗学校、书院、义学。其研习内容除了儒家经史文艺,亦重满人视为根本的"满语骑射",是为清代教育场域内维系种族认同的特殊策略。

清代各级各类学校的遍设,加之商品经济的繁荣、出版业的发展、识字率的提升,确实使其教育与教化更为有效地展开。然而,清代教育的根本问题在于,整个学校教育几乎全为科举考试所绑架。其各级各类学校,不似今日一般印象中的层递而升,渐次钻研高深学问,并依照所习程度及科目相应授予学位,其学校实为科举考试的准备和预演场所。换言之,所谓科举兴而学校废,学校的育才功能严重缺失,仅余科举的抡才功能。因此,近代教育改革之时,在将学校育才与科举抡才融合的尝试失败之后,乃笃定欲兴学堂必废科举之意。

作为帝制中后期人才选拔的核心机制,科举制度也深刻影响乃至形塑了清代教育的样貌。满人入关伊始,即诏复文、武科举考试,又因应其族群与统治特点,专设翻译科考试,其中文科考试影响尤著。每隔二至三年,举国文化精英均会被总体动员,奔赴州县、府治、省城、京师,应县试、乡试、会试(殿试),相应角逐生员、举人、进士名衔。其得第者,居于士农工商四民之首,被期待成为垂范和治理民众的帝国精英。儒学知识和科举功名作为重要的"文化资本",广为社会竞逐,有清"二百余年,虽有以他途进者,终不得与科第出身者相比"。① 而且,科举考试的功用不仅在于人才的选拔和任用,更是统合社会的关键机制,以及朝廷宣示治权和展现恩荣的手段。传统士人十年寒窗,不断阅读、演练、考校同一文化体系内的经典作品,并赖此而晋身,科举制度在提供社会流动"成功阶梯"的同时,②也形塑了士人特殊的身份认同和文化心理。此种文化与心理范式,是倾向维系传统和诉诸权威的。此外,由于科举考试凭文取人及侧重人文学养的特征,使得不少及第士子在处理实际政务之初束手无策,以致产生"学非所用、用非所学"的指斥。③

---

① 赵尔巽,等.清史稿[M].北京:中华书局,1977:3099.
② 关于明清科举考试对社会流动的促进作用,何炳棣整体肯定且申论较详;艾尔曼则有所保留,并与之商榷。详参 Ho Ping-ti. *The Ladder of Success in Imperial China: Aspects of Social Mobility, 1368-1911* [M]. New York: Wiley, 1964. Benjamin Elman. *A Cultural History of Civil Examinations in Late Imperial China* [M]. Berkeley: University of California Press, 2000.
③ 此种对于科举抡才弊端的批判,首于唐代洋州刺史赵匡,参见杜佑.通典[M].北京:中华书局,1988:420.晚清局势阽危,士人反思科举教育之弊,亦多申此论,几为改革时论之共识。

此种内在不足,若在承平袭旧时期尚能勉力撑持,在维新应变之际,则难免捉襟见肘。

在传统中国,儒家思想实际是由皇帝制度、教育制度及家族制度三套机制,共同助成其传播、保障其地位的。此种情况,在清代进一步延续和强化。儒学正统不仅成为清代官方的政治意识形态,帝王不断提倡宣讲,尊孔崇儒;而且,经由宋儒尤其是程朱一系重新阐发诠释的儒家经典,也作为教育和考试的核心内容,被反复研读和考课;在地方层面,经由朱子《家礼》、地方乡约及家规族训的演绎和实践,儒学教化深入底层,百姓日用而不知。其中,在教育思想和内容上,虽然历经明代心学的挑战和冲击,以及清初的反思和批判,但学术和思想领域的此种变迁,并未动摇经由政治认定的朱子学在教育领域的正宗地位。

二、德川时期日本的学校

幕府时代,日本封建体制的顶端并存着两个互相对抗的动态均衡力量,即幕府将军的权力和皇室天皇的权威。德川幕府为日本第四个也是最后一个幕府政权,由德川家康于1603年结束战国纷乱而建立。幕府将军居于江户(东京),实际掌控军政大权;天皇居于京都,作为权威象征而无实权,以致史家曾将此种二元分权模式类比于近代"君主立宪"体制。① 在幕藩体制之下,由幕府将军直接分封并实际控制各地藩主(大名),大名豢养武士以为其效忠。在德川时代,日本社会也建立了士农工商的社会分层体系,该体系"决定了人口中绝大多数的地位与功能,同时也决定了人们与大名的关系"。② 简而言之,德川时代日本政治与社会呈现出皇室(天皇)/幕府(将军)—各藩(大名)—武士—农民—工匠—商人的整体结构,其教育也在此种结构中展开。

德川时代日本的学校教育机构可大别为两类,即主要面向统治阶层的教育机构及主要面向平民阶层的教育机构。德川时代初中期,皇族及朝臣子弟多在家接受教育。1847年(弘化四年),孝明天皇于京都开设学校,1849年赐予"学习院"称号,专门对皇族子弟进行系统教育,其《学则》称:"履圣人之至道,崇皇国之懿风。不读圣经,何以修身?不通国典,何以养正?明辨之,务行之。"③此外,德川时期共设幕府直辖学校20余所,以供幕府家臣子弟进学。其中,最为重要者为1630年设立的昌平坂学问所(昌平黌),系由幕府儒学教头林罗山家塾改设,乃其时儒学教育的最高学府,可称德川时代

---

① 克里斯托弗. 戈托-琼斯. 现代日本[M]. 顾馨媛,译. 上海:译林出版社,2014:20—21.
② 克里斯托弗. 戈托-琼斯. 现代日本[M]. 顾馨媛,译. 上海:译林出版社,2014:25.
③ 教育史编纂会. 明治以降教育制度発達史(第1卷)[Z]. 東京:教育資料調查会,1964:40.

"教育之中枢"。① 其学取孔圣降诞之地昌平为名,"盖缅怀追慕之也";昌平黉亦采庙学合一之制,祀奉孔子、四配、十哲、东西两庑先儒,春秋释奠,读书习礼,皆仿华制。② 此外,德川幕府直辖学校尚有江户的医学馆、和学讲谈所,长崎的明伦堂(教授汉学、数学、医学),甲府的徽典馆(甲府学问所),骏府的明新馆,佐渡的修教馆,伊势的温古堂(申仪馆),日光的日光学问所等。③ 各藩诸侯受幕府兴文重教政策影响,亦纷纷设立藩校,以供本藩武士子弟入读。截至明治维新之前的1867年,共有藩校219所,绝大部分藩皆设藩校。此外,又有民间学者、幕府直辖学校及藩校教师设立的私塾,其数量在1829年、1853年、1867年分别达到437所、1066所、1528所。④ 以上教育机构主要针对统治阶层子弟开放。德川时代面向平民阶层开放的初等教育机构,主要有寺子屋及乡校。寺子屋早期主要接收町人阶层子弟入学,后来扩大到农村及其他行业子弟;乡校则主要为农民子弟而设。1867年,日本全国共有寺子屋10299所,乡校111所,其中建于1830—1867年间的比例分别达到65%和70.2%。⑤ 作为承担初等教育的主要机构,寺子屋虽在明治以后因新式小学教育兴起而渐次转制和消失,但对提高近世日本庶民的教育水准助力甚大。⑥

至于其教育内容,德川时代前中期的日本与清朝有相似之处。总体而言,朱子学在正式学校教育中居于主导地位。学习院的主要研习内容为儒家四书五经,以及《日本书纪》等;以昌平坂学问所为代表的幕府直辖学校,前期研习内容亦为儒家经义、史学、诗文、博读、皇邦典故等,幕末始改设经科、史、刑政等科,令学生分习;藩校前期所习内容仿昌平坂学问所,外加武艺,后期则随形势增益实学及新学内容;私塾教学内容因教师专长及爱好而异,有儒学、国学、洋学、医学等。寺子屋及乡校所授内容主要为读、写、算等在生活和商业中必备的基础知识,以及基本的儒学伦理及道德教育。⑦ 前近代的中国和日本,正统教育共同沉浸在儒学的知识和思想资源之中,但其学校制度则随着政治结构的差异而同中有异。更为关键的是,随着早期全球化的推进及与之相伴的西洋扩张,在教育制度和内容方面,东亚长期相沿的旧有体系内部已经悄然发生

---

① 教育史编纂会.明治以降教育制度発達史(第1卷)[Z].東京:教育資料調查会,1964:40.
② 参考犬冢逊所著《昌平志》,载同文馆编辑局编.日本教育文库・学校篇[Z].東京:同文館,1911:18—179.
③ 教育史编纂会.明治以降教育制度発達史(第1卷)[Z].東京:教育資料調查会,1964:41—42.
④ 臧佩红.日本近现代教育史[M].北京:世界知识出版社,2010:2—3.
⑤ 臧佩红.日本近现代教育史[M].北京:世界知识出版社,2010:3—4.
⑥ 岩内亮一等编集.教育学用語辞典[Z].東京:学文社,1980:160.
⑦ 臧佩红.日本近现代教育史[M].北京:世界知识出版社,2010:3—4.

改变。中日两国所不同者,在于程度之深浅、节奏之迟速。

日本著名教育史学者石川谦以计量统计之法,通过分析教科课程及教科用书来考察江户时代的教育。其研究集中于藩校及乡校两类关键教育机构,并将其教科课程作"学科"与"术科"之分。据其研究,在所考察的全部233所藩校中,学科数约有18种,其中最为普及者依次为汉学、习字、算术、皇学、医学、洋学、音乐、天文学;186所藩校所设术科有24种,普及最广者为枪术,以下依次为剑术、弓术、马术、技术、砲术、兵学、习礼、游泳、棒、绳、长刀、练兵。所考察的142所乡校中,87所所开学科有11科,最为普及者依次为汉学、习字、算术、皇学;乡校中有32所共开设术科18种,其中最为普及者为剑术及枪术,以下依次为弓术、砲术、马术、柔术、习礼、兵学。[①] 可以看到,在江户时代的正规学校教育中,无论是藩校还是乡校,其"学科"核心课程之首均为汉学,在前近代东亚,中国传统经史子集四部之学的核心典籍,实际是正统教育的必读之书;其次是习字和算术,体现出很强的实用取向,而后才是关于日本语言文学的"皇学"。至于"术科",藩校和乡校排在前列的课程均为枪、剑、弓、马等武艺,其教育中也呈现出明显的"武家"性格。

以上各类学校的设立及发展,为此后日本教育的近代变革提供了有利的基础条件。得益于此,德川时代日本平民识字率普遍较高,而且尊重知识与学问也成为社会普遍认同的价值和风尚。木村政伸借鉴西方关于识字问题的研究视角,用签名"花押"作为标准,对17世纪中期住在长崎和京都的民众识字率进行研究,认为八至九成的男性都会写字;同时指出,要准确把握当时的识字率的确很难,但近世日本民众的高知识水平和识字率较高确是事实。[②] 幕末时期,教育机构进一步发展,西洋学问也相应传入。可以说,在政府正式推行明治维新之前,日本的社会与教育内部实际也处在变革的拐点之上,下文详及。

[①] 参考石川谦.近世教育史の諸問題[M].東京:大空社,1997:237—320.

[②] 引自木村政伸的讲演报告《日本近代化与教育:近世的孩子们是怎样学习的?》(华东师范大学教育学部,2018年3月15日)。当然,其研究地域选定长崎和京都,乃当时文化较为发达之地,不能推及其他地域。另有学者推算德川时代的儿童进学率,认为在明治维新之前,已有超过40%的男孩和大约10%的女孩,受到在家庭之外进行的正式教育。参考 R. P. Dore. *Education in Tokugawa Japan* [M]. Berkeley: University of California Press, 1965:254. 此外,16世纪中叶前往日本传教的沙勿略(San Francisco Javier),也曾在书简中写道:"这个冬天把信仰条目的说明书译成日语,再大量印刷。因为在日本几乎所有人都会读写,而我们无法到日本所有地区传教,为了把我们的信仰弘扬到每个地方(必须把信仰条目的说明书印刷出来)。"引自刘海玲.耶稣会文化适应策略源头之考察——论沙勿略时期"同宿"身份的形成[J].基督教文化学刊,2016(1):177.

前近代日本的政教体制异于东亚文化圈其他国家的特色之一，在于日本不像中国、朝鲜、越南一样，采用定期而统一的科举考试选拔人才。一方面，这导致其社会上下级流动缺少贯通机制，"出身决定了在这一等级制体系中的位置，后天的流动极端困难，几近不可能"。① 但另一方面，德川时代日本天皇权威的失落，以及作为人才选拔和社会统合机制的科举考试缺位，实际也为各地学校选择和探索教学内容和方法提供条件和可能。此后其新式学校的兴办，也就少了像中国那样来自科举体制这一悠久传统的抗衡和阻滞。

三、系统变革前夕的学校内部变迁

在学术和思想层面，朱子学在清代持续居于正统，至少产生两方面的影响。其一，为了矫正宋明理学在义理阐发方面臻于极致及其可能偏离，清代学术重归考证训诂传统，出现讲求事实、注重证据的"朴学"。此种基于中国传统学术"内在理路"而产生的学术及其方法论，直到二十世纪仍被现代学术重新发掘和诠释，认为其与近代所提倡之科学精神与科学方法颇有相通。② 其次，作为朱子哲学着力要点的"格物致知"、"格物穷理"之说，虽然被反对者斥为"支离"，而且其最终也追求"变化气质"、导归"天理"；但是，朱子学未在入手之初即让人不可捉摸，而是以对外在万物的实际探究为重要入手点而求其理，以致汇通。在此种思想及方法引导之下，诚望致广大而尽精微的传统士人，在面对近代西方的知识资源和方法体系时，确尝将格物致知、博学慎思、明辨笃行的传统思想资源，将之"格义"而接引，而后推展和传播。近代学校课程建立之初，即将物理、科技之学译为"格致"，其理在此。

除了以上所谓思想与学术领域的"内在理路"，近代早期的全球化实际也影响着明清中国，比如美洲白银的全球流通，东西、新旧大陆物产的交换，商人及教士的流动，以及由此而导致的知识与观念的传播和交流。自明末耶稣会士东来，中西文化已开始其新阶段的实质交流。由利玛窦、南怀仁、汤若望等传入的西洋数理、天文、医学知识，已开始影响早期少数中国士绅。传教士不仅与中国士绅合作，翻译《几何原本》等西学书籍，或以汉文著书论析西学，也协助更定《崇祯历书》及清代历法，还协助建造观象台，甚至一度在钦天监担任要职。影响所及，国子监及钦天监分设专人所研习的天文历算

---

① 克里斯托弗·戈托-琼斯.现代日本[M].顾馨媛,译.上海：译林出版社,2014：25.
② 有关此种清代学术"内在理路"的论析，可参余英时.论戴震与章学诚：清代中期学术思想史研究[M].北京：生活·读书·新知三联书店,2000；增订本自序2—3、自序2—9.将清代朴学方法与近代科学方法进行关联阐发，胡适可为典型代表，具体分析可参考王晴佳.台湾史学史：从战后到当代[M].上海：上海古籍出版社,2017：10—14.

等学科,实际已开始欧化,但其范围尚未推广,而且其传习颇受帝王好尚所左右。特别是在"礼仪之争"和禁教之后,西学在华传播更受阻滞。因此,在整体建制层面上,主导清代教育场域的,还是科举考试以及其背后所依托的儒家经典体系。

由此直至1840年鸦片战争战败,虽然未能像之后的接踵败北(尤其是甲午战败)一样,给朝野以剧烈冲击。然而,在此前后与西洋各国在政治、军事及文化等方面有过实质接触的清朝士人,已充分领教此时西洋诸国的强大,绝对不可再以朝贡体制下尚未开化的"远夷小邦"等闲视之。其早期的事例,如林则徐命人编撰有关西洋诸国之书,后经魏源编成《海国图志》,其中提倡"师夷长技以制夷",学习西洋先进科技,先求富强,继而制之。又徐继畬著《瀛寰志略》,介绍各国风土人情,且对西方政治制度有所介绍和推崇。此类先导思想,虽然当时未能主导世论和影响学校教育,但在变局事实面前,掩耳盗铃已行之不远。内部思想觉醒先声既发,惟待发挥阐扬,以实际推行而影响大众。

日本方面,德川时期曾有与清代中国相似的"禁教"及"锁国"政策,但实际并非将西洋交通与学问完全禁绝。其间,除了继续保持与中国及朝鲜的往来,还有长崎的通商及"兰学"的传习。此外,德川中期开始亦有书籍关注西洋情形,如1708年西川如见著《华夷通商考》;1715年新井白石依据意大利传教士口述而作《西洋纪闻》;又依据万国地图及闻诸荷兰商人之讲述,1713年笔录为《采览异言》等。[①] 尤其是1716年德川吉宗继承将军位后,推行系列改革(史称享保改革),在教育文化方面推崇朱子学,提倡实学,鼓励兰学,并松解禁书政策。此后,日本国内多有设立兰学塾,研习荷兰语言及由此传导的西洋知识,也为之后的西学输入打下基础。

1774年,《解体新书》在日本翻译出版,此乃日本兰学史上标志性事件。其中所传导的人体生理结构知识迥异于传统汉方医生,翻译所用的"神经"、"动脉"等词,至今沿用;其书序文盛赞荷兰学问与技艺,曰:"阿兰之国,精乎技术也。凡人之殚心力、尽智巧而所为者,宇宙无出乎其右者也。故上自天文、医术,下至器械、衣服,其精妙工緻,无不使观者爽然生奇想焉。"[②]1811年,幕府还在江户设立专门的翻译机关"蛮书和解御用",承担荷兰语著作的翻译工作。[③] 德川幕府中后期,日本译介西书逐渐增多。

---

① 参考教育史编纂会. 明治以降教育制度発達史(第1卷)[Z]. 東京: 教育資料調査会,1964: 58—79.
② J. Kulmus. 解體新書[M]. 杉田玄白,译. 江户: 须原屋市兵卫,1774. 按,此据日本国立国会图书馆数字馆藏本,获取地址: http://dl.ndl.go.jp/info:ndljp/pid/2609149(2018-9-5)。1826年,大槻玄泽修订其中错误和不足之处,出版《重訂解體新書》。
③ 蛮书和解御用(蕃書和解御用)于1856年改称蛮书调所(蕃書调所),1863年改称开成所,1869年改为大学南校,即后来东京大学前身之一。

1706—1852年间,以荷兰语为源语言或中介语言,已知西书在日本翻译出版者达213种,其中原为德语者113种,原为拉丁语、法语者各30种,原为英语、荷兰语者各20种。就学科而言,德川中后期日本翻译西书主要涉及医学、外国事务、天文学、科学及军事,均为切近实用之学,多属入门简编性质,有利初期研习和传播。① 经由此等中介及其他书物,德川日本逐渐了知西洋文化,尤其是在语言学(媒介)、天文历学、地理、理化、医学、兵学等方面,已初有成效。

1853年美国海军将领佩里率军叩关,日本被迫与之订立通商条约,西洋诸国随之而来,彻底打破幕府时代对外封闭的总体格局。此种变局,自然对日本产生极大影响,"黑船的形象在日本很快就成了一种标签,既象征西方势力的威胁,又等同于传统日本被现代性的文化和科技力量征服的征兆"。② 受此刺激,兰学塾入学人数激增。而且自幕府至于各藩,均纷纷设立新校,派遣生徒出洋游学,加快吸收近代西洋学问。诚如学者所论:"兰学的导入,成为日本人了解西学的窗口,使其从原有的儒学、佛教的知识体系转为关注与之异质的西欧知识体系。但兰学具有的'在野性格'与黑船来航后日本急欲发展军事科技的想法出现错位,于是才有了幕末期赴俄、英、法留学的出现。"③

黑船叩关实际为日本近代教育变革提供了新的契机,催化了日本内部既有的近代因素。有意思的是,德川幕府建立之初,因与幕府将军关系较疏而被安置在边地的"外样大名"领地,如萨摩、长州等藩,反而有更多机会接触和学习外洋新知,在后来的维新变革中表现特出。时移世易,东西、内外之势也因之改变。叩关之后,幕府也先后开设教授西方语言、科技及军事的学校,如1854年设立陆军所,1855年设立海军所、洋学所、讲武所,1856年设立军舰教授所,1857年设立种痘馆(后改称西洋医学所),1858年设立英语传习所,1863年设立开成所(洋学)及医学所(西医),1864年设立海军操练所等。除此之外,地方诸藩及私人受时势刺激,也纷纷设立洋学校及私塾。私塾中最有名者,如福泽渝吉所设庆应义塾,近藤真琴所设攻玉塾等。④ 与之相应,日本国内的

---

① Rebekah Clements. A Cultural History of Translation in Early Modern Japan [M]. Cambridge: Cambridge University Press, 2015: 151-153.
② 克里斯托弗·戈托-琼斯. 现代日本[M]. 顾馨媛, 译. 上海: 译林出版社, 2014: 14.
③ 谭皓. 近代日本对华官派留学史(1871—1931)[M]. 北京: 社会科学文献出版社, 2017: 7.
④ 参考教育史编纂会. 明治以降教育制度発达史(第1卷)[Z]. 東京: 教育资料调查会, 1964: 79-84.
福泽渝吉自己也曾在绪方洪庵1838年设于大阪的适塾学习,适塾为德川后期兰学塾的典型代表,为大阪大学医学部前身。

学问风向逐渐由"汉学"转向"洋学",对"洋学"的研习和重视,也逐渐由之前的"兰学"转向"英学"。

概而言之,幕末时期的日本教育既具有"封建性"的主体特征,又具有"近代性"的新生因素,同时又带有长期幕府统治所遗留的"武家"传统。① 三个方面交互影响,共同构成日本教育近代化的基础。而在清代中国,传统教育的几项核心要素如经典体系、学校制度、考试机制在二百年间几乎一仍其旧。其间虽有耶稣会士东来及局部限关贸易,但对西洋形势的认知及西洋学术的研究,始终局限在极少数精英范围,未能成为学校教育的主要内容。若进一步探索,可见德川时代日本思想文化界实际兼采中、日、荷三大语言文化体系,重新开国后更陆续译介英、法、德文书籍;更重要的是,在日本"官方承认思想多元化,兼容汉学、兰学及国学。这与清朝独尊程朱的官方立场不同。"② 中国鸦片战败在前,日本黑船叩关在后,但由于两国内部不同的政教形势及思想状况,使得各自对此的认识和反应不尽相同。此后两国在教育领域的不同发展,也可由此而探其根源。

第二节 "维新"与"固本":皇帝敕令与教育宗旨的调整

若将中日基础教育近代化置于更宏阔的历史图景中进行观照,可知此种进程既是两国前近代教育领域内部变化和发展的延续,也是前近代东亚政治与文化秩序面对西洋冲击的回应;此外,教育近代化实际亦伴随着两国从传统"帝制国家"向近代"民族国家"之转向。所谓"教育宗旨"所要解明的核心议题,即是"何谓教育"及"教育为何"的问题。在此种背景下,明治日本和晚清中国关于教育宗旨的表述和调整,均以皇帝敕令的形式颁发,再由教育行政部门阐明晓谕,明令遵行。其中,鉴于基础教育对塑造臣民—国民的关键影响,两国对此同有特别重视。问题在于,传统帝制国家需要塑造的是忠顺臣民,其威权和等级特征与近代教育所提倡的开放及平等,实有根本的内在冲突。为了在维护旧制核心的前提下,展开教育近代化,进而实现文明开化和富国强兵的目标,中日两国在教育宗旨的提炼和表述上均煞费苦心。其中,既可看到对新知识、观念、制度的吸收与拥抱,又表现出对传统体制、道德、秩序崩坏的担

---

① 臧佩红.日本近现代教育史[M].北京:世界知识出版社,2010:1.
② 任达(Douglas R. Reynolds).德川及明治时期的参考书与日译西书对中国的冲击[A].吴伟明.在日本寻找中国:现代性及身份认同的中日互动[C].香港:香港中文大学出版社,2013:167.

忧及应对。

一、日本：从"和魂汉才"到"和魂洋才"

特殊的岛国地理与文化环境，形塑出日本民族注重向外学习和借鉴的性格："日本人对外国的文物抱有一种好奇心，并热心于摄取、吸收外国的文化。这种情况并不是在同西方国家接触后才出现的，远在此前，日本对亚洲大陆的文化已表现出类似的反映。"[1] 早在绳文-弥生时代，日本本土居民在吸收利用大陆"渡来人"文化过程中，已呈现后世所称的"绳魂弥才"型态。前近代时期，外来文化影响日本者主要即中华文化，日本在注重吸收中国文化所长的同时，发展出"和魂汉才"的自觉意识；近代以降，随着国际局势的变化，日本学习和模仿对象转向西洋，"汉才"相应变为"洋才"，但"和魂"之根本则始终强调。从"和魂汉才"到"和魂洋才"的转变，[2] 以及其间"和魂"与"洋才"如何协调与平衡，也贯穿于近代日本对于教育方针、宗旨的探索和表述之中。

（一）"五条誓文"与教育方针的初定

1868年（明治元年），继位之初的明治天皇在京都御所亲率文武百官，向天地、神明、人民誓告，谓"我国将进行前未曾有之变革，故以朕躬先众，誓于天地神明，定斯国是，立万民保全之道"。以此而揭示国是方针，正式开启明治维新的序幕。誓文五条内容为：

一、广兴会议，万机决于公论；
二、上下一心，盛展经纶；
三、官武一途，以至庶民，各遂其志，务使人心不倦；
四、破旧来之陋习，本天地之公道；

---

[1] 永井道雄. 近代化与教育[M]. 王振宇,张葆春,译. 长春：吉林人民出版社,1984：3.
[2] 关于这两个概念，日本权威辞书《广辞苑》有精要诠释："和魂"即日本人固有之精神。"和魂汉才"语出《菅家遗诫》，指日本固有的精神和中国的学问，亦指两者之融合，强调以日本固有的精神活用从中国传来的学问。芳贺矢一在《国民性十论》中称此语有表示日本国民取长补短的意味。"和魂洋才"则是明治以降仿照"和魂汉才"所成之语，指日本固有的精神和西洋的学问，即以日本固有的精神学习摄取西洋的知识及学问。参考新村出编. 广辞苑（第六版）[Z]. 上海：上海外语教育出版社,2012：3027. 亦有学者指出，今日对"和魂汉才"的解释已异于其原初意涵，乃后人在处理中日两种文化的关系的长期实践中进行的再创造。参考武安隆. 从"和魂汉才"到"和魂洋才"——兼说"和魂洋才"和"中体西用"的异同[J]. 日本研究,1995(1)：61—66.

五、求智识于世界，大振皇基。①

　　《五条誓文》所涉及的内容核心，主要在政体、民风及文化三个方面。在政体方面，明治八年再颁诏书，令设元老院以广立法之源，置大审院以巩审判之权，又召集地方官以通民情、圆公益，以渐次确立国家立宪之政体。② 政体、民风固然与教育制度及社会教化环境密切关联，誓文中与学校教育关系更为密切的条文，为第五条"求智识于世界"。对于新政权而言，此条命令至少蕴含两点重大暗示："第一是戏剧性地废弃了作为德川政权典型特征的锁国国策；第二是影响深远地削弱了在此前的三个世纪中占据教育特权的新儒学意识形态。"③易言之，此后日本在国家教育和文化领域，所求知识的范畴不仅限于此前的中国和荷兰，而是面向更为广阔的世界范围。如此，则需开国以进习新知，脱亚以比肩列强。而且，此番改制及研学的目标，乃是为了"大振皇基"。明治日本对于现代性的接纳，确有其特质，其国家认同与教育文化深受天皇制影响。改制之初所确定的政体格局、教育文化方针，以及其背后沉重的"皇国"思想，基本决定了此后将近一个世纪里日本的教育乃至整体的政治与社会走向。

（二）"教学大旨"与传统伦理的回归

　　五条誓文发布之后，1872年明治政府正式发布《学制》，标志着近代学校制度在日本初步建立。《学制》在制度层面以法国为蓝本，内容方面则多受美国影响。在学校制度近代化过程中，日本同样出现对传统风俗、伦常抛弃和偏离的忧虑。其后时论亦有指责，曰："明治之教育，其初乃极端模仿欧美，故其主义乃实利也，其方法则全然重在智育一端。唯有道德教育，乃依我国独特之方案，设立所谓修身科。然而，其材料乃以翻译书为教师之参考，所谓'修身口授'者，教师无非将此类材料，细加口授晓谕。学校教育几乎全在智育方面，每周仅有一二小时教授道德，而且属于对西洋思想作形式之口授，故为冰冷之理解与记忆，诚属不堪。"④此种背景下，1879年（明治十二年）特别颁发《教学大旨》，进行申饬。《大旨》首先定调："教学之要，在明仁义忠孝，究智识才艺，

---

① 教育史编纂会.明治以降教育制度发达史（第1卷）[Z].東京：教育资料调查会，1964：86.
② 御誓文ノ趣旨ニ基ク立憲政體樹立ニ關スル詔書（明治八年四月十四日），载文部省编.学制百年史.资料编[EB/OL].http://www.mext.go.jp/b_menu/hakusho/html/others/detail/1317934.htm（2018-9-6）.
③ 克里斯托弗.戈托-琼斯.现代日本[M].顾馨媛，译.上海：译林出版社，2014：41.
④ 教育週报社.明治大正教育教授物语[Z].東京：大空社，1998：5—6.

以尽人道。此乃我祖训国典之大旨，上下一般之所教。"维新以来教育与风俗方面出现的流弊，则为《大旨》重点关切和申饬之处：

> 晚近专尚智识才艺，驰于文明开化之末，破品行、伤风俗者不少。其所以如此者，在于维新之始，首以破除陋习、广求知识于世界之卓见，一时取西洋之所长，奏日新之效。然其流弊在以仁义忠孝为后，徒以洋风是竞。如此则将来恐终不知君臣父子之大义，此非我邦教学之本义也。①

揭示弊病之后，圣旨继而标揭将来教学之指南，称应"基于祖宗之训典，专明仁义忠孝，道德之学以孔子为主，人人尚诚实品行；而后各科之学随其才器日益长进，道德才艺，本末全备，以布大中至正之教学于天下"。《教学大旨》由天皇侍讲儒者元田永孚起草，认为维新以来专尚智识才艺，实际上只是驰逐"文明开化"之末节。该文本首标教学要义，次揭晚近弊端，后扬今后指向，层次分明。其中三个部分，均反复强调"仁义忠孝"这一关键词，并将"道德"置于"才艺"之前，将此作本末之别，又特别提示道德之学应以孔子为主。此外，又令小学校张挂古今忠臣义士、孝子节妇的画像、照片，学生入校之初，即对之宣说其行事概略，以便从小培固养成人人皆有之仁义忠孝之心。② 以上主张，均可得见前近代儒家思想以及日本天皇体制的双重遗产。该圣旨颁布后，直接下启随后《教育勅语》的立论，以及此后日本教育改革的方向和宗旨。

（三）"教育勅语"与教育宗旨的确立

对日本近现代教育影响最大的文件，无疑是明治二十三年颁发的《教育勅语》。该文件初由教育思想家、元老院议员中村正直起草，其草案虽以儒教为基调，但也吸收基督教及西洋哲学思想，遂引致批判。时任首相山县有朋另委法制局局长井上毅起草，后以井上所拟草案为蓝本，由天皇侍讲元田永孚参与修订而成。因此，《教育勅语》的主导立场为山县有朋的军国主义思想，并结合元田永孚所代表的儒教主义和井上毅所

---

① 教学圣旨大旨（明治十二年），载文部省编. 学制百年史. 资料编[EB/OL]. http://www.mext.go.jp/b_menu/hakusho/html/others/detail/1317935.htm(2018－9－6).
② 小学条目二件，载文部省编. 学制百年史. 资料编[EB/OL]. http://www.mext.go.jp/b_menu/hakusho/html/others/detail/1317935.htm(2018－9－6).

代表的立宪主义。① 《教育勅语》于 1890 年 10 月 30 日由天皇在宫中向首相山县有朋、文部大臣芳川显正颁发,全文如下:

> 朕惟我皇祖皇宗肇国宏远,树德深厚;我臣民克忠克孝,亿兆一心,世济其美。此我国体之精华,而教育之渊源亦实存乎此。尔臣民孝于父母,友于兄弟,夫妇相和,朋友相信,恭俭持己,博爱及众,修学习业,以启发智能,成就德器,进广公益,开世务。常重国宪,遵国法。一旦缓急,则义勇奉公,以扶翼天壤无穷之皇运。如是者,不独为朕忠良臣民,又足以显彰尔祖先之遗风矣。斯道也,实我皇祖皇宗之遗训,而子孙臣民之所当遵守,通诸古今而不谬,施诸中外而不悖。朕庶几与尔臣民俱拳拳服膺,咸一其德。②

《教育勅语》配合其时神化天皇、强调"国家"道德教育的背景,将日本近代教育的方向,深深植根于皇国体制之中。勅语结构颇重时代世序,将"忠"与"孝"合并论述,强调臣民对天皇的绝对忠孝,而且将过去、现在和未来贯串一体,亦即将天皇之皇祖皇宗—臣民之祖先、当今天皇—今之臣民、天皇子孙—臣民子孙相互联结,彰表世代忠孝。③ 而将所谓日本"国体之精华、教育之渊源",亦定位于此。勅语中尤富争议和煽动的句子,为"一旦缓急,则义勇奉公,以扶翼天壤无穷之皇运",将为皇国尽忠、为天皇尽孝之要旨明确揭示,实际开启军国主义教育的官方意图。《教育勅语》力图呈现的"德目"略解如下,涵盖家庭、个人、社会、国家等层面,其宗旨皈依就在于"扶翼天壤无穷之皇运"。

《教育勅语》发布后,即有专门解说文本出版,其中尤以井上哲次郎 1891 年的《勅语衍义》最受官方肯定。此外,1909 年文部省还发布多语种合刊的《汉英法德教育勅语译纂》。文部省在英译版说明中特别诠释,称《教育勅语》颁布,"民众因之终获指引,于众说纷扰之中得有所依,举国学校以此而奠道德教训统一之基"。④ 其间,《教育勅

---

① 参考中本佳纪.「教育勅語」成立過程における山県有朋の役割再考[J]. 教育行財政論叢,2013(12):25—38. 服部有希. 教育勅語の成立から終戦後の国会決議に至る経緯[J]. レファレンス(The Reference),2017(9):87—89.
② 文部省. 漢英佛獨教育勅語譯纂[Z]. 東京:株式會社株式會社固定教科書共同販賣所,1909. 标点为笔者所加.
③ 参考高橋陽一. 教育勅語の徳目の構造と解釈論[R]. 教育史学会公開シンポジウム講義,お茶の水女子大学,2017-6-10.
④ 文部省. 漢英佛獨教育勅語譯纂[Z]. 東京:株式會社株式會社固定教科書共同販賣所,1909:Appendix. 其英文版题名定译为 *The Imperial Rescript on Education*.

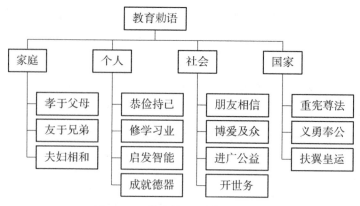

图 2-1 《教育勅语》德目结构简图

语》渐次颁发全国学校,从初等教育开始,学生即需不断唱颂国歌《君之代》,礼拜天皇"御影",捧诵、默写、演绎《教育勅语》,尤其在修身课中,该文本的讲读更是重中之重。通过这些举措,明治日本将其皇国思想自幼植根,对近现代日本基础教育乃至整个国家走向影响深远。明治日本的教育宗旨至此正式确定,此后至于二战结束废止《教育勅语》,日本教育的根本宗旨仍然不出其范围。此外,明治后期关涉教育宗旨的另一诏令,为1908年(明治四十一年)颁布的《戊申诏书》。此时日本已在日俄战争中取胜,迈入帝国列强的行列,也面临新的危机;同时,社会主义思想在日本颇有传播,需要防抑对抗。《戊申诏书》提倡"上下一心,忠实服业,勤俭治产,惟信惟义,醇厚俗成,去华就实,荒怠相诫,自强不息",①实际也是为了进一步强化基于《教育勅语》的皇国教育宗旨,并配合新的政治和经济局势,在教育及世风中重振传统道德。

二、中国:"中体"与"西用"的分合

"中体西用"之说,实际是晚清知识界应对变局的折衷策略。1861年,冯桂芬刊《校邠庐抗议》,称:"如以中国之伦常名教为原本,辅以诸国富强之术,不更善之善者哉!"②已可得见此种思想之端倪。此后时局益蹙,此种思想传播渐广。1891年康有为致书朱一新,谓:"缘学者不知西学,则愚暗而不达时变;稍知西学,则尊奉太过,而化为西人。故仆以为必有宋学义理之体,而讲西学政艺之用,然后收其用也。故仆课门人,

---

① 戊申诏书(明治四十一年十月十三日),载文部省编. 学制百年史. 资料编[EB/OL]. http://www.mext.go.jp/b_menu/hakusho/html/others/detail/1317935.htm(2018-9-6).
② 冯桂芬. 校邠庐抗议[M]上海:上海古籍出版社,2002:541.

以身心义理为先,择其将成学,然后许其读西书也。"①中西体用之辨,已然分明。至于甲午战败,朝野震惊,变法呼声高涨。而其指导思想,则不出中体西用之轨则。如1895年沈毓桂在《万国公报》刊文,即明确指出,"夫中西学问,本自互有得失。为华人计,宜以中学为体,西学为用"。②次年议筹京师大学堂,孙家鼐重申,"自应以中学为主,西学为辅;中学为体,西学为用"。③ 1898年,张之洞著《劝学篇》,论及设学之要,首称应新旧兼学,"四书、五经、中国史事、政书、地图为旧学,西政、西艺、西史为新学,旧学为体,新学为用,不使偏废"。④ 此篇并经钦命刊发,风行全国,"中体西用"遂为晚清包括教育改革在内的新政指南。以上为该思想在晚清的形成与传播概略,至于教育领域指导方针、宗旨的厘定,则颇经历一番曲折探索,以下略述。

(一) 筹设同文馆及京师大学堂的论议与宗旨

今日中国教育史的书写,通常以1862年京师同文馆的建立作为近代教育之开端。此种论说,只能说在局部的制度史意义上可以成立;若与日本1868年的维新及1872年的《学制》相较,则实际不在同一进程阶次。日本此时,已是在谋求政治体制和教育制度整体变革的前提下,展开新式的学校系统。而中国此时设立京师同文馆,以及渐次设立的枪炮、船政、铁路、电报等新式学堂,其性质与规模实际仅与日本在明治维新之前,由幕府及各藩设立的医学、洋学、海军、陆军等教育机构相当,此为首先应当辨明者。

无论如何,总理衙门及同文馆等新式机构、学堂的设立,象征着此时倡导应变者在器物层面之外,已开始着意于制度层面的变革,而其背后则是思想观念的渐变。其中曲折,不似通常所论从洋务运动到五四运动期间"器物—制度—文化"的单线递进变革。京师同文馆由恭亲王奕䜣等奏办,其奏谓"欲悉各国情形,必先谙其语言文字,方不受人欺蒙。各国均以重资聘请中国人讲解文义,而中国迄无熟悉外国语言文字之人,恐无以悉其底蕴"。⑤ 因此,同文馆建置之初,乃以培养外语翻译及洋务人才为目

---

① 上海市文物保管委员会.康有为遗稿.戊戌变法前后[G].上海:上海人民出版社,1986:232.
② 南溪赘叟(沈毓桂).救时策[A].李天纲,编.万国公报文选[C].北京:生活·读书·新知三联书店,1998:333.
③ 孙家鼐.议覆开办京师大学堂折[A].汤志钧,等,编.中国近代教育史资料汇编·戊戌时期的教育[G]上海:上海教育出版社,2007:225.
④ 张之洞.劝学篇[M].冯天瑜,姜海龙,译注.北京:中华书局,2016:195.
⑤ 奕䜣,等.遵议设立同文馆折(附章程)[A].高时良,等,编.中国近代教育史资料汇编·洋务运动时期教育[G].上海:上海教育出版社,2007:41.

的,即出于一种急切的现实需要,增设此类学校及专业,未及考虑与既有教育体制如何衔接,遑论整体更张。1867年,再于同文馆内添设算学馆,守旧京僚谤议甚多,奕䜣等上疏力排众议,谓:"若以师法西人为耻,其说尤谬。中国狃于因循,不思振作,耻孰甚焉?今不以不如人为耻,独以学其人为耻,将安于不如而终不学,遂可雪耻乎?学期适用,事贵因时,物议虽多,权衡宜定。"①此后,同文馆课程不仅扩展至包括天算、格致、化学、医科、制造、公法等西学知识,其招生范围也扩大至科举体制下已成未成之满汉人才。在此意义上,同文馆不仅在制度层面可视为中国近代新式学校教育的发端,其开办过程中"学期适用,事贵因时"的思想,实际也成为洋务阶段教育变革的缩影和指针。

1898年京师大学堂的开办,更是当局应对历次败局时更为切实的回应。其中首要解决的,也还是"先定宗旨"的问题,亦即为何办学和如何办学的问题,而其中关键,则是在举国最高新式官学中,如何论述中学与西学各自的地位。如前所述,"中体西用"思想既已成为主导,则筹办中也继续阐明,"中学有未备者,以西学补之,中学有失传者,以西学还之。以中学包罗西学,不能以西学凌驾中学,此是立学宗旨"。而且,由于京师大学堂的率先和垂范地位,筹议者更谓今后应将同一宗旨推及各省,"千变万化,语不离宗"。② 立学宗旨的订立,既是指针,也是护符,以此而将西学政艺学识在最高官学的传授合法化。意识形态及理论意义上的中体与西用之分,在实践层面其实很难使之泾渭分明,彼此的影响与互渗正在潜移默化地发生。

(二)"明定国是诏"及新政上谕所示设学方针

甲午一战中国败于日本,朝野震动。对于明治维新以来日本在政治、军事及教育方面的动向,中国官方及士人尤其注目。在此背景下展开的戊戌变法,对教育问题也是晓谕再三。1898年(光绪二十四年)清廷所发上谕(明定国是诏),对此言之甚切:

> 数年以来,中外臣工讲求时务,多主变法自强。迩者诏书数下,如开特科,裁冗兵,改武科制度,立大小学堂,皆经再三审定,筹之至熟,甫议施行。惟是风气尚未大开,论说莫衷一是,或托于老成忧国,以为旧章必应墨守,新法必当摈除,众喙哓哓,空言无补。……用特明白宣示,嗣后中外大小诸臣,自王公以及士庶,各宜

---

① 赵尔巽,等.清史稿[M].北京:中华书局,1977:3122.
② 孙家鼐.议覆开办京师大学堂折[A].汤志钧,等,编.中国近代教育史资料汇编·戊戌时期的教育[G].上海:上海教育出版社,2007:225.

努力向上,发愤为雄,以圣贤义理之学,植其根本,又须博采西学之切于时务者,实力讲求,以救空疏迂谬之弊。专心致志,精益求精,毋徒袭其皮毛,毋竞腾其口说,总期化无用为有用,以成通经济变之才。①

此则上谕所揭示的现实,在于上下望治图变之共识已基本达成,并尝试付诸实践;而且在学校建制层面上,希望借助京师大学堂的建立作为领开风气的表率,并宣示中枢变革的决心。至于其中的根本方针,诏令也指明应"以圣贤义理之学植其根本,又须博采西学之切于时务者,实力讲求",其根本目的是要救空疏迂谬之弊,化无用为有用,以共济时艰,绵延国祚。在谕令层面,"中体西用"的指导思想已然宣明,稍后张之洞撰进《劝学篇》,分内、外两篇对此详加诠释,谓"内篇务本,以正人心;外篇务通,以开风气"。② 言说正当其时其意,因此立受推重。

戊戌政变之后,新法几近全废,而后联军入京,国耻无以复加。迫于内忧外患的压力,两宫尚在西逼之时,即发布上谕,表明改制决心。上谕先谓:"世有万古不易之常经,无一成不变之治法。穷变通久,见于大《易》;损益可知,著于《论语》。盖不易者三纲五常,昭然如日星之照世;而可变者令甲令乙,不妨如琴瑟之改弦。"此论实际是在维护"中体"颜面的前提下,借助传统"经权之变"的论调,为改制更张提供合法性依据。至于洋务教育阶段学习西方之得失,此时亦有反省,曰:

至近之学西法者,语言、文字、制造、机械而已,此西艺之皮毛,而非西政之本源也。居上宽,临下简,言必信,行必果,我往圣之遗训,即西人富强之始基。中国不此之务,徒学其一言一话、一技一能,而佐以瞻徇情面、自利身家之积习,舍其本源而不学,学其皮毛而又不精,天下安得富强耶?③

此时之觉醒,重点揭示在于此前的学校教育言西法者,多倾向于西艺之皮毛,而未抓住西政之本源,此令似亦昭示清末新政的改制取向。清末新政的展开,实际又是将戊戌政变后被废的新法渐次回复,重新展开。因此,其中的根本原则一如该诏令开篇所宣示的,仍然不出"三纲五常(体)+令甲令乙(用)"的模式。问题在于,随着制度改

---

① 清实录·德宗实录(卷 418)[G].北京:中华书局,1985:光绪二十四年四月乙巳条.
② 张之洞.劝学篇[M].冯天瑜,姜海龙,译注.北京:中华书局,2016:序 9.
③ 清实录·德宗实录(卷 476)[G].北京:中华书局,1985:光绪二十六年十二月丁未条.

革的深入,加上日益高涨的革命运动,守护中体确实越益艰难。

(三) 教育宗旨之正式颁定

如果仍将京师同文馆的建立作为中国探索近代教育的起点,在此之后四十余年间,中国陆续有各类新式学堂的设立、旧式书院的改造、科举的改革与废除议论,乃至专管教育事务的学部成立。然而,关于教育宗旨则未经颁定。至于1906年,学部奏请宣示教育宗旨,上谕谓:"自古庠序学校,皆以明伦,德行道艺,无非造士,政教之隆,未有不原于学术者。即东西各国之教育,亦以无人不学为归,实中外不易之理。"遂将学部所陈忠君、尊孔、尚公、尚武、尚实五端定为教育宗旨,通饬京师及各省学堂师长生徒,以便遵行。其根本之目标,在于使"君民一体,爱国即以保家;正学昌明,翼教乃以扶世。人人有合羣之心力,而公德以昭;人人有振武之精神,而自强可恃"。①

1906年颁布的教育宗旨,实为近代中国首次以朝廷诏令的形式,宣明教育之根本目标与取向。依照学部的诠解,忠君、尊孔二者为"中国政教之所固有,而亟宜发明以距异说者";尚公、尚武、尚实三者乃"中国民质之所最缺,而亟宜箴砭以图振起者"。②若再分而言之,可知"忠君"乃为维系现实政治体制之基础,"尊孔"乃为维系现实文化秩序的关键,两者均可归入"体"的核心内涵;"尚公"则专门针对国人社群缺少公心公德、私欲盛张而发,实为建立现代民族国家的重要基础;"尚武"针对国民体格及精神积

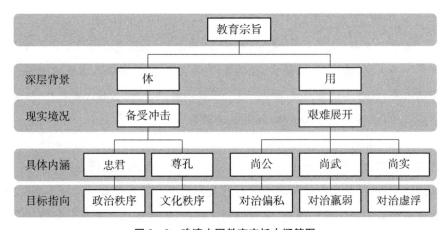

图2-2 晚清中国教育宗旨内涵简图

---

① 学部奏请宣示教育宗旨折[G]//朱有瓛,主编.中国近代学制史料:第二辑上册.上海:华东师范大学出版社,1987:156.
② 学部奏请宣示教育宗旨折[G]//朱有瓛,主编.中国近代学制史料:第二辑上册.上海:华东师范大学出版社,1987:151.

弱而发,"尚实"针对传统教育重道轻器而发,均可归入"用"的范畴。以上五端,可谓直指当时教育要领,无可厚非。问题在于,随着时局变更,传统教育和考试制度更张,作为教育宗旨内"中体"的核心支撑"忠君"与"尊孔",逐渐面临严峻挑战,终至倾覆。

综上可见,中日两国在教育近代化过程中,出于保存旧体和建立新制的考量,各有"和魂洋才"和"中体西用"的倡导。两者既有相似的时代背景和现实考量,又有不同的侧重取向和执行结果。对于日本而言,无论是提倡"汉才"还是"洋才","和魂"始终居于其基核底层,或者说,日本在近代变革之前即已探索和适应两者的平衡。明治时期日本美术家、思想家冈仓天心曾以英文撰述《日本的觉醒》(The Awakening of Japan),向西方世界解释明治日本的兴起,认为日本觉醒的真正原因其实来自国内。他说:"对于西方所给予的教导,我们充满感激,同时我们必须仍将亚洲视作灵感的真正源泉。她将其古老文化传递给我们,并播下再生的种子。"冈仓天心因此告诉西方世界:"我们的个性在西方思想的洪流之中得以保存,也正是由于这样的民族特质,尽管外来思潮不断冲刷,我们仍能保持本真。"[1]冈仓力图向西方世界推介一个近代化的日本,同时又努力从自身内部阐释此种觉醒和变化的原因,其思想基色仍是"和魂洋才"。

对中国而言,由于前近代长期处在东亚秩序的中心和优越位置,实际缺少像日本一样在持续向外学习中平衡体用的经验和心态。因此,晚清包括教育改革在内的诸多改革,均奉"中体西用"为其指南,其中更多可见的是应急的权宜调和,以及寻求变革的折中之方。更为关键的是,晚清所谓"中体",实际有两大核心内容:一为皇朝秩序,一为儒家思想。1905年革废科举,1911年帝制终结,均在制度层面给"中体"以沉重打击;此后文化运动乃至"文化革命"发生,对传统思想和伦常不断弃绝。中学西学,本就各有体用,不宜割裂而嫁接。况且中国所谓的"中体"与"西用",也在19到20世纪的巨变中,再被割为两截,结果就是中体未能很好保全,西用亦未能顺利展开。

同时也应看到,日本在其教育方针和宗旨中,逐渐将保存"和魂"的诉求,渐次与皇国主义、国家主义、军国主义捆绑。在追求文明开化的近代国家建构中,反而在精神层面不断神化天皇,将东亚文化原有的"移孝作忠"、日本武家文化中的尚武尽忠、近代种族竞争中的弱肉强食诸种思想杂糅,在追求自身富强的过程中,给东亚邻邦、最终也给其自身带来沉重灾难。永井道雄反思日本的近代化与教育,指出:"日本的教育从日本文化传统中选择了最坏的部分,诸如排他性、等级观念和政治主义,并把这些内容同盲

---

[1] Okakura Kakuzo. The Awakening of Japan [M]. New York: The Century Co., 1905: 6,187.

目的历史观与在后进国家里易于产生的不健康的优越感混合到一起,灌输给国民。结果使教育与政治同归于尽。"① 因此,对于近代兴教立国而言,教育宗旨不可不定,不定则摇摆无依;宗旨又不能不正,若仅为一群一党、乃至一家一人而定,置公心公理于不顾,则将遗祸无穷。

第三节　日本近代学制探索中基础教育学校的发展

明治日本探索近代学制的过程中,具有标志意义的事件及文本,分别为1872年公布《学制》、1879年公布《教育令》以及1886年公布《学校令》。在此过程中,也伴随着对各个阶段学制文本的不断修订。本节以这三个重要政策文本为主线,探讨其间日本基础教育学校的发展,具体涉及近代学制的探索,课程及教材的相应调整,以及师资的训练与检定;同时借助教育统计数据,分析其间日本基础教育学校的发展实况。

一、近代学制的探索与调整

(一) 1872年《学制》与近代教育体制的初建

1868年明治维新展开,以"文明开化"作为教育发展的重要指针,同时开始对近代学校制度的探索。1871年设立文部省,统管全国学务,同年12月设置学制取调掛,任命文部少博士兼司法中判事箕作麟祥等洋学者起草学制。至1872年初,《学制》起草完毕;9月4日,由太政官发布《学事奖励被仰出书》,宣明新政府的教育方针及制定《学制》的精神,内称"人人所以自立其身、治其产、昌其业而遂其生者,无他,在修身、开智、长才艺;而修身、开智、长才艺则不能不学,此学校所设之由",并谓此番改制,乃望此后华族、士族、农工商及女子等一般人民无不向学,"必邑无不学之户,家无不学之人"。② 次日,正式发布《学制》章程全文,总凡109章,分为大中小学区、学校、教员、学生及考试、海外留学生规则、学费六部分。此后,又陆续公布《学制二编》、《学制追加》及《学制二编追加》,合共增补至213章,共同构成日本教育史上首个由中央政府发布的近代系统学制文件,标志着近代学校制度在日本的初建。其学校系统图解如图2-3。③

---

① 永井道雄. 近代化与教育[M]. 王振宇,张葆春,译. 长春:吉林人民出版社,1984:36.
② 教育史编纂会. 明治以降教育制度発達史(第1卷)[Z]. 東京:教育资料调查会,1964:276—277.
③ 学校系统图(明治六年),载文部省编. 学制百年史. 资料编[EB/OL]. http://www.mext.go.jp/b_menu/hakusho/html/others/detail/1317935.htm(2018-9-6).

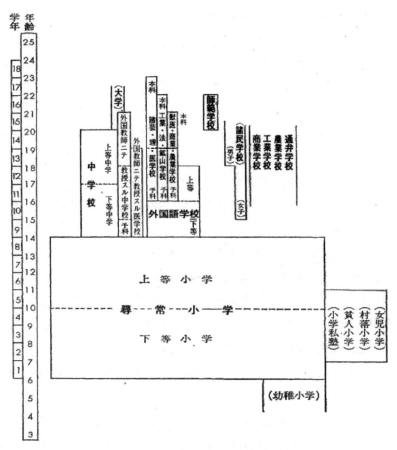

图 2-3 明治六年(1873)日本学制系统图

明治初期既以文明开化、求知识于世界为变革指针,其新学制的引进自然以欧美为借鉴对象。1872年的《学制》,受法国体制影响尤大。日本教育史家尾行裕康曾将《学制》内容与其前后西洋诸国教育制度详细比较,发现日本学制参考西洋诸国教育制度条目情况依次为：法国(64)、德国(39)、荷兰(17)、英国(11)、美国(9)、俄国(1)、其余西洋各国(6)。[①] 该期学制深受法国影响的一大特点,即是大学区制的规划。依照《学制》规定,全国应分8个大学区,每个大学区设置1所大学；每个大学区再分为32个中学区,各设中学1所,全国共256所；每个中学区再划分为210个小学区,各设1所小学校,全国共53 760所。[②] 与法国不同之处在于,日本学制此时采用的是单轨制；

---

① 引自永井道雄.近代化与教育[M].王振宇,张葆春,译.长春：吉林人民出版社,1984：55.
② 教育史编纂会.明治以降教育制度発達史(第1卷)[Z].東京：教育資料調査会,1964：278—280.

在科目设置尤其是有关国语教育方面,也同时效法美国和英国,具体内容详下。

1872年《学制》制定出全国性的新式教育计划,小学校取消阶级和出身的限制。从四民平等的立场出发,新学校以全体国民为教育对象,其学问则强调基于欧美近代思想的个人主义及实学主义。① 这些均显示出较大的进步性。然而,此时下等小学、上等小学各为四年,在"一般人民必须学习"的规定下,实际是在试图建立长达八年的义务教育制度。由此所带来的首先是财政问题,亦即看来雄心勃勃的新式教育计划,实际缺乏财政上的根本保证,由此也加重了普通国民尤其是农民的缴税负担。此外,主导1872年《学制》制定的,是以箕作麟祥等为代表的洋学者,其制度与内容均深受西洋影响,乃至完全翻译照搬,因而被指责为"学区模仿法国制,学级借用美国制,教科书直译英国书,全属舶来"。②

因此,《学制》在日本国内引发了较大的抵触情绪,乃至毁学运动。仅在《学制》发布次年,即有敦贺县真宗教教徒暴动,要求废除基督教,停止教授西洋文章;冈山县农民暴动,反对征兵令和学校教育,46所小学校几乎全遭破坏;鸟取县亦然,并反对实行太阳历;香川县、福冈县也分别有34所、29所小学校被破坏甚至烧毁。此后数年,各地抵抗、毁学运动连续不断。③ 维新之初,《学制》就旨在建立涵盖全国的完备新式教育体系,看似规模宏大,但并未顾及国力、民情及文化程度等相关实情,难以推行,遭致诸多非难。④ 就初等教育而言,虽然明治初年即奖励设学,自京都、东京推及各府县次第设立小学校,然其数量终究有限,因此初期仍以原有寺子屋和汉学塾为主要教育机关;其教授法亦与寺子屋相去不远,内容仍以读、写、算为主,加上忠孝仁义之道。⑤ 此亦新旧更替阶段的实情。此种情况之下,新学制施行不久,即需再谋更张,仅过七年就被《教育令》取而代之。

(二) 1879年《教育令》与教育制度的调整

1872年《学制》颁布和施行之初所遇到的经费不足、民众抵触等情况,实际是教育近代化之初后发国家普遍面临的现状。而在教育场域所引致的论争,则更涉及教育宗旨及人才培养目标等问题。《学制》的西洋化导向与日本的本土化意识/焦虑之间,实际已有较为严重的分歧和冲突,也反映出教育近代化中"维新"与"固本"的两难。同

---

① 岩内亮一,等.编集.教育学用语辞典[Z].东京:学文社,1980:24.
② 教育週报社.明治大正教育教授物语[Z].东京:大空社,1998:292.
③ 永井道雄.近代化与教育[M].王振宇,张葆春,译.长春:吉林人民出版社,1984:61.
④ 教育史编纂会.明治以降教育制度发达史(第1卷)[Z].东京:教育资料调查会,1964:265.
⑤ 教育週报社.明治大正教育教授物语[Z].东京:大空社,1998:285—286.

时,主导《学制》施行的政府管控思想,也逐渐为主张民权自由者所诟病。在此背景之下,有1879年《教育令》的颁布;同年,天皇又颁《教学大旨》。如上文所论,《大旨》重在重新端正教学方针,严斥维新教育中所出现的徒竞洋风、驰于文明开化之末而舍传统仁义忠孝的弊病。

《学制》的修订及《教育令》的起草,起关键作用的核心人物是文部大辅田中不二麿、美国顾问马利(David Murry),以及时任太政官参议、法制局局长伊藤博文。《教育令》文本数经修订,于1879年9月29日正式颁布,总凡47条,主要包括文部省的教育统辖监督权,学校的层级、类别及职能,各类学校的设置与管理,儿童就学问题,学校经费,师范学校与教师等内容。不同于此前以法国模式为蓝本的《学制》,《教育令》所推动建立的是美国式的教育理念和体制,承认教育的自由权利以及地方分权,条文规定较为宽松。在就学年限及方式上,《学制》规定6—14岁为小学儿童学龄,长达八年,且此种义务教育须在学校完成;《教育令》则将期限缩短至四年(每年授课四个月以上),虽不入学校,以其他方式接受普通教育亦可。在私校设置上,《学制》规定设立私立学校须获政府认可,《教育令》则规定完全自由。此外,在学科程度上,《教育令》废止了《学制》中过于繁杂的科目,代以较为简单者。①

由于以上方针和性格,1879年《教育令》也因此被称作"自由教育令"。② 然而,此种制度规定上的自由放任及地方分权,实际又是与同时发布的《教学大旨》所展现的皇权/中央权威及传统伦理不能契合。针对于此,明治政府在1880年及1885年两次修订《教育令》(1881年学制结构见图2-4③),又将儿童学龄规定为6—14岁,不过小学修业期改为3—8年,每年授课32周以上,每日授课3—6小时;并明文规定,"让学龄儿童就学乃父母、监护人等之责任"。④ 诸多修正,均力图矫正初期《教育令》的过分放任和宽松,重新强调国民就学的义务,加强中央及地方政府对教育的监督,重视道德教育(尤重修身课)。其间,还有主张正视西洋化、政教分离的伊藤博文与主张回复传统、政教合一的元田永孚之间的论争,论战以元田胜出而告终,因为其背后是拥有绝对权威、被不断神化的天皇。结果,日本教育在制度及主要内容上与西洋越益接近,但在教育宗旨和目标方面却逐渐归于保守;而且在皇国和军国思想的主导下,传统东亚伦理

---

① 参考教育史編纂会.明治以降教育制度発達史(第2卷)[Z].東京:教育資料調査会,1964:161—165.
② 岩内亮一,等.編集.教育学用語辞典[Z].東京:学文社,1980:58.
③ 学校系統図(明治十四年),載文部省編.学制百年史.資料編[EB/OL].http://www.mext.go.jp/b_menu/hakusho/html/others/detail/1317934.htm(2018-9-27).
④ 教育史編纂会.明治以降教育制度発達史(第2卷)[Z].東京:教育資料調査会,1964:195,239.

中"移孝作忠"的思想在教育和社会中被不断强化,发展为为了近代国家崛起、脱亚入欧而尽忠,以及为日本国家的象征——神化的天皇而尽忠,教育也逐渐被绑上近代国家建构与扩张的战车。

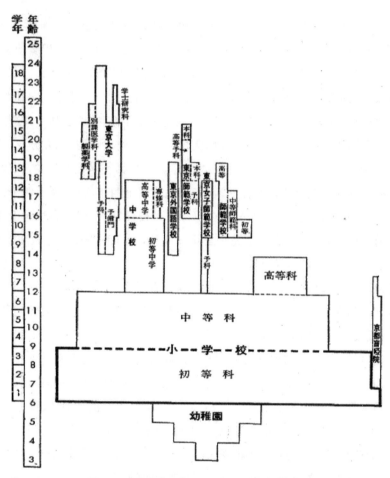

图 2-4　明治十四年(1881)日本学制系统图

(三) 1886 年《学校令》与近代教育体制的确立

此一阶段日本教育制度的调整,亦与整体政治制度环境密切关联。1885 年(明治十八年),日本废止太政官制度,正式创设内阁制度,并议定制定宪法,开设国会,以建立君主立宪政体。与之相应,文部卿一职被废止,设立文部大臣。伊藤博文成为首任内阁总理大臣,原驻美公使森有礼受命为首任文部大臣,对日本文教政策进行系统改革,正式确立近代日本教育体制。其系列改制的重要制度起点,即1886年《学校令》的颁布。

所谓1886年的"学校令",实际是同年先后颁布的系列令谕的总称,其中主要包括《帝国大学令》《小学校令》《中学校令》《师范学校令》,由此而构成日本学校体制的基干。本期教育制度中,森有礼采取了类似于普鲁士的双轨制计划,将英才教育与大众教育区别开来。在此体制之内,小学校、中学校及师范学校总体皆分为寻常、高等两个阶段,帝国大学则作分科大学及大学院之二分。寻常小学校修业期限为3—4年,高等小学校修业期限为2—4年。此外,对于义务教育,则明文规定以寻常小学校毕业(4年)为就学义务;考虑到各地情况或有实施困难,亦准许设置小学简易科(1890年取消),以代寻常小学校。[①]

在此基础上,此后亦有1890年(同年发布"教育勅语")新《小学校令》的公布,1894年《高等学校令》的公布,以及1899年后有关中等教育、女子教育、实业教育诸规程的发布及修改,日本近代教育体制渐次完备。"从此以后,一直到第二次世界大战失败时为止,确定包括知识分子在内的全体日本人所应学到的知识和所应具有的品格的教育体制,其基础就是由森有礼奠定的。"[②]当时,日本正处于近代国家体制整备的关键时期,《学校令》正是基于森有礼"国家富强主义"教育政策而制定,作为确立日本学校制度的基础而"具有划时代的意义"。[③] 森有礼虽在1889年2月11日(日本宪法公布当日)被刺身亡,但其主掌文部省其间的系列改革,实际奠定近代日本教育的制度基础,对近现代日本文教发展乃至国家走向,均影响深远。此后,日本政府在1900年(学制结构详见图2-5[④])、1903年及1907年又三次修改《小学校令》,但总体仍在既定框架内调整。

日本近代学制探索和调整过程中,1872年的《学制》是以"文部省通知"的形式公布;1879年的《教育令》以及1880、1885年的两次修订,均以"太政官布告"的形式公布;而1886年的"学校令"则以"敕令"形式公布;而且,即使是在日本制定宪法、召开国会

---

① 教育史編纂会.明治以降教育制度発達史(第3巻)[Z].東京:教育資料調查会,1964:56—57. 森文相と諸学校令の公布,載文部省編.学制百年史.資料編[EB/OL]. http://www.mext.go.jp/b_menu/hakusho/html/others/detail/1317934.htm(2018-9-27).
② 永井道雄.近代化与教育[M].王振宇,张葆春,译.长春:吉林人民出版社,1984:88.
③ 岩内亮一,等.编集.教育学用語辞典[Z].東京:学文社,1980:34.
④ 学校系統図(明治三十三年),載文部省編.学制百年史.資料編[EB/OL]. http://www.mext.go.jp/b_menu/hakusho/html/others/detail/1317934.htm(2018-9-27).

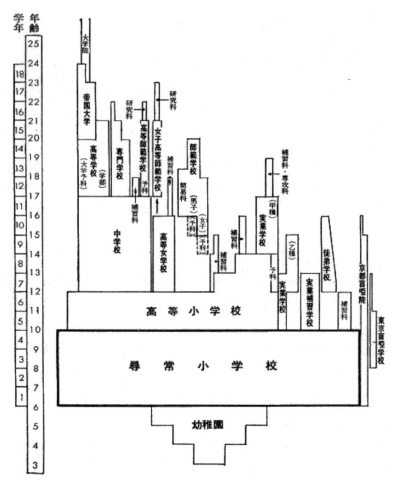

图 2-5 明治三十三年(1900)日本学制系统图

之后,所确立的仍为"敕令主义"的教育行政。[①] 其间,在"和魂洋才"的总体指针之下,日本在教育制度及内容方面先后以欧洲和美国为蓝本,确立其近代体制;而在教育宗旨和精神方面,则一方面重申传统的忠孝伦理,并使之与皇国思想结合,同时又将其"武家"传统与近代军国思想糅合,并将以上宗旨和精神透过教育而自幼灌输于全体国民心中。因此,日本教育所呈现的近代化,在具有进步性及某些普世性的同时,也隐藏着根深蒂固且具有危险倾向的传统性及独特性。

[①] 臧佩红.日本近现代教育史[M].北京:世界知识出版社,2010:88.

二、小学课程及教材的相应调整

对基础教育阶段的教育教学改革而言,课程及教材实乃重中之重。一切改革的政策与举措,最终都需要以课程及教材为载体,并通过课程与教材而得以实现;与内容改革相应的,则是教学组织方式及教学方法的改变。在教学组织方面,年级制及班级授课制得以采行;而在内容方面,改制之初基础教育所面临者,就是从传统寺子屋的读、写、算三科教育及伦理教育,逐渐过渡到近代学校体制下的分级、分科教育。1872年《学制》之中,普通初等教育除了寻常小学之外,还因应形势认定了女儿小学、村落小学、贫人小学、小学私塾等类;寻常小学又分下等小学(6—9岁)及上等小学(10—13岁),下等小学教授科目为缀字、习字、单语、会话、读本、修身、书牍、文法、算术、养生法、地学大意、理学大意、体术、唱歌,凡14科;上等小学另加史学大意、几何学罫画大意、博物学大意、化学大意4科;此外,各地因应具体情形斟酌开设外国语学、记簿学、画学、天球学。① 随后,文部省相应公布《小学教则》,以定小学校教科课程及教授方法的基本方针。据此教则,《学制》所定下等及上等小学内又各分八级,每级授业时间为六个月;每周除了周日之外,授课六日,每日五小时,合计三十小时。其分级、课程及学时安排如图2-6。②

一如本阶段《学制》的整体导向,文部省《小学教则》所规定的教育课程,实际是以欧美课程为其模范,规定的教授内容与此前的寺子屋及藩校大异其趣。其课程重视数学及自然科学之类,小学即开设几何学、博物学等不少内容程度较为高深的科目,不切实用。③ 而近代初等教育发展初期,多数小学校即由原来的寺子屋改造而来,因此文部省《小学教则》所定的教学内容及教科用书等项,实施起来也很不现实。在此情况之下,同年在东京设立的师范学校基于日本教育实际,通过实地调查和研究,并在美国教习斯科特(M. M. Scott)的指导下,编订了区别于文部省的《小学教则》。此后,《学制》在实施过程中屡遭批判,文部省《小学教则》颁布次年即有改订,1878年(明治十一年)遂废止《小学教则》,这在教育内容层面来说,实则等于废止《学制》。此种情况下,各府

---

① 教育史编纂会. 明治以降教育制度発達史(第1卷)[Z]. 東京:教育資料調查会,1964:282—284.
② 小学教则概表(明治五年十一月十日文部省布達番外),载文部省編. 学制百年史. 資料編[EB/OL]. http://www.mext.go.jp/b_menu/hakusho/html/others/detail/1317934.htm(2018-9-28).
③ 服部有希. 教育勅語の成立から終戦後の国会決議に至る経緯[J]. レファレンス(The Reference),2017(9):84.

小学	毎級六ヶ月	年齢	一週間三十時	綴字	習字	単語読方	洋法算術	修身口授	単語諳誦	会話読方	単語書取	読本読方	会話諳誦	地理読方	養生口授	会話書取	読本輪講	文法	地理学輪講	究理学輪講	書牘	各科温習	細字習字	書牘作文	史学輪講	細字速写	罫画	幾何	博物	化学	生理
下等	八級	六歳	時	六	六	六	六	三	四																						
下等	七級	六歳半	時	六	六	四	六	二	二	四																					
下等	六級	七歳	時		六		六	二		六	四	六																			
下等	五級	七歳半	時		六		六	一			二	四	六	三	二																
下等	四級	八歳	時		六		六							六	二	四	六	欠													
下等	三級	八歳半	時		六		六								二		六	欠	六	二	二										
下等	二級	九歳	時		四		六										六	欠	六	四	四										
下等	一級	九歳半	時		四		六										四	欠	四	六	六	二									
上等	八級	十歳	時		二		六										四	欠	六	六			二	六							
上等	七級	十歳半	時				六											欠	六	六			二	六	四						
上等	六級	十一歳	時				六											欠	四	六				六	四	二	二				
上等	五級	十一歳半	時				六											欠	二	四	四				六	二	二	四			
上等	四級	十二歳	時				六											欠	二	二	四				四	二	二	四	四		
上等	三級	十二歳半	時				六											欠	二	二				四	二	二	二	四	二	四	
上等	二級	十三歳	時				六											欠	二	二				三	二	二	三	四	三	三	
上等	一級	十三歳半	時				六											欠	二	二					二	二	四	六	二	二	一

图 2-6　明治五年(1872)小学教则概表

县遂根据自身情况,各自编订《小学教则》。① 一时之间,似乎又回复至维新之前课程不一的局面。当然,此时日本已经步向近代国家建制,作为国民教育奠基阶段的基础教育,政府自然不会任其自流。

① 小学校教育の内容と方法,载文部省編. 学制百年史. 資料編[EB/OL]. http://www.mext.go.jp/b_menu/hakusho/html/others/detail/1317934.htm(2018-9-27).

1879年(明治十二年)颁布《教育令》,对前期教育方针及教育内容作出进一步调整;次年再次改正《教育令》,并于1881年颁布《小学校教则纲领》,将小学校分为初等(三年)、中等(三年)、高等(二年)三个阶段。至其课程,初等科为:修身、读书、习字、算术之初步、唱歌(有待教授法之整备再设之)、体操;中等科除了继续开设初等科课程,增加地理、历史、图画、博物、物理之初步、裁缝(女子);高等科又在中等科基础之上,增加化学、生理、几何、经济之初步(女子习家事经济之大意)。① 该《纲领》的制定,乃近代日本基础教育领域的重要事项;配合同年颁布的《教学大旨》,将此阶段教育改革的基本方针及内容具体落实。1885年,再次修订《教育令》,除了旨在节减地方教育费用之外,对小学课程稍作调整。

1886年(明治十九年),由首任文部大臣森有礼主持改制的《小学校令》颁布,并相应颁定《小学校之学科及其程度》。其中将小学校分为寻常、高等两个阶段,修业期限各为4年,严格规定寻常小学校4年为义务教育年限;修身科仍列首位,课时配置则以读书、作文、习字、算术及唱歌、体操较多;历史科重点讲授有关建国之体制,神武天皇之即位、王朝之政治、藤原氏之专权、霸府之创立、德川氏之治绩,王政维新、外国交通贸易及世态文物、人情风俗之变迁要事,以及忠良贤哲之事迹等。② 1890年(明治二十三年)公布新《小学校令》,废止原令;次年,颁布《小学校设备准则》,进一步规范完善小学校的学科课程、教科书、设施设备等项。此一阶段,小学校学科课程及每周授课时数如图2-7。③

与《学制》阶段相较,此时的小学课程在每周授课时数上,寻常小学及高等小学两个阶段有所不同,较为符合儿童身心发展的规律。其次,对于男女学生课程方面的异同也有所留意,在高等小学阶段的算术、史地、体操、裁缝等课程中,均可得见此种差别考量。再次,与《学制》初期的学则相较,较为繁难艰深的西学课程减少甚多,也体现出教育改革从初期的过高骛求,到逐渐面对现实,探索渐进。最后,与此时教育改革整体背景相应,修身科被提到至为关键的地位,而且每周授课时数有增加的趋势,体现出传统伦理道德在教育领域的摇摆回归,及其教育改革指导思想的保守趋向。《小学校令》的颁布与修订,以及在此基础上形成的教科与设备准则,基本奠定明治时期日本初等教育的课程宗旨、结构与规模。1900年、1903年及1907年,日本政府又曾三度修改

---

① 教育史編纂会. 明治以降教育制度発達史(第2卷)[Z]. 東京:教育資料調査会,1964:252.
② 教育史編纂会. 明治以降教育制度発達史(第3卷)[Z]. 東京:教育資料調査会,1964:40—41.
③ 学科課程の整備,載文部省編. 学制百年史. 資料編[EB/OL]. http://www.mext.go.jp/b_menu/hakusho/html/others/detail/1317934.htm(2018-9-27).

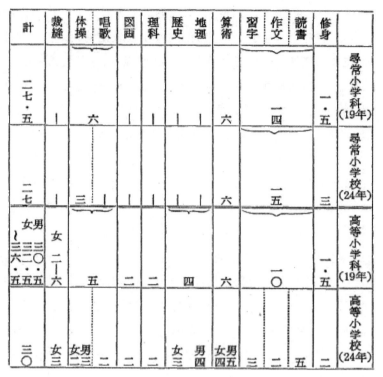

图 2-7 小学校科目及每周授课时数(明治 19 年及 24 年比较)

《小学校令》,并制定相应的实施规则,但总体仍在既有框架内调整。如 1900 年修订中,将寻常小学修业期固定为四年,并以此作为义务教育年限;此外,将读书、作文、习字三科合一,并称国语。1907 年再将寻常小学修业期改为六年,高等小学二至三年;并为女子添设裁缝科。① 表 2-1 为 1907 年寻常小学课程设置及每周学时。②

表 2-1 1907 年寻常小学课程设置及每周时间表

年级 课目	一	二	三	四	五	六
修身	2	2	2	2	2	2
日语	10	12	14	14	10	10
算术	5	6	6	6	4	4

---

① 教育史编纂会. 明治以降教育制度発達史(第 4 巻)[Z]. 東京:教育资料调查会,1964:125. 教育史编纂会. 明治以降教育制度発達史(第 5 巻)[Z]. 東京:教育资料调查会,1964:29.
② 引自日本国立教育研究所编,张渭城,等,译. 日本教育的现代化[M]. 北京:教育科学出版社,1980:63.

续 表

年级 课目	一	二	三	四	五	六
日本史					3	3
地理						
理科					2	2
图画			1	1	男2 女1	男2 女1
唱歌	4	4	1	1	2	2
体操			3	3	3	3
裁缝			1	2	3	3
手工						
共计	21	24	男27 女28	男27 女29	男28 女30	男28 女30

表注：
1. 一、二年级可选习图画课每周一课时。
2. 二、三年级可选习手工每周一课时。四、五、六年级可选习手工，每周两次，每次一课时。

  教科用书编纂方面，维新之初百事待举，未能划一。1871年（明治四年）设立文部省，内设编辑寮，着手教科书等的编辑与翻译；次年废止编辑寮，设置教科书编成挂，1873年改设编书课。其间，1872年公布《小学教则》，指示各级各科教授要旨，并指定教科用书35种，其中除了传统训蒙用书及"往来物"，西学方面主要为维新以后出版的文明开化之书及翻译书，其初实际并非作为小学教科用书而编纂，不仅质量和程度不均，部册数量也差异甚大，单种有少至1册者，有多至16册者，难期适用。[①] 因此而有上述文部省专设机构编纂教科用书。与此同时，文部省逐年对小学、中学及师范学校教科书进行调查，并将检查后合用书目布达府县，1872—1874年间调查情况如表2-2。[②] 1873年公布的《小学用书目录》根据课程分科呈现，包括缀字之部5种，习字之部7种，算术之部6种，修身之部3种，画学之部1种，读方之部6种，地理之部8种，历史之部4种，物理学之部7种，合共47种；其中既有私家编纂译述，亦有东京师范学校版

---

① 教育史编纂会.明治以降教育制度发达史（第1卷）[Z].东京：教育资料调查会，1964：415—417.其中，福泽谕吉所著《童蒙教草》《劝学篇》《穷理图解》《西洋事情》均在指定教科用书之列，种数居于首位，此亦见其对明治教育与文化影响之大。
② 文部省.文部省事务报告书（明治15年—17年）[EB/OL].https://www.jacar.go.jp/（2018-9-3）.

及文部省版。① 文部省1872年所编纂小学教科书主要涉及修身、生理、汉文读本、化学、博物及习画帖等；1873年编纂《读方入门》《读方挂图》《小学物理书》《小学经技书》等。② 此外，文部省直辖师范学校也设置编辑局，基于其实际经验编纂与其《小学教则》相匹配的教科用书。

表2-2　1872—1874年文部省调查学校教科书情况表

年份及部册	1872		1873		1874	
	部	册	部	册	部	册
修身	21	56	22	101	12	36
读书	10	32	35	99	14	58
作文	—	—	—	—	46	142
习字	—	—	—	—	28	154
算术	1	5	5	19	26	110
地理	5	14	6	16	11	27
历史	5	19	2	5	1	3
图画	—	—	2	4	1	1
物理	3	9	1	3	2	6
化学	3	6	1	8	3	16
博物	—	—	6	9	15	26
生理（附养生）	3	8	3	8	1	1
经济	2	3				
家事经济			2	4	3	8
代数	2	9	2	9	1	1
几何	3	4	5	12	7	26
三角法	2	3	1	1	4	9
商业	—	—	2	3	1	1
教育学及学校管理法	2	5	4	8	1	3
农业	1	1	1	2	6	10

① 教育史编纂会.明治以降教育制度发达史(第1卷)[Z].東京：教育资料调查会,1964：855—858.
② 文部省.文部省事务报告书(明治15年—16年)[EB/OL].https://www.jacar.go.jp/(2018-9-3)

续 表

年份及部册	1872		1873		1874	
	部	册	部	册	部	册
礼节	—	—	3	4	2	3
杂	2	2	—	—	—	—
小计	65	176	103	315	185	641

由上可见,《学制》实行之初,文部省所调查发布的学校教科用书,居于主要地位的还是修身、读书、作文、习字、算术等科,这实际仍为基础教育阶段的教科核心。在此过程中,既见到成立初期的文部省在改革学制和管理教科方面的举措,实际也反映出改制初期对新式学堂教科全面管控的力不从心。在维新之初"文明开化"的倡导之下,教科书的编纂与刊行除了用作学堂教学之外,实际也起到教化、启蒙一般民众的作用。与之相应,民间亦有教科用书的编刊,且一时较为普遍。但如上文所见,其后在教育宗旨及学校课程方面走向复古,尤其是在《教育令》及《教学大旨》颁布之后,对于教科书的管控日益增强。1880年,文部省成立编辑局,着手重新编制教科书,此后又在地方学务局设置取调掛,调查所用教科书,并向各府县发布禁用教科书目,尤其关注其中所谓"记载妨害国安、紊乱风俗事项之书籍"以及"于教育上有弊害之书籍",主要涉及修身、法律政治、生理等教科书,尤其是有关自由民权之书籍。[①] 此后,日本的小学教科书编纂,再有1881年《小学校教则纲领》配合的开申制度,继而发展为1886年配合《小学校令》实施的文部省检定制度。1880—1885年间,经由文部省调查可用并通报府县的教科书总计925种,此外文部省编纂的图书有300余种;民间编纂者种类虽多,但适切者少,颇难选择。[②]

1900年修订《小学校令》,规定小学校教科用书为文部省编纂及文部大臣检定者,经各府县小学校图书审查委员会审查后,由府县知事采定;图书审查委员会由府县书记官、视学官、专任视学、师范学校校长及教谕二名,府县立中学校长一名、高等女学校长一名,以及郡视学二名组成。[③] 1903年再次修订《小学校令》,废止审查制及审查委

---

① 教育史編纂会.明治以降教育制度発達史(第2巻)[Z].東京:教育資料調査会,1964:493—497.文教政策の変化と教科書の統制,載文部省編.学制百年史.資料編[EB/OL].http://www.mext.go.jp/b_menu/hakusho/html/others/detail/1317934.htm(2018-9-27).
② 教育史編纂会.明治以降教育制度発達史(第2巻)[Z].東京:教育資料調査会,1964:506.
③ 教育史編纂会.明治以降教育制度発達史(第4巻)[Z].東京:教育資料調査会,1964:50—51.

员会,确立教科书国定制度。若同一科目有数种国定教科书,可由府县知事从中选择;其中尤其被高度关注、规定必用国定教科的科目为修身、日本历史、日本地理及国语读本,①亦即直接与意识形态、国家与族群认同密切关联的学科教材。至此,国家意识形态在基础教育内容中更加强化,为日本的皇国与军国思想扩张奠定教育基础。

三、师资的训练与检定

除了上述教育宗旨及制度层面的议题,涉及教育的改革与发展,师资实为重要保障。其中,又具体涉及教师的资格、素质、地位及思想诸问题,尤其是在教育形态发生根本改变的近代化过程中,连带的问题更为复杂多变。日本在寻求教育近代化的过程中,对以上议题均有关注和着力,以下就小学教师的训练与检定问题,择要略述。

明治维新之初,日本政府即高度重视建立师范学校。1872年《学制》颁布之前,即提出特设"正院",以为小学教师教导场所,并定明宗旨,规划课程及师资,后即据此成立东京师范学校,引进美国师范训练方法。1872年《学制》亦规定,应"迅速兴办师范学校",并称:"师范学校讲授小学教育之教则及教学方法,在当前极为紧要,若此学校不能成就,则小学教育不能完备,故期尽快开设此种学校,在其成就之基础上向各地派出小学教师。"资格方面,规定小学教员不论男女,年龄须在20岁以上,并得有师范学校或中学毕业证书。② 这一时期,明治政府重点发展三类师范教育机构:一是师范学校;二是高等师范学校;三是教员养成所。③《教育令》实施时期,师范教育规模有所缩小,但进一步规范化。此后师范教育稳步发展,主要有高等师范学校(共2所)及普通师范学校(每府县1所)两大类别,为全国中小学训练师资。

在发展师范教育以训练师资的同时,师范教育中也不断强调修身教育,并增强忠君、尊皇的内容。1881年颁布《师范学校教则大纲》,将修身课列为普通师范学校及高等师范学校课程之首;入学条件中也强调品行端正、体质强健;且持有师范学科毕业证书者若有品行不正之证迹,即将其证书没收。④ 1881年又发布《小学校教员心得》,指出小学教员之良否,关乎普通教育之张弛,进而关系国家之隆替,因此小学教员应该任得其人,以"振起尊王爱国之志气,淳美风俗,富厚民生,增进国家之安宁福祉";1892

---

① 教育史編纂会.明治以降教育制度発達史(第5卷)[Z].東京:教育資料調査会,1964:139—140.
② 教育史編纂会.明治以降教育制度発達史(第1卷)[Z].東京:教育資料調査会,1964:288.
③ 臧佩红.日本近现代教育史[M].北京:世界知识出版社,2010:37.
④ 教育史編纂会.明治以降教育制度発達史(第2卷)[Z].東京:教育資料調査会,1964:442—446.

年修改《普通师范学校学科及其程度》,重申"尊王爱国",亦称"富有尊王爱国志气之教员,尤为重要,平素当使学生明忠孝大义,振起国民志操"。① 当年所颁《寻常师范学校简易科规程》中,规定修身科应基于《教育勅语》之旨趣,讲授人伦道德之要领,再及于教授修身科的顺序及方法;历史科教学核心则为日本建国之体制,皇统之无穷,历代天皇之盛业,忠良贤哲之事迹,学术技艺之隆替,武备之张弛,政治之沿革,农工商业之发达,风俗之变迁等,再及于外国历史之大要,以及教授历史科的顺序及方法。② 此外,还通过不断加强对教师的道德要求,实行教师资格证制度,规定教师身份及待遇,实施教师审定制等方式,加强对教师这一贯彻国家教育政策的"人"的媒介的掌控。③ 同时,自《教育令》实施之后,又在师范学校课程中强化军事教育,并建立相应的兵役制度。种种措施,均旨在将皇国思想和军国思想植根于师范学校学生心中,从而在其将来成为教师之时,再将此种观念灌输给孩童。

总体而言,明治后期日本的师范教育呈现出如下特征:一、为了有计划地培养教师而设立师范学校制度,而且采取了唯有师范学校毕业生才能成为正式教师的封闭制度;二、师范学校采取寻常及高等两级制;三、给师范生以学费及生活费资助的特殊待遇,同时通过寄宿制及兵式训练等进行军队式教育;四、设立毕业后的服务制度;五、师范教育的基本政策,也和富国强兵、文明开化的思想深刻关联而展开,不单为了初级层面的知识普及,更急求国民在政治上的统一体意识的培养;六、以近代化为目标的明治政府在延续传统基于儒教思想的学问观、教师观的同时,大幅度采纳欧美近代文明为其教育课程;七、以"顺良、信爱、威重"三种气质为师范学校的培养目标,因此而重视兵式体操及寄宿生活;八、为了习熟教育技术,进行长期的教育实习,为此而并设附属学校;九、教师是体现《教育勅语》精神的"圣职者",也是国定教科书内容的忠实传达者。④ 其中的制度设计与方法取向,也深刻影响清末的师范教育。整体来看,明治维新初期,日本师范教育发展迅猛。1875 年之后的二十年间,师范学校总数反呈下降趋势,然逐渐规范;师范教育的教职员数及学生整体规模变化不大,部分指标甚至时有下降。进入 20 世纪,其师范教育整体规模始再度扩张,学生人数增长迅猛,女生人数尤然,此与下文所见小学教员人数增长情况相互呼应。

---

① 教育史编纂会.明治以降教育制度発達史(第3巻)[Z].東京:教育資料調査会,1964:598.
② 教育史编纂会.明治以降教育制度発達史(第1巻)[Z].東京:教育資料調査会,1964:648—651.
③ 臧佩红.日本近现代教育史[M].北京:世界知识出版社,2010:61—62,91—92.
④ 引自陈永明.中国と日本の教師教育制度に関する比較研究[M].东京:株式会社ぎょうせい,1994:133.

表2-3 明治—大正初日本师范教育发展统计[①]

统计项目		1874年	1875年	1885年	1895年	1905年	1915年
学校数		46	82	56	47	66	92
教职员数		235	527	701	678	1091	1696
学生数	男	4410	6804	6559	6583	14306	18408
	女	74	33	918	759	4618	8675
	总计	4484	6837	7477	7342	18924	27083

四、统计数据所见基础教育学校发展

近代教育事业的展开,翔实可靠的统计数字既是改革与发展成效的展现,也是改进的重要参考。以下主要依据1873—1912年40年间的日本官方的统计数据,分析其间日本基础教育的发展情况。

(一)小学学校数、教员数及学生数

从统计总数来看,1873—1912年40年间,日本小学校总数增长了一倍稍多,从1873年的12558所,增长到1912年的25673所;教员人数增长了五倍有余,从1873年的25531人,增长到1912年的158601人;学生总数也增长了五倍多,从1873年的1145802人,到1912年的7037430人。教员、学生人数增长比例相当,学校则相应扩大规模应对。当然,此种增长也并非呈现线性递进的趋势,其中的起伏颇能反映近代日本基础教育探索过程中的不断调整,以及教育政策和学制更动对这些数据的影响,以下稍作分析。

小学校总数方面,《学制》实施期间增长最为快速,此为新式教育创办初期,大量旧式寺子屋相应改制为新式小学,并建立新校,以适应改革需要;《教育令》实行之后,学校数继续上升,并在1883年前后达到明治时期顶峰30156所;此后总体呈下降之趋势,《小学校令》实行及改订期间有所升降,但未回复至1883年的数量。教员总数方面,《学制》及《教育令》期间总体呈上升趋势,并在1885年达到第一阶段高峰99510人;自1886年《小学校令》颁布实施,教员人数反而急剧下降,至1901年前后才回升至1885年数量,此后逐年上升;其间,女子教员人数从1873年的311人,上升至1912年

[①] 引自日本国立教育研究所.日本教育的现代化[M].张渭城,等,译.北京:教育科学出版社,1980:101.据其附录统计表11整理。

的 43 414 人,占教员总数比例从 1.22% 增加到 27.27%,尤见其女子教育的快速发展,以及社会观念及女性地位的逐渐改变。至于学生人数,《学制》实施期间增长一倍有余;《教育令》实施初期增势延续,1883 年达到第一个高峰 3 237 507 人,而后整体降低而复增,至 1893 年前后才回复至该水平;此后持续增长,至 1912 年在此基础上再翻一番。小学校女学生人数,也从 1873 年的 266 632 人,增长到 1912 年的 3 269 765 人,所占学生总数比例由 23.27% 增至 46.46%。其女子教育的快速发展,于此亦可得见。

表 2-4 明治时期日本小学学校数、教员数及学生数统计[①]

年份	学校数	教员数			儿童数				
		总计	男	女	总计	寻常科		高等科	
						男	女	男	女
1873	12 558	25 531	25 221	311	1 145 802	879 170	266 632	—	—
1874	20 017	36 866	36 204	662	1 714 768	1 297 240	417 528	—	—
1875	24 303	44 665	43 867	798	1 926 126	1 462 059	464 067	—	—
1876	24 947	52 262	51 014	1 248	2 067 801	1 540 841	526 960	—	—
1877	25 459	59 825	58 267	1 558	2 162 962	1 594 742	568 220	—	—
1878	26 584	65 612	63 647	1 965	2 273 224	1 671 276	601 948	—	—
1879	28 025	71 046	68 696	2 350	2 315 070	1 717 422	597 648	—	—
1880	28 410	72 562	70 306	2 256	2 348 859	1 762 113	586 746	—	—
1881	28 742	76 618	74 144	2 474	2 607 177	1 724 991	691 003	150 585	40 598
1882	29 081	84 765	81 789	2 976	3 004 137	1 943 092	885 486	141 532	34 027
1883	30 156	91 636	87 549	4 087	3 237 507	2 065 631	990 212	150 727	30 937
1884	29 233	97 316	92 706	4 610	3 233 226	2 040 327	976 354	179 048	37 497
1885	28 283	99 510	94 629	4 881	3 097 235	—	—	—	—
1886	28 556	79 676	76 223	3 453	2 802 639	1 909 355	798 149	78 844	16 291
1887	25 530	56 836	54 555	2 281	2 713 391	1 796 670	776 829	116 424	23 468
1888	25 953	62 517	59 512	3 005	2 927 868	1 914 710	834 158	146 643	32 357
1889	26 102	65 665	62 332	3 333	3 031 928	1 977 466	851 731	166 672	36 059
1890	26 017	67 730	63 977	3 753	3 096 400	1 989 563	873 918	191 349	41 570

---

① 明治 6 年以降教育累年统计,载文部省编. 学制百年史. 资料编[EB/OL]. http://www.mext.go.jp/b_menu/hakusho/html/others/detail/1317934.htm(2018-9-27). 依据其第 3 表"小学校"重作。

续 表

年份	学校数	教员数			儿童数				
		总计	男	女	总计	寻常科		高等科	
						男	女	男	女
1891	25 374	69 608	65 459	4 149	3 153 813	1 994 272	896 421	214 788	48 332
1892	23 627	59 796	56 395	3 401	3 165 410	1 959 762	913 675	237 676	54 297
1893	23 960	61 556	57 595	3 961	3 337 560	1 980 249	1 005 353	285 776	66 182
1894	24 046	63 035	58 357	4 678	3 501 071	2 014 690	1 083 621	326 285	76 475
1895	26 631	73 182	66 368	6 814	3 670 345	2 057 207	1 141 472	378 016	93 650
1896	26 835	76 093	68 285	7 808	3 877 981	2 099 663	1 234 261	433 609	110 448
1897	26 860	79 299	70 618	8 681	3 994 826	2 085 424	1 291 292	485 454	132 656
1898	26 824	83 566	73 665	9 901	4 062 418	2 039 041	1 321 874	543 236	158 267
1899	26 997	88 660	77 029	11 631	4 302 623	2 054 832	1 445 548	617 540	184 703
1900	26 857	92 899	80 672	12 227	4 683 598	2 118 249	1 688 069	667 448	209 832
1901	27 010	102 700	87 409	15 291	4 980 604	2 125 652	1 906 175	711 220	237 557
1902	27 154	109 118	91 650	17 468	5 135 487	2 139 651	1 995 060	733 392	267 384
1903	27 168	108 360	89 734	18 626	5 084 099	2 082 455	1 950 430	750 593	300 621
1904	27 383	105 301	85 154	20 147	5 154 113	2 090 995	1 948 180	783 336	331 602
1905	27 407	109 975	87 707	22 268	5 348 213	2 127 134	1 983 284	852 551	385 244
1906	24 269	116 070	91 395	24 675	5 514 735	2 165 482	2 014 904	908 781	425 568
1907	27 125	122 038	—	—	5 713 698	4 344 383		1 369 315	
1908	26 384	134 337	99 490	34 847	5 996 139	2 896 906	2 467 036	434 635	197 562
1909	26 084	144 506	106 184	38 322	6 473 592	3 188 369	2 781 580	351 767	151 876
1910	25 910	152 011	111 054	40 957	6 861 718	3 326 074	3 009 187	368 503	157 954
1911	25 750	157 536	114 797	42 739	7 023 661	3 368 245	3 084 081	395 739	175 596
1912	25 673	15 861	115 187	43 414	7 037 430	3 349 643	3 269 765	418 022	187 324

(二) 学龄儿童入学率

学龄儿童入学率,乃衡量一个国家基础教育发展状况的重要指标。前文提及,日本在江户时代后期,识字率已经颇高,而且总体崇尚知识和学问的社会风气初步形成。明治维新之后,政府既以文明开化为重要国策,更有各期学制相继颁发倡导,乃至悬为

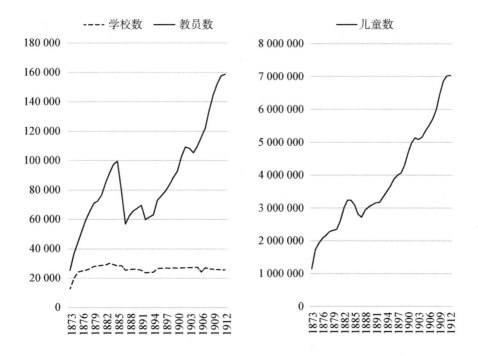

令典,大力兴学,儿童就学率遂有稳步上升的趋势。《学制》阶段本拟以小学八年为义务教育,执行中发现与其时经济状况及社会现实不相吻合,遂有后期逐步调整。至1886年颁布《小学校令》,定以寻常小学四年为义务教育,强制执行。1873—1912年40年间,日本儿童就学率增长了2.5倍。尤其是女子就学率,从初期不及男子入学率的一半,到明治后期急起直追,最终在明治末年达到与男子入学率相当的98%左右。日本明治维新在基础教育阶段的成绩,此项数据为之作了很好的注脚;乃至此后数十年日本的发展,可以说也与此密切关联。毕竟,基础教育的普及和发展,实际是一国国民素质和国家实力的根本保障。

表2-5 明治时期日本学龄儿童就学率统计[①]

年份	男(%)	女(%)	平均(%)
1873	39.9	15.1	28.1
1874	46.2	17.2	32.3

---

① 文部省 编. 学制百年史[EB/OL]. http://www.mext.go.jp/b_menu/hakusho/html/others/detail/1318190.htm(2018-9-27)。此处其后附表4"学龄児童の就学率(明治6～12年)"、表6"学龄児童の就学率(明治13年～18年)"及表11"学龄児童の就学率の推移",重新制表。

续 表

年份	男(%)	女(%)	平均(%)
1875	50.8	18.7	35.4
1876	54.2	21.0	38.3
1877	56.0	22.5	39.9
1878	57.6	23.5	41.3
1879	58.2	22.6	41.2
1880	58.7	21.9	41.1
1881	62.8	26.8	45.5
1882	67.0	33.0	50.7
1883	69.3	35.5	53.1
1884	69.3	35.3	52.9
1885	65.8	32.1	49.6
1890	65.1	31.1	48.9
1891	66.7	32.2	50.3
1892	71.7	36.5	55.1
1893	74.8	40.6	58.7
1894	77.1	44.1	61.7
1895	76.7	43.9	61.2
1896	79.0	47.5	64.2
1897	80.7	50.9	66.7
1898	82.4	53.7	68.9
1899	85.1	59.0	72.8
1900	90.6	71.7	81.5
1901	93.8	81.8	88.1
1902	95.8	87.0	91.6
1903	96.6	89.6	93.2
1904	97.2	91.5	94.4
1905	97.7	93.3	95.6
1906	98.2	94.8	96.6
1907	98.5	96.1	97.4

续　表

年份	男(%)	女(%)	平均(%)
1908	98.7	96.9	97.8
1909	98.9	97.3	98.1
1910	98.8	97.4	98.1
1911	98.8	97.5	98.2
1912	98.8	97.6	98.2

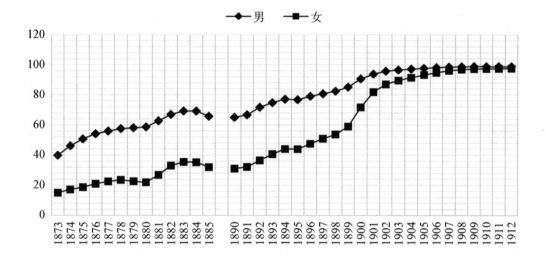

(三) 其他相关教育指标

基础教育学校的发展，实际只是整体学校教育改革与发展的一个缩影，与之关联的尚有其他直接衔接的学校类别、学校层级的发展及入学问题；又教育问题乃国家公共事业的关键部分，其发展又必然与一时之政治决策、经济发展乃至社会民风交互影响。以下再依据前人研究，萃取其中几个年份及其代表数据，重新编制表2-6，①以期更全面认识明治—大正初年日本教育近代化建设过程中，其国民基础教育领域的发展实况。

---

① 引自日本国立教育研究所.日本教育的现代化[M].张渭城，等，译.北京：教育科学出版社，1980：94—104.根据附录统计表2-18重新整理。

表2-6 明治—大正初日本基础教育学校其他关联数据统计

统计项目			1875年	1885年	1895年	1905年	1915年
中学〔旧式〕	学校数		116	106	87	259	321
	教师数		256	1005	1324	5113	6575
	学生数		5620	14084	30871	104968	141954
女子中学	学校数		—	9	15	100	366
	教师数		—	72	186	1561	4590
	学生数		—	661	2897	31918	95949
职业学校	学校数		1	26	54	270	547
	教师数		1	102	397	2633	4962
	学生数	男	15	990	4972	29889	50315
		女	—	—	43	70	428
		总计	15	990	5015	29959	50743
职业补习学校	学校数		—	—	55	2746	8908
	教师数〔全日制〕		—	—	71	1272	2815
	学生数	男	—	—	2555	96449	408577
		女	—	—	772	25053	89601
		总计	—	—	3327	121502	498178
缺陷儿童教育	学校数		—	3	4	26	71
	教职员数		—	24	24	138	455
	学生数	男	—	131	157	958	2153
		女	—	67	72	457	920
		平均数	—	198	229	1433	3073
入学率	义务教育	男	50.5%	65.8%	76.7%	97.7%	98.9%
		女	18.6%	32.1%	44.0%	93.3%	98.0%
		平均数	35.2%	49.6%	61.2%	95.6%	98.5%
	中等教育	年龄	14—16	12—15	12—16	12—16	12—16
		比率	0.7%	0.8%	1.1%	4.3%	19.9%
教育支出和国民收入	教育支出(A)〔单位：十亿日元〕		—	0.01	0.01	0.04	0.09
	国民收入(B)〔单位：十亿日元〕		—	0.61	1.2	2.17	3.81
	A/B*100		—	1.8%	1.2%	2.0%	2.5%
	人口〔单位：千人〕		—	37245	41789	46257	52500

综上可见,日本在1868年明治维新后的四十余年间,通过不断调整教育宗旨与方针,变革学校制度,探索学校课程,编纂教科用书,完善师资培训与检定等举措,确立起近代教育体制,并取得快速发展。在国民基础教育领域,除了重视普通教育之外,对于师范教育也有相应重视,建立起与基础教育发展相匹配的较为完善的师范教育体系。尤其是在职业教育领域,更是着力甚多。此外,对于女子教育、特殊教育也探索较早,且颇见成效。其中最为显著的指标,是其义务教育阶段的入学率。通过明治维新期间不断探索学制,调整义务教育就读年限,保障义务教育经费,日本在大正初年义务教育入学率已达到98%以上,遥遥领先于东亚诸国,这也是其国能臻于富强的基础保障。但是,其近代教育探索中传统伦理及皇国思想的复古,以及近代从变法求存到扩张中军国思想的蔓延,同样将其教育发展带入歧途,最终为亚洲诸国包括日本自身带来深重灾难,此亦不可不察。其中细节,上文辨析其敕令主义与教育宗旨时已有探讨,此处不赘。

第四节 晚清近代学制探索中基础教育学校的发展

晚清中国对近代学制的探索和实施,在政策文本层面主要有三个章程:1898年《京师大学堂章程》、1902年《钦定学堂章程》(壬寅学制)及1904年《奏定学堂章程》(癸卯学制)。其中,真正在全国范围内得以施行的是《奏定学堂章程》。本节亦以这三个章程为主线,从学制变革、课程及教材、师资训练等层面,并借助教育统计数据,探讨晚清中国基础教育学校的发展情况。

一、近代学制的探索
(一)1898年《京师大学堂章程》对基础教育学校的规划

1898年《京师大学堂章程》虽为京师大学堂而拟,但在当时的条件下,实际也寓含为天下学堂立则的意味;以京师大学堂统辖各省学堂,管学大臣在某种程度上实际也兼任全国教育事务长官。关于此种定位,《章程》总纲部分言之甚明:"各省近多设立学堂,然其章程功课皆未尽善,且体例不能划一,声气不能相通。今京师既设大学堂,则各省学堂皆当归大学堂统辖,一气呵成;一切章程、功课,皆当遵依此次所定,务使脉络贯注,纲举目张。"不仅如此,由于大学堂学生需由小学堂、中学堂层递而升,而当时此类学堂未能遍设,因此依照当时的规划,京师大学堂还"兼寓小学堂、中学堂之意,就中分列班次,循级而升"。① 也就是说,京师大学堂实际是附设小学堂的,而且还有具体的配套规划。

在大学堂系统内附设小学堂,一则在全国学堂尚未广立之初,从初等阶段起为大学堂储备生源;此外,由于大学堂中拟立师范斋,因此拟择年龄 12—16 岁者 80 人入小学堂,以师范生教之,作为实习及考验,实为一举两得。在课程规划及教科书编纂方面,则拟分溥通学及专门学两大类,并开设编译局,"取各种普通学,尽人所当习者,悉编为功课书,分小学、中学、大学三级,量中人之才所能肄习者,每日定为一课,局中集中西通才,专司纂译"。至于学成考试及出身,"由小学卒业领有文凭者,作为经济生员升入中学;由中学卒业领有文凭者,作为举人升入大学;由大学卒业领有文凭者,作为进士,引见授官"。② 其时所规划的学校系统格局,已与科举体制下国子监—府州县学的格局大异其趣,因为旧式学校系统基本上只是列名入籍的机构及准备科举的场所,而新式学制则强调层递升级、规范课程、分科教学和考试。但彼时科举未废,不难想见如此设计颁行之初可能招致的抵拒。正因如此,学生学成考试之后,仍然还需按照所得文凭程度,相应授予生员、举人、进士出身,实亦过渡阶段之不得已。

在大学堂系统内附设小学堂,实际也是权宜之计。按照规划,应一面开办大学堂,"一面严饬各省督抚、学政迅速将中学堂、小学堂开办,务使一年之内,每省每府每州县皆有学堂,庶几风行草偃,立见成效"。如此,才能形成府州县(小学)—省会(中学)—京师(大学)的完备学校系统。简而言之,1898 年《京师大学堂章程》实际是打算以京师大学堂及其附设学堂为试点及表率,为全国各级学堂立下章程和规范,因此基础教育亦在其规划之中。不过,由于戊戌变法的挫败,京师大学堂虽然得以留存,但发展缓慢;及后联军入京,破坏甚多,该章程未能在全国层面切实展开其预期影响。

(二) 1902 年《钦定学堂章程》对基础教育学校的规划

《钦定学堂章程》于 1902 年由管学大臣张百熙等拟定,包括《京师大学堂章程》、《考选入学章程》、《高等学堂章程》、《中学堂章程》、《小学堂章程》、《蒙学堂章程》,乃中国教育史上首个正式面向全国颁布的新式学制。其中,纵向上将普通学校系统划分为三段七级:初等教育、中等教育及高等教育。其初等教育总共 10 年,又分蒙学堂(4

---

① 总理衙门筹议京师大学堂章程[A]. 朱有瓛,主编. 中国近代学制史料(第一辑下册)[G]. 上海:华东师范大学出版社,1986:654.
② 总理衙门筹议京师大学堂章程[A]. 朱有瓛,主编. 中国近代学制史料(第一辑下册)[G]. 上海:华东师范大学出版社,1986:655,660.

年)、寻常小学堂(3年)、高等小学堂(3年)。此外,尚有实业学堂及师范学堂的开设。其系统简图见图2-8：①

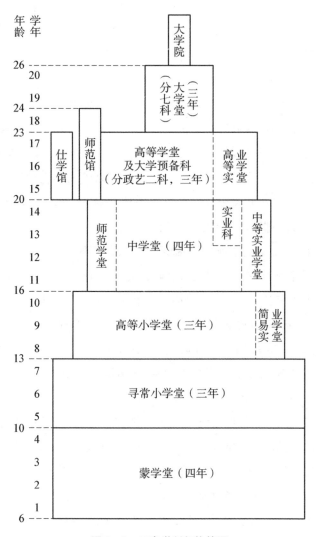

图2-8 壬寅学制架构简图

依照《钦定学堂章程》中的《小学堂章程》,小学堂旨在"授以道德知识及一切有益身体之事",并谓小学堂为初受普通教育之始,学生除了试验功课之外,尚有须合格者

---

① 引自孙培青,主编.中国教育史[M].上海：华东师范大学出版社,2015：347.

四事：志趣端正、资性聪明、家世清白、身体壮健。拟在各州县治所先设立官立小学堂一所，作为绅商设立民立小学堂之模范。小学堂拟分为寻常、高等二级，学制各为三年。儿童六岁起受蒙学四年，十岁入寻常小学堂修业；且拟定于各处学堂办齐之后，无论何色人等皆应接受蒙学四年、寻常小学三年之教育，已寓含义务教育规划的意味。至于学堂费用，章程规定官立学堂五年之内暂不收学费，之后官立寻常小学堂每人每月不得超过银钱三角，高等小学堂每人每月不得超过五角。寻常小学堂学生毕业，或升入高等小学堂，或入简易农工商实业学堂；高等小学堂学生毕业，或考入中学堂，或入读实业学堂；此外，亦准改赴科举考试。① 如此设计，均有在基础教育阶段即连通普通教育及实业教育的考量，同时兼顾新式学堂与科举体制的平衡。在这一阶段，京师大学堂实际仍延续其统领全国学务的职能。因此，《京师大学堂章程》的部分章节，小学堂也一律遵守；而且，小学堂内针对教员的考核问题、学生入学及毕业人数、毕业学生追缴处分等事，最终都须由各省汇咨京师大学堂。

（三）1904年《奏定学堂章程》对基础教育学校的规划

1902年《壬寅学制》颁布后未及正式施行，1903年闰五月（农历）清廷即派张之洞会同张百熙、荣庆改定学堂章程，并于光绪二十九年十一月二十六日（1904年1月13日）正式公布，此即《奏定学堂章程》（癸卯学制）。与钦定章程在纵向结构上相似，奏定章程仍为三段七级：初等教育（蒙养院、初等小学堂、高等小学堂）、中等教育（中学堂）、高等教育（高等学堂或大学预科、大学堂、通儒院）。普通教育系统之外，亦有实业学堂及师范学堂，各与主系各级平行。

不同之处在于，此次重订的学堂章程更为细密，而且将学校系统与教育行政系统分开。在初等教育层级，蒙学堂改称蒙养院，修业期仍为四年；寻常小学堂改称初等小学堂，修业期长达五年；高等小学堂修业期也延长至四年。在教育方针上，其《学务纲要》开篇即定："京外大小文武各学堂均应钦遵谕旨，以端正趋向、造就通才为宗旨，正合三代学校、选举、德行、道艺四者并重之意"；又谓"此次遵旨修改各学堂章程，以忠孝为敷教之本，以礼法为训俗之方，以练习艺能为致用治生之具。"② 此种表述，也可看出稍后公布的教育宗旨的要义。癸卯学制所蕴含的"中体西用"取向，虽然帮助儒教进入

---

① 钦定小学堂章程[A].朱有瓛,主编.中国近代学制史料（第二辑上册）[G].上海：华东师范大学出版社，1987：163—174.
② 学务纲要[A].朱有瓛,主编.中国近代学制史料（第二辑上册）[G].上海：华东师范大学出版社，1987：79—80.

现代学校体系,制度上的经学本位设计也为新学制提供了合法性依据,但在核心价值层面使得传统"通经"与"致用"分离,在国家政治层面则导向"忠君"与"爱国"分离,"中体西用"主导的教育改革实践,最终导致儒家自身及其所支撑秩序的深刻危机。①

依照奏定章程的规划,初等小学堂七岁入学,学制五年。其宗旨在于启其人生应有之知识,立其明伦理、爱国家之根基,并调护儿童身体,令其发育,其成效在于促使识字之民逐渐增多。关于入学义务,限于中国新式学制创办伊始,尚未展开强迫教育,但亦令地方官绅竭力劝勉,使入学者日益增多。在设学数量上,将钦定章程的规定和倡导益加推进,令小县城至少设立初等小学二所,大县城必设初等小学三所,各著名大镇必设初等小学一所,并奖励地方士绅设学助学。官设初等小学堂永不令学生补贴学费,此与钦定章程酌量收费不同。其最终目标,仍在"使邑无不学之户,家无不学之人,始无负国民教育之实义",②其表述与日本1872年《学制》甚为相近。初等小学堂毕业即升入高等小学堂,学制四年,其宗旨在于"培养国民之善性,扩充国民之知识,强壮国民之气体";其成效在于让童年"皆知作人之正理,皆有谋生之计虑"。即便是僻小州县,也至少设立一所官立高等小学堂;可根据当地情形,酌量让学生贴补学费。同时鼓励城镇乡村以公费、私费设立学堂。③ 此时基础教育学务不再汇总呈报京师大学堂,而是由各学堂呈报各省学务处,再汇总上呈学务大臣,此亦奏定章程异于钦定章程之处。

晚清中国新式学制的制定,深受明治日本学制的影响。究其原因,在于日本学制系统中皇权至高无上,强调儒教道德(以忠君为根本),主张高度中央集权的教育行政,而且有类似"西学为用"的取向。此种将基于儒教道德的修身教育与近代学校体制统合的形式,以及明治中期以后的国家主义教育体制,均与其时中国境况较为符合。因此,日本学制得到晚清政府及主导改革的士大夫普遍认同,进而模仿和移植。④ 结果,《壬寅学制》和《癸卯学制》对日本学制的参考和借鉴较多;或可以说,这两项学堂章程

---

① 参考袁晓晶. 癸卯学制中的"中体西用"观与儒家教化的近代危机[J]. 教育学报,2013(5):122—128.
② 奏定初等小学堂章程[A]. 朱有瓛主编. 中国近代学制史料(第二辑上册)[G]. 上海:华东师范大学出版社,1987:174—189.
③ 奏定高等小学堂章程[A]. 朱有瓛主编. 中国近代学制史料(第二辑上册)[G]. 上海:华东师范大学出版社,1987:189—201.
④ 参考汪婉. 清末中国对日教育视察の研究[M]東京:汲古書院,1998:91. 贺晓舟. 晚清政府选择明治日本学制的原因探析[J]. 华东师范大学学报(教育科学版),2012(4):69—74.

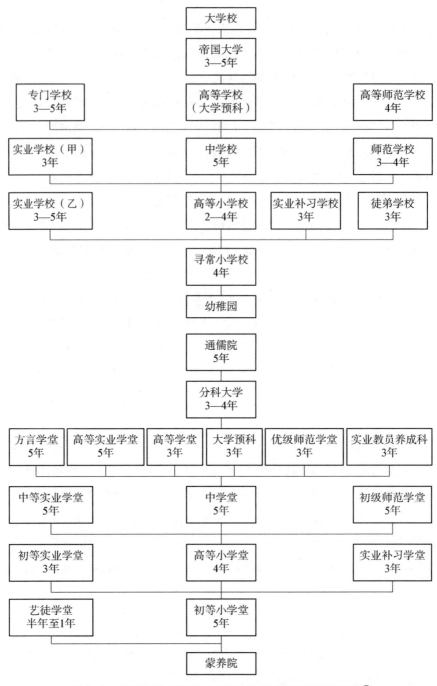

图 2-9　1900 年日本学制(上)与 1904 年中国学制(下)对照①

① 引自汪向荣.日本教习[M].北京：商务印书馆,2014：178.

"皆以同时期日本学制为模板而制定"。其中,吴汝沦的日本学事视察报告,对《壬寅学制》主导者张百熙影响甚大;而张之洞主导的《癸卯学制》,则多有参考罗振玉一行的日本教育视察成果。① 另外,晚清中国对日本学制的认知及转介,除了晚清官绅、知识分子对日本教育及学制的考察、介绍之外,学制颁布前中国也翻译出版有关日本学制的多种书籍资料,《教育世界》也陆续登载有关日本学制及教育法规的文章,②共同为晚清中国提供学制改革的文献和理论资源。

当然,《癸卯学制》和同时期日本学制也有一些重要分殊,而且其中分殊也很能体现两国新式教育境况的差异。首先,日本学制中对女子教育已有高度重视,不仅在义务教育阶段规定男女必须就学,还有女子师范学校、女子高等师范学校及高等女学校的设立,而同期中国女子教育在学制中尚无地位。此种差异所带来的影响,在下文关于两国义务教育普及率、女学生及女教员数量的统计比较中,即有清楚呈现。此外,《癸卯学制》中特设专为新科进士提供新式教育的进士馆,③并制定《学堂奖励章程》以解决新式学堂毕业者的"出身"问题。④ 这些都是从科举到学堂的过渡过程中的权宜措施。日本此前不以科举抡才,因此新式学制中也并无相应措施。可见,虽然中日两国教育改革方针类似,体制相仿,但具体措施和实际情形又颇有差异,以致其结果与影响也有不同。

二、课程与教材的调整

1898 年《京师大学堂章程》虽亦包含对附设小学堂课程及教材的规划,但未及遍行全国;1902 年《钦定学堂章程》对小学功课及教法擘画甚详,但未及施行。以下所述清末小学课程,以 1904 年《奏定学堂章程》为准,兼及其清末阶段的调整。

初等小学与高等小学的科目大致相当,惟高等小学增图画一科,并将历史改为中国历史,中国文字改为中国文学。此种课程设计,体现在同学科各阶段、学年的程度递进上,呈现"螺旋式"的课程架构及知识传授理念。其中,最为关键的课程仍为读经讲

---

① 参考汪婉.清末中国对日教育视察の研究[M]東京:汲古書院,1998:193—267. 吕顺长.清末中日教育文化交流之研究[M].北京:商务印书馆,2012:41—43.
② 详参朱有瓛,主编.中国近代学制史料(第二辑上册)[G].上海:华东师范大学出版社,1987:21—27. 李杰泉.清末的师范教育(1897—1911 年)[D].香港:香港中文大学历史学部博士论文,1997:60.
③ 关于晚清科举革废与进士馆设置诸问题,详参李林.最后的天子门生——晚清进士馆及其进士群体研究[M].北京:商务印书馆,2017.
④ 汪婉.清末中国对日教育视察の研究[M]東京:汲古書院,1998:247.

表 2-7 《奏定学堂章程》所定小学堂课程及每周课时①

初等小学堂					
科目	第一年	第二年	第三年	第四年	第五年
修身	2	2	2	2	2
读经讲经	12	12	12	12	12
中国文字	4	4	4	4	4
算术	6	6	6	6	6
历史	1	1	1	1	1
地理	1	1	1	1	1
格致	1	1	1	1	1
体操	3	3	3	3	3
合计	30	30	30	30	30
高等小学堂					
科目	第一年	第二年	第三年	第四年	
修身	2	2	2	2	
读经讲经	12	12	12	12	
中国文学	8	8	8	8	
算术	3	3	3	3	
中国历史	2	2	2	2	
地理	2	2	2	2	
格致	2	2	2	2	
图画	2	2	2	2	
体操	3	3	3	3	
合计	36	36	36	36	

备注：依据各校具体情况，初等小学堂可兼授图画、手工为随意科，高等小学堂可兼授手工、商业、农业为随意科。

经，初等小学以《孝经》《四书》《礼记》节本为必读之经，五年应共读 101 800 字；高等小学以《诗经》《书经》《易经》《仪礼》之一篇为必读之经，四年应共读 115 200 字。读经之目的，在于让儿童知识初开之时，即以圣贤义理植入其心，以期端正趋向，以免将来流

---

① 奏定初等小学堂章程，奏定高等小学堂章程[A].朱有瓛,主编.中国近代学制史料(第二辑上册)[G].上海：华东师范大学出版社,1987：179—182,193—196.

于恶习,离经叛道。其次重要者为中国文字/中国文学,其目标在于使儿童认识、理解常用字词,初通文理,以备书信写作、读书为文,进而谋生应世。① 此种课程布局,仍然呈现出明显的"中体"取向。

《奏定学堂章程》颁布后,时论即指出读经讲经所占比例过重,要求过高,甚至提出应删除此科,将经籍要义归并于修身科,侧重于小学阶段应当重视的"浅近之普通知识与浅近之普通文字"。② 学制实施后,晚清也曾数次对小学堂课程进行改制。1909年将初等小学堂分为完全科及简易科,完全科五年毕业,简易科三年或四年毕业;1911年又将初等小学堂并为一类,四年毕业。时人曾详细考论历次改章及其学程变更,征引如表2-8。③

表 2-8 清末小学堂章程改制学程比较表

学科	学年	癸卯章程(1904)	己酉改章(1909)	庚戌改章(1910)
修身	一	小学,人谱,蒙养图说,古诗歌	但有标目,图画、文字从略	道德要义
	二	同上	逸事,人物,格言	同上
	三	同上	日用起居,谋生及应尽之职	道德要义及国民教育要义
	四	同上	同上	同上
	五	同上	同上	○
读经讲经	一	孝经,论语	○	○
	二	论语,学,庸	○	○
	三	孟子	孝经,论语	孝经,论语
	四	孟子及礼记节本	论语,礼记节本	同上
	五	礼记节本	礼记节本	○
中国文学	一	讲动静虚实字,虚字联缀法,习字	单字,单句,短文,分别虚实字之用法,书法,联字	读法,写法
	二	造句,译俗,习字	造句,联字,作文,书法	读法,写法,作文

---

① 奏定初等小学堂章程,奏定高等小学堂章程[A]. 朱有瓛,主编. 中国近代学制史料(第二辑上册)[G]. 上海:华东师范大学出版社,1987:177—178、191—192.
② 奏定小学堂章程评议[A]. 朱有瓛,主编. 中国近代学制史料(第二辑上册)[G]. 上海:华东师范大学出版社,1987:201—203.
③ 引自庄俞. 论学部之改良小学章程[A]. 朱有瓛,主编. 中国近代学制史料(第二辑上册)[G]. 上海:华东师范大学出版社,1987:226—228.

续 表

学科	学年	癸卯章程(1904)	己酉改章(1909)	庚戌改章(1910)
	三	联句,译俗,习字	较前年稍进	同上
	四	同上	短篇文法及应用之知识,书法,作文	同上
	五	日用言语,习字	较前年更进	○
算术	一	数名,实物计数,二十以下算术书法,记数法,加减	同左	二十以下之书法,加减乘除
	二	百以下算术书法,记数法,加减乘除	同左	百以下之书法,加减乘除
	三	常用之加减乘除	同左	通常之加减乘除
	四	通用之加减乘除,小数之书法,记数法,珠算之加减	同左,无珠算之加减	简易小数及诸等数
	五	通用之加减乘除,简易小数,珠算之加减乘除	同左,无珠算之加减乘除	○
历史	一	乡土故事及名人事实	○	○
	二	同上	○	○
	三	历代国号及圣主贤君事实	○	○
	四	同上	○	○
	五	本朝史	○	○
地理	一	乡土道里建置,山水遗迹等	○	○
	二	同上	○	○
	三	本省地理,本国地理之大概	○	○
	四	同上	○	○
	五	本国幅员疆界及名山大川都会	○	○
格致	一	乡土动植矿之关于日用者	○	○
	二	同上	○	○
	三	动植矿之形象	○	○
	四	同上	○	○
	五	生理卫生之大要	○	○
体操	一	有益之运动及游戏	游戏	同左
	二	同上,普通体操	游戏及徒手体操	同左

续 表

学科	学年	癸卯章程(1904)	己酉改章(1909)	庚戌改章(1910)
	三	同上	同上	同左
	四	同上	同上	同左
	五	同上	同上	○
图画	一	单形	单形物体	○
	二	同上	同上	简易物体
	三	同上	同上	同上
	四	同上	同上	同上
	五	同上	○	○
手工	一	简易细工	简易细工	简易手工
	二	同上	同上	同上
	三	同上	同上	同上
	四	同上	同上	同上
	五	同上	○	○
乐歌	一	○	唱歌	单音唱歌
	二	○	同上	同上
	三	○	同上	同上
	四	○	同上	同上

  本期小学课程，自然以"忠君、尊孔"之教育宗旨为中心，其课程呈现以下特色：设置修身学科施行直接的道德教学，注重读经讲经以保儒家圣贤之教义，继续读古文辞以便学生读古来经籍，教学官话官音冀求统一全国之语言，体操教学内容以练习兵式体操为主，小学教学科目之规定尚欠完备，各科教学时间之规定为钟点制。[①] 纵观几次改制之大要，可见其学制缩短、每周学时减少、各科所习内容及难度降低之趋势，而且部分科目如历史、地理、格致竟然逐渐取消，读经讲经科在小学课程中的地位也明显下降。此种改制的结果，是否既导致政府一向忧心的"中体"不存，比如置传统圣贤义理于不讲，且难以形成对朝廷而言较为有利的王朝国家认同；同时，又或导致基础教育阶段所习太浅，整体影响所育人才的素质。凡此问题，均可深究。

  教科书方面，晚清新式教育开办初期，所用西学教科书基本上自西方引进，直接运

---

① 参考陈侠.近代中国小学课程演变史[M].福州：福建教育出版社，2007：16—19.

用原版；或由西方在华所办学校、传教机构及教士编纂，其中较为突出者如墨海书馆、广学会、土山湾印书馆、学校教科书委员会等；或翻译引进，如京师同文馆、江南制造总局所译。其后，中国新式学堂开始自编教科书，其中较为著名者，如上海南洋公学、澄衷蒙学堂，杭州求是中学堂，京师大学堂等。至1903年，始由商务印书馆陆续编辑出版"最新教科书"，乃中国第一套现代意义的教科书。该套教科书配合《壬寅学制》的颁行，覆盖其中要求开设的所有课目。至1907年夏，该馆已出版初等小学堂用书16种54册，高等小学堂用书19种41册，中学堂用书40种54册，并配合出版相应的教学地图。① 商务版教科书应时而出，获得极大成功，对清末民初的中小学教育影响至巨。

除此之外，针对新式教育开办过程中，坊间各类教科书不断出版、良莠不齐的弊端，官方也着意加强教科书的审定和编纂。《癸卯学制》中，已订立教科书审定制度，令将京外各编译局及各科教员所编纂之教科书，先送学务大臣审定，再颁行各省之中小学堂使用。② 1905年学部成立，内设审定科负责审定教科图书；次年公布教育宗旨，并颁布《教科书审定办法》，又设立编译图书局，专门负责学堂教科用书编译。编译图书局之编译章程内，谓无论编纂何种教科书，"俱宜恪遵忠君、尊孔、尚公、尚武、尚实之宗旨，以实行国民教育"，至于其顺序，则以"初等小学最先，高等小学次之，中学与初级师范又次之"，而且书成之后，由学部审定科审定，再通行全国学堂。③ 至1907年春，正式出版《初等小学国文教科书》，此乃中国首部中央教育行政部门编审发行的教科书。此后直至清末，又陆续编辑出版修身、图画、珠算、地理、算术等教科用书。当然，由于为时仓促，首套部编本教科书质量参差，发行后教育界诟病甚多，且该套教科用书实际未能涵盖学堂章程所定科目。因此，终清之世，部编本教科书未能如预期广为全国采信，较为成熟的民间教科系列尤其是商务版本，仍然引领基础教育之主流。

三、师资的训练与选任

洋务运动阶段虽然已有新式学堂的开办，但对于专门培养教师的师范教育则未有特别注意，如此转而影响新式教育的展开。对于此种不足，时论颇有反思和倡议。1890年，林乐知发表《师范说》一文，指出："自强之道，必以作育人才为本。而作育之

---

① 参考石鸥,吴小鸥.简明中国教科书史[M].北京：知识产权出版社,2015：32—33.
② 学务纲要[A].朱有瓛,主编.中国近代学制史料(第二辑上册)[G].上海：华东师范大学出版社,1987：92—93.
③ 第一次学部编译图书局备览[N].学部官报,1908(68)：7—8.

事,则以设立书院为先。尊其名曰书院,核其实即学堂也。特是创院虽易,求师甚难。"由此而提出展开师范教育的必要。① 甲午战争中国败北,朝野震惊。欲兴教而育才,则面临师资匮乏的问题。1896 年,梁启超发表《变法通议》,认为《学记》乃言师弟教学之事,梁启超主张以日本寻常师范学堂为蓝本,将其所开设的科目进行增删,并提出以下原则:须通习六经大义,须讲求历朝掌故,须通达文字源流,须周知列国情状,须分学格致专门,须研习诸国语言。他同时建议,"自京师以及各省府州县,皆设小学,而辅之以师范学堂。以师范学堂之生徒,为小学之教习"。此种设计,即是希望"以小学堂生徒之成就,验师范学堂生徒之成效"。在他看来,"师范学校立,而群学之基础悉定"。② 梁启超的论述,可以代表这一阶段对师范教育地位、性质及内容甚具代表性和建设性的见解,而且其设计与提案,如上文所述,在 1898 年《京师大学堂章程》中得到体现。

中国早期师范学校较具代表者,主要有 1897 年盛宣怀于上海创办的南洋公学附设师范院,1902 年京师大学堂重开之后开设的师范馆,以及 1903 年张謇在通州创立的通州师范学校等;此外,尚有张之洞在武昌所办师范学堂,袁世凯所办保定师范学堂等。这一阶段师范教育的发展,呈现出以下特征:首先,师范教育在学制内并无独立地位;其次,在师范教育发展路向上,在华传教士倾向效法欧美,而中国知识分子则偏重借鉴日本;再次,此时尚无全国统一课程,以及专门针对师范教育的教科书,各学校自定课程,自编讲义;最后,其招生标准、修业年限、毕业要求及毕业后的服务条例等,均未有明确及一致的规定。③ 1902 年《钦定学堂章程》中没有独立的师范学堂章程,师范教育拟分为附设于大学堂之师范馆,附设于高等学堂之师范学堂,以及附设于中学堂之师范学堂,但该章程未能实际推行。

直至 1904 年颁布《奏定学堂章程》,内含《优级师范学堂章程》《初级师范学堂章程》,以及《实业教育讲习所章程》《任用教员章程》等,师范教育及教师任用才真正进入有统一章程可循、渐入正轨发展时期。《奏定学堂章程》之"学务纲要"部分,明确指出"宜首先急办师范学堂"。经过清末新政期间的努力,初步建立起包括高等师范教育(以优级师范学堂为主)、中等师范教育(以初级师范学堂为主)、女子师范教育的师范

---

① 林乐知. 师范说[A]. 汤志钧,等,编. 中国近代教育史资料汇编·戊戌时期的教育[G]. 上海:上海教育出版社,2007:42—43.
② 梁启超. 变法通议[A]. 梁启超. 梁启超全集(第 1 册)[M]. 北京:北京出版社,1999:28—30.
③ 参考李杰泉. 清末的师范教育(1897—1911 年)[D]. 香港:香港中文大学历史学部博士论文,1997:33—34.

教育体系,幼儿师范教育则仅有初步发展,未入正轨。其中,承担培养初等小学及高等小学师资的,主要为初级师范学堂。而且《纲要》明确指出,"开通国民知识,普施教育,以小学堂为最要;则是初级师范学堂,造就教小学之师范生,尤为办学堂者入手第一义"。① 以下再就初级师范学堂情况,展开论述。

  初级师范学堂属于中等教育性质,要求每州县必设一所。初级师范学堂包括完全科及简易科,简易科可与完全科合设,也可分设(1910年停办简易科)。修业方面,完全科期限为五年,每周授课36小时,所习科目为:修身、读经讲经、中国文学、教育学、历史、地理、算学、博物、理化、习字、图画、体操;简易科修业一年,每周授课36小时,所习科目为:修身、中国文学、教育学、历史、地理、数学、理化、图画、体操。② 除了体现师范教育性质的教育学科之外,两科所习实际基本与高等小学及初等小学所开科目对应。整体而言,其时初级师范学堂主要有以下特征:其一,其教师应当以身作则,教导师范生忠君爱国;其二,初级师范教育的计划较为详细,采取了各种各样应对现实问题的方策;其三,教育课程具有很强的"中体西用"意识,因此读经讲经占到每周课时总数的四分之一;其四,效仿日本,重视兵式体操。③ 此外,作为临时训练小学师资的方式,还有师范传习所及师范讲习所的开设,修业期仅有十个月,肄业者可任小学堂副教员。现据宣统元年(1909)第三次教育统计数据,将其时小学师资教育情况汇总如表2-9。④

表2-9 宣统元年(1909)小学师资教育机构统计表

	初级师范学堂				师范传习所及师范讲习所	
	完全科		简易科			
	学堂数	学生数	学堂数	学生数	学堂数	学生数
京师	1	83	—	—	9	316
直隶	9	931	11	521	6	399
奉天	2	188	10	561	19	928

---

① 学务纲要[A].朱有瓛,主编.中国近代学制史料(第二辑上册)[G].上海:华东师范大学出版社,1987:81.
② 参考奏定初级师范学堂章程[A].璩鑫圭,唐良炎,编.中国近代教育史资料汇编·学制演变[G].上海:上海教育出版社,2007:403—419.
③ 陈永明.中国と日本の教师教育制度に関する比较研究[M].东京:株式会社ぎょうせい,1994:20.
④ 学部总务司.第三次教育统计图表,载王燕来,谷韶军,辑.民国教育统计教育统计资料续编(第3册)[Z].北京:国家图书馆出版社,2012:70,88—90.

续 表

	初级师范学堂				师范传习所及师范讲习所	
	完全科		简易科			
	学堂数	学生数	学堂数	学生数	学堂数	学生数
吉林	1	76	3	184	2	71
黑龙江	—	—	2	70	1	12
山东	14	967	—	—	—	—
山西	1	130	7	291	8	173
陕西	1	249	3	145	6	124
河南	6	614	12	728	43	2 203
江宁	7	718	4	322	7	408
江苏	1	228	1	95	2	58
安徽	—	—	10	825	9	268
浙江	5	429	5	450	1	27
江西	3	232	8	311	4	188
湖北	5	685	2	143	8	646
湖南	6	967	9	674	—	—
四川	8	505	10	512	18	602
广东	5	465	2	217	—	—
广西	3	247	2	111	6	568
云南	10	454	6	444	1	28
贵州	1	52	2	221	4	327
福建	2	177	2	147	3	98
甘肃	1	44	—	80	34	542
新疆	—	—	1	143	—	—
合计	49	4 257	49	3 453	79	3 026

清末中国师范教育的发展,在人事、制度、思想等方面也受到日本影响甚多,其影响主要通过以下几种渠道展开。首先是中国官绅对日本教育、学制的介绍,晚清中日互派使节,且中国为展开新政,多派官绅短期赴日游历考察,由此而产生数量甚多的"东游日记",学务考察即为其中重要内容。其中较为知名者,如黄遵宪《日本国志》对日本学校的介绍,晚清提学使集体东游考察,吴汝纶就任京师大学堂总教习前赴日考

察,罗振玉东游及其对日本教育的推重等。① 其次是中国对日派出师范科留学生,归国后直接在师范学堂及中小学堂任教。再次是师范学堂直接聘用日本教习,如京师大学堂师范馆总教习服部宇之吉、副教习太田达人等均为日本人。最后是晚清书刊对日本教育著述、学制文本的翻译和介绍,也在制度和思想层面深刻影响晚清师范教育。

与中等师范教育相应的,即是小学师资的选任。晚清中国尚未正式建立统一的教师资格检定制度,只在相应的学堂章程及《任用教员章程》内,对此作出规定。高等、初等小学堂均设正教员及副教员,有关选任资格,《任用教员章程》规定,高等小学堂正数员以初级师范毕业考列最优等以及游学外洋寻常师范毕业得有优等、中等文凭者充选,暂时以简易师范生充选;副教员则以初级师范毕业考列中等以及游学外洋得有寻常师范毕业文凭者充选,暂时以简易师范生充选。初等小学堂正数员以曾入初级师范考列中等及得有毕业文凭者充选,暂时以师范传习生充选;副教员则以曾入初级师范得有修业文凭者充选,暂时以师范传习生充选。② 在学堂初兴、师范教育初办的年代,实际也多权宜之策。概而言之,彼时任教于新式小学堂者,主要即初级师范毕业生、师范传习所及讲习所毕业生,以及部分留学归国者(以师范科为主)。此外,亦有为数不少的旧日私塾、书院教师,在学堂转制后继续任教。转轨时期的制度与人事,通常新旧并存,日本新式教育创办初期亦然。

四、统计所见清末基础教育学校发展概况

近代教育改革及教育行政的有效展开,除了制度建设层面的努力,在统计层面总体把握教育发展情况,亦属要务。1907 年,学部奏言:"中国兴办学堂历有年所,自光绪二十九年奏定学堂章程颁布之后,官私学校推广寖多。第初基甫立,规模未具,等级虽别,程度不殊。盖以学务未有专官,漫无归属。迨三十一年设立臣部,三十二年设立各直省提学使司,教育行政之官司渐备。于是学校生徒增减之差,经费出入多寡之数,乃得可纪。"此后直至清朝灭亡,学部共主持完成三次全国范围的教育统计,分别于宣统二年(1910)三月、十二月、宣统三年(1911)八月奏呈朝廷公布。③ 依照其第三次统

---

① 详参汪婉. 清末中国对日教育视察の研究[M]東京:汲古書院,1998.
② 奏定任用教员章程[A]. 璩鑫圭,唐良炎,编. 中国近代教育史资料汇编·学制演变[G]. 上海:上海教育出版社,2007:432—435.
③ 引自张海荣. 清末三次教育统计图表与"学部三折"[J]. 近代史研究,2018(2):153—159.

计结果,可知 1909 年全国小学堂建设情况如表 2-10。①

表 2-10 宣统元年(1909)京师及各省小学堂统计表

省别	高等小学堂		两等小学堂		初等小学堂	
	学堂数	学生数	学堂数	学生数	学堂数	学生数
京师	1	1190	26	—	191	7429
直隶	162	9467	148	11678	10259	209668
奉天	7	649	140	15331	2460	84284
吉林	10	861	23	1624	215	7468
黑龙江	4	360	24	1285	116	3882
山东	138	5115	129	4552	3536	46174
山西	93	4046	43	2443	1650	46804
陕西	98	4472	25	1175	2324	50856
河南	166	8847	182	6488	2948	63770
江宁	56	3184	93	4715	732	20498
江苏	38	2626	138	8499	829	26309
安徽	75	3293	150	5981	421	10419
浙江	116	6034	418	20013	1288	42850
江西	178	6148	191	7838	555	11695
湖北	114	11377	49	4013	2437	72937
湖南	141	8740	166	8509	833	25061
四川	236	13956	369	19491	9132	294650
广东	150	10298	616	35084	862	33347
广西	33	2219	228	25942	819	27394
云南	84	3732	54	4759	1346	44649
贵州	37	2667	59	4342	456	16968
福建	39	1708	222	14274	275	9406
甘肃	63	1711	14	687	977	19637
新疆	—	—	6	295	88	2126
合计	2039	112700	3513	209018	44749	1178281

① 学部总务司.第三次教育统计图表,载王燕来,谷韶军,辑.民国教育统计教育统计资料续编(第 3 册)[Z].北京:国家图书馆出版社,2012:71,90—91.

经过学制公布后的切实督导,并经学部咨行各省实行强迫教育(义务教育),令广设劝学所,全国各省府州县及村广设蒙学,幼童至七岁须令入学,否则罪其父兄,并对地方官长办学进行考核,以定奖惩。[①] 此时,作为教育系统基础核心的初等教育已取得较大发展,但从统计数据可见,此时各地小学堂兴办情况地域差异甚大,内陆边地省份尤其薄弱,此种情况一直延续;此外,小学教育还是以初等小学堂占绝对主导,两等及高等小学堂建设则较为迟缓和不足。关于晚清全国新式学堂及学生人数,学界此前根据三次教育统计图表颇有统计。最近再有学者对此进行检讨和合计,现征引如表2-11。

表2-11 1907—1909年全国新式学堂及学生数统计概表[②]

类项		年份	光绪三十三年	光绪三十四年	宣统元年
各省	专门	学堂	74	84	104
		学生	12639	16590	18639
	实业	学堂	137	189	254
		学生	8693	13616	16649
	师范	学堂	541	581	415
		学生	36091	33072	28572
	普通	学堂	35045	41590	51877
		学生	949320	1214964	1561674
	合计	学堂	35797	42444	52650
		学生	1013571	1284965	1626720
京师		学堂	206	252	261
		学生	11417	15774	12921
全国		学堂	36003	42696	52911
		学生	1024988	1300739	1639641

可以看到,在三次教育统计所呈现的数据中,晚清全国新式学堂及学生人数均呈现快速增长的趋势,颇能体现当时新式教育的发展,尤以普通教育发展最快。师范学

---

① 学部咨行各省强迫教育章程[A].朱有瓛,主编.中国近代学制史料(第二辑上册)[G].上海:华东师范大学出版社,1987:372.
② 引自张海荣.清末三次教育统计图表与"学部三折"[J].近代史研究,2018(2):153—159.

校及其在校学生的减少,应与这一时期对师范教育的调整和规范化有关。如果与同期日本小学教育的发展相较,依照宣统三年(1909)发布的教育统计,中国各级各类新式学堂共有52911所,其中小学堂50301所,同期日本小学堂有26084所;此时中国全国新式学堂学生为1639641人,其中小学生1499999人,而日本小学堂学生已有6473592人;此时日本义务教育男女入学率已达到98%,同期中国京师内城、外城7—15岁儿童就学率为42%。① 如果再考虑到中日之间在人口、领土面积上的巨大差异,与明治维新后40年间日本基础教育的发展规模和水平相较,晚清新式教育发展虽亦迅速,但无疑已落后日本不少。昔日在教育和文化领域对中华多有仰赖的东邻小邦,已今非昔比。时移世易,差距就在一两代人、数十年之间明显拉开;而错过教育近代化起步阶段的关键岁月,此后追赶就需要更多时日。

第五节 结语:体用分合与学校变革

中日两国在教育近代化进程中,相似的境况与方针,不同的举措与过程,均极大彰显教育作为公共事业基础和核心的地位。两国的实践表明,唯有教育的意涵与意义得到知识精英及政府真正体认,使教育尤其是基础教育的扎实推进作为国政要务,并在此过程中让重视教育和学问成为引领社会的价值与风尚,才能为国家的长足发展奠下稳固的根基。同时,如果将基础教育学校的发展绑上极端的意识形态,不顾公心公理,使之服务于少数团体及个人的私心和野心,离却教育为促进向善成人这一根本宗旨,则无异于自种毁灭的种子。② 近现代日本快速起飞而后跌落,最终给亚洲人民包括其自身带来深重灾难,教育既有其功,也难辞其责。

后发国家的近代化历程,基本都面临"维新"与"固本"的平衡问题,即如何处理自身传统与吸收外来资源的平衡。对于中国和日本而言,即是如何安放"中学"与"和魂"的问题。日本立定从"汉才"到"洋才"的宗旨,虽然教育与政治逐渐吸收西方元素,然

---

① 学部总务司.第三次教育统计图表,载王燕来,谷韶军,辑.民国教育统计教育统计资料续编(第3册)[Z].北京:国家图书馆出版社,2012:69.
② 杜威夫妇于1919年应邀访日,虽然在日时间不长,但同样觉察到其时日本教育的发展成就和潜在危险。在家书中,杜威称日本"真是一个学者从来都会被羡慕,而不会被轻视的国家";同时,也提及在大阪观摩的五堂历史课和伦理课中,每堂课都讨论到了天皇,并认为对天皇近乎宗教的崇拜"成了压在他们背上摆脱不掉的东西"。见约翰.杜威,爱丽丝.C.杜威.杜威家书:1919年所见中国与日本[M].伊凡琳.杜威编.刘幸,译.北京:北京师范大学出版社,2016:135,144—145.

其根本宗旨则较少动摇,其中糟粕也因此一并留存。中国则摇曳于"中体"与"西用"之间,加之迭遭战乱,一直未能对此作出有效清理。比较而言,在"和魂洋才"与"中体西用"的发轫阶段,中日双方的出发点大体相同:两者均为文化回应策略,均试图调和东西并取长补短,同时强调此种融合中自身的主体性。但随着历史的推移,双方在实践中则渐见差异:"和魂洋才"的取舍标准越放越宽,"洋才"不仅限于西方科技,西方的某些制度和思想也被视为"洋才"加以接纳;但晚清中国在"中体西用"论指导下,吸收西方文化时的尺度较严,"西用"一般局限于西方科技(西艺),而西方的制度和思想(西学与西政,尤其是政治制度),则被视为"中体"的异端和对立物,受到排斥。① 关于体用问题,清末严复即指出,体用乃即一物而言:"中学有中学之体用,西学有西学之体用,分之则并立,合之则两亡。"②中学西学,各有其体与用,有其用者,必有其体,割裂体用而后嫁接,其效不言而喻。

传统儒家文化圈内,学优则仕,仕优则学,政学关系至为密切。或者更近一步而言,教育及教化乃是广义政治的重要组成部分。晚清新旧并存,"中体西用"的重要倡论者张之洞著《劝学篇》,切指"古来世运之明晦,人才之盛衰,其表在政,其里在学"。③虽然,近代教育的兴起,所要解决的既有制度层面新式学校体制的确立,更有观念层面"学优则仕"的转变,进而寻求教育与学术的独立。④ 然张之洞所标举者,所谓维系于"学"的世运及人才,以今日而言即社会发展不仅系于政治;而其所谓"学",似可进一步引申为学校教育问题、学术研究问题及学风建设问题。任事需人,育人由学,而"国民之智愚贤否,关国家之强弱盛衰",⑤教育的发展与政治的改良、社会的进步之间,实有至为密切的关联。(2018年)岁次戊戌,乃日本明治维新150周年,中国戊戌变法120周年。在过去的一个半世纪里,中日两国的教育渐由"同文"而"异辙",各自在学校变革及社会发展方面走过的历程,均有不少正面及负面遗产有待批判梳理,并且值得彼此相互借鉴。

---

① 武安隆.从"和魂汉才"到"和魂洋才"——兼说"和魂洋才"和"中体西用"的异同[J].日本研究,1995(1):61—66.蒋廷黻亦谓:"同时代的日本采取了同一路线,但是日本的方案比我们的更彻底。日本不但接受了西洋的科学和机械,而且接受了西洋的民族精神及政治制度之一部分."见蒋廷黻.中国近代史[M].北京:中国法制出版社,2016:77.
② 严复.与《外交报》主人书[A].王栻,主编.严复集(第3册)[C].北京:中华书局,1986:558—559.
③ 张之洞.劝学篇[M].冯天瑜,姜海龙,译注.北京:中华书局,2016:序8—9.
④ 参考应星.新教育场域的兴起(1895—1926)[M].北京:生活·读书·新知三联书店,2017.
⑤ 奏定初等小学堂章程[A].朱有瓛,主编.中国近代学制史料(第二辑上册)[G].上海:华东师范大学出版社,1987:175.

第三章　西潮冲击与晚清民初新式学校变革的系统探索

近代中国是在西方各国的外力促动之下被迫打开国门的。历经多次国族危机之后,掌握古老中国命运之舵的清廷才逐渐收起对待西方各国的蔑视和傲慢,尝试着了解西方各国的历史与文化。面对千年未有之大变局,日渐衰弱的国力逐渐难以应对重重危机。在此危局之下,虽不乏有识之士舍身奔走,寻找救亡之路,但中西文化的触碰给各方都带来了极大的不适应,甚至激烈的冲突。

无论作为教育现代化起点的京师同文馆,还是陆续在各地开办的各式新式学堂,都是国人曲折探索的见证。在此过程中,以西方科学知识为基础的新学课程,因科学知识的特殊性质,逐渐占据优势,特别是随着越来越多的传教士被聘为教习,开始陆续在新式学堂中发挥重要作用。早期来华的不少传教士,最初只是继续沿用自己熟悉的方式传教,但当对中国社会的了解加深之后,他们更加清醒地认识只有通过调整自己的策略才有可能真正推动传教事业的发展。于是,传教士通过积极介入中国的教育与文化事业,成为国人了解西方世界的中介。他们不仅积极在清廷所办的学校中任教,还纷纷创办不同程度类别的教会学校,传播宗教与西学。与此同时,国人的探索亦加快了脚步。在学制体系制定完成之后,新式学堂创办和旧式学堂改造的背后都带有强烈的危机意识,其办学策略亦颇具创造性。虽然废除科举看似扫清了学堂发展的障碍,但清廷此后才发现,缺少师资才是制约新式学堂更为重要的因素。因此师范教育及培养师资的师范学校,也成为孕育希望的地方。

本章聚焦于受到西潮冲击之后的晚清民初社会,希望从这一时期新式学校的种种探索来分析国人为解决自身危机,如何在创办包括师范学校在内的各类新式学校中寻找出路;与此同时,带有西方宗教色彩的教会学校为融入中国进行了哪些主动及被动的调适,以此勾勒近代新式学校本土探索的特色路径,以期对近代教育变革有更深入的认识和理解。

第一节　中西文化冲突与新式学堂的创办

创办于1862年的京师同文馆一向被视为近代新式教育的开端,实际上其创办的主要目的在于应对鸦片战争后的现实需要。虽然早期各项事业发展缓慢,还曾因添设天文算学馆发生争执,但自美国基督教传教士丁韪良(William A. P. Martin)开始担任总教习之后,同文馆逐渐发生朝向早期现代化的转向。随着对西学的需求愈发强烈,早期来华的传教士成为西方现代文明的代表,并在清廷开办的新式学堂中扮演重要角色。面对危局,清廷并非无动于衷,特别在李鸿章、张之洞等更为开明的官员逐渐掌握地方实权之后,他们更加积极利用机会,邀请传教士参与地方新式学堂的创办及新式教育体系的设计,甲午战败及庚子事变也加速了清廷寻求变革的进程。

一、同文馆:新教育的肇端

曾任京师同文馆总教习的丁韪良后来回忆说:"有希望革新这古老的帝国的是新教育,新教育的肇端是同文馆。新教育潮流之所以日臻蓬勃,来源虽多,但其最初的源泉却是五十年前在北京设立的一个研究外国语文的小学校——同文馆。"[1]作为《南京条约》的善后方案之一,设立京师同文馆的出发点是解决与"夷国"交往中"语言不通,文字难辨"的现实问题。即便对创办者奕䜣而言,最初也只是采取模仿原有俄罗斯馆成例的办法,谈不上对长远计划的清晰筹划。对于大多数朝廷大员来说,并没有意识到时代的巨变已在眼前。因此,同文馆在近代教育历史发展的标志性意义,时人尚无法得知。

京师同文馆发展初期受到的最大打击,是1867年前后添设天文算学馆之时所引发的争论。奕䜣认为,机器制造,行船行军,皆本于天文算学,因此要从根本上用着实功夫才是"中国自强之道"。要学习这些科目需要一定的文化基础,于是他奏请从已经取得功名的正途士人里进行选拔,并准备延聘西人教习授课。[2] 此折一出,即刻引发

---

[1] 丁韪良.同文馆记(节录)[G]//高时良,黄仁贤.中国近代教育史资料汇编·洋务运动时期教育.上海:上海教育出版社,2007:149.
[2] 奕䜣,等.请添设一馆讲求天文算学折[G]//高时良,黄仁贤.中国近代教育史资料汇编·洋务运动时期教育.上海:上海教育出版社,2007:47—48.

各方争论,质疑的焦点在于是否有必要"奉夷为师",以及招收正途士人学习"机巧"之事是否会扰乱"士习人心"。论辩过程并不只是考虑现实需要,实际上还夹杂着各方政治权势的较量。为了打压与维持朝局的平衡,受慈禧掌控的同治帝最终选择站在了奕䜣一方。① 洋务派看似取得了胜利,但天文算学馆稀少的入学人数仍然说明,②想要在固有的政治格局之内进行局部的调整也是困难重重。

客观地说,京师同文馆开始真正发生朝向早期现代化的改变,要待1869年丁韪良担任总教习之后。丁韪良早年即在同文馆担任英文教习,对同文馆颇有感情。③ 自担任总教习之后,他针对学生程度,在原有的语言学习基础上,自第四年起增设科学课程,并制订了用八年时间完成学业的计划。④ 在丁韪良的筹划之下,同文馆在接触西方科学知识与技术的路上迈出重要的一步。虽然新建化学实验室、观象台的过程缓慢而且随时有被终止的可能,但陌生的化学、天文学与熟悉的炼金术、观星术的联系,仍然构成了"守旧和进步的奇异组合"。丁韪良还曾开设过医学班,希望同文馆可以将其扩充为医学馆,不过对西医的怀疑最终使这一计划止步于课堂西医理论的学习。

在同文馆的各项事业中,译书是颇可称道的成就之一。在丁韪良的努力下,同文馆组织了部分教习和学有成绩者从事专门翻译,内容涉及国际公法、经济学、化学、格物学、自然地理、历史、法国和英国的法典、解剖学、生理学、药物学、外交领事指南等题材。同时,同文馆还专设印刷所刊印这些书籍,并将其免费分发清廷官员。丁韪良将同文馆比作"杠杆",认为"有了这么一个支点,肯定能撬动某些东西"。⑤ 翻查同文馆历年堂谕,不难看到思想观念正在发生着缓慢的变化。1895年3月的堂谕明确提出"得洋文之奥窍,必赖杂学以贯通,如天文、算学、格致、化学、医学等类,泰西各国皆恃此为策富强之本",要求同文馆各生除习学洋文外,"必须兼习艺学",方可领取相应

---

① 刘广京.一八六七年同文馆的争议——洋务运动专题研究之一[J].复旦学报(社会科学版),1982(5):97—101.
② 报考同文馆的人数由98人减至72人,虽勉强录取30名,但最终仅有10名学生合格。奕䜣,等.请钦定招考天文算学各员折[G]//高时良,黄仁贤.中国近代教育史资料汇编·洋务运动时期教育.上海:上海教育出版社,2007:77.
③ 丁韪良.花甲忆记——一位美国传教士眼中的晚清帝国[M].沈弘,等,译.桂林:广西师范大学出版社,2004:202.
④ 京师同文馆的八年课程表[G]//高时良,黄仁贤.中国近代教育史资料汇编·洋务运动时期教育.上海:上海教育出版社,2007:92—93.
⑤ 丁韪良.花甲忆记——一位美国传教士眼中的晚清帝国[M].沈弘,等,译.桂林:广西师范大学出版社,2004:208—209,216.

膏火。① 对比天文算学馆添设之初的窘境,西学已经渐渐融入了日常,甚至成为考核的基本要求,足见同文馆的杠杆已经成功撬开了清廷的大门,并由于战争的刺激而引发朝野内外愈发高涨的革新呼声。尽管人们热衷于谈论同文馆的成绩,并赋予其特殊意义,但正如丁韪良观察到的,清廷"对于旧式的教育制度沾沾自喜,从未梦想过要对其进行改革和做大规模的补充"。同文馆"是为了提供少数训练有素的官吏,并非要革新整个帝国的官僚制度",因此只是"针对新形势要求的一种让步"。②

整体来看,近代中国中央与地方的早期现代化进程并不同步,其路径和方式各不相同。同一性质、同一时间创建的机构,但各自所在周边环境以及主事者不同,便可能有天渊之别。京师同文馆创立不久,上海、广东两地也相继设立了同文馆,尤以上海广方言馆成绩最为突出。之所以设校于此,是因其为"洋人总汇之地",且书籍丰富,便于集思广益。③ 1863 年 3 月,时任江苏巡抚的李鸿章奏请上海仿照京师之例,设"外国语言文字学馆"(后改称"广方言馆"),并订立了详细章程。或许是选址远离政治中心的缘故,办理广方言馆所遇到的阻力要小得多。早在章程订立之初,"算学与西文并须逐日讲习"的要求已经明确写入,并许诺肄业三年期满后,如能"一手翻译西书全帙,而文理亦成绩斐然成章者",不仅可以获得附生资格,还有授官机会。④ 1870 年之后,因江南制造局之下也设立学堂,译习外国书籍,遂两处归并,并重新拟定课程。新的试办章程《广方言馆课程十条》规定,除英文外,另设算学、德文、法文,并重视西学讲求实用,聘请学有专长的中西教习任教。学生按程度分为上下两班,下班学生以学习数学、几何、天文、地理及外国语言文字等基础知识,上班则专攻机器轮船制造、行海理法、水陆攻占等。⑤ 经过这一改革,广方言馆也已转变为接近于培养科技制造人才的综合性学校,就连时任南洋通商大臣的曾国藩也曾盛赞其所定章程规划周详,"撰论尤

---

① 光绪二十一年(1895 年)八月奉堂谕[G]//高时良,黄仁贤.中国近代教育史资料汇编·洋务运动时期教育.上海:上海教育出版社,2007:118—119.
② 丁韪良.花甲忆记——一位美国传教士眼中的晚清帝国[M].沈弘等,译.桂林:广西师范大学出版社,2004:221.
③ 李鸿章.请设外国语言文字学馆折[G]//高时良,黄仁贤.中国近代教育史资料汇编·洋务运动时期教育.上海:上海教育出版社,2007:183.
④ 江海关道.请南洋通商大臣拟议上海同文馆章程文[G]//高时良,黄仁贤.中国近代教育史资料汇编·洋务运动时期教育.上海:上海教育出版社,2007:185—186.
⑤ 涂宗瀛.上督抚通商大臣禀[G]//高时良,黄仁贤.中国近代教育史资料汇编·洋务运动时期教育.上海:上海教育出版社,2007:186.冯焌光,郑藻如.上督抚宪禀[G]//高时良,黄仁贤.中国近代教育史资料汇编·洋务运动时期教育.上海:上海教育出版社,2007:188—202.

为精凿"。①

上海广方言馆所聘西文教习多位，首任英文教习为林乐知（Young J. Allen）、法文教习为傅兰雅（John Fryer）。此外当时著名的传教士伟烈亚力（Alexander Wylie）、玛高温（Dan J. Macgowan）等均曾受聘任教。与丁韪良在京师同文馆所办印刷所相似，广方言馆的翻译馆也对清末西学传播起到了重要作用。翻译馆与广方言馆同处一楼且同属于江南制造局，傅兰雅、林乐知等人既是广方言馆的教习，也是翻译馆译员。翻译馆出版的书籍成为广方言馆的教材，优秀学生也可将译作交由翻译局出版。②

传教士还设立了许多译书机构，其性质也与教会学校颇有相似之处，除了传播教义之外，也招揽了一批翻译人才，对近代西学书籍翻译、出版及传播，以及中西文化的交流都产生了重要影响。自1860年之后，由教会机构翻译的西学书籍的种类和规模逐渐扩大，并在上海形成了译书中心。③ 丁韪良后来颇为自豪地说，"使用的现代科学教科书多数都归功于传教士"，亦并非虚言。④ 译书与教育是清末不少开明的来华传教士为达成其传教目的的方式，两项事业互为作用，影响深远。与政治氛围浓厚的北京相比，开埠后的上海，华洋杂处的社会氛围与风气使得这些来自不同国家、不同教派的传教士获得了相对更宽松自由的空间，不仅可以招收到更好的生源，学生毕业后也有更多选择。⑤

自1868年开始，广方言馆先后选送28名学生赴京师同文馆深造，后来大多在外交部门工作，其中有8人先后担任过出使大臣或驻外公使。另有部分毕业生进入教育、科技、军事、政治等不同领域。受条件所限，除了极为优秀者可以选送至京师同文馆深造之外，广方言馆仍有部分学生感到所学并无用武之地，也打击了他们的积极性。但比起其他两地的同文馆，广方言馆的学生获得了更高的职位，其质量仍是其中最高的。⑥

罗志田指出，利用科学为传教工具，是在传教士来华后的传教过程中逐渐总结出

---

① 曾国藩.批广方言馆章程文[G]//高时良,黄仁贤.中国近代教育史资料汇编·洋务运动时期教育.上海：上海教育出版社,2007：202.
② 熊月之.西学东渐与晚清社会（修订版）[M].北京：中国人民大学出版社,2011：394.
③ 熊月之.西学东渐与晚清社会（修订版）[M].北京：中国人民大学出版社,2011：7.
④ 丁韪良.花甲忆记——一位美国传教士眼中的晚清帝国[M].沈弘,等,译.桂林：广西师范大学出版社,2004：308.
⑤ 熊月之.西学东渐与晚清社会（修订版）[M].北京：中国人民大学出版社,2011：275—276.
⑥ [美]毕乃德（Knight Biggerstaff）.洋务学堂[M].曾钜生,译.杭州：杭州大学出版社,1993：154—155.

来的方法。"科学在当时中国传教界恰扮演着'宗教奇迹'在西方的社会角色",也是西方基督教国家文化的优越性证明。① 客观地说,鸦片战争之后,传教士逐渐在某种层面上成为西方社会与文化的代言人。无论处于主动或是被动,作为清廷在早期现代化的道路上迈出的重要一步,各地同文馆创建之初可堪依赖者只有商人与传教士,培养可以信赖的且掌握西学的人迫在眉睫。尽管用现在的眼光来看,清廷最初改革的范围并不算大,但仍是无人才可用,因此准许个别传教士进入中央及地方重要的内政外交部门,参与国家实际政策的制定和运行,并不全是因为昏聩无能。

但是,不可否认,传教士与清廷的关系是复杂多变的。他们在同文馆获得的些许成绩,并不能借此就能完全改善清廷对待宗教的态度,如何对待基督教传教问题仍是外交层面的焦点之一。与居于上位的总理衙门不同,在普通民众和下层士人眼中,仇教心理仍是根深蒂固的,而对于管理他们的地方官员来说,处理各地民众暴力的教案是最为棘手的。② 19世纪八九十年代之后,部分传教士转为采取扩大基督教对士人集团影响的策略,更为积极地与清廷各级官员交往,以获取更多的同情与支持。③ 与此同时,随着李鸿章、张之洞等一批对西学更为开明的官员掌握地方实权,部分传教士对中国内政的介入亦愈发深入。借助传教士的西学知识以兴办新式教育,迅速成为双方最重要的合作领域之一。

二、传教士与清末地方教育——以李提摩太为例

京师同文馆开启了教育现代化的大门,其实际影响偏重于开风气之先。传教士的介入部分打破了原有的政治与文教运作方式,也增加了近代新式学堂发展的变数。自太平天国运动结束,清廷迎来中兴局面,饱受战争摧残的各地逐渐摆脱战乱影响,社会秩序渐次恢复。曾国藩、李鸿章、张之洞等人陆续成为左右地方政局的实权派。从教育层面来看,与现实需要密切相关的军事、武备、语言、技术、实业等专门学堂在各地更为广泛的建立起来。虽然绝大部分士人仍以科举为正途,但部分书院受西学风气影响在科考科目之外也增设了一定的西学内容。而对于传教士来说,传教事业进行颇为艰难,各地频发的教案说明来华传教多年并没有扭转底层民众的观感。他们开始转而

---

① 罗志田.传教士与近代中西文化竞争[J].历史研究,1996(6):77—94.
② [美]芮玛丽.同治中兴中国保守主义的最后抵抗(1862—1874)[M].房德邻,等,译.北京:中国社会科学出版社,2002:345—346.
③ 罗志田.传教士与近代中西文化竞争[J].历史研究,1996(6):77—94.

寄希望于有一定文化基础的士人群体,越来越多采取借助科学获取地方精英群体的合作的策略,其中尤以李提摩太的实践影响最大。

英国传教士李提摩太(Richard Timothy)受浸礼会派遣于1870年来华,先后在山东、山西、直隶等省传教。在烟台传教期间,他因治愈了正在此地与英国谈判的李鸿章的士兵而得以结识这位晚清重臣。在丁戊奇荒期间,李提摩太积极为赈灾而奔走,详细调查了受灾严重的山东、山西等省的情况,亲自筹集并发放赈济金,安抚灾民,并利用捐款兴建孤儿院等慈善机构。赈灾结束之后,李鸿章特上奏清廷予以李提摩太嘉奖。① 赈灾过程中,他更加深入地了解了民众的生存状况和当地政府的运作方式。受到李鸿章的启发,李提摩太"比以前更加更深刻地认识到了对中国的领导阶层施加影响的重要性",②并由此以西学知识作为传播宗教的突破口,主动结交地方官员和士绅。

在山西期间,李提摩太积极"利用新出版的书籍、最先进的仪器把自己武装起来",添置了望远镜、显微镜及各种科学设备,并利用各种机会向官员与学者们展示科学原理和实验。机缘巧合,他得以拜会时任陕甘总督的左宗棠,并送出一部世界历史图集作为见面礼。此外,他还向山西巡抚曾国荃递交了修筑铁路、开办工业和制造厂等方面的建议,但并没有被采纳。继任巡抚张之洞在查阅公文时发现了这份建议,多次派人劝说李提摩太放弃传教,参与中国政务。他只是向张之洞提出了有关钢铁冶炼、建设铁路、开采矿产等方面的建议,并未接受参政的邀请。在李提摩太看来,除了信仰不可放弃之外,他感受到"在这邀请下面,仍然遗留着强烈的排外情绪"。③

对当时刚刚起步的洋务事业来说,传教士的西学知识足以称得上"专家"。他们虽积极投入地方各项事业,但无论是赈灾救济,还是对西学知识的传播,背后都以其对宗教事业的忠诚信仰为依托。李鸿章、张之洞等人与传教士的频繁接触,大多只想利用传教士的西学知识为自己所用,而对宗教问题多采取避而不谈的漠视态度。对此,传教士并非没有认识,虽与其期望相差甚远,但能够近距离的接近地方权力核心,并可以借此宣传和扩大宗教影响力,已经逐渐成为不少传教士奉行的原则。因此双方实为互相利用的关系,此点亦是不能忽视的。

---

① 李鸿章.外国捐赈请嘉奖片[M]//李鸿章全集(第三册).长春:时代文艺出版社,1998:1312—1313.
② [英]李提摩太.亲历晚清四十五年——李提摩太在华回忆录[M].李宪堂,侯林莉,译.天津:天津人民出版社,2005:129.
③ [英]李提摩太.亲历晚清四十五年——李提摩太在华回忆录[M].李宪堂,侯林莉,译.天津:天津人民出版社,2005:136—142,144—145,151,168—169.

李提摩太此后事业逐渐延伸至思想界,也与李鸿章的提携不无关系。1890年李鸿章邀请李提摩太担任天津《时报》主笔。在办报过程中,他的思路务实而又开阔,围绕改革主题,以图表的形式对比世界各国有关人口、铁路、电信、商业等领域的情况,并关注了当时日本及俄国正在进行的改革。1891年10月,李提摩太在广学会会长赫德(Robert Hart)举荐下接替韦廉臣(Alexander Williamson),继任总干事之职。他重申广学会的宗旨,指出其目的是"教导中国的上层人士和知识阶层的男女",并且"应利用中国政府和知识界中的领袖人物来发展我们的工作"。李提摩太相信,通过首先教育这些"帝国中的领袖人物","实际上就是教育了三亿五千万中国人",最终必定能够对整个中国产生影响。① 他为广学会的发展设计了发行系列书籍、设立奖金、开办讲座、设立博物馆等众多方案,他希望能"在各个方面争取中国人的合作,使他们建立组织,从事于推进学术进步"。② 广学会翻译、编撰和创作了大量的介绍西学与讨论时政的刊物。他们利用各种机会积极扩大影响,如举行有关西学题目的有奖正文,向参加科考的士子及中央和地方的官员赠送印刷出版的书籍,并在各地设立经销处,代为售卖等。随着各类西学书刊的流动,广学会迅速成为近代中国最重要的文化机构之一,不仅开启了西学传播的新局面,也对近代思想界产生了相当广泛的影响。至1900年,广学会翻译出版的书籍供176种;至1911年,共出版461种。其中宗教书籍约占三成,非宗教书籍占一半以上,其余则宗教与世俗混杂者。③ 广学会在世俗方面的贡献在于,开阔了国人的眼界,对西方文化有了更多了解;宗教方面则为基督教教义更深入官绅阶层,使官绅对传教士更为同情。④

在与清廷中上层官员的交往中,李提摩太虽与张之洞只有三次会面,但颇受张之洞赏识。在广学会经费困难的情况下,张之洞多次主动捐款,前后共计四千余两。⑤ 张之洞对新式教育的关注,也与李提摩太提倡办教育以解决中国问题的判断不谋而合。戊戌变法之后,时人逐渐醒悟教育救国才是改造社会的根本,因此倡言改革旧教育,办理新教育渐成社会共识。李提摩太在与张之洞首次会面时,就曾明确提出"彻底的改革以教育为基础",对此,张之洞"毫不迟疑地表示赞同",甚至迫不及待地打断他

---

① 同文书会第七年年报(1894年)[J]. 出版史料,1989(3—4):75.
② [英]李提摩太. 亲历晚清四十五年——李提摩太在华回忆录[M]. 李宪堂,侯林莉,译. 天津:天津人民出版社,2005:201.
③ 熊月之. 西学东渐与晚清社会(修订版)[M]. 北京:中国人民大学出版社,2011:440.
④ 王树槐. 基督教与清季中国的教育与社会[M]. 桂林:广西师范大学出版社,2011:121.
⑤ [英]苏慧廉. 李提摩太在中国[M]. 关志远,等,译. 桂林:广西师范大学出版社,2007:178,180.

的话发表自己的意见,①可见其想法颇受张之洞认可。在随后的会面中,李提摩太还分别提出了派遣留学生、改革科举制度、设立学部等建议。对照此后新政时期有关教育层面的诸多变革,其理念与方法不少都能从李提摩太的相关论述中寻到痕迹。②

从实践层面来看,李提摩太对近代教育最直接的参与,要数山西大学堂的创办。1900年义和团运动爆发,有借义和团剿灭洋人之议。山西因此发生教案,教堂被毁,大批传教士和教民被杀。八国联军进入北京后,又向山西逼进,局势危机,清廷被迫向各国提出议和。时任议和全权大臣的李鸿章建议由李提摩太从中斡旋解决。③ 李提摩太抵京后,先后拜会了英、法、美、德四国驻华公使,并会见了天主教与耶稣教教士,最后会山西耶稣教五会代表叶守真及文阿德拟订了《上李傅相办理山西教案章程七条》。④ 他建议"从赔款中拿出五十万两返还山西,每年支付五万两,用来在太原建立一所西式大学,以克服人们的无知和迷信"。⑤ 李鸿章赞同章程所议,请其与继任的山西巡抚岑春煊商议具体执行办法。但岑春煊对李提摩太颇不信任,经过多轮商议才得以达成一致,直至1902年6月初,双方才正式签署《山西大学堂创办西斋合同八条》。⑥

"合同八条"对西学专斋的课程设置、经费及待遇等做了详细的规定,并明确将教员的任命、课程的设置以及校基金的管理等权力都交付给了李提摩太。山西大学堂的筹建虽然充满波折,但此时实施新政的大幕已经拉开,中学专斋依照重新拟定的《大学堂规则》也谋求变革,课程以中学为主但也对西学学习有一定要求。⑦ 学校实行"一校两制",中学专斋总理为谷如墉,总教习为高燮曾;西学专斋总理为李提摩太,总教习为敦崇礼(Moir Duncan)牧师。李提摩太因忙于广学会事务,不能常驻太原,在此期间实

---

① [英]李提摩太. 亲历晚清四十五年——李提摩太在华回忆录[M]. 李宪堂,侯林莉,译. 天津:天津人民出版社,2005:215.
② [英]李提摩太. 亲历晚清四十五年——李提摩太在华回忆录[M]. 李宪堂,侯林莉,译. 天津:天津人民出版社,2005:218—219,221. 李提摩太. 新政策[J]. 万国公报,1896(87):1—12.
③ 徐士瑚. 李提摩太与山西[G]//中国人民政治协商会议山西省文史资料研究委员会. 山西文史资料(第6辑). 出版信息不详,1986:120—123.
④ 办理山西耶稣教案章程[J]. 万国公报,1901(149):60—63.
⑤ [英]李提摩太. 亲历晚清四十五年——李提摩太在华回忆录[M]. 李宪堂,侯林莉,译. 天津:天津人民出版社,2005:282.
⑥ 徐士瑚. 解放前的山西大学[G]//《山西文史资料》编辑部. 山西文史资料全编(第2卷). 出版信息不详,1999:384. 山西大学堂合同[G]//陈学恂. 中国近代教育史教学参考资料(下册). 北京:人民教育出版社,1997:249.
⑦ 王李金. 中国近代大学创立和发展的路径——从山西大学堂到山西大学(1902—1937)的考察[M]. 北京:人民出版社,2007:88—91.

际工作皆由敦崇礼代理。对于敦崇礼的办学成绩,李提摩太赞誉,山西大学的成功,"在很大程度上应归功于他非凡的工作热情、永不疲倦的精力、关于中国人和中国文字的广博知识,以及他的聪明睿智和处理事务的实际工作能力"。在其不幸病逝之后,总教习由苏慧廉(William E. Soothill)继任。至1910年,李提摩太认为"现代教育已在山西深深扎下了根,永远不会被人拔除了",于是在确认清廷会继续聘请现任教授后,提前将学校的管理权交还清廷。①

作为较早一批应运时势而创建的大学,山西大学使得山西在近代教育的发展历程中占得了先机。1920年英美调查委员会报道说,在李提摩太来山西之前,山西省是中国最落后的省份之一,如今,山西省的教育是全国最发达的。② 苏慧廉指出,李提摩太的思想受到苏格兰长老会牧师爱德华·欧文(Edward Irving)的启发,认为"最好的传教方法是拜访思想和文化上的领军人物"。③ 李提摩太无疑是近代众多来华传教士中最为成功者之一。他与中国各阶层人士的广泛接触,有机会近距离地观察中国社会的实况,也正是在此过程中,他敏锐地判断出教育是解决中国社会症结的关键,并由此改变了传教策略,给19世纪末20世纪初的中国社会带来了重要的影响。李提摩太相信教育的力量,所着力办理的广学会以及山西大学堂无不带有广义的教化意味。尽管多年来官员们始终对其宗教诉求多不作回应,他还是因其西学为用的传教过程,得到了清廷部分有握有实权官员之信任。当中体西用成为新政的主导思想之后,如何理解和运用"体"与"用"变得更为复杂,求得实用逐渐变成时人更为迫切的需求。

三、清廷的探索:近代学制体系的创建

1887年,时任直隶总督的李鸿章曾接到李提摩太的建议,希望政府可以每年投入一万两白银作为发展教育的"种子钱",用二十年的时间便可收效。对此,李鸿章的回答是"我们等不了那么长时间"。④ 虽然有研究者据此认定李鸿章及洋务派向来不重视教育,但此判断忽视了言说之语境,难称知人之论。作为清末权倾朝野的重臣,李鸿章深知清廷经连年内战,内耗巨大,再加上列强环伺,恐难以突破内忧外患之危局。他

---

① [英]李提摩太.亲历晚清四十五年——李提摩太在华回忆录[M].李宪堂,侯林莉,译.天津:天津人民出版社,2005:289—291.
② [英]苏慧廉.李提摩太在中国[M].关志远,等,译.桂林:广西师范大学出版社,2007:251.
③ [英]苏慧廉.李提摩太在中国[M].关志远,等,译.桂林:广西师范大学出版社,2007:65.
④ [英]李提摩太.亲历晚清四十五年——李提摩太在华回忆录[M].李宪堂,侯林莉,译.天津:天津人民出版社,2005:187—188.

虽以军功、洋务著称,却也不似梁启超所论"不学无术",全然不知教化之功用,只是形势所迫,无法静待变革结果的自然显现。其表态早于新政前十余年,对时局变化有较为清晰之判断,已颇能预言清末时人的焦虑与无奈,正可说明其过人之处。

19世纪的最后十年,清廷国运愈发颓然,甲午之败,维新之变、庚子之乱接连引发连锁反应。1900年八国联军攻入北京,慈禧太后及光绪帝仓惶出逃,期间路途颠沛,却由此对于社会实况及民间疾苦有了更真切的观察。经此一变,1901年2月,尚在回銮途中的光绪帝下诏宣布变法:"举凡朝章国政、吏治民生、学校科举、军制财政,当因当革,当省当并,或取诸人,或求诸己,如何而国势始兴,如何而人才始盛,如何而度支始裕,如何而武备始精,各举所知,各抒所见。"①虽有评论认为清廷发动新政动机不纯,是为缓解矛盾的假意变革。但新政所含范围颇广,社会积重难返,中央与地方矛盾丛生,政令难行,上层士人与普通民众之间思想隔膜,都增加了改革难度,因此更不可仅以结果之成败论英雄。从新政各项政令而论,尤以教育所涉范围最大,波及人群最多,在社会层面引发的反响亦最为剧烈。有人曾预言:"今日之世界,竞争剧烈之世界也,……争之为道有三:兵战也,商战也,学战也。而兵战商战其事又皆本于学战。"②所谓"学",更为接近于当下所言之"教育",以"学"为"战",则是将"教育"提升到极为根本的位置。虽然中国传统向来重视教化,"作育人才"亦被视为历代文治之本,但不可忽视的是,"学战"所涉范围更广,与精英取向的科举取士有本质区别。在"学战"语境之下,如何基于国家需要而构建起一套相对完整的制度体系便成为其中关键。

自京师同文馆开启教育早期现代进程之后,初期各地所设新式学堂多服务于现实政治需要,教育意味并不十分浓厚。至洋务运动中后期,部分较为开明的地方督抚才开始着手进行各地书院的改制,希望通过增加西学内容对课程及教学等做出调整。在此过程中,各教派来华传教士都扮演着积极角色,不仅排除万难自行开办学校,且凭借其先天优势,利用各种机会以西学教习身份占据新式学堂重要位置。如果从教育史角度来看,义和团运动及《辛丑条约》的签订迫使清廷加快了教育改革的步伐,推动了学制体系的确立。受到义和团运动的影响,本已渐有起色的教会教育遭遇巨大冲击陷入低谷;与此同时,教育在日本自明治维新中扮演了重要角色,因此普通教育与师范教育、职业教育等并立的模式,也就成为中国学制初建之时主要的模仿对象。

---

① 光绪二十六年十二月初十日下诏变法[G]//璩鑫圭,等.中国近代教育史资料汇编·学制演变.上海:上海教育出版社,2007:2.
② 与同志书[J].游学译编,1903(7):82.

1901年7月,刘坤一、张之洞联衔会奏"江楚会奏变法三折",提出设文武学堂、酌改文科、停罢武科、奖劝游学等一系列兴学育才举措,为新政改革提出了一套较为系统的可操作方案。这些构想大部分依据洋务运动多年积累经验,特别是其中有关派遣留学生及学制的设计,不仅在张之洞《劝学篇》中早有专章讨论,且部分在湖北等地已积累了初步经验。新政开始推行之后,清廷鼓励各省遴选在职官员和学生前往日本游历留学,并陆续颁布有关鼓励章程,更是将留日推向高潮。

相较之前通过传教士的介绍来认识西方,20世纪初的留日热潮则是国人大规模跨出国门的开始。鼓励留学政策除了吸引大量留日学生之外,清廷官员及其幕僚也占据留日本群体相当比例。他们接受政府派遣,收集日本学校规章及相关资料,考察教育机构实际运行情况,会晤日本专家和负责官员,希望由此探寻明治维新日本成功的原因。从思想层面上,赴日考察影响较大者,或可首推罗振玉。1901年底,担任江楚编译局(由刘坤一、张之洞共同创办)襄办的罗振玉,率两湖书院监院刘洪烈,湖北自强学堂教习陈毅、胡钧、田吴照等人同赴日本考察两月有余,详细记录沿途见闻并写就《扶桑两月记》。回国后不久即由教育世界社出版,成为早期了解日本社会的重要参考。罗振玉还将搜集的有关日本教育制度的各种章程在《教育杂志》上连续译载100余件,并发表了《学制私议》及《日本教育大旨》等介绍日本教育制度的系列文章,对新政的一系列教育改革提供了借鉴。此外还值得一提的是,1901年7月准备接任京师大学堂总教习职位的吴汝纶对日本学制的考察。他主要参观了长崎、神户、大阪、西京、东京等地的各级各类学校,考察各种教学设施,观摩教学活动,了解日本学校专业及课程设置情况。① 回国后,他将在日本的见闻及与日人的谈话记录等整理辑为《东游丛录》,呈送管学大臣张百熙,以备采择,被誉为"新教育的指针"。②

1901年9月,清廷谕令各地兴办改建新式学堂,要求"将各省所有书院,于省城均改设大学堂,各府厅直隶州均改设中学堂,各州县均设小学堂,并多设蒙养学堂"。学堂陆续设立之后,全国学务急需一套完备的制度体系,因此制定全国性的新学制刻不容缓。吴汝纶带有赴日考察学制的任务,但迫于形势,未及其回国,张百熙即于1902年8月中旬递交拟定各级学堂章程,是为《钦定学堂章程》(即"壬寅学制")。约三月后,张之洞与湖北巡抚端方又会衔上奏《筹定学堂规模次第兴办折》,其主旨与钦定章程不谋而同之处甚多。张之洞也因此得以应召进京参与癸卯学制的制定,力图将湖北

---

① 李景濂.吴挚甫先生传[M]//吴汝纶全集(第4册).合肥:黄山书社,2002:1129.
② [日]实藤惠秀.中国人留学日本史[M].谭汝谦,林启彦,译.北京:三联书店,1983:54.

模式融入新学制。

张之洞上奏学制以湖北模式为基础,总体设计区分了普通与专门教育,普通教育下设初等、中等及高等三个等级;专门教育中尤重师范教育,视其为"教育造端之地"。[①] 这一设计是对日本学制的模仿,其主旨此后也被运用于癸卯学制之中。从书院到学堂,并非只是名称的变更,师资问题更为紧迫。当时选拔师资主要方法,一是直接聘请外籍教习,二是从留学生中筛选。部分教会学校的毕业生也颇受新式学堂欢迎,被高薪聘请为西学教员。但这些方法所需经济成本及时间成本甚高,基本无法满足新式学堂的需求。因此,师范教育也成为发展近代新式教育的重要一环。

第二节 近代初等师范教育体系的确立与师范学校的实践

自晚清日本师范学校办学模式传入中国之后,作为"教育之母"的师范教育被寄予厚望。创设与普通教育并列的师范教育体系,成为清廷着力模仿的对象。为了满足新学学堂的师资需要,癸卯学制体系确立之后,各地开始尝试利用既有条件,适时开办和改造了多种灵活多变的师资培养方式。此举不仅解决了科举废除之后部分士人的出路问题,也使得新式学校的师资得到了较为及时的补充。民国后,新式学校在规模及办学条件上都得到了极大的改善,在普通学校接受教育进而选择毕业后担任教员者数量亦逐年增加。在此背景之下,对是否继续设置独立的师范教育体系开始出现质疑之声。有多年师范学校办学经验的经亨颐,始终在争论之中坚持师范教育的独立性,并在浙江一师的具体实践中践行他的想法。在他的精心培育之下,这所学校从入学开始即进行严格选拔,吸引并聚拢了大批优秀师生投身师范教育,英才辈出,成为近代师范学校的杰出代表之一。

一、"教育之母":近代中国师范教育的萌芽

教育史家舒新城在《中国近代师范教育小史》中将 1897 年至 1902 年称作"师范教育萌芽期"。[②] "萌芽"之起点则是从创办南洋公学师范院算起。但如果追溯思想观念

---

① 张之洞.筹定学堂规模次第兴办折[G]//璩鑫圭,等.中国近代教育史资料汇编·学制演变.上海:上海教育出版社,2007:102.
② 舒新城.中国近代师范教育小史[G]//璩鑫圭,等.中国近代教育史资料汇编·实业教育 师范教育.上海:上海教育出版社,1994:1049—1050.

层面的起点,时间则要从清末时人开始关注日本师范教育体系开始。如果以《申报》为检索范围,最早将"师范"两字连用且有学校含义的报道出现在1879年,为驻日副使张斯桂《使东诗录》中所收录的游览日本东京师范及东京女子师范后的题诗。1884年《申报》上又出现了百余字以"琉球述闻"为题的对该地西村县师范学校改革的介绍。① 此后《申报》不时零星出现有关日本师范学校消息,大多仍是出于旅日者走马观花式的观察。

其中值得注意的是,署名"梦畹生"的黄世权对日本师范学校的持续关注。初期他大多只是感叹师范学校所起到的移风易俗的作用。② 到了1890年,他明确喊出"振兴学校论"的口号,详述日本学校建制,并介绍女子高等师范,提出"于学校一端必不可缓,而女学校尤为当务之急,所当变通尽善,一律推行"。③ 但此说在当时应者寥寥,尚不能形成大范围影响。

更大声势的反响要等到大约六七年之后。1896年,梁启超开始在《时务报》上连载《变法通议》,其中"论学校四"专门讨论设立讲师范学校之必要。他同样援引日本师范学校与普通学校并立升等的经验,并由此明确提出"师范学校立,而群学之基悉定""欲革旧习,兴智学,必以立师范学堂为第一义"。在此基础上,他倡言变法"必自小学堂始",并设计一套改革计划:

> 居今日而言变法,其无遽立大学堂而已,其必自小学堂始。自京师以及各省府州县,皆设小学,而辅之以师范学堂,以师范学堂之生徒,为小学之教习,而别设师范学堂之教习,使课之以教术,即以小学堂生徒之成就,验师范学堂生徒之成就,三年之后,其可以中教习之选者,每县必有一人,于是荟而大试之,择其尤异者为大学堂中学堂总教习,其稍次者为分教习,或小学堂教习,则天下之士,必争自鼓舞,而后起之秀,有所禀式,以底于成,十年之间,奇才异能,遍行省矣。④

梁启超希望将普通教育与师范教育互为辅助,思路正是来自于日本。自明治维新之后,日本开始近代化进程。1871年文部省设立,并于次年颁布学制,规定了从小学

---

① 琉球述闻[N]. 申报,1884-06-28(2).
② 扶桑载笔[N]. 申报,1885-10-22(2). 东瀛佳话[N]. 申报,1887-05-02(2).
③ 振兴学校论[N]. 申报,1890-06-23(6).
④ 梁启超. 论师范[G]//汤志钧,等. 中国近代教育史资料汇编·戊戌时期教育. 上海:上海教育出版社,2007:81—82.

到大学学校制度的基本政策。1886年又颁布"学制令",建立近代教育体系,奠定了各级各类学校制度的基本框架,"小学、中学和帝国大学以及一个独立的培养教师的师范学校系统是这一模式的主要特征"。① 在梁启超的影响之下,时人对师范教育的关注度越来越高,各大报刊对此讨论也越发频繁。

不同于梁启超在舆论层面的鼓吹,时任太常寺少卿的盛宣怀主要致力于将日本模式移植到中国。有学者从梁、盛二人之交谊及对师范教育认知的相似度上考证,指出盛宣怀创办师范院"很可能受到了梁启超《师范论》的影响"。② 1896年末,盛宣怀上奏请求于上海设立南洋公学。该校"以通达中国经史大义厚植根柢为基础,以西国政治家日本法部文部为指归",并在已通算化格致诸生中各就质性相近学习工艺机器制造矿冶等学,其目的在于传授"政治家之学"。③ 南洋公学先设师范院,并仿日本师范学校设立附属小学之制,设立外院,选拔十岁内外至十七八岁止的聪颖幼童入学,令师范生分班教之,希望可以借此令师范生"且学且诲",以得"知行并进之益"。外院学生修习合格之后,可升入中院(即二等学堂),继而可升入外院(即头等学堂)。两院教习皆由师范院担任。

南洋公学师范院的招考率先开始。自1897年3月2日起,盛宣怀以"太常寺少堂盛"为名连续多日在《申报》第3版刊登招生启事,具体要求是:"年以二十上三十下为度,学以中学成才,兼通西学西文为上,以中学成才略通西学、不通西文,或略通西文、不通西学为次,中学未成者,虽通西学西文不录",对已有学力有较高要求。④ 随后他又详细解释了其"堂中课格"之意:

> 师范生分格五层。第一层之格曰:学有门径,材堪造就,质成敦实,趣绝卑陋,志慕远大,性近和平;第二层之格曰:勤学诲劳,抚字耐烦,捽就范围,通商量,先公后私。第三层之格曰:善诱掖,密稽察,有条理,能操纵,能应变。第四层之格曰:无畛域计较,无争无忌,无骄矜,无吝啬,无客气,无火气。第五层之格曰:

---

① [日]阿部洋.向日本借鉴:中国最早的近代化教育体制[C]//[加]许美德(Hayhoe, Ruth).中外比较教育史.上海:上海人民出版社,1990:90—91.
② 胡端.名、实之间的调适:从南洋公学师范院再探清末师范教育"以日为师"问题[C]//上海社会科学院历史研究所《传统中国研究集刊》编辑委员会.传统中国研究集刊:第14辑.上海:上海社会科学院出版社,2016:213—215.
③ 南洋公学章程[G]//朱有瓛,主编.中国近代学制史料:第一辑下册.上海:华东师范大学出版社,1986:513.
④ 太常寺少堂盛告白[N].申报,1897-03-02(4).

性厚才精,学广识通,行正度大,心虚气静。①

这些标准集知识与道德规范于一体,要求师范生完成相应的登记训练,进行甄别测验后方可获得相应等级的凭据,直至获得第五层格红据者方可准充教习。

《申报》上曾刊出文章对盛宣怀的创举表达了期待,认为传统中国之为师者,缺少对为师之道的讨论,"皆不知所以教其弟子","弟子虽从而学之,皆无所得益",因此"学为师法"成为不得不为之事,只有"令学为教弟子之法,而后可以为师"。②清末各式新式学堂渐次开办,对日本教育改革及师范学堂的介绍也愈发细致深入,更是引发不少时人对中国传统社会"师道之不明由来久矣"的感叹,盛宣怀之举也就更具有现实意义。③

盛宣怀开办南洋公学,并将其放置与"练兵之要"及"理财之要"同等重要的位置,意在希望实现"欲尽取欧洲之新法,变易华夏之旧习"的目的。在保证科举选拔的前提下,将学堂与科举熔于一炉,即"专设一科,裁天下之广额为新学之进阶。明定功令,使文武学堂卒业者皆有出身之正途,齐仕进于科第"。盛宣怀寄予南洋公学极大期望,希望各地看到办学实效后便可闻风而起。待学校遍设之后,人才自不可胜用。④

南洋公学师范院计划招收30人,实际录取40人,公开进行了四次招考。⑤ 录取者几乎都是身负功名者,其中除几名举人外,其余均为秀才。招收外院生120名,年龄在十岁至十七八岁,入学后,按照程度分为三个班。师范院学生程度上高于外院生,也保证在接受一定的训练之后可以胜任教授工作。据担任南洋公学首任监院的福开森回忆,南洋公学招生制度颇为严格,"除非考生能够同其他投考者竞赛而通过入学考试,否则尽管是由有权势的人物推荐的对象,一个也不录取。没有经过预考,那

---

① 南洋公学章程[G]//朱有瓛,主编.中国近代学制史料(第一辑下册).上海:华东师范大学出版社,1986:514—515.
② 论盛京卿创设师范学堂之善[N].申报,1897-03-05(1).
③ 论中国创兴师范学堂事[N].益闻录,1897-03-24(1658).
④ 光绪二十二年九月二十五日大理寺卿盛宣怀奏请筹设南洋公学[G]//朱有瓛.中国近代学制史料:第一辑下册.上海:华东师范大学出版社,1986:508—509.
⑤ 据《杨耀文记各院(班)概况》记,实际考取的学生有40人,见朱有瓛,主编.中国近代学制史料(第一辑下册).上海:华东师范大学出版社,1986:526.从《申报》所公布名单看,第一二次考试各录取12名,第三次录取10名,第四次正取10名,备取18名.实际入学名单见考取师范[N].申报,1897-03-13(3).太常寺少堂盛续考覆试师范生示[N].申报,1897-03-23(3).师范学堂第三次考取名单[N].申报,1897-04-01(4).招覆师范生示[N].申报,1897-04-25(4).

些由高级官员推荐的或出生于有权势家庭的无能的学生,都被排除在本校学生队伍之外"。①

师范院教学沿袭书院制度,因学生素有国学根底,因此并不集中上课,只就每人性之所近任选经史子集自行研究,遇有疑问再向总教习请教。学生平日阅读遇有疑义或心得处,需作札记,每逢星期日,汇呈总教习阅看。总教习会逐一批阅,及时纠正错误。学生阅后,也可以答辩或质难。② 西学课程多聘请西人担任教授。学生可从英文、法文、日文等外语中任选一门修习,但实际上学生基本只修英文,其他语言鲜有问津。③ 福开森回忆说,教授英语的目的"并不企图推动学生努力迅速地掌握英语知识,而是比较透彻地进行教学",以"使学生一开始学习时就会正确地阅读和书写"。④ 其余课程有数学、格致二门,但程度较浅,数学大多"不克竟业,大抵习至代数为止",理化等实验多由教员酌量上课情形,进行演示。所置应用仪器,以简单者居多。另有科学教育及动植矿生理地理等,只是略备各种标本图标模型地图地球仪等,"未全列入正式课程"。⑤

南洋公学西学课程虽较为初步,但师范院的意义在于将教学实践直接嵌入师资培养过程,根据大部分师范生皆有相当中学基础的情况,师范院选派他们传授外院生的经史、作文讲解等课。师范生对待教学颇为认真投入,"对于文章,则一字一句不容放过;典章制度、地理名物,必考订详明,并令各人置备一簿录出,作为授课时的蓝本。遇有疑义,先由各人互相讨论,然后就正于学长,最后由总教习作总结"。⑥ 那时并没有适合的课本,均由师范生自行编纂,其中由师范生陈懋治、杜嗣程、沈庆鸿等编纂的《蒙

---

① 福开森.南洋公学早期历史[G]//《交通大学校史》撰写组.交通大学校史资料选编(第1卷).西安:西安交通大学出版社,1986:10—11.
② 薛明剑.南洋公学创办史事纪略[M]//无锡市史志办公室.薛明剑文集(上册).北京:当代中国出版社,2005:582.
③ 胡端.名、实之间的调适:从南洋公学师范院再探清末师范教育"以日为师"问题[C]//上海社会科学院历史研究所《传统中国研究集刊》编辑委员会.传统中国研究集刊:第14辑.上海:上海社会科学院出版社,2016:218.据薛明剑回忆,因"校中尚未聘到外文教习,即将外文考试暂委福开森支持。惟福开森仅知英文,由是法文一课遂又无形废去了",见薛明剑.南洋公学创办史事纪略[M]//无锡市史志办公室.薛明剑文集:上册.北京:当代中国出版社,2005:585.
④ 福开森.南洋公学早期历史[G]//《交通大学校史》撰写组.交通大学校史资料选编(第1卷).西安:西安交通大学出版社,1986:12.
⑤ 杨耀文记各院(班)概况[G]//朱有瓛,主编.中国近代学制史料(第一辑下册).上海:华东师范大学出版社,1986:526.
⑥ 薛明剑.南洋公学创办史事纪略[M]//无锡市史志办公室.薛明剑文集(上册).北京:当代中国出版社,2005:585.

学读本》共三编，"是为我国人自编教科书之始"。① 同时，师范生还担负对外院生的日常管理之责。"早有早巡，昼有昼巡，夜有夜巡，随时随地均有师范生手执二尺许的竹片，监视其旁。"上课的时候，也会有师范生在窗外查看，见学生听讲不注意，读书不认真都会记录下来，下课后要罚他面壁或打手心。夜间住宿和平日饮食，师范生亦会时时精心照看。②

当时科举尚存，学宫弟子，例有岁科两试。入南洋公学师范院者多为举贡生监，其中廪增附生尤多。盛宣怀认为，如若师范生皆返籍应试，路途往返徒耗时光。南洋公学已是"日有课，月有稽，季有试，年终有大考"，学成后大抵应经济之科，因此特请"嗣后新设各学校书院内学生，凡系廪增附生，一体免预岁科两试，使得专精新学"。③ 盛宣怀此片至少说明，在科举正式停废之前，考试方式已经做出了较大幅度的调整。在新式学堂就学者也可以有更多选择的机会。师范班自1897年开办，历时六年，因中途有辍学就事，出洋留学及选充职教员者，曾续招插班三次。至1899年夏，师范院不再兼任教职，改为准时上课，修习外国文及数学格致等课，改称师范班。至1903年春，师范班停办。"计师范生初次考取，及续取插班肄业，先后共有七十二人。"④

在新旧教育过渡时期，新式人才的培养与选拔之标准都处于调整之中。梁启超、盛宣怀等人在初办新式教育时有着较为开明和务实的态度，其倡导之功不容忽视。作为师范教育的开端，南洋公学师范院进行了初步尝试，但在办学规模和影响范围等方面尚不足以撼动旧有的教育体系。师范教育产生较大范围的影响，需至壬寅及癸卯学制确立之后。

二、初等师范教育学校体系的确立及调整

在南洋公学师范院之后，对新式学堂师资的需求也使师范教育被提上日程。壬寅学制设计的培养师资的方法，大体上采取了借鉴日本兴办师范教育的经验，拟通过在

---

① 蒋维乔记南洋公学外院自编的教科书[G]//朱有瓛，主编.中国近代学制史料（第一辑下册）.上海：华东师范大学出版社，1986：539.
② 石某记南洋公学学生生活[G]//朱有瓛，主编.中国近代学制史料（第一辑下册）.上海：华东师范大学出版社，1986：547.
③ 光绪二十四年四月二十四日（1898.6.12）盛宣怀片[G]//朱有瓛，主编.中国近代学制史料（第一辑下册）.上海：华东师范大学出版社，1986：516.
④ 杨耀文记各院（班）概况[G]//朱有瓛，主编.中国近代学制史料（第一辑下册）.上海：华东师范大学出版社，1986：526.

高等学堂、中等学堂分别附设师范学堂的方式来培养。① 癸卯学制公布施行后,确立了从初等、中等到高等的三级学校制度;同时为强调师范教育及实业教育的特殊性,将两者分别单独列为上下衔接的独立一轨。中国传统教育并不存在师范教育体系,因此,从中央到地方的教育体制都面临着一场新建与改造运动。作为统领主持全国教育的京师大学堂,其附设师范馆属于高等师范层次,各地方中等及初等师资则由各省州县所办的师范学堂培养。因此下文将从学制制度文本与地方办学实践互动的角度,以直隶办理师范教育为例,并通过对比其他各省地方性的史料,对中等师范教育体系的确立及变化做一讨论。

早在1902年8月,时任直隶总督的袁世凯鉴于各州县筹办新式学堂"教习无人,课程无定,名为设学,实仍虚应故事"的状况,上奏请求在省会保定建造师范学堂,聘请中日教习,借助日本翻译的西学各书转译中文以为教本,教以为师之法。据《直隶师范学堂暂行章程》规定,师范学堂分为四斋,一斋半年毕业,二斋一年,三斋二年,四斋三年。其半年毕业考取凭证者,可先行派往各处小学堂充当教习一年,再由各斋毕业生依次轮往,继续充任教习一年。师范学堂生源主要从各州县举贡生员中选拔,入学时的知识储备已通晓经史、文理明畅,即便受训时间不长,也足以承担小学堂课程。待教习敷用后,一律改作三年毕业。② 师范学堂是直隶师范教育的发端,带有一定的过渡性质,其学业年限之规定出于速收实效之出发点,颇可说明时人对待新式教育的急切心态。

1904年癸卯学制颁布后,《奏定学务纲要》再次确认师范学堂"为各项学堂之本源,兴学入手之第一义","宜首先急办师范学堂"的方针。除在京师设立京师大学堂之外,清廷要求各省城应设初级师范学堂及优级师范学堂。初级师范学堂主要培养初等小学及高等小学师资;优级师范学堂培养中学堂及初级师范学堂师资。其中,尤以初级师范学堂"在中国今日情形亦为最要","宜接续速办"。③

癸卯学制从宏观层面上对新式学堂立学宗旨与方向做出规定,而各地实际办理之

---

① 钦定高等学堂章程[G]//璩鑫圭,等.中国近代教育史资料汇编·学制演变.上海:上海教育出版社,2007:265.钦定中学堂章程[G]//璩鑫圭,等.中国近代教育史资料汇编·学制演变.上海:上海教育出版社,2007:272.
② 直隶总督袁世凯奏办直隶师范学堂暨小学堂折[G]//璩鑫圭,等.中国近代教育史资料汇编·实业教育师范教育.上海:上海教育出版社,1994:629.
③ 奏定学务纲要[G]//璩鑫圭,等.中国近代教育史资料汇编·学制演变.上海:上海教育出版社,2007:496.

成效则与地方督抚对新教育之态度有关。袁世凯在此时段一直担任直隶总督兼北洋大臣,对育才兴学颇为热心。1904年4月,袁世凯力约在天津办学成绩斐然的严修出任直隶省学校司(同年5月改称学务处,1906年5月又改称提学使司)督办,严氏就职后即赴日考察师范教育和小学教育。当年8月,严修回国后即行着手创办保定初级师范学堂之事。为了缓解当时师资缺失问题,在初级师范学堂未设立之前,直隶曾要求各考选生员先至高等小学堂学习教授管理法三个月后即可分派至初等小学担任教员。严修认为此法"为期甚促,恐获益无多",提议筹设初级师范学堂,专造就初等小学教员。① 1904年11月,省学务处发出招考初级师范生告示,希望招收年在二十以上三十以下的举贡生员。② 12月10日,初级师范学堂便举行了开学典礼,严修亲自出席。第一班教员由省学务处工作人员选派。首次录取学生40人,半年后有35人毕业得到凭照。严修亲自到校甄别成绩特优之前两名毕业生王谦吉、卢岳公派赴日本留学。次年,学堂又招收第二班60人(后有10人退学),学制一年,1906年8月毕业。此后该校即停止了招生。③

据《奏定初级师范学堂章程》规定,初级师范学堂为培养高等小学堂及初等小学堂教员而设,为"小学教育普及之基"。受当时条件所限,初办时可先于省城暂设一所初级师范学堂,并宜于完全科外别设简易科,以应急需。待日后条件允许,每州县均须添设。初级师范学堂的完全科科目分为修身、读经讲经、中国文学、教育学、历史、地理、算学、博物、物理及化学、习字、图画、体操等十二科。各地可视具体情形增减科目,如可加外国语、农业、商业、手工等一科或数科。从入学要求来看,初级师范学堂与中学堂学生学力相当,学科程度亦大体相同。其区别在于,师范学堂更着重教育学,且专设教习幼童习字之科,完成学业后主要进入各级小学堂任教。④

作为对癸卯学制直接呼应,保定初级师范学堂大致符合《奏定初级师范学堂章程》之要求,同时又带有直隶地方色彩。直隶办理师范教育虽然起步较早,但出现了"以不合格之师滥竽充数"的情况,从数量上看起来遍地设立,却与无学无异。⑤ 1905年科举

---

① 直隶学务处呈请在保定设立初级师范学堂文并批[G]//璩鑫圭,等.中国近代教育史资料汇编·实业教育 师范教育.上海:上海教育出版社,1994:734—735.
② 本处招考初级师范学生告示[J].教育杂志(天津),1905(2):4.
③ 董金义.保定师范学校创办初期情况[G]//中国人民政治协商会议河北省保定市委员会文史资料委员会.保定文史资料:第17辑.内部出版,2001:103—106.
④ 奏定初级师范学堂章程[G]//璩鑫圭,等.中国近代教育史资料汇编·学制演变.上海:上海教育出版社,2007:398—399.
⑤ 张彬.保定初级师范学堂开学演说[J].教育杂志(天津),1905(2):7—8.

停废之后,袁世凯再次通饬全省从速由历届科考办考供给例费及乡会试等经费处筹集款项,添设师范学堂。① 受条件所限,1906年直隶学务处调查全省初级师范学堂,其中"学生级数"一项显示,除邯郸县官立初级师范学堂设有完全科之外,其余各校均只有"简易科"。② 直隶一省在袁世凯治下于新式教育之倡导尚属走在前列,但实际办事时却大多有心无力,不少举措只能退而求其次,虽想立得实效,却又不得不接受从零开始的现实。保定初级师范学堂亦先从简易科办起,其总则将修习科目归并为修身、教育、历史、地理、格致、图画、体操等八科,同时又在"学科及其程度"一项中略加引申,对《奏定初级师范学堂章程》所列"分科教法"做出呼应。③

《奏定初级师范学堂章程》规定初级师范学生入学校后有四个月的"试学"期,主要考察其资性品行,确实相宜者,始准留下继续学业。师范生在学期间,不收学费及餐费,只需自备笔墨等自用之物。毕业考试合格后,予以三年以内直隶省初等小学教员文凭。得文凭者即可按照《奏定初级师范章程》之规定完成效力义务。其"教育总要"中也有对师范生德行方面的要求,如"必当敦品养德,循礼奉法,言动威仪","谨言慎行,贵庄重而戒轻佻,尚和平而忌暴戾"等。④ 师范教育将教师视为模范或楷模,看重的是言传身教。《保定初级师范学堂简易科约条》对此项的要求更为严厉,如果师范生学业进步不足,毕业无望,或是品行不适充当教员者,"不论何时,得命退校"。以上两项只要有教员认定,并由学务处总理决定便可执行,且不得争诉。如若前条退校者还曾犯有故意懒惰及不敦品行,或是被发现有破害廉耻及学生本分之行为者,另将追缴在堂食费。⑤

为了解决当时新式学堂师资短缺的问题,《奏定初级师范学堂章程》还规定,各州县可根据需要设立预备科及小学师范传习所等。预备科主要为那些学力尚不足以入师范学堂者进行补习而设;师范传习所生源主要招收乡村市镇以教授蒙馆为生业,且品行端谨、文理平通、年在三十以上五十以下者。学习期限为十个月,毕业后即给以准充付教员之凭照,可以在各乡村市镇小学任职。俟各省级州县初级师范学堂毕业生可

---

① 直督通饬从速筹款添设初级师范学堂札[N].申报,1905-10-07:3.
② 各属初级师范学堂职员学生人数一览表[J].直隶教育杂志,1907(7):57—69.
③ 保定初级师范学堂简易科总则[G]//璩鑫圭,等.中国近代教育史资料汇编·实业教育 师范教育.上海:上海教育出版社,1994:736.
④ 奏定初级师范学堂章程[G]//璩鑫圭,等.中国近代教育史资料汇编·学制演变.上海:上海教育出版社,2007:405.
⑤ 保定初级师范学堂简易科约条[G]//璩鑫圭,等.中国近代教育史资料汇编·实业教育 师范教育.上海:上海教育出版社,1994:787—788.

以满足需要之后,传习所即可渐次裁撤。此外,初等师范学堂还可以设置旁听生,以便乡间老生寒儒有欲从事教育者旁听。[①] 此举基本将处于基层的知识分子动员起来,颇能显现直隶一省推行师范教育之决心。

袁世凯在保定初级师范学堂最初设立时即有招揽旁听生的计划,而实际上第一班简易科从入学到毕业只有半年,第二班开学后不久即开始出现质疑之声,不得不于该班学生毕业后即停止招生。[②] 客观地说,类似短期快速的培养方式,的确在新式学堂创办初期使得师资得到极大的扩充。比如据《学部奏派调查直隶学务员报告书》统计,至1907年,直隶全省各府州县设立的师范学堂以及传习所已达89所,学生4335人。[③]但办学期间隐伏的问题也逐渐显现,主要表现为:一是师范生受训时限过短,毕业生质量参差不齐;二是初等学堂开办缓慢,师资需求不如预期;三是经费不足,师范学堂教员薪酬开销及师范免收学费政策都给财政预算带来极大压力。[④] 因此,有人提出应该重新对各州县初级师范学堂进行筹划,即便人才奇缺也不能忽视人才质量,可以将条件差或规模小的初级师范归并或停办,另外也可以延长学制,扩充内容。[⑤] 1907年,经过多次会议讨论,提学使司通饬各属初级师范学堂针对学堂具体情况采取归并及停并进行处理。[⑥] 在此背景下,保定初级师范学堂停止了招生。1909年9月,在保定初级师范学堂原址改建直隶第二初级师范学堂,设初级完全科,继续培养初等及高等小学教员。[⑦]

放眼新政之后地方各省,除了直隶开风气之先外,不少省份对师范教育也颇为用心,陆续创建了一批师范学堂。比如,紧随袁世凯之后,张謇倡议开办的通州师范学校于1903年4月正式开学。该校属私立性质,由张謇担任总理,聘日本教习担任日文及算术理科课程,同时设附属小学,供师范生实习。招收讲习科、本科,后又从本科生中选出部分学生组成简易科,缩短学制,以便更快获得师资。据癸卯学制规定,小学师资

---

① 奏定初级师范学堂章程[G]//璩鑫圭,等.中国近代教育史资料汇编·学制演变.上海:上海教育出版社,2007:399.
② 直隶学务处呈请在保定设立初级师范学堂文并批[G]//璩鑫圭,等.中国近代教育史资料汇编·实业教育 师范教育.上海:上海教育出版社,1994:735.
③ 学部奏派调查直隶学务员报告书[J].东方杂志,1907,4(11):263.
④ 觚.初级师范归并之问题[J].直隶教育杂志,1907,(1):5—6.
⑤ 改良师范[J].直隶教育杂志,1908,(10):123—124.
⑥ 本司通饬各属初级师范学堂遵照议定改良归并办法文[J].直隶教育杂志,1907,(3):22—23.
⑦ 董金义.保定师范学校创办初期情况[G]//中国人民政治协商会议河北省保定市委员会文史资料委员会.保定文史资料(第17辑),内部出版,2001:108—109.

养成机关除了初级师范学堂、简易师范科及师范传习所外,另有实业教员讲习所,为造就实业补习普通学堂及艺徒学堂教员之所。① 因此,自1906年9月起,通州师范学校陆续开设农业本科,及附设测绘、蚕丝、土木工程等科,也成为该校的主要特色之一。②

同样创办于1903年的三江师范学堂(1906年改称两江师范学堂),是南京高等师范学校的前身,主要为江苏、安徽、江西三省培养中小学师资。张之洞在奏折中将学堂学额确定为900名,计划开学第一年,先招师范生600名,三年后再行续招足额。其中教小学堂之师范生,计划分为三级,一年最速成科,二年速成科,三年本科,以便陆续派赴各州县充任小学堂教员,第四年即派置高等师范本科。③ 张之洞于三江师范学堂开学之后即返回湖广,后又奉调进京,其设计思路遂渗透至癸卯学制之中。1906年改制为两江优级师范学堂之后,实际上已逐渐调整为高等师范性质,主要培养的是中学堂师资。1908年初起停办初级师范本科,完全转办优级师范本科。在更接近中等师范性质的三江师范时期,300名学生之中有117人毕业后到小学堂服务,其中第一届一年速成科59人,第二届速成科26人,第三届初级本科32人。其中不少人因成绩优异留校任教,或升入北京分科大学,其他人则服务于各地的学堂。④

比起张謇、张之洞等人为师范学堂的用心筹划,许多省份实际需要面对的问题就复杂得多,各省的处理方法也不尽相同。比如,川督锡良上报四川办理新学情形时曾言,所办四川通省师范学堂已经可以容纳500人,但相比新学所需师资来说仍是不足,还须由府直隶州厅各设初级师范才可满足需要。他提议调整师范生入学年龄,定例规定年龄上不超过三十岁,而有些年长者"实能任事",只是尚缺少教育学知识,或是速成师范留学归来后通洋文而不精国学,可以设立补习科补其不足,以便敷用。⑤ 河南虽奉旨要求陆续开办初级师范,却发现可堪充任师范生教习者寥寥无几。当时所延教习或由书院主讲改充,或由地方官酌量延聘,本就不曾"身入学堂练习有素",能否承担起

---

① 奏定实业教员讲习所章程[G]//璩鑫圭,等.中国近代教育史资料汇编·学制演变.上海:上海教育出版社,2007:469.
② 通州师范学校沿革[G]//璩鑫圭,等.中国近代教育史资料汇编·实业教育 师范教育.上海:上海教育出版社,1994:749.
③ 张之洞.奏江南创建三江师范学堂折[G]//璩鑫圭,等.中国近代教育史资料汇编·实业教育 师范教育.上海:上海教育出版社,1994:712—713.
④ 苏云峰.三(两)江师范学堂:南京大学的前身,1903—1911[M].南京:南京大学出版社,2002:45,57,80.
⑤ 容.川督奏陈学务情形[N].申报,1905-11-09(3).

讲授管理诸事"实难深信"。① 署理两广总督岑春煊联合广东巡抚张人骏以及广西巡抚李经义上奏,提出奏定学堂章程缓不济急,因此各省可以筹设游学预备科,考选中学已有根底的学生先于国内预备两年,再精选部分派赴日本,直接进入其高等师范学校本科留学,可将培养时间缩短到五六年。②

据 1910 年之调查显示,除教会学校及私立学校外,师范学校与师范讲习所共 415 处,学生共 28572 人。其中以初级师范学堂(201 所)及师范讲习所(182 所)培养了 80% 以上的学生,两者学生数在 1908 年达到最高点,此后因政策之调整逐年递减。③ 尽管师范教育内部与外部面临问题不断,但总体来看,短期之内带来的改变十分显著。

1910 年 4 月,鉴于当时兴办学堂已逾五年,各省初级简易科以及完全科毕业者,已有相当数量。此时中学堂改文实两科后程度提高,相应也需要提升师资培养的水平。清廷学部再次对中等师范教育做出调整,下令自当年开始,"凡各省旧设之优级选科,概不准再招新班,俟现时在堂各学生毕业后,一律改办优级完全科";除教员缺乏的边远地区暂准办理简易师范外,其余各省亦应自当年起一律停止招考,俟在堂各生毕业后,改办初级完全科。④

民国成立之后,在延续清末师范教育制度的基础上又做出了调整。1912 年 9 月,南京临时政府教育部颁布《师范教育令》,12 月又相继出台《师范学校规程》,对师范学校的设置、入学条件、修业年限、学生待遇、学校附属机构等提出具体要求。其间对于师范学校办学质量以及师范生培养等问题,逐渐成为民国初期的学制改革中争论较大的问题。下文将以浙江省立第一师范学校自清末到民国期间办学历程为个案,以此观察为基础教育培养师资的学校的近代化过程。

三、经亨颐与浙江一师

历史上的浙江素属文教发达之地。1896 年,孙诒让先后创办瑞安学计馆、瑞安方言馆、永嘉蚕学馆等校,开浙江近代教育之先河。1897 年成立的求是书院,以及 1899

---

① 藩臬台学务处会议开办初级师范学堂详文[G]//河南省教育志编辑室. 河南教育资料汇编:清代部分. 出版信息不详,1983—1984:188.
② 两广总督岑等奏为筹设两广游学预备科造就高等师范请饬立案以免中辍折[N]. 申报,1905-11-25(24).
③ 郭秉文. 中国教育制度沿革史[M]. 福州:福建教育出版社,2007:97—98.
④ 学部咨各省师范学堂自本年一律停招优级选科初级简易科文[G]//璩鑫圭,等. 中国近代教育史资料汇编·实业教育 师范教育. 上海:上海教育出版社,1994:588.

年成立的养正书塾,又使新式学堂在杭州落地开花。与此同时,宁波、绍兴等地新学之风渐开,不同类型的新式学堂相继在浙江各地开办。随着各地学堂规模逐渐扩大,培养新式学堂师资,便成为当务之急。浙江最早开办的管理师资训练机构是1905年浙江高等学堂附设的师范科和师范传习科;而规模最大、影响最大的则要属建于杭州贡院旧址的浙江两级师范学堂。①

浙江两级师范学堂创建于1906年,由浙江巡抚张增敭上奏设立。其创办目标是要成为"全浙模型"。②浙江的初级师范及优级师范合设一校,其中初级不分科,不设专业,优级师范分选科及分类科。鲁迅曾于1909年9月至1910年7月期间在该校任教,主要教授初级师范部的化学课程及优级师范部的生理学课程,同时还兼任博物课日籍教师的翻译。③当时在该校任教的还有马叙伦、沈尹默、夏丏尊、许寿裳、张邦华、冯祖荀等人,另外也聘有多名日本教员。④清末至民国成立之前,该校曾开办过初级师范简易科、优级选科(即数学、理化、史地、博物四科)以及速成性质的体操专修科等班。1910年学部下令停办优级选科及简易科后,浙江两级师范学校先成立补习科一班,又于次年招收中学毕业生成立公共科一班。

因辛亥革命的爆发,各省师范学校曾暂时停课,南京临时政府宣布成立后才得以陆续开学,其办学方针大多因循旧制,未做大的调整。直至1912年9月,教育部正式公布《师范教育令》,明确师范学校"以造就小学教员为目的",⑤并于此后相继出台了《师范学校规程》及《师范学校课程标准》等。同时,教育部还下令将各省优级师范归并为高等师范学校,各校遂依据相关要求做出调整。对浙江一师来说,首先发生变化的就是学校的校名,1913年该校正式更名为"浙江省立第一师范学校",成为专门培养小学师资的学校,学制五年,入学资格为小学毕业。当时尚未毕业的优级公共科及补习科升入北京高等师范学校继续肄业,另有两班初级师范则继续在改名的第一师范攻读五年制本科师范,优级师范自此停办。⑥

---

① 张彬.从浙江看中国教育近代化[M].广州:广东教育出版社,1996:96.
② 浙抚张(增敭)奏创办全浙师范学堂折[G]//璩鑫圭,等.中国近代教育史资料汇编·实业教育 师范教育.上海:上海教育出版社,1994:694.
③ 夏丏尊.鲁迅翁杂忆[G]//薛绥之.鲁迅生平史料汇编:第二辑.天津:天津人民出版社,1982:407—408.
④ 郑晓沧.浙江两级师范和第一师范校史志要[J].杭州大学学报,1959(4):166—167.
⑤ 教育部公布师范教育令[G]//璩鑫圭,等.中国近代教育史资料汇编·学制演变.上海:上海教育出版社,2007:670.
⑥ 姜丹书.浙江两级师范学堂暨第一师范学校忆录[M]//姜丹书艺术教育论著.杭州:浙江教育出版社,1991:208—209.

谈到浙江一师的历史就不能不提经亨颐。经亨颐(1877—1938),字子渊,浙江上虞人,曾先后担任两级师范学堂及省立第一师范学校校长,与该校渊源颇深。1907年尚在日本东京高等师范学校求学的经亨颐,便接受赴日考察学务的王廷扬邀请,提前请假回国出任该校教务长,参加学校筹建。后再次东渡,完成学业后,又回校复任教务长。经亨颐在1912年至1920年间担任校长期间,是该校师范色彩最为浓厚的时期。他强调师范教育的独立性与特殊性,因此在民初学制变动频繁之时,对独立的师范教育体制据理力争,并在具体办学实践中将师范教育之特性落于实处。他办理一师,重在精神的感召,注重启发学生自动精神。对校长而言,能够顺应时代潮流,迎接新思潮的到来,需要对学校的特色有清晰的判断和定位,同时不可或缺的还有发动变革的勇气和魄力。教育家郑晓沧后来评价他是"民主主义的教育家,而且是富有战斗性的"。[1]

经亨颐对教育发展趋势的判断有独到的见解。他将《教育周报》改名为《教育潮》。取名"潮"字,意在强调"迁流递嬗之时间性,变化密移之空间性","知其势力之伟,故不宜为顽强之抗拒,而当与之顺应;惟知其功用之大,故不宜为淡漠之恝置而当加以欢迎"。[2] 他曾专门对一师"勤、慎、诚、恕"的校训做过解读:"孜孜也不厌不倦,勤之至也;寡尤寡悔,慎之效也;成己成物,诚之极也;尽己及人,恕之行也。"[3]他提出学校的训育应该改变从教师本位的训育为学生本位的训育。[4] 在实践中,他重视师范生道德品质的陶镕,多次强调师范学校与普通中学校在"人格品行及对于社会之责任"方面的不同,希望学生做到"既入师范,不能不有永为教育者之决心,不能不有非为教育者不可之觉悟"。[5] 他提倡德、智、体、美四育,尤重德育,并以"人格教育"来解释"德育"。他相信教育的力量,主张用发展的眼光看待学生的品行。师范生应有"高尚之品性",才配为人师表。[6] 但高尚决不是自命不凡、与世不融。高尚过当,有可能沦为名士派,而这些所谓的"名士"只不过是"伪名士"。[7] 因此,经亨颐对学生是"决不主宽是极主严的"。所谓"主严",不是只对学生而言,也有严于律己的意思。他在入学试验时便严

---

[1] 郑晓沧.浙江两级师范和第一师范校史志要[J].杭州大学学报,1959(4):164.
[2] 经亨颐.发刊辞[J].教育潮,1919,1(1):1—2.
[3] 经亨颐.校训解释[M]//经亨颐.经亨颐集.杭州:浙江大学出版社,2011:13.
[4] 经亨颐.今后学校训育之研究[M]//经亨颐.经亨颐集.杭州:浙江大学出版社,2011:101.
[5] 经亨颐.乙卯新生入学式训辞[M]//经亨颐.经亨颐集.杭州:浙江大学出版社,2011:222.
[6] 浙江省立第一师范学校沿革概况[G]//璩鑫圭,等.中国近代教育史资料汇编·实业教育 师范教育.上海:上海教育出版社,1994:944—945.
[7] 经亨颐.乙卯毕业式训辞[M]//经亨颐.经亨颐集.杭州:浙江大学出版社,2011:218.

格把关,"招进来的新学生基本好不好,和学校成绩好不好大有关系",第一师范的学生,个个都是他亲手招进来的,招生人数与学额差不多要一与二十之比,无论何人送来条子一概不要。① 这种严格的选拔,使得一师办学一开始便有了较高的起点。一师学生有不少都是贫苦家庭出身,开学时都是自己挑着行李翻山越岭来校读书。贫苦家庭出身的学生"较能吃苦耐劳",是难得的品质。②

  经亨颐在一师中注重"四育"的实施,与当时教育部对师范教育的要求互为呼应。1912年12月,教育部公布《师范学校规程》第一章列"教养学生之要旨",要求学生在体育、德育、世界观与人生观等,使学生达到"谨于摄生,勤于体育","富于美感,勇于德行","明建国之本原,践国民之职分","究心哲理而具高尚之志趣"。尤须注重"为学之道",注重培养师范生自动研究之能力。③ 按照师范学校课程标准,一师每年都会开设图画、手工和音乐课,且每周各有两小时教学。④ 经亨颐亲自到上海邀请李叔同到校担任音乐和图画教师;同时不惜花费巨资购置钢琴、风琴等设备,并布置了多间专用的美术及音乐教室,还于教室周围遍植花草树木,使校园成为优雅美丽的花园。⑤ 李叔同对学生的教导"不厉而严肃,完全以人格服人",所以他对于学生"感导力甚强"。学生见其面容"稍有不愉",便会自检束,"无不既敬且爱"。⑥ 同在一师任教并担任舍监的夏丏尊,也信奉"以宗教的精神来现身于教育的",实践感化教育,对待学生的态度"永远是亲切的"。⑦ 学生受此环境之熏陶,有关艺术科目的成绩都很好,每年都要开成绩展览会和音乐演奏会。⑧ 一师的课外活动同样丰富多彩。有自两级师范学堂时便已设立的"校友会",李叔同担任指导老师的"桐荫画会""漫画会""乐石社"等。五四后,学生自发组织创办的社团组织更是多如雨后春笋。一师并不认为学习成绩可以说明一切,更不主张以频繁的考试来提高成绩。所以每个学期除一次大考和毕业考之

---

① 经亨颐.杭州回忆[M]//经亨颐.经亨颐集.杭州:浙江大学出版社,2011:200.
② 浙江省立第一师范学校沿革概况[G]//璩鑫圭,等.中国近代教育史资料汇编·实业教育 师范教育.上海:上海教育出版社,1994:945—946.
③ 教育部公布师范学校规程[G]//璩鑫圭,等.中国近代教育史资料汇编·学制演变.上海:上海教育出版社,2007:687—688.
④ 姜丹书.浙江五十余年艺术教育史料[M]//姜丹书艺术教育论著.杭州:浙江教育出版社,1991:150.
⑤ 浙江省立第一师范学校沿革概况[G]//璩鑫圭,等.中国近代教育史资料汇编·实业教育 师范教育.上海:上海教育出版社,1994:945.
⑥ 姜丹书.浙江五十余年艺术教育史料[M]//姜丹书艺术教育论著.杭州:浙江教育出版社,1991:151.
⑦ 朱自清.教育家的夏丏尊先生[G]//政协上虞县委员会文史工作委员会.上虞文史资料:第1辑.内部出版,1986:98.
⑧ 姜丹书.浙江五十余年艺术教育史料[M]//姜丹书艺术教育论著.杭州:浙江教育出版社,1991:151.

外,不再有任何形式的考试。考试频次的减少并没有影响学生的学习热情,学校学习气氛浓厚,学生平时都能自觉勤奋学习。①

经亨颐强调师范之特性,与师范教育在民初学制的特殊位置以及他对师范教育的整体判断有关。虽然1912年的《师范学校规程》从智育、体育、德育、美育及世界观与人生观等方面来规定教育之要旨,意在与同年7月公布的"注重道德教育,以实利主义教育、军国民教育辅之"的教育方针一脉相承。但民初学制只是大体延续了清末改革思路,并未做更实质性的修正,师范教育与普通教育之间关系实际上并未完全厘清。1914年底,教育部公布教育整理方案,加入读经尊孔内容,计划为袁世凯称帝造势。其中有小学教员资格及扩充师范学校及另设小学教员讲习所等要求,对师范教育及普通教育皆有涉及。② 1915年,袁世凯又陆续下令将改初等小学校为国民学校。另设预备学校,同国民学校、高等小学校平行。③ 直至1922年才将国民学校改回初等小学校,并取消预备学校之设。

这一调整不仅仅关乎普通教育,也对相应师资之培养产生影响。有不少人当即提出批评,认为其不足之处就在于师范教育定位不清。比如,曾在江苏省立第二师范学校担任校长的贾丰臻认为,师范生的课堂不能凸显其特性,反而与其他中学一样,都存在着教师虽然竭尽口舌之能,声调之美,但学生始终处于被动接受地位的问题。师范生毕业后不知如何应用启发诱导的办法,都是由于在师范学校所受训练之不足。所学课程"博而不精,语而不详",同时又缺少实地练习机会,教育参观及教育实习指导都极度不足。④

贾丰臻颇能代表一部分师范学校实际办学者的看法。从教育制度设计层面来看,因清末师资培养为急务,且师范教育事业刚刚起步,师范学堂实际办理过程大多因陋就简,对入学资格及培养过程并不十分严格。民国后公布的《师范学校规程》,只在要求及规范上做出更详细的规定。如改清末"初级师范学堂"为"师范学校",以培养国民学校及高等小学教员。师范学校本科分为第一部(修业年限为四年)、第二部(修业年

---

① 浙江省立第一师范学校沿革概况[G]//璩鑫圭,等.中国近代教育史资料汇编·实业教育 师范教育.上海:上海教育出版社,1994:946.
② 教育部整理教育方案草案[G]//璩鑫圭,等.中国近代教育史资料汇编·学制演变.上海:上海教育出版社,2007:750,753—754.
③ 1915年7月31日教育部公布公民学校令[G]//李桂林,等.中国近代教育史资料汇编·普通教育.上海:上海教育出版社,2007:128.
④ 贾丰臻.今之师范教育问题[G]//璩鑫圭,等.中国近代教育史资料汇编·学制演变.上海:上海教育出版社,2007:851—854.

限为一年),并在第一部前设预科等。①

民初师范教育体系纷繁复杂,且普通教育系统亦不时调整。经亨颐作为一师发展的亲历者,对师范教育之特殊性的理解更为深刻。他强调师范教育与普通教育性质不同,认为当时所行师范教育之法,"受中学之牵制,其教课与程度,皆与中学比较而定,非由理想而定",因此师范教育"可谓无独立之精神",无法发挥其作用。因此要从根本上做出改革,一是废止第二部,改学习年限为四年,同时修改课程内容,以使"与中学脱离连带比较之关系";二是以省为师范区,师范学校之组织单独设立。师范生需要严格学业成绩之考查,应以国文、数学、教育三门为主课,有一门不及格者不得升级毕业,以使主要科目不至偏废,也是"师范生具有应用学力之保证"。针对当时不少废止高师的议论,经亨颐也明确表示,作为完整的师范教育,高等师范与师范学校各有分工和侧重,但均注重师范生之品性及文理两科之贯通训练,以避免"教课有寸断片裂之虞"。②他认为当时师范教育最大的问题就是"没有联络",师范学校毕业生无升学希望便也很难有奋发向上的动力,因此提出另立"师范学制系统",即师范学校毕业生修业期满先要完成规定服务,通过选拔后可以继续进入高一级的师范学校就读。③ 在1919年10月山西太原召开的第五届全国教育会联合会会上,经亨颐代表浙江省教育会提出"改革师范教育议案",详述其对所行师范教育体系的评价及修改意见,也引发了与会代表的强烈共鸣。④

经亨颐在一师的办学,不拘泥于已有成绩,而是常思进取,不断探索,将研究思考之心得付诸实践。他说,"吾国教育事业,茫茫无所标的,若拘守惯例,安望改良,惟所拟改革之法,切实施行"。⑤ 在他的努力之下,浙江一师"各教员之热心指导,久于其职,亦有较他校不同之点,校风已著,在校高级学生皆有先辈资格,堪为模范"。⑥ 正如亲历其事

---

① 教育部公布师范学校规程[G]//璩鑫圭,等.中国近代教育史资料汇编·学制演变.上海:上海教育出版社,2007:677—678.师范学校另设第二部,意在招收四年毕业之中学毕业生或有同等学力者,授以师范特有之课程,以应对小学教员之所需。此法较之先由预科而入师范,更为高效易行,因此得到教育部大力推广。教育部咨京兆尹各省巡按使各都统直隶增设师范二部应酌量情形仿照办理文[G]//璩鑫圭等.中国近代教育史资料汇编·实业教育 师范教育.上海:上海教育出版社,1994:829—830.
② 经亨颐.改革现行师范教育制私议[M]//经亨颐.经亨颐集.杭州:浙江大学出版社,2011:21—23,26.
③ 经亨颐.改革师范教育的意见[M]//经亨颐.经亨颐集.杭州:浙江大学出版社,2011:108.
④ 第五届全国教育会联合会大会议决案(节录)[G]//璩鑫圭,等.中国近代教育史资料汇编·实业教育 师范教育.上海:上海教育出版社,1994:846.
⑤ 经亨颐.丙辰秋季始业式训辞[M]//经亨颐.经亨颐集.杭州:浙江大学出版社,2011:247.
⑥ 经亨颐.丙辰新生入学式训辞[M]//经亨颐.经亨颐集.杭州:浙江大学出版社,2011:249.

的陈望道所言:"五四前后的新文化运动,从全国范围来讲高等学校以北大最活跃,在中等学校,则要算是湖南第一师范和杭州第一师范(即浙江一师——引者注)了。"①

不过,正是由于这种自由的学风,使一师在新文化运动中面临危机。1920年2月至3月,因《浙江新潮》上刊载一师学生施存统《非孝》一文引发风潮,最终经亨颐被迫去职,校长改由姜琦担任,成为一师发展的转折点。此后1922年壬戌学制规定,师范学校相当于中等教育性质,修业年限为六年,得单设后二年或后三年,收受初级中学毕业生。② 1923年,浙江根据教育部指令实行"中、师合校制",浙江省立第一师范学校与浙江省立第一中学合校,改称"浙江省立第一中学校",设中学部和师范部,师范专办后期三年,与高中程度相当,每年招收一班,师范生人数逐年减少。③ 壬戌学制改革的出发点虽为充实师范教育内容,提高师范生程度,不过综合化的发展模式实际上将师范教育独立制完全取消,如毕业年限的改革、师范学校与普通中学的合并,取消师范生的公费待遇及师范分区设立等规定,使师范教育发展进入了"衰微时期"。④

第三节 教会学校的调适与融入中国本土的努力

早期来华传教士创办教会学校的主要目的仍在传教,但中西宗教文化的差异,使得这些面向底层民众办理的教会学校少人问津。随着传教士在教育早期现代化过程中所起作用越来越大,他们选择适时调整传教策略,开始积极争取官员及上层士人的支持。新学知识逐渐流行之后,掌握西学知识的人炙手可热,甚至可以轻松获得另一条跻身上层的通路。于是,传授西学知识的教会学校,开始成为不少家长和学生的选择。民国后,教会学校规模及影响继续扩大。在民族主义情绪不断激化的背景下,带有西方宗教色彩的教会学校受到质疑和冲击,社会舆论不断施压,教育部亦随之提出

---

① 陈望道."五四"时期浙江新文化运动[M]//林鸿,楼峰.陈望道全集:第五卷.杭州:浙江大学出版社,2011:304.
② 大总统颁布施行之学校系统改革案[G]//璩鑫圭,等.中国近代教育史资料汇编·实业教育 师范教育.上海:上海教育出版社,1994:816.
③ 杭州师范[G]//中国人民政治协商会议浙江省委员会文史资料委员会.浙江文史资料选辑:第45辑.杭州:浙江人民出版社,1991:124.1923年秋也曾招收一年制简易师范科一班。此时课程曾尝试分为公共必修、本科必修、本科选修、纯粹选科四类,但由于一时难觅适当师资与教本,未能完全贯彻实行。参见郑晓沧.浙江两级师范和第一师范校史志要[J].杭州大学学报,1959(4):160,168.
④ 姜琦.中国师范教育制度之过去现在与未来[G]//黄季陆.革命文献:第五十五辑.台北:"中央"文物供应社,1971:223.

越来越严厉的立案要求。对教会学校来说,1920年代的挑战与机遇并存,如何抉择无疑会决定学校的命运。此时,部分外国教会及在教会学校任职的中国籍教师,积极奔走应对,使得学校顺利立案,但也有部分学校在此冲击之下一蹶不振。

一、宗教精神的传播与教会学校的初建[①]

基督教传入中国可以追溯到唐初。自唐至清初,基督教在华传播规模较小,主要在作为政治文化中心的首都展开。清初实行禁教及一口通商政策,传教士不允许进行公开活动,只能选择潜入唯一开放的广州,以商会等为掩蔽,暗中进行。

1807年9月,英国伦敦布道会的马礼逊(Robert Morrison)成为新教来华传教的第一人,也是新教传教士开办中文学校的第一人。1808年,他来到澳门,开始以东印度公司职员的身份公开布道。1818年,他与伦敦布道会派遣的另一传教士米怜(William Milne)共同在马六甲创办了英华书院。该校以"交互教育中西文学及传播基督教理为宗旨",课程设计则以"和平传播基督教及东方一般文化"为原则。但受条件所限,实际办学过程中"在程度、年龄、国籍及学生之课程皆属参差"。[②]

自《黄埔条约》等一系列不平等条约签订后,西方列强获得了在华建造教堂、办理学校的特权。[③]一批教会学校陆续在各通商口岸创办,如1844年英国"东方女子教育协会"在宁波设立了宁波女塾;同年英国伦敦会在厦门设立了英华男塾;1845年美国长老会在宁波设立崇信义塾;1850年天主教耶稣会在上海设立徐汇公学;1853年美国公理会在福州开设格致书院等。这些早期开办的教会学校规模较小,程度大致属于小学,主要招生贫困家庭的子弟,免收学费,且膳宿生活费均由学校供给。到1860年《北京条约》签订之后,传教士被允许进入中国内陆各省传教,[④]教会学校数量和规模都随之增加。

后来在近代教育史上颇有影响的登州文会馆,其前身可以追溯到1864年9月由美国长老会传教士狄考文(Calvin W. Mateer)夫妇创办的蒙养学堂。这所学校从名不见经传的蒙养学堂发展为大学,只用了四十多年的时间,堪称近代中国教会学校的代

[①] 在中国的语境中一般专指基督新教。受篇幅所限,本节考察的教会学校是指包括基督新教(Protestant)、天主教(Catholic)等来华教会所创办的普通中等学校。
[②] 李志刚. 马六甲英华书院创立经过及其后之迁港[G]//朱有瓛,高时良. 中国近代学制史料:第四辑. 上海:华东师范大学出版社,1993:7,9.
[③] 1844年10月24日中法黄埔条约第二十二款[G]//朱有瓛,高时良. 中国近代学制史料:第四辑. 上海:华东师范大学出版社,1993:25.
[④] 1860年10月25日中法北京条约第六款[G]//朱有瓛,高时良. 中国近代学制史料:第四辑. 上海:华东师范大学出版社,1993:26.

表。其办学成绩固然与办学者基于宗教精神的勉力维持有关,也与部分相对开明的传教士能够了解并亲近中国文化,并适时根据社会形势的变化选择变通传教策略有密切关系。因此,需要将教会学校放置于与近代社会的互动之中来观察,才能对其融入中国本土的努力做出更客观的评估。

与其他来华的传教士一样,狄考文夫妇办理学堂的初衷是希望通过办学方式传教布道。本着"以同种传同种易"的出发点,学堂初期聘请了中国教书先生,仿照私塾形式以招揽学生。首批招收学生都是贫苦男孩,学堂会担负生活费用及日常开销,经费靠狄考文夫妇筹措,具体工作全赖狄考文的妻子邦就烈(Julia Brown Mateer)勉力维持。学生课程以宣道为目的,"以经教为基础,即平日言行亦必以圣道为标准。而于安息日,督礼仪,稽道宗,尤不少宽假"。不过,此时办学成绩并不理想,九年时间共招收学生91人,而"不堪造就者十之九",学成毕业者仅4人,服务教会者仅有1人。①

对于这批较早来华的传教士来说,如何传教基本上要靠自己实践摸索。初到登州不久,狄考文便曾与当地居民发生冲突,并请停泊附近港口的美军对清政府施加压力。随后天津教案爆发,他观察到当地反教情绪高涨,发现依靠武力只会使自己的处境更糟糕。虽然此时他还未彻底放弃借助武力传教的策略,但现实已触动他开始重新思考自己的传教事业。② 直到1870年代之后,狄考文将大部分精力放到办学中去。1873年,狄考文开始对蒙养学堂的学制进行改革,增设"高等科"将学制再延长三年,即需卒业六年;同时设三年两级制的"备斋",以为储才之地。"正斋视高等学堂之程度,即隐括中学于内;备斋视高等小学堂之程度,而隐括蒙学在内。"1876年正式改名为文会馆,取以文会友之义。③

改名后,狄考文等也对学校内部做出了调整,主要从提高生源素质、增强师资力量、严格学校管理以及增加学习内容、提高学术标准等方面入手,使文会馆的办学水平有了明显的改善。④ 文会馆的正斋除了四书五经内容外,还教授宗教知识以及代数、几何、物理、化学、地理等课程,因此有人称其采用的是"上帝之道与孔子之道相结合的

---

① 王元德,刘玉峰.文会馆志[G]//郭大松,杜学霞,编译.中国第一所现代大学——登州文会馆.济南:山东人民出版社,2012:51,58. 有关学生人数,又有一说为85人,见王元德,刘玉峰.文会馆志[G]//郭大松,杜学霞,编译.中国第一所现代大学——登州文会馆.济南:山东人民出版社,2012:67—68.
② 史静寰.狄考文和司徒雷登在华的教育活动[M].台北:文津出版社.1991:46.
③ 王元德,刘玉峰.文会馆志[G]//郭大松,杜学霞,编译.中国第一所现代大学——登州文会馆.济南:山东人民出版社,2012:68.
④ 史静寰.狄考文和司徒雷登在华的教育活动[M].台北:文津出版社.1991:53—56.

课程表"。① 在此种课程体系下,学生可以参加科举考试,也可以接触到其他学堂没有的科学知识,具有一定的吸引力。狄考文授课也十分注重实验,不惜重金购买仪器。在经费不足之时,文会馆另设制造所,尝试自行制造。所制学堂用器,除自己使用外,各省其他均争相订购。为了提升生源质量,避免再出现"不堪造就者十之九"的情况,文会馆会与学生家长订立契约,要求学生须在校住宿,待完成六年学业后方准归家。如果中途退学,须偿还入学以来所耗经费。② 文会馆声誉由此渐隆,也吸引了其他差会布道站来的学生。于是文会馆逐渐停止了衣服、被褥和书籍的免费供应,并收取一定的学费。同时,文会馆与学生家长所订立的契约也从增加在学年限转变为"必须学完全部课程,完成全部课程学习的学生发给毕业文凭"。③

1877年初,文会馆有了第一批毕业生,在学人数也逐渐保持稳定,发展进入较为平稳时期。1881年狄考文向美国北方长老会差会部提出建议,将登州文会馆扩建为大学,并于翌年得到批准,开始正式使用"登州学院"(Tengchow College)的英文名,中文仍沿用"文会馆"。至1910年止,文会馆历届毕业生共208人,其中任教会学校教习者有68人,任国家学堂教习者37人,从事与宗教相关工作者36人,担任译书及报馆主笔工作者10人,是为毕业生的主要出路。④

登州文会馆逐渐壮大的同时,由清廷在洋务运动中所办的新式学堂也陆续开始在各地创建。狄考文与后来担任京师同文馆总教习的丁韪良颇有私交,丁韪良所编译的《天道溯源》就被列为文会馆的教科书。他们还共同发起成立益智书会、广学会,后又同为《万国公报》的撰稿人。文会馆的毕业生还曾为丁韪良在北京开办的崇实馆任教。⑤ 1898年丁韪良被聘为京师大学堂总教习之后,又将文会馆毕业生介绍至大学堂教授西学。⑥ 在西学教师不足的情况下,掌握了西学知识的教会学校毕业生,一时间

---

① 山东登州文会馆正斋备斋分年课程表[G]//陈学恂.中国近代教育史教学参考资料:下册.北京:人民教育出版社,1997:224—225.张汇文.一所早期的教会学校——登州文会馆[G]//中国人民政治协商会议上海市委员会文史资料工作委员会.文史资料选辑(1978年第2辑).上海:上海人民出版社,1979:125,76.
② 王元德,刘玉峰.文会馆志[G]//郭大松,杜学霞,编译.中国第一所现代大学——登州文会馆.济南:山东人民出版社,2012:52.
③ 登郡文会馆要览[G]//郭大松,杜学霞,编译.中国第一所现代大学——登州文会馆.济南:山东人民出版社,2012:15—16.
④ 王元德,刘玉峰.文会馆志[G]//郭大松,杜学霞,编译.中国第一所现代大学——登州文会馆.济南:山东人民出版社,2012:95.
⑤ 仲维畅.我的祖父仲伟仪[G]//尹作升,李平生.斯文一脉.济南:山东人民出版社,2014:9.
⑥ 王神荫,修海涛.登州文会馆——山东最早的一所教会大学[G]//山东省地方史志编纂委员会.山东史志资料(第2辑).济南:山东人民出版社,1983:136.

便成为各地新式学堂竞相聘用的对象。庚子之后,清廷宣布实行新政,新式学堂数量再度增加,又给了文会馆的毕业生提供了更多的可能。正如《文会馆志》所述,"东明高足脱颖而出,咸应聘于各等高级,以分司教铎,执牛耳焉。由是先生(指狄考文——引者注)之学,如泰岱之云,油然而布天下"。①

客观地说,登州文会馆虽得到"学院"(college)的认定,其实际办学程度大约只接近于中学,但选择以西方科学及语言文字为基础的授课内容,正好契合清末变革时代之主题,也足以使其在近代中国教育发展中占得先机。教会学校借助教育而非宗教本身获得时人的认可,虽不见得完满地达成其传播福音的初衷,但以结果而论,其在文化教育上的影响力则要深远得多。在其影响下,训练西学与讲授西文,也逐渐成为其他各地教会中学的招揽学生策略。1881年,来自美国监理会的传教士林乐知(Young J. Allen)在上海创办的中西书院,其特色即在中西会通。之所以以"中西"命名,即是要特意强调其办学目的"意在中西并重",课程设有"中西两学",就连放假日期也是"悉照中西通例"。②办学者认为,当时之势"专尚中学固不可也,要必赖西学以辅之;专习西学亦不可也,要必赖中学以襄之。二者得兼,并行不悖乃可以施非常之教化矣"。③学生入学后先在分院学习二年,然后选升大院学习四年,"迨有进境,情愿再学又准在院二年",前后共八年时间。④其课程设计也注重中西融合,"首二年着重语文(英文)的训练;第三四年语文和'实学'(地理及数学)各占其半;第五六年着重数理,语文之课程却无增加,只有翻译(书写及阅读能力之训练)及西语(说话听话能力之训练)各一科而已。最后两年的课程,其用意是栽培'国家有用'之才"。书院计划招生人数为一百二十人,最初规定的入学年龄并不甚严格,十二岁以上或是十岁以上聪明子弟都可入学,八九岁者亦可来馆读书,迨年稍长,再习西学。首次招收学生入学年龄从十岁至十八岁,为解决学生之间能力的差距,具体教学实行因材施教,采取分班编制方法,即"非以入学的先后,亦非以年龄的长幼分,而系经考试后按其程度分"。学生分为特等、头等、二等及三等不同等级,特等及头等班内所修习科目比其他两班学生更

---

① 王元德,刘玉峰.文会馆志[G]//郭大松,杜学霞,编译.中国第一所现代大学——登州文会馆.济南:山东人民出版社,2012:46.
② 林乐知.中西书院规条[G]//朱有瓛,高时良.中国近代学制史料(第四辑).上海:华东师范大学出版社,1993:284.
③ 海滨隐士.上海中西书院记[G]//朱有瓛,高时良.中国近代学制史料(第四辑).上海:华东师范大学出版社,1993:280.
④ 林乐知.中西书院课程规条[G]//朱有瓛,高时良.中国近代学制史料(第四辑).上海:华东师范大学出版社,1993:286.

为繁多和艰深。①

中西书院"揆今之时,度今之势"②的教学方式陆续发挥其吸引力,书院人数也逐年增加。虽然每年都会有不少学生因无法完成学业申请中途退学,但申请入学者远超过退学者。19世纪八九十年代开始,中西书院教师们发现社会风气已经悄然发生变化,"政府对拥有书院文凭的年轻人需求激增","许多书院的学生要求充实到政府新成立的部门中去,而这些部门需要他们提供服务"。③ 教会学校成为不少商业阶层的家庭的首选,因为学校能够教授西文和西学。这些学生在掌握了一定的英语基础之后,也可以顺利地进入政府部门、经商或是从事教育行业。他们"没有人愿意接受高层次的文学教育,甚至不愿学习中文,并且他们有些人根本不喜欢学习中文,愿意付双倍的学费全天学习英语基础入门,而不愿意花半天时间学习中文"。④ 这些观察之所以会被记录在中西书院的年度报告中,正是因为出乎办学者的意料,足见此时社会风气的变化。历年的年度报告中有关宗教的内容仍占绝对多数,其中尤令传教士兴奋的是,有人选择从学校加入教会。这虽然仍是极个别的现象,但也使传教士更加坚信依靠办教育来适时传播教义是有效的。不过,这些成绩对于部分更为虔诚的传教者来说,教授西学与西文已经超过传教本身的现实是难以接受的。

在不少来华传教士的回忆录中,中国的传教经历都是一段颇为特殊的体验。随着他们对古老而神秘的东方文化了解得越来越深入,对如何更好地传播福音,在传教士内部开始出现分歧。1877年在华传教士在上海举办了首次传教士大会。已在山东办理登州文会馆略有成绩的狄考文,以"基督教会与教育"为题,针对当时存在的主张办学与反对办学的两种意见进行了讨论。狄考文不同意有人提出的教会办学是"滥用信徒奉献的款项,是亵渎神职"的指责,认为基督教与教育之间"有着自然而强烈的亲和力,使得它们总是紧密联系在一起",同时"青年时期正是性格和思想的形成时期",因此青年教育也是教会工作的重要部分。他提出,"学校不是改变信仰的直接手段,但是它提供了一个转变信仰的好机会"。教授科学虽然"不是教会的专门职责,但是它能够十分有效地促进正义事业"。它可以使在教会学校接受教育的人"最先获得西方的优

---

① 梁元生记中西书院[G]//朱有瓛,高时良.中国近代学制史料(第四辑).上海:华东师范大学出版社,1993:292—293,295.
② 海滨隐士.上海中西书院记[G]//朱有瓛,高时良.中国近代学制史料(第四辑).上海:华东师范大学出版社,1993:280.
③ 中西书院报告(1887年)[G]//王国平等.东吴大学史料选辑:历程.苏州:苏州大学出版社,2010:3.
④ 中西书院报告(1888年)[G]//王国平等.东吴大学史料选辑:历程.苏州:苏州大学出版社,2010:5.

秀科学与教育",并且还可以"通过他们把这些知识传播给中国的广大民众"。①

1890年,在华传教士再次在上海召开大会,并宣布成立中华教育会,以"提高对中国教育之兴趣,促进教学人员友好合作为宗旨"。② 作为首任会长,狄考文用登州文会馆"持续二十五年提炼出来的实践经验"证明,"教育是基督教会的一根很重要支柱"。他颇为乐观地指出,已经无需怀疑教育与基督教之间密不可分的关系,更迫切的应该去讨论"要怎样使教育工作为教会的最高目标服务"。在狄考文的计划中,建立教会学校的真正意图是要给"受洗入教的学生以智慧和品德训练,使其成为社会上和教会中有影响的人物,成为一般人民的教师和其他方面的领袖"。狄考文所理解的"完整的教育",既是指等级层次上的扩充,同时也包括教学内容上的丰富完善,即"应用本国语言、数学和西方科学的精湛知识"。他已经清楚地认识到,西方科学输入中国已经是不可改变的事实,教会"应当站在教育工作最前列","充当中国比较高级和优化教育的先驱",这才是最为明智的选择。他希望,那些"具有高等教育素养的人像一支发着光的蜡烛,未受教育的人将跟着他的光走"。③ 狄考文对教会学校前景的乐观,显然是因为看到了教会学校在统计数字以及实际办学中的变化,教育与基督教的关系已经被事实证明。有人由此提出,教会各派可以联合起来,加强合作,应在高等教育、师范教育、女子教育、职业教育等方面将教会学校发展壮大。④

就在传教士开始乐观地谋划教会学校的教育蓝图之时,清廷为自强与求富而进行洋务运动也已经兴办了一些外语、军事和技术学堂。随着新政的实施以及学部的成立,教育问题越来越成为一个独立而又充满竞争的领域。兴办教育也逐渐与救国的主题联系起来,成为一种抗争的方式。谁来办理教育,教育应该传达谁的意志,逐渐成为时人关心的议题。民国之后随着不同类型学校数量越来越多,各校间的竞争更是愈演愈烈,教会学校也面临着更多的挑战。

---

① 狄考文.基督教会与教育[G]//朱有瓛,高时良.中国近代学制史料(第四辑).上海:华东师范大学出版社,1993:84—86,91—92.
② 中国教育会章程[G]//朱有瓛,高时良.中国近代学制史料(第四辑).上海:华东师范大学出版社,1993:44.该会成立之初定名为"中国教育会",亦称"中华教育会",1915年改组后改名为"中华基督教教育会",参见贾腓力.中国教育会之改名[G]//朱有瓛,高时良.中国近代学制史料(第四辑).上海:华东师范大学出版社,1993:50.
③ 狄考文.怎样使教育工作更有效地促进中国基督教事业[G]//朱有瓛,高时良.中国近代学制史料(第四辑).上海:华东师范大学出版社,1993:95—99.
④ 李承恩.教会学校的历史、现状与展望[G]//朱有瓛,高时良.中国近代学制史料(第四辑).上海:华东师范大学出版社,1993:122.

二、收回教育权运动与教会学校的挑战

清末至民初是教会学校数量与规模发展颇为迅速的时期。据统计,全国基督教会学校学生,从 1876 年的不到五千人,至 1906 年增长为 57 683 人,1912 年学生数增至 138 937 人。① 面对教会学校的扩张,清廷并没有制定专门针对基督教学校的政策,只在学部成立之后,公布了《学部咨各省督抚为外人设学无庸立案文》,明确说明外人开设学堂奏定章程"并无允许之文",要求已经设立的外人学堂,"暂听设立,无庸立案",嗣后开设者,"亦均无庸立案"。② 实际上只是将教会学校排除于学制体系之外,并未予以取缔,因此在新式教育体系尚未完整建立之前,已有多年办学经验的教会学校反而获得了更大的发展空间。

从教会学校在中国各地设立开始,教育权问题其实就已经存在,但初期的教会学校规模和影响力尚谈不到构成威胁。直至受庚子事变刺激,以及教会学校影响日益扩大,梁启超、罗振玉、张元济等人才开始集中撰文讨论"教育权"问题。但即便是曾有人在《警钟日报》《外交报》《教育杂志》等颇有影响力的报纸杂志上,连续刊发多篇文章号召国人关注教育权问题,教会学校大体上仍扮演的是新学传播者的正面角色,并未引发更深入的讨论和更大的社会反响。民国初年,庄俞在《教育杂志》上发表《论教育权》一文,主要从国家主权谈及教育权,认为更应该使教育权"令全国教育界人人知之而人人明之",不然有可能使处于共和时代教育界"转呈分裂之机"。③ 庄俞将共和时代与专制时代对举,呼应了教育界尚待革新之处。不过,民国肇建之初,教育权问题比起其他制度层面的重建而言,仍算不上亟待解决之事,因此也未引发大规模的讨论。此后,社会舆论对教育与宗教问题的关注,主要集中在对西方各国相关情况的介绍,蔡元培、张宗文、李璜、余家菊、陈启天等人译介了多种有关西方教育与宗教分离的论著。④ 直到 1920 年前后,受民族主义、国家主义以及五四新文化运动等一系列思潮及事件的影响,社会舆论对宗教与教育问题的关注开始升温,对教会学校的质疑以及收回教育权的讨论成为热点,并最终酿成颇有影响的收回教育权运动。为此,舒新城曾经发问:"何以在过去的数十年中,中国未闻国人有收回教育权之议,今数年来的教育界与一般

---

① 全国基督教会学校学生历年增进表[J]. 新教育,1922,5(4):863.
② 1906 年学部咨各省督抚为外人设学无庸立案文[G]//朱有瓛,高时良. 中国近代学制史料(第四辑). 上海:华东师范大学出版社,1993:26.
③ 庄俞. 论教育权[J]. 教育杂志. 1912,4(3):33.
④ 杨思信,郭淑兰. 教育与国权:1920 年代中国收回教育权运动研究[M]. 北京:光明日报出版社,2010:23—27.

社会上忽充满了此种空气?"①这一敏锐的观察提示着,收回教育权运动与社会风气影响之下时人观念变化有关。

在众多论争中,蔡元培对于宗教与教育的看法,颇能代表当时部分教育界人士思想转变的过程。民国初年,蔡元培以临时政府教育总长的身份,发表《对于新教育方针之意见》,对民国教育做出了纲领性的规划。他提出"现象世界"与"实体世界"的划分,认为"现象世界之事为政治,故以造成现世幸福为鹄的;实体世界之事为宗教,故以摆脱现世幸福为作用",而教育者要做到的是"立于现象世界,而有事于实体世界",即不同于政治家与宗教家,要有立足于现实却也能着眼于未来的追求。② 在他的观念里,宗教拥有美感,但"美育之附丽于宗教者,常受宗教之累,失其陶养之作用"。因此,他明确提出"以美育代宗教",此后又不遗余力地将美育落实于实践,创办多所美术及音乐学校,希望以美育为"津梁",通过"纯粹之美育",以"陶养吾人之感情,使有高尚纯洁之习惯"。③蔡元培此时对宗教的看法仍相对温和,只谈美育,而并未过多讨论宗教与教育的关系。

到了1922年3月,蔡元培又撰文《教育独立议》,明确提出"教育事业当完全交与教育家,保有独立的资格,毫不受各派政党或各派教会的影响"。具体的建议包括:"大学中不必设神学科,但于哲学科中设宗教史、比较宗教学等。各学校中,均不得有宣传教义的课程,不得举行祈祷式。以传教为业的人,不必参与教育事业。"④此文的写作主要针对当年4月4日至8日即将在北京清华学校举行的世界基督教学生同盟大会。⑤ 有研究者指出,选址北京清华学校正是激起中国知识界强烈反对的原因之一。⑥为了表示对此次大会的反对,上海各学校学生于3月10日发起成立了"非宗教学生同盟",公开反对世界基督教学生同盟。⑦ 3月21日,北京各校通电全国,组织"非宗教大

---

① 舒新城. 收回教育权运动[M]. 上海:中华书局,1927:序 1.
② 蔡元培. 对于新教育之意见[M]//中国蔡元培研究会. 蔡元培全集(第二卷). 杭州:浙江教育出版社,1997:12.
③ 蔡元培. 以美育代宗教说[M]//中国蔡元培研究会. 蔡元培全集(第三卷). 杭州:浙江教育出版社,1997:60.
④ 蔡元培. 教育独立议[M]//中国蔡元培研究会. 蔡元培全集(第四卷). 杭州:浙江教育出版社,1997:585—587.
⑤ 世界基督教学生同盟是1895年穆德(John R. Mott)在美国创立的基督教国际性团体,以各国在校基督教大学生为主要活动对象。穆德选择中国举行大会,是因为他"认清那时中国是反基督教运动斗争的重要地点"。顾长声. 传教士与近代中国[M]. 上海:上海人民出版社,2004:325—326.
⑥ 杨思信,郭淑兰. 教育与国权:1920年代中国收回教育权运动研究[M]. 北京:光明日报出版社,2010:74.
⑦ 上海非基督教学生同盟宣言及通电[G]//唐晓峰,王帅. 民国时期非基督教运动重要文献汇编. 北京:社会科学文献出版社,2015:533—534.

同盟",并于4月9日召开成立大会。4月9日,因患足疾无法站立的蔡元培,请人代为在北京非宗教大同盟组织的反宗教集会中发表演讲,再次提及《教育独立议》中所提出的教育与宗教应该分离的观点。演讲结尾更是颇有鼓动性的表示:"信教是自由,不信教也是自由,若是非宗教同盟的运动,是妨害'信仰自由',他们宗教同盟的运动,倒不妨害'信仰自由'么?我们既然有这'非宗教'的信仰,又遇着有这种'非宗教'运动的必要,我们就自由作我们的运动。用不着什么顾忌呵!"①以蔡元培的平素性格而论,这段发言已经算是颇为严厉的表达。对比其前后态度日趋激进的变化,也可以想象五四后国内思潮及运动来势之猛烈。

1924年,非基督教运动进入第二阶段。"非宗教大同盟"改名为"非基督教同盟",并于8月2日在上海召开非基督教委员会第一届会议。各地先后成立非基督教运动同盟,相应反对活动亦于此后纷纷展开,②其形势日趋激进化,影响范围亦逐渐扩大。社会舆论关注焦点主要集中对收回教育权的讨论,更直接指向了教会学校。正如陈启天所言:"基督教教育是造就外国教徒的教育,与造就本国国民的教育根本不能相容,我们承认了基督教教育,就要妨碍国家教育的推行,所以必须反对教会学校,绝对主张收回教育权。"③基督教教育与国家主权被放置在非此即彼的对立关系中,教会学校渐成众矢之的。

1924年3月奉天教育厅厅长谢荫昌发起收回教育权运动,开始不久就因日本的施压而被迫终止。同年4月广东圣三一学校(The Anglian Trinity College)发生学潮,该校学生联合圣心、中法、三育学校共同与教会学校抗争。最终广东省教育厅于1925年5月底发布布告,要求"宗教应与一般学校分离,无论公私立学校,一律不得以宗教经典立为学校正课科目"。④国内舆论对两起事件均表示了极大的关注,认为其意义在于收回教育权运动已经不再只停留于口头,而是转化为行动。与此同时,报纸杂志此时对土耳其凯末尔发动的驱逐教主、关闭外国教会学校、推行教育世俗化革命的报道,更让鼓动者看到了成功的希望,其对宗教的态度也给国人极大鼓励。⑤有人更是

---

① 蔡元培.非宗教运动:在北京非宗教大同盟讲演大会的演说词[M]//中国蔡元培研究会.蔡元培全集(第四卷).杭州:浙江教育出版社,1997:592.
② 罗伟虹.中国基督教(新教)史[M].上海:上海人民出版社,2014:382—383.
③ 陈启天.我们主张收回教育权的理由与办法[J].中华教育界,1924,14(8):5.
④ 夏泉,程强强.广州圣三一中学学潮与收回教会教育权运动的发轫[J].民国档案,2010(4):63—67.陈钊.党化教育与教会学校:广州国民政府时期圣心、圣三一中学学潮[J].南京理工大学学报(社会科学版),2015(6):45—49.
⑤ 杨天宏.民族主义与中国教会教育的危机——北洋时期收回教育权运动之背景分析[J].社会科学研究,2006(5):131—138.

直接呼吁:"土耳其的学校已收归自办了,而谓我中华民族的教育不应该脱离教会势力吗?"①

比起教育界及社会舆论的风起云涌,作为当时教育行政的最高主脑北洋政府教育部,反应则要迟滞和温和得多。民国初年,教育部尚属初建,无暇顾及于此,并没有出台相关法令。直到1917年5月,教育部才发布"中外人士设专门以上同等学校考核待遇办法",要求开设各私立学校须向教育部申请认定,呈报办学目的、位置、学校设备、设置学科、职员及学生名册、经费及维持方法等项。②但此法令并不是专门针对教会学校,也没有要求呈报有关宗教内容,显然在当时教会学校并不是冲突的焦点。但随着教会学校数量扩张,③1919年3月及1920年11月,教育部相继公布了外国人士在中国所办学校须经查核的法令;④1921年4月,又公布了针对专门各国教会所办中等学校立案的训令,要求所办学校也须遵照部颁校令办理,校名应冠以私立字样,且规定学科内容及讲授方法"不得含有传教性质"。同时,也要求对于校内学生,无论信教与否,都应予以同等对待。⑤教育部开始着手整顿教育应与五四新文化运动的影响有关,不过其时政局动荡,教育部人员随内阁变动频繁,不少政令都难以真正落实,实际推行效果有限。因此令发出之后,教会方面对五四后教育界局势变化出现了误判,并未及时做出反应。有研究者认为,教会学校未能预见不立案注册的不利后果,失去大好时机,"是教会方面的最大失策"。⑥

面对舆论压力以及愈来愈严峻的社会局势,教会学校不得不做出调整。1921年9月,由中、美、英三国教育家、神学家、传教士曾组成的中国教育调查团,在芝加哥大学神学教授巴顿(Ernest D. Burton)带领下,对中国各级各类学校展开调查。1922年结束调查后,调查团将可公开的内容分别由上海商务印书馆及美国北美差会出版。调查报告的叙述充满着强烈的危机感,表明教会方面此时现状并不满意。调查特别关注了教会中学的校舍、设备与教职员等情况,认为除少数外,所有的学校在这三方面都达不

---

① 杨效春.基督教之宣传与收回教育权运动[J].中华教育界,1925,14(8):9.
② 教育部布告第八号[J].政府公报.1917(481):8—9.
③ 据统计,1916年全国非教会中学共444所,学生人数69770人,教会中学291所,学生人数15213人,参见《中国基督教教育事业》(商务印书馆1922年)第376—377页.
④ 教育部布告第六号[J].政府公报.1919(1131):14.教育部布告第十一号[J].政府公报.1920(1710):12.
⑤ 1921年4月9日教育部训令第一三八号[G]//朱有瓛,高时良.中国近代学制史料(第四辑).上海:华东师范大学出版社,1993:783.
⑥ 杨思信,郭淑兰.教育与国权:1920年代中国收回教育权运动研究[M].北京:光明日报出版社,2010:61.

到相当有效的标准",其原因在于"'铺子'铺得太大了"。① 调查建议教会学校应该"更有效率、更基督化、更中国化"。具体来说,"须速去其外国性质","务须从速变为完全中国性质"。② 因此,调查团更加强调了教会中学的特殊性,认为"中学为教育系统之中间,下级学校教师之一大部分皆由中学供给之。在全体教育组织之中,中学最为稳固最能自立之一部分,而入基督教的专门学校之一大部分良好之学生亦皆由斯而出焉",希望其能够起到承上启下的作用。③

从另一方面来看,这份公开的调查报告也使时人有机会较为全面了解教会学校。他们发现,教会学校已经深刻介入了中国教育,其深度与广度强烈刺激和鼓动了民主主义情绪,并由此触发收回教育权运动的大范围展开。④ 陈启天曾把反对收回教育权的人分为四类:外国人,中国教徒,教会学校出身的教育家,假借利用教会学校与外人勾结为自己谋利的教育家。⑤ 在这四类人群中,尤以"教会学校出身的教育家"与教会学校关系最为密切。自收回教育权运动开始之后,其身份言论颇为特殊,更值得注意。从马礼逊来华算起,基督教在中国传教已有一百余年,其间发展速度虽不平衡,但多年来传教事业也有了不小进展。特别是自清末确定以教育作为传教突破口之后,不少接受教会学校教育者,受宗教文化耳濡目染的影响,或皈依宗教,或对宗教抱有好感。比如蒋廷黻当初入湘潭的美国教会学校学习时,最初并没考虑过信教的问题,因为当时年龄小,对教会的了解也很少。但他却与教会人士五年多的日常接触中被他们的"热心以及对社会福利事业的关怀"所感动,于是才会选择受洗入教。⑥ 对这些人来说,对宗教的信仰与对国家的忠诚不应该构成冲突,他们更希望能找到折中的办法。1925年春,为了回应非基督教运动,中国的基督徒创办了《中华基督教教育季刊》,其主要目的在于促使中国的基督教教育本国化,并促成东西方教育家彼此交换意见,"是基督教教育界力图从整体上回应收回教育权运动的开始"。⑦

此时教会方面虽然已经意识到自身存在的危机,但其内部对教会学校前途的预判

---

① 中华续行委办会调查特委会. 中华归主:下册[M]. 北京:中国社会科学出版社,1987:910.
② 中国基督教教育调查会. 中国基督教教育事业[M]. 上海:商务印书馆,1922:12.
③ 中国基督教教育调查会. 中国基督教教育事业[M]. 上海:商务印书馆,1922:79.
④ 杨天宏. 民族主义与中国教会教育的危机——北洋时期收回教育权运动之背景分析[J]. 社会科学研究,2006(5):131—138.
⑤ 陈启天. 我们主张收回教育权的理由与办法[J]. 中华教育界,1924,14(8):1—16.
⑥ 蒋廷黻. 蒋廷黻回忆录[M]. 长沙:岳麓书社,2003:64.
⑦ 杨思信,郭淑兰. 教育与国权:1920年代中国收回教育权运动研究[M]. 北京:光明日报出版社,2010:232.

并不一致,实际行动更要迟缓得多。随着收回教育权运动在各地风起云涌,教会学校便不得不将直面应对来自各方的质疑,寻求调整教会学校以符合政府要求的声音也逐渐开始显现。① 1925年1月,为征求对于基督教教育前途的意见,中华基督教教育会高等教育组干事罗炳生曾召集部分教会大学中国行政负责人开会,并提出从"更切的中华化,更大的效率,更深的基督化"等三方面做出努力。② 虽然这些表述与巴顿调查颇为相似,但其次序的调整说明改变已然发生,"中华化"成为最迫切的要求。同年4月初,中华基督教教育会董事会召开年会,议决"基督教学校应即速向地方政府或中央政府注册立案;惟须顾及基督教之特殊功用,不受注册之限制",并从"注册与中国学生""注册与教会、教会学校及教堂"等阐述注册之意义。③ 6月,中华基督教教育会又发表宣言,宣布九条"基督教教育之根本原则",强调教会学校的特殊功用以及信仰自由、教授自由,提出将教育权归于中国教徒的手中,是基督教教育界对收回教育权运动的正式回应。④

五卅惨案发生不久,"中华化"的努力更是逐渐成为不少基督教教育家的共识。时任中华基督教青年会全国协会教育总干事的刘湛恩便预测这一原则对教会学校会有"绝大的影响"。他明确表示,教会学校并不是西人教职员的私产,而是"上帝的信徒的公产",所以,中国信徒应当积极负起全部责任,使教会学校改良。具体办法是,校长教职员及董事等多聘任中国人;注重中国文化,不可偏重英文;废除强迫式的宗教教育而注意基督化的人格修养;以及积极向政府注册立案。⑤ 时任燕京大学国文系教授的吴雷川则认为,惟有认真办理学校才是宣传基督教最好的方法,其余如礼拜、祈祷、查经等皆为次要的事情。从事实上论,便是"办学自办学,传教自传教,决不能并为一谈";从功效上论,则可说"办学正是传教","因为如果教会学校比其他学校办得妥善,教会学校的办事人无论是否基督徒,都比其他学校里的人办事认真尽职,便是传教"。⑥

1925年11月,教育部再发布告,废止前述立案办法,重新公布《外人捐资设立学校请求认可办法》。其中争议较大的规定包括"学校之校长,须为中国人,如校长原系

---

① 杨思信,郭淑兰.教育与国权:1920年代中国收回教育权运动研究[M].北京:光明日报出版社,2010:228.
② 基督教大学中国行政人员会议的结果[J].中华基督教教育季刊,1925,1(1):49.
③ 中华基督教教育会董事会年会关于教会学校注册立案的议决案[G]//朱有瓛,高时良.中国近代学制史料:第四辑.上海:华东师范大学出版社,1993:786.
④ 中华基督教教育界宣言[J].中华基督教教育季刊,1925,1(2):1—4.
⑤ 刘湛恩.五卅惨案与教会学校[J].中华基督教教育季刊,1925,1(3):15—17.
⑥ 吴雷川.教会学校的已往及其将来[J].中国基督教教育季刊,1927,3(1):14—17.

外国人者,必须以中国人充任副校长,即为请求认可时之代表人""学校设有董事会者,中国人应占董事名额之过半数""学校不得以传布宗教为宗旨""学校课程,须遵照部定标准,不得以宗教科目列入必修科"。① 相对于此前教育部的布告,此次论调要强硬得多,且要求教会学校要在教育与宗教之间做出明确的抉择,实际上也给予各教会学校如何完成立案更为明确的指示。此后不久,燕京大学教授刘廷芳曾以私人身份向教育部询求对第五条布告的解释,教育部发出部批,声明其"系言设立学校,当以部定教育宗旨为宗旨;在校内,不应有强迫学生信仰任何宗教,或参加宗教仪式之举。于信仰及传教之自由,并无限制"。② 此番解释再次表明了政府立场,也推动了教会学校提请立案的进程。此后,面对空前的舆论压力,不同的教会学校基于自身的境遇,做出了各异的选择,由此也造就了他们不同的命运。

三、管叶羽与贝满女中

在近代中国众多的教会学校中,贝满女子中学是一所历史悠久且颇具声誉的女子学校。该校的前身是创立于1864年的贝满女塾,学校以其创立者著名传教士裨治文(Elijah C. Bridgman)的遗孀贝满夫人(Eliza Bridgman)命名,是美国教会在北京设立的第一所女子学堂,也是近代北京的第一所教会中学。虽然前期学校规模较小,且有过短暂停办,但自1895年设立四年制并改名为贝满女子中学后,进入稳步发展时期。1905年该校设立大学部,即为后来并入燕京大学的华北协和女子大学(North China Union Women's College)。1922年,中学部董事会聘请管叶羽担任校长,次年改为三三学制完全中学。初中部在灯市口大街大鹁鸽市胡同原址继续办学,高中部迁往曾作为华北协和女子大学校址的佟府。1927年完成向政府立案,定名为北平私立贝满女子中学。

管叶羽(1878—1952),字韵清,山东恩县人。自1922年起担任贝满女中校长,至1948年止,治校长达二十余年,是教会中学担任校长的首位中国人。他早年受私塾教育,1894年以工读生资格在潞河中学读书,毕业后留校任教。后考入华北协和大学,毕业后留校入物理系任教。在教师学生眼中,管校长为人正直,待人宽厚。尽管平日大多不苟言笑,却也"愿意让青年人生活得愉快",也乐意于联欢会上"讲些古老的笑话"。③

---

① 1925年11月16日教育部布告第十六号[G]//朱有瓛,高时良.中国近代学制史料(第四辑).上海:华东师范大学出版社,1993:784.
② 刘廷芳.会长通函第三号:为解释部令第十六号第五条事[J].中华基督教教育季刊,1926,2(3):10.
③ 管玉琳.回忆我的父亲——老校长[G]//贝满人语编委.教育的启示——贝满人语.北京:知识产权出版社,2008:48.

1918届校友著名作家冰心印象中的管校长则是平日衣履"整洁而朴素""仪容是一贯地严肃而慈祥"。① 他任职后将"敬业乐群"定为校训,制成匾额高悬于高中部训怀堂北墙上,每当学生走进礼堂都可以看到。② 据曾任贝满代理校长兼教务主任的陈哲文回忆,管校长每天清晨,总是先巡视校园一周,然后才到办公室,如校园里发现任何问题都会及时处理。他几十年如一日,详细记录当日天气情况,并据此调节教室温度和湿度。这种做事一丝不苟的精神也"影响着全校师生,形成了贝满的校风"。③ 对于贝满的师生来说,校训不是空洞的精神符号,而是贯穿于日常校园生活点滴的自然呈现,是全校师生用自己的行动诠释了"敬业乐趣"的意义。

校长会选择聘用何种性格特点的教师,也能说明其治校风格和校园风气。管叶羽校长重视教学工作,选聘教师的标准严格,不徇私情,"除了业务水平好之外,还一定要道德品质好,工作认真"。一旦发现有人不能胜任教学,或不足以为人师表,便不再寄送聘书。④ 贝满的教师以女教师为大多数,美国教师都是虔诚的传教士。或许是由于宗教精神的感染,她们的教授"蔼然如春风,无私如雨露"。⑤ 冰心曾描写过她的老师T女士(即丁淑静老师),称其为"是我们的女教师中间最美丽,最和平,最善诱的一位。她的态度,严肃而又和蔼,讲述时简单而又清晰。她善用譬喻;我们每每因着譬喻的有趣,而连带的牢记了原理"。⑥

管叶羽对学校事务事必躬亲,对学生情况也了如指掌。他常说:"不爱护学生,不把学生的前途放在心上,就不能教好学生。"⑦他自己对待教学十分认真。他运用启发式教学法,要求学生提前预习,记下不懂的问题,带着问题来上课。待老师讲解清楚再

---

① 冰心.关于男人(之三)[M]//卓如.冰心全集:第七卷.福州:海峡文艺出版社,1994:602.
② 北京市教育科学研究所,编.百年老校话今昔[G].北京:北京市教育科学研究所,1986:12.
③ 陈哲文.管韵清校长逸事[G]//贝满人语编委.教育的启示——贝满人语.北京:知识产权出版社,2008:44,46.
④ 管玉琳.回忆我的父亲——老校长[G]//贝满人语编委.教育的启示——贝满人语.北京:知识产权出版社,2008:48—49.黄亦平,李爽麟.贝满女中校长管叶羽[G]//全国政协文史资料委员会.中华文史资料库:第17卷.北京:中国文史出版社,1996:140—141.
⑤ 郭蕊.大礼堂前的红玫瑰——缅怀母校贝满女中[G]//北京燕山出版社.古都艺海撷英.北京:北京燕山出版社,1996:2.
⑥ 冰心.关于女人·我的教师[M]//卓如.冰心全集(第二卷).福州:海峡文艺出版社,1994:518.虽然她后来说其中有些部分略有虚构,而大部描写"都是事实",见冰心.我入了贝满中斋[M]//卓如.冰心全集(第七卷).福州:海峡文艺出版社,1994:460.
⑦ 陈哲文.管韵清校长逸事[G]//贝满人语编委.教育的启示——贝满人语.北京:知识产权出版社,2008:45.

做试验。① 管校长本着"不能让学生走绝路"的原则,对于犯了错的学生,一般是规劝,很少记过和开除。即便是犯了严重错误,开除之外也会给学生肄业证书。1944年之后,开除处分又被改为令其退学,发给转学证书,仍给学生留有改过的机会。②

作为教会学校,贝满使用的是教会学校系统自己编辑的教科书,大多数是直接从英文课本翻译过来的。历史教科书则是"从《资治通鉴》摘编的'鉴史辑要'",英文课本则使用商务印书馆的课本。③ 贝满的英语教学也十分有特色,从初一开始便全部用英文讲授,"各个年级都根据学生程度分为若干小班,不超过30人。学期结束时,根据学生成绩优劣,进行调整"。④ 因学校经费相对充足,贝满硬件设备优良,设有专用的音乐教师和琴房;还布置大小两种规格的教室供不同课程需求。生物、物理、化学实验室也具有一定规模,可以保证教学实验的需要。学校还设有卫生所,可以时刻关注学生的健康和营养状况。图书馆虽然规模不大,但藏书丰富,借阅也十分方便。⑤

贝满不仅只关注学生的成绩,也乐于组织学生参加丰富多彩的课外活动。学生有自己的学生自治会,称为"学校市",仿照当时政府机构而设。学校还成立了形式多样的社团,排演话剧,举行歌咏和演讲比赛,组织辩论会和读书会、壁报会等等。学校重视体育,平时每日都有运动会要连开三天,除了田径赛外,每个年级都有团体操表演。⑥ 对于家庭经济困难的学生,学校设有工读生名额。学生可以参与刻蜡板、修补同属、整理实验室等工作。学校还规定了工读生、免费生和缓交费用的办法。管校长明确对事务主任说,就算学校再怎么困难,"也不能在有困难的学生身上打算盘"。⑦

贝满女中虽是教会学校,但学校对待宗教的看法随时势而变化。建校初期,学校

---

① 冰心.关于男人(之三)[M]//卓如.冰心全集(第七卷).福州:海峡文艺出版社,1994:603.
② 陈哲文.管韵清校长逸事[G]//贝满人语编委.教育的启示——贝满人语.北京:知识产权出版社,2008:46.
③ 冰心.我入了贝满中斋[M]//卓如.冰心全集(第七卷).福州:海峡文艺出版社,1994:461.
④ 郭蕊.大礼堂前的红玫瑰——缅怀母校贝满女中[G]//北京燕山出版社.古都艺海撷英.北京:北京燕山出版社,1996:3.
⑤ 李乃庄.可亲可爱我贝满[G]//贝满人语编委.教育的启示——贝满人语.北京:知识产权出版社,2008:53.
⑥ 李爽麟.贝满女中85年(1864—1949)[G]//贝满人语编委.教育的启示——贝满人语.北京:知识产权出版社,2008:42.
⑦ 陈哲文.管韵清校长逸事[G]//贝满人语编委.教育的启示——贝满人语.北京:知识产权出版社,2008:45—46.

对学生参加宗教活动是有要求的,学校宗教气氛较为浓厚,学生大多是基督教教徒,《圣经》是必修课,学生每周都要去教堂"做礼拜"。平时也经常会有公理会牧师或学校教师来给学生"讲道"。① 自 1920 年前后,圣经课已经停止,宗教活动成为课外活动的一部分。20 世纪 30 年代之后,学校宗教气氛更是日趋淡薄。② 因此,贝满得以在声势浩大的收回教育权运动中安全渡过。这也为其平稳发展争得了很多时间。管叶羽校长也奠定了贝满女中发展的基调。

1930 年之后,学校发展进入较为稳定时期。它的师资队伍强,教学质量高,颇受家长信任,社会声誉良好。③ 据 1946 年北平市教育局统计,贝满女中已经发展为一所拥有 16 个班级、868 名学生的规模较大的教会学校。④ 1952 年定名为女十二中,后又更名为北京市 166 中学。

综上所述,自京师同文馆开办至五四新文化运动前后,晚清民初约六十余年的时间里,近代新式学校从无到有,在名称、授课内容、教学形式、评价标准等方面都发生了翻天覆地的变化。西潮冲击是促使这些改变发生的重要因素,但不可忽视的是,近代中国社会中西新旧传统的冲突与共存对于中国与西方同样都称得上挑战,其间内容及形式上的复杂多变,体现出的正是这一时代的共同特性。作为西方文化代表的教会学校,其最初设立虽有鲜明的宗教色彩和明确的传教目的,但传教士凭借掌握的近代科学知识,努力重塑国人对世界和西方宗教的新认识;与此同时,当他们真正直面另外一套同样有着悠久历史的文化传统和逻辑体系之时,调整甚至降低或放弃自身的期待以求适应这个新的体系也同步进行。教会学校在 20 世纪之后陆续遭遇的办学危机,亦足以说明国人逐渐觉醒的自我意识以及为自强求变所做的努力。从新式学堂的初创,到各地各式新式学堂如雨后春笋般的建立,国人教育救国的步伐愈发急迫,具体实践亦各具特色。带有时人现实与理想期许的学堂和学校,也承载着几代人的不懈探索。从历史经验来看,如何办好一所学校并没有一套成型的操作指南,恐怕亦很难总结出

---

① 李爽麟,蒋雯.贝满女中[G]//中国人民政治协商会议北京市东城区委员会文史资料委员会.北京市东城区文史资料选编(第 3 辑),1992:124.
② 李爽麟.贝满女中 85 年(1864—1949)[G]//贝满人语编委.教育的启示——贝满人语.北京:知识产权出版社,2008:41.
③ 郭蕊.大礼堂前的红玫瑰——缅怀母校贝满女中[G]//北京燕山出版社.古都艺海撷英.北京:北京燕山出版社,1996:1—2.
④ 尹文涓.历史·性别·社会:北京市基督教女子中学初考[C]//尹文涓.基督教与近代中等教育.上海:上海教育出版社.2007:361.

规律性的标准,但将办学实践与历史语境结合起来思考之时,作为观察近代社会的重要切入点,在西潮冲击之下的新式学校如何进行本土探索,对理解近代教育发展历史无疑有着特殊意义。

第四章　杜威实用主义教育理论引入与新教育学校变革范式的本土探索

杜威实用主义教育理论是19世纪末20世纪初在美国形成的以实用主义哲学和机能心理学为基础的新教育理论,该教育理论缘生于芝加哥大学实验学校的创立及其探索。杜威来华之前,实用主义教育的某些思想已传入中国;其来华之后的两年多系列演讲和中国信徒的大力宣扬,实用主义教育理论更得到广泛传播,其教育理论背后的实验精神更为有识之士所推重。杜威的三位中国弟子和追随者——陶行知、陈鹤琴、胡适,他们都不同程度地肯定乃师实用主义教育的实验精髓,十分注意结合中国国情实际,展开不同形式和类型的学校变革探索,并在各自探索中形成自己独特的本土教育理论和办学风格,产生了重要的实际影响。诚然,他们所崇尚的学校发展理想和所尝试的学校变革范式各不相同,但都以惊人的不懈精神共同致力于新教育学校发展的中国化探索,作出了自己的学术贡献。

第一节　杜威教育理论及其实验精神的引入与影响

实用主义教育理论是19世纪末20世纪初在美国形成的以实用主义哲学和机能心理学为基础的新教育理论,杜威为该教育理论的重要代表。其理论的形成并非空谷来风,而是牢牢地建基于芝加哥大学实验学校的创立及其后的不断探索。杜威来华的两年多系列讲学活动,直接推动了实用主义教育理论在中国的广泛传播;我国教育界有识之士在逐渐吸纳其重要思想的同时,更认同和借鉴其用于开拓创新的教育实验精神。

一、芝加哥大学实验学校的创立与杜威教育理论的生成

杜威(John Dewey,1859—1952),是从美国佛蒙特州柏林顿小镇走出来的大教育家。在家乡接受完中小学教育后,他于16岁进入当地的佛蒙特大学学习,毕业后做了3年中学教师。其后进入霍普金斯大学攻读研究生,并于1884年获哲学博士学位。此后,他先后执教于密执安大学、明尼苏达大学、芝加哥大学和哥伦比亚大学。特别是1894年,杜威受聘担任芝加哥大学哲学、心理学和教育学的系主任和教授之后,他开始酝酿创建芝加哥大学实验学校,并于1896年1月建成。正是在这所(后来被称为)"杜威学校"中,杜威开始了长达八年的学校变革实验,逐渐形成了其独具特色的实用主义教育理论,不仅奠定了其自身教育理论的发展走向,而且由美国走向世界,产生了巨大的国际影响。

芝加哥大学实验学校,最初叫芝加哥大学初等学校,后更名为实验学校。该学校创办之初,芝加哥大学仅拨款1000美元,最初只有16名学生、2名教师。其后,规模逐渐扩大,"到1902年,它已发展到了140名学生、23名教师和10名助手"。① 作为创始人,杜威是该学校的实际负责人和精神领袖,杜威夫人(Harriet Alice Chipman)后来担任校长。杜威来芝加哥大学之前,是密执安大学哲学系主任,已在哲学和心理学方面做了许多学术思考,但在教育方面缺少实践探索的机会,而芝加哥大学哲学、心理学和教育学的系主任职位恰恰为他提供了千载难逢的际遇。据学者研究,"当时杜威急于想把他的较为抽象的思想转化为实际的形式,他认为他在芝加哥的职务给了他这样做的一个难得的机会。因为,在任何一个学期,都可以发现他在理论和实践的结合上联系进行探索,他讲授'理论学逻辑'和'教育哲学'课程,并管理学校的实际事务"。②

杜威创办该校之始,就十分明确将其定位为"真正的实验室",他期待其教育思想"在这里付诸实践、收到检验和得到科学的评价"。③ 1896年,杜威在一次"教育俱乐部"演说中指出:"学校的基本构想是一个实验室。它有两个主要目的:(1)展示、检验、证实和评价教育思想上的观点和原则;(2)以特定的标准对实施和原则

---

① [美]劳伦斯·克雷明.杜威学校浅析[M]//[美]简·杜威,等.杜威传.单中惠,编译.合肥:安徽教育出版社,2009:89.
② [美]雷金纳德·德·阿察姆保尔特.新版编者前言[M]//[美]凯瑟琳·坎普·梅林,安娜·坎普·爱德华兹.杜威学校.王承绪,等,译.上海:华东师大出版社,1991:卷前7.
③ [美]艾达·B·德彭西尔.杜威在芝加哥大学实验学校[M]//简·杜威,等.杜威传.单中惠,编译.合肥:安徽教育出版社,2009:67.

进行总结。"①正是出自对已有教育现状的不满,杜威主张借助学校实验,来实践和验证其一直在求索的实验主义教育理论;这也是他后来赞同将原称"芝加哥大学初等学校",改名为"芝加哥大学实验学校"的重要原因。他说:"这个学校常常被称为实验学校。在某种意义上说,这是适当的名称,因为它是通过实验来指出有关教育以及教育的问题是否能解决和怎样解决。实验的特征,是改变或修正原来的方法或计划。"②说得更明白一点,杜威希望借助新学校实验精神破除传统学校教育的痼疾。他说,实验学校的基本原则"必然地要求在很大程度上与传统学校所常见的目的、方法和教材相决裂。……它更包括着对工作、游戏和探求持积极态度,来替代那种在传统学校还占统治地位的硬塞、强吞现成知识和固有技巧的教学方法,它更意味着比传统学校给首创、发现和理智自由的独立的传授以更多的机会"。③

在漫长的八年办学实践中,杜威心目中的理想学校越来越清晰,达至理想学校的教育原则与路径也越来越明朗。诸如:"通过活动使学校与家庭联系起来"、"儿童学习现在的生活,而不是为未来的生活作准备"、"学校是通过问题激发儿童好奇心的地方"、"问题本身应该驱使儿童自己设定任务"、"教师心里清楚全部教学的中心是儿童而不是教材,儿童的发展包括精神身体和社会性发展"。④ 同时,杜威在实验学校所观察和探索的实践问题,对其后来实用主义教育理论的进一步探究也起到十分重要的启发意义。1902年,杜威在《儿童与课程》中就明确地突显其课程教学的儿童立场。他说:"儿童是起点、中心和目的。他的发展,他的生长是教育的理想。所有的标准都源于这一理想。……确切地说,我们必须站在儿童的立场上,以儿童为出发点。决定学习的质和量的,是儿童而非教材。"⑤据学者研究,杜威曾把学科内容分为三种类型,即:"一是现行的事务或职业,如:木工、缝纫或烹饪;二是涉及社会背景的学科,如历史和地理;三是掌握智力交流和探究的形式、方法的学科,如阅读、语法和算术。……

---

① [美]艾达·B·德彭西尔.杜威在芝加哥大学实验学校[M]//[美]简·杜威,等.杜威传.单中惠,编译.合肥:安徽教育出版社,2009:70.
② [美]凯瑟琳·坎普·梅林,安娜·坎普·爱德华兹.杜威学校[M].王承绪,等,译.上海:华东师大出版社,1991:26.
③ [美]凯瑟琳·坎普·梅林,安娜·坎普·爱德华兹.杜威学校[M].王承绪,等,译.上海:华东师大出版社,1991:4.
④ [美]艾达·B·德彭西尔.杜威在芝加哥大学实验学校[M]//[美]简·杜威,等.杜威传.单中惠,编译.合肥:安徽教育出版社,2009:71—72.
⑤ [美]约翰·杜威.儿童与课程[M]//约翰·杜威.杜威全集·中期著作(1899—1924)第二卷(1902—1903).张留华,译.上海:华东师范大学出版社,2012:213.

在这三种基本类型的课程中,杜威看到了一种课程的主线。这种课程的儿童观是科学的,对社会的影响是进步的。翌年,杜威在《儿童和课程》中概述了这个观点,以后又把它写进了《民主主义与教育》中。"①

事实上,正是结合实验学校运行所遭遇的实际问题,杜威不断进行理论上的深入思考和提炼,一些具有标志性的实用主义教育理论著述先后问世。如:1897年发表的《我的教育信条》、1902年发表的《儿童与课程》,而被誉为"流传最广和影响最大"的《学校与社会》,该书实际上是杜威"为实验学校筹集基金而作的一些讲演组成的"。②至于后来杜威离开芝加哥而在哥伦比亚大学写成的教育名著《我们怎样思维》和《民主主义与教育》,更被学者认定为"他的芝加哥实验的直接成果。他的工作及与其他人的交往,促使他的教育思想和哲学思想在这两本著作中融合了起来"。③

二、杜威来华讲学与实用主义教育理论的传播

1919年4月30日,杜威应邀到达上海,开始了其后长达两年多的中国之行。其实,在此之前,杜威的实用主义及其教育思想已被部分引入中国。最早是1912年2月,蔡元培在《对于新教育之意见》中极力推崇西方的"实利主义教育",并认定"今日美洲的杜威派,则纯持实利主义者也"。④ 1913年7月,黄炎培针对当时中国教育脱离生活实际的偏弊,在《教育杂志》(第5卷第7号)发表《学校采用实用主义之商榷》,要求公开引进当时欧美业已盛行的实用主义教育思潮。

作为欧美工业化社会快速发展的产物,实用主义教育思潮崇尚改良主义发展观,突出经验哲学,反对僵化的传统教育及其形而上学,尊重儿童个性、本能与兴趣,强调儿童中心,提出"教育即生长""教育即生活""学校即社会""做中学"等一系列新教育主张。这些新教育观念和主张,与当时中国蓬勃兴起的"新文化运动"和"五四运动"相契合,有识之士正好借以对根深蒂固的中国传统教育弊病展开猛烈抨击,并进而开展形式多样的新教育学校变革与探索。不难看出,实用主义教育理论之所以特别受到当时知识界和教育界的欢迎,是因为该理论旨趣在很大程度上满足了当时中国社会和教育发展的客观需求。

---

① [美]劳伦斯·克雷明.杜威学校浅析[M]//[美]简·杜威,等.杜威传.单中惠,编译.合肥:安徽教育出版社,2009:93.
② [美]简·杜威,等.杜威传[M].单中惠,编译.合肥:安徽教育出版社,2009:27.
③ [美]简·杜威,等.杜威传[M].单中惠,编译.合肥:安徽教育出版社,2009:33.
④ 蔡元培.蔡元培教育论著选[M].高平叔,编.北京:人民教育出版社,1991:5.

杜威的中国之行肇始于其中国学生陶行知、胡适、蒋梦麟、郭秉文等人的盛情相邀,是由北京大学、南京高等师范学校、江苏教育会、浙江教育会和尚志学会等五个团体的名义联合邀请他来华讲学。在杜威来华之前的一个月,陶行知、胡适、蒋梦麟等人就开始在《时报》《新教育》等报刊上发表有关杜威的各种学术思想,为其正式到来造势。在杜威讲演前夕或讲演期间,其中国弟子更竭力对杜威的相关哲学思想与教育学说进行通俗化解读。如:1919年5月2日,胡适就先行在江苏省教育会为1千多听众做了题为"实验主义"的演讲,自称:"今天先要在诸君面前把杜威博士的一派学说稍稍演述一番,替他先开出一条道儿,再加些洒扫的功夫,使得明天诸君听杜威博士的演说有些头绪,那也是做弟子的应尽的职分。"①其所论的"科学律令""生存进化""方法论""真理论""实在论",确实抓住了实用主义哲学的核心要义,通俗易懂。

作为大教育家,同时也是大社会学家,杜威对中国社会充满了极大的好奇心。1919年5月4日,他参观一家棉厂,看到了中国因为"科学的生产工艺"而导致其"棉织品和丝织品质量比较低"。② 他也见识了中国缠脚妇女的"蹒跚而行",并感慨道:"中国妇女的地位,不仅仅决定了中国家庭和教育的落后,而且导致了中国人在身体上的日益退化和政治上的普遍腐败,也导致了公共精神的缺失,这使得中国沦为一个饱受欺凌的对象。"③但同时,杜威也真切地感受到中国现代知识分子的重要力量。1919年5月12日,他在家书中写道:"大学校长在八日的晚上被内阁逼走,……大学校长与其说是为了保卫自己,不如说是为了保卫大学,不得不离开——没有人知道他去了哪里。学生们被释放的消息通过电报传出来了,但是政府拒绝公开这一消息。似乎,校长比我之前所感觉的更像一个充满智慧的知识分子的领袖,而政府也变得真的很畏惧他。"④而青年学生的爱国行动,更让杜威体悟到中国现代国家兴起的期望。1919年6月1日,他颇有感触地写道:"我们刚刚看见了好几百名女生从美国教会学校中出来,求见大总统,要求他释放那些因为在街头演讲而被投入监狱的男同学。如果说在中国的生活令人激动,那是实话。我们正亲眼见证着一个国家的诞生,而诞生总是伴随着

---

① 胡适.实验主义[A].胡适.胡适教育论著选[M].白吉庵、刘燕云,编.北京:人民教育出版社,1994:86.
② [美]约翰·杜威,爱丽丝·C.杜威.杜威家书:1919年所见中国与日本[M].[美]伊凡琳·杜威,编.刘幸,译.北京:北京师范大学出版社,2016:156.
③ [美]约翰·杜威,爱丽丝·C.杜威.杜威家书:1919年所见中国与日本[M].[美]伊凡琳·杜威,编.刘幸,译.北京:北京师范大学出版社,2016:158.
④ [美]约翰·杜威,爱丽丝·C.杜威.杜威家书:1919年所见中国与日本[M].[美]伊凡琳·杜威,编.刘幸,译.北京:北京师范大学出版社,2016:160.

艰辛的。"①

　　带着强烈的好奇心和弘扬实用主义教育的使命感,杜威决意要在中国做更细致的观察、感知和体会。在华两年多的时间里,他先后做了200多场学术讲演,足迹遍布上海、北京、天津、奉天、直隶、山东、山西、江苏、浙江、江西、湖南、福建、广东等10多个省市,内容涉及教育哲学、政治哲学、伦理学等多种领域。仅以北京大学为例,杜威所做的讲座就有——"社会与政治哲学"(16次)、"教育哲学"(16次)、"思考的类型"(18次)以及"三位现代哲学家——威廉詹姆士、亨利柏格森个、伯特兰罗素"、"教育的现代趋势"和"美国的民主发展"(3次)。"这些讲座都是以英文进行的,由中方人员翻译并记录,以备日报及学术期刊登载之用。"②杜威的最新讲座内容往往是刚讲完,就很快在报刊上发表,然后汇编为《杜威在华讲演集》《杜威三大讲演》《杜威五大讲演》等讲演集及时出版。其中,仅《杜威五大讲演》最初由北京晨报社1920年出版,在两年之内就再版14次,受到读者们的热烈欢迎。很显然,杜威的中国之行取得了巨大成功。美国学者乔治·戴克威曾评论道:"杜威的在华讲座主要以实用主义为中心,许多中国的哲学学者及专家聆听过他的讲演或者看过报纸及学术期刊刊载的讲演内容,实用主义由此在中国焕发了新生。……相对而言,杜威对中国教育思想和实践的影响更加明显、更加持久。毫无疑问,杜威的中国之行及其教育方面的讲座,大大推动了之前人民就开始的对杜威观点的传播与普及,杜威的教育观点渐渐应用于中国的学校教育之中。"③

　　杜威来华讲学确实极大地传播和普及了实用主义教育理论,其理论的某些观点直接影响了当时中国政府的教育政策制定与实施,对学校教育现代化变革产生了实际影响。如:1919年10月,全国教育会联合会议定并通过了《废除教育宗旨宣布教育本义案》,明确表示"新教育真义"当以杜威的儿童本位为基础,指出"从前教育只知研究应如何教人,不知研究研究人应如何教;今后之教育应觉悟人应该如何教,所以儿童本位教育是也。"④而影响深远的1922年新学制,其"标准"中更赫然写着:"适应社会进化之

---

① [美]约翰·杜威,爱丽丝·C.杜威.杜威家书:1919年所见中国与日本[M].[美]伊凡琳·杜威,编,刘幸,译.北京:北京师范大学出版社,2016:199.
② [美]乔治·戴克威曾.杜威的中国之行[M]//[美]简·杜威,等.杜威传.单中惠,编译.合肥:安徽教育出版社,2009:355.
③ [美]乔治·戴克威曾.杜威的中国之行[M]//[美]简·杜威,等.杜威传.单中惠,编译.合肥:安徽教育出版社,2009:362.
④ 璩鑫圭,等.中国近代教育史资料汇编·学制演变[G].上海:海教育出版社,1991:844.

需要""发扬平民教育精神""谋个性发展""注重生活教育"等条款,并将其精神直接贯彻到其选科制、弹性制等制度建构上,进而落实到次年公布的"新学制课程标准纲要"中。诚如学者基南所言:"1922年修订的教育标准说,要发展个性,还包括在中学阶段发展学生的适应性,使学生获得更多的实用的职业教育,以适应现实社会的需要。这些法令条文,已被正确地解释为美国对中国教育的影响达到了极点。改革后的中小学学制,就是采用美国的6-3-3制,即初中、高中各为三年。杜威和哥伦比亚大学师范学院教授保罗·孟禄,参加了中国改革家们草拟改革法令的会议。"①而依据杜威实用主义教育理论建构的"设计教学法"、"道尔顿制"的相继传入,以及在上海、南京等地的学校实验再探索,更进一步扩大了杜威教育思想的民间传播与辐射范围。

三、杜威教育实验精神的影响与借鉴

杜威来华的系列讲学活动和其实用主义教育理论建构确实对当时中国学术界和教育界产生了巨大影响。学界泰斗蔡元培先生推崇杜威为"西洋新文明的代表",并认为孔子平民主义教育思想与杜威注重"经验""试验"的思想有相通之处。他指出:孔子所说的"学而不思则罔,思而不学则殆",就是"经验与思想并重的意义";孔子所说的"多闻阙疑,慎言其余,多见阙殆,慎行其余",就是"试验的意义"。②在他看来:"孔子的理想与杜威博士的学说,有很多相同的点。这就是东西方文明要媒合的证据了。"③

作为杜威的弟子,胡适在乃师回国时曾动情地说道:"自从中国与西洋文化接触以来,没有一个外国学者在中国思想界的影响有杜威先生这样大。"④除强调杜威给我们送来"实验主义"哲学方法外,他特别指出:"杜威先生最注重的是教育的革新,他在中国的讲演也要算教育的讲演为最多。当这个教育破产的时代,他的学说自然没有实行的机会。但他的种子确已散布不少了。将来各地的'试验学校'渐渐地发生,杜威的教育学说有了试验的机会,那才是杜威哲学开花结子的时候呢!"⑤胡适此处所言,确实抓住了杜威思想的关键,他自己也是极力借鉴杜威的实验主义哲学方法,大力引进实

---

① [美]基南.新教育改革运动的发生及其在1922年前的发展[G]//璩鑫圭,等.中国近代教育史资料汇编·学制演变.上海:上海教育出版社,1991:1084.
② 蔡元培.杜威六十岁生日晚餐会演说词[M]//[美]简·杜威,等.杜威传.单中惠,编译.合肥:安徽教育出版社,2009:396.
③ 蔡元培.杜威六十岁生日晚餐会演说词[M]//[美]简·杜威,等.杜威传.单中惠,编译.合肥:安徽教育出版社,2009:396.
④ 胡适.杜威先生与中国[M]//[美]简·杜威,等.杜威传.单中惠,编译.合肥:安徽教育出版社,2009:378.
⑤ 胡适.杜威先生与中国[M]//[美]简·杜威,等.杜威传.单中惠,编译.合肥:安徽教育出版社,2009:378.

用主义教育哲学,对中国传统思想和教育展开激烈的批判。在胡适担任北京大学教授期间,特别是他后来执掌中国公学的三年自由主义办学实践,都充分地反映了其大力弘扬杜威教育哲学思想,并自觉借鉴其民主主义的教育实验精神。

杜威的另一个信徒陈鹤琴,虽然不是杜威的及门弟子,但他留学哥伦比亚大学师范学院时系统学习和研究过杜威的教育理论著作,回国之后更实际践行杜威的教育实验精神。1926年,他在谈论如何开展幼儿教育时说:"最近的教育思潮是注重实验,这是从美国实验主义派的哲学来的,杜威、弥勒等主张得最有力。这个思潮,影响到各种教育,使各种教育的各个方面都起了变化。其实从实验所得的结果来看,实验主义确实比较来得适用。幼稚教育是各种教育中之一种,当然也应该依着实验的精神去研究。"①陈鹤琴之所以特别推崇杜威的教育实验精神,是因为他认为,杜威正是凭借其"实验学校"的实验,丰富了其"教育即生长"等教育理论,又使其教育理论得到很好的实际应用。他说:"杜威的实验学校是为了要实验和丰富他的生长学说而创办的。……杜威办实验学校的目的,不仅在丰富与应用杜威的生长教育之理论而已;在另一方面,它还要研究与试行一种新的课程,通过这种新的课程,使教育生长学说,由理论进于实际的应用。"②不仅如此,陈鹤琴还进一步指出:"杜威创办实验学校,是准备着以他们的努力来改造传统教育的积弊的。"③正是借助杜威的教育实验精神,陈鹤琴从南京鼓楼幼稚园的创办,到上海工部局华人子弟学校的设立,再到江西幼稚实验师范学校的兴建,他开始了其漫长的、卓有成效的"活教育"学校变革探索。

杜威还有一个得意弟子是陶行知,他早在哥伦比亚大学师范学院求学时即修读过杜威开设有关"学校与社会"的课程,深谙杜威的实验主义哲学与教育思想。在陶行知看来,传统教育的沉疴已重,破旧立新离不开试验探究。他说:"发古人所未发,明今人所未明,皆试验之责任也。……全国学者,苟能尽刷其依赖天工、沿袭旧法、仪型外国、率任己意、偶尔尝试之旧习,一致以试验为主,则施之教育而教育新,施之万事而万事新,未始非新国新民之大计也。"④针对当时学校仍然沿袭赫尔巴特教学法,陶行知明

---

① 陈鹤琴.陈鹤琴全集(第二卷)[M].南京:江苏教育出版社,1989:29.
② 陈鹤琴.杜威为什么办实验学校[M]//[美]简•杜威,等.杜威传.单中惠,编译.合肥:安徽教育出版社,2009:104—105.
③ 陈鹤琴.杜威为什么办实验学校[M]//[美]简•杜威,等.杜威传.单中惠,编译.合肥:安徽教育出版社,2009:106.
④ 陶行知.试验主义与新教育[M]//陶行知.陶行知教育论著选.董宝良,主编.北京:人民教育出版社,2011:37—38.

确指出:"现在通用的方法,只是赫尔巴(即赫尔巴特——引者注)的五段教授,总嫌他过于偏重形式,最好是把杜威的思想分析拿来运用。"①在他看来,"设立试验的学校"是新教育学校变革的当务之急,他说:"为今之计,凡是师范学校及研究教育的机关,都应当注重实验的附属学校;地方上也应当按着特别情形,选择几个学校,做试验的中心点。不过试验的时候,第一要得人,第二要有缜密的计划。"②其后,陶行知即是通过其自己创办的南京晓庄实验学校和重庆育才学校,走出了一条通过杜威而又超越杜威的具有中华民族特色的"生活教育"之路。

除胡适、陈鹤琴、陶行知外,还有蒋梦麟、郭秉文、郑晓沧、张伯苓等一大批哥伦比亚大学师范学院的校友圈,他们大都认同杜威的实用主义教育实验精神,并结合自己的办学实践进行创造性的借鉴和发展,作出了自己的突出贡献。蒋梦麟不只是在杜威来华期间多次陪同翻译,他更凭借其北京大学教授和《新教育》主编的身份,以及后来担任北京大学总务长和校长的学术声望,大力持续地宣传杜威的哲学与教育思想,并在北京大学学生自治会、教授治校会等制度变革中努力渗透杜威的办学思想与理念。作为哥伦比亚大学师范学院的早期留学生和后来担任南京高等师范学校校长,郭秉文不仅在学术上深刻体悟实用主义教育真谛,借以完成其博士学位论文《中国教育演革史》,更引进了陶行知、陈鹤琴、郑晓沧等哥伦比亚大学的重量级校友,其目的是要把南京高等师范学校打造成为杜威教育思想研究与传播的学术重镇。张伯苓1917年赴哥伦比亚大学师范学院研修一年,回到南开之后就十分注重将杜威教育思想精髓应用到学校的实际办学实践。他说:"予尝对美国同学及先生讨论学科目,一切均以切于现在生活为准。……学科学当学其用法,如观察、试验、公式等,而其原理之价值甚有限。"③在他看来,学校就是一个小试验场,要通过改革学校进而改造社会与国家。他说:"学校正如一小试验场,场内之人皆有信心具改造社会之能力,将来入社会改造国家,必有成效。"④张伯苓期待能够汲取杜威思想的合理内核,去激发南开大学不断变革的办学动力和自强不息的理想追求。他说:"约翰•杜威(John Dewey)于其《民治与

---

① 陶行知.试验教育的实施[M]//陶行知.陶行知教育论著选.董宝良,主编.北京:人民教育出版社,2011:44.
② 陶行知.试验教育的实施[M]//陶行知.陶行知教育论著选.董宝良,主编.北京:人民教育出版社,2011:43.
③ 张伯苓.访美感想[M]//张伯苓.张伯苓教育论著选.崔国良,编.北京:人民教育出版社,1997:66—67.
④ 张伯苓.学校如一小试验场[M]//张伯苓.张伯苓教育论著选.崔国良,编.北京:人民教育出版社,1997:133.

教育》(Democracy and Education,今译《民主与教育》)一书中,前四章论应付此种外力之法最精微。谓当一新环境之袭入,须先自定方案,即有一种'动机',以应付外来环境之逼迫,以与之较胜负,继续不已,以至终身,始克得胜。今吾华民族所最缺乏者,即此种有'动机'而能引领全族出此迷津之领袖。南开大学即造此领袖之所望。今日在座诸男男女女,一秉此心,自强不息。"[①]

概言之,杜威的弟子和信徒们在全盘引进和弘扬杜威思想时,更为看重乃师的教育实验精神。他们不同程度地结合中国国情,或针对中国教育实际问题,进行创造性的改革实验和理论再探索,从而在一定程度上实现了继承中的改造,以及改造中的创新与超越。

第二节 陶行知探寻"生活教育"真谛的学校变革之路

1917年9月,陶行知因需收集博士论文相关资料,中止了3年的留美生涯而回国。他先是担任南京高等师范学校的专任教员和教务助理,主讲教育学、教育行政等课程;不久升为教务主任,倡导教学改革。同时,他积极参与中华教育改进社、中华平民教育促进会等社会活动,并在这些全国性教育活动中越来越意识到乡村教育改革的至关重要性。1927年3月,他以极大的毅力创办了南京晓庄师范学校——"晓庄学校",开启了其"生活教育"的系统实验与探索;其后,他又在上海创办了十分独特的办学组织机构——山海工学团,以及抗战期间的重庆育才学校,从而进一步拓展其"生活教育"理论的丰富内涵。正是这些不同历史境遇所创立的不同类型的学校范式,陶行知的"生活教育"获得了与时俱进的不断深化,成为中国近代新教育本土化探索的典型代表。

一、乡村教育困境的破解与"晓庄学校"的创立

陶行知回国之时,即积极融入中国业已展开的新文化运动和新教育潮流。无论是其独领学界的"教学法"倡导,还是其深度参与的中华教育改进社和平民教育促进会的各种活动,以及杜威来华期间的新教育理念传播与推动,都足见其重要的学术与社会贡献。但随着时间的推移,有识之士越来越发现新文化运动的偏枯之处,这就是对乡村文化教育的忽视。

---

① 张伯苓.南开大学第四学年始业式演说词[M]//张伯苓.张伯苓教育论著选.崔国良,编.北京:人民教育出版社,1997:103.

1920年7月,余家菊指出:"教育是都市的出卖品,也是特别阶级的专利物。这种教育集中于都市的状况,不是社会的一种病象吗?……从事新文化运动的人,嗜爱平民精神的人,不应该把这种情形放在脑筋内打几个转吗?我敢大胆说一句,现在的文化运动是褊枯的、局部的。"①在他看来,当时的中国乡村教育不仅"已经破了产",更大的危机是"乡村的教育事业大家都不愿意干"。②甚至从乡村出来的初级师范毕业生,也不愿意回乡从事乡村教育。与余家菊的研判一致,陶行知在1922年发表的《新学制与师范教育》中写道:"初级师范大多数设在都市里面,毕业生所受的教育既不能济乡村的特别需要,而他们饱尝都市幸福的滋味,熏染都市生活的习气,非到必不得已时,决不愿到乡下去服务,于是乡村学校的师资最感缺乏了。……总之就中国现在所办的师范教育而论,城里的人叨便宜,乡下的人吃大亏。"③1926年12月,陶行知更明确地断言:"中国乡村教育走错了路!他教人离开乡下向城里跑,……前面是万丈悬崖,同志们务须把马勒住,另找生路!"④

那么,应该如何破解乡村教育的发展困境而"另找生路"呢?陶行知认为,最重要的就是要务必办理"适合乡村实际生活"需要的"活教育"学校,他说:"生路是甚么?就是建设适合乡村实际生活的活教育。我们要从乡村实际生活产生活的中心学校;从活的中心学校产生活的乡村师范;从活的乡村师范产生活的教师;从活的教师产生活的学生,活的国民。活的乡村教育要有活的乡村教师。活的乡村教师要有农夫的身手,科学的头脑,改造社会的精神。……活的乡村教育,要教人生利。他要叫荒山成林,教瘠地长五谷。他要教农民自立、自治、自卫。他要叫乡村变成西天乐园,村民变为快乐的活神仙。"⑤在他看来,要办好这样的乡村学校教育,必须注意教育与其他社会要素的联合,尤其要注意教育与农业的联合。他深信"乡村学校是今日中国改造乡村生活之唯一可能的中心",力图"创设一百万所学校,改造一百万个乡村。……叫一个个的

---

① 余家菊.乡村教育的危机[M]//余家菊.中国近代思想家文库·余家菊.余子侠,郑刚,编.北京:中国人民出版社会,2013:31.
② 余家菊.乡村教育的危机[M]//余家菊.中国近代思想家文库·余家菊.余子侠,郑刚,编.北京:中国人民出版社会,2013:31.
③ 陶行知.新学制与师范教育[M]//陶行知.陶行知全集(第一卷).成都:四川教育出版社,1991:448—449.
④ 陶行知.中国乡村教育之根本改造[M]//陶行知.陶行知全集(第1卷).成都:四川教育出版社,1991:100.
⑤ 陶行知.中国乡村教育之根本改造[M]//陶行知.陶行知全集(第1卷).成都:四川教育出版社,1991:100—101.

乡村都有充分的新生命,合起来造成中华民国的伟大的新生命"。①

正是抱着这样崇高的乡村社会改造理想,陶行知开始了其独特的晓庄师范学校试验。1927年1月16日,他在《试验乡村师范学校答客问》中特别指出,本校拒绝"小名士、书呆子、文凭迷",尤其欢迎有农事经验或土木工经验,且愿意与农民共甘苦的考生。陶行知说:"初级中等学校、高级中等学校、专门大学校学了一年半的学生和在职教职员有相等程度的都可以报考。但是他们必须有农事或土木工经验方才有考取的把握。这是顶重要的资格,这两个条件完全没有的人,不必来考。凡是小名士、书呆子、文凭迷的都最好不来。如果有人想办乡村小学,为预储师资起见,报送合格学生来学,学成就去办学,这是我们最欢迎的。"②与之相应,陶行知设立了五个考试科目,除智慧测验、常识测验、作文、演说外,特设有"农事或土木工操作"。在随后的入学考试中,考生在农事考试确"有手心起疱者,有疱破流血者",但"皆兴高采烈,面无难色";最后共录取16人,其中3名是从后来"赶来补考的学生中录取的"。③

虽然晓庄师范学校首批只招到16名学生,陶行知同样十分高兴。1927年3月15日,他在开学典礼上指出本校的特别之处:"本校特异于平常的学校有两点:一无校舍,二无教员。大凡一个学校创立,总要有房屋才能开课。我们在这空旷的山麓行开学礼,实在是罕见的。……本校只有指导员而无教师。我们相信没有专能教的老师,只有比较经验稍深或学识稍好的指导,所以农夫、村妇、渔人、樵夫都可做我们的指导员,因为我们很有不及他们之处。"④在陶行知看来,既然要从乡村生活实际和农民内心需要来办学,何必一定追求像样的"校舍"和专能教的"教员"。简易的茅舍,何尝不可以作教学的居所;比较有经验的农夫、村妇、渔夫、樵夫,何尝不可以做指导员。脱离实际生活的"老八股"和"洋八股"之书本教育,着实让陶行知心生厌弃,他正是要借此创校之机进行根本改革。陶行知直言道:"本校的办法,是主张在劳力上劳心。本校全部生活,是'教学做'。教的法子根据学的法子,学的法子根据做的法子。我们的实际生活,就是我们全部的课程;我们的课程,就是我们的实际生活。我们每天早晨五时有

---

① 陶行知.中国乡村教育之根本改造[M]//陶行知.陶行知全集(第1卷).成都:四川教育出版社,1991:101—102.
② 陶行知.试验乡村师范学校答客问[M]//陶行知.陶行知全集(第1卷).成都:四川教育出版社,1991:107.
③ 王文岭.陶行知年谱长编[M].成都:四川教育出版社,2012:199—200.
④ 陶行知.试验乡村师范学校的两个特点[M]//陶行知.陶行知全集(第2卷).成都:四川教育出版社,1991:344.

一个十分钟至十五分钟的寅会,筹划每天应进行的工作,是取一日之计在于寅的意义。寅会毕,即武术。本校无体操课,即以武术代。上午大部分时间阅书。所阅之书,一为学校规定者;一为随各个人自己性之所好者。下午工作有农事及简单仪器制造、到民间去等。晚上有平民夜校及做笔记、日记等。这是本校全部大概的生活。"①

陶行知的如上课程教学创构,不只是针对传统书本教育的痼疾,更反映其对当时基础教育精英化趋向的不满,主张要切近农民的生活实际办教育。在晓庄,我们看不到呆板的课堂教学场景,看到的是学生基于自己学习志趣和实际生活需要的分组研讨,以及师生滚打在一起的教学做活动。据当时学生夏孟文后来回忆:"晓庄没有课堂,没有课程表,学生只是按照自己的兴趣,自选一、二个组进行学习。晓庄没有教师只有指导员,如杨效春、陆静山、邵仲香、吕镜楼、韩凌生等先生分别担任各组指导。……白天,晓庄是静悄悄的。在一片严肃安静的气氛中,有的按组自学、有的按组讨论,有的作工艺、农事活动。只有音乐组的钢琴,不时在劳山脚下传出叮叮咚咚的声响。晚上,全校师友分别到农友家拜访闲谈,或者到邻村的茶馆内活动。"②在晓庄师范学校成立一周年的纪念会上,陶行知也对本校"教学做合一"的办学办法给予了充分肯定:"教学做合一是我们的根本主张。经过这一年的试验,我们知道他是一个最有效力的方法。……数月前我们得了一个方法叫做艺友制,简括说来,他是用朋友之道来训练同志学做教师或别种艺术。这才是真正的教学做合一。"③

需要指出的是,晓庄师范学校在运行一年后正式更名为"晓庄学校"。为何更名?时任指导员的杨效春解释道:"晓庄学校原来名为试验乡村师范学校,后来因为这里面除了试验乡村师范的两院——小学师范院与幼稚师范院——外,尚有晓庄中心小学、晓庄中心幼稚园、晓庄民众夜校、晓庄医院、晓庄联村救火会等,……所以觉得试验乡村师范的名称,并不足以概括全体,就将她改为晓庄学校了。"④事实上,晓庄学校(陶行知任校长),除下设小学师范院(赵叔愚任院长)、幼稚师范院(陈鹤琴任院长)外,另设有中心小学 8 所、中心幼稚园 4 所、民众学校 3 所、中心茶园 2 所、中心木匠店 1 所、

---

① 陶行知.晓庄试验乡村师范学校创校旨趣[M]//陶行知.陶行知全集(第 2 卷).成都:四川教育出版社,1991:355—356.
② 夏孟文.回忆晓庄[A].安徽省陶行知教育思想研究会.陶行知一生[C].长沙:湖南教育出版社,1984:133.
③ 陶行知.晓庄试验乡村师范的第一年[M]//陶行知.陶行知全集(第 2 卷).成都:四川教育出版社,1991:382.
④ 杨效春.晓庄一岁(节选)[M]//周洪宇丛书主编,刘来兵本卷主编.全球视野的陶行知研究(第一卷).北京:北京师范大学出版社,2015:364.

联合救火会1所、石印工厂1所等。

事实上，晓庄学校不只是单一的学校组织，而是相互协调的复合型学校组织系统。其中，中心小学绝非师范学校的附属，而是"师范学校训练小学教师的中心，同时以实际生活为他自己的中心"。① 具体做法是，将中心小学活动教学做分成6组——国语算术组、公民组、卫生组、自然组、园艺组、游戏娱乐组，"每组各设研究指导员。师范生每人可以选择一组或两组做研究指导员的助手。每个指导员研究所得，必须将经过情形和学生讨论，指导他，观察他，帮助他。"② 同时，这一复合型学校组织实际上直接延伸到火热的社会生活之中。其"征服自然环境教学做"，就包括"科学的农业、造林、基本手工、卫生和其他教学做"；其"改造社会环境教学做"，就包括"村自治、民众教育、合作组织、乡村调查和农民娱乐等教学做"。③ 在陶行知看来，只有和农民心连心，才能受到其真心的欢迎而取得改造社会的实效。他说："要想化农民，须受农民化。我们大家都抱着一个跟农民学的态度。起初有一种功课，叫做到民间去。后来大家觉悟到这个名词不妥当，便改为会朋友去。恰巧创办了一个中心茶园，我们便可以随时约几位农友来喝喝茶谈谈心，这才是结交朋友最自然的方法。中心茶园开幕之后，邻村未染嗜好之青年农友都到这里来听书下棋了。老太太们以为这是防避儿孙赌博豪饮的好法子，个个都为中心茶园捧场。"④

不难看出，陶行知创办晓庄学校的意义不只是要扭转当时乡村教育错误路向，从招生考试改革、办学目标厘定、课程教学创构和组织系统更新等方面进行了系列探索；更重要的是，他深信乡村教育改革是社会改造的基础和根本。他说："改造社会而不从办学入手，便不能改造人的内心；不能改造人的内心，便不是彻骨的改造社会。反过来说，办学而不包含社会改造的使命，便是没有目的，没有意义，没有生气。所以教育就是社会改造，教师就是社会改造的领导者。……教师得人，则学校活；学校活，则社会活。倘使有活的教师，各办一所活的小学，作为改造各个乡村的中心，再以师范学校总其成，继续不断的领导各校各村前进，不出十年，必著成效。依我的愚见看来，这是地

---

① 陶行知.晓庄试验乡村师范的第一年[M]//陶行知.陶行知全集(第2卷).成都：四川教育出版社，1991：382.
② 陶行知.中国乡村教育运动之一斑——中国代表致送坎拿大世界教育会议报告之一[M]//陶行知.陶行知全集(第2卷).成都：四川教育社，1991：366—367.
③ 陶行知.中国乡村教育运动之一斑——中国代表致送坎拿大世界教育会议报告之一[M]//陶行知.陶行知全集(第2卷)[M].成都：四川教育社，1991：367.
④ 陶行知.晓庄试验乡村师范的第一年[M]//陶行知.陶行知全集(第2卷).成都：四川教育出版社，1991：384.

方教育根本之谋,也是改造乡村根本之谋。"①

二、国难中的教育组织创新——"山海工学团"

晓庄学校的独特办学实践及其经验很快引起了国际教育学术界的高度关注。1929年10月15日,美国教育家克伯屈在参观晓庄学校时说:"我看这个学校,负有特殊的使命,就是要研究用哪种教育才合乎乡村需要,使能引导乡村,适合现在的变动。……如大家肯努力,过一百年以后,大家要回过头来,纪念晓庄!欣赏晓庄!这就是教育革命的策源地。"②1930年3月,江苏省民政厅也因为陶行知的突出办学成绩,同意将晓庄所在地——江宁县"第一区之北固乡完全划作试验乡,归该校指导"。③然而,仅仅过了一个月的4月12日,南京国民政府即以晓庄学校的共产党地下支部联络南京各校学生,参与举行支持南京下关和记工人抗议帝国主义压迫而罢工的游行示威,强行解散晓庄,并逮捕30余名。陶行知进行顽强的抗争,发表《护校宣言》,但也遭遇通缉,并被迫东渡日本。

数月避难之后的1931年3月下旬,陶行知潜回到上海,开始新的政治抗争和教育探索。针对社会积弊和国民党政府的消极抗日政策,陶行知以"不除庭草斋夫"的笔名在《申报》上发表了包括抗日言论在内的大量"时评";宣传科学救国,组织知名学者编写《儿童科普丛书》,努力探索中华民族解放与中国教育改革的发展路向。1932年3月,陶行知在给广州中山大学教育系主任庄泽宣的信中,特别论及晓庄学校复校之后的科学教育设想。他说:"晓庄本部虽已被封两年,但是他的试验工作,仍是不断的进行着。几年以来,我们觉得要救中华民族,必须民族具有科学的本领,成为科学的民族,才能适应现代生活,而生存于现代世界。科学教育要从小教起。……恰好政府已下令准备将晓庄交还我们。我们在这次国难当中察出,愈觉科学教育之重要,所以我们今后教育方针,准备瞄准向着这条路线上前进,为中华民族去找新生命。"④但遗憾的是,国民政府无意真正发还晓庄学校校产。

晓庄学校复校失败并没有吓退陶行知,他仍然孜孜不倦地思考和探索乡村教育变

---

① 陶行知.地方教育与乡村改造[M]//陶行知.陶行知全集(第2卷).成都:四川教育出版社,1991:437.
② [美]威廉·克伯屈.我对晓庄之感想[M]//周洪宇.陶行知研究在海外(新编本).北京:人民教育出版社,2017:342.
③ 王文岭.陶行知年谱长编[M].成都:四川教育出版社,2012:263.
④ 王文岭.陶行知年谱长编[M].成都:四川教育出版社,2012:295—296.

革的有效路径。在《申报》连载的《古庙敲钟录》中,陶行知批评传统学校已经"到了山穷水尽"的地步,主张创办一种新的学校组织——融工场、学堂和社会为一体的古庙"工学团"。他借"朱先生"之口说:"古庙不是一个平常所谓之学校。……我们在这里所办的虽是一个小学堂,但同时是一个小工场,又是一个小社会。学堂的主要意义是长进;工场的主要意义是生产;社会的主要意义是平等互助,自卫卫人。"①

1932年夏,陶行知著文《对于乡村教育的一个新建议——乡村工学团之试验》,明确指出:乡村工学团就是要"将工场、学校、社会打成一片,产生了一个改造乡村的富有生活力的新细胞"。② 在这个新建议书里,陶行知特别指出乡村工学团拟开展的"六大训练"——普遍的军事训练、普遍的生产训练、普遍的科学训练、普遍的识字训练、普遍的民权训练、普遍的人种改造训练,以培养健全人格,并"造成一个伟大的、令人敬爱的中华民国"。③ 与此同时,陶行知等人即积极谋划,实际调研,拟将工学团总部设定在"上海特别市与宝山县交界处"的一所古庙,起名"山海工学团";并以"山海实验乡村学校"的校名,与陈立廷等人联合向宝山县政府申请立案,获得批准。"山海"之名,除内涵该校位于宝山与上海之间的意义外,更表明天下第一关"山海关"在日本侵略者的肆虐下危在旦夕,旨在兴学救国和民族复兴。1934年2月16日,陶行知在《宝山县试办乡村儿童自动工学团组织大纲草案》中特别指出:"本工学团宗旨,在使本村儿童联合起来自动的实行工以养生、学以明生、团以保生的教育,以参加新村、新国、新世界之创造。"④

应该肯定,陶行知倡行的"工学团"办学组织及其"小先生制"进一步推动中国乡村教育和普及教育的深度变革,使其"生活教育"理论与基层民众生活需求结合得更加紧密。以山海工学团为例,团员们常常是"上午学习文化、科学、政治方面的课程,下午参加工农业生产劳动,实行半工半读",可从中获得一定的经济补助;更为重要的是,"许多革命的学者、知识分子到过山海工学团讲学。……李公朴、邹韬奋、艾思奇、钱亦石、钱俊瑞等著名文化人都在山海工学团作过报告"。⑤ 在陶行知看来,只要承认小孩也

---

① 陶行知.古庙敲钟录[M]//陶行知.陶行知全集(第3卷).成都:四川教育出版社,1991:93.
② 陶行知.对于乡村教育的一个新建议——乡村工学团之试验[M]//陶行知.陶行知全集(第3卷).成都:四川教育出版社,1991:497.
③ 陶行知.对于乡村教育的一个新建议——乡村工学团之试验[M]//陶行知.陶行知全集(第3卷).成都:四川教育出版社,1991:498.
④ 陶行知.宝山县试办乡村儿童自动工学团组织大纲草案[M]//陶行知.陶行知全集(第3卷).成都:四川教育出版社,1991:193.
⑤ 张健.党在白区教育的一个据点[A]//安徽省陶行知教育思想研究会.陶行知一生[C].长沙:湖南教育出版社,1984:235—237.

可以做"小先生",普及乡村教育就不是什么难事。当时南京晓庄佘儿岗的农民自己办了一所农村小学,其中校长、教师、工人都是小孩子自己担任。对这样以小先生为办学主体的"自动学校",陶行知给予热情的讴歌,他写道:"有个学校真奇怪,小孩自动教小孩。七十二行皆先生,先生不在学生在。"①

事实上,"工学团"组织在很大程度上使传统意义上的学生身份发生了奇妙变化,他(她)已不是平常的小学生,而是赋予新时代使命的"小先生"。陶行知在《创办竹柯工学团意见书》中指出,本团所在区域,"这五百位小孩便是平常所谓之小学生,在工学团里面都变成小先生,把生活教育送上门去。这五百位小孩好比是五百根经纬,把生活教育网密密的织成。他们又好比是五百根电线,把团部所发的电力通到每一家的电灯里去,使每盏电灯都发光;又把每家所发的电力通到团部来,使团部的灯也发出光来"。②在陶行知看来,普及教育必须"跳出学校的圈套",在学校之外"创造一种下层文化的组织"——"文化细胞"。他说:"这种文化细胞在山海工学团范围以内叫做工学队,为工学团最下层之组织单位。……普及教育动员令一下,有暇进学校的,尽可进学校;无暇进学校的,在自己家里、店里、工厂里及任何集团里创起文化细胞共谋长进。文化细胞成立后,必须向负责学校或教育行政机关注册。凡在文化细胞里自谋长进的,可以不进学校;凡在学校里求学的,必须常常回到他的文化细胞里来尽义务教人。"③许多工学团团员正是在这一基层的"文化细胞"发挥自己应有的光热作用。徐祥先在《回忆萧场工学团》时写道:"在工学团,四年级以上的小学生,都要当小学生。小先生的任务是:在学校时要帮助低年级的小朋友并参加管理学校,放学回家后,要教育自己的父母,或兄姐念《老少通千字课》,遇有困难,就找辅导员商量。我们还要做些社会调查,如每年冬天陶师在上海募集了不少寒衣,这事就交给工学团的辅导员和小先生去办。"④

概言之,以山海工学团为样版的各种类型工学团组织,反映了陶行知对不断变化的乡村教育需求的积极回应,是陶行知乡村教育改革发展的进一步探索,也是其"生活教育"理论在特定历史时期的独特创造。其中,蕴含着十分深刻的文化视野下移和扎根基层的教育实践创新。

---

① 陶行知.普及现代生活教育之路[M]//陶行知.陶行知全集(第3卷).成都:四川教育出版社,1991:270.
② 陶行知.创办竹柯工学团意见书[M]//陶行知.陶行知全集(第3卷).成都:四川教育出版社,1991:209.
③ 陶行知.文化细胞[M]//陶行知.陶行知全集(第3卷).成都:四川教育出版社,1991:321.
④ 徐祥先.回忆萧场工学团[A]//安徽省陶行知教育思想研究会.陶行知一生[C].长沙:湖南教育出版社,1984:251.

三、抗战建国之才与"育才学校"的理想追求

基于抗日战争的国家需要,陶行知一度以"国民外交使节"的身份,于1936年7月11日离开香港,奔赴美国、加拿大、墨西哥、英国、法国等国家,广泛传播中国人民的顽强抗战精神,赢得世界各族友好人民和正义之士的大力支持。1938年8月31日回到香港后,陶行知仍然心系教育。他本有做官从政的机会,但毅然婉拒,几经周折之后,还是把目光聚焦在因战争而失学的优秀难童教育上,主张"选拔有特殊才能之难童,加以适当之培养"①,使之成为国家有用之才。陶行知拿定主意后,很快付之行动,经过勘察,发现凤凰山上的古圣寺很适合办学,遂以育才学校校董会的名义,向嘉陵江三峡乡村建设实验区区署申请备案,得到时任该区署负责人卢子英的大力支持,并报请四川省政府立案。

1939年6月15日,陶行知召集办学骨干成员,在北温泉小学召开育才学校的第一次筹备工作会议,就学校的发起经过、经费预算、学生来源及选拔招生、课程设置等情况,都进行认真的讨论与商议,并确定了各组的指导员名单——"音乐组:贺绿汀、常学墉;戏剧组:章泯、水华、万籁天;文学组:魏东明、陆维特;绘画组:吕霞光、陈烟桥;自然科学组:陶宏、乐利;社会科学组:帅昌书。总务部:马侣贤;指导部:帅昌书;研究部:孙铭勋"。②

1939年7月20日,生活教育社暑假共学会在北温泉小学举行。据学者余子侠研究,当天即"有难童学生30余人"参加③,此日也就自然被认定育才学校的开办日;8月上旬,学生增加到71人,教学地点正式迁至凤凰山上的古圣寺。此后,学生人数逐渐攀升,除招收从周围保育院选拔出来的难童外,也招收少量自费生。

与以往注重普及基础教育不同,陶行知此时更关注饱受战争摧残的难童之特殊教育问题。这不仅是因为陶行知早在从事普及教育运动时,就发现许多穷人家的孩子有特殊才能,但"未能得到培养的机会而枯萎了",触动了其内心的不舍与隐忧;而且更重要的是,他看到了伟大的抗日战争和民族解放的建国事业,亟需大量的优秀人才作出其不可替代的应有贡献。他明确表示,育才学校"不是培养小专家","不是培养他做人上人",更"不是丢掉普及教育,而来干这特殊的教育"。④ 陶行知特别指出:"我们不但

---

① 王文岭.陶行知年谱长编[M].成都:四川教育出版社,2012:494.
② 王文岭.陶行知年谱长编[M].成都:四川教育出版社,2012:495.
③ 余子侠.山乡社会走出的人民教育家:陶行知[M].武汉:湖北教育出版社,1999:355.
④ 陶行知.育才学校创办旨趣[M]//陶行知.陶行知全集(第4卷).成都:四川教育出版社,1991:456.

没有丢掉普及教育,而且正在帮助发展它。现在中国在伟大的抗战建国中,必须用教育来动员全国民众觉悟起来……。育才学校之创立,只是生活教育运动中的一件新发展的工作,它是丰富了普及教育原定的计划,决不是专为这特殊教育而产生特殊教育,也不是丢掉普及教育而来做特殊教育。"①

正因为陶行知立定为"抗战建国"需要而创办的难童特殊人才教育,其与常规意义上的人才教育自然有很大的不同,强调这些难童不能按部就班地先接受系统的基础教育、再接受专门的人才教育,而是主张同时并进、合理规划。陶行知说:"我们选拔具有特殊才能的儿童,在开始时便同时注意其一般基础教育与特殊基础教育。前者所以使儿童获得一般知能及优良的生活习惯与态度;后者所以给予具特殊才能之儿童以特殊营养,使其特殊才能得以发展而不致枯萎,并培养其获得专门知能之基础。……这是及早防止一般基础学习及专科基础学习之裂痕。我们要及早培养儿童对于世界和人生一元的看法。"②为此,陶行知进行精心的课程设计,将课程分为普通课和特修课,强调"育才除普通功课依照课程标准进行外,用四分之一的时间让学生各依性之所近学习一门特修课。特修课分为下列六组:(一)文学组,(二)音乐组,(三)戏剧组,(四)绘画组,(五)自然组,(六)社会组"。③ 其中,各分组的特修课又具体列出一系列相关的专题课程——"文学组设文学讲话、语法、名著选读、写作练习、文学思潮、修辞、作家研究、文艺批评、古代文学、外国文学等;音乐组设视唱、键盘乐、乐理、音乐欣赏、弦乐、声乐、管乐、作曲等。戏剧组设发音、表演、化装、舞蹈、戏剧讲话、舞台艺术、剧运史、世界剧史、导演、剧作、心理学等。绘画组设素描、漫画、水彩、画理、人体解剖学、透视学、美术概论、国画、广告画、美术史等。社会科学设社会发展史、伦理学、政治经济学、联共党史、哲学、中国问题、国际问题等。自然科学组设物理、应用物理、生物、无机化学、有机化学、应用化学、几何、三角、解析几何、微积分、天文、气象、地质等。"④不难看出,这些细化的各组课程设置已很专业化,有助于特殊人才幼苗的健康成长。

与分组课程教育探索相呼应,陶行知主张要兼收并蓄中西方教育精华,既吸收近代西方的"知情意合一的教育",又继承中国传统的"智仁勇合一的教育",更强调要把

---

① 陶行知.育才学校创办旨趣[M]//陶行知.陶行知全集(第4卷).成都:四川教育出版社,1991:456—457.
② 陶行知.育才学校教育纲要草案[M]//陶行知.陶行知全集(第4卷).成都:四川教育出版社,1991:459.
③ 陶行知.育才十字诀[M]//陶行知.陶行知全集(第4卷).成都:四川教育出版社,1991:15.
④ 朱泽甫.陶行知年谱[M].合肥:安徽教育出版社,1985:421—422.

基础教育学校改革建立在"集体生活"基础之上。他明确指出:"育才学校全盘教育基础建筑在集体生活上。……育才学校的生活与教育是统一的,它认定劳动生活即是劳动教育,用劳动生活来教育,给劳动生活以教育;它认定健康生活即是健康教育,用健康生活来教育,给健康生活以教育;它认定政治生活即是政治教育,用政治生活来教育,给政治生活以教育;它认定文化生活即是文化教育,用文化生活来教育,给文化生活以教育。"①事实上,育才学校办学实践乃是陶行知生活教育理论在抗日战争特殊环境下的新探索。陶行知写道:"育才学校以生活教育原理与方法作为一种指导方针,我很希望将这一指导方针予以充分试验,我们深信这种试验会给予生活教育理论一些新的发展。"②

为了更加清晰地描绘育才学校办学的民族化、中国化特征,陶行知自己提炼出"育才十字诀"。他说:"当时我就想给育才学校之创学旨趣,披上一件'民族形式'之外套,几经修改,完成了这育才十字诀:一个大脑、二只壮手、三圈连环、四把钥匙、五路探讨、六组学习、七(集)体创造、八位顾问、九九难关、十(誓)必克服。"③其中,"三圈连环"所包涵的学校、国家与宇宙之息息相关的内在关联、"四把钥匙"所蕴含的知识素养和方法要领,"五路探讨"所深藏的治学顺序与原则路径、"六组学习"所体现的分科理念和课程结构,"七(集)体创造"所揭示的务实意识和创造精神,都不同程度地折射出陶行知本土化办学的丰富内涵和时代追求。

与当年创办晓庄师范学校一样,陶行知在办理育才学校过程中也遇到了诸多挫折和困难。其中,最大的困难就是学校的经济困境。从开办之初的捉襟见肘和入不敷出,到不断加剧的物价飞涨,陶行知常常四处募捐化缘,备尝办学艰辛。1941年6月,他在《育才二周岁之前夜》中写道:"最近几个月我们是过着别有滋味的日子,终日与米赛跑,老是跑在米的后面。到了四月,草街子米价涨到每老斗五十三元,比开办的时候涨了二十五倍。这时所有的存款都垫到伙食上去了。向本地朋友借来的四十石谷也吃完了,向银行借来的三万元也花光了。……但是本着立校颠扑不灭的教育理论,抱着武训先生牺牲自我之精神,并信赖着中华民族重视教育爱护真理之无可限量之热诚,我们知道就是比现在更困苦,也必定不是饥饿所能把我们拆散的。"④在他看来,严

---

① 陶行知.育才学校教育纲要草案[M]//陶行知.陶行知全集(第4卷).成都:四川教育出版社,1991:461—462.
② 陶行知.育才学校教育纲要草案[M]//陶行知.陶行知全集(第4卷).成都:四川教育出版社,1991:461.
③ 陶行知.育才十字诀[M]//陶行知.陶行知全集(第4卷).成都:四川教育出版社,1991:13.
④ 陶行知.育才二岁之前夜[M]//陶行知.陶行知全集(第4卷).成都:四川教育出版社,1991:487—488.

峻的社会局势和生存环境更需要弘扬武训"牺牲自我"的办学精神,他说:"大水可把学校淹没,大火可把学校烧毁,强盗可把学校抢掉,政府可把学校封掉,我自动把学校解散决是不可思议。"①正是凭着一股顽强的意志和对难童幼苗的纯爱之心,陶行知及其同仁们克服了无数艰难险阻,终于把"育才"办成了名闻遐迩的现代实验学校。据学者研究,从1939年至抗战胜利后的1946年,共招收正规学生410名②,培养了许多革命志士和专业人才,为抗战建国的伟大事业作出了十分重要的社会贡献。

四、学校变革走向与"生活教育"的系统建构

陶行知留美回国之后便投身于中国社会和教育变革的洪流之中,针对中国社会变迁的国情需要和教育改革的深层问题,他先后在不同历史时期创办了南京晓庄实验学校、上海"山海工学团"和重庆育才学校。正是在这些伟大的学校变革中,陶行知汲取、改造和活化了杜威实用主义教育理论,逐渐创造出具有中国民族特色、时代精神和本土意识的"生活教育"理论,对中国近现代学校教育改革与发展事业作出了不可磨灭的重要贡献。

作为杜威的弟子,陶行知十分推崇杜威教育理论的实验精神。1919年4月,他在《试验教育的实施》中明确指出:"我们现在所有的学校,大概都是按着一定的格式办的,目的有规定,方法有规定。变通的余地既然很少,新理安能发现?……为今之计,凡是师范学校及研究教育的机关,都应当注重实验的附属学校;地方上也应当按着特别情形,选择几个学校,做试验的中心点。"③主张用杜威的学校实验精神来破旧立新,来改变人们习以为常的赫尔巴特班级授课形式及其观念,以凸显杜威"儿童本位"、"做中学"、"教育即生活"、"学校即社会"的生活教育之理论旨趣。

随着自身办学实践的不断磨砺和探索,陶行知越来越发现杜威教育理论之一——"教育即生活"理论的狭隘性和局限性。1929年5月19日,陶行知在晓庄学校寅会上说:"'教育即生活'是杜威先生的教育理论,也就是现代教育思潮的中流。我从民国六年起便陪着这个思潮到中国来,八年的经验告诉我说'此路不通'。在山穷水尽的时候才悟到'教学做合一'的道理。……'教育即生活'的理论,至此乃翻了半个筋斗。实行

---

① 陶行知.备忘录(35—067、068)[M]//陶行知.陶行知全集(第10卷).成都:.四川教育出版社,1991:1128—1129.
② 周洪宇.陶行知生活教育学说[M].武汉:湖北教育出版社,2011:130.
③ 陶行知.试验教育的实施[M]//陶行知.陶行知教育论著选.董宝良,主编.北京:人民教育出版社,2011:43.

'教学做合一'的地方,再也不说'教育即生活'。他不再耐烦把学校变成社会的缩影。他要伸张到大自然大社会里去活动。他要我们在生活里各尽所能,各取所需。没有'教育即生活'的理论在前,决产生不出'教学做合一'的理论。但到了'教学做合一'的理论形成的时候,整个教育便根本的变了一个方向,这新方向是'生活即教育'。"①1931年11月11日,陶行知对杜威建立在经验论上的思维"五步法"也提出质疑,指出其"疑难情境"发生之前,还应该有"行动"。他说:"我拿杜威先生的道理体验了十几年,觉得他所叙述的过程好比是一个单极的电路,通不出电流。他没有提及那思想的母亲。这位母亲便是行动。路走不通才有困难。"②

陶行知在晓庄师范学校的办学过程中、在与当地农民朝夕相处的实践过程中,越来越感受到乡村农夫内心的真实教育诉求。他敏锐指出:"'学校即社会',一切都减少,校外有经验的农夫,就没有人愿去领教;校内有价值的活动,外人也不得受益。"③在陶行知看来,接触不到真实生活的学生绝不可能成为未来社会的自觉改造者和合格公民。他说:"学校即社会,就好像把一只活泼泼的小鸟从天空里捉来关在笼里一样。它要以一个小的学校去把社会上所有的一切东西都吸收进来,所以容易弄假。社会即学校则不然,它是要把笼中的小鸟放到天空中去,使它能任意翱翔,是要把学校的一切伸张到大自然界里去。……假使杜威先生是在晓庄,我想他也必主张'生活即教育'的。"④

正当陶行知孜孜不倦地开展史无前例的晓庄学校实验之际,却遭到国民党政府的无情封闭。但陶行知并没有被吓倒,他短暂避难日本之后,又开始创办融学校、工场、社会于一体的新型学校组织——"山海工学团"等组织,突显其炽热的爱国情怀,继续以"生活教育"理论引领形式多样的非正规学校变革,大力推动乡村普及教育运动的纵深发展,其生动活泼、形式多样的"小先生制"深受当地群众的欢迎。

其后,陶行知又依据抗战建国的紧急需要,创办了以难童幼苗的特殊教育为办学宗旨的重庆育才学校。从反对培养"小专家"、"人上人",主张"做追求真理的小学生,自觉觉人的小先生,手脑双挥的小工人,反抗侵略的小战士"⑤,到注重"分组课程"的

---

① 陶行知.生活即教育[M]//陶行知.陶行知全集(第2卷).成都:四川教育出版社,1991:7—8.
② 陶行知.思想的母亲[M]//陶行知.陶行知教育论著选.董宝良,主编.北京:人民教育出版社,2011:350.
③ 陶行知.社会即学校——答操震球问[M]//陶行知.陶行知全集(第2卷).成都:四川教育出版社,1991:506.
④ 陶行知.生活即教育[M]//陶行知.陶行知全集(第2卷).成都:四川教育出版社,1991:491—492.
⑤ 陶行知.育才学校节略[M]//陶行知.陶行知全集(第4卷).成都:四川教育出版社,1991:42.

教学设计、凸显真理至上和行动优先的"五路探讨",以及提倡"集体创造"的求索创新精神,都极大表现出陶行知"生活教育"理论在抗日战争时期的不断前进与发展。

综上所述,陶行知的"生活教育"受惠于杜威教育思想的影响,但颇能结合转型期中国社会的剧烈变革,致力于学校办学实践的创造性地探索,形成了具有中华民族特色、国际前沿意识的本土教育理论。其生活教育理论探索在不同历史时期均能紧扣时代需要而展开其丰富的时代内涵,凝聚着特定时期中国人民的宝贵教育经验与智慧,引领着学校变革实践的正确航向。在抗日战争的艰难时刻,陶行知的生活教育理论愈益显示出其强大的生命力、凝聚力和战斗力。他说:"中国已经到了生死关头,争取大众解放的生活教育,自有它应负的历史的使命。为着要争取大众解放,它必须争取中华民族的解放;为着要争取中华民族之解放,它必须教育大众联合起来解决国难。"[1]其生活教育理论是与时代脉搏同振共频,至今仍闪耀着真理的光芒。

第三节 陈鹤琴追求"活教育"旨趣的学校多维探索

陈鹤琴1919年8月回国之时,五四运动已爆发不久,杜威也正在中国四处讲学。凭借其在美国的多年留学经历和学术积累,陈鹤琴以极大的热情投入到新文化和新教育运动的洪流中,他并不甘心只是做一名大学教授——南京高等师范学校(后更名为东南大学)教授,从事书斋式的教育理论研究;而是以更积极的姿态与时共进,投身到各种类型的学校变革第一线。他先是创办了南京鼓楼幼稚园,开始了幼稚教育的中国化实验探索;继而精心办理上海工部局几所华人子弟的中小学校,致力于租界区华人教育的革新与推进;其后着力建构江西幼稚师范实验学校和上海市立幼稚师范学校,进一步探索中国化幼稚教育发展之路。多维度的学校变革实践与探索,陈鹤琴孜孜以求的具有中华民族特色的"活教育"理论,越来越清晰,得以完成漫长的孕育而最终诞生。

一、幼稚教育的中国化实验:南京鼓楼幼稚园的兴起

南京鼓楼幼稚园创立于1923年,其直接原因是从出生时即被陈鹤琴作为观察实验对象的长子陈一鸣,此时他已满3岁,该上幼稚园了。然而,从清末癸卯学制以来的

---

[1] 陶行知.生活教育之特质[M]//陶行知.陶行知全集(第3卷).成都:四川教育出版社,1991:717.

蒙养院以及民国后更正为幼稚园,始终存在着十分严重的日本化、宗教化和小学化倾向,胡乱抄袭外国成法,完全无视中国幼儿的身心发展特点,更缺乏先进的幼儿教育理论与方法,与新文化和新教育运动的时代潮流严重背离。陈鹤琴指出,当时"中国的幼稚园大抵是抄袭外人的,而外人的幼稚园已时有改进,但我们还是墨守成规,不知改良,以致陈旧腐败不堪闻问了"。[①] 要改变如此不堪的幼儿教育现状,陈鹤琴认为,只有借助杜威所崇尚的实验精神,创立鼓楼幼稚园,努力探索具有自己民族特色的中国化幼稚教育改革之路。

南京鼓楼幼稚园创立之初,并无专门场所,只是附设在陈鹤琴的自家住宅里,初名"东南大学教育科实验幼稚园",陈鹤琴自任园长。刚开始仅招到12名小朋友,其后生源逐渐增多,遂在近旁另建新园。师资队伍随之扩大,张宗麟、俞选清、董任坚、汪瑞娴、甘梦丹等一批有识之士汇聚于此,他们在陈鹤琴先生的带领下,开始共同致力于中国化幼稚园的实验与探索。

一所好的幼稚园离不开合理的课程及其组织、有效的教学法、适合的玩具与设备、科学的办园目标等。其中,课程及其组织直接关系到幼稚生学什么和如何学的问题,尤为重要。陈鹤琴为此进行了先后三期的幼稚园课程实验。1925年秋冬开展的是第一期,又称散漫期,该期强调要尊重儿童的活泼天性,任由其"电闪石火"的自由兴趣,但课程组织显然过于散漫了,实验效果并不好。1926年开展的是第二期,又称论理组织期,该期为了矫正前期过于散漫的缺陷,要求加强课程组织的计划性,注重按计划好的大纲去实施各项活动,结果儿童的自由天性与兴趣又被简单否定了,实验又陷入困境。1926年秋冬开展的是第三期,又称中心制期或设计组织期,该期力求克服前两期的各自不足,主张按时令季节选择与儿童生活密切相关的中心主题组织大单元活动课程,儿童可以自由参加大单元的各种活动,而这些活动本身又构成了有机的整体。这样的幼稚园课程设计,不仅解放了儿童,尊重了儿童的自由天性,让他们回归大自然、大社会的怀抱;而且同时注意到课程组织的"目标"定位,强调课程目标的达成要切忌分科教学的机械做法,注重把各科打成一片,构成有机的单元整体,"把儿童所应该学的东西整个地、有系统地去教儿童学"。[②]

陈鹤琴反对机械单一的分科教学,强调要注意各科教学的联络与整合,实行"整个教学法"。以读法(即识字)教学为例,陈鹤琴说:"读法和语言差不了多少,没有一个孩

---

① 陈鹤琴.陈鹤琴全集(第2卷)[M].南京:江苏教育出版社,1989:1.
② 陈鹤琴.陈鹤琴全集(第2卷)[M].南京:江苏教育出版社,1989:224.

子不喜欢听歌谣、唱歌谣的,也没有一个儿童不愿意学话的。……其实在实际上讲了猫的故事以后,给他看一个猫字,一张猫的图画,小孩子不但对于这个故事的兴趣格外好,而且对于这个故事的情节记得格外牢,对于这个故事的印象格外深。"① 在他看来,读法教学若能与歌谣、图画、游戏等各科教学有机联络,构成"整个教学法",其善莫大焉。同理,其他各科教学,也要注意彼此之间的相互配合与贯通。此外,儿童应该配置什么样的玩具设备?儿童应该养成哪些良好的习惯技能?"怎样可以用极少的金钱,办极好的幼稚园?"②

正是通过鼓楼幼稚园的系统实验与深入探索,陈鹤琴中国化幼稚教育理论逐渐成熟。1927 年,他郑重地提出了《我们的主张》,共 15 条。其中,包涵了"幼稚园是要适应国情的""儿童教育是幼稚园与家庭共同的责任""凡是儿童能够学的而又应当学的,我们都应当教他""幼稚园的课程可以用自然、社会为中心""幼稚园的课程须预先拟定,但临时得以变更"等。这些主张凝聚了陈鹤琴在实验基础上对中国化幼稚教育的独立思考和理论总结,是中国化幼稚园的宣言书。1928 年 5 月,陈鹤琴和郑晓沧、张宗麟等人一起,应邀参与国民政府的《幼稚园课程暂行标准》,充分渗透了鼓楼幼稚园的办学经验,从而对全国幼儿教育事业产生了十分深远的影响。

二、上海工部局华人子弟学校的建立与推进

鼓楼幼稚园的办学成功产生了良好的社会影响,陈鹤琴也不排斥通过行政之力,更大范围地推动学校教育变革。他先是受聘担任南京市教育局学校教育课课长(1927—1928),继而赴上海就任工部局华人教育处处长(1928—1939)。在南京的短期任内,他致力于"行政学术化"与"教育实验区"的改革探索,兹不详述。在上海的 11 年时间里,陈鹤琴先后创办了 7 所小学、1 所女子中学、4 所工人夜校,他明确反对租界教育的殖民主义倾向,坚持爱国主义和新教育中国化的办学方向,努力为华人子弟争取受教育权益,开展一系列的教学、教材与管理探索,极大地推进了租界区华人学校教育的现代化发展。

以工部局东区小学(解放后改为霍山路小学)为例,该校是陈鹤琴于 1928 年 10 月创办,坐落于上海汇山路 150 号的"聂家花园"。陈鹤琴就任华人教育处处长之初,即于此办公,其长子陈一鸣也在此上学。从办学伊始,陈鹤琴即聘请一批优秀的教师,注

---

① 陈鹤琴.陈鹤琴全集(第 2 卷)[M].南京:江苏教育出版社,1989:241.
② 陈鹤琴.陈鹤琴全集(第 2 卷)[M].南京:江苏教育出版社,1989:15.

意用健全的人格教育理念来引领学校变革的发展路向。1929年,他曾写下了热情洋溢的"工部局小学校歌",其中的歌词说:"我的学校,教我们做人怎样做?团结活泼,做事勇敢,清洁健康,生活快乐,遵守纪律,和气且恭敬,爱国爱人还要爱学问。"①在这里,我们不仅看到了陈鹤琴对中外教育思想精华的综合吸收和高超提炼,更透析出其"活教育"目的论的最初表达——"做人怎样做",后来他更完整地表述为:"做人"、"做中国人"和"做现代中国人"。陈一鸣回忆说:那时候,"在学校每天的晨会上,由师生齐唱校歌并升国旗。我至今仍能背唱这首《学做人》的校歌,它生动地体现了陈鹤琴反对死读书的应试教育、倡导培养健全人格的教育思想"。②另一学生王瑞兰也回忆其幸福的校园生活,她说:那时候,学校教师"不对学生成绩排名次,总是平等公平地对待学生";"学校的课程设置十分注重学生的全面发展。除国语、算术和英文三门课以外,对自然、美术、体育、音乐课也很重视"。③

  再以工部局西区小学(解放后改为静安区第一中心小学)为例,该校是陈鹤琴于1930年9月创办,校址最初设在爱文义路(现为北京西路)与麦特赫司脱路(现为泰兴路)交叉路口的"大洋房里"。据亲历者证实,从教室、课桌椅,到体育场,甚至学生厕所,"西区小学的一切设施,都是陈鹤琴根据活教育原理和儿童特点自己设计创建的"。④为了改变当时"教师教死书,学生死读书",陈鹤琴在教科书编写和课堂教学上下了很大的功夫,对西区小学教学实践产生了直接影响。张纯瓦、黄雪娥回忆说:"陈老编写的那套《儿童国语课本》(上海儿童书局出版)共八册,颇具特色,既抓住儿童心理特点,又充满生活气息、顾及思想内容。西区小学教过其中的前四册,效果很好。课文强调单元制,……除单元教学外,还常常举行教学示范,编制活动教学纲要。教师教得活,学生学得活,进入教室,师生如坐春风。"⑤在他们看来,陈鹤琴所编教材与一般教科书不同,"如《我们的周围》,以常见植物知识为主;《我们的身体》,主要讲人体构造、功能、疾病、保健;《我们的上海》,重在城市建设;《我们的祖国》,重在讲中华民族发

---

① 陈鹤琴.陈鹤琴全集(第5卷)[M].南京:江苏教育出版社,1991:556.
② 陈一鸣.陈鹤琴在聂家花园办小学[M]//陈秀云,编选.我所知道的陈鹤琴[C].北京:金城出版社,2011:51.
③ 王瑞兰.在"爱国爱人爱学问"的校歌声中成长——回忆我在上海工部局东区小学的校园生活[C]//陈秀云,编选.我所知道的陈鹤琴.北京:金城出版社,2011:52—53.
④ 张纯瓦,黄雪娥.陈鹤琴与上海工部局西区小学[C]//陈秀云,编选.我所知道的陈鹤琴.北京:金城出版社,2011:55.
⑤ 张纯瓦,黄雪娥.陈鹤琴与上海工部局西区小学[C]//陈秀云,编选.我所知道的陈鹤琴.北京:金城出版社,2011:57.

展史。学校也注意引导学生接触社会,如曾组织学生去'四行仓库',慰问抗日将士。陈老还主编了《中国历史故事》丛书和《小学自然》丛书,供学生阅读和动手实践。"① 很显然,陈鹤琴所编的教材之所以有魅力,是因为其在很大程度上贯穿了大自然、大社会都是活教材的理念,注重从小培养学生的开阔视野和社会实践能力。那时西区小学的许多教师也都秉持着一种开阔的胸襟和敬业的态度,注意引领学生树立远大志向,激发爱国情操,增强救国意识。如:音乐教师马虚若,她就敢于在当时"孤岛"上海的课堂上,教学生"唱进步歌曲",除教黄自作曲的爱国歌曲《旗正飘飘》外,还教大家唱"陶行知《锄头舞歌》,聂耳《卖报歌》,刘半农《卖布谣》《木兰辞》《满江红》,以及李叔同、丰子恺等人的歌曲"。② 其良苦用心,不言自明。

除上述所举的两所学校外,陈鹤琴对其他几所学校的创办与发展也是贡献卓著。如:1931年9月创办的工部局女子中学,是陈鹤琴精心挑选的留学美国的金陵女大毕业生杨聂灵瑜为校长,该校注重女子独立精神,其"培养健全人格,造就实用人才"的办学目标,以及突出中国文化、家政训练、体育活动等课程设计,均折射出陈鹤琴的教育思想。当时的学生后来回忆说:"记得我们校歌的歌词中就提出要'独立自强',发扬'母性之光'。工部局女中的培养目标是要使学生成为德、智、体、美全面发展的人,反对死读书,提倡活教育,它体现了陈鹤琴先生的教育理念和方法。"③ 又如:1936年夏,陈鹤琴创办的最后一所小学——工部局蓬路小学,该校的学生都是些穷苦家的孩子,学生问题较多,有些教师有畏难情绪,陈鹤琴发现后,特别指出:"做一个好老师,一定要热爱儿童,……现在蓬路小学的学生,更需要我们做老师的去爱他们,去教育去诱导。"④

事实上,担任工部局华人教育处处长期间,陈鹤琴不仅亲自创办了这几所学校,他还积极为租界内私立中小学争取工部局的经费补助,仅1936年他"争取到经费补助的华人学校多达223所"。⑤

更为重要的是,陈鹤琴维护了租界区华人办学的中国立场,并就学校教材、教学、

---

① 张纯瓦,黄雪娥.陈鹤琴与上海工部局西区小学[C]//陈秀云,编选.我所知道的陈鹤琴.北京:金城出版社,2011:57.
② 王树勋.工部局西区小学的创建[C]//陈秀云,编选.我所知道的陈鹤琴.北京:金城出版社,2011:61.
③ 盛靳先.陈鹤琴先生与上海工部局女中[C]//陈秀云,编选.我所知道的陈鹤琴.北京:金城出版社,2011:70.
④ 俞振英.陈鹤琴先生创办蓬路小学的经过[C]//陈秀云,编选.我所知道的陈鹤琴.北京:金城出版社,2011:64.
⑤ 黄书光.陈鹤琴与现代中国教育[M].上海:上海教育出版社,1998:115.

管理等领域开展了卓有成效的探索。他极力争取租界区华人学校朝会时升起中国国旗,注意在"工部局小学校歌"中凸显中西文化精华的汇合融通和深层的爱国主义旨趣。他还以惊人的毅力编写、主编或合编了《幼稚园课本》(16册)、《儿童国语读本》(24册)、《中国历史故事》(40册)、《小学自然故事》(40册)、《儿童科学丛书》(100册)等一系列儿童教材和读物,其中贯穿了陈鹤琴一贯坚持的科学化与民族化精神。在学科教学上,陈鹤琴认为,不仅要自觉研究学科心理,而且还要研究具体的各科教学,他自己就对小学的算术、国语、自然、图画、写字等学科做了许多有益的探讨;与此同时,他强调,小学阶段的各科教学改革,仍然应该尊重儿童生活的整体性和丰富性,"应当用整个的教学法去进行教学,力谋各科间的联络,举行大单元的中心设计。"①在学校管理上,陈鹤琴对校长的管理能力和人品素养提出很高要求,注重学校的制度规范建设,厘定合理的教师进修办法,关心教师的专业化发展,密切重视家校合作,开展科学化与人性化相结合的管理实践。②

概言之,陈鹤琴不仅先后建立了若干所的工部局华人子弟学校,而且以教育家的实干精神极大地推进了租界区学校教育的现代化变革和中国化探索,为近代上海教育的发展作出了重要贡献。

三、创构与发展:从江西幼稚师范实验学校到上海市立幼稚师范学校

陈鹤琴在上海工部局办学的同时,不断参加当时抗日救亡的各种进步团体活动,解救一些爱国进步人士,遂被汪伪列入暗杀名单。1939年10月离沪避难,1940年2月来到江西泰和。陈鹤琴深知,在上海租界的"孤岛"环境中,其"活教育"——中国化新教育思想不可能得到充分的展开与实验;而中国化新教育实践特别需要中国化的新师资,这就是陈鹤琴特别迫切办理幼稚师范实验学校的根本原因。他说:"我提倡活教育是立意创造中国化的新教育,我创办南京鼓楼幼稚园,立意是建立中国化的幼稚园。中国化的幼稚园需要中国化的师资,这一点在20年前就已经体会到了。……那时我就认为要建立真正的中国化的幼稚园,必须要同时建立中国化的幼教师资训练机构。20多年,这种理想终不得实现。当我负责上海工部局华人教育处工作的时期中,目的虽在收回租界的权利,但依法不得办理师范教育,因此中国化的幼稚师资的培养也就

---

① 陈鹤琴.陈鹤琴全集(第4卷)[M].南京:江苏教育出版社,1991:49.
② 黄书光.陈鹤琴与现代中国教育[M].上海:上海教育出版社,1998:136—140.

无法实现。"①经过精心的设计和几个月以来的艰苦创业,陈鹤琴在江西省政府仅拨2.5万元、建校经费严重不足的情况下,靠精打细算和艰苦创业,因陋就简地建成了江西实验幼稚师范学校,于1940年10月1日正式开学。

  这是一所坐落在泰和文江村大岭山松林深处的"活教育"实验学校。陈鹤琴特地用中外教育家的名字来命名校内的相关建筑,旨在营造中外会通、引人向上的校园文化氛围。他还精心设计了具有象征意义的"狮子"校徽,创作了内涵"活教育"办学理念的优美校歌,其中写道:"幼师,幼师,前进的幼师!做中教,做中学,随作随习。活教材,活学生,活的老师。大自然、大社会是我们的工作室。还要有手脑并用,文武合一。建设我们的新国家,教导我们的小天使。"②与此同时,陈鹤琴在1941年1月创刊的《活教育》发刊词上更明确指出:"我们要研究所有的教材,是否适合儿童的需要。我们要研究所用的教法,是否能够引起儿童的兴趣,启发儿童的思想,培养儿童创造的能力。……我们要利用大自然、大社会做我们的活教材。我们要在做中教,做中学,做中求进步。"③1941年5月,陈鹤琴还在《松林中新生的幼师》中提出了幼师教学目标的"两个相信":"1.我们相信教育在培养学生做人,做中国人,做现代中国人——具有健全的身体、自动的能力、创造的思想、生产的技术、服务的精神,才可以做现代的中国人。2.我们相信幼师教育是培养学生做优良的幼稚教师——具有慈母的心肠、丰富的智能和爱的性情、研究的态度。"④

  不难看出,陈鹤琴对这所幼师实验学校给予殷切的期望。第一届共招到138名学生,但因当时"校舍的建筑、设备都还没有完成,开学实际上等于是全校师生集团劳动生活的开始。我们筑路、拓荒、编草、移植木,一面读书,一面劳动,变荒山成乐园"。⑤其初,学校只是省立,3年后争取到国立的名分,辖下包括专修科、师范部、小学部、幼稚园、婴儿园等5个部门。"开始时,幼师是二年制,后来才改为三年制,不论课程、教学、训导、教材也都依据活教育的原理来实施。"⑥陈鹤琴拟设了课程细目包括公民、体育及游戏、卫生、国语、自然、社会、美术、家事、音乐、教育概论、儿童心理、保育法、幼稚教育、时事研究、农艺、工艺、实习等。

---

① 陈鹤琴.陈鹤琴全集(第5卷)[M].南京:江苏教育出版社,1991:51.
② 陈鹤琴.陈鹤琴全集(第5卷)[M].南京:江苏教育出版社,1991:4.
③ 陈鹤琴.陈鹤琴全集(第5卷)[M].南京:江苏教育出版社,1991:1.
④ 陈鹤琴.陈鹤琴全集(第5卷)[M].南京:江苏教育出版社,1991:16.
⑤ 陈鹤琴.陈鹤琴全集(第5卷)[M].南京:江苏教育出版社,1991:56.
⑥ 陈鹤琴.陈鹤琴全集(第5卷)[M].南京:江苏教育出版社,1991:58.

关于课程与教材,当时的学生漆竟余回忆说:"在课程设置方面,根据中国国情和中国儿童身心发展的急需而开设合适课程。如二、三年中先后开设了普通教育学、心理学、儿童心理学、幼稚教育学(含中外教育发展比较等)、儿童心理研究、儿童卫生学、儿童文学、幼稚园教材教法研究、教育实习等课程。此外还开设了英语、生物学、海洋学、社会学以及体育、音乐、钢琴、美术、园艺、家政和劳作等课程。课程开了不少,但在抗战时期,教材十分困难,除某些课程有课本外,多是授课先生印发的讲学提纲或讲义。"① 其实,陈鹤琴倡导教师要善于用活的教科书,他说:"教科书我们并不反对用,不过我们要用活的教科书。……我们是主张到田间去,到动物园区,到大自然界,一切的一切都是活的,都是与儿童有密切的关系,有重大价值的。"②

关于教学方式与方法,毛廷珞等学生写道:"我们上课的形式也与一般学校不一样。我们的课桌椅也不像别的学校那样,老师在前面讲,学生一排排的坐在后面听,而是像实验桌,每桌坐五至七人,其中有一小组长,带领讨论。老师讲完课就分组讨论,有时学生提问、老师回答,有时同学重点发言,老师补充加深。选用的教材除教科书外,还经常用报章杂志上的文章作补充材料,有时老师索性带学生到大自然、大社会中去吸取新鲜营养,取活教材。如生物老师带学生到野外寻找植物化石,认识并分析鉴别它属于哪个世纪、哪个地质层;学近代史就到附近村庄去做调查研究。"③ 许多老师不仅专业功底深厚,而且善于理论联系实际,深受学生好评。如:曾担任南京鼓楼幼稚园主任的钟昭华女士,她常常"根据教学的需要分别组织幼专的同学到幼师班听教材教法课,并组织到附幼学习,观看幼稚园的教学资料,'五指'活动和幼儿日常活动。她的教学真正做到理论联系实际,并具画龙点睛之术"。④ 雷震清教授则善于进行"古为今用、洋为中用"的批判性教学,其"每次授课之后,都让同学们各抒己见,切磋研究,做到教学民主,教学相长,使学生受益匪浅"。⑤ 此外,陈鹤琴还竭诚邀请陶行知、曹聚仁等名家来校讲学,陈鹤琴自己更是经常举办专题讲座,学校始终洋溢着浓厚的学术

---

① 漆竟余.哺育新生命的摇篮——"活教育"实验基地的回忆[C]//陈秀云,编选.我所知道的陈鹤琴.北京:金城出版社,2011:165.
② 陈鹤琴.陈鹤琴全集(第5卷)[M].南京:江苏教育出版社,1991:25.
③ 毛廷珞,尹民瑞,杨毅,沈海南.为开创中国化的幼稚教育艰苦办学[C]//陈秀云,编选.我所知道的陈鹤琴.北京:金城出版社,2011:156.
④ 漆竟余.哺育新生命的摇篮——"活教育"实验基地的回忆[C]//陈秀云,编选.我所知道的陈鹤琴.北京:金城出版社,2011:165.
⑤ 漆竟余.哺育新生命的摇篮——"活教育"实验基地的回忆[C]//陈秀云,编选.我所知道的陈鹤琴.北京:金城出版社,2011:165.

研讨气氛。

事实上,陈鹤琴的"活教育"理论是基于已往学校变革的基础,并在江西幼稚师范学校的实践中不断完善的。以"活教育"课程论中的"五指活动"为例,是陈鹤琴与大家讨论中逐渐明晰,并由他最后论定的。据陈鹤琴的学生刘于艮记载,1944年春节后,陈鹤琴召开"活教育"研究会,请中正大学的几位教授参加,"经过几天讨论,决定将附小全部课程并为'健康、社会、自然、文学和艺术'五种活动。当讨论活动的定名时,有的提名'五项活动',有的提议'五种活动',等等,先生独排众议,主张'五指活动'。也有人认为活动与手指无关,这是标新立异。先生笑嘻嘻地说,我们教学虽然从五个方面进行,但教育工作是不可分离的整体;正如一只手上五个指头,看起来虽是各自独立,各司其职,但实际上是血肉相连的整体,我把这五项活动以'五指'名之就是这个道理"。① 同理,陈鹤琴"活教育"理论的其他相关内容也是在学校的具体实践中,甚至在后期因日寇入侵而被迫流亡的艰难困苦中,愈益走向成熟和完善。

1945年抗日战争胜利后,陈鹤琴于当年9月受命担任上海市教育局督导处主任督学,11月又受命担任上海市立幼稚师范学校校长。次年6月,原江西国立幼稚师范学校专修科也迁回上海。1947年2月,上海市立幼师学校又改为上海市立女子师范学校。

回到久别重逢的上海,陈鹤琴以幼师及女师学校为基地,继续展开"活教育"实验的深入探索。他说:"女师的使命在培养新中国基层教育的优秀师资。……活教育不是标新立异,想自外于一般教育的主张,而是不满于旧的传统教育的固陋、呆板,以谋推动全面幸福的一种教育运动,是要大家如何去做人,做一个中国人,做一个现代的中国人,所以活教育的方法就在于做中学,做中教,做中求进步。女子师范就是活教育理论的实验场所。"② 以课程教学为例,陈鹤琴将当时女师的全部课程纳入到"五指活动"的课程建构之中,即:健康、社会、科学、艺术、文学等五种相互关联的有机整体活动。③ 他说:"新的教学活动,不但是一种活动,而且应该是一种有组织的整体活动。旧的教学是把一些孤立的知识,片段地灌输给儿童,教材内容都是一些漠不相关的知识的堆砌。……今天我们根本反对这种死知识的传授,而主张以一个总的教学活动来统一教

---

① 刘于艮.深切缅怀我的恩师陈鹤琴先生——生我者父母,知我者陈师[C]//陈秀云,编选.我所知道的陈鹤琴.北京:金城出版社,2011:149—150.
② 陈鹤琴.前言[C]//上海市立女师.未刊资料,1947:1.
③ 陈鹤琴.前言[C]//上海市立女师.未刊资料,1947:9.

材内容,这就是我所提出的五指活动的课程理论与教学活动。"①又如:"上海研究"的大单元教学活动,陈鹤琴邀请上海国立幼专、上海幼师及其附小三家通力合作,分别研究上海的过去、现在和未来,其核心内容也离不开"五指活动",要求各家相互密切配合,有序推进。

概言之,陈鹤琴回沪之后,除继续在学校开展"活教育"实验外,更主动参加"上海市小学教师联合进修会"、"上海市校教师福利促进会"等民主进步团体的有关活动,从而使"活教育"获得新的时代意义——不仅促进"活教育"理论的纵深发展,而且对上海民主革命运动也起到了积极的推动作用。

四、多维学校变革与"活教育"的孕育及其诞生

如上所述,陈鹤琴从1919年8月回国任职于南京师范学校,特别是从1923年独立创办南京鼓楼幼稚园起,他就播下了"活教育"的种子,开启了新教育中国化的自主探索。他说:"我提倡活教育是立意创造中国化的新教育,我创办南京鼓楼幼稚园,立意是建立中国化的幼稚园。"②正是抱定了这样一个崇高的宗旨,陈鹤琴及其团队进行了一波三折的幼稚园课程实验和一系列教学探讨;与此同时,陈鹤琴一刻也没有停止过教育实践与理论的密切联系,先后完成并出版专著《儿童心理之研究》与《家庭教育》,并提出了中国化幼稚教育的宣言书《我们的主张》。其变革动力固然来自陈鹤琴对现实幼稚教育的强烈不满,来自其深厚的爱国情怀和救国意识,但同时离不开杜威教育实验精神的激励和推动。

1927年之后,陈鹤琴在南京教育局学校教育课课长任上所开展的"教育实验区"改革;特别是1928年至1939年,陈鹤琴担任上海工部局华人教育处长期间所创办的几所华人学校及其种种改革努力,表明他已将教育实验对象由幼稚园扩大到中小学领域,致力于租界内学校的新教育求索。他说:1928年后的十年中,"笔者在上海把初等教育同中国自己的文化和精神协调起来,在环境允许的情况下,对学校的教学和学习进行了各方面的改革。这是值得回忆的一件事,因为它标志着在过去租界内新教育运动的开端"。③无论是陈鹤琴亲自谱写《工部局小学校歌》中对"做人怎样做"和"爱国爱人爱学问"的提倡,还是其编写大量的中小学和幼稚园教材、读物中所贯穿的"活教

---

① 陈鹤琴.陈鹤琴全集(第4卷)[M].南京:江苏教育出版社,1991:444.
② 陈鹤琴.陈鹤琴全集(第5卷)[M].南京:江苏教育出版社,1991:51.
③ 陈鹤琴.陈鹤琴全集(第6卷)[M].南京:江苏教育出版社,1992:298.

材"理念,以及继续开展的"大单元活动教学"实践,都不难看出其孜孜不懈的新教育追求。陈鹤琴自述道:"我提倡新教育名之曰'活教育',在抗战初起之时,是认识这时代的伟大,在这伟大的时代中,教育所负的使命是怎样的重大!……抗战以后,教材教具的添置是非常困难的,我们如果还是想象战前一样仰给于现成书籍教具,那是不可能的。因此,我提出大自然、大社会都是活教材这一主张。"①

作为华人教育处长,陈鹤琴深知自己肩上的重任,他总是尽其所能地为华人子弟争取最大的受教育权益,经常深入租界区难民学校与难童们亲切交流,越是国难时艰越能激发其深沉的博大仁爱之心。1935年8月1日,他立下了9条的教育"宏愿",其中第一条写道:"愿全国儿童从今日起,不论贫富,不论智愚,一律享受相当教育,达到身心两方面最充分的可能发展。"②1936年夏,陈鹤琴执意要为劳苦子弟兴办"半日二部制"小学——工部局蓬路小学,即是其崇高的教育"宏愿"之自觉践行。他直言道:"现在的蓬路小学,我是作为试验,如果办出成绩来,今后办的学校都是这样形式:'半日二部制',这样一来,租界上所有儿童都可以入学了。"③但上海租界的"孤岛"环境,确实很难让陈鹤琴的新教育探索及其理想得到充分展开,最后还被迫逃离。

其实,陈鹤琴在1939年《小学教师》"发刊词"中已蕴含了"活教育"思想,他说:"我们怎样使教师:教活书,活教书,教书活?我们怎样使儿童:读活书,活读书,读书活?这个问题实在很重要,这个使命,实在很重大!"④1940年2月来到江西之后,陈鹤琴的"活教育"理论与实验构想越来越明确,他开始直接启用"活教育"概念,并自觉建构其深层的学术内涵。1941年1月,他在《活教育》"发刊词"中特别指出:"我们要利用大自然、大社会做我们的活教材。我们要在做中教,做中学,做中求进步,我们要有活教师,活儿童,以集中力量改进环境,创造活社会,建设新国家。"⑤同年,陈鹤琴更将"活教育"与"死教育"做形象对比,指出其"十大区别"。⑥ 与此同时,陈鹤琴开始进行有组织的幼稚师范实验探索,并自觉将"(1)学做人,做中国人,做现代中国人。(2)大自然、大社会是我们的活教材。(3)做中教,做中学,做中求进步",作为活教育实施方案的基

---

① 陈鹤琴.陈鹤琴全集(第4卷)[M].南京:江苏教育出版社,1991:349.
② 陈鹤琴.陈鹤琴全集(第4卷)[M].南京:江苏教育出版社,1991:436.
③ 俞振英.陈鹤琴先生创办蓬路小学的经过[C]//陈秀云,编选.我所知道的陈鹤琴.北京:金城出版社,2011:64.
④ 陈鹤琴.陈鹤琴全集(第4卷)[M].南京:江苏教育出版社,1991:314.
⑤ 陈鹤琴.陈鹤琴全集(第5卷)[M].南京:江苏教育出版社,1991:1.
⑥ 陈鹤琴.陈鹤琴全集(第5卷)[M].南京:江苏教育出版社1991:30.

本原则。①

不难发现,陈鹤琴"活教育"理论的诞生并非一蹴而就,而是经历了近20年的漫长的孕育过程,从幼稚园实验探索,到小学、中学,乃至幼稚师范实验学校的多维度、深层次自主变革,陈鹤琴及其团队付出了无数的艰辛与努力,最终历练而成。也正因为来之不易,陈鹤琴对"活教育"寄予了十分殷切的期望,他说:"一般的教育,仍多半是移植欧美各国学者所研究出来的方法制度,有时未尽适合于我们本国的国情与需要。所以我们应当另辟蹊径,从事于一种新的教育方法之探求。这种新的教育方法是什么呢?就是我们现在在这里提出的'活教育'。所以我们对'活教育'这一口号之提出,抱着无穷的期望,希望它能成熟为一种适合时代需要,符合民族精神的完善的教育制度,希望它能从理论走入实践,更希望它能由一隅一地之试验,发展而为普遍之推行。"②

五、"活教育"精神传播及其对当代学校变革的深层影响

"活教育"精神是陈鹤琴长期致力于多维学校变革实践的理论升华,是中国现代教育本土化探索的杰出代表。如何创造性地传承和弘扬"活教育"精神,以促进当代学校的深度变革和教师教育专业的健康发展,无疑具有十分重要的现实意义。

其一,秉持开放的国际视野,坚持多维的实验探索。近代的先进中国人一般都具备深厚的国学根底,但同时他们善于向西方学习,留学归来后多半致力于本土的教育改革与实验。陈鹤琴便是其中的一个典型代表,他从美国哥伦比亚大学师范学院归国之际,便全身心投入到中国新教育改革的洪流中,其先后创办的南京鼓楼幼稚园、上海工部局华人教育为中心的7所小学和1所女子中学、江西幼稚师范实验学校、上海幼稚师范学校等,这些不同类型的系列学校变革探索是陈鹤琴"活教育"理论产生的实践根源。1978年,中国"改革开放"大门向世界敞开后,顾泠沅、段力佩、吕型伟、刘京海等上海教育家坚定地继承海派教育家的优良办学传统,赓续和弘扬陈鹤琴的多维办学智慧,从而创造出"青浦实验"成功的上海教育品牌,深刻地影响了上海学校变革和教师教育专业的协调发展,为"上海教育模式"的形成奠定坚实的历史基础。

其二,回归人本的价值立场,突出学校的内涵变革。中国近代的教育现代化变革离不开对科学知识、实用知识的追求,离不开教育科学化、民主化的探索;但同时,我们

---

① 陈鹤琴.陈鹤琴全集(第4卷)[M].南京:江苏教育出版社,1991:371.
② 陈鹤琴.陈鹤琴全集(第4卷)[M].南京:江苏教育出版社,1991:356.

不能忘记"人的现代化"乃是教育现代化的终极目的,"学以成人"是学校变革的核心任务。正是从这个意义,陈鹤琴在上海开展工部局华人学校变革时特别注重学校内涵变革的文化中心和人本立场。他在《工部局小学校歌》中所谱写的校歌"我的学校,教我们做人怎样做?团结活泼,做事勇敢,清洁健康,生活快乐,遵守纪律,和气且恭敬,爱国爱人还要爱学问",无疑充满了对"做人"目标的深刻挖掘,其中内藏着对儿童天性和自由人格的赞颂、对儒家教育精华及其现代价值的融通。与此同时,陈鹤琴对一所理想学校所具备的课程、教材、教法、训育、设备、环境等诸多学校内涵变革的探讨,都是服从和服务于其培育"做人,做中国人,做现代中国人"的根本旨趣。陈鹤琴先生这一"回归人本"的学校内涵变革也越来越成为当代基础教育学校实践的重要路向,以陈先生自己创办的工部局西区小学(现为上海市静安区第一中心小学)为例,目前正在借鉴陈鹤琴先生的"五指课程"理念——儿童健康、社会、科学、艺术和文学活动,根据新时代需求围绕"德、智、健、艺、创"五个方面,开展"新五指课程"体系的内涵变革。很显然,"新五指课程"建构是"在陈鹤琴先生'五指活动'的基础上形成和提炼的,是对陈鹤琴先生'活教育'思想的继承和发展。它既有利于满足学生生存与发展的需求,又可以形成学校办学特色,满足'个性化'的学校发展需求"。①

  其三,汲取外来的理论精华,彰显本土的学术创获。陈鹤琴从不讳言其"活教育"理论是受杜威"生活教育"理论的影响,他自称:"当作者从 1914 年到 1919 年在美国接受教育时,最知名的教育家之一杜威博士所提倡的美国进步教育,对形成中国的'活教育'运动起了相当的影响。"②但需要指出的是,陈鹤琴极力反对简单地照搬外国教育理论,主张根据中国的本土教育实验去改造和形成具有中华民族特色的本土教育理论。他在南京、上海、江西等地亲自开展了一系列学校变革实验,这些鲜活的实验揭示出一条重要的教育规律:凡是办学,必须符合国情。他认可杜威"教育即生长"的理论,反对外部强加的教育目的;但他又根据自己对儿童身心发展的系统观察实验,提出要从小培养儿童的良好行为习惯,奠基好其"做人"的基础。他赞赏杜威的生活化"活动课程",但同时又进一步提出"大自然、大社会都是活教材"。陈鹤琴还在杜威"做中学"的基础上,更加全面地提出要"做中学,做中教,做中求进步"。至于陈鹤琴的 101

---

① 上海市静安区闸北第一中心小学课题组."新五指"课程的重构与实施研究[C]//上海市陈鹤琴教育思想研究会,主编. 行走在"活教育"路上:教育转型背景下的陈鹤琴教育思想实践研究. 桂林:广西师范大学出版社,2016:90.
② 陈鹤琴. 陈鹤琴全集(第 6 卷)[M]. 南京:江苏教育出版社,1992:259.

条家庭教育原则,更体现了其立足实践、会通中西的理论探索。概言之,陈鹤琴是立于时代发展前沿,植根本土学校教育实践,进行中外教育理论的有机融通与学术创造。这一变革路径对当代中国教师教育专业的深层变革仍然具有十分重要的启迪价值。

第四节　胡适追求自由主义教育理想的学校改革尝试

1917 年 7 月,胡适回到了久别重逢的上海;9 月,受聘北京大学教授。其后,陆续担任该校的哲学研究所主任、文学所主任、英文系主任和教务长,全力支持、参与蔡元培主持的北大各项改革事业。他不仅是杜威来华讲学活动的发起者之一,而且多次陪同乃师讲学,是杜威来华学术讲演的重要口译者、理论阐发者和思想传播者。胡适对杜威教育理论的"实验"精神倍加赞赏,他认为,杜威实用主义只是一个哲学的"方法",用这个"方法"到学校中去"试验",才能获得真正的效验。诚然,胡适在北大所参与的各种教学和行政改革活动,固然体现了其对杜威教育理论的实际应用;但真正在一所学校进行相对完整的自由主义办学改革尝试,则是其 1928—1930 年执掌中国公学时期。与陈鹤琴、陶行知长期从事基础教育学校变革不同,胡适更关注高等教育领域中的学校改革,追求自由民主的办学理念,有时也论及基础教育变革,热衷于杜威教育理论的本土化求索,具有重要的学术价值,也表现出一定的历史局限。

一、追求自由民主办学理念与执掌中国公学的改革举措

胡适对蔡元培"思想自由,兼容并包"的北京大学办学方针推崇备至。他受聘北大教授后,不仅承担"中国哲学史"、"西洋哲学史"、"欧洲文学名著"、"英文诗"等课程,更与陈独秀、李大钊、鲁迅等人一起,以《新青年》为主要阵地,在北大掀起影响深远的"新文化运动"。作为学界新锐,胡适全力支持和参与蔡元培主持的北大改革,先后倡议建立选科制、教授会和研究所等新型组织制度。其中,"选科制"问题,胡适在 1917 年 10 月 25 日给其母亲的信中写道:"此次教育部因改订大学章程事,召集一会讨论此事。适亦被请参预会事。因建议废现行之分年级制,而采用选科制。此议已经教育部通过。但一切细目详章尚须拟好。……适为创议之人,当竭力筹办此事。"[①]而教授会和研究所的倡议,更体现了现代大学教授治校、民主办学的学术旨趣。

---

① 耿云志.蔡元培与胡适[C]//蔡元培研究会.论蔡元培.北京:旅游教育出版社,1989:397.

诚如学者所言:"蔡元培出长北大之后,始终高扬'学术至上'的旗帜,实行'思想自由、兼容并包'的办学方针,致使学术空气渐趋浓厚,这与胡适所抱定的'为学术而学术'的内心追求不谋而合,故而二人的合作亦更加默契。胡适在到校仅一年多的时间里,即先后担任哲学研究所主任、北大编译会评议员、英文部教授会主任等学术职务,在教学和研究方面甚为活跃,在相当大的范围内业已成为蔡元培在校务上的得力助手。"①执教北大和参与北大改革的经历为胡适积累了宝贵的现代大学生活经验,也为其树立了理想大学变革的基本范式。

1926年7月,胡适远赴英国参加中英庚款委员会议,后又辗转法国、美国和日本,回国时已是1927年5月。恰值南京国民政府成立,北洋军阀政府摇摇欲坠。经利弊权衡,胡适决定暂时留居上海,并于1928年4月3日,应邀执掌中国公学,从而开启一段具有浓厚自由主义色彩的独立办学探索,成就其心目中新教育学校变革的理想蓝图。

其一,民主办学,突出无为善治。中国公学是1905年留日爱国学生为抗议日本政府而回国创办的一所具有革命传统的私立学校,胡适作为该校的早期优秀学生,曾深受教益。该校后来发展并不顺利,胡适携杨亮功参观后十分失望,但他还是鼓励杨亮功要迎难而上,以"试验"态度进行改革重建。在就职演说中,胡适强调中国公学校名深含"民主政治的意义","特别发挥公学的'公'字作为建造民国的远大理想,并以'公'字作为政治教育、道德教育的最高目标"。②在他看来,以"公"心为重,不独揽大权,知人善任,方能收到无为善治的办学效验。他看重杨亮功的办事能力,聘任杨先生为副校长后便让其放手实干,并不过问和干预学校的一般事务。杨亮功后来回忆说:"胡先生对于学校行政常以'无为而治'自嘲,实际上他是以无为而为,与自然主义教育家卢梭以不教而教是一样的态度。胡先生只注意于学校的重要问题,付与各主管以事权,并为之排除困难,因此养成各人自动自发的工作精神。"③事实上,胡先生的"无为"并非什么都不做,遇到重要且棘手的难事,他还是要亲自处理的。梁实秋回忆道:"中国公学经费一直拮据,有一次因故薪水未能按时发放,引起小小风波。胡先生当时在北平,问讯遄返处理,他明察是非,一秉大公,不惜开罪于人,风波立息,这虽然是一桩小

---

① 张晓唯.蔡元培与胡适(1917—1937)——中国文化与自由主义[M].北京:中国人民出版社,2003:30.
② 胡颂平.我在中公的片面回忆[C]//私立中国公学.台北:南京出版有限公司,1982:215.
③ 杨亮功.胡适之先生与中国公学[C]//欧阳哲生,选编.追忆胡适.北京:社会科学文献出版社,2000:250.

事,可以看出胡先生的胸襟。"①

其二,裁并院系,优化机构设置。中国公学素来缺少稳定的经费支撑,政府补助金十分有限,且常常落空;社会无经常捐款,学校支出主要靠学杂费收入。胡适接任中国公学校长之时,办学经费已呈严重不足的态势。本着实事求是的态度,胡适认为,依据当时学校的人才师资与办学经费,难以维系何鲁校长所设置的四个学院——文学院、商学院、法学院、理学院及十七个系,遂决定进行裁并优化。他先是将其改为两院七系——文理学院、社会科学院,商学系、中国文学系、外国语文学系、哲学系、数学系、史学社会学系、政治经济学系。1929年春,胡适进一步将学校机构确定为三院六系:"文理学院,属此者为文史学系,数理学系;社会科学院,属此者为政治经济学系,法律学系;商学院,属此者为普通商学系,银行会记学系。"②这一院系改革渗透了胡适对学科发展内在逻辑的理解和跨学科发展思维的远见,在特定时期具有一定的历史合理性。中国公学副校长杨亮功后来追忆道:"胡先生将理学院与文学院合并而成为文理学院,意在打通文理两科,使学理科者有人文科学之修养,学文科者有数理科学之训练。并且文理两科分开成为两院,在排列科目上有时亦感到困难。例如心理学科从前列入文科,现在有列入理科,这皆是困难问题。胡先生将法学院改为社会科学院,因为法学院这个名称并不能包括社会学、经济学、政治学等学系。"③

其三,重才纳贤,倡导学术自由。长期追随和参与蔡元培进行北大改革的胡适,他深知"兼容并包"办学方针的重要性,其聘请教授颇有蔡元培的作风——"不限资格,不分派别",但在学问上要求必须有过硬的本领。罗尔纲在《胡适琐记》中指出当年中国公学的一些师资特征,他说:"以中国文学系来说,有经学家王闿运的学生马宗霍教先秦古文和许慎《说文》,有左派作家白薇教戏剧,有青年作家沈从文教小说试作,陆侃如和冯沅君教古典诗、词的考证,有郑振铎教西洋文学史等等。陆、冯、沈的年纪比我们一些同学还小。有一位60岁左右的同学,比胡适大20多岁,是高等师范毕业,教了多年中学,因仰慕胡适而来求学的。沈从文只读过小学,是胡适把他安排上大学讲座的。"④事实上,胡适选聘教授是有其一定的学术标准和素质要求。杨亮功写道:"胡先

---

① 梁实秋. 忆中国公学[C]//私立中国公学. 台北:南京出版有限公司,1982:160.
② 马君武. 中国公学校史(二)[C]//私立中国公学. 台北:南京出版有限公司,1982:15.
③ 杨亮功. 胡适之先生与中国公学——为胡先生逝世周年纪念而作[M]//杨亮功. 早期三十年的教学生活·五四. 合肥:黄山书社,2007:78.
④ 罗尔纲. 师门五年记·胡适琐记(增订本)[M]. 北京:生活·读书·新知三联书店,1998:74—75.

生认为一个学校之优良,完全要看它所聘的教授之素质以为准。胡先生对于公学教授之聘请,心目中亦有其一定之标准。例如中国文学的教授,胡先生认为必须旧学有根基对新知识亦有相当的修养者为最适当。……胡先生所聘的文学教授如梁实秋、陆侃如、冯沅君诸位皆是深合他的条件。"①初显才华的沈从文,虽然只有小学文凭,初登大学讲堂竟然10多分钟说不出话来,但由于学养深厚,对现代文学新锐却能头头是道,对学生指导颇尽心力,亦为学生所爱戴。罗尔纲回忆说,沈老师"特别对新兴作家巴金的评述,讲得最详细。这个课程是一学年,我学写了10多篇试作,他很高兴。有一次,他在课堂上说我那些试作,如果盖了名字,会认为是郁达夫写的。我听了他的话,发我深思,我不知道我写的作品会有那样伤感。"②正是秉持和赓续蔡元培"兼容并包"的办学理念,许多名师硕儒,除前面提及的若干名师外,还有潘光旦、谢无量、高一涵、张慰慈、徐志摩、余楠秋等专家学者均加盟中国公学的教师队伍,形成崇尚学术自由的优秀教师团队。对于师生的学术言论,胡适主张听其自由发展。罗尔纲说:当时中国公学"是不挂国民党旗,星期四上午不做国民党纪念周。学校广场走道旁,树有许多木牌,给学生贴壁报用。那些壁报,有无党无派的,有国民党员的,有左派的,有国家主义的。胡适一视同仁,任由学生各抒所见"。③

其四,精心授课,营造务实学风。除主持学校行政事务、兼任文理学院院长外,胡适坚持每周给学生讲授2小时的"中国文化史"课程。对待自己的教学工作,胡适十分认真敬业,他常告诉人说,"每次上一小时的课,必须有四小时至八小时的准备"。④ 每次胡适讲课,总是引来许多校外的大学生前来旁听,因容纳百人的大教室坐不下,遂改为大礼堂上课。胡适讲课时务实而不失幽默的风格,与其平时注重实证的研究精神是相通的。他"每次到课堂上来,都抱着五六本厚厚的参考书,如《宋元学案》、《明儒学案》、顾炎武的《日知录》、戴震(东原)的《孟子字义疏证》和《原善》、梁任公的《清代学术概论》等,每讲到要引经据典的地方,很熟练的将参考书翻开,摘要写在黑板上,让学生抄写。……讲到特别重要的地方,略为提高声调,庄重地加以说明。兴致高时,笑逐颜

---

① 杨亮功.胡适之先生与中国公学——为胡先生逝世周年纪念而作[M]//杨亮功.早期三十年的教学生活·五四.合肥:黄山书社,2007:79.
② 罗尔纲.师门五年记·胡适琐记(增订本)[M].北京:生活·读书·新知三联书店,1998:75.
③ 罗尔纲.师门五年记·胡适琐记(增订本)[M].北京:生活·读书·新知三联书店,1998:73.
④ 杨亮功.胡适之先生与中国公学——为胡先生逝世周年纪念而作[M]//杨亮功.早期三十年的教学生活·五四.合肥:黄山书社,2007:81.

开,间或夹杂几句诙谐风趣的话,引得大家哄堂大笑,轻松愉快。"①对待学生的学习生活,胡适提倡整肃学风,养成读书风气,注重方法引导。对于长期不注册、不交学费、不上课而仅把学校当旅馆的学生,胡适赞同将其开除。在他看来,学校是求学的圣地,要求学生自觉养成注重证据的务实学风。在他看来,科学的方法,就是"尊重事实,尊重证据";而在应用上,则是"大胆的假设,小心的求证"。② 胡适还特别告诫学生"单学得一个方法是不够的;最要紧的关头是你用什么材料",他希望少年人要"多学一点自然科学的知识和技术",等在科学实验室有了好成绩后,再回来用科学方法来"整理我们的国故"。③ 胡适还经常在校长办公室为学生题写墨宝,勉励学生"认真的做事,严肃的做人"。④ 在学生毕业之际,胡适奉劝学生"不要抛弃学问",强调"学问便是铸器的工具。抛弃学问便是毁了你自己"。⑤

其五,张弛适度,注重健全人格。平日里,胡适常督促学生做学问要踏踏实实,要注重"求证"的功夫;但他反对死读书,主张思想学术自由,强调要给学生留有自由畅想的生活空间,他与同事们发起创办的《吴淞月刊》即是要"江滨论学的生活",留下美好的人生记忆。中国公学的学生们颇能领会胡适的办学意趣,也效法老师,创办了一些学生自己的有趣刊物。当时的学生江厚垲回忆道:"我们一般志同道合的同学,居然东施效颦,也办了个校内的文艺杂志,特请胡先生命名,并给封面题字,他欣然应允,不加思索地就题了'野马'两个字,取其野马不羁,可以自由自在的意思。"⑥胡适对学生的体育运动也十分重视,有时也亲临学校的体育现场。在他看来,体育不仅可以锻炼身体,更可以养成参与、合作、向上的人格精神。在《中国公学运动会会歌》中,胡适特别写道:"胜故可喜,败也欣然。……要我们担戴,要光荣的胜,光荣的败,健儿们大家齐来!"⑦概言之,胡适心目中的大学生活就应该是既紧张又活泼、张弛适度的自由天堂,

---

① 罗佩光.中国公学和两位最可崇敬的校长[C]//私立中国公学.台北:南京出版有限公司,1982:258—259.
② 胡适.治学的方法与材料[M]//胡适.胡适教育论著选.白吉庵,刘燕云,编.北京:人民教育出版社,1994:248.
③ 胡适.治学的方法与材料[M]//胡适.胡适教育论著选.白吉庵,刘燕云,编.北京:人民教育出版社,1994:257.
④ 梁实秋.忆中国公学[C]//私立中国公学.台北:南京出版有限公司,1982:159.
⑤ 胡适.中国公学十八年级毕业赠言[M]//胡适:胡适教育论著选.白吉庵,刘燕云,编.北京:人民教育出版社,1994:266—267.
⑥ 江厚垲.忆中国公学[C]//私立中国公学.台北:南京出版有限公司,1982:242.
⑦ 胡适.中国公学运动会会歌[M]//胡颂平.胡适之先生年谱长编初稿.台北:台湾联经出版事业公司,1984:888.

既渗透传统书院的生命元素,又不乏现代大学的合理精神。

二、杜威教育理论的中国化求索:学术价值与历史局限

1917年,胡适从美国哥伦比亚大学回国后,便投身于新文化运动之中;1919年,借杜威来华讲学的机缘,胡适不仅在北大开设"杜威著作选读"课程,而且更系统地研习和重温杜威的教育理论,撰写《实验主义》《杜威哲学的根本观念》《杜威的教育哲学》等论文,阐述和宣扬杜威的"生活教育"原理,对杜威"教育即生活"、"学校即社会"、"做中学"的基本主张深信不疑。当用杜威生活教育理论审视内地办学罔顾社会的实际需要时,胡适大为震惊,并斥之为"亡国的教育",强调办教育一定要与生活实际相结合,"切莫注意课程的完备,须要注意课程的实用"。① 1922年10月,胡适参加在济南召开的第八届全国教育会联合会讨论新学制的会议,他在整个会议中积极献言献策,坚持将杜威教育理论的核心观点渗透进新学制的指导思想之中,由他改定的新学制"标准"赫然写着"适应社会进化之需要"、"发挥平民教育精神"、"谋个性之发展"、"注重生活教育",这显然都与杜威实用主义教育理论密不可分。毫无疑问,借助新学制及其所内藏的杜威教育哲学思想,确实对中国教育产生了十分深远的实际影响。

正是借助杜威"生活教育"理论,胡适观察教育的视野更加开阔了,也更贴近日常生活和儿童本性。他认为,学生求学不能仅仅局限在狭隘的学校课堂和课本,"须知学不完全靠课堂课本,一切家庭,习惯,社会,风俗,政治,组织,人情,人物,都是时时存在可以供我们学的"。② 在他看来,学生做人更非学校课堂所能包揽,"课堂的生活当然是知识技能的生活居绝大部分。课堂以外的生活,才是做人的训练。凡游戏,社交,开会,竞赛,选举,自治,互助,旅行,做团体生活,……等等,才是训练做人的机会"。③ 由于杜威"生活教育"理论突显了"儿童中心"的价值取向,胡适十分尊重青少年"性之所近"的个性兴趣。他说:"人在青年时代,当尽力做'增加求学的能力'和'发展向来不曾发现的兴趣'两项工作。能力增加了,兴趣博大浓厚了,再加上良好习惯的养成,这便是人格的养成,不仅仅是知识上的进境而已。"④

胡适对杜威"五步法"思维术有很深的体悟,且善于与中国传统文化精髓进行比较

---

① 胡适.归国杂感[M]//胡适.胡适全集(第1卷).季羡林,主编.合肥:安徽教育出版社,2003:597.
② 胡适.致陈英斌[C]//胡适.胡适书信集(中).耿云志,欧阳哲生,编.北京:北京大学出版社,1996:649.
③ 胡适.致叶英[C]//胡适.胡适书信集(中).耿云志,欧阳哲生,编.北京:北京大学出版社,1996:685.
④ 胡适.致夏蕴兰[C]//胡适.胡适书信集(上).耿云志,欧阳哲生,编.北京:北京大学出版社,1996:516.

会通,提出更加通俗、简化的"二步法"——"大胆的假设,小心的求证"。在胡适看来,杜威的"五步法":疑难的情境——从疑难中提出问题——提出解决疑难问题的种种假设——推断何种假设能够解决疑难问题——用行动证验假设,最重要的是第三步。他说:"第一步和第二步的工夫只是要引起这第三步的种种假设;以下第四第五两步只是把第三步的假设演绎出来,加上评判,加上证验,以定那种假设是否适用的解决法。"①有鉴于此,胡适有时候把"五步法"合并为"三步法":"细心搜求事实,大胆提出假设,再细心求实证。"②更多的时候则直接归为"二步法"——"大胆的假设,小心的求证",而这"二步法"恰恰也是清代学者治学方法的精华。当领悟到东西方学者在治学方法上有其相同之处时,胡适非常兴奋,他说:"在那个时候,很少人(甚至根本没有人)曾想到现代的科学法则和我国古代的考据学、考证学,在方法上有其相通之处。我是第一个说这句话的人;我之所以能说出这话来,实得之于杜威有关思想的理论。"③遗憾的是,由于清代学者侧重于文字材料,而未能转向实物对象的研究,故而走上了不同于西方的发展道路。为此,胡适真诚地劝告少年学子要"多学一点自然科学的知识与技术;那条路是活路,这条故纸的路是死路"。④ 但就方法本身而言,胡适十分自信其"十字真言"——"大胆的假设,小心的求证",他甚至认为该治学方法与中国传统文化中的"做官四字诀"——勤、谨、和、缓,也是相通的。胡适阐释道:"勤,就是不躲懒,不偷懒";"谨,就是'小心求证'的'小心'两个字";"和,就是虚心,不武断,不固执成见,不动火气";"缓,是很重要的。就是叫你不着急,……凡是证据不充分或不满意的时候,姑且悬而不断;悬一年两年都可以。悬并不是不管,而是去找材料。等找到更好的证据的时候,再来审判这个案子"。⑤

应该肯定,胡适关于杜威"思维五步法"的通俗化和中国化阐释,对当时中国教育改革的理论深化和和国人思维方式革新产生了一定程度的积极影响。罗尔纲曾坦言其做学问的态度和方法就是亲承乃师的"十字真言",学习了其严密的考证文章而获得。他说:"适之师平时教人做考证有两个原则:一个是大胆的假设,一个是细心的求

---

① 胡适.实验主义[M]//胡适.胡适全集(第1卷).合肥:安徽教育出版社,2003:312.
② 胡适.我的歧路[M]//胡适.胡适哲学思想资料选(上册).葛懋春,李兴芝,编辑.上海:华东师范大学出版社,1981:217.
③ [美]胡适.胡适口述自传[M].唐德刚,译注.上海:华东师大出版社,1993:97.
④ 胡适.治学的方法与材料[M]//胡适.胡适全集(第3卷).季羡林主编.合肥:安徽教育出版社,2003:143.
⑤ 胡适.治学方法[M]//胡适.哲学思想资料选(上册).葛懋春,李兴芝,编辑.上海:华东师范大学出版社,1981:458—459.

证。……我做学问的态度和方法,便是在这一年里亲承师教读了《蒲松龄的生年考》和《醒世姻缘传考证》两篇考证得来的。"①

　　需要指出的是,胡适对教育功能的认识,尤其是教育与政治、经济关系的认识,存在一定的偏颇之处,这是需要指出的。诚然,胡适对教育功能的认识是建立在杜威"改良主义"教育哲学的基础上,其所奉行"一点一滴的社会改良发展"主张,与李大钊等中国早期马克思主义者所强调的社会发展问题之根本解决,具有本质差异与深刻冲突,从而很早就引发了"问题与主义之争"。胡适看到了教育独立发展,尤其是现代高等教育的独立发展对社会进步的促进作用,其所主持的上海中国公学改革,即是其自由主义教育探索的有益尝试;但他认识不到教育变革背后的政治经济结构的根本制约作用,未能深刻理解中国近代社会经济"二元结构"的复杂性,也就使其学校教育改革探索带有不可避免的历史局限性。

　　20世纪30年代,胡适仍然认为,中国真正的敌人不是资本主义、帝国主义,更不是封建主义,而是"五鬼"——"贫穷"、"疾病"、"愚昧"、"贪污"、"扰乱",这无疑背离了当时进步学人的基本共识。1935年,当他放言称赞"东亚大陆有一个地方可以办强迫教育的便是香港",便很快引起陶行知的强烈批评。他讽刺道:"好!先把中国一起变成香港,"再痛快地进行普及义务教育运动;这样的话,"文学革命的锯子是一变而为英国远东殖民地普及教育之导师了"。② 这种脱离本土国情而奢谈"强迫教育"的言论,恰恰暴露了胡适在基础教育改革问题上的认识迷误和缺陷,也折射出其实用主义教育中国化探索的理论限度。

---

① 罗尔纲.师门五年记·胡适琐记(增订本)[M].北京:生活·读书·新知三联书店,1998:16.
② 陶行知.胡适的普及教育理论[J].生活教育,1935,(24).

第五章 "道尔顿制"与"设计教学法"在中国学校的传播、实验及其意义

在中国现代社会,对于中国教育界的有识之士来说,西方教育资源的大量传入,既是开启思想解放、实践变革之旅的重要契机,也是不可回避的巨大挑战。面对这一具有双重属性的资源,他们自觉展开了艰难的理解、识辨、化入本土的探索历程。其中,道尔顿制与设计教学法在中国学校的传播、实验,可以说是一个不容忽视的侧影。下面,我们就进入对这一侧影的描画、解读的旅程。

第一节 "道尔顿制"与"设计教学法"在中小学传播的背景

道尔顿制与设计教学法之所以会在中国现代社会迅速传播开来,是诸多因素综合作用的结果。在新文化运动期间,科学与民主思想的传入使得传统的"教师中心"的理念遭受巨大冲击,教育界的有识之士都把站在儿童的立场上施教、充分解放儿童奉为共识。这就为道尔顿制与设计教学法这样的内在蕴含儿童中心主义、儿童本位观念的教学模式的流播准备好了文化条件。另外,历史的车轮进入20世纪后,中国教育师法的典范从日本转向美国,美国的各种教育思潮大量涌入中国。尤其是杜威的实用主义教育思想,在中国的影响可谓盛极一时。其"儿童中心"、"教育即生活"、"学校即社会"等思想主张,为设计教学法、道尔顿制在中华大地迅速传播准备了充足的思想土壤。更为根本的是,在当时的中国教育界,有识之士都对班级授课制难以适应个性差异的弊端进行了深切反思,急于寻找克服班级授课制弊病的方案。道尔顿制作为适应个性差异的优质教育方案,恰恰成为中国教育界寻找的"济世良药"。

一、反封建、反传统的文化诉求

作为我国新民主主义社会的开端,新文化运动对我国近现代史的塑造作用可谓至深且剧。对于近现代的教育变革来说,自然会产生极为深刻的影响。这一点,在道尔顿制与设计教学法的传播上,便体现得甚为明显。

在中国古代社会,以儒家三纲五常为核心的文化孕育了以教师、成人、权威经典为中心的教育观念。在这样的观念的支配下,学生只能被动地接受知识灌输与道德训诫,个性发展受到严重的抑制。新文化运动期间,在打倒孔家店的呼声中,新文化运动的健将们从西方文化中请来了法宝——"德先生"(democracy)和"赛先生"(science)。民主思想的引入为消解传统的"教师中心、课堂中心、教材中心"的教学理念提供了基础,同时也有效地消解了传统教育中"师道尊严"的教育理念。自此以后,教育的重心开始从成人转向儿童。在许多有识之士看来,这种重心的转移是一场革命性变革,"是和哥白尼把天文学的中心从地球转到太阳一样的革命,而教育的一切措施则围绕他转动,儿童是中心,教育的措施便围绕他而组织起来"。① 对于这一在教育上具有重要意义的重心转移,蔡元培支持甚力,他曾这样大声疾呼:"昔之教育,使儿童受教育于成人,今之教育,乃使成人受教于儿童。……所谓成人受教于儿童,在于儿童地位而体验之,以定教育方法。"②蔡元培是当时的教育界当之无愧的执牛耳者,他的这一黄钟大吕之音,很快引来很多人的响应,使之成为教育界的一时之共识。这一点,在1919年第五届全国教育会联合会的议决案中就可明显地看到。在这一议决案中,教育界的权威人士一致明确地宣示:"施教育者不应特定一种宗旨或主义,以束缚被教育者。盖无论如何宗旨,如何主义,终难免为教育之铸型,不得视为人应如何教之研究。"③可见,在其时的中国教育界,站在儿童的立场上施教、充分解放儿童,已经成为大家的共识。这就为道尔顿制与设计教学法这样的内在蕴含儿童中心主义、儿童本位观念的教学模式之传入、流播准备好了文化条件。

二、从学习日本向学习美国的转变

甲午战争后,西方教育思想借道日本大规模传入中国。1901年创办的《教育世界》,是我国最早的教育专业刊物,也是最早向国人系统传播西方教育思想的"窗口"。

---

① 苏玉章,等.现代美国哲学[M].北京:人民出版社,1990:83.
② 高平叔,编.蔡元培教育文选[M].北京:人民教育出版社,1980:11.
③ 请废教育宗旨,宣布教育本义案[R]//历届教育会议决案汇编.邰爽秋,等,编.教育编译馆,1935.

在教育专业刊物极其稀少的当时,它成为传播西方教育思想的主要媒体。该刊便"以译自日文为主",其内容主要是"译介日本及欧美各国的学制、教育法令、法规、条例、教授方法、各科教科书、教育学、学校管理学、学校卫生学等教育理论,以及世界著名教育家的思想学说等"。① 除了创办杂志译介外国学说,留日学生译介日本的教育类著作,也是中国学习西方教育思想的一个重要媒介。

在20世纪初叶前后,清政府向日本派遣了大量留学生。清政府向日本派遣留学生,始自1896年。当时驻日公使裕庚出于配合使馆工作的考虑,从国内选拔了13名学生赴日本留学。"戊戌维新"期间,清政府令各省督抚选派学生赴日留学。至1899年,各省派往日本的留学生已有100多人。至1903年,留日中国学生已达1300余人。1905年至1906年,由于清政府废除科举制度与日本在日俄战争中获胜等因素,留日学生人数猛增到8000多人,留日热潮达到顶峰。以后逐渐出现下降趋势,1908—1909年留日学生降到5000多人,1910年只有4000左右。到1911年武昌起义后,许多关心祖国命运的留学生,都争相回国,投入革命洪流,留日学生人数骤减到1000多人。这些留学生在救亡图存的热切心情的支配下,大量译介国外的教育学著作。据统计,20世纪上半叶共译介了教育学著作245本,在20世纪初的十余年间,就译介了118本,占整个译介数的48.2%,几乎占译介数的一半。学校管理法、学校卫生法、教育学史就是在这个阶段全部引进的;教育学共引进了47本,占该学科引进总数的85.5%,绝大部分在这个阶段引进;教授法28本,占该学科引进总数的54.9%;教授学3本,占该学科引进总数的42.9%;教育史14本,占该学科引进总数的56%。② 在20世纪初的日本教育界,赫尔巴特学说备受青睐,风靡一时,"五段教授法"几乎占据了日本小学教学法施行的全部阵地,赫尔巴特及其弟子的学说无疑是他们译介的重要对象。

1910年以后,一些有识之士认识到,西学东渐以来经由日本输入的西方教育思想与西方近代教育的真精神相差甚远。"中国教育必须取法西洋"③而不是东洋的呼声,遂成为时代的强音。自此,在国内掀起一股学习美国教育的热潮。

早在1912—1913年,为改进师范和小学教育,江苏省政府就派遣俞子夷出国考察。俞子夷出国后,与当时正在美留学的郭秉文、陈容组成一个小型的欧美教育考察

---

① 周谷平.近代西方教育理论在中国的传播[M].广州:广东教育出版社,1996:41.
② 侯怀银.20世纪上半叶教育学在中国引进的回顾与反思[J].教育研究,2001(12).
③ 陈独秀.近代西洋教育——在南开学校的演讲[J].新青年,1917(5).

团,系统考察美国教育。他们在美考察教育的六个月当中,花了大量时间到美国各地的小学进行实地考察,认真推究其所采用的教材和教学方法。仔细参研杜威的学说,吸收了杜威的思想主张。考察团在参观哥伦比亚大学师范学院附小等学校时,看到了一些零碎的、不成熟的设计教学法使用的状况。对此,俞子夷曾有如下记载:"师院小学有两所,一所中小学衔接,规模大,没有见到纯粹的设计法,仍分班分科,用同教材,单式。但不是每节均45分钟,而是随年级高低、科目性质等分配时间的。科目有些与一般小学不同。着重'自然研究',史地合并为'社会研究',而常与'工艺'联络。工艺不限于制作,还有食、住、衣、工具及记载共六类……另一所只有小学,规模小,有一班三年级正在试行设计法。"①这些开展设计教学的情景深深烙印在考察团员的脑海之中,成为日后设计教学法在中国传播的近因。

20世纪20年代前后,以美国为代表的西方教育思想开始大量传入中国,再一次激发了中国广大知识分子推动教育改革的热情。同时,美国以"退还庚款"的方式创办清华预备学校,资助中国学生赴美求学。美国政府的这一举措不但使得我国留学的目的地由日本转向美国,同时也使得我国留学人员的学术层次得到了很大的提升。从1921年到1925年,我国派往美国的留学生占在美外国留学生的百分数为78.55%。②留学不再是科举废除以后无奈的"急就章",而逐渐成为向西方深度学习的开始。新文化运动前后,早期留美学生纷纷回国,一度占据了20世纪20年代我国教育研究领域的核心领导地位,使中国教育变革取法的重心得以转向美国。胡适、蒋梦麟、陶行知、陈鹤琴、郭秉文、廖世承等,便是其中的杰出代表。他们受过系统的西方教育,在国内教育界形成了一股锐意改革的新势力。在他们的倡议和发动下,美国著名教育家杜威应邀来华讲学。一时间,"儿童中心"、"教育即生活"、"学校即社会"等名言成为教师们的口头禅。有人这样描述当时的情形:"在20年代的中国教育界,进步主义的教育思想与其说是一种学说,倒不如说是一种信仰。"③杜威在华两年零两个月走遍了11个省,深入宣传他的实用主义教育思想,对当时我国教育变革的推进起到了重要作用。正如胡适在《杜威先生与中国》一文中所说,"自从中国与西洋文化接触以来,没有一个外国学者在中国思想界的影响有杜威先生这样大的"。④ 这带来的一个重要后果是,

---

① 董远骞,施毓英,编.俞子夷教育论著选[M].北京:人民教育出版社,1991:487—488.
② 舒新城.近代中国留学生[M].北京:中华书局,1928:229—230.
③ 张斌贤.社会转型与教育变革——美国进步主义教育运动研究[M].湖南:湖南教育出版社,1998:145—146.
④ 胡适.胡适全集(第一卷)[M].季羡林,主编.合肥:安徽教育出版社,2003:360.

当时流行的教育学教材大都受杜威实用主义的影响,涂抹上浓厚的实用主义教育思想的色彩。就此而言,力主教育与生活打成一片、教育必须以儿童为中心实施的设计教学法、道尔顿制进入中国很快受到热捧,在中华大地迅速传播开来,实在是由来有自。

三、对班级授课制弊端的反思

1901年,赫尔巴特的教育思想开始传入中国。为此,《教育世界》特意开辟了"教授学"专栏,详细介绍赫尔巴特的教学论,并称他为"教育改良之泰斗"。其倡导的五段教授法因实用性、操作性强,在清末民初的中国教育界(尤其是中小学)深受欢迎。正因为如此,时人才会说:"以五段法为基础的教学过程,尽管后来吸收了些新花样,但其基调始终保持不变。经过不断修补,已与当初从日本抬进来的面貌不同,成为我国独特的传统。"①自此可见,赫尔巴特的"五段教学法"在当时已经取代了传统的教学法,成为我国基础教育领域教学传统的一部分。这使得班级授课制成为当时中小学占支配地位的教学组织方式。班级教学,强调在一班之中,同一个教师,用同一种方法,面对众多的学生同时授课,确实有其不可替代的优势。尤其是在现代大工业社会背景之下,班级授课制"以其实现了大规模集体教学、高效率、统一的教学制度而著称"②。但是班级授课制的优势之所在,恰恰是它的缺陷之所由。"班级教学,把一个教室里的全体儿童,当作一个单位看待;因此其对于个性的适应,比较的困难,而个性适应的问题,逐成为十分严重的了。"③其缺失在传入我国之初,就已经初露端倪。20世纪20年代,班级授课制和年级制的弊端成为教育领域里的突出问题,被当时教育界的人们所关注,大家纷纷对"对班级上课制难于适应学生个性发展表示不满,正在思索改革"。④可见,其中最重要的问题是教学不能适应全班学生的程度,按照大多数中等生的水平进行教学,不能满足优等生和劣等生的需要。在一个四五十人的班级中,欲将每人的需要都照顾到,无论是怎样好的教师也是不可能做到的。⑤

---

① 董远骞,施毓英,编.俞子夷教育论著选[M].北京:人民教育出版社,1991:479.
② 马晓强,都李萍.教学组织形式的嬗变与网络教学[J].教育研究,2002(4).
③ 赵廷为.教材及教学法通论[M].上海:商务印书馆,1947:16.
④ 瞿葆奎,丁证霖."道尔顿制"在中国[C]//瞿葆奎.教育学文集教学.北京:人民教育出版社,1998:373.
⑤ 黄炎培曾在1923年9月说:"我们且慢批评道尔顿制的好坏,先想现行的学校分班授课制度,究竟好么?吾平时常怀疑于现在的学校每级几十个儿童,不管他是强的、弱的、灵的、蠢的,乃至年级大的小的,要他们做什么,他们就做什么。要他们做那么多,他们就那么多。要他们做那么久,他们就那么久。削天下人之足,纳之一履。呆板极了,专制极了。"(黄炎培:《我对于道尔顿制的意见》,江苏省立第五师范学校附属小学编《小学校道尔顿制实施法》,商务印书馆,1924年出版。)

  这个问题之所以凸显出来，成为当时班级授课制带来的最为突出的问题，是有复杂的历史背景的。清末民初兴学之后，虽然教育行政部门颁布了统一的课程标准，但是各地区，甚至各学校因办学条件和教学质量不同，教学水平和进度存在着极大的差别。不仅同一年级学生表现出明显差异，而且同一学生的各个学科之间也呈现出极大的不平衡。时人就曾抱怨："我们学校中有几种学生因为未入校以前的教育不同，有英文在三年级一学期，数学或其他学科在一年级一学期；我们原想把年限打破，但因学生各科升级降级都以一学期为单位，所以遇着这种学生，毫无办法。"①面对当时班级授课制和年级制所产生的矛盾和问题，教育界的人们为解决这些问题进行了各种努力和尝试。舒新城、余家菊等人觉得在书塾中，学生各依自己的进度进行个别学习，以及书院中自学、讨论等方法也有它们的长处，值得在其复归上进行尝试。对此，舒新城曾说："虽然常常回想书院讲学的风味，然而决不敢倡言打破现教育制度，更不敢倡言回复书院式讲学方法，只想在西洋的新方法中求得想象的天堂。"②

  道尔顿制的传入给当时正苦于解决这些问题无方的人们提供了思路和答案。在时人看来，道尔顿制简直就是帕克赫斯特专门针对班级授课制和年级制的弊端而进行的大胆而绝妙的探索，其效果是，"使天才生和低能儿童两不吃亏。天才的可以自由努力，把普通学生半年做的事一二个月做完毕。低能儿不妨缓缓地就能力所及展缓进行不至受高才生的拖累。"③可见，当时的人们是把道尔顿制作为克服班级授课制的弊病的一剂良方来看待的。这自然会极大地激发大家传播、推广的热情。

第二节　"道尔顿制"与"设计教学法"在中小学传播中的中国化构想与努力

  在道尔顿制与设计教学法在中小学的传播中，一直浸润着改革者们深刻的忧患意识。当时的有识之士认识到，单靠移植这两种教育方案，难以真正解决中国教育界亟待解决的问题。因此，必须在本土实验的基础上，探究其生成的原理，结合中国国情，形成一整套中国化的教育方案。当然，在中国这样一个乡土为本、为主的社会，中国化教育方案的生成不仅要考虑适应城市生活的问题，更要考虑适应乡村社会实况的问

---

① 舒新城.道尔顿制概观[M].北京：中华书局，1923：3.
② 舒新城.现代教育方法[M].上海：商务印书馆，1912：序言1.
③ 吴淞中学，地处上海吴淞，1922年前是中国公学的中学部，1922年后改名为吴淞中学，后毁于日本侵略军攻占吴淞的战火中。现在上海的吴淞中学，其前身是解放前的宝山县初级中学。

题。以这样的中国化思想为指引,舒新城在吴淞中学、廖世承在东南大学附中、俞子夷在南高师附小,开展了力图将道尔顿制和设计教学法进行中国化改造的艰苦努力。虽然其结果不尽如人意,毕竟为西方教育资源的中国化积累了宝贵的经验与教训。

一、浸润着忧患意识的"中国化"构想

(一)"道尔顿制"与"设计教学法"的"中国化"之紧迫性

中国近代教育是在学习和借鉴西方教育经验的基础上建立起来的。最初在学习和借鉴的过程中,由于盲目崇洋和急于救国救民的功利主义思想影响,再加之当时对教育目标的认识不明确,出现了新教育外国化现象。20世纪二三十年代,新教育自身暴露出越来越多的问题,引起了教育界人士的广泛关注。从几个具有代表性的人物的言论中,我们不难看到这一点。

1927年11月,庄泽宣为斐列宾中西学校三十周年纪念撰写了《三十年来中国之新教育》一文。在文中,他回顾了中国自开办新式学堂以来三十年的新教育发展历程,并寻求问题的症结所在。他说:"从制度上看起来,这三十年中国的新教育在前二十年是日本化,在近十年是美国化。"[1]有鉴于此,教育界的同仁必须确立这样的认识:"新教育原本不是中国所固有的,但是非把他中国化了,不能算为中国的。"[2]舒新城在《中国教育建设方针》中回顾中国三十年来的教育发展时说:"此种不择土宜的移植政策,为我国新教育失败的总因,三十年来教育上的种种败征与恶果,几皆可以由此推衍出来。"[3]晏阳初也回顾中国新教育产生、发展的过程,认为:"中国数千年来的旧教育,现在已经整个的推翻了,可是新教育尚未产生。"而"现在所谓'新教育',并不是新的产物,实在是从东西洋抄袭来的东西,日本留学生回来办日本的教育;英美留学生回来办英美的教育,试问中国人在中国办外国教育,还有什么意义?"因此,他特别强调:"各国教育,有各国的制度和精神,各有它的空间性与时间性,万不能乱七八糟的拿来借用。"[4]庄泽宣、舒新城、晏阳初都是当时教育界的风云人物,他们对当时中国新教育的认识可谓切中肯綮。设计教学法、道尔顿制在中国的传播与实践作为新教育的有机组成部分,亦不可避免地打上了西方化的烙印。在经过一段时间的理论研究和实践摸索

---

[1] 庄泽宣.如何使新教育中国化[M].北京:中华书局,1938:21.
[2] 庄泽宣.如何使新教育中国化[M].北京:中华书局,1938:21.
[3] 舒新城.中国教育建设方针[M].北京:中华书局,1931:116.
[4] 宋恩荣,编.晏阳初文集[M].北京:教育科学出版社,1989:170.

之后，人们开始注意到全盘移植设计教学法、道尔顿制所带来的负面效应。

如当时一位名叫王雅的老师曾经写信与舒新城商榷："在试行道尔顿制后，生出种种问题：①单级小学能否实行道尔顿制；②此制既有全年、每月、每周作业之范围，欲有能力在三四个月内修了全年者，将如何处置；③功课指定应该如何进行。"①在这一封信中，其反思、质疑的倾向是明显的。与王雅类似的一些学者和教师也开始反思设计教学法、道尔顿制，希望将设计教学法、道尔顿制与中国的国情更好地结合起来。

赵乃传明确指出，一定要注意"克服无条件采用、模仿不适合我国国情的外国教育之弊端"。②可见，赵氏是从反面立论的。与其立论旨趣相异，有的论者则是从正面阐发的。如舒新城就曾说："无论何种新方法之发现，原意在补救旧的弊病，方法不过是一种手段，目的在于满足当时的需要。"因此，我们一定要弄清楚，"这方法，是否是我们需要的"③。这一把设计教学法、道尔顿制与中国国情结合的思想倾向可谓一目了然。站在这样的思想立场上，舒新城进一步申论，"我们对于道尔顿制的实施，不要以道尔顿制的机械方法为限，更不当为适合于外国环境之方法所束缚，当本其精神努力研求更适合本国的良好方法"。④他还说，"我希望国内教育者本此制的精神创造出适合国情的新制度"。⑤这就把设计教学法、道尔顿制的"中国化"问题非常明确地标举出来。

（二）以实验为基础

要实现设计教学法、道尔顿制的"中国化"，不能只是空喊口号，需要落实在具体的行动上。这行动的第一步便是以实验的态度检验其优劣得失。对于这一点，舒新城曾明确指出："第一，我希望国内教育者对于道尔顿制抱试验的态度；第二，我希望国内教育者本此制的精神创造出适合国情的新制度。"⑥在此，我们可以看到，舒新城是把以实验的态度对待道尔顿制实现中国化的逻辑前提来看待的。这可以说是非常明智的见解。与舒新城的思想如出一辙，俞子夷强调，"继续试验的工作，是中国教育界急切需要的"。⑦廖世承也在《东大附中道尔顿制实验报告》开篇就说："任何制度及方法的产生，均有时地关系，所以适用于一处的，或不适用于他处，适用于美邦现时的，或不适

---

① 王雅,黄炎,舒新城.关于道尔顿制之讨论[J].教育杂志,1923,15(11).
② 赵乃传.科学的态度与新教育[J].新教育评论,1925,1(1).
③ 舒新城.道尔顿制可有的弊端[J].中华教育界,1923,13(2).
④ 舒新城.道尔顿制研究集[M].北京：中华书局,1924：序.
⑤ 舒新城.什么是道尔顿制[J].教育杂志,1922,(11).
⑥ 舒新城.什么是道尔顿制[J].教育杂志,1922,(11).
⑦ 俞子夷.一个小学十年努力记[M].北京：中华书局,1928：序二.

用于我国现时。以后采用任何新方法,应该先做一科学的实验,实验有效再谋推行。"①这就不仅把以实验为前提的主张做了明确标举,还指出了如此去做的理性根据。

既然设计教学法与道尔顿制的中国化需要以对之实验为前提,那么,如何开展实验呢? 俞子夷说:"试验的,自然要算设计教法的问题顶重大,顶有兴味,推行的地方也顶广,试验的态度和精神也比较的顶好。然而大多数的试验不外乎模仿方式和手续;大多数的研究也不外乎'怎样怎样办'。很少有小学校教员提出关于设计教法方面'何以''为什么''有什么根据'等问题。"②可见,俞子夷特别强调的是,要做教育实验,不仅要模仿从西方引入的教学方法的程序、做法,最为重要的是要透过具体的做法的表面,把握其内在蕴含的精神、原理。到了李廷翰那里,说得就更直白了,他指出,教学实验不仅要"研究教育原理,朴实诚恳,不以炫人为念",还须"整理从前所提倡研究之各项,光明坦白,告于群众,……如其良也,提倡也;如其非良,即将其沽名失实之状况报告于社会,使欺人者寒心,盲目从者绝迹"。③ 在这里,李廷翰不仅突出强调了教育实验要把握"教育原理"的准则,还提出了以实事求是的态度对待实验效果、宣传实验效果的准则。

(三) 从城市化到乡村化

受杜威实用主义教育思想的影响,设计教学法、道尔顿制在中国很多学校进行试验。但是,由于没有充分考虑中国当时的实际状况,脱离了中国经济发展所能承受的水平,各种问题相继出现,这引起教育工作者们的深思。

他们在经过艰难而痛苦的长考后,得出了这样的断语:就中国当时的经济状况而言,设计教学法、道尔顿制在全国的大范围推广是不切合实际的。因为这样的教学方法改革都是以美国为样板而进行的,而美国的资本主义经济高度发展,导致了人口在城市的集中,同时也为学校在城市的举办提供了经济和交通等方面的便利,事业的繁多又可为学生就业提供保障。中国的情形却大不相同,"中国民众的大多数散处于各处乡村,徒未尝集中都市,然而国内学校集中于城市所在地;至于城市以外之乡村,则甚少有任何学校。唯其如是,学校在中国只成为政治上之一种装饰品,而未能有多大

---

① 廖世承.东大附中道尔顿制实验报告[M].上海:商务印书馆,1925:1.
② 董远骞,施毓英,编.俞子夷教育论著选.北京:人民教育出版社,1991:48.
③ 舒新城.畅吾庐教育日记[J].中华教育界,1923,13(2).

裨益于大多数民众"。① 庄泽宣也提到,"中国是农国,人民住在乡村的占百分之九十,而他们的教育几乎没有人去问,一向中国的新教育多只在城市里举行"。② 总之,时人的感受共同集中到这一点上:中国是一个农业国,中国社会是一个全国绝大多数人民生活在乡村的乡民社会。在乡村中,农民的贫困化甚为严重,他们整体生活在贫困线上。在此种社会,集中于城市的学校教育只能是一种装饰。针对这一情况,当时的有识之士便做出这样的发人深省的判断:

> 中国大多数肉体劳动者的子弟,当十一二岁时,即从事谋衣谋食的劳动。所以大中小学校的教育,全为有田产者(约自百亩以上)有薪俸者(每月至少有三十元以上的收入)有资本者(至少是小康之家)所独占,形成特权阶级的教育。(如百亩以上人家,据调查所得,只占全体农民百分之五——根据前北京农商部第六年的统计表)况且具有这种财产资格的人数,又日渐低落,那么,以后有入学资格的人更是一天减少一天了。所以学制系统无论规定如何的完善,教法无论是道尔顿,然而大多数的劳苦民众绝对享受不到其中的美味!教育设施既不能顾及贫苦学生,亦未考察社会发展的真实途径,只知今天仿效日本帝国主义式的教育,明天仿效美国资本主义式的教育,建筑华美的教室,装潢商业式的校门,把教育看成是装饰品,可远观可欣赏,其奈无"实用"何!③

可见,作者在这里想要说的是,中国社会的广大劳苦大众,是没有接受现代新式学校教育的机会的。即使是引进了诸如道尔顿制这样的新式教学方式,对他们而言,只能是远远看一看的观赏品,没有实实在在的价值。

这就告诉我们,虽然推行设计教学法、道尔顿制的教学改革对于中国起到了一定的积极作用,但从整体上仍不适合中国的社会实际情况。以城市为中心的学校教育改革对提高中国人民的整体素质,增强中国人民的生产能力的作用微乎其微。有鉴于此,俞子夷才提出了设计教学法的中国化从城市向乡村延伸的卓见。他说:"国化(民族化),取洋之长,以补国之短。移植必服水土,乃能生根。全盘洋化或洋化过度,不合国情,所长变所短,无益而有害。接近乡村之日久,则知须乡村化。国化而只适大城

---

① 雷沛鸿.中国教育的新要求[J].教育杂志,1930,22(4).
② 庄泽宣.如何使新教育中国化[M].北京:中华书局,1938:16.
③ 简冠三.由中国经济的立场观察中国的近代教育[J].教育杂志,1930,22(10).

市,对绝大多数乡村仍无裨益,则国化不能彻底。当然只是小的转移,至多为后来的改造备些萌芽而已。"① 在这里,他明确指出的是,设计教学法中国化的追求,不能仅仅只是局限于城市,而且要向乡村延伸,创造与中国乡村社会状况适应的教学形式、方法。这是相当超前而大胆的设想。

二、走向"中国化"的努力

(一) 舒新城在吴淞中学的改革尝试

1921年7月,舒新城应张东荪之邀,任"中国公学中学部"主任。1922年10月,舒新城力排众议,在刚改名的"中国公学附设吴淞中学"率先实验"道尔顿制",即实行以废除班级授课制为主要特征的教学法。这是中国将道尔顿制引进学校进行再实验的开始。实验在国文科与社会常识科(即历史地理综合科)两门学科中进行。时人曾这样描述这一实验的情形:

> 我们的改革,是先把从前的学生用桌,统统不要,另外造成形似大菜台子的台子四张,每张的左边右边,各放着长方形的木椅子二张,每边约可坐十余人,系左边右边对坐。桌的前端后端,各放着一把椅子,是预备教员演讲或学生的长时间演讲用的。这样的布置,完全是为学生看书预备,不是为听讲用的。国文科教师沈仲九向学生解释道:"你们今天到这里来,有怎样的感想?你们以为这是大菜间,今天教员请酒吗?以为这是会议室,今天开教员学生联合会吗?以为这是会客室,教员会许多学生吗?不是,都不是,这是你们的图书室,是你们的研究室。现在虽然没有把教室这名字取消,但这已经不是教员'教'的地方,是你们自己'学'的地方了。教员仍就在这里,但他也和你们一样的'学',你们学你们的,他学他们的,所学的虽然不同,还是一样的'学'。'教'是人家给你的,'学'是自己得来的。你们此后要靠自己,不要专希望人家给你们。你们有疑惑,尽可问教员,尽可和教员讨论,但这疑问也必须你自己发生的,必须你自己从研究中发生出来的。"②

舒新城在其《"道尔顿制"研究集》中曾介绍了一个完整的"道尔顿制"式的历史教

---

① 董远骞,施毓英,编.俞子夷教育论著选[M].北京:人民教育出版社,1991:452—453.
② 沈仲九.国文科试行道尔顿制的说明[J].教育杂志,1992,14(11).

学案例,其原貌如下:

一个"道尔顿制"历史教学法实例

历史科功课指定实例:初中一年级第二学期第一学月

教科书:新学制商务历史教科书上册

参考书:①《初级本国历史》上册;②东方文库:《迷信与科学》;③《科学汜论》(公民书局);④《晨报》五周年增刊。

本月的学程:人类信仰的变迁——概论、拜物教、多神教三个问题

第一周:宗教起源及其对文化的影响(略)

上述两个问题都是很有意思的,我们若把①教科书(3.8)节;②迷信与科学前四页看完,便可知道了。倘若你有时间,或高兴研究这两个问题,可把晨报五周年增刊:陈大奇《有鬼论成立的一大原因》(P26、27)那篇文章看完。

这两个问题懂了,再把①教科书(3.9)节;②《初级本国历史》(三.三)、(三.四)两节;③《科学汜论》第五章第二节(P157、159)看完,然后研究。

宗教是怎样起源的?宗教对于文化的影响?宗教何以能影响及于文化?我国古时人民宗教信仰情形怎样?你乡下人一般相信什么,用什么形式表达其信仰?那种信仰对,若不对,你有什么方法能改革它?美术与宗教有什么关系?现在的文明人何以也要奉教?

上面八个问题,都要在看书时过细想过,上堂课时要逐一答出;关于印度、日本、埃及、巴比伦及中国三代底宗教仪式可到社会科作业室中古物部里翻阅图画看,便于容易了解当日的情形。

笔记:把本周参考所及的读物,作一种有系统的读书录(500字以内);

观察:清明节快到了,留心考察本地人的风俗;

记忆:神的名词的由来及其意义;

讨论:星期三下午前9时至10时堂课共同讨论问题,凡做此段学生都要出席。

附带成绩:清明风俗调查得详细的,亦可称一部分为公民科成绩。①

---

① 舒新城.道尔顿制研究集[M].北京:中华书局,1924:22.

从前面的情形描述和这个教学案例中,我们可以看到,舒新城主导的这一实验与帕克赫斯特创建的"道尔顿制"的很多特征都是相符的,诸如作业室、学习方式学生自主、共同合作等。但其也不乏基于中国国情的创新之处,这主要体现在以下方面:

第一,增加了"堂课"以及"堂课"上学生集中讨论问题的环节。这说明,舒新城在中国的"道尔顿制"实验抓住了"道尔顿制"的精髓,已经认识到其最大价值在于培养学生的自主学习和探究能力,而不是仅仅拘泥于"道尔顿制"的外在形式。

第二,对作业室设备进行改造。帕克赫斯特十分注重环境在教育中的作用,对作业室的设备提出了科学的环境原则。舒新城根据中国的特点,在原有的"科学的环境"原则基础上,加上了"美化"与"经济"两个原则。"美化"原则指作业室内物品要井然有序,室内可以适当地进行装潢设计,可以不时地更换内容,使"学生处于其中,无形之中受环境的影响,其性格之向善的变化,较教师时时用消极的规则相绳的大"。①"经济"原则,是指自制一些简单的教学用具,如教学挂图、教学器械、生物标本等。美化与经济原则是道尔顿制的创始人帕克赫斯特所忽视的,却为舒新城所标举、凸显。其施行既能增加教学的乐趣,又能减少不必要的开支,是切用而新颖的创发之举。

第三,对学校行政组织进行改革。帕克赫斯特创立道尔顿制,目标在于改革学校的教学组织,因而并没有涉及整个学校的行政组织问题。1923年12月,舒新城发表《道尔顿制下的学校组织问题》一文在《中等教育》上,列举了八种存在的问题,其中,他突出强调,中国在实施道尔顿制时首先必须解决的是整个学校组织的问题。因为当时的学校行政组织是由教导处、训育处和总务处组成,教师和训育员各司其职,教与育隶属于不同部门。这必然会导致教与育的不协调。因此,他提出,道尔顿制下的行政组织可以综合设一个事务处,对外代表学校,对内召集教师会议。至于学生所上的各门课程及各方面表现的统计,分请若干事务员或统计员办理,庶务上的事情可由事务员办理。把事务与教育完全独立分开,一方面从经济上节省了许多,一方面又可以达到教与育协调一致的效果,避免权限的冲突。

第四,对教师指导问题的改革。舒新城认为,在道尔顿制这一教学模式的实施中,教师的指导也有重要作用。教师必须认识到,"指导不是消极的应付,而是积极的鼓励、辅助学生自学"。② 因此,他专门制定了道尔顿制实施中的教师"须知",如以程度深浅、人数多寡为标准,分一班为数组,各组都给以特殊的作业范围,必须巡视作业室

---

① 吕达,刘立德,编.舒新城教育论著选[M].北京:人民教育出版社,2003:207.
② 舒新城.道尔顿制研究集[M].北京:中华书局,1924:132.

等。另外,他还认为,教师必须指导学生养成自学方法,否则学生无论怎样讲自动教育,实际上还是无用的。为此,他特别拟定了如何养成学生自学习惯的三个指标,即"观察现象"、"阅读参考书"与"作笔记",并对各个指标进行了详细的说明和论述。总而言之,在道尔顿制的施行上,他要求教师应积极地与学生共同生活,出现在施行的各个环节上,了解学生的不同个性。同时在学生自动的学习过程中,教师应当给予积极的指导和充分的鼓励,辅导、辅助学生自学,巡视作业室,给出功课制定的范围,而不是使学生放任自流。这些都是舒氏根据帕克赫斯特的要求与中国学校实况结合所拟定的。

第五,对道尔顿制与其他教学方法的组合。他认为,原有的道尔顿制从实质上根本没有打破传统的学科组织,并与理论上的"学校即社会"也存有巨大差距。他说:"据我个人的直感所及,只承认此制可以解决学科教学上的困难,而不承认其能把学校与社会生活打成一片。"[1]所以他提出了具体的改革方案:在中学实行道尔顿制,关于学科方面,辅以设计教学法,学科以外的生活,定以葛雷学校制;在小学实行道尔顿制,除以上二制外,更应辅以蒙台梭利教学法。[2] 这是非常大胆而新颖的做法。

吴淞中学在试行道尔顿制之后,得到以下几方面的结论:第一,学生作业室内秩序井然。"不是低头看书,就是执笔写字,闲谈的没有,笑语的没有,教室中所有种种不规则现象都没有。总之,是一种极其静肃的现象。"第二,学生学习的自主性、积极性空前高涨。具体来说,"从前学生的上课,好像是教员,靠教员的,现在却觉得是为自己,须靠自己了。以前学生遇到放假,觉得很高兴,因为可以不用上课了,现在觉得放假管放假,规定的功课依然要做,所以也有放假日来问我们作业室开不开放,好像他们以为作业室是不放假的。从前只求及格,现在欲有努力学习而想于一段时期内做完一段以上的工作的。从前用功的人,现在更用功了。从前只用耳,现在非用点心思不可了。"第三,教师工作量大大增加。首先,时间上比原来花费多了。以前,除上课外,课外支配的时间较多。实行道尔顿制后,教员须每天守候在工作室连续数小时。其次,工作量加大。以前的班级教学,想怎样讲就怎样讲。实行道尔顿制后,"学生个别自由学习,问题多而广泛,教员不得不花更多的精力去准备对付各种各样的问题"。[3] 总之,在时人看来,虽然吴淞中学的道尔顿制实验付出了教师工作量大大增加的成本,但却

---

[1] 舒新城.什么是道尔顿制[J].教育杂志,1922,(11).
[2] 舒新城.什么是道尔顿制[J].教育杂志,1922,(11).
[3] 沈仲九.国文科试行道尔顿制的说明[J].教育杂志.1922,14(11).

换来了课堂秩序大为改善、学生学习的自主性与积极性空前高涨的成果。其实验效果还是令人满意的。

1923年,从美国归来的吴淞中学新任校长陈筑山"以外界及学生反对为言",决定取消实验。舒新城遂于1923年1月18日辞职,吴淞中学的道尔顿制实验自然终止。

(二)廖世承在东南大学附中的严谨求证

东南大学附中的前身是1902年张之洞创办的三江优级师范学堂附属中学,1921年改为东南大学附属中学。廖世承在该校主持道尔顿制实验,从1922年冬开始筹备,于1923年的秋季学期到1924年夏施行,历时一学年。

1. 实验缘起

东南大学附中一直以来致力于中等教育改革,是当时中国中等教育界的领导者。正如郭炳文在《实施新学制后的东南大学附中》的序言中所说:"东南大学附属中学,发轫于从前南京高师之附中,其历史固有年也。自南京高师改组为东南大学以来,其附属中学,亦因新学制之规定,从而扩充,凡教育上之新学说新设施,皆采择而实验之,其所以有今日之发展,从而扩充,蔚然厕中等教育领袖之列者,固有因也。"[①]可见,在道尔顿制实验以前,东南大学附中便有引领一时教育新潮、面对教育上的新生事物勇于"采择而实验"的风气,在中等教育领域已然推动了诸多变革。这些都为道尔顿制实验的开展带奠定了良好的基础。

1922年,道尔顿制传入我国不到半年,廖世承便萌发了在附中试验道尔顿制的想法。谈及原因时,廖氏说:"年来我国教育界锐意求新,力谋改革,进步不可违(谓)少。然惟闻试行某法,不闻实验某法。试行之结果如何,全凭臆断。不若实验根据科学方法,分析结果,较为可恃。附中实验道尔顿制之动机,发生甚早。其目的一方在比较道尔顿制与学科制之优劣,一方在唤起同人对于实验之兴趣。"[②]可见,廖世承是鉴于当时教育界对道尔顿盲目趋从,而鲜有深入探究其理论并结合中国实践的现象,为"唤起国人对于实验之兴趣,比较道尔顿制与学科制之优劣",[③]才在东南大学附中开展了为期一年的实验。

2. 实验准备

1922年冬,廖世承与著名测验专家麦柯尔共同拟定了道尔顿制实验的计划纲要。

---

① 郭秉文.序言一.廖世承,等.实施新学制后之东大附中[M].北京:中华书局,1924.
② 廖世承.东大附中道尔顿实验报告[M].上海:商务印书馆,1925:序言.
③ 黎天宇.廖世承教育实验思想和实践[J].当代教育论坛,2004,(3):70—71.

其原貌如下[①]：

问题　做一种比较的实验，将智力和学力相等的学生，分为两组。一组用道尔顿制，一不用道尔顿制，比较两组成绩的高下。

　　准备时期的历程

甲　手续上的准备

1. 选定教师

2. 决定实验班次

3. 大体的讨论

4. 细密的讨论

5. 分科讨论　国文　英文　数学　理科　史地

6. 讨论其他特殊问题

7. 预试

8. 准备作业室

乙　工具上的准备

1. 编制表格

2. 搜集各科教材

3. 编印学生须知

4. 预备作业室用具

5. 编制各科作业纲要

6. 编制各项应用的测验

7. 求各种测验的标准

8. 搜集已有标准的实验材料

　　实验时期的历程

甲　实行分组（在举行实验的学期开始时）：

1. 用各种测验，实验两班指定的学生

2. 各种实验分数，均化为 T 分数

3. 求各人智力 T 分数与教育 T 分数的平均数

---

① 廖世承. 东大附中道尔顿制实验报告[M]. 上海：商务印书馆, 1925：12—14.

4. 依据 T 分数,分学生为同等能力的两组

乙　施行实验

1. 除两组所用教学方法不同以外,其他情形,能愈少差异愈妙

2. 保存两组学生自然的态度与兴味,勿引起学生与实验冲突的动机

丙　比较结果:

1. 重新测验两组学生(在举行实验的学期终了时)

2. 核算各人进步的数量

3. 核算每组进步的平均数,和每种测验进步的平均数

4. 核算实验系数

丁　征集意见

1. 调查教师的意见

2. 调查学生的意见

戊　报告结果

由计划的文本可以看出,他们对该实验的一整套设计,可谓目的明确、操作思路清晰、程序完整、科学性充分。

计划拟定后,1923年春,廖世承组织十余名对新教学方法有研究的教师着手准备实验,前后历时九个月。无论是教师的选定、作业指导的编制,还是教材的搜集、作业室和用具的预备等,廖氏都做了精心安排。

首先,对参与实验的教师进行培训,让他们理解新方法的理论与实施纲要,讨论功课指定(即作业大纲)的原则;其次,挑选初一、初二两班学生为被试,经过前测,各分成能力相近的两组。实验组采用道尔顿制,对照组仍实施班级授课制。对实验组学生进行培训,使他们了解实验的规则;再次,编制成绩记录表;第四,设立文史地、英文、数理三个作业室,添置相应的图书及实验仪器。另外,东大附中还在补习班中进行了一次试验,使教师熟悉道尔顿制的实施过程。

3. 实验过程

1923年秋,实验正式实施。实验人员从教师、学生、功课指导三方面入手,严格控制实验因素,努力排除非实验因素干扰,确保实验的顺利进行。

在教师方面,东大附中的道尔顿制实验并未取消班级授课,除了以个别指导为主外,教师也要对学生集体讲演。但在实验之初,经常发生二者时间上的冲突。另外,也

出现了几个教师同时在一个作业室中讲解,结果相互干扰,影响学生学习的情况。于是,实验人员规定了各个作业室具体的指导时间,确定每班每日的讲演最多为两次。另外还规定,某科教师应避免与他科教师同时讲演。同时,还要求每个教师加强对学生填表的指导与监督,以利于教务科的统计工作展开。①

在学生方面,实验开始,由于不少学生尚未完全掌握道尔顿制的要求,出现了不能正确使用各种表格,随意抛洒物品,在作业室中大声喧哗,甚至要求更换组别等问题。针对这些问题,实验人员采取组织学生谈话、拟定各种规则等方式,解决了学生中出现的种种问题。

在功课指导方面,东大附中根据当时初一、初二的教材,参考《新学制课程标准纲要》等相关材料,由实验班任课教师拟定各科作业计划和作业大纲,再交由教务主任审核后才实施。以国文科为例,一个月的作业大纲大致包括的内容为:①指导语,即对学生自行或合作学习的要求;②每周的工作安排,如精读、泛读课文,读书笔记,作文等项目;③每项作业的必须时间,如精读时间、笔记时间等。②

4. 实验结果

在1924年夏季将近学期结束的时候,对学生进行了各种测验,得出的实验结果如下:

初中一年级:国文科、英语科,班级授课制的教学效果优于道尔顿制;数学、地理,也以班级授课制的教学效果为佳;物理科、化学科以道尔顿制的教学效果为优。

初中二年级:国文科以班级授课制的教学为优;英文科、地理科也以班级授课制的教学为优;数学科以道尔顿制的教学效果为优。

测试结束后,廖世承拟定了三个调查问卷,分别针对道尔顿制班的学生、比较班的学生和参与的老师,来了解他们对于道尔顿制的想法。综合问卷调查的结果,得到结论如下:

第一,学生发展与师生满意度。该实验在一定程度上培养了学生自主、自立与合作的学习习惯。教学适应了个别差异,使学生能较自由地学习。师生、生生关系都比较融洽,参与实验的师生都对道尔顿制较为满意。

第二,实验中的困难。实施道尔顿制还面临诸多困难,其主要有:师资力量、教室、设备等均难以达到实验要求;个别差异加剧,使得集体讲演、考试评价和教学管理

---

① 李静蓉.廖世承教育实验活动及思想[J].教育研究与实验,1996,(3):55—58.
② 廖世承.东大附中道尔顿制实验报告[M].上海:商务印书馆,1925:26—29.

难以统一进行;班级教学的优势难以保存,学生也不易得到全面发展。

最后,廖世承得出的总括性结论为:道尔顿制并不优于班级教学,它的"自由与合作"在教学中难以实现,只适合于天才或低能学生及数学等部分学科,并不具备在当时中国全面推广的条件。道尔顿制的优点应当肯定,缺陷可以用别的方法来补救。普通学校应根据自身条件,谨慎实施。①

5. 实验影响

东大附中的道尔顿制实验从计划、筹备到结束前后达一年有半的时间,最后得出道尔顿制相对于班级教学法来说不经济,在当时的条件下不容易施行。于是东南大学附中的教学又回到班级授课的旧轨道上去。只是,经过了道尔顿制的实验,老师们注意在班级教学中关注学生的个性,尽量发挥其自主性。他们还注意将道尔顿制中的一些有价值的因素与班级教学法结合起来,使其更加有效和科学。

(三) 俞子夷组织的设计教学法实验

1. 设计教学法"中国化"的前奏

俞子夷在1914年从美国考察归国后,在江苏一师附小低年级开展了名为"联络教材"的教学法改革试验。实验以小学一、二年级的儿童为对象,宗旨为激发儿童游戏的本能,调动儿童的积极性。其基本方式是打破各科教材界限,将音乐教学与儿童游戏相结合,一年级的儿童玩一些幼儿园用的小积木;手工科联络其他科,强调儿童自己动手;在校园里设置"自然角",养一些虫、鱼、蝌蚪供儿童观察。每节课仍是45分钟,但是每一节课里可上两门课程,如在30分钟里读书,剩下的15分钟上音乐等。

1918年7月,南高师附小代理主任苏养培辞职,俞子夷继任主任,主持学校工作。同年8月,俞子夷在该校低年级试行"教材中心问题联络法"实验,以乡土科为中心,其他如文艺、唱歌、游戏、工艺等科教材都以乡土科的中心问题为焦点来组织。教材虽然有科目名称上的区分,实际上已打成一片。但由于作业材料都是由教师提供,儿童没有发表意见的机会,实验效果并不明显。虽然效果不甚明显,但俞子夷依然有很大的收获:"这时期内,各科教材,统有教师自编,日后应用,便利不少:这是没有预期而自然来到的事情。"②此为俞子夷进行设计教学法实验的前奏。

2. 设计教学法"中国化"的展开

1918—1926年,俞子夷在南京高等师范学校任教育科教授,同时主持该校附属小

---

① 汤才伯.编.廖世承教育论著选[M].北京:人民教育出版社,1992:127—131.
② 俞子夷.一个小学十年努力纪[M].北京:中华书局,1928:9.

学工作,这才在附小真正开始推行设计教学法实验。

1919年秋,俞子夷决定由"联络教材"教学法实验推移而试行设计教学法实验。为日后逐渐改进、渐次推广考虑,一节课定为30分钟,上课情形与幼儿园的基本一致。研究材料由学生领袖或教师提出,儿童的作业没有确定的目的,非常自由。几个月后,实验效果并不令人满意,"往往今天和明天,前月和后月,常在同一水平线上,没甚进步发展可说"[1]。到学期结束,俞子夷遂停止不再试行。

在实验停顿期间,俞子夷对既往的实验进行了系统、深入的反思。经过几个月的研究,在有了更为成熟的实验方案后,俞子夷以原来江苏一师附小搞"联络教材"实验的教师为核心,于1920年秋再次试行设计教学法实验,并命名为"分系设计法",就是把性质相同或相近的几门学科合为一系,分作observation(观察)、play(表演)、handwork(手工)、story(故事)、physical exercises(体育活动)等系,按系进行各种问题的设计教学。俞子夷在《现代我国小学教学法演变一斑》一文中描述了其具体情形,大致如下:实验以一、二年级三个班和幼儿园的儿童为对象,把课程分为四类:属语言文字者;需要动手制作者;各种游戏,包括数字游戏;唱歌、舞蹈。同时,布置四间相应的教室,一、二年级三个班与幼儿园轮流使用。特设一个"低级指导"负总责。上课时打破科目的界限,但教材仍预定,仍有大纲,还预定一学期、一学年应该学习的内容、应该达到的标准。文字、算数的练习,多采用游戏的方式进行。儿童提出的问题与教师的整理、补充并举。[2] 俞子夷没有照搬美国克伯屈的设计教学法理论,而是结合中国学校的实际,做了诸多创造性变通。这一点,具体表现在以下几方面:

第一,把设计教学法的适用对象限定在幼儿园和小学的儿童。克伯屈的设计教学法在20世纪初可谓风靡美国,在几乎所有小学与中学低年级,都采用了设计教学法。在俞子夷看来,其在中国选择适用对象不可照搬美国的做法,应该限制在幼儿园与小学范围之内。之所以这样做,是有其独特的考虑的。在他看来,幼童有着活泼好动的天性,活动与游戏最能引发他们的兴趣,使他们产生成功和愉悦的情感体验。可是,到了中学阶段,教师如果让让他们自发去活动,是相当困难的。因为"他们已经有一种惰性了。教师不去发动,他们是不会自己发动的,有人上作文课时,不出题目,教他们自己拟题做去,却一个字都写不出来,甚至教师教他们自己设法,有的学生说'教师拿了

---

[1] 俞子夷.一个小学十年努力纪[M].北京:中华书局,1928:9—10.
[2] 董远骞,施毓英,编.俞子夷教育论著选[M].北京:人民教育出版社,1991:490.

薪水做什么'？这种情形，在高年级最大"。① 所以，他断然决定，不把设计教学法向中学阶段延伸。

第二，把保留教材的系统性与尊重儿童的主体性有机结合。在克伯屈的设计教学法中，教学单元是一个个的社会生活原型。在这样的社会生活原型中，学生从中总结对自己有用的知识。这使学生学到的往往是缺乏逻辑性、碎片化的知识。对此，俞子夷深为忧心，他说："纯粹在社会化环境中让儿童自由发展而没有一定的要求，家长绝不放心。"②因此，在他自己组织的设计教学法实验中，在引导学生参与到社会生活原型之中的同时，仍旧预定教材和教学大纲，明确一学期、一学年的教学内容，还以做习题的形式检测学生对知识的掌握情况。在他看来，大纲、教材、教学内容的预定与练习的施行是保证儿童对系统知识的掌握的必要前提，活动的参与不能以牺牲系统知识的掌握为代价。③

第三，将教师的引导与学生的积极活动有机结合。克伯屈的设计教学法要求教师要给予儿童充分的自由，让儿童在整个设计教学中独立完成每一个步骤。这带来的后果是，在设计教学中，学生的活动常常偏离教师预设的方向，把不少宝贵的时间浪费在一些无关紧要的活动上，忽略了对真正有价值知识的学习。这种过分依赖儿童的倾向，大大削弱了教师的主导作用。为了避免设计教学法的这一缺失，俞子夷创造性地制定了设计教学中教师和学生的活动标准，用一系列的标准来规范教师、学生的活动，使教师的主导作用与学生的主动性都能得到发挥。具体来说，在《视察设计教学活动的标准》一文中，俞子夷提出了六大类标准。其第一类标准旨在让教师鼓励、引发学生寻找设计的契机，激发学生兴趣；第二类标准意在强调，假如在设计教学进行时遇到困难，学生兴趣发生改变时，教师要及时提醒学生，让他们维持既定的目标；第三类标准要求，学生要能提出适当的设计，并陈述自己的设计；第四类标准指出，学生须各自作业，或分团作业；第五类标准突出强调，当学生碰到到困难无法进行时，教师要引导学生积极思考，帮助学生做出假设，让学生从假设出发，展开验证，最后得出结论。第六类标准要求，学生的作业，必须是按照大家约定的方案而相互协作、互助，且有秩序。这些标准中的一、二、五类突出体现了教师主导作用的发挥，三、四、六类标准意在突出学生的主体性。这正体现了设计教学过程中教师的引导与学生的主体性充分发挥相

---

① 董远骞,施毓英,编.俞子夷教育论著选[M].北京：人民教育出版社,1991：38.
② 董远骞,施毓英,编.俞子夷教育论著选[M].北京：人民教育出版社,1991：493.
③ 董远骞,施毓英,编.俞子夷教育论著选[M].北京：人民教育出版社,1991：59—60.

辅相成之意。否则,俞子夷就不会说"没有引导,听凭学生做去,不是设计教学法。硬迫学生去做,指挥学生,命令学生,也不是设计教学法。引导学生向上发展,才是真正的设计教学法"①这样的话了。

第四,将游戏引入算术课的设计教学中。俞子夷认为:"儿童的生活,除吃饭睡觉以外,最重要的便是游戏,所以寓教育于游戏之中,利用某种游戏来达到某种目的的方法,实在是最聪明又最合儿童心理的方法。"②因此,为防止算术教学的繁难与枯燥,特别注意将游戏的元素融汇到设计教学中。对于将游戏的元素融汇到设计教学中的情形,沈百英曾在《参观南高附小杜威院、维城院记略》一文中如此描述:

  算术游戏是专科教师教的,每天上下午定两个时间,由学生自由选习。游戏器具有皮球、棋盘、扑克牌、木块……都是利用游戏而学习计算的。先由学生邀请同伴,领了器具、记账纸、铅笔,捡一个地方去玩。玩的时候到了,各组结账,报告给全体。教师看他们对已某一个法子玩的厌了,再想出一个新法子教他们玩,总之,在教师看来是算术,在儿童看来是游戏。③

可见,在沈百英的描述中,游戏与算术教学几乎融合无间,是将设计教学游戏化了。不过,对于设计教学的游戏化,沈百英的描述还是简单化了一些,在俞子夷的《五十多年学习研究算术教法纪要——一条迂回曲折的道路》一文中,更可见到设计教学游戏化的精神,他是这样描述的:

  一、二年级开始试行设计法与能力分团(组),正式算术即取消,但每天仍有一节课,有别设备之游戏室活动(个别或小组由儿童自定)。这是比较保守的办法。怕无机可随,故命学生在适当环境中,使经常发生需要的动机。教师(江景双)煞费苦心,创造一套由易而难,由简而繁的必须涉及数的游戏,依次交给学生。严格言,并非随机,只是教法"游戏化"耳。后来定一原则:从一般游戏之用数计胜负者(如比打倒多少树立之棒);进而用数字比赛(如棒上标有不同数字,打倒数大者为胜),最后则以比赛习题作目标(类似测验)。此外更有表演式之游戏,如开店买

---

① 董远骞,董毅青.俞子夷教育实践研究[M].杭州:浙江教育出版社,2008:22.
② 董远骞,董毅青.俞子夷教育实践研究[M].杭州:浙江教育出版社,2008:156.
③ 沈百英.参观南高附小杜威院、维城院记略[J].教育杂志,1923(11).

卖之类。如购同一物两件以上，可导入乘法九九。几年间效果不差，三年级正式学算，不发生困难。尽管不强求共同一致，但学生计算能力差距不大。可视为成功。①

在俞子夷的这段追忆性的描述中，我们不难看到，在算术教学的游戏化中，不但游戏与算术合二为一，使教学具有足够的趣味性，还遵循着从简到繁、由易到难的顺序设计教学过程，与儿童身心发展的规律有着高度契合的品性。这实在是相当高明的创发之举。

俞子夷的这一既得设计教学法的神髓，又能结合中国实际做中国化处理的实验，产生了相当大的反响。对于这一实验的影响，俞子夷曾做过如下描述：

……某年初夏赴开封讲了几天教学法，他们还不过瘾，特于暑假中办讲习会，请附小任设计法之两个女教师去作详细的实施报告。浙江省教育会某年亦办了盛大的暑期讲习会，特请附小一女教师去，作实施报告外，更邀现场作演示教学。

省内其他各师范附小，或多或少，均在试行。淮阴第六师有一毕业生把这一套推行到一所乡小。他闻悉我到淮阴，特赶进城来，邀我到他校去参观。我遵约前去，听了一段时间课，模仿得极像。杭州一师附小，特建低级教室，另成一落，并委托代聘几个女教师去。

南高附小参观人络绎不绝。杭州女师附小教师分批轮流，住在校内，作长期参观。后成惯例，他处来者同样欢迎。苏州二女师校长要求派师范生四五人来实习，我们同样欢迎。②

由此可以看到，这一实验在全国各地，特别是浙江、江苏一带，有着非常大的影响。以至俞子夷的学生沈百英说："参观南高附小的，络绎不绝，做南高附小参观笔记的，也不知有多少，在中国小学教育界的出版物上，到处都有他们的教学概况。"③这使得南京高师附小成为中国20世纪20年代小学教学改革的一面旗帜。

3. 设计教学法实验阵地的转移

按照俞子夷的设想，城市学校能够实施的设计教学法实验，在乡村学校也要进行

---

① 董远骞,董毅青.俞子夷教育实践研究[M].杭州:浙江教育出版社,2008:441.
② 董远骞,施毓英,编.俞子夷教育论著选[M].北京:人民教育出版社,1991:491—492.
③ 沈百英.参观南高附小杜威院、维城院记略[J].教育杂志,1923,(11).

相应的尝试。为了探索设计教学法的乡村化问题,俞子夷于1925年开始撰写《一个乡村小学教员的日记》一书。在书中,他提到了五条要点:1. 承认学生的人格,适应学生的个性;2. 教员引导学生自愿去学;3. 教材要适应社会的实际与学生的需要;4. 用协作互助代替竞争;5. 教育的目标,要养成学生的创造力。①"日记"中的主人公杨萱妹正是以此作为指导纲领在乡村小学以复式教学为基础开展设计教学法实验的。"日记"中提到了以下5种设计:(1)早会设计。8月28日的"日记"写道:我的第一步改进,每天早上有15分钟的共同教学,名叫"早会"。在早会上主要是师生相互讨论问题,以便引起学生学习的动机。(2)各门学科的设计。"日记"中关于各门学科的设计有书法量表的应用设计、算术练习测验的设计、"五四"历史故事的设计、烹饪裁缝的设计等。另外,还有某些局部的设计,如教学过程的某阶段或某种创作等。(3)节日设计。"日记"中对节日的设计有植树节、清明节、端午节、双十节、冬至节、新年等相关的设计。其中植树节的设计就涉及植树节设计(4月3日)、种树设计(4月4日)、植树(4月5日)、种树以后(4月6日)四个阶段的内容。(4)学校活动设计。"日记"中记载了恳请会、星六会、学童子军、我们的运动场问题的设计等等。(5)个人的连续设计。其大致情形是,学生刘生在学校试行设计教学法后,仍然和以前一样,不但学生成绩差,而且没有表现出任何的学习兴味,让杨老师很头疼。但一个偶然的机会,杨老师发现他对鸭子感兴趣,就让他讲有关鸭子的故事,画有关鸭子的画,并一步步的引导他自愿、自动学习,让他与其他同学协作搞个人连续设计,从而激发了刘生的学习兴趣。此外,"日记"中还记录了实施设计教学法实验的一些教训,如课程表如果弹性太大就有可能出现混乱等,使杨老师得到一个重要的教训,设计的路不能走过头。②

这部日记体乡村教育学著作,是俞子夷针对乡村学校所进行的设计教学法探索历程及其主要思想的反映,体现了他的设计教学法实验由城市向乡村延伸的摸索轨迹。虽然其没有真正得以实行,但这一探索是难能可贵的。

第三节 "道尔顿制"与"设计教学法"在中小学实现中国化遭逢的困境及其成效

在道尔顿制与设计教学法走向中国化的历程中,遭逢了诸多不得不面对的困境。

---

① 董远骞,董毅青. 俞子夷教育实践研究[M]. 杭州:浙江教育出版社,2008:65.
② 董远骞,董毅青. 俞子夷教育实践研究[M]. 杭州:浙江教育出版社,2008:70—72.

在中国现代社会,无论城市还是乡村,经济匮乏都是常态。这成为二者推行的关键"瓶颈"。中国传统的专制、顺从的文化与道尔顿制与设计教学法中蕴含的自由、自主精神存在着尖锐的冲突,也使二者难以在中国生根。参与改革者热情有余、理性不足,综合素质难以适应道尔顿制与设计教学法的要求,更使二者的中国化难以落到实处。不过,克服种种困境,筚路蓝缕的改革者们还是取得了一定的成就,这主要表现在:设计教学法、道尔顿制的传播与实验作为教育界的一股时代新风,不仅在国内起到了荡涤旧的教育文化、树立新的教育文化的作用,也成为我国教育思潮连接国际教育思潮的重要桥梁。对于当时学生的自主意识、自主学习能力、自我责任感、合作精神的形成与提升,也起到了不容忽视的促进作用。

一、不得不面对的困境

(一)新教学方法与当时社会状况的不适应

设计教学法、道尔顿制最初在中国深受欢迎,是因为它们迎合了中国教育界反对并试图纠正传统教学法当中学生自主性差、学科的相互割裂、不能满足儿童整体生活需要的缺陷。在当时,设计教学法、道尔顿制几乎是被当作一种救世良药接受下来的,但是,当时的中国并不具备它们扎根的社会土壤。

恩格斯在谈到经济因素对历史发展作用时,曾说:"经济的前提和条件归根结底是决定性的。"[①]"我们认为,经济条件归根到底制约着历史的发展。"[②]从我国当时的社会经济状况来看,20年代后,受帝国主义与封建势力双重压榨下的中国小农经济几乎陷入破产和崩溃的境地,即使是城市的商业经济也因受其困扰,愈益濒于难以自存的窘态。在这种现实背景下,设计教学法、道尔顿制推行的条件是无法普遍满足的,尤其是在广大偏远的农村。否则,时人就不会在谈到设计教学法与道尔顿制时说"乡村小学教师参观者,则叹为事属新法,而非乡村小学之人所能学步"[③]这样的话,当时也就不可能出现"现在通都大邑之国省立小学校,多行新方法,县市所立之小学校,尤以乡村小学,均行旧方法。二者分道扬镳,有若风牛马不相及"[④]的状况了。

即使是在城市,学校的经济状况也有捉襟见肘之势。这一点,从俞子夷当时的观

---

① 马克思,恩格斯. 马克思恩格斯选集[M]. 中共中央著作编译局译. 北京:人民出版社,1995:478.
② 马克思,恩格斯. 马克思恩格斯选集[M]. 中共中央著作编译局译. 北京:人民出版社,1995:506.
③ 侯鸿鉴. 四十年来江苏教育的回顾[J]. 江苏教育,1(11).
④ 李邦和. 小学旧教法中参用新教法之试验方案[J]. 教育杂志,1927,19(11).

察、判断便可见一斑。1922年4月,俞子夷在参观无锡、苏州、杭州、上海等地的学校①后,发现"各个学校里最重大的问题,没有比经济问题更紧急的了。县立学校不必说,经济当然不十分充足的;省立学校的经济也一天难似一天;就是教会学校和尚公小学也有这种困难"②。他举例说,吴淞中学"本学期开始时,国文科教室买了一百元的书报,自试行道尔顿制以后,又买了一百元"③。由于学校经济有限,无力添购更多的书报。"较之以前的国文科,在校四年,除了三四本教科书外,简直不见到一本书。"④师资设备条件相当好的学校如吴淞中学尚且如此,更不要说其他学校了。

总之,在经济匮乏的年代里,无论在城市还是乡村,经济基础薄弱都构成了新的教学方法推行的"瓶颈"。在这样的社会条件下,设计教学法、道尔顿制实验仓促离开历史的舞台,几乎是不可避免的。

另外,虽然道尔顿制、设计教学法有许多显而易见的优点,如:以学生为中心,强调学生的主体地位,注重学生的兴趣和个性发展,指导学生进行合理的时间分配,注重学生思维与能力的培养。但是,它们的形成与发展是以西方特定的环境为基础的,更适用于西方"自由"文化传统下的教学。它所代表的是一种异质文化,它作为一种先进的教学组织形式传入我国并进行实验,必然会与我国的传统文化产生冲突和碰撞,东西方文化的差异和矛盾便会凸显。当时的中国,刚刚摆脱封建统治,传统文化与观念在国人心中依然根深蒂固,教师、学生都对设计教学法、道尔顿制感到十分陌生,他们并不适应这种"自由"传统的教学,操作起来也十分困难,必然会对设计教学法、道尔顿制的传入产生反对和抵制。对此,南京四师附小教师杨逸群曾指出:"行了道尔顿制后,教师非常之忙,较之旧制教学,超过数倍。这种情形,非亲尝其滋味,绝不相信。英国斯垂三女中学校的实验,每人可教一百十人,柏克赫斯特女士则以为可教二百人。这种情形,在中学学生,自动能力较强,或者是可以的。但就本校试行的经验来看,小学生的能力较为薄弱,恐不能像斯垂三女中和柏女士所言。学生人数,每人似只能教八十人,倘多就照应不及。"⑤这告诉我们,欧美国家的学生从小分享的是自由、自主的文化,因此,它们在很小的时候,便能够很好地配合。故一二百人规模的教学,毫无障

---

① 参观的学校包括无锡县女子师范和附属小学校、江苏第一女子师范附属小学、浙江第一师范和附属小学、浙江女子师范和附属小学校、宏道女学各部、杭州私立女子职业学校、尚公小学校等。
② 董远骞,施毓英,编.俞子夷教育论著选[M].北京:人民教育出版社,1991:30—31.
③ 沈仲九.国文科试行道尔顿制的说明[J].教育杂志,1922,14(11).
④ 沈仲九.国文科试行道尔顿制的说明[J].教育杂志,1922,14(11).
⑤ (美)海伦·帕克赫斯特.道尔顿制教育计划[M].陈金芳等译,北京:北京大学出版社,2005:10.

碍。可是,对于从小分享的是专制、顺从文化的中国学生,自由选择、自主设计的能力、意识均属薄弱,很难配合道尔顿制、设计教学法的施行,故规模稍大,便难把控。

除此之外,中国的社会心理与新式教学法的抵触也是其难以成功推行的原因。对此,民国学者庄泽宣在1928年出版的《教育概论》中曾指出:"行设计法最大之困难为社会之不了解及父母之不赞许。中国教育自古重书本不重活动,学校不过是读书之所。若用种种设计,父母及社会视为儿戏,故不了解而难赞许。"①

总之,道尔顿制、设计教学法要想被国人中真正认可,就必须融入中国的文化环境中。但由于文化的差异,道尔顿制、设计教学法虽然在我国中小学进行实验,并在一时引起了轰动和重视,形成一股高潮,但终是没有真正融入到我国的社会生态之中,反而在我国传统文化的挤压下,过早地结束了它在中国的历程。

(二) 教育要素的局限

1. 改革者的理性程度

在改革试行过程中,除仅有的俞子夷等试行者外,其他改革者大多流于盲目和狂热。具体表现为,以形而上学的方法全盘否定传统教学,全盘接受新教学方法,对二者缺乏理性的分析,在行动上往往操之过急。对此,舒新城曾指出:"自从海运交通以后,国民与他国人接触,遇事相形见绌,于是由排斥的意念,转而为倾服的想望,对于外国的种种文明现象,都想模仿搬运过来。"②这就不仅把全盘否定传统教学方法、接受西方教学方法的行为取向刻画得入木三分,而且揭示了其心理根源,是足够让人信服的。总之,正是由于广大试行者仓促上马,仅凭得知的一鳞半爪的舶来品,就立即加以效仿,不分析新方法是否适合我们的国情和需要,因而改革往往流于形式上的变动。这就注定了当时的改革者们不可能精准地把握新教学方法的内蕴,发掘其潜力,更不要说发现其内在局限性并克服之。这样的改革与实验,注定是没有长久生命力的。

2. 教育者面对的困境

第一,精力耗费的加大。在班级教学条件下教师的上课以讲授为主,在教学中,教师总是占主导地位,牵着学生的鼻子走。教师讲什么,学生学什么;教师怎么要求,学生怎么做。道尔顿制下的教师采用得是个别教学,教学以学生为中心,教学面对每一个学生,学生问什么,教师答什么,学生需要哪方面的帮助,教师尽量满足。另外,教师除了在作业室内对学生进行个别指导外,在其他时间仍然要备课。且备课的范围相当

---

① 庄泽宣.教育概论[M].福州:福建教育出版社,2006:46.
② 吕达,刘立德,编.舒新城教育论著选[M].北京:人民教育出版社,2003:195.

广,它不但包括教材,还包括各种教学参考书,最近新出版的书籍、报纸杂志等等。除此之外,还有检查学生的笔记、考查学生学习的进度、检查学生学习的效果等工作。在应付如此之多的教学工作中,教师花费的精力必然更多。在设计教学法那里,也有这样的困难。在教学展开过程中,首先需要学生在教师引导下在生活实境或类似生活实境中摸索,寻找到自己感兴趣的问题。其次,学生要在教师的引导下寻找解决问题的办法,并在问题解决的基础上形成概念化的知识。这些在实境中摸索的过程、寻找解决问题之道的过程、从具象的问题解决到概念化的知识形成的过程,与传统的教学方式相比,必定会多耗费教师大量的时间、精力。

第二,对教师综合素质的挑战。传统的班级教学中,学服从于教,教师讲授教材占据课堂的大部分时间,学生很少独立看书、思考问题的机会。道尔顿制下的教学则不同。由于学生学习方法的自由以及学习内容的广泛,给教师的教学增加了相应的难度。面对一个个独立学习的学生,他们在其自学过程中将采用什么方法,会提出什么问题等等,都将是教师所难以预料的。因此,实行道尔顿制实验需要一批较高素质的教师。这些教师除了能够主动深入地钻研教材、耐心细致地向学生解答各种问题之外,还应该懂得学生的心理,能够有效地识别学生的个别差异,有能力帮助学生找到适合自己个性与能力水平相当的学习方法、学习速度、学习方向,达到因材施教的目的。然而,"那时的一般状况是:'常见多数教师,上课至下课,兀立讲台,始终如说书人之宣讲,但知抱书本逐句讲解,或就教授书上之诠释,书于黑板,令学生照抄。'即教师的知识质量的缺乏,已是除了照本宣科也难以胜任"[①]。由于教师水平的参差不齐,各学校实行道尔顿制实验的情况差异太大,无疑是道尔顿制在我国中小学难以深入开展的又一原因。设计教学法也同样面临着这样的困境。在设计教学法的施行过程中,要求教师能够敏锐地抓住学生日常生活中的重要问题,以之为灵魂,将各科知识融汇到一起,呈现给学生。可是,受传统训练的教师,大多缺乏这样的能力,很多教师只是在形式上做工夫,把设计教学法的外表——我们一眼便可以看见的外表——做得"一模一样":"我们只看见他们功课表是学生定的,上课的教师是常常更换的,讨论一件小事情也须表决的,称儿童叫'小朋友'的;甚至只有几张矮凳,几种工具。除此之外,我们便不见什么!儿童的生活仍是干枯着,活动仍是盲目着,所学到的仍是些不能应用到实际生活上去的死知识!"[②]就此而言,由于教师的素质与此种教学法的基本要求不匹配,设

---

① 崔运武.舒新城教育思想研究[M].沈阳:辽宁教育出版社,1994:126.
② 张锡昌.怎样免除设计教学的弊端[J].中华教育界,1924,14(12).

计教学法在实质上很难落到实处。

二、喜忧参半的成效

(一) 令人欣喜的成效

设计教学法、道尔顿制的传播与实验作为教育界的一股时代的新风,不仅在国内起到了荡涤旧的教育文化、树立新的教育文化的作用,也成为我国教育思潮连接国际教育思潮的重要桥梁。

视野放之于国内,我们可以说,设计教学法、道尔顿制的传播、实验冲击了国内教育界陈腐的教学观念,使当时教育界接受了一场新的教学观念的洗礼。如针对五段教授法机械呆板,仅重视教师的教、学生的学的弊端以及实施单向教授后所暴露出来的部分学生"放任自流"的问题,"五四"时期传入的设计教学法强调要尊重学生的兴趣和需要,注重儿童学习的主动性以及教学与生活的联系,让学生在自己设计、自己负责的学习活动中获得有关的知识和能力;道尔顿制则强调因材施教、个别指导,强调自主探究性的学习理念。这些教学方面的新思想、新观念,冲击了与几千年来的封建小农经济和专制政体相适应的中国传统教学思想,使教学关注学生学习,发挥学生学习的能动性,发展和适应学生学习的个性逐渐成为教育界的共识。正如教育史学家陈学恂所说:"'五四'以后教学方法的输入与改革,总的方向是克服教育上的呆读死记、单纯灌输、重教材、轻实践的倾向,要求调动学生学习的主动性,加强学生的动手能力,加强教学与社会实际、与生活实际的联系。通过试行新法教学,取得了一定的效果,增强了教育界的探索新教育的精神,在我国教学现代化上迈出了重要的一步。"[①]

如果将视线投向国际,我们还可断言,设计教学法、道尔顿制的传播与实验成为我国连接国际教育思潮的一条纽带。道尔顿制、设计教学法在中国的传播客观上加强了与国际教育改革的联系,成为连接国际教育改革的又一条纽带。20世纪20年代,在国际教育民主化思潮的影响下,国内教育界一直为争取教育民主化在中小学教育中的实现而努力。道尔顿制、设计教学法实验恰好参与其中。这集中体现在:第一,通过各科作业室和作业纲要等形式让教师能够更加有效地正视和对待学生的个别差异。第二,鼓励学生在教师精心设计的框架内,主动寻找到适合自己能力和个性特点的学习步伐,自由而有效地提高自己学习的兴趣和效率,求得更加充分的发展。第三,充分

[①] 陈学恂,高奇.中国教育史研究(现代分卷)[M].上海:华东师范大学出版社,2009:15.

尊重儿童学习的兴趣与意愿,充分尊重儿童学习生活与真实生活的内在关联,使儿童能够积极、主动地学习。这些足以表明,道尔顿制、设计教学法在中国的实验对于国人接受民主化的教育思想起到了一种促进的作用,在客观上加强了中国与国际教育潮流的内在联系。

当然,任何有影响的教育实验,都不会仅仅作用于教育文化的改变,还会在受教育者身上,打上深刻的烙印。实验证明,设计教学法与道尔顿制对于当时学生的自主意识、自主学习能力、自我责任感的提升,起到了重要的促进作用。

在20世纪20年代,注重个人自由、个体发展是教育的一个世界性潮流,作为时代产物的道尔顿制、设计教学法亦不例外,"自由"被排在道尔顿制基本原则的首位。但是,道尔顿制的自由原则是有一定的针对性的,即把学生从传统教育被动、压抑的状态下解放出来,让学生个人的能力得到充分自由的发展,让他们成为学习的主人,担负起学习的责任。当时道尔顿制实验表明,学生自学能力、自我责任感等方面的进步是突出且明显的。例如,东南大学附中实施道尔顿制实验后的调查中得出结论,道尔顿制的功效有"养成自动求学的习惯""道尔顿制优于寻常学校制度有一点就是自修的能力强""可以加深研究,养成自治能力""可以增进自学能力""能引起个人研究的乐趣和精神,养成独立研究的习惯",等等。① 尽管东南大学附中的道尔顿制与班级教学比较实验的结果表明,两组学生虽然在各科学习成绩方面差别不甚明显,但是道尔顿制实验班对学生自学能力、自我责任感的塑造方面是班级授课制所难以企及的。

民国学者龚启昌在1945年出版的《中学普通教学法》中列举了设计教学法的价值:(1)给学生以确切而实在的学习动机;(2)训练学生创始的能力与负责的精神;(3)设计法给予特殊机会以训练学生解决生活环境中之实际问题;(4)发展学生合作的精神;(5)坚忍的训练;(6)适宜于发展警觉心、正直心以及对于他人意见的容忍心;(7)发展判断的能力;(8)奖励学学生去从事创造活动。② 可见,龚氏在这里想要说的是,设计教学法打破学科界限,以儿童自发活动为选择和组织教材的中心,引起儿童学习的兴趣和动机,能充分发挥儿童的主动性和积极性,使儿童成为学习的主人;它要求在教师指导下儿童之间合作进行活动,培养了儿童的合作精神和尊重他人的习惯;它强调儿童有目的的活动和经验,加强了教学与儿童实际生活的联系,并使学生在发现问题过程中培养了科学探究的精神;它要求活动尽可能由儿童自己设计,培养了儿童

---

① 廖世承.东大附中道尔顿制实验报告[M].上海:商务印书馆,1925:1.
② 龚启昌.中学普通教学法(下册)[M].福州:福建教育出版社,2006:94.

的责任心和运用知识解决问题的能力。

综上所述,我们可以说,设计教学法与道尔顿制对于当时学生的自主意识、自主学习能力、自我责任感、合作精神的形成与提升,的确起到了不容忽视的促进作用。

(二) 使人忧虑的后果

要探测设计教学法与道尔顿制在不良后果上的共性,是一件颇为不易的事情。对于此点,民国时期教育学人的一个共识可以作为佐证。在1923年到1924年间,设计教学法与道尔顿制的实验均达到高潮。面对这两种教育实验中存在的问题,人们在仔细地比对了二者的优缺点后认为,"两法各有短长,细观内容,此法的长,确为彼法的短,两者有互为表里的趋势"。① 这说明,如果说二者存在缺陷的话,其缺失也是正相反的。因此,我们只能从分疏的视角,看待二者的不良后果。

设计教学法在推行过程中逐渐暴露其缺点,它强调根据儿童经验组织教学,无论是打破学科的"作业中心大单元教学",还是保持分科的"设计式的各科教学法",都打破了文化科学知识的体系和教材的理论体系,"天天在做那什么庆祝会,什么展览会,什么贺新年,什么做生日,等等"②。通过这样的教学,学生得到的是支离破碎的知识,毫无系统性可言。比如在数学课上,儿童从设计教学中得到的知识常为零碎的片段,没有建立起一个完整的知识结构。当年的美国教育学家波特(Bode, B. H)也曾作过类似的评价:"学习太散漫,太凌乱,它的效能太限于目前应用。从小商店、小银行的活动所得的数目知识,决不能供给儿童所需的算学;从戏剧表演所得的历史事实,决不能替代系统的历史研究。直接应用或工具的学习,只能得到知识的一鳞一爪,没有整个圆满的眼光,根本原则的把住。"③这些都充分说明,设计教学法带来的显著恶果是,学生所获得的只能是零碎、片段的知识。

至于道尔顿制,它的改革效果也不尽如人意。廖世承主持的东南大学附中,于1922年冬开始计划、筹备,并在1923年秋至1924年夏,就道尔顿制做过为期一年的等组法实验研究。从教学实际效果来看,对照组的国文、英语成绩优于实验组;实验组的理科教学情况优于对照组,但差异性不大。从总体来看,实验组的成绩并不优于对照组,似乎难分胜负。如从经济的角度分析,东南大学附中在实验中,"教师人数至少须

---

① 陈达,符宗韩,陈朝岫,潘谦.小学校道尔顿制实验报告[M].上海:商务印书馆,1924:30—31.
② 赵宗预.设计式的各科教学法[M].上海:商务印书馆,1928:18.
③ (美)波特.现代教育学说[M].上海:商务印书馆,1930:96—97.

增加三分之一",①教师所费时间又要"多加三分之一",②学生"做同样的功课,时间要比非道尔顿制班费得多"。③ 就1925年中华教育改进社的函讯材料来看,回函的14所试行道尔顿制的学校,其施行道尔顿制花去的经费比施行班级授课制的经费平均多15%,而且这14所学校还都是"家底"较厚的。如果一般的学校试行道尔顿制,那经费开支会更大。这就意味着,从总体效果上来说,道尔顿制虽然付出了相当大的经济成本,但收益甚微。除此之外,致使课程学习与生活脱节,也是道尔顿制施行的一个不得不注意的后果。譬如俞子夷等认为,"道尔顿制还是旧时的教科,是让学生在教科书中讨生活"。④ 三十年代时,生活教育派也认为道尔顿制"太看重了书本"了。⑤ 正因为如此,江苏一女师附小为了改变道尔顿制"太重书本知识"的缺点,就"参用设计教学法,取消预定的,呆板的学习概要表。所有研究的问题,都先期和儿童谈话,由儿童自由提出,经众讨论,决定。"⑥也有主张"决不是仅教他们一点知识,就算了事,所以必定要在做事的方面,多多的给他们一点机会"。⑦ 这些机会是通过课外的团体活动来提供的,而且这些活动往往是采取的是设计教学法。这些在中国试行道尔顿制的过程中,少数学校渗用设计教学法的尝试,正是针对道尔顿制的不良后果所施的对症之药石。

第四节 "道尔顿制"与"设计教学法"走向中国化中积淀的经验对当代人的启示

在道尔顿制与设计教学法走向中国化的过程中积淀的经验,对我们当代教育者的启示是非常深刻的。其告诉我们,在引入西方国家的教育资源时,我们要将之作为待检验与重构的质料,考察那些引进的教育资源的基本内涵与其产生的社会历史根基、背后蕴含的基本原理。在这一基础之上,深入中国教育现实的内在脉络,挖掘其内在的、深层的需要,将西方教育的结晶与之嫁接。当然,在考虑中国现实教育的内在需要时,我们切切不能忘记,我们还要努力寻找中国传统教育资源与西方教育结晶之间的

---

① 廖世承. 东大附中道尔顿制实验报告[M]. 上海:商务印书馆,1925:173—174.
② 廖世承. 东大附中道尔顿制实验报告[M]. 上海:商务印书馆,1925:174.
③ 廖世承. 东大附中道尔顿制实验报告[M]. 上海:商务印书馆,1925:176.
④ 俞子夷. 小学实施道尔顿制的批评[J]. 中华教育界,1925,15(5).
⑤ 陶行知. 教学做合一讨论集[M]. 上海:商务印书馆,1930:16.
⑥ 潘履乎. 道尔顿制试行的经过[M]. 苏州:江苏省立第一女子师范附属小学校出版部,1924:82.
⑦ 杨逸群. 小学校道尔顿制实施法[M]. 北京:中华书局,1936:82.

楔接点。只有这样,西方教育的中国化才是真正可能的,才会生机勃勃、长盛不衰。

一、透彻把握外国教育资源的生成原理

20世纪二三十年代,道尔顿制与设计教学法在中国化的过程中遭遇了意料之外的困境,在短暂的风靡一时之后,旋即陷入沉寂。可谓"其兴也勃焉,其亡也忽焉"。二者之所以会出现这样的状况,没有在中国现代社会扎下根来,成为中国现代教育思想与实践的有机组成部分,与当时非常盲目的、"不事抉择的趋新"已经成为"中国教育界的惯性"[①]有着密切关系。为什么在当时的教育界会形成这样的"惯性"呢? 这与两个原因关系至密。其一,整个教育界形成了重视新生事物、厌弃旧事物的集体无意识。人们在判断教育事务时,对于旧的,只见其坏处,不见其好处。对于新的,只见其好处,无视其坏处。在这种"新好""旧坏"的集体无意识主导下,新近传入的道尔顿制与设计教学法很容易成为人们趋之若鹜的盲从对象。对此,舒新城的这番话可谓一语中的:"至于道尔顿制本身弊端,时地宜否,因'新好''旧坏'的成见在那里作怪,竟完全不问。"[②]其二,教育界人士缺乏认真推究新事物背后学理的理性精神。理性审视的精神可谓盲从的天敌,如果对于新近输入的新事物,接受者持有一种推究、审查的心态或精神,自然会辩证地看待其利弊得失,绝不会盲从。遗憾的是,当时的教育界人士普遍缺乏认真质疑、推究的精神。对此,舒新城曾这样说:"一般教育者都以为中学行道尔顿制是不成问题,怀疑之念减去,求炫之心渐盛,于是群思争先试验,对于道尔顿制之原理及方法,不去实在研究。"[③]这带来的结果是,当时的许多人对道尔顿制停留在甚为表面的、肤浅的认识上,认为其中并没有什么值得探究之理,只要照做就行。于是,一场深刻的教育改革变成了一场"名词运动"[④]。有些学校仅仅把年级制的招牌撤去,挂上道尔顿制的招牌,就算完成了教学改革;有些教师只是把一门课程的教材机械地分割为几部分,让学生自己去读书,便算是完成了改革。因此,要想从盲目趋新的惯性中超脱出来,必须在克服"新的就是好的"的集体无意识的基础上,以核检、探究的精神,去探寻"道尔顿制之原理及方法"。

上述的历史经验给我们的启迪是深刻的。在当今时代,虽然凡是新的就是好的集

---

① 吕达,刘立德,编.舒新城教育论著选[M].北京:人民教育出版社,2003:523.
② 吕达,刘立德,编.舒新城教育论著选[M].北京:人民教育出版社,2003:191.
③ 吕达,刘立德,编.舒新城教育论著选[M].北京:人民教育出版社,2003:322.
④ 吕达,刘立德,编.舒新城教育论著选[M].北京:人民教育出版社,2003:197.

体无意识基本不存在了,但是,质疑、推究精神的缺乏还是非常引人注目的。因此,要想使外国引进的教育思想充分中国化,使之成为中国新时代教育思想与实践的真正营养,我们特别需要的是:大家必须清醒地认识到,任何教育理论都是在一种特殊的境况中产生出来的。欧美国家所谓先进的教育理论也必然如此。因此,从理论上讲,那些理论只是对它们那个产生理论的特定的状况是适用的。一旦离开那一特殊的情境,那一理论适用与否,就要打上一个大大的问号。中国与欧美国家的整体国情与教育状况存在着非常大的差异。在引入它们的教育理论时,就更要对那些教育理论的适用性有足够的警醒。其合理的思维方式是,将那些理论作为待检验与重构的质料,考察那些引进的教育理论的基本内涵与其产生的社会历史根基、背后蕴含的基本原理,然后将之与我们的现实国情与自己的传统相对照,分析它们之间进行融合的可能性。对此,王策三先生说得好:"对于合理的部分,也要弄懂它们产生的背景、内容、实质,以及应用的条件,加以消化理解,而不能囫囵吞枣。"①当把这一工作做好的时候,外国教育的中国化就迈出了理性的、坚实的第一步。

二、在中国当代教育实践需求中挖掘外国教育资源扎根的基点

在反思道尔顿制与设计教学法的中国化问题的时候,不少教育界的有识之士都认识到,在现代中国,道尔顿制之所以会被时人讥讽为"逃而遁之",设计教学法之所以会被时人戏称为"杀鸡教学法",流弊滋生,其重要原因之一便是,西方教育的中国化没有充分考虑中国的内在需要。舒新城在分别针对道尔顿制与设计教学法的中国化历程进行反思时,便有这样的卓识。他在反思道尔顿制在中国推行的流弊时曾说:"我国大部分的教育者平日办学校,大概是遵照部章按部就班地干下去,对于旧方法与制度本不怀疑,只因社会上有一种崇拜外国新方法的习尚,教育者在此环境中,也想趋新以自炫,不问需要,更不问原理,一若把新方法的名词加上去,便可以做新教育家。果以此种动机而仿行新方法.不论新方法怎样完备,因施行者不彻底了解之故,终要误用而发生弊端。"②此处的"不问需要","终要误用而发生弊端",说的便是,如果不从本土的需要出发,就会出现西方教育中国化过程中的流弊丛生。这是从反面立论。在另外一个地方,舒新城还从正面阐述过这一观点。他说,"教育只是社会活动的一种,处处都得受到经济和政治的支配",美国的"教育制度是工业社会的产物,不同于中国小农社会

---

① 王策三.教学论稿(第二版)[M].北京:人民教育出版社,2005:78.
② 吕达,刘立德,编.舒新城教育论著选[M].北京:人民教育出版社,2003:147.

的需要;要建设中国的新教育,非从农业社会的历史上找根据,从现代世界经济制度上谋适应不可"。可见,舒新城在这里想要说的是,西方教育的中国化必须以在中国社会的特殊需要中寻找对接点为基础。

1919年至1923年,设计教学法在我国盛行。舒新城在反思设计教学法在中国推行的流弊时曾指出,无论何种新方法之发现,原意在补救旧的弊病,方法不过是一种手段,目的在于满足当时的需要。所以"一定要先弄清它的产生之原因何在,这方法,是否是我们所需要。采用任何方法,当先问教育的目的是什么,何种方法能达到我们的目的"。① 这里的"是否是我们所需要""先问教育的目的是什么",即是在突出强调精准把握中国需要之于西方教育中国化的优先性。

总之,在时人看来,充分考虑中国的内在需要是西方教育的结晶真正实现中国化的基本前提。这对我们的当代人来说是意味深长的。在当下的中国,教育界所要面对的重要课题,依然是西方教育的中国化。我们在解决西方教育中国化问题的时候,一定要把中国的内在需要作为思虑的关键要素。那么,具体来说,我们应当如何做呢? 我们必须确立以下理念:

第一,从立足点来说,中国教育实践的成功与否是衡量西方教育中国化是否成功的最终尺度。西方教育的中国化固然重视理论,有理论化的追求,但是,追根究底,它是为实践服务的。西方教育中国化的理论可以千姿百态、万紫千红,但只有满足中国教育实践的真实需要,在教育实践中取得应有的成效,才是成功与否的衡量标准。

第二,从思维指向来说,以中国当下的教育实践需求作为西方教育中国化的支点。西方教育中国化,绝不能以西方教育理论作为衡量标准,去剪裁中国问题,甚至是虚构中国问题,而是要站在中国问题、中国需要的立场上,去选择、剖析西方理论。对于那些与我们的中国问题、中国需要没有关联、不具有契合性的理论要素,不论其披着如何华丽的理论外衣,都要坚决摒弃。对于那些与我们的中国问题、中国需要关系密切、具有高度契合性的理论要素,即使再不起眼,我们也要把它们嫁接到我国现有的教育理论系统中,使之成为"中国教育理论"的有机组成部分。

综上所述,我们可以断言,要真正实现西方教育的中国化,必须深入中国教育的实际,挖掘其内在的、深层的需要,然后以之为基点,嫁接西方教育的结晶。这样的西方教育的中国化才会是富有活力、有恒久生命力的。

---

① 常道直.对于我国教育现状之危言[C]//瞿葆奎.教育学文集教学(上).北京:人民教育出版社,1988:346.

三、探寻外国教育资源与中国教育传统的楔接点

设计教学法、道尔顿制在中国化过程中之所以会困难重重,没有取得令人满意的成效,还有一个重要原因,那就是,当时教育界热心推行这二者的人们忽视了它们与中国教育传统、文化传统之间的尖锐冲突。对于这一点,我们在前面的困境分析中已经做过具体论述,此处不再赘述。在这一点上,当代的有识之士也曾下过类似的断语:"道尔顿制作为西方文化的产物必然带着浓厚的异国文化色彩。它破除班级教学、取消固定的日课表的反传统教育的突出特点,其传入才从形式上摆脱封建统治不久的中国大地,受到来自中国传统观念的抵制应该是一种必然"。[①] 这启示我们,在当下,我们在面对西方教育的中国化问题时,一定要设法避免外国教育资源与中国教育传统的冲突,尽力寻找外国教育资源与中国教育传统的有机楔接点。那么,如何着手,才能使西方教育资源与中国教育传统发生自然楔接呢?这需要做到以下几方面:

第一,回归传统的原点。我们要返回中国教育传统产生的原点,寻找中国教育传统的基因密码,将那些基因密码作为西方教育中国化的逻辑起点。如何才能找到这些基因呢?一是通过解读《论语》、《孟子》、《庄子》、《墨子》等先秦时的教育经典,寻找其中共性的东西;二是从先秦以来的重要的历史文献入手,考察那些共性的东西在后来对中国教育经验与理论的影响,看其是否是一以贯之地在对中国教育传统发生作用。如此,便可找到在中国教育的发展中一直在起支配作用的那些基因。

第二,引入西方教育资源。回归中国教育传统的原点不是为了把自己封闭起来,而是为了建立现代性的、具有中国特色的教育理论体系或实践方案。这就必然要求我们将关注的目光投向国外(主要是西方),引入国外的教育传统与智慧。在这里,引入的目的不是为了照搬,而是将国外的教育传统与智慧作为启迪、触发我们思维的工具、媒介。这里的参照要把握两个关键点:一是要系统梳理西方教育的传统。这种梳理当然不用像探究中国教育传统那样深入、细致,但是,内在的逻辑、关键的转折点都要清楚。二是在关键点上,"中国眼光"与"外国眼光"要相互注视,考察异同。

第三,中外教育传统的对话与融合。中国教育传统与国外的教育传统都梳理明晰了,接下来就是中与外的对话。所谓对话,就是中外的教育传统相互沟通、质询。无论巨细的对话是不可能的,这一对话主要是在关键点上"中国眼光"与"外国眼光"的相互交流、问难,以明确其形成异同的历史根源,融合的可能性有多大。在对话的基础上,

---

① 任一明.关于道尔顿制实验中国化历程的再认识[J].西南师范大学学报(人文社会科学版),2002,(5):89.

对中外教育传统异同的性质、根源都有了清楚的了解。于是,我们就可以把与中国教育传统具有可融性的外国教育传统的因子纳入到中国教育传统的体系中,使二者水乳交融。如此,就可形成既有现代色彩,又具中国特色的教育理论体系或实践方案。

前辈们经过孜孜以求的探索,以诚挚之心谆谆告诫我们:"任何一种外来的理论、制度或方法,不管在其本土是如何的先进、有效,一旦移植过来,必然会有一个能否适应和如何适应的问题。也就是说,必然要受接受国的社会状况、实际需要和可能提供的条件等多方面因素的制约,必须在这块异国土壤上找到生长点,与原有的传统找到融合的契机。"[①]这不啻为指导西方教育中国化道路的金石之言。其中所言的寻找与中国教育实际需要的结合点、探寻与中国既有教育传统的楔接点,也是我们在思虑西方教育中国化问题时,一直念兹在兹的。如果我们在切实把握西方教育资源的生成原理的基础上,又能够精准地发掘到其与中国教育实际需要的结合点、与中国既有教育传统的楔接点,西方教育中国化的奇花异卉在中国大地星罗棋布、充满勃勃生机,将不再会是遥远的梦想。

---

① 田正平.中国教育史研究·近代分卷[M].上海:华东师范大学出版社,2009:293.

第六章　中西部地区"顶层设计"式与"基础创新"式学校变革取向之比较

近代以来,中国传统文化教育与"天朝上国"的骄傲自负一起,被西方强势的工业文明冲垮。经过无奈的抗拒和痛苦的抉择,国人逐渐接受了"师夷长技"的策略,走上了效法"西夷"的现代化之路。不论是"中体西用"的保守,还是"民主与科学"的激进,都面临着文化教育的选择与创新。中国教育进行着深刻的变革,在文化位移中努力寻找自己的坐标。如果说清末的教育变革还带有诸多的文化自负,新式学堂在整个教育体制中处于边缘地位;那么,民国早期基础教育基本采纳了西方教育体制,显现出"全盘西化"的倾向,一些教育家清醒地认识到这种倾向的危害,以高度的文化自觉推进基础教育学校变革,并不断探寻教育现代化与本土化的结合点,试图解决我们至今仍在探索的世纪难题。

雷沛鸿多次担任广西省(此为民国时期的地方区划名称,下同)教育厅厅长,善于运用政府的权力制定学校变革的法令制度,在广西普及国民基础教育,基础教育学校变革取得了显著的成效,形成了"顶层设计"式学校变革。李廉方将西方教育理论与河南教育实际结合,在河南教育实验区进行学校变革实验,推行富于中国特色的"廉方教学法",为基础教育普及与发展作出贡献,形成了"基础创新"式学校变革。他们在中西部落后地区进行基础教育变革,在学校变革路径、改革重点、实施方案等方面具有鲜明的特色,共同推进了学校教育变革,普及国民基础教育,致力于以本土式的教育救国。他们的教育变革有着独特的思路、广阔的视野、详尽的计划和坚定的信念,无不体现出教育本土化的精神,达到了"本土化创新"的境界。

第一节　雷沛鸿在广西实施"顶层设计"式学校变革

　　雷沛鸿(1888—1967)，字宾南，广西南宁人。早年接受私塾教育，后投考新式学校，并参加辛亥革命。1913—1921年，他辗转留学于欧美，修习政治学、教育学、社会学等学科，获得美国欧柏林大学学士学位、哈佛大学文学硕士学位。① 回国以后，雷沛鸿曾五次主政广西省的教育行政：1921年8月—1922年初，担任广西省长公署教育科长；1927年3—9月，被国民政府任命为广西省政府委员、教育厅厅长；1929年7—9月，担任广西教育厅厅长；1933年夏—1936年夏，担任广西省政府委员兼教育厅长，开始致力于普及国民基础教育；1939年7月—1940年8月，复任广西教育厅厅长。在后两届任期内，他对广西教育的贡献尤为卓著。此间，他还担任过小学、中学、大学教师，曾任教务主任、校长等职。雷沛鸿回忆自己深受"当时颇受丹麦教育家格龙维先生及英国工人教育协会所倡导之成人教育运动之感召，……使我大发宏愿，愿以有生之日，为穷而失教之劳苦大众教育事业而奋斗"②。他对中国普及国民教育贡献卓著，被时人誉为"中国的格龙维"。③ 雷沛鸿在广西普及国民基础教育主要是通过他广西省政府委员、教育厅厅长的职权来进行的，他在实地调研和教育理论指导下，善于运用政府的权力制定学校变革的法令制度，由现成的行政体系推行下去，而又能保持教育事业的相对独立性，基础教育学校变革的成效显著，我们称之为"顶层设计"式学校变革。

一、"顶层设计"式学校变革的背景

　　雷沛鸿亲身接受西方教育，对此有着深入的研究和独到的见解，具有相当的国际视野和现代化意识。留学经历和出国考察开阔了他的眼界，他非常赞赏英国、瑞典、丹麦、墨西哥等国的民众教育，推崇丹麦的格龙维和轲勒、英国的和勒殿等教育家。

---

① 据《教育大辞典》记载，雷沛鸿于"1936年获得美国哈佛大学博士学位"[顾明远编《教育大辞典》(增订合编本·上)(上海教育出版社1998年版)第944页]，恐为误记。曹天忠在《教育与社会改造——雷沛鸿与近代广西教育及社会》(天津古籍出版社2004年第28—30页)一书中对此有较为详实地考证，可以参阅。
② 雷沛鸿.我的自白[M]//韦善美，马清和，编.雷沛鸿文集(上册).南宁：广西教育出版社，1989：6.
③ 杨汝熊."中国的格龙维"[C]//政协广西文史委.广西文史资料选辑第二十六辑·雷沛鸿纪念文集.南宁：政协广西文史委，1988：87. 注：格龙维(Nikolaj Frederik Severin Grundtig，1783—1872)，丹麦著名的平民教育家，为雷所推崇并学习。

从 16 世纪以来欧洲开始实施义务教育,到 20 世纪初欧美的许多国家在免费义务教育方面取得卓有成效的进展,国民基本素质有了较大的提升。同时,欧美国家还致力于成人教育,也取得了可喜的成就。雷沛鸿受到启发,认识到"我们以为今日中国所急需,不但是在于努力以强迫一般儿童,使之来受适当教育,而且是在于设法以引进全国成年民众,使之能自求学问,复能自用心思"。①

随着近代欧洲一系列民族国家的建立,民族主义逐渐成为政治共识。近代中国备受列强侵略欺凌,中华民族迫切希望国家富强、民族独立,民族主义传入中国以后迅速被国人接受,并上升到爱国主义的高度。德国教育家费希特(J. G. Fichte,1762—1814)和凯兴斯泰纳(G. Kerschensteiner,1854—1932)等倡导国民教育,对雷沛鸿等近代教育家产生了一定的影响。自然,民族主义教育成为教育家们追求的目标,期望为国家而办教育,从而提高国民素质,实现救亡图存的历史使命,随之演变成"教育救国"的命题。雷沛鸿将个人发展、国家命运与世界形势联系在一起来思考教育问题,认为教育应该承担起救亡国家、复兴民族、社会改造的重任,"教育为建国大业之根本要图"②。因此,国民教育的最高目标是"彻底改造中华民族的整个文明";最低目标是"减除民众苦难""保育民族生存""促进世界和平"。③

中国作为后发外生型现代化国家,模仿西方教育已经蔚然成风,缺少文化自信和中国立场。他非常反对这种盲目西化的做法,认为中国教育的症结"其一是在于盲目模仿外国,而失却生活动力;其二是在于抽象地玄想,而脱离现实社会"。④ 因为现行的教育制度产生于欧美产业社会,而中国依然是个"农业社会、乡村社会、宗法社会"。同时,"中国的文化是'人'的文化,不是欧洲物质的文化。有此以'人'为中心的文化,就有以'人'为施教中心的教育。……因为想把中国文化发扬光大,就有国民基础教育的设施"。⑤ 中国文化与欧美文化具有不同的特质,中国文化以农业文明为基础,注重人文精神,而欧美的文化以工业文明为基础,注重物质生产。如果建立符合中国社会

---

① 雷沛鸿.《英国成人教育》自序[M]//韦善美,马清和,编.雷沛鸿文集(上册).南宁:广西教育出版社,1989:255.
② 雷沛鸿.我的自白[M]//韦善美,马清和,编.雷沛鸿文集(上册).南宁:广西教育出版社,1989:6.
③ 雷沛鸿.国民教育简论[M]//韦善美,马清和,编.雷沛鸿文集(上册).南宁:广西教育出版社,1989:158—160.
④ 雷沛鸿.国民中学与学制改革[M]//韦善美,马清和,编.雷沛鸿文集(下册).南宁:广西教育出版社,1990:417.
⑤ 雷沛鸿.国民基础教育的产生[M]//韦善美,马清和,编.雷沛鸿文集(下册).南宁:广西教育出版社,1990:233.

文化基础的教育,就要明白近代中国依然是一个农业社会、乡村社会、宗法社会,并未进入工业社会。因此,教育事业既要借鉴西方也要有所区别,"在构成的方面来说,它的内容应该是综合的,非如现代产业社会的分工依旧,而且它是有本体的,有整个性的;在推行的方面来说,它的手续应该很简单,非如现代欧美社会的繁复;在施教的方面来说,它的方法应该是有切效的,不能徐观其后效"。[①]可见,学校变革势在必行,但如何变革则可以选择,走教育本土化之路是唯一可行的。

20世纪30年代,国共内战日趋炽烈,日本帝国主义发动的"九·一八"事变使国内局势更加复杂。新桂系为增强实力、稳固统治,向全国发出"焦土抗战,保家卫国"的号召,以孙中山"三民主义"为旗帜,提出"三自"(自卫、自治、自给)、"三寓"(寓兵于团、寓将于学、寓征于募)政策,以"建设广西,复兴中国"为目标,在广西大力进行政治、经济、军事、文化"四大建设"。1933年夏,李宗仁亲自到上海金神父路(今瑞金路)雷沛鸿寓所,诚请他回广西担任省政府委员兼教育厅长,并承诺按照他的设想来办教育。9月1日,雷沛鸿正式宣誓就职,开始谋划广西教育发展大局。9月13日,在广西省政府委员会会议上,他提交了三项根据国情、省情制定的法案:《广西普及国民基础教育五年计划》《广西普及国民基础教育研究院开办计划》《广西普及国民基础教育试办区规程》,都修正通过,成为改造广西教育的根本法。12月11日,广西普及国民基础教育研究院在南宁津头村成立。经过研究、实验,对国民基础教育的计划进行了修改,1934年10月,省政府委员会又修正通过了《广西普及国民基础教育六年计划大纲》《广西普及国民基础教育指导区规程》《广西省立国民基础师范学校办理通则》等。1933—1939年底,广西省基本按照这些计划兴办教育,推广普及国民基础教育。

二、"顶层设计"式学校变革的实施

国民基础教育含义深刻而丰富,与当时的民众教育、社会教育、义务教育、职业教育等均不相同。从教育对象来看,包括儿童教育和成人教育(壮丁和妇女教育),即义务教育和民众教育的结合,具有国民性。从教育内容来看,主要是传递现代民族生活的经验,"不是单单使民众识字,还要使他们受生产的教育,技术的教育,以推进他们的

---

① 雷沛鸿.国民基础教育的产生[M]//韦善美、马清和,编.雷沛鸿文集(下册).南宁:广西教育出版社,1990:233.

生产的技术和力量"，①既有基本的识字教学，又有初级的科学知识教学，还有一定的实用技术教学，能够促进民众生产生活的改善，具有普及性。从教育程度来看，它属于初等教育，是儿童必须接受的最基本的教育，同时，国民小学的师生也走出校园对民众进行教育。所以，国民基础教育"以生活言，它是民族生活的历程；以社会言，它是民族社会的历程"。② 这样，国民基础教育融合各种类型教育，形成一种新的办学样式。

按照普及国民基础教育的计划，不同年龄阶段的学习时限有所区别，8—12岁儿童为两学年，13—16岁失学儿童为一学年，18—45岁成人为六个月。为避免课程内容过于分散和深奥，不利于民众掌握，他将课程分为国语、算术、唱游、工作四种，并增加地方性的知识。为了加强调查研究和教育理论指导，他专门设立了广西普及国民基础教育研究院，将全省划分为八个国民基础教育指导区加强督导，每区设置师范学校以培养师资，并详细规划了师资、经费和每年完成的任务。整个普及工作到1939年基本完成。③

在具体实施过程中，他将普及国民基础教育与新桂系的"三自""三寓"紧密结合，计划"以政治的力量为主，经济的力量及社会的力量为辅"，在六年内广西普及国民基础教育，并"助成"广西的"四大建设"，得到军政当局的大力支持。

（一）实施步骤

他对普及国民基础教育已经进行了深入的思考，提出了普及的具体步骤与过程，成为指导普及国民教育工作的方案。

第一，由调查而假设。在中国办教育，就要根据本土的实际情况提出改革的方案，以解决教育变革的实际问题。这当然要借鉴西方先进的教育模式，但一定要与自己的实际相结合，如果变成邯郸学步，那对教育改革不但无益，反而有害了。他清醒地认识到这一点："中国教育者之新觉悟，不在极力追步外国，却在'返而求诸己'。"④因此，广西普及国民基础教育必须要"到田间去，到市井中去，到工肆中去"，认真地调查"自己

---

① 雷沛鸿.最近广西教育设施的趋势[M]//韦善美，马清和，编.雷沛鸿文集（上册）.南宁：广西教育出版社，1989：143.
② 雷沛鸿.什么是国民基础教育[M]//韦善美，马清和，编.雷沛鸿文集（下册）.南宁：广西教育出版社，1990：119—120.
③ 雷沛鸿.广西普及国民基础教育六年计划大纲[M]//韦善美，马清和，编.雷沛鸿文集（下册）.南宁：广西教育出版社，1990：7—9.
④ 雷沛鸿.广西普及国民基础教育法案导论[C]//韦善美，马清和，编.雷沛鸿文集（下册）.南宁：广西教育出版社，1990：69.

的民情和社会",才能保证教育改革具有实际价值。这是"我们在教育改造运动上之'内向'(对外向言)工夫和'土化'(对洋化言)工夫"①。经过认真细致的调查研究,了解了当地的教育实际,才能真正地提出卓有成效的办学思想。

第二,由试验而推广。教育变革的计划与思路提出以后,并不能一下子全面推开,而是先要在一定范围内进行试验,看一下是否符合实际,经过修改以后,再全面推广,才不会出现大的偏差。1933年,广西教育厅"规定推广的程序为三期:其一,先办中心区;其次再办试办区;其三,然后兴办推广区"②。12月11日,广西普及国民基础教育研究院在南宁津头村成立,雷沛鸿兼任院长,划方圆40里为实验中心区,吸收全国各教育学派的人士到研究院工作,进行普及国民基础教育的研究与推广工作。1934年,将全省划分为八大普及国民基础教育指导区,代替试办区,每区设立一个指导处和一所省立国民基础教育师范学校,以指导普及事宜、解决实际问题。同时,在南宁设立国民基础教育研究院,下设实验推广委员会、训练辅导委员会等,以研究国民基础教育相关问题,并加以推广应用。

第三,由乡村而城市。中国农业人口占大多数,普及教育必须先从农村开始,这与欧美的工业社会不同。如果中国照搬欧美教育体制,重视城市而忽视农村教育,必然会造成农村经济文化愈发凋敝,城乡差距越来越大。雷沛鸿认为,"教育不但不要轻乡村而重城市,而且不要重乡村而轻城市",这样,"城市乡村行将消灭此疆彼界而归于和谐一致"③。而具体实施的路径是,从农村开始,然后再走向城市。这是一种教育上的"农村包围城市"战略。

第四,由成人而儿童。他认为,成人教育是历代教育家都重视的问题,而且成人大都已经走向社会,深切地感受到没有文化带来的不便,所以更容易接受国民教育,效果会更明显。同时,成人又是儿童的家长,他们接受教育以后,自己的水平提高了,就会支持儿童接受更多的国民基础教育。因此,成人教育和儿童教育应该并重。

在教育厅、普及国民基础教育研究院的大力宣传推动下,广西民众急切地希望参加学习,政府方面又实施免费的强迫义务教育,所以广西民众不论成人还是儿童都积

---

① 雷沛鸿.广西普及国民基础教育法案导论[C]//韦善美,马清和,编.雷沛鸿文集(下册).南宁:广西教育出版社,1990:71.
② 雷沛鸿.广西普及国民基础教育法案导论[C]//韦善美,马清和,编.雷沛鸿文集(下册).南宁:广西教育出版社,1990:74.
③ 雷沛鸿.广西普及国民基础教育法案导论[C]//韦善美,马清和,编.雷沛鸿文集(下册).南宁:广西教育出版社,1990:77.

极地来到国民基础学校参加学习,连平时不太出头露面的妇女也积极地加入了学习的行列。于是,广西出现了许多父子、母女同校学习的盛况。为了满足民众求学的需要,国民基础学校除了白天开设全日制的教学班之外,又在夜间开设了男女混合编班的成人班。由于电力缺乏,夜间学习的照明主要依靠油灯,辅之以汽灯。虽然条件艰苦,但闪烁的灯光下,男男女女的学习者沉浸在学习知识的快乐之中,弦歌处处,书声琅琅,读书学习,蔚然成风。

(二) 组织方式

广西是"一个贫穷的省分,不容易担负新式的建设"。① 因此,普及国民基础教育要向中国古代教育学习,做到组织简单、方法直接、实施有效,利用有限的经济和人才办好教育,使学校既作为教育机构又成为文化建设机构。广西采用"在穷苦环境奋斗中所得来的一个打破穷苦环境的办法"②,即"三位一体"形式来普及国民基础教育。具体包括:"一所三用",即乡(镇)村(街)公所、民团后备队和国民基础学校合署办公;"一人三长",即乡(镇)村(街)长兼任民团后备队长和国民基础学校校长。"实际上广西的三位一体成立不久就变成了四位一体:乡村长除了主持基层政治、文化、军事的建设外,同时又要注意经济建设。"③

但这引发工作人员任务繁重、工资待遇不高、工作能力不强等难题,导致了许多争议和质疑。雷沛鸿认为,这是暂时的困难,只要积极努力、拼搏奋斗就能克服。首先,要改造学校教师和工作人员的人生观,培养奉献精神,端正服务态度。其次,完善各区师范学校,设立国民中学,加强基层工作人员的培养、训练,增强其训练民团、办理乡村政治、实施教育的能力。第三,提倡老年、成年、青年或儿童进行互教互学,以缓解师资不足。第四,多方筹措资金,以缓解教师收入过低问题,保障教师的生活所需。

(三) 普及国民基础教育的成效

1933年至1939年11月桂南战事爆发,广西普及国民基础教育进行了六年时间,取得了令人瞩目的成绩。河南等省政府纷纷派人考察并欲模仿,1940年3月国民政府教育部在重庆召开国民教育会议,将广西经验向全国推广,其"三位一体"的工作方法也被"新县制"所借用。

---

① 胡适之.广西的教育与武化精神[M]//龚家玮.广西新教育之观感.南宁:广西普及国民基础教育研究院,1936:32.
② 黄旭初.中国建设与广西建设[M].桂林:建设书店,1939:482.
③ 雷沛鸿.国民基础教育的理论与实际[M]//韦善美,马清和,编.雷沛鸿文集(下册).南宁:广西教育出版社,1990:159.

首先，普及了国民基础教育，提高了广西民众的文化素质。据1941年统计，广西受教儿童2855459人，占全省儿童的79.18%，受教成人5705848人，占同龄人口的84.50%，①在民国时期取得如此惊人的普及教育成果，令人惊讶、赞叹。1936年，以俞庆棠、刘平江为团长的中国社会教育社广西教育考察团一行66人，对广西教育等进行了详细的考察，认为"广西的教育确有许多优点，值得我们取法"②。

其次，推动了广西教育进步和社会改造。通过国民基础教育，不仅使受教者获得了一定的知识与技能，而且使他们具有了初步的政治、经济、军事素养。广西民众的组织性和凝聚力空前提升，对动员民众进行政治、经济、文化、军事等建设具有重要意义，为广西成为"模范省"作出了重要贡献。同时，为广西抗战准备了民众基础。

第三，创立了独具特色的本土化办学模式，为中国教育变革树立了榜样。它的办学思路、组织模式、教学内容、教学方法、普及方案等都独具特色，在中国边疆穷省发挥了极大的社会改造的作用，中国儿童教育、成人教育、扫盲教育等都树立了榜样。虽然存在着一些困难和曲折，也遭到了一些质疑和争议，但这种因地、因时、因事、因人而制宜的创新精神和办学模式引起了全国广泛的关注，为创建中国本土化的教育模式提供了丰富经验。

三、"顶层设计"式学校变革的本土化意蕴

雷沛鸿认识到："民族是文化的寄附体，文化是民族的营养物；文化是教育的内容，教育是文化的选择和组织方法。……本省所倡导的国民基础教育运动及其各宗法案之立法精神暨教育理论之哲学基础，实以本省文化以至全国文化的精华为其社会根据。"③但是，这种本土化又殊异于愚腐的闭门造车或固执的抱残守缺，彰显出国际化、现代化、整体化、大众化的精神。因此，"广西教育与各省大异，其创国民基础教育，……学制课程，皆与部令不同，教材亦由教育厅编制，不用坊间定本，大率以适合该省环境，接近社会生活为原则"④。他倡导的本土化教育变革具有以下特点：

一是本土创新中的国际视野。国民基础教育符合广西本土实际，"教育设施只求

---

① 广西省政府统计处.广西年鉴第三回（下册）[M].南宁：广西省政府统计处，1944：1173.
② 中国社会教育社广西考察团.广西的教育及经济[M].无锡：中国社会教育社理事会事务所，1937：43.
③ 雷沛鸿.广西地方文化的研究一得[M]//韦善美，马清和，编.雷沛鸿文集（下册）.南宁：广西教育出版社，1990：532.
④ 李抱一.广西教育略述[M]//龚家玮.广西新教育之观感.南宁：广西普及国民基础教育研究院，1936：108.

实际,不事铺张,走遍广西各县,亦不见有宏丽之校舍,'以最少的钱办最多的事业',这的确是广西教育的一种特色"①。虽然因陋就简、因地制宜,但是具有宏阔的国际视野。这种本土化的理论是建立在对西方教育学习、考察、研究基础之上的,将西方教育与中国实际密切结合,从单纯的"西方化"变成了"化西方"。而且,他的教育理想是立足广西、胸怀中国、放眼世界的,目的要"建立民族生活,保障民族生存,促进世界和平。"②虽然由于多种主客观原因,国民基础教育未能在世界上产生应有的影响,但这种国际视野、本土行动的教育变革本身就是卓越的贡献。

二是救亡图存中的现代意识。面对近代民族危机的加深,他鲜明地提出:"应将普及教育看做民族复兴、民族自救的唯一基本工作。"③所以,国民基础教育的原动力"就是中华民族的生活力"。④ 民国时期最大的外敌就是日本,"九一八事变"以后,他指出"东北四省的沦亡,是民族战争的开始,……我们在广西,发动大规模的国民基础教育普及运动,谋有以明耻教战,相与效忠于民族解放运动"⑤。抗战全面爆发后,他又指出:"抗战教育,应一心一德求民族生存。……应该负起抗战的使命来。"⑥

但他的教育变革并没有走向急功近利,而是从教育广大民众出发,稳步推进国民基础教育,体现了现代化意识。"唯其有现代性,我们的教育界再不能一味钻研古典,穷年矻矻,反之,必须与时代并进而且具有现代化的精神。"因此,国民基础教育"是现实社会的一个教育阶段;就人生来说,是现代儿童和成人的教育;就社会来看,是以现代的经验传递给后代"⑦。教育变革要贴近现代生活,借鉴现代理论,普及现代教育,实现教育和社会的现代化。

三是自由灵活中的整体构想。他主张教育与社会其他系统和谐共进,这符合当时崇尚政治权力和军事实力之风。他认为以前的教育事业是"支离破碎"的,教育变革要

---

① 中国社会教育社广西考察团.广西的教育及经济[M].无锡:中国社会教育社理事会事务所,1937:43.
② 雷沛鸿.什么是国民基础教育[M]//韦善美,马清和,编.雷沛鸿文集(下册).南宁:广西教育出版社,1990:124.
③ 雷沛鸿.广西普及国民基础教育法案导论[M]//韦善美,马清和,编.雷沛鸿文集(下册).南宁:广西教育出版社,1990:27.
④ 雷沛鸿.国民教育简论[M]//韦善美,马清和,编.雷沛鸿文集(上册).南宁:广西教育出版社,1989:161.
⑤ 雷沛鸿.第二次世界大战与中国教育(导论)[M]//韦善美,马清和,编.雷沛鸿文集(上册).南宁:广西教育出版社,1989:129.
⑥ 雷沛鸿.战时教育[M]//韦善美,马清和,编.雷沛鸿文集(续编).南宁:广西教育出版社,1993:147—148.
⑦ 雷沛鸿.什么是国民基础教育[M]//韦善美,马清和,编.雷沛鸿文集(下册).南宁:广西教育出版社,1990:119—120.

注重相关性(co-ordination)和整个性(integration)，因为"生活具有整个性，所以教育亦必须具有整个性"①。国民基础教育本身体现了整体性。从内部来看，它将儿童教育与成人教育相结合，使学校教育与社会教育成为一个整体；课程上将知识教育与技能教育相结合；教学方法上采用"教学做"合一的原则。从外部来看，他在国民基础教育的基础上又兴办了国民中学和大学教育，使其成为一个完整的民族教育体系。中国地域广大，即使在广西一省，"教育设施决不能全省雷同，千声一律；反之，教育设施必须因地适应，并因时制宜"②。因此，教育制度不宜做到全国一致，要具有一定的灵活性，但又要有整体性的规划和标准。

他反对教育独立，主张"以教育来推进政治的主张和力量，并以政治来完成教育的功能"③。他将国民基础教育与广西施政纲领相结合，这不仅得到了广西当局的鼎力支持，也使广大民众"翕然景从"。据统计，1932—1938年七年间广西教育文化费用总支出仅次于公安费和行政费居第三位，而1938年教育文化经费支出占全省收入的17.20%，仅次于公安费(占23.07%)居第二位。④ 在基层村镇实行政教合一的"三位一体"制，虽然施教能力、教育独立等受到质疑，但在人力短缺、财政匮乏、贫困落后的广西，这不失为一种快速推进国民基础教育的良方。这样，教育"为完成各种建设的工具，有整个的系统，有一贯的精神。故推行迅速，成效较大"。⑤

四是推广普及中的民众观念。教育是普通民众的基本权利，也是社会进步的基本保证。但是"由清代末年以入民国，新学校次第兴办，教育制度为之大变；然而教育上所有机会仍是不平等已极。按实言之，现行学校制度在中国尚未免缺乏社会的立场"⑥。因此，"社会之对于小己，国家之对于人民，普及教育，无可辞之义，亦无旁贷之责也"⑦。于是，他"大发宏愿，愿以有生之日，为穷而失教之劳苦大众教育事业而奋

---

① 雷沛鸿.整个教育体系的演进[M]//韦善美，马清和，编.雷沛鸿文集(下册).南宁：广西教育出版社，1990：188.
② 雷沛鸿.广西全省中等教育改造方案并说明书[M]//韦善美，马清和，编.雷沛鸿文集(下册).南宁：广西教育出版社，1990：291.
③ 雷沛鸿.广西普及国民基础教育法案导论[M]//韦善美，马清和，编.雷沛鸿文集(下册).南宁：广西教育出版社，1990：27.
④ 广西省政府财政厅秘书室.广西财政纪要新编[M].广西省财政厅，1938：57.
⑤ 中国社会教育社广西考察团.广西的教育及经济[M].无锡：中国社会教育社理事会事务所，1937：43.
⑥ 雷沛鸿.中国教育之新要求[M]//韦善美，马清和，编.雷沛鸿文集(上册).南宁：广西教育出版社，1989：9.
⑦ 雷沛鸿.大众教育的一个呼吁[M]//韦善美，马清和，编.雷沛鸿文集(上册).南宁：广西教育出版社，1989：16.

斗"。① 国民基础教育主要体现了教育大众化的理想,要为大众谋取福祉。它"把义务教育与民众教育合冶一炉,其收效自较各省义教与民教隔绝不相联络者为大",②而且"教育内容要以民众生活为中心,使之充分发挥其改造社会的功能"。③ 国民基础教育研究院也主要"倾向于群的活动,倾向于大众化,倾向于平民化,倾向于实际化。"④同时,三位一体的推广方式、互教互学的教学方式等都体现了大众化特征。

总之,雷沛鸿以本土化的思路推广普及国民教育,促进了广西教育现代化,为教育变革提供了可资借鉴的经验。后人写诗赞曰:"砥柱南天敷教化,弦歌万壑应岭表。春风化雨西江畔,万紫千红远岭开。一代宗师崇岭右,满园桃李献中华。同盟同志出门下,播种耕耘胜利花。"⑤

第二节 李廉方在河南实施"基础创新"式学校变革

李廉方(1879—1959),名步青,字廉方,湖北京山人。早年接受中国传统私塾教育,初露锋芒。1902—1903年到日本留学,学习师范科。回国后,曾担任多所学堂的堂长、监督等职。辛亥革命后,曾任湖北教育司副司长,后到教育部任职。1920年8月,任河南省教育厅厅长,在两年左右任职期间对豫省教育多有改革。1929年8月,他任河南中山大学(翌年改名为河南大学)教授兼文科主任及教育系主任,进行教学改革试验。1931年9月,河南省教育厅成立小学教育实验指导部,李廉方担任主任,主持实验。第二年10月,他将其扩展为开封城厢小学及民众教育实验区。

1933年邰爽秋(时任河南大学教授)与李廉方向河南省政府倡议,由河南大学和河南省教育厅合办一个教育实验区,获得省主席刘峙批准,任命李廉方为开封教育实验区委员会委员长。实验区包括大花园教育村、杏花园教育镇、卫生教育委员会、儿童科学教育馆、教材编辑部、教具制作部和出版编辑部等。后因变故,邰爽秋辞去河南大

---

① 雷沛鸿. 我的自白[M]//韦善美,马清和,编. 雷沛鸿文集(上册). 南宁:广西教育出版社,1989:6.
② 中国社会教育社广西考察团. 广西的教育及经济[M]. 无锡:中国社会教育社理事会事务所,1937:44.
③ 雷沛鸿. 国民基础教育的理论与实际[M]//韦善美,马清和,编. 雷沛鸿文集(下册). 南宁:广西教育出版社,1990:160.
④ 雷沛鸿. 广西普及国民基础教育研究院之工作性质[M]//韦善美,马清和,编. 雷沛鸿文集(下册). 南宁:广西教育出版社,1990:151.
⑤ 龚家玮. 忆念宾师并陈清和师母[G]//政协广西壮族自治区文史资料研究委员会. 雷沛鸿纪念文集. 南宁:政协广西壮族自治区文史资料研究委员会,1988:247.

学教职,回到上海大夏大学任教。实验区只保留了大花园和杏花园两个小学,以及卫生委员会,其他都被裁撤了。为了全力推行教育实验,李廉方辞去河南大学教职,专任开封教育实验区委员会委员长,推行"廉方教学法",实施"基础创新"式学校变革,卓有成效。他被誉为"中国之裴斯泰洛齐"。① 李廉方善于独立思考,深入基础教育学校,将西方教育理论与河南教育实际结合,创立富于中国特色的"廉方教学法",为基础教育普及与发展做出贡献,我们将这种扎根基层、锐意创新的做法称之为"基础创新"式学校变革。

一、"基础创新"式学校变革的背景

在李廉方留日求学时,日本推崇杜威的实用主义教育学,重视设计教学法、道尔顿制等教学试验。而且,当时世界各强国普及国民教育已经成为趋势,取得了相当的成效。"各国富强无不造端于国民教育。普及之谋,政府尸[施]之。"②但是,中国在民国初年曾倡导国民教育,但无果而终。当时,只有广西省在努力普及国民教育,全国尚未形成共识。"吾国国民教育,距普及尚远。其已施教育,糅合文字教育与知识教育,枝枝节节为之。一方对于学习心理之法则,未能运用,一方惟鄙厌从前求学之事,而不体察先哲诏民入学与为人求学之精义。……痛哉,国民教育而不谋普及,或所谋者非吾人理想之国民教育,而徒袭平民之政治形式。"③

1920年8月,李廉方任河南省教育厅厅长。提出了河南教育改革的三个计划:《义务教育实施程序》(1920年)、《整理河南教育计划书》(1921年)、《新式国民学校计划书》(1921年)。明确规划了河南义务教育实施的步骤与策略,河南的教育经费取得了独立支配权,迅速推进河南义务教育的发展。

在河南大学任教期间,他重视师范生的理论与实践结合。1933年,组织当年毕业生前后赶赴定县、邹平、北京、上海、南京、杭州等十六个地方进行教育考察,行程两千多公里,历时近两个月,主要参观各地的乡村教育实验及小学校、幼稚园。同时,敦请教育专家进行座谈,计有廖世承、萧孝嵘、黄建中、吴南轩、孟宪承、郑宗海、黄翼、李建勋、常道直、陈青之等五十余人;也邀请其他学术名家座谈,计有罗家伦、何廉、唐启宇、寿毅成等。毕业生考察归来,均认真撰写了调查报告,都表示获益匪浅。

---

① 郭戈.李廉方教育思想研究[M].北京:教育科学出版社,1995:2.
② 李廉方.开封教育实验区成立之宣言[C]//郭戈.李廉方教育文存.北京:人民教育出版社,2006:238.
③ 李廉方.小学教育根本改造论[C]//郭戈.李廉方教育文存.北京:人民教育出版社,2006:155.

人们对小学教育不重视,认为大学、中学才是造就人才的基地。实际上,小学教育在国民教育中尤为重要,"国民教育必以小学为本;今日以后之国民教育,所企图夫普及者,非低量之比率,尤在质之因素,是否足与一切强国竞胜"。① 同时,中国的小学教育弊病丛生,亟需进行学校变革。"余向来对于小学教育,颇疑今世之学校组织、课程编制、教学与训练方法,无当于教育目的。……吾国今日之政客军阀学界领袖,方利用学校所有之劣点,操纵一世之人心及今不反,则政治万恶之府,将悉于教育方面孕育之。"②"况教材割裂,教法灌注,尤成今日小学之通病耶!"③具体而言,中国小学教学的缺陷主要有:"(1)科目孤立,(2)课本固定,(3)授课浪费,(4)自习不彻底,(5)儿童在教室内缺乏调节活动,(6)教和训分离,(7)趋新专尚形式,(8)忽视个性。"④这样,小学学科设置多有重叠,各学科单元之间缺乏逻辑联系,又有一些科目(如美术、音乐、体育等)因缺乏教师和必要设备而形同虚设,造成了授课和学习的浪费。而且,小学教育的方法不合理,使儿童不仅没有从教育中受益,反而"浪费精力戕害本性"。"试观察一般入学儿童,往往初小一二年级比未入学时为活泼,及三四年级以上,即渐浸染社会不良习气,与年俱进,视未受教育者为甚。以及由学业之进修劝惩,养成其诳语,怠工,狡赖,争夺,迫胁,失望等心情,几于无事不然。其标榜新式学校者,务为种种组织,种种装饰,种种章则,于实际修养无与。或者侈谈训育,或者夸饰社会活动,放弃正式教学以为之,实效未收而学业减少。此真可为痛哭流涕者也。"⑤

班级授课制下的教学方法大都来自欧美,不论是赫尔巴特五段教学法、蒙台梭利的感官训练法、德可乐利教学法,还是杜威实用主义教育理论指导下的设计教学法、道尔顿制、分团教学、文纳特卡制等,都有一定的优点,但与中国教学实际不相符合。因为"(1)中外国家情况不同,外国有效教法,常含有资产社会之设施,不适用于大贫之中国。(2)中外工具不同,工具为基本学习,应自辟途径。(3)应在两种不同之中,适应现代教育的共同倾向,而创立有同等效率之特殊教法。"⑥他对中国基础教育发展的忧虑之情溢于言表。

---

① 李廉方.致各界热心改造小学事业人士的信[C]//郭戈.李廉方教育文存.北京:人民教育出版社,2006:379.
② 李廉方.小学教育根本改造论[C]//郭戈.李廉方教育文存.北京:人民教育出版社,2006:153.
③ 李廉方.小学教育根本改造论[C]//郭戈.李廉方教育文存.北京:人民教育出版社,2006:154.
④ 李廉方.在镇平讲演录[C]//郭戈.李廉方教育文存.北京:人民教育出版社,2006:415.
⑤ 李廉方.致各界热心改造小学事业人士的信[C]//郭戈.李廉方教育文存.北京:人民教育出版社,2006:378.
⑥ 李廉方.在镇平讲演录[C]//郭戈.李廉方教育文存.北京:人民教育出版社,2006:415.

学校变革要从理论研究与教育实验入手,脚踏实地进行实践探索。"苟不从教育之实验入手,而专事宣传,是之为画饼充饥。或教育一仍旧贯,惟求整饬;与夫标榜实验,而枝枝节节以求之,是之谓缘木求鱼。……抑使读者顾名思义,确信国家改造事业,惟小学与民众之教育实验,始为基本工作。且比所谓空军救国、科学救国、实业救国之类,实为扼要。非只联想及于地方已也。果由开封教育之实验目标,唤起全国教育界对于民族复兴之同情,共图改造,胥四万万之同胞,由封闭而进于开明,恢我疆土,并进世界于大同,慈[兹]刊其嚆矢也夫。"①

二、"基础创新"式学校变革的理论基础

李廉方进行学校变革的目的非常明确,"为产业与文化落后的中国,就国民基础教育,适应新时代教育之趋势,创立整套最经济而有效的学习程式,以一般小学同学龄同学习时数之儿童,缩减学习期限,修完部定小学课程标准,俾得消除正规小学短期小学之分划,而成为平等的国民基础教育"②。

(一) 此前小学教育的弊端

语言文字作为学生学习的基本工具,并非是汉语的方块字就比西方的拼音文字难学,即使改造汉字,也不是短期内可以解决的问题。中国古代启蒙教育集中力量进行识字和阅读教学,二三年内即可熟练地读书写作,比四年制的初小毕业生水平要高。当今的小学教育虽然课程有所增加,但首先应该打通语言的限制,重视语文教学。现在,语言教学抄袭欧美的拼音文字教学法,丢掉了中国传统的汉字教学体系,导致教学事倍而功半。

同时,西方教学设施相对完备,校园、教室、手工室、图书馆、实验室等一应俱全。而中国的小学更多的是依靠课本来教学,其他教学设施不能完备,而短期内又不能补充完整。这也是设计教学、道尔顿制试行失败的重要原因。

中国近代以来实施的教学实验,更多的是吸收了西方的教学方法,有利有弊。启发式教学需要问答,但仅有问答不顾及儿童的思想,就不是启发式教学;自学辅导法重在培养学生的自学能力,但各个教学步骤失之简易,则不能达到目的;分团教学法是复式教学的变种,但上课时间不宜分配合理,学生水平提高不大;设计教学法试图照顾各类学生,但各单元标准不一,科目缺少系统体系,在分工作业中优等生始终占据优势,

---

① 李廉方."开封"释名[C]//郭戈.李廉方教育文存.北京:人民教育出版社,2006:224.
② 李廉方.廉方教学法总论[C]//郭戈.李廉方教育文存.北京:人民教育出版社,2006:473.

各科混合教学流于形式;道尔顿制重视学生的兴趣,但实际教学中教师因任课时数不等,具体指导成为问题,学生有时对作业不感兴趣,加之参考资料的缺乏,学生甚至抄袭教科书充当作业;导生制教学便于儿童之间传授知识,但往往忽视导生本身的学习。同时,我们的小学在班级教学、分科教学、课本编写、训教制度、课外作业等方面存在诸多问题。"综上所论,约为三点:第一,效率低微;第二,浪费时间;第三,学生烦苦。"①

他认为,当前小学教育面临着巨大的时间浪费。从课程上看,分科课程中的国语、算术、常识等课程互不联系,多有重复内容;合科课程容易流于形式,为了合科而综合,各个单元以问题为中心,忽略了各学科的知识体系,导致繁简失当、先后失序;其他如劳作、美术、音乐、体育等科目缺少合格老师和适当的设备,成为虚设的科目。从教材上看,主要是为教授阅读而编写的,不论地方、个性和兴趣如何,一律使用统一教材,不适合儿童自学,更不适合培养儿童的自由精神,导致学生只能依照教师的要求诵习,既无兴趣又不实用,只会消耗精力和时间。从教学上看,老师授课中问答、讲解、练习都不能照顾学生的个性与兴趣,致使部分学生浪费时间。

(二)小学教育变革的理论

教学改革的目标是:实用、兴趣、正确、经济。实用,在教学中不仅要依据教材本身,更要重视儿童的学习活动与实际生活,关注儿童由环境刺激而引发的反应和当前需要。兴趣,不仅使学生感到一时的表面兴趣,更要鞭策学生感知学习的真正兴趣,才能使他们集中注意、不自懈怠。正确,儿童的思想要产生于真实情境,须由他们经过努力而取得,即使是错误也要在学习中证明。经济,引入自学途径,实现省时省力的目的。

他认为,"所以本试验之企图,深鉴于欧美现行教育,尚不足以祛吾国已往教学之失。因而细审教育理论所诏示吾人者,不少未完成之方式。如教育必与生活适应,教与训必须合一,学习兴趣不由外烁,设施宜求简易,以及熟习时数与领受容量必适其度等,多仅有理论或断片例子,并无彻底与一惯[贯]的系统方案。此次试验,抓住要点,融合无间,先从主要课程入手,逐渐完成"②。很显然,引进西方教育并未很好地解决中国小学教育的弊端,因此,学校变革要融合中外教育理论,结合中国教育实际,找准小学教育的弊病所在,从课程变革入手进行基础教育变革。

---

① 李廉方.廉方教学法总论[C]//郭戈.李廉方教育文存.北京:人民教育出版社,2006:477.
② 李廉方.以一般小学学龄儿童二年半授课时数修完部定四年课程之试验经过[C]//郭戈.李廉方教育文存.北京:人民教育出版社,2006:384.

比利时教育家德克乐利将教学分为观察、联系、发表三个阶段,但只适合初级活动,不能贯穿教学的始终。因此,"廉方教学法"将知识教学与语言工具教学紧密统一起来,教学进程分为三个阶段:第一期为正式阅读前的准备期,以识字为主,是统一知识与工具的开始期;第二期为取得自学应有技能期,开始阅读练习,扩大识字范围,提高自主识字能力,是统一知识与工具的开展期;第三期为完成自学功用期,主要阅读文艺读物,并与常识相结合,是统一知识与工具的完成期。

三、"基础创新"式学校变革的实验探究

为了普及国民教育,改变小学教育落后的局面,李廉方从1929年开始进行教学方法改革,1931年正式设立开封教育实验区,1938年因日军侵略河南而被迫中断。1933年,他辞去河南大学文学院长及教育系主任的职务,专任开封教育实验区委员会委员长。该委员会下设八个部门:大花园教育村及实验学校、杏花园教育镇及实验学校、教材部、儿童科学馆、卫生教育委员会、测验部、《开封实验教育月刊》编辑部和区本部。他在开封教育实验区选择了大花园、杏花园两所小学作为实验基地,大花园小学处于极其穷苦的农村,学生多为贫农的后代,杏花园小学处于极其穷苦的小手工业集中区,学生多为小手工业者的后代。

他认为小学学习时间过长,应该将小学生原来四年(即初等小学阶段)学习的课程用两年半的时间学完。两年半(即五个学期)时间的教学分为三个阶段。第一阶段为一个学期,为正式阅读前的准备期,亦称为识字时期。以识字为主,不强调书写,将常识、算术、游戏、图画等课程,统一整合,贯穿观察、联想、发表的教学阶段。以单元活动为中心,观念视觉为练习基础。第二阶段为一个学期,为取得自学应有技能期,由识字逐渐向读书过渡。扩大常识范围和分量,注重文字的单字分析和语句练习,加强笔画、笔顺、字型的书写训练。学习音符检字,为自学查阅字典做准备。前两个阶段以单元活动教学为主。单元活动分为两种:一是环境单元,包括我的学校、我的身体、我的家庭、我的乡里等小单元;二是季节单元,包括纪念日、偶发事项、特别研究之教材等内容。① 第三阶段为二至三个学期,为完成自学功用期,即正式读书期。以自由阅读为主,与劳作、特别练习等同时进行,算术等课程与此相结合。单元活动变成辅助课程。

他为每个阶段设计了明确的标准与实施方案。第一期是正式阅读前准备期,其标

---

① 李廉方.开封教育实验区的两个小学[C]//郭戈.李廉方教育文存.北京:人民教育出版社,2006:395.

准是:"1.对环境事物及其动作与关系,能由符号认识之,且有适应其能力之理解而陈述之。2.就所诵习儿歌之文,能分辨句读及其词。3.能观察较简易之连续故事画而说其内容。4.培养正式阅读前应准备之习惯。"第二期是取得自学应有技能期,其标准是:"1.继续前期未完成之工作。2.熟习注音字母,能用之以拼音,限于上课开始,早日完成。3.于熟习注音字母后,习得部首查字典,或等于用部首查字典之能力。4.由教师辅导,自读反复故事,进而自读低级之一般读物。并就已读者,能表述之。5.能分析单字迅速认识之,且能由音系及部首而类推生字之字音字义。6.能用铅笔书写熟字,兼了解其笔画笔顺,并缀属而成语句。"第三期是完成自学功用期,其标准是:"1.能自读普通刊物及文告。2.能作环境普通需要之应用文,并有条理地发表自己意见。3.能写环境之日用文字,不查字典,不误笔画,不错款式。"①

这种教学方法被称为"卡片教学法"、"合科教学法",后来统称为"廉方教学法"。他的基础教育改革具有鲜明特色。一是以普及教育为目标。他认为,如果一个国家大多数人是文盲,是不可能进步与发展,因此,普及教育的重要任务是使工农子弟掌握一定的科学文化知识。他将贵族教育变为平民教育,教育对象由权贵子弟变为工农子弟。二是自主编写教材。因为实验区教学的特殊性,教育部规定的教材无法满足教学需要,他要求实验区的老师自己编写适用的教材。在他的指导下,老师们从儿童的生活实际和兴趣爱好出发,根据儿童认识发展规律,按照由近及远、由繁到简、循序渐进、逐步提高的原则编写了大量的实用教材。三是教学方式多样。他根据小学低年级儿童注意力不能长久集中的特点,设计了游戏教学、直观教学、图片教学等形式,且要求每五分钟就要转换一种教学形式。这样多样化的教学可以促使儿童保持注意力,提高教学效率。四是注重儿童的自主性,培养儿童的自学能力。"廉方教学法"的目标是教会学生学习,教学中时刻注意训练儿童的自学能力。第一期教学方案要求教会学生拼音,并要学会查字典;第二期教学方案要求指导儿童自由阅读,在两年半的阅读中,学生可以学会自由阅读,达到初小四年级学生的文化知识水平。五是体现合科教学的综合性,节约教学时间。他以国语为核心,将算术、常识等课程综合起来,以单元教学为主要教学形式,避免了不必要的内容重复,可以节省不少的教学时间,以保障四年课程在二年半内高质量地完成。

---

① 李廉方.本区实验小学国语课程实验标准[C]//郭戈.李廉方语文教育论著选.北京:语文出版社,2006:210—213.

四、"基础创新"式学校变革的成效

实验学校采用"廉方教学法",学生取得了非常明显的效果。"两校自采用方案以来,各方面学习进步之速,迥越往昔或一般小学。且两校环境不同,而实验所得结果,彼此若合符范。本方案适应性之广大,概可想见。"①比如,经过"廉方教学法"训练一学期后,有一学期学习基础的小学生可以认字 1030 个,相当于初小第一、二、三、四各册《国语课本》所有生字之总数。经过两个学期的单元活动教学,教学效果显著。在第一学期,大花园实验小学第一团用 16 周时间识字 568 个,第六团用 18 周时间识字 582 个;杏花园小学第四团用 17 周时间识字 565 个。在第二学期,大花园实验小学第一团用 18 周时间识字 693 个,第六团用 18 周时间识字 723 个;杏花园小学第四团用 18 周时间识字 698 个。在此基础上,自由阅读的三个学期学习效果更加明显。每个学生的阅读量迅速增加,第一学期最少 14 000 字,多至 38 000 字;第二学期最少 21 000 字,多至 110 000 字;第三学期最少 48 000 字,多至 270 000 字。综合三个学期来看,学生读书最少的也有 81 000 字,多的达到 418 000 字。

"廉方教学法"受到广泛关注,《大公报》《时事新报》《国闻周报》《教与学月刊》《教育杂志》《教育通讯》《北方日报》《河南民国日报》《河南晚报》《河南教育时报》等都进行了报道或介绍。黄炎培、俞子夷、孟宪成、顾树森等教育家纷纷来到河南观摩"廉方教学法",并给予高度评价。国民政府卫生署科长朱季青、教育部督学顾兆麟和周邦道等都认为"廉方教学法"成效卓著。时任教育部长王世杰充分肯定了李廉方的教学改革实验,计划将"廉方教学法"在全国推广,但由于抗日战争爆发而未能实施。

"廉方教学法"在受到各届关注的同时,也引发了一些争议。1935 年,黄增祥(字寿山,河南大学教育系教师)在参观大花园教育村以后,在自己主编的《教育平话》杂志上发表《大花园教育村参观记》,对李廉方的学校变革实验提出了质疑。黄增祥主要提出了六个值得商榷的意见:一是"文学教育采设计单元,实以国语为中心,教学易有侧重文字之倾向";二是"字汇选择虽切实际,有些性质太紧太难,是否合于学习心理";三是"公民训练似欠缺群性";四是"教具不免有贵族化的色彩";五是教师多使用土语教学;六是"侧重视觉训练,是否有偏畸之虞"。② 李廉方专门撰文对此批评进行了回应,进一步阐述了"廉方教学法"的实施原则、教学方法与基本性质。他表明心志:"我的实

---

① 李廉方.开封教育实验区的两个小学[C]//郭戈.李廉方教育文存.北京:人民教育出版社,2006:410.
② 李廉方.答黄寿山学友大花园教育村参观印象记的平话[C]//郭戈.李廉方教育文存.北京:人民教育出版社,2006:367—369.

验工作,是全国实验机关都不走的途径。有人说这是一个小小问题。这小问题是什么？就是什么是教育,怎样学习才算经济？这是我三十年来所唯一攻讨的方向。这个问题虽小,但我总觉得国民教育的发展,只要政府决心实在的干去,就头头是道;却是这个小问题,不是抄袭外国几个章程,或者开一个专家会议定出几个原则;以及像一般普通学校的实施,或者标榜实验的学者枝枝节节做一点形式的工作,可以达到目的的。我惟有不自量力,不识时务,向因其艰难中竭力做去,再期以二三年,完成这小问题的实验。知我罪我,我是无容心的。"①实际上,李廉方在研究探索是教育的本质和教学的效率,这是教育的大问题,或者说是核心问题。他决心以"知其不可而为之"的毅然态度去从事这项工作。从这些批评与商榷的意见可以看出,李廉方的学校变革实验取得了相当的成效,但其与国定学制不同的特殊的教学原则与实施进程受到了质疑。这从另一个侧面展现出"廉方教学法"的独特创新之处。当然,其中一些意见还中肯的,值得后学者深思,如侧重国语教学、教师土语教学、偏重视觉训练等。

1937年除夕,李廉方作诗感慨学校变革实验,直抒胸臆:"世俗谁知实验难,岁终检讨倍辛酸。频年炼石天何补,容我传薪路正宽。海内争相求著述,老来犹自耐饥寒。今宵合共家人乐,待剪庭燎夜已阑。"②

第三节 "顶层设计"式与"基础创新"式学校变革的比较

雷沛鸿与李廉方分别在中西部的落后地区推进基础教育学校变革,取得了突出的成就,提高了当地民众的基本文化素质,推动了区域现代化的进程。他们的学校变革思路、改革重点、实施路径等并不相同,但他们都执着于教育救国,致力普及国民基础教育,强调了教育的育人功用,实现了中国教育的本土化发展。

一、中西部地区各具特色的学校变革
（一）变革目的

历来,不同的教育家对教育本质有着不同的理解,提出了两种不同的教育目的。一种观点以孔子、荀子、柏拉图、孔德、涂尔干、凯兴斯泰纳、巴格莱等为代表,他们认

---

① 李廉方.答黄寿山学友大花园教育村参观印象记的平话[C]//郭戈.李廉方教育文存.北京：人民教育出版社,2006：369—340.
② 李廉方.除夕有感[C]//郭戈.李廉方语文教育论著选.北京：语文出版社,2006：355—356.

为,教育主要为国家进步和社会发展培养人才,个人生活在社会之中,与社会密不可分,人只有参与社会生活才能真正成长,教育就是要将个体的人,培养成社会化的人,即帮助个人完成社会化的进程,这一过程将社会价值观念、集体规范、群体意识等强加给个人,使其具有社会特征。另一种观点以智者学派(古希腊)、卢梭、洛克、福禄贝尔、夸美纽斯、裴斯泰洛齐、康德、马斯洛和萨特等为代表,他们认为,人是生而自由的,教育应该尊重个人的自由与平等权利,个人发展的需要才是教育的出发点,教育就是要保证每个人的个性的健康成长。这两种教育目的是社会政治观念、个体价值、时代精神在教育上的集中体现。在教育发展中,能够将两种教育目的结合是最好的结果,但在现实中往往是偏重一个方面。

1. 侧重社会发展的"顶层设计"式学校变革

雷沛鸿从教育角度来观察社会,注重教育引领社会、贡献社会,强调教育的社会功用。他认为,民众教育"应于较早或较迟间造成一种强大的教育运动;随之,更进一步,以与其他政治的、经济的、社会的力量会合,同起作用,而造成一种进步的社会运动。……综括言之,努力谋现代教育的改造,及相助建设未来新社会秩序,就是民众教育所负的使命"。[①] 他在强调"教育机会均等"基础上的社会功能,忽视了个人自由地成长,这里均等的机会主要是接受基础教育。

雷沛鸿主张教育与社会系统相互依赖与支持,反对教育独立说。"我们今后对于教育应认为它并不是一种偶然的事业,更不是从天降下的恩物,也不是一纸命令可以实现的公事。反之,教育要根据整个民族的生活来建立,并且随时刻要与世界各项社会运动相适应。"[②]因此,国民基础教育有双重意义:"自教育本身言,是中国的教育改造运动;自整个社会言,是中国的社会改造运动。"[③]在推广普及国民基础教育过程中,教育"助成"政治建设、经济建设、文化建设、军事建设,推广方式采用"三位一体"制。可见,"普及国民基础教育既是广西建设工作的一环,同时又是推进广西建设的一个齿轮,在形式上就得与广西其他建设事业一致,在内容上就得适应自卫、自治、自给的需要。……由于国民基础教育的普及,广西的建设进行得顺利,又由于广西建设进

[①] 雷沛鸿.民众教育的自觉运动[M]//韦善美,马清和,编.雷沛鸿文集(上册).南宁:广西教育出版社,1989:29—30.
[②] 雷沛鸿.广西普及国民基础教育法案导论[M]//韦善美,马清和,编.雷沛鸿文集(下册).南宁:广西教育出版社,1990:32.
[③] 雷沛鸿.六年来广西国民基础教育[M]//韦善美,马清和,编.雷沛鸿文集(下册).南宁:广西教育出版社,1990:249.

行的顺利,也促进了国民基础教育的普及,几年来两者就相互影响地发展"。① 他一生没有离开教育,不管是做教师,还是做教育官员,体现了教育家对社会的观念,强调了教育的极端重要性。虽然有对教育作用估计过高之嫌,但对教育的实质、教育与社会的关系认识得是十分深刻的。

2. 侧重个人价值的"基础创新"式学校变革

李廉方以美国实用主义教育理论为基础,结合设计教学法、道尔顿制、文纳特卡制、自学辅导式教学、德克乐利教学法等教学模式,在尊重个性的基础上,构建了极富中国特色的"廉方教学法"。他进行基础教育学校变革的主旨是:为了适应和改造产业与文化落后的中国,将国民基础教育改造成适应新时代的教育体系,创立整套经济而有效的学习程式,缩短学习期限,修完民国教育部颁定的小学课程标准,以消除正规小学、短期小学的分划,成为平等的国民基础教育。②

李廉方认为中国现有学制束缚了学生的发展,浪费了学生的时间,应该进行大胆的改革。他以学生个人的兴趣、个性为基础,集中培养学生的自学能力,将分科教学改为以国语为核心的合科教学,具有综合学科的倾向。在教学实施中,重视合科教材的编写,制定详细的教学计划及配套方案。"本实验方案以培养自觉能力为主,多方贯彻其目的,系对班级制、科目制、书本授课式以及复式教学、分团教学与设计法、道尔顿制所形成之弊,求一个总解决;并舍短用长,迫进而求其积极有效,易于实施。故单元活动之结果,系为自由阅读之准备;自由阅读之进程,又系开展单元活动已成结果之功用。……最要者,则进于自由阅读,各个以自己兴趣与能力,取得适应进度,超过于分团优点而无其缺陷。整体学习立于自觉基础之上,彼此不相牵制,又不虑同时冲突,无取乎复式教学。"③

基于此,他将原教育部确定的初小四年时间缩短为二年半,不仅可以节省学习时间,高效地掌握知识,而且儿童能够学会自主阅读,提高了自学能力,可以为今后的学习打下坚实的基础。学生无论是选择继续升学,还是因家庭贫困等原因选择就业,都已经具备了基本的自主学习能力,可以为一生的自我奠定基础。他围绕着培养自学能力,把二年半时间分为三个阶段:第一阶段为一个学期,主要学习文字的书写、拼读;

---

① 雷沛鸿.广西建设与国民基础教育[M]//韦善美,马清和,编.雷沛鸿文集(下册).南宁:广西教育出版社,1990:286.
② 郭戈.李廉方教育思想研究[M].北京:教育科学出版社,1995:103.
③ 李廉方.最经济的合科教学法概论[C]//郭戈.李廉方语文教育论著选.北京:语文出版社,2006:314.

第二阶段为一个学期,主要学会查字典,掌握汉字的注音、写作、阅读等基础知识,培养初步阅读能力;第三阶段为三个学期,学生运用文字工具进行大量的自主阅读,学会写作,形成稳定的自学能力。

(二) 变革理路

1. 顶层设计

雷沛鸿担任省级教育行政长官,属于专职的教育行政官员,这是他推行基础教育变革的主要依靠。"凡事预则立,不预则废",创办事业要进行详细的规划、充分的准备。他们在办学前,都经过了详细的调研、考察,征求各方意见,形成统一的计划和详细的实施步骤,然后再逐步推进,绝不是一意孤行、贸然行动。这不仅体现了教育家缜密的思维、严密的逻辑和坚定的信心,而且显示出了成熟的管理素养和对事业负责、对人民负责的精神。

雷沛鸿从中国古代教育中得到启发,认为国民基础教育要做到:组织简单化,教育方法要直接,实施要求最有效力。[①] 于是"我们所用的功力集中于四个任务:(一)政治的英明领导;(二)学术策源地——广西普及国民基础教育研究院——左右逢源,前后策应,以解决问题,克服困难;(三)大量有才志青年散布于全省基层组织,掬其热诚,倾其热血,以实际苦干,而服务于民众;(四)全省广大群众翕然从风,一致地热烈参加此项运动,以效忠于民族国家。唯其如是,国民基础教育普及运动,虽则在速度上它的进展不是极快,然而在效用上,所发生的影响却极大,可谓无远弗届,而奠定了新中华文明的深广基础"。[②] 他重视教育立法,制定、颁布了许多教育法律、法规,"在他第三次教育厅长期间(1933年9月至1936年5月)曾亲自拟定各项法案和法规,据不完全统计,有八十二件之多"。[③] 这些法律法规使他的学校变革具有了合法的地位,能够得到更多的支持与理解,推行起来更加顺畅,可以避免"人走政息"的局面。

顶层设计式的学校变革采用自上而下的组织策略,通过行政命令、行政法规、行政领导等推进方式,运用已有的行政体系来进行学校变革。这种方式对整个行政体系依赖较大,要求较高,需要高水平的顶层设计、统筹全局能力、民主高效的行政运行、实事

---

① 雷沛鸿.国民基础教育的理论与实际[M]//韦善美,马清和,编.雷沛鸿文集(下册).南宁:广西教育出版社,1990:159.
② 雷沛鸿.国民基础教育普及运动与国民中学的创制[M]//韦善美,马清和,编.雷沛鸿文集(下册).南宁:广西教育出版社,1990:333.
③ 尹曲,马伟鹑.雷沛鸿先生教育思想的政治基础[M]//广西雷沛鸿教育思想研究会.雷沛鸿教育思想研究文集(一).南宁:广西教育出版社,1992:170.

求是的工作作风、扎实而灵活的工作方式等,可以全面而迅速地将学校改革推广到行政管理的范围。否则,很容易出现盲目决策、效率低下、贯彻不力、不愿作为等问题,影响学校变革的顺利推进。

2. 基础创新

李廉方也曾经担任河南省教育厅厅长,后来担任河南大学教育系主任,但为了集中精力推进学校变革,他辞去了相应行政职务,一门心思地扎根实验区和实验学校进行教学改革。河南省立教育实验区包括大花园教育村、杏花园教育镇、儿童科学馆、卫生委员会、教会测验部等,每年经费四万余元,职员四十人。[①] 虽然名为"省立",他的实验区和实验学校只是半官方的性质。他围绕着学校的核心工作——教学——进行变革,致力于教学方式的创新。而且,他集中于实验区和几所小学,便于认真细致地进行教育理论研究和教学实践指导。他以西方教育理论为指导,对国语、算术、常识等课程进行综合改革,实施合科教学,创立了"廉方教学法"。

从教育理论角度来看,"廉方教学法"已经远远超过了教学法的范畴,包括了学制、课程、教学、评价、升学等全方位的变革。实际上,这一教学法的实质就是充分尊重儿童的个性与兴趣,让儿童在自主学习中学会学习,使他们终身受益。"自学路线中的读书式学习——此非偏重读书教育,特以文字为一切学习之工具,初步不得不植立其基础。而文字又不便于孤立学习,更不得不结合常识,使由真实情境中取得明确观念,斯学习可以事半功倍。如从表面观之,则开始学习,绝对不凭借书本而识字。所以然者,一从书本识字,便难学而且乏趣味。故本实验课程,虽以增进读书数量为最大企图,而学习途径,一反书本教学之传统方法。虽以运用文字工具为推进自学原助力,而学习内容,并非以认识或理解文字为唯一功用。所以进于自由阅读,即有许多知识,须取资于观察、调查、实演,或借助于试验,而后自学功用可以完成。"[②]

他从教学改革的基础做起,对文字的注音、笔画、笔顺、偏旁、组词、造句、演讲、写作等都有精深的研究,制定了详细的教学规划,将小学各科融合在国语为核心的合科教学之中,使"廉方教学法"取得了优异的成效。

基础创新式的学校变革重视教育理论的指导作用,以儿童发展的身心特点为依据,强调学生的个性与兴趣,自主创办实验区和实验学校,深入细致地研究教学与课程的变革,并将理论融入教学实践,以推进基础教育学校变革。这种变革方式要求较高

---

① 李廉方.河南省立教育实验区[C]//郭戈.李廉方教育文存.北京:人民教育出版社,2006:354.
② 李廉方.最经济的合科教学法概论[C]//郭戈.李廉方语文教育论著选.北京:语文出版社,2006:314.

的教育理论、研究教育问题的能力、教学实践创新、课程设计与教材编写能力等,可以从基本理论研究、基础教育学校、课程与教学变革等角度有效地推进学校变革,更易于了解和改变基础教育现状,变革效果更加贴近学校实际。但是,这种方式对教育理论水平和管理协调能力要求较高,基本依靠自己创立推广体系,推进和普及存在较大困难。

(三) 实施方式

1. 依靠行政体系普及国民基础教育

在普及国民基础教育过程中,雷沛鸿的计划与行政当局提出的"三自""三寓"政策相契合,以教育推进"四大建设"。实施过程中,办学经费、人才、政策等得到当局的大力支持。办学方式采用"三位一体"制,充分运用已经初具规模的地方行政体系,不但减少了办学的阻力,也更容易得到民众的认可,加快了办学的速度。

普及国民教育得到广西行政当局的大力支持,以办学经费为例就可以说明。据统计,从1932年到1938年的七年间,广西省的教育文化费用在各类政府支出费用中居第三位,仅次于公安费和行政费,仅1938年教育文化经费支出占全省收入的17.20%,居各类经费的第二位,仅次于公安费(占23.07%)。[①] 抗日战争开始最初几年,虽然战乱不断,但教育经费不仅没有减少,反而呈逐年递增趋势。以1939年和1940年为例,经费总数为34 872 487元,省教育文化费分别占广西省政府总经费的11.58%、20.88%;各县教育文化费分别占各县经费总数的29.26%、29.97%。[②] 与其他省份相比,广西省虽然财政窘迫,但教育经费一直比较充裕。1935年,作为西部落后省份的四川省教育经费为180万元,仅占全省总经费的2.65%。而国民政府并不太重视教育经费的支出,自1911年至1934年间,中央政府教育经费从未超过总预算的3.27%,其中1934年仅占总预算的2.7%。[③] 可见,广西政府对教育投入还是相当高的,对教育迅速发展普及具有重要作用,对普及国民基础教育的成功是至关重要的。

雷沛鸿通过行政权力来办学的思路是正确,尤其是他自己作为广西省教育厅厅长,具备了与其他民间教育家不同的办学优势。他创办的民族教育体系及教育研究院等都是官方性质,不论是教育规划、教育立法,还是教育经费、教育人才,都可以优先获

---

① 广西省政府财政厅秘书室.广西财政纪要新编[M].南宁:广西省财政厅,1938:57.
② 雷沛鸿.广西省政府半年来教育施政概要[C]//韦善美,马清和,编.雷沛鸿文集(续编).南宁:广西教育出版社,1993:156.
③ 陈维谨.四川军阀对教育事业的摧残[M]//四川省文史研究馆.四川军阀史料(第五辑).成都:四川人民出版社,1988:151.

得。在中国传统文化中,民众对政治权威还是基本认可的,可以体现出更好的认同感和归属感,可以具备民间办学所不可比拟的优势。

2. 通过理论引领推进学校变革

无论是出国留学时间、学历层次,还是创办教育研究机构的规模,李廉方都比不上雷沛鸿,也缺少雷沛鸿的政治优势和全局视野。但是,李廉方注重教育理论的研究,把西方实用主义教育理论和中国传统教学方式在学校变革实践中紧密结合,不断地去芜存精,通过教育理论引领基础教育变革。

他抓住了儿童的个性发展这一教育命脉,以提高学生自学能力为宗旨,大胆地提出了合科教学以缩短学制的设想。根据实用主义教育理论,教学必须以儿童的经验为根据,否则,儿童完全不能得到真知识。据此,他在实验学校确定了三种改革方向:作业、综合教学、共同生活。首先,小学要将作业当作一种教学过程。"作业的原理,就是人类的活动,不但是单用脑力,并且还须要用手力、体力、四肢力,所以在教育实施上,有人主张以手工为教学中心,其他学科都以手工为出发点,且有主张由工厂施行教学,这都是建设教育于手之活动上的。近则有注重四肢活动,而以旅行观察为重要教学的。"①其次,小学要实施综合教学。因为"宇宙间的知识,是统一的整个的实在的,不能分成一个一个的科目,而学校内却是一一分着,于实际生活相隔太远",可以采用各科联络、设计教学等方法避免这一弊病,"但是如果没有充分准备,或是教师不良,不见得儿童就有普遍的活动,只是几个优等生在那里活动罢了。并且骤然打破科目,事实上也不易做到。德国实验教学——综合教学——以自然观察或手工为中心的教学比较是较易办到的"②。再次,教会学生共同生活。"这个新社会,当然要根据团体中各个人的自由意志所形成,才能引起社会的利害观感、责任心,而为公共所信仰,为社会所尊敬、所服从。学校是由家庭过度社会的一个枢纽,假使学校教育没有一点劳动共同生活,也没有一点感觉到有共同的利害、观感、责任。"③

他将这些教学理论融合进"廉方教学法"之中,发挥了重要的理论指导作用。将四年的学习时间压缩成二年半,并不是他突发奇想,或者盲目地学习他人经验,而是根据美国实用主义教育理论和中国传统教学经验,结合中国基础教育实际创立而提出来

---

① 李廉方.现代小学教育的共同倾向[C]//郭戈.李廉方教育文存.北京:人民教育出版社,2006:189.
② 李廉方.现代小学教育的共同倾向[C]//郭戈.李廉方教育文存.北京:人民教育出版社,2006:189.
③ 李廉方.现代小学教育的共同倾向[C]//郭戈.李廉方教育文存.北京:人民教育出版社,2006:189—190.

的。因此,"廉方教学法"的生命力就在于本土化的教育自主创新,优势在于将教育理论与学校变革密切结合。

(四) 互动联系

1. 学校变革与社会的多元互动

雷沛鸿在广西普及国民基础教育,重视学校变革与社会系统的多元互动。教育要想迅速发展,必须充分利用社会上各种有利因素,在体制内寻求合理发展的空间,如果游离于现行体制之外,甚至与现行体制抗衡,那么其发展必定受到极大的阻碍,办学活动会被勒令停止。因此,教育变革的改良特性是符合教育自身规律的,也由于此,教育在社会中依靠其他资源谋求变革发展是正确的选择。

教育是培养人才的事业,社会的发展必须依靠人才,因此教育事业是社会发展的坚强基础,这是教育之所以应该受到重视的现实价值和历史意义。雷沛鸿认为:"教育就民族生活而言,我们可以说教育是民族生活的工具。教化民族成员,传递民族文化,具与民族生活有生以俱来,却不与有死以俱去。申言之,教育与民族生活有生以俱来,随民族生命的延续而长生不老;因为民族生活是长生不老的,是须要教育以改造与推进的,所以教育也长生不老了。"因此,教育内容侧重于政治教育、生产教育、健康教育等。[①] 国民基础教育的原动力是"中华民族的生活力";目的是"将欲图整个文明的改造,析之可分为:政治建设;经济建设;文化建设;社会建设";目前最低限度的努力是:减除民众苦难,保育民族生存,促进世界和平。[②] 这些国民教育的基本思想与构想都与社会、国家、民族紧密相联。由此,他对中国国家建设、社会发展有着自己理性的分析,清楚地认识到教育事业在社会发展中的地位与作用。这是他在西部地区矢志不渝地兴办教育根本动力。

教育事业发展变革,必须充分利用社会各种因素,得到各种社会力量的支持。雷沛鸿推行国民基础教育中,实行"三位一体",与四大建设合作,就是典型。政治要为教育家办学提供自由宽松的环境和法律制度的支持;经济上要给教育提供充足的经费,保证教育机构能够顺利而高效地运行,减少教育家和教师的后顾之忧;文化上要给教育以理论、智力的支持,增强教育事业的活力。当然,这要求教育能够通过培养人才、

[①] 雷沛鸿. 抗战建国历程中的中国教育[M]//韦善美,马清和,编. 雷沛鸿文集(上册). 南宁:广西教育出版社,1989:123—126.
[②] 雷沛鸿. 国民教育教育简论[M]//韦善美,马清和,编. 雷沛鸿文集(上册). 南宁:广西教育出版社,1989:159—161.

创新知识、传承文明等方式为社会作出相应贡献。

教育与社会政治、经济、军事等因素和谐共生、团结奋进,是社会进步的重要表现。社会是一个由政治、经济、文化教育、军事等因素组成的整体,而这种划分是为了研究方便而进行的分解。实际上,人们在工作和生活中感受、接触的是社会的整体,许多问题是综合地考量。因此,教育作为社会的一部分,融合在社会中,为社会发展作出贡献。教育事业的地位也由此得到提升,从社会的附庸变成与其他事业具有同样重要价值的因素,其社会价值在近代社会得以彰显。

2. 学校教育的内部变革

李廉方集中精力进行教学改革,对于学校与教育外部的力量借助较少。实际上,教育不能完全脱离社会而独立,也不能成为权力的附庸和工具。教育与社会之间应该保持一种合理的张力。历史上,中国就有"建国君民,教学为先"的主张,历来重视教育,但这种重视是从培养统治人才、加强社会教化角度出发的,目的是国家安定、统治稳固,重视对教育事业的控制。中世纪,西方教育主要由基督教会控制,进行宗教宣传、培养神职人员,近代以来公共教育由国家接管,体现了国家意志。民主自由思潮反映在教育上,就兴起了教育独立思潮。

近代兴起教育独立思潮有其合理性,而且其理论与实践对我们正确理解教育与社会的关系具有启发意义。社会的发展与成熟,民主与法治是现代国家的基本特征,使国家政权能够理性而审慎地处理教育与社会关系的问题。工业经济繁荣要求普通劳动者具有一定的科学文化知识,并且要求越来越高,这需要教育来培养合格的劳动者。因此,教育的地位受到尊重,教育政策的调整也有了相对公正合理的程度。

教育与社会之间的关系,是个人与社会关系发展的缩影,体现出个人尤其是知识分子对自身价值的肯定和对社会贡献的渴望。虽然每个人对这种关系理解不一致,有的偏重教育,有的偏重社会,有的二者并重,但都建立在承认教育价值、重视文化作用的基础上。当然,不同的主张其价值判断是不同的,对个人来讲可以有自己的独立观点,但对国家来说却必须有一个明确、合理的政策,才能使教育与社会和谐地发展。

二、本土化创新是两种学校变革模式的核心追求

(一)教育救国

民国时期,中国的内忧外患更加严重,中华民族到了生死攸关的时刻。这不仅表现在主权领土的丧失、经济资源的被掠夺,更重要的是文化教育的输入导致民族精神

的改变。这期间虽然有西方先进文化的传入,但其侵略的特性使中国从敌视到无奈地接受,也使中国本土的文化遭到毁灭性打击。经过"新文化运动"狂热地批判中国传统文化、强烈要求学习西方文化之后,人们逐渐回归理性,虽然也有文化激进主义与保守主义之争,但大多数人开始理性地审视中西文化的优缺点。于是,如何实现先进文化的本土化或中国化成为题中之意,知识分子相对集中的教育界首当其冲,在教育本土化的理论与实践方面作出了卓越的贡献。这些知识分子既受到传统儒家教育,又接受了现代西方的新式文化,既凝聚了传统士绅"忧乐天下"的情怀,又具有西方民主自由的意识。"这种中西兼通、文理兼备、学术并重的知识结构,使近代知识分子具备了古代士绅和当代知识分子都无法比拟的优势,如宽广的文化视野、深厚的知识底蕴、通达的思维品质,为吸纳西方文明、改造传统文化、构建本土化的中国特色文化提供了得天独厚的人才条件。"[1]

近代中国的教育,尤其是广西教育相当落后,民众受教育的人数极少,而要实现救国目标必须尽快提高民众素质,只靠学校教育不仅速度太慢而且不易被民众理解。因此,儿童教育与成人教育应该相辅相成,共同承担起教育救国的大任。雷沛鸿认为"过去中国教育最大的缺点,要在于抛弃了群体大众,隔绝了社会实际生活,今后国民基础教育的推行,必然根本廓清过去教育上所有的病症"。[2] 他认为教育应该承担提高民众素养、实现国家现代化的重任,"教育为建国大业之根本要图"。[3] 由此,他指出,国民教育的最高目标应该是"彻底改造中华民族的整个文明";最低目标应该是"减除民众苦难""保育民族生存""促进世界和平"。[4]

李廉方认识到基础教育对国民发展的重要因素。他曾经感叹,"嗟乎! 国亡无日,匹夫有责。各国富强无不造端于国民教育。普及之谋,政府尸[施]之。……吾人深感于现今教育,有根本改造之必要,又因国难益坚其改造之志愿。从小学始者,以立教育之基础也"[5]。国家强盛、民族崛起的根本就是提高民众的素质,需要发展教育事业,尤其是要普及国民基础教育,使民众能够接受基本的义务教育。"从前国家之强盛如

---

[1] 谢文庆.论近代知识分子转型及其教育推动力[J].湖南师范大学教育科学学报,2012(5):86.
[2] 雷沛鸿.教育学术讨论会的组织缘起及经过[M]//韦善美,马清和,编.雷沛鸿文集(上册).南宁:广西教育出版社,1989:91.
[3] 雷沛鸿.我的自白[M]//韦善美,马清和,编.雷沛鸿文集(上册).南宁:广西教育出版社,1989:6.
[4] 雷沛鸿.国民教育简论[M]//韦善美,马清和,编.雷沛鸿文集(上册).南宁:广西教育出版社,1989:158—160.
[5] 李廉方.开封教育实验区成立之宣言[C]//郭戈.李廉方教育文存.北京:人民教育出版社,2006:238.

何,系于国民教育普及之限度。故号称文明国政府者,莫不以普及教育为唯一要政。……此国家命脉系于国民教育,而小学教师为国民之母也。政府欲强盛其国,而不首从事于教育,或重教育而浅视小学,是犹浚河而不先疏泉源,其涸可立而待。"①

(二) 育人为本

人文精神体现了对人的自我价值、个人尊严的尊重,实用主义则凸显了对现实价值、实际效用的追求。这两种思想在古代就以不同的形式存在着,近代文艺复兴和启蒙运动之后,得到了普遍认可和广泛传播,不仅成为世界性的思想潮流,影响了包括教育在内的各种社会事业,而且成为许多人的价值取向和行动准则。

接受教育是每个公民的基本权利,政府推动教育变革,保证公民的这一权利能够较好地得到保证,是一种社会进步。"新社会之实现,所需要于教育者,在使一般人有适应新生活之能力,维系社会;特殊人能以深造之学术,贡献社会,特殊人之养成,必须受高等教育者,确有深造能力,而又不受境遇限制。一般人适应新生活之能力,必须完成普通教育后,进受适应之职业教育。使未施如此全民教育,是否能造成真正之全民政治。……教育非可旦夕收效,谓社会改造,必一一推本于教育,尤其任小学教育,急进者毋以为迂远。"②

普及国民基础教育主要就是要实现教育大众化的理想,也就是现在讲的普及义务教育。它"把义务教育与民众教育合冶一炉,其收效自较各省义教与民教隔绝不相联络者为大"③,而且"教育内容要以民众生活为中心,使之充分发挥其改造社会的功能"④。因此,办学中就要勇敢地面对困难与阻力,不要轻言放弃,不能随便妥协。这本身就是人文精神的体现。

他们在办学时有明确的目的,所以办学中能够做到锲而不舍、勇往直前。他们的办学目的是多样化的,可以分为三个层次:从国家层面来看,办学是要实现教育救国的理想,促进中华民族的进步与发展。从地方层面来看,他们办学要促进各自地区的社会繁荣,推动政治、经济、文化等事业的进步,这与民国时期的军阀割据有关,雷沛鸿在广西普及国民教育的办学经验被全国认可后被推广到其他省份,成为民国后期基础教育的典范。从个人层面来看,他们办学是要提升民众的文化知识素质,使他们具备

---

① 李廉方.为小学教师待遇又进一说[C]//郭戈.李廉方教育文存.北京:人民教育出版社,2006:277.
② 李廉方.《教育周刊》发刊辞[C]//郭戈.李廉方教育文存.北京:人民教育出版社,2006:196.
③ 中国社会教育社广西考察团.广西的教育及经济[M].无锡:民生书局,1937:44.
④ 雷沛鸿.国民基础教育的理论与实际[C]//韦善美,马清和,编.雷沛鸿文集(下册).南宁:广西教育出版社,1990:160.

基本的现代科学技术常识和道德素养,能够适应工业社会发展的需要,在从事农业、工业、服务业时能够谋取职位、做好工作,成为具有基本的谋生手段、能够对社会有所贡献的人。

这三个层次的办学目的既体现了社会功用,又照顾到个人成长。当然,其中带有明显的民族主义思想,以国家、民族发展为重点。个人成长重视谋生手段、工作技能的培养,强调个人对社会的贡献。这些办学目的带有明显的时代特征,是教育现代化初期的必然选择。

(三) 锐意创新

教育变革是以先进的教育理念为前提的,办学思路、实施计划、实施原则、具体措施等都要事先进行缜密的思考和规划。雷沛鸿办学时,一方面非常注重调查研究,及时了解广西教育的实际情况,另一方面重视理论研究,从学理上引导办学事业,为此他专门设立了广西普及国民基础教育研究院。在研究院中,他聘请了许多教育专家研究广西教育实际和各种教育问题,提出切实可行的解决方案,为他办学提供了理论基础和智力支持。

他们主张教育与社会其他系统和谐共进,不能单独地进行教育自身变革。教育事业属于社会事业的一个有机组成部分,它不能脱离整个社会组织系统而独立存在。国民基础教育本身体现了整体性。从内部来看,它将儿童教育与成人教育相结合,使学校教育与社会教育成为一个整体;课程上将知识教育与技能教育相结合;教学方法上采用"教学做"合一的原则。他打破了正规教育与非正规教育的界线,统一为国民教育。

(四) 注重本土

雷沛鸿指出:"我们自愿把我们的教育制度'土化',使它富有当时当地色彩。"[①]这里的"土化"就是教育本土化的意思。李廉方认识到,"嬗变与发育之方,随环境而异宜,故橘逾淮则化为枳。本自然界之现象,反而求诸教育情况,彼执一不知变者,亦可以已矣。小学与民众教育,为邦本所托命。吾国教育,一误于传统之习染,再误于资产制之流毒,习非成是,如醉如梦。不有改革,无救危亡。司教育生命者,宁只于匹夫有责已也"[②],而且,"西洋式语言文字教学方法,在原则上是没有什么问题,却是方法被

---

① 雷沛鸿.整个教育体系的演进[C]//韦善美,马清和,编.雷沛鸿文集(下册).南宁:广西教育出版社,1990:186.
② 李廉方.新年卷首题辞[C]//郭戈.李廉方教育文存.北京:人民教育出版社,2006:251.

一般不了解中国文字的教育者,弄得错而又错,以致文字工具的成绩,一天不如一天,这却是教育基础上一个很严重的问题"①。

教育本土化应该包括国际视野、时代精神和本土特征三个要素,而且这三个要素尽量保持平衡,否则只注重某一个或两个要素,本土化就会出现偏差,甚至走向歧途。②雷沛鸿认为教育是整个社会的事业,不能就教育而研究教育,要注意研究教育的历史背景和社会背景,才能办好教育。他曾经多年留学西方,后来又曾多次出国考察教育,因此他对西方教育有着深刻的理解,对西方教育的利弊得失有着清晰的认识,具有宽广的国际视野。李廉方对近代中国社会衰落、民生凋敝的情况非常熟悉,决心投身教育以改变落后的面貌,具有强烈的时代使命感。他指出:"我觉得我们的教育,一部分是我国传统遗留下来的装饰品,一部分是西洋式输入的资产社会教育,并且都只有形式而遗了精神,绝对不能生存于新时代的。欧美各种实验教育,仍多脱不了资产社会的色彩,所谓公民训练那更不必说了。还是苏俄小学课程,假使消除阶级斗争一方面的意义,比我们部定课程标准,觉得尚有一点真实教育的意味。我们没有德国汉堡小学老师那样能力,能够养成儿童判断社会价值的实力。如果参考苏俄小学课程,把阶级斗争的意义,改换为劳资调协的意义,构成一种新课程,比那什么教育宗旨和实施原则,一味抄袭尊孔和奉基督教的旧路径,在教育原理路上走不通的,或者较有实效。"③

教育本土化的三要素密切结合,相对平衡,促进了民族教育体系的创办与发展。国际教育开阔了他们的视野,为他们办学提供了理论和实践支撑。时代精神对他们办学提出了要求,是创办民族教育体系的出发点。广西和河南的本土文化特征则是他们办学的立足点。国际视野保证了办学的立意高远,时代精神保证了办学的实事求是,本土意识保证了办学的脚踏实地。只有三要素紧密结合、相对平衡,才能使民族教育体系合理、健康发展。

第四节　中西部地区学校变革探索的理论思考

民国时期,基础教育学校变革取得了相当的成效,成为中国教育发展的重要阶段。

---

① 李廉方.在小学实验指导部第一次会议上的报告[C]//郭戈.李廉方教育文存.北京:人民教育出版社,2006:192.
② 谢文庆.中国百年教育变革的本土化审视[J].教育研究与实验,2012(5):27—31.
③ 李廉方.在小学实验指导部第一次会议上的报告[C]//郭戈.李廉方教育文存.北京:人民教育出版社,2006:194.

雷沛鸿、李廉方等教育家以教育本土化的明确意识,推行学校变革的深入发展,成为教育家办学的杰出代表。基础教育学校变革一定要尊重教育规律,实事求是地根据当地和学校的实际来实施,可以尝试多种变革路径,形成多样的学校变革样式,才能真正实现中国特色教育的创新,推进文化发展、社会进步。

一、教育家办学推进学校变革

当前,教育家办学成为学校变革的基本价值取向,教育家及教育家办学如何推进学校变革成为教育界热议的话题。民国时期,雷沛鸿、李廉方等教育家积极推进基础教育学校变革,成为教育改革的范例,值得深入研究。

实际上,"教育家"是一种历史评价,以现实的标准来衡量教育工作者过去的贡献。教育家需要不断地参与教育、思考教育、创新教育,在推进学校变革方面作出卓越的贡献。"教育家"的评定标准众说纷纭,主要依据同行认可、学生爱戴、民众口碑、历史评价等,甚至政治力量也会参与其中。教育家需要具备一定的素养,但教育家不一定是通才,可以是在教育管理、教育理论或教育实践等某一个方面作出贡献的人,也可以在某两个或多个方面同时作出贡献的人。最终,教育家还是要历史来评判,经受得住时间的考验和历史的筛选,才是真正的教育家。由此,"教育家"更多地承载了我们的期盼与崇敬,可以用纲领性的定义来概括其含义:"教育家"指热爱教育事业,在教育管理、教育理论或教育实践等方面不断创新,为学校变革作出重要贡献、产生重大影响的教育工作者。

教育家办学可以像雷沛鸿一样创办学校和改革教育体制,也可以进行教育管理、课程设计、教学改革等,如李廉方。笔者认为,广义的"教育家办学"是指具有一定素养的教育工作者按照教育教学规律兴办和管理学校等教育机构,坚持以人为本、勇于改革、开拓创新,在教育理论、教育模式和教育实践等方面取得重大的成果,在一定区域或范围内产生较大影响,得到公众的认可,并能经受历史的考验。狭义的"教育家办学"是指具有一定教育家潜质的人管理各级各类学校,不断创新教育理念、管理模式和教学方法,取得良好的教育效果,在一定的范围内产生被公众认可的较大影响。目前人们讨论的"教育家办学"大多是使用狭义的概念。

教育家应该热爱教育事业,关心学生成长,努力研究教育理论,锲而不舍地进行学校变革。在此基础上,教育家办学要求教育行政给教育家提供相对宽松的变革环境,遇到争议或批评时,要能够辩证地对待,义无反顾地全力支持教育家的改革。一是理论与实践的结合。教育家办学是教育理论和教育实践完美结合的产物,办学者只重教育理论则好高骛远、华而不实,只重教育实践则手高眼低、缺乏境界,理论与实践中任何一方的缺席都不会产生教育家办学。雷沛鸿和李廉方都在不同的学校担任过一线教师,具有丰富的教学经验,又曾出国留学,熟悉中外教育理论,并且善于将教育理论研究与实际教学改革结合。二是历史与现实的结合。从历时性看,教育家办学可以分成三种情况,其一是具有一定教育家潜质的人办学,其二是已经初步表现出教育家素质的人办学,其三是已经成名的教育家继续办学。但无论如何,教育家都是在艰辛的办学过程中不断磨练而成长起来的,雷沛鸿、李廉方等都是这样。教育行政部门要尊重教育家的教育成长规律,宽容教育家的挫折和弯路,不要急功近利或急于求成,只要成绩不要挫折。三是主体精神与客体世界的结合。教育家一般都具有强烈的主体意识和独特的教育理念、管理思路,并能够与学校实际有机结合起来,创新出独具特色的教育理论、教育模式和教育方法。不论是"顶层设计"式学校变革还是"基础创新"式学校变革都强调教育理论的指导,教育变革结合本土实际,以实现教育的本土创新与本土生长。

教育家办学是推进基础教育学校变革的核心因素,是教育事业振兴的中坚力量。要创办一项事业一定会遇到各种各样的困难与障碍,是否能够坚持不懈地追求自己的事业,克服现实困难,是考验一个人是否具有教育家素质的基本标准。教育家一般都具有锲而不舍的精神,在宽广的国际视野下,理性地分析时代精神和社会要求,筹划事业,形成本土化的发展。教育家遇到困难能够积极地去克服,出现矛盾能够主动地去化解,使本土化办学能够相对顺利地进行。雷沛鸿曾五次执掌广西省教育行政,政途历经坎坷,办学中又有经费、师资、人事、战争等众多问题的困扰,尤其是国民中学的创办又引起了诸多争议与质疑;李廉方先担任河南省教育行政职务,后来又转向教育研究与教学,在创办实验区、推广"廉方教学法"时也有资金、师资、人事等困难。他们都能冷静地对待这些问题,不屈不挠地坚持办学方向,相对合理地解决或缓解这些困难。

教育家必须能够及时发现并深刻认识当前教育中存在的问题与缺陷,才能有针对性地提出创新与变革的方案。这就要求教育家有批判精神,不能人云亦云、随波逐流。雷沛鸿、李廉方都具有鲜明的个性,表现出卓尔不群的气质。他们幼年都聪明睿智,在社会转型的时代背景下,他们的成长历程、求学道路上遇到了许多困难,成年后又追求革命,后走上教育救国的道路。这些经历培养了他们的独立自主、沉着冷静、见解独特的品质。

在民国时期,政局混乱,战乱频仍,民不聊生,要想推广和普及义务教育十分困难,但在贫困落后的广西、河南等中西部地区,却能够达成目标,取得令人瞩目的成绩,这与教育家进行学校变革是分不开的。尤其是,从外部条件来说,他们所面临的时局非常窘迫,已经到了非进行变革不可的地步,他们以置之死地而后生的决心,毅然进行基础教育学校变革,是难能可贵的。政府由于各种原因没有更多地去管制教育,虽然经费缺乏等不时困扰着教育发展,但同时这种放任态度,也为教育的自我成长、学校的合理性变革提供了生长空间。如果政府建立了完整的科层管理体制,那么教育发展必然受到桎梏。因此,政府冷漠态度是一把双刃剑。面对这些困难,雷沛鸿、李廉方能够推进学校教育变革,并取得了相当的成效,有着教育本土化的内在一致追求。

他们学习、生活中形成了良好的思维品质,敏锐审慎而又统览全局、高瞻远瞩。敏锐的思维使他们能够准确及时地感知国际教育的发展趋势,理解中国教育发展的现实意义和未来方向,高瞻远瞩的思维特点使他们筹划教育发发展时,能够准确把握教育发展的时代脉搏,规划出既符合当时社会发展需要又能够可持续发展的教育蓝图。雷沛鸿在广西推广普及国民基础教育,从横向看,目的是提高民众基本素质,促进广西的政治建设、经济建设、文化建设和社会建设;从纵向看,他在国民基础教育之上又创办了国民中学、国民大学,形成了相对完整而独立的民族教育体系,并以其独特的本土化特征区别于"壬戌学制"("六三三"学制)。李廉方在河南推进国民教育事业,进行课程与教学改革,创立了"廉方教学法",成为中原地区教育发展的重要基地。

道德品质是教育家事业成功的要素之一,虽然不能直接给办学提供帮助,但却是办学的基本保证。他们都具有较高的道德水准,心底无私、一心为公、生活简朴、平易近人、以诚待人等形成了他们的人格魅力,吸引团结了一批人才形成了办学团队。尤其是他们以身作则的作风,为办学团队中其他人甚至为学校的学生们树立了良好的榜样,使整个团队能够团结一心,共克时艰。他们从小在农村长大,受到中国传统儒家道德影响较深,"仁义礼智信"的道德观念成为他们的基本信仰,这才使他们成年后能够真诚地待人接物,以良好的道德素养、人格魅力感染周围的人,增加办学团队的凝聚力,不顾困难险阻,积极投身到办学事业中去。可见,中国传统道德有着独特的精神魅力,经过现代化的改造,去除其中的专制奴化色彩后,可以作为优秀的文化来培养中国人的道德,也必然会成为本土化的文化教育的重要组成部分。

二、多样化的基础教育学校变革路径

近代基础教育正式诞生以来,学校变革就成为一个永恒的话题。学校变革沿着三个方向进行:一是面向基础,二是追求个性,三是本土化办学。这三个方向有时单独进行,有时交叉互动,有时协同共进。雷沛鸿和李廉方的学校变革就属于后者,在落后的中西部地区推进基础教育变革,实现中国教育本土化创新。

民国时期,中国教育面临全新的新挑战,要面对国内外复杂的形势,要克服教育事业内外各种各样的困难,尤其是没有现成的模式可供借鉴,也没有成熟的理论可作指导,完全是教育家自己的探索,其难度可想而知。雷沛鸿、李廉方在本土化办学的探索中运用不同的方式,克服了各种困难,解决了复杂的矛盾和问题,闯出了各具特色的学校变革路径,形成了一定的变革理论和经验。

1. 办学与政权的张力

教育事业作为社会一个有机组成部分,就一定会与政权发生关系,不管你愿不愿意,教育无法真正实现独立,因此处理好教育与政权之间的关系才是明智的选择。雷沛鸿与广西新桂系的合作,利于推进学校变革。李廉方指出:"吾人苟知新社会实现,在全民皆充分发展其智能,其工具存在于整体教育之中,斯对于教育改造问题,思过半矣。不过世人所谓科学救国,教育万能,教育独立,教育清高,种种一偏之见,与今所提出教育改造问题,不相涉也。"[①]

中华民国通过教育部对各省区的教育进行宏观管理,但由于民主制度建设、各地军阀割据,加之中央政府对各地教育投入并不能完全兑现,导致教育部对各地教育事业控制并不严密,各地可以根据自身情况相对自主地办学。甚至雷沛鸿、李廉方等教育家对中央政府颁布的"壬戌学制"等教育政策公开表示不满,作为基础教育学校变革的依据,而国民政府也只能听之任之。而且,后来广西省国民基础教育做出了相当的成绩,被中央政府认可,于1940年向全国推广;河南省的教育实验区及"廉方教学法"也准备推广到全国,但由于抗战开始才没有实现。但雷沛鸿等并未因此而感激政府,而是认真分析了推广情形,感到不太满意:"可惜之至,本省的国民基础教育自从1940年全国国民教育会议之后,全国采用它的制度和办法了,可是,不免尚有遗憾!因为全国毅然决然地把六三三制的初等教育通通改成为国民教育,它的用意原来也是同本省一样,把儿童教育与成人教育同时并举,学校教育与社会教育合流。只是在初等教育

---

① 李廉方.《教育周刊》发刊辞[C]//郭戈.李廉方教育文存.北京:人民教育出版社,2006:196.

变了,中等教育还是保留六三三制的后半截。而且六三三制的初高中,在中国推行之后,到如今不但变了形而且变了质。我不了解,为什么要这样在初等教育层次改变,又要保留中等教育不变,但又不要保全其庐山真面目,这是何故?"①这既表现出国民政府对教育家办学的宽容,又表现了教育家的自主性。当然,他们在办学中也努力争取政府对教育的经费投入和政策支持。

当地政府与他们办学的关系更为直接,也更为密切。一方面,他们将办学纳入政府政策之中,强调教育要为当地发展繁荣提供支持,而且他们本身就是政府的行政官员,雷沛鸿是广西省教育厅厅长,李廉方曾任河南省教育厅厅长、河南大学教育系主任等行政职务,这为他们处理好学校与地方政府的关系提供了方便。另一方面,他们又有自己独立的办学思路,并有相关的教育科研机构进行调查研究,提出相应的办学思想和实施计划,保有相对独立的办学自主性。

2. 办学与经济的张力

办学离不开经济支持,困扰他们办学的最大问题就是经费的紧张。李廉方说:"开封教育实验区为人力财力与环境所限,自不易使最进步的教育理想完全实现"②,而且,"国事如此其危,财力如此其窘,部定短期义务,实施尚有困难",但是,他依然"不自揣量,谨以一得之愚,作企图民族复兴之贡献"③。他们在普及国民教育的时候,不约而同地将小学的学制缩短,就是考虑到中国经济落后的困境和平民家庭贫困的现实,以期尽快普及国民基础教育,来促进中国经济的发展,改善民生。

为了解决办学经费的难题,他们采取了三项措施:一是积极争取中央和地方政府的财政支持,保证对教育事业的投入;二是积极募捐,争取得到海内外热心教育的企业家、慈善家的支持,解决一些经费难题;三是鼓励当地民众捐献粮食、义务劳动等,以此支持地方办学。当然,他们办学中也注意合理使用有限的经费,避免不必要的浪费,以保证办学能够持续发展。

同时,他们兴办教育,目的之一就是提高民众文化水平和职业技能,使他们能够适应工业社会的要求。他们培养的民众确实为当地经济发展、企业进步作出了贡献。但是,他们并没能因为经费的短缺和企业的投入而丧失教育的立场,成为经济的附庸,依

---

① 雷沛鸿.民主社会中的中等教育[M]//韦善美,马清和,编.雷沛鸿文集(上册).南宁:广西教育出版社,1989:167—168.
② 李廉方.开封教育实验区的两个小学[C]//郭戈.李廉方教育文存.北京:人民教育出版社,2006:391.
③ 李廉方.以一般小学学龄儿童二年半授课时数修完部定四年课程之试验经过[C]//郭戈.李廉方教育文存.北京:人民教育出版社,2006:

然遵循着教育的本质实施办学。

3. 办学与文化的张力

教育担负着文化传承的重任,因此教育与文化的关系更为密切。文化为教育提供文化氛围和课程资源,他们办学中都非常重视当地文化的传承与发展。而教育也要对文化进行改造与重塑,他们在办学中也注意对不良文化的改造,以形成良好的社会文化与风俗习惯。民国时期,曾经出现过将中国汉字拉丁化的思潮,李廉方对此并不赞同。他认为,一旦实现汉字的拉丁化,"受教育者要从看书中沐浴自己的古代文化,是有阻隔的。这自己的古代文化,大众需要教育,就必需沐浴,因为这是构成民族意识的要素"①,而且,"方今学术界之言论,日趋庞杂,至有标榜大众语,而以自身所在地之上海语为国语,其理由则以沪音便于翻译外国文字。此种亡国之音,其目的固不只于醉心欧化已也"②。

教育既传播着文化,也引领着文化发展。教育与文化之间既有一致性,又要保持一定的独立性。"其实我一向承认在学术上的研究应该有自由,但自由究竟如何解释,立加斟酌。倘若专就学术研究立论,我以为自由研究固是重要,有计划的研究尤其重要。果尔,所谓自由必须有限制。"③这样,教育与文化才能都良好地发展。

4. 办学与民众的张力

民众有受教育的权利,办学主要为他们服务,这既包括学校教育,也包括社会教育。他们办学时,非常注重教育对民众的作用,既有短期的计划,也有长远规划。比如雷沛鸿认为:"国民基础教育最后的企图,要改造我们的文明,因为人家的文明能应用科学及技术、能控制自然环境而利便于自身,我们是连年天灾人祸交迫而来,把土地荒芜,人民死亡,依然毫无反应,所以国民基础教育先要解除民众苦痛。其次,我们希望倡导国民基础教育之后,不仅能控制自然环境,人为的行为也要想法使它合理,社会能够长治久安,才是我们的理想。……所以我们要彻底改造;以建立各种新秩序,以保有我国,兼以促进世界大同。可是在目前我们宁愿卑之无甚高论,先来扫除文盲,使全省

---

① 李廉方. 异哉中国文字拉丁化运动[C]//郭戈. 李廉方语文教育论著选. 北京:语文出版社,2006:280—281.
② 李廉方. 异哉中国文字拉丁化运动[C]//郭戈. 李廉方语文教育论著选. 北京:语文出版社,2006:196.
③ 雷沛鸿. 邹平乡村建设研究院[M]//韦善美,马清和,编. 雷沛鸿文集(续编). 南宁:广西教育出版社,1993:276.

儿童与成人均能运用文字,然后再逐渐以接受国民基础教育而达到我们的理想。"①

当然,民众对教育的作用有一定的认识,积极参与其中。但有时候也不能完全理解,甚至出现抵触情绪,他们进行学校变革时都曾遇到这一问题。他们能够正确面对批评与误解,积极进行解释、宣传,使民众能真正理解办学的意义,如果办学中出现了问题,比如国民基础学校教师不能专注于教学等,他们能够从善如流,主动地进行修正。

三、基础教育变革的文化自觉与社会进步

亨廷顿认为"在20世纪,文明之间的关系从受一个文明对所有其他文明单方向影响支配的阶段,走向所有文明之间强烈的、持续的和多方向的相互作用的阶段",而且"随着本土的、植根于历史的习俗、语言、信仰及体制的自我伸张,西方文化也受到侵蚀。现代化所带来的非西方社会的日益增长,正导致非西方文化在全世界的复兴"。②这种文明的本土化对西方国家宣传的"普世文明"是不利的,但却成为各非西方国家文明发展的方向。可是,本土化并不是简单地排斥西方文明、重新找寻本土文明,是要对西方与自我文明进行转化与创新,形成适应现代化需要的全新文明,才能使本土化的文明具有生命力。本土化办学要对中国传统教育和西方现代教育进行转化,否则亦步亦趋的模仿学习是没有希望的。这种转化并不是盲目地求新求异,而是在理性地分析中西方教育优劣的基础上,找到其中与现代中国社会相适应的东西,进行融合与创新,形成本土化的办学模式。

1. 中国古代教育的转化

他们对中国古代教育持一种平和的态度,并没有像文化激进主义者一样进行全面地批判。在日常办学、撰写文稿、朝会讲演等活动中,他们经常引用中国经典、讲述传统文化。传统文化成为他们办学思想的重要组成部分,但他们并不是一味固守中国传统教育,而是将其创造性地应用到现代教育之中,作为本土化办学的指导思想之一。这种转化式的应用,不仅给教育现代化提供了丰富的滋养,而且为合理借鉴、运用中国传统文化提供了现实例证。

从教育目的来讲,他们抛弃了"学而优则仕"的读书做官的思想,吸收了"仁者爱

---

① 雷沛鸿.国民基础教育的简单解释[M]//韦善美,马清和,编.雷沛鸿文集(续编).南宁:广西教育出版社,1993:272—273.
② [美]亨廷顿.文明的冲突与世界秩序的重建[M].周琪,等,译.北京:新华出版社,1998:39、88.

人""有教无类"的合理成分,积极推行普及教育,使教育由精英模式转向普及应用。从课程内容来讲,他们不再要求学校学习"四书五经",但吸收了"仁义礼智信"等道德教育的合理成分。从教学方式来讲,他们运用"洒扫应对"等实践操作性教学方式,将"知行合一"的教学原则加以运用。而且,他们将中国重视社会教化的传统应用到普及民众教育上,推进普及民众教育,既包括对儿童的学校教育,也包括对成人的知识扫盲、职业培训和道德培养。

2. 西方现代教育的转化

西方中世纪的教育与中国古代相仿,教育目的都是培养统治者或神职人员,课程都以传统经典为主,教学方法强调死记硬背。随着资本主义发展和工业革命的推动,西方教育才进入了现代形态,而中国教育却没能与时俱进,落后于西方现代教育,开始了学习与追赶的历程。他们本身对西方教育比较了解,而且主张借鉴西方现代教育模式,尤其是民众教育。但是,他们并非无原则地接受外来教育,而是持审慎的态度,对盲目照搬西方教育体制,特别是对1922年颁布的"壬戌学制"(抄袭了美国的"六三三"学制)进行了批评。因为他们清醒地认识到中国国情、本地情况与欧美工业国家的不同,完全不加鉴别地使用西方教育经验反而使中国教育发展陷入误区。西方已经形成了相对成熟的学制,在民众教育、职业教育、成人教育等方面已经取得了相当的成效,许多经验值得中国学习借鉴。但是,西方教育中也有一些是适合工业社会要求的,中国不能盲目地照搬,如义务教育学校正规化,师资、校舍、图书、实验仪器等配置较好,在以农业经济为主的中国就不易办理;西方普及教育年限较长,中国政府、家庭的财力都负担不起。"惟各国教育上设施与其教育家所形成理想,实与其产业发达之社会并进,加重经济负担,非其唯一顾虑。吾国以往设计教学、道尔顿制试行失败,以及介绍新法难尽实施,由于无相当设置,实占主要原因。所以目前迫切问题,在就一般小学财力能胜之中,求有效教法;更由其成功之实验,期于推行尽利。如其徒务外形,专事仿袭,是之谓舍本逐末。"[①]因此,学习西方教育就要变通和转化。雷沛鸿在广西推行普及国民基础教育、创办国民中学、创建国民大学(西江学院),李廉方在河南创办教育实验区等,都体现了这种转化意识。

3. 转化的本意:借鉴、融合、创新

近代中国文化教育领域出现了激进主义与保守主义之争,体现了对中西文化的不

[①] 李廉方.廉方教学法总论[C]//郭戈.李廉方教育文存.北京:人民教育出版社,2006:475.

同立场与态度。由于中国全面的落后,使国人对中西文化不能理性地分析,而救亡图存的紧迫性也来不及进行仔细地分析判断和长期的争论。这样,西方文明的优势使学习西方、远离中国传统文化成为一边倒的呼声,使学习借鉴走入了误区。李廉方曾说:"兹当郑重申明者,吾人原不取玄学心理之论断,然当知教学进程,勿论儿童何种动作,莫不表现其整体与统一之活动。活动中之神秘,实有不尽可以意象测者。实验心理所贡献者,虽差足以坚定学习倾向,究未可以解决教学整个历程也,亦不取腐儒主张,偏重纯粹道德论。然当知人格之完成,前代理学家尊德性、道问学之修养,其精神实谌矜式。吾人当贯彻其精神,置诸近世心理学家所发现儿童倾向之路线,与生理发育之程序,由其可能性,以发展所期成之行为标准,即为理想所培养之国民性,亦即世界人类所当有之共同性。更以此促进心理学之神经研究,当注意于体系之原始作用,与脑脊系之综合作用,相维系,相调节,以控制吾人之学习生活也。"①实际上,要实现中国教育的创新式发展,必须在理性分析评价中西方文化教育的基础上,将适合国情、合理的教育因素进行转化与融合,形成本土化特色的教育模式和办学路径。借鉴、融合、创新是学习外来文化教育的三个层次,反映了本土化办学的三种境界,这种不断深入学习创新的过程,体现出转化的本真含义。

教育现代化有三种境界:一是保守主义,漠视国际先进教育经验,强调构建自己的教育体系;二是拿来主义,食洋不化,本质上以西方标准来要求中国,按照西方标准改造中国教育;三是本土化创新,以全球化的视野认识中国的文化传统和现实国情,吸收借鉴外域先进的教育理论,在中外教育交流、融通的基础上,创造有中国特色和本土气息的教育,使中国教育走向世界。雷沛鸿、李廉方主持的教育变革有着独特的思路、广阔的视野、详尽的计划和坚定的信念,无不体现出教育本土化的精神,达到了"本土化创新"的境界。我们应该认真研究以雷沛鸿、李廉方为代表的近代教育家,梳理他们进行本土化教育变革的思路和理念,总结、吸取他们的经验和教训,立足中国的本土实际,稳步推进中国的教育改革。

---

① 李廉方.开封教育实验区成立之宣言[C]//郭戈.李廉方教育文存.北京:人民教育出版社,2006:239.

第七章　基于"新教育中国化"的学校变革理论与实践探索

20世纪20年代前后,中国的教育学者以执着的精神、笃实的态度,开始探索契合中国国情的教育发展道路,涌现出一大批"新教育中国化"的理论家与实践者。庄泽宣视野宏阔,思虑深远,长于"新教育中国化"的理论研究。因而,他着眼于整个国民教育制度体系的"中国化",探索学校教育与民族性改造的内在理路,尤其是民众学校改良与发展。崔载阳则是个满腹经纶又极富实践精神的教育家。他以民族中心教育理论为根柢,以课程改革为着力点,撬动起四年制小学教育改革的"杠杆"。相比之下,刘百川是个教育实践领域的"多面手",致力于乡村学校教育的发展,在江苏大港教育实验区开展乡村教育实验,开创了中国早期集团化办学模式的雏形。诚然,三位教育家家世背景、求学经历、学术志趣的各异,致使他们在探索具有中国特色学校发展道路的过程中展现出了不同的变革范式。

第一节　庄泽宣的"新教育中国化"理论探索与民众学校试验

1923年,庄泽宣留学归国,被母校清华聘为教授。1926年春,清华大学发生学潮,在家赋闲半年。是年夏,南下厦门大学任教。在系统考察其时学校教育发展的情况下,他试图以"旁观者的身份"系统反思中国教育问题,形成了"新教育中国化"理论的胚芽。正如其所言:"我的《如何使新教育中国化》实胚胎于六年前在厦大授'中国教育状况'的时候。"[①]1927年,庄泽宣赴任广州中山大学文学院教育学系系主任。同年12月,庄泽宣发表了《如何使新教育中国化》,文中指出:"现在中国的新教育不是中国固

---

① 庄泽宣.我的教育思想[M].上海:中华书局,1934:322.

有的,是从西洋日本贩来的,所以不免有不合于中国的国情与需要的地方。如何能使新教育中国化,这是一件很大的问题,很复杂的问题,而且非经专家长期的研究与实验不可。"①由此,他开启了"新教育中国化"的理论与基础教育学校改革的探索之路。

一、新式学校教育的"水土不服"与"新教育中国化"理论的肇基

1840年之后,不平等条约为西学的输入打开了缺口,西学自始以一种扩张性的姿态在全国传播。即便如此,中华文明凭仗深厚的文化根基与丰赡的思想资源并未产生地壳式的撼动。第二次鸦片战争后,国人才始觉对西洋文化及其"奇技淫巧"不能熟视无睹,遂设同文馆、广方言馆、译书局,以及水师学堂与武备学堂。这便是中国设置近代新式学校之肇始。尔后,在甲午战争与八国联军侵华战争中接连失败,使国人"接受并承认了强者是文明的,弱者是野蛮的;既然被打败了,就不仅技不如人,而且是文化不如人。于是自认野蛮,由自以为原处于'天下'之中而退居'世界'的边缘,从此走上以摹仿赶超外国为途径的'自强'之路"。② 于是,从19世纪末20世纪初,因学缘、地缘之便,一大批知识分子留学日本。与颁布留学政令相呼应,清廷也在国内大刀阔斧地进行现代教育体制变革。

1901年秋,清政府陆续颁行关于教育发展的各种法令。1904年,《癸卯学制》正式颁布施行。新教育的制度也在这个时期中建设起来。③ 为了让新教育推广至全国,清政府模仿日本的教育行政体系,专门设置了学部及其下属的提学使司、劝学所,构建了从中央到地方州府厅县的教育体制。④ 同时,政府通过颁布政令将各省的考试机关、书院改为新式大学堂,各府所属的考试机关与书院改为中学堂,在各州县设置若干小学堂。新学制的颁行,为新教育在中国的普及提供了制度保障,一时间全国的书院、乡塾、村塾都改造成新式学堂。事实上,新教育的施行,远比制度的设计与政策的布施复杂得多。以1904年7月无锡毁学事件为开端,以破坏学务、捣毁学堂为目的的毁学事件,此后在各地乡村屡屡出现。综合《东方杂志》《教育杂志》《大公报》《浙江教育官报》等当时报纸杂志的报导,从1904年7月到1911年7月短短的7年间,在全国22个行省中,除了新疆、甘肃、东北三省等少数内陆及边远省份外,其余17省均发生过针对新

---

① 庄泽宣. 如何使新教育中国化[M]. 上海:民智书局,1929:23.
② 罗志田. 从文化看复兴与崛起[J]. 读书,2014(11):33.
③ 庄泽宣. 如何使新教育中国化[M]. 上海:民智书局,1929:8.
④ [加]许美德,[法]巴斯蒂. 中外比较教育史[M]. 上海:上海人民出版社,1990:100—101.

式学堂的毁学事件,总数达170起之多。① 诚然,以分科为主的现代学校教育制度,建立在西方资本主义工业发展的基础之上,而传统的书院、乡塾、村塾则适应于自给自足的农业社会。清廷对学制跨越式的骤变改革,缺少深厚的经济基础为支撑,冒然施行无疑给传统乡村社会造成了严重的负担。正如学者田正平所言,新式教育引起的乡村教育负担急剧增加无疑是诱发各地毁学事件的重要原因。② 除了经济的因素,文化传统的抵牾,政治体制的迥异等诸因素均使新教育在中国的普及举步维艰。由此观之,清末新式学校制度不是由本土教育体制自然衍生、发展而来,而是模仿、移植于日本,遭遇"水土不服",亦在情理之中。

迨至民国,国体、政体发生巨变,教育宗旨也随之更换。在历史的转换中,庄泽宣先后完成了私塾、新式小学堂、中学堂的求学生涯,对新式学校教育与中国国情的不相凿枘已有初步的体认。负笈留美后,基于对美国社会的全面了解,他注重从中美比较的视角对比分析两国的教育状况。1919年,当其在哥伦比亚大学师范学院攻读比较教育博士学位时,从社会文化背景考察中国的"新教育"激发起他浓厚的研究兴趣。于是,庄泽宣决意将近代中国教育作一鸟瞰,遂以《中国教育民治的趋势》(*Tendencies toward a Democratic System of Education in China*)为博士论文的选题。1922年,他完成了博士论文的写作。论文将中国的教育问题放置于社会经济的宏观背景,以政府文件、实践调查报告为依据,探讨了成人教育、儿童教育、师资训练、教育与生活的关系、言文问题等在中国学校变革过程中遭遇的种种困境。③ 恰逢其时,国内在如火如荼地进行学校教育制度改革,远在美利坚的庄泽宣也受黄炎培、任鸿隽等人之邀,共同参与《壬戌学制》的起草工作。是年11月,北洋政府以大总统令,正式颁布了《学校系统改革案》(《壬戌学制》)。作为学制的设计者之一,庄泽宣认为《壬戌学制》虽然相较以往的学制有较大的进步,如发挥平民教育精神,注重学生的个性以及提高职业教育的地位等等。与此同时,他也察觉到新学制从总体上看仍以美国学制为精神内核,从清末的仿日到五四时期的"学美",其根本性质仍旧是"西洋化"而非"中国化",自然无法较好地解决中国教育面临的实际问题。

对新式学校教育的"水土不服"有了切身体会,1928年12月,庄泽宣对中国教育

---

① 田正平.清末毁学风潮与乡村教育早期现代化的受挫[J].教育研究,2007(5):73.
② 田正平.清末毁学风潮与乡村教育早期现代化的受挫[J].教育研究,2007(5):75.
③ Chai-hsuan Chuang. Tendencies toward a Democratic System of Education in China[M]. Shanghai: Commercial Press,1922:1.

发展所仰赖的经济、政治、文化基础做了全面研究,以此构筑"新教育中国化"的基本理论。翌年,出版《如何使新教育中国化》一书,详细阐述了"新教育中国化"的原则、条件及其具体的实施路径。庄泽宣认为要实现"新教育中国化",自始至终须秉持这四条原则:一是从各国新试验里找;二是从专家研究里找;三是从本国实例里找;四是从本国需要里找。第一条原则"从各国新试验里找",不是采取拿来主义,移植照搬,而是系统考量其试验与本国政治、经济、文化的匹配情况,对试验的实施过程有全豹式的概览后再做综合判断;更不是标新立异,一味求新,而是要为新教育中国化打开国际视野。为此,庄泽宣列举了苏俄抛弃历史传承的革命式教育制度,欧洲打破学年升学办法、打破科目界线的新式学校以及露天学校、林间学校种种试验等事例。[1] 由此可见,庄泽宣所主张的"从各国新试验里找"本意在于能在世界教育改革的"大观园"中博观约取,在前车之鉴中开拓创新。第二条原则"从专家研究里找",意味着教育活动不再是依传统惯习而为,而要将之视为一种科学,遵循一定的程序与规范。更何况,"新教育"的"新"本身就包孕着科学的意蕴,办理新教育要遵循教育固有的规律,而专家恰恰是这些规律的发现者。所以,庄泽宣说:"教育既为一种专门学问,要试验教育,办理教育非有专家指导不可。故专家之研究对于教育的影响很大,如儿童心理研究,青春期心理之研究,对于教育法有很大的改变。"[2]第三、四条原则"从本国实例里找""从本国需要里找",主张革新中国教育,最重要的还是立足本土,扎根本土,挖掘本土的教育资源。再就是,教育要贴合本国国民的需要。当时,许多人都唱着学校与社会打成一片,教育即生活的高调,却忽视了社会、百姓需要什么。庄泽宣就曾指出:"然而社会所需要的是什么,恐怕连办学的人都不大明了,譬如农民的子弟读了书便不耕田,这便是不合社会需要。"[3]他还指出,学生虽然学了二次方程式等数学课程,但是计算家庭每日的用度有多少也计算不清,秤斗也不识用,也是不合社会需要。[4] 综合上述四条原则,可以看出庄泽宣提出的"新教育中国化",实质上是科学化与本土化的一种结合,前两条强调办理现代教育要有科学意识,不能盲从,更不能违背教育规律;而后两条则侧重办理现代教育要根植于中国国情,只有与中国的经济、社会、文化的发展相符契,方能利国利民,彰显教育的内在价值。

---

[1] 庄泽宣.如何使新教育中国化[M].上海:民智书局,1929:138.
[2] 庄泽宣.如何使新教育中国化[M].上海:民智书局,1929:139.
[3] 庄泽宣.如何使新教育中国化[M].上海:民智书局,1929:144.
[4] 庄泽宣.如何使新教育中国化[M].上海:民智书局,1929:145.

在坚持四条原则的同时,庄泽宣认为新教育中国化至少还要合于四个条件:一、合于中国的国民经济力;二、合于中国的社会状况;三、能发扬中国民族的优点;四、能改良中国人的恶根性。他提出这四个条件,并非只是怀揣理想主义的愿望,而是建立在细密的调查研究基础之上。由此,庄泽宣针对经济力、社会状况、发扬民族优点、改良民族劣根性四个方面也给出了具体的实施方案。

新教育需合于国民经济力。清末以降,中国经济发展远逊于欧美各国,就连近邻日本也无法企及。北洋政府时期,战火不断,连年天灾,人民经济状况每况愈下。诚如庄泽宣指出:中国的经济状况很差,根本比不上西洋人与日本人,而中国从西洋、日本学来的新教育费用却很高,因此,一方面学生的用费愈增愈多,一方面国民的经济状况愈趋愈下,这是多么可怕的现象!① 他作出如此论断,是以详细的数据作为支撑:

(一)中国人百分之七十为农民。

(二)农家每年年均收入为 333.56 元,但农家每年收入在 90 元以下者占半数。农家每年平均支出为 310.09 元,其中食物一项平均每家六人总数每年仅有 154.7 元(每月 13 元,每日 4 角 3 分)。

(三)农家三分之一住室每间住三人。

(四)农家须借贷以维持生活的占 58%。②

由此可见,中国家庭的经济收入维持生计本就困难,如若还要承担孩子的学费,只能使贫困程度加剧。更何况,新式学校的花费不仅比从前请先生或入私塾费用要高,年限也要长。加之,新式学校大多在城市,学费、旅费又是一笔额外的开支。庄泽宣认为救济该问题的措施有如下五点:第一,学校教育的训练宜集中,各级学校年限宜短,科目宜精;第二,科目宜有实用,各级学校入学标准宜以上就下,下级的不以预备学生升入上级的为目标;第三,每学年或每学期所授的功课均成一单位,中途辍学的不致一无所得;第四,设备上及费用上宜力求经济,减少学生的担负但以不减其效率为限;第五,学校以外的非正式教育机关宜多,使不能继续入正式学校的有求学的机会。③

新教育需合于中国的社会状况。庄泽宣认为"合于"不等于"遵从"、"顺从",而应

---

① 庄泽宣.如何使新教育中国化[M].上海:民智书局,1929:25.
② 庄泽宣.教员学生最好一律取消[J].生活,1930(28):465.
③ 庄泽宣.如何使新教育中国化[M].上海:民智书局,1929:26.

与时俱进、跟紧时代的潮流。中国旧有不良的社会传统仍旧对中小学教育造成深刻的影响。新教育沿袭着旧教育的糟粕,大多数学生奉行"学而优则仕"的理念,对读书以外的事情漠不关心。"书本自书本、生活自生活"的脱离现实社会生活的旧式教育的遗毒仍旧存在,以致当时有学生"到试验室、手工场里去实验、做工仍旧穿起长衫!"[1]要打破这种学校与社会分离、教育与生活脱节的情状,庄泽宣强调要"打破以学校为读书之所的观念""到民间去实地调查社会状况",同时在"学校中极力提倡动手做工","奖励学生为社会服务",以上工作凡不得工资的皆算学分,学校对之至少与上课同等重视。[2]

新教育需能发扬中国民族的优点,改良中国人的恶根性。这两个条件均涉及国民性的问题,可以看出民族性问题在新教育中国化理论中所占的分量。近代以降,中西文化、思想与制度的碰撞与交锋,屡居低位,自信力逐渐丧失殆尽。20世纪20年代,以胡适为代表的知识分子倡扬整理国故,并兴起一股思潮,国人发现本国的旧东西也不尽是糟粕。而时兴的"打倒帝国主义"的口号,也促使国人觉悟贩舶来品的有害无益。在庄泽宣看来,"打倒帝国主义"只是消极的抵抗外力,并未积极地强固内体。所以,他主张充分发挥教育在发扬中国民族优点作用:(1)每星期一扩充总理纪念周为爱国典礼;(2)每逢历史上纪念日应说明其历史上的事迹及意义;(3)各省会都市应由政府与商会合组国货商品陈列所作为一种通俗教育机关;(4)由学生组织宣传队宣传中国民族的优点;(5)实行社会调查的时候应特别注意固有的美风俗及好道德,并设法传播。[3] 庄泽宣认为只有国人不断阐扬民族之优点,以中国为代表的东方文化才不至于湮灭在西洋文化之中。诚然,庄氏强调中华民族的优点,要有自信力,不要气馁,这并不意味着可以刚愎自用,用夏攘夷。他主张用科学客观的方法,找出民族的缺点与劣根性,以此加以补救与改良。他依据自己长期以来的观察,认为中国人最大的毛病是依赖性与惰性,最缺乏的便是创造力与组织力。为此,庄泽宣提出了改良中国人劣根性的做法:一是禁止、废除演讲式的教授;二是指导学生自主学习,重视观察与组织,而不重记忆;三是科学教育应重视方法而不斤斤于优良的设备;四是提倡课外作业与上课同等重要,且以学生的创造与组织能力定分数算成成绩一部分。[4]

---

[1] 庄泽宣. 如何使新教育中国化[M]. 上海:民智书局,1929:27.
[2] 庄泽宣. 如何使新教育中国化[M]. 上海:民智书局,1929:29.
[3] 庄泽宣. 如何使新教育中国化[M]. 上海:民智书局,1929:31—32.
[4] 庄泽宣. 如何使新教育中国化[M]. 上海:民智书局,1929:34—35.

概言之,近代以降,中国教育制度在根本目标方面的无所适从,教育制度是多么可怜地依靠众多的外国引进物作为支撑。与此同时,千百年来一直与国民性混合在一起的儒家的道德、社会、政治制度的正统地位便荡然无存了,中国人因而不得不再次坚持强调他们自己的意识。①"新教育中国化"理论正是对中国学校教育转型变革过程中,中西教育制度相碰撞出现不相凿枘现状所作出的分析与回应。庄泽宣努力回答了中国在社会转型、中西文化碰撞大背景下,基础教育学校变革需要坚持的基本立场与基本原则,以及新教育在中国教育生态下发展的必要条件。

二、民族性研究与中国基础教育学校变革

新教育发轫于西方,倘若要适应中国的教育环境,那么则要了解"新教育"制度及其背景。不仅要知晓起源于西方的现代学校制度的组织架构,更要深究其产生的社会根源。否则,中国化的新教育也就无从谈起。这也意味着中国化是一个开放性的过程,也是一个与西方教育制度博弈的过程。从另一个角度看,"中国化"又涉及所持立场问题,既然有立场,也就主次之分、轻重之别。本土固有的社会文化是"根"亦是"魂",立足本土,中国的新教育才能"开枝散叶"。毋庸讳言,民族性是社会文化的淬炼与凝聚,它触及了"中国化"的内在核心问题。为此,庄泽宣展开了民族性的相关研究,以此引领中国基础教育学校变革朝着民族化的方向发展。

1920 年代末,庄泽宣详细阐述了其新教育中国化理论。在实践领域,他虽未亲身参与基础教育的学校变革,却密切关注学校教育本土化探索。1927 年 3 月,陶行知创办晓庄试验乡村师范学校,引起庄氏的格外关注,并认为是学校变革的典范。晓庄学校创校伊始,他曾三次参观该校。② 1929 年,在《如何使新教育中国化》一书中,他这样写道:

> 这间学校有师范有小学也有幼稚园,收容的学生,有初中毕业的也有高中毕业的也有大学毕业的,他们不上课,他们每人每天有一个工作表,早起做什么,午后做什么,晚上做什么,都在表中分配,自定之后交导师(即教员)核阅,核准后即依表中所分配的时间做工作,有时读书做笔记,有时去调查农村生活,有时编教材,有时到小学实习,他们虽不上课但有一个讨论会,各人平日在工作中所遇到的

---

① [加]许美德,[法]巴斯蒂.中外比较教育史[M].上海:上海人民出版社,1990:16—19.
② 陶行知.陶行知全集(第 8 卷)[M].成都:四川教育出版社,2005:256.

问题,记下来提出讨论会共同解决,他们所学的功课,虽然各个不同,但都得实际的经验。他们的生活,也如农夫一样,穿起草鞋,戴上竹帽,每人认定一块地耕种。全校只有一个工人,专司挑水和买柴两种事务,其余各种庶务如烧饭、扫地等工作完全由师生合作,这个学校完全打破普通的组织形式,这种试验很可供我们参考。①

然而,这所"新教育中国化"的示范性学校,1930年4月,遭国民党当局查封。尔后,南京的部分学生在陶行知鼓励下,自发组织建立了"晓庄儿童自动学校"。20世纪30年代初,庄泽宣对晓庄的发展亦投以密切的关心,多次向陶氏询问学校的近况。1932年2月,当时的国民政府内政部宣布取消对陶行知的通缉令,并决定发还晓庄师范的校产。陶知行欣喜万分,是年3月22日,针对科学教育的问题专门写信向庄泽宣商讨:②

泽宣吾兄:

久不晤教,至为想念。

晓庄是一个试验学校。晓庄本部虽已被封两年,但是他的试验工作,仍是不断的进行着。几年以来,我们觉得要救中华民族,必须民族具备科学的本领,成为科学的民族,才能适应现代生活,而生存于现代世界。科学要从小教起。我们要造成一个科学的民族,必要在民族的嫩芽——儿童——上去加工培植。有了科学的儿童,自然会产生科学的中国和科学的中华民族。这一年来,我们预先编成《儿童科学丛书》百种,在今年暑假以前可以出齐。恰好政府已下令准备将晓庄交还我们。我们在这次国难当中察出,愈觉科学教育之重要,所以我们今后教育方针,准备瞄准向着这条路线上前进,为中华民族去找新生命。所以我们对于接收晓庄,感觉得无限兴奋与希望。③

对于陶行知关于科学教育的畅想,以期振兴民族的做法,庄泽宣保持冷静、审慎的态度。在对陶行知的复函中,他这样写道:"提倡科学救国者不胜枚举,然皆未尝与人

---

① 庄泽宣.如何使新教育中国化[M].上海:民智书局,1929:142—143.
② 陶行知.陶行知全集(第8卷)[M].成都:四川教育出版社,2005:255.
③ 董宝良,编.陶行知教育论著选[M].北京:人民教育出版社,2015:351.

民生活发生关系""以为空谈科学救国无补于事,从中小学或训练科学师资入手,恐仍不免流于洋八股的一途,惟一方法在应用科学解决民生实际问题。"① 而对于陶氏办理晓庄学校暑期科学师资讲习会,庄泽宣心中是存有疑虑的。在此之前"文化基金与数大学办过几次,成绩不过尔尔",而"晓庄若办,恐更不及,且'大规模'更有害"。② 在庄氏看来,当时中国首要解决的不是科学问题,而是道德法制的问题。所以,他对陶行知说:"弟尝以为中国社会的生活仍以人与人的关系为本位,无法治的训练,则大规模的生活必有弊害。"③此外,对于陶行知南下办理晓庄而不顾及中华教育改进社的事务,导致改进社的教育研究资料征集与对外专家交流工作几近"瘫痪",庄泽宣是心存怨怼的。因为该社是由其时教育界同人发起的重要教育改造团体,故而他建议陶行知如若无法兼顾晓庄与改进社的工作,宜另推主干,恢复改进社的工作。④

庄泽宣对晓庄学校教育教学方式的推崇,到后来对陶行知主张科学教育工作的"模棱两可",隐藏着其对基础教育学校改革价值取向的线索。晓庄学校建校之初,对于"教学做"的提倡及打破学校形式与修业程序,改革了以往"读死书""死读书"的状况,让学生在"教学做"中实现经验的更新。庄泽宣认为这种教育方式是本国教育试验的典范,也是改造中国国民性中缺乏创造力与组织力缺点的重要手段。而陶行知试图通过在晓庄开展大规模的暑期学校培育科学的儿童与科学的中华民族,庄泽宣认为他的做法难以使科学真正在中国文化与社会生活中生发活力,也就无法化为中国国民性的一部分。由此可见,庄泽宣对于基础教育学校改革的价值取向不仅是停留在表层的教学组织形式手段的变革,而是要深入整个中国国民性改造的"肌理"。在这点上,他认为晓庄所做的工作显然不足,这也使其将视野转向同时期其他具有民族性改造的学校变革。

如此重视民族性在基础教育学校变革中的关键性地位,根植于庄泽宣教育研究的学术旨趣。1917年,《英德法美国民性与教育》的阅读,使其"大受感动"。⑤ 而在负笈美国期间,他所追随的导师康德尔将民族性视作比较教育研究的核心,庄氏又深受其影响。1920年,他尝试阐释国民性与教育之间的关系,并发表《教育造国民性说》一

---

① 陶行知.陶行知全集(第8卷)[M].成都:四川教育出版社,2005:255—256.
② 陶行知.陶行知全集(第8卷)[M].成都:四川教育出版社,2005:256.
③ 陶行知.陶行知全集(第8卷)[M].成都:四川教育出版社,2005:256.
④ 陶行知.陶行知全集(第8卷)[M].成都:四川教育出版社,2005:257.
⑤ 庄泽宣.我的教育思想[M].上海:中华书局,1934:代序6.

文。十余年后,他在自传中也曾反思,留美五年"更觉到国民性与教育关系之大"。①1934年,庄泽宣南下浙大任教,在学生陈学恂的帮助下,他开始系统探究民族性与教育之间的相互关系。他指出:"民族性与教育的关系虽如此密切,可是研究教育的人一向侧重在教育与个性的关系而忽略了教育与民族性相互影响的势力。"②于是,庄泽宣从民族性的意涵、构成与控制;英美德法的民族性,四国民族性在教育上的反映,以及教育对四国民族性的影响;各家对于中国民族性的意见,中国民族性的表现及其分析,中国民族性的构成等三个维度对民族性做了系统研究。至于民族性与教育的关系,他先是从教育哲学与理论、教育制度与教育内容等维度,探讨了各国民族性在教育上的反映。在他看来,民族性对于教育的影响是多歧互渗的。教育内容、教育制度的迥异可以鲜明地彰显民族性的差异,教育理想、教育哲学的分歧更可现出民族性的反映。③比如,英国不列颠民族崇尚经验自由,在教育哲学上便重视经验学派、人格主义,其闻名全球绅士教育则直接受人格主义的影响;美国奉行实用主义、民主主义政治,而教育机会均等便是美国教育界频频高呼的口号;而德国民族讲求理想主义,教育过程伴随直接精神影响、生活教育与教化三种过程,养成儿童社会调和一致的共同意识,渗透国家主义与民族主义是德国教育的典型特征;法国的教育理想的典型特征便是崇尚固有文化、培养理智生活与重视道德训练。

民族性除了在英美德法四国的教育理想、教育哲学上有充分的反映外,在教育制度、教育内容上也体现得格外明显。庄泽宣引用英国学者诺武德对于英国民族性和教育制度的关系的论述:

> 英国底教育制度是不依照逻辑,亦不是到处均等划一的,因为它并不是为一般立法家或政治家思索出来,自上而下颁行于全国的。同时它又非偶然而来,却是由种种实际的需要发达出来的,现在是和民族生活联结得不可分离了。离开了英国底民族历史,就不能了解英国底教育制度,因为后者本是英国民族性的产物。此种民族性之一个显著的特征,就是它在实际中完成一种非依照逻辑的协调事业,同时毋庸喋喋于理论就可使事情作成的能力。英人可以容纳各种破格的事

---

① 庄泽宣.我的教育思想[M].上海:中华书局,1934:代序6.
② 庄泽宣,陈学恂.民族性与教育[M].香港:商务印书馆(香港)有限公司,2001:182.
③ 庄泽宣,陈学恂.民族性与教育[M].香港:商务印书馆(香港)有限公司,2001:186.

物,也可以容忍各种陈旧的遗习,只要它们能产出各种有价值的效果来。①

不仅英国教育制度与民族性的关联如此密切,美国民族性相信个性无限发展的可能,相信教育万能,好新奇喜变动,故而美国的学制重教育普及,小学教育发达,但同时又变动不居,缺少固定的目标和公认的标准。②再就法国而言,法国的民族性偏于理想主义,"各级教育都有悬拟的目标,但遇到新情境或需求发生时,他们的适应亦非常迟缓"。③此外,英美德法四国的民族性在教育内容上也有反映。在课程方面,英美采取选科制,弹性空间较大,读写算等三门科目最为重要;德法课程讲求一致,伸缩空间小,而德国重宗教、德文等科目;而法国以法国语文为最重,次为数学;在对待知识的态度方面,英美偏于实用,而德法偏重理性,等等。

民族性形塑了英美四国教育理想、哲学,也影响了四国的教育制度与内容。庄泽宣认为教育对民族性的影响同样深刻而巨大。他意识到现代学制的建立,调整课程、统制教本本身就是一种教育培养民族性的体现。利用教材促醒民族意识的方法,在第一次世界大战以前历史、地理教学最为引人注目,德、法的史地科纯以本国教材为中心,使学生习后油然而生爱国之心,由爱祖国、爱民族而发扬其优良民族道德。④在教育设施上,第一次世界大战以来举凡青年训练、体育及军训,爱国团体的组织,以及各种社教设施,莫不戴上民族教育色彩。庄泽宣作了这样一个假设,"英国教育制度若没有了公学,美国的学校中若没有了课外活动,法国的课程减去了道德训练,恐怕他们的教育都只剩下了躯壳,而优良民族性也决不能保存"。⑤

庄泽宣关于民族性与教育的剖析,涉及教育目标、教育制度乃至课程教材等各个层面,为中国学校教育的本土化变革提供了坚实的理论基础。庄泽宣观察发现,当时中国整个的教育改革,虽尚未注意到民族性的改造,但在少数地方的实验已经注意到民族性的改造问题,虽则这问题在他们整个的系统中,不过是重要的一部分而非全部。他所指的"少数地方",即是梁漱溟的邹平实验以及崔载阳在广州的民族中心教育实验。梁漱溟在山东邹平的乡村建设工作,是最早注意到适应中国民族特性去做教育上

---

① [英]诺武德.英国教育制度[M].李鼎声,译.上海:商务印书馆,1935:1—2.
② 庄泽宣,陈学恂.民族性与教育[M].香港:商务印书馆(香港)有限公司,2001:205.
③ 庄泽宣,陈学恂.民族性与教育[M].香港:商务印书馆(香港)有限公司,2001:209.
④ 庄泽宣,陈学恂.民族性与教育[M].香港:商务印书馆(香港)有限公司,2001:300.
⑤ 庄泽宣,陈学恂.民族性与教育[M].香港:商务印书馆(香港)有限公司,2001:302.

的实验。梁漱溟在实验之前,便对中西文化及孔门哲学已有研究,他曾把他的人生思想之转变或是哲学的变化,归入于佛家再转入于儒家思想。他在邹平实验的重心是村学、乡学的设立。至于村学、乡学的做法,是采用古人所谓乡约。诚如梁漱溟所说:"我们一下乡差不多就可以和村庄上的读书人、老年人、办事人以及一般民众谈论这件事(乡约),仿佛像是给他们一个建议。古时的圣贤这样的做法,我们可以不可以也仿做一下。这个乡约完全是发挥中国人所看重的'人生向上'与'伦理情谊'两点精神。"① 此外,在中国社会,"科学技术"和"团体组织",前者不过是方法或工具,后者乃是运用这方法或工具的主体,当然重要得多。所以,梁漱溟认为如果在这个团体组织问题我们能成功,也就是我们民族复兴的时候。由中国问题的迫逼而研究孔学,由孔学而注意到旧伦理精神,想用启发自觉的方式从旧伦理精神中培养新政治习惯,把散漫的中国人组织起来,成为运用科学技术的工具。至于迷信则以礼乐代之,提起人的谦敬,发生自力。② 此外,庄泽宣还较为详细地介绍了崔载阳所开展的民族中心教育的实验。至于该实验如何开展及其存在的问题,本章第二节会有详细的论述,兹不赘言。

对于晓庄学校举办暑期科学教育学校师资培训的否定,而对梁漱溟、崔载阳开展的关于民族性改造实验的推崇,可以看出庄泽宣的"新教育中国化"思想在重心上还是希望通过教育手段,实现对中国国民性的改造。在他看来,只有把准了民族性的脉,才能将新教育化作中国本土的教育资源的重要组成部分。然而,中国社会有其固有的教育方式与逻辑,不能按照以西方工业发展为基础的现代学制展开,而应将新教育改造的视野落在乡村,把新教育的理念与方法融入乡村,这样才能真正地达到新教育中国化,才能真正实现中国国民性的改造。职是之故,庄泽宣将学校变革的中心落在了民众教育上。

三、新教育的扩充:民众教育试验学校的改良

清季以前,中国的教育与科举制度关系密切,近代随着开埠通商和与工业文明相联系的新式教育的展开,中国的传统教育的城乡格局悄然发生变化。毋庸讳言,新式教育的发展很大程度上得助于以通商口岸为主体的近代文化和工商业的发展。相比之下,依靠自然经济发展的乡村教育则明显走向了衰弱,遂而导致城乡间近代文化教育的联系微弱,甚至呈现出明显的断层。五四运动之后,民主观念的普及与传播,致使

---

① 梁漱溟,张虎鸣,黄孝方.村学的做法[J].乡村建设,1935(5):4—19.
② 庄泽宣,陈学恂.民族性与教育[M].香港:商务印书馆(香港)有限公司,2001:619.

中国掀起了一股民众教育的浪潮。之后数十年,这股风气得到进一步的张扬,波涉层面之宽,影响之大,使得举国上下莫不以谈民众教育为时髦。庄泽宣主张改善民众教育施教设施,尤其是图书馆的建设,改良教育内容,以此促进中国乡村义务教育学校的变革。

与晏阳初、梁漱溟、邰爽秋等教育家相比,庄泽宣民众教育思想最鲜明的特色在于民众教育的设施建设与实施方法。在民众教育基础设施建设方面,除了传统的民众学校、民众教育馆之外,庄泽宣对图书馆、博物馆、美术馆、戏剧音乐院、科学馆、体育场的建设尤为关切。图书馆作为民众教育的中心,可谓历史悠久。他指出:中国是印刷术发明的国家,所以图书的收藏,最早最广。"以近代来讲,明代常熟毛子晋的汲古阁,藏书八万四千余卷,且许人阅览,据说至毛氏处阅书的,轴轳衔接,二十余里,可称为公开图书馆的先导。"① 迨至近代,"新文化运动发生,语体文开始流行,翻译及创作的文学如雨后春笋,盛极一时,标点过的旧小说,及有系统的丛书也开始出版"。② 此外,近代报纸杂志出版的数量可谓洋洋大观,这些资源都为图书馆的设立创造了有利条件。建立图书馆可为民众提供自修之所,使他们通过读书获得某项专门的知识和技能,而产生"一个钱可以生十个、百个的效力"。而且,图书馆不仅可以开化民众的智识,还可以促进当地形成良好的风尚。职是之故,庄泽宣主张在全国各地建立图书馆,以此作为一个地区教化之中心。

图书馆建立之后,庄泽宣认为接下来需要解决的是民众教育的内容,即阅读、识字问题。1931年,在无锡图书馆协会第一届年会上演讲,他指出:"阅读问题",自从有书以来,即已产生,回溯板木流行,不论中西洋各国,都已有一千余年的历史,然把"阅读"认为"问题"加以各种研究,各种试验,尚是近来一二十年间事。③ 在庄泽宣看来,阅读问题产生的原因有如下三点:一是,书籍增加,各种内容性质都不同;二是,教育逐渐普及,读书的人也逐渐增多,因此读书的人,有生理上年龄的不同;三是,近世心理学发达,无论学习任何事件,必须合乎科学,而有研究的必要。而众多阅读问题中,怎样读书,读什么书是最突出的问题。为此,他对怎样读书,其中包括动眼、声读与默读、直读与横读问题做了详细的探讨。譬如,对于如何动眼,庄泽宣主张看书时眼停时间不宜太长,也不主张一目十行,囫囵吞枣地阅读,在意义不明了的地方可以适当地回视。诚

---

① 庄泽宣.中国近代的图书馆和出版事业[J].教育与民众,1932(8):1487—1494.
② 庄泽宣,徐锡麟.民众教育通论[M].上海:中华书局,1934:135.
③ 庄泽宣.阅读问题:于无锡图书馆协会第一届年会演讲[J].无锡教育周刊,1931(157):30.

然,阅读时的动眼问题涉及阅读的效率问题,他劝诫办小学教育的教师,在学生最初受教育的四年当中,对于读书问题,应特别留意,对于读书方法应切实指导,使学生养成良好的读书习惯。① 此外,关于声读,庄泽宣提出了"眼音距"的概念。所谓"眼音距",眼动与发音的距离。它是伴随朗读而产生的现象。见一字,口发一音,渐渐地眼动在前,发音在后。待到口里读完一句时,才可用眼再看第二句,如此一来"眼音距"过长,眼停的时间也就过多。倘若能控制好"眼音距",养成默读的习惯,则又有利于提升阅读的效率。② 实际上,庄泽宣对阅读问题独到的研究,缘于其留美期间曾专门进修过语文学、实验语音学。他知晓语言文字之于现代学校教育的重要性,也深知其对于教育普及及民族文化传承的价值。

在庄泽宣看来,倡导养成良好的阅读习惯,主要针对刚入学的孩童。而对于广大乡村的民众而言,他们所需要的教育,首先当是识字。然而,以往民众教育的内容主要以识字为主,而且要求在短时间内掌握一定的数量。他就质疑四个月识一千字的做法。庄氏就曾批判:"'识字'这个口号可说是最近二十年来中国教育界最流行的一个。似乎全国人都能识字的话,中国立刻就可以变为世界一等国了!"③因此,识字运动风起云涌,识字的课本也车载斗量,四个月识一千字变了一帖救国良剂。在他看来,即便能够认识这些字,不继续受教有何用?而民国教育部编写的中国语一科的教材,虽包含公民、常识、音乐等混合教材,仍似注重识字而非养成阅读能力为目的,算术课本可议之处亦多。④ 1929年夏,庄泽宣赴任中山大学教育学研究所所长时,学校决定将平民义学改为民众教育试验学校,并交由研究所办理。接手后,庄泽宣曾拟定了一个"民众教育建设纲领"。同时,他和彭仁山为了使民众教育的教材更加符合大多数民众的需要,让他们所学为所用,综合陈鹤琴、敖弘德和王文新(两种)等多种常用字汇,编成为《基本字汇》,选出常用字2827个,备用字1241个。⑤ 然而,他认为各字决非单独可以认识,必须从阅读经验中习之。以基本字汇为基础,庄泽宣又编写了《人人读》(十二册)。这套民众读物遵循阅读的心理规律,"每介绍一个生字时,该字在同一课文中发现至少三次,以后十课内并继续复见,至少十次;且每课要长,生字要少"⑥,目的是使

---

① 庄泽宣.于无锡图书馆协会第一届年会演讲[J].无锡教育周刊,1931(157):31—32.
② 庄泽宣.于无锡图书馆协会第一届年会演讲[J].无锡教育周刊,1931(157):32—33.
③ 庄泽宣.识字,目的欤?手段欤?[J].教育与民众,1934,6(1):31—35.
④ 庄泽宣.改造中国教育之路[M].上海:中华书局,1946:45.
⑤ 庄泽宣.民众教育之意义与范围的讨论:民众基础读本编辑经过[J].教育与民众,1934,5(1):103—122.
⑥ 朱智贤.朱智贤全集(第二卷)[M].北京:北京师范大学出版社,2002:625.

受教民众能够读、写、用,而不是单纯地识字。

民众教育设施的建设,教育内容的改良仅是改革的第一步,民众教育在其时的推行过程中,政策也在不断完善。对此,需要切实可行的制度作为保障。针对中西的国情不同,庄泽宣曾敬告时人,中国的民众教育制度再不能重蹈中小学教育的覆辙,不思而行的乱搅,使一般民众对民众教育也失去了信仰,而是要适合于民众的需要。他曾大胆地提出:民众教育是将来中国"正统"的教育,假如能为大多数民众谋幸福。倘若要创造一个合于中国国情的教育制度,在他看来,民众教育必须占主要的地位。因为今日大中小三级制的教育来自西洋,断不能在中国大规模的推行。① 其时,不乏教育学者批判移植现代西方学制,甚至萌生推翻学校制度的想法。舒新城就曾声称:"多少年来我便大唱'学校关门论',近来我所得更多,不独私人的谈话中讲及,而且曾拿它当作公开讲演的题目。"庄氏更有激进地认为整个教育制度的中心应该是民众教育制度而不是所谓的学校教育制度,所以他主张所谓"教员""学生"最好一律取消,非另有职业的人不能当教员或学生。换一句话说,教员学生都应变成一种部分时间性的"副"业,而且一切有职业的人皆须做此种副业。② 当时的中国经济凋敝、战乱频仍,而且一般民众对中小学式的"新教育"失去了信心,所以,他坚信民众教育是中国教育与中国民族的出路,是创造适合中国教育制度最有希望的一条路。③ 为此,庄泽宣提出改造中国教育的具体设想,将民众教育作为基础,进而为产业教育,再进而为学术研究。根据这个三级,第一级学校称为基础学校,凡是国民——无论儿童或失学的成人——必须受的;第二级学校称为产业学校或劳动学校,为各业划分的职业学校;第三级称为学术院及专门学校,才是研究学术和养成领袖人材的地方。④

庄泽宣在积极设计学校制度的同时,也积极参与各类民众教育的实践。在清华求学时,他担任学校校役夜校的教员,同时兼任《白话报》的编辑。⑤ 在中山大学任教时,在他的支持下,教育研究所办理民众教育试验学校,试行女中新教学法,指导特约乡村小学,设立民族中心制小学实验班,与番禺县政府合办龙眼洞乡村实验区之指导等。⑥

---

① 庄泽宣,徐锡麟.民众教育通论[M].上海:中华书局,1934:213—214.
② 邹韬奋.韬奋全集(第三集)[M].上海:上海人民出版社,1995:137—138.
③ 庄泽宣,徐锡麟.民众教育通论[M].上海:中华书局,1934:217.
④ 生活书店编译所.生活文选(第1集)[M].上海:生活·读书·新知三联书店,2012:178—179.
⑤ 庄泽宣,徐锡麟.民众教育通论[M].上海:中华书局,1934:135.
⑥ 周谷平,张雁,孙秀玲,郭晨虹.中国近代大学的现代转型:移植、调适与发展[M].杭州:浙江大学出版社,2012:334.

此外，崔载阳所倡导的谋"民族中心教育"之实现的乡村教育实验也受到了庄泽宣的影响与鼎力相助。而且，在20世纪30年代，他多次参观梁漱溟在山东邹平的乡村教育实验，与梁相互交流乡村教育办理的经验。1932年，庄泽宣到欧洲参加"世界新教育会议"时，也把邹平及研究院讲了很长的一段，并将之视为中国新教育运动的一部分。① 庄泽宣在民众教育的努力也获得当时的各类社会教育团体与学者的认可。1932年8月24日，在杭州举行的中国社会教育社第一届年会上，俞庆棠被推选为常务理事兼总干事，庄泽宣与雷沛鸿、梁漱溟、高阳、李云亭、孟宪承、陈礼江、甘豫源、董渭川、陈剑修、尚仲衣等当选为理事。② 1934年6月，因交通不便和为了节省时间，梁漱溟径在《民间》杂志发出公开信，就乡村教育运动的动力，究竟是政府、某一社团，还是民众自己这一"极严重的问题"，向各派领导人公开征询意见，庄泽宣就是其中的一位。③

综言之，"新教育中国化"所要解决的是古今中外各种时空因素的多歧互渗的教育难题。鲁迅曾形象地描述："中国社会上的状态，简直是将几十世纪缩在一时。……如既许信仰自由，却又特别尊孔；既自命'胜朝遗老'，却又在民国拿钱；既说是应该革新，却又主张复古。四面八方几乎都是二三重以至多重的事物，每重又各各自相矛盾。"④ 倘若将中国近世社会的情状，移植于近世教育，那么我们不难见到这般图景：宗祠里的私塾，以商务版理科教科书为教材；摩登都市的现代小学，吟诵着四书五经；老学究削发垂辫，却倡导民主科学；留洋教师齐头短发，却穿着长衫大褂。此番"奇景"恐怕亦只有在大转型的社会中才能睹见。而要在此种复杂的教育背景中，找寻与中国时空场域的相符契的教育发展路径，并非仅靠一腔热血所能达成。庄泽宣在全面考察近代中国的经济状况、政治外交与文化思想的基础上，阐释了民族性与教育之间的相互关系，最终以民众教育为突破口，引领学校教育本土化改革的坐标，定位新教育的内生发展趋势。无怪乎，邹韬奋曾评价庄泽宣的新教育中国化思想"很含有卓见的革命性，很值得我们特殊的注意"。⑤

---

① 马勇.梁漱溟教育思想研究[M].沈阳：辽宁教育出版社，1994：202.
② 韦善美，程刚.雷沛鸿教育思想研究[M].沈阳：辽宁教育出版社，1994：61.
③ 桑兵，关晓红.先因后创与不破不立：近代中国学术流派研究[M].北京：生活·读书·新知三联书店，2007：396.
④ 鲁迅.鲁迅全集(第1卷)[M].北京：人民文学出版社，1982：344—345.
⑤ 韬奋.读几篇教育革命的文章[J].生活(上海1925A)，1930(25)：407—408.

第二节　崔载阳探求民族中心教育旨趣的学校变革

1921年9月,崔载阳负笈法国,在里昂大学攻读研究生学位。留学期间,他对教育哲学的研究兴味颇浓,而其时涂尔干、杜威的思想报章纷传、烜赫一时,遂开始关注这两大教育哲学界巨擘之哲学。尔后,他试图将涂尔干、杜威的教育哲学融入中国传统文化,创设包孕性更强的"协进主义"哲学。这也奠定其后来民族中心教育理论的思想底色。1927年初,学成归国的崔载阳,受戴季陶之邀,任职中山大学教育系,襄助庄泽宣筹建教育研究所。1933年,庄泽宣离职后,崔氏接任教育研究所所长。"九一八"事件爆发后,民族危亡日趋深重,促使其阐发、完善"民族中心教育"的理论。与此同时,崔载阳也将理论付诸实践,先后组织领导了小学教育实验班、广东儿童教养院与龙眼洞乡村教育实验区的学校改革实验。通过理论与实践的融通,民族中心教育彰显了独特的时代价值,开辟了一条基础教育学校本土化探索的新途径。

一、"民族中心教育"学校变革的理论基础

近代以降,中国政权频频更替,教育宗旨也处在更易之中,办学思想一度缺乏、甚至失去自己的重心。1927年,作为国民党意识形态的三民主义及其教育宗旨的确立,是官方建立思想重心的尝试,但事实上这一重心并没有很好地建立。① 一个缺乏重心的教育宗旨,如同钟摆,左右晃摇,难以为本土教育的发展指明方向。因此,崔载阳所倡导的民族中心教育力图纠正三民主义教育的偏误,以课程革新为突破口,探求一条民族化的学校改革道路。

肇端于1926年的"党化教育""内容既不确定,出处亦不明了",②其实施过程以训党之方训教,且以党纪压制学生,深受社会各界人士的诟病。1928年初,南京国民政府教育部拟以"三民主义教育"替代"党化教育",化解这一"困局"。是年5月,国民政府大学院召开的第一次全国教育会议上,正式确立三民主义教育作为教育宗旨。然教育宗旨的颁行,亟须一套与之相配套的课程方案。为此,大学院组织课程委员会,向教育界广泛征求重新编订中小学课程的相关意见。崔载阳及其教育研究所的同侪对于课程编制议案,曾给过具体的实施建议。其中心意见可归纳为两点:一是中小学教育

---

① 曹天忠.民族中心教育与三民主义教育[J].学术研究,2005(07):106.
② 山夫.三民主义教育通论(续)[J].新广西旬报,1928,2(13):46.

目标须与教育宗旨若合符节,再参酌各级程度、能力分配,构成一个上下贯通、一脉相承的课程系统,以防止教育目标的虚空,教育内容相互脱节的弊端;二是小学科目宜少、宜精,须涵括基本智能和涵养身心两大类,细目采取混合编制,以免切碎儿童的活动。① 然大学院并未采纳上述意见,于1929年匆忙颁布《小学课程暂行标准》(下文简称"暂行标准")。该暂行标准强调以现代工业为基础,科学地划分课程体系。由于其过于强调逻辑的严密性、条理性,不可避免地忽视了儿童心理的特点、儿童生活的生动性、完整性及其德性的陶冶。正如崔载阳对暂行标准不足之处的归纳:"教材的编排不是由浅入深,由近至远","各科教学缺乏联络","只传知识,不教做人",而"不能造就三民主义的国民"。② 在针砭之余,他也提出了四条建设性的意见:第一,我们主张分别在各处尽量加入如何教儿童做人的具体教材;第二,我们主张取消分科制,以三民主义为组织一切教材的纲领,以期养成儿童彻底主义化;第三,配置教材应以深浅远近为标准,绝不宜用论理的方法,将各教材勉强安置排列起来给儿童学习;第四,如何联络各科教材的方法,要详细说明。最好能将去年的教材预先做成几个互相联络的中心问题,使教师于教育时有所凭借。③ 而在四条建议之下,业已显露崔载阳对三民主义教育的些许"失望",教育理念的分歧推动其另寻课程变革的新路径。

1931年,"九一八"事件的爆发后,"日本步步入侵,中国节节退让,领土主权横遭蹂躏,民族尊严丧失殆尽,这种情况对于中国广大爱国知识分子形成了前所未有的强烈刺激,极大地激发了他们救亡御侮的政治热忱"。④ 民族危机的加剧,燃起了崔载阳强烈的民族情感,也催生其将学校变革作为救亡御侮手段的热望。他深信,惟有民族中心的课程,才能培养"尽忠报国"的精神。⑤ 1932年初,他以课程层面为切入点,灌注民族文化元素,力图抛弃三民主义教育的虚空"内核",以实现小学课程重心的民族化转向。在崔载阳看来,课程是儿童在校全部活动的指南,是学校教育实施的重心,其编制之优劣,足以决定教育的成败。⑥ 同年11月,崔氏希冀通过研究所师生的精诚合作,探求一种兼具民族化、儿童化与效率化优点的课程方案。于是,他们开启了民族中

---

① 教育学研究所. 教育学研究所对于大学院编订课程之意见[N]. 国立中山大学日报,1928-11-15,17.
② 崔载阳. 批评小学课程暂行标准[J]. 教育研究(广州),1929(16):915—921.
③ 崔载阳. 批评小学课程暂行标准[J]. 教育研究(广州),1929(16):920.
④ 杨奎松. "七七事变"前部分中间派知识分子抗日救亡主张的异同与变化[J]. 抗日战争研究,1992(02):70.
⑤ 崔载阳,方惇颐. 根本改造我国小学课程之尝试[J]. 教育研究(广州),1934(51):2.
⑥ 崔载阳,方惇颐. 根本改造我国小学课程之尝试[J]. 教育研究(广州),1934(51):1.

心小学课程的研究工作。在研究过程中,崔载阳等人提出了衡定课程好坏的三条标准:一是内容是否符合时代的需要;二是编配是否基于儿童经验;三是教学方面有多大效率。① 比照之下,当时颁行的以三民主义为宗旨的小学课程的"最大毛病就在于全部课程没有鲜明的学习中心,各科分类固繁,其间又无联络,各科本身前后六年之间,亦无一种有机的连续性。教材编配不是由浅入深,由近至远,教科用书完全以文字为中心,绝少实际动作的机会"②。所以,崔载阳认为民国政府颁行的小学课程"绝对不是最好的,绝不算有价值"。

那么,如何解决其时小学课程存在的诸种问题?在《根本改造我国小学课程之尝试》一文中,崔载阳初步拟定了具有可操作性的课程编制方案。首先,依据"由浅入深、由近至远"的原则,将课程内容划分为乡土环境、民族的现状、民族的过去与世界环境四大模块。四大模块对应四大单元,即我们的乡土、我们民族的现状、我国民族的过去与我们的世界。每一大单元,复分为四个小单元。以第一大单元"我们的乡土"为例,分为自然界、物质生活、经济政治与社会状况四个部分。③ 这种编制原则按照学生的生活经验范围的远近,且虑及学生的身心发展规律。其次,根据教育经济化、政治化、军事化之原理,将教学科目进行合并。其时,教育部规定的必修科目共计"十科",包括公民训练、卫生、体育、国语、社会、自然、算术、劳作、美术、音乐。④ 除了国语、算术依旧独立外,崔载阳将性质相近的学科,譬如社会科与公民科(政治化)、劳作科与自然科(经济化)、体育与卫生(军事化)、音乐与美术(艺术),进行了相应的统整,缩减归并成"六科"。在崔载阳看来,"由浅入深、由近至远"的课程内容编排以及学科之间的整合,足以解决三民主义教育宗旨"形散""神散"之弊。一方面课程之间相互联络,并将民族中心教育的要素寄诸于各科之中,使德育更具渗透力、完整性;另一方面,则是为了提升教学效率,缩短学习年限,最终达到普及教育的目的。

在课程整合后,中山大学教育研究所的师生拟开展四年制小学的民族中心教育实验,将教育部施行的小学学制修业年限由六年缩短至四年。为此,研究所还制定了与之相匹配的《四年制小学民族中心课程大纲》。诚然,一份课程方案能否达到民族化、儿童化与效率化的目标,课程蓝图设计固然重要,更重要的是察看其实施之状况,能否

---

① 崔载阳. 如何使小学课程主义化、儿童化、效率化[J]. 教育研究(广州),1929(12):575.
② 崔载阳,方惇颐. 根本改造我国小学课程之尝试[J]. 教育研究(广州),1934(51):1.
③ 四年制小学民族中心课程大纲[J]. 教育研究(广州),1934(51):13—65.
④ 宋恩荣,章咸. 中华民国教育法规选编(1912—1949)[M]. 南京:江苏教育出版社,1990:238.

经得其教育实践的检验。故此,崔载阳协同研究所的师生以四年制小学实验班为试点进行了初步探索,尔后又将之推广于广东儿童教养院、龙眼洞乡村教育实验区的学校改革实验中。关于他们如何开展以民族中心教育课程为核心的学校改革实验,下文会展开详尽的阐述,兹不赘言。

  每一种学校课程都隐含着课程设计者的某些哲学思想与观念,只不过其表现形式有的明彰,有的隐晦罢了。① 而崔载阳的民族中心教育的课程设计,隐含了其"协进主义"哲学的思想。1935年4月,在《民族中心教育的基本理论》一文中,他集中对民族中心教育的起源论、本质论、目的论、方法论等方面做了清晰且详尽的阐释,形成了一套融聚中西文化的教育理论体系。起源论解决的是民族中心教育从何而来的问题。崔氏声称:民族中心教育起源于民族社会本身,亦即取自教育本身。"每一种社会的关系都有一种教育的关系,同时每一种教育的关系都是一种社会的关系",②此种社会与教育一元论决定了"教育的本质、目的、材料与方法不是求之于社会之外,而就是社会本身",教育以社会为中心,然"民族是近代现有社会最高的形式,故现代教育又必然以民族为中心"③。而本质论要回答民族中心教育是什么的问题。崔载阳先是梳理了近世学者教育本质论研究的两大派别:一是以德国教育学家克里克(E. Krieck)、法国社会学家涂尔干(Émile Durkheim)为代表的"协同论",把教育看为使社会各人协同的一种作用;二是德国马克思学派、美国教育家杜威为代表的"演进论",认为人类社会如要生存,必须要不断进步,教育是使人类生活前进的动力。他进而指出两派虽各有其理,却都未能阐明教育的真义,教育的本质实诚兼及社会协同生活与社会进步两个方面。所以,他主张的"民族中心教育的本质是'协进',是协同迈进,是协力长进,是协和上进"。④ 他甚至激进地认为:"是'协进'便是教育,不是'协进'便不是教育,能进之'协'才是真'协',能协之'进'才是真'进',若仅是'协'或仅是'进',都未能尽表教育之真性。"⑤事物的本质,存在于它的目的。⑥ 目的论自然是从本质论中推衍而来,既然民族中心教育的本质是协进,那么它的目的必然是更协进,使民族更能生存与发展。⑦

---

① 施良方. 课程理论:课程的基础、原理与问题[M]. 北京:教育科学出版社,1996:59.
② 崔载阳. 民族中心教育的基本理论[J]. 教育研究,1935(60):1.
③ 崔载阳. 民族中心教育的基本理论[J]. 教育研究,1935(60):2.
④ 崔载阳. 民族中心教育的基本理论[J]. 教育研究,1935(60):4.
⑤ 崔载阳. 民族中心教育的基本理论[J]. 教育研究,1935(60):4.
⑥ 邓文正. 细读《政治学》[M]. 北京:生活·读书·新知三联书店,2019:21.
⑦ 崔载阳. 民族中心教育的基本理论[J]. 教育研究,1935(60):4.

"因为更'协',所以他的目的不是极端的个人主义,也不是极端的社会主义,而是社会与个人之间的大众协和主义;因为是更'进',所以不偏于极端自然主义,也不偏于极端理想主义,而是数者间的'绵延上进主义'。"①"从协和上进到更协和上进,这就是民族中心教育的目的。"②如果将民族中心教育目的具体化,那么它主要涵括培养民族成员、改进民族家乡、建设民族国家、开辟民族国际等四个相互联系又逐步递进的目标。因此,这就彻底说明了民族中心教育为什么的问题。此外,为了使大众避免混淆民族中心教育与民族主义教育,崔载阳还对两者专门做了区分。他指出:两种教育最终的目的都是求民族的生存与发展,但是民族中心教育则在使民族大众协和绵延上进,而民族主义教育者偏重国家而忽视其他;其次,民族主义教育是从外部侵略引发的,伴随着侵略松散,民族主义的教育也就不需要的,因而是短暂的;民族中心教育则是从内部发生,随民族社会内部之生长而生长的,它永久与民主社会相互依存而不灭。③

民族中心教育的起源论、本质论、目的论,更多地是从观念层面做抽象的阐释,而方法论旨在落实民族中心教育该怎么办,自然要涉及具体的学校制度、教育行政、课程与教学。教育的本质是协进,故教育的方法,无不渗透协进的精神。从学校制度层面而言,民族中心教育的制度注重普及教育,意在使"社会关系更趋于平衡谐协",强调全面发展旨在使"社会的文化更趋于向上进展"。④ 而其时存在的单轨制(教育机会均等)、多轨制(发展多类人才),仅是各顾及一头。因此,民族中心教育的学校教育制度决不是单轨制或双轨制,而是单轨制中的多轨制或多轨制中的单轨制。惟有如此,学校制度方能发展多方面的人才,满足社会需要,又能实现教育机会均等,使社会更加和谐平衡。从教育行政层面而言,它伴随教育制度的形成而显现,其作用在调整学校制度并促进保障其运行。民族中心教育理念下的教育行政在分权与集权中衡平,进而倡导均权。其包孕了双重意涵:第一,均权观念是以义务观念为基础,不是以权利观念为基础。举例来说,教育行政者不能说我们有权为此,反之,他们应说我们有义务为此;第二,教育问题有大小轻重之别,各级教育行政的力量也各有不同,但是行政部门的目标、步骤要统一,不能彼此分离、各自为政。⑤ 再就课程、教学层面而论,课程、教法也是协助儿童进步的重要工具。崔载阳认为,课程编制要避免陷入成人中心与儿童

---

① 崔载阳.民族中心教育的基本理论[J].教育研究,1935(60):5—6.
② 崔载阳.民族中心教育的基本理论[J].教育研究,1935(60):6.
③ 崔载阳.民族中心教育的基本理论[J].教育研究,1935(60):6.
④ 崔载阳.民族中心教育的基本理论[J].教育研究,1935(60):8.
⑤ 崔载阳.民族中心教育的基本理论[J].教育研究,1935(60):8—9.

中心论争的泥沼,绝对地将两者统摄在民族中心教育之下;课程分类的方法偏于具体或抽象都各有其弊,而应以民族制度的分类为依归,必须把全盘的课程统摄在军事、政治、经济、人文这四种制度之下;教法与课程联络贯穿,所以,民族中心的教学法不是社会化的或注入的方法,也绝非个别化的或自由的方法,而是协同创进的方法。①

民族中心教育的理论吸收了中国传统文化、涂尔干的社会学说与杜威实用主义理论的优点,并加以综合融通。涂尔干认为,已经归了类的各门科目,是许多年代的科学的产物,而不是儿童经验的产物。然而,在杜威看来,儿童的生活是一个整体,他们从一种活动转到另一种活动,从未意识到有什么转变和中断,而是结合在一起的。儿童一到学校,多种多样的学科便把他们的世界加以割裂和肢解了。②儿童世界不是一个事实、规律的世界,它带有儿童自己生活的特征。而崔载阳这时试图借助中国传统文化在儿童世界与世俗世界之间找到一个平衡点。正如学者曹天忠所言,崔载阳的民族中心教育实是借用中国传统文化协和上进的优良特质,对杜威片面强调个性而忽视群体,以及涂尔干过分强调群体忽略个体两个极端的纠偏和平衡。③

二、民族中心教育的初步探索:小学实验班的试验

20世纪30年代,崔载阳在系统阐发民族中心教育理论的同时,也着手将理论付诸实践,在小学开展相关的教育试验。最初的试验是1934年以小学实验班为试点,次年2月,首次测验成效显著,尔后实验又持续了两年,至"七七事变"爆发,广州突遭日本敌军空袭,实验被迫止于战火。近代这场中国基础教育学校变革的实验已然湮没无闻,然在其时却产生了广泛的社会效应。正因为这场试验,崔氏的声望日隆。无怪乎,时人有言:"南中国仅有三位教育家,崔载阳便是最出色的一个"。④

1933年,南京国民政府关于国民基础教育学制的规定:小学修业年限为六年,其中前四年为义务教育。崔载阳发现"这四年的义务教育,内容实太简单,未能尽国民基本教育的任务",⑤更何况,其时之国家财政状况,缺乏推广六年的小学教育的经济基础。他的同侪早已对中国新教育的经济状况展开细密的调查。1929年,庄泽宣曾胪列相关统计数据,说明中国与西方国家在国家富力、物质文明、生产力、人民的生活费

---

① 崔载阳. 民族中心教育的基本理论[J]. 教育研究,1935(60):9—10.
② [美]杜威. 学校与社会·明日之学校[M]. 赵祥麟,等,译. 北京:人民教育出版社,1994:116—117.
③ 曹天忠. 民族中心教育与三民主义教育[J]. 学术研究,2005(07):108.
④ 老震. 崔载阳与民族中心教育论[J]. 宇宙风(乙刊),1940(24):347—350.
⑤ 崔载阳,戚焕尧. 一个国民基本教育的试验:民族中心小学课程的实验[J]. 中华教育界,1947(8):73.

等方面的差距。① 1934年,古楳也通过全国性的实证调查,指出:"新教育既趋于资产化、商品化,而国民经济能力又极其薄弱,大部分国人,尤其是自给自足的农民、收入单薄的工人是无法供给子女的教育费用的。"② 此外,依据1933年国家的财政报告,国家支出总计769,123,355.47元,其中教育文化费为13,338,008.28元,占总支出1.73%。③ 由此可见,当时财政部门对教育经费的投入实诚微薄。在崔载阳看来,教育改革不能单从经济层面考虑,还应顾及教育教学的规律与原则。基于此,他决心开展民族中心制的小学教育试验,解决其时经济窘困与教育发展之间的矛盾。为了试验能够顺利施行,他拟定了周密详尽的计划。该计划分为三层,第一层为宏观层面的学制改革,修业年限由六年缩短至四年。为弥补四年学制时间不足的问题,崔载阳采取了三种策略:首先将小学生入学的年龄提高到八周岁,保证学生的学习能力;其次,缩短暑假、取消寒假和其他节日例假;再次,改学期制为学季制,一年四学季,每季十二周。如此一来,民族中心小学的教学时间与学生的学习时间得到了充分的保障(见表7-1)。

表7-1 民族中心小学课程与部定小学课程课时比较

部定科目		国语	美术	音乐	说话	公民	社会	自然	劳作	算术	卫生	体育	合计
每级每周分数	一	330	90	90	60	60	90	90	90	60	60	150	1170
	二									150			1260
	三	360	90	90	30	60	120	120	120	180	60	150	1380
	四									240			1440
	五	360	90	90	30	60	180	150	150	210	60	180	1560
	六												1560
平均每周		350	90	90	40	60	130	120	120	210	60	160	1430
试拟科目		人文基础教育				政治基础教育			经济基础教育		军事基础教育	民族中心教育	
部定分钟数		530				230			450		220		1430
试拟分钟数		480				360			360		360		1560*
试拟与部定分钟数比较		少50				多130			少90		多140	多130	

注:此表根据方惇颐《民族中心制小学课程编制之演进》(《教育研究》1935年第60期)中的数据绘制而成。

---

① 庄泽宣.如何使新教育中国化[M].上海:民智书局,1929:52—65.
② 古楳.现代中国及其教育[M].上海:中华书局,1934:455—457.
③ 中央财政报告[N].天津公报,1935-05-16.

在崔载阳看来,民族中心教育试验的最高目标旨在"培养健全的民族成员,以改造民族家乡,建设民族国家,开辟民族国际"。① 要实现上述目标,其核心环节是课程设置。然揆诸前文之事实,国民政府以三民主义为宗旨颁布的小学课程体系,"内容凌杂而缺乏中心思想,分科繁复而欠缺连贯组织,和实际生活更少联系,似未足以完成基本教育的使命"。② 于是乎,崔载阳将中观层面的课程改革作为其教育改革计划的重中之重,其包括课程编制与教材编辑两个方面。在课程编制方面,杜威的"学校即社会"给予崔载阳诸多启益,他"承认学校是社会的雏形,儿童在校的课业以愈切近实际生活愈好,生活既是整个的、联贯一致的,所以课程组织也就应该是整个的、联贯一致的,使每年每季每周都有一个结束"。③ 为此,他强调用民族中心教育课程理论统摄课程编制上儿童本位与成人本位的理论,并依据民族需要去选择教学单元,而依据心理原则,由近至远,由具体至抽象,排列各单元。④ 根据此般构思,民族中心教育的课程体系如前文所述分为四大模块:《我们的乡土》《我国民族的现状》《我国民族的过去》《我国与世界》。每个大单元涵括四个小单元,每个小单元包括十个小问题,那么,学完一单元即可有一单元的用处。第一学年第一学季的单元的课程充分体现了上述课程编制的理念(见表7-2)。

表7-2 民族中心小学的课程⑤

第一学年	我们的乡土		
第一学季(春季)	自然方面的乡土经济		
1.我们的学校	2.我乡的概况	3.本地的春天	4.本地的蔬果
5.本地的花木	6.本地的走兽	7.本地的禽鸟	8.本地的鱼类
9.本地的虫类	10.本地的风景	11.本季总结束	12.春季旅行

民族中心教育的小学课程采取单元编制与学科编制相统一的方式。为了避免小学课程分科太细以及不符合学生的心理,崔载阳依据民族社会制度,按照军事、政治、经济与人文四大类对小学科目进行了简化。人文基础教育,包括国语、音乐、美术等科目。人文教育类似于西方人文主义者所主张的言语、审美、思想博雅教育。毋庸讳言,

---

① 崔载阳,戚焕尧.一个国民基本教育的试验:民族中心小学课程的实验[J].中华教育界,1947(8):73.
② 崔载阳,戚焕尧.一个国民基本教育的试验:民族中心小学课程的实验[J].中华教育界,1947(8):73.
③ 方惇颐.民族中心制小学课程编制之演进[J].教育研究,1935(60):8.
④ 崔载阳,戚焕尧.一个国民基本教育的试验:民族中心小学课程的实验[J].中华教育界,1947(8):73.
⑤ 崔载阳,戚焕尧.一个国民基本教育的试验:民族中心小学课程的实验[J].中华教育界,1947(8):73.

语言、文学、美术、音乐都是民族精神的反映,足以激发民族情绪,使民族间的各分子相互团结,在民族共同利益前提之下,共同努力奋斗,发扬民族的光辉。崔载阳不是抱复古的观念提倡人文基础教育,在民族的生死关头,努力民族复兴运动,须赖人文基础教育为手段,以达到目的。① 政治基础教育,包括社会、公民等科目;人文基础教育必须有政治基础教育做前锋,才能表示出国语、美术、音乐的功能,加强民族的意识、民族的德性和民族的精神。② 在崔载阳看来,自治中心的政治基础教育除了应以"公民社会科"为本体之外,更应使用启发的、暗示的方式应用于经济基础教育、人文基础教育、军事基础教育的范围。③ 军事基础教育,包括卫生、体育、童军等科目。崔载阳主张防御外来侵略,反抗暴行,守护自己的国土,延续民族的生命的教育,须有保卫的能力,为了要延续民族的生命须有健康的常识。故此,军事教育具有保卫的和健康的成分。④ 经济基础教育,包括自然、劳作、算术等科目。崔载阳揭橥了教育与经济的关系,认为在经济侵略日益深重的时代,国民应该更应有民族观念的经济基础教育。这种教育包括运算工具、生产劳动、经济来源的认识、合作活动的训练等四方面的内容。⑤

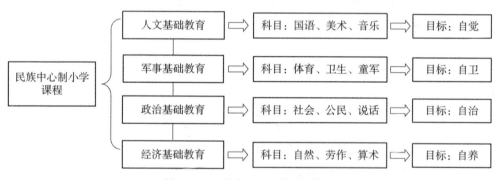

图 7-1　民族中心制小学课程体系

上述四大类课程最终要达成"自觉、自卫、自治、自养"的育人目标(见图 7-1)。然课程目标要得以实现,那还得落诸教科书的编写。诚如民族中心教育改革的重要参与者方惇颐所言:"我们改革课程而不改革教科书,则理想的小学教育必无法实现。我国

---

① 方惇颐.民族中心制小学课程编制之演进[J].教育研究,1935(60):8.
② 梁瓯第.民族中心制小学政治基础教育[J].教育研究,1935(60):4.
③ 梁瓯第.民族中心制小学政治基础教育[J].教育研究,1935(60):40.
④ 谭允恩.民族中心制小学军事基础教育[J].教育研究,1935(60):1.
⑤ 伍慕英.民族中心制小学经济基础教育[J].教育研究,1935(60):6—7.

的教科书,一向是以文字做中心的,这种教科书使人坐而言,不使人起而行。"①因此,在教材编写方面,崔载阳主张谨遵教材选择以民族需要为标准,方法以指示动作为主要,以单元为中心综编各科教材,教材教法混合为一,使教与学打成一片,教材之编排由近至远,由浅入深等五条原则。

  第三层为微观的教学实践。崔载阳在杜威"做中学"理论的基础上,提出了"教学做用合一"的教学理论。该理论给予了教学的极大自主权,教学以动作为主体,课内课外可以打成一片,每节教学时间可以伸缩,教学环境不限于室内,学生创动,先生辅导。② 这沿袭了中山大学教育研究所打破教室为中心的传统教学组织形式。崔氏自身在给学生讲授《教育背景》课程时,绝少在课室内讲授,大都在月明之夜的石碑山野,或荔枝湾河上倾谈,庄泽宣在中山大学时也喜欢如此。③ 此种教学方式有利于小学生亲近大自然、亲近社会,在自由和谐的氛围中有所"协进"。

  鉴于此,崔载阳决意携教育研究所的师生制定一套适合时代、社会需要的民族中心小学课程体系,并创设小学实验班进行试验,以证验其效果。1933年秋,研究所已厘定计划、编订了《四年制小学民族中心课程大纲》及编写教学用书。次年1月,崔载阳便率领中山大学的师生们开展教育实验。他们采用的是当时西方学界惯用实验法,因涵括学制与课程两个自变量,又称多因素实验设计的方法,实验设计有四种实验处理,即:(1)四年制民族中心课程组,(2)四年制普通课程组,(3)六年制民族中心课程组,(4)六年制普通课程组。④ 在崔氏看来,如此重要的教育改革,须有科学实验为理论支撑,得出客观公正的实验结果,以此验证民族中心教育的可行性。实验方法确定后,拘囿于教材编例草创,人力限制等因素,实难同时完成四年制和六年制的两套教材的编制。权宜之下,1934年,崔载阳在进行第一次实验时,采取了变通办法,设立四年制民族中心小学实验班,先招一班学生为实验组,实验班选取学生有两项标准,一是,年龄满八岁,二是未曾受过学校教育,并依此标准对参加实验的学生加以口试、智力测验及体格检查,选取男女学生共28名。在教师的聘用方面,实验班仅有一名大学教育学系毕业的女教师,担任该班各科的教学;在教材选用、编制方面,主要由教育研究所招收的四名研究生依据民族中心小学课程纲要与编书原则进行编订,每周一册教材供

---

① 方惇颐.民族中心制小学课程编制之演进[J].教育研究,1935(60):18.
② 崔载阳,戚焕尧.一个国民基本教育的试验:民族中心小学课程的实验[J].中华教育界,1947(8):74.
③ 老震.崔载阳与民族中心教育论[J].宇宙风(乙刊),1940(24):347—350.
④ 崔载阳,戚焕尧.一个国民基本教育的试验:民族中心小学课程的实验[J].中华教育界,1947(8):74.

教学使用。1935年2月,择取涵括广州市市立小学(六年制)二年级作为对照组,开展教育测验。测验结果显示实验班一年级的各科成绩,以艺术科最优,算术课最劣,二年级的各科成绩,以国语及卫生两科为最优,算术科最劣。1936年1月,除测验该两班外,又对广州市立小学的20个班级进行了测验,以求得更精确的结果。测验结果显示实验班二三年级各科的成绩,都以社会和卫生两科最优,而以算术科最劣。① 这两次测验的结果反映了三方面的问题:第一,学生人文学科的成绩总体要好于自然学科的成绩;第二,假如实验班最后一年能够保持同样的进度,那么实验班用民族中心课程四年修学期间完成六年小学课程,有成功可能;第二,课程以民族为中心,由乡土研究出发以次及于民族世界,合于儿童心理。②

  1937年冬,日军侵华,广州迭受空袭,实验班附近也遭敌人投弹,小学生疏散,实验被迫停顿。在这场以民族中心教育的实验中,崔载阳将课程作为推动义务教育学校变革的核心。其领导编制的课程与教材的内容不仅符合儿童的身心发展特点,而且贴近教育振兴民族、国家的政治诉求。并且,他还采用科学的方法测量实验效果,以此改进课程教学的质量。这项改革缩短了学生学习的年限,保证了教育教学的质量,使义务教育的普及率大大提升。

三、回归乡土:龙眼洞教育实验与乡村学校变革

  陶行知在南京郊区兴办的晓庄学校,晏阳初在河北定县开展的教育改革,梁漱溟在山东邹平开展的教育实验,他们或是笃行杜威的教育理念,通过个人示范作用把实用性强的知识传授给农民,或是"以中国五千年的历史,五千年的习俗为敌"的,欲以西洋的精神技术和物质的帮助,造成中国农村所谓"现代化""科学化",或是通过复兴与改革传统文化并举,创造出一个对全人类都有意义的全新的中国文化和中国社会。③与上述三种较为宏观的乡村教育变革道路相异,崔载阳在龙眼洞村的教育实验,主要以微观的课程变革为切入点,创变乡村学校教育的实践。

  1934年初,在开展民族中心小学实验班的同时,崔载阳与周葆儒等人也在积极筹备龙眼洞乡村教育实验区。这片实验区既不像定县教育实验能够获得美国人的"物质

---

① 崔载阳,戚焕尧.一个国民基本教育的试验:民族中心小学课程的实验[J].中华教育界,1947(8):75.
② 崔载阳,戚焕尧.一个国民基本教育的试验:民族中心小学课程的实验[J].中华教育界,1947(8):75.
③ [美]艾恺.最后的儒家:梁漱溟与中国现代化的两难[M].王宗昱,冀建中,译.南京:江苏人民出版社,2011:173—174.

帮助",也不像邹平教育改革能够得到韩复渠的政策与资金支持。① 囿于经费短缺,中山大学教育研究所难以独资办学,在实验区选址确定后,决意与广东番禺县政府合办乡村教育实验区。龙眼洞村之所以作为实验区,缘由有数端:(一)交通便捷;(二)乡村大小与实验区实施计划相契合;(三)不在广州市区域内;(四)尚没有实验工作;(五)原有一中心小学,可利用现成的设备;(六)龙眼洞在历史上很有名的——据说,清初该处民众抵拒不降,坚持有数年之久;(七)该乡村原来很富饶,现在很衰落,正宜有机会改进。② 对于崔载阳而言,龙眼洞村的村民具有民族气节,民族精神,是他最为看重的,这是实施民族中心教育的根柢。综合上述诸种因素,龙眼洞村成为实验区的不二之选。

1935年元旦,龙眼洞乡村教育实验区正式建立,中山大学教育研究所负指导之责。崔载阳率领教育系师生与教育研究所的研究生成立国立中山大学民众教育推进会,并拟定《乡村实验区计划大纲草案》。草案吸纳了杜威思想的要义,并综合中国乡村实际加以编订。在生活中接受教育,在教育中改造生活,教育与经验的有意义联结是贯穿实验区教育工作的中心。譬如,草案第二条规定:依据"教育即生活""学校即社会""即知即行""随教随学"之主张,参加人员须与大众共甘苦,同休戚;第三条规定为五大生活目标:"计划的生活""劳动的习惯""生产的技能""科学的知识""艺术的兴趣"。③ 杜威曾言:"教育和社会生活的关系,正如营养和生殖与生理的生活的关系一样。这种教育首先是通过沟通进行传递。"④然而,其时中国的乡村年轻人与年长者的沟通与联合,更多地是靠传统与惯习,有意识的教导与学习基本阙如。崔载阳以民众学校作为实验区教育变革的中心,希冀通过贴近村民生活实际,开设民族中心教育课程,对他们进行具有现代性特征的半正规化教育,从而实现对乡村社会的改造。嗣后,在草案的基础上,研究所的师生又拟定了《国立中山大学民众教育区计划》,对实施细节进行了补苴和完善,但是融教育于生活的学校改革思路,基本保持不变。

龙眼洞实验区民众学校的课程与教材,延续了中山大学教育研究所一贯主张的民族中心制课程。研究所编制民族中心小学课程,除在本所设实验外,也在实验区招生

---

① [美]艾恺.最后的儒家:梁漱溟与中国现代化的两难[M].王宗昱,冀建中,译.南京:江苏人民出版社,2011:174.
② 周葆儒.筹办龙眼洞乡村教育实验区的经过[J].教育研究,1935(59):124.
③ 周葆儒.筹办龙眼洞乡村教育实验区的经过[J].教育研究,1935(59):118.
④ [美]杜威.民主主义与教育[M].王承绪,译.北京:人民教育出版社,2012:12.

实验。受制于教科书印刷困难,教学实验班的班级数控制在两个左右,人数控制在百人之内。与小学实验班的课程相类,教材分为四个大单元,每个大单元分为四个小单元,大单元是一学年,小单元是一学期。单元的内容包括:"我们的乡土"、"我们民族的现状"、"我们民族的过去"和"我们的世界"。尽管教材的单元名称几乎小学实验班如出一辙,但是落实到具体的教学内容,不少地方与龙眼洞村的教育实际相脱节,开展实验之初颇感困难,后将教材按照乡村情形屡次改编,课程实施才渐上轨道。为了测验"新"课程的实施效果,崔载阳将实验班的成绩与本区内其他班级相比较,实验结果显示实验班学生常识较为丰富,行动较为活泼。此外,为了照顾到不同年龄层次的教育对象,在教材上,各组有所不同,儿童组的教材主要为国语、算数、常识、乐歌和公民等;青年组的教材更侧重清洁问题、卫生问题、破除迷信问题、买用国货问题等。①

在教学方式与方法上,龙眼洞乡村教育实验区采取了集团教育的教学模式。以五年级的学生与新招的一年级学生合编为三团。每团有五年级学生四人,一年级学生三十余人。一年级学生作为普通团员,需要全时上课。② 高年级学生作为人文、政治、经济、军事四学科的组员,分别教导一年级的学生,主持计划所定的工作及传导相当学科的学识。而各团高年级相同学科的组员为一组会,相互研究所教内容。此外,军事组员更兼任各团团长,负责领导各团员的集体行动。至于教学时间的支配,一半由教员教学,继续本级之学业,四分之一传导学识,四分之一组会研究。③ 这项实验采取学生自治与导生教学之精神,延续了崔载阳一贯提倡的"自治"原则。

此外,龙眼洞乡村教育实验区的教学时间与空间也较为灵活。在教学时间上,儿童组与妇女组每星期一、三、五或二、四、六下午或晚上,时间三十分或五十分钟;青年组每星期一、三、五或二、四、六晚间,时间以六十分钟为限。在教学地点的选择上,儿童组与妇女组不拘泥于屋内屋外或池畔,比较灵活自由;青年组传习地点在茶园内以及工作休息处。在具体教学方法上,儿童组与妇女组传习方法用上课方式,每次为一节或两节。青年团传习方法用讲演式,每次为一节或者分为两节,由三人中推定一人或两人传习。

龙眼洞乡村教育实验区的课程教学改革的最终目的是将乡村小学作为改进乡村社会的中心。崔载阳认为实验区的重要工作,即在从教育入手以乡村小学为中心而改

---

① 周葆儒. 筹办龙眼洞乡村教育实验区的经过[J]. 教育研究,1935(59):127—131.
② 各所一年来概况:教育研究所一年来概况[J]. 国立中山大学研究院年刊,1936:99.
③ 各所一年来概况:教育研究所一年来概况[J]. 国立中山大学研究院年刊,1936:99.

进乡村社会之尝试。① 经过两年左右的实验,龙眼洞该区的教育改革成效已出现端倪:就教师而言,以往经常听闻"乡村小学教员教课忙碌无法负担改进乡村社会工作",但改革后教学教员已逐渐习惯并愉快胜任相关工作;就实验区干事而言,日间教小学一班,夜间教民校一班,并负担区务及社会活动工作,甚是繁忙,然因善于利用学生帮忙,困难渐减;就实验区的百姓而言,以前对学校漠不关心,转变为经常巡视学校并为学校筹措经费。烟赌之徒也因学校一度反对烟赌发生疑惧。乡中遇有喜庆宴会,也常请学校工作人员参加,遇有要事会议多请往商酌。此外,有事来校访问的,有病来校诊治的,络绎不绝。② 凡此种种,均足以表现龙眼乡村教育实验区的学校渐有成为社会中心的趋势。

四、"烽火中的摇篮":广东儿童教养院的教育改革

20世纪30年代末,战火频仍,学校教育秩序紊乱,粤地少年儿童流离失所。1938年,广州一带相继沦陷,政治中心迁至粤北曲江。其时,时任广东新生活运动促进会妇女工作委员会主任的吴菊芳,负责全省妇运和儿童教养工作。目睹粤地儿童颠沛流离、无家可归,吴菊芳伤心疾首,将抢救难童、教养难童作为新运妇女会的首要工作。在她的倡导与组织下,成立了广东省战时儿童训练团,收容各方面搜救出来的难童。③ 1939年8月,训练团在国民政府的支持下,正式更名广东儿童教养院。由于难童的人数逐渐增多,教养院的组织结构先后经历了一元到多元的演化,从原先一千多人的收容场所,变成设有7个分院,并附设实验小学、实验中学、培德小学、工艺院、农艺院以及各工厂的宏大教育机构。至此,教养院为广东儿童保育事业的发展奠定了丕基。1941年春,该院因入院儿童激增,多达四千六百余人,市面上教科书极度匮乏,教学实难开展。为了早日完成国民教育的需要,吴菊芳聘请崔载阳担任教养院的教育顾问。职是之故,崔载阳及其教育研究所的同仁将之前在实验小学施行的民族中心教育课程在广东儿童教养院又做了第二次试验。诚如其所言:"自民国二十二年以来,我们做过两次关于国民基本教育的试验:第一次是国立中山大学教育研究所主办的小学实验班,第二次在教育研究所协助的战时广东儿童教养院。"④ 而这次教育实验远比抗战前

---

① 各所一年来概况:教育研究所一年来概况[J].国立中山大学研究院年刊,1936:98—99.
② 各所一年来概况:教育研究所一年来概况[J].国立中山大学研究院年刊,1936:98—99.
③ 舜凡.我们的下一代:记广东儿童教养院[J].妇女共鸣,1943,12(5/6):29.
④ 崔载阳,戚焕尧.一个国民基本教育的试验:民族中心小学课程的实验[J].中华教育界,1947(8):73.

的首次实验更加艰难。

在抗战的特殊时期,崔载阳因时制宜,制定了一整套适合抗日战争时期的基础教育学校改革与规划。根据战时状况与粤北的教学资源,他对传统学校教育体制进行深度变革,将儿童教养院打造成集"家、校、场、营"一体的教育制度,兼有家庭、学校、工场、军营4种性质。[①]"家庭"的功能在于保育,儿童尚未成年,心智也属稚嫩。作为教养院首先有责任做好儿童的保育工作,厚植根基,改善生活环境,促进儿童健康地成长。从健康入手,健康第一,健康恢复了,开首就感受到生活之乐趣,团体之可爱,前途之有希望。[②] 据统计,从1939年3月儿教院开始收容难童,至1940年4月五分院成立时,一共收容了6356人,而死亡仅38人(四分院没有人数列入)。[③] 此外,许多儿童在战乱中,与父母走散,甚至父母俱殁,心理难免蒙上阴影。吴菊芳特别强调:"儿童在这里要仍然能够享受家庭的乐趣,导师好像父母那样亲热去照料他们。同时同学也好像兄弟姊妹一样,大家生活在一起,工作在一起,游乐也在一起。"[④]教养院的家庭的功能不仅可以给予儿童温暖与慰藉,还可以抚平战争中造成的心理创伤。

"学校"的作用在教书育人。1940年5月,儿童教养院的"一切事业渐次充实,所做的事集中在儿童的学业上"。[⑤] 在之前小学实验班开展课程改革时,崔载阳将教育部规定的十个必修科目缩减归并成"六科",即国语、算术、政治、经济、军事、艺术六类,后又整合成人文、政治、军事、经济四大课程体系。由于先前编制的实验小学教学用书在战乱中散失,所以便由院方招聘编辑十七人,组织编辑委员会,依据从前教育研究所订定的课程大纲,编纂新的教学用书。1941年4月,教材编写全部完成,命名为新中国儿童课本,分订每五周一册,共三十二册。如此一来,教养院的教育教学工作得以顺利地开展。在这套教材的指导下,文化教育的突出特点是:在基本知识的传授外,特别注重民族意识的培养、生活技能的训练及乡土内容的传授,与广东省的实际环境及抗战的需要相结合,以期收到学以致用的效果。此外,还增加了生产教育、童军训练等教育内容。[⑥] 儿童们渐渐由学习想到升学问题,由做人想到做事问题,由生活想到艺

[①] 舜凡.我们的下一代:记广东儿童教养院[J].妇女共鸣,1943,12(5/6):30.
[②] 舜凡.我们的下一代:记广东儿童教养院[J].妇女共鸣,1943,12(5/6):29.
[③] 许雪莲.抗战时期广东儿童教养院保育工作述评[J].广东党史,2005(3):45.
[④] 吴菊芳.认识本职:广东儿童教养院吴院长给该院导师的一封信[J].浙江妇女,1941(6):20.
[⑤] 舜凡.我们的下一代:记广东儿童教养院[J].妇女共鸣,1943,12(5/6):30.
[⑥] 许雪莲.抗战时期广东儿童教养院保育工作述评[J].广东党史,2005(3):45.

术问题,从初期的物质饥饿转变为精神饥饿,从物质建设转变为精神建设。① 当然,这所学校在战乱时期也有其特殊性,"它不但负责教导学生以一种知识技能,而且还有管、教、养、卫的学习"。②

"工场"作为教育场所涵括三重的教育意蕴,一是,崔载阳将"工场"作为学习成果与儿童实际经验相互转化的重要津梁。他吸收了杜威的"做中学"思想,意识到儿童是通过运用身体来学习的。杜威曾言:"一种教育制度,如果不运用身体来教大脑,也不运用大脑来教身体,便不可能指望它能够保障智力的总体发展""学习的中心思想和细节必须符合已知的事实,学生在做中学的过程中,实际上是在精神和物质上复活一些业已证明对人类重要的经验。"③这也从侧面体现了民族中心教育教育理念中的"自养"理念。二是,"工场"使儿童实现了从"消费"角色到"生产"角色的转换。教养院经济窘困,聘用食堂员工需要大笔的费用。为了节省资金,全院伙食由儿童自行料理,每日又儿童轮值烧饭煮菜,实行自己烧饭自己吃的制度。此外,该院的工场设置了七个小工厂,已有纸料、牙刷、竹料、木料等大宗出品;农场的收获,也能做到了蔬菜农产品的自给,儿童成为主要劳动者。④ 以教养院下属的第七院为例,七院的生产技术室办的相对其他分院而言颇有成绩。农业方面有实验区、蔬菜区、旱作区、油桐区、畜牧区共五个区,实验区包括直属儿童教养院本部的实验农场和各区农场共六处,分别种青菜杂粮种苗、风景林木,还把一部分用作外来品种试验地,用来引进新品种。⑤ 三是,儿童们在工场的劳作中陶融了品性。通过"工场"的教育实践,儿童在合作、做事与研究中,从"小我"走向了"大我"。⑥ "想家的再不想家,走向团体中去;打人的再不打人,走向工作中去;懒惰的再不懒惰,走向学习上去,大家的生活整天忙个不了,久之,差不多把自己忘记了。"⑦

至于军营,这是强调儿童的身体、纪律训练,训练儿童的意志,另就是满足战争时期的生存需要。1939年3月教养院成立初期,曾命名为"战时儿童训练团",当时采取

---

① 舜凡.我们的下一代:记广东儿童教养院[J].妇女共鸣,1943,12(5/6):30—31.
② 吴菊芳.认识本职:广东儿童教养院吴院长给该院导师的一封信[J].浙江妇女,1941(6):20.
③ 杜威.明天的学校[A]//杜威.杜威全集(第八卷)[M].俞吾金,孔慧,译.上海:华东师范大学出版社,2012:306—307.
④ 舜凡.我们的下一代:记广东儿童教养院[J].妇女共鸣,1943,12(5/6):30.
⑤ 肖微.抗战时期广东儿童教养院的教养管理[J].党史与文献研究,2018(3):83.
⑥ 舜凡.我们的下一代:记广东儿童教养院[J].妇女共鸣,1943,12(5/6):30—31.
⑦ 舜凡.我们的下一代:记广东儿童教养院[J].妇女共鸣,1943,12(5/6):31.

的即是军事化的教育管理模式。是年7月,易名为儿童教养院,在管理方法上则应用相对宽松的童子军教育制度,以适应院童的年龄及心理状况。崔载阳的总规划提出之后,各分院负责人员多认为不宜全部采用军事化制度,所以除了生活管理诸如内务整理、严定作息时间、清洁卫生、礼节等方面有极为严格的规定外,其他方面仍采用童子军的制度。① 诚然,儿童们"在这里过着集体的军营生活,不但生活有纪律,并且还可养成迅速、确实、刻苦、耐劳的习惯"。② 自古以来,国人缺少公共道德、集体精神,而军队的生活恰恰又是培养这种道德与精神的最佳场所。

"家、校、场、营"一体的教育制度契合战时需要,但是其核心是学校,它是其他三者实现其功能的重要载体。当时,教养院的大多数儿童大多是十三至十五岁年长失学的,有早日完成国民教育的需要。吴菊芳也要求将从前教育研究所的实验小学课程拿来院里试用。故而,崔载阳决心再开展一次民族中心教育制度的教育试验。然而,师资素质成为试验顺利开展首要思考的问题,当时教养院的教师大部分非师范学校毕业生。为使各院教师能实施民族中心制度的试验课程,便由院方举办教师进修班,各分院抽调教师若干人来班讲习。③ 这班继续举办了三期,每期一月,约共训练了二百多人。

与第一次实验相仿,这次实验也是在相对规范的程序中进行的。1941年10月,实验开始启动,整个教养院各分院部都作为实验组,计有第一分院学生940人,第二院1000人,第三院970人,第四院1112人,第五院984人,第六院984人,第七院686人,实验小学部156人。④ 这些学生大部分是沦陷区的难童,男女都有,年龄在十岁至十五岁。实验开始前把他们依照新课程程度标准加以测验,分为一、二、三、四年级,并以韶关市的公私立普通小学若干班为对照组。这次实验,参与实验的教师、课本编纂者与学生都远比第一次的为多。然受到战争的影响,不能如计划所期:一是,课本编纂印刷上的困难,使课本不能依时充分供应教学;二是,各分院教师以至研究辅导的人都变动快而多,使得实验教学的技术的熟练程度大为减低;三是,各分院学生须从事的劳动时间太多,其行政当局也着重学生的衣食生活的处理,对教学颇多忽视,教学的进度很不一致;四是末了最重大的影响因素为战局动荡,韶关常闹疏散,使实验工作效率大

---

① 许雪莲.抗战时期广东儿童教养院保育工作述评[J].广东党史,2005(3):46.
② 吴菊芳.认识本职:广东儿童教养院吴院长给该院导师的一封信[J].浙江妇女,1941(6):21.
③ 崔载阳,戚焕尧.一个国民基本教育的试验:民族中心小学课程的实验[J].中华教育界,1947(8):74.
④ 崔载阳,戚焕尧.一个国民基本教育的试验:民族中心小学课程的实验[J].中华教育界,1947(8):74.

为降低。① 此外,1942年5月,教养院总办事处徘徊于韶关连县间,致实验工作也陷于停滞状态。原拟每年举行比较测验一次,以证验这个课程的效果,可惜也为客观环境所限,未能举行。综上可知,尽管第二次国民基础教育小学教育实验受到战争的影响未能赓续,也缺乏详尽的实验结果,但是构建儿童教养院集"家、校、场、营"一体的教育制度却体现了崔载阳因时制宜,为了适应战时需要,在基础教育学校变革方面所做的艰苦卓绝的努力。

在崔载阳心中,中国今后教育的最高目的,只能以我们的民族做中心,发扬民族的过去,复兴民族的现在,开创民族的未来!② 而民族中心教育的课程体系是实现上述目标的最有利"武器"。纵观崔载阳以民族中心教育理论为指导,在中山大学附属小学、龙眼洞乡村教育实验区以及广东儿童教养院开展的基础教育学校变革实验,课程改革一直是他撬动学校发展的重要支点。

第三节 刘百川的教育本土化求索与乡村学校变革

刘百川一生致力于基础教育事业,贡献于乡村学校教育。学者朱智贤对其曾有如此描述:"百川曾经做过小学校长、小学教师,主持过地方教育行政,襄办过省教育行政,实地接触并指导过无数的乡村小学校长与教师,他曾经用日记的体裁,写过一部有名的《一个小学校长的日记》,他曾写过不少教育论著与儿童读物,在小学教育界已有他相当的地位。"③这番评介较为全面地概括了刘百川的教育生涯,阐明了他从城市走向乡村,兼具教师、校长与教育行政者多重身份的教育经历。在他的教育实践中,最浓墨重彩的一笔便是他1935年在大港教育实验区所施行的乡村教育实验。刘百川大刀阔斧地开展本土基础教育变革,行走于乡间社会,主张"乡村学校应该是乡村社会的文化中心,乡村教师应该是社会事业的领袖"④,为近代中国基础教育学校发展开辟了一条本土化之路。

---

① 崔载阳,戚焕尧.一个国民基本教育的试验:民族中心小学课程的实验[J].中华教育界,1947(8):75.
② 崔载阳.我的民族教育信念[J].教育通讯,1938(17):1.
③ 刘百川.小学校长与教师[M].上海:商务印书馆,1935:朱智贤序2.
④ 刘百川.乡村教育实施记(第二集)[M].上海:黎明书局,1936:410.

一、长校东海中学附属实验小学与西方教育理论的省思

1929年3月,刘百川出任江苏东海中学附属实验小学校长。这位初出茅庐的年轻教员曾对以往学校校长的行事充满怨怼,而轮由自己长校时瞬感作为一校之长的压力与惶恐。但是,他未因此而惧惮、疑虑不前。早在就读师范期间,刘百川可谓废寝忘食,博览群书,增长知识,勤于思考,对一些教育问题的理解要比一般同学深刻,并形成了自己多学、多思、敢于实践的学风。① 在担任校长后,他发挥一贯多做实事、多反思、多研究,事必躬亲的工作作风。

上任之初,刘百川便开始思忖该教员聘请、校舍修理、校具备置、训育改进以及教师的进修等各类问题。同时,他还规定了今后治校的八点态度:"(一)凡事都要有一定的计划,以后便照着计划进行,中途如遇到什么困难,再加以变更,就是失败,也不要紧;(二)凡事务求合理,只要合理,无论如何困难,总要想法子去做;如果不合理,尽管有人提倡,也绝不作无谓的盲从;(三)凡事都要有贯彻的主张,久远的计划,绝不要今天这样,明天又那样;(四)凡事要在真实上做功夫,绝不假装门面,绝不做虚伪的成绩,要脚踏实地的努力,使自己表露出来;(五)凡事都要公开地研究,但求事业进行的便利,教育的效率可以增高,不坚持任何的私见,更不要独断独行;(六)凡事要博得别人的同情,自己首先要实地做起来,不徒托空言,不徒唱高调;(七)教育的目的,在造就儿童,一切的设施,自当以儿童为中心;(八)事业进行的状况,以及成效得失,都要有详细的记载,作为以后改进的根据。"② 嗣后,他又多次虚心向吴士通、王前等老校长求教,详细询问了教员聘请、学级编制、训育、附设民众学校、联系家庭等方面的经验,可谓事无巨细。

诚然,办好一所学校,校长除了统筹好各方面的事务外,还要具有反思研究能力,富有改革精神。③ 其时,采取何种教学组织形式适应学生发展的需要是东海中学附属实验小学面临的最大问题之一。20世纪二三十年代,为了克服班级授课制的弊端,设计教学法、道尔顿制、文纳特卡制、巴达维亚制、北阜屯制、新西桥制、包白洛制、哈立斯弹性制等一系列教学组织制度在短期内蜂拥涌入中国。不容否认,这些舶来的制度也在异乡焕发过"生机"。譬如,1919年,由俞子夷主持的南京高师附小开展的设计教学法实验,取得了卓异的成绩,其时"参观南高附小的,每年不知有多少,真可说是'络绎

---

① 刘古平. 刘百川先生年表(一)[J]. 徐州师范大学学报(教育科学版),2010(3):83.
② 刘百川. 一个小学校长的日记[M]. 北京:华文出版社,2012:2—3.
③ 杨来恩. "校长"称谓流变与近代中国教育的发展[J]. 集美大学学报(教育科学版),2016,17(06):49—53.

不绝'了;做南高附小参观笔记的,也不知多少,在中国小学教育界的出版物上,也可说都有他们的教学概况了"。① 然而,时人大多徒有羡意,而不能细致地考查设计教学法背后的运行机制与教育原理。组织形式本身对学科体系的破坏,以及需要高素质的师资以及齐备的教学设施为基础,统统被抛诸脑后。20世纪20年代中期,设计教学法在国内也渐趋沉寂。刘百川未被纷繁驳杂的外来制度"障目",用理性地态度看待班级授课制。在他看来,班级授课制尽管不能照顾每个儿童的能力、兴趣,同在一班学习难以适应学生的个性,而且对于天才、特殊与新儒学的儿童妨害尤多,但是其也有相当的优点,最重要的便是合于经济原则,可以养成儿童的竞胜心,可以养成儿童团体生活的习惯。② 他主张在班级当中,酌量采用分组教学,以补救班级授课制的弊端。至于葛雷制、文纳特卡制在适应儿童个性方面有独特优势,刘百川仍采取审慎的态度,因为实验小学的学级不完善,葛雷制尚无庸采用,而文纳特卡制由于本校教师知之甚少,也不宜冒然实行。③ 刘百川不盲目采纳西方教育理论还表现在他对东海中学附属实验小学学级的编制上。他将"学校九个学级编为六个单式学级,都是秋季开学;另外编春季初级单级一级、春季高级复式一级、另一级仍为幼稚班"。④ 在实践中采用何种学级编制,刘百川不依据个人主观偏好,也不是迷信西方先进教育实践的权威,而是基于学校的班级数量和学生人数以及学生年龄、智力、身体发育状况等多方面因素来决定的。

　　1931年,"九一八"事变后,国难日益深重,刘百川对学校的训育方案进行改革,希望加紧积极的训练,培养儿童为国家、为社会努力的高尚理想。在训方方法方面,他增添了指导学生"当众宣誓,永久不要买日货","使儿童深知不买日货,便是抵御日本的最好方法","把合作社的日货完全收起","设置国货介绍所"等方法,培养学生的爱国情感。

　　正是通过东海中学附属实验小学长校经历,对小学教学、管理与训育等问题系统省思与深入研究,刘百川中国化小学教育理论逐渐成熟。作为一名校长,他白天忙着学校教学、行政等对内对外事务,晚上则挑起煤油灯备课批作业,记下一天的行程和收获,时常还要搞些研究,写些文字。那段日子紧张、忙碌但充实、有趣。⑤ 据同事朱智贤回忆:"毕业以后,母校把我留在实验小学里当教员,恰巧校长是我的老同学刘百川

---

① 沈百英.参观南高附小杜威院维城院记略[J].教育杂志,1923(11):
② 刘百川.一个小学校长的日记[M].北京:华文出版社,2012:53—54.
③ 刘百川.一个小学校长的日记[M].北京:华文出版社,2012:54.
④ 武金凤.刘百川学校管理理论与实践研究[D].南京:南京师范大学,2010:42.
⑤ 季小燕.中国现代乡村教育实践的探索者——刘百川[D].上海:华东师范大学,2010:9.

先生,还有徐阶平、吴印囲几位老朋友。我们重聚到一起,当然不肯马马虎虎地下去。整天疯子似的,无论忙里闲里总是讨论教育问题,讨论以后,就来做,做了以后再来讨论。那种又安闲又紧张又有趣的日子,现在回想起来真是生活上的黄金时代。"①在担任附小校长期间,他通过记日记的形式,系统梳理、总结了校长管理学校的具体流程与各项细节,其中包括与前任校长的沟通、教员的聘任、怎样开会、教室的布置、日课表的编制,等等。这些日记中的工作总结,后整理成《一个小学校长的日记》,甫一出版,报章纷传,深受小学教育界教师的青睐。此外,从这短暂的长校经历中,刘百川也总结出办理小学教育的经验:"我们知道一个学校办得好不好,他的条件很多,如社会环境是否优良,优质设置是否完善,需用经费是否充足,地方人士是否热心赞助,校长教师是否精明干练等,都与学校事业的进展,有很大的关系。但是我以为这许多条件中,以校长、教师是否精明干练为最重要。"②这种教育理念深刻地影响了他今后在大港乡村教育实验区的办学实践。

二、大港乡村教育实验区:义务教育与社会教育一体化办学实践

大港教育实验区是刘百川教育实践由城市转向乡村的重要转捩点。近代中国的教育家或多或少都带着浓郁的乡土情结,参与过乡村学校教育办学实践。刘百川在江苏大港实验区开展的乡村教育试验,虽然没有陶行知的晓庄学校、山海工学团,晏阳初的定县实验,俞庆棠的江苏民众教育实验,梁漱溟的邹平乡村实验,黄炎培的沪郊农村改进实验那样声名远播、受众面广,但是在中国乡村学校发展史上却独树一帜,有其鲜明的特点。

大港镇位于江苏省镇江市,这里是典型的旧日的乡村社会,有二千多户,人烟繁密,街道狭隘,房屋矮小,祠堂众多,聚族而居,仍旧保留中国传统农村的样貌。③ 而大港自给自足的传统社会,商业不发达,如若需要急需的物品,则要到几十里外的镇江市区购买。再就地理位置来看,大港四面环山,田地稀少,每户田地以二三亩为最多,一亩或八分地也不少。大港的北面是大江,但却因山地的农田地势较高,无法得到江水的灌溉。而乡村内的河流稀少而浅狭,河水不能畅流,民众将垃圾抛弃在河内又造成

---

① 朱智贤.我与教育[A]//朱智贤全集(第二卷)[M].北京:北京师范大学出版社,2002:718.
② 刘百川.小学校长与教师[M].上海:商务印书馆,1935:序1.
③ 杨汝熊.江苏省立大港乡村教育实验区工作现况一瞥[J].乡村建设,1936(5):12.

河道堵塞。① 在以稻田为主的农业经济时代,大港镇的地理位置在某种程度上造成了百姓生活的困穷。

1933年初,江苏省教育厅厅长,感于农村经济之破产,欲试行生活重心教育,普及生计、语文、公民等各种训练,以期发展农村经济,充裕人民生活,为本省推行乡村教育之基点。② 是年6月,省教育厅的科长以及省立镇江师范学校的校长到各地勘察,认为大港镇的环境是实验区的首选之地,继而商定了大港镇周围五里路半径(计四镇八乡)为区域,并拟定了《江苏省立大港乡村教育实验区施行计划》以及《江苏省大港乡村教育实验区各种委员会组织大纲》《生活教育实施办法》等实施方案与计划。

江苏省立大港乡村教育实验区施行计划③

第一章 目标

试行生活中心教育,普及生计、语文、公民等各种训练,以期发展农村经济,充实人民生活,为本身推行乡村教育之基点。

第二章 原则

一、以全区位整个教育场所,以全区区民为教育对象;施行学校即社会,社会即学校之教育。义教社教联合实施;凡儿童及成人之教育场所,统称为"生活学校。"

二、一切教育,均以生活为中心,就社会实际需要,随时随地,施行相当之训练。

三、教导者,注重"身教";被教导者,致力于生活练习,相互协进,打破阶级观念即教育心理上之障碍。

四、提倡"协作"、"互教"制,俾教育事业,得以推广,教育效率得以增进。

五、用较少之经济,博较多之效果。

六、只求逐渐推行,以收实效,不事尽量扩大,或博取新奇之虚誉。

从上述计划,可以看出大港乡村教育实验区,是想在乡村中试行"以生活为中心"的教育。藉教育的力量来建设农村,来复兴民族。它的办法就是把义务教育和社会教

---

① 张信炎.乡村教育观感记:大港镇社会的观察[J].乡村教育,1936(2):47.
② 王钟琳.大港乡村教育实验区生活学校创设之经过及其计划[J].江苏教育(苏州1932),1934(3):1.
③ 苏省地方自治实验事业概况:江苏省立大港乡村教育实验区施行计划大纲[J].苏声月刊,1934(5):276.

育打成一片。① 伴随乡村教育建设的逐步推进,大港乡村教育实验区共计开办生活学校 12 所,流动教学处(送教育上门、主要为成年妇女)2 所、补习班 4 所(见表 7-3),同时设有商业补习学校、图书馆、陈列所(大多利用祠堂、庙宇略加改造)、实验农场、合作林场、体育场、卫生室等,每校有教师 2—3 人。实验区创办初期,成效并不显著,未能较好地实现省教育厅的设立初衷。于是,1935 年,教育厅又聘请刘百川,接办大港实验区任务。在他上任之初,好友朱智贤写信说"中国整个的教育,都没有出路,乡村教育当然不能例外。今后只有埋头苦干,使我们的工作,更切实些,更深刻些,那便行了"②,以此作为勉励与告诫之词。刘百川为了能够做到"切实""深刻",笃定决心,表示在办理实验区的过程中,"不贴一张标语""不照一张照片""不发一个新闻稿子";也表明三个态度:"抱定吃苦耐劳的态度""抱定不怕苦难的态度""抱定有事大家做的态度"。③

表 7-3 大港乡村教育实验区学校与学生数④

校名 学生数 性别	一镇	二镇	三镇	四镇	上林	聂滩	柳湖	蔡唐	城湾	车碾	姜湾	滨江	袁巷教学处	上田教学处	滨江补习班	上林补习班	柳湖补习班	聂滩补习班	合计
男	47	46	20	28	34	46	49	40	24	32	15	53	23	22	15	1	5	4	504
女	16	64	36	19	17	18	10	21	24	5	8	32	13	3					286
共计	63	110	56	47	51	64	59	61	48	37	23	85	36	25	15	1	5	4	790

决意要办好教育实验区之后,刘百川紧锣密鼓地进行乡村学校教育变革。在教育管理方面,首先,举办学籍登记。这种登记方式不停留在义务教育层次的儿童,而将覆盖面拓展到未受过教育的成人。因而,实验区内六岁以上的儿童,以及四十五岁以下的成人,凡是不识字的人,都予以登记学籍。⑤ 在刘氏看来,一个经过学籍登记的人,在每学期的受教育情形与受教育结果,都分别加以记载,如此何人已入学,何人未入

---

① 省教机关工作之部. 大港乡村教育实验区:半年来工作概况[J]. 江苏教育(苏州 1932),1935(4):162.
② 刘百川. 接办大港乡教实验区以后[J]. 山东民众教育月刊,1936(1):135—136.
③ 刘百川. 接办大港乡教实验区以后[J]. 山东民众教育月刊,1936(1):136—137.
④ 该表根据《苏声月刊》1934 年第 5 期《苏省地方自治实验事业概况:江苏省立大港乡村教育实验区施行计划大纲》一文绘制而成.
⑤ 刘百川. 接办大港乡教实验区以后[J]. 山东民众教育月刊,1936(1):138.

学,入学情形如何,检查学籍片,便可以一目了然。① 这种做法降低了以往乡村学校学生尤其是成人失学率过高的情状,也方便教师开展日常的教学管理工作。

其次,改良私塾,推动传统教育的现代转型。传统的私塾对学生的入学年龄、学习内容及学习水平等,均无统一的要求和规定。改良私塾,不仅可以帮助义务教育的普及,救济年长失学的成人,优良的私塾更可以作为推设乡镇小学的基础。因此,私塾是联结义务教育与社会教育的重要津梁。至于私塾应如何改良,刘百川认为可以从七个方面着手努力:(1)训练师资;(2)改良课程;(3)编制教材;(4)改进标准;(5)办理登记;(6)切实指导;(7)注意奖励,等等。② 在改良私塾过程中,刘百川吸取了以往私塾改良过程中的经验教训。过去改良私塾之处在于离开私塾去谈改良私塾,举行私塾教育研究会或塾师讲习会,而所研究的、所演讲的,完全是新的教育理论与方法,与私塾的现状完全不合,塾师也不知从何处进行改良。③ 所以,刘百川提倡改良私塾应从私塾方面现行的制度做起。例如,现在私塾里写字是怎样教的,我们便就原有的方法,指导其改良,使逐渐变为合理的方法。如私塾读书的方法是怎样的,我们也就原有的方法,进一步指导其改良,使塾师们逐渐知道需要改良的道理,这样比离开私塾而讲改良,要好得多了。④

再次,师资队伍的管理。鉴于乡村学校大多建立在私塾的基础之上,实验区的教师有在师范教育学校的毕业生,也有思想僵化的冬烘先生,他们思想观念的抵牾之处甚多,难免产生误会或冲突。前文述及刘百川在办学的诸多条件中,以教师是否精明干练为最重要建议,所以生活教育的目标能否实现,他建议要从联络入手,彼此的感情有了联络,才能促进塾师教学能力的提升。⑤ 在刘百川眼中,教师之间的和谐相处尤为重要,"要把同事关系化为朋友关系",所以他说:"一个人不论在某一处或某一机关做事,最要紧的要求,就是一个人的精神有所寄托,有所依归。"⑥对于女教师,刘百川则提出了特殊的要求,比如,"认清责任与地位""注意身体的康健""肯努力求进步""不肯苟且的马虎的附和人""没有做教师的架子""有传教女士的精神""不烫发穿高跟",

---

① 刘百川.接办大港乡教实验区以后[J].山东民众教育月刊,1936(1):138.
② 刘百川.乡村教育实施记(第1集)[M].上海:黎明书局,1936:202—205.
③ 刘百川.乡村教育实施记(第1集)[M].上海:黎明书局,1936:259.
④ 刘百川.乡村教育实施记(第1集)[M].上海:黎明书局,1936:259.
⑤ 刘百川.乡村教育实施记(第1集)[M].上海:黎明书局,1936:260.
⑥ 张鹏鼎.乡村教育观感记:到大港镇的第一日[J].乡村教育,1937(5):29.

等等。①

最后,刘百川对于学校的财务管理也尤为重视。办理乡村学校教育,最困难的便是经费问题。如何管理好经费,刘百川有自己的主张:一是提高经费利用率,明确各项经费支出。按照学校经常费、临时费的不同用处,他将学校经费预算划分了比例,"教职员俸金约百分之七十,图书仪器、运动器具、教具等设备费及卫生费约为百分之十五,实验文具、水电薪炭等消耗费约百分之九,旅行保险等费约百分之三,预备费约百分之三"②。二是编制科学合理的预算制度。此外,刘百川自己也一贯坚持廉洁奉公,"经济要绝对公开,私人固然不能侵占公家一文,就是为公家用了,也应该使大家明白经费动支的情形。我请地方人士或全体同仁吃饭,这是属于私人的应酬应该由私人出钱,不能开入公账,也不能在另一方面想法子报销。"③正是刘百川对于实验区学校人财物的合理、高效的管理,才使得实验区的各项工作有条不紊地步入正轨。

为了适应义务教育、社会教育一体化办学的需要,大港实验区的课程、教材、教法也变得更加灵活多样。或许是受定县实验的启发,大港乡村教育实验区创办伊始,便以生活教育为宗旨,以语文教育、公民教育、生计教育和康乐教育作为教育内容。20世纪20年代末,晏阳初在河北定向开展教育实验,主张以文艺教育化除农民的"愚笨";以公民教育化除农民的"自私";以卫生教育来治疗农民的"孱弱";以生计教育来治疗农民的"贫穷"。因此,两者宗旨与教学内容上颇为相似。在课程设置方面,实验区针对儿童按照前文四大教育的模块,设置了国语、算术、常识、社会、劳作、美术、音乐、习字、体育等科目。与此同时,刘百川主张乡村实验学校根据地方生活情形及职业需要,酌情设立特殊科目。各科所用教材,应从乡土出发,尽量适应本地乡村社会的需要。可见,他十分强调教学内容应贴近现实生活,注重学校教学内容在现实生活中的实际应用,并且鼓励学生去研究当地的地方性知识。④ 对于成人课程主要以识字、农业指导等实用性课程为主。在教学形式上,每一所学校,每天至少有儿童班一班和成人班一班在上课,白天是儿童班上课的时间,晚间是成人班上课的时间。⑤ 这主要是照顾成人白天需要参与生产劳动,晚间时间有闲余参与文化学习。

---

① 蔡爱璧.大港乡村教育实验区女教师的自我素描[J].女子月刊,1937(5):44—47.
② 刘百川,沈慰霞,章柳泉.教育行政[M].成都:建华书局,1942:275.
③ 政协丹徒县文史资料研究委员会.丹徒文史资料(第7辑)[G].内部发行,1992:177.
④ 季小燕.中国现代乡村教育实践的探索者——刘百川[D].上海:华东师范大学,2010:19—20.
⑤ 杨汝熊.江苏省立大港乡村教育实验区工作现况一瞥[J].乡村建设,1936(5):12.

在教学方法上,主张实验区的乡村学校对于儿童的教学,要讲究根据儿童的身心发展规律。诚如刘百川所言:对于儿童教学要注意说话的训练,它是学习符号与知识的基础;符号和文字不要教得太早,因为儿童理解力尚未发达。① 在成人教学方面,值得一提的是实验区专门针对成人教育的"一刻教育"的教育方法。一刻教育指的是一种机会教育,是用一刻的时间来代表这种教育方式。全国各地民众教育的失败,主要是安于故常的成年人对于识字不感觉有急迫的需要,而长时间呆板的班级组织形式,将学习拘囿于室内或固定的一隅,导致成年人不愿或无法长时间地接受教育。一刻教育,主张早上在菜市、米市,傍晚在鱼薮、菜畦,人客杂沓的舟车茶园,以及繁嚣的迎神赛会等等作为开展成人教育的机会。开展"一刻教育"的过程可分为三个步骤:1.看一件事;2.谈一件事;3.认三个字(见图7-2)。② 这种情景式的随机性的教育方法符合成年人学习的特点,也不占用他们的劳动时间,这样不容易引起受教育者的反感和不快。

图7-2 江苏省立大港乡村教育实验区的"一刻教育"③

为了宣传上学识字的好处,鼓励更多的民众入学受教育,刘百川特创作朗朗上口的歌谣,如《识字好》等歌曲,给成人班的学生歌唱,让民众一听就明白识字的好处,促

---

① 刘百川.乡村教育实施记(第1集)[M].上海:黎明书局,1936:50.
② 省立大港乡村教育实验区.一刻教育[J].江苏省小学教师半月刊,1934(11):30.
③ 省立大港乡村教育实验区.一刻教育[J].江苏省小学教师半月刊,1934(11):31.

使民众积极主动地入学读书。①

《识字好》歌②

识字好,识字好,识字的人真讨巧。写书信,开收条,凡事不要把人找。
能读书,会看报,各样事情都知道。我劝大家快识字,莫要迟疑耽误了。
识字好,识字好,不识字真苦恼。查契据,看钞票,找张找李四处跑。
买东西,兑钱钞,任凭人家要多少。我劝大家快识字,不问男女与老少。
识字好,识字好,大家识字要乘早。要识字,进民校,不费时,也不花钞。
四个月,毕业了,包你本事"呱呱叫"。我劝大家快识字,今天就去进学校。

在成人教育方法上,最有特色的当属故事教学法。刘百川初到大港时,晚上得闲便经常与民众一齐在空场上乘凉,他乘机便给民众讲讲故事。民众听了很高兴,因此每天晚上都要刘氏给他们讲。听故事的一天比一天多,刘百川的讲故事的技艺也日益精深,他常常在故事里融入教育的资料,而民众也都能了解,并不觉得生凑。③ 时人对刘百川有"故事刘先生"之称。"盛夏的夜晚,大港的男女老少到太平桥上边乘凉边听刘主任讲故事,成为他们的特殊享受。除非下雨,每晚必讲。他常在故事里插些有教育意义的'鲜货',使听众在欢乐之中接受了教育。"④

刘百川主导的大港乡村教育实验区的学校改革,力主以生活教育为中心的教育理念贯通义务教育与社会教育,但在具体办学过程中,无论是从学校管理还是教育教学工作,兼顾了儿童学习与成人学习的特点,构建了义教与社教一体化的办学新模式。而这场实验在一定程度上适应了大港镇民众生产生活的需要,推动了当地社会经济发展,使实验区的面貌焕然一新。正如实验参与者杨汝熊所言:"大港,现在是充满了新的生机,因为这里现在有一个新的力量,便是江苏省立大港乡村实验区。他是想运用乡村教育的力量,以从事乡村建设,树立民族复兴的基础。"⑤

---

① 季小燕. 中国现代乡村教育实践的探索者——刘百川[D]. 上海:华东师范大学,2010:29.
② 刘百川. 乡村教育实施记(第2集)[M]. 上海:黎明书局,1937:22—24.
③ 刘百川. 接办大港乡教实验区以后[J]. 山东民众教育月刊,1936(1):139.
④ 政协丹徒县文史资料研究委员会. 丹徒文史资料(第7辑)[G]. 内部发行,1992:177.
⑤ 杨汝熊. 江苏省立大港乡村教育实验区工作现况一瞥[J]. 乡村建设,1936(5):12.

三、大港联合办学实践及其对当代集团化办学的借鉴价值

刘百川为了实现实验区内每所学校共同发展,推进乡村社会文化的建设,实验区采取了联合办学的模式。实验区通过打破学校的壁垒,增加校际之间的交流合作、互通有无,使每一所学校之间形成真正的凝聚力,并走向深度融合。刘百川以管理体制创新为突破口,对联合办学的模式作了较为深入的探索。

大港实验区共有一镇、二镇、三镇、四镇、上林、聂滩、柳湖、蔡唐、城湾、车碾、姜湾、滨江等十二所生活学校,有袁巷、上田两处教学处,有滨江、上林、柳湖与聂滩四所补习班,这些施教机构共同分享教育资源,组建了办学联合体。[①] 随着实验区内学校数量的递增,这十八所学校(教学机构)之间的协作、融合问题便愈加突出,具体表现在以下三个方面:第一,实验区各学校如何形成"以生活为中心"的教育理念,真正促进实验区内教育资源的共享,提升整体办学水平;第二,每一所学校作为独立的办学主体,教育实验区如何采取有效的管理与运作模式;第三,教育实验区的生活协进委员会、私塾改良委员会、经费稽核委员会如何调动每所学校教师、学生参与教育活动的积极性,使联合办学不只是停留在口号层面,而是做到真正的以"以生活为中心"?基于对上述问题的思考,刘百川对区域教育协同发展的模式进行了系统探索。

刘百川首先确立了大港教育实验区联合办学管理体制的主要目标,即围绕师资队伍建设、研究进修制度、辅导考察制度等方面的探索,发挥实验区联合办学的聚合优势,构建合作协进的管理机制,实现区域内部的教育理念、资源、方法、成果的共享,全力推进各生活学校的教育教学改革,以及教学质量的全面提升。紧接着,刘氏又厘清了从顶层设计到机制建构再到项目推进的思路,换言之,即先在办学宗旨与实施方针上达成一致,再循序渐进地落实项目,探索具体的做法。

在刘百川上任之初,江苏省教育厅已对实验区的教育发展做了较为系统的顶层设计,颁行了《江苏省立大港乡村教育实验区施行计划》《江苏省大港乡村教育实验区生活协进委员会组织大纲》《江苏省大港乡村教育实验区私塾改良委员会组织大纲》《江苏省立大港乡村教育实验区生活教育实施办法》等一系列实施方案。其中,《江苏省立大港乡村教育实验区施行计划》详尽地阐释了实验区教育工作开展的目标、原则、地点、组织、办法五部分,并说明了大港乡村教育实验区以全区为整个教育场所,以全区区民为教育对象;施行学校即社会,社会即学校之教育。义教与社教联合实施;凡儿童

---

① 省教机关工作之部.大港乡村教育实验区:半年来工作概况[J].江苏教育(苏州1932),1935(4):163.

及成人之教育场所,统称"生活学校"。① 实施计划还规定了实验区内每一所生活学校的行政隶属关系不变,保持了人、财、物相对独立。除了教育厅颁行的正式政策文件外,刘百川因地、因时对实验区学校施行生活教育提出具体的意见与做法。为此,他特意撰写了"儿童生活教育实施的意见""民众生活教育实施的意见""生活教育研究纲要",等等。② 可以说,这些实施计划与意见串联起区域内的各项制度,形成了完整的体系,为联合办学有序、健康、持续发展铺设了稳定运行的轨道。

在实施计划与意见的指导下,刘百川为了将"以生活为中心"的教育落到实处,区域内的十二所生活学校把机制建构作为中间环节,创立了辅导视察机制、研究进修机制与资源互通互学机制。

第一,辅导视察机制。大港乡村教育实验区既然是一个联合办学的共同体,那么它如若发展则要使区域内的各所学校形成基本的文化信仰。此外,辅导视察的另一个重要功能,即是帮助共同体内部各生活学校解决其存在特殊问题。譬如,1935 年 7 月 20 日,刘百川在视察过程中发现车碾生活学校的各科教学不能合于生活的需要;一镇生活学校则出现办事处以往有几件事情说而未做,以致失掉民众的信仰;姜湾生活学校校长赵良斌对民众教学团的状况熟稔于心。③ 通过辅导视察工作,他还找出了实验区在联合办学方面存在的共同问题:一是,全区各生活学校的教育工作人员,能勤恳供职的,到民间去的特别少;二是,全区各生活学校的课程教材、教法与普通小学殊无二致,未能充分体现实验区"以生活教育"为中心的宗旨;三是,学校缺乏研究的空气,大多数教师只是照本宣科,更缺少进修的意识与行动;四是,各生活学校间亦有一二优点,但因为缺乏相互观摩及参观的机会,亦无法推行。④ 因此,开展辅导视察工作是推动共同体建设的重要环节,而且还是改进各生活学校内部个性问题的重要途径。诚然,大港虽然仅有周围五里路半径(计四镇八乡)的区域,但是十余所学校与补习所,加上散布在各村的私塾,视察工作可谓极其艰辛与繁复。据史料记载,主任(刘百川)和指导员经常到各单位指导工作。有的学校离办事处三、四公里,丘陵地带雨天路滑,夜晚有狼。为了走路安全方便,他和徐阶平、汤振元、杨汝熊都各备一根柱手铁棍,用以

---

① 苏省地方自治实验事业概况:江苏省立大港乡村教育实验区施行计划大纲[J].苏声月刊,1934(5):276.
② 刘百川.乡村教育实施记(第1集)[M].上海:黎明书局,1936:索引.
③ 刘百川.乡村教育实施记(第1集)[M].上海:黎明书局,1936:11—12.
④ 刘百川.乡村教育实施记(第1集)[M].上海:黎明书局,1936:13—14.

防滑、防狼。① 其辛劳、危险之程度,自不待言。

第二,研究进修机制。在刘百川看来,辅导视察机制与研究进修机制是相辅相成的。辅导视察机制在于发现教育教学过程中的问题,而研究进修机制则是寻求解决问题的方法。他通过细致地观察,发现大港实验区的"服务人员以往对于研究进修都不知道注意,因此大家对于乡村教育的工作都认识不清楚,当然不知道怎样的去努力"。② 因此,刘百川制定了《研究进修的办法》,规定生活学校的教师,每人每学期至少要读完十万字的书,要研究一个实际问题,每月还要开一次乡村教育研究会,讨论各种困难问题,每人每天都做日记。③ 办事处每月召开乡村教育研究会、读书心得报告会各一次。譬如,第一次研究会讨论"乡村教育服务人员的修养问题",专门讨论乡村教育应树立的理想,对乡村环境的认识、教师个人的生活问题,对待儿童、民众的态度以及研究进修的方法等等。④ 此外,研究会出版《乡村教育》月刊,每期约发行一千册。该刊物是全区同仁研究讨论的中心,以探讨乡村教育的理论,研究工作方法,沟通教育信息为宗旨。每周还为《中央日报》《新江苏报》主编"教育副刊"撰文,对推动理论研究,交流办学经验,起过很大作用。⑤ 此外,刘百川经常和费孝通、陶行知、梁漱溟等名流书信来往,互通声气。在大港工作期间,他出版了《乡村小学校长与教师》、《乡村教育的经验》、《乡村教育论集》,主编《小学教师进修丛书》,还把一年半的日记编为《乡村教育实施记》,分三集印行。⑥ 概言之,这种研究进修机制较好地促进了区内教师在教育理念、教学方法上达成一致性,共同解决实验区内出现的各种教育教学上的难题。

第三,资源互通互学机制。刘百川主张充分发挥实验区内示范生活学校的带头作用,力求实现管理互促、业务互帮与优势互补。他认为建立资源互通互学机制有以下两条路径:其一,通过读书会、研究会、听评课观摩等形式,交流分享实验区内先进学校在教师引领、学生自治的策略;其二,建立管理资源共享机制,每所生活学校定期参加私塾读书会、生活协进会、保甲长会议等活动,互通有无,明确提供共享资源,将学校的教育管理资源惠及实验区内的每一所学校。此外,大港实验区的办事处设处务会议,全区有区务会议,另组乡村教育协进委员会,由本区主要工作人员同地方富有教育

---

① 政协丹徒县文史资料研究委员会. 丹徒文史资料(第7辑)[G]. 内部发行,1992:176.
② 刘百川. 接办大港乡教实验区以后[J]. 山东民众教育月刊,1936(1):139.
③ 刘百川. 接办大港乡教实验区以后[J]. 山东民众教育月刊,1936(1):139.
④ 刘百川. 乡村教育实施记(第1集)[M]. 上海:黎明书局,1936:82—86.
⑤ 政协丹徒县文史资料研究委员会. 丹徒文史资料(第7辑)[G]. 内部发行,1992:177.
⑥ 政协丹徒县文史资料研究委员会. 丹徒文史资料(第7辑)[G]. 内部发行,1992:177.

经验之公正人士组织之。① 而这些行政会议的召开,多数情况下也是为了统筹和协调实验区内教育资源问题。

通过三种机制的运作,大港乡村教育实验区初步实现了管理互通、研训联动、质量同进、文化共建的良性互动,在一定程度上促进了实验区学校内部教育的协进发展。实验区的联合办学在宏观上以规划为指导,中观上以制度运行为保障,在微观上则以私塾研究会为抓手,开展私塾问题研究以及塾师培训的活动。该活动由实验区的主任、指导员及有关系的生活学校校长领衔,建立"塾师培养奖励激励机制",整合校内外各种资源,邀请教育学者设计和开展指导塾师培养的教研活动。刘百川深知私塾在乡村教育中的地位与作用,倡导成立私塾教育研究会,商讨研究会组织的方法,以此助推私塾的改良。他建议实验区内的塾师都加入私塾教育研究会做会员,每月开研究会一次,研究关于私塾改良各种问题,并举行私塾教育演讲会及私塾教育成绩展览会,其种类由先一次研究会决定。② 刘百川正身率下,规定实验区的主任、指导员及有关系的生活学校校长都要出席指导。并且,每次的私塾教育研究会的研究结果,要求有专门的记录者,编成报告发表,并通知全体会员依照实施。③ 此后,在对实验区内的所有私塾的数量、地点分布调查的基础上,1936年10月,教育实验区召集第一次私塾教育研究会,为了实现区域内部的教育宗旨、教育资源与教学方法的一致性、共享化,私塾教育研究会原来规定只是本区施教内的塾师加入为会员,后又改为本区主任指导员及有关系的生活学校校长,也都加入成为会员。在此基础上,刘百川拟定了私塾研究会的章程,现将要点列举如次:

(1) 私塾教育研究会研究的范围,为塾师的修养问题,私塾的设备问题,私塾的教学问题,私塾的训练问题等。

(2) 在每次私塾教育研究会时,除去讨论问题外,并举行读书心得报告,实施心得报告,教育参观,教学批评等。

(3) 在每次私塾教育研究会时,可以同时举行学术讲演,成绩展览,儿童演说比较等。

(4) 私塾教育研究会,除去集会讨论外,并得举行通讯讨论。

---

① 刘百川. 乡村教育实施记(第1集)[M]. 上海:黎明书局,1936:354.
② 刘百川. 乡村教育实施记(第1集)[M]. 上海:黎明书局,1936:248—249.
③ 刘百川. 乡村教育实施记(第1集)[M]. 上海:黎明书局,1936:249.

(5) 在私塾教育研究会成立以后,另订学校与私塾联络办法,如联合举行纪念周,各种纪念会,教师交互参观,儿童交互通讯,联合举行各科比赛等。①

正因为私塾教育研究会对联合办学的推进具有举足轻重的地位,刘百川为此殚精竭虑,做了充足的准备。为了让塾师充分参与到研究会的活动中,他同时预备了三种方案:第一给每一位塾师写一封信,请他们来开会;第二,刘百川及其同人分住各私塾去访问塾师,顺便告诉开会的日期,请他们来参加;第三,请有关系的各生活学校校长代为邀约,请他们同时来开会。②塾师通过参与私塾研究会的活动,真正掌握各学科的先进课程理念,并将课程理念、课堂行为等"种子"带到各自村部的生活学校,把研究的收获辐射到整个学校,为促进区域教育均衡优质发展起到示范、引领作用。

1935—1937年,经过两年的努力,区内儿童普遍入学,成人分批脱盲,有的能看书、写信。在破除迷信、防疫治疟、戒烟、禁赌、植树造林、兴修水利等方面都取得了良好的效果。实验农场推广良种稻、麦,繁殖良种鸡和猪,还指导农民利用江滩、小丘,组织养鱼、养鸡、种水菜、采石料、烧石灰、栽果树、垦荒滩等生产合作社,发展生产,增加收入。凡此种种,至今尤为广大群众所怀念。③

经历两年左右的摸索,大港乡村教育实验区在联合办学管理方面积攒了丰富的经验,对于如今中小学实行的集团化办学不乏借鉴意义与参考价值:

其一,集团负责人是高度重视与大力支持是联盟管理体制创新的基础。从大港实验区的联合办学经验来看,联合办学的总负责人要有统筹协调的能力。以开展私塾研究会为例,刘百川克服了学校人手紧、任务重、路途远等困难,全力参加并主持每一次的研究活动。另外,总负责人还要葆有对教育的激情和热情。刘百川带着兄弟姐妹般的情感参与到实验区内四多所学校的课程教学、研究进修等活动当中,聚焦生活、深入实际、碰撞思维,进一步提高自身教学管理的能力。

其二,教师队伍建设是集团化办学管理体制建设的中心。办学水平高不高,教师是关键。而高水平的师资团队始于集团内部精细化管理,刘百川自始至终都将教师的培训及其研究能力的培养摆在核心位置。在他接任实验区管理工作后,他立即创立了辅导视察制度、研究进修制度、资源互通互学制度等,并逐年加以完善、推进,对每位教

---

① 刘百川. 乡村教育实施记(第1集)[M]. 上海:黎明书局,1936:282.
② 刘百川. 乡村教育实施记(第1集)[M]. 上海:黎明书局,1936:282—283.
③ 政协丹徒县文史资料研究委员会. 丹徒文史资料(第7辑)[G]. 内部发行,1992:176.

师的教学流程以及研究的成果评价都做了详细的记录。在精细化的质量监控管理下,教师的教学、研究与管理工作更趋于规范,教师的行为更趋于自觉。正是如此,大港实验区生活学校的教师们迅速成长、成熟,并涌现出了一大批有特色的学科教师。

其三,找准抓手是集团化管理体制建设的突破口。实验区成立伊始,刘百川将私塾研究会作为重要的抓手,邀请每一位塾师入会,其后又让生活学校的校长都加入其中。如此一来,即将浸润式研究互动作为实验区内师资优质资源进一步辐射、师资队伍整体发展的途径,将研究会中发现的问题以及提出的解决办法作为可供联合办学成员学校分享的一笔重要经验。此外,一批塾师经过研究会的打磨与陶铸,为各生活学校培养一批优质师资,并将"星星之火"带回所在乡村的学校,给自己学校的教育教学带去好的做法、新的气象。

综上所述,乡村教育是实现"新教育中国化"的重要途径,刘百川在"化农民"的过程中,实现了"农民化",这使得他在大港乡村教育实验区主持的义务教育与社会教育一体化的联合办学实践,得到了广大人民群众的拥护和爱戴,进而潜移默化地影响了当地的乡村文化。从长校东海中学附属实验小学到主持大港乡村实验区,他始终抓住教师的培养与进修作为学校变革的中心环节或主线。刘百川如此重视教师研究与培训的原因在于过去的实验区,还是行政化,而不是学术化;过去实验区工作同人,多缺乏自动研究的精神。毋庸讳言,近代中国,乡村塾师观念落后且队伍庞大,受过现代师范教育的教师又十分紧缺,刘百川所主张的针对乡村塾师的研究型培训,促使塾师更新教育理念,优化知识结构,提升教学技能,促使他们经历从启蒙者成长为专业人的转化。这种角色的转变也在无形中促发社学、私塾等传统学校向现代新式学校的教育教学模式转型,以此实现中国近代学校的现代化变革。

第八章 "三民主义"取向下的基础教育学校制度建构

基础教育学校制度的建构,从根本上说,取决于不同的社会意识形态。1927年国共分裂以后,国民党政府领导下的"三民主义"教育和中国共产党领导下的新民主主义教育分别进行了中国化探索,初步构建了现代意义上的学校教育制度。国统区的基础教育学校以"三民主义"教育为宗旨,确立学校理念与组织章程,设置特色课程并进行现代教学方式的探索,组织学生进行广泛的训育、体育和课外活动,在初步构建现代学校制度的同时,还形成了不同风格的学校文化和精神。

第一节 "三民主义"教育宗旨与制度建设

南京国民政府统治下的基础教育以"三民主义"教育为指针,通过《三民主义教育实施原则》和《三民主义教育实施方针》,在中小学教育教学中落实三民主义教育宗旨。在学制方面承袭了1922年新学制的主体内容,并略加修改。在学制修订的基础上,国民政府通过颁布系列教育法令法规,厘定中小学教育目标,完成了基础教育的基本制度建设。

一、从"党化教育"到"三民主义"教育
(一)"党化教育"的提出

1927年4月南京国民政府成立后,蒋介石号召全国实行"党化教育",其含义即是在国民党领导下,求得教育的"革命化""民众化""科学化""社会化",即把教育方针建立在国民党的根本政策之下,按国民党的"党义"和政策的精神重新改组学校课程,不

仅造就各种专门人才,尤其要使学生走出学校后都能做党的工作。① 出于推行"党义"的需要,国民党命令学校设立"党义"课专职教师,并制定了《各级学校党义教师检定委员会组织条例》《检定各级学校党义教师条例》。由此可见,蒋介石推行的"党化教育"的目的在于强化国民党对学校教育的控制,为实现国民党一党专制服务。

(二)"三民主义"教育宗旨及其实施方针的确定

由于"党化教育"的提法过于露骨,出台后即受到进步人士的抨击。为解决这一问题,国民党有关人士对其教育宗旨进行新的探索。1928年5月,中华民国大学院在南京召开第一次全国教育会议,决定取消"党化教育"一词,以"三民主义"教育代之。1929年3月25日,国民党第三次全国代表大会第十一次会议表决通过了《确定教育宗旨及其实施方针案》。4月26日,又以国民政府令的形式,公布了如下教育宗旨:"中华民国之教育,根据三民主义,以充实人民生活,扶植社会生存,发展国民生计,延续民族生命为目的;务期民族独立,民权普遍,民生发展,以促进世界大同。"②

之后,国民政府于1931年先后公布了《三民主义教育实施原则》和经过修正的国民教育实施方针,对各级各类学校教育中如何落实"三民主义"教育宗旨做出了具体规定。其中,《原则》分别对初等教育、中等教育、高等教育、师范教育、社会教育、蒙藏教育、华侨教育及派遣留学生等8个方面,规定了具体的"目标"和"实施纲要"。其中,初等教育的目标是"使儿童整个的身心,融育于三民主义教育中",并"具有适合于实际生活之初步的知能";中等教育的目标是"确定青年三民主义之信仰,并切实陶冶其忠孝仁爱信义和平之国民道德","养成其从事职业所必具之知能"。③ 1931年11月,国民党第四次全国代表大会公布了新的"三民主义"教育实施方针,其中与基础教育相关的内容为:"(1)各级学校三民主义之教育,应与全体课程及课外作业相贯连。以史地教科阐明民族主义之真谛;以集团生活训练民权主义之运用;以各种生产劳动的实习,培养实行民生主义之基础;务使知识道德,融会贯通于三民主义之下,以收笃信力行之效。(2)普通教育,必须根据总理遗教,以陶融儿童及青年'忠孝仁爱信义和平'之国民道德,并养成国民之生活技能,增进国民之生产能力为主要目的。"④ 至此,"三民主义"教育宗旨及其实施方针最终确立。

---

① 国民政府教育行政委员会.国民政府教育方针草案[J].教育杂志,1927,19(8).
② 教育部教育年鉴编纂委员会.第一次中国教育年鉴(甲编)[G].上海:开明书店,1934:8.
③ 教育部教育年鉴编纂委员会.第一次中国教育年鉴(甲编)[G].上海:开明书店,1934:17—19.
④ 教育部教育年鉴编纂委员会.第二次中国教育年鉴(第1编)[G].上海:商务印书馆,1948:4.

（三）"三民主义"教育宗旨的两面性

对三民主义教育宗旨的评价，可以从不同的角度来进行。从政治学的角度来看，任何政党的教育宗旨都不可能脱离现实政治而孤立存在，都有其根本政治目的，国民党也是如此。蒋介石曾明确地指出："确定三民主义教育宗旨及其实施方针"是"关系以党建国、以党治国的根本大计"，因而命令"教育部切实施行，务期启迪全党，实行三民主义"。可以说，"三民主义"教育是蒋介石"一个党"、"一个主义"和"三民主义治国"政治原则在教育领域的直接反映。①蒋介石嘴上喊着"民族独立，民权普遍，民生发展"的"三民主义"口号，却行反共剿共、镇压民众之实，与孙中山提出的"联俄、联共、扶助农工"的"新三民主义"背道而驰，正体现了"三民主义"教育宗旨在政治上的反动性。而从教育学的角度分析，三民主义教育宗旨及其实施方针，确有一些合理的、值得后人借鉴之处。如它注重"德智体美兼备"，强调以"国民道德"的陶融与"知识技能"的养成来造就"现代国民"，认为"国民惟有现代化，才配做独立自由的国民。国民能做独立自由的国民，国家才能成为独立自由的国家"。②在其实施方针及《小学法》《中学法》等教育法规中，不仅有总体教育目标的设定，而且将教育目标分解为阶段性的、具体的、可操作的实施步骤，形成一套比较完整的各级各类教育必须遵循的法令、条例、规范和程序，在一定程度上体现了教育的现代性，值得后人总结和借鉴。

二、"新学制"的修订与西方教育制度的本土化探索

"三民主义"取向下的基础教育学校制度建设，首先基于1922年"新学制"和其后在此基础上进行的修订和局部调整，其次基于国民政府颁布的系列中小学教育法令法规对中小学教育目标的规定而进行的本土化探索。

（一）1922年"新学制"的内容

南京国民政府成立后，在学制方面承袭了1922年"新学制"的规定。借鉴美国学制而形成的1922年"新学制"（又称"壬戌学制"或"六三三学制"）强调：适应社会进化之需要；发扬平民教育精神；谋个性之发展；注意国民经济力；注意生活教育；使教育易于普及；多留各地伸缩余地。在学校系统上，"新学制"将全部学校教育分为3段6级，从6岁入小学到大学毕业，共18年。第1段为初等教育，包括幼稚园和小学校。幼稚

---

① 李华兴.民国教育史[M].上海：上海教育出版社，1997：461.
② 蒋介石.中国之命运[G]//蔡尚思.中国现代思想史资料简编（第4卷）.杭州：浙江人民出版社，1985：349.

园收6岁以下幼儿。小学分为初、高两级：初级小学4年，为义务教育；高级小学2年。第2段为中等教育，包括中学校、职业学校、师范学校和补习学校。中学分为初、高两级，共6年。中学校一般采用初中3年和高中3年的"三三制"。初级中学为普通教育，但视地方需要兼设各种职业科；高级中学实行选科制，设普通、农、工、商、师范、家事等科，可单设一科或兼设数科。师范学校学制6年，后2年或3年采取分科选修制。第3段为高等教育，分两级。第一级包括大学及专门学校；第二级为大学院，为大学毕业及具有同等学历者研究之所，年限不定。① 1922年"新学制"体现了民主、科学精神和实用主义教育思想，对其后民国时期的一系列教育改革产生了深远影响。正是从1922年"新学制"颁布开始，中国教育才真正开始了科学化过程，因此，它被认为是"我国教育发展到一个重要阶段的标志"。②

（二）1928年"戊辰学制"的颁行

为适应南京国民政府推行"三民主义"教育的需要，1928年5月，国民政府主管全国教育、学术的最高行政机构——大学院在南京召开第一次全国教育会议，以1922年"新学制"为基础并略加修改，通过了《整理中华民国学校系统案》，即"戊辰学制"，分原则与组织系统两部分。第一部分规定了七条原则：（一）根据本国实情；（二）适应民生需要；（三）增高教育效率；（四）提高学科标准；（五）谋个性之发展；（六）使教育易于普及；（七）留地方伸缩之可能。第二部分为学校系统，与1922年"新学制"的规定基本一致。

从原则来看，与1922年"新学制"相比，1928年的"戊辰学制"更重视适应本国实际和民生需要，强调教育效率和学科标准的提高，体现了实用主义教育理论的中国化探索。从根本上说，中华民国学制在1922年新学制颁行时已基本定型；后来南京国民政府教育部陆续制订的各级各类学校组织法以及1937年和抗战时期颁布的学制系统，都保持了"六三三学制"的主体部分，但在其大框架之下，在具体实施方面根据中国时局变化作了一些局部调整，进行了更加具体和深入的本土化探索。

（三）西方学制本土化的进一步探索

1928年之后，南京国民政府对学制的局部调整和修订主要包括以下内容：一是1931年废止综合中学制度，把师范教育和职业教育从中学分离出去而单独设立，以便于普通教育、师范教育和职业教育的独立发展；二是1932年后通过《小学法》《小学规

---

① 朱有瓛,主编.中国近代学制史料(第三辑)下册[G].上海：华东师范大学出版社,1992：804—807.
② 孙培青,主编.中国教育史[M].上海：华东师范大学出版社,2000：397.

程》对小学学制进行灵活调整,把小学分为完全小学、简易小学和短期小学,实施二部制和巡回教学,改良私塾,以便于义务教育的普及;三是抗战时期国民政府为配合新县制的推行而将义务教育与国民教育合流,实行政教合一,建立国民教育制度;四是实行中学分区制,为贯彻国民党"战时须作平时看"的抗战方针,把一个省区划分若干学区,集中区内力量办至少1所省立中学或联立中学,从而使中学教育得到加强。这些局部调整,使我国的基础教育未因战争的影响而出现倒退或停滞不前,而是不同程度地促进了国统区基础教育的持续发展。因此,国民政府时期是中国基础教育进入本土化发展,并开始走上全面制度建设的时期,它矫正了"新学制"在实际操作中的某些问题,使"新学制"成为一个更有效的学校教育制度,完成了我国基础教育现代学制的基本框架构建。[1]

三、中小学教育目标的确立

重视教育教学目标的厘定,是国民政府时期中小学教育的重要特点。在学制修订的基础上,南京国民政府在1932年以后颁布了《小学法》《中学法》《小学规程》《中学规程》等教育法令,对中小学教育目标做了明确规定。

(一) 小学教育目标的确立

关于小学教育目标,1932年的《小学课程标准总纲》规定:"小学应根据三民主义,遵照中华民国教育宗旨及其实施方针,发展儿童身心,培养国民道德基础及生活所必需的基本知识和技能,以养成知礼知义爱国爱群的国民。"这一目标具体包含以下几个方面:(1)培养儿童健康的体魄,陶冶儿童良好的品性;(2)发展儿童审美的兴趣;(3)增进儿童生活的知能;(4)训练儿童劳动的习惯;(5)启发儿童科学的思想;(6)培养儿童团结互助的精神;(7)养成儿童爱国爱群的观念。1936年、1942年和1948年,国民政府都对小学教育目标进行了修改,基本内容稍有变化,但变化不大。1936年,由于日本侵华危机的日益逼近,在修正的课程目标中,德育目标增加了"民族意识"和"国民道德"方面的条目。如1942年的修订以《小学法》为基础,强调"以期养成修己善群、爱国之公民为目的",并将关于培养国民道德的目标改为"养成公民良好习惯"与"培养我国固有道德"。[2] 1948年第二次修订后则突出了"发展中华民族固有的国民道德",

---

[1] 黄书光.中国基础教育改革的历史反思与前瞻[M].天津:天津教育出版社,2006:37.
[2] 教育部教育年鉴编纂委员会.第二次中国教育年鉴[G].上海:商务印书馆,1948:210.

"培养爱护国家协和世界的公民理想",删去了"培养民族意识"的内容。① 所谓"中华民族固有道德",即是"四维"——礼义廉耻、"八德"——忠孝仁爱信义和平。总之,国民政府时期小学教育的目标可概括为小学生德、智、体、美、劳全面发展,强调团结互助、爱国爱群与科学思想的启迪、生活能力的培养。要说这个过程有些变化的话,那就是从培养"国民"变为培养"公民";后期更强调"发展中国民族固有道德"。前者应该与当时中国社会先进知识分子提倡民主建国的现代化思想有关,后者则与国民党政府欲通过强化中国传统文化教育,以稳定其统治相关。

(二) 中学教育目标的确立

关于中学教育,以1932年为界,此前沿用"新学制"的中学制度,实行综合中学制度,分设普通、师范、农业、工业、商业、家事等科,可以同一中学开设,普通科仍采用文、理分组的办法。1932年国民政府教育部废止综合中学制度,将职业、师范和中学三者分别设立。1932年公布的《中学法》将中学的教育目标规定为:"中学应遵照中华民国教育宗旨及其实施方针,继续小学之基础训练,以发展青年身心,培养健全国民,并为研究高深学术及从事各种职业之预备。"1935年公布的《中学规程》将这一目标分解为如下7个方面:锻炼强健体格,陶冶公民道德,培养民族文化,充实生活知能,培养科学兴趣,养成劳动习惯,启发艺术兴趣。② 由此可见,改革后的中学教育目标更强调教育的学术性,其职业预备的目标有所弱化。

第二节 学校理念与组织章程

如果说,三民主义教育宗旨及其学制与目标是基础教育学校共同遵循的制度规范,那么中小学校的理念和章程则在一定程度体现了不同学校的文化个性。

一、校训的多元与统一

校训是学校办学理念与宗旨的高度浓缩,集中体现了学校的思想文化与核心精神。民国前期,许多中小学校提出了各具特色的校训,但1938年以后,国民政府对全国各学校的校训进行统一控制,各学校的校训趋向统一。

---

① 教育部.小学课程标准[M].上海:商务书印书馆,1948:1.
② 于述胜.中国教育制度通史(第七卷)[M].济南:山东教育出版社,2000:123.

(一) 校训的含义

关于"训",许慎《说文解字》明白指出:"训,说教也。"《康熙字典》将"训"解释为"说教""诲""导""诫",即教诲、教导、告诫、劝诫,与说教的含义类似。关于"校训",《辞海》解释为:"学校为训育上之便利,选若干德目制成匾额,悬之校中公见之地,是为校训,其目的在使个人随时注意而实践之。"①这种解释体现了校训对学生的训育作用,主要指 20 世纪二三十年代我国中小学对训育的重视,反映了一定的时代特征。《教育管理词典》对校训的解释为:"言简意赅的体现学校精神风貌的词句""根据办学目的和学校特点,选择名人名言、格言警句,制成匾额,悬挂在学校显而易见的场所,视作学校的座右铭。目的是使全体师生员工都能遵照执行。"②《中学百科全书·学校管理卷》将"校训"解释为:"校训是学校规定的基本准则,反映学校特点,对师生的言行具有重要指导意义,要求全校师生共同遵守,对办学目标的实现和良好校风的形成具有重要的推动作用。"③

综合上述定义,校训的特点可概括为四点:一是校训要有教育性;二是校训要反映学校办学宗旨和精神风貌;三是校训要精炼、言简意赅;四是校训应体现不同地区不同学校的特点,要彰显个性。

(二) 中小学校训的多元化

民国前期,在先进知识分子提倡中国优秀传统文化与民主政治的大环境下,受教会大学和新式大学的校训引导,我国许多中小学校提出了大量风格不同、特色各异的校训。

1. 校训形式的多样性

当时中小学校训的形式,包括句式和词语组合多姿多彩,主要有一言二字、一言三字、一言四字以及四言四字、四言八字等句式。其中一言二字校训如上海市澄衷中学前身澄衷蒙学堂的"诚、朴"校训,上海市浦东中学的"勤、朴"校训,上海市松江二中前身江苏省立第三中学的"诚、敬"校训,山东省立第二中学的"仁、勇"校训,厦门市集美中学的"诚、毅"校训;一言三字校训如北京市汇文中学前身京师私立汇文中学的"智、仁、勇"校训,四川成都树德中学的"忠、勇、勤"校训;一言四字校训如山东省烟台一中前身芝罘中学的"公、诚、勤、毅"校训,浙江春晖中学的"勤、慎、诚、恕"校训,北京宏庙

---

① 辞海编辑委员会.辞海[M].北京:中华书局,1999:1493.
② 李典.教育管理词典[M].北京:三环出版社,1989:183.
③ 苏步青.中学百科全书[M].上海:华东师范大学出版社,1994:248.

小学前身北京师范附属小学的"勤、俭、诚、勇"校训,四川宜宾一中前身翠屏书院的"公、勇、诚、朴"校训,四川广安中学前身广安县立中学的"勤、诚、俭、静"校训,北师大附中前身国立北京高师附中的"诚、爱、勤、勇"校训,上海市南洋模范中学前身南洋公学附属小学的"勤、俭、敬、信"校训,上海市第二中学前身务本女子中小学校的"诚、勇、检、朴"校训,天津南开区中营小学前身天津模范小学的"勤、朴、敏、捷"校训,湖南长沙一中前身湖南省公立高等中学校的"公、勇、勤、朴"校训;四言四字与四言八字校训如北平私立育英中学的"致知力行"校训,上海格致中学的"格物致知,求实求是"校训,天津南开中学的"允公允能、日新月异"校训,等等。这些不同句式和词语组合,体现了民国前期中小学校训形式的多样性。

2. 校训内涵的丰富性

民国前期中小学校的校训,不仅形式多样,而且因具备中华优秀传统文化底蕴,从而具有深厚丰富的精神内涵。

(1)彰显中华传统道德

以儒家文化为主体的中国传统文化形成了勤劳、俭朴、诚实、仁爱、忠诚、勇敢等传统美德,这些内容构成了中小学校训的主体内核。"勤""诚""敬""朴""俭""德""勇""公""忠""智""仁"等传统美德,成为民国前期诸多中小学校训的高频词,体现了中华传统文化对校训的巨大影响。就个案而言,如北京市汇文中学的前身京师私立汇文中学的高凤山校长于1926年上任后,大胆革新,以"智、仁、勇"为校训,并确立校旗、校色。1929年蔡元培先生为之题释,内容为"好学近乎智,力行近乎仁,知耻近乎勇",并以此书赠汇文中学。这种阐释取自《中庸》,把抽象的校训通俗化、具体化,体现了当时教育领导者深厚的传统文化道德修养。

(2)蕴涵家国情怀

在当时列强环伺、积贫积弱的中国半殖民地半封建社会,许多中小学校的创办者以扬我文化自信、振兴中华民族为目的。因此,许多学校的校训蕴涵着创办人爱国爱家的民族情怀。如厦门市集美中学的创始人陈嘉庚提出"诚、毅"校训,意即诚以为国,实事求是,大公无私;毅以处事,百折不挠,努力奋斗。希望学生以此校训,努力地读书,好好地做人,好好地替国家民族做事。[①] 又如上海格致中学的"格物致知,求实求是"校训,其"格物致知"来源于《大学》的"八条目":格物、致知、诚意、正心、修身、齐

---

① 厦门市集美中学,编.厦门市集美中学[M].北京:人民教育出版社,1998:8.

家、治国、平天下，体现了传统的修齐治平思想，也蕴涵着家国情怀。

（三）中小学校训的统一

南京国民政府成立以后，为维护专制统治的需要，国民党逐渐提出统一中小学校的校训。蒋介石在第三次全国教育会议提出以"忠孝仁爱信义和平"八德和"礼义廉耻"四维作为共同的训育标准和校训。他说："我们要陶冶国民人格，必须有一致的标准。……现在我们各级学校往往各自制定各校的校训，所取德目互有重轻，非常的不一致。我个人的意见认为，总理忠孝仁爱信义和平的八德以及党员守则，可订为青年守则一致信守以外，所有全国各级学校，可以礼、义、廉、耻四字为共通的校训。"[①]1931年7月，国民政府教育部发出通令，要求各校悬挂"忠孝仁爱信义和平"蓝底白字匾额。

抗日战争开始后，国民政府进一步加强了对学校的思想控制，并强化训育制度。1938年，蒋介石正式下令全国上下统一校训为"礼义廉耻"，"国定校训"至此正式形成。1940年，国民政府公布《初级中学公民课程标准》，对学校生活的共通精神——"礼义廉耻"这一校训的意义，进行了专门的强调。[②]

虽然国民政府颁布了不少教育文件和法规，在形式上统一了全国校训，但处于战乱的环境下，政府无暇多顾及教育，中小学校也并未严格执行。学校仍有较大办学自主权，可以根据学校实际情况，坚守或提出各自校训，校训的内容和形式依然多样。

二、学校章程及规约

国民政府统治时期，很多学校、特别是中学制定了章程和相关规约、细则。关于章程，有学者认为，"章程为社团之宪章，系社团组织与实现其目的之准则"。[③] 章程中记载了某个组织、社团中诸如组织机构、组织关系、岗位职责、成员守则等涉及组织内部各成员之间的权利、义务以及成员与组织之间的权利义务关系等事项。学校章程是关于学校的纲领性文件，即学校为实现自主管理，保证学校教学秩序正常运转，依据法律规定的权力和程序而对学校内部管理进行全面规范的纲领性文件。

国民政府时期的学校章程即是依据国民政府颁布的教育宗旨、实施方针和相关法律而制订的规范学校教育教学管理的纲领性文件。有的学校称之为章程，有的学校称之为组织大纲。如《北平市市立第四中学校章程及规约》(1931)、《国立第二中学（原扬

---

① 教育年鉴编纂委员会.第二次教育年鉴(第六编第四章)[G].台北：台北文海出版社,1948：55.
② 宋恩荣,章咸.中华民国教育法规选编[G].南京：江苏教育出版社,2005：368.
③ 刘清波.民法概论[M].台北：台湾开明书店,1979：58.

州中学)章程》(1938)、《湖南省立第一中学组织大纲》(1929)、《金陵大学附属中学组织大纲》(1933)、《北平师范大学附属中学组织大纲》(1935)、《集美高级中学组织大纲》(1947)、《沪江大学附属中学章程》等。概而言之,国民政府时期的学校章程体现出如下特点。

第一,以国民政府颁布的教育宗旨和方针为指导思想。南京国民政府时期,多数学校,无论是公立学校,还是私立学校的章程,皆表示遵循南京国民政府颁布的教育宗旨和方针。如《湖南省立第一中学组织大纲》之"总则"指出"本校遵照政府颁布教育宗旨及实施方针,培养青年充分知识,健全身体,高尚品德,并施以升学预备,或应用技能之训练为宗旨";《北平师范大学附属中学组织大纲》之第二条规定:"本校除供师范大学教育研究及实习外,依照《中学法》第一条之规定,以实施下列各项之训练为宗旨。1.锻炼强健体格。2.陶融公民道德。3.培育民族文化。4.充实生活知能。5.培植科学基础。6.养成劳动习惯。7.启发艺术兴趣。"《北平市市立第四中学校章程及规约》"总则"之第三条指出"本校以实施中等教育,预备升学实力,兼培养职业能力为宗旨";《金陵大学附属中学组织大纲》的第一条为"本校为实施中学教育,遵照部定《中学校组织暂行条例》,酌加变通,定为本校组织大纲"。综合上述内容可见,国民政府时期各校的章程或组织大纲皆以南京国民政府颁布的三民主义教育宗旨或教育法律法规为指导而订立,体现了各校办学指导思想的正统性和统一性。

第二,详细地规定了学校师生的行为规范以及学习、生活、运动娱乐场所的行为规则,体现了学校教育管理的规范性。如《北平市市立第四中学校章程及规约》(1931),"总则"包括设立、宗旨、组织、会议、分级、班数、学额、修业年限、学科、入学、休学、转学、退学、升级、留级、毕业;学年、学期、休业日、奖惩、费用等方面的规定;"各项规则"包括操行成绩考查、学业成绩考查、试验、请假等规则和普通教室、理化实验室、手工教室、音乐教室、操场、图书馆、阅览室、学生接待室、宿舍等不同场所的规则;"各项办事细则"包括教务处、训育处、事务处、讲义室、图书馆等部门的办事细则和北平四中招生委员会章程等;"各项会社约则"包括:北平四中体育部、音乐会及国乐团、科学研究会、读书协作社简章、国画研究会章程和饭团及食堂公约。[①] 又如沪江大学附中章程中记载了"遵守规则"一章,作为学校内部人员的行为规范总则,具体内容包括:1.遵守一切规章制度;2.考试不舞弊,舞弊者重罚;3.不吸烟,酗酒;4.不准在校内停放自行

[①] 北京四中,编.北京四中[M].北京:人民教育出版社,1997:69—110.

车、机车;5.集会出版须主任认可送请校务会议通过方可执行;6.图书馆张贴布告须申请,通过后方可进行;7.周日停止一切运动活动;8.黑板布告公开,切勿损坏。① 可见,沪江大学附中的章程中也规定了事无巨细的行为规范,包括"不准停放自行车""每月一次周六下午经许可离校""病假,须校医证明""私自出校者,开除学籍"等非常严格的规定。其他如"宿舍规则""图书馆规则""电话间规则""沐浴规则""游泳池规则""教师规则""自修规则""用膳规则""娱乐集会规则""学生自治规则",等等,涵盖了学生生活的方方面面。

第三,当时许多中学设立了校务会议、教务会议、训导会议、事务会议、生活指导委员会、就业指导委员会等,在体现了学校组织管理的全面性、规范性的同时,也在一定程度上体现了学校管理的民主精神。如集美中学的《校务会议规程》规定,校务会议为校中联合议事之最高机关,由校长、各部主任、各处主任、各馆主任、医院主任、消费公社主任组成。每月开会两次,就校长、主任、教职员提出的议案和校中临时发生的事件进行讨论。②《北平师范大学附属中学组织大纲》规定,学校设校务会议,每学期开会两次,由主任(即校长——笔者注)、教导主任、训育主任、事务主任、全体专任教员和校医组成,以主任为主席;校务会议审议学校改进计划、预算计划、校舍建筑、各项工程、师范大学交议事项以及其他有关学校之重要事项。③ 校务会议之设定,体现了民国时期的学校管理非校长一人独断,而是由校长与各部主任、教职员工协商讨论,体现了学校管理的民主性,也在一定程度上体现了现代学校治理结构的初级特征。

第三节 课程设置与教学实施

为了完成中小学教育目标,严格训练学生身心、培养健全国民,国民政府教育部多次颁布、调整中小学课程标准,强调课程的统一性和规范性,令各级学校严格执行。但各学校根据本校实际和国家需要,开设了诸多个性化课程,增加了教学内容,实施新的教学方法,并针对教育部课程实施中出现的问题进行深入思考,提出了改进的思路。

---

① 张捷.民国时期中学章程研究[D].上海师范大学硕士专业学位论文,2015:12.
② 厦门市集美中学,编.厦门市集美中学[G].北京:人民教育出版社,1998:12—13.
③ 北京师大附中,编.北京师大附中[G].北京:人民教育出版社,2000:149—150.

一、课程设置

(一) 小学课程标准

在三民主义教育宗旨的指导下,国民政府先后于1929年、1932年、1936年、1942年和1948年发布了《小学课程暂行标准》《小学课程标准》《修正小学课程标准》《小学课程修订标准》和《小学课程第二次修订标准》,致力于小学课程标准的统一。

1929年8月,国民政府教育部颁布《小学课程暂行标准》,规定小学课程分党义、国语、社会、自然、算术、工作、美术、体育、音乐等9科。1932年10月,教育部对各门教学科目略加修正,颁定《小学课程标准》,规定初级和高级小学的科目有公民训练、卫生、体育、国语、社会、自然、算术、劳作、美术、音乐等10科。其主要变动是:取消了党义科,将其内容融入国语、社会、自然等科中,增加公民训练科作为实施训育的依据;划出社会、自然两科中的卫生教材,增设卫生科;将工作改为劳作,包括家事、校事、农事、工艺4项内容。1936年7月教育部再次修订并公布《修正小学课程标准》,主要变更有:将初级小学的社会、自然两科合并为常识科;一、二年级劳作、美术合并为工作科;体育、音乐合并为唱游科;取消卫生科,将其内容分解于公民训练、常识、自然科内。小学课程标准几经调整,至此基本定型。后来,教育部适应抗战需要,于1942、1948年两次修订课程标准,但基本内容没有改变。

可见,国民政府时期小学课程设置的变化,除了部分课程名称的变更外,主要体现在音乐与体育、美术(图画)与劳作、社会与自然等课目的分分合合,体现在分科教学还是混合教学的选择上。其实质是,在小学教育阶段,究竟是按照儿童生活经验的完整性还是按照学科知识的系统性进行教学,更能适应儿童的心理特点,提高教学的质量和效率。事实是,1948年后形成的课程标准采用了混合教学的原则。[①]

(二) 中学课程标准

南京国民政府成立后至抗日战争前,国民政府教育部曾3次公布课程标准:《中学暂行课程标准》(1929)、《中学课程标准》(1932)和《修正中学课程标准》(1936)。《中学暂行课程标准》(1929)规定,中学试行学分制,初中与高中分列,初中设置职业科目,取消选修科目;高中仍设选修科目,但文、实科不再分组。

1932年的《中学课程标准》规定初中的课程包括公民、体育、卫生、军训、国文、英语、算学、植物、动物、化学、物理、历史、地理、劳作、图画、音乐。每周教学34至35小

---

① 于述胜.中国教育制度通史(第七卷)[M].济南:山东教育出版社,2000:103.

时,在校自习 13 至 14 小时。高中的课程包括公民、体育、卫生、军训、国文、英语、算学、生物学、化学、物理、本国史、外国史、本国地理、外国地理、论理、图画、音乐。以时数单位制代替学分制,每周教学总时数为 31—34 小时,课外运动及在校自习 26 至 29 小时。与 1929 年的课程标准相比,取消了学分制,改为时数单位制;取消了选修科目;改"党义"为"公民",加强了语文、算学、史地等科的分量。

1936 年的《修正中学课程标准》主要变更内容有:减少各科教学时数,取消自习时数的规定;修改劳作课程,将工艺、农业并为一种,女性则注重家事;增设职业科目,每周 4 小时。课程标准几经调整,至此基本确定。[①]

1940 年,为适应抗战的需要,国民政府教育部又对中学课程标准进行了修订,主要内容是进一步减少教学总时数;高中自第二学年开始,分甲、乙两组,前者侧重理科,后者侧重文科,事实上等于恢复了高中文、理分科的做法。

总之,民国中后期,我国中学阶段已分为初中、高中两段,其中高中阶段普通高中单独设置,与中等师范教育、中等职业教育并列。普通高中的课程结构由于时局的变化而不断调整,加强了语文、算学和史地等学科的分量。文理分科问题,由民国初期的文、理分科到二者综合,再到后来恢复文、理分科,一直处于摇摆之中。

二、教学实施及反馈

(一) 个性化课程的开设

国民政府统治时期,多数中小学校根据当时教育部颁布的课程标准进行课程设置与教学实施。但部分学校根据学校特点和时事变化,设立了具有校本特色的个性化课程和教学内容。如国立中央大学实验学校中学部(即今南京师大附中)于 1937 年计划实行弹性制课程,自第四学年起实行分组选修制,以适应个性,使优材、中材学生各有相应进步。该校的课程依其性质分为民族学科、数理学科、外国语科、陶冶学科、青年训练五类型。其中民族学科教材,将中华民族之文化资产融会贯通,利用活动教学、环境教学、旅行教学为民族陶铸"健全分子",并注意使本学科内公民、国文、历史、地理各部门取得联络,避免重复;数理学科,继续小学之训练,注重科学知识之扩充,供给学生研究各学科所必须之数理知识,培养实验精神以确立高深训练之基础,包括算学、生理卫生、生物、化学、物理等学科;外国语科暂以英语为第一外国语,必要时得于选修学程

---

① 李华兴.民国教育史[M].上海:上海教育出版社,1997:628.

内增设第二外国语;陶冶学科包括图画、劳作、音乐三部门。实验班第三学年起,除公共必修课外,分为甲乙两组:甲组注重精神国防训练,增授中国文化史、经济地理、外国语、伦理学等科;乙组注重科学国防训练,增授数学、物理、化学等学科。[①] 北师大附中在林砺儒校长主政时期(1922—1931年),开设伦理学课程,以使中学生人格独立,健全发展。林校长指出,初级中等教育,是全教育历程中之最中段,其目的应在提高普通教育,完成全人陶冶。[②] 然后在此基础上让学生"自由选择",发展自己的个性。为此,当时的北平师范大学附中还在高中增设了第二外国语、解析几何、微积分初步、初等力学、电磁学、分析化学等课程,同时,在全校普及体育。

无独有偶,为适应抗战需要,厦门集美中学在1937年增加各科补充教材。如国文科增加了五方面内容:(1)诗歌:有罗家伦、冯玉祥、马君武、郭沫若、巴金、何香凝等人的抗战诗歌;(2)戏曲:有田汉的《保卫卢沟桥》等;(3)书信:有《河北省特种保安队8月30日反正通电》《国民政府抗战宣言》《巴金给川山钧先生的信》等;(4)传记:有历代反抗外来侵略的民族英雄小传;(5)演说:有冯玉祥的《我们应如何抗敌救国》、宋庆龄的《国共统一运动感言》,还有《共产党的抗战宣言》及朱德的《论日本决不可怕》等。化学科增加了四个方面:(1)关于爆炸化学;(2)关于毒气化学;(3)关于其他化学战备;(4)关于食物化学等。生物科增加了三个方面:(1)传染病之预防;(2)细菌与传染病之关系;(3)细菌之种类,敌人应用细菌战之预防等。其他如英文、物理、体育、劳作、美术、音乐等都增加了与抗战相关的内容。[③]

上述学校个性化课程和教学内容的开设,遵循了促进学生全面发展与个性发展的教育规律,体现了学校教育服务于国家与社会的时代特征,也体现了不同学校的不同特色。其中第二外国语和数学、几何、物理、化学等科目的前沿教学内容的开设,可与当今普通高中开设的大学先修课程相媲美,体现了国民政府时期基础教育课程与时俱进的现代化变迁。

(二) 教学方法的改进

除了个性化的课程设置以外,国民政府时期部分学校引进新的教育方法,尝试启发式教学法、自动式教学法等各种教学方法,以引起学生的学习兴趣,启发学生自主学习的能力。如湖南省立第一中学(即今湖南长沙一中)注重对学生的科学训练,培养健

---

① 南京师大附中,编.南京师大附中[G].北京:人民教育出版社,1996:141—143.
② 北京师大附中,编.北京师大附中[G].北京:人民教育出版社,2000:33.
③ 厦门市集美中学,编.厦门市集美中学[G].北京:人民教育出版社,1998:72—73.

全学生。其教学方法多用启发讨论式,虽有时因设备关系在课堂上有用讲演式者,但对各科教学,实际工作,极为注重,如英语之读说,算学之演算,国文之阅读工作,理化之实验,生物之解剖与采集,史地之制作图表等,皆尽量使学生有研习之机会,提高某科学兴趣。① 与此类似,《国立中央大学实验学校中学部施行实验教育方案》提出,采取自学辅导制之精神,奖掖学生自由研究与自动研究兴趣,以为现行普通教学法之改良;每日上午施行普通班级教学,注重课内讲授;下午应用自学辅导办法指导学生利用图书馆、实验室自动学习,自由研究。不同类型的学科研究方法有所不同:数理学科注重实验,民族学科注重研究与表现,外国语学科实施直接教学方法,工艺学科作有计划的实习,以补职业技能之不足。② 同样,北京师大附中的各科教学也进行了新的教学方法探索。如该校博物科的教学采用讨论式教学法或启发式教学法,自动式教学法,以养成学生自动及科学研究的能力;地理教学法,有暗示法、比较法、加叙法、精说法、归纳法和演绎法、同类之提出、大处着眼、修词之必要、问答法、直观法、地理游戏法等。③ 当时,各学校比较普遍、突出的教学活动与方法主要有以下三种。

1. 重视实验与实践,学以致用

南京国民政府时期,许多学校非常重视理科教学的直观性,强调学生亲手操作和亲身体验,并深入社会了解相关素材,以增强教学的实践性,让学生获得直接经验。如当时中央大学实验学校(即今南京师大附中)很重视科学试验的基本操作,比如,如何使用显微镜?如何观察?如何取试药?如何测试样品……既严格又耐心细致。④ 又如北平四中的物理教师经常带学生到自来水公司参观,(让学生)知道怎样把河水变为饮用水;到玻璃制品厂参观,知道怎样制成好看的玻璃花瓶;到一个物理研究所去参观X光机,知道X光透视的道理。李老师利用借来的光学仪器,在一个小小的暗室里,给学生做几何光学的演示。⑤ 当时北师大附中的实验室设备比较齐全,可以四人用一台显微镜,两人用一台天平。初中二年级时,有一门选修课叫"化学工艺",学生就在实验室内学会制作皮鞋油、美发霜、洗头水、蜡烛、肥皂等。⑥ 与此类似,当时上海市大同中学实验室开放时间长,学生随时可以去,上课时有教师指导,有熟练教工协助,使实验

---

① 湖南省长沙一中,编.湖南省长沙一中[G].北京:人民教育出版社,1997:92.
② 南京师大附中,编.南京师大附中[G].北京:人民教育出版社,1996:141、146.
③ 北京师大附中,编.北京师大附中[G].北京:人民教育出版社,2000:185、192—193.
④ 南京师大附中,编.南京师大附中[G].北京:人民教育出版社,1996:170.
⑤ 北京四中,编.北京四中[M].北京:人民教育出版社,1997:129.
⑥ 北京师大附中,编.北京师大附中[G].北京:人民教育出版社,2000:241.

室成为培养学生动手能力、印证课堂教学内容以及启发试验研究精神的极好场所。①

把理工科的实验与社会生活相结合,学以致用,也是国民政府时期中学教学的主要特点。如当时江苏省扬州中学教师带领高三土木工程科的学生进行实习测量,从北门外史公祠为起点,测到平山堂,先用经纬仪测导线,小平板测地形,水平仪测标高,全班级分为四个小组,轮流使用仪器做各项专业工作。把野外作业的成果,各人整理出来,绘制成地形图及各项表格,作为毕业答卷成果。②

2. 注重学生的自主学习和分析理解

发挥学生学习的主动性和自主性,让学生在理解的基础上掌握所学知识,也是当时中小学校各学科教学的主要特点。如30年代初,南京金陵中学的英语教学程序为:教师先布置学生三到四页课文,学生回去查字典,弄懂课文;第二节课,由学生尽量提问,不论是语音、语法、内容,教师只负解答之责,很少领读课文;……第三节课,教师就要进行小测验,大多为听写或是默书,有时要学生背诵,每次都认真记分,作为平时成绩;第四节课,老师进行小结,提纲挈领地再度理顺课文,加深所学印象。③关于历史和地理教学,据毕业于中央大学附中(今南京师大附中)高中心理实验班的许翼云先生回忆:"有一位教历史的实习老师,……以通史方式讲(历史),讲政治演变的前因后果,与地理文化的关系,又讲我国官制、兵制、赋税等演变的过程等等,这位先生对我读史的影响很深,使我把历史看为多股绵延不断的脉络相纠相结所造成,……如此读史,不会流于死背,而且能够活用。地理老师……也注重分析,在讲地理时,也着重在一地的地形、气候等对该地人文、经济等的影响,所以这史地之门均以分析为主,学习起来,顺理成章,轻松愉快,不必有死背之苦。"④由此可见当时各科教师的教学功底之深和教学水平之先进,与当今我国提倡的教学观念不分伯仲。

3. 用英语原版教材教学,与国际接轨

国民政府时期,除南京金陵中学、北平育英学校、汇文学校、协和学校等教会学校用英文原版教材外,一些公立学校也用英文教材。如20世纪30年代初期,南京金陵中学初一的英语教材为《泰西五十轶事》,初二是《泰西三十轶事》,初三换为《天方夜谭》,高一是《格列佛游记》,高二是《世界短篇小说选》,高三为《约翰逊行述记》,外加一

---

① 上海市大同中学,编.上海市大同中学[G].北京:人民教育出版社,1997:41.
② 江苏省扬州中学,编.江苏省扬州中学[G].北京:人民教育出版社,1997:215.
③ 南京市金陵中学,编.南京市金陵中学[G].北京:人民教育出版社,1998:87.
④ 南京师大附中,编.南京师大附中[G].北京:人民教育出版社,1996:221—222.

份《密勒氏评论周报》,都是英文原版教材。另外,其他学科如范氏大代数、三角、解析几何、物理、化学、世界史都是英文本。① 湖南长沙一中用英语原本《达夫物理学》作为教材,演习都是用英语。北师大附中从高二年级起,高中代数、解析几何和物理都采用英文教材,这对于学生熟习英语和练习阅读英文科技书籍,曾起过很好的作用。② 在西学东渐的近代中国,用英文原版书作为教材,与国际先进教育接轨,也就更有利于我国基础教育的现代化。

此外,当时在江浙、上海等地一些中小学校和幼儿园,广泛开展陶行知先生的"教学做合一"和陈鹤琴先生的"活教育"实验,本书其他章节有详细论述,此不赘述。

(三)部颁课程与学制的问题反馈

民国中后期,一些中学在实施国民政府教育部颁布的学制与课程的过程中,发现了一些问题,并基于学校与学生实际及国家对人才的需求提出了改进的思路。

1. 关于课程标准

国立中央大学实验学校在1935年出版的《实验教育》第2卷第6期中刊载了《本校实验部颁中学课程标准后之意见》一文,文中指出,教育部颁布的课程标准有以下问题:"一是在精神上似缺统一标准的理想型";二是"在分量上稍感生徒负担过重之弊";三是"在科目取舍钟点支配上,不免有削足适履、勉强迁就之嫌";四是"在少数学科之内容上,或涉艰深,或嫌浅薄,或感其无裨实际生活"。针对这些问题,文章提出如下建议:在教学目标上,"宜注意于智仁勇兼备的民族成员之培育,而以健全的中国童子军及模范军士之训练,为具体典型";在教学科目上,分为三大类型即"做人的训练"(包括公民训练、童子军、军事训练、健康活动)、"技能培养"(包括艺术活动、勤劳活动)和"知识的陶冶"(包括国语科、英语科、社会科、自然科、算学科);③在其他科目的设置及课时上也提出了具体建议。

2. 关于文实分科

《北平师大附中高中文实分科意见书》(1941年)指出了文实分科之弊:(1)实科学生终日埋首于自然科学之研究与实验,必致对文学及社会科学一概漠视,其结果对于人文社会之常识必欠充足,文科之算数物理及化学因教学时间过少,教员之分配教材既感困难,而学生之学习亦不易有所得……(2)势必造成"重实科而轻文科"之弊。此

---

① 南京市金陵中学,编. 南京市金陵中学[G]. 北京:人民教育出版社,1998:87—88.
② 北京师大附中,编. 北京师大附中[G]. 北京:人民教育出版社,2000:229.
③ 南京师大附中,编. 南京师大附中[G]. 北京:人民教育出版社,1996:120—127.

文认为文实分科对于大学、国家、社会前途影响尤深且巨,"因实科学生多升入大学理工学院,而文科学生自必升入文法教育等学院。天才集中于理工科,低能之人始学文法教育等科,此种弊害自必实现于数年或十数年之后"。①

上述学校课程实施中的问题反馈,体现了部分中学对国家课程和教育制度的深入思考,也在一定程度上体现了部分学校在课程实施上的自主性、独立性和创新性。其中一些思考和建议,为后来的基础教育研究和发展提供了重要参考和启示。如关于文实(理)分科问题,经过多年研究和实验,目前已经成为我国新高考改革的核心内容,即取消文理分科,实行选科制,由此可见当年北平师大附中对于学科教育的远见卓识。

第四节 学生活动

如果说,学校课程的设置与实施主要表现为学校教育中的学术型课程,那么,学生在课外进行的体育、训育及其他各种活动则为活动型课程。南京国民政府时期,中小学校的学生活动多种多样,学生体质和其他各方面的综合素质均得到提高。

一、训育的广泛开展

(一) 训育制度的建立

"训育"流行于民国时期,是当时学校教育的重要词汇,其概念内涵比较复杂。学术界对其概念界定也是见仁见智,众说不一。本书取"训育即德育"之意。民国前期,特别是"五四"运动前后,训育的理论与实践曾一度呈鼎盛之势。国民政府成立后,为加强对中小学校的控制和管理,继续实行训育制度。1929年7月,国民政府教育部通令全国实行国民党中央执行委员会的《中小学训育主任办法》,要求学校设立训育主任和训育人员,专事考察学生的思想、言论和行动,开始在全国中小学实行训育制度。此后,国民政府教育部又颁布一系列有关训育的法令法规,详细规定中小学实施训育的具体要求。1939年9月,教育部颁布《训育纲要》,从训育的意义、内容、目标、实施等方面对中小学校训育提出要求。

关于训育的目标,《训育纲要》根据国民党管、教、养、卫合一的政策,把训育目标确立为"自信信道""自治治事""自育育人""自卫卫国"4个方面。"自信信道",即使青年

---

① 北京师大附中,编.北京师大附中[G].北京:人民教育出版社,2000:161—162.

确定"高尚坚定的志愿与纯一不移的共信",主要与文化教育生活(教)相联系;"自治治事"即培养"礼义廉耻的信守与组织管理的技术",主要与政治生活(管)相联系;"自育育人"即"刻苦俭约的习性与创造服务的精神",主要与经济生活(养)相联系;"自卫卫国"即"耐劳健美的体魄与保民卫国的智能",主要与军事及体育(卫)相联系。①《纲要》还指出:"自信信道为诚的工夫,自治治事为仁的工夫,自育育人为知的工夫,自卫卫国为勇的工夫。"

关于训育的内容,图8-1②显示了中学训育的内容。

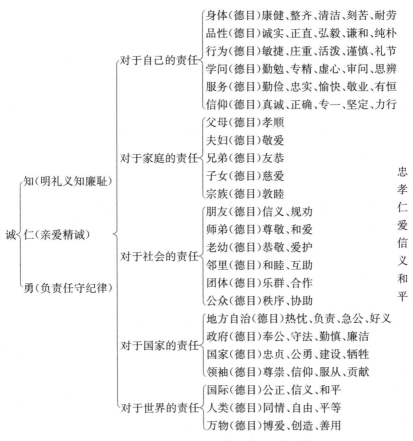

图8-1 中等学校训育科目系统表

从《训育纲要》中关于训育的目标与内容来看,具有一定的逻辑性。由对自己、对

---

① 于述胜.中国教育制度通史(第七卷)[M].济南:山东教育出版社,2000:137。
② 教育部教育年鉴编纂委员会.第二次中国教育年鉴[G].上海:商务印书馆,1948:365.

家庭的责任开始,逐渐扩大为对社会、对国家和对世界的责任,由近及远,体现了训育的渐进性、发展性;"中等学校训育科目系统表"的大框架是"诚""知(即智)""仁""勇",与训育的目标"自信信道""自治治事""自育育人""自卫卫国"完全一致,从而使训育的内容与目标对接起来。从训育的内容来看,对自己、对家庭和社会的责任之德目更多地属于传统道德范畴;而对国家、对世界的责任之德目则更多地属于现代道德范畴。二者如何有机融合,如何把传统道德赋予现代意义,并没有体现出来。

(二)学校训育的实施

1. 训育处的设立

南京国民政府成立后,中小学校组织系统进一步完善。其中,训育的组织机构已经在许多中学设立。根据张文昌1931年统计沿海6省80所中学的学校组织系统情况,其中分布的79所学校中有70所设立了训育、训导或指导部。① 具体而言,如《北平市市立第四中学章程及规约》(1931年)规定,本校设教务、训育、事务三处。其中,训育处设训育主任一人、训育员一人,校医一人,各有明确的职责规定。其中训育主任之职掌如下:1. 拟定训育方针及实施方案。2. 学生思想、行为、言论的考查、指导及纠正。3. 学生各种团体活动的指导。4. 学生间纠纷的解决。5. 学生操行的评定。6. 召集关于训育的会议,并执行其议决案。② 另如国民政府时期金陵中学训育处设训育主任一人,训育员、教室管理员、自修指导员若干人;该校训育处的职责范围包括履行个别讲话、全体讲话,指导学生生活,考察学生个性,评判学生操行,处理学生纠纷,统计学生各种缺席,维持膳堂秩序等20项。③

2. 训育内容

自"新学制"实施以后,民国中小学训育被渗透到以公民科为主要科目的各科教学和各种课外训练之中。因此,中小学训育的内容可分为课内的课程与课外的训练两部分。训育课程的实施可使学生获得德育知识,形成正确的德育观念;训育的课外训练,则将会帮助学生将获得的道德知识转化为道德行为。二者相辅相成,缺一不可。

(1)课程

国民政府时期,中小学训育的课程在高级小学以社会科为主,在中学以公民科为主。以下以中学公民科为例来介绍中学训育的内容。关于中学公民科的教学目标和

---

① 张文昌. 中学教务研究[M]. 上海:上海民智书局,1933:12—13.
② 北京四中,编. 北京四中[G]. 北京:人民教育出版社,1997:89.
③ 南京市金陵中学,编. 南京市金陵中学[G]. 北京:人民教育出版社,1998:55.

教学内容,1936年修正后的中学课程标准规定其内容包括初中与高中两个阶段,初中的教学目标包括使学生"养成立己合群之善良品性"、培养"明了三民主义之要旨"和"地方自治之基本知识"的"健全之公民资格"与"确定复兴民族之道德的基础"三个方面;高中的教学目标为使学生"习得社会生活必需之知识以及组织能力治事方法""认识中国国民党之主义、政纲、政策之重要性""养成其对于复兴民族之责任心"。① 由此可见,此时的教学目标强调政治性,突出了新生活运动之精神和国民党之党义的重要性,强调传统道德的价值,强调公民的社会责任感与做事能力。以教学目标为依据,1936年修正课程标准对公民科的教材纲要和教学内容作了详细规定,其中初中阶段的教育纲要包括公民之意义、学校生活与公民道德之培养、家庭生活、社会生活、公民与国家、公民与政治、地方自治等。高中阶段的教材纲要包括社会问题、政治概要、经济概要、法律大意、伦理大意。每一纲要又含有若干具体内容,如高中阶段的社会问题纲要,即包含有人口问题、农村问题、劳动问题、职业问题和婚姻问题。② 这些教材纲要和教学内容的特点与上述教学目标相一致,也是突出国家民族意识和"新生活运动"之精神,强调学生对社会生活各方面知识如政治、经济、法律、道德等的了解,以培养适于现实生活的合格公民为目标。

(2) 训练

中学训育之课外训练包括高中的军事训练和初中的童子军。1929年后,国民政府开始对高中实施军事训练,在初中设童子军。从资料来看,各学校的训练标准和内容有所不同,但都与学生的课外生活、社会生活实践相结合。如南京市金陵中学的训育标准有"十大信条":博爱、谦恭、互助、尊重、诚实、勤劳、俭朴、健康、快乐、清洁。每个信条都有举例,如对"博爱"举例如下:"对于党国要忠;对于父母要孝;对于师长及同学要敬爱;对于校工要体恤;对于穷苦残疾者要扶助;对于自然界生物要爱护。"又如对"诚实"举例如下:"不说谎话;言行相符;做事能负责任。"③同期,江苏省立扬州中学的《教导训练周实施计划》包括生活周、早起周、劳动周、比赛周、礼貌周等不同阶段的训练;《初中部教训童合一实施概况》介绍,本校童子军的训练包括起床、入睡、就餐、上课或自修以及着装等方面的纪律训练,升旗降旗、演讲或训话、上课以及平时师生、同学之间的礼貌训练,以及服务训练、敏捷守时训练、整洁卫生训练、思想道德训练、学科技

---

① 教育部. 初高级中学课程标准(1936)[M]. 上海:商务印书馆,1936:1.
② 教育部. 初高级中学课程标准(1936)[M]. 上海:商务印书馆,1936:2—4.
③ 南京市金陵中学,编. 南京市金陵中学[G]. 北京:人民教育出版社,1998:56—57.

能训练。① 北京师大附中童子军的训练事项包括教授（如授课、教练、实习、游戏），服务（如值日、工作、整理），游艺（如表演、布台、布景、化装、动作、音乐、跳舞、灯火等），法庭（如裁判、赏罚、进退、功过），社会服务（如急公好义、维持秩序、扶助善举、防盗防疫等），家庭服务（如洒扫、应对、友谊、烹饪、储蓄等），野外生活（如安营、炊事、露宿、星象、气象、方位、灯语等），旅行（如行李、锻炼、观察、常识、游山、涉水等），典礼（如升旗、宣誓、检阅、纪念会、联欢会、追悼会等）。② 上述种种活动场所的训练内容，有利于学生将教、学、做合一，将道德知识行为化、日常生活化，从而成为一种生活习惯。

上述中小学校的课内训育课程与课外的军事训练是密切联系、互为补充的。前者重在政治、经济、社会等各方面知识和思想的灌输，重在形成观点，提高认识；后者注重生活、学习中具体道德修养和行为规范的训练，重在身体力行，养成习惯。二者紧密结合，课内与课外训育相互补充，互相配合，所有教师都负有对学生进行道德教育的责任，类似于当今我国有些学校实行的全员导师制，有利于学生良好道德品质和行为习惯的养成与巩固。这其中许多经验值得总结和借鉴。

3. 训育的方式方法

国民政府时期中小学校实施训育的方式方法多种多样，注意照顾到不同学段学生的心理特征与性别差异，把训育与学生的日常学习、生活结合起来，让训育时时、处处发生。以下列举几种方式方法：

（1）标语激励法。如江苏省立扬州中学以标语的形式激发学生爱国观念，并指示其做人、修学、健身途径。如在学校大门口揭示："求学最终目的，在争民族生存""你如何做收回东北的准备，决心从做人、求学、健身上做起"；在要道口揭示："日本人说：'中国是无组织的国家。'我们要雪此耻，应该：服从纪律，实行自治，拥护正义，团结意志，恢宏气度，彻底合作，舍己为群，努力救国。"在女生宿舍揭示："扬中女生是不慕虚荣的，不爱装饰的，不甘倚赖的，不屑盲从的，勤苦耐劳的，活泼庄重的，气度宽宏的，勇敢有为的，躬操家事的，服务人群的。"③标语激励法，其实就是环境育人、文化育人的一种表现形式。面对各种催人上进的标语，学生天天耳濡目染，日日浸润其中，自然而然地受到了爱国、做人等方面的教育。

（2）公约制订法。如浙江一中为推行"三自"（即自主、自动和自我）训育，由学生

---

① 江苏省扬州中学，编. 江苏省扬州中学[G]. 北京：人民教育出版社，1997：200—201，148—150.
② 北京师大附中，编. 北京师大附中[G]. 北京：人民教育出版社，2000：106.
③ 江苏省扬州中学，编. 江苏省扬州中学[G]. 北京：人民教育出版社，1997：154—155.

参与订立寝室公约、自修公约、膳厅公约、集会公约、请假公约、教室公约、阅报公约、疗病室公约等,以发挥学生的主动精神。上述公约,首先由训育处拟定草案,其次召集学生会评议部全体评议共同审查,再召集学生全体通过。公约全体学生大会通过后,组织学生宣誓。如"集会公约"规定:"……四、开会的主席是我们所公推的,所以我们应服从他的合理的指挥。五、在会场中的发言,是我们各个人应得的权利,可是要照先后的次序。六、我们对于一切的表决,应服从大多数的意见,少数的牺牲,是当然的。七、我们认定在开会的时候,擅自退席的行动,很足以妨碍团体的秩序,所以应一致避掉他。……"[1]由学生参与制订各项公约的全过程,给其民主参与的权利,是实行积极训育的重要举措,这样有利于调动学生主动精神和责任意识,自觉遵守校规校纪。

(3)循序渐进法。如江西南昌将军渡小学李垂铭根据小学不同年龄的学生设计了教学方法。如第一阶段要求做到"天天按时到校""在上课时候不谈话不下位""在休息时不号叫不喧哗""不乱抛纸屑在地上""不乱拿人家的东西""走路不争先乱跑""吐痰吐在痰盂里""不随手打人"等。第二阶段有一定提高,如"天天早睡早起""排队时安静整齐轻快""我说的话句句都是诚实的"。第三阶段更加加强了"社会性""人文性"的内容与方法,增加了"爱护公共的东西""不抄袭他人的作品""做错了事即刻就承认、不诬赖他人""借别人的东西能爱护归还""不作无意义的顽耍"。[2] 这种根据学生的不同年龄特征制订日常规则要求的方式,符合儿童的认知规律,容易被儿童接受,从而增强了训育的效果。

二、体育运动与体育精神

民国时期,中国仍处于积贫积弱之半殖民地半封建社会时期。许多有志之士期望通过振兴体育运动,增强国民体质,改变旧中国"东亚病夫"的形象,进而改变中国人的精神面貌。如青年毛泽东就提出过"欲文明其精神,先自野蛮其体魄"的主张。蔡元培先生也曾指出,普通教育的宗旨在于养成健全的人格,而体育位居健全人格之首位。在此背景下,南京国民政府也很重视体育,把体育放在重要位置。

(一)《国民体育法》的颁布

1929年4月,国民政府正式公布了《国民体育法》,这是中国历史上第一部体育法,是一个纲领性的文件,对体育的目的、学校体育与民众体育管辖的范围等作了规

---

[1] 薛纯德.如何改进中学训育[J].今论衡半月刊,1938,1(6—7).
[2] 李垂铭.小学训育的理论与实施[J].江西教育行政旬刊,1932,2(4).

定,还对国民接受体育的义务,实施体育的方法,各地体育场馆的配置,体育组织机构的设立、管理,学校体育课的开设,体育教师的奖励等作了规定。如,体育为全国青年男女应尽的义务;体育的目的不是为个人的健康,也为生活上的实用;全国各中央、地方政府均有督导的责任;"体育"和"军训"为高中以上学校必授科目,成绩不及格者不得毕业;民间体育团体协助推动社会体育,等等。[①] 1931年,国民政府在南京召开第一次全国体育会议,通过国民体育实施方案,规定学校体育不以养成运动选手为目的,应以全体学生共同运动普遍发展为宗旨,并聘请专家编制中小学体育教材及教学参考书。

(二) 学校体育运动的蓬勃发展

南京国民政府时期,很多中小学校非常重视体育。如1931年北平四中(即北京四中)每日有课外运动2小时,在下午上完课后进行。虽是课外运动,但具有强迫性质,全体学生皆须参加,其种类有各项球类、田径赛及国术等分组运动,学生可根据爱好,自由选择参加。该校的体育教学目标包括对学生身体上的期望:"1.增进学生健康率,并发达各器官、各系统之功用;2.使学生身体各部平均发育,获得自然优美之姿势;3.养成坚忍与耐劳习惯,以应生活上之要求;4.使学生身体柔和、感觉灵敏,有顺应任何境遇之能力。"还有对学生精神上的期望:"1.发展敏捷思想,俾有决断力及判断力;2.使学生具坚强不拔之态度;3.养成学生进取、冒险、奋斗之精神;4.养成学生遵守规律与协同动作之习惯;5.使学生有服务社会热情人群之精神。"[②]北平四中对学生体育的"心得期在":1.保持良好姿势,并明了姿势对于身心健康的关系;2.知悉自己体高、体重与标准度相差之百分数;3.娴熟20种团体游戏;4.娴熟下列球戏中之两种:网球、足球、排球、篮球;5.娴熟一套国术中之基本攻守动作;6.明了一切生活之健康与身体强健有密切之关系;7.明了自己健康在社会上之需要,并需具有此种责任心;8.明了个人对于国家、社会之健康责任;9.娴熟下列活动中之二种:拳术、剑术、田径赛三种。[③] 这些内容体现了当时北平四中对学生体育运动具体要求的广度与深度,既有对学生体质、体能与技能的要求,又有对体育与健康、个人健康与家国责任之关系的深刻认识。

其实,不独北京四中,当时其他很多普通中学都非常重视体育,并以各类体育运动

[①] 崔乐泉.中国体育通史(第四卷)[M].北京:人民体育出版社,2008:51—52.
[②] 北京四中.编.北京四中[G].北京:人民教育出版社,1997:53—54.
[③] 北京四中.编.北京四中[G].北京:人民教育出版社,1997:55.

著称。如当时北京师大附中的体育也赫赫有名,排球是该校的传统项目,称为"校技",从20年代到30年代,连续七八年获北京市中学冠军。[①] 南京市金陵中学也以体育运动著称,在1928—1936年间,该校的足球队、篮球队、排球队及田径队参加首都球类比赛、南京市中小学联合运动会比赛、江浙私立中学体育联合会球类比赛,多次获冠军;特别是该校的足球队人才辈出,长期称霸江南,可与大学校队相抗衡。[②]

(三)学校体育精神的提炼

学校体育运动蓬勃发展之余,部分学校在体育运动的基础上提炼了学校体育精神。如北平育英学校在创造体育运动辉煌的同时,还明确提出普及体育运动,体现了体育的根本精神。据《育英年鉴》记载,育英学校"对于体育向以普及为目的,以为无论何人,均须锻炼身体,以享康健之幸福,非注徒于赛会之际,出人头地,博一时之荣誉也"。当时学校各种球类组织,均达七八十队之多。甚至厨房的大师傅和工友们,也有他们的篮球队,其普遍程度可见一斑。每次开运动会,参赛者达八百余人,超过学生总数的一半以上;历年北平全市联合运动大会上,育英学校的成绩名列前茅,这也是全员锻炼的效果。因此,1932年育英学校总结说:我们的体育是日趋于普遍均衡的发展,人人都有当选手的资格,人人都有当选手的能力。而我们运动是为强健身体,不是为了充当选手,这就是育英学校的体育精神。[③] 这种全员锻炼、普遍参与的体育精神,正是提高民族体质和综合素质的关键,仍然值得当今中小学校借鉴。

三、课外活动

除了课堂教学和训育、体育以外,国民政府时期中小学校还组织了丰富多彩的课外活动。很多学校非常重视课外活动,对课外活动有专门的组织和规章制度。如厦门市集美中学制定了《学校课外活动实施大纲》,包括总则、活动分类、活动成绩考核等内容,对课外活动的目的、原则、内容和考核等进行了详细规定。另如南京市金陵中学制定了《学生课外活动指导委员会规程》,用于指导学生利用课余时间参加课外活动;江苏省扬州中学制作了《高中部课外活动会组织简表》,包括课外活动联席会议组织表和课外活动各项研究会组织表,设有具体的执委会、事务、文书、编辑委员会、指导员等不同职务,皆由学校的领导和老师参加。当时课外活动的形式主要包括各种研究会、课

---

① 北京师大附中,编.北京师大附中[G].北京:人民教育出版社,2000:242.
② 南京市金陵中学,编.南京市金陵中学[G].北京:人民教育出版社,1998:61,93.
③ 北京市第二十五中学校史编委会.育英史鉴(内部资料)[G].118,120.

外研习与社会调查等各种形式。

(一) 各种研究会的成立

为适应学生的兴趣需求与个性发展,当时很多学校成立了各种研究会。如南京市金陵中学在1933年成立了中文演辩学会、英文演辩学会、英文会话研究会、金石研究会、书法研究会、国画研究会、西画研究会、摄影研究会、国乐研究会、西乐研究会、话剧社、平剧社、算学研究会、理化研究会、生物学研究会、无线电学研究会、文艺研究会、史地研究会、政治研究会、社会问题研究会、团契研究会、童子军及国术研究会等23个学会。[①] 北平育英学校成立了党义研究会、国际研究会、木科研究会、国乐研究会、书法研究会、日语研究会、物理研究会、新文学研究会、图画研究会、数学研究会、中国文学研究会、机械研究会、国际研究会、摄影研究会等。每个研究会都设有导师、会长,都有其宗旨、章程,以规范、指导学生的课外研究活动。

(二) 课外研习与社会调查

当时学生的课外研究或学习活动多种多样,主要有读书、参加社会调查、采集标本等。学生课外去图书馆借书和读书,需要学校图书馆具备一定的藏书量。北平育英学校图书馆的藏书量当时堪称全国中学之最。1936年时育英图书馆藏书已登录者一万一千册,未登录者一万二千余册,科学书最多,还有杂志二百余种。为了不耗费读者的时间,图书馆的借阅手续非常敏捷,可于三分钟内办清一切借书手续。1935年,北平图书馆长袁同礼调查全国中学图书馆状况,确认育英学校图书馆行政组织设备等项尽称完备,足称全国中学图书馆之冠。[②] 学校的藏书量大,管理组织完备,必然会使师生的借阅量大大提高,从而大大丰富了学生的课外生活。集美中学也提倡学生假期自学进修,1947年,集美高级中学曾把留校师生组织成立一个"暑假读书会",以校长为会长,依程度、兴趣分为若干组,每组10—15人,由学生自由组合,选一人为干事;每组设指导员一人,由各组学生就暑期留校教员中自由选请之,但每一教员以指导一组为限。[③]

当时还有很多中学组织学生进行广泛的社会调查,如厦门市集美中学的《假期社会调查表(史地科)》显示,学生利用假期进行社会调查的内容包括山脉、水泽、物产、古迹、名胜、实业、教育、风俗、宗教、人民生活状况、县城及著名村镇、个人旅行指南,以及

---

① 南京市金陵中学,编.南京市金陵中学[G].北京:人民教育出版社,1998:61.
② 毕晓莹.从北京育英学校看教会学校与中国现代教育[N].团结报,2011-12-8(007).
③ 厦门市集美中学,编.厦门市集美中学[G].北京:人民教育出版社,1998:87.

调查后之感想等多个方面。① 除此以外,一些学校教师带领学生去野外远足,采集植物和昆虫标本;到外地表演戏剧,举办演唱会,等等。

另外,国民政府时期的中小学校的课外活动还包括丰富的体育运动,如各种球类、田径运动、田赛运动和健美舞蹈等。前文已述,此不赘述。

第五节 学校现代化变革的个案比较:"附中味儿"与"育英精神"

一、北京师大附中与"附中味儿"

(一) 北京师大附中的历史

北京师大附中的前身是成立于1901年的五城学堂,是我国近代成立最早的公立中学之一。此后,校名屡次更迭。1902年更名为五城中学堂。1912年奉南京临时政府教育部令,五城中学堂改名为"北京高等师范学校附属中学校"。1921年,增设女子部,为全国中学男女同校之始。1923年,校名改为"国立北京师范大学附属中学校"。1929—1937年间,学校更名为"国立北平师范大学附属中学校";1937年抗战开始后,一直到新中国成立前,绝大多数时期定名为"国立北京师范大学附属中学校"。因此,本书称其为"北京师大附中",当时的教师和学生都称本校为"师大附中"。

(二) "附中味儿"的由来与特点

经过几十年的办学实践,北京师大附中逐渐形成了自己的特色,成为当时全国闻名的学校,每年都有外省市的优秀学生报考师大附中,并形成了"附中味儿"。曾于1938年毕业于北京师大附中的著名音乐家、指挥家李德伦先生在《对附中的眷恋》一文中指出,"附中味儿"就是指附中多年来积累形成的校风,这个校风就是浓厚的学术空气、文化气息、好学精神、文雅富于幽默的谈吐,和爱好体育健康活泼的作风,不死读书,而是生气勃勃,具有广阔的视野。②

具体而言,"附中味儿"可概括为以下四点。

第一,浓厚的学习氛围。 国民政府时期的北京师大附中,学生们自觉用功,发愤学习,刻苦努力,形成了好学的风气。钱学森曾说,当时一走进师大附中,就感到一种气氛,一种为振兴中华而刻苦学习的气氛,自己就是在这种气氛中被熏陶出来的。他从

---

① 厦门市集美中学,编. 厦门市集美中学[G]. 北京:人民教育出版社,1998:32.
② 北京师大附中,编. 北京师大附中[G]. 北京:人民教育出版社,2000:241.

1923 年至 1929 年在北京师大附中念书,当时附中的高中分文理科,他在理科,到高中毕业时,理科课程已经学到现在大学的二年级了。他曾对人说,在他一生的道路上,有两个高潮,一个是在师大附中的 6 年,一个是在美国读研究生的时候。……考上公费留学美国,是靠附中打下的基础。① 由此可见师大附中浓厚的学习氛围对青年钱学森的影响。浓厚的学习氛围使附中学生的学习成绩极其优秀,升学率很高,常常是毕业班的一半上了清华大学,其余的一半升入北大、师大、平大等校,辅仁大学则凡附中毕业生一律可以免试入学。② 师大附中在当时北京各高校的知名度和影响力由此可见一斑。

第二,自由民主的风气。有许多师大附中校友在回忆录中谈到附中读书的生活时,非常感念当年自由民主的师生关系和奔放的青春活力。如程侃声在《中学时代应有较宽的知识面》一文中说,"当年龄越来越老的时候,我越觉得一般谈当年师大附中的教学内容、方法、气氛和师生关系是很可爱的,是有助于人促进人才成长的。我自己的感觉是那时玩没少玩,书没少读,功课也没落后"。③ 著名文字学家徐世荣也认为,"附中的学生间,就有这样一种传统的作风,学习突出,体育突出,淘气也突出","我们至今认为这种管理的精神还是可取的,发扬了青年的旺盛活力,不压抑,不损害,因势利导。"④"学习突出,体育突出,淘气也突出",正体现了当年师大附中对学生管理的宽松、自由和民主,对学生青春活力的包容。钱学森也说过,当年师大附中师生关系密切,息息相通,对学生进行诱导而不是强迫。

这种自由民主的风气还体现在当年师大附中学生对考试的态度上,即不特别重视考试,不怕考试,刻苦学习不是为了应对考试,而是为了学习知识,提高学科能力。钱学森曾说,"当时这个学校的教学特点是考试制度,或说学生对考试形成的风气:学生临考是不做准备的,从不因为明天考什么而加班背诵课本。大家都重在理解不在记忆。考试结果,一般学生都是七十多分,优秀学生八十多分。"⑤同样,汪演年也提到:"考进师大附中的学生基本功都比较扎实,都有自觉用功的习惯,学习都能达到一定水准,很少有人不及格。当时,谁也不怕考试。""当时没有人斤斤计较分数,80 分不错,

---

① 北京师大附中,编.北京师大附中[G].北京:人民教育出版社,2000:139.
② 北京师大附中,编.北京师大附中[G].北京:人民教育出版社,2000:241.
③ 北京师大附中,编.北京师大附中[G].北京:人民教育出版社,2000:134.
④ 北京师大附中,编.北京师大附中[G].北京:人民教育出版社,2000:223.
⑤ 北京师大附中,编.北京师大附中[G].北京:人民教育出版社,2000:140.

90分更好,98、99、100分都无所谓。……大家都按着自己的爱好去学,各走各的路。"①可见,当时师大附中的学生学习基础好,求知欲强,把学习当成了一种享受而不是应对考试的手段;这也从另一个角度体现了当年师大学生的思想自由、学习自由。这种自由的学习,凭着兴趣和自觉深入钻研各科知识的享受,正是创造性思维和能力产生的重要前提。

第三,开阔的视野。当年师大附中多数学生知识面广泛,具有开阔的视野。这与师大附中开设的课程种类多、文理并重有极大关系。民国时期的师大附中十分重视基础工具课,即本国语文、外语和数学这三门课。在高中阶段,三年中几乎每年都设有国文和英文方面的选修课。高一设有文学文选读、论理学(即逻辑)、心理学,高二设有修辞学、高三设有学术文选读。英文方面的选修课程,高一设有英文短篇小说,高二设有英文长篇小说,高三设有英语时事文选。从高中二年级起,高中代数、解析几何和物理课都采用英文教材。从初一到高中都设有博物方面的课程。初一学习植物学和生理卫生学,初二学习动物学,初三学习矿物学,高三学习生物学,从初中到高中每年都有史地方面的课程,包括本国地理、世界地理、本国通史、世界通史和中国近百年史。……课程安排总的情况似乎是文科课程比理科课程还要多一些。这对以后学理工科的学生非常有利。这主要是因为在语文修养和一般文化知识方面给学生们打下了较好的基础。② 有校友回忆说,当时学校开设的课程除了论理学和伦理学外,还有心理学、化学工艺、矿物学、德文、日文等,都是一般中学所没有的。③ 上述德文、日文,属于第二外语,钱学森当时选修了德文课。丰富多彩的课程,特别是历史、地理以及第二外语的开设,使学生们了解古今中外天下大事,具备了广博的知识和开阔的视野,从而为将来继续深造打下了坚实的基础。

第四,生龙活虎的运动形象。民国时期师大附中非常重视体育。当时学生每周上2次体育课,上午的第二、三节课间还上15分钟的课间操。另在每日课后,还有课外体育运动,让学生自由练习。体育教员届时到场指导,或行对级、对班比赛,教员代为评判。学生对于此种运动,颇有兴趣,裨益于正课教授者不少。运动项目分为球类游戏,田径赛,舞蹈等项。④ 学生们在操场上龙腾虎跃,课堂里的"秀才",一登场就是前

---

① 北京师大附中,编. 北京师大附中[G]. 北京:人民教育出版社,2000:238.
② 北京师大附中,编. 北京师大附中[G]. 北京:人民教育出版社,2000:228.
③ 北京师大附中,编. 北京师大附中[G]. 北京:人民教育出版社,2000:224.
④ 北京师大附中,编. 北京师大附中[G]. 北京:人民教育出版社,2000:95.

锋、后卫、田径选手。不少学生酷爱体育,每天在操场上活动五六个小时。因此,师大附中的体育在当时很有名气,其传统项目排球,曾连续七八年获北京市中学冠军。

(三)"附中味儿"的成因

概而言之,"附中味儿"出现的原因有以下三个方面。

第一,卓越校长的影响。在一定意义上讲,一个好校长就是一所好学校。一所学校发展的高度,关键在于校长的智慧与眼光。1922—1930年,著名教育家林砺儒任师大附中校长。在他领导下,附中的教育教学弥漫着民主、开拓、创造的良好风气。林砺儒先生是师大附中全人格教育特色的首倡者和奠基人。他在担任北京师大附中校长(时称主任)的就职演说中明确提出理想的中等教育是全人格的教育,他说:"少年身心之发育甚盛,人格活动之范围日加扩张,几乎对于人类所有之经验都要发生趣味,所以中等教育的任务是引导少年人格之射线到各方面去。……所以我认定理想的中等教育,是全人格的教育,决非何种职业之准备。"[①]他指出,全人格教育具有全面性、生息性、兴趣性、实践性。他还要求师大附中校内的一切教育与训练都必须以全人格教育为目标。林砺儒在校期间,提出必须特别重视对学生品行的教育,特别重视体育与艺术,还提出了以学生成长环境为中心的课程改造观。

师大附中当时虽然办学经费不足,有时连教职工的工资都发不出,但全校教师在林励儒校长领导下,依然努力工作。实验室全天对学生开放,组织各种课外小组,开设多门选修课,到高中二年级又开设第二外语。全体领导和教师全身心地服务于学生的学习和成长。

第二,名师汇集。有校友认为,"师大附中出名的关键,就是从初中到高中几乎每科都有一批高水平的教师"。如"使我受益最多的是韩满庐先生教的大代数,韩问渠先生教的解析几何。我们用的课本就是他们自己编写的。他们对于教材的体系、结构、重点、难点极其熟悉,也深知如何诱导学生一步一步地进入这门学科的殿堂,不只使你懂得一个定理、一个公式,还很自然地使你通过数学学习怎样思维"。[②] 另如教过钱学森的几何老师傅钟荪、生物老师于君实、语文老师董鲁安,等等,皆为各科名师。当时多数师大附中的教师著书立说,卓有成就,后来多成为大学教授。这些教师自编教材、印行成书,被全国的中学重视和采用。这些名师不仅教给学生学科知识,更启发学生对学科的兴趣和实践的能力,以及做人的道理。正所谓"亲其师,信其道",有一批这样

---

① 北京师大附中,编.北京师大附中[G].北京:人民教育出版社,2000:16.
② 北京师大附中,编.北京师大附中[G].北京:人民教育出版社,2000:243—244.

的名师执教师大附中,学生们会自然而然地形成好学的精神和浓厚的文化氛围。

第三,大量选修课程的开设。名师汇集的结果必然是各个专业领域的名师大显神通,开设丰富多彩的选修课,供学生依据兴趣和爱好自由选择。北京师大附中的选修课程有论理学、伦理学、心理学、化学工艺、矿物学、博物、德文、日文等,其中许多课程是一般中学所没有的。当时除本校教师外,师大的教授们、北平的一些学者们都可在附中开设选修课,有中国诗词、古文选读、外国文学作品选读、文学史、大学物理、大学化学、微积分、定性分析、定量分析等。[①] 这些前沿课程的开设为附中学生广博的知识、开阔的视野和深入学习的兴趣打下了坚实的基础。

二、育英学校与"育英精神"

(一)育英学校的历史

北平育英学校创办于1864年,始为美国公理会传教士柏亨利(Henry Blodget)在北京灯市口公理会创办的"男蒙馆"。1900年,灯市口基督教公理会在义和团运动中被毁,其中包括"男蒙馆"。1902年,梅威良(William S. Ament)、郭纪云等人重建学校。郭纪云引孟子"得天下英才而教育之,三乐也",取其中"育英"两字,将"男蒙馆"改名为"育英学校",只招男学生。当时西学风气未开,视教会学校为异端,故开办数十年学生不过二三十人,规模较小。1918年,李如松担任育英中学首位中国校长;1919年,美国公理会传教士邵作德担任副校长。之后,学校规模渐备,学生数激增,1927年,育英学校在北平市教育局立案后,中学部定名为"京师私立育英中学",同年,在官房大院设立了小学部,称为第二院,原址灯市口大街改为初中部,称为第一院。还规定了校旗,以"致知力行"为校训,菊花为校花,并制定校歌。1930年育英增设高中部,按新学制改为四年初中和二年高中。是年,育英在骑河楼修建了占地二十六亩的体育场和宿舍,称为第三院。1935年,财政部将位于灯市口大街的盐务学校校址及盐务稽核所所址拨归育英学校,稍事修理,得房200余间,定名为育英学校第四院。1935年秋季开学,始将高中部迁移第四院。1937年北平沦陷后,因学校为美国人开办,仍旧招生。1942年,美日开战后,日伪市政府教育局接收育英学校,育英中学更名为北京市立第八中学校。抗日战争胜利后,1945年10月10日,又恢复了原名"育英学校"。到新中国成立前,校内中小学生达2000余名。1952年,改名为"北京市第二十五中学"。

[①] 北京师大附中,编. 北京师大附中[G]. 北京:人民教育出版社,2000:241.

(二)"育英精神"的内涵

20世纪三四十年代,育英学校在北平赫赫有名,主要表现在以下三个方面:一是教学质量很高,高、初中毕业生参加全市会考,迭获"双元";二是体育人才辈出;三是音乐教育成绩突出,音乐教师李抱忱先生带领的育英歌咏队,多次公开演出,还远征南京,颇受好评。特别值得一提的是:育英校风纯朴。尽管它是教会办的私立学校,学、杂、宿费比较高昂,能入此校的学生,其家境通常都比较富裕,可是,同学之间,常见的是在学习方面的你追我赶,互相切磋,而决无攀比阔绰、挥霍吃喝等纨绔风习。老师们的敬业精神更是令人钦敬……①当时育英学校的毕业生普遍认为,"社会上每见育英校友,均表现一种共同之特色,此种特色得自育英之陶冶与训练,盖凡育英同学皆富有十足独特之育英精神也"。那么,育英精神究竟有哪些内涵呢?当年,育英学校的校友是这样认识的:

其一,蓬勃活跃之精神:此无论在课室操场,课内课余,均为一极显然之现象,学生随时随刻,均表现其饱满之生命力;欣悦,愉怡,乐观的气氛洋溢每一角落。尝闻人言,既入育英校门,方知生命之意义与价值。

其二,沉毅严肃之精神:盖所谓沉毅与严肃并非消沉与呆板之谓也,……然其不同犹如蓬勃活跃并非幼稚嬉戏,必有蓬勃活跃之精神,始有工作之兴趣,必有沉毅严肃之精神。始得审慎认真治事,二者实具相辅相成为用之关系焉。

其三,博大自由之精神:育英同学皆具有一种开阔之风度,容人,谅人,胸襟绝无稍流于偏狭;而育英教育特重个性发展,冀天才得免遭人为的力量所囿,两者并而造成育英浓厚的学术研究空气,设有自由讨论,个个皆能虚怀若谷,彬彬礼让,是为纯真理之探讨而非别有企图与作用,概可断也。②

这些精神对于一个人的生命来说是弥足珍贵的,它们是育英学生的生命基础,也是他们此后发展的基础和起点。那么,"育英精神"是如何形成的呢?

(三)"育英精神"的成因

1. 文化立校

一个学校的文化包括物质文化、行为文化、精神文化等多个层面。育英学校在建校初期就注重学校文化建设,在20世纪20年代确立了校训、校旗、校徽、校歌和校花,都有详细的解释和说明。校训为"致知力行",取宋儒程朱"进学则在致知"和明朝王阳

---

① 北京市第二十五中学校史编委会.育英史鉴(内部资料)[G]:261.
② 北京市第二十五中学校史编委会.育英史鉴(内部资料)[G]:277.

明"知行合一"之说,具有力求实践的积极精神;校旗为红黄蓝彩图,中间一个"育"字;校徽为一盾牌形,中英两种文字,红边蓝底白字,中间斜贯一黄色带,体现了育英奋发有为的精神;1932年创新校歌为《美哉壮哉我育英》,表达了对育英学校的赞美和热爱;校花为菊花,象征着育英师生高洁与坚强的个性。此外,学校还铸有"校钟";每年编制《年刊》,毕业生或名人赠送的匾额高悬校门,提示学生"尊师重道"。① 这些"文化符号"属于物质文化,同时也内涵着学校的价值观即精神文化,充满艺术美和生活气息,极易被青少年所接受并引以为豪。

校内师生之间、同学之间的交往方式,即为学校的行为文化。当时育英学校采取兼容并蓄、有教无类、因材施教的方式,容纳各种不同类型的学生,并给各种类型的学生提供生存和发展的空间,形成互相尊重对方长处的关系模式。这种深层次的行为文化,也逐渐内化为学生内心的价值观,即公平、公正和尊重以及宽阔的胸襟、知行合一的精神,即学校的精神文化内涵。育英学校的学生走出校门后,带着"育英精神"走上社会和人生。很多校友都非常感谢当年母校所给予他们的精神文化,正如校歌的歌词所说"你精神永与我同处"。

2. 名师执教

当时育英学校聘请的教师,大都具有丰富的教学经验,是各学科的名师。如教范氏大代数的权威杨仲兰先生就是李如松校长从汇文中学"挖"来的;语文教师罗慕华、杨苹一,都是五四运动后积极研究新文学的新秀;教古典文学的老师是一位清末秀才;英语专请美国人教;体育教师是留美归来的崔峙如先生,他为育英学校的体育发展作出了巨大贡献;课外活动中的口琴指导,请中华口琴总会会长担任;书法指导是当时名书法家吴兰第先生。各项课程,均系专任教授。按各科之性质,指定专用教师,教室内各种图表,概皆布置适宜,以供教授之需。当时育英中学的老师都必须是大学毕业,很多都是名牌大学的高材生。如毕业于燕京大学音乐系的李抱忱就曾担任中学部音乐主任,后成为20世纪三四十年代活跃在中国乐坛上知名的指挥家、作曲家、音乐理论家和教育家。② 这些名师,在育英学校受到相当的尊重,如从待遇上说,许多教师的薪水很高,如体育教师崔峙如的薪水相当于大学教授;从管理上说,让他们广泛参与学校各种组织和教育活动,如当时很多教师兼任选修课和社团的导师。这些被育英学校重金礼聘的名师业务过硬,教学得法,以身作则,循循善诱,对学生严格要求,对业务精益

---

① 北京市第二十五中学校史编委会.育英史鉴(内部资料)[G]:序8.
② 毕晓莹.从北京育英学校看教会学校与中国现代教育[N].团结报,2011-12-8(007).

求精，具有高度敬业精神。如教范氏大代数的杨仲兰老师开学第一次课就写给学生三个大字"敬、静、竞"，并讲解说，做人要有敬业精神；要心中宁静、专心致志；要努力向上，意志坚强，不甘落后，才能学得好。① 其他如以育人为己任、以学校为家、忘我工作的教务主任黄子彦先生，潇洒、和蔼的国文教师赵德培先生，讲课轻松、趣味横生的物理教师陈德云先生，还有校长李如松先生、副校长邵作德先生……这些不同风格的名师都给了学生不同的冲击和影响，对其博大自由之人格、沉毅严肃之精神的形成，起到了重要作用。另外，胡适先生于1936—1937年担任育英学校董事会董事，曾于1930年为育英同学题字"自胜者疆"；1937年为育英学校图书馆题匾"图书馆"。学界名人任董事和题字，也对学生的奋发努力和人格养成产生了激励作用。

3. 因材施教，为用而学

育英学校倡导学生德、智、体、美等方面的全面发展，其教学内容不仅包括传统的课内教学，而且课外文体活动丰富多彩。育英学校认为学生在校内，不止读书而已，一切生活，均须有相当之训练，为处事之根基。为满足不同禀赋、不同才能的学生发展需要，充分发挥学生的个性特长，育英学校在必修课之外，设立了各种研究会，如党义研究会、国际研究会、木科研究会、国乐研究会、书法研究会、日语研究会、物理研究会、新文学研究会、图画研究会、数学研究会、中国文学研究会、机械研究会、国际研究会、摄影研究会等。每个研究会都设导师、会长，都有其宗旨、章程。"九一八"事变后，为了挽救民族危机，育英学生对于航空、无线电、国防及国货等方面的研究大大增多。

育英学校还组织了各种课外活动团体，涉及生活的各个方面，如讨论团、职业团、新闻团、旅行团、社会调查团、短波无线电团、中西乐社、歌咏团、卿云诗歌团、新剧团、养蜂指导团、种花会、拳术会等等。自1939年秋至1940年春，共有三十五个团体，计860余人（占学生总数近半）。这些团体都是令学生自由加入，由教员分任指导，以增强学生活动的兴趣。

为了提高学生独立生活的技能，学校在各项课程之外，还设有职业科，如图书馆管理班、体育音乐训练班、工商业常识班、无线电业研究科等，以造就实用人才，倘若学生毕业后考不上大学，也能在社会上有相当的职业和能力，来服务于社会。这体现了育英学校对课程实用性的重视。

育英学校还专门成立了"生活指导部"（1938年），以组织指导学生的团体活动。

---

① 北京市第二十五中学校史编委会. 育英史鉴（内部资料）[G]：157.

所有课外选课活动和游艺团体,都在生活指导部的范围之内。由副校长邵作德兼任部长。关于生活指导部的来由,邵作德部长说:"我育英学校,历来对于学生课外之生活,认为应与功课,同一重要,抑且课室所得之知识与经验,如在课外不发生效力,亦即失其作用与价值!本校兹为造就或助各学生之环境起见,乃于本年度设立'育英学校生活指导部'";对于学生来说,"中学时代,正常发育期间,因此,彼等每日第课所遇到之难题自必甚多。乃为帮助彼等解决一部分之问题起见,本部特邀数位教师,与卫生职员即心理学专家共同组织一'学生个人问题指导团',以应付之。……该指导团,实包括常识、交际、健康与心理各方面之问题"。[①] 由学校副校长亲自任"生活指导部"的部长,指导学生在选课、团体活动、日常交往、健康与心理等方面的问题,可见育英学校对于学生课外活动和指导的高度重视。

丰富多彩的课外活动和适合学生发展需要的生活指导,有利于学生把课内所学知识转化为实践经验,由此锻炼了学生的实践能力、选择能力和团体活动能力,并有利于朝气蓬勃、活跃进取精神的养成。

4. 高度重视体育、艺术

当时育英学校领导高度重视体育、艺术对学生发展的重要作用,广延名师(如体育教师崔峙如、音乐教师李抱忱)执教体、艺课,从而使本校体育、艺术发展水平在北平乃至全国同类学校中位居翘楚。这给育英学校的学生以极大的自豪感和自信心。

就体育来说,育英学校校长李如松先生是我国早期的著名运动员,曾在远东运动会上夺得440码冠军,创造了全国纪录。从1918年一直到1948年,李如松作了30年育英学校校长。此间,他对学生的体育锻炼极为重视,要求教师、学生都要参加体育活动,把体育的普及与提高结合起来。到30年代末,学生自愿结合组织的体育团体就有七八十个。其中著名的体育团体如"恒星体育会""水星体育队""流星体育会""新华球队""蓝白田径队""红队篮球队""白队篮球队""骷髅健身团""木乃伊篮球队"等。这些体育团体中拥有各项体育活动的爱好者,人数都在30—40人之间,多者达到80—90人,不少运动队能保持6—8年久盛不衰,一直活跃在学校体坛上。育英学校体育运动具有广泛的参与性,并达到了很高的水平。如1939年5月的育英运动会上,参加学生近千人(超过学生总数的一半),有325人取得名次,领到奖牌。曹培鲁的400公尺跑53.3秒破华北纪录,赵振纯的跳远6.30公尺破市纪录,还有6人破校纪录。这次运动

---

① 北京市第二十五中学校史编委会.育英史鉴(内部资料)[G]:230—231.

参赛学生之广和各项成绩的优异,在当时来说是独一无二的。到30年代末期,育英的体育不仅包揽全市中学组田径、篮、排、足球等比赛的多项冠军,而且有很高的水平,此成绩保持到解放前夕,历时十余年之久。①

就艺术而言,育英学校的音乐成绩非常突出。30年代初期,育英的音乐及歌咏活动就得到开展和普及。音乐主任李抱忱把中国进步的民族音乐和著名的西方音乐介绍到学生中来,从而使育英学校音乐教育得到迅速发展。当时育英学校有许多音乐团体,如"歌咏队""口琴队""国乐团""夏威夷乐队""短笛队"等。其中,以歌咏队成绩尤为突出。1934年,歌咏队由音乐主任李抱忱带领,南下赴天津、济南、南京、上海、杭州五大城市进行旅行表演,演出21场,在北平演出8场,共29场,听众少则百余人,多则3000多人,均获得一致好评。

体育和艺术对学生身心的塑造作用是巨大的。通过体育运动,学生们身体强壮,精力充沛,并培养了勇敢奋斗、努力拼搏、健康向上、争取胜利的精神;而经过艺术的熏陶,学生们以真、善、美的心灵和宽广胸怀面向中国和世界、当下和未来,积累了惠及一生的宝贵精神财富。

三、精英学校现代化的共性特征

北京师大附中和北平育英学校均为南京国民政府时期出类拔萃的优质学校。二者的相同之处在于:从师资队伍来看,两所学校均有德才兼备的名师执教,多数教师大学毕业,还有留学归国人才;其校长都有远见卓识,从各自的优势领域(林砺儒的全人格教育、李如松的体育教育)开一代先风;从生源来看,两校学生除了来自京畿地区外,还来自全国许多省市;从学校的硬件条件看来,两所学校都有当时比较先进齐全的教学设施和仪器装备。不同之处是:从学校的性质来看,北京师大附中是公立学校,北平育英学校是私立教会学校;从学生的家庭条件来看,育英学校的学生家庭条件比北师大附中要优越一些。因为,当时育英学校学生的学费比北京师大附中高很多。如据1929年的统计数据,北京师大附中高中学生每人每学期交学费12.5元,初中学生交9元;②而育英学校则是中学18美元、小学12美元;而且育英学校许多学生住校,膳宿费为:中学46美元、小学38美元。③ 当时如此高的学费和膳宿费,不是一般家庭所

---

① 北京市第二十五中学校史编委会.育英史鉴(内部资料)[G]:273.
② 北京师大附中,编.北京师大附中[G].北京:人民教育出版社,2000:209.
③ 毕晓莹.从北京育英学校看教会学校与中国现代教育[N].团结报,2011-12-8(007).

能承担的,由此可见育英学校学生多数来自富裕的家庭。

从学校的风格特征来看,比较而言,"附中味儿"和"育英精神"虽说法不同,但其内涵相近,共性大于个性,体现了精英学校现代化的共性特征。这些共性特征主要表现为以下四个方面。

(一) 全面发展的教育宗旨

北京师大附中的林砺儒校长从伦理学的角度出发,在本校提倡并实行全人格教育;育英学校的李如松校长从体育的角度出发,高度重视体育,高薪聘请留学归国的名师担任体育教师,使育英体育精神大放光芒。二者从不同的角度切入,其最终目标都是要让学生在德、智、体、美诸方面全面发展。从其校史资料来看,他们的目标都基本达到,两所学校培养出了众多各领域的杰出人才。如毕业于北京师大附中的有中共早期领导人赵世炎,科学家钱学森、汪德昭、张维、姜泗长、马大猷、林家翘,哲学家张岱年,经济学家于光远,艺术家李德伦、于是之,全国人大副委员长成思危等。从育英学校走出来的著名胸外科医学博士张天民,话剧艺术大师刁光覃,被国际篮联授予国际篮联荣誉委员称号的中国篮球协会主席牟作云,北京航空航天大学教授、全国公认的板金冲压专业奠基人梁炳文等。许多校友在回忆当年的中学生活时,都对当年在运动场上尽情奔跑、挥洒汗水的场景记忆犹新,对演唱会上的引吭高歌回味无穷,对教室内同学之间的学术争论津津乐道。这些都体现了两所学校全面发展的教育宗旨带给学生的人生辉煌和美好回忆。

(二) 蓬勃上进的精神面貌

两所学校都非常重视体育和艺术,龙腾虎跃的身体运动和长久浸润的艺术熏陶会让学生们形成蓬勃上进的精神面貌和对真善美的终生追求。正如蔡元培曾援引西洋成语所说"健全的精神,宿于健全的身体";毛泽东也说过"欲文明其精神,先自野蛮其体魄;苟野蛮其体魄矣,则文明之精神随之"。此外,两校皆名师汇集,各科名师所给予学生的丰富知识、多样化的思维方式和人格魅力,也引导学生自由、自主地在知识的海洋中遨游之时,对自己所在的学校产生认同感和自豪感,产生"浪遏飞舟"的人生自信和昂扬斗志。这也是两所学校人才辈出的重要因素。

(三) 中西合璧的文化追求

两所学校皆创办于西学东渐的清朝末年,兴盛于南京国民政府统治时期。在其兴盛时期,许多赴西方留学的有志之士学成归来,或在学校任教,或任学校领导,形成中西合璧的文化特色为理所当然。如北平育英学校虽为教会学校,但其宗教教育的内涵其实很少,特别是在南京国民政府加强对教会学校的管理、禁止其开宗教课之后。在中国校长李如松和来自美国的副校长邵作德的领导下,育英学校的文化追求是中西合璧的,其一为西方民主平等的价值观和"科学就是力量"的生存观;其二是中国传统儒家文化道德价值观和儒雅君子的行为标准;其三为学校自身的教育文化,适应青少年身心成长规律。这三个方面的有机结合,构成了"育英"校园文化的核心。① 学校"致知力行"的校训,即体现了浓厚的传统儒家文化色彩。同样,北京师大附中首次提出"全人格教育"的林砺儒校长也是留学归国的饱学之士和著名教育家,他早在"壬戌学制"正式公布之前,就在师大附中进行了"三三制"改革,自定课程标准,自行编辑出版教材,体现了学习西方教育制度、敢为天下先的开创精神。当时,新的教材、教法,新的制度、设施,每每由附中带头试验。稳定的教育方针,在适当的时刻注入新的生命素。② 当时的北师大附中,还是全国最早实行男女合校的中学之一。在学习西方先进教育制度、开一代先风之时,北京师大附中的"诚、爱、勤、勇"校训则体现了学校文化与办学理念的中国传统特色;当时附中的国文科,包括文法、古书读法,作文法,书法,修辞学,文字学,国语发音学,应用文,文学文与学术文,文学概论等,要求学生从本国语言文字上,了解固有文化。这些分工极细的国文各门课程,更加体现了北师大附中在教育内容和宗旨上的中国传统文化色彩。由此可见,北京师大附中的文化追求也是中西合璧的。

(四)心系家国的民族情怀

两所学校当时都处于日本帝国主义侵华的民族危亡时期,国难当头,唤起学生的民族意识,培养学生的民族精神,也成为两校的共同特点。卢沟桥事变后,北京师大附中部分教师和学生西迁至陕西省城固县的百间草房,建立"国立西北师范学院附属中学",在校舍简陋、条件艰苦的环境下,继续办学。师生们发愤读书,抗日救国,充满爱国情怀。当时,《松花江上》《义勇军进行曲》《太行山上》《游击队歌》等抗日歌曲始终在校园中回荡。与北师大附中不同,北平育英学校作为教会学校而留在北平继续办学,但一些教师和学生暗中参加抗日活动。有的教师因此而被日本宪兵逮捕,被杀害或被迫害致死。如育英学校体育部主任和总指导崔峙如先生、国文教师郑国梁先生都被日本宪兵逮捕并杀害。很多教师还经常结合课文充满激情地讲述岳飞、文天祥、郑成功等民族英雄的爱国故事和民族气节,大大激发了学生的爱国情怀。两所学校均有许多

---

① 北京市第二十五中学校史编委会.育英史鉴(内部资料)[G]:序 12.
② 北京师大附中,编.北京师大附中[G].北京:人民教育出版社,2000:221.

通过参加抗日运动而走上革命道路的先进分子。两校师生的抗日爱国行动,正体现了他们心系家国的民族情怀。

总之,南京国民政府时期是西方学制进一步本土化的探索时期和我国现代学校教育制度的初步形成时期。南京国民政府成立后,教育部几次颁布新的学制系统,制订各级各类学校组织法对1922年"新学制"进行修订,但都保持了"六三三学制"的主体部分,在具体实施方面根据中国时局变化作了一些局部调整,进行了更加具体和深入的本土化探索。国统区的中小学校以三民主义教育宗旨为指针,以《小学法》《中学法》《小学规程》《中学规程》等教育法令规定的教育目标为指导,以教育部颁布的课程标准为原则,在遵照实施国家课程的基础上,设置学校特色课程,探索现代教育教学方式,确立学校文化理念与组织章程,组织学生进行广泛的训育、体育和课外活动,初步构建了现代意义上的学校制度,并形成了不同风格的学校文化和精神。这使学生们开阔了视野,增强了体质,锻炼了意志,涵养了人文精神和民族情怀,培养了自主合作和创造意识,后来成为各行各业的中流砥柱,为中华民族的复兴作出了杰出贡献。

第九章 "新民主主义"取向下的基础教育学校制度建构

"从封建社会学校制度走出,到近代学校制度的建立与巩固,是中国学校教育在20世纪上半叶最重要,也是最为艰难的变革。"①中国共产党自成立之时,就在努力进行着学校教育制度近代化的探索,随着根据地教育实践经验的不断积累,逐渐提出并实施了新民主主义教育方针。在这一政策的引领之下,各根据地颁布了一系列基础教育法规,逐步建立起正规的基础教育学校制度。

第一节 新民主主义教育方针的形成与发展

在苦苦寻求中国有效革命道路的过程中,中国共产党人主动借鉴和吸收马克思列宁主义理论,继承和改造五四文化遗产,并密切联系中国具体教育实践,总结出了系统的新民主主义教育理论。新民主主义教育是马克思主义教育中国化的产物,同时也是中国近代教育本土化的体现。

一、新民主主义教育方针的萌芽

1840年鸦片战争爆发后,中华民族陷入被压迫、被剥削的苦难深渊。为反抗帝国主义和封建主义的双重压迫,中国人民孜孜不倦地寻求着各种救亡图存之路,然而并没能在短时间内找到有效的思想武器。俄国十月革命的成功深刻启发了中国的有识之士,他们开始认识和接受其指导思想——马克思主义,并结合中国实际探求具体的革命路径。十月革命后,越来越多的早期马克思主义者通过学会、报刊等平台积极宣

---

① 叶澜. 新基础教育论——关于当代中国学校变革的探究与认识[M]. 北京:教育科学出版社,2008:173.

传,系统介绍马克思主义学说,随之,马克思主义教育思想也逐渐传入中国。以李大钊、陈独秀等为代表的早期马克思主义者主动运用马克思主义的理论来思考和分析中国的教育问题。李大钊发出了要"使工不误读,读不误工,工读打成一片"①的倡议。陈独秀则呼吁"很希望有强迫工人教育制度出现"。② 这些观点反映出他们为广大劳动者争取平等受教育机会的强烈愿望,同时也成为后来建立为工农服务的新教育的思想来源。

1921年7月,中国共产党成立,中国革命由此进入了一个新的发展阶段。自诞生之初,中国共产党即十分重视文化教育工作,在召开的历次代表大会上,教育问题一直是其中的重要议题。随着一系列政策、措施的制订与颁布,逐步形成了中国共产党的独特教育纲领,也为之后新民主主义教育方针的形成奠定了基础。

中国共产党领导下的共青团于1922年5月举行了第一次全国代表大会。会上通过了《关于教育运动的决议案》,作为青年团教育工作的行动纲领,决议案中提出了当时需要开展的六大运动,即其一,"青年工人和农人特殊教育的运动",倡导"努力从事于识字教育和阶级斗争的教育运动";其二,"普遍的义务教育和免除学费的运动",指出"普遍一般无产者的子女,都被排除于教育之外,所以我们在教育运动上最要努力的就是要为他们争得普遍的义务教育";其三,"男女教育平等运动",呼吁"我们务必努力为这样最大多数未受教育的女青年奋斗,以求达到男女教育在同一水平上面";其四,"学生参加校务运动";其五,"非基督教学生在基督教学校内的平等待遇运动";其六,"统一国语和推行注音字母的运动"③。从以上六大运动的内容中可以看出,中国共产主义青年团在尽力为劳苦大众争取受教育机会与权力的同时,也在致力于启发广大民众的阶级觉悟和斗争能力。《决议案》中的内容反映了中国共产党在新民主主义革命时期对于教育问题的基本认识,为不久之后召开的中共"二大"制定教育纲领提供了理论导引。

1922年7月,中国共产党召开的第二次全国代表大会上通过的《大会宣言》中提出了七项奋斗目标。其中,第七项"制定关于工人和农民以及妇女的法律"条目之下明确提出:"废除一切束缚女子的法律,女子在政治上、经济上、社会上、教育上一律享受

---

① 李大钊著,朱文通,等,编.李大钊全集(第三卷)[M].石家庄:河北教育出版社,1999:426.
② 陈独秀著,戚谢美,邵祖德,编,陈独秀教育论著选[C].北京:人民教育出版社,1995:257.
③ 李桂林,编.中国现代教育史教学参考资料[G].北京:人民教育出版社,1987:8—10.

平等权利";"改良教育制度,实行教育普及"。① 力求推进男女平等,改革不合理的教育制度,推动教育普及。从内容上看,这些关于教育的奋斗目标是新民主主义教育革命纲领的重要组成部分,与之前共青团"一大"通过的《关于教育运动的决议案》中所倡导的基本精神一脉相承,也奠定了后来中国共产党领导的教育改革的理论基础。

1923年6月,中共"三大"通过的《中国共产党党纲草案》中明确提出了"实行义务教育,教育与宗教绝对分离。全国教育经费应严重保证。教员应享受年功加俸;到相当年龄应享受养老年金"的奋斗目标。② 这些纲领性文件已经体现了普及教育,教育要和中国的革命实际相结合等观点,可谓之后新民主主义教育方针的理论萌芽。新民主主义教育的发展同样离不开早期马克思主义者及中国共产党成立之后的干部教育和工农教育实践经验,这些独具特色的教育实践构成了新民主主义教育方针的实践基础。

二、新民主主义教育方针的形成

1927年国民党右派叛变革命,对中国共产党领导的革命工农实行屠杀政策。中国共产党被迫发动武装起义,逐步将革命工作的重点从城市转向农村,尝试探求革命的新路径。经过以毛泽东为代表的中国共产党人的共同努力,逐步建立起一批农村革命根据地,开展工农武装割据,在实践中创造性开辟了"农村包围城市,武装夺取政权"的革命道路。各根据地纷纷在共产党的领导下建立了苏维埃政权,并制定了各自发展教育的相关政策。1931年11月,中华苏维埃第一次全国代表大会在江西瑞金举行,大会选出了由63人组成的中央执行委员会,宣告中华苏维埃共和国临时中央政府成立。会上通过的《中华苏维埃共和国第一次全国工农兵代表大会宣言》中明确指出:"工农劳苦群众,不论男子和女子,在社会、经济、政治和教育上,完全享有同等的权利和义务"。"一切工农劳苦群众及其子弟,有享受国家免费教育之权。教育事业之权归苏维埃掌管,取消一切麻醉人民的、封建的、宗教的和国民党的三民主义教育。"③大会通过的《中华苏维埃共和国宪法大纲》中更进一步规定:"中华苏维埃政权以保证工农劳苦民众有受教育的权利为目的,在进行革命战争许可的范围内,应开始施行完全免

---

① 李桂林,编.中国现代教育史教学参考资料[G].北京:人民教育出版社,1987:3.
② 李忠杰、段东升主编.中国共产党第三次全国代表大会档案文献选编[G].北京:中共党史出版社,2014:8.
③ 赣南师范学院,江西省教育科学研究所,编.江西苏区教育资料汇编1927—1937[G].内部发行.1985.72.

费的普及教育,首先应在青年劳动群众中施行,应该保障青年劳动群众的一切权利,积极的引导他们参加政治的和文化的革命生活,以发展新的社会力量。"①以上政策的颁布促进了各农村革命根据地教育方针逐渐走向统一。政策内容中反映出苏区政府对普通民众教育的重视,同时也在一定程度上强调了教育的民族性与科学性。

1934年1月,毛泽东在第二次全国苏维埃代表大会上明确提出了苏维埃文化教育的总方针"在于以共产主义的精神来教育广大的劳苦民众,在于使文化教育为革命战争与阶级斗争服务,在于使教育与劳动联系起来,在于使广大中国民众都成为享受文明幸福的人"。② 苏维埃文化建设的中心任务"是厉行全部的义务教育,是发展广泛的社会教育,是努力扫除文盲,是创造大批领导斗争的高级干部"。③ 此次会议上提出的文化教育的总方针和中心任务为各革命根据地教育事业的发展指明了方向,为新民主主义教育方针的系统提出奠定了基础,是"中国共产党对新民主主义教育方针的最初表述"。④

1937年7月,抗日战争全面爆发。同年8月,在洛川会议上通过了《中国共产党抗日救国十大纲领》,其中第八条"抗日的教育政策"中提出:"改变教育的旧制度旧课程,实行以抗日救国为目标的新制度新课程。""实施普及的义务的免费的教育方案,提高人民民族觉悟的程度。"⑤以上规定指明了抗战时期发展教育的主要目标。1938年11月,毛泽东在中共六届六中全会上作的《论新阶段》报告中又进一步指出:"实行抗战教育政策,使教育为长期战争服务。""在一切为着战争的原则下,一切文化教育事业均应使之适合战争的需要。"⑥具体实行以下文化教育政策:"第一,改订学制,废除不急需与不必要的课程,改变管理制度,以教授战争所必需之课程及发扬学生的学习积极性为原则。第二,创设并扩大增强各种干部学校,培养大批的抗日干部。第三,广泛发展民众教育。组织各种补习学校、识字运动、戏剧运动、歌咏运动、体育运动,创办敌前敌后各种地方通俗报纸,提高人民的民族文化与民族觉悟。第四,办理义务的小学教育,

---

① 中共中央文献研究室 中央档案馆,编.建党以来重要文献选编(一九二一—一九四九)第11册[G].北京:中央文献出版社,2011.162.
② 人民教育出版社,编.毛泽东同志论教育工作[M].北京:人民教育出版社,2000:7.
③ 人民教育出版社,编.毛泽东同志论教育工作[M].北京:人民教育出版社,2000:7.
④ 王炳照,等.简明中国教育史[M].北京:北京师范大学出版社,2012:441.
⑤ 中共中央文献研究室、中央档案馆,编.建党以来重要文献选编(一九二一——一九四九)第14册[G].北京:中央文献出版社,2011:477.
⑥ 李桂林,编.中国现代教育史教学参考资料[G].北京:人民教育出版社,1987:69.

以民族精神教育新后代。"①《论新阶段》的报告中确立了抗战时期教育为长期战争服务的发展定位，并围绕此目标指出应改订各项制度以适应战争需要，同时也进一步强调了发展大众的教育与提升民族觉悟。

1940年1月4日至12日，陕甘宁边区文化协会在王家坪女子大学大礼堂举行第一次代表大会。1月9日，毛泽东在大会上发表题为《新民主主义的政治与新民主主义的文化》的演讲。之后，毛泽东又吸取各方面的意见对文稿进行修改。1940年2月15日，由延安出版的《中国文化》创刊号上首次公开发表了这篇文章。五天之后，《解放》周刊又以《新民主主义论》为题登载此文。作为指导中国新民主主义革命的纲领性文献，《新民主主义论》一经问世即引起了人们的广泛关注，并产生了深远影响。

毛泽东在《新民主主义论》中倡导建立中华民族的新文化，明确提出，"建立中华民族的新文化，这就是我们在文化领域中的目的"。② 为此，他首先从文化与社会政治和经济之间关系的角度对于文化的概念进行了界定，"一定的文化（当作观念形态的文化）是一定社会的政治和经济的反映，又给予伟大影响和作用于一定社会的政治和经济"。③ 然后，立足于中国革命的历史进程对于旧文化与新文化进行区分。其中，殖民地、半殖民地、半封建的文化都是属于旧文化的范畴，是需要革除的对象。④ 就新文化而言，又可以从中国近代史的发展时序中分成前后两个阶段，"在'五四'以前，中国的新文化，是旧民主主义性质的文化，属于世界资产阶级的资本主义的文化革命的一部分。在'五四'以后，中国的新文化，却是新民主主义性质的文化，属于世界无产阶级的社会主义的文化革命的一部分。"⑤要言之，"所谓中华民族的新文化，就是新民主主义的文化"。⑥ 新民主主义文化具有三个典型特征，即民族的、科学的、大众的文化。这是新民主主义文化的特征，同样也代表着新民主主义教育的总体特征。

所谓"民族的"教育，首先，"它是反对帝国主义压迫，主张中华民族的尊严和独立的"。⑦ 这意味着教育的主权绝不容许受到任何侵犯。这一原则的提出是对近代以来中国文化教育受到列强侵犯历史事实的回应，明确强调了新民主主义教育所需要确保

---

① 李桂林，编.中国现代教育史教学参考资料[G].北京：人民教育出版社，1987：69.
② 毛泽东.毛泽东选集(第二卷)[M].北京：人民出版社，1968：624.
③ 毛泽东.毛泽东选集(第二卷)[M].北京：人民出版社，1968：624.
④ 毛泽东.毛泽东选集(第二卷)[M].北京：人民出版社，1968：625—626.
⑤ 毛泽东.毛泽东选集(第二卷)[M].北京：人民出版社，1968：658.
⑥ 毛泽东.毛泽东选集(第二卷)[M].北京：人民出版社，1968：626.
⑦ 毛泽东.毛泽东选集(第二卷)[M].北京：人民出版社，1968：666.

的第一原则。在保证主权独立的同时，中国教育在现代化的过程中应积极传承中华民族的优秀传统文化，立足本民族的文化土壤主动探求中国的本土化路径。强调民族性并不意味着盲目排外，在发展教育的过程中应秉持开放与包容的心态，一方面，应与其他民族的社会主义文化和新民主主义文化相联合，彼此吸收，共同发展，一起致力于形成世界的新文化。另一方面，还需积极吸收外国文化的精华。在借鉴外国文化时需要保持批判性精神，既不能"全盘西化"，也不可仅仅停留在形式主义的层面，而必须与本民族的教育特征相结合，方能实现新民主主义教育的真正发展。

所谓"科学的"教育，主张实事求是，客观真理、理论与实践相一致，反对封建迷信思想。反封建理应是倡导科学所必须遵循的原则之一，但不可否认，中国在长期的封建社会中积淀下了丰厚的古代文化遗产。新民主主义倡导的新文化新教育与此前的旧文化旧教育是一脉相承的，不可割断其联系。为此，须以辩证的眼光、科学的态度，"剔除其封建性的糟粕，吸收其民主性的精华，是发展民族新文化提高民族自信心的必要条件"。① 科学是新文化运动高扬的一面旗帜，强调理性的怀疑精神与对科学方法的追求。因此，倡导文化教育的科学性，在一定程度上可谓新民主主义文化教育对五四精神的继承。为了建立和壮大科学的统一战线，同样需要把握两条准则。其一，"中国无产阶级的科学思想能够和中国还有进步性的资产阶级的唯物论者和自然科学家，建立反帝反封建反迷信的统一战线；但是决不能和任何反动的唯心论建立统一战线"。其二，"共产党员可以和某些唯心论者甚至宗教徒建立在政治行动上的反帝反封建的统一战线，但是决不能赞同他们的唯心论或宗教教义"。②

所谓"大众的"教育，亦即强调民主的教育。民主是新文化运动倡导的另一面大旗，大众的教育也可谓民主思想在教育领域中的体现。新民主主义教育强调"应为全民族中百分之九十以上的工农劳苦民众服务"。③ 立足于当时的战争环境，面对民众文化水平总体低下的情况，毛泽东指出，"要把教育革命干部的知识和教育革命大众的知识在程度上互相区别又互相联结起来，把提高和普及互相区别又互相联结起来"。④ 这些决策是根据当时革命的特殊情况所作出的干部教育与民众教育区别发展的战略部署。为了更好地对广大民众进行教育，毛泽东又进一步提出"文字必须在一定条件

---

① 毛泽东. 毛泽东选集(第二卷)[M]. 北京：人民出版社，1968：668.
② 毛泽东. 毛泽东选集(第二卷)[M]. 北京：人民出版社，1968：667.
③ 毛泽东. 毛泽东选集(第二卷)[M]. 北京：人民出版社，1968：668.
④ 毛泽东. 毛泽东选集(第二卷)[M]. 北京：人民出版社，1968：668.

下加以改革,言语必须接近民众,须知民众就是革命文化的无限丰富的源泉。"①

《新民主主义论》的发表标志着新民主主义教育方针的正式确立。"新民主主义教育理论是中国共产党将马克思列宁主义教育理论与近代中国教育实际特别是与革命根据地的教育实际相结合,借鉴苏联教育实践经验和教育理论,不断地总结和概括革命根据地教育实践的经验,逐步系统化、理论化的结果。它的形成在中国教育史上竖起一座具有划时代意义的丰碑,对于当时中国教育实践产生了深刻的影响。"②

新民主主义教育方针从萌芽到系统提出经历了近二十载的艰难探索。这期间经受了多次战争成败的洗礼,也历经了教育改革之路上跌宕起伏的诸多考验。新民主主义教育方针的提出反映了以毛泽东为代表的中国共产党人对新民主主义革命的性质及教育特征的深刻理解和把握。新民主主义教育方针的形成对抗日民主革命根据地及之后解放战争时期的教育发展具有重要指导意义。

三、新民主主义教育方针的发展

革命根据地大都处于交通不便、经济落后、文化水平较为低下的乡村,加之正值战争期间,因此,需要结合各地实际采取更为灵活、具体的办法落实新民主主义教育方针。1944年10月,毛泽东在陕甘宁边区文教工作者会议上所作的题为《文化工作中的统一战线》的讲演中指出:"在教育工作方面,不但要有集中的正规的小学、中学,而且要有分散的不正规的村学、读报组和识字组。不但要有新式学校,而且要利用旧的村塾加以改造。"③指出了在抗日民主根据地推进大众教育的可行性路径。

1945年4月至6月,中国共产党第七次全国代表大会在延安举行。毛泽东主持大会,并做了书面政治报告《论联合政府》。其中谈到"在整个资产阶级民主革命阶段中,在几十年中,我们的新民主主义的一般纲领是不变的。但是在这个大阶段的各个小的阶段中,情形是变化了和变化着的,我们的具体纲领便不能不有所改变,这是当然的事情。"④在具体纲领的第八部分谈到了文化、教育、知识分子问题。其中指出:"中国国民文化和国民教育的宗旨,应当是新民主主义的;就是说,中国应当建立自己的民族

---

① 毛泽东.毛泽东选集(第二卷)[M].北京:人民出版社,1968:668.
② 中华人民共和国教育部《中国共产党教育理论与实践》编写组.中国共产党教育理论与实践[M].北京:北京师范大学出版社,2001:18.
③ 中共中央文献研究室档案馆,编.建党以来重要文献选编(一九二一~一九四九)第21册[G].北京:中央文献出版社,2011:582.
④ 宫炳成,主编.光辉旗帜:中国共产党第七次全国代表大会[M].石家庄:河北人民出版社,2012:78.

的、科学的、人民大众的新文化和新教育。"① 报告中指出,在抗日战争中,广大革命知识分子发挥了重要作用。因此,"今后人民的政府应有计划地从广大人民中培养各类知识分子干部,并注意团结和教育现有一切有用的知识分子。"教育方面的具体政策还包括:"从百分之八十的人口中扫除文盲";"一切奴化的、封建主义的和法西斯主义的文化和教育,应当采取适当的坚决的步骤,加以扫除";"对于旧文化工作者、旧教育工作者和旧医生们的态度,是采取适当的方法教育他们,使他们获得新观点、新方法,为人民服务"。② 这些具体教育纲领的提出反映了新民主主义教育方针在新时期的调整与变化,是新民主主义教育方针在抗战胜利后适应时代的新发展。

抗日战争取得胜利之初,一些解放区曾经尝试将战时教育转变为正规教育。1946年6月,内战爆发后,争取自卫战争的胜利则成为解放区一切工作的中心。1946年12月,陕甘宁边区政府公布了《陕甘宁边区战时教育方案》,其中即指出"各级学校及一切社教组织应立即动员起来,发挥教育上的有生力量,直接或间接地为自卫战争服务。一切教育工作者都应成为保卫边区的宣传员和组织者,目前教育工作的中心任务是配合军事、政治、经济、群运等工作,争取人民自卫战争的胜利"。③

随着解放战争不断取得胜利,新解放区的范围不断扩大,1946年12月,陕甘宁边区政府颁布的《战时教育方案》指出应对不同类型解放区的教育工作采取不同的工作方式。"在巩固区和广大农村,以就现状加以改革,充实新的内容,加强社教活动为原则;……在新解放区以争取原有教育干部、利用原有教育组织、逐渐加以改造为原则。"④1947年2月,冀晋行政公署发出《关于新收复区教育工作的指示》,其中指出,新收复区教育工作"总的方针是在旧有的教育基础上逐步加以改造,积极摧毁顽伪法西斯奴化教育,树立新民主主义教育,对旧有教职员采取团结改造的方针"。同时要求各地"在领导上应发挥战斗的机动性,适当地开展新收复区教育,总结经验,加强领导,以便各地交流经验,互相学习"⑤。1948年6月,《中共中央宣传部关于对中原新解放区

---

① 宫炳成,主编. 光辉旗帜:中国共产党第七次全国代表大会[M]. 石家庄:河北人民出版社,2012:93.
② 宫炳成,主编. 光辉旗帜:中国共产党第七次全国代表大会[M]. 石家庄:河北人民出版社,2012:92.
③ 《红色档案·延安时期文献档案汇编》编委会,编纂. 红色档案·延安时期文献档案汇编·陕甘宁边区政府文件汇编(第11卷)[G]. 西安:陕西人民出版社,2014:30.
④ 《红色档案·延安时期文献档案汇编》编委会,编纂. 红色档案·延安时期文献档案汇编·陕甘宁边区政府文件汇编(第11卷)[G]. 西安:陕西人民出版社,2014:31.
⑤ 谢忠厚,主编,晋察冀边区革命史编纂委员会,编. 晋察冀边区革命史编年[M]. 石家庄:河北人民出版社,2007:846.

知识分子方针的指示》中明确指出,"对于当地学校教育,应采取严格的保护政策"。过渡时期,对于不同的解放区采取不同的政策。"在敌我往来的不巩固的地区,对于原有学校,一概维持原状。在较巩固的地区,应帮助一切原有的学校使之开学,在原有学校的基础上,加以必要与可能的改良。"①一个月之后,中共中央宣传部发出的《关于收复城市大学办学方针的指示》中同样也指出,"现在必须宣布我们对原有大学、中学的方针,就是维持原校加以改良"。② 并认为维持院校的好处一方面可以使学校很快办起来,便于争取知识分子。另一方面,当时自己办教育的力量也还不够,与其冒进,不如采取稳扎稳打的政策,先维持后改进。从以上材料可以看出,综合考虑各方面的情况,中国共产党在新解放区推行教育的正规化过程中遵循了循序渐进的原则。虽然各解放区的政策表述有所不同,但都在教育向正规化过渡的过程中坚持了保护、维持、改良三项重要原则。

1949年3月,在民主革命即将取得全国性胜利前夕,中国共产党中央在河北省平山县西柏坡村召开了七届二中全会。会上通过了《中国共产党第七届中央委员会第二次全体会议决议》。决议中指出,1927以来,中国共产党的工作重点在乡村,用乡村包围城市,然后取得城市。从现在起,应转变为由城市到乡村并由城市领导乡村的时期。文化教育工作的目标也随之出现了转向,转变为"围绕着生产建设这一个中心工作并为这个中心工作而服务"③。解放区的教育工作整体上由战时教育向正规化教育转变。

在向正规化教育转变的过程中,人们依然自觉坚守新民主主义的教育方针。曾经长期在根据地负责教育领导工作的徐特立于1949年6月6日发表了《在教师节谈新民主主义教育》一文,认为当时中国正处在崭新的、全面性的和有世界历史意义的转折时期。根据这一时期新的建设任务,进一步提出了新民主主义教育的具体任务、宗旨及新方法。其中再次重申,"中国国民文化与国民教育的宗旨,应当是新民主主义的;就是说,中国应当建立自己的民族的、科学的、人民大众的新文化与新教育"。④ 这篇

---

① 中共中央文献研究室档案馆,编. 建党以来重要文献选编(一九二一~一九四九)(第25册)[G]. 北京:中央文献出版社,2011:347—348.
② 中共中央文献研究室档案馆,编. 建党以来重要文献选编(一九二一~一九四九)(第25册)[G]. 北京:中央文献出版社,2011:359.
③ 中共中央文献研究室档案馆,编. 建党以来重要文献选编(一九二一~一九四九)(第26册)[G]. 北京:中央文献出版社,2011:205.
④ 华东师范大学教育系,编. 中国现代教育文选(修订版)[C]. 北京:人民教育出版社,1998:109.

文章将毛泽东在《论联合政府》中提出的新民主主义的文化教育纲领结合新的时代背景进一步具体化了。

1949年9月29日,中国人民政治协商会议第一届全体会议通过的《中国人民政治协商会议共同纲领》中指出,"中国人民政治协商会议一致同意以新民主主义即人民民主主义为中华人民共和国建国的政治基础,并制定以下的共同纲领,凡参加人民政治协商会议的各单位、各级人民政府和全国人民均应共同遵守"。[①] 其中第五章文化教育政策中指出,"中华人民共和国的文化教育为新民主主义的,即民族的、科学的、大众的文化教育。人民政府的文化教育工作,应以提高人民文化水平,培养国家建设人才、肃清封建的、买办的、法西斯主义的思想,发展为人民服务的思想为主要任务"。[②] 明确了中华人民共和国成立初期教育发展的政治基础与主要任务。由此可以看出,新民主主义教育方针不仅在战争年代发挥了重要作用,而且在和平建设时期依然有用武之地。这也反映出社会主义教育与新民主主义教育本身存在着诸多相通之处与前后相续的历史联系。1949年10月1日,中华人民共和国成立,中国共产党领导的新民主主义教育在新的历史时期进入了全新的发展阶段。

新民主主义教育方针是民主革命斗争时期发展教育的总体指导方针。历史证明,这一方针是正确的,它不仅促进了革命根据地教育的发展,也为中华人民共和国成立后教育政策的制订奠定了良好的基础。

第二节　逐渐走向正规的根据地基础教育学校建制

1927年大革命失败后,中国共产党通过武装斗争创建了一批农村革命根据地,开始沿着农村包围城市的独特革命道路前进。由于根据地大都处在交通闭塞、经济落后、民众文化水平低下之地,同时又有战争相伴随,因此,在这些地区办教育必须秉持服务于革命战争的原则,克服多重困难,因地制宜地探索可行性路径。根据地基础教育学校建制在20多年中呈现不同的阶段性特点。苏区开始创立具有革命特色的基础教育学校制度。抗战爆发后,以陕甘宁边区为代表的抗日民主根据地在新民主主义教

---

① 全国人大常委会办公厅,中共中央文献研究室,编.人民代表大会制度重要文献选编(1)[G].北京:中国民主法制出版社,2015:75.
② 全国人大常委会办公厅,中共中央文献研究室,编.人民代表大会制度重要文献选编(1)[G].北京:中国民主法制出版社,2015:83.

育方针指引下逐渐建立起具有战时特征的基础教育体制。抗战胜利后,解放区的基础教育制度则在新型正规化的道路上由战时转向平时。

一、苏区基础教育学校制度的初创

从1927年至1933年,全国共建有中央、湘赣、鄂豫皖等十个农村革命根据地。各革命根据地在中国共产党的领导下建立了苏维埃政权,这一时期的根据地也统一简称为苏区。最初,由于各革命根据地教育基础不一,且处于动荡不安的战争时期,苏区并未颁布统一的学制,仅有部分根据地根据其发展实际颁布了一些教育法规。例如,1932年5月湘鄂赣省发布了《颁布学制与实施目前最低限度的普通教育训令》。根据训令规定,该苏区学制包括:(一)普通学制,分为幼稚园、列宁小学校、特别学校(为残疾等特别儿童的教育而设)。3岁至7岁的儿童入幼稚园,7至14岁的儿童入列宁小学校。列宁小学校又分为前期4年,后期3年。(二)专门学校,适应实际的需要而分别设立,包括工厂学校、农场学校、教员养成学校等类型,分别培养有技术的工人、农业技术人才以及学校教育劳动者。凡列宁小学校毕业生,以及在工厂、在农村工作的失学少年,都可入专门学校,学习年度未做统一规定,以学生的能力和需要为转移。(三)研究院,凡专门学校毕业生,具有必要的资格和志愿,都可适应其能力而分别入院。(四)保育院。适合实际情形,为3岁以前的幼儿而设立。① 这一学制从纵向上建立起了从保育院到研究院四级学校系统之间的联系。其中小学阶段的入学年龄为7岁,学习年限为7年。横向上,在中等教育阶段根据实际需要设置了多种类型的专门学校,并没有设置普通中学,其中的研究院应属于高等教育机构。目前很难找到更多其他苏区较为详细的学制系统文献资料与以上文件相印证,我们仅能从这一训令的相关规定中来窥探苏区早期学制之一斑。

总体而言,苏区教育系统的构成与正规教育有很大差异,其主要类型包括干部教育、成人教育和儿童教育。出于领导战争和根据地建设的需要,干部教育一直处在整个教育系统的首要地位。成人教育,或称群众教育,多是以社会教育的形式来进行。尽管各根据地的识字率有所差异,但总体上看,大多数成年人是文盲,而主要的革命战争及其他重要工作主要由他们承担。为此,苏区的成人教育同样受到了特别的重视。正如1932年5月通过的江西省工农兵第一次代表大会文化教育工作决议中所指出

---

① 中央教育科学研究所,陈元晖,等,编.老解放区教育资料(一)[G].北京:教育科学出版社,1981:117—118.

的,"群众教育不独与儿童教育并重,以目前革命需要发展斗争的形势而论,应视为首务"。① 为了培养"将来共产主义的建设者",苏区也十分重视工农大众子女的教育,并把"厉行全部的义务教育"作为奋斗目标。苏区的基础教育以小学教育为主,中学教育多与干部教育相结合,大都属于干部教育的范畴。因此,对于根据地基础教育的研究重点主要集中于小学教育。

由于苏区教育的基础薄弱,且处于严酷的革命战争期间,农村革命根据地初创时期,基础教育发展阻力重重。随着1931年11月苏维埃共和国的成立,各农村革命根据地的力量逐渐得以巩固,苏区各级教育的发展才开始起步。中国共产党一直非常重视小学教育的发展,希望能够在各根据地实施免费义务教育。1930年3月,闽西苏维埃政府一成立,就立即执行闽西第一次工农兵代表大会的决议。各级苏维埃政府所设的高、初级劳动小学,招收6岁至14岁的男女儿童入校读书,实行免费义务教育。② 1931年11月,中华苏维埃第一次全国工农兵大会上会通过的《中华苏维埃共和国宪法大纲》中明确指出:"在进行革命战争许可的范围内,应开始施行完全免费的普及教育。"③实行完全免费的普及教育的目标固然伟大,却需要立足当时的现实条件逐步得以达成。1933年10月苏维埃文化教育大会通过的《目前教育工作的任务的决议案》中即指出:"苏维埃教育制度的基本原则,是为着实现时一切男女儿童免费的义务教育到十七岁止。但是估计着我们在战争的情况之下,特别是实际的环境对于我们的需要,大会同意把义务教育缩短为五年。"④基于当时的实际情况,普及义务教育的理想首先在小学阶段推展。1934年2月,中央教育人民委员会颁布的《中华苏维埃共和国小学校制度暂行条例》中同样进行了类似规定:"小学教育的目的,要对于一切儿童,不分性别与成份差别,皆施以免费的义务教育。但目前国内的战争环境中,首先应该保证劳动工农的子弟得受免费的义务教育。"⑤从以上政策规定中可以看出,苏维埃政府为发展小学教育所做出的努力。

尽管苏区对于免费义务教育的实施目标主要集中于小学阶段,但面对经费紧张、

---

① 中央教育科学研究所,陈元晖,等,编.老解放区教育资料(一)[G].北京:教育科学出版社,1981:79.
② 谢济堂.闽西苏区教育[M].厦门:厦门大学出版社,1989:59.
③ 张挚,张玉龙.中央苏区教育史料汇编(上册)[G].南京:南京大学出版社,2016:3
④ 福建省教育科学研究所,中共龙岩地委党史资料征集研究委员会,编.闽西苏区教育资料选编[G].内部印刷,1986,222.
⑤ 福建省教育科学研究所,中共龙岩地委党史资料征集研究委员会,编.闽西苏区教育资料选编[G].内部印刷,1986,263.

形势严峻等诸多困难,实现这一目标也实属不易。各苏区政府不得不结合具体情况采取灵活变通的措施来维系小学校的生存与发展,1933年10月,何凯丰在全苏教育建设大会上做的报告中指出:"要真正的解决教育经费,我们还须最大的程度依靠于群众的力量。在这方面一直到今天为止,我们是有了可观的成绩,群众自动拿出钱来办学校。我们三千多个小学,所以能够维持到今,因为我们依靠了群众力量。"①1934年3月中央教育人民委员部批准的《江西省第一次教育会议的决议案》中指出:"小学教员生活费要像现在的小学办公费,社会教育经费一样,大部分由群众团体募捐。应当逐渐的建立地方教育基金,例如由各群众团体每月经常捐助若干之类的方法筹措,款项归县教育部存放国家银行或国库,以备当地教育经费的支付。"②可以说,积极发动群众出资兴学是当时解决教育经费问题普遍采用的做法。

最初,各苏区小学的名称并不统一,主要有红色小学、赤色小学、列宁小学、劳动小学、人民学校等提法。1934年2月,《中华苏维埃共和国小学校制度暂行条例》颁布后,各小学的名称统一改为列宁小学。在学制方面,起初各苏区并不统一,除上文中提到的湘鄂赣根据地的四三制外,还有闽西苏区初级小学三年、高级小学三年的三三分段学制,以及江西、湘赣等根据地的四二制分段。③ 1931年11月,中华苏维埃共和国临时中央政府成立后,渐渐建立起了全国性的教育管理体制,并由教育人民委员部制定和颁布了一些全国性的教育法规。在小学学制方面,1934年颁布的《小学校制度暂行条例》中规定:"小学修业年限以五年为标准,分前后两期:前期三年,后期二年。以八岁至满十二岁为学龄。但失学的儿童在十五岁以内的,仍须施以学龄儿童的教育。其中有家庭教育基础或其他教育条件,能早完规定课程的儿童,修业年限可以少于五年。如不能完成时得增加年限。"④以上对于小学学制的规定至少体现出两大特征:其一,缩短了学制年限,将小学的学制年限规定为五年,在一定程度上更利于教育的普及。其二,对于学制中的两个核心问题,即入学年龄和学制年限的规定非常灵活,这样就给各地、各个不同家庭的孩子留有更多的伸缩余地。由此也反映出共产党人在推动苏区基础教育过程中,能够真正立足劳苦大众的实际,制订切实可行的教育制度,促进教育的本土化发展。

---

① 中央教育科学研究所,陈元晖,等,编.老解放区教育资料(一)[G].北京:教育科学出版社,1981:51.
② 中央教育科学研究所,陈元晖,等,编.老解放区教育资料(一)[G].北京:教育科学出版社,1981:88.
③ 陈桂生.中国革命根据地教育史(上)[M].上海:华东师范大学出版社,2015:214.
④ 福建省教育科学研究所,中共龙岩地委党史资料征集研究委员会,编.闽西苏区教育资料选编[G].内部印刷,1986,264.

在教育基础极其薄弱的农村地区推广小学教育首先必须取得广大民众的理解和支持。各苏区曾采取过组织突击队、宣传队、演剧、写标语口号等形式广泛动员适龄儿童入学。为适应农时需要,有些地方还打破每学年分上、下两学期的做法,而分为春耕至夏收、夏收至冬收、冬收至春耕三个学期。① 同时,又有全日制和半日制学校的分别。凡年龄较小或家务负担较轻的学生可选择读全日制学校,而其中年龄较大且需要在家庭中承担较多生产劳动的学生可选择到半日制学校中读书,对于那些由于家庭确实困难,不能按时到校读书的儿童,还可通过夜校、识字班、识字组等途径接受教育。为便于儿童就近到校读书,苏区对小学学区的设立作出明确规定:"小学校要划分学区设立,一学区内的学生,距学校至多不超过三里,但偏僻(乡村)得由三里到五里,学区的划分,由乡政府拟具计划,区政府核准施行。"②这一规定为广大适龄儿童入学读书提供了便利,对各地小学的设置有一定的指导作用。

经过努力,各革命根据地的小学教育得到了迅速发展。1934年初,毛泽东在中华苏维埃共和国中央执行委员会与人民委员会对第二次全国苏维埃代表大会的报告中指出,"根据江西福建粤赣三省的统计,在2 932个乡中,有列宁小学3 052所,学生89 710人"③。由这一数据推断,在以上三省中,每个乡平均有一所以上列宁小学。从入学率来看,"苏区中许多地方,学龄儿童的多数是进入了列宁小学校。例如兴国学龄儿童总数290 969人(内男12 076,女8 893人),进入列宁小学的12 806人(内男生8 825人,女生3 981人),失学的8 163人(内男3 251人,女4 912人),入学与失学的比例为百分之六十与四十,而在国民党时代,入学儿童不到百分之十"。④ 江西兴国可谓苏区教育发展的一个缩影,由此亦可以窥见,在中国共产党的领导下,苏区的基础教育发展虽步履维艰,但比之前有了很大进步。

二、抗日民主根据地战时基础教育体制的建立

抗日战争期间,中国共产党建立了陕甘宁边区,晋察冀、晋冀鲁豫、晋绥、山东、华中、鄂豫皖等抗日民主根据地。虽然反抗日军侵略的任务异常艰巨,中国共产党依然非常重视教育工作,极力保障抗日民主根据地教育事业的发展。在战时背景下,各根

---

① 中央教育科学研究所,陈元晖,等,编.老解放区教育资料(一)[G].北京:教育科学出版社,1981:136.
② 张挚,等,编.中央苏区教育史料汇编(上)[G].南京:南京大学出版社,2016:109.
③ 张挚,等,编.中央苏区教育史料汇编(上)[G].南京:南京大学出版社,2016:192.
④ 张挚,等,编.中央苏区教育史料汇编(上)[G].南京:南京大学出版社,2016:192.

据地十分关注小学教育的发展,并相继颁布了一系列教育法规。1938年8月,陕甘宁边区政府教育厅颁布了《陕甘宁边区小学法》。1941年2月边区政府又公布了《陕甘宁边区教育实施纲要》。这一纲要的颁布确立了陕甘宁边区小学教育的新的指导方针,这同时也是新民主主义总方针在基础教育领域中的具体体现。

抗战初期,陕甘宁边区曾突击发展小学教育,使得当时的小学校和小学生数量都呈现出直线上升的趋势,表9-1中的统计数字①可以反映出当时的学校数量状况。

表9-1 抗战初期陕甘宁边区小学与小学生数

年度	1937年春	1937年秋	1938年秋	1939年秋	1940年秋	1941年
小学数	320	545	733	883	1341	1198
小学生数	5600	10396	15348	22089	41358	40366

从表9-1可以看出,1937年至1940年小学校数量增加了两倍多,小学生数更是呈几何级增长。然而,到1941年,这两项数字均有所回落,数据变化与当地基础教育改革过程中所采取的政策紧密相关。最初,陕甘宁边区曾急切发展教育,在《义务教育条例》中甚至强行规定:"不论贫富,凡学龄儿童(八岁到十四岁),一律入学,否则予以处罚。"②不少地区采取突击式的办法办起了小学。在小学数量不断攀升之后,质量方面却难以保障。1940年8月召开的各县三科长联席会议上决定精简,合并学校,重质不重量。同时提出一些实施方法,包括:"一、每县宁可取消十个普小,一定要办好一个集中的完小。二、每个学校不满20或30人,不准开办。三、年限、班级、开学放假等制度必须'整齐划一'。"③经过整顿,小学校的数量得以控制,办学质量有所提升,但同时又由于精简合并不当而带来了种种问题。诸如,在人口居住分散的农村,不少适龄儿童由于家庭所在地离完小较远,无法兼顾入学读书和家庭生产而失学。陕甘宁边区在小学改革之路上的种种尝试也反映出根据地基础教育本土化的艰难与曲折。

抗战时期,出于培养大批干部以应对长期战争的需要,中国共产党制定了"干部教育第一,国民教育第二"的政策。时人认为,干部教育重于群众教育,"这不但因为干部是群众的先锋,他们更需要培养和提高,他们的培养和提高的目的也是为着群众的,而

---

① 陕西师范大学教育科学研究所,编.陕甘宁边区教育资料(小学教育部分)[G].北京:教育科学出版社,1981:159.
② 华东师范大学教育系,编.中国现代教育文选[C].北京:人民教育出版社,1989:467.
③ 华东师范大学教育系,编.中国现代教育文选[C].北京:人民教育出版社,1989:467.

且因为农村环境中群众教育的内容究竟有限,普通高小以上的教育就入于干部教育的范围。……因此政府的教育部门就不能不将更大的注意力放在干部教育方面,而群众教育则须大量发动群众自办,政府只居于指导协助地位"。① 这样,原本属于基础教育范畴的高等小学被纳入干部教育的范畴,并受到重视。伴随着高小地位的提升,以及边区政府对长期以来仅仅依靠政府办学模式存在弊端的思考,人们再次把目光转向民众,决定最大限度地发挥群众力量办学,并大胆创设了"民办公助"的办学模式。

1943年开始,陕甘宁边区有部分地区开始尝试将学校教育和家庭生产相配合,因地制宜,创办适应群众需求的民办小学。1944年3月,为纪念陶行知提倡生活教育运动17周年,延安教育界人士和各专署专员以及教育界干部举行座谈会,对边区教育工作交换意见。座谈会上提议:除完全小学仍由政府开办外,普通小学要大力提倡民办。② 一个月之后,陕甘宁边区政府发布《关于提倡研究范例及试行民办小学的指示》,提出了民办公助的基本原则,即"把大多数的甚至全部的小学交给地方群众自己办,政府则在物质上予以补助,在方针上加以指导"。③ 此后,在1944年10月至11月召开的陕甘宁边区文教大会上进一步确定在国民教育中采用民办公助形式和按照群众的需要与志愿的原则办学。要言之,"民办公助的实质是要依靠群众的自觉,发动群众的力量,根据群众的需要,通过群众最易接受的形式,以达到文教运动的推广和普及"。④ 在边区文教大会上通过的《关于边区教育方针的决议(草案)》中对于小学教育阶段的培养目标和具体办学进行了以下规定,即:"小学教育的目标,是要为边区培养具有下列条件的新民主主义的公民。……在分散的农村环境的边区,小学应以自愿的民办村学为主要形式。但同时还容许其他为老百姓所接受和欢迎的学校形式(如好的中、普小)的存在。学校的学制不求一律,一般的应该废止正规的班级制和学期制。凡学毕规定的教育内容即可作为毕业。"⑤其中,进一步重申了小学教育的总体目标应围绕着新民主主义的总方针。以上规定充分考虑了根据地所处的农村环境,强调应发挥

---

① 李桂林,编.中国现代教育史教学参考资料[G].北京:人民教育出版社,1987:83.
② 皇甫束玉,宋荐戈,龚守静,编.中国革命根据地教育纪事 1927.8—1949.9[G].北京:教育科学出版社,1989:264.
③ 陕西师范大学教育科学研究所,编.陕甘宁边区教育资料(小学教育部分)[G].北京:教育科学出版社,1981:156.
④ 《纪念江隆基文集》编委会,编.江隆基教育文选:纪念江隆基诞辰100周年[G].兰州:兰州大学出版社,2005:77.
⑤ 陕西师范大学教育科学研究所,编.陕甘宁边区教育资料(小学教育部分)[G].北京:教育科学出版社,1981:196.

民众在办学过程中的积极性和主动性,真正根据老百姓的实际需要来制订相应的学制。民办公助的教育方针是中国共产党群众路线在教育工作中的具体体现,是中国共产党在革命根据地实践新民主主义教育过程中的伟大发明,也是基础教育现代化改革过程中,在经济文化落后、交通不便、人口分散的农村地区探索出的一条成功的本土化路径。

抗日民主根据地的小学教育在一定程度上延续了苏区的教育制度。其中,陕甘宁边区小学的修业年限为五年,前三年为初级小学,后两年为高级小学,合称为完全小学。这比当时国民党统治区的四二学制缩短了一年。当时,各根据地的学制并非完全统一,例如1940年2月通过的《山东省战时国民教育实施方案》中规定"小学修业期限定为六年,初级四年,高级二年,惟为适应战时环境,得暂定为二、二、二制,即分为初中高三级,各级修业均为二年,每年分三学期"①。同以上规定相类似,很多根据地的小学为适应当地农业生产的需要实行三学期制,除寒假和暑假之外,还会酌情放农忙假。

总体而言,抗日民主根据地的小学教育在抗战期间获得了很大发展。以陕甘宁边区为例,1937年春季仅有小学320所,学生5600人。至1945年春,初级小学数量增至1377所,学生数达到34004人。② 抗日根据地基础教育的发展不仅表现为小学数量的增多,同时也表现在依据实际情况制订和调整各项教育政策,使得基础教育的现代化改革在根据地真正担当历史使命,适应时代需求更加稳健地推行。

三、解放区"新型正规化"教育的推进

解放区是指抗日战争和解放战争时期,中国共产党领导的军队从敌伪和国民党统治下解放出来的地区。解放战争时期的解放区主要包括华北解放区,东北解放区、西北解放区、华东解放区、中原解放区。1945年8月,抗战胜利后,国内出现了和平建设的新局面,解放区的范围不断扩大,各项事业迅速发展。基础教育方面,在陕甘宁、晋察冀等老解放区延续了抗日战争时期的办学经验,继续执行"民办公助"的教育政策,充分发挥民众的力量巩固和发展当地的小学教育。在此过程中,不少革命根据地也在筹备教育事业的正规化转向。

---

① 中央教育科学研究所,编. 老解放区教育资料(二)抗日战争时期(上册)[G]. 北京:教育科学出版社,1986:111.
② 陕西师范大学教育科学研究所,编. 陕甘宁边区教育资料(小学教育部分)[G]. 北京:教育科学出版社,1981:239.

1946年3月,陕甘宁边区政府教育厅厅长柳湜在接见《解放日报》记者时指出:"随着目前时局的发展,全国进入和平民主的新阶段的时候,我们的教育还应进一步加以改进,那就是逐渐注意正规化"。① 1946年3月,刘季平在华中宣教大会上所做的地方教育总结报告中同样提出,"我们认为抗日虽已结束,但和平还没有保障,除不正规的办法仍可应用外,可逐渐走向正规"。② 关于旧型正规化与新型正规化,报告中做了进一步解释。"过去的旧型正规化,强迫中国的法子服从外国的法子,强迫群众的需要服从学校的规定,只求形式统一不问实际如何,我们决不需要这样的东西。我们的新型正规化应该是基本上有制度有计划,而不反对群众的创造性,不反对实施中的灵活性,不反对形式上的多样化。譬如初级国民教育,我们有一个总的关于民校与小学的制度,有一定课程的规定,可是你通过夜学、通过读报组、通过农村剧团、通过各种形式,无论运用各种方法来进行,你都完全有自由。你在冬季怎么办,夏季怎么办,农忙时怎么办,也都有完全的自由。只要一切都适合当时当地的具体情况,只要不是破坏制度、漫无计划,你都可以自由创造。这样办,是不是正规化呢?我们说这正是真正的正规化。因为这乃是制度与计划所允许,而又是事实上所必需的办法。"③这段话浅显易懂地分析了抗战时期曾实行的旧型正规化照搬国外教育制度,而带来的在中国水土不服的问题。同时也举例说明新型正规化的核心特征,一方面要有一定的制度与计划,另一方面又可根据群众的实际情况进行灵活创造。从某种意义上来说,新型正规化教育的实施同时也反映出各解放区对教育本土化道路的探索,真正的教育正规化首先应该是本土化的。

在各解放区准备向正规教育过渡之时,内战爆发了,出于时局需要,解放区不得不继续推行战时教育体制。各解放区的小学大都秉持战时教育方针,在战争环境中继续坚持办学,学校的师生通过自己的实际行动为革命战争和土地改革运动服务。至解放战争后期,伴随着中等教育正规化的讨论,小学教育的正规化也受到一些解放区的关注。1949年5月20日至6月3日,华北人民政府在北平召开了小学教育会议,专门研讨小学教育的未来发展问题,会上拟定了《华北区小学教育暂行实施办法》和《华北区小学教师服务暂行规程》。经过反复讨论,决定从施教目标、学制、课程、教材、师资、领

---

① 陕西师范大学教育科学研究所,编.陕甘宁边区教育资料(中学教育部分)(上册)[G].北京:教育科学出版社,1981:228.
② 教育科学研究所筹备处,编.老解放区教育资料选编[G].北京:人民教育出版社,1979:87.
③ 教育科学研究所筹备处,编.老解放区教育资料选编[G].北京:人民教育出版社,1979:87—88.

导体制等方面着手推动小学教育在和平建设时期的新发展。

《华北区小学教育暂行实施办法》首先对小学教育进行定位，即"小学教育是新民主主义国家公民的基础教育"，① 同时进一步从知识与能力、卫生健康教育、爱国思想与良好习惯培养等方面明确了小学教育的施教目标。以上目标定位更加关注小学教育的基础性特征，倡导以学习基本的文化知识为主，并进而为今后的深造打下良好的基础，可谓从整体上引领小学教育的正规化。在学制方面，规定"小学学制仍暂定为四二制，初级小学四年，得单独设立。高级小学二年，以与初小合设为原则，称完全小学，必要时亦可单独设立"。② 尽管规定了小学的学制为六年，同时又指出，"修业年限不必强求划一，学完国语、算术、常识等主要课程，经考试及格，即可毕业"。③ 另外，在入学年龄、始业时间、学时、假期安排等方面均充分考虑到了城市与乡村的差异，以及经济困难家庭等实际情况，采取了灵活性的措施。在小学课程安排方面，分别规定了适用于全日小学以及半日制、二部制初级小学的课程实施要求。关于小学教科书，特别规定："须采用华北人民政府审定或指定之课本，除另有指示者外，不得随意增删。国语、自然、常识等科，各区得按当地情况及临时需要，编10%至15%的补充教材，由省人民政府或行署主编，报送华北人民政府教育部审核。"④ 以上对于小学课程与教科书的规定体现了当时的过渡性与灵活性特征，同时也体现出其为正规化转向而做出的努力。

除制定了以上两项草案之外，华北人民政府还专门针对会议中所提出的师资、经费、课本、领导等问题进行指示。关于师资，其中指出："师资是决定一切的。因此，首先要加强在职小学教师的学习，以提高质量。"⑤ 同时进一步提出了提升教师质量的方法，包括有计划的轮训，以个人自学、集体互助、加强领导三者相结合的方法坚持工作中的学习，进行函授教育等。在教育经费方面，规定地方教育经费从各县教育粮中统筹开支，不同地区可以根据实际情况适当调剂。其中，"学校设备的开支，高小由地方教育粮统一解决，初小经群众同意，县府批准由村自行解决"。⑥ 从这一规定中依然可以看到初等小学的民办性特征，同时也反映出当时小学教育正处在走向正规化的过渡

---

① 中央教育科学研究所，编.老解放区教育资料(3,解放战争时期)[G].北京：教育科学出版社,1991：597.
② 中央教育科学研究所，编.老解放区教育资料(3,解放战争时期)[G].北京：教育科学出版社,1991：598.
③ 中央教育科学研究所，编.老解放区教育资料(3,解放战争时期)[G].北京：教育科学出版社,1991：599.
④ 中央教育科学研究所，编.老解放区教育资料(3,解放战争时期)[G].北京：教育科学出版社,1991：601.
⑤ 中央教育科学研究所，编.老解放区教育资料(3,解放战争时期)[G].北京：教育科学出版社,1991：594.
⑥ 中央教育科学研究所，编.老解放区教育资料(3,解放战争时期)[G].北京：教育科学出版社,1991：596.

阶段。

1949年6月15日,《人民日报》发表了题为"贯彻华北小学教育会议的精神,把小学教育从现有基础上提高一步"的社论。社论中肯定了华北小学教育会议的新型正规化方向,认为这次会议为此后小学教育的发展做好了思想上与组织上的准备。① 此后,华北各地根据这次会议精神有序推动了小学教育的正规化。正如社论中所指出的,"方针目标必须统一,方法则可灵活运用"。② 其他各解放区也在根据各自不同的情况因地因时制宜的推进当地小学教育的新型正规化转变。

第三节 革命根据地基础教育的课程与教学

在不同历史时期,根据地小学的教育目标伴随着时代形势的变化有所调整与发展。根据地学校的课程设计同时也围绕着当时的教育目标逐渐由战时以政治军事为中心而不断走向正规化。教学质量的提升离不开适当的教学组织,根据地小学立足地方实际,适应战争环境创造了灵活多样的教学组织形式。本节将重点分析根据地的课程设置与教学组织。

一、根据地小学的教育目标与课程结构

《中华苏维埃共和国小学校制度暂行条例》的第一条即指出:"在工农民主专政下的小学教育,是要训练参加苏维埃革命斗争的新后代,并在苏维埃革命斗争中训练将来共产主义的建设者。"③这一规定从整体上指明了苏区小学的培养目标是参加革命斗争的新后代。

抗战时期,陕甘宁边区政府制订了具有鲜明战时特征的教育目标。1938年8月,陕甘宁边区政府教育厅颁布的《陕甘宁边区小学法》中第一条即指出:"边区小学应依照国防教育方针及实施方法以发展儿童的身心,培养他们的民族意识及抗战建国所必需的基本知识技能。"④显然,边区小学的培养目标是围绕着国防教育来制订的。1941年2月边区政府又公布了《陕甘宁边区小学教育实施纲要》,其中规定:"边区小学教

---

① 河南人民出版社,编. 老解放区学校教育资料选集(第2辑)[G]. 郑州:河南人民出版社,1958:86.
② 河南人民出版社,编. 老解放区学校教育资料选集(第2辑)[G]. 郑州:河南人民出版社,1958:86.
③ 中央教育科学研究所,陈元晖,等,编. 老解放区教育资料(一)[G]. 北京:教育科学出版社,1981:308.
④ 陕西师范大学教育科学研究所,编. 陕甘宁边区教育资料(小学教育部分)[G]. 北京:教育科学出版社,1981:11.

育,应依新民主主义教育方针以促进儿童的民族觉悟,养成儿童的民主作风,启发儿童的科学思想,发展儿童的审美观念,提高儿童的劳动兴趣,锻炼儿童的健壮体格,增进儿童生活所必要的知识,培养儿童为大众服务的精神。"①此纲要中指明了边区小学应以新民主主义教育为指导方针,并且明确了儿童教育的多方面具体目标。

1949年7月,华北小学教育会议总结报告中指出,小学教育具体"实施方针的确定,应该是既根本不同于半殖民地半封建的教育方针和旧民主主义的教育方针,也不同于社会主义国家苏联的教育方针,简单地说,小学教育的实施目标应当是'培养具有文化知能、健康身体、进步思想、劳动习惯、爱人民爱国家的新民主主义国家的公民'"。② 立足华北已经解放的时代背景,当地小学教育目标由此前培养民族意识及民族觉悟转变为强调爱人民,爱国家,以及为新中国的建设和发展服务。

总体而言,不同历史时期,根据地小学教育的目标随时代需求而变化,由战时逐渐走向平时,走向正规化。教育目标的内容表述更加具体而丰富,且呈现出更加关注儿童的身心发展特征。

围绕相应的教育目标,最初,各苏区小学开设了不同的课程。有些根据地小学设置的课程门类较为齐全,有些则较为精简。以闽西苏区小学为代表,课程设置非常丰富。1930年发布的《闽西苏维埃政府目前文化工作总计划》中规定,初级小学和高级小学共开设有国语、算术、珠算、体育、军事训练、音乐、形工(包含绘画、折纸、雕刻、塑像等)、常识、生理卫生、自然、园艺或商店、地理、社会进化史、政治、速记术、共产主义浅说、演讲会、讨论、课外运动、自学辅导、周会等近20门课程。③ 其中既包括国语、算术、常识等传统的小学常设课程,又有形工、生理卫生、园艺或商店等非传统的学科课程。而诸如鄂豫皖苏区小学的课程设置则较为简单,初级小学只设国语、算术、常识、习字等课程。④

1933年10月,中央教育人民委员部印发了《小学课程与教则草案》,在开篇即规定了小学教育应达到的程度,明确指出,"儿童是将来共产主义的建设者,同时也是目前参加阶级斗争的新后代"。围绕着对于儿童的这一定位提出了两方面的要求:其

---

① 陕西师范大学教育科学研究所,编.陕甘宁边区教育资料(小学教育部分)[G].北京:教育科学出版社,1981:97.
② 教育科学研究所筹备处,编.老解放区教育资料选编[M].北京:人民教育出版社,1979:106.
③ 江西省档案馆,中共江西省委党校党史教研室,编.中央革命根据地史料选编(下)[M].南昌:江西人民出版社,1982:552—554.
④ 陈桂生.中国革命根据地教育史(上)[M].上海:华东师范大学出版社,2015:217.

一,"政治水平要达到了解马克思主义列宁主义的基础";其二,"知识、技能、身体要达到能满足目前斗争和一般生活最低限度的需要,同时要准备将来学习专门知识和技能最低限度的基础"。① 从这些规定中可见当时的培养目标对于儿童政治水平方面提出了较高的要求。围绕着这一目标定位设计了小学一至四年级的课程,四个年级均开设国语、数学、政治、自然、唱歌、图画、运动七门课程,各年级课程的差别主要体现其教授内容的深度与广度不同。1934年2月,教育人民委员会颁布了《中华苏维埃共和国小学校制度暂行条例》。其中,第四章规定了小学前三年和后两年的科目设置。依据此暂行条例,同年4月中央教育人民委员部又发布了《小学课程教则大纲》。此《大纲》中规定了前期三年的初级列宁小学应开设国语、算术、游艺(唱歌、图画、游戏、体育等)三门课程。后期两年的高级列宁小学在以上三门课的基础上增加社会常识和科学常识。初高级小学的国语课都应该包括政治和自然方面的内容。由以上规定可以看出苏区小学课程改革呈现出逐渐精简学科门类的整体趋势。同时,在小学课程分配部分又进一步规定了初级小学每星期的上课时间为18小时,同时还安排了每周12小时的课外教学,包括劳作实习和社会工作各6小时。高级小学第一学年上课时间24小时,第二学年26小时,另外,还有每周6至8小时的劳作实习和6至10小时的社会工作。列宁小学在进行课内教学的同时还安排了大量的课外教学,充分体现了《小学课程教则大纲》中所强调的:"小学的一切科目都应当使学习与生产劳动及政治斗争密切联系,并在课外组织儿童的劳作实习及社会工作劳动应当同当地经济情形配合,有计划的领导学生学习各种工艺、园艺、耕种及其他生产劳动",②从而将小学的学校教育与生产劳动及社会实践紧密结合起来。

　　抗战时期,各根据地的课程设置也并不统一,同一根据地的小学课程安排随着时间的推移有所发展变化。在此,仍以陕甘宁边区为例来窥探抗战期间根据地小学课程设置的前后变动。1938年3月,边区教育厅发布的通告中指出,抗战时期,小学课程的重心应该有所转移。"首先应该注意到统一战线和抗战政治的教育,使学生对抗战的形势和抗战的工作有简单的了解。当然其他一般的课目,还是照常去教。其次就是防空防毒,反汉奸、托匪等,因为这是目前迫切需要的常识"。③ 1939年8月颁布的《陕

---

① 中央教育科学研究所,陈元晖,等,编.老解放区教育资料(一)[G].北京:教育科学出版社,1981:297.
② 中央教育科学研究所,陈元晖,等,编.老解放区教育资料(一)[G].北京:教育科学出版社,1981:313.
③ 陕西师范大学教育科学研究所,编.陕甘宁边区教育资料(小学教育部分)(上)[G].北京:教育科学出版社,1981:2.

甘宁边区小学规程》中也指出,"小学课程以政治军事为中心"。① 在指导思想方面规定了陕甘宁边区小学课程应具备的战时特征。1939年8月规定的小学课程设置共包括国语、算术、常识、体育、音乐、美术、劳作等。其中,初级小学的常识课包括政治、自然、历史、地理四科,每周共六学时。高级小学则将四科分开设置。体育课以军事为主。与1938年4月的课程设置相比,1939年8月所规定的教学科目中已经取消了此前的政治常识和周会,而且国语课也从每周9学时增至12学时。② 这反映出当时边区小学的课程在适应战时需要的同时也在努力向正规化方向调整。到了1941年2月,边区教育厅公布的《陕甘宁边区小学规程》中直接指出,小学为进行六种不同的教育,设不同的课程,即政治教育设政治课程,语文教育设国语课程,科学教育设算术、自然、历史、地理等课程,艺术教育设美术、音乐等课程,劳动教育设劳动课程,健康教育设体育、卫生等课程。初级小学阶段仅设置国语、算术、常识、美术、音乐、体育等课程。高级小学阶段设置国语、算术、政治、自然、卫生、历史、地理、美术、音乐、体育等课程。③ 此次课程设置的学科门类比之前更加丰富,其正规化的倾向也更加明显。

其他根据地也在抗战时期进行着不同的课程改革探索。1942年8月,山东省战时工作推行委员会制定了《山东省战时小学课程总纲草案》,其中小学初年级(一、二年级)开设的课程包括:国语(包含常识)、算术、唱游(包含音乐和体育);中年级(三、四年级)设置的课程包含:国语、常识(包括政治、自然、史地)、唱游(包含音乐和体育);小学高年级(五、六年级)开设的课程有:国语、算术(包括珠算)、政治、自然、史地、工作、体育(包括军事操、柔软操及各种运动)、音乐。其中,初、中年级的工作课包括美术和劳动,在课外进行,每周不超过两小时。在授课时间上,初年级和中年级每天最多上7节课,每节课30分钟,高年级每天最多5节课,每节50分钟。课外活动包括早操、朝会、周会等。其中,朝会每周星期一早晨举行,内容为时事报告、生活修养指导等;周会于每星期六下午举行,内容包括师生欢聚漫谈、工作及生活检讨等。④ 相对而言,山东解放区设置的课程门类较少,体现了抗战时期减少不必要科目的改革精神。

1942年10月公布的《晋冀鲁豫边区小学暂行规程》中同样规定了该区小学的教

---

① 陕西师范大学教育科学研究所,编.陕甘宁边区教育资料(小学教育部分)(上)[G].北京:教育科学出版社,1981:60.
② 陈桂生.中国革命根据地教育史(中)[M].上海:华东师范大学出版社,2015:427.
③ 陕西师范大学教育科学研究所,编.陕甘宁边区教育资料(小学教育部分)[G].北京:教育科学出版社,1981:102—103.
④ 山东解放区教育史编写组,编.山东解放区教育史[M].济南:明天出版社,1989:181—182.

学课目。其中,低年级的课程包括国语、常识(包括社会、自然、卫生)、算术、游唱(包括唱歌和体育)、劳作。中年级在此基础上将劳作课分为美术和劳作。高年级在中年级的基础上将常识分为社会、自然、卫生(公民)三科,游唱分为唱歌和体育两科。其中,社会包括历史、地理及政治常识等,高级小学可分编。时间分配上,以50分钟一节课为标准,教学时,得视课目性质延长至60分钟或缩短至30分钟。① 总体而言,晋冀鲁豫边区小学设置的学科门类较为齐全,正规化特征较为明显。

位于华中抗日根据地的盐阜区规定小学的教学科目则包括公民训练、国语、社会、自然(常识)、算术、劳作、艺术(工作)、体育音乐(唱游)等。低、中、高三个年级对于以上课程的安排有所合并或拆分。显然,该区小学课程在学科设置上与其他地区不同。其中,居于首要地位的是公民训练课,该课程着重在平时进行集体生活训练,规定每天朝会,每星期一抗建纪念周会,及每周生活周会内,遇有普遍发生或足资教育全体学生之事项,均应提出报告与检讨。另外,该区课程表中还附列了抗建活动,主要以集体活动的形式进行,目的在于养成儿童自动学习及从事抗建活动的能力,以培养民族、民主革命之知能。此项活动期间,教师应出席指导,视为正式作业。朝会、抗建纪念周会,及生活周会时间,均包括在内。② 总体而言,盐阜区的课程设置较为全面,而且特别注重培养学生的民族精神以及从事抗战建国活动的能力。

抗战后期,随着教育改革和民办公助教育方针的推行,人们对于根据地小学课程设置的认识逐渐深入。正如《解放日报》社论所言:"繁杂的小学科目,反映资本主义国家儿童(也不是所有的儿童)因为要参加城市的工业生活,故需要的常识多,因为不要参加农业社会的家庭劳动,故学习的时间多,这是中国目前的根据地农村所无法'媲美'的。"③因此,不少根据地小学在开设课程时更加从实际出发,注意结合当地群众需要,强调学了就能用到,一些暂不急需的科目甚至被直接精简。

抗战时期,虽然各区设置的课程有所不同,但从共性来看,各抗日根据地一方面继续贯彻执行此前确立的教育与生产相结合的方针,另一方面积极适应战时特征,增加了军事训练、政治常识等抗战需要的课目,关注学生抗战建国能力的培养。总体而言,战争年间,各根据地小学适应战争需要并结合当地情况进行本土化探索的同时,也在

---

① 中央教育科学研究所,编.老解放区教育资料(二)下册[G].北京:教育科学出版社,1986:436.
② 江苏省教育科学研究所,老解放区教育史编写组,编.华中苏皖边区教育资料选编(一)[G].内部印刷,1986:188—189.
③ 教育科学研究所筹备处,编.老解放区教育资料选编[G].北京:人民教育出版社,1979:20.

努力朝新型正规化的方向迈进。

解放战争时期,各解放区在吸收已有经验与教训的基础上,不断摸索适合本区的学制与课程改革之路,不同地区的小学课程呈现出多元化的特征。随着战争进行到战略反攻阶段,各解放区对于小学课程改革的基本思想渐渐趋于统一,即提升文化课在整个课程体系中的分量,注重学生基本能力的培养。1948年10月发布的《东北行政委员会关于教育工作的指示》要求:"课程的制定,应以社会的需要和学生的程度为依据。今后中小学的课程,应加重文化课的分量,以应生产建设之需。"其中,"小学课程,高小文化课占百分之九十,政治课占百分之十。文化课包括国语、算术、历史、地理、自然、音乐、美术、体育等科。初小课程,包括国语、算术、常识、唱游、体育等,全部为文化课,只在常识和国语里包括一些政治常识"。[1] 这一课程设置的指导思想着重强调提升文化课的分量,同时降低了战时处于重要地位的政治课的比重。1949年2月,华北人民政府第二次政府委员会通过了《1949年华北区文化教育建设计划》。其中的恢复整顿与发展小学教育部分指出,"在恢复过程中老区小学逐步进行整顿,纠正过去忽视文化学习的观点与游击作风,着重读、写、算能力的提高"。[2] 重点强调要促进学生基本知识与能力的培养。1949年7月发布的《陕甘宁边区政府关于目前新区国民教育改革的指示》中指出,小学"课程以文化为主"。[3] 对于课外活动的安排上也谈到:"儿童课外活动应予重视,但须有实际教育意义与有计划地进行,且须适度,不得太多,以免妨害学生的文化学习。"[4]以上不同地区对于小学课程设置的规定从不同角度强调了文化课在整个小学课程中的重要地位。可以说,解放战争时期,各解放区大都立足于迎接战争胜利,围绕培养国家建设所需要人才的目标对小学课程继续进行正规化和本土化改革。改革的过程中各区在纠正之前政治内容过多,忽视文化学习的偏向的同时,也在思考和沿用之前总结的小学课程设置上学用一致等本土化经验。诸如陕甘宁边区即提出了"各种课程统须联系实际,达到学用一致"[5]的原则。

二、根据地小学教学组织的本土化探索

小学教学涉及的问题很多,在此主要从根据地小学教学组织的角度来分析其发展

---

[1] 顾明远总主编.中国教育大系20世纪中国教育(3)[G].武汉:湖北教育出版社,2015;2014,2015.
[2] 中央教育科学研究所编.老解放区教育资料(三)[G].北京:教育科学出版社,1991:67.
[3] 中央教育科学研究所编.老解放区教育资料(三)[G].北京:教育科学出版社,1991:559.
[4] 中央教育科学研究所编.老解放区教育资料(三)[G].北京:教育科学出版社,1991:560.
[5] 中央教育科学研究所编.老解放区教育资料(三)[G].北京:教育科学出版社,1991:560.

的本土化历程。

1934年2月颁布的《中华苏维埃共和国小学校制度暂行条例》中规定:"能集中上课的圩场、城市、大村庄,概用单式编制,每个学年的学生编一班。人口不集中的乡村,如果各学年的学生都不满一班时,用复式编制,几个学年的学生合为一班。"①由此可见,苏区小学在尝试推广班级授课制时,充分考虑到了人口分散地区的情况,灵活采用复式编制。两个月之后颁布的《小学管理法大纲》中进一步重申,小学的编制"单式编制每级为一班,由学生选一班长。复式编制每班包含几个年级,应先由各级选一级长,然后各级长互选班长一人。班长和级长的任务是在教员领导之下,维持课堂秩序,注意学生的纪律等"。②从苏区的相关规定中可以看出,在当时的小学中存在单式编制与复式编制两种组织形式。实际上,由于种种教学的条件限制,单式编制的推行存在很大困难。

到了抗战时期,陕甘宁边区1939年3月修正公布的《陕甘宁边区小学法》第七条规定:"完全小学应用单式编制,但遇有特殊情形(如教室小、学生或教员不够)得用完全复式编制。初级小学一般应用单级复式编制,但学生多,教员多,教室多时得用单式编制。"③以上规定也反映出即便是在相对安定的陕甘宁边区,初级小学采用复式编制的依然占大多数,只有少部分条件较好的学校才有可能采用单式编制。为此教育厅一再强调,废除死读书的古老方法,采取集体的教学。这项工作在完全小学和模范小学不但能够做到而且还可以做得更好。因为以上学校中有不少从鲁迅师范毕业的教师他们可以运用新的教学法进行教学,而有些本地教员却差距较大。"他们仍用个别教学,不分级,即或分级,也是同级的学生各读各的书,有的念到二十几课,有的还在七八课,这样不但不能互相帮助,先进的帮助落后的,形成畸形发展,而且教员也感到非常麻烦,时间不够分配,教学效能非常之低。"④从以上描述中可以看出,当时陕甘宁边区的不少小学依然采用传统私塾式的教学组织方法,即便是复试编制教学的最低要求也不能达到。为了将这种私塾式的教学组织方式转变为现代意义上班级教学,陕甘宁边区走过了曲折的探索历程。

为了快速实现教育的正规化发展,1938至1939年间,边区曾提出了普及教育的

---

① 中央教育科学研究所,陈元晖等编. 老解放区教育资料(一)[G]. 北京:教育科学出版社,1981:309.
② 中央教育科学研究所,陈元晖等编. 老解放区教育资料(一)[G]. 北京:教育科学出版社,1981:323.
③ 中央教育科学研究所,编. 老解放区教育资料(二)下册[G]. 北京:教育科学出版社,1986:304.
④ 陕西师范大学教育科学研究所,编. 陕甘宁边区教育资料(小学教育部分)(上)[G]. 北京:教育科学出版社,1981:49.

口号。至1940年又进一步提出义务教育的口号。当时,一些领导者照搬国外强迫教育的经验,认为边区老百姓落后,不强迫便无法普及教育。基于此,曾做出过凡学龄儿童一律入学的强行规定。然而,强迫处罚的措施并没有达成预期的目标。这条道路受阻之后,教育领导部门又走向了另一个极端。1940年,陕甘宁边区教育厅不再关注教育的数量发展,转向集中提升学校质量。这一措施在人口分散的农村地区并没有达到提高质量的目的,反而增加了入学动员的困难。这些不顾根据地特殊情况,而过于着急实现教育正规化的种种做法后来均被归入"旧型正规化"的范畴。

否定"旧型正规化"教育之后,人们也在进行着改革教学组织形式的新型正规化尝试。新型正规化,"决不是主观想象出或机械照搬照抄的一套学制、课程、教材去推行,而是根据实际需要,在现有的基础上,研究选择并一步一步地提高"。① 由于各地的实际情况有很大差异,所以新型正规化本身也"包含着多样性,着重其实际内容方面,而且是随着实际的发展而发展的。比方说:我们有正规的全日制小学,也可以有半日班、早班、午班及识字小组"。② 整风运动后,各根据地大都结合本地情况探索出灵活多样的教学组织形式。诸如,晋察冀边区行政委员会在1943年4月提出了整理小学的办法。对于初级小学,根据各村的不同情况采取不同的办法。在较大的村庄,如果可能经常全日入学的学生在三十人以上的,仍以全日小学为主,酌设半日随习班。而假设可能经常全日入学的学生较少,半日入学的在四十人以上时,改为半日二部制,使学生半日学习,半日生产。在一般的村庄,以半日制为主要形式。如甲乙丙可能入学学生均在二十五人以上,四十人以下,距离在五里以内的,可两村合请一名教师,采用半日巡回制。如果可能集中的两个村,距离在五里以上十里以内的,可采用隔日巡回制。某些偏僻而穷苦的小村,用以上办法仍不能解决问题的,可暂缓开办或暂时停办。③ 以上整理办法,充分考虑到人口分布稀疏地区学生多种不同的实际情况,为克服困难采取多村联合办学、教师前往送教等多种形式办起了适应百姓需求的学校。同时陕甘宁边区也积极适应农村环境进行了学制改革的多种尝试。尤其1944年民办公助政策实施以后,边区各地创造了多种受群众欢迎的学校组织形式。其中包括以分散经营为主的村学、轮学、家庭学校,也包括以分时教学为主的整日班、夜校、半日班、季节

---

① 常春元.新民主主义教育教程[M].上海:上海杂志公司,1950:158.
② 常春元.新民主主义教育教程[M].上海:上海杂志公司,1950:157.
③ 中央教育科学研究所,编.老解放区教育资料(二)下册[G].北京:教育科学出版社,1986:309.

学校,以及将儿童教育与成人教育相结合,各种年龄层次的学生一起上课的一揽子小学。① 例如,三边分区赵老沟民办小学采用的不定期学制。该校在学生不多时,不分班级,进行个别教学。学生增至20人时,则分成四个班,但不一定受班级的限制,而是按每门功课的程度分组教学。修业年限也没有限制,学够一千字以上,不愿念了,就可以毕业。② 这所学校随学生人数的变动而采取不同的教学组织形式,同时顺应百姓需要制定了灵活的毕业制度。或许在今天看来,这所学校的很多做法都不够正规,但这些举措却是传统教育与现代教育磨合过程中优选的适中道路,是根据地基础教育新型正规化的生动表现。

在追求教育正规化发展的同时,处在战争时期的小学还必须以巧妙的战争化形式应对敌军的干扰与侵袭。例如,在敌占区曾办有抗日两面小学,迎门挂着伪公署发的孔子像,墙上贴着"建设大东亚共荣圈"之类的标语,从表面上看是敌军的"新民小学",读所谓的新民课本,私下里却对学生进行抗日爱国教育。由于敌军的残暴镇压,在抗日两面小学无法存在之地,又有抗日隐蔽小学的形式。每逢日军扰乱便采用分组教学的办法,在教师的指导下由同年级选出的优等生给各小组上课,以"敌来停课,敌走上课"的游击教学方式随时变换教学地点,使敌人无法知晓学校的所在之处。③ 这种游击式的教学形式可谓战争时期小学组织发展的独特创举。当今,回望游击式教学组织形式,显然,并不能将其归入正规化的范畴。但立足当时的战争背景我们更应肯定其在枪林弹雨中坚守教育阵地的重要意义以及在教育组织本土化求索方面的独特价值。

第四节　革命根据地学校发展的个案考察:杨家湾小学与刘家莲子坡庄户学

学校是教师发展与学生成长之地,也是教育改革各项目标的最终落实之地。根据地在新民主主义教育方针的指引下,通过一所所具体学校的创立与发展推动着近代学校制度的转型。本节选取了地处陕甘宁边区的杨家湾小学和位于山东滨海区的庄户

---

① 陕西师范大学教育科学研究所,编.陕甘宁边区教育资料(小学教育部分)(下)[G].北京:教育科学出版社,1981:364—365.
② 陕西师范大学教育科学研究所,编.陕甘宁边区教育资料(小学教育部分)(下)[G].北京:教育科学出版社,1981:365.
③《人民教育》社,编.老解放区教育工作经验片段[M].上海:上海教育出版社.1978:36—40.

学两所学校,通过二者从无到有的曲折经历窥探根据地学校变革的轨迹。

一、陕甘宁边区的办学模范——杨家湾小学

(一)民办与公助:杨家湾小学的创立

杨家湾村地处延安市北郊,距离乡政府较近。该村有21户村民,大多数人家的经济水平可达到中农以上,相对比较富裕,人们的思想也较为开通。杨家湾村有十多个适龄儿童,村民们意识到"咱们这辈子就在这上吃了亏,可不能再叫娃娃们作睁眼瞎了"。[①] 然而,本村及附近却没有一所学校供孩子们读书。1943年冬,村长李仲清,村民侯学林和曹万祥提出要在村上办一所学校,后来,经过全乡七个村的讨论,大家一致赞成在乡上设立学校,并请政府帮忙派遣教员。群众的办学意愿很快通过区里反映到市里,但在筹办学校的过程中还有诸多困难有待解决,最突出的问题有两个:一是很难请到教员,二是办学经费难以解决。经过上级协调,派陶端予担任学校教员。然而,经费问题的解决却经历了一番周折。尽管在开办学筹备会期间村长李仲清就捐出了一孔石窑,并由各村居民出工修葺一新,可具体办学还需要更多的经费。村民们大都有着强烈的办学愿望,也一致认为"自家的学校,当然自家出钱办",那么,具体该如何募集钱款呢?很多民众按照惯常思维主张摊派,这种方法看似公平,却给贫困民众增加了不少负担。经过杨家岭居民工作委员会的多次协调,最终决定:"以一个娃娃一斗小米为标准,富的欢迎多出,贫的少出,实在困难的或移难民、抗属则免费。"[②]即便如此,在庄稼青黄不接之时,让民众筹齐办学经费亦实属困难。为此,又进一步提出:实行教员的个人经费由公家暂时帮助,所捐经费投入合作社,作为教育基金。秋收以后,经过大会讨论,全乡又捐助了四石多粮食,补充学校开支,同时,还开了九垧学田,其收入用作教育经费。第二年秋收以后,杨家湾小才学逐渐实现了自给。杨家湾小学举办开学典礼之日,北区的区长和区委领导亲临主持,中央宣传部负责人也出席指导,充分体现了区委对民办小学的重视。

从杨家湾小学创办过程可以看出,该学校之所以能够克服重重困难而得以成立,首先离不开当地民众强烈的办学愿望和主动出资的助学热情。在面对筹办学校过程中的诸如教员派遣、经费募集等一系列具体困难时,又必须由当地的公家牵头解决,民办与公助紧密结合起来才真正促成了一所新型小学的诞生与发展。

---

① 《陶端予纪念集》编辑组.陶端予纪念集[C].北京:人民教育出版社,1994:35.
② 《陶端予纪念集》编辑组.陶端予纪念集[C].北京:人民教育出版社,1994:36.

虽然学校在民众与公家的共同努力下开办起来，但立校之初，并非所有的家长都能够接受这个嵌入村庄的新生事物，并主动送自己的孩子入学读书。究其原因，除了家庭经济紧张、思想保守等因素外，多数家长是出于孩子进学校读书会影响家里农业生产的考虑而拒绝让子女上学。即使是已经送孩子入学的家长也在担心："从前娃娃念了书识不下字，生产也丢了，弄的娃娃成了个二流子。"①为了减小家长们的种种顾虑，动员更多的适龄儿童入学读书，公家及时出面进行入学宣传，同时也宣布了学校的劳动假制度。只要家长有话来说家中有劳动，经同村学生证明，便可暂时回家参加劳动。此办法在很大程度上调和了学时和农时之间的矛盾。后来，经过深入人心的入学宣传与动员，杨家湾小学的入学人数从最初的十一人，增至三十多人。

（二）实际生活就是教材——学校教学的探索与创新

现代教育推向中国广大农村的过程中，出现了诸多摩擦与不适。其中，教育内容远离乡村日常生活是民众难以接纳新学的重要原因之一。作为新式学堂的杨家湾小学欲得到当地百姓的认可，首先要深入民众了解其教育需求。在筹备创建学校的过程中，陶教员即搜集了一些群众意见，并据此安排了最初的教学内容。

学校开学之初，全体同学都教识字，从最简单的生活日用字入手，继而讲授学生熟悉的人物、地理、环境及事物等的名称，以及度量衡单位。随着教师对乡村生活的深入接触，教材的来源也逐渐丰富。总体而言，教学内容的设计在很大程度上呼应了家长的需求。例如，国语课上会重点向学生讲授应用文的写法。"教学的程序是自简单的收条、发条学起，渐渐到通知、路条、通行证、介绍信、借据等。开始只学应用文，以后渐渐和联句、写短文相结合。"②长短文的主题安排也是密切联系学生生活，例如分为有关个人家庭社会的、不同季节的、学校直接参加的政府工作等主题。同时还会根据学生的情况编写一些活教材。算术课则主要培养学生的计算能力，为适应农村的教学条件，以心算、珠算为重心，最初教数目名称的各种记法，度量衡单位的记法及其应用。在此基础上学习日常生活中运用较多的记出入流水账、变工公帐、妇纺公账。③

最初，教学内容的安排多是依据家长的意见，教授受当地百姓欢迎的内容。半年多后，随着群众对学校认可与信任的逐步建立，陶教员又从政治常识和科学常识方面不断拓宽教学范围。事实证明，这一做法扩大了学生视野，打破了他们保守、自私、封

---

① 《陶端予纪念集》编辑组.陶端予纪念集[C].北京：人民教育出版社，1994：37.
② 《陶端予纪念集》编辑组.陶端予纪念集[C].北京：人民教育出版社，1994：40.
③ 《陶端予纪念集》编辑组.陶端予纪念集[C].北京：人民教育出版社，1994：44.

建迷信的落后思想。① 陶教员在教学过程中适时调整教学内容其实也反映了新式教育在本土化过程中与农村实际的不断磨合。现代教育只有充分适应乡村需求才得以在此落地生根。而新学立足于农村社区后又必须不断进行自我更新方可真正体现其现代性的本质并得以持续发展。

杨家湾小学的学时安排也较为灵活,读书时间和假期并没有严格的制度规定,完全以农业生产需要为准。由于学生的知识基础较为薄弱,为了巩固记忆,采取了集中学习的办法,每门课程的安排并不以课时为单位,而是以天为单位,每天都会集中围绕一门课程的内容设计教学任务。具体教学方法上,陶教员也在不断摸索中创新。首先,遵循从学生熟知的实际事物入手,由已知到未知的原则,尽量采用实物教学法。例如,教学生使用尺子、斗和称,识度量衡的单位与计算方面的内容。采用的教学方法是让学生拿布和尺子到讲堂来丈量,例如,丈量的结果是"一丈零九寸布",教师便会写出这几个字。又如国语课的识字,也是先举刀、豆、米、尺、盐等实物,然后再将字写出。有时还会联系实际生产劳动,诸如让学生看了织布以后,就学习棉花、纺线织布等字。这种紧密联系学生生活经验进行教学的方法收效颇为显著。其次,经常采用讨论法和启发式教学法。一般是先由教员提出讲授题目,然后让学生发言讨论,讨论过程中教员随时查问,并予以启发,最后引出正确的结论。在此过程中,作为一个外来者的教员也借机增进了对当地百姓的观点、风俗习惯及孩子们心理的了解。② 再次,为了激发娃娃们的学习兴趣,还经常采用游戏教学法。诸如"锄草"、"卖花"、"传花"、"联条子"、"吹粉笔"及"识字积木"、"识字棋"等游戏和玩具。在游戏中进行识字、数数、写字、联句等内容的学习。为了解决教师资源不足的难题,学校在学生中推行了小先生制,充分发挥学生的主人翁精神。另外,还会采用制订个人计划与举行竞赛的方法。一方面,通过制订个体学习、工作、劳动计划,增强学生们的自觉性,另一方面,举行竞赛与执行计划互相补充,以学生们之间竞赛比较的方式督促他们关心自己的进度,切实完成计划。杨家湾小学在教学实践中创造出多种教学方法,这些方法是陶教员立足于乡土不断探索的结晶,同时也是现代教学方法本土化的生动体现。

为了照顾不同学生知识水平的差异,杨家湾小学将学生按年龄、知识基础、理解能力及需要帮助家庭进行生产劳动的状况分成四组,根据各组的具体情况分别安排相应

---

① 教育科学研究所筹备处,编. 老解放区教育资料选编[G]. 北京:人民教育出版社,1959:282.
② 《人民教育》社,编. 老解放区教育工作经验片段[M]. 上海:上海教育出版社,1978:169.

的教学内容和教学进程。虽然各组内学生的学习程度不相上下,但由于每个同学休劳动假的时间不同等原因,学习进程也存在很大的差异,再加上学校遵循随到随学的原则,教师及小先生必须根据同学们各自的情况进行个别施教。在杨家湾,每个家庭送自己的子女入学的目的有所不同,遇有特殊需要,教师们会尽力满足。如有的家庭有学习记账的需要,教师会在大家都没有学会记账时提前教该生。

显然,无论是劳动假的存在,还是以天为单位的课时与学时安排,都是与现代学校教育制度不相符合的,但如此种种非制度化的做法却是现代学制推向中国广大农村地区过程中所必须进行的调适。这一现象本身反映出,中国教育现代化进程的曲折性,同时也折射出中国不同地区现代教育本土化路径的多元性与复杂性。

(三) 学校、家庭与社区的协同发展

作为一种新生事物的现代学校欲在乡村社区中立足和发展,首先需要取得学生家长的认可与支持。除教学内容的设计应充分接受家长们的意见外,学校中诸如劳动假等各项制度的设计也必须充分考虑到农村家庭的需要。对于农户而言,孩子的生产劳动能力会直接影响到家庭的经济收入,因此对学生劳动习惯方面的教育必不可少。为了培养学生的劳动观念,杨家湾小学根据学生的家庭状况和家长们的意见与他们订立了帮助家庭劳动计划,并进行定期检查。另外,还配合农时讲授农业生产知识。评选优秀学生时,也会充分考虑学生在家劳动的情况。在强化学生农业生产观念的同时,杨家湾小学还规定学生回家必须要完成扫除、捕蝇、烧开水三项工作,并列为参与竞赛的条件。为了鼓励学生的劳动积极性,还向中央卫生处申请到奖金,定期进行奖励。诚然,培养学生良好的劳动习惯是小学校必不可少的教育内容,但在学校教育中关注家庭生产劳动的做法却是与农村社区的生活相适应的,这无疑会受到家长们的欢迎,学校也因此会获得家长们的更多支持,从而得到更好的发展。

随着学生们在学校接受新知识、新思想的不断增多,他们的思想观念常常与其家庭的传统观念产生分歧与矛盾。"尤其是一些大女孩子,更感到家庭和社会落后的束缚,多说多笑都有不是。三能说:'照顾了自己,还要给大家办事,这辈子小米才不白吃!'被她妈妈听见了,母女就吵起来。有人说:'呵哈,思想一满学洋了!'"[①]遇到这种情况,学校必须给学生进行充分的解释,适当调和学生与其所在家庭之间的矛盾,从而保证家长不至迁怒于学校。可以说,学校要得到学生家长的长久支持,必须尽力维系

---

① 教育科学研究所筹备处,编. 老解放区教育资料选编[G]. 北京:人民教育出版社,1959:283.

家校关系的动态和谐,如此,才可以促进学校与家庭的共同发展。

杨家湾小学的学生多来自乡村,受教育后又大都会回归生于斯、长于斯的社区。因此,在向学生传授知识的过程中,绝不可将他们限于学校的围墙之内,而应引导其关心社区、服务社区。从学校的角度而言,"在这样一个缺少文化的乡下,立起了一座小学校,住下了一个教员,他们应该给群众做更多的事"。① 为此,杨家湾小学的学生积极从事为社区群众服务的工作。根据其实际能力和可支配时间的状况,他们主要参与了社教和卫生等多方面的服务。

社会教育方面,学生主要以小先生的身份参与杨家湾村的识字运动。他们在教师的带领下宣传识字,挨户贴字片。在小学生们的积极努力下,杨家湾村出现了识字热潮。虽然由于种种原因,杨家湾村的民众识字运动曾多次被中断,但小先生们却始终热情不减,尽量克服群众住地分散、学习时间不统一等难题,主动送教上门,大大支持了当地的社会教育工作,促进了本村民众识字水平的提升。同时,杨家湾小学的学生还配合乡政府的号召参加全村的大扫除活动。为了能够长久保持村里的卫生环境,学校还制订出相应工作计划。发动每个学生对其所在家庭负责的区域进行卫生清洁工作。在参与卫生运动的过程中培养了学生对家庭卫生的责任心,也进而培养他们对全村卫生的责任感。通过对以上事务的参与,小学校充分发挥自己的作用,服务于群众的需要,促进社区工作的有效开展。在此过程中,学校自身也拥有了更加广泛的群众基础和更有利的发展环境。

(四)学校生根于民众的助力者——陶端予

杨家湾小学能够成长为模范小学离不开模范教员陶端予的苦心经营。在回顾杨家湾小学的校史时,有必要集中分析陶端予为这所民办公助小学真正扎根于民众之中所作的重要贡献。

最初,杨家湾村的民众虽有办学愿望却没有合适的教师。陶端予作为政府派来的公家人,作为一个人地生疏的外来者,首先花功夫取得了当地群众的接纳。她随着居民工作组以帮助工作者的身份下乡接触百姓。起初是帮助村民解决修理纺车的难题,之后渐渐与当地民众的交流日益加深,了解到他们的更多诉求,每有问题便尽快帮忙解决,因此,很快就取得了当地百姓的信任。在此过程中,陶端予也了解了更多有关学校和学生的情况,以及当地干部群众对办学、教学和教师的期许,为接下来的宣传入学

---

① 《陶端予纪念集》编辑组.陶端予纪念集[C].北京:人民教育出版社,1994:59.

做好了准备。

学校办起来之后,陶端予意识到仅仅有一位众人选出的校长是不够的,还必须有一个领导组织才能保障学校的发展。于是,在乡区政府的帮助下召集联席会议,选出了七位校董组成的董事会。这些校董们大都较为关心学校的各项事务,时常召开会议讨论学校发展中需要解决的各种问题。一段时间之后,陶端予感觉到校董们虽然对学校工作的热情很高,却并非真正懂得如何办教育。"他们从来不懂得什么叫教育,没有文化工具的农民中,自己办了一个学校,请知识分子来帮忙、来教书,很自然的容易造成'教员为政'的现象。"① 为避免这一问题,她着手帮助校董们树立主人翁精神,帮助他们真正获得办学经验以维系学校的长久发展。首先,作为学校的教员,陶端予在态度上非常尊重校董,每有问题总会向他们请示。最初,校董们并不能提出相应意见,陶端予则耐心地帮助他们熟悉学校的情况,一段时间之后,他们大都可以提出一些办学建议。陶端予认为,在态度和方式上尊重校董们可以让他们意识到自己是学校的主人,有责任有义务办好学校,而公家和教员只不过是为他们提供帮助的。带着主人翁的责任感参与学校的管理可以帮助他们得到一些办学方法和经验,以防教员离职后,相应的经验也随之带走。为了提升校董们的认识水平,陶端予还做了很多解释工作,诸如废除打骂、体罚制度的必要性,娃娃们不仅要学会打条条、记账,还应懂得一定的政治常识与科学知识。办学过程中,每当遇到难题,陶端予又会主动帮助他们克服困难,树立信心。在实际工作中"使董事长懂得了'只要发动和组织大家的力量,困难便可克服'的道理"。②

要使一所民办学校在乡村中生根、发芽、茁壮成长,自然需要培育校董们的责任意识与办学能力。而要让学校能够扎根乡村,同时也需要得到学校教育的受益者——家长们的监督与支持。陶端予在实际工作中经常进行家访,建立了良好的家校关系。在此过程中,她总结出两点经验:一是教学成绩决定群众情绪。教学有了成绩,学校的威信就会建立起来,当群众感到这所学校对他们而言是必不可少时,总会想办法维持下去的。二是使家长熟悉学校,争取让他们督促办学。③

民办还需公助,从最初的筹办,到学校运行过程中各种问题的协调解决都离不开乡区政府的引领和帮助。陶端予对此有着十分清楚的认识,所以在学校工作中也尽可

---

① 教育科学研究所筹备处编.老解放区教育资料选编[G].北京:人民教育出版社,1959:279.
② 教育科学研究所筹备处编.老解放区教育资料选编[G].北京:人民教育出版社,1959:280.
③ 教育科学研究所筹备处编.老解放区教育资料选编[G].北京:人民教育出版社,1959:280—281.

能配合政府号召,帮助政府完成一些力所能及的工作。

陶端予为杨家湾小学的成长与发展作了非常重要的奠基性贡献。她的办学经历是革命根据地众多民办公助小学办学工作的缩影。陶端予在办学过程中所经历的种种困难与挑战也折射出中国乡村基础教育本土化历程的曲折与艰辛。

二、田野山岭都是课堂——莲子坡的庄户学

(一) 从"办不起来"中办起来:张健华与庄户学的创立

1943年,位于山东的滨海区根据地和各县政府提倡"五声":喊牛耕地声、纺车织机声、练武喊杀声、演戏唱歌声、学生读书声。① 在此背景下,莒南县的小学教育也随之发展壮大起来。是年,滨海专署决定在这一带设立5处小学,其中包括庄户学的发源地,刘家莲子坡小学。

莲子坡村处于高低不平的丘陵地带,土地贫瘠,粮食产量非常低。村里的贫困户居多,能够识文断字的却非常少,为了满足民众的办学需求,县教育局派滨海中学师范班的毕业生张健华负责该村小学的办学工作。在张健华到来之前,刘家莲子坡村即已尝试过办学工作,但因为遭遇重重阻力而失败。当时,"滨中师范部的七个实习生,费了九牛二虎的力气,结果只动员了五个学生,有一位女老师曾愁的哭过好几次"。② 张健华来到该村之后也曾怀着满腔的热情,想要办一所"正规化"的小学。然而,他的美好愿望却遭到了现实的无情打击。18岁的张健华设想着村里有几间房屋作为学校,里面摆放有整齐的座椅,可事实上连这些最基本的教学设施都没有,他必须从零开始进行刘家莲子坡村的办学工作。经过讨论,村里决定把那三间被敌人烧去房顶,仅剩下四堵墙的房屋修复起来作为教室。教室里贴着"教育和生产结合","教育要为战争服务"的标语。张健华还制作了一块写着"莲子坡小学校"的木牌挂在墙上。

如果说修建学校的经历让张健华意识到理想与现实之间的差距,那么接下来发生的事情则让他在多次碰壁的过程中深深体会到办学的艰难,也正是在这一过程中促进了张老师的不断探索与自我成长。

教室修好后,张老师就在村长的带领下走村串户去登记学龄儿童。最初,村长还叫着什么大叔、二哥或者三弟的说道:"十月十五日就要开学了,您家的小牛去吧?"然而,得到的答复常常是:"家里少吃无穿的,怎么去上学呀?家里还养了一个犍子,就靠

---

① 陶钝.一个知识分子的自述[M].济南:山东人民出版社,1987:458.
② 阎吾.教育英雄张健华创造的庄户学[C]//庄户学.济南:山东新华书店,出版时间不详:3—4.

小牛割草喂，没工夫去哪。"经过村长的沟通，还是勉强登记上了。一连走了几户人家都是此等遭遇。后来，不管到哪家都只交待几句："你们家的孩子×岁了，到十月十五去上学，不去也得拿上学钱。"然后就登记上学生的名字。就这样，总共凑了30多个学生。① 从村长与村民的简单对话可以看出上学读书与农业生产之间存在着显著矛盾，另一方面，村长和张老师的入学动员工作做得也并不到位，村长这种带有胁迫性质的简单话语难以让群众心甘情愿地送自己的子弟入学读书。入学动员可谓开办新式学校的一大难题。

勉强开学后，张老师首先给孩子们讲识字的好处，带领孩子们一起大声朗读。学校里传出的识字声为自己村补添了一"声"，同时也让从校外经过家长们，为自己的孩子感到满意。② 然而，好景不长，随着春耕的开始，学校里的学生一天比一天少，最后仅剩下一个家境较好的孩子。而学生们不来上学的原因大都是由于帮家里干些放牛、拾柴、割牛草等农活。

面对这种情况，张健华不得不找村长来商量对策。情急之下，村长在村民大会上宣称，有学生的都去上学，不上学的，就罚他的家长修校舍。在这一命令的逼迫下，学校里的学生又多起来，可是，这种情况也仅仅持续了很短一段时间。之后，又出现了两个老师教一个学生的现象。刘家莲子坡村的办学工作陷入难以为继的境地。究其原因，不难发现，通过强制性命令迫使学生入学的旧型正规化办学道路与当时的农村实际存在着明显的矛盾，正如一位大娘所说的："要俺饿死也得上学吗？"③ 碰壁之后的张健华开始意识到必须转变办学方式，寻求新的出路。他首先想到的是通过参加劳动来团结一些孩子，于是便开始悄悄的观察学生们。张老师发现，这些学生主要做三种活：拾柴、放牛、割草。他们一般三五人一起结伴出门劳动。劳动过后常常进行斗草、隔山打柴、打将军炮等游戏。在此过程中，张健华发现只有一个11岁的拾柴孩子没有参加游戏，而且经常天晚了还拾不满筐，张老师便帮助他拾了满满一筐干柴。这件事在孩子们中间传开了，他们惊奇的谈论着："这个老师不打人，还帮咱们拾草，真好。"④ 从孩子们简单的话语中可以看出，他们心中有着对于传统教育中教师体罚学生的畏惧，同时也饱含着对于老师帮助学生进行生产劳动的赞同。后来，张老师自己也买了一个

---

① 本书编写组.忆沂蒙[M].济南：山东人民出版社，2014：462.
② 陶钝.一个知识分子的自述[M].济南：山东人民出版社，1987：460.
③ 阎吾.教育英雄张健华创造的庄户学[C]//庄户学.济南：山东新华书店，出版时间不详：4.
④ 阎吾.教育英雄张健华创造的庄户学[C]//庄户学.济南：山东新华书店，出版时间不详：4.

筐，跟孩子们一起劳动，并且借孩子玩耍的时间给他们讲故事，教他们唱歌。渐渐地，孩子们发现老师并没有硬拉他们去上学，因此，每次见到张老师就不像之前那样远远的躲开了，而且每天总有二十多个孩子跟在他的周围。至此，团结孩子的目标已经初步达成。接下来，还要进一步组织他们劳动，提升劳动效率，这样才能节约出更多时间来进行学习。同时，张健华发现，把这些孩子都聚在一起容易产生矛盾。因为有干柴的地方不一定有牛草，而放牛的与割草的孩子却会互相争青草。为此，张老师便给孩子们编了拾柴、放牛、割草三个大组，并选出组长和队长，还规定了每天的集合和会报制度。每天早上天一亮，集合的哨音就响彻全庄，很快，一列整齐的筐头就排在村头的山坡上，静候张老师给他们讲话。之后，孩子们便按照指定的劳动区域四下进行劳作。张老师则轮流到各个组去督促他们劳动，指导他们学习。在教学上，一开始是根据孩子们的喜好，先教他们唱歌，后来采取看到什么就写什么的识字教学方式，有时也会附带讲些生活常识、抗战道理及模范人物。孩子们大都以地为纸，拿木棒做笔来学习各种知识，他们劳动的田野山岭到处都遍布着课堂。从此，刘家莲子坡村终于办起了小学校。

在想办法团结孩子的过程中，张老师也在不断的提升自己的能力以取得当地群众的信任和支持。当时，曾有一些农户拿着土地文书找张老师看，并请他帮忙算算一块地有多少？这些文书是用行书写成的，张老师几乎看不懂，下面的"长可"、"横可"等词语更是莫名其妙。几次之后，张健华在村里的威信很快下降。他敏感的察觉到群众态度的微妙变化，于是下决心掌握这些知识。他回到自己的母校补习了算地、算利息等算术知识，还学习了写土地文书、订婚帖子、合同等应用文。带着这些知识回到莲子坡后，张健华主动帮民众看土地文书，帮民兵看情报。不久，他失掉的威信又重新建立起来。

（二）把教育送到牛背上，独特的教学组织形式与方法

尽管庄户学一直致力于与农业生产结合，服务于劳动人民，但经过了一段时间之后才逐渐被莲子坡的群众所接受。一开始，有的百姓不理解庄户学的教学方法，说道："过去念一整天都不认个字，现时上那么点功夫。还学个什么？"有的百姓则采取现实性的态度，"管他认字不认字，反正孩子干了活，我就没话讲"。[①] 可见，当地百姓对学校的评价标准几乎完全取决于孩子是否能够完成农活。为了与民众的观念相适应，刘

---

① 阎吾.教育英雄张健华创造的庄户学[C]//庄户学.济南：山东新华书店,出版时间不详：5.

家莲子坡小学在"上学不耽误干活"的理念指导下发展成了后来的庄户学。为了让群众进一步了解办学成效,在年节的成绩展览会上现场进行测验,让家长们看到学生们写的字,亲眼见证孩子们能力的提升。在村民们能够逐渐意识到一面干活一面学习的可行性时便不再阻止孩子上学。很快,学校的学生人数增至50多人。

为配合根据地进行的大生产运动,学校的教师们成立了文教委员会,后来扩大为家长委员会,讨论学校教育和与生产相结合的办法。他们主要做了两方面的工作,一是力求使教育与农业生产实际结合起来。积极帮助当地村民订了十二家的兴家计划,还按地区划分了劳动小组,由组长督促其家庭劳动。二是强调农业实验工作,为了解决当地民众不会种棉花的困难,学校先种了一块棉花,教孩子们在实验田里学会了给棉花打叉、打顶、打桃,然后再回去指导家人。[1] 以上举措,大大支持了当地农业生产的工作,同时也为学校的发展铺平了道路。

教育服务于农业生产,其学时安排必须根据农时来调整。麦收时节,几乎每个孩子都在自家田里劳动,原来分组进行的学习方式已经不再适用于个体分散劳动的情形了。面对这种情况,张健华想到那句"把教育送到牛背上"的口号。受此启发,他又创造了两种学习形式:一是集体学习,这种形式一般在早晨、中午、晚上或劳动间隙集中起来学习。二是组织他们在干活过程中进行分散学习,老师们会轮流到地里去检查。为了弥补分散教学中教学时间不足的缺陷,保障学习效果,教师们还积极培养小先生,推行小先生制。庄户学十分强调对于学生的组织与管理,力求通过学生之间的互相督促来保证学习任务的完成。具体做法一般是,每个学生在晚上把一天的学习劳动情形汇报给小组长,教师根据各小组搜集的信息纠正偏向,或进行相应的思想教育。此后,还会通过自我检讨等形式帮助学生慢慢改正不足,提高学习的自觉性。为便于知识的巩固,张健华还请木工帮忙制作了几十块三寸长两寸宽的小黑板发给学生。他每天晚上将小黑板收回来给孩子们写上字,第二天早上集合学习后再发给他们带到田里自学。当时,还流行着一首关于小黑板的儿歌:"小黑板,黑又亮,放牛挂在牛角上,锄地插在地边上。"[2]

学校里的课程主要包括文化教育和政治教育两部分。文化教育包括识字、常识等,一般是学习庄户人常用的字和常识,注重培养儿童的问题意识,鼓励他们在田野里,在劳动中随时随地有不明白的事情就问,教师则随时进行解释。政治教育主要讲

---

[1] 阎吾.教育英雄张健华创造的庄户学[C]//庄户学.济南:山东新华书店,出版时间不详:7.
[2] 《莒南县教育志》编纂委员会,编.莒南县教育志1840—1997[M].济南:山东人民出版社,1999:227.

劳动者的光荣及前途。① 在教材编写方面,张健华经历了一段从零散到系统的摸索过程。开始时是编一课,学一课,想起什么就编什么。后来,为了便于孩子们自学和复习,张健华编了三种难易程度不同的教材。其取材主要是依据各个时期的中心工作,以及群众在每个时期的用字情况。例如,在土地陈报时,他就编上一课"地亩牌"。在听到群众反映说"孩子上学连个路条都不会写",他就编上一课"路条"。另外,还把一些簿记、地牌、路条写在学屋的墙上。这样,孩子们很快就学会了一些常用文书的写法。② 教材中的内容还积极服务于抗战宣传,比如:"儿童团真能干,站岗放哨查汉奸。""南风吹,麦子黄,快收快打又快藏,防备鬼子来抢粮。""去年打开石沟崖,活捉汉奸朱信斋。今年打开赣榆县,活捉汉奸李亚凡。"③

(三) 到成人中去:庄户学的推广普及

张健华创立的"上学识字懂道理还不耽误干活"的办学方式受到了当地百姓的拥护。他们称赞说:"这样又干活,又学习,倒很合咱们庄户人的式,像个庄户学堂。"④于是,人们称这种学校为庄户学。庄户学的组织形式调和了上学读书与参加生产劳动之间的矛盾,为更多的儿童提供了受教育的可能。经过张健华等庄户学教师的努力,该村适龄儿童的入学率达到了92％之多。

庄户学始于小学,但其教育对象却不仅仅限于儿童,后来,莲子坡村又分别成立了成人班、妇女班、民兵班、村干部班等来推动成人的识字教育。对于成人的教学内容安排上,他们根据"谁家干什么就教什么,缺什么就教什么,想学什么就教什么"的经验灵活进行成人教学。诸如,教民兵看通知、打路条,教经常替驻军烙煎饼的人家记煎饼账、粮食账。"手捧书本肩荷枪,隆隆声中夹琅琅,碾盘锅台作石板,山野林间是课堂。"⑤当时流行的这首小诗生动反映了当时庄户学中的成人在工作中坚持学习的可贵精神。

刘家莲子坡创办庄户学之后,女教师吴鲁民又在附近的张家莲子坡村办起了类似的庄户学,同样收效甚好。当地庄户学的办学经验引起了不少媒体的关注。1944年4月21日《大众日报》发表《莲子坡的"庄户学",老百姓人人拥护》的文章,介绍张健华在

---

① 《莒南县教育志》编纂委员会,编. 莒南县教育志 1840—1997[M]. 济南:山东人民出版社,1999:230.
② 阎吾. 教育英雄张健华创造的庄户学[C]//庄户学. 济南:山东新华书店,出版时间不详:9.
③ 《莒南县教育志》编纂委员会,编. 莒南县教育志 1840—1997[M]. 济南:山东人民出版社,1999:227.
④ 本社编. 老解放区教育工作回忆录[C]. 上海教育出版社,1979:77.
⑤ 本社编. 老解放区教育工作回忆录[C]. 上海教育出版社,1979:81.

刘家莲子坡办"庄户学"的经验。是年12月8日,《大众日报》又发表了《教育英雄张健华创造的庄户学》一文,全面报道了张健华创办"庄户学"的事迹。当时,延安的《解放日报》也专题报道了莒南创办庄户学的经验。1944年11月17日,在山东省行政工作会议上,张健华汇报了创办"庄户学"的经过,时任主任委员黎玉代表山东省行政委员会授予张健华"山东教育英雄"称号,并号召全省:"我们所有的教师,都要学习张健华教师那种深入实际、走群众路线,为人民服务的精神!"①山东各抗日根据地在"成人教育重于儿童教育"方针的引领下,以莲子坡为样板,形成了一场庄户学运动。1944年10月,莒南县政府率先下达指示,各区、村全部按照刘家莲子坡的做法,把原来的小学、识字班办成庄户学。起源于莒南县的庄户学很快在山东解放区推广。据不完全统计,至1945年初,抱犊崮地区10个县的"庄户学"达到3 348处,学员达到197 758人。滨海地区的滨南、滨中两区约有33.4万人参加了"庄户学",有些村参加学习的人数占总数的85%以上。②

在成人庄户学中也是根据群众的实际需要来安排教学内容,同时采取合适的形式进行组织。庄户学的学员根据现实情况或按生产组织分组,或按年龄、性别、工作岗位分组进行学习。"成年人农活儿多,家务活儿也多,农闲时集中学,农忙时分散学,大忙时暂停学"③。其学习形式常常是集中学习与分散学习相结合,尤其注重发挥小先生或庄户先生在分散学习中的作用。有一首快板道出了庄户学的主要特点和优势。

庄户学,真正好;群众办,党领导。
边识字,边拾草;庄户活,误不了。
又写算,又读报;天下事,都知道。
大组大,小组小;看忙闲,看老少。
子教母,姑帮嫂;自动学,互相教。
要自愿,随需要;人人夸,都说妙。④

虽然庄户学始于儿童又推及成人,但不可否认它是中国基础教育本土化过程中出

---

① 临沂地区教育局,编. 山东老解放区教育资料选辑[G]. 1981:167.
② 张侠. 鲁中南妇女运动史(抗日战争解放战争时期)[M]. 济南:山东大学出版社,1993:153.
③ 《莒南县教育志》编纂委员会,编. 莒南县教育志 1840—1997[M]. 济南:山东人民出版社,1999:227—228.
④ 本社编. 老解放区教育工作回忆录[C]. 上海教育出版社,1979:78.

现的一种独特办学形式。学校所秉持的"上学不耽误干活"的淳朴办学理念充分践行了根据地教育发展中所倡导的"教育和生产结合"的方针。庄户学密切结合群众的经济文化需求,灵活的组织教学,使更多的儿童及成人有机会接受最基本的教育,大大提升了当地民众的知识文化水平和政治认识。

各根据地的政治、经济、文化背景不同,现代基础教育学校的变革路径也有很大差异。杨家湾小学和刘家莲子坡庄户学所处的地理位置不同。前者处在被誉为模范根据地的陕甘宁边区,形势相对稳定,有发展基础教育的良好环境。后者则位于建立根据地较晚的山东滨海区,不时会遭到日军的侵扰,教育基础十分薄弱。两所学校所在村落的经济状况也有所不同,杨家湾村的经济相对较好,刘家莲子坡则地瘠民贫。基于两地不同的实情,两所学校所采取的办学举措也各有千秋。由此,可以反映出根据地基础教育学校的多样化发展路径。在关注到两所学校差异性的同时,也应该看到二者所具有的根据地基础教育变革的共性特征。首先,在新式学校推向农村的过程中不可避免地要面对学生入学读书与从事农业生产之间的矛盾。因此,办学者必须采取有效的措施消解这对矛盾。两所学校都采取了在深入接触民众的过程中取得民众的信任与支持,设计了接地气的教育内容,使学时与当地农时相适应,运用灵活的教学组织方法,努力取得良好的办学成效等举措来保证读书与农忙两不误。其次,采用民办公助的办法来解决教育经费不足的难题。第三,也是非常重要的一点,需要有强有力的办学领导者。无论是被评为模范教员的陶端予,还是被誉为教育英雄的张健华都堪称办学楷模。他们在学校组织管理与教育教学方面的有效探索是基础教育学校取得成功的重要保障。教育变革充满各种挑战,两所学校的具体改革实践为我们展现了根据地基础教育学校变革的曲折道路与生动图景。

第十章　新中国基础教育学校变革的"苏化"转向与自主探索

建国初期,在"以俄为师"的宏观政策导向下,我国教育界掀起了学习苏联教育经验的热潮。伴随着这阵热潮,基础教育学校全面"苏化",各级各类学校开展了一系列"学习苏联不走样"的活动,直到 1956 年后这一势头才逐渐减弱。1958 年,"大跃进"的序幕拉开,基础教育学校按照国家政策开展缩短学制、半工半读与半农半读、调整课程、重编教材等一系列改革,这些改革措施在普及教育、提高全民素质方面成效显著,同时也使得学校教育的政治性和实践性越来越强。

在这个剧烈变革的时期,学校自主改革探索的意识逐渐觉醒,基础教育界涌现出许多学校改革探索的案例。其中,北京育才小学等六校开展的小学五年一贯制改革实验、江苏省南京师范学院附小开展的"分散识字"实验、上海市育才中学的改革实验非常具有代表性,因为这三例个案分别处于新中国教育改革的三个不同阶段——全面"苏化"阶段、"大跃进"阶段、"文革"前后阶段,且为三种不同类型——"借鉴式"改革探索、"摸索式"改革探索、"创生式"改革探索。通过对三例个案进行的背景阐释和内涵剖析,我们不仅能看到当时基础教育学校改革从模仿苏联经验,到尝试着进行自主探索,再到努力创新,生成符合本土实际的先进教育理念的过程,还能从中吸取很多宝贵的教育改革经验和教训,获得一些关于学校变革的思考和启迪。

第一节　新中国基础教育学校"苏化"的起始、推进与反思

新中国成立初期,党和政府对旧教育进行接管和改造,收回了教育主权,对原有学制、课程和教材进行了改革,开始建立新的教育体系。但是由于历史原因,当时的教育

薄弱且不规范：一是学校系统错综复杂,有国民政府遗留下来的公立学校系统,有中国人办的私立学校系统,还有外国人办的教会学校系统,此外还有解放区工农教育学校系统和革命根据地办的革命教育学校系统,这些学校的管理、经费、生源等各不相同,整顿起来难度很大；二是教育规模和质量远远不能满足人才产出的需要,学校建制很不规范,办学水平参差不齐。为尽快稳定教育秩序,培养社会主义建设急需的人才,中央制定了全面学习苏联教育的政策。我国没有建设社会主义的经验,而苏联是世界上第一个社会主义国家,有几十年的建设经验,所以学习苏联经验有历史必然性。

一、基础教育学校"苏化"的起始

新中国成立初期,在"以俄为师"的宏观政策导向下,教育部于 1949 年 12 月 23 日至 12 月 31 日在北京召开第一次全国教育工作会议,确定了建设中华人民共和国新教育的总方针：以老解放区新教育经验为基础,吸收旧教育的有用经验,借助苏联经验,建设新民主主义的教育。① 此后,我国教育界掀起了学习苏联教育经验的热潮。与苏联接壤的中国东北地区率先开展了学习苏联教育的各种活动,一方面派教师到苏联中学参观,或者请苏联教师到东北来介绍教育经验,另一方面在报纸杂志上大量发表介绍苏联教育的文章。据统计,仅 1949 年至 1951 年间,当时的《东北教育》刊物就发表了 89 篇介绍苏联教育的文章。② 同时,《人民日报》《人民教育》等当时的重要报刊也发表了很多介绍苏联教育经验的文章,引领并反映着全国范围内的"学苏"热潮逐渐展开。

我国学习苏联教育经验是一个逐渐强化的过程,刚开始时是借助和借鉴,后面很快形成全面、系统学习的状态。在这个过程中,主要行动有：学习苏联教育理论,树立学习苏联的典型学校,聘请苏联教育专家来华进行指导和帮助,向苏联派遣留学人员,开展俄文学习运动,参照苏联高等教育经验进行高等学校院系调整,确立中等专业教育制度,参照苏联经验全面改革中小学教学与管理。

那时大学和中小学教育工作者都开始学习苏联教育理论,尤其是凯洛夫教育理论。1949 年 11 月 14 日、1950 年 3 月 28 日和 4 月 3 日,《人民日报》分三次发表凯洛夫《教育学》(1948 年俄文版)部分章节的译文。1950 年 12 月,凯洛夫《教育学》上册由新

---

① 教育史上的今天—12 月 23 日[EB/OL]. 中华人民共和国教育部政府门户网站. http://www.moe.gov.cn/jyb_sjzl/moe_1695/tnull_42954.html
② 黄书光. 从"仿美"到"学苏"：共和国基础教育改革的方向转移[J]. 杭州师范大学学报(社会科学版), 2010(6)：41—46.

华书店出版,1951年下册出版。后编订合成一册,改由人民教育出版社出版。随后,各种苏联教育理论教材和著作相继大量出版发行,在教育界广泛流传。据统计,从1951年至1957年,仅人民教育出版社翻译出版的苏联教育书籍就有303种,总计发行逾1262万册。① 20世纪30至40年代的苏联教育思想,一时间成为中国教育的主导思想,解放前影响较大的杜威教育思想和一些有代表性的教育流派的思想均遭到批判。

我国还直接聘请苏联教育专家来华帮助进行教育建设,江苏省中苏友好协会宣传部总结道:"几年来,教育部曾先后聘请了苏联专家和顾问34名,其中有俄罗斯联邦教育部副部长安德洛索夫同志,有哲学博士费拉托夫同志。先后来我国高等学校讲学的苏联专家共有800多人,帮助我们讲授新设课程1197门,编写教材685种,建立实验室和实习工厂767个,为我们培养研究生3600多人,培养青年教师3200多人。"②中小学界也得到普希金教授等好几位苏联专家非常具体的指导和帮助:

> 又如华东师范大学的苏联专家杰普莉次卡娅,在工作中不但帮助教师们树立了面向中学的观念,指导教师和学生进行教育实习,并且亲自到师大附中帮助建立了课堂提问、教室日志、学生手册等一套教学制度和方法,从而推广到上海全市中等学校。专家还帮助教育系研究、总结了优秀教师顾巧英的先进教学经验,由"人民教育"向全国中学的生物教师作了介绍……
>
> 我们广大中小学教师熟悉的苏联教育专家普希金教授,1953年亲自参加北京市女六中和北京师大二附小的语文公开教学以后,对于我国中小学语文教学的基本要求、教材内容、教学方法,以及如何在语文教学中进行思想政治教育等方面的问题,都作了十分精辟的、科学性、思想性极强的指示,为近几年我国中小学的教学改革特别是语文教学的改革指出了方向。
>
> 苏联教育专家安德洛索夫、纳乌莫夫等同志,近几年来,曾先后随同我国教育部的领导同志到各地视察国民教育工作,为各地教育行政领导干部和广大中小学教师讲学。③

我国还大量派遣留苏学生,20世纪50年代,派往苏联的留学生占全部出国留学

---

① 陈学恂,高奇. 中国教育史研究(现代分卷)[M]. 华东师范大学出版社,2009:328.
② 江苏省中苏友好协会宣传部. 苏联教育专家在中国[J]. 江苏教育,1957(21):7—8.
③ 江苏省中苏友好协会宣传部. 苏联教育专家在中国[J]. 江苏教育,1957(21):7—8.

生的90%左右。由于派遣规模较大,政府建立了留苏预备生的考选与训练制度。1951年8月,首批中国留学生375人赴苏联留学。1952年10月,周恩来总理指示外交部、教育部等筹办留苏预备学校。1953年6月,成立留苏预备生学科考试委员会,8月,各大行政区同时举行留苏预备生统一考试,当年赴苏留学生583人。

这一时期,中小学界更是全面参照苏联教育进行大幅度的教学改革,正如1952年11月《人民教育》发表社论所说:学习苏联教育经验,首先是教育制度,包括学制、行政领导制度、学生管理制度、校长负责制、教师负责制;其次是课程教材,除本国语文、历史、地理等,凡是苏联已有教材,都要尽可能以之为蓝本,尽可能结合中国实际加以改编;最后是教学方法,要以理论结合实际为基本原则。强调:"我们学习苏联,必须根据中国的实际需要,绝不是简单的模仿,而是创造性的学习。要吸收苏联的经验当作我们的养料,务必加以消化,务期达到中国化。"[①]在学制方面,我国参照苏联学制,于1951年颁布《关于改革学制的决定》,确立了新学制。新学制有三个主要特点:第一,初等教育取消初小和高小分级,实行五年一贯制,缩短小学生修业年限,以利于劳动人民子女受到完整的初等教育;第二,将各种形式的干部学校、成人文化补习学校和工农速成学校置于重要地位,让工农出身的革命干部接受系统的学校教育;第三,中等专业教育和高等教育多样化,以满足国家建设对各类人才的急切需求。小学五年一贯制推行过程中因师资和教材等条件限制,较难落实,因此1953年11月停止,还是恢复六年制,四二分级。在教学实践方面,中小学界学习苏联的主要措施有:一,以苏联中小学十年制教学计划为蓝本,制定并颁布我国的中小学教学计划,以教学计划、教学大纲、教材教法等文件来规范和指导教学;二,根据苏联教科书编译教材供中小学使用,强调每门学科的基本知识和基本技能;三,在中小学课堂推广苏联学校的教学方法(如课堂教学的五个环节:组织教学、复习旧课、进行新课、巩固新课、布置作业);四,移植苏联的学校管理制度,在中小学设立校务委员会或校务会议,成立教研组,共同备课,互相听课等。这样的实践方式对于快速地规范教学工作,提高教学质量,发挥教师集体的作用有明显效果。实践中的具体情况,从常州市教育局介绍中可以窥见一斑:

> 我们常州市的小学、幼儿园的教师学习苏联先进教育经验,早在1950年就开始了。我们举办了讲座、进行了访苏传达报告,全市83%的小学教师学习过苏联

---

① 人民教育编辑部.进一步学习苏联的先进教育经验——迎接中苏友好月[J].人民教育,1952(11):4—5.

的教育学,半数以上的教师学习过苏联谢彼托娃著的小学阅读教学法、普乔柯著的小学算术教学法,以及地理、历史、自然等各科教学法,幼儿教育工作指南,少先队、班主任工作经验,学校领导与管理经验等书刊14种。

由于我们全市初等学校的教师学习了苏联先进教育理论和经验,在很多带根本性的问题上取得了成绩。

首先,在教育理论方面……苏联学校教育的基本目的是培养全面发展的人,培养共产主义社会的积极建设者。这一理论,对我们教育思想的变革起了巨大的作用。特别重要的是大大帮助了我们从教育理论上来领会和接受国家的教育方针政策,从而批判和摈弃资产阶级实用主义的教育学说。今天,我们已经不再是"教育无目的"、"儿童本位"等荒谬反动理论的俘虏了……

其次,苏联的课堂教学制度、教学方法,是我们教育改革的范例。以课堂教学为例,解放前很多老师上课只是教师教,学生听,填鸭式的教学。学习了苏联先进经验以后,我们懂得了教学过程一方面包括教师的活动(教),同时也包括学生的活动(学)。教和学是同一个过程的两个方面,彼此不可分割地联系着。因此,在教学中我们经过反复的研究,很多老师都已经基本上注意到教学时针对儿童的年龄特征,善于启发学生积极思维,注意运用直观教具,帮助学生系统复习,牢固地掌握知识,相应地学生的学习质量也在逐日提高……

再次,培养提高教师的工作方面,也学习了苏联的先进经验。我们全市各小学于1952年各科普遍建立了教学研究组、备课小组;去年又成立了全市性的小学教研室,帮助教师开展教学研究工作,从而提高了教师文化业务水平。教师的水平提高了,教学质量也相应提高了……解放初期,本市小学的留级生平均还有20%左右,而今天已降低到6%—7%。①

常州市基础教育界从1950开始学习苏联教育经验,通过举办讲座和报告,推广苏联教育教学著作等方式,引导教师了解苏联教育经验并在课堂教学中进行相应的改革实践。几年学习下来,常州市初等教育取得了明显的进步,到1957年时,常州市成立了小学教研室,各小学形成了教学研究组、备课小组,广大教师的教育理论修养和业务水平得到了提升,教学方式方法有所改进,教学质量明显提高,学生留级率大幅降低。

---

① 常州市教育局.我市初等教育学习苏联获得了成绩[J].江苏教育,1957(21):10+21.

二、基础教育学校"苏化"的推进

1953年以后,移植苏联经验的热潮进一步发展。基础教育界根据1953年1月13日—24日政务院文教工作会议上提出的"整顿巩固、重点发展、提高质量、稳步前进"的方针,进一步学习苏联经验,改进教育。主要措施是继续整顿各类学校,建立学校管理体制和教学制度,统一教学计划、教学大纲和教材,改进教学过程与方法。如当时上海教育界要求全市中学教师学习凯洛夫的教育理论,小学教师学习叶希波夫的教育理论,经过普及式学习后,广大中小学教师对教学目标、教学过程、教学原则等理论知识和教学环节、教学方法等实践知识都有了统一的、深入的认识,如下文:

> 1953年,一些地区也分别邀请华东师大几位老师作有关学习《教育学》的辅导报告。同时4月,全市中小学教职员开始了有计划的政治业务学习,并选定苏联的两部教育学为学习内容。中学学凯洛夫的,小学学叶希波夫的。大家分散自学,集体讨论(特别是教学论部分)。可以说是学习到了普及的程度。大家印象都比较深的是:一节课要有教学和教养两方面的任务;课的类型有复习、练习、综合、传授新知识等;课的结构一般有组织教学、复习提问、教授新课、巩固新课、布置家庭作业五个环节;在教学过程中要掌握自觉性与积极性、直观性、系统性和连贯性、可接受性和巩固性五个原则,等等。这些过去仅为高等师范院校师生教学与考试的内容,如今中小学教师在教学实践中也运用和熟悉起来了。[①]

通过对苏联教育的系统学习,我国中小学教学方法得到了规范和提升,但是由于在学习过程中过分强调移植模仿不走样,很多学校出现课堂教学公式化、机械化的倾向,例如《红领巾》教学改革案例。1953年5月20日,苏联教育专家普希金教授听了北京市六女中教师吴健英上的《红领巾》观摩课后,认为这节课学生处于被动状态,学习的主动性和积极性未能得到有效调动。[②] 5月21日,根据普希金教授的意见,北师大中文系三年级学生试教了《红领巾》这篇课文,教学方式是先由中学生讲,教师再运用谈话法进行引导、启发,最后进行概括总结。当年7月,《人民教育》发表了《从〈红领巾〉的教学谈到语文教学改革问题》,详细介绍了普希金教授的意见和北师大中文系学生试教的经过和体会,引起了广大教师的注意,许多学校组织了学习讨论"《红领巾》教

---

① 吕型伟.上海普通教育史(1949—1989)[M].上教育出版社,1994:103.
② 叶苍苓.从〈红领巾〉的教学谈到语文教学改革问题[J].人民教育,1953(7):40—42.

学法"的活动。这一方法对于提高学生学习积极性,激发学生思维有一定效果,因此成为中学语文教学改革的经典模式,在全国推广。这本是好事,但由于在推广时强调"不走样",所以在那段时期,"《红领巾》教学法"几乎成为语文教学的唯一方法[1],无论什么内容都用谈话法和文学分析来进行教学,缺乏灵活性和多样性。

当时中小学的教学计划也尽可能模仿苏联,对照表 10-1 和表 10-2 展示的 1953 年我国中学教学计划和 1951—1952 年苏联普通教育教学计划,可以发现两者有很多相似之处。

表 10-1　中学教学计划(修订草案)(1953 年 7 月)[2]

序号	学科		授课时数			初中						高中					
						第一学年		第二学年		第三学年		第一学年		第二学年		第三学年	
			总计	初中	高中	上学期18周	下学期18周	上学期18周	下学期18周	上学期18周	下学期17周	上学期18周	下学期18周	上学期18周	下学期18周	上学期18周	下学期17周
						每周授课时数											
1	语文		1321	714	607	7	7	7	7	6	6	6	6	6	6	5	5
2	数学	算术	252	252		7	7										
		代数	463	213	250			3	3	3	3	3	3	2	2	2	2
		几何	356	142	214					2	2	2	2	2	2	2	2
		三角	142		142									2	2	2	2
3	物理		480	160	320					3	3	2	2	3	3	2	2	4	4
4	化学		336	87	249					2		2	2	2	2	3	3
5	生物	植物	126	126		2	2	3									
		动物	124	124					3	2	2						
		人体解剖生理学	72		72							2	2				
		达尔文主义基础	72		72											2	2
6	卫生常识		36	36		1	1										
7	历史	世界古代史	162	162		3	3	3									

---

[1] 吕型伟.上海普通教育史(1949—1989)[M].上海:上海教育出版社,1994:125
[2] 课程教材研究所,编.20世纪中国中小学课程标准·教学大纲汇编(课程教学计划卷)[G].北京:人民教育出版社,2001:217—219.

续　表

序号	学科		授课时数			初中						高中					
						第一学年		第二学年		第三学年		第一学年		第二学年		第三学年	
			总计	初中	高中	上学期18周	下学期18周	上学期18周	下学期18周	上学期18周	下学期17周	上学期18周	下学期18周	上学期18周	下学期18周	上学期18周	下学期17周
						每周授课时数											
		中国古代史	159	159						3	3	3					
		世界近代史	162		162							3	3	3			
		中国近代史	159		159											3	3	3
8	地理	自然地理	108	108		3	3										
		世界地理	90	90				2	3								
		中国地理	88	88						3	2						
		中国经济地理	72		72							2	2				
		外国经济地理	72		72									2	2		
9	中国革命常识		142	142				2	2	2	2						
10	社会科学基础知识		144		144							2	2	2	2		
11	共同纲领		70		70											2	2
12	外国语		749	321	428	3	3	3	3	3	3	4	4	4	4	4	4
13	体育		428	214	214	2	2	2	2	2	2	2	2	2	2	2	2
14	音乐		107	107		1	1	1	1	1	1						
15	图画		107	107		1	1	1	1	1	1						
16	制图		107		107							1	1	1	1	1	1
17	总时数		6 706	3 352	3 354	30	30	32	32	32	32	32	32	32	32	30	30

表 10-2　俄罗斯联邦普通教育教学计划(1951—1952 学年)①

	学年 学科	一	二	三	四	五	六	七	八	九	十
1	俄语	15	14	15	8	10	8	6			
2	文学								5/6②	6	5
3	算术	6	7	6	7	7	2				
4	代数、几何、三角					5	6	6	6	6	6
5	自然				2/3	2	3	2	2	2	
6	历史				3	2	3/2	2	4	4	4
7	苏联宪法							2			
8	地理				3/2	3	3/2	2/3	3	3/2	
9	物理						2	3	3	2	4/5
10	天文学										1
11	化学							3/2	2	2	4/3
12	心理学									2	
13	逻辑学										2
14	外语					2	4	4	3	4/3	3/4	4
15	体育	1	1	2	1	2	2	2	2	2	2
16	画图	1	1	1	1	1	1				
17	制图								1	1	1
18	唱歌	1	1	1							
	合计	24	24	25	27	31	32	32	32	33	33

对照这两份教学计划可以看到,1953 年我国中学课程设置和教学时数安排明显受到苏联的影响。比如苏联将数学分为"算术"和"代数、几何、三角"两个科目,我国课程则将其分为"算术""代数""几何""三角"四个科目;苏联设有"物理""化学""外语""体育""画图""制图""唱歌"等科目,我国也有相同科目,只不过将"唱歌"改为"音乐";苏联设置的"自然""历史""地理"科目,我国将其细分为"植物""动物""世界古代史""中国近代史""自然地理""世界地理"等科目。1953 年 7 月我国《中学教学计划

---

① 汪霞.国外中小学课程演进[M].济南:山东教育出版社,2000:184.
② 即上学期周课时数 5,下学期周课时数 6。下同。

（修订草案）》颁布后，教育部又制定《1954—1955学年度各年级各学科授课时数表》，在授课时数上有微调，并将"共同纲领"课改为"政治常识"。①《1955—1956学年度中学授课时数表》中再将"政治常识"课改"中华人民共和国宪法"。② 到1956年时，教育部颁布《1956—1957学年度中学授课时数表》，将"语文"课分为"汉语"和"文学"两门，将历史类课程合并为三门，然后增设了"工农业基础知识"课③，对苏联课程的模仿更加明显。

这一时期中小学的教材，先是采用苏联的编译本，然后才开始参照苏联课本自编教材。1953年，教育部指示人民教育出版社编写十二年制中小学教材，明确规定数学和自然科学教科书应以苏联最新出版的教科书为蓝本，不进行思想体系和根本内容上的大变动，只对其中不适合中国实际情况的具体材料加以适当的更换和补充，这套教材最终于1956年全部完成并陆续出版。

这一时期，很多苏联专家来华，到基础教育学校指导教育教学工作，对中小学有很大帮助。如南京市鼓楼幼儿园园长的经历："1953年5月27日，苏联幼儿教育专家戈林娜同志莅临本园。她参观了园内各班和各个活动场所，并具体看了我们当天的晨间活动及小班活动性游戏、大班的体育作业。在参观指导过程中，专家对我们的关怀与帮助是说不完的。"④又如南京市玄武区第一中心小学教师的经历："1955年春天，教育部苏联专家安德洛索夫同志来到了我们学校。专家还听了我教的一堂语文课。我那次直接得到了专家的指导和帮助，令我永远不能忘记。"⑤

1955年10月至12月，教育部副部长陈曾固领衔组成一个重量级教师代表团访问苏联，考察了苏联教育的各个方面。代表团回国后，《人民教育》出版特刊发表考察报告⑥。此后教育部要求全国中小学教师、师范学校教师和广大教育工作者学习这些考察报告，并将苏联教育工作的先进经验运用到实际工作中⑦。此事推进着全国学习苏

---

① 课程教材研究所，编.20世纪中国中小学课程标准·教学大纲汇编（课程教学计划卷）[G].北京：人民教育出版社，2001：228—229.
② 课程教材研究所，编.20世纪中国中小学课程标准·教学大纲汇编（课程教学计划卷）[G].北京：人民教育出版社，2001：237—238.
③ 课程教材研究所，编.20世纪中国中小学课程标准·教学大纲汇编（课程教学计划卷）[G].北京：人民教育出版社，2001：245—247.
④ 陈之璘.忆苏联幼儿教育专家戈林娜同志[J].江苏教育，1957(21)：9.
⑤ 王平秀.苏联专家安德洛索夫同志对我的教育[J].江苏教育，1957(21)：9—10.
⑥ 陈曾固.关于赴苏访问考察的总报告[J].人民教育，1956(4)：9—22.
⑦ 金铁宽.中华人民共和国教育大事记[M].济南：山东教育出版社，1995：284.

联的热潮向纵深发展。

1956年底,凯洛夫受邀来华讲学,虽然仅在中国待了20余天,但他先后在中国的北京、上海、重庆、广州等地做了多场教育学术报告会和座谈会,掀起了我国学习苏联教育经验的最高潮。

总之,1953年至1956年间,学校教育基本"苏化",这对统一全国教育、提高教学质量起到了积极的促进作用,全面提高了我国中小学教育质量和水平:"例如1956年天津市初中毕业生升学考试的成绩,平均在60分以上的已达80%,而1953年仅占30%,1954年也仅占64.7%。辽宁省1956年招考高中的新生,全部学科都在60分以上的,占74.21%,其中优秀学生约占34.19%。全国高等学校1955年招生考试,成绩及格的较1952年增加了17.53%,较1953年也增加了14.82%。"①但同时也存在着一些问题,如盲目照搬,食而不化,机械死板等,当时就有人提出了这个问题,指出有部分教师学习苏联教学法时只讲形式,机械地执行固定的教学步骤,而不去领会苏联教学方法的精神和实质,也不去思考教学方法与教学效果之间的关系,他说:

> 我们这里学习新教学法都是光讲形式,标新立异而不去领会苏联的新教法的精神和实质,不去研究教学原则,也不考虑教学效果,因此,什么"模声法"(用唱歌来维持课堂秩序)、"卡片法"、"母生子法"等花样都出来了,弄得笑话百出。像江西省立一中高中部的教导主任在其总结新教法的成绩时,就以教师每堂课都机械地执行五个步骤为满足。我去省立南昌师范学校了解情况时,一谈到新教法,他们便说:"我们是实行新教法,有提问,有巩固新课……"有的学校领导人对苏联新教法,根本就不重视,终日只忙于事务工作。我认为,今后在学习苏联教学方法上,必须展开对各种形式主义的批判,并挖出它的思想本质……学习苏联经验才不致走弯路,提高教学质量才不致化为空谈。②

总体来看,这一时期我国学习苏联教育经验过程中,虽然存在一些盲目照搬,机械模仿的问题,但我们学习苏联经验开展教育改革的方向是正确的,成绩是主要的,毕竟在当时的环境和条件下,中国要建设社会主义新教育,快速提升教育质量,只有苏联模

---

① 方□玞(原始文献中作者名字的第二个字无法看清).中学教育有没有成绩,成绩在哪里[J].人民教育,1957(10):14—17.
② 郑琪.学习苏联经验中的问题[J].人民教育,1953(2):39.

式可资借鉴,所以学校"苏化"是有其历史必然性的。

三、基础教育学校"苏化"的式微与自主探索意识的觉醒

1956年4月,毛泽东在中共中央政治局扩大会议上提出,百花齐放、百家争鸣应该成为我国发展科学、繁荣文化艺术的方针。在此新形势下,教育界开始以一种更理性的态度来面对苏联教育经验,有意识地反思自己囫囵吞枣的学习方式,并开始思考苏联教育中程序固化、方法单一等问题,学校"苏化"的热潮有所减弱。

1956年5月,中共中央宣传部召开座谈会,谈到教育工作时,与会者认为,建国以来的教育工作取得了很大成绩,但在学习苏联经验时与中国的实际情况结合不够,学制、教学计划、教学方法和管理方式等方面有生搬硬套、教条主义的表现,中央宣传部部长陆定一指出:"学习苏联是很重要的,但是决不能一概照搬过来。"[①]

1956年9月,《人民教育》发表评论,指出:"我们过去学习苏联的先进经验就有时是教条主义地学习人家的一切,忘记了中央和毛主席提出的'结合中国实际,学习苏联经验'。我们在学习时机械地搬运别人的经验,甚至连人家已经批判过的错误经验也搬用过来,当然更谈不上考虑我国实际工作的具体情况了。"[②]评论认为,在过去几年中,我国参照苏联先进的教育理论和经验进行的一系列的改革是完全有必要和正确的,但是在改革过程中也存在很多问题,比如在基础教育中:"我国的各方面条件和苏联有很大不同,在教学计划、教学大纲和教科书内容方面也应有所不同。但我们在这些方面常常是照搬苏联。例如苏联的地理教科书可以而且应该对欧洲的地理讲得详细些,而我们的就可以而且应该对亚洲的地理讲得详细些。但实际上我们的教科书也和苏联一样。"教育理论的学习方面也存在教条主义的问题:"至于我们的刊物介绍苏联经验只是照本翻译,很少结合中国实际进行分析研究,那是更不待说的。这说明我们在学习国际先进经验方面的教条主义十分严重。这种教条主义的态度必须改变。"《人民教育》编者反思道:"我们学习苏联和其他国家的教育工作经验,应该是学习他们的长处,避免他们的错误和弯路。应该结合我国实际,学得生动活泼,使工作蓬勃前进,不应该教条主义地搬用,窒息了同志们在工作中的积极性。在这一方面,我们的刊物在过去没有起到报刊应起的良好作用,我们是应该负责的。"[③]

---

① 金铁宽.中华人民共和国教育大事记[M].济南:山东教育出版社,1995:335.
② 人民教育编辑部.一个值得注意的问题[J].人民教育,1956(09):4—5.
③ 人民教育编辑部.一个值得注意的问题[J].人民教育,1956(09):4—5.

有学者批评报刊上一些讨论中小学班会形式的文章未能从中、小学教育的客观实际出发，只是引用苏联教育专家的话来展开辩论，证明自己的观点。他指出："我不是说不可以运用苏维埃教育学教科书和参考书上的论据，也不是说不可以摘引苏联专家指导的语录。我觉得必须根据中、小学班会的实际，来作理论上的分析和讨论。如果只是想依靠人家的话，那末所做出的结论就必然缺乏说服力，同时也容易把讨论导入简单化。像这样的'争鸣'不但不能克服教条主义，而且会被教条主义所窒息。"①还有学者认为，"在学习苏联上发生了形式主义倾向，采取排斥和粗暴的态度对待我国丰富的民族文化遗产和民族传统"。②

这些讨论在 1957 年 6 月的第一届全国人民代表大会第四次会议上得到了集中体现，会上，国务院总理周恩来发表政府工作报告，指出我国学习苏联教育经验是必要的，方向是正确的，但学习方式需要改进，要更认真地考虑如何结合我国实际情况，克服教条主义的学习方法，同时，要肯定旧教育中的合理成分，要对解放区革命教育做出系统总结，更好地继承我国原有的优秀教育经验。周恩来说：

> 有人反对学习苏联经验，甚至认为我国在建设工作中发生的缺点和错误，也是学习苏联的结果。这是一种极端有害的看法。我们认为，向苏联学习是完全必要的，问题在于我们自己如何学习。如果学习得不好，责任完全在于我们。苏联是世界上第一个建成社会主义的国家，有着丰富的先进经验，我们从事社会主义建设，不向苏联学习，难道向美国学习建设资本主义的经验么？事实上，正是因为我们认真地学习了苏联的先进经验，才使我们的建设工作少走了许多弯路，获得了很大的成绩。当然，我们不应该硬搬别国的经验，即使是他们成功的经验，也必须有所选择，并且在运用的时候，还必须同本国的具体情况结合起来。我们正在做前人所没有做过的事业，当我们还没有经过实践的时候，对别国的经验要选择恰当并不容易，要做到同本国的具体情况相结合就更不容易。提高选择能力和学会正确运用，不但要有一定的时间，而且可能要付出一定的代价。如果学习得好，可以缩短时间，也可以少付代价。因此，我们必须继续努力，批判和克服教条主义的学习方法。
>
> ……

---

① 瞿葆奎. 如何在教育学领域中实现"百家争鸣"[J]. 人民教育，1956(11)：62—64.
② 陶补湟. 百家争鸣中的几个问题[J]. 江苏教育，1956(10)：7—9.

> 新中国的教育与旧中国的教育根本不同,必须反映社会主义的新政治、新经济,必须为广大劳动人民服务,必须适应我们国家社会主义改造和社会主义建设的需要。因此,我们就有必要对接收过来的旧教育作根本性质的改革。几年来,我们作了这样的改革,并且有了很大的成绩。这是必须肯定的。今后随着社会主义革命的胜利和社会主义建设的发展,我们还应该继续进行某些必要的改革。过去,教育部门在实行教育改革的时候,也发生过若干偏差,主要是否定了旧教育的某些合理的部分,对解放区革命教育的经验没有做出系统的总结,加以继承,并且在学习苏联经验的时候同我国实际情况结合不够。这些缺点今后应该改正。①

从这个政府工作报告中可以看到,学习苏联教育经验仍是当时的主导思想,但我国开始强调学习方式的合理与学习过程中的批判性思考。

此后,我国学习苏联教育经验的热潮有所减弱,但并未消退。1957年10月,为庆祝十月社会主义革命四十周年,《江苏教育》出版特刊,集中发表了十几篇学习苏联教育经验的文章,如《苏联是我国人民学习的榜样》《苏联教育专家在中国》《苏联专家安得洛索夫同志对我的教育》《我市初等教育学习苏联教育获得了成绩》《谈谈培养儿童阅读能力的问题——学习谢彼托娃"小学阅读教学法"的心得》《学习苏联语文教学先进经验的收获》《学习苏联的先进经验,正确发挥算术教材的作用》《学习苏联历史教学先进经验的一些收获》《苏联普通学校在教学和教育中贯彻了教育方针——参观苏联国民教育展览会的印象之一》,等等。②

1958年元旦,《人民日报》发表社论,动员全国人民多快好省地建设社会主义,"大跃进"的序幕拉开,此后,基础教育学校学习苏联教育经验声音低了下来。1960年,中苏关系恶化,中国不再向苏联学习,学校"苏化"停止。

总体来看,这一时期我国全面学习苏联教育经验的指导方针是正确的,成效是明显的,对于改造旧教育,建设新教育,奠定社会主义教育制度与体系有积极作用,对于提高各级各类学校的办学水平和教学质量,快速培养社会急需人才有很大帮助,对于强化学校重视党组织的政治核心作用和学校思想政治教育传统也有很大促进。但是,由于受当时条件的制约,基础学校在学习苏联经验时,确实存在盲目照搬照抄,批判性

---

① 周恩来.政府工作报告(1957年)[EB/OL].全国人民代表大会官网.http://www.npc.gov.cn/wxzl/gongbao/2000-12/06/content_5328386.htm
② 这些文章均出自《江苏教育》1957年第21期。

吸收不足,结合实际不够的问题。这一段基础教育"全盘苏化"的经历,给学校教育改革提供了以下三点启示:

第一,学校教育改革需要借鉴外国经验,但要认真分析外国经验的优势和不足,同时充分考虑本国实际,结合自身的基础、条件和特点,进行批判性学习,不可一味肯定,全盘接受,机械照搬。

第二,学校教育改革过程中要尊重教育的相对独立性,遵循教育规律,不能简单直接地以社会性质和政治体制作为判断教育是否先进的标准。

第三,学校教育改革不能单靠借鉴外来经验,更多要靠自主探索,毕竟外因要通过内因才能起作用,扎根于故土上的理论适应性更强。

第二节 "大跃进"后基础教育学校的变化及其走向

1958年后,中国进入了"大跃进"时期,教育政策的总体导向是多快好省地普及教育,加强思想政治教育,加强教育与生产劳动的结合。在这样的导向下,基础教育学校开始缩短学制,并逐步形成半工半读、半农半读制度,以便普及教育。同时,中小学课程与教材在一轮又一轮的改革中变化着模样,其政治性和实践性越来越强。

一、"大跃进"后的教育政策导向

1958年1月1日,《人民日报》发表社论,宣布了中国要在十五年内赶上和超过英国的奋斗目标,此后中国开始进入"大跃进"时期。1958年2月2日,《人民日报》在社论中明确发出"全面大跃进"、"文教卫生也要大跃进"的号召。1958年3月24日至4月8日,教育部召开第四次全国教育行政会议,会议根据"大跃进"的精神,提出教育工作既要普及又要提高的政策,要求教育事业大干快上[①]。

1958年5月,中共八大二次会议召开,进一步提出"鼓足干劲、力争上游、多快好省地建设社会主义"的总路线。全国各个领域都在这一总路线的指引下开始行动,教育界也贯彻这一方针,本着教育为无产阶级政治服务,与生产劳动相结合的指导原则,以全民办学为手段,以改革学制、普及文化、扫除文盲为表征,掀起一场与经济建设相适应的教育"大跃进"。

---

① 金铁宽.中华人民共和国教育大事记[M].济南:山东教育出版社,1995:442—443.

1958年9月19日,中共中央、国务院发布《关于教育工作的指示》,[①]提出要加快社会主义教育的建设速度,单一以升学为主要目标的中小学教育已不能适应国家经济建设和人民生活的需要,应进行改革,要调动一切积极因素,鼓足干劲,力争上游,多快好省地扫除文盲,普及教育;要加强思想教育和政治教育,加强教育与生产劳动的结合;要采取群众路线,全民办学,同时将办学形式多样化;全国应在三到五年内,基本完成扫除文盲、普及小学教育等任务。

这一时期,基础教育学校在上述政策的指导下,开门办学,进行了大幅度的改革,时任中央宣传部副部长的张际春总结道:

> 文教战线上,人民教育事业方面,在主席提出的"应该使受教育者在德育、智育、体育几方面都得到发展,成为有社会主义觉悟的有文化的劳动者"的教育方针和农业发展纲要(修正草案)推动之下,在人民积极要求学习政治和文化科学技术知识热忱的推动下,人民集体办学、勤俭办学、勤工俭学正在各类学校中被广泛的推行;扫盲运动、小学普及工作,中学教育的推广,出现了许多先进的计划和指标。群众在党的领导之下,不但表现了在工农业生产方面惊人的创举,在社会主义教育方面也表现了旷古未有的创举。以河南省为例:河南省已经展开了以工农业生产为中心的全民大跃进,文化教育也在大跃进中。河南省展开了一个人人识字人人学文化的全民运动。河南省继黑龙江省出现了全国第一个扫除文盲的县份宁安县之后,出现了全国第二个扫除文盲的县份登封县,河南省很快将出现好几个象登封那样的扫除文盲的县份。他们已经定出了不让"四害"过今年"五一"节的歼灭计划。河南省还计划在今年国庆节前扫除全省青壮年中的文盲,普及全省小学(现已有郾城巩县等五个县普及——即全部学龄儿童入了小学)和初中(现已有荥阳、郾城、唐河三个县普及——即全部高小毕业生入了初中),扫盲、普及小学、初中都有逐月分批完成的具体计划。具体措施是:书记动手、全党动员、全民办学,人人是学生人人是先生;学习与生产相结合,工地就是课堂,变休息为学习,书本下地黑板上坡;创造典型、一处点火处处开花;统一计划、统一布置、统一行动。学校的形式是多种多样的,主要的是勤工俭学,学习文化与学习生产技术和知识相结合,脑力劳动与体力劳动相结合。证明多、快、好、省的方针不仅在工农

[①] 金铁宽.中华人民共和国教育大事记[M].济南:山东教育出版社,1995:465—467.

业生产中适用,在人民教育事业中一样适用。①

从上述材料中可以看到,当时大力倡导开门办学,因此集体办学、勤俭办学、勤工俭学等各种办学形式被广泛推行,学校的形式多种多样,扫盲运动、小学教育普及工作和中学教育推广工作积极进行,其中出现了许多激进案例,如黑龙江省出现了全国第一个扫除文盲的县份宁安县后,河南省展开了人人识字、人人学文化的全民运动,很快出现了第二个扫除文盲的县份登封县,此后扫除文盲的县份不断出现。

当时学校数量和学生人数激增,据报道,从1957年到1958年9月,全国新建了33.7万所小学,全国小学生人数从6400万人增加到8400万人,根据一个月后的另一项报道称,小学生的人数实际已达到9260万人,小学校的数目则已接近100万所。②这些激进的做法脱离了实际,一定程度上造成了教育思想和实践的混乱。

1958年底,党和政府意识到具体工作中出现了一些"左倾"现象,开始进行调整。在1959年4月全国人民代表大会的报告中,周恩来说:"去年一年,各级学校都有了很大的发展;现在需要在这个大发展的基础上进行整顿、巩固、提高的工作……在各级全日制的正规学校中,应当把提高教学质量作为一个经常的基本任务,而且应当首先集中较大力量办好一批'重点'学校,以便为国家培养更高质量的专门人才,迅速促进我国科学文化水平的提高。"③教育部部长杨秀峰在同一次会议上作了更明确的发言,他认为在1958年期间,由于缺乏经验,学校为了劳动生产,课上得少了些,现在应该对此作出改正,把生产劳动正式列入教育计划,但要明确其目的性,要将群众性半工半读学校的劳动与全日制学校的劳动区分开来。

1959年5月至6月间,中共中央和国务院共同发布了一系列有关教育的指示,如《国务院关于全日制学校的教学、劳动和生活安排的规定》、《中共中央、国务院关于整顿1958年新建的全日制和半日制高等学校的通知》等,这些文件是党和政府调整前期"左倾"现象的具体做法。其中一项是关于学制改革的,要求中小学有计划地进行学制改革试验且要保证教育质量;另一项是关于劳动时间的,规定高中生劳动时间为每周

---

① 张际春. 展开人民教育大跃进、人民教师红专大跃进——与"人民教育"编辑同志谈教育的大跃进[J]. 人民教育,1958(04):4—5.
② [美]R. 麦克法夸尔,费正清. 剑桥中华人民共和国史(上卷)[M]. 北京:中国社会科学出版社,1990:370.
③ [美]R. 麦克法夸尔,费正清. 剑桥中华人民共和国史(上卷)[M]. 北京:中国社会科学出版社,1990:377—378.

8—10小时,初中生为每周6—8小时,小学生为每周4—6小时。① 虽然劳动时间不少,但教学时间基本还能保证。

但是到1959年9月,党的八届八中全会以后,教育界根据反对右倾机会主义的导向,开始以更强劲的势头继续进行教育革命。1960年3月和5月,中央文教小组两次召开会议讨论教学改革问题,强调教育工作者要继续积极进行改革,多快好省地发展教育事业。1960年下半年,由于自然灾害和中苏关系恶化的影响,各类物资供应出现困难,教育革命的势头才逐渐减弱。1960年12月21日,中共中央、国务院发出《关于保证学生、教师身体健康的紧急通知》,表明全国性的教育革命运动基本结束。②

1961年1月,党的八届九中全会正式确定对国民经济实行"调整、巩固、充实、提高"的方针。教育界根据这一方针,逐步压缩教育规模,精简教职人员,调整学校布局,这一系列行动进行到1963年年底才结束。随着局面的稳定,基础教育获得了发展。

但是到1964年时,情况发生了改变。毛泽东在1964年教育工作座谈会中,批评全日制中小学教育不切实际,学生毕业后难以找到工作,因为他们只做了继续学习的准备,而不是打算去从事劳动。他提出学制可以缩短,课程可以砍掉一半。③ 在这样的倡导下,半工半读思想又一次流行起来,全日制学校也越来越重视政治学习和生产劳动。

1965年3月至4月,教育部召开了关于农村半工半读教育的全国会议,会议认为,全日制学校和半工半读制度将一起同存相当长的一个时期,而半工半读学校代表了社会主义教育发展的长期方向。基础学校的办学方向开始偏移。

1966年5月7日,毛泽东在给林彪的信(后称"五·七指示")中提出,全国各行各业都要办成亦工亦农,亦文亦武,又批判资产阶级的社会组织。学生也应该"以学为主,兼学别样"。"学制要缩短,教育要革命,资产阶级知识分子统治我们学校的现象再也不能继续下去了。"④

1966年5月,中共中央召开会议,5月16日发布《中共中央通知》,即"五·一六通知",要求"高举无产阶级文化革命的大旗,彻底揭露那批反党反社会主义的所谓'学术

---

① 金铁宽.中华人民共和国教育大事记[M].山东教育出版社,1995:501—502.
② 金铁宽.中华人民共和国教育大事记[M].山东教育出版社,1995:575—576.
③ 金铁宽.中华人民共和国教育大事记[M].山东教育出版社,1995:737.
④ 教育史上的今天——5月7日[EB/OL].中华人民共和国教育部政府门户网站.http://www.moe.gov.cn/jyb_sjzl/moe_1695/tnull_190263.html

权威'的资产阶级反动立场,彻底批判学术界、教育界、新闻界、文艺界、出版界的资产阶级反动思想,夺取在这些文化领域中的领导权。而做到这一点,必须同时批判混在党里、政府里、军队里和文化领域的各界里的资产阶级代表人物,清洗这些人,有些则要调动他们的职务。"①

1966年8月8日,党的八届十一中全会通过《关于无产阶级文化大革命的决定》(简称十六条)。决定提出:在这场文化大革命中,必须彻底改变资产阶级知识分子统治我们学校的现象。②其中第十条"教学改革"说:"改革旧的教育制度,改革旧的教学方针与方法……学制要缩短。课程设置要精简。教材要彻底改革,有的首先删繁就简。学生以学为主,兼学别样。也就是不但要学文,也要学工,学农,学军,也要随时参加批判资产阶级的文化革命的斗争。"③这个文件是对"五·七指示"的具体说明与细化。

"五·七指示"、"五·一六通知"和"十六条"这三个文件的精神成为这一时期教育领域的指导思想。此后几年里,基础学校的原有体系和教育内容基本被否定,学校办学方式与组织管理、课程与教学等各个方面都发生了剧烈变化。

二、缩短学制与多种学制改革的实验

1958年9月19日,中央发布《中共中央、国务院关于教育工作的指示》,指出:"现行的学制是需要积极地和妥当地加以改革的,各省、市、自治区的党委和政府有权对新的学制积极进行典型试验,并报告中央教育部。经过典型试验取得充分的经验以后,应当规定全国通行的新学制。"④在这一文件精神的指导下和当时"大跃进"形式的推动下,从1958年下半年开始,全国各地进行了大规模的缩短学制的改革试验,主要试验有小学五年一贯制,中学五年一贯制,中小学七年一贯制、九年一贯制、十年一贯制、九二制、中学四年制、四二制、三二制、二二制等。⑤为控制学制改革试验中出现的混乱局面,1959年5月24日,中共中央、国务院发布《关于试验改革学制的规定》,对学制改革做出了一些限制,要求各省市区指定一些中小学,有领导、有计划地进行改革学制

---

① 何东昌,编.中华人民共和国重要教育文献1949—1997[G].海口:海南出版社,1998:1398.
② 教育史上的今天—8月8日[EB/OL].中华人民共和国教育部政府门户网站.http://www.moe.gov.cn/jyb_sjzl/moe_1695/tnull_37968.html
③ 何东昌,编.中华人民共和国重要教育文献1949—1997[G].海口:海南出版社,1998:1408.
④ 何东昌,编.中华人民共和国重要教育文献1949—1997[G].海口:海南出版社,1998:860.
⑤ 金铁宽.中华人民共和国教育大事记[M].济南:山东教育出版社,1995:468.

试验。1960年4月9日,国务院副总理陆定一在二届人大二次会议上做了"教学必须改革"的发言,提出全日制中小学要适当缩短年限,适当提高程度,适当控制学时,适当增加劳动,并设想把中小学十二年学制缩短为十年,程度提高到大学一年级水平①。在这个讲话的推动下,全国各地又有一些学校进行学制改革。据统计,当时全国27个省、市、自治区,进行学制改革试验的小学达92000多所,中学达3400多所,分别占这些地区小学总数的14.8%和中学总数的18.7%。②

1961年初,党的八届九中全会正式确定"调整、巩固、充实、提高"八字方针后,教育部根据这一精神及中央的相关指示,于1961年2月1日至5日召开普通教育新学制试点学校座谈会,会上明确提出当前只试验十年制,程度要求相当于现行十二年制的水平,试验面不宜过大,试验成熟了再推广,农村学校不可搞试验。③ 自此以后,各地迅速缩小了学制实验规模。

1964年2月6日,中央决定成立学制问题研究小组,负责研究学制改革问题。2月25日,研究小组召开第一次会议,提出学制要多样化,学制研究要有分工,这次会议还建议北京、上海、河北、陕西、四川、广东、江苏等地分别成立学制问题研究小组,华北、西北、西南地区的有关省和自治区要研究少数民族学校的学制问题。1964年7月,中央学制问题研究小组草拟了《学制初步改革方案》(征求意见稿),提出新学制必须体现三点要求:一是要建立两种教育制度;二是要根据城市和农村对于生产和教育的不同需要,来确定城乡各级各类学校的修业年限、课程设置、教学内容;三是要适当缩短各级全日制学校的修业年限④。此后,中央和有关省、市、自治区的学制问题研究小组多次召开五年制小学、四年制小学、五年制中学、中等专业学校及半工半读学校的学制改革问题讨论会议,并在一些学校进行了学制改革的试点试验。但是由于后来情况发生了变化,所以这次学制改革的方案没有正式颁行。⑤

1966年8月,"十六条"提出"学制要缩短,课程设置要精简"的要求后,全国又一次开展了大规模的缩短学制的改革实验。

1971年8月13日经中共中央批准的《全国教育工作会议纪要》提出,中小学学制暂不统一规定,各地可继续按当地情况进行试验。在这样的引导下,全国逐步形成了

---

① 金铁宽.中华人民共和国教育大事记[M].济南:山东教育出版社,1995:547.
② 中国教育年鉴编辑部.中国教育年鉴(1949—1981)[M].北京:中国大百科全书出版社,1984:942.
③ 金铁宽.中华人民共和国教育大事记[M].山东教育出版社,1995:582—583.
④ 金铁宽.中华人民共和国教育大事记[M].济南:山东教育出版社,1995:760.
⑤ 方晓东,等.中华人民共和国教育史纲[M].海口:海南出版社,2002:177—178.

不同的中小学学制体系。据统计,到1973年9月,全国有14个省、自治区实行中小学九年制,7个省市、自治区实行中小学十年制,9个省市、自治区农村学校实行九年制,城市学校实行十年制,西藏自治区实行小学五年制和六年制并存,初中实行三年制。可见,当时中小学学制基本上是九年制和十年制,比1966年前缩短了2—3年。①

到1977年以后,学制开始变长。1980年12月3日,中共中央、国务院《关于普及小学教育若干问题的决定》提出:"中小学学制,准备逐步改为十二年制。"②1981年4月17日,教育部发布《〈全日制六年制重点中学教学计划试行草案、全日制五年制中学教学计划试行草案的修订意见〉的通知》,规定中学学制定为六年,由五年制向六年制过渡,多数地区可争取在1985年前,把中学学制改为六年。这样,我国绝大多数中小学很快改为十二年制,其中小学和初中学制又分两种,一种是九年一贯,一种是六三分段。至此,我国学制才稳定下来。

三、半工半读与半农半读制度的建构

伴随着学制大幅改革的,还有半工半读、半农半读制度的逐步形成。

1958年1月,毛泽东在《工作方法(草案)》中提出:"农村里的中小学,都要同当地的农业合作社订立合同,参加农、副业生产劳动。农村学生还应当利用假期、假日或者课余时间回到本村参加生产。大学校和城市里的中等学校,在可能条件下,可以由几个学校联合设立附属工厂或者作坊,也可以同工厂、工地或者服务行业订立参加劳动的合同。一切有土地的大中小学,应当设立附属农场;没有土地而邻近郊区的学校,可以到农业合作社参加劳动。"③

1958年5月30日,刘少奇在中共中央政治局扩大会议上提出,我国应该实行两种教育制度:"我们国家应该有两种主要的学校教育制度和工厂农村的劳动制度。一种是现在的全日制的学校教育制度和现在工厂里面、机关里面八小时工作的劳动制度,这是主要的。此外,是不是还可以采用一种制度,跟这种制度相并行,也成为主要制度之一,就是半工半读的学校教育制度和半工半读的劳动制度。就是说,不论在学校中、工厂中、机关中、农村中,都比较广泛地采用半工半读的办法。"④1958年9月19日,

---

① 张荣伟.新中国教育实验改革[M].天津:天津教育出版社,2010:168.
② 何东昌,编.中华人民共和国重要教育文献1949—1997[G].海口:海南出版社,1998:1877.
③ 何东昌,编.中华人民共和国重要教育文献1949—1997[G].海口:海南出版社,1998:797.
④ 何东昌,编.中华人民共和国重要教育文献1949—1997[G].海口:海南出版社,1998:834.

《中共中央、国务院关于教育工作的指示》提出全国将有三类主要的学校,即全日制学校、半工半读学校和各种形式的业余学校,并强调要大量发展后二者。由此,学校办工厂、工厂办学校蔚然成风。此外,刘少奇还建议各地成立专管半工半读工作的机构,要试办四小时劳动、四小时学习的半工半读小学、中学和大学,要"五年试验,十年推广"半工半读制度。

1965年3月26日至4月23日,教育部召开了全国农村半工半读教育会议,会议总结和交流了各地农村试办半农半读学校的经验,认为各地试办的半农半读学校为我国农村多快好省地普及小学教育和发展中等教育开辟了一条新路,提出今后农村教育的任务是在办好全日制学校的同时,坚定不移地推行半工(农)半读教育制度,实现两条腿走路。① 会后,《人民教育》(1965年第7期)发表当时的教育部部长何伟的文章《办好半农半读学校,促进农村教育革命》,文中举例说宜兴县创造了"随船生产,靠岸读书"的六种学习形式,为常年漂泊,以水为家的渔民子女提供教育服务,实现了半农半读,他说:

> 例如江苏省宜兴县,处在太湖之滨,河流纵横,有渔民、船民近三千户,他们常年漂泊,以水为家,他们的子女随船流动,不可能到固定学校学习,也没有条件上岸寄宿读书,而且绝大多数孩子要帮助撑篙、摇船、捕鱼虾、整鱼网、看管弟妹。用通常的办法是不能解决他们学习问题的。宜兴县的同志们做了深入细致的调查研究工作,摸清了渔民、船民的生产特点和生活规律,针对他们月底上岸开会,晚上停泊有定处,船民搞运输大部分是集体行动等情况,创造了"随船生产,靠岸读书"的六种学习形式:1.每逢渔民、船民靠岸开会,当地学校就安排好教室集中学习;2.在渔民、船民经常停泊的集镇或港口,设立学习点,由附近教师负责,不管人数多少,坚持上课;3.船到哪里,就到哪里的小学临时上课,把学的内容、进度记入学习证,学生持证可以到任何地点接续学习;4.送字上船,进行个别教学;5.集体航行的运输船队,设专职教师,随船教学;6.用能者为师办法,组织识字的渔民、船民教学。他们这样办教育,就把教育办活了。②

此后,《人民日报》开辟专栏,半年里连续发表讨论如何办好半工半读学校和半农

---

① 金铁宽.中华人民共和国教育大事记[M].济南:山东教育出版社,1995:783.
② 何伟.办好半农半读学校,促进农村教育革命[J].人民教育,1965(7):1—8.

半读学校的文章。1965年10月25日至11月23日,教育部召开全国城市半工半读教育会议,会议一致认为在我国逐步推行两种教育制度是长期方针,必须坚定方向,巩固提高,会议还指出,城市半工半读教育制度的重点在中等技术学校和高等学校。①1965年12月25日至1966年1月16日,召开全国半工(农)半读高等教育会议。②

由此,全国掀起试行两种教育制度,大办半工半读学校的热潮。据统计,到1965年时,全国中等学校达到8万多所,在校学校1430.87万人。其中,中等专业学校1265所,在校学生54.7万人,农业中学、半工半读中学达6.1万所,在校学生443.3万人。全国耕读小学也增长至85万所,学生2518万人。③ 国内已初步形成了从小学到大学的半工半读教育体系,教育部成立了半工半读办公室,农业部成立了半工半读教育领导小组,有的省市,如山东省、天津市、江苏省甚至设置了第二教育厅、第二教育局、工读教育局。

如天津市第二教育局的半工半读学校工作总结:

> 我市遵照中央和少奇同志的指示,在检查总结过去工作、提高认识的基础上,积极宣传推行半工半读制度的伟大意义,积极试办半工半读学校。现有半工半读学校一百二十五所,学工两万四千四百多人。这些学校,主要是工业部门办的,也有的是全日制中专、技工学校和职业学校改办的。此外,教育部门和工厂企业,还办了职业学校和工业中学。
>
> ……
>
> 根据学工一半时间学习,一半时间劳动的特点,必须贯彻少而精、结合生产、急用先学、理论联系实际、学以致用和学用结合等原则,进行教学改革。
>
> (一)四年当中,每年实际授课二十周,每周最多三十学时,总学时约两千二百左右。经过几年的实践,在保证必要的文化知识和基础理论知识,适当突出专业知识的前提下,对不必要的课程进行精简、合并。一般设十五门到十七门课。课时分配:政治课占百分之十到十五;文化课占百分之三十五到四十;技术基础课和专业课占百分之五十左右。
>
> (二)根据生产的需要设置专业,根据专业要求注意加强基础知识,统筹安排

---

① 金铁宽.中华人民共和国教育大事记[M].济南:山东教育出版社,1995:803.
② 金铁宽.中华人民共和国教育大事记[M].济南:山东教育出版社,1995:810.
③ 方晓东,等.中华人民共和国教育史纲[M].海口:海南出版社,2002:185.

文化课、技术基础课和专业课……

（三）以自编和借用相结合的办法，解决教材问题。全日制中专教材凡是可用的，都借用。在教授时根据专业需要加以精简或补充……

（四）改革教学方法和考试制度。教学方法贯彻启发式。以课堂教学为主，加强实物教学和直观教学……政治和一些技术课，普遍试行开卷考试，其他学科正重点试行开卷考试。①

从天津市第二教育局的总结中可以看到，当时天津市已有半工半读学校125所，此外还有一些教育部门和工厂企业办的职业学校和工业中学。半工半读学校根据教学内容少而精、结合生产、急用先学、理论联系实际、学以致用和学用结合等原则开展教学改革，以保证一半时间学习、一半时间劳动的学员们的学习效率和劳动效率。

总之，到1965年时，半工半读、半农半读制度已在全国各地广泛推行，直到1966年局势发生变化后，这个热潮才渐渐消退。

四、课程教材中政治性和实践性的凸显

这一时期，中小学课程教材处于一轮又一轮的改革之中，其政治性和实践性不断增强。

1957年3月18日至28日，教育部召开第三次全国教育行政会议，认为思想政治教育是学校教育的灵魂，强调中小学教育应着重培养学生的共产主义人生观、思想道德品质，加强劳动教育。会议确定从初一到高三普遍增设政治课，农村中学增设农业基础知识课，同时适当减少文化课授课时数。②

1957年8月17日，教育部发出通知，要求中学和师范学校设置政治课，规定初一、初二讲"青年修养"，初三讲"政治常识"，高中一、二年级讲"社会科学常识"，高中三年级讲"社会主义建设"。授课时数除初一、初二每周1小时外，其余各年级每周2小时。③

1958年1月23日，教育部发出通知，要求各地中小学和师范学校根据党中央的指

---

① 天津市第二教育局.天津市试办半工半读学校工作总结[J].人民教育，1965(12)：5—8.
② 金铁宽.中华人民共和国教育大事记[M].济南：山东教育出版社，1995：388.
③ 金铁宽.中华人民共和国教育大事记[M].济南：山东教育出版社，1995：408.

示编选乡土教材,着重农业基础知识。①

1958年10月4日,《人民日报》发表社论《根据党的教育方针来改革教材》,提出"编教材也要两条腿走路,中央编、地方编、专家编,教师和群众也编"。"必须在文化革命的浪潮中,使教科书也彻底翻身。"②此后,各级各类学校开始积极编写教材和参考书。但各地自编教材良莠不齐,教育部于1959年初提出,还是由教育部制订各科教学大纲,编写通用教材供各地采用,地方可适当改动通用教材并编写乡土教材。

1959年7月16日,教育部颁发《中等学校政治课教学大纲》,规定初中设"政治常识课",高中设"政治常识"、"经济常识"、"辩证唯物主义常识"课。此外,中专、师范、高中和初三另设"时事政策"课,初一、初二定时进行时事教育。③

1960年9月20日,教育部召开中等学校政治课教材研究会,强调要以毛泽东思想为指导,贯彻理论联系实际的方针,修改政治课教材。10月,教育部开始集中力量编写十年制各科教材,并指出原来的教材有三个错误,一是脱离政治,二是脱离实际,三是有陈腐和不科学的内容,编写十年制新教材时要把这些错误改正。④此后的教材改革工作基本就按照这一思路进行。

稳定了三年后,课程与教材又开始新一轮改革。1964年2月13日,毛泽东在人民大会堂召开教育工作座谈会,会上他说:"教育的方针路线是正确的,但是办法不对。我看教育要改变,现在这样还不行。""课程多、压得太重是很摧残人的。学制、课程、教学方法、考试方法都要改。""我看课程可以砍掉一半,学生要有娱乐、游泳、打球、课外自由阅读的时间。""现在的考试办法是对付敌人的办法,实行突然袭击。题目出得很古怪,使学生难以捉摸,还是考八股文章的办法,这种做法是摧残人才、摧残青年,我很不赞成,要完全改变。"⑤同年三月,毛泽东在对北京铁路二中校长魏连一的来信批示中再次申明这个观点:"现在学校课程太多,对学生压力太大。讲授又不甚得法。考试方法以学生为敌人,举行突然袭击。这三项都是不利于培养青年们在德智体诸方面生动活泼地主动地得到发展的。"⑥在毛泽东的指示下,教育部开始引导全国中小学进行减少课程门类,精简教学内容,减轻学生负担的改革。

---

① 金铁宽. 中华人民共和国教育大事记[M]. 济南:山东教育出版社,1995:427.
② 金铁宽. 中华人民共和国教育大事记[M]. 济南:山东教育出版社,1995:463.
③ 金铁宽. 中华人民共和国教育大事记[M]. 济南:山东教育出版社,1995:510.
④ 金铁宽. 中华人民共和国教育大事记[M]. 济南:山东教育出版社,1995:569—573.
⑤ 金铁宽. 中华人民共和国教育大事记[M]. 济南:山东教育出版社,1995:737—738.
⑥ 金铁宽. 中华人民共和国教育大事记[M]. 济南:山东教育出版社,1995:740.

1965年7月3日,毛泽东在给中共中央宣传部部长陆定一的信中说:"学生负担太重,影响健康,学了也无用。建议从一切活动总量中,砍掉三分之一。请邀学生师生代表,讨论几次,决定实行。"此信简称"七三指示"。同年8月,教育部召开会议,研究贯彻"七三指示",精简中小学课程和教材。① 到1966年8月,"十六条"更是彻底否定了原来的教材。此后几年间,中小学的教材主要以毛泽东著作为主。

1966年9月5日,中共中央、国务院发出《关于组织外地高等学校革命学生、中等学校革命学生代表和革命教职工代表来北京参观文化大革命运动的通知》后,学生的串联活动在全国掀起高潮,全国的中小学校基本处于"停课闹革命"的状态,这一时期人们无暇考虑课程和教材问题。到1967年2月4日,中共中央发出《关于小学无产阶级文化大革命的通知(草案)》要求停止串联以后,学生们才返校,一边上课一边闹革命。此后教育界开始编写以毛泽东思想为指导的新课本。

在这一时期间的新编课本中,以上海地区编写的中小学课本最有影响力,天津延安中学所编课本最有示范性。上海中小学新编课本的政治性很鲜明,大量选编毛泽东的著作、文章、指示、语录,以及活学活用毛泽东思想的文章,比如语文二年级用的课本,30篇课文中,有3篇是政治口号,8篇歌颂毛主席,13篇是毛主席语录,6篇是革命故事等。② 上海中小学新课本编成后,因体系相对完整,内容符合政策要求,一时成为各地效仿的对象,有的地区甚至直接使用。天津延安中学的教材情况是:"革命师生们以毛主席著作为基本教材。政治课、语文课都讲毛主席著作,外语课学习毛主席语录,以及战时所需的对敌喊话等。"③1968年2月20日,天津市革命委员会文教组发布:"致天津市中学革命师生"的公开信,宣告"在伟大导师毛主席教育革命思想的指引下,天津延安中学和天津东风大学的革命师生,探索性地编写了一套四年制普通中学的教学改革方案和毛泽东思想课、语文、数学、英语、物理、化学等科的教学大纲(试用稿)。"④这些课本可以分为三类,一类是为学毛泽东思想而编的政治课本,一类是以毛泽东思想为主要内容的语言课本,一类是活学活用毛泽东思想的数理课本。⑤ 值得注意的是,这套课本中的《英语》课本(4册,1968年版)是全国首编以毛泽东思想为指导

---

① 金铁宽.中华人民共和国教育大事记[M].济南:山东教育出版社,1995:794—799.
② 段发明.新中国"红色"课本研究[M].北京:知识产权出版社,2015:29.
③ 1967年10月28日,《人民日报》刊登文章介绍天津延安中学怎样复课闹革命,其中提到了教材.
④ 天津延安中学革命委员会,天津东风大学教育革命办公室.四年制普通中学教学改革方案(试用稿)[M].天津:天津人民出版社,1968:2.
⑤ 段发明.新中国"红色"课本研究[M].北京:知识产权出版社,2015:41.

的课本,在编写方式和内容上都有示范作用。这套英语课本总的教学目标是通过四年的英语教学,提高学生的政治思想觉悟,内容主要有介绍毛泽东思想的英语文章,表现全世界革命人民热爱毛泽东的英语文章,表现工农兵英雄形象的英语文章,以及一般英语军事用语、科技用语和日常用语。天津延安中学作为复课闹革命时期最有名的一所学校,其教育经验经常出现在《人民日报》《文汇报》等重要报刊上,对全国教育革命产生了较大的影响,他们编写的课本也被其他学校纷纷效仿,甚至直接翻印使用。在天津延安中学的引导下,全国各地开展了以毛泽东思想为指导的新课本编写大潮。

1969年下半年至1971年间,各地区以毛泽东思想为指导的新课本基本编写完成,形成了一套以新型政治课本《毛泽东思想教育课》为核心,包括《语文》《算术》《常识》《革命文艺》等课本的完整体系,所有课本的首要任务都是用毛泽东思想武装学生的头脑。如以下课本举例:

上海小学《算术》三年级二期(1969年)

第一课　整数的除法

大海航行靠舵手,干革命靠毛泽东思想。

毛主席啊!

您是中国人民的大救星,

您是世界革命的灯塔。

您的话,世界革命人民最爱听;

您的书,世界革命人民最爱读。

……

例1　解放军支左部队赠送东方红纺织厂革命委员会75套《毛泽东选集》,革命委员会把红色宝书平均分发给4个车间,每个车间发到几套?余下的放在政宣组里,政宣组里有几套?[①]

广州市小学课本《英语》(1969年)目录:

Contents

Lesson 1 Long Live Chairman Mao!

---

① 段发明.新中国"红色"课本研究[M].北京:知识产权出版社,2015:64.

Lesson 2　A Long, Long Life to Chairman Mao!

Lesson 3　English Letters

Lesson 4　Wish Chairman Mao a Long Life!

Lesson 5　We Love a Chairman Mao

Lesson 6　A Chairman Mao Badge

Lesson 7　I Love Chairman Mao

Lesson 8　A Portrait of Chairman Mao

Lesson 9　English Letters

Lesson 10　Serve the People

Lesson 11　Learn from the Workers, Peasants and Soldiers

Lesson 12　Never Forget Class Struggle

Lesson 13　Chairman Mao Is Our Great Leader

Lesson 14　Long Live the Communist Party of China!

Lesson 15　Read and Write

Lesson 16　We Are Loyal to Chairman Mao

Lesson 17　They Are Our Good Teachers

Lesson 18　We Are Good Pupils of Chairman Mao

Lesson 19　Revolutionary Slogans

Lesson 20　We Are Little Red Soldiers of Chairman Mao

New Words and Expressions

Revolutionary Songs[①]

　　以上材料显示,1969年一些地方小学数学课本和英语课本中,充斥着很多政治方面的内容,尤其是广州小学英文课本,从目录上看,20篇课文中至少有17篇与政治内容直接相关,本应是主角的英语语言学习,在此变成了政治教育的配角。

　　以政治观念和语言挤占甚至代替文化教育内容的现象持续了约三年时间,开始出现变化。1971年"九·一三"事件后,教育界开始对教学进行反思和整顿。《人民日报》和《光明日报》等重要报刊上开始登载讨论教育教学质量的文章,一致批评以政治

---

① 段发明.新中国"红色"课本研究[M].北京:知识产权出版社,2015:70—71.

代替业务的现象,呼吁重视文化课教学,提高教学质量。如《人民日报》1972年3月1日刊登的文章《狠抓路线教育,不断提高教学质量——营口市建设小学上好社会主义文化课的经验》《努力提高文化课质量》,《光明日报》1972年3月21日刊登的文章《加强领导,认真上好社会主义文化课》等。在这样的倡导下,各级各类学校开始注意政治与业务之间的界限,重视文化课基础知识与基本理论的教学,编写的教材虽然仍以政治标准为第一位,但注意兼顾政治教育与基础知识教育的关系、理论与实践的关系。①如黑龙江省中小学教材编写组在俄语课本的编写说明中强调"坚持无产阶级政治挂帅,坚持政治思想内容和语言知识内容的统一"。具体做法是:

1. 课文的政治方向明确,观点鲜明,以利于对学生进行思想和政治路线方面的教育。2. 注意俄语语言本身的规律性和知识的系统性、连贯性。编写课文时,把政治思想内容和语音、词汇、语法紧密地结合起来。3. 从学生实际出发,课文内容为学生所熟悉,题材广泛,体裁多样。4. 选用的词汇从日常生活入手,一般是由具体到抽象,并注意常用词汇的反复出现。5. 注意语言的规范化,通俗易懂,容易上口,便于学生背诵记忆和运用。②

但是到1972年底,形势又逆转了,《文汇报》连续发表《这样提问题是否妥当》《马克思主义哲学是最基础的理论》《打什么基础理论》等文章,批判重视基础理论和基础知识的风气。1973年9月8日至11日,国务院科教组召开教育战线批判孔子问题座谈会,把批孔批林和批判修正主义的教育路线结合起来。③ 1973年12月28日至1974年1月7日,国务院科教组在北京召开教育革命座谈会,认为在教育领域,修正主义仍然是当前的主要危险,要反击右倾回潮。④ 1974年9月29日,国务院科教组与财政部联合发出关于开门办学的通知,认为开门办学是无产阶级的新生事物,是上层建筑领域的一场深刻革命,应始终把转变学生思想放在首位,以工农兵为师,多种形式办学。⑤ 新一轮的课本重编工作开始了,一直持续到1976年。这一轮的新编课本政治性和实践性也很鲜明,形成一套为无产阶级服务,与生产劳动结合的课本。如山东省中

---

① 苏州地区编写组. 正确处理编写教材中几个关系的问题[N]. 人民日报,1972-4-29.
② 黑龙江省中小学教材编写组. 中学俄语试用课本第一册介绍[J]. 教育革命(黑龙江),1972(3):25—26.
③ 金铁宽. 中华人民共和国教育大事记[M]. 济南:山东教育出版社,1995:936.
④ 金铁宽. 中华人民共和国教育大事记[M]. 济南:山东教育出版社,1995:943.
⑤ 金铁宽. 中华人民共和国教育大事记[M]. 济南:山东教育出版社,1995:963.

学数学课本(1975年)第一册第二章"一元一次方程和一元一次不等式"后所附的实践活动：

1. 到附近生产队进行调查，了解该生产队解放前、文化大革命前以及近年来的粮食亩产量并作出比较，批判林彪散布的"今不如昔"的谬论，并编一道可用一元一次方程解的应用题。

2. 到附近工厂参观，请锻工车间的工人师傅介绍怎样将截取的原料锻造成合乎要求的工件毛坯？在锻造前要进行哪些计算？根据锻造工作毛坯的要求，编一道可用一元一次方程解的应用题。①

以上可见，从1957年到1976年，不到20年的时间，基础教育课程与教材经历了多次改革，有起有伏，总体趋势是改革幅度越来越大，越来越强调政治性和实践性。

总体来看，这段时期基础学校的办学体系和教育内容等各方面都有较大的改革，有时虽然改革的出发点与总体思路不错，但过犹不及，当改革太过于强调课程与教材中的政治内容和生产实践内容而不顾教育的基本规律时，必然会导致教学秩序混乱，教育质量严重下滑。无论何种情况下，尊重教育活动的独立性，遵循教育教学的基本规律，都是保障教育质量的两大重要条件。

第三节　新中国基础教育学校自主探索的个案剖析

新中国教育经历了一段从"苏化"到"大跃进"的剧烈变化。在这期间，基础教育界涌现出很多学校改革探索的案例，其中北京育才小学等六校开展的小学五年一贯制改革实验、江苏省南京师范学院附小开展的"分散识字"实验、上海市育才中学的改革实验分别处于三个不同的阶段，且为三种不同类型的学校改革探索，极具代表性。

一、北京育才小学等六校开展的小学五年一贯制改革实验

1950年6月，为改造旧教育，探索新学制，构建新民主主义教育体系，教育部初等教育司选定北京市六所小学进行小学五年一贯制改革实验。实验目的是要在五年时

---

① 山东中小学教材编写组.山东省初中课本数学(第一册)[M].济南：山东人民出版社，1975：98.

间内完成过去六年内应完成的全部教学内容,以便于普及初等教育。当时在教育部任职并负责这一改革项目的吴研因说:

> 1950年上半年,中央教育部前初等教育司工作同志得到了部长们和苏联专家的启示,深深地感觉到六年初、高分段的小学学制,是资产阶级初等学校双轨制的变相,它阻碍着广大农民子女在农村初级小学毕业后再行升学的道路,也阻碍了多数儿童受完全基础教育的机会,新民主主义社会的人民基础教育决不能再沿用这样的学制,而且我们正在遵照共同纲领改革小学教育的内容和教学法并要实行普及教育,如果仍在这样的小学学制基础上进行,也是根本不适宜的,所以大家主张很快就得改革小学学制,以便在经济好转、经济建设高潮到来后文化建设高潮必然到来时,更便利地实行普及教育,而使工农子女受同等、同样的人民基础教育。几经研究,大家认为要改革小学学制,必须取消四、二分段制,实行一贯制。六年不易普及,嫌长,四年基础不完全,嫌短,五年可能不减低旧制六年的程度而成为更完整的人民基础教育,比较最为恰当。①

从上文中可知,当时进行这项改革是符合普及教育实际需要的,是在学习苏联教育经验基础上进行的小学学制、教育内容、教学方法的整体改革。实验于1950年开始,1955年结束,分为三个阶段。

(一) 实验开展阶段(1950年9月至1951年10月)

1950年秋,教育部初等教育司一边制定《小学学制改革试验计划草案》,一边选定六所小学参与实验。这六所小学是北京育才小学、北师大一附小、北师大二附小、北京市师范学校一附小、北京三区第二中心小学及六区中心小学。这六所学校中共选出13个新生班作为实验班,试行五年一贯学制。编班的时候注意学生各项条件的平衡。实验班最初采用的教学计划是根据教育部印发的六年制《小学各科课程暂行标准初稿》拟定的,科目有国常、算术、唱游、美术四科,这四科是依据缩短学程必须精简课程的思路设计的,其中,国常科是将以前的国语和常识两科合二为一,内容相当丰富,唱游科于1948年南京国民政府颁布的《小学课程标准》中首设,在此沿用,仍将音乐和体育合二为一。各科教材则先使用两套旧教材,只是依照《小学各科课程暂行标准初

---

① 吴研因.北京市小学实验五年一贯制两年来的初步经验[J].人民教育,1952(12):4—36.

稿》,在不降低六年制水准的原则下进行删减和改编。上课时间仍用分钟制,各校和各科教学时间并不统一。

教育部非常重视这项改革实验,常常召集各实验学校校长和各实验班教师开会,还经常派行政领导和苏联专家前往实验班考察、指导实验。经过一年的课程实验后,六校实验班都发现国常和唱游两科教学内容较难组织,师资力量也不足,于是1951年秋,各实验班开始调整教学科目和教材,将国常科改为语文科,唱游科分成音乐和体育两科,美术科改为图画科。至此,实验班第一、二学年的科目为语文、算术、体育、音乐、图画五科,此后再逐步增加自然、历史、地理三科。各校还先后成立语文、算术、体育、音乐、美术五个教研小组,集体学习苏联教育理论,继续研究改进教材和教法。教学时间安排也从分钟制改成了节数制,规定每节课45分钟。

在总结北京市六所小学实验五年一贯制改革经验的基础上,1951年10月1日,政务院颁布了《关于改革学制的决定》,规定:"小学修业年限为五年,实行一贯制。入学年龄以7足岁为标准。"①并要求从1952年起,由小学一年级开始实行改制,5年内完成。

(二) 实验深化与推广阶段(1951年10月至1953年5月)

《关于改革学制的决定》颁布后,教育部及各地教育部门即开始进行小学五年一贯制的实施工作。六所学校也在教育部的领导下继续深化课程改革,试用并改编苏联同等水平的教材,同时新编小学五年一贯制各科教材,如1951年9月,北京育才小学雷克老师领导新编了第三、四册算术课本,1952年春,北师大一附小李纪生校长和东四区二中心小学陈君平校长领导新编了语文第四册课本,等等。除了新编教材,六所学校还进行了与教材相应的教学方法改革,如语文教学中的拼音字母教学法,算术教学中的故事教学法等。

1952年3月18日,教育部正式颁行《小学暂行规程(草案)》,明确规定:"小学修业年限为五年。入学年龄以七足岁为标准。"②此外,还具体规定了小学教学计划,分设语文、算术、自然、历史、地理、体育、图画、音乐8科,每学年上课38周,5年总课时4978节。这一规程就是六所学校改革实验成果的体现。

1952年6月,改革项目负责人吴研因在《人民教育》发表文章,总结了实验两年来的经验,主要为以下几个方面:1.改革了教学计划,拟定了五年一贯制小学教学科目

---

① 金铁宽.中华人民共和国教育大事记[M].济南:山东教育出版社,1995:97.
② 金铁宽.中华人民共和国教育大事记[M].济南:山东教育出版社,1995:110.

和时间分配方案;2.改编了课本和教材;3.熟悉了教学原则的运用;4.掌握了上课的过程,熟悉了五年一贯制小学备课、教学顺序、检查批改等步骤;5.改进了各科教学方法;6.学会了五级制记分法;7.获得了儿童生活指导的初步经验;8.提高了学生成绩,证明了在保证学生全面发展的基础上,五年一贯制小学能达到或超过旧制六年的程度;9.提高了教师的政治和业务水平。①

因六校实验效果较好,1952年11月,教育部发布《关于小学实验五年一贯制的指示》,决定"全国小学自1952年一年级新生起,普遍推行五年一贯制""争取到1957年秋季,小学全部改为五年一贯制"。② 此后,全国各地开始普遍推行小学五年一贯制,六校学制改革实验成果也开始大面积推广。

(三) 实验逐步结束阶段(1953年5月至1955年9月)

六校学制改革实验虽然成功,但毕竟只是在北京一地进行的局部实验,而且实验未满一轮就开始大面积推广,因而推行的过程中出现了一些问题,各地未能因地制宜采取稳妥措施,教育秩序有些混乱。1953年5月中旬,中共中央政治局会议提出"五年一贯制实行过早,应推迟",③同时决定成立语文和历史两个"教学问题委员会",研讨相关课程和教材的深化改革问题。1953年11月26日,政务院发布了《关于整顿和改进小学教育的指示》,规定:

> 关于小学五年一贯制,从执行情况来看,由于师资、教材等条件准备不足,不宜继续推行。因此已从本学年起,一律暂行停止推行。小学学制仍沿用四二制,分初、高两级。初级修业期限4年,高级修业期限2年。④

学制更易,六校的五年一贯制课程改革实验也随之停止。接下来面临的问题是已经实行五年一贯制的小学如何向六年制平稳过渡,为此,教育部又指导六校进行新一轮探索和实验。1954年2月15日,教育部发布《小学"四二制"教学计划(修订草案)》。1954年3月12日—23日,政务院在北京召开全国文教工作会议,会议确定,继续贯彻"整顿巩固、重点发展、提高质量、稳步前进"的工作方针,发展和改进普通教育。于是

---

① 吴研因.北京市小学实验五年一贯制两年来的初步经验[J].人民教育,1952(12):4—36.
② 金铁宽.中华人民共和国教育大事记[M].济南:山东教育出版社,1995:134.
③ 金铁宽.中华人民共和国教育大事记[M].济南:山东教育出版社,1995:152.
④ 中国教育年鉴编辑部.中国教育年鉴(1949—1981)[M].北京:中国大百科全书出版社,1984:733.

六校根据上述文件和方针,开始设计"四二制"分段学制的课程计划和教学大纲。

1955年9月2日,教育部正式颁发《小学教学计划》,确定开设语文、算术、历史、地理、自然、体育、唱歌、图画、手工劳动9门课程,每学年上课34周,6年合计开课5 032节。① 这个教学计划颁行后,六校与全国各地的小学一样,同时执行该计划,五年一贯的课程实验至此正式结束。

(四)实验的影响与问题

六所学校开展的五年一贯制课程实验是在教育部指挥下进行的一次短暂而重要的实验,是新学制的先导和前期准备,为新学制的出台奠基铺路。从这个意义上来说,这次实验是符合实际需要的,是值得肯定的。新中国学制改革是一项重大且复杂的工程,将小学"四二制"改为五年一贯制,缩短修业年限,其主要目的是为了普及基础教育,保障广大劳动人民子女接受系统的、完整的小学教育,其指导思想是正确的。正式进行学制改革之前先在多所学校以课程改革为抓手进行实验,这也是改革者有计划、有步骤进行改革的表现。且经过两年实验,在六所学校试行的五年一贯制是可行的,相应课程改革也基本顺利,因此教育部才开始推广。此外,这次改革实验也是一个示范,当时在它的带领和影响下,天津等各大城市都陆续开展了五年一贯制课程改革实验。北京市六所学校进行实验虽然结束了,但五年一贯制改革探索仍在继续。据1960年上半年的统计,有15个省市开展了这一类实验。② 1966年以后小学大多实行五年一贯制,1977年后,我国仍长期处于小学五年学制、六学年制并存的格局。这些都可视为北京六校小学五年一贯制改革的后继影响。

但是这次实验存在的问题也非常明显。首先,实验时间太短,整个实验从开始到结束不到五年,作为一项事关学制与课程、涉及多所学校、数百名学生的大型教育改革实验,五年时间显然是不够的。再次,实验控制不严格,没有前期调研和实验假设,没有完整的实验设计和实施方案,走一步看一步,摸着石头过河,难免走弯路,吴研因在总结本实验的收获与问题时说:"实验班的行政领导固然是强的,但最初的计划就很草率,以后也始终没有完整、精密的计划。在无完整计划的情况下进行实验,当然不容易获得很大的效果。因此,我认为以后的实验计划,必须完整、精密,在任何实验之前,也必须把应有的条件和因素,准备到便利实验的程度。否则即使领导力量强,被领导的教师高明,能摸出一些道路来,但究竟是盲目进行,仍要走许多弯路,结果不但和原定的

---

① 金铁宽.中华人民共和国教育大事记[M].济南:山东教育出版社,1995:279.
② 中国教育年鉴编辑部.中国教育年鉴(1949—1981)[M].北京:中国大百科全书出版社,1984:130.

目的有不小的距离,也是事倍功半,收效有限的。"①其三,推广过早过快,如此重大的一项改革实验,仅仅开始一年多以后就全面推广,虽然当时国情特殊,教育部急于建立新秩序,但作为一项小学五年一贯制实验,一个实验周期都尚未完成,第一批实验对象都还未毕业,实验的最终结果还没完全呈现,就将实验的阶段性成果直接拿来使用,确实是不够严谨和审慎。其四,推广内容与方式一刀切,较少考虑地域差异、自主性和灵活性,因此不能适应中国各地的教育情况。因上述问题,在实验成果基础之上的学制改革政令颁布才一年就被迫更易,正所谓"欲速则不达"。这一经验告诉我们,教育行政部门指挥下的学校改革实验并非不可行,但是如果不充分尊重教育实践规律和教育实验原则,不充分尊重一线教育工作者的差异性和自主性,学校改革就很容易走弯路。

二、江苏省南京师范学院附小开展的"分散识字"实验

中国传统的识字教学方式是"集中识字",近代西方教育思想传入以后,出现了"寓识字于阅读之中""分散识字"的主张。新中国成立后,很多学校进行了相关的实验,其中南京师范学院附属小学(即现在的南京师范大学附属小学)斯霞领导进行的"分散识字"实验就是代表。实验于1958年开始,1964年至1977年时期被迫中断,1977年后又得到了恢复和发展。

(一)实验的缘起与发展(1958—1964)

1922年《壬戌学制》颁行后,教育界学习欧美经验,在语文教学中兴起"边识字边读书"的风气。这种识字方式虽然容易让学生感兴趣,但有明显的缺点,那就是生字难以按照由易到难的方式编排,每课的生字数量分布不均。后来教育界开始批评"分散识字"效果不佳,是一种"少慢差费"的识字法。1958年,辽宁黑山北关小学(即现在的北关实验学校)等地开始进行"集中识字"实验,这个实验后来在北京景山学校推行,并在全国产生较大影响。南京师范学院附属小学的斯霞老师却认为,"集中识字"法,生字词之间没有联系,学生学起来也比较枯燥,相比之下,"分散识字"能让学生产生学习兴趣,其中出现的"少慢差费"问题是可以调整改变的,关键就在于教材编制和教法设计,因此她坚持进行"分散识字"实验。

1958年"大跃进"发动后,各地迅速掀起了新一轮学制改革的热潮。当时斯霞接受了江苏省教育厅下达的试行小学五年一贯制的实验任务,在缺乏五年制语文教学大

---

① 吴研因. 北京市小学实验五年一贯制两年来的初步经验[J]. 人民教育,1952(12):4—36.

纲和教材的情况下,她开始自编教材,改革教法。在识字方法,她采用改造过的"随课文分散识字法",力图把识字、阅读、写作三者结合起来,目的是让学生多识字,快识字,且能牢固掌握字义。斯霞用这一方法在实验班进行教学,效果显著。具体做法和效果如下:

> 分散识字是结合着课文来教生字的。教的方法可以是把一课书中的生字集中先教,随后阅读课文,也可以把生字词的教学与对句、文的理解紧密结合起来,采取边讲读课文边教生字词。前者适用于生字较多的长课文,后者适用于生字较少的短课文。小学一年级语文课我们大多采取后一种教法。这样的教法避免了"单打一",把识字教学与阅读教学有机地结合起来了,学生学习时注意力集中,兴趣高,效果好。因此,就有利于全面贯彻小学语文教学的目的、任务,使得学生在识字的同时训练了阅读能力,在阅读课文中提高识字效率。体现了识字为阅读服务,为阅读打基础,开拓道路,而阅读则为字词的理解、巩固、运用创造了条件。在识字教学中应尽量启发学生积极思考,利用学生丰富的口语基础来识字,促进学生的联想,温故而知新。识字的同时要培养学生的口头表达能力和遣词造句的基本功,从而为写作打下基础,使读、说、写、用密切结合起来了。[1]

"分散识字"实验的主要内容包括两方面,一是教材改革,二是教法改革,教材改革是基础,教法改革是手段。在教材改革上,斯霞自编的识字教材,增加看图识字,调整识字量,强化识字密度,增加课文篇数,以增大学生的阅读量。在教法改革上,斯霞强调在具体的语言环境中识字,注重生字音、形、义的有机联系,借助汉语拼音和独体字,让学生随课文识字,"字不离词,词不离句,句不离文",[2]将识字教学寓于阅读教学之中,加强读写训练,怎样有利于学生接受就怎样教。具体做法是:先教学生掌握拼音,接着教他们认识简单易记的独体字和看图识字;在学生识了一、两百字之后,开始学短句短文,通过多读课文来提高学生的识字量。这种字不离词,词不离句,结合课文识字的方法,学生容易理解,容易接受,容易巩固。

实验期间,斯霞不断思考并总结经验,发表了很多介绍实验成果的文章,在教育界产生影响。1960 年,斯霞被评为全国"三八"红旗手,教育先进工作者。是年 12 月,南

---

[1] 斯霞. 分散识字浅见[J]. 教育研究,1979(1):88.
[2] 斯霞. 我的教学生涯[J]. 小学语文教学,2010,(3):4—9.

京师范学院教育系对实验班二年级学生进行识字调查,发现实验班学生平均识字量2750个,比同年级学生多识425个,而且读写能力也较强,大多数学生阅读过书籍40至50本,能写400至500字的文章,且文意通顺,错别字很少。实验班三年级学生识字量达3300个,能写800字左右的文章,语文成绩达到了一般六年制小学五年级的水平。①

1962年,《江苏教育》发表了题为《一切优秀的教学经验都应当在全省开花结果》的文章,把斯霞的识字教学经验总结为"以语言教学为中心,把识字、阅读、写话三者结合起来"。②

1963年夏,斯霞从一年级教到五年级的第一轮实验班学生全部毕业,顺利升入中学。实验成功了,斯霞在不增加教学时间,不增加学生负担的情况下,不但完成了学制缩短一年的任务,而且还提高了教学质量。同一年,新华社记者采访斯霞后发表了介绍斯霞教育经验的文章《育苗人》《斯霞和孩子》,在教育界引起较大反响,斯霞在南京师范学院附属小学开展的"分散识字"实验也受到了更多的关注。

(二) 实验的中断(1964—1977)

1964年,由于形势的改变,之前被广泛关注《斯霞和孩子》一文,突然被认为"有问题",批评者说这篇文章宣扬资产阶级人性论,紧接着一篇又一篇批判斯霞的文章发表,甚至认为斯霞的教育"完全是资产阶级教育思想的翻版"。③

1966年后,斯霞更是被扣上了"反动学术权威"、"修正主义分子"等帽子,不允许她上课,"分散识字"教学实验也成为了她的"罪名"之一。

1969年,斯霞被准许上课了,但不能上语文课,也不能做班主任。1973年,斯霞被调到南京市教育局参与编写小学语文教材。1977年6月,斯霞才又回到南师附小继续从事教学工作。

(三) 实验的恢复与发展(1977—1984)

1977年下半年,斯霞重新启动"分散识字"实验,并全身心地投入其中,以一年级新生进行实验。一年后,实验效果显著。

1978年,斯霞被评为特级教师、江苏省劳动模范、全国"三八红旗手",次年又被评为全国劳动模范,后当选为第五届全国人大代表,这期间,她的"分散识字"教学改革实

---

① 张荣伟. 新中国教育实验改革[M]. 天津:天津教育出版社,2010:21.
② 斯霞. 我的教学生涯[J]. 小学语文教学,2010,(3):4—9.
③ 斯霞. 我的教学生涯[J]. 小学语文教学,2010,(3):4—9.

验一直在进行,同时指导着青年教师实践这一教学方法。①

1981年,已经71岁的斯霞因病离开课堂,但她仍然在校指导南京师范学院附属小学的年轻教师开展教学实验,直到1984年,"分散识字"实验才停止。

(四) 实验的影响

"分散识字"实验是一线教师自发进行的语文教学改革实验,虽然规模不大,且仅限于单科范围之内,但影响却不小。一方面,斯霞这项实验提升了南师附小的语文教学质量,同时证明五年制小学语文教育是可行的;另一方面,"分散识字"在小学语文界产生了深远影响,实验成果发表后,在全国引起很大反响,大家争相学习斯霞的教学理念和方法,使"分散识字"几乎成为了当时小学低年级语文教学实践中普遍流行的方式。

前面提到,民国时期,我国教育界受欧美教育的影响,主张"分散识字",新中国成立后,在"教育大革命"背景下,教育界认为"分散识字"是资产阶级教育思想的产物,且"少慢差费",于是开展了大规模的"集中识字"改革实验,想要多快好省地提高学生的识字能力,虽然此举确实取得了明显的实践效果,但并不是唯一的方法,更不是放之四海而皆准的方法。斯霞敢于逆流而上,兼顾学生兴趣与识字效率,开展"分散识字"实验,强调识字教学要遵循儿童的认识规律,要教给学生识字的方法,提高智力、增强能力,要着眼于减轻学生负担,促进学生身心发展。② 正因如此,1964年之后她才被认为是"资产阶级教育思想的翻版"。笔者认为,斯霞"分散识字"实验的意义,不仅体现在这一教学方法对实践的影响,更体现在其敢于批判性思考,敢于与潮流相悖,始终尊重教育规律,始终以学生为主的精神。

三、上海市育才中学的改革实验

上海市育才中学是一所知名学校,其前身是1901年英国人埃丽斯·嘉道理在上海创办的育才书社,1912年后书社改归上海公共租界工部局办理,更名为育才公学,1942年,私立的育才公学变为公立,更名为上海特别市立育才中学。1949年上海解放后,市立育才中学依然持续着优良的办学传统。1950年3月,段力佩出任育才中学校长。

---

① 斯霞.再谈随课文识字[J].小学教学研究,1980(3):4—12.
② 斯霞.我的识字教学观[J].小学语文教学,2010(3):16—18.

1960年后,段力佩校长领导着上海市育才中学开始进行教学改革实验。当时教学实践中普遍出现了片面追求升学率、教学方法机械死板,不重视学生主体性等问题。针对这些问题,段力佩陆续提出了一系列改革思路和实验方案。

(一) 从"十六字教学经验"到"八字教学法"

1963年,段力佩发觉课上讲解、课后练习的教学方式效果不太好,于是指导数学教师进行教学改革,设计了一个教师讲解—学生自学—学生练习—教师指导的课堂教学方案,开展实验。一段时间下来,实验效果不错,于是其他学科也开展了相应的教学方法改革。此后段力佩将教改经过整理成文,发表在《人民教育》1963年第3期上,同时继续在多学科内开展边教边练的教学方法改革。经过一段时间的实验,试点班的各科平均成绩都超过了其他班,而且学生和教师的负担也减轻了。[①] 实验成功后,段力佩将实验思想总结为"紧扣教材,边讲边练,新旧联系,因材施教"的"十六个字教学经验"。这个经验由《解放日报》《文汇报》等各大报纸报道后引起广泛影响。1964年4月11日,《人民日报》以题为"教师教得少而精,学生学得深又透"的文章,将育才中学的经验加以转载,使得育才中学"十六个字教学经验"闻名全国。上海的电视台对育才经验做了连续报道,全国各中小学校争相学习育才经验。

"十六字教学经验"要求教师在教学中要充分发挥学生学习的主动性。"紧扣教材"是针对教师研究教科书不够深入的现象提出来的,要求教师认真钻研教材,探明究竟,以充分运用教科书,将知识正确清楚、有详有略地传授给学生,为学生思考和练习争取时间,才可以使学生学得高效且扎实。"边讲边练"是针对教师独占课堂的现象提出来的,要求教师在上课时有讲有练,调动学生的学习主动性,促进学生独立理解和思考。"新旧联系"是针对教师不重视学生实际情况,自顾自讲课的情况提出来的,要求教师开展教学时要了解学生的学习状况,从其原有知识基础出发,以旧知识引出新知识,这样既节省课堂时间,又能引发学生兴趣,发挥其自主学习能力。"因材施教"是要求教师对不同的学生提出不同要求,使所有学生都有所提高,同时创设各种课余学习条件,让学有余力的学生发展个人的兴趣爱好,拓宽知识面。

"紧扣教材,边教边练,新旧联系,因材施教"看起来不难,做起来不易,必须克服形式主义,相信学生,才能取得较好的效果。其实,"十六字教学经验"并没有什么惊人之处,都是最基本的教学原则和最朴素的道理。

---

① 段力佩. 一个班减轻学生负担的初步经验[J]. 人民教育,1964(3):14—17.

正当育才中学积极进行教改时,1966年局势大变,育才经验被贴上了"黑教改""黑经验"的标签,段力佩也被当作"修正主义黑典型""资产阶级反动权威"被批斗并赶出育才中学,教改实验被迫中断。

1976年以后,教学秩序初步恢复,段力佩回到育才中学任校长,继续开展教改工作。动乱后,学生的学习基础普遍较差,尤其是识字和阅读能力比较弱,为此,段力佩领导育才中学的语文教师进行阅读教学实验,让学生在教师的指导下阅读和讨论。1978年,育才中学通过对试点班实验结果的总结与分析,认为这种方法能有效提高学生阅读能力,形成主动学习的习惯,因此继续开展实验。在后期实验中,段力佩带领教师们将阅读教学实验的经验进一步总结为"读读、议议、练练、讲讲"的"八字教学法"。具体做法是,首先要求学生在课堂上自己阅读教科书,初步了解教材内容,并增强学生自学能力,改变其依赖教师讲解的习惯。读的过程中通常会出现问题,这时教师就引导学生通过相互议论去寻求答案。为了方便讨论,教师要有意识地安排不同程度的学生坐在前后排,编成一个读议小组开展讨论。教师也可事先提出一些启发性问题,引导学生去读和议。"练练"是指学生完成课堂练习,当堂消化和巩固所学知识。"讲讲"既指各个读议小组要汇报自己讨论的内容,也指教师在"读读、议议、练练"过程中,要适时讲解,以点拨、引导学生思考,帮助学生解惑和总结。此方法在全校推行后,取得了较好的效果,也引起了教育界的关注。

1979年2月7日,《光明日报》发表《上海市育才中学改革课堂教学取得成功》一文,介绍了"八字教学法",认为这一方法的精髓在于让学生成为学习的主人。此后,段力佩系统地阐述了"八字教学法",并将其进一步归纳为"有领导的'茶馆'式的教学形式",强调教学方法应以学生的学习为本,这样才能让学生学得主动、学得活泼、学得有效。所谓"茶馆式"就是指学生在课堂里像在茶馆里一样,三五成群,七嘴八舌,针对一个问题畅所欲言,此时学生的学习是积极主动的,他们思想自由,思维活跃。段力佩说:"教始终是为了学,学生也始终离不开学。""把课堂作为教师的讲堂,我认为是不科学的,课堂主要应是学生学习的场所。"①

1980年,《上海教育》第9期发表《来自育才的报告》和段力佩的文章《解放思想,注重实验,努力探索教育规律》,进一步介绍"八字教学法"。1982年12月29日,《光明日报》发表全国政协教育组、全国教育工会、民进中央调查组的调查报告《一所教育思

---

① 段力佩.有领导的"茶馆"式的教学形式——读读、议议、练练、讲讲[C]//段力佩教育文集.上海:上海教育出版社,1982:73.

想端正的学校——上海育才中学调查报告》,再次阐述"八字教学法"。1983年,《语文学习》第6期发表文章《语文教学的新形式——介绍"有领导的'茶馆式'的教学形式"》。1983年1月13日《光明日报》登载《上海育才中学是教育改革的旗帜》,1984年,《人民教育》第5期、第6期连载了育才中学教师张冠涛的实验报告《端正教育思想,改革教学方法——介绍"读读、议议、练练、讲讲"八字教学法》。一系列的报道宣传使育才中学的教学改革经验广为人知,一时间前往参观学习的人络绎不绝。

1984年,段力佩已78岁高龄,卸去育才中学校长职务后,又担任了十年的名誉校长,在此期间,他继续指导学校改革。有领导的"茶馆"式教学方法改革虽然结束了,但这一方法的精髓早已融入了育才中学教师的日常教育理念中,成为育才中学学校文化的重要组成部分。

(二)大胆改造课程与教材

除教学方法的改革以外,段力佩在育才中学还进行了一系列大胆的课程与教材改革,在此主要介绍语文教材改革与体育课程改革。

段力佩主张以系列化的自编教材增强学生的学习兴趣和效果,他认为教材不应脱离学生的生活实际,要具有趣味性、启发性、连续性,要能让学生真正理解吸收。如数学以习题为主线来编写教材,物理、化学、生物以实验为主线来编写教材,语文则以中国传统文学名著为主线编写教材。以自编语文教材为例,段力佩认为中国传统文学名著内涵丰富,词句优美,用语精当,写作方式多样,用来做教材,其可供选编的范围很大,而且随着选编内容的情节发展,课文中包含的知识反复出现,主题逐渐深化。比起以文学知识为主线,不同篇目凑在一起形成单元的教材来说,以中国传统文学名著作为教材不但不会削弱语文基础知识,而且更自然、有趣、有效,能让学生在语文课堂里充分领略语言文字的魅力。因此,根据学生心理和语文学习的特点,育才中学以一批中国传统文学名著为主要内容,遵循"循序渐进、反复加深、形象为主、饶有兴味"的原则编写教材。初中语文教材主要选编自白话章回小说,初一选用《西游记》和《水浒传》,初二选用《老残游记》《镜花缘》和《儒林外史》,初三选用《红楼梦》《三国演义》。高中教材则主要是论说类文言文,高一选用《史记·列传》和其他史书中的列传为教材内容,高二选用策论、书记、杂记、自然科学著作为教材内容,高三选用诸子哲学、史论等为教材内容。

尽管遇到了不小的阻力,段力佩和育才中学的教师们还是坚持进行这项教材改革,在语文教学中将自编教材和统编教材配合起来使用,两类教材在教学内容中所占比例相等。通过一年半的实践，改革实验取得了很好的效果，学生掌握的语文知识远远超过了教学大纲的要求，而且学习兴趣浓、劲头足、思维活跃。

在体育课程方面，段力佩根据学生全面发展的理念和学校的办学条件，设计了"男拳女舞"体育课程。"男拳女舞"指男生学拳操，女生学舞蹈，既达到增强体质的目的，又提高学习的兴趣。"男拳"有武术操、健身拳、少年拳、青年拳等，"女舞"有舞蹈操、健身操、龙剑舞、韵律操等。每个年级都有几套相应的拳、舞。"男拳女舞"体育课因地制宜，创造性地解决了学校运动场地有限的问题，不但增强了学生的体育兴趣和锻炼效果，还潜移默化地对学生进行了传统文化教育。从1980年开始，育才中学正式将体育课改为每周六节，其中两节大课，每节课55分钟，根据教育部规定的教学大纲上课，小课四节，每节课30分钟，以"男拳女舞"为主要内容。在"男拳女舞"的带动下，育才中学体育氛围浓厚，学生热爱体育，成立了各类体育组织和课外活动小组，很多学生都参与其中，身体素质得到了很大提高。

（三）"三自"教育理念的形成

20世纪80年代后期，育才中学的学生学习成绩已有大面积提高，在此基础上，段力佩进一步指出学生不仅要能主动学习，获得更多的知识和技能，还要能自我管理，积极创造，并逐渐总结出"自治自理、自学自创、自觉体锻"的教育思想，主张教育过程中要让学生自我管理、自我约束，培养学生主动学习、自觉锻炼、积极创新的能力和习惯。

1981年，针对有领导的"茶馆"式教学在育才中学实践中取得的成绩和出现的问题，段力佩认为，要让学生的组织能力、解决问题的能力和主动思考的能力进一步提高，因此提出让学生"自治自理"理念，并带领教师进行实验。在实验班级中，学生在辅导员的指导下组成班委会，主持班级工作，计划和组织各项班级活动。在这个过程中，班级辅导员充分尊重班干部的想法和决定，只是适当地提一些意见和建议。这个做法实践一段时间后，实验班的班级活动比其他班级更生动活泼，学生的主人翁意识明显增强了，组织能力、合作能力等各方能力都得到了提高，于是"自治自理"的班级管理方式开始在全校推广。1982年12月29日，《文汇报》报道《育才中学提倡学生自治自理》，认为此举在培养学生管理能力和组织能力上效果良好。"自学自创"是在"自治自理"基础上提出的，指让学生掌握学习方法，养成良好的学习习惯和创造性思维，具体做法是：教师教学时注重引发学生的好奇心，引导学生主动自学，指导学生分析并解决问题，及时安排学生练习。育才中学非常重视体育，除前述的"男拳女舞"外，还有各种各样的体育兴趣小组和体育比赛，此外，育才中学还将体育与卫生工作结合起来，成立体卫领导小组,加强对学校体育卫生的监督与指导。1987年10月,段力佩明确提出"应当培养学生自治自理的能力,自学自创的能力,自觉体锻的习惯"。至此,育才中学的"自治自理、自学自创、自觉体锻"的"三自"教育理念正式形成。①

"三自"教育理念是相互联系的,段力佩说:"经过实践,我校总结出'三自教育',即培养学生自治自理的能力,自学自创的能力,自觉体锻的习惯……'三自'也是相互联系,相辅相成,相互促进的。"②在这三者中,"自治自理能力是核心……如果自治能力强了,自学能力强了,自觉锻炼身体的习惯培养起来了,德、智、体就能得到全面发展。"③

从那时起,"三自"教育理念就成为育才中学的办学指导思想,直到今天。段力佩亲笔题写的"自治自理、自学自创、自觉体锻"至今仍刻在育才中学教学楼前的大石头上。

(四)实验的影响与反思

上海市育才中学的改革实验,尤其是"十六字教学经验"和"八字教学法"在20世纪80年代因教育当局和媒体的大力宣传而产生了广泛影响。这种影响主要表现在三个方面,一是地域较广,二是激励作用明显,三是示范性强。此项实验是"文革"后最早开展并取得显著成功和系统成果的教改实验,在各大报刊的连续报道下,全国各地的学校争相来育才中学参观学习,段力佩也不断受邀到各地宣传教育经验,连云南、新疆等省的边远地区都去过。日本教育界人士曾到育才中学参观,美国、德国、印度等国的教育学者曾与段力佩交流教育经验。育才中学的这种基于学校实践,忠于教育规律,勇于探索,敢于创新的做法激励了很多学校开展教学改革实验,以课堂为教学主阵地,以学生为学习主体的理念也在段力佩的倡导下得到广泛的认可与实践。而且育才经验的示范性很强,比如"十六字教学经验"和"八字教学法"的理念非常形象,容易理解,便于操作,适应性强,校长和教师们可以通过学习和模仿这一做法,迅速改进教学。

但是育才中学的教改实验也存在一个明显的问题,那就是从现代教育实验规范来看,该实验不够严谨。就文献来看,育才中学的一系列实验,前期并没有说明理论基础和实验假设,没有针对性的调查和严谨的实验方案;实验中没有严格的控制手段和对照组,实验时间相对较短;实验后的数据分析也比较粗略,量化的结果较少。从这些角

---

① 上海市育才中学内部资料"段力佩教育文集——纪念段力佩先生100周年诞辰"[C].187—188.
② 段力佩.育才中学的教育改革[J].教师博览,1995(5):10—11.
③ 段力佩.教育改革的指导思想和实践(一)[J].教育科研,1984(2):1—6.

度来看,育才经验更像是一个质性研究,是一种实践智慧。虽然如此,但育才经验毕竟是特殊时代下的产物,在当时的社会环境下,育才中学能从实际出发,保持初心,大胆改革,全力保障教学秩序,不仅提高了本校的教学质量,还将优秀经验辐射到全国,完全值得载于中国教育实验史册之中。

四、三类自主探索个案的整体分析

上述三个教育改革探索案例,分布于新中国教育改革的不同时期,一例是建国初期多所学校在教育行政部门主导下的学校体制改革实验,一例是"大跃进"后个体教师领衔在学制改革背景下自发进行的单科教学方法改革,一例是"文革"前后具有先进教育理念的中学校长主导的整体提升教学质量的改革探索。三个案例,正好反映了基础学校自主探索的三个阶段和三种类型:建国初期大规模学习苏联时的"借鉴式"改革探索、"大跃进"后的"摸索式"改革探索、20 世纪 60 年代初期和"改革开放"初期的"创生式"改革探索。整体来看,学校改革经历了从最初机械照搬外国教育经验,到批判性学习外国经验并摸索适合本土实际的教育,再到融合中外教育经验开展理论与方法自主创生的改革探索过程。

(一)"借鉴式"改革探索

北京育才小学等六校开展的"小学五年一贯制"改革实验是在建国初期大规模学习苏联时产生的改革实验,是一项典型的外国经验"借鉴式"学校改革实验。此实验方案设计是在教育行政部门主导下,参照着苏联教育经验拟定的,实验过程中也特别重视苏联专家的经验和意见,强调学习苏联教育经验不走样,各科教师都尝试在教学中运用苏联教学理论和方法改进自己的教学。实验项目负责人吴研因说当时:

> 还常常请苏联专家和钱俊瑞副部长等给大家做报告,指示有关教育改革的一切原则。教师们因为要改进教学,交流经验,并且常常举行"观摩教学",由一位教师教学,实验班全体教师和非实验班教师大约一二百人从旁参观,苏联专家和行政领导同志也往往参与其事,在教学后,并且进行严格而正确的批评与自我批评。各校内部除了教师的平时学习外,又组织了实验班的政治、业务学习小组,在业务方面学习凯洛夫《教育学》和冈察洛夫的《教育学》等等,以便吸收苏联的先进经验。①

---

① 吴研因.北京市小学实验五年一贯制两年来的初步经验[J].人民教育,1952(12):4—36.

改革实验中教学科目的设置（国常、算术、唱游、美术等）模仿的是苏联初等教育，这自不必说，教材改编时也以苏联课本为蓝本和标准，如吴研因评价实验过程中新编的算术教材："这两册新课本，程度比较提高了，系统性也比较强些。但它也有不少缺点，例如系统性比苏联课本还差得多，练习题和应用题也比苏联课本为少。"①实验过程中，教师们的教学过程也严格按照苏联的方式来："在课堂上基本上常用'组织教学''检查、复习''教学新功课''巩固新功课''布置作业'等各个环节。过去教师们上课，是习惯于三段、五段教学法，等等，甚至是杂乱无章的。实验班在吸取苏联的经验之后，练习了一两个学期，现在大体上可以掌握上课过程了。"②各科教学法的改革，也尽量地与苏联教学法贴近，如："但实验班的算术教学法比起苏联的算术教学，除了练习题太少以外，还有一些应当继续研究的问题，例如：1.苏联初等学校一、二年级算术，只教口算，不用算草，而我们实验班的一、二年级算术，却把口算和笔算并重，早就教儿童演算草了。"③教学评价也学苏联："实验班教师一开始就放弃了百分制记分法，采用苏联习用的五级制记分方法。"④如此等等，不一而足，可以说这个实验就是一项全方位移植苏联初等教育经验的实验。这个实验并非特例，如第一节所述，当时我国基础教育界所有的教育教学改革都"苏化"了。不考虑本土实际情况，一味照抄的改革方式，固然省事一些，但也注定不能长久，这个实验时间较短，推广不利就是证明。

这种行政主导下的外国经验"借鉴式"学校改革实验是特殊时期的产物，是我国在各方面条件和经验不足情况下的学校改革探索经历，虽然存在盲目照搬，机械死板的问题，但确实在短时期内提高了我国基础教育的规范程度和教学水平，有其时代必然性和实践意义。

（二）"摸索式"改革探索

从"大跃进"时期开始，教育界逐渐意识到机械照搬外国经验，不考虑自身情况，不但容易走向形式主义，而且在现实中阻碍重重，是行不通的，于是开展了一系列以普及教育为目的，与实践紧密结合的学制改革、办学形式改革和课程教学改革实验。江苏省南京师范学院附小开展的"分散识字"实验就是在这一背景下展开的、由个体教师领

---

① 吴研因.北京市小学实验五年一贯制两年来的初步经验[J].人民教育，1952(12)：4—36.
② 吴研因.北京市小学实验五年一贯制两年来的初步经验[J].人民教育，1952(12)：4—36.
③ 吴研因.北京市小学实验五年一贯制两年来的初步经验[J].人民教育，1952(12)：4—36.
④ 吴研因.北京市小学实验五年一贯制两年来的初步经验[J].人民教育，1952(12)：4—36.

衔进行的单科教学方法改革。

斯霞早年也认真学习过苏联教育经验,她说:"1953年,我们学习苏联凯洛夫的《教育学》,如'五个原则''五个环节'等。当时,南京师范学院教育系的同学来校见习、实习,都是按这几个原则、环节来衡量一堂课的好坏。苏联专家还来听过我的课,课后召开评议会,对我的教学是有促进作用的。"①但是运用苏联教育经验一段时间后,她觉得需要改进了:"在教学方法方面,我有时也感到有形式主义的现象。每教一课书,都要机械地搬用启发谈话,导入新课,讲解字词、复习巩固等一套过程。这样浪费了不少时间。"②此后她在教学实践中不断摸索,寻找适合自己学生的教学方法,她说:"作为一个小学教师,不仅要有读说写的基本功,还要懂得一点儿童心理和教学法,才能组织好课堂教学。因为儿童和成人毕竟是不同的,儿童们好奇、好动,注意力不易集中,持久性差,模仿性强,所以我们要照顾他们的年龄特点,多运用直观形象的教学方法,让他们多动口、多动手、动脑,积极培养他们学习的兴趣,让他们学得积极主动,生动活泼。"③后来斯霞通过实验逐渐摸索出一套有效的语文"分散识字"教学法,做法是:一、首先要让学生掌握识字的基本工具,即教好汉语拼音和一批独体字,以提高识字能力;二、根据学生的接受能力,抓住汉字的不同特点,灵活地进行教学;三、在识字是重点的前提下,处理好识字、阅读、语言训练的关系,更好地完成语文教学的任务。④ 她进一步将自己的识字教学理念总结为:一、识字教学要遵循儿童的认识规律;二、识字教学要教给学生识字的方法,提高智力、增强能力;三、识字教学要着眼于减轻学生负担,促进学生身心健康发展;四、识字教学要把握要求,明确目标。⑤ 可以看出,斯霞的这些理念和方法,是在批判苏联教育经验的基础上,结合本土实际和自身经验,摸索着形成的。她的改革实验,以及这一时期具有相似特征的辽宁黑山北关小学"集中识字"实验等各种实验,可以称之为"摸索式"改革探索。这种改革探索有一定的理论基础,也形成了一套实践模式,但因环境局限和个体力量等原因,不够全面,系统性也还不够强。

(三)"创生式"改革探索

20世纪60年代初期和"改革开放"初期,是我国基础教育改革的重要时期。20世纪60年代初,基础教育学校经过建国初期学苏联和后面一系列以普及教育为目的改

---

① 斯霞.我的教学生涯[J].小学语文教学,2010,(3):4—9.
② 斯霞.多快好省地提高小学语文教学质量[J].江苏教育,1960(12):24—27.
③ 斯霞.谈谈小学语文教师的基本功[J].河南教育,1979(6):7—9.
④ 斯霞.谈随课文识字[J].小学语文教学·人物,2010(1):19—21.
⑤ 斯霞.我的识字教学观[J].小学语文教学,2010(3):16—18.

革后,社会主义人民教育体系已基本形成,教育界开始进行更深入更全面的学校改革探索。20世纪70年代末,被冲击的教学秩序逐渐稳定下来,人们迫切地想要弥补之前的教育损失,因此干劲十足,加上之前已有的经验积累,以及各国丰富教育经验的涌入,一切都推动着教育界的改革实验如雨后春笋般出现。这两段时期产生的学校改革探索实验不少,而且大多富有活力和特色,其中以段力佩校长领导进行的上海市育才中学改革实验为代表。

上海市育才中学的改革强调学生的主体性,是一项学校整体改革,涉及办学理念、学生管理和各门课程的内容及教法等多个方面,理念先进,实践有效,层层递推,影响深远。这项实验是段力佩校长在融合了中外教育经验的基础上,根据实践需求自主创造生成的,"读读、议议、练练、讲讲——有领导的'茶馆'式教学法","男拳女舞"体育课,"自治自理、自学自创、自觉体锻"等理念有远见,有实效,接地气,易操作,具备本土特色,充满生机和活力。段力佩校长领导的上海市育才中学改革是基础教育学校自主探索的典范,这种融合中外教育理念与经验的"创生式"改革探索也应是我国基础学校变革发展最有效的形式。

五、基础教育学校改革探索的经验与教训

本节所述三个案例从不同侧面体现了新中国基础教育的发展历程,展示了不同阶段基础教育学校改革探索的特点和风貌,也从不同角度提供给教育工作者宝贵的经验和教训。

(一)坚守学校教育的基本原则

教育改革必然会受到政治和经济的影响,并且常常像钟摆一样,总是在左与右之间、在激进与滞后之间摇摆;学校变革也不能脱离社会环境与历史条件,总是在一些政策与规范的框定下推进。但无论在什么样的社会环境下,教育工作者一定要遵循教育规律,保持清醒,独立思考,坚守学校教育的基本原则,才能办好教育,保证教学质量。

首先,教育是培养人的社会活动,所以教育工作必须以人为本。学校中的主体是学生和教师,学生有其特定的身心发展规律,教师有其特殊的职业心理,如果学校改革不按照学生的身心发展规律来办,随意地缩短或拉长学习时间,或者完全根据政治需要改变学习方式和内容,那么学生学习效果肯定不会好。又或者在学校改革中不尊重教师、不依靠教师、不发挥教师的主体作用,那么改革肯定也达不到好的效果。期霞在教学改革中就充分了解并尊重学生的心理,觉得集中识字不利于学生生动活泼的学

习,因此她逆流而上,开展了"分散识字"实验。段力佩充分发挥教师的作用,创出了以学生为主体的"读读、议议、练练、讲讲"的"八字教学法",教学效果很好。

其次,学校作为一种特殊的机构,有其特定的管理体系和相应秩序,在教学改革中不能轻易地彻底否定或完全打破,不能过分强调政治性,或者用生产劳动代替文化知识学习,否则会严重影响教学质量。如上述后两个案例,在1966至1977年间,教学秩序被打乱,教育教学改革基本处于中断状态,教学质量已无从谈起。又如1958年后实行的半工半读、半农半读制度,思路很好,是特定历史条件下的产物,确实可以在特殊情况下增强学校教育的适应性,让抽不出时间来学习的孩子能灵活上学。但如果长时间、大规模开展半工半读,教学与生产劳动的界限越来越模糊,必然会破坏学生学习内容的系统性,降低教学质量。

再次,教育是一项需要耐心的事业,不能搞跃进,不能搞突击,教育改革需要合理的标准,不能好高骛远,学校改革探索需要恰当的时间,不能急于求成。比如北京育才小学等六校开展的小学五年一贯制课程改革实验,实验本身是成功的,但因为急于推广,没有考虑各地实际情况,在执行过程中因各方面条件不足,因而无法继续推行。

(二)坚持开展教育改革探索

时代更易,环境变迁,人的思想和行为也在改变,每个时代都需要人们应对新情况,回答新问题,恰如逆水行舟,不进则退。学校教育虽然已有一系列经典的理论和方法,要遵循一系列基本的原则和规律,但面对日新月异的世界,必须要不断改革创新,才能不落于时代之后。所以无论在什么样的政策条件和社会背景下,学校都应坚持思考,从事实出发,积极进行改革探索。上海市育才中学在当时普遍追求升学率、教学方法机械死板的情况下,大胆开展教学改革实验,创出一条新路,不但提升了本校的教学质量,还影响了全国的教育空气,促进了各地的教学改革。斯霞勇于逆行,坚持改革,即使被批为"反动学术权威"时也没有放弃教学,即使后期年老体弱仍在不断总结和传播教学改革经验。北京六校开展的小学五年一贯制改革实验虽然短,但它对实验班的教师队伍水平和教学质量都有极大的促进:"教师们原来的质量是很高的,大多数具有师范学校毕业水平,而且多数是老教师,又有不少党、团员为骨干。两年不断研究、学习的结果,现在的质量更高了,而且还在不断地提高中。"[①]可见,教学质量提升和教师成长的源头活水就是改革实验和探索。

---

① 吴研因.北京市小学实验五年一贯制两年来的初步经验[J].人民教育,1952(12):4—36.

(三)"和而不同"才能"百花齐放"

教育是个互动生成的过程,不适合用群众运动的方式来开展,更不可能有什么通用的教学模式和方法,正如世间没有包治百病的药方。前述死搬硬套学习苏联经验,"凯洛夫"教育学的滥用,"红领巾"教学法的僵化、小学五年一贯制全面推广不遂等都是教训。各学校应在国家教育大政方针的指引下,从实际出发,因地制宜,因时制宜,积极主动地开展学校改革探索,不能被动地等着上级安排,不能偷懒地等着"照抄作业",别国的先进理念不一定符合我国实际,别校的优秀经验不一定适合我校师生。上述三个案例都是积极主动展开改革探索的典范,即使是在教育部指导下开展小学五年一贯制改革实验的北京市育才小学等六校,每个学校也都有不同的改革方式,各自创出了新的教学方法。总之,各种学校改革探索形式应"和而不同",这样才能"百花齐放"、"美美与共"。

第十一章　改革开放后基础教育学校变革路径的新探索(上)：国家政策导向

当提及学校变革时，我们倾向于认为有清晰的图景设计、完善的实施方案和可控的变革结果。但是，"变革是一项旅程，而不是一张蓝图"，这源于"变革是非直线性的，充满着不确定性和兴奋，有时还违反常理"。① 因此，成功的学校变革离不开国家的宏观调控与基层学校自主探索之间的互动。回顾四十年来中国基础教育学校变革历程，学校组织在内外部双重动力作用下，从恢复教育教学秩序开始，沿着"重点学校"优先发展，学校多样化发展和学校"均衡化"发展的理路演进，呈现出内涵化发展趋势。政府逐步增大简政放权力度，加强顶层设计，不断推进教育体制机制深化改革；教育实践者的专业行动从被动式、回应式探索日渐走向自主式、前瞻式探索，自主变革意识日益增强；学校变革内容突破局部性、单项性逐渐体现出整体性、协调性变革的趋势。随着中国社会转型速度日渐加快，社会发展形势也日益复杂，学校作为各方改革理想和利益的交织点也面临着前所未有的压力。不过，在政府政策导向下，学校、社会、市场正演奏着一场华丽的协奏曲，中国基础教育学校发展正在走出一条基于中国国情的变革之路。

第一节　改革开放以来基础教育学校变革的内在理路及动因

"文革"结束后，政府先从恢复学校教学秩序开始整顿教育系统。基础教育学校在

---

① ［加］迈克·富兰.变革的力量——透视教育改革［M］.中央教育科学研究所,译.北京：教育科学出版社,2000：32.

国家教育方针的指导下,由混乱到有序,由有序到不断发展,这其中既有国家意志的推动,也有社会转型需求的拉动,还有学校组织自身发展的规律性使然。立足基本国情,面向世界教育发展潮流,在国家政策引导下,基础教育学校沿着从普及到提高再到均衡化的道路发展。在破解"穷国办大教育难题"的同时也走出一条中国特色的学校变革之路。

一、基础教育学校变革的动因透视

学校变革是学校组织对外部环境变化的回应,也是对自身内部发展状态的动态调整。20世纪80年代以来,西方国家为培养未来公民,革除公立学校的弊端,开始改革教育管理体制,从而诱发了学校组织的变革与调整,兴起学校变革热潮。就我国学校发展环境来说,改革开放后,经济领域改革不断深化,逐步从社会主义计划经济转向社会主义市场经济,也促使国家调整教育战略,逐步将教育放在优先发展的地位。如此背景下,学校必须不停地调整自身发展路线以适应内、外部发展需求。外部环境的变化对人才规格的新要求,学校组织自我完善的内在需要交织互动,组成一个复杂的力场,形成学校新一轮变革的动力。

(一)国际教育观念的冲击

自20世纪60年代中期保罗·朗格朗(Paul Lenglen)提出后,终身教育的思想逐渐被世界各国所重视和接受。1972年,联合国教科文组织向世界推出《学会生存:教育世界的今天和明天》一书,呼吁为帮助学生适应未来多变社会,要提升学生终身独立的学习能力。各国教育家认为,学校能够给予学生的不是具体的知识,而应该是帮助其学会学习。1989年,联合国教科文组织在北京召开"面向21世纪教育国际研讨会",提出"学习将会成为一个终身的过程,我们应当更好地利用一切学习机会……,我们希望90年代这种形式的学习会大量增加。实际上,由于教育技术的进步,即使一个文盲,现在也可能成为一个终身学习者"。[①] 学校不仅仅要传递知识,更要着眼于为学生终身学习做准备。

公立学校制度解决了教育向平民普及的问题,但其严格的规范要求也造成组织自身科层化、低效化、僵硬化等弊端。以美国为例,随着教育普及度提高,教育质量却出

---

① 学会关心:21世纪的教育[C]//国家教委国家教育发展研究中心,中国教科文组织全委会秘书处,编.未来教育面临的困惑与挑战——面向21世纪教育国际研讨会论文集.北京:人民教育出版社,1991:23—24.

现下滑趋势。美国大学考试委员会主办的学术性向测验表明,学生成绩从1963年到1980年间持续下降。① 20世纪80年代,世界范围内发起针对公立学校的改革浪潮,即西方学者所谓的"公共教育重建运动",力图打破公立学校教育的低效、单一和僵化。这场教育变革中,欧美国家政府尝试引入市场竞争机制,以提升学校效能。实践中则出现诸如特许学校、公司托管、"教育券"等多种改革形式,试图借助市场化、民营化的措施改革学校教育。有学者研究美国的教育改革之后认为,美国教育的三次改革浪潮其最终目的和落脚点还是改变学校,特别是对学校教育系统进行变革。② 埃文斯·克林奇(Evans Clinchy)认为,自从变革运动开始以来,"全国上下都在寻求对公立学校进行'改革和重建'的灵丹妙药。我们已经尝试过——并且至今我们仍在不断尝试各种'万灵药',希望能够借此把沉闷的学校转化为教育的黄金之地"。③ 随着西方相关学校改进研究不断深入,相关教育理念和改革措施传入中国后,引起中国学者的兴趣。

(二)社会转型期对教育变革的新要求

从十一届三中全会后,中国社会从一种非常态转向常态,从封闭走向开放,经历着一场快速的整体性转型。这意味着教育与社会原有协调性被打破,需要建立教育系统与政治、经济、文化等子系统新的协调发展关系。然而,我国在没有完全实现工业化的情况下进入信息化时代,各地经济、社会、文化发展差距较大,统筹管理难度加大。与改革开放和市场经济建设开放相伴而来的是各个领域逐步对外开放,这其中既有与国际社会的合作交流,也有国内、区域间的合作。"转型期经济及政治上的种种变革,将渗入到社会生活的各个层面,引起更深层次的转型——生存意识和生存方式的转型。"④ 在这样的社会变革环境中,现代化过程中的冲突与矛盾集中爆发甚至更加尖锐,人们从事各种活动的规则和环境变得更加复杂。

具体到学校场域来说,社会环境的变化对学校发展的影响体现在两个方面。从宏观层面来说,社会对人才规格的需要直接影响到学校内部的培养工作。改革开放之初,基础教育学校的人才输出主要是为升学做准备,对学生生活和就业工作相对忽视。在国家计划经济模式的统筹管理下,各地区各行业对人才需要的分化尚未体现。随着市场经济的发展,乡镇企业崛起的沿海发达地区迫切需要大批有现代技术的工人,内

---

① 王一兵.八十年代发达国家教育改革的动向和趋势述评[M].北京:人民教育出版社,1994:28.
② 孙翠香."利益博弈"中的变革力量——学校变革动力研究[M].天津:南开大学出版社,2014:12.
③ Evans Clinchy. Magnet Schools Matter [J]. *Education Week*,1993(14):1-28.
④ 杨小微,刘良华.学校转型性变革的方法论[M].北京:教育科学出版社,2010:4.

陆地区则渴望懂得农业技术的人才,这势必对学校育人标准产生影响。从表11-1可以看出,到90年代仍有一部分小学生和大部分中学生毕业后直接参加工作,这要求学校教育内容要与地区经济发展产生联系。在80年代后期,学校中确实出现加增职业教育课程,培养学生生产劳动技能的探索。在微观方面,社会转型影响到个人的生存环境和生存方式。人们在生存的时间意识上,从重视过去向重视未来转化;在生存方式上,从稳定向发展转化;在生存价值的追求上,从趋同向多元、自主转化。[1] 这表现为年轻一代的自主意识越来越强,教学工作对教师专业程度要求越来越高。总之,社会转型要求教育转型,促使学校在内部管理方式、教学方式、文化生活等方面做出调整。

表11-1 历年度中小学毕业生升学率

年份	小学毕业生数（单位:万人）	初级中学招生数（单位:万人）	升学率	初中毕业生数（单位:万人）	高级中学招生数（单位:万人）	升学率
1965	667.6	550.7	82.5	173.8	121.6	70.0
1980	2053.3	1557.6	75.9	964.8	442.8	45.9
1985	1999.9	1367.0	68.4	998.3	416.2	41.7
1986	2016.1	1402.0	69.5	1057.0	429.2	40.6
1987	2043.0	1410.9	69.1	1117.3	437.0	39.1
1988	1930.3	1359.0	70.4	1157.2	439.6	38.0
1989	1857.1	1328.4	71.5	1134.3	434.6	38.3
1990	1863.1	1389.2	74.6	1109.1	450.4	40.6
1991	1846.7	1435.1	77.7	1085.5	462.9	42.6
1992	1872.4	1491.7	79.7	1102.3	478.1	43.6
1993	1841.5	1505.6	81.8	1134.2	500.5	44.1
1994	1899.6	1644.9	86.6	1152.6	551.3	47.8
1995	1961.5	1781.1	90.8	1245.3	601.6	48.3
1996	1934.1	1719.4	92.6	1297.8	633.4	48.8
1997	1960.1	1836.5	93.7	1463.3	753.6	57.5
1998	2117.4	1996.3	94.3	1603.1	812.2	50.7
1999	2313.7	2183.4	94.4	1613.9	798.5	49.5

注:数据来源于《中国教育统计年鉴1989》《中国教育统计年鉴1991—1992》《中国教育统计年鉴1993》《中国教育统计年鉴1994》《中国教育统计年鉴1996》《中国教育统计年鉴1997》。其中1998年初中毕业生统计口

---

[1] 叶澜.世纪之交中国学校教育的文化使命之思考[J].教育改革,1996(5):1—7.

径与以往不同,本研究采用以往数据。(初级中等学校招生数包括普通初中和农业、职业初中的招生数;高级中等学校招生数包括普通高中、农业、职业高中及中专和技工学校招收初中毕业生的人数。)

(三)教育战略地位的深化

自十一届三中全会以来的40年间,中国面对的核心问题是如何建设社会主义强国,实现中华民族的伟大复兴。在"三步走"战略的指导下,社会发展经历三个阶段:20世纪80年代,目标是实现经济总量比70年代末翻一番;20世纪90年代实现国民生产总值比80年代末翻一番,初步达到小康水平;21世纪最初的20年间实现国民经济达到中等发达国家水平,建设社会主义和谐社会。① 为完成各个阶段的战略目标,政府对于教育的战略定位不断做出调整,教育优先发展逐渐成为共识。

"文革"结束后的一段时间内,经过对原有社会发展方针及路线进行反思,党中央明确经济建设作为此后工作的中心。国家领导人认为发展经济赶超发达国家,其依靠是教育与科学。邓小平提出建国一百周年时,中国的经济有可能接近发达国家的水平,其底气就在于"我们完全有能力把教育搞上去,提高我国的科学技术水平,培养出数以亿计的各级各类人才"。② 党的"十二大"将教育确立为经济建设的战略重点之一,学校办学要坚持"教育为社会主义现代化建设服务",又快又好地培养人才。随后,基础教育发展中急功近利倾向再次出现,暴露出重智育轻德育,一切围绕着升学考试的现象。1987年党的"十三大"报告提出,我国的经济发展方式从粗放经营向集中经营转轨,其中需要解决的三个重要问题之一就是"把发展科学技术和教育事业放在首要位置,使经济建设转移到依靠科技进步和提高劳动者素质的轨道上来"。③ 党的"十四大"确定我国90年代改革与建设的主要任务,明确经济体制改革的目标是建立社会主义市场经济体制,并提出"必须把教育摆在优先发展的战略地位,努力提高全民族的思想道德和科学文化水平,这是实现我国现代化的根本大计"。④ 中共中央、国务院不久便配合下发了《中国教育改革和发展纲要》。此后,在"九五"计划中,把"科教兴国"定为经济和社会发展的重要方针。进入新世纪,教育战略价值被赋予了新内容。党的十六大报告提出"教育是发展科学技术和培养人才的基础,在现代化建设中具有先导性全局性作用,必须摆在优先发展的战略地位"。⑤ 党的十七大报告认为"教育是民族

---

① 叶澜."新基础教育"论——关于当代中国学校变革的探究与认识[M].北京:教育科学出版社,2016:73.
② 邓小平.邓小平文选(第三卷)[M].北京:人民出版社,1993:120.
③ 何东昌.中华人民共和国重要教育文献(1976—1990)[G].海口:海南出版社,1998:2678.
④ 何东昌.中华人民共和国重要教育文献(1991—1997)[G].海口:海南出版社,1998:3398.
⑤ 何东昌.中华人民共和国重要教育文献(1998—2002)[G].海口:海南出版社,2003:1403.

振兴的基石,教育公平是社会公平的重要基础"。政府对教育战略地位与价值的认识突破了工具论的局限,凸显了"社会发展,以人为本"的立场,开始认识到教育在保证人的发展和社会各阶层人员的发展权上不可替代的作用。[①] 党的十九大报告再一次强调"必须把教育事业放在优先位置,加快教育现代化,办好人民满意的教育",将教育作为社会公平的内容之一,并将人民满意作为教育改革的归宿。

教育的发展要依赖于经济提供条件和基础,教育要为经济发展提供持续动力也面临着教育系统内部的改革。随着我国经济体制的根本性变革[②],教育的重要地位凸显,而其内部改革也更显紧迫。作为教育活动主要发生场所——学校,学校系统内部的变革伴随我国现代化建设的始终。基础教育学校是学校系统的基础,无论是外部环境的变化还是学校系统内部的微调最后都会通过因果链条作用于整个学校系统。国际教育理念的渗透和传播,社会转型对整个教育系统提出的诉求,国家战略规划中教育地位的调整,以一种交织作用的方式推动着基础教育学校持续做出调整和改变。

二、改革开放后学校变革的理路探析

1978年以后,当整个国家以一种赶超心态再一次开启教育现代化的征程时,采用何种策略至关重要。一般来说教育的发展战略有两种,第一种是以普及义务教育为基础,循序渐进地扩大和普及教育。这也是先发内生型国家普遍采用的策略。另一种则将教育发展的重心置于城市地区和高等教育,将基础教育作为高等教育选拔人才的基地,形成一个以竞争为核心的宝塔型学校教育系统。为了快速发展经济赶超西方国家,我国选择后者作为改革开放初期教育发展策略。20世纪90年代以后,因教育体制改革的深入和市场经济体制的建立,政府、学校、市场间形成新的关系,这也预示利益主体的价值诉求不再统一。多元利益诉求迫使学校教育形成多元化新格局,基础教育学校发展呈现出"百花争春"的局面。到新世纪前后,基础教育发展的效率与公平间矛盾凸显,区域间、城镇间、学校间办学质量与条件差距增大,教育均衡发展成为新主题。因此,中国基础教育学校的变革主题沿着"注重效益—多样化发展—均衡化发展"的路线演进。

---

① 叶澜.中国基础教育改革发展研究[M].北京:中国人民大学出版社,2009:4.
② 何东昌.中华人民共和国重要教育文献(1991—1997)[G].海口:海南出版社,1998:3393.

(一)"重点学校"恢复与学校的规范化发展

改革开放初期,学校尚在恢复整顿中,国家能够投入的办学资源有限。邓小平提出"办教育要两条腿走路,既注意普及,又注意提高。要办重点小学、重点中学、重点大学。要经过严格考试,把最优秀的人集中在中学和大学"。① 教育部分别在1978年和1980年下发《关于办好一批重点中小学试行方案》和《关于分期分批办好重点中学的决定》两份文件,强调这一举措之于中国教育的重要意义。各地迅速行动,到1981年全国重点中学4016所,占全部中学的3.8%。② 不过,当时的普通学校办学环境较差,很多地方甚至难以满足基本的教学需要。在1980年中共中央、国务院发布的《关于普及小学教育若干问题的决定》中还提出要用两到三年的时间,做到"校校无危房,班班有教室,学生人人有课桌凳"(简称"一无两有"),保证学校的基本教学条件。为普及小学教育,文件还提出从实际出发,举办一些"半日制、隔日制、巡回制、早午晚班等多种形式的简易小学或教学班级"。这类学校可以降低要求,只教授语文、算术即可。实际上,到20世纪90年代初期,我国绝大多数地方中小学才基本实现"一无两有"。③ 这一时期,一批设备优良、师资优秀、生源优异的重点学校不仅肩负着为国家培养精英人才的任务,同时担负探索中国教育发展道路的使命,而另一些学校则注重加强学校办学的规范化建设,使学校发展走上正轨。

从无序到有序是我国基础教育学校走上正轨的开始,而实行全国统一的教材和课程大纲则进一步推动学校办学的规范化。面对文革期间各地由教师自编教材、自定方案、管理无序的混乱状况,1978年教育部颁布《全日制十年制中小学教学计划试行草案》后,又相继下发相关文件,自此我国中小学进入"一纲一本"的管理阶段。当时教育界普遍认为学校工作的重点要转移到教学和科研上,"千方百计提高教育质量"。④ 学校中的教学、管理和师资培训都在恢复和探索的过程中稳步提升,为此后一个时期内学校快速发展打下了基础。恢复重点学校制度确实帮助扭转了十年中知识、人才、教育被忽视的状况,引导教育迅速走向规范发展的道路。不过,重点学校优越的教育资源也意味着学生在升学竞争中占据优势。在对片面追求升学率的批评声中,重点学校被认为加剧了这一倾向,如何避免由此产生的副作用越来越引起社会的关切。

---

① 邓小平. 邓小平文选(第二卷)[M]. 北京:人民出版社,1993:40.
② 袁振国. 论中国教育政策的转变:对我国重点中学平等与效益的个案研究[M]. 广州:广东教育出版社,1999:45.
③ 何东昌. 中华人民共和国重要教育文献(1991—1997)[G]. 海口:海南出版社,2003:3381.
④ 本报评论员. 千方百计提高教育质量[J]. 人民教育,1979(1):9—11.

(二)"素质教育"深化与学校的多样化发展

随着改革开放的深化,国民经济结构调整后第二、第三产业发展迅速,社会对人才的需求也日益多元。1988年,第七届全国人民代表大会一次会议上发布的《政府工作报告》指出"加快科学技术和教育事业的发展和改革,把经济建设切实转到依靠科技进步和提高劳动者素质的轨道上来"。[①] 然而,在教育领域中,学校片面追求升学率的倾向日益严重,引起社会关切。作为中国共青团中央主管主办的杂志《中国青年》在1981年第20期,以"羊肠小道上的竞争叫人透不过气来——来自中学生的呼声"为题发表一篇调查摘要,展现了全国中学生在升学压力下的生活状态。杂志社特地将文章送给叶圣陶,叶先生随即在同年第21期撰写《我呼吁》一文,向教育部、教育局领导、教师、校领导、家长和报纸杂志编辑等,高呼"中学生在高考的压力下已经喘不过气来了,解救他们已是当前急不容缓的事,恳请大家切勿等闲视之"。[②] 杂志还专门开设"我们应该怎样成长"专栏讨论"片追"问题。如何扭转这种倾向,引导正确的教育价值观,培养符合时代要求的建设人才成为学校面临的新难题。

其实,早在1985年前后教育界就出现零星探索,开展符合素质教育观念的教育改革实验。如上海市在1988年成立"上海中小学课程教材改革委员会",以全面提高素质为核心,以社会需求、学科体系和学生发展为基点,对中小学课程教材在提高素质、发展个性、加强基础和培养能力上做出调整。[③] 福建省因经济发展较快,自20世纪80年代中期,儿童辍学当童工的比例较高。面对这一情况,晋江地区部分学校开展"初二后分流"教育试点,将部分实用技术编入课程,既降低了辍学率也获得家长和社会的欢迎。[④] 学校层面比较有特色的教育探索有情境教育、愉快教育、和谐教育、主体教育、成功教育、创新教育等,它们从不同的视角切入当时的教育难题,推动了素质教育的深入发展。[⑤]

到1993年,中共中央、国务院印发《中国教育改革与发展纲要》,提出"中小学教育要由应试教育转向全面提高国民素质的轨道,面向全体学生,全面提高学生的思想道德、文化科学、劳动技能和身体心理素质,促进学生生动活泼地发展,办出各自的特

---

① 在七届全国人大一次会议上李鹏代总理作政府工作报告[N].宁波日报,1988-03-26.
② 叶圣陶.我呼吁[N].人民日报,1981-11-26.
③ 李进.上海教育发展60年重大事件纪实[M].上海:上海教育出版社,2010:142.
④ 崔相录.素质教育——中小学教育改革的主旋律[M].济南:山东教育出版社,1999:60.
⑤ 朱小蔓.对策与建议:2005—2006年度教育热点、难点问题分析[M].北京:教育科学出版社,2006:32.

色"。① 文件提出两个要求：第一是学校办学要转向素质教育；第二是学校办学要办出各自特色。借着国家教育体制改革的东风，基层学校从各个层面展开多样化探索。有学者认为在素质教育范畴下当时中小学的多样化探索实验可归为以下几类：侧重课程、课堂教学改革的学校；突出艺术教育的学校；加强思想品德教育的学校；侧重能力、创造性、个性发展的学校；侧重考试评估制度方法改革的学校；侧重劳动、职业、生活技能教育的学校；侧重师生关系等人际关系改革的学校。② 一些地区的学校因在推广素质教育过程中卓有成效如上海、北京、烟台、鞍山、汨罗等，其特色经验被总结推广。山东烟台注重开展招生考试改革，将教学改革作为突破口，开齐开足各类课程，紧抓德育和师资队伍建设。湖南汨罗则在端正素质教育的发展方向、健全素质教育的运行机制以及优化相应的社会环境上做文章。③ 江苏南通坚持将学科课程作为素质教育的主阵地，提出以学科课堂为主，融合活动课程、环境课程，协同实施三大课程的推进模式。④

素质教育的推行，在一定程度上给当时沉闷的学校教育吹入一股新风，有助于丰富校园文化生活。在"素质教育"的号召下，基础教育学校力图纠正片面追求升学率的倾向，展开多样化探索，形成多种素质教育模式。

（三）"教育均衡化"与学校的协同化发展

进入90年代后，学龄儿童入学率稳步提高（见表11-2），基础教育发展进入从量的提升到质的转变阶段。为迎接新世纪的挑战，中共中央、国务院发布《关于深化教育改革，全面推进素质教育的决定》，提出将素质教育贯穿于各级各类教育中，"学校教育不仅要抓好智育，更要重视德育，还要加强体育、美育、劳动技术教育和社会实践，使诸方面教育相互渗透、协调发展，促进学生的全面发展和健康成长"。⑤ 在"深化素质教育"的背景下，新一轮课程改革揭开序幕。90年代末，教育部组织专家组调查发现，我国基础教育确实存在着有悖于素质教育理念和教育规律的问题，课程难以适应当地经济、社会和学生多样发展的需求等问题。⑥ 由此，新一轮课改设置地方课程和学校课

---

① 何东昌.中华人民共和国重要教育文献(1991—1997)[G].海口：海南出版社，1998：3661.
② 崔相录.中小学多样化特色化大趋势[M].北京：教育科学出版社，1998：230—241.
③ 郭元祥，彭雪梅."素质教育"向何处去[J].教育研究与实验，1997(2)：7—11.
④ 朱小蔓.对策与建议：2005—2006年度教育热点难点问题分析[M].北京：教育科学出版社，2006：36.
⑤ 何东昌.中华人民共和国重要教育文献(1998—2002)[G].海口：海南出版社，2003：286.
⑥ 崔允漷.新课程"新"在何处？——解读《基础教育课程改革纲要(试行)》[J].教育发展研究，2001(9)：5—10.

程,给予学校更多的权力,使学校成为课程实施层面最核心的管理者。然而,一个不容忽视的问题是,我国区域间、城乡间、学校间差距在逐渐扩大。至于学校间差距有多大,这有一个很触人深思的例子。2003年教师节前后,"全国农村中小学优秀教师座谈会"的组织者安排在北京出席会议的农村教师代表参观了北京一些优质学校,几位代表参观完一所就不愿意去看了:"看了,反倒觉得难受,心里不是滋味!"[①]如何在做好放权工作引领学校特色发展的同时缩小校际差距,实现学校优质与均衡发展成为新世纪初的首要教育问题。2003年中共中央提出"科学发展观",并认为"正确处理增长的数量和质量、速度和效益的关系"是落实科学发展观的重要一环。[②] 2004年中共中央提出按照社会主义物质文明、政治文明、精神文明协调发展的要求"构建社会主义和谐社会"。2005年国家教育督导报告的主题是"义务教育均衡发展",重点指向公共教育资源配置情况。

表11-2　历年度学龄儿童入学率[③]　　　　　　　　　　单位:万人

年份	学龄儿童入学率		
	全国学龄儿童数	已入学学龄儿童数	入学率(%)
1965	11 603.2	9 829.1	84.7
1980	12 219.6	11 478.2	93.0
1985	10 362.3	9 942.8	95.9
1990	9 740.7	9 529.7	97.8
1992	11 156.2	10 845.5	97.2

注:1992年以前的入学率是按7—11周岁统一计算的。1992年起入学率是按各地不同入学率和学制分别计算的。

在国家采取措施推进区域内教育均衡发展时,基层学校间形成一些校际互助、合作发展的新模式,体现出"融合共生"式的行动取向。目前校际间的协作可以依据合作力量的不同分大学与地方院校(U-U)合作,大学与中小学(U-S)间的协议合作,中小学校(S-S)间行政导向和科研导向的合作。[④] 大学与中小学间的合作已经从"点对

---

① 谢湘,董伟,李斌.北京示范校让农村教师看了难过[N].中国青年报,2003-09-15.
② 胡锦涛.树立和落实科学发展观[G]//全国人大常委会办公厅,中共中央文献研究室.人民代表大会制度重要文献选编(四).北京:中国民主法制出版社,2015:1216.
③ 国家教育委员会.中国教育综合统计年鉴(1993)[G].北京:高等教育出版社,1994:14.
④ 杨小微.我国学校变革区域推进中合作的三种类型[J].中国教育学刊,2009(7):5—9.

点"的合作发展为"点对面"的合作。如上海市闵行区与华东师范大学叶澜教授带领的研究团队合作,将"新基础教育"在全区推广,从而提升区域内学校办学水平。中小学校间的合作以中小学校为核心组织成员,行政力量亦可能介入其中。这种形式主要为"集团化办学"、"委托管理"等行政导向的合作或由区域内学校组成"研训共同体"类的科研导向型合作。譬如,由民办教育率先采用的集团办学模式在实践中取得不俗成就,先后涌现出中锐教育集团、万里教育集团、建平教育集团等。杭州市吸收了集团办学的有益经验,在全市推进"名校集团化"办学,以探索区域教育均衡发展方式。此后,其他地区陆续探索集团办学的本地模式,先后涌现出校际协作的"成都模式""方庄模式"。在具体实践操作中集团办学形式又可分为"名校＋新校""名校＋民校""名校＋弱校""名校＋名企""名校＋农校"等,通过扩大优质教育资源的共享范围,以满足学生的不同需要,提升薄弱学校或者新学校整体办学水平,推动基础教育优质发展和均衡发展。另外,一些基层小学在当地政府部门的协调下,采取了"托管"的合作模式。譬如上海浦东新区将薄弱学校委托给名校管理,实现一套班子两所学校,帮助薄弱学校尽快发展。为了进一步"完善义务教育均衡优质发展的体制机制",改善学校间协调方式,2017年9月,中共中央办公厅、国务院办公厅印发的《关于深化教育体制机制改革的意见》中要求"改进管理模式,试行学区化管理,探索集团化办学,采取委托管理、强校带弱校、学校联盟、九年一贯制等灵活多样的办学形式"。[①] 这也可以视为政府对于民间探索的肯定。

由上可知,改革开放以来的40年中,我国基础教育学校在国家宏观政策导引下,由内、外部动力系统双重作用,沿着我国教育自身的演进逻辑:从恢复学校办学秩序开始,以精英式教育追求"又快又好"的培养人才;以提升学生素质为目的,探索学校多样化、特色化发展道路;以促进教育公平为鹄的,探索教育均衡、优质发展模式。在政府宏观政策指引下,基础教育学校在实践中持续寻找解决中国基础教育发展难题的方法,优化发展路径,最终找到一条教育发展的中国之路。

第二节　国家政策导向下学校变革的价值重心转移

改革开放以来,中央政府立足于国家发展战略需求多次下发文件推动教育改革,

---

① 中办国办印发《关于深化教育体制机制改革的意见[N].光明日报,2017-09-25.

这也促使学校内部的教育教学活动发生变化。学校生活变化背后是学校组织运行逻辑的转变与办学重心的转移。40年来,学校的办学价值取向随着社会经济形势的变化和学校组织自身演进逻辑而摆动。这些转变共同勾画出基础教育学校的变革轨迹。它是中国基础教育学校在教育现代化道路上的探索脚印,它也为中国基础教育学校打上中国特色的烙印,折射出中国学校对于时代使命的回应。

一、由效率优先到关注公平

改革开放初期,学校虽然恢复了基本的教学秩序,但"十年光阴"留下的"遗憾"远非短期的努力可以弥补。如1977年10月上海市青浦县教研室以初中二年级的数学题对全县应届高中毕业生进行数学知识水平测试,结果平均分11.7分,23.5%的学生获得0分,以至于被上海教育局领导称为"十年动乱"灾难性破坏的典型。[①] 鉴于此,学校在恢复教学的过程中开始思考如何提高办学效率,提升教育教学质量。一批以提升教学效率的教育实验在学校中展开。进入20世纪80年代后,为配合经济体制改革,提高地方办学积极性,释放学校办学活力,中共中央经调研后决定进行体制改革。1985年下发的《中共中央关于教育体制改革的决定》认为体制改革的根本目的就是"提高民族素质,多出人才,出好人才",为经济发展提供"各级各类合格人才",并认为衡量学校工作的根本标准是"培养人才的数量与质量"。[②] 政府对"效率"的追求既是对落后于西方国家的一种弥补性决定,亦是源于对教育功能的某种偏颇认识。"在这种功利主义思维的主导下,建国60年来,我国的教育改革,特别是其间诸多的重大教育改革,均是作为政治—经济的教育改革,亦即基于政治—经济需要和逻辑而操持的教育改革。"[③]

各行各业的建设工作离不开对人、财、物的需求,能用于学校建设与发展的资源相对有限。在国家"调整、改革、整顿、提高"的建设方针指导下,资源投入着眼于出效快的领域。这种倾向在教育领域首先体现为"重点学校"的恢复。重点学校集中大量优质资源,通过考试选拔出优秀生源,以精英化的教育模式诠释着"又快又好"地出人才。其次,学校教学中多是以提升学生成绩作为主抓对象,围绕着如何更好提升教育教学

[①] 施家琦. 奠基工程:一个县的教育改革[M]. 北京:人民教育出版社,1995:9.
[②] 何东昌. 中华人民共和国重要教育文献(1949—1976)[G]. 海口:海南出版社,1998:2285.
[③] 程天君. 改革教育改革——从作为政治-经济改革到作为社会-文化改革[J]. 湖南师范大学教育科学学报,2012(2):15—20.

效率开展教育实验。从1978年到1985年是中国教育实验的恢复阶段,[①]这一时期教育实验多以单科教学实验为主,其目的在于探索教育教学的规律,[②]提高效率缩短教学年限。如北京幸福村中心一校的马芯兰老师根据思维品质发展理论为基础,对小学数学教材教法改革,用三年的时间完成小学五年教材的教学内容。华东师大一附中的张思中教师首创"十六字教学法"——"适当集中、反复循环、阅读原著、因材施教"用于俄语教学,大面积大幅度地提高了外语教学质量。[③] 效率成为这一时期学校教育主要追求目标,社会将升学率作为衡量学校办学质量的主要指标,也进一步助长了学校追求升学率的倾向。

随着经济水平提高,人们在教育消费、教育服务、教育市场上体现出多元化的价值理念,对于优质教育资源的渴求,更是加剧了"择校热潮"。90年代后期,政府开始要求取消重点学校评估,并通过资源倾斜、改变招生方式、推动师资流动等手段确保基础教育的公益性、公共性和公正性等基本价值。1999年中共中央、国务院下发《关于深化教育改革全面推进素质教育的决定》,要求素质教育要贯穿于整个学校教育之中,"要坚持面向全体学生,为学生的全面发展创造相应的条件",使其获得生动活泼、积极主动的发展。[④] 学校内部,在追求办学质量与效率的同时,开始关注到不同学生的不同需要。新世纪的新一轮课程改革,允许学校执行国家课程和地方课程的同时,根据本地的社会、经济发展情况,结合学校传统和历史,结合学生兴趣与需要,开发或选用适合本校的课程,以照顾学生个性化的需求。学校变革从重效率开始走向重公平。有学者对近30年间四个关于教育改革的重要文件分析后发现,新世纪之前的文件中几乎找不出"公平""均衡"这样的字眼,反倒是"效益""效率"出现的次数较多。[⑤] 在《国家中长期教育改革和发展规划纲要(2010—2020)》中,中央政府更是将义务教育均衡发展作为战略任务确立下来,保证义务教育公平性与公正性成为关注的重点。

二、由机会公平到区域优质均衡

改革开放之初,通过恢复以考试为核心的竞争制度,否决了与学业成绩无关的其

[①] 熊明安,喻本伐. 中国当代教育实验史[M]. 济南:山东教育出版社,2005:898.
[②] 这里并非贬低单科教学实验的价值,只是为说明此时学校变革的视线更多停留在寻找教学规律,快速提升教学质量的层面上。
[③] 王敏勤. 国内著名教改实验评介[M]. 青岛:青岛海洋大学出版社,1993:74—86.
[④] 何东昌. 中华人民共和国重要教育文献(1998—2002)[G]. 海口:海南出版社,2003:286.
[⑤] 杨小微. 整体转型:当代学校变革"新走向"[M]. 南京:江苏教育出版社,2012:45.

他入学条件。这样全国中小学生适龄儿童均获得了平等的受教育权利。1982年,我国将"普及小学教育"写入《中华人民共和国宪法》。1985年,中共中央提出"有步骤地实行九年义务教育",将全国分为三类地区,以区域梯度推进和重点突破为策略,分期普及义务教育。① 1986年,《中华人民共和国义务教育法》颁布,以法律的形式将教育权利均等转化为追求教育机会均等,普及九年义务教育成为此后30年的奋斗目标之一。

在推进义务教育普及的过程中,择校现象日趋激烈,其原因在于地区间和校际间差距逐渐增大。以生均教育经费来说,据一份研究显示,1993年城乡小学生人均经费分别为476.1元和250.4元,城乡初中生人均经费分别为941.7元和472.8元,前者分别是后者的1.9倍与2倍。到1999年时,城乡小学生人均经费分别为1492.2元和476.1元,城乡初中生人均经费分别为2671.2元和861.6元,差距达到3.1倍。② 1999年全国有1021个县小学生人均"公用经费"不到10元,而这一数据在北京与上海市分别为757.6元和747.4元。③ 同一地区内,优秀学生和优秀教师逐渐转向城市学校,农村教师出现人数不足和任教科目不全的现象。胡俊生等人在实地调查中也发现"陕北地区基础教育资源配置的结构性矛盾突出,各县区的教育发展水平存在明显差异"。④

随着我国基本普及义务教育,"教育公平发展的价值取向逐渐代替义务教育精英主义取向,区域内城乡之间、校际之间甚至区域间的均衡发展成为国家义务教育发展的政策着力点"。⑤ 在2001年颁布的《全国教育事业第十个五年计划》中,提出"坚持社会主义教育的公平与公正性原则,更加关注处境不利人群受教育问题"。⑥ 到2005年,教育部下发《关于进一步推进义务教育均衡发展的若干意见》,开始协调均衡配置资源,缩小区域、城乡和校际义务教育拨款、学校建设(设备、图书、校舍等)、师资配备等方面的差距。2006年发布的新《义务教育法》要求"县级以上人民政府及其教育行政

---

① 何东昌.中华人民共和国重要教育文献(1998—2002)[G].海口:海南出版社,2003:286.
② 张玉林.分级办学制度下的教育资源分配与城乡教育差距[J].中国农村观察,2003(1):10—22+80.
③ 张玉林.2004年中国教育不平等状况蓝皮书[J].校长阅刊,2005(5):8—13.
④ 胡俊生,符永川,高生军.空心村·空壳校·进城潮——陕北六县农村教育调查研判[M].北京:高等教育出版社,2015:178.
⑤ 杨小微.探寻区域义务教育优质均衡发展的新机制——以集团化办学为例[J].教育发展研究,2014(24):1—9.
⑥ 何东昌.中华人民共和国重要教育文献(1998—2002)[G].海口:海南出版社,2003:959.

部门应当促进学校均衡发展,缩小学校之间条件的差距",①不得设重点校重点班。早在1998年,上海市就开始实施"薄弱学校更新工程"。该市静安区在往薄弱学校资源倾斜的基础上,采用了"手术疗法",通过兼并、联办、加强与撤销并举,与高校挂钩等做法改变薄弱学校面貌。②浦东新区社会发展局从2005年尝试与多个单位签署协议,委托其管理薄弱学校以提升办学质量。上海市教育委员会在2007年颁发《以教育内涵建设项目推动义务教育均衡发展的实施方案》,通过政府购买服务的方式,推行学校委托管理,将城郊薄弱学校委托于城区优质学校或教育专业机构管理,从而快速提升薄弱学校办学水平和教育教学质量,扩大优质资源的辐射范围,推动义务教育均衡发展。③此后七年中上海共实行了三轮托管,109所学学校因此受益。相对来说杭州市则采用另外一条路径——集团化办学的方式。1998年,杭州市"求是小学"接管位于西城区商业开发区的新建学校,开始以名校办分校的方式输出品牌、师资和管理。实践证明这种方式可以在不拉低名校办学水平的前提下,迅速提升分校的办学质量。2004年,杭州市政府下发《关于加快基础教育改革和发展的若干意见》,提出"实施名校集团化战略"。④根据2005年《国家教育督导报告》发布的数据,与2000年相比,生均预算内教育事业费的城乡差距与县际差距、教师学历合格率、生均建筑面积呈缩小趋势,而城乡间和地区间的教育差距逐渐体现生均教学仪器设备的配置水平、中级职称以上教师的比例。⑤为进一步推进义务教育均衡发展,2014年8月《教育部、财政部、人力资源和社会保障部关于推进县(区)域内义务教育学校校长教师交流轮岗的意见》进一步规范了校长教师交流轮岗的制度,要求形成轮岗的制度化、常态化。⑥

从某种意义上说,改革开放以来,学校在追求教育普及的基础上开始迈向区域内教育均衡化。对教育公平的追求从机会层面的平等到资源获取方面的平等,这比实现

---

① 赵秀红,余冠仕. 均衡是义务教育发展的方向[N]. 中国教育报,2006-09-11.
② 宋旭辉,金正扬. 从"传统疗法"到"手术疗法"——上海市静安区教育局局长袁是人谈"薄弱学校更新工程"[J]. 人民教育,1996(4):13—14.
③ 陈效民. 走向优质均衡的本土创新——上海市学校委托管理及其评估研究[M]. 上海:上海教育出版社,2014:3.
④ 中共杭州市人民政府. 中共杭州市委、杭州市人民政府关于进一步推进名校集团化战略的意见[EB/OL].(2007-09-26)[2019-1-11] http://www.hangzhou.gov.cn/art/2007/11/21/art_808474_3052.html.
⑤ 国家教育督导团. 国家教育督导报告2005(摘要)[N]. 中国教育报,2006-02-24.
⑥ 吴康宁. 及早谋划省域义务教育基本均衡发展的国家战略[J]. 教育研究与实验,2015(2):1—6.

普及教育目标更为艰难。前者只需提供相应的物质资源,保障适龄人口拥有入学机会即可;而真正要实现高质量均衡化的教育,则要求必要的物质资源投入外,在师资队伍建设、课程开发能力建设及教学管理水平等"软件"方面加大投入和培育,这实质上是要求教育制度和教育体系全方位的提高,需要作出更为持久和全面的努力。

三、由提高学业质量到关怀学生

改革开放以来,学校变革的价值重心转移还表现为学校变革中关注点的变化。从改革开放初期学校教学中主抓"双基"注重知识的传递效率,也助推了各级各类学校中片面追求升学率的情况。80年代中期以后,无论是政府还是学校都开始围绕着"素质教育"探索实现学生全面发展的渠道。21世纪初,"新一轮"课程改革以"为了每一个孩子"为理念,推动学校变革走向内涵深化的同时也更加关注学生的生活状态。

学生学业质量一直以来不仅是家长更是学校关注的话题,也是学校办学获得社会肯定的前提。自高考恢复,特别是重点学校制度恢复以后,学校不惜通过补课、布置过多课外作业来提高升学率,导致学生休息和娱乐时间减少。中央政府多次下发关于"减轻学生过重学业负担"的政策文件,但无论家长还是教育行政部门均把升学率作为衡量学校办学质量的主要依据。1995年,一项对上海市中小学学生家长的调查,发现74%的家长希望孩子能大学毕业,有73%的小学生家长希望孩子能进重点中学,而现实的情况是仅3%—5%的学生能进入大学,20%左右的学生能进入重点中学。[①] 这无疑会进一步激化原有的矛盾。

90年代初,教育部有针对性地提出中小学办学要面向全体学生,全面提高学生的素质。教育界在探索中积极推动素质教育的理论和实践发展,开始出现一些要求重视学生个性发展,关注所有学生的发展,关注学生成长体验的研究和实验。譬如自主教育强调让学生自己管理自己;创造教育强调在发展个性的基础上开发创造潜能;愉快教育着力于改变学生将学习视为单一、枯燥的苦事,为其创设宽松有利于个性发展的学习环境。这期间,以上海市闸北八中的"成功教育"实验为代表的一批教育实验有序展开。闸北八中原本为区域内一所薄弱学校,生源和办学条件均不理想。因多年的失败体验,学生对学业失去信心,以至于连学生家长都认为最差的学生进了最差的学校。学校改革的最初设想是帮助学生重新获得成功,并将实验目标定为:探索学习困难学

---

① 顾志跃.中小学生课业负担状况调查与分析[M].南宁:广西教育出版社,1999:13.

生素质培养的主要目标;探索提高这类学生素质的途径与方法。学校重视强化非智力因素在学生成长中的作用,在进行语、数、外、德育综合改革的同时,设定三年期的培养计划:初一,从情感入手,培养自信心,形成良好的学习和行为习惯;初二,从自我教育入手,培养意志力,掌握良好的学习方法;初三,从自我发现入手,培养成就动机,形成职业理想。[①] 实验中学校要求教师对学生赋予积极期望和要求,为学生创设多方面的成功机会,实施鼓励性评价,有意识地强化非智力因素培养。当时国家教委副主任柳斌认为"成功教育经过总结和完善后,很可能会帮助我们摸索出一条把基础教育由'升学教育'模式转变为'素质教育'模式的新道路"。[②]

自20世纪80年代开始,中国的基础教育处在不断的改革之中,理论界和实践届对于培养什么样的人争论不断。"回顾这段历程,我们可以看到认识和实践的发展,同时也发现关于培养什么样的人的探讨,主要还局限在认知领域内,实践中更是如此。也就是说,十多年的教育改革,关注的中心是教育内容的更新和教育方法的改革。"[③] 而将学生视为一个完整的生命体而非认知体,将学校生活视为学生生命历程重要构成而非只是传授过程,相对来说还不足。华东师范大学叶澜教授领衔的"新基础教育"实验在学校的展开也可以视为这一背景下实现学校价值重心转移的案例。发起该实验的最初想法源于新时代对"新人"呼唤的关注,也是对学校教育中忽视学生生命存在的不满。"新基础教育"以促进学校整体转型性变革为目标,它突出"重视未来、强调发展、立足变革"的时代精神特质,"提出要改变教育中对人的生命存在与发展的形而上学的认识,把学生当物或割裂式对待的状态;要求把增进人的生命的主体意识看作是时代对教育功能的重要规定"。[④] 实验组通过深入学校日常教育教学实践,推动一批实验学校转型。

进入新世纪后,国家推动新一轮的课程改革,以调整原有课程体系、内容、结构,从而构建符合素质教育要求的新基础教育课程体系。此次改革提出六个具体的目标[⑤],从中我们也可以看到每一条目标均指向凸出学生学习主体的目的,这也要求学校在具体教学实践中,关注学生的个体需要,尊重个体需求。现实实践中学校依据文件精神也构建出各具特色的学校课程体系,以适应学生成长过程中的不同需要。

---

① 钱在森,等.困难初中改革之路[M].上海:华东师范大学出版社,1992:100—124.
② 中国教育报编辑部.中华师魂[M].长春:吉林教育出版社,1999:307.
③ 叶澜.时代精神与新教育理想的构建[J].教育研究,1994(10):5.
④ 叶澜,李政涛,等."新基础教育"研究史[M].北京:教育科学出版社,157.
⑤ 何东昌.中华人民共和国重要教育文献(1998—2002)[G].海口:海南出版社,2003:907.

回顾改革开放以来学校办学重心的变迁过程,我们可以发现学校变革价值重心的转移轨迹。在教育资源不足的情况下,满足国家建设对于人才的需要是学校的首要责任。此时学校办学倾向于"多出人才快出人才",在追求高效率的同时也带来公平问题凸显,"唯人才论办学价值观"受到抵制和质疑。当教育资源变得相对丰富时,教育的责任不仅仅是培养人才,更应当承担起保障每一位儿童的受教育权、激发其发展潜能的责任。进入新世纪以后,学校变革的主题转变为缩小校际办学差异,鼓励学校特色发展。新世纪学校办学价值观"从精英发展向均衡发展"转换,在硬件投入上向薄弱学校和普通学校倾斜;在软件投入上推进区域内师资交流和校际合作;在办学成果上不再单一关注以学习成绩为代表的智力因素,开始重视学生的多元智力和非智力因素发展。"事实上,教育过程与教育机会上的均衡发展,亦促进了学生的多元成长和全面成长。"①

第三节 "新课改"与学校的"内涵化"变革

20世纪80年代末期,在对学校教育片面追求升学率的反对声中,"素质教育"一词逐渐在教育界引起关注。90年代,国家教委下发多个文件,号召推进素质教育。中小学校中开始掀起实施素质教育的热潮。1998年,国务院批转《面向21世纪教育振兴行动计划》,提出实施"跨世纪素质教育工程",用10年左右的实验,推行21世纪基础教育课程教材体系。世纪之交的新一轮课程改革(以下简称"新课改"),则是在此背景下继续深化推进素质教育的努力。新课改赋予学校更多的权力与创造自由。在新观念指导下,教育理论工作者与实践者共同努力,学校内涵化发展的节奏加快。

一、"新课改"前学校变革状态概述

自1985年教育体制改革后,学校层面的变革活力逐步得到释放,涌现出一批办学特色校,整体发展呈现新气象。不过,由于课程管理权过于集中,加之地区间学校发展环境各异,导致学校自主变革空间有限。学校办学实践中存在着一些有悖于素质教育要求,有悖于教育规律的问题,②需要一场综合性的改革才能带来新的突破。

---

① 叶澜. 中国基础教育改革发展研究[M]. 北京:中国人民大学出版社,2009:214.
② 钟启泉,崔允漷. 新课程的理念与创新(师范生读本)[M]. 北京:高等教育出版社,2003:26.

(一) 体制改革释放了学校变革活力

十一届三中全会召开后,党和国家的工作重心转移到经济建设上。随着社会经济与政治体制的变化,统一、僵化的管理体制愈发成为阻碍学校发展的主要因素。为解决教育行政权力过于集中,地方及学校办学积极性不足的问题,1985年,中共中央下发《中共中央关于教育体制改革的决定》。文件提出,地方政府负责本地区基础教育"具体政策、制度、计划的制定和实施,以及对学校领导、管理和检查",中央政府只负责大政方针和宏观规划。通过赋予地方各级政府更多的管理权和自主权,实现降低管理重心,提升基层变革能力的目标。90年代,中央确定经济领域在建立社会主义市场经济体制的改革目标后,建立与之相适应的教育体制成为教育领域的新任务。中共中央、国务院印发《中国教育改革与发展纲要》,进一步明确深化中等及中等以下教育体制改革的要求:省级政府负责基础教育的实施工作,县级政府在组织义务教育的实施方面负有主要责任,包括"统筹管理教育经费,调配和管理中小学校长、教师,指导中小学教育教学工作等"。[1] 文件继续完善基础教育地方负责、分级管理的管理体制,要求支持和鼓励中小学与企事业单位、街道和居委会建立社区教育组织,"吸引社会各界支持学校建设,参与学校管理,优化育人环境,探索出符合中小学特点的教育与社会结合的形式"。[2] 体制改革的重点开始从国家教育系统内部的简政放权转向在简政放权的过程中转变政府职能,让市场、学校和社会组织承担相应功能,为学校发展创设良好的外部变革环境。

在学校内部管理上,《中共中央关于教育体制改革的决定》中规定学校逐步推行校长负责制,成立由校长主持的校务委员会,建立教职工代表大会制度。[3] 其目的在于向中小学下放办学自主权,增强其应对办学实际问题的能力和权力。在实践中,一批有开拓精神的学校也主动尝试在内部管理体制上做出改革探索。1981年,东莞市望牛墩镇扶涌乡小学根据办学需要开始其校长负责制和教师联教计酬责任制的改革尝试。该校是由五位教师(其中校长为公办教师,其余四人为民办教师),84名学生,五个年级4个班(其中1个为复式班)组成的小学。因教学质量较差,在1980年的小学升初中考试中无人入围,引起乡里极大不满。乡政府借鉴经济改革中家庭联产承包责任制的做法决定实行校长负责制与教师联教计酬责任制。首先,确定每位民办教师50元基本工资,并根据教学效果和质量抽查中达标率评价其工作成绩。考试成绩达

---

[1] 何东昌.中华人民共和国重要教育文献(1991—1997)[G].海口:海南出版社,1998:3467.
[2] 何东昌.中华人民共和国重要教育文献(1991—1997)[G].海口:海南出版社,1998:3467.
[3] 何东昌.中华人民共和国重要教育文献(1976—1990)[G].海口:海南出版社,1998:2285.

到全区平均水平,每班增加20元,高于平均水平则增加30元,低于平均水平不奖不罚。其次,乡统一负责学校的教学设备、校舍建设及学生奖励金,每月额外拨付20元办公经费。第三,校长负责贯彻执行党的教育方针、政策,并拥有人事权、经济权、教育教学领导管理权。改革方案执行后,该校1982年升学率达66.7%,1984年攀升到100%,其中数学与语文学科平均分全区第一。这种学校内部管理体制改革模式与在1990年全国中小学管理体制改革研讨会确立的三大模式——钟庄乡"三制"改革、北京市校内结构工资改革、山东省滨州市"双向选择"改革有异曲同工之妙。[①] 1985年后全国范围掀起学校内部管理体制改革的热潮,多个地区开展校长负责制的试点工作。同时,中小学内教职工聘任制度开始实施,采用结构工资制,实现"放权"和"搞活",调动教职工投入教育改革的热情。总的来说学校层面获得较大的改革自由度,激发了校内成员开展探索的积极性。

(二)素质教育深化推进面临的问题

为应对学校片面追求升学的倾向,中共中央、国务院多次下发文件要求减轻学生负担,注重学生全面发展。1983年教育部就颁发《关于全日制普通中学全面贯彻党的教育方针,纠正片面追求升学率倾向的事项规定(试行草案)》要求"不能只抓升学","只抓考分",而忽视对劳动后备军的培养。但是,现实中的状况并未缓解。1988年国家教委又发布《关于减轻小学生课业负担过重问题的若干规定》,重提学生课业负担过重的问题,认为解决关键在于引导小学教育工作者端正教育思想,"坚持全面育人"。1997年国家教委特地下发《关于目前积极推进中小学实施素质教育的若干意见》,1999年国务院先后下发《面向21世纪教育振兴行动计划》和《关于深化教育改革全面推进素质教育的决定》对深化推进素质教育加以指导,并提出实施"跨世纪素质教育工程"。

在实践中,各地区积极探索推进素质教育的办学道路,涌现一批典型地区和学校。湖南汨罗、安徽铜陵、山东潍坊、江苏南通、辽宁大连、深圳南山、上海闵行等地结合地区情况由单个学校到整个区域创造性地形成鲜活的地区经验;学校一线教育工作者结合学校特点进行教学改革,创造出诸如新基础教育、成功教育、创造教育、体验教育等多样化的改革经验。[②] 在一些偏远地区如拉萨市的学校也能确保按照规定开齐课程,并重视开展科技、体育、艺术教育,开展课外兴趣小组活动以培养学生综合能力。[③] 然

---

① 王乃信.深化基础教育管理体制改革研究[J].教育研究,1996(5):24—28.
② 素质教育调研组.共同的关注——素质教育系统调研[M].北京:教育科学出版社,2006:5.
③ 吴德刚.西藏教育调查[M].北京:中共中央党校出版社,2005:180.

而,"素质教育调研组"在调查中也发现,各地学校虽能在办学中一定程度上体现素质教育的思想,但地方行政部门存在将素质教育作为"软任务",将升学率依然作为评价办学质量的指标。一些地方领导还是将升学率作为政绩,"没有考虑留在本地区从事地区建设的那一部分人的素质怎么样,没有普及意识"。①《中国教育报》记者在河南、山东乡村采访时发现,体、音、美虽列入学校课程但上得却是语文和数学,"地方行政部门的领导始终认为,只有考分才能够体现学生的素质,才能够反映学校的教育质量,甚至有人认为考分是最好的素质体现"。② 一些学校对素质教育的认识还比较肤浅,认为开设活动课,搞一些兴趣小组就是素质教育。教育部素质教育调研组发现素质教育在区域层面实施尚不均衡:从城乡来看,城市学校主要症结是升学竞争、择校压力和学生负担,农村地区苦于师资不足和办学条件较差;从学段上看,离中考、高考越远,实施素质教育成效越明显。调查组建议素质教育要在关键环节上深入推进。③ 由此可见,素质教育的实施虽然取得成效,但是继续深化更加困难。

(三) 整体教育改革实验的勃兴与瓶颈

自改革开放之后,教育工作者以极大的热情投入教育改革实验之中,20世纪80年代的教育改革实验内容之广、参与者之多、影响之大前所未有。1992年,苏春景统计了自1977年后在国内首倡的教学法,种类高达到120种。④ 其中,实验跨度十年以上,在全国三十个省市自治区(台湾省除外)推广应用,且效果显著,具有理论深度的典型教学法有18项之多。推行单科、单项教改实验时,研究者逐渐意识到过于追求在单一方面取得成绩会忽视对学生全面发展的关注,也会给学校工作整体协调带来困难。根据当时在国内颇为流行的系统论观点,单抓德、智、体、美某一方面的发展或某一学科孤军奋战也不符合结构优化原理,会产生大量内耗。刘佛年教授认为"教育是一个复杂的系统工程,只做个别的单项实验,显然还不足以揭示出其全部的客观规律,一定要有综合的整体的研究"⑤。1981年,华东师范大学教科院成立小学综合实验组,并在附属小学开展"小学生全面发展综合实验"即后来的"小学教育综合整体实验"。上海

---

① 中国中小学幼儿教师奖励基金会,全国中小学整体改革专业委员会.素质教育的整体改革与实验[M].北京:中国和平出版社,1996:序4.
② 李建平.素质教育:为何这般尴尬?[N].中国教育报,2001-03-8.
③ 素质教育调研组.共同的关注——素质教育系统调研[M].北京:教育科学出版社,2006:57.
④ 苏春景.关于我国教学法改革实验的统计分析[J].教育研究与实验,1992(2):55.
⑤ 华东师大教科所,华东师大附小综合实验组.未来小学教育探索[M].上海:华东师范大学出版社,1986:1.

师范学院则在卢湾中心一小开展"中小学教育体系整体改革"研究,改学制六年为八年,力图培养出"能适应'三个面向',个性全面、和谐、充分、自由发展的,富有创造性的中学毕业生"。① 到1986年春,在上海、北京、杭州、浙江、湖北、湖南等十一个省、自治区、直辖市已有80所左右的小学正在进行小学教育系统的整体改革实验。② 有学者总结后认为,我国中小学整体改革实验发展脉络是酝酿于70年代末,兴起于80年代初(1981—1983),深化于80年代后期(1986—1988),大范围推广于90年代初。③

80时代的中小学整体改革实验,大多数以面向全体、追求全面发展为取向,尚未关注到学生的个性差异。随着国家推进经济体制改革,90年代初的整体实验改革逐渐注重追求个性发展,各级教育行政部门还加大了对于实验的支持,甚至出现直接领导区域内学校整体改革的局面。1988年以后,在全国范围内,形成专题性研究继续深化、验证性整体改革实验大面积推广的格局。④ 这一时期,整体改革实验在实施单位上从单个班级、年级扩展到全校、全区、全乡。实验改变以往将单项实验简单"拼凑"的做法,开始合理选择实验要素,注意学校、家庭和社区的有机结合,注重普通教育与职业教育的融通,并以区域推进作为工作重心,创立了教育工作者、教育理论工作者和教育行政管理干部组成的"三结合"教育实验班底,逐步定型为"诸城模式""烟台模式""成功教育""协同教育"等成果。⑤ 不过,整体教改实验推进中也暴露出种种问题,其中一个问题涉及课程改革的问题。课程改革是教学改革的核心,"企图不触动现行课程而实现整体教育改革只能是'隔靴搔痒'",而当时国家尚未给予学校进行课改的自由,学校层面更难以实现对课程的"创造性执行"、"有意识调整"和"重新建构"等深层次"触动课程"的变革方式。⑥

二、"新课改"对学校变革的推动

90年代末,为进一步深化素质教育,教育部组织专家组对九年义务教育课程的实施状况进行调研,寻找改进中国教育的新方式。⑦ 调查组走访全国9个省(市)近

---

① 恽昭世.走向未来的学校:中小学教育模式探讨[M].北京:人民教育出版社,1993:18.
② 徐亦尤,胡克英.小学教育整体改革实验报告[M].北京:教育科学出版社,1988:3.
③ 杨小微,旷习模.中小学整体改革实验[M].成都:四川教育出版社,1997:6.
④ 杨小微,旷习模.中小学整体改革实验[M].成都:四川教育出版社,1997:8—9.
⑤ 熊明安,喻本伐.中国当代教育实验史[M].济南:山东教育出版社,2005:900.
⑥ 熊明安,喻本伐.中国当代教育实验史[M].济南:山东教育出版社,2005:604.
⑦ 刘家访,余文森,洪明.现代课程论基础教程[M].长春:东北师范大学出版社,2007:80.

16 000名中小学生、2000多名校长及教师和50多位全国政协教科文卫委员会委员后,提交《九年义务教育课程方案实施状况调查报告》。该报告认为我国基础教育确实存在着有悖于素质教育理念和教育规律的问题,如教育观念的滞后,人才培养目标同时代发展的要求不能完全适应;课程内容存在"繁、难、偏、旧"的状况;课程结构单一,学科体系相对封闭,难以反映现代科技、社会发展的新内容,脱离学生经验和社会实际;课程管理强调统一,致使课程难以适应地区经济、社会和学生多样发展的需求等。[①] 2001年我国启动新一期课程改革,力求实现中小学课程体系"从学科本位、知识本位向关注每一个学生发展的历史性转变"[②]。在此理念推动下,全国范围内开展各具特色的探索,学校层面也发生变化。

(一) 育人观念的更新

新课改要求从学科知识走向学生的经验,注重教师和学生在实践中的体验、感受和领悟。课程应该是教师和学生在特定情境中对给定内容的理解和解读,"从而对给定的内容不断的变革与创新,以使给定的内容不断转化为'自己的课程'"。[③] 新课改秉承的信念是教学是教与学的交往互动过程,师生分享各自的思考,从而实现共识、共享、共进、共同发展。

新课改实验启动后,对其实施效果的调查和报告一直被社会关注。当新课改尚在实验区推广时,有调查发现课改实验区的老师们也面临着"蜕变",他们必须打破原来习惯性的东西,否定传统教育理念所形成的定势。教师们必须思考如何在教材难度降低但知识面拓宽的情况下,践行"以学生为本"的理念。"走进实验学校,你会感到,师生关系发生了很大的变化,课堂焕发出生命的活力。"[④] 也有学者在2001年、2003年、2004年和2006年分别对试验区课程实施情况进行多次调查,结果显示教师、校长对自身专业责任的认识发生变化,他们认为实施新课程需要学习和补充新知识、新技能。调查中发现有69.4%的教师能够根据实际情况对教材作出调整后实施课程,有38.7%的学生认为老师总是鼓励他们提出问题,51.5%的学生认为老师经常鼓励同学提出问题。[⑤] 教师在教学实践中能够认同并实施新课改提出的理念,这一点也得到第

---

① 崔允漷. 新课程"新"在何处?——解读《基础教育课程改革纲要(试行)》[J]. 教育发展研究,2001;5—10.
② 教育部基础教育司. 走进新课程——与课程实施者对话[M]. 北京:北京师范大学出版社,2002;1.
③ 教育部基础教育司. 走进新课程——与课程实施者对话[M]. 北京:北京师范大学出版社,2002;114.
④ 李建平. 课改:教师直面"蜕变"[N]. 中国教育报,2002-02-07.
⑤ 马云鹏. 基础教育课程改革:实施进程、特征分析与推进策略[J]. 课程·教材·教法,2009(4):3—9.

三方调查的确认。21世纪教育研究院为了解新课改的实施状况及教师的评价发起网络调查,结果以《2011年教师评价新课改的网络调查报告》为题发布。该项调查,对象覆盖全国29个省市的城乡中小学教师3740名。调查发现新课改的"合作、自主、探究"的理念得到74%的教师认同,更有63%的受调查对象认为自己所在学校积极践行新课改。① 2006年,北京教育科学研究院的调查发现,教师认为"实施新课程改革很有必要和有必要的"比例达到调查总数的74.2%,这一比例在小学教师和中学教师中所占比例分别为96.5%和93.7%。调查中发现有49.6%的教师参加课程改革的动机为改变传统教学对学生发展的影响,在学习培训中,多数教师的教学观念发生变化,"教师普遍接受、认同了新教学观"。②

(二) 课程管理能力的提升

20世纪80年代末,世界上大多数国家放弃了单一课程开发模式,承认校本课程与国家课程的互补作用,开始让国家、地方、学校共享课程决策权。这要求学校必须有相当的能力来承担这一责任。自中华人民共和国成立以来主要采用中央集权式的课程管理体制,直到20世纪90年代初发生了变化。国家教委在1992年颁发的《九年义务教育全日制小学、初级中学课程计划(试行)》中,将课程的决策权力部分地下放给地方(省一级)教育主管部门。此次新课改再次加大放权力度,实行三级课程管理体制,从而推动了学校课程管理管理能力的提升。

《基础教育课程改革纲要(试行)》,再一次表明中央实行三级课程管理的决心。与以往相比,"新课改"进一步明确各级课程管理主体的具体工作:教育部负责综合规划,宏观管理;省级教育行政部门依据国家政策和地区情况,规划本省计划及执行方案;学校在执行国家课程与地方课程的同时,应视当地社会、经济发展的具体情况,结合本校的传统和优势、学生的兴趣和需要,开发或选用适合本校的课程。为建立课程实施从上到下与从下至上双向信息沟通渠道,文件还规定"各级教育行政部门要对课程的实施和开发进行指导和监督,学校有权利和责任反映在实施国家课程和地方课程中所遇到的问题"。③ 这样在政策层面,国家和地方教育行政部门与学校各自的权责明确,课程管理的重心下移。学校要对国家课程和地方课程进行校本化改造,综合制

---

① 程聚新.《2011年教师评价新课改的网络调查报告》显示不足三成教师对新课改成效满意[N].人民日报,2011-10-24.
② 陶文中.北京市基础教育课程改革十年学科教学的进展与问题[J].教育科学研究,2012(7):5—17.
③ 何东昌.中华人民共和国重要教育文献(1998—2002)[G].海口:海南出版社,2003:907.

定适合本校需要的课程计划。这要求学校立足更高的着眼点,统筹建设学校课程体系。在实际执行中很多沿海地区学校确实建立起具有本校特色的课程体系以更好地实现学校培养目标。譬如太仓市实验小学基于自身"草根文化"特色建构起"三味"课程体系(参见图11-1)。

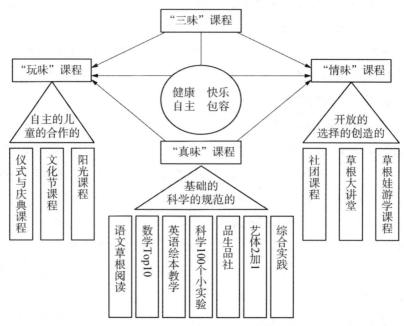

图11-1 太仓市实验小学"三味"课程体系①

当然,践行"三级课程"管理模式在一些地方和学校可能存在课程管理能力不足的问题。这主要表现为学校的课程意识不强、课程观念陈旧、教师课程开发能力不足等。但新课改提出的这一要求客观促使学校在学习和借鉴中逐步转变课程管理理念,提升自身课程管理能力。

(三) 课堂教学方式的转变

课堂教学是课程改革的有效载体,课堂教学的变革更是学校变革的核心体现。自20世纪80年代开始,在素质教育理念指导下,基础教育学校教学改革朝着培养学生学会学习、减轻学生负担、尊重学生主体性的方向发展。新课改在原有基础上提出更高的目标:鼓励学生积极主动参与、乐于探究,培养学生搜集和处理信息、分析和解决

---

① 钱澜,等.草根情怀教育:全球视野中小学素质教育的本土建构[M].南京:江苏人民出版社,2017:18.

问题以及交流与合作的能力;要求教师"在教学中用教材,而不是教教材",积极实行启发式、参与式教学,激发学生自主思考及创新意识。①

新课改提出的三维目标——"知识与技能、过程与方法、情感态度与价值观"的实现要求学生"身""心"均投入到学习活动中去。因而,课程改革专家一度将学生学习方式转变视为课改成功的指标之一。根据一些学者对课程改革前后学生学习方式转变的研究报告我们可以发现,新课改对推动学生学习方式转变确实产生作用,但是目前学校课堂教学中依然存在着一些问题。高凌飚、钟媚等人在2002年2—3月和2003年10—12月对深圳、长沙、海口、南京、柳州、武昌、杭州、灵武等国家基础教育改革实验区的学生学习方式进行调查,并将调查结果与国内外已有的研究结果作对比,分析新课程对学生学习方式产生的影响。研究者借助国际学术界普遍认同的《学习过程问卷(LPQ)》②。调查结果显示,与2002年前相比,2003年试验区学生在表层式学习方式上没有多大变化,但在深层式和成就式学习方式方面,与以往相比更倾向于深层式或成就式的学习。③ 地区层面,除高密地区学生越来越不倾向于表层式学习,海口、深圳和南宁的学生则在2003年之后更倾向于表层学习。在深层式学习方面,除深圳和南宁外所有地区学生都持更正面的态度。成就学习方面除深圳和高密外,其他地区也均持正面态度。据此,该报告认为对比1995年以前的国内外调查情况,"试验区学生的学习方式更倾向远离表层式的学习,更倾向于采取符合新课程理念的深层式和成就式的学习方式"。与2002年相比,试验区学生学习方式倾向的变化说明,"随着课程改革的不断推进,学生的学习方式朝着良性发展的方向进行"。④

北京教育科学研究院基础教育研究所以"北京市基础教育课程改革实验工作监控与评价"项目为依托,对2001年至2010年间北京市基础教育学科教学质量进行监控和评价。经连续十年的观测发现,在2006—2007学年,教师确定其教学目标的依据呈现出多样化的特点。换言之,教师开始综合考虑多方面因素来确定自己的教学实践。当回答"反思几年来的教学改革实践,您认为一般来说,课堂上主要的教学方式是什

---

① 何东昌.中华人民共和国重要教育文献(1998—2002)[G].海口:海南出版社,2003:907.
② 该问卷得到国际学术界普遍认可,并在多个国家使用过。其中文版本曾于1995年前后在我国北京、中山、广州、南海、珠海等市和深圳南山区使用过。
③ 研究中一般将学生学习方式分为"表层式"、"深层式"和"成就式"。其中采用"表层式"方式学习的学生对学习内容没有兴趣,缺乏内在学习欲望;而采用"深层式"学习方式的学生则有浓厚的学习兴趣和强烈的求知愿望,学习动机是内在的;"成就式"学习则介于而这中间。三者中,深层式学习与新课改提倡的主动、探究、讨论相一致,且都强调激发学生学习动机。
④ 高凌飚,钟媚.课程改革试验区学生学习方式调查[J].基础教育课程,2005(8):2—7.

么"的问题时,超过80%的小学教师倾向认为"学生自主探究""学生体验式学习"和"小组合作学习"是其课堂上主要的教学方式。① 这说明学校的课程教学生态发生了变化,教师的教学方式中探究式、合作式的活动成为常规化方式。可见在国家推行新课改实施的过程中,课堂教学发生了一定的转变。这也得到了素质教育调查组调查报告的证实,报告认为"综合各种调查结果表明,新课程在一定程度上激发了学生的学习兴趣,改善了师生关系,增强了学校对学生的吸引力"。② 不过,高凌飚等人在调查中也发现一些试验区学生学习方式与新课程理念相距甚大。这种观点与马云鹏等人相似:部分课堂教学存在单纯追求形式的现象,课堂上虽然气氛活跃,学生积极参与谈论、探究与合作,但形式化严重,并未得到实质性发展和提高。③

(四) 教育评价方式的多元化

《基础教育课程改革纲要(试行)》中提出"改变课程评价过分强调甄别与选拔的功能,发挥评价促进学生发展、教师提高和改进教学实践的功能"。④ 这是对以往将考核视为选拔的一种否定。长期以来,国家在课程教材管理上采用相对集中的管理模式,并未重视评价的发展性功能。无论是教育行政部门还是学校已经习惯于将考试视为评价的主要手段,将甄别、选拔视为评价的主要功能。为配合课程改革而下发的《基础教育课程改革纲要(试行)》中专门设置了"课程评价"一项,提出要"建立促进学生全面发展的评价体系,建立促进教师不断提高的评价体系,建立促进课程不断发展的评价体系"。⑤ 文件认为,评价不仅要关注学生的学业成绩,还要发现和了解学生多方面的发展潜能,发挥评价的教育功能,促进学生的发展。

自高考恢复开始,学校教育评价一直以考试为主,以测验成绩衡量教育质量。20世纪80年代中后期起,评价范围扩大,涉及教师工作、学校领导干部的管理工作、学科专业和学校办学水平等。评价结果也从与物质奖惩挂钩转向作为改进工作的手段,形成性评价和自我评价越来越被重视。⑥ 90年代后,学校中开始重视非智力因素的作用,加之素质教育的开展,全国各地中小学校在教育科研人员的带领下兴起以"学生综合素质评价"为主题的专项课题研究与探索,出现具有较强操作性的学生综合素质评

---

① 陶文中. 北京市基础教育课程改革十年学科教学的进展与问题[J]. 教育科学研究,2012(7):5—17.
② 素质教育调研组. 共同的关注——素质教育系统调研[M]. 北京:教育科学出版社,2006:62.
③ 马云鹏. 基础教育课程改革:实施进程、特征分析与推进策略[J]. 课程·教材·教法,2009(4):3—9.
④ 何东昌. 中华人民共和国重要教育文献(1998—2002)[G]. 海口:海南出版社,2003:907.
⑤ 何东昌. 中华人民共和国重要教育文献(1998—2002)[G]. 海口:海南出版社,2003:907.
⑥ 吴钢. 我国教育评价发展的回顾与展望[J]. 教育研究,2000(8):30.

价方案与评价手册。① 比如,1995年秋开始,北京市教育局以《小学生质量综合评价手册》代替原来《学生成绩册》。② 2000年以后,根据新课改的精神,各地中小学校在改进评价上继续探索。综合素质评价在新一轮课程改革中被推到前台。如上海部分中小学自2006年度第一学期开始试行《上海市学生综合素质评价手册》,内容涉及自我评价、社会实践记录、体育与文艺活动记录,教师、同学和家长的评价,考试和测验的信息等,就像学生的成长记录。③ 为进一步推进素质教育深化,2002年教育部下发《关于积极推进中小学评价与考试制度改革的通知》,在道德品质、公民素养、学生能力、交流与合作、运动与健康、审美与表现6个方面提出基础性发展目标。各地政府结合地区情况也纷纷制定区域实施方案,推动学校评价的发展。天津市推出《天津市初中毕业生综合素质评价实施方案》,从5个维度细化了指标体系,以减少综合素质评价的不确定性和随意性,帮助学校更好地实施。④ 总之,学校教育评价无论方式上还是内容指标上都呈现出多样化、分散化的趋势。

三、"新课改"后学校发展方式的转变

在中国这样以中央集权为主要管理方式的国家,课程改革对学校发展的影响不言而喻。杨小微认为,80年代全国基本上没有严格意义上的学校变革(即以学校为单位整体设计和实施的变革)。其原因就在于无论是学制、学校管理还是教材的、教学方法的改革,一遇到课程问题和高考、中考问题,就立即陷入僵局。⑤ 依靠国家行政力量推进的课程改革为学校打破原有发展瓶颈提供契机,不仅在微观层面对学校具体工作产生影响,也在宏观层面影响了学校的发展方式。新改革要求教师转变教学方式、学校提升课程管理能力、教育行政部门转变管理方式,其实质是促使学校办学与发展的价值观念转变。它给予学校更大的自由度,以更贴近时代需要的教育理念,更符合学生发展需求的课程管理模式,让学校教育中"人"的意识凸现出来。这促使学校工作中更

---

① 许世红,等.基础教育学生评价研究:历史沿革、现实状况与未来走向[M].广州:广东高等教育出版社,2014:10.
② 子缘.一位校长眼中的30年学生评价改革变迁——访北京市崇文区光明小学校长刘永胜[J].基础教育课程,2009(C1):126—130.
③ 子缘.一位校长眼中的30年学生评价改革变迁——访北京市崇文区光明小学校长刘永胜[J].基础教育课程,2009(C1):126—130.
④ 张建新,薛飞.初中毕业生综合素质评价取代"一考定终身"[N].中国青年报,2007-09-16.
⑤ 杨小微.社会转型时期学校变革的方法论初探[D].上海:华东师范大学,2002:90.

关注于内涵建设,关注学校本身的教育价值。

(一)从外延式发展转向内涵式发展

为顺应国家教育战略转移和社会对学校教育的新要求,深化教育体制改革,基础教育学校持续获得更多的资源支持。从20世纪90年代开始,关于学校特色建设和学生个性发展的呼声促使很多学校探索特色学校建设之路。1993年,中央政府提出90年代教育发展的规划和展望,认为要继续改善基础教育办学条件,中小学"要由'应试教育'转向全面提高国民素质的轨道,面向全体学生,全面提高学生的思想道德、文化科学、劳动技能和身体心理素质,促进学生生动活泼地发展,办出各自的特色"。① 而后下发的《国务院关于〈中国教育改革和发展纲要〉的实施意见》提出"到2000年全国基本普及九年义务教育"。② 于是整个90年代,很多地区着眼于普及九年义务教育,加大教育投入,甚至部分地区产生相当数额的"普九"债务。得益于教育资源的充足,学校标准化建设提升了办学硬件设施的现代化,素质教育则着重推动学校"软件"的提升。

进入新世纪后,教育普及任务告一段落,学校规模建设和标准化建设任务基本完成,深化学校内涵发展成为主要任务。《面向21世纪教育振兴行动计划》提出改革课程体系和评价制度,启动新课程实验,"争取经过10年左右的实验,在全国推行21世纪基础教育课程教材体系"。③ 这也标志着此后学校工作的重心将转移到课程建设等促进学校内涵发展的工作上。有学者分析新课改相关文本后认为,新课改的相关理念表现为关注学生作为"整体人"的发展,统整学生的生活世界与科学世界,寻求学生主体对知识的建构以及创建富有个性化的学校文化。④ 这些理念,帮助教育行政管理者、一线教师与校长认识到,素质教育只有体现在学校生活中才能真正落实,新课改追求的"六大目标"才能实现。此后,学校变革愈发体现出聚焦学校内部建设的趋势,"学校内部的教师发展、校本培训、校本研究、制度改革、组织改革、课堂教学改革等都成为被关注的中心问题"。⑤ 学校逐渐将发展的关注点从物质设备建设转移到高素质的教师队伍和高品质的课程建设上,逐步从外延式发展转向内涵式发展。

---

① 何东昌.中华人民共和国重要教育文献(1991—1997)[G].海口:海南出版社,1998:3467.
② 何东昌.中华人民共和国重要教育文献(1991—1997)[G].海口:海南出版社,1998:3661.
③ 中共中央文献研究室.十五大以来重要文献选编(上)[G].北京:中央文献出版社,2011:639.
④ 张民选,丁念金.中国教育改革大系·中小学教育卷[M].武汉:湖北教育出版社,2016:181.
⑤ 卜玉华.学校变革三十年:进步与转型[J].教育科学研究,2008(7):16—18.

（二）从外控型发展走向自主发展

长期以来，中国基础教育学校以行政约束的政府外控型管理为主，学校只需执行政策命令，按照政府颁布的规章制度办学，缺乏自主发展的机会与空间。而2001年启动的课程改革确立实行"三级"课程管理体制，对学校的课程开发能力、教师教学水平、自主管理能力都提出新的要求。教师是基础教育工作的具体承担者，也是学校改革中最具活力的主体。学校实现特色化办学和内涵化建设既不能依靠外部的强制也不能依赖无意识的模仿，必须扎根于教师的创造性实践。新课改明确"教师即研究者"的理念，鼓励教师以学校的具体情况为基础参与到研究中，解决实践中出现的问题。中小学纷纷将"科研兴校"作为学校发展的策略，鼓励教师参与学校教育教学改革。新课改是一次"赋权"的课程改革。广泛开展的校本教研意味着赋予教师研究的权力，激发教师参与新课程的热情，鼓励其成为学校发展的重要推动者。通过教师群体性的教研活动，教师队伍成为一个具有高度凝聚力的团队，"让课程改革的理念从学校内部生发开来，使学校所有的人都成为改革的动力"。[①]

新课改赋予学校课程管理上的自主权，推动学校以制度化的保障满足课程改革的要求，依靠自主决策开展自我管理。实践中很多中小学校对学校组织结构进行调整，以优化结构，提升办学效率。如北京十一中学自2007开始进行组织结构"扁平化"改革，将学校十多个中层管理部门收缩至四个，仅作为职能部门而无管理权。教师聘任的工作被赋予学部（年级），实行学部与教师之间每年一次的双向聘任制。学部集"教育、教学、科研、管理"于一身。[②] 也有学校借助群体智慧解决学校课程实施和开发面对的问题，如苏州市太仓实验小学采用"草根化"的学术沙龙作为凝聚智慧的平台。该校钱澜校长认为教师的劳动是个体性的劳动，课改赋予教师教学自由也鼓励教师通过协同探讨解决课程实施中出现的问题。"教师的课程力量是一种潜在力量，需要校长创设良好的外部环境予以开发。"[③]该校借助"草根化"沙龙为教师提供伙伴式团队合作的机会，整合教师的课程力量。沙龙有定期面对面深度访谈、细致的个案分析、"头脑风暴"式的小组讨论、个人反思交流等形式，鼓励教师研究课程实施中的问题。新课改实施后很多地区出现教师合作学习推动改革的局面，地区、学校范围内的集体备课

[①] 教育部基础教育司，教育部师范教育司.校本教研与教师专业发展[M].北京：高等教育出版社，2004：22.
[②] 李斌.让教育自由呼吸[N].中国青年报，2014-04-15.
[③] 钱澜.草根化学术沙龙与校长课程领导力[J].江苏教育研究，2007(7)：13—15.

交流研讨活动成为常态。如杭州市江干区凯旋街道的几所学校成立教育集团后,通过"七联"平台定期开展集团内部的教学教研活动。① 可见,发展动力逐渐内化后,学校不再仅仅作为一个毫无能动性的执行机构,而成为汇聚变革力量的中心。

(三) 从局部发展转向整体发展

随着学校特色发展的理念深入人心,加上学校办学的自主权扩大,新课改以后学校发展呈现出整体性、协调性增强的态势。从学校自身来看,学校工作的各方面、各环节共同构成一个有机整体,在学校改革发展深化阶段,系统思考、科学布局和整体推进的重要性日渐凸显。20 世纪 80 年代盛行的整体性教育实验就源于教育界意识到局部改革的弊端。新课改进一步要求学校成为课程实施层面最核心的管理者,"学校必须依据国家和地方制定的课程计划,结合本校的实际情况,制定本校的课程实施方案,并采取切实有效的措施加以落实"。② 这也促使学校整体规划发展路线,服从于实际办学需要,服务于学生的发展。

在践行素质教育的过程中,一些学校已经注意到学生作为一个完整的人的需要,凸显出"以人为本"的价值取向。新课程实施中,越来越多的学校会根据地区情况进行 SWOT 分析,整体思考学校处境,然后定位发展方向。如杭州市凯旋教育集团景华中学根据其办学理念"载文怡景,载志生华",提出培育具有"文雅志诚的品质,学以致用的才能"的文志少年。学校通过课程整合设计出指向培养目标的整体课程体系(图 11-2),在管理、教学上做出调整以服务于育人需要。也有学校为应对新课改以来要求学校组织整体性不断提升的形势,开始调整组织结构,以增强内部协调性。譬如,上海市闵行区实验小学为引领"管理人员和教师全面而整体地关注学生的发展",促进管理人员思想和思维方式的变革。③ 该校从 2004 年开始调整中层管理机构,将原"教导处"和"教科研室"整合成"教学科研部","德育处"改为"德育活动部","总务处""校务办公室""寄宿部"合并成"后勤保障部",另外还增加"信息技术部"。此后,为增强中层各职能部门的职能,将"教学科研部"改为"课程教学部","德育活动部"改为"学生工作部","后勤保障部"改为"校务服务部"。2008 年后,为协调多校区间办公事务,学校又

---

① 徐晖.新共同体——区域推进基础教育优质均衡发展的江干模式[M].上海:上海教育出版社,2017:120—150.
② 徐继存,张广君.当代课程论文选[M].济南:山东教育出版社,2013:357.
③ 杨小微.整体转型:当代学校变革"新走向"[M].南京:江苏教育出版社,2012:111.

设立"管理发展中心"。(参见图11-3、图11-4)①

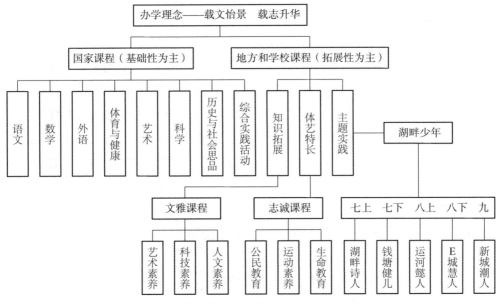

图11-2 杭州市景华中学"文志课程"体系架构②

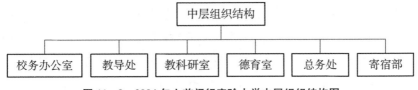

图11-3 2004年之前闵行实验小学中层组织结构图

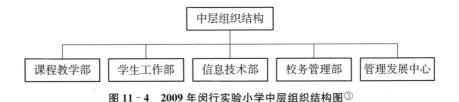

图11-4 2009年闵行实验小学中层组织结构图③

---

① 何学锋.根深叶茂：老校在变革中焕发活力——上海市闵行区实验小学"新基础教育"研究变革史[M].福州：福建教育出版社,2014：74—76.
② 杭州市景华中学.杭州市凯旋教育集团景华中学"十三五"发展规划(未刊稿),藏景华中学资料室,10—12.
③ 何学锋.根深叶茂：老校在变革中焕发活力——上海市闵行区实验小学"新基础教育"研究变革史[M].福州：福建教育出版社,2014：74—76.

由上可知,我国新一轮的基础教育课程改革是立足当下,着眼未来发展需要,培养创新人才,全面推进素质教育的全方位改革。新课改倡导的学校发展理念在改革开放四十年来的学校实践层面和理论研究者的研究成果上均能发现一些"身影"。只是,此次课程改革赋予了学校自身更大的自由度,也为其变革创设了更为宽松的环境。由国家行政力量推动的课程改革将原有的实践探索成果加以吸收,结合国家对未来教育发展的战略要求,以文本形式推向实践场域。经过学校实践工作者的探索和实施,它呈现出远比政策文本更加丰富的样态;"它极大地改变了我国基础教育课程、教材和教学的现状,也势必会对我国基础教育的长远发展产生重要影响"[①];它将民间原有探索和国家战略意志结合起来,以不可阻挡的力量推进我国基础教育学校的转型性变革进入了新阶段。

第四节 国家政策导向下学校变革的个案比较分析

随着改革开放进程的推进,我国的基础教育学校在实践中生发出多种发展模式。这些探索既是源于社会转型对学校教育提出的新挑战,亦是学校组织自身发展的内在需要,它是中国教育探索者在实践中找寻中国学校教育现代化的新尝试、新努力。本节选取的三个案例力图凸显改革开放以来学校发展路向的三种模式:传统名校在深挖内涵的道路上,通过办分校扩充学校主体,最终探索出"集团化办学"这一新的发展模式;普通学校立足办学传统,依托内部科研,形成契合自身办学理念与办学特色的"草根化"办学模式,最终打造以"文化融合"为特色的中心辐射式发展模式;因区域学校布局调整而设置的新生代学校,从传统文化中汲取营养,自主探索出新生代薄弱学校特色发展的品牌之路。通过个案间的比较分析,我们可以勾勒出改革开放后学校变革的多维发展路线。

一、走向"集团化办学"的集体变革——杭州求是小学学校变革实践

杭州求是小学原为浙江大学附属小学,创办于1957年,是杭州市实验学校,也是杭州市"老牌名校"。在长期办学实践中,该校积累了优质的文化资源和办学经验。自1994年开始,杭州市出现中小学入学高峰带来的择校问题。因名校容量有限,难以满

---

① 改革开放以来的教育发展历史成就和基本经验研究课题组.改革开放30年中国教育重大历史事件[M].北京:教育科学出版社,2008:210.

足更多家庭对优质教育资源的需求,家长们各展其能涌向名校。为给学校办学筹措更多资金,同时满足部分家长的择校需求,在政府的默许下,一批中学名校创办国有民办学校。此后,一批颇有知名度的小学也纷纷采用这一办法。如,杭州安吉路实验学校创办大成实验学校,杭州长寿桥小学创办杭州长江实验学校,杭州青春中学创办了杭州春蕾中学等。这种新创办的学校具备独立法人资格,在管理、师资和设备上得到名校的支持,起点高发展快,被社会认可。

20世纪90年代,杭州城西开发出一片新兴城区,建立一批配套小学。求是小学开始尝试以连锁办学的方式接管新建学校即求是(竞舟)校区。求是小学对新校按照公办学校运作方式连锁管理,依照学校章程实行统一的学校品牌、质量标准与流程管理。① 新校因家长心存顾虑招生不理想的状况一年后发生改变——4个班的计划招生额度却吸引6个班的生源。2001年,求是小学以同样方式接管求是(星洲)小学,并取得成功。2002年6月,杭州市政府下发《关于深化改革,加快发展,率先实现基础教育现代化的决定》提出"以优质学校为龙头,组建跨地区、跨类别学校的教育集团,通过资产和人员重组,改造薄弱学校,提高教育质量和办学效益"。② 同年,浙大附小、求是竞舟小学和求是星洲小学成立"求是教育集团"。

求是教育集团成立后,其内部组织结构和管理模式也发生变化。首先,在组织结构上,集团接收第一所学校时,采用以老带新的管理结构,将老校的优质资源输入新校。集团内部决策、调配资源均由同一套领导班子负责,使新校在各方面都跟上老校的节奏。随着运作模式成熟,求是教育集团依托现代化网络信息办公系统,开始突破普通学校的管理组织结构,建立网络矩阵管理组织结构(图11-5)。学校党、政、工等领导保持4—5人,各校只设中层部门,每个总校长分别兼任下属学校校长、工会主席、总支书记等职务,分管一条线,兼管一个校区。各校以年级组和教研组为中心,采用扁平化管理结构,保持精简高效。其次,在保障机制上,集团根据不同职位制定一套管理标准和制度,以明确权责。集团每年会根据需要对目标管理体系"打补丁",以切合岗位需要,引领学校管理走向"标准化、制度化"。最后,在学校文化建设上,集团将原求是小学办学实践中的思想文化向新校渗透。通过对母校学校文化的创新探索以增强集团凝聚力外,还通过建构新的网络交流平台为新校创造文化生长空间。③

---

① 李勤.对集团化学校管理组织结构变革的探讨[J].中小学管理,2006(9):21—23.
② 临安市教育局.临安市基础教育工作会议资料[G].临安:临安市教育局,2002:89.
③ 史及伟.杭州蓝皮书2006年杭州发展报告(社会卷)[M].杭州:杭州出版社,2006:55.

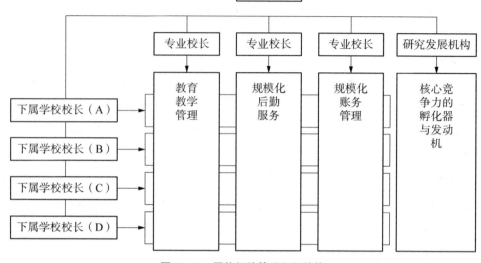

图 11-5　网络矩阵管理组织结构

2004年9月,杭州市委出台《关于进一步推进基础教育改革和发展的若干意见》明确提出"实施名校集团化战略,优化教育资源配置""新增基础教育资源要向城区、名校集聚,实施名校集团化战略,整合、优化教育资源,带动薄弱学校和新建学校的发展,提高教育质量和办学效益"。[①] 这也就将集团化办学从学校自主扩张政府默许的状态转变为政府推动学校参与的局面,教育集团化办学在实践中大规模推广。这类以公办学校为基础,采用公办学校运作机制的教育集团,实现了优质教育资源的共享与互补,获得最大化效益。名校通过输出品牌、师资和管理将办学规模小、条件差、社会认可度低的学校加以整合,帮助后者实现跨越发展,也实现区域内教育资源优质均衡发展的目标。同时,对于名校来说,接纳新学校也是一次快速发展的机会。随着一批业已形成集团规模的学校纷纷挂牌,各种形式的集团化办学模式迸发出现。其中主要有"名校+新校""名校+弱校""名校+民校""名校+农校""中外合作办学"等。作为杭州市最先挂牌成立的公办教育集团——求是教育集团虽然采用的是"名校+新校"模式,但它代表集团化办学这一新模式在中国学校变革道路上的探索。杭州市城区充分利用名校在提升区域教育水平中的作用,以行政力量推广,走出教育公平的低成本、小风险、大成效道路。

---

① 临安市教育局.教育体育法规政策选编[G].杭州:临安市教育局,2006:80.

二、中心辐射式的"草根化"变革——太仓实验小学学校变革实践

太仓市实验小学（以下简称"太仓实小"）建校于1922年，原为太仓师范附属小学。自建校以来虽履经波折，几经兴废，但一直是太仓人心中的好学校。改革开放以来，学校发展迅猛，1982年被定为江苏省首批办得好的实验小学，并与1999年再次通过省级实验小学验收。学校向来有"科研促教、科研兴校、科研强校"的传统，建校初便实施"整个教育法"的实验，解放初推广"八步学习法"，80年代坚持集体备课——"磨好课"，90年代采用"课题联动推动区域发展"的策略带领周边学校开展科研工作。进入新世纪，太仓实小以其深厚的文化底蕴和改革进取的创新精神再次奏响了基础教育学校改革的"新旋律"。2003年12月，学校成立"草根化"学术沙龙，以实现"教育科研从群体性教育科研、学校教育科研走向校本研究，让每个教师能够发出自己的声音"的目标。全体教师以扎根在学校、扎根在课堂、扎根在学生的"草根"精神，立足校本教研，推进学校在高品位上继续发展。

太仓实小在总结梳理以往历史的基础上，继承科研兴校传统，整理学校优秀传统文化，以"草根文化"作为精神凝聚力。学校以"草根化"比喻自身的校本研究，目的为明确作为一种实践研究，其扎根于学校，扎根于教师的精神。它以学校丰富生动的教学实践作为土壤，以学校管理与教学中遇到的亟待解决的日常问题为对象，以来自一线的教师作为研究主力，最终目的是改进原有实践方式和生存状态，推动学校持续发展。学校以"草根化"沙龙为平台，通过定期深度访谈、细致的案例分析、"头脑风暴"式的小组讨论、个人经验分享、草根日志、草根随笔、草根故事等一线教师喜欢的形式，让教师发声。借助沙龙，学校的课程管理由统一教材、统一进度、统一教法、统一布置作业、统一考试的"标准化"模式转换为"自主合作"的模式。校内的各项工作在探讨中实现推进和转型：通过"新课程实施的校本化探讨"产生学校推进新课程实施的方案；通过"新课程理念的解读"产生学校"培养有教养的和谐发展的现代人"的培养目标；探讨"有效的教科研组的建设"推动学校教研组从事务性组织转变为研究性团队；借助"对校本课程开发的研究"，学校出版了诸多学科的校本教材……学校以草根化精神统领各项工作，努力实现"学校管理人性化、育人理念现代化、校园建设人文化、无形资产品牌化、信息交流开放化"，最终实现"努力办好优质教育，培养和谐发展的现代人"的办学目标。[①] 学校相继又开展草根化文化研究、草根化管理范式研究、草根化教学改革

---

① 钱澜，等.草根集[M].上海：上海教育出版社，2006：7.

研究、草根化德育创新研究、草根化教师培训等项目。最终,借助"'草根化'校本研究"这一课题,系统梳理和总结了一直以来的办学实践和探索。

走出一条"草根化"成功之路后,太仓实小开始思考如何将学校办学经验辐射,帮助周边薄弱学校成长。首先,资源共享,帮助弱校自身造血。太仓实小定期向农村学校开放课堂,派遣骨干教师送课下乡,分享自己的专家及特级教师资源,向弱校提供成长所需营养。太仓实小还采用"课题联动"的方式带动周边学校共同参与学校课题研究,帮助其培养校本研究骨干。其次,学校受教育局委托,托管两所乡村小学,成为区域内"食螃蟹者"。在托管过程中,太仓实小尝试以文化融合为手段,尊重被托管学校原有文化传统和优势资源,输出骨干教师和品牌资源帮助被托管学校成长。学校曾一年中派出12名骨干教师在托管学校奋斗。同时,太仓实小发挥自身"草根化"研究精神,依托全国教育科学"十一五"规划教育部立项课题"文化融合视野中的学校共同体建设个案研究",走出一条城乡学校共同发展的创新之路。"文化融合"视野中托管共同体的建设,不仅快速提升农村学校的办学水平与质量,缩小城乡教育的差距,还促进校际间教师交流。托管共同体的研究成果《文化融合视野中的学校共同体建设》获得全国教育学首届基础教育科研成果网络博览会一等奖,《城乡学校教学文化共同体建设》获得江苏省教学成果二等奖。相关经验也引起《人民教育》等期刊的关注。在"草根文化"的引领下,太仓实小成为太仓教育界的"常青树",其资源输出不仅为区域内城乡教育均衡发展做出贡献,也因自身造血机制的高速有效运转,越发充满生机。

三、"新生代"学校的自主变革——深圳市宝安区坪洲小学的变革实践

与以上两所学校拥有悠久的办学历史不同,坪洲小学是为服务新区建设而设置的"新生代"学校。坪洲小学坐落地原为农村聚集区,因深圳市改革发展涌入大量流动人口,民众文化水平较低。在深圳市农村地区城市化的社会转型中,坪洲小学立足于将农村教育融入现代化城市,提出"培养现代城市人"。学校力图为周边居民子女提供优质教育资源,同时带动区域文化转型。这也是我国农村地区学校发展面临的新课题,即如何在经济快速发展的今天,面向日益开放的社会,立足地区情况培养具有现代科学文化素养和国际视野的中国人。自建校始,坪洲小学以"开放式教育"理念为指导,实现从新建到优质的高端发展,是新生代学校自主探索变革的典型。

校长张云鹰在竞聘深圳市宝安区一所百年老校的校长前,曾做过教师、从事过教师培训、担任过教研员。2003年,在开学典礼现场见到家长们犹如"去菜场"的装束,

让她意识到在改革开放的前沿地区培养现代都市人的必要性。她所任职的学校——西乡中心小学虽然历史悠久,但管理水平较低、生源质量较差、师资队伍老化等农村学校共性问题束缚着它的发展。张校长发挥出身教学研究和教研培训的优势,先从教学改革入手,继而推动教师校本培训、校本课程开发、校本课题研究、校本文化建设等方面的改革。经过八年的努力,学校的教研氛围、学习环境、校园风貌等都发生转变。西乡中心小学实现从农村学校到省一级示范学校的转变。学校教师多人被评为区级名师和市级名师,多本校本教材被推广使用,张校长将其办学思想总结凝练后出版《开放式教育》一书。

2011年,张校长被委派担任新建学校——坪洲小学的校长,从建校之初她便以自己的想法形塑学校,践行"开放式教育"理念。面对一所新学校,学校领导班子从顶层设计着手,以"开放式教育思想"为指引,推行"名师治校、质量立校、科研兴校、文化强校"的办学策略。首先,制定学校初期发展规划:第一年——"规范与合作年",第二年——"学习与文化年",第三年——"质量与名师年",第四年——"创新与发展年",第五年——"特色与品牌年"。[①] 其次,在学校管理上,融合情感管理、制度管理,构建智慧管理体系,追求实现文化管理。在管理文化塑造上,学校贯彻"以人为本"的思想,将各项管理制度汇编成册,还促成独具特色的课程文化、读书文化、讲堂文化、闲暇文化。第三,学校坚持开放式教学,主张学科之间的开放与融合,建立开放的、全方位的"大学科"、"大课堂"。学校倡导学科教学要向自然、社会、生活开放,教材整合从一种版本向多种版本开放以丰富教学内容。第四,组织实施开放式教师培训,构建教师发展的"三三制"模式。[②] 第五,在课程编制方面设置"配方课程"。在开齐开全国家规定课程的基础上,学校为充分发展教师专长,满足学生多样性、个性化的需求,积极创造尽可能多的选修课程。学校还请有专长的社会人士和家长参与开设配方课程。[③] 第六,校园文化设计上,学校将整个校园布置成图书馆。走廊内、教室内、庭院内处处均有书籍陈放,学生可以随意取阅。[④] 经过五年多的发展,学校成为"全国语文教改示范校"、"全国科学教育实验基地"、花儿朵朵英语"全国师范实验学校"、"广东省中小学校长培训

---

① 张云鹰.开放式教育(第二版)[M].北京:教育科学出版社,2016:15.
② 端阳.教师与学生一起成长——访广东深圳西乡街道中心小学校长张云鹰[J].人民教育,2008(17):17—20.
③ 张云鹰.配方课程:开放个性发展空间[J].人民教育,2014(9):62—65.
④ 张贵勇."学校就该有学校的样子"——深圳市坪洲小学校长张云鹰谈学校设计[J].未来教育家,2014(3):61—63.

实践基地"。同时,张校长结合学校新的实践,修改和重订《开放式教育》后发行第二版,这是她办学实践的新思考。可以说,这种在新校的空白纸上书写和绘就美丽篇章的过程是中国当代校长及其领导团队个人成长与实践创造双向互动的过程。

四、三种变革类型的比较与分析

本节所选择的三所学校力图代表改革开放以来三种类型的学校变革模式。这些学校的变革实践并非是历史上某些学校变革活动的重复,而是新时期、新形势下,学校一线教育工作者立足学校办学实际,依据区域教育发展情况,根据学生和学校的发展需要,追求突破与创新而对中国基础教育学校未来之路的探索。三所学校的成功得益于实践者立足本土实际,解决发展难题的勇气和智慧,这也是改革开放以来中国教育工作者创造中国教育奇迹的主要方式。

(一)名异质同的办学追求

三所学校办学理念名称各异,办学模式各不相同,但我们细加比较便可发现其办学追求均是指向学生更好的发展。以求是小学为代表的求是教育集团,在践行"轻负高质"理念时积累了丰富的办学经验和管理经验,成为传统优质学校。1986年,学校正式提出"把学校办成少年儿童健康成长的乐园"这一办学目标,先后创办艺术节、体育节、读书节、科技节等在当时比较超前的特色主题活动。① 集团成立后,秉承求是小学"实事求是"的校风,以"把学校办成少年儿童健康成长的乐园,让更多的孩子享受求是优质教育"为目标,开始新的教育改革。太仓实小则是从立校之初便践行"科研促教、科研兴校、科研强校"的精神,确定"实验新教育法,探索提高教育质量之路,为国培养各种人才"的办学宗旨。② 这种依靠教研解决本校问题的"草根化"办学模式,将学校教学实践重心放在教师和学生身上,通过内挖潜力,走出一条优质发展之路。"草根化"办学理念的核心是"建设草根文化,办好优质教育,培养有教养的和谐发展的现代人"。③ 学校确立了"办有生命的草根情怀教育,为每位师生提供更多发展可能性"的办学理念。学校将课程视为儿童成长的土壤,"适切和丰富学校课程就应是那空气、水

---

① 求是教育集团建校50周年[N].都市快报,2007-05-28.
② 太仓市实验小学校史编写组.挖掘历史积淀,弘扬草根文化——太仓实验小学校史[M].(未刊稿),藏太仓市实验小学资料室,2.
③ 太仓市实验小学校长、支部书记——钱澜[EB/OL].(2011-10-18)[2019-01-11]http://www.tcedu.cn/art/2011/10/18/art_10504_218081.html

分充足、温度适宜的土壤,可以造就幸福童年,并为儿童的一生奠基"。① 坪洲小学则是面对是社会变革和教育转型的形势下,着眼深圳地区转向"开放式城市教育"的定位,提出培养"有德行、有智慧、有情趣、有气质"的文明都市人。学校办学坚持"开放式教育"理念,吸收古今中外优秀的教育思想,力争为教师为学生提供多样化的发展可能性。通过打开学科"围墙",打开校园空间,打开课程边界,坪洲小学让学生成长于良好的教育生态中。② 从校园文化设计中体现校训"正"文化,师资培训中体现出的开放性,课程编制中体现出的个性化、多元化,学校始终坚持以学生的个性需要和终身发展为指引,提供多样的选择资源。综上可知,三所学校变革中已经超越了对学生考试成绩的追求,更多将学校变革的目的落脚于服务学生的成长需求。

(二)异曲同工的辐射模式

三所学校在辐射办学经验时的具体选择方式并不相同,但就其本质来看均是将已有办学经验移植到新的场域之中加以改造和创造,获得进一步的发展。以求是教育集团为代表的传统优质学校,在杭州市教育发展的新形势下,通过联合办学走上集团化办学之路,探索学校办学经验的有效辐射模式。学校通过创办连锁学校,按照公办学校运作方式实施管理,在不同校区间依据管理章程实行统一的学校品牌、质量标准与流程管理。③ 新校在获得老校师资和管理经验输入后,能够迅速继承母体学校优质办学资源,在短期内提升办学质量。同时,母校借助新的资源得到新的发展空间,从而打破原有发展瓶颈。

太仓实验小学则是通过对周边乡村薄弱托管的方式形成城乡学校托管共同体。托管中,太仓实小并非一味将自身办学模式塞给对方,而是通过"验血、输血和造血"形成学校间的协同发展。托管初期,实验小学对农村学校进行全方位诊断,了解托管学校的教育教学状况。其次,选派骨干教师团队到托管学校任教,同时接纳托管学校教师到太仓实小接受浸润式培训。最后,将实小的"草根精神"与托管学校的本土文化融合,激活托管学校自身的造血机能。④ 托管共同体在实际运作中通过制定共同体管理制度如校长联席会、课程督导制度、骨干互派和干部交流制度,保障交流常态化;通过

---

① 江苏省太仓实验小学——永远的草根情怀[J].人民教育,2012(19):63—64.
② 张云鹰."开放"的力量——一所特区小学的"开放式教育"研究与实践[J].中小学管理,2017(5):57—59.
③ 李勤.对集团化学校管理组织结构变革的探讨[J].中小学管理,2006(9):22.
④ 钱澜,张勤坚.文化融合视野中的学校共同体建设:太仓市实验小学托管九曲小学、直塘小学的个案研究[J].江苏教育研究,2011(28):57—60.

组织全体教师按学科分组进行研修活动,开展"主题式培训与沙龙活动"促进托管学校教师发展,弥补其市级以上骨干缺乏状况;通过为城乡学生开发共同的活动课,既充分利用城区学校在信息、科技、社团活动方面的优势,也开发了农村学校丰富的自然乡土资源,丰富了学生的课程,开阔了教师的视野,提升了农村学校课程开发能力。总之,太仓实小将自己的"草根"精神通过人才输出与经验输出两种辐射模式,帮助薄弱学校成长,走出一条不同的特色辐射之路,为区域内建设托管共同体提供参考。

坪洲小学则是另外一种特色辐射模式的受益者。张云鹰校长在原西乡中心小学的办学实践中摸索出一套她对于教学、校本师资培训、校本课题研究、校园文化建设的相关经验,并形成自己独特的办学思想。管理团队拥有一名区域内有一定知名度的专家型校长,搭配多是区、市级名师的学校管理干部,坪洲小学在起点上已高于一般新校。[1] 新进教师年轻有活力,具有提升自己的强烈愿望。这支有经验的管理团队接手坪洲小学后即可依据自身办学理念规划学校发展,而不会受困于已有文化的阻碍。选派各学校骨干力量组成优秀的管理团队接手新学校,可以说这是坪洲小学得以从一所新建学校实现高端发展的核心条件。

(三)立足实践的变革勇气

三所学校之所以能够走出三种不同的办学模式也得益于实践者极大的变革勇气。无论是采用抱团发展的集团化模式,还是坚持"草根化"办学的太仓实验小学,抑或依靠"开放式教育"着力培养"现代都市人"的坪洲小学,均是扎根一线的教育工作者因为对现实处境的不满足而锐意进取取得的开拓性成果。求是小学已是传统名校,因为学校在内涵化发展达到一定程度后,需要通过扩大外延寻找新的提升空间。求是小学正是通过连锁办分校,输出名校办学资源和管理模式,打破传统名校发展面临的瓶颈。同样,"输血"的过程也可能存在于母体学校"贫血"的状况,确保名校的"造血"功能得到保障是连锁办学的先决条件。确保名校核心竞争力不被削弱,反而通过释放集团内成员的活力,使集团教育发展达到新的水平,甚至超过母体学校,这是外界的期待。连锁办学为名校师资结构调整提供了新的可能,也为教师的快速成长提供了新的平台。教导主任可以做校长,教研组长可以做教导主任。很多名校校长正是看中"在老校区向新校区输出最佳资源的同时,反过来用新校区的创新成果来促进老校区的改革,实现双赢"。[2]

---

[1] 张云鹰.开放式教育[M].北京:教育科学出版社,2016:37.
[2] 从"名校+新校"到"新校=名校"[EB/OL].(2004-09-21)[2019-1-11]http://news.sina.com.cn/e/2004-09-21/15283730815s.shtml

相对来说,太仓实小将自身多年积累的办学经验和资源优势分享给周边学校,同时自身面临着每年都被抽调骨干教师的局面,这对学校发展既是机遇也是挑战。学校勇于承担自身作为"实验学校"的职责,借助自身贴近学生、贴近教师、贴近学校的"草根精神",在挑战中寻找到服务于区域教育发展的新途径。张云鹰校长则是在毫无心理准备的情况下被教育局提议调任新学校校长。从自己第一次担任校长,并将一所农村学校带到省级优质学校的岗位离开[①],接手一所全新的学校从头开始确实需要极大的魄力。学校管理团队在分析学校处境时发现,坪洲小学是区教育局第六所直属学校,与已经形成办学特色获得社会认可的其他兄弟学校相比差距较大。同时生源结构不理想,第一年的招生中,外来学生人数占70%,家长中受高等教育的人数比例较低。坪洲小学的管理团队确立了"名师治校、质量立校、科研兴校、文化强校"的办学策略后,埋头苦干,甚至牺牲了立校前三年的假期,为新生代学校探索出高端发展之路。

第五节　内涵发展与多维路向:国家政策导向下学校变革的路径反思

回顾改革开放以来中国基础教育学校变革轨迹,我们可以发现,这些深刻的变革离不开社会发展的呼吁与期盼,离不开国家政策的支持与引导,更离不开办学实践者扎根实践场域的努力与思考。反思学校变革的路径取向,我们可以体会实践者认识的逐步深化。审思40年来的发展过程,我们可以发现,走向内涵发展道路是我国基础教育学校自主探索的必然结果,采用开放与协同的发展方式是我国基础教育学校实现深度变革的重要保证,坚持学生立场是我国基础教育学校变革的应然追求。

一、内涵发展:学校自主探索的必然走向

内涵与外延这一哲学层面的概念,目前被一些研究者借用到教育发展领域中,认为"外延发展"主要是指学校在数量上的增长,表现在招生规模、校园面积、教职工数的增长等,内涵发展则是一种积极、进步的发展,意指学校功能活动及其结果品位的提升和相关要素品质的改善与优化。二者间有实质性的差异,概而言之,"内涵发展主要针对发展品质,外延发展主要针对发展的数量"。[②] 不过也有学者认为,把这一对概念应用于描述学校发展方式时,教育内涵式发展与外延式发展与逻辑学中的内涵与外延并

---

① 张云鹰.开放式教育[M].北京:教育科学出版社,2011:4.
② 别敦荣.论高校内涵发展[J].中国高教研究,2016(5):28—29.

不对称。"教育领域中所说的内涵式与外延式发展只是单纯的用来描述发展的不同路径选择,是一种形象的称谓。"① 不过内涵式发展的本质可以理解为,教育系统遵循内外部发展规律与逻辑,在系统内外动力和资源共同作用下,以提升质量为核心、优化结构为依托、促进公平为追求、创新制度为保障,以人才培养、科学研究、社会服务以及文化传承创新等为根本使命,从而实现教育的质量、结构、公平、制度等要素统一、协调、可持续的发展模式。② 当然,学校的发展不能单一说是内涵式发展或者外延式发展起作用,而是两种模式的共同作用下持续推进学校变革。不过,以我国的情况来说,不同阶段二者在主次上有区分,但学校自主发展的必然走向最终是内涵式发展。

我国基础教育学校发展是一个逐步由外延式发展为主走向内涵式发展为主的过程。这源于学校内外发展环境的变化,也源于国家对教育的价值定位。改革开放初期,我国教育面临的主要任务是普及义务教育,扫除青壮年文盲,为社会主义建设事业"又快又好"地培养人才。此时中央提出"社会主义现代化建设必须依靠教育,教育要为社会主义现代化建设服务",在此方针号召下,各地纷纷展开探索。教育实验是观察学校自我探索的重要窗口,分析学校中各阶段开展的教育实验,我们可以清晰看到中国基础教育学校自主探索走向内涵化发展的趋向。改革开放之初,一批在文革中被搁置的教育实验逐步恢复,新的教育实验也拉开序幕。70年代末到80年代末,我国基础教育学校开展的教育实验大都是针对如何提升教学效率。如"分散识字"、自学辅导法、"四性教学法"(马蕊兰)、"情境教学(李吉林)"以及当时针对"六、三"学制弊端开展的"五、四"学制实验。实验追求探索教育规律,以求提高知识传递效率。到90年代初期,教育界已经开始关注学生情感、意志发展的问题。燕国材认为教学活动应关注学生非智力因素的培养问题。③ 而后,学校教育教学活动中对学生非智力因素作用的强调逐步增多。具有代表性的是闸北八中针对"失败"学生开展的"成功教育",通过有意识强化非智力因素的作用,找到转化"学困生"的途径,实现学校发展和学生人生轨迹的双重转变。此后,学校自主探索中,不再仅仅致力于提升学生的智力发展,也关注非智力因素如学校环境建设、活动课程设计对学生发展的影响。闸北八中不仅"在健全

---

① 张德祥,林杰."高等教育内涵式发展"本质的历史变迁与当代意蕴[J].国家教育行政学院学报,2014(11):3—8.
② 张德祥,林杰."高等教育内涵式发展"本质的历史变迁与当代意蕴[J].国家教育行政学院学报,2014(11):3—8.
③ 燕国材.应重视非智力因素的培养[N].光明日报,1983-02-11.

学科课程和加强活动、活动课上下功夫外,还强调环境课程的开发"。① 这里的环境课程主要是指学校环境对学生的熏陶和影响,如自然环境、制度环境和精神环境。进入21世纪后,学校办学条件得到充分保障后,日益注重优化内部结构提升办学水平。新课改确立三级课程管理体制,为学校办学走上内涵化道路提供更多的自由和空间,学校必须在国家课程与地方课程校本化实施的基础上构建本校的课程体系。实践中,基础教育学校开始凸显以规划统领发展的意识,编制学校发展的三年规划或五年规划。这都说明在办学条件得到保障的今天学校开始通过调整内部结构和总体规划来优化资源,统整学校发展,实现学校变革日益走向纵深化。当然,我们不否认现实中一些学校仍然存在以外延式发展为追求,做强做大学校规模的情况。但是,在落实"立德树人"根本任务的过程中,一线学校的办学转向通过调整内部资源和结构,实现效益提升已经成为中国基础教育学校变革的未来趋势。

二、开放协同：学校深度变革的重要保证

改革开放以来我国学校的发展日渐走向开放化和协同化,"学校作为一个变化发展着的对象,它已经不是单质的而是多质的了"。② 中国的基础教育学校曾因其与社区生活间的区隔被学者称之为"村落中的国家",到现在家长、社会团体和社区组织对学校管理和教学参与性的增加,无疑表明学校走向开放。学校发展必须依赖社会提供资源,也必须回应社会对其提出的不同要求,学校组织由内部多个群体组成,也要回应不同群体的不同需求。所以说"学校组织同时存在着一中心、多中心和无中心,而不只是其中一种状态"。③ 学校变革中涉及多个、多方、多级别主体,也意味着变革过程中需要通过对话、协商达到各方"满意"。从我国改革开放以来学校变革历程中也能看到开放与协同是学校变革走向深入的保证。

为恢复文革期间被扰乱的学校教育秩序,1978年教育部颁布《全日制十年制中小学教学计划试行草案》,确立起全国"一纲一本"的课程管理模式,重新恢复高度的集权化。学校的教学内容与日常生活和地区文化割裂,造成只重视知识传授的局面。此后,随着经济体制改革的深入,我国开始建立社会主义市场经济体制,社会对人才规格的要求发生转变,家庭对子女的教育质量要求发生变化。教育体制改革之后,基础教

---

① 刘京海. 成功教育[M]. 福州：福建教育出版社,2007：123.
② 杨小微. 社会转型时期学校变革的方法论初探[D]. 上海：华东师范大学,2002：120.
③ 杨小微. 社会转型时期学校变革的方法论初探[D]. 上海：华东师范大学,2002：120.

育管理权下放给地方,乡镇、街道也逐步涉足学校管理。学校内部开始采用校长负责制、教师聘任制等改革措施增加校内变革活力,教学内容上增加与地方经济发展的呼应。自90年代开始,中央赋予地方相应的课程管理权后,一些经济发达地区如上海、浙江等开始推动适应地区经济情况的课程改革。2001年启动新一轮课程改革,学校拥有对国家和地方课程进行校本化实施的权力。家长、学者和社会团体借助为学校提供课程服务之机,得以介入学校管理之中。当前一些学校也开始借助家委会、校友会以及社区内的教育力量服务于学校发展,学校中涉及的利益主体明显增多。开放化带来更多的办学资源,但主体间的利益协调能力越来越成为学校发展的保证。

学校变革过程中的协同化不仅体现在学校与家长、社会团体和政府间的协同,还体现在学校系统内部即基础教育与高校间的协同。高校与中小学结为伙伴探索学校改进问题在欧美兴起于20世纪70年代,在我国则自1990年代中期取得长足进展。[①] 其实,自90年代以来,整体教育实验推进中已经开始注重整合学校、家庭和社区的力量,区域推进中更是创立教育理论工作者、教育工作者和教育行政管理者的"三结合"模式。[②] 进入新世纪以后,高校理论研究者与中小学办学实践者之间合作力度明显加大,其合作模式也被分为利益联合型、智慧补合型、文化融合型。[③] 大学与中小学(U-S)的合作经历从"一校对一校"点对点,到"一校对多校"的点对面合作,还有行政部门支持的"点对区域合作"。进入新世纪以来,教育行政部门介入"U-S"合作的力度加大,很多薄弱学校在行政力量帮助下得以借助这一平台实现"坐电梯式"发展。以行政力量导向的中小学间(S-S)合作典型案例是杭州的名校集团化办学、上海浦东的学校"委托管理"。行政领导力量推动学校间通过教师交流、领导互动、共同举行研讨会议等方式实现资源流动。中小学间也有出于发展需要或因共同研究兴趣和价值追求形成的"S-S"合作模式。如湖北荆门市象山小学与十余所乡镇小学组成"学校整体改革"协作组;杭州江干区凯旋教育集团中五所学校因为发展需要,组成松散型教育集团。随着我国区域教育均衡化的推进,越来越多协作呈现出"U-D-S"间合作的趋势。

高校与中小学的协作中,针对学校具体的办学需要如学生有效学习、教师的专业

---

① 张景斌. 大学与中小学的伙伴协作:动因、经验与反思[J]. 教育研究,2008(3):84—89.
② 熊明安,喻本伐. 中国当代教育实验史[M]. 济南:山东教育出版社,2005:900.
③ 吴康宁. 从利益联合到文化融合:走向大学与中小学的深度合作[J]. 南京师大学报(社会科学版),2010(3):5—11.

发展、学校的教育科研乃至校园文化建设等与学校变革密切相关的话题进行研究,其目的是促进学校教学质量提升,最终服务于学生的发展。校际间的合作无论是对大学还是中小学均是一个互利互助的过程,二者的伙伴协作"已成为学校改进和教育变革的有效策略"①。改革开放以来学校发展中开放与协同是一个共生的过程,开放带来更好地协作,共赢的协作带来了更具有深度意义的开放。

三、学生立场：学校变革的应然追求

纵观我国改革开放40多年来的历史,可以发现指导教育改革的基本价值诉求有两种:其一是国家价值诉求,主要表现为将国家利益作为教育发展原动力。其二是功利主义价值诉求,就是追求现实的功利或利益以及诉诸工具理性。② 在近些年中,我国基础教育学校的价值追求逐渐从注重办学设施完善、教育普及率提升和学校升学率提高等外在指标逐渐转移到通过调整学校内部体制机制改革、调整和重组课程结构、提升学生"核心素养"、满足学生差异化发展需求等内涵化指标上。这也凸显出我国学校转向内涵式发展的过程中逐渐明确了学校变革的学生立场。

1949年12月召开的第一次全国教育工作会议阐明了新中国初期的教育发展方向和历史定位,其中提出"为工农服务,为生产建设服务",③这也明确了当时中小学的工作任务。此后一段时间,学校教育培养目标限定为"劳动者"。1961年,教育部将毛泽东在1957年和1958年两个讲话中对教育工作的要求加以整合,报中共中央审批后成为新中国的教育方针,即"教育必须为无产阶级政治服务,教育必须同生产劳动相结合,使受教育者在德智体几方面都得到发展,成为有社会主义觉悟的有文化的劳动者"④。随着形势变化,1985年颁布的《关于教育体制改革的决定》认为,"今后事情成败的一个重要关键问题在于人才",并认为"教育必须为社会主义建设服务,社会主义建设必须依靠教育"。教育要坚持"三个面向","为90年代以至下世纪初叶我国经济和社会的发展,大规模地准备新的能够坚持社会主义方向的各级各类合格人才"⑤。此时,学校对于人才的理解更多局限于掌握知识,各地学校主要在提高学生知识传授上做工作。实践中出现的"片面追求升学率倾向"严重违背了中央对培养"全面发展"

---

① 张景斌.大学与中小学的伙伴协作:动因、经验与反思[J].教育研究,2008(3):84—89.
② 石中英,张夏青.30年教育改革的中国经验[J].北京师范大学学报(社会科学版),2008(5):22—32.
③ 何东昌.中华人民共和国重要教育文献(1949—1975)[G].海口:海南出版社,1998:17.
④ 顾明远.中国教育大百科全书(第4卷)[M].上海:上海教育出版社,2012:2429.
⑤ 何东昌.中华人民共和国重要教育文献(1976—1990)[G].海口:海南出版社,1998:2285—2287.

的人的要求。到90年代后,中央确立建立社会主义市场经济的任务后,人们从计划经济下"他主他控"的状态转移到"自主自控"的状态,发展个体的主动性、创造性成为时代要求。另外,政府认为"努力提高全民族的思想道德和科学文化水平,这是实现我国现代化的根本大计"。① 1993年,《中国教育改革和发展纲要》开始提出中小学要由"应试教育"转向全面提高国民素质的轨道。并且,各级各类学校要贯彻"教育必须为社会主义现代化建设服务,必须与生产劳动相结合,培养德、智、体全面发展的建设者和接班人"的方针②。此后对于"素质教育"呼声高涨,学校探索中开始关注学生立场,这主要表现为尊重和认识学生成长的需要,满足不同阶段、不同个性学生成长的需要。

从1992年国家教委颁布《九年义务教育全日制小学、初级中学课程计划(试行)》开始,学生的发展需求被逐渐重视,学校课程的安排体现了统一性和灵活性。如国家课程在课程体系中占90%左右,安排较少比例的地方课程,部分课程设置两级教学标准。全国多个地区展开的素质教育实验如成功教育、愉快教育、情境教育等虽然名称不同、方法各异,但都围绕着如何帮助学生成长,如何发展学生能力来进行。新世纪的新一轮课改,更是将培养学生的创新精神放在首位,实行国家、地方、学校三级课程管理,增加课程对地方、学校和学生的适应性。新课改更是倡导"体验课程"而非"文本课程",强调特定情境下每个学生对于同样的内容有其自身独特的解读,允许学生将"给定的课程"转化为"自己的课程"。教师和学生本身就成为课程的建构着和创造者,是课程的有机组成部分。③ 2006年,《中华人民共和国义务教育法》经修改后,提出"义务教育必须贯彻国家的教育方针,实施素质教育,提高教育质量,使适龄儿童、少年在品德、智力、体质等方面全面发展,为培养有理想、有道德、有文化、有纪律的社会主义建设者和接班人奠定基础"。④ 从中可见,无论是对于全面发展的内容丰富化和具体化,还是对培养的人才规格的要求,都越来越体现出对受教育者的关注。当前,在学校实践中,依据国家课程和地方课程的校本化实施情况,学校不断创生培养学生"核心素养"的课程体系。如深圳市宝安区坪洲小学的"配方课程",杭州凯旋教育集团中春芽实验学校书法特色、景华小学工艺特色、茅以升实验学校科技特色、南肖埠小学国际象棋特色等。学校变革中越来越注重更具地区特色、契合学校情况和学生需要,在变革

---

① 何东昌. 中华人民共和国重要教育文献(1991—1997)[G]. 海口:海南出版社,1998:3468.
② 何东昌. 中华人民共和国重要教育文献(1991—1997)[G]. 海口:海南出版社,1998:3468.
③ 王本陆. 中国教育改革30年 课程与教学卷[M]. 北京:北京师范大学出版社,2009:87.
④ 国务院法制办公室. 中华人民共和国义务教育法[G]. 北京:中国法制出版社,2006:3.

中逐渐确立起学生立场,以尊重学生成长权利。

总的来看,改革开放以来,我国基础教育学校变革沿着自身应有的逻辑持续演进。在不同发展阶段,学校面临的具体问题不同,变革的核心任务各异。关键历史节点,政府总是及时出台改革文件以启动课程改革、推进体制机制改革引领学校发展变革的航向。基层实践者则以极大的变革勇气和实践智慧投入改革探索之中,使学校发展呈现出多元化的变革路线。在上下互动的协同探索中,学校发展开始强调坚持学生立场,并呈现出走向内涵化、开放化的趋势。

第十二章　改革开放后基础教育学校变革路径的新探索（下）：民间自主实验

"改革开放"以后，基础教育界涌现出很多来自民间的自主改革实验，这些实验主要有三种路径。第一种路径是由点到面，以单科教学改革推动学校的整体变革，这种变革路径以南通师范二附小李吉林主导的"情境教育"实验和上海青浦地区顾泠沅主导的"青浦实验"为代表。第二种路径是以问题为导向，不断创新问题解决方式的综合变革。这种变革路径以上海市闸北八中刘京海主导的"成功教育"改革实验和湖北大学黎世法主导的"异步教学法"实验为代表。第三种路径是专家引领下的学校集团式变革，这种变革路径以北京市"小学生全面发展教育实验"和杭州江干区凯旋教育集团改革实践为代表。这三种路径的学校自主改革探索实践具有四个共同特征：都是有意识的本土教育思想自主创生；都强调从实践经验出发进行理论建构；变革行动是自觉产生的，而且长期持续进行；越来越注重合作共享和多方共赢。

第一节　以单科教学改革推动学校整体变革

在基础学校变革的方式中，有一类是从单科教学改革起步，带动着各科教改，最后推动全校甚至地区教育整体变革的，代表性个案是江苏南通李吉林主导的"情境教育"实验和上海青浦顾泠沅主导的"青浦实验"。这两个实验的特别之处有二：一是改革以点带面，从小到大，最后的发展远远超越了初衷，二是实验主导者与改革实验互相成就，改革实验是新中国教育史上的教育实验典范，实验主导者也成为了当代知名的教育改革家。

一、始于语文教改的南通师范二附小"情境教育"实验

"情境教育"是由李吉林在南通师范二附小开展的一项从语文教学改革到全校整体改革的教育实验,此实验长达二十余年,结出了丰硕的成果,形成了"情境教育"理论,在我国中小学界影响深远。

(一)"情境教育"的产生与发展

"情境教育"的产生与发展历程可以大致可以分为三个阶段:第一个阶段是情境教学实验与总结(1978年至1990年),在这个阶段,李吉林集中进行了小学语文教学改革实验;第二个阶段是"情境教育"探索与研究(1990年至1996年),从这时候起,李吉林将小学语文情境教学改革经验推广到其他学科领域,探索学校整体改革;第三个阶段是情境课程的提出与开发(1996年至2018年),在这个时期,李吉林进一步深化"情境教育"理论研究,提出了情境课程的内容和操作要义。

李吉林(1938年6月10日—2019年7月18日),江苏人,全国著名特级教师,"情境教育"创始人,江苏情境教育研究所所长,因在教育教学理论研究等方面有突出贡献,曾被国务院授予"全国先进工作者""全国劳动模范""全国三八红旗手"等称号。2014年,李吉林获得全国首届"基础教育国家级教学成果"特等奖第一名。2019年7月18日,李吉林因病逝世,享年81岁。

李吉林于1956年毕业于江苏省南通女子师范学校后,一直任教于南通师范第二附属小学,她天资聪颖,热爱教育事业,工作特别认真努力,同时利用课余时间如饥似渴地学习教育理论知识,很快成长为一名优秀教师。1978年,40岁的李吉林被评为江苏省首批特级教师,也就是从这时起,李吉林乘着改革开放的东风,开始了第一轮情境教学实验。她回忆道:

> 那时候,人民教育出版社的小学语文新教材发下来了。我一看,编得真好呀……选文优美新颖,语文训练的材料丰富,形式上新颖独特,而且还充满童趣!这套教材吸引了我,也激发了我的教改热情。我想,要把这新教材教好,老的教法一定得改革。我决心从一年级开始搞清楚整个小学语文的来龙去脉,跟踪下去,完成小学阶段的全部教学改革探索。于是,从1978年开始,我放弃了我所熟悉的中高年级的语文教学,放弃了我儿子所在班级的教学,从一年级上学期教起,改革

也从这儿开始。①

从1978年至1983年的五年间,是李吉林开始情境教学的第一轮实验,她以一个五年制的小学班级为对象开展实验,试图改变当时小学低年级语文教学单调、呆板、低效的状况。经过思考后,李吉林决定借鉴中学外语情境教学的经验,结合中国古代文论中的"意境说",将情境教学运用于小学语文教学。实验是在摸索中进行的,开始只是局部尝试,在阅读课中开展情境教学,运用情境进行片段语言训练,取得良好效果后,再在作文课中开展情境教学,通过带入情境或创设情境的方式提供作文素材,效果非常好。很快,实验班的学生取得了进步,二年级时写的作文就超过了三年级学生的水平,很多学生的作文都发表在报刊上,后来甚至正式出版了一本文集《小学生观察日记》(江苏人民出版社,1982)。1981年,李吉林的论文《语文教学上的创设情境》在《教育研究》第8期发表,阐述了她运用情境教学方法进行语文教学改革的观念。1983年,实验班的学生准备毕业了,虽然少学习了一年,但他们在参加全区六年制学生的统考时,成绩仍明显优于六年制学生,不但语文成绩突出,作文分数很高,而且其他各科成绩也不错,实验班93.5%的学生达到了优秀,43人中就有33人考上重点中学,打破了南通市小升初的最高纪录。② 事实证明,语文情境教学是有效的,不但能提高学生的语文水平,还能提升学生综合素质,有助于促进学生各科的学习。第一轮实验成功了。

第一轮实验结束后,李吉林总结情境教学的经验,明确提出:"情境教学是通过创设优化情境,激起儿童热烈的情绪,把情感活动与认知活结合起来的一种教学模式。"③她概括出创设情境的六个途径:以生活展现情境;以实物演示情境;以图画再现情境;以音乐渲染情境;以表演体会情境;以语言描绘情境。1987年,江苏省成立"江苏省教委推广李吉林教改经验领导小组",从教育行政层面为李吉林教改经验在全省的推广提供了保障。在这期间,李吉林写出了她的第一本专著《情境教学实验与研究》(四川教育出版社,1988),概括出情境教学的四个特点:形真、情切、意远、理寓其中,以及五种类型:实体情境、模拟情境、想象情境、推理情境、语言情境。

1986年前后,李吉林开始探索以"情境教育"促进学校整体改革,将情境教学提升

---

① 李吉林.李吉林与情境教育[M].北京:北京师范大学出版社,2006:9.
② 李吉林.李吉林与情境教育[M].北京:北京师范大学出版社,2006:12.
③ 李吉林.情境教育精要[M].北京:教育科学出版社,2016:4.

为"情境教育"。她说:"第二轮实验开始了,这一次是一年级7个班协同动作。在这个阶段,我虽然没有直接明确地提出整体改革的方法,但主题是很明确的。那就是从单班单科走向一个年级的整体改革。"①关于整体改革实验的推进,她后来进一步阐述道:

> 我当时非常清楚地意识到教育本身就应该是整体的,因此毫无疑问,运用情境教学来进行全校的整体改革是完全可能的。情境教学就在国际国内教育不断变革的大背景下,合乎逻辑地向情境教育拓展。就这样,由小学语文情境教学发轫的,我一人实验的、单科的教学改革,扩展到整个年级,最后是整个学校。全体教师参与的、整体改革的实验,轰轰烈烈地开展起来了。②

1990年,李吉林策划、设计了"情境教育"整体改革实验方案,将主题定为"着眼发展、着力基础,以情境教育促进儿童素质全面发展"。首先在思想品德课中开展"情境教育",然后推广到音、体、美等课程中,最后攻克数学,在数学教学中运用"情境教育"方法提升教学效果。同年,学校成立青年教师培训中心,李吉林作为中心辅导员,承担起师资培训工作,在青年教师中推广"情境教育"。

1994年,李吉林发表文章《从"情境教学"到"情境教育"的探索与思考》(《中国教育学刊》1994年第1期)阐述了"情境教育"整体改革实验的经验,从空间、主体、距离、目标四个方面构建起"情境教育"的基本模式,即拓宽教育空间,追求教育的整体效益;利用角色效应,强化主体意识;缩短心理距离,形成最佳的情绪状态;注重应用操作,落实全面发展的教育目标。此后,李吉林进一步总结了"情境教育"的基本原理,即暗示诱导原理、情感驱动原理、角色转换原理、心理场整合原理。

1996年12月,中央教科所和江苏省教委联合举办"全国情境教学—情境教育学术研讨会",会上,李吉林首次提出了"情境课程"主张,提出将活动课程和学科课程在优化的情境中有机结合,创造性地设置"情境课程",继而申报教育部"十五"重点课题"情境课程的开发与研究"(2001)并获得立项。这可以算是第三轮实验。在研究中,李吉林总结道:情境课程对儿童的学习和发展起着整合、熏陶、启智、激励的作用;情境课程的内容主要包括核心领域(学科情境课程)、综合领域(主题性大单元情境课程)、

---

① 李吉林. 李吉林与情境教育[M]. 北京:北京师范大学出版社,2006:78.
② 李吉林. 李吉林与情境教育[M]. 北京:北京师范大学出版社,2006:17.

源泉领域(野外情境课程)、衔接领域(过渡性情境课程)四个方面;情境课程的操作要义是以"美"为突破口,以"情"为纽带,以"思"为核心,以"儿童活动"为途径,以"周围世界"为源泉。

"情境教育"与情境课程的研究越来越深入,1998年12月,江苏情境教育研究所成立,李吉林任所长。2006年5月以后,随着八卷本《李吉林文集》由人民教育出版社出版,"情境教育"在教育理论研究与实践中影响越来越大。2008年,中央教育科学研究所、教育部课程教材发展中心、中国教育国际交流协会、华东师范大学、江苏省教育厅、南通市人民政府等联合举办"李吉林情境教育国际论坛",中外近百名教育专家参加了论坛。2013年4月18日,南通市教育局成立"情境教育实验总校",并授予48所学校和18所幼儿园"情境教育实验学校"、"情境教育实验幼儿园"称号。会上,教育科学出版社出版的李吉林《情境教育三部曲》正式首发。

"情境教育"反映了教育规律,具有丰富的内涵和显著的效用,表现出长久的生命力。2017年11月,"李吉林情境教育展览馆"落成。2018年11月13日,中国教育学会、中国教育报刊社、江苏省教育厅、南通市人民政府联合主办"40年情境教育创新之路展示交流活动暨中国教育学会情境教育研修与推广第三次培训",回顾、总结、推广"情境教育"理论和实践成果。

(二)"情境教育"的核心理念

"情境教育"将教育过程中的情感活动与认知活动结合起来,其核心理念大致可以用四个核心元素与四个特点、促进儿童发展的五个要素,以及促进儿童主动投入学习活动的四个原理来概括。

1."情境教育"的四个核心元素与四个特点

李吉林结合中国古代文化中的"境界说",概括出"情境教育"的四个核心元素——"真""美""情""思"。具体来说,就是讲究"真",将符号学习与多彩生活密切结合起来,让儿童体验真实的世界;追求"美",在美的熏陶、感染中,让儿童产生审美愉悦感和主动学习的意愿;注重"情",教学中与儿童真情交融,以情感伴随认知活动;突出"思",尽力开发儿童的潜在智慧,给儿童广阔的思维空间。[1]

围绕"真""美""情""思"四个核心元素,"情境教育"的实施过程形成了四个特点,即"形真""情切""意远""理寓其中"。

---

[1] 李吉林.情境教育精要[M].北京:教育科学出版社,2016:6—10.

形真,即形象真切。情境教学创设的形象要具有真切感,神韵相似,以"神似"显示"形真",就如同中国画的白描写意,寥寥几笔就可以勾勒出形象,看来却是真切的。"形真"不是实体的机械复制,或照相式的再造,而是以简化的形式、暗示的手法获得与实体在结构上对应的形象,从而给学生以真切之感。

情切,即情真意切。情境教学注重促进儿童情感的发展,调动学生的情感参与认知活动,在教学活动中强调以生动的形象激起学生的学习情绪,生动的形象连同教师的语言、情感,教学内容以及课堂气氛,共同形成一个心理场,促使儿童主动积极地投入学习活动,达到整体和谐发展的目的。情感在这里不仅是教学手段,更是教学目的。

意远,即意境广远,给儿童以想象空间。情境教学讲究"意象",取"情境"而不取"情景",其原因就在于"情境"具有一定的深度与广度。教师将情境作为一个整体展现在儿童的眼前,造成"直接的印象",成为儿童想象的契机,并凭借儿童的想象活动,把教材内容与所展示的生活情境联系起来,把儿童带到课文描写的那个情境中。情境教学所展现的广远意境能激起儿童的想象,而儿童的想象又丰富了课文情境。

理寓其中,即蕴涵理念。情境教学创设一个或一组围绕教材中心的情境,以具体的形象来阐述抽象的理念,帮助学生透过现象认识事物本质及其相互关系,提高儿童的认识与思考力。[1]

2. "情境教育"促进儿童发展的五个要素

第一轮实验后,李吉林经过总结,提出了情境教学的五个要素,分别是:以培养兴趣为前提,诱发主动性;以指导观察为基础,强化感受性;以发展思维为核心,着眼创造性;以激发情感为动因,渗透教育性;以语言训练为手段,贯穿实践性。[2] 此后,李吉林进一步提出要以促进儿童全面发展为目标,把促进儿童发展的多个因素统一在教学活动中,并具体阐述了情境教育五个要素的内涵。

(1)以培养兴趣为前提,诱发主动性。教学成败的关键是儿童能否主动投入学习,因此,情境教学注重把儿童带入情境,诱发儿童主动探究的心理,让儿童在探究的乐趣中激发学习动机,又在连续的情境中强化学习动机。这个过程可简单地概括为:探究——满足——乐趣——产生动机。教师有意识地把儿童带入课文描写的相关情境,让儿童感到"情境即在眼前","我即在情境中",儿童进入情境后的热烈情绪又反过来丰富情境,使教学成为儿童高兴参与的有趣活动。

---

[1] 李吉林.情境教育精要[M].北京:教育科学出版社,2016:11—16.
[2] 李吉林.李吉林与情境教育[M].北京:北京师范大学出版社,2006:56.

(2) 以指导观察为基础,强化感受性。情境教学提倡小学教学应"强化感受,淡化分析",即通过优化的情境帮助儿童感知教材内容,感受教材内涵。生活的场景,生动的画面,音乐的旋律,角色的扮演或实物的演示等,这些优化的情境中富有情感色彩的具体形象为儿童理解知识作好了准备。进入情境后,儿童通过感官与心智去感受、去体验,其视觉、听觉、运动觉就在这个过程中变得敏锐、完善起来。这种训练,使儿童对周围世界日渐留心、敏感,逐渐积累起丰富的表象。

(3) 以发展思维为核心,着眼创造性。情境教学着眼于培养儿童的创新精神和创造性思维。首先,情境教学注重帮助儿童学会观察、积累表象,经常开展有目的的观察活动,培养儿童留心周围世界细微变化的观察习惯和精细观察能力。其次,情境教学注重促进儿童想象,创设的情境为儿童留有宽阔的想象余地,儿童的想象越丰富,对课文的理解就越深刻。再次,情境教学鼓励求异,有意识地培养儿童思维的广阔性与灵活性,以启发式教学促进儿童发散性思维的发展,使其处于积极活跃的心理状态中。

(4) 激发情感为动因,渗透教育性。情境教学以爱国主义教育为起点,以审美教育为手段,通过感受"美",激发"爱",促使学生产生真情实感,采取"滴水穿石"的办法,在语文教学中渗透教育性,引导学生在初读课文时"入情",在感受课文描写的形象时"动情",在领悟课文语言的神韵时"移情",在朗读和语言训练时"抒情"。

(5) 以学科训练为手段,贯穿实践性。情境教学强调语文学科基础,注重语言训练,通过语言训练促进思维发展,同时注重教学内容的实践性,在课堂里模拟生活实践,进行以应用为目的的语言能力训练。①

3. "情境教育"促进儿童主动投入学习活动的四个原理

"情境教育"在实践中获得成功以后,李吉林总结发现:"情境教育"之"情境"是"有情之境",是"活动之境",是一个充满美感和智慧的交互的情境,是一个师生互动、有情有趣、多姿多彩的网络式的广阔空间,儿童在这样的空间中活动,能满足其对知识、审美、情感的需求,能产生心理共鸣,获得全面发展。此后,李吉林借鉴心理学理论,提炼出"情境教育"促进儿童主动投入学习活动的四个原理。

(1) 暗示倾向原理。即针对儿童的特点,运用图画、音乐、表演、现实生活场景等直观形式,引导儿童进入情境,投入教育教学活动中。

(2) 情感驱动原理。即利用移情作用,让儿童产生身临其境的主观感受,并激起

---

① 李吉林.情境教育精要[M].北京:教育科学出版社,2016:28—38.

热烈的情绪投入教学活动。

(3)角色转换原理。即运用再现教材角色(或相关角色)的活动,引导儿童进入角色,体验角色心理,评价角色行为,其过程可概括为"进入情境——担当角色——理解角色——体验角色——表现角色——产生顿悟"。

(4)心理场整合原理。即创设或者优选富有美感的、具有教育意义的、充满智慧和儿童情趣的情境,形成心理场,促使儿童情不自禁地受到影响。[①]

(三)"情境教育"的实践经验

"情境教育"的实践经验大致可以归纳为:开发情境课程的四大领域、营造学习情境的四种方式和五大要义,以及创设情境的六条途径。

1. 情境课程的四大领域

四大领域是核心领域、综合领域、衔接领域、源泉领域,包括学科情境课程、主题性大单元情境课程、野外情境课程、过渡性情境课程等,四个领域形成一个网络,将知识的系统性、活动的操作性、审美的愉悦性融为一体,强调在优化的情境中促使儿童主动参加,以特定的氛围激起学生热烈的情绪。[②]

2. 营造学习情境的四种方式

(1)拓宽教育空间,追求教育的整体效益。学校通过多样性的课外教育活动、主题性大单元教育活动、野外情境教育活动等三个领域拓宽教育空间,丰富促进儿童身心素质发展的资源。

(2)缩短心理距离,形成最佳的情绪状态。一方面创设亲、助、乐的人际情境,另一方面创设美、趣、智的教学情境,通过亲和的人际情境和生动的学习情境来缩短儿童与老师、与同学、与教学内容之间的心理距离,促使儿童以最佳的情绪状态投入学习,获得发展。

(3)利用角色效应,强化主体意识。让儿童在已创设的特定情境中扮演角色,使其"进入角色",从而由教育教学过程中的"被动角色"转变为"主动角色"。儿童除了扮演教材中的角色外,还可以扮演向往的角色、童话角色、现实中的角色等。

(4)突出实践创新,落实全面发展目标。强调"着眼发展,着力基础","从未来出发,从现在做起",进行有序的、系统的实践操作训练。儿童的实践操作大致有三种:实际性操作、模拟性操作、符号性操作,三种操作从不同层面训练儿童的动手能力。教

[①] 李吉林.情境教育精要[M].北京:教育科学出版社,2016:208—210.
[②] 李吉林.情境教育精要[M].北京:教育科学出版社,2016:168.

师不是知识的传授者,而是播种者,唤醒者,鼓舞者——去播撒创新的种子,去唤醒创新的潜能,去鼓舞创新的志向。培养儿童的创新精神则从四个方面着手:一是在审美愉悦中,培育创新的土壤,让思维进入最佳的心理状态;二是在和谐的师生关系中,激活创新的潜能,以情感点燃智慧的火花;三是在观察与想象中,拓宽创新的空间,让思维插上翅膀;四是在学科训练中,培养扎实的实践能力,为创新打下必要的基础。

3. 营造学习情境的五条要义

(1) 以"美"为境界。"情境教育"选择以"美"为突破口,显现"美"的教学内容,运用"美"的教学手段,通过"美"的语言,让学生感受到美,联想到美,领悟到美,从而丰富儿童的表象,激活学生的思维、想象、情感活动,促使儿童的认知与人格和谐发展。具体来说就是通过图画中的色彩、线条、形象,音乐的节奏、韵律,表演中的角色、情节等让儿童充分地感受美,理解美,热情地创造美,最终达到教学的完美境界。

(2) 以"思"为核心。"情境教育"主张以促进儿童思维发展这一核心理念来设计组织教学,做到倾注期待,使儿童在最佳的心理状态下积极思维;启迪想象,让儿童在宽阔的思维空间中提高悟性;结合实践,在有情有趣的学科活动中,将创新能力的培养落到实处。

(3) 以"情"为纽带。"情境教育"注重促使儿童产生情感,发展情感,努力做到教师与学生之间真情交融,教材与学生之间引发共鸣,学生与学生之间学会合作。教学中如果太注重理性,忽略情感,会造成教师与学生之间、学生与教材之间、学生与学生之间产生距离与隔膜,这种"距离感"会使学生难以形成热烈的情绪,难以主动地投入教学过程。

(4) 以"儿童活动"为途径。"情境教育"将活动融入课程,让学生在乐中学,趣中学,动中学,做中学,在活动中进行能力训练,在活动中突出教材重点,突破教材难点,强化基本能力。

(5) 以"周围世界"为源泉。"情境教育"注重儿童与大自然的接触,让儿童走出封闭的教室,来到广阔的天地里,自由呼吸新鲜空气,从而拓宽视野,得到源源不断的思维"材料",保障其第一信号系统和第二信号系统平衡发展。①

4. 创设情境的六条途径

李吉林总结出六条创设情境的途径:一是以图画再现情境,可以运用插图、粉笔

---

① 李吉林.情境教育精要[M].北京:教育科学出版社,2016:210—226.

画、剪贴画、视频画面等；二是以音乐渲染情境，可以播放现成的乐曲，或者教师学生现场弹奏或演唱；三是角色体验情境，让学生进入角色或扮演角色，从而动情、移情；四是游戏比赛情境，可利用传统游戏，或创造新游戏，让儿童在玩中学；五是网络拓展情境，培养儿童主动利用网络搜索信息、选择信息、探究信息、交流信息、评价信息、运用信息；六是语言描绘情境，教师的语言除了要具有示范性外，还要具有主导性、形象性和启发性。①

总之，李吉林通过长期的实验与思考，不断丰富着"情境教育"的内涵，细化"情境教育"方法，形成了较为完善的"情境教育"体系，在中小学界产生了较大影响。

二、始于数学教改的上海青浦地区学校"青浦实验"

"青浦实验"是1977年之后顾泠沅主导进行的一项历时共二十五年的上海市青浦县（现为青浦区）教育改革实验，实验从小到大，从点到面，前期主要进行数学教学改革，后期则将数学教改的成功经验迁移到各科诸育中，推进全县学校整体改革，使青浦县中小学校教学质量得到大面积提高。"青浦实验"实践效果显著，理论成果丰硕，在我国教育界享有较高声誉。

（一）"青浦实验"始末

顾泠沅，1944年生，江苏吴江人，原上海市教科院副院长、上海市首届教育功臣、上海市劳动模范、全国劳动模范，获全国五一劳动奖章，享受国务院特殊津贴。1977年，时任青浦县教师进修学校数学教研员的顾泠沅针对当时数学教学质量低下的情况，带领实验小组开展数学教改实验，"青浦实验"由此开始。

"青浦实验"分为五个阶段，分别为现状调查（1977年至1980年）、经验筛选（1980年至1981年）、实验验证（1981年至1984年）、运用推广（1984年至1992年）、后续研究（1992年至2003年）。

第一个阶段是现状调查。调查工作分两方面，一方面是了解现状并发现问题，另一方面是收集实践经验。调查方式主要是测验统计和现场考察，调查对象为学生的学习基础和状态，以及教师的教学状态。调查发现全县4373名学生数学成绩普遍较低，及格率仅为2.8%，大部分学生基础知识欠缺，运算能力差，缺乏基本的分析解决数学问题的能力。现场观察也发现学生学习不认真，上课注意力不集中。对数学教师进行

---

① 李吉林.情境教育精要[M].北京：教育科学出版社，2016：17—27.

抽样跟踪调查后,发现大部分教师在工作态度、业务能力和教学方法上存在着明显的缺陷,很多教师教学经验欠缺,教学方法落后,甚至有一些教师讲课时出现了较多知识性错误。调查工作进行了约三年时间,通过全面调查,实验小组发现问题出在课堂教学中,关键是要提高教师素质,改变教学方法。在摸清问题的同时,实验小组也收集到大量有效的数学教学实践经验,这些一手的经验极具实用性和操作性,虽然理论性不强,但却是教师们最鲜活的教学妙招。实验小组从这些实践经验中整理出160多条,作为后面筛选经验的基础。

第二个阶段是经验筛选。从1980年4月开始,实验小组在收集到的大量原始经验的基础上,通过行动研究法来提炼经验系统,这个过程大概花了一年时间。具体做法是:将前期收集到160多条数学教学实践经验运进行分类组合,结合教学理论和学生情况,设计实施方案;按计划实施后,进行系统考察和评价;最后根据考评结果对这些经验进行扬弃或优化组合;然后再计划、实施、评价、扬弃,反复多次后筛选出最有效的经验并形成结构。通过经验筛选,实验小组提炼出"尝试指导,效果回授"教学策略,具体做法是:首先,让学生面对适度的难题,激发其学习的兴趣;其次,组织好课堂教学的层次、序列,教学步子要小一些;再次,在讲授的同时辅以"尝试指导"活动,讲练结合,适度指导;最后,充分了解教学效果,及时反馈,随时调节教学。

第三个阶段是实验验证。从1981年9月开始,实验小组精心设计实验,将"尝试指导,效果回授"教学策略放到课堂教学里进行验证。实验进行了三年,分为主实验和辅助实验,主实验以自然实验法为主,检验"尝试指导,效果回授"教学策略的可行性及效果,辅助实验主要是关于课堂教学评价方式与学生解题思路的评价与指导。主实验的具体做法,第一步是将教学目标细化,形成合适的梯度与小步子,以便于学生尝试;第二步是创设问题情境,激发学生的求知欲;第三步是指导学生开展尝试活动;第四步是组织分水平的变式训练,随时了解和评定学生的学习效果,并针对性地调整教学;第五步是通过必要的讲解,帮助学生将新旧知识联系起来,形成系统。实验小组选择了有代表性的五所中学,再从中选取实验班和对照班各一个进行实验。参与实验的共440名学生,为了进行个体对照研究,实验小组还从实验班与对照班中各选取50名学生组成对子,每一对学生的性格、学习成绩、家庭环境等都十分相似。实验班用"尝试指导,效果回授"策略进行教学,对照班用一般方法教学。不久之后,实验班的教学质量大大地超过了对照班,实验班学生的考试成绩、阅读能力、思维能力都比对照班高,而且差距还在逐年增大。三年实验结束后,实验班学生的成绩证明实验是成功的。顾泠沅说,初中毕业班学生的成绩"从 1979 年的平均 32.5 分、合格率 16％,逐年稳步上升,到 1984 年以后连续多年保持在较高的水平线上,1986 年达到平均 79.2 分,合格率 85％,80 分以上学生比率 62％(全市的合格率 68％,80 分以上学生比率 42％),而且学生的智慧、能力也有相应的提高,初步实现了大面积提高全县数学教学质量的奋斗目标"。① 实验结果表明,"尝试指导,效果回授"教学策略可以大面积提高数学教学质量,且在不同类型的学校,不同程度的班级中都具有可行性。

第四个阶段是运用推广。从 1984 年 9 月起,实验小组开始扩大实验,推广经验,在教育行政部门的支持下,将数学教改的经验迁移到其他学科和领域。1986 年,实验成果由上海市教育局向全市推广。1990 年,实验小组把数学教改成果编制成全县教师的职业培训课程,并摄制电视录像片多部供教师学习。传播教改经验时,实验小组把教学理论与教学方法的学习结合起来,把教师的职业进修与教学研究活动结合起来,把科研成果的总结与教学常规的管理结合起来,并针对不同对象有计划地推广。也在这一年,"青浦实验"获国家教委颁发的"建国 40 年来全国教育科学优秀成果奖"一等奖。1991 年,青浦县数学教改实验小组所著《学会教学——青浦教改实验过程》由人民教育出版社出版,后获"中国教育学会成立五十周年优秀专著奖"和首届"苏步青数学教育奖"。

第五个阶段是后续研究。主体实验基本结束后,顾泠沅又带领实验小组对"青浦实验"进行了十年的后续研究,主要是进行实验成果的总结、提炼、深化与推广。1992 年,上海召开了"青浦县教改经验全国推广会"。此后《人民教育》、《教育研究》等杂志发表了十余篇有关青浦经验文章。1994 年,顾泠沅的著作《教学实验论——青浦实验的方法学与教学原理研究》出版,这项成果获全国首届师范院校基础教育改革实验研究项目一等奖。1998 年,顾泠沅调离青浦,担任上海市教育科学研究院副院长,组建教育部中小学教师继续教育上海研究中心,继续研究青浦实验,指导中小学的教育科研与在职教师的继续教育。这一时期,顾泠沅出版了《青浦实验启示录》(上海教育出版社,1999)、《寻找中间地带:国际数学教育改革的大趋势》(上海教育出版社,2003)、《教学改革的行动与诠释》(人民教育出版社,2003)等,对青浦经验与教学改革问题进行了更深入的分析与思考。2003 年,顾泠沅将主要精力放到"行动教育"教师专业发展模式的研究上,"青浦实验"正式结束。

---

① 顾泠沅.教学实验论——青浦实验的方法学与教学原理研究[M].北京:教育科学出版社,1994:51.

(二)"青浦实验"的核心理念

"青浦实验"的核心理念可以概括为:一个策略、四条主要经验、四个教学原理、五个教学环节。

一个策略指"尝试指导,效果回授"教学策略,即教师引导学生边听、边想、边尝试,促使学生发现问题、提出问题、分析问题、解决问题。通常可以选择部分教材让学生自学,教师在旁指导析疑,引导学生自己探究结论,然后运用多种变式的练习题,检阅学生尝试的成果,最后教师再根据学生尝试的效果进行讲解,以巩固和深化知识。

"青浦实验"的四条主要经验指:"让学生在迫切要求之下学习""组织好课堂教学的层次(序列)""在讲授的同时,辅之以尝试指导""及时获取教学效果信息,随时调节教学"。这四条经验是符合人的认知过程的,分别对应着认知过程的动因、内容、方法和结果。根据认知理论,顾泠沅将这四条主要经验进一步提炼为四个教学原理:情意原理、序进原理、活动原理、反馈原理,这四个教学原理相互关联,首尾相顾,形成一个完整的结构。

情意原理,即学习者的认知结构和情意状态是互相促进的,激发学习者的动机、兴趣,加强学习者与教育者之间的感情交流,是促进学习者认知发展的动力。

序进原理,即根据不同学习者的发展水平,有步骤地提高知识的结构化程度,并从简单到复杂,有序地组织教学,这是提高教学效率的基础。

活动原理,即通过组织各类认知活动,使学习者充分发挥自主性,以促使其行为结构与心理结构互相转化。

反馈原理,即强调有效的反馈机制是目标达成的必要保障。[①]

五个教学环节为:诱导——尝试——概括——变式——回授调节,具体是:

(1) 教师创设问题情境,启发诱导。教师从教材中选择内容,形成难易适度的问题,激发学生的求知欲,引导学生尝试学习。

(2) 学生进行尝试探究活动。教师引导学生发挥主动性,指导学生开展尝试活动,让学生亲自去探究、发现、应用。尝试方式可以是阅读教材、重温概念、观察问题、联想或类比、提出问题解决方案、验证方案等。

(3) 学生概括结论,然后纳入自己已有的知识体系中。教师引导学生根据尝试所得的经验,概括出结论,并进行讲解,帮助学生将新旧知识联系起来,形成知识体系。

---

① 顾泠沅.教学实验论——青浦实验的方法学与教学原理研究[M].教育科学出版社,1994:162—183.

（4）变式练习。教师编制不同水平的变式训练题，让学生进行不同层次和梯度的练习，以巩固知识，并强化各种解题技能。

（5）教学结果的回授调节。教师通过观察、提问、测试、分析等方式，了解和评定学生的学习效果，并针对性地调节教学，如有必要，可再进行讲解，帮助学习有困难的学生克服障碍。

（三）"青浦经验"的推广

1984 年，青浦数学教学改革主实验成功以后，"青浦经验"开始在全县中小学数学教学中推广。后来人们发现，"青浦经验"体现了教学规律，不仅适用于数学，也适用于其他学科，因此推广工作逐渐扩大到各个学科、各个领域。这个扩大推广的过程是相对谨慎的，实验小组在教育行政部门的支持下，将推广经验的指导思想确定为"单科突破、各科迁移、诸育并进、整体受益"，以点带面，从几所学校到全县中小学，逐步推进全县整体改革。具体做法是：先扩大教改试点，向数学学科内全面推广，再向其他学科迁移，推进各学科课程教材改革，然后逐步促使德智体美劳诸育并进，最后再为全县教育整体改革制定目标和实施方案。

当时青浦全县学校在县教育局的推动下，根据数学教改经验开展了各学科教学改革，迁移、内化数学教改经验。比如语文综合教学改革试验，先根据本学科的综合性、社会性特点，参照数学教改实验的研究方法，进行课堂教学改革实验，然后再开展整体提高语文教学效益的综合改革试验。此外还有物理、化学等各学科的实验。德育、体育、劳动技术等各领域内也开展了系列实验，比如农村学校德育实验，通过实地考察后，在德育观念、内容、方法方面筛选出一些成功的经验，再针对农村学生思想道德与心理发展特点，将这些经验进行整合，逐步在全县推广。在此期间，实验小组还在初中学校中选择了两所作为试点进行课程改革，加强学校课程与社会生活的联系，改革课程结构，设计了一个包括学科教学、专题学习和综合活动等多种类型的课程体系，同时增设劳动技术类、乡土教育类、职业技术类课程和活动课程供学生选修，以促使学生形成适应农村生产、生活的知识和技能。在进行课程改革的基础上，青浦县逐步开展全县教育综合改革，一方面强调合理调整教育结构，配置教育资源，并加强各类教育机构之间的沟通和衔接，另一方面注意加强教育与经济、科技、文化的结合，注重根据当地经济发展的需要培养适用人才。这些教育改革的主要成果和经验汇编成册，名为《奠基工程：一个县的教育改革》，于 1995 年由人民教育出版社正式出版。

三、由点到面的学校变革之路

"情境教育"和"青浦实验"都是在改革开放后我国教育大发展时期出现的,都是在教育界影响较大的学校改革个案,它们代表了由点到面、以单科教改突破学校整体改革的典范,它们的巨大成功说明:从单科教改切入的学校变革路径是可行的。

(一)"情境教育"与"青浦实验"的共同经验

"情境教育"和"青浦实验",一个始于小学语文教学改革,一个始于中学数学教学改革,两者有很多共同之处。

首先,两例个案都是以点带面,从单科突破到多科并举,再到整体改革。"情境教育"开始时只是一个学校,一位教师,一门语文课;"青浦实验"虽然规模大一些,有一个实验小组,研究一个县的数学教改,但两者的出发点都只是单科教学改革。在单科教改实验获得成功以后,才开始总结经验,并向其他学科推广;推广效果不错后,才考虑推进学校整体改革。

其次,两例个案都以实验开路,立足于实验效果和实践经验。前期用实验来验证改革理念和改革措施是否有效,中期在实验中推进改革理念的完善与系统化,后期以实验来推广成功经验,随着实验的规模和范围越来越大,"情境教育"和"青浦实验"的路也越走越宽,影响越来越大。

再次,两例个案都充分展现了本土特色教学理论创生的过程,都是一个从实践经验中提炼理论,用理论指导实践,实践又反过来促进理论完善的良性循环过程。"情境教育"是从外语教学和中国古代文论中获得启发,提出情境教学的基本理念,应用于教学实践后,再不断改进提升。"青浦实验"也是从实践中筛选经验,形成教学策略运用于课堂教学,然后在实践过程中不断完善,凝练出四个原理、五个环节等有效的教学理论。

(二)特点与问题:从单科教改切入的学校变革路径

从单科教改开始,进而带动整体改革,这一学校变革路径是可行的,但我们借鉴这种改革方式时要注意,并非所有学校、所有教师都能用这种方式开展改革,不仅因为不同地域的适应性问题,更因为它的独特性与偶然性。以单科教改带动整体改革的路径就像一把双刃剑,其主要特点也就是主要问题,我们既可以说这种方式步步为营,稳扎稳打,收放自如,不易出错,也可以说是它是摸着石头过河,盲目前行,走一步算一步。如前两例个案,实验者并没有全盘规划,也无法规划,因为他们的初衷只是单科教学改革,只有当其初步目标实现,并且效果较好时,才可能产生下一步行动。这对于实验者来说是好事,因为奠定了基石,下一步才能站得牢,在他们的场域中,理论与实践本就是个互动生成、互相成就的过程。但这对于借鉴者来说就不见得好了,因为可以借鉴的只有前期的实验假设提出与方案设计,以及实验主导者全情投入、一往无前的精神,能不能走到下一阶段,要看前期实验成功与否。事实上,这种学校变革方式的成功很大程度上取决于实验主导者的能力与毅力,换句话说,只有实践经验丰富、理论积累深厚、能力与毅力超群的教育工作者,如李吉林和顾泠沅,才能提出符合教育规律的、可持续发展的改革理念,并且推动着改革不断向纵深发展。

第二节 以问题为导向的学校综合变革

以问题为导向的学校综合变革是基础学校有效变革的方式,同时也是要求较高的一种变革方式,它需要改革主导者能精准地找出学校发展中最主要的问题,然后创新地解决这一问题,同时带动学校各方面联动,进行管理、课程、教学等的同步改革,在这个过程中,还要根据遇到的新问题,不断改进问题解决方式,推动改革理念与实践持续前行。代表性个案是上海市闸北八中的"成功教育"改革实验,湖北大学教育专家主导进行的"异步教学法"实验。

一、致力于提高学生学习信心:上海闸北八中的"成功教育"改革实验

20世纪80年代末,上海市闸北区开展了一项大面积提高薄弱学校办学质量和学生学习成效的教育改革,改革以当时各方面都较为薄弱的闸北八中作为试点进行实验,由时任闸北区教育局教科研室主任的刘京海负责主持这项工作。三年后,实验取得显著成效,定名为"成功教育"。实验进行到1994年时,刘京海辞去教科研室主任的职务,到闸北八中担任校长,专心从事"成功教育"的扩大与深化研究,直到退休。闸北八中的"成功教育"改革实验致力于提高学生学习信心,提升学生学习成效,转变薄弱学校,富有成效且影响较大,实验持续进行了多年,现在仍在继续。

(一)"成功教育"与产生与发展

刘京海,1950年5月出生,山西灵石人,上海市闸北八中原校长,上海市特级教师、特级校长,上海市首届教育功臣,全国先进工作者,享受国务院特殊津贴。刘京海是"成功教育"的创始人,在他的主导下,上海市闸北八中开展了一系列改革,不但改变了薄弱学校的面貌,而且形成了享誉教育界的"成功教育"思想,这一原创的教育思想

极具示范性,对国内外很多学校都产生了辐射影响。

"成功教育"的发展可以分为四个阶段。第一阶段是1987年至1990年,第二阶段是1990年至1994年,第三阶段是1994年至2014年,第四个阶段是2014年至今。

第一阶段是首期实验与理念创生阶段。从1987年至1990年的三年里,刘京海带领闸北八中的教师,以两个新生班为试点开展综合改革实验。当时的闸北八中生源较差,学生自信心不足,学习成绩不好,有很大一部分学生都留过级,存在学习困难问题,因此实验主要以改变各科教学理念和教学方式、重新组织教学内容等方式进行,目的是培养学生自信心,形成良好的行为习惯和学习方法,最终提高学习成绩。这一阶段取得的成果主要有两方面,一是学生成绩与综合素质得到大幅度提升,入学时学习基础较差的学生,毕业时学习成绩达到中等水平,且学习自信心和积极性明显增强;二是初步总结并形成了改革实验的理念。1990年,改革实验被正式命名为"成功教育"。

第二阶段是扩大实验与理论形成阶段。首期实验成功后,刘京海进一步将实验向闸北八中各个年级和同类型初中学校扩大,并与一所小学合作,将"成功教育"实验延伸到小学教育中。在扩大实验的过程中,刘京海根据实践经验和教训,不断补充、完善"成功教育"理念,促进了"成功教育"思想体系形成。这一时期,《人民教育》《中国教育报》等报刊登载了若干文章介绍"成功教育"思想。闸北区教育局出版成功教育系列丛书,包括《成功教育探索——上海市闸北区成功教育经验谈》(郭天成主编,天津教育出版社,1992年出版)、《成功教育100例》(上海市闸北区教育局主编,天津教育出版社,1992年出版)等,这些成果在教育界引起较大反响。

第三阶段是深化推广阶段。1994年,刘京海到闸北八中担任校长,专心研究"成功教育"的深化推广,带领教师团队研发出"学与教电子平台"和"学校重复事件管理平台"。这两个平台是"成功教育"思想在教学领域和学校管理领域的具体运用,一个是优秀教师教学经验的总结,一个是优秀校长管理经验的总结,两个平台不但可以在本校运用,也可以在外校稍做调整后使用,有效地推广了"成功教育"的理念与经验。2001年,闸北八中迁入新校区,同时成立了"上海市成功教育研究所""上海市成功教育管理咨询中心",开展相关的研究与培训工作。此后"成功教育"思想形成了系列研究专著,如《成功教育理论与实践》(上海教育出版社,2002)、《刘京海与成功教育》(国际文化出版公司,2003)等,以及论文数十篇,其中一些成果获得了各类教学成果奖和科研成果奖。2005年,"成功教育"又有新发展,首创委托管理办学——这是一种以契约的形式,由政府主管部门将学校办学责任委托给教育中介机构的创新办学模式。

"委托管理举措自2005年起发端于上海(闸北八中)成功教育咨询中心对上海浦东东沟中学的托管,这是一种由中小学名校或其他教育研究机构接受政府委托来支援和管理薄弱学校的新政,可以称之为'牵手效应'。"[1]2005年6月,"上海成功教育管理咨询中心"受浦东新区政府委托管理东沟中学,这是他们托管的第一所学校。此后托管工作不断开展,到2018年时,"上海成功教育管理咨询中心"先后承担了上海7个区县的20所农村中小学或薄弱学校的托管,成为上海市范围内参与委托管理最早、托管学校数量和类型最多的教育中介机构。这一时期,"成功教育"的影响扩大到了国外,2009年的PISA测试成绩公布后,国际经合组织(OECD)专门选取了"成功教育"和其委托管理农村学校的经验拍摄了题为"教育的强力执行者和成功改革者——中国上海"的专题片在其官网播出。

第四个阶段是互联网＋改革阶段。2014年9月,国务院启动考试招生制度改革后,刘京海和闸北八中开始思考如何在新的环境和条件下,结合互联网技术促进学生主动学习、自主成功,推动"成功教育"进一步发展。这一时期"成功教育"又创出了若干新招数,取得了新成就,主要有BYOD移动学习终端应用及资源建设、基于"学程包"推进"以学为主"的智慧校园建设、数字化实验(简称DIS)的开发与应用、数字化阅读和全员研究性学习的实现等,做到了常态运用新技术,促进学生主动学习,自主成功。

(二)"成功教育"的主要内涵与成就

1. 以"三个相信"为核心的"成功教育"基本思想

"成功教育"究竟是什么?1992年,在"成功教育"发展的第二阶段期间,刘京海总结道:

> "成功教育"是针对"学习困难学生"而实施的一种教育。"成功教育"认为:"学习困难学生"具有一般学生同样的潜能,通过教育的改善,学生能获得多方面的成功,学习心理品质不断完善,成为学习的成功者,进而为其成为社会的成功者作好基本素质的准备。因此,"成功教育"是追求学生潜能的发现和发展的教育,是全面提高学生素质的教育。[2]

---

[1] 杨小微.探寻区域义务教育优质均衡发展的新机制——以集团化办学为例[J].教育发展研究,2014(24):1—9.
[2] 刘京海."成功教育"的含义及其提出[M]//郭天成,编.成功教育探索——上海市闸北区成功教育经验谈.天津:天津教育出版社,1992:114.

此后,刘京海进一步将"成功教育"定义为:"旨在使学习困难学生获得诸方面成功的一种教育。"[①]据此,他提出了"成功教育"的理论假设:"人人都可以成功,都可以成为成功者;成功是多方面的,不应局限于少数方面;在教育过程中,把培养学生的成功心理和学习内部动力机制作为教育目标。"[②]以此为前提,刘京海形成了著名的"三个相信"基本理念:"相信每个孩子都有成功的愿望,相信每个孩子都有成功的可能,相信每个孩子都有可能取得多方面的成功。""三个相信"是"成功教育"的核心理念和灵魂,从产生之日起,一直高悬于闸北八中教学楼大厅,作为学校工作的指导思想。刘京海相信,成功才是成功之母,用成功去激励学生,他们才能获得更多更大的成功。有了这个认识,刘京海认为应调整教学要求,让课堂成功多于失败,形成"帮助成功——讲练结合、尝试成功——讲想练结合、自主成功——学讲想练结合"的成功教育课堂教学模型。有了"成功教育"理念的指导,面对教育均衡的命题,闸北八中在不抢教师、不抢生源、不抢学生时间的前提下,摸索出一条普通学校的成功之路。

"成功教育"的实施思路是:首先,教师对学生提出积极的期望和要求;其次,教师为学生创造多方面的成功的机会,诱导学生参与教育、教学活动;再次,教师对学生进行鼓励性评价,使学生获得成功的体验;最后,教师有意识地强化学生非智力素质,使学生的心理品质得到提升。这四步都以教师帮助学习为主,对于学习困难学生是非常必要的,但"成功教育"的实施过程并不到此为止。在上述四步多次反复和逐渐深化的基础上,"成功教育"再从以教师帮助为主的过程转向以学生自我教育为主的过程,也就是让学生把外部要求自觉内化的过程。正是在这一过程中,学生逐步形成积极稳定的自我学习、自我教育的心理机制。[③] 具体到课堂里,"成功教育"运用的是"低起点、小步子、多活动、快反馈"等教学策略,很好地解决了学习困难学生基础薄弱,学习自信心不足的问题。运用这些步骤、机制和策略,闸北八中的教学水平始终维持着较高水准,虽然其生源一直都是普通生源,但其教学质量达到了上海市中上水平,实现了低进高出。

2."成功教育"的实践体系

经过 30 多年的探索,"成功教育"已构建出一套针对普通学校实际,致力于学生成

---

① 刘京海.成功教育[M].福州:福建教育出版社,1993:69.
② 刘京海.成功教育的基本模式[J].上海教育,1997(1):52—55.
③ 刘京海."成功教育"的含义及其提出[M]//郭天成,编.成功教育探索——上海市闸北区成功教育经验谈.天津:天津教育出版社,1992:114—125.

功、教师成功和学校成功的实践体系,该体系能适切地帮助学生、教师与学校建立学习与发展的自信,并为其获得自主成功提供支架。具体如下:

致力于学生成功:提出"三个相信"的教育理念,形成了"帮助成功——尝试成功——自主成功"三阶段,开发了与之相适应的课堂教学模型、策略和方法。

致力于教师成功:探讨与总结优秀教师的成长轨迹和教学经验并使其概括化、细节化、显性化,开发"学与教电子平台",为教师专业成长提供支架,确立从"模仿——做中学",到"理解——做中思",再到"创新——做中创"的三阶段教师专业成长路径,帮助教师建立专业自信。

致力于学校成功:形成"发现问题,解决问题;发现经验,推广经验"的研究性实践学校文化,通过网络化管理、团队教研制度和多元选择性课程体系的构建,实现学校系统的可持续发展。①

3. 委托管理办学模式

除了校内实践体系,"成功教育"还有一套校外推广体系,如咨询、培训、教材和软件开发、委托管理办学等。其中最有特色的是委托管理办学,程序是:有需求的教育行政部门进行公开招标,成功教育管理咨询中心和其他机构参与投标;中标后,成功教育管理咨询中心制定托管规划方案,交由评估机构进行评估;然后组建托管团队和专家教师团队进驻学校开展托管,托管期限通常为2年或4年;在托管过程中,评估机构进行中期评估和终结性评估,根据评估的结果考虑是继续委托还是终止合同。

委托管理办学的运作体系为三级架构,第一级是"上海成功教育管理咨询中心",由刘京海任法人代表,两位资深专家任总监,还有一位日常工作管理者。所有受托管学校都是由咨询中心与相应区县教育局签订协议,从而实现管理责任主体的转移。第二级是受托管的学校。受托管学校由校长主导管理工作,校长向成功教育管理咨询中心负责,咨询中心向当地教育主管部门负责。有两种管理责任主体转移的方式,一是成功教育管理咨询中心推荐校长,再由当地教育局任命成为受托管学校法人代表,承担学校日常管理的责任;二是由当地教育局任命校长,成功教育管理咨询中心推荐一至两位总监,共同组成受托管学校的决策机构。第三级是受托管的学校的行政会议、教代会、工会等,校长通过这些机构开展学校日常工作。

"成功教育"委托管理办学的基本策略是:在受托管学校引入"三个相信"理念,促

---

① 刘京海:"成功教育——世界教育改革的中国经验与声音",刘京海讲座文稿,闸北八中内部资料。

使其教育观念更新、学校文化改善；改变受托管学校原来的粗放式管理，引入"重复事件管理平台"，推动其管理走向规范与精细化；改变受托管学校原来的经验式教学，引进各科"学与教电子平台"，提升普通教师的教学效益；最终目标是实现薄弱学校向合格学校的转变，并为其进一步发展奠定基础。具体做法是：形成托管团队，派出优秀教师驻校顶班、示范引领；组织学科专家定期指导；集中培训与视频培训相结合；组织交流展示，促进教育理念和教学行为转变。①

一言以概之，"成功教育"委托管理办学的本质在于通过优秀校长的管理经验与优秀教师的教学经验的复制与推广，帮助更多薄弱学校获得成功，促进城乡教育一体化与教育均衡化。

（三）"成功教育"的新进展

2014年以来，闸北八中在常态运用新技术，落实以学为主，运用互联网新技术促进学生主动学习、自主成功方面有较大突破，主要体现在两大领域、六条实践路径上。两大领域指学科学习领域和实践性学习领域，六条实践路径分别是个性化练习反馈系统、课堂混合式学习、数字化阅读、校本数字化实验、全员研究性学习和数字化社会实践活动。②

1. 个性化练习反馈系统

2012年闸北八中就启动了BYOD移动学习终端应用及资源建设项目。BYOD（Bring Your Own Device）即教师和学生携带自己的移动学习终端，进行跨时空的教与学。这种方式突破了原来的教学时空，能进一步激发学生学习的主动性，提高教师教学的针对性，增强师生互动和生生互动。刚开始只是在英语学科中进行实验，后逐渐从英语学科拓展到初、高中多学科，建立起校本应用平台（智慧资源平台），到后来全校所有学生自带iPad，实现了全校常态化使用移动设备学习。此后这一项目进一步发展为个性化练习反馈系统，形成了校本智能题库，可以做到题目分层、学生分层、训练分层，练习题自动发布、批改、统计，自动生成错题集，自动配对矫正练习，自动安排个别化讲解。

2. 课堂混合式学习

闸北八中运用"学程包"等方式进行课堂线上线下混合式学习，实现了"成功教育"课堂教学模式的第三个层次——"学讲想练结合，自主成功"。"学程包"是一系列结构

---

① 刘京海：《委托管理农村薄弱学校的实践与创新》，刘京海讲座文稿，闸北八中内部资料。
② 刘京海：《新高考背景下成功教育的新进展》，刘京海讲座文稿，闸北八中内部资料。

化的教学APP和各种小程序集合,它依据教学目标和内容设计,可根据需要自由组合使用,其中还可嵌入各类资源和数据收集埋点,支持学生随时随地进行自主交互学习和课堂上师生互动,同时进行学习行为数据及结果数据的采集和统计。"学程包"是在新技术背景下对优秀教师经验的重构、再造和创新,落实了"以学为主",使有限的教学逐步演变为无限的学习。"学程包"可跨平台、跨终端应用,除了支持课堂混合式学习以外,课前、课后都可以用,特别适合学生个别化的学习。"学程包"不仅有利于学生个别化学习,而且有利于教师专业发展,其开发方式有两类,一类是由优秀教师引领设计,软件公司开发精品学程包;另一类由普通教师广泛参与,自行开发普通学程包,这样一来就调动了广大教师的积极性和主动性,提高了教师综合能力。闸北八中的"学程包"目前已包含小程序3000多个,单月下载量十余万次,对部分"学程包"课堂应用统计发现,学生交互频次200次左右,使用较为频繁。今后,闸北八中的"学程包"还将随着教学需求,不断进行个性化开发和持续完善。

3. 数字化阅读

闸北八中引进了超星阅读平台,使学生的课外学习逐步从教材到书本,再到网络,海量的图书尽在手边,便于学生随时阅读。

4. 校本数字化实验

数字化实验即运用数字化信息系统(Digital Information System,简称DIS,是一种基于传感技术和计算机技术的自然科学实验研究平台)开展实验,是闸北八中持续改革的重点之一。从2014年到现在,闸北八中运用DIS改造和创新了141个演示实验和学生实验,涉及初、高中物理、化学、科学、生命科学以及劳动技术等学科,提升了实验效果。DIS实现了实验定性与定量的结合,实验过程与结果的结合,实验探究与验证的结合,提高实验成功率的同时,缩短了实验时间,降低了危险性,实验效果大幅提升。由于闸北八中在数字化实验方面表现突出,近年来承担了上海市数字化实验应用推广中心委托的学科数字化实验培训课程教材开发任务。

5. 全员研究性学习

闸北八中在全校推行研究性学习,以课题研究小组或研究社团的方式,培养学生发现问题、解决问题的能力,并借助网络平台,记录学生的研究过程(选题、项目推进、资源支持、评审与展示等),形成项目档案,既规范了学生的研究,又便于教师指导,实现了研究性学习全过程的数字化管理。目前闸北八中的高中生全员参与项目研究,一些成果还在上海市获了奖。

6. 数字化社会实践活动

闸北八中借助新技术,整合多种资源,运用 DIS 等信息技术工具,将研究性学习融入社会热点问题,实现了社会实践活动主题与形式的创新,及其过程管理与评价的数字化,以进一步激发和提高学生的实践能力与创新精神。

总体来看,闸北八中在互联网+时代进一步丰富了"成功教育"的理论内涵,探索了"成功教育"实施的新途径和新方法。"成功教育"的这些新进展不但促进了闸北八中及其相关学校的发展,而且具有较好的引领和示范作用。这些成果与成就,与刘京海持续不断地深入思考、锐意改革分不开。刘京海说:"一位有思想的校长,思考问题的立足点是不断思考国际教育发展的趋势和方向,从而找到教育改革的目标,在此基础上寻找达到目标所需解决的问题以及解决问题的策略方法。这也就是仰望天空和脚踏实地的结合。这就是闸北八中 30 多年来改革波动很少、不断创新的根本原因。我们一直把闸北八中的改革放在国际国内教育改革的大背景下思考、实践。"①

二、致力于优化教学方法:湖北大学专家主持的"异步教学法"实验

"异步教学法"实验又称"六阶段单元教学"实验,在中学称"六课型单元教学法",在小学称"六因素单元教学法",是由湖北大学(原武汉师范学院)黎世法主持开展的一项大规模教学改革实验,针对的是当时"满堂灌、注入式、一刀切",脱离学生学习实际的低效教学。实验起始于 1979 年 10 月,先在湖北省武汉市的几所中学进行,由于效果较好,能在较短时间内有效地培养学生的自主学习能力,达到大面积提高教学质量的目的,于是实验开始向全国发展,此后约有五万多所中小学参与了相关实验,共举行了十七次全国异步教学研讨会。"异步教学法"实验形成了具有本土特色的教学理论,推动了学校变革,在基础教育领域产生了较大影响。

(一)"异步教学法"实验历程

黎世法,1936 年生,江西南昌人,教育改革家,异步教学法创始人,享受国务院特殊津贴,曾任湖北大学异步教学研究中心主任,《异步教学研究》杂志主编。黎世法主导进行的"异步教学法"实验大体经过了五个阶段。

第一阶段(1979 年至 1981 年):开展"学情调查",探索学习规律,提出了"学情理论"。这一时期,黎世法组织实验人员对武汉市 43 所中学的 1 万余名学生进行调查,

---

① 刘京海:"新高考背景下成功教育的新进展",刘京海讲座文稿,闸北八中内部资料。

重点调查了300名优秀学生,了解分析其学习方法后,总结出学生的学习规律,并根据所发现的学习规律建立起"学情理论"。"学情理论"的主要内容包括对学生自主学习的实践过程、思维过程、生理过程的总结,以及12条学习心理规律和15条学习原则。[①] 黎世法将这些规律和方法运用到实验中后发现,以"学情理论"为基础的学习方法能提高中学生的学习质量,指导中学生学习时普遍有效。"学情理论"因此成为"异步教学法"实验的基本依据。

第二阶段(1981年至1984年):探索教学规律,提出最优化教学理论和"六课型(六因素)单元教学法"。最优化教学理论的核心要义就是强调教学过程越符合学生的学情,教学效率就越高,因此,教师应使教学活动符合学生的学情,这样才能获得最大程度的教学效率。"六课型(六因素)单元教学法"是将教师的"教"与学生的"学"有效统一的方法,包括提出问题、指示方法、学生学习、明了学情、研讨学习、强化效应六个阶段。总结出上述理论后,黎世法开始在全国中小学布点开展实验。1984年4月,黎世法著《最优中学生教学方式实验法》由武汉大学出版社出版。1984年10月25日,《最优教学方式研究》杂志创刊,1992年改为《异步教学研究》,该刊对全国的异步教学改革起了重要的推动作用。

第三阶段(1985年至1989年):提出"异步教学论"。黎世法经过分析研究发现,教学实践发展有三个阶段:以个别教学方式为主的古代社会教学实践阶段、以同步教学方式为主的近代社会教学实践阶段、以个性化教学方式为主的现代社会教学实践阶段,而他提出的最优化教学理论就是一种现代个性化教学理论。为了区别于同步教学,并突出最优化教学方式和教学理论的特点,黎世法将其最优化教学理论更名为"异步教学论"。1989年,黎世法著《异步教学论》由湖北教育出版社出版。"异步教学论"提出后,各地形成了运用异步教学法开展教学改革的热潮,从1983年11月到1989年7月,全国共召开了四次关于异步教学的研讨会。

第四阶段(1989年至2001年):发展异步教学论,提出异步教育学。从1989年7月开始,黎世法根据新课程改革的精神,提出了"新课程异步教学方法论",丰富和发展了"异步教学论"。同时,他从现代社会培养全面发展的多样化高素质创新人才的教育目的出发,对当前中小学的课程内容进行了系统研究后,得出了如下结论:现代社会的教育目的主要是通过学生学习每一门课程中所包含的"八个基本"内容实现的。这

[①] 黎世法.异步教学法研究与实践30年[J].课程•教材•教法,2013(9):3—10.

"八个基本"是：基本事实、基本认识、基本方法(技术)、基本技能、基本作业(应用性作业)、基本综合学习实践成果(创造性作业)、基本思维能力以及基本价值。学习"八个基本"的过程是一个学思结合、知行统一、注重智能培育的过程，这一过程最后要落实到帮助学生树立正确的世界观、人生观和价值观。"八个基本"的提出，为黎世法构建"异步教育学"奠定了基础。1994年12月黎世法著《异步教育学》由当代中国出版社出版。

第五阶段(2001年至2010年)：丰富和发展"异步教育学"，并以异步教育学指导新课程教学。这一时期黎世法继续研究完善"异步教育学"，重点放在新课程教学方面。2001年10月10日至12日，《湖北日报》、《新华社电讯》、《长江日报》和《中国青年报》相继报道了"异步教学法"。2003年以后，黎世法发表《新课程异步教学方式概述》(《异步教学研究》2003年第1期)、《构建三类课程异步教学综合运行系统》(《异步教学研究》2003年第2期)、《新课程异步教学的基本要求》(《异步教学研究》2003年第3期)、《普通高中新课程异步教学实施系统》(《异步教学研究》2005年第6期)、《论新课程异步教学按需教学的组织形式》(《异步教学研究》2006年第1期)等文章，指导新课程异步教学改革。同时，《异步教育学》(新版)(北京新华出版社，2003年10月)和《新课程异步教学方法论》(北京学苑出版社，2003年11月)出版。2010年底，《异步教学研究》停刊，标志着"异步教学法"实验结束。

(二)"异步教学法"的主要理念与方法

异步教学法的核心理念是"学生学习个体化、教师指导异步化、教学活动过程化"，这种教学方法能在较短时间内有效地培养学生的自主学习能力，达到大面积提高教学质量的目的。异步教学法的基础理论是"学情理论"，以及最优化教学理论与异步教学论，基本方法是六课型(六因素)单元教学法。

1. "学情理论"

"学情理论"是黎世法在调查总结学生学习规律的基础上形成的，主要内容包括对学生自主学习的实践过程、思维过程、生理过程的总结，以及12条学习心理规律、15条学习原则，具体分述如下：

学生自主学习的实践过程包括宏观十环节和微观六因素，宏观十环节为制订计划、主动自学、启发思维、及时小结、独立作业、改正错误、系统总结、课外学习、记忆巩固、学习检测。微观六因素为自学、启发、小结、作业、改错、总结。

学生自主学习的思维过程是"举三归一，以一反类"，即学生通过对少量典型事例的分析研究,归纳出一个基本认识,然后运用这一基本认识去解决同类型的问题。

学生自主学习的12条学习心理规律是内因律、基础律、理解律、感知律、想象律、运用律、改错律、精学律、结合律、智能律、脑效律、非智能因素作用律。

学生自主学习的15条学习原则是尊敬师长原则、自为主体原则、逐步提高原则、区别主次原则、发展智能原则、精学精练原则、运用资料原则、优势协调原则、分析器综合作用原则、反馈控制原则、思文并重原则、理解记忆原则、联想迁移原则、内外配合原则、勤奋学习原则。[①]

2. 六课型(六因素)单元教学法

研究了学习规律后,黎世法接着开始探索教学规律,以建立有效的教学结构。通过研究和实验,黎世法发现,教师的教不能代替学生的学,而是要通过指导来促进学生的学。教师的指导工作分为五步:提出问题、指示方法、明了学情、研讨学习、强化效应。学生的学习分为六步:自学、启发、小结、作业、改错、总结,教师的五步指导与学生的六步学习综合起来,就形成了六个阶段的有效教学结构:提出问题、指示方法、学生学习(六步学习)、明了学情、研讨学习、强化效应,如此一来,教师的"教"与学生的"学"就得到了有效统一。这六个阶段的教学过程在中学的运用就是"六课型单元教学法",在小学的运用就是"六因素单元教学法"。在中学,教师先根据学生的学习程度,将教学内容划分为若干单元,然后在课堂上指导学生按教学单元进行"六段教学",就依次形成了六种课型。在小学阶段,教学单元比中学小,每一教学单元依次进行"六段教学"的周期短、节奏快,因此称为"六因素单元教学法"。事实上,"六段教学"不是具体的教学方法,而是反映教学规律的一般方法,因而对中小学各门课程教学具有普遍的指导意义。[②]

3. 最优化教学理论与异步教学论

黎世法在"学情理论"的基础上,提出了以学情为条件的最优化教学方式和教学理论。最优化教学就是要在一定学情条件的许可范围内,取得最大程度的教学效率。后来黎世法将最优化教学理论更名为"异步教学论"。"异步教学论"是一种有目标、有计划、有组织的,以学生为学习的主人,以教师为学习主导者的现代个性化教学理论。这一理论以学生的个体学习为基础,强调根据学生的学情来组织课内外教学活动,注重培养学生的自主学习能力。在异步教学模式中,教师的三种指导形式(个别指导、分类

[①] 黎世法.异步教学法研究与实践30年[J].课程·教材·教法,2013(9):3—10.
[②] 黎世法.异步教学法研究与实践30年[J].课程·教材·教法,2013(9):3—10.

指导和全体指导)与学生的五种学习形式(独学、对学、群学、请教老师和全体学)有机地统一在一个教学过程中,教师的"五步指导"与学生的"六步学习"紧密结合起来,努力达到高效率大面积提高教学质量的目的。"异步教学论"体现了学生学习的个体性的本质特点,反映了教为学服务,教学必须适合学情的教学活动总规律。①

(三)"异步教学法"的实践经验

1. 实施异步教学的四个阶段

异步教学的具体实施过程共分四个阶段:学习阶段、训练阶段、过渡阶段和正式教学阶段。不经过前面三个阶段,异步教学就不能进入正式教学阶段。学习阶段,指师生学习异步教学的理论和方法,更新教学观念,以便开展异步教学实践。训练阶段,指师生观看异步课堂教学视频,模仿六段教学方式,明确六段教学结构,初步掌握学生在教师指导下自主学习的基本程序。过渡阶段,指学生在教师的指导下,运用六段教学程序学习课程知识,逐步适应六段教学过程。由过渡阶段进入正式教学阶段的标志是学生基本成为学习的主人,可以按照自己的具体学习需要进行自主学习。

2. 异步课堂教学的基本操作过程

异步课堂教学的操作过程就是教师用"五步指导法"指导学生进行自主的"六步学习"的过程。通常情况下,课堂教学开始时,教师首先向全班学生提出本节课要解决的学习问题——自学参考提纲和作业题,然后教师针对本节课要解决的学习问题进行方法指导,学生根据教师的指导,按照"六步学习"的方法进行独立自学,逐个地解决学习问题。与此同时,教师走到学生中间调研学情,按照"五步指导法"对学生的自学进行宏观和微观指导。

3. 异步教学法的特点

① 学和教自成系统。在异步教学过程中,学和教自成系统,学的系统和教的系统既能结合又能分开,是分开还是结合主要看学生学习的个性化需求,当学生需要教时,学的系统就与教的系统结合;当学生不需要教时,教的系统就离开学的系统。

② 教师的教不代替学生的学。在异步教学法中,教的实质是指导,教师的工作只是指导、组织、帮助和促进学生的学习,而不是代替学生学习。教师要指导学生自学、自我启发、自行小结、自己完成作业、自己改错、自己总结,只有这样才能有效地培养学生的自学能力。

---

① 黎世法.异步教学法研究与实践 30 年[J].课程·教材·教法,2013(9):3—10.

③ 学生的学不依赖教师的教。在异步教学过程中,教师对学生的启发不能代替学生的自学。教师指示了方法后,要靠学生自觉地根据自己的实际情况去运用方法。学生在学习过程中可以通过"作业——改错——总结"进行自我强化,而不必依赖教师的强化。①

三、不断创新问题解决方式的学校变革之路

"成功教育"与"异步教学法"两项改革实验都是在全国影响较大的个案,都以三十余年的实践证明能够高效率大面积地提高教学质量。之所以如此,主要原因在于,这两项实验的主导者都没有在首期实验成功后就裹足不前,而是不断发现新问题、解决新问题,且不断创新问题解决方式,始终走在教育改革的前列,推动着学校变革向纵深发展,并形成了具有中国特色的学校变革理论。"成功教育"实验与"异步教学法"实验代表的是一条不断创新问题解决方式的学校变革之路。

(一)"成功教育"与"异步教学法"的共同经验

"成功教育"与"异步教学法"的共同之处有四:

第一,问题导向。"成功教育"的产生是为了转变薄弱学校和学习困难学生,"异步教学法"的形成是为了改变脱离学生学习实际的低效教学,两者都是为解决教学中存在的实际问题而发起的改革实验。

第二,适应性强。两项实验创生出来的理念不仅是具体教学方法,更是一般教学管理理论和策略,具有抽象性和适应性,因此在各学校和各科目中有较强的适应性。

第三,不断进化。"成功教育"思想形成以后,随着时代的发展与教育教学的需求,先后创出教学与管理电子平台、委托管理办学、以互联网技术促进学生自主学习等新举措。"异步教学法"也一样,不但从"异步教学论"提升为"异步教育学",而且紧密结合基础教育课程改革,形成了一系列新课程改革背景下的异步教学策略。

第四,推广方式有效。除了常规的推广方式,如发表文章、出版著作、录制电视节目、培训、编写教材以外,两例个案都有独到而有效的推广方式。"成功教育"独到的推广方式是委托管理办学,这能将"成功教育"思想和实践不走样地推广到薄弱学校。"异步教学法"的独特推广方式是创办《异步教学研究》杂志,形成一个公开研究讨论异步教学法的平台。

---

① 黎世法.异步教学法研究与实践30年[J].课程·教材·教法,2013(9):3—10.

（二）以新思路解决新问题的学校变革路径

结合时代和环境条件，不断发现问题并持续以新思路解决问题，"成功教育"和"异步教学法"两例个案证明这种学校变革的路径是有效的。

"成功教育"实验刚开始时面临的主要问题是"学生学习困难，学习自信心不足，学习成绩差"，为解决这一问题，实验采取的策略是让学生在学习中反复体验成功，形成学习自信心，进而提高学习成效，这个策略推动了学校课程与教学大幅改革。后来遇到的问题是"如何总结与推广实验成果"，为解决这一问题，刘京海将改革理念总结提升为"成功教育"，并创出了委托管理这项三方共赢的办学新模式，不但促进了很多薄弱学校发展，而且推动了教育行政管理的"管办评分离"。再后来遇到的问题是"如何在互联网时代持续改进教学，促使学生自主学习，主动成功"，为解决这一问题，闸北八中充分利用新技术，形成了若干互联网＋课程与教学改革新举措，推进了学校智慧化发展。

"异步教学法"实验刚开始面临的问题是"教师教学满堂灌，学生学习被动且低效"的问题，为解决这一问题，黎世法创出"六课型单元教学法"和"六因素单元教学法"，推动了教学方式的变革。后来遇到的问题是"如何在素质教育的背景下用新的教育理念和方法来提升学生综合素质"，为解决这一问题，黎世法将"异步教学法"深化提炼，形成了"异步教育学"。再后来遇到的问题是"如何适应与推进新课程改革"，为此，黎世法研究出新课程中的异步教学实施系统，帮助很多学校顺利推行了新课程。

时代环境和条件不断变化，学校的变革也应不断推进，在这个过程中，谁能找准问题，并运用新方法新技术解决问题，进行理论与实践的综合改革，谁就能获得发展。这是以上两例个案是对普通学校变革最具启发意义之处。

第三节　专家引领下的学校集团式变革

专家引领下的学校集团式变革从一开始就站在了较高的起点上，理论基础较好，有教育行政部门、高校或科研机构等的多方支持，可以实现校际资源共享，是一条行之有效的学校变革路径，这种变革方式以北京市"小学生全面发展教育实验"和杭州江干区凯旋教育集团改革实践为代表。

一、北京市"小学生全面发展教育实验"

北京市教育科学研究所主导开展的"小学生全面发展教育实验"是一项探索性的学校整体改革实验,研究的焦点是"怎样办好一所小学,怎样实现学校教育功能的整体优化,怎样把素质教育落到实处"。实验进行了两轮,共14年,第一轮实验在一所试点学校开展,第二轮实验有七所小学参与。两轮实验都取得了较好的成效,总结出若干促进小学生全面发展的策略,研究成果还为实施素质教育提供了一种有效的模式,在基础教育界产生了一定影响。"小学生全面发展教育实验"从一开始就得到了北京市教育局、北京市西城区政府和教育局的重视与支持,此后随着实验的发展,又得到了国家教委、全国教育学会和北京市教育学会的肯定,是一项在教育专家引领、教育行政部门关注下开展的学校整体改革实验个案。

(一)"小学生全面发展教育实验"的启动与发展

1982年,北京市教育科学研究所对北京市小学贯彻党的教育方针和学生全面发展理念的状况进行了调查研究,结果表明:片面追求升学率的影响仍很严重,思想品德教育被削弱,体育卫生工作长期得不到应有的重视,学生普遍存在着学习负担过重、缺乏学习兴趣、分数高能力低等问题,严重影响了小学生的全面发展及其基本素质的提高。为了从整体上改革学校工作,促进学生的全面发展,北京市教育科学研究所于1983年春拟定了《小学生全面发展教育实验方案》,在为期一年的调查研究与准备工作基础之上,开始进行第一轮实验。①

1. 第一轮实验(1983年至1989年)

北京市教科所选择了一所普通小学——北京市西城区宏庙小学为实验点,从该校1983年9月入学的一年级新生中,采用随机取样的方法,确定了一个实验班,任课教师都是中、青年教师,同时选择了条件接近的另一所学校的一个一年级班为对照班,开始了为期六年的实验工作。实验不改变现行学制(六年),基本上按照现行的课程设置、教学大纲和教材进行教学,只是着重从教育思想、教育方法和教育管理上进行研究和改革。

实验以马克思主义关于人的全面发展理论、党的教育方针和"三个面向"题词为指导,以系统学、教育学、心理学和伦理学为理论基础,以实现教育的整体优化、促进学生的全面发展为出发点和落脚点,探索小学生德、智、体、美、劳全面发展及个性健康发展

---

① 北京市教育科学研究所实验研究组,北京市西城区宏庙小学实验研究组.实现教育整体优化,促进学生全面发展——"小学生全面发展教育实验"实验报告[J].教育科学研究,1990(2):8—17.

的途径、方法和规律，尝试创建有中国特色的小学教育理论与实践。

实验以整体性、主体性和活动性为原则，主要目标有三：一是要使实验班学生得到比较全面、比较和谐的发展，在德智体美方面均强于同年级学生；二是要探索实现学校教育整体优化，发现促进学生全面发展的途径、方法和规律，总结和积累一些可行的经验；三是要组织、锻炼学校科研队伍，提高其教育理论、科学管理水平和教育教学水平。

实验采用自然实验法，在现实教育情境中进行。实验自变量主要是教育思想、课程安排、学生负担总量以及教育教学的内容和方法等方面，同时尽可能控制无关变量。

第一轮六年实验结束后，实验取得了明显成效，目标基本达成。

2. 第二轮实验(1990年至1996年)

1990年秋，为了验证并发展该项目的研究成果，北京市教科所开展了第二轮"小学生全面发展教育实验"。① 参加这一轮实验的学校有七所：西城区宏庙小学、武定小学、德外二小、崇文区茶食胡同小学、宣武区香厂路小学、丰台区南苑一小（以上六所是六年制），以及丰台实验学校（五年制）。研究对象是七所小学一年级26个班的学生（五年制2个班，六年制24个班），仍采取纵向跟踪的方式进行研究，直至学生们小学毕业。第二轮"小学生全面发展教育实验"在第一轮的基础上多了一些新的内涵：强调改革的实质是坚持素质教育方向，面向全体学生，提高学生思想品德素质、文化科学素质、身体心理素质和劳动素质，探索实施素质教育的有效模式；继续坚持整体改革的思路，明确提出了整体设计、抓"点"织"网"、教学为主、专题深入等策略，把实现学校教育功能的整体优化落到实处；运用群体科研的方法，充分发挥科研人员、学校领导和实验教师的积极性和创造性，分工合作，协作攻关，努力创新。

第二轮实验的基本策略有四个：

首先，整体设计，整体优化。实验的目的在于实现学校教育功能的整体优化，提高全体学生的素质，促进他们全面、和谐、充分的发展。实现整体优化的条件是：学校有优化的目标，有合理的结构，有起主导作用的子系统的优化，有各子系统之间的优势互补，有学校与外部环境（家庭、社会）的信息交流，有科学的管理。要做到上述的"六有"，就必须对项目研究进行全面的、全程的、具体的整体设计。实验的整体设计包括以下三个系列：学生发展的目标系列；改革实验的操作系列；学生质量的评价系列。

---

① 吴凯.《小学生全面发展教育实验》研究报告[J]. 教育科学研究，1997(1)：28—33.

其次,抓准"学生发展的关键点",织好"高效教育网络"。小学生在发展过程中,不同阶段存在着不同的发展需要和关键问题,满足了这些需要,解决了关键问题,学生就能顺利、健康地继续向前发展,所以教育工作要抓住"学生发展的关键点",而要解决每一个"关键点"中存在的问题,就要把影响学生发展的各种因素,组成一个目标一致、结构合理、相互配合、效能优化的网络,以取得最佳的教育效果,这个网络就是"高效教育网络"。教育者要在小学的不同阶段,抓准"关键点",织好"高效教育网络",有效促进学生发展,切实提高学生素质。

再次,教学为主。课堂教学是教育系统中起主导作用的子系统,它的优化将影响学校教育的全局,推动学校教育功能的整体优化。实验中,改革课堂教学的思路是以更新教育观念为前提,以教育科研为先导,引导教师重视学生的学习过程;引导学生爱学习,重点抓学习兴趣培养;指导学生会学习,重点抓学习方法指导;教导学生勤学习,重点抓学习习惯养成,使学生获得较强的学习适应能力。

最后,专题深入。实验组确定了若干专题开展研究,这些专题就是十二个"学生发展的关键点"。参加实验研究的七所小学,在专题研究上有所分工,做到协作攻关,成果共享,这样既有利于各所学校专注自己的专题研究,又有利于减轻研究负担。如宏庙小学专注于"幼小过渡"和"学力培养"专题,武定小学专注于"养成教育",德外二小专注于"心理辅导",香厂路小学专注于"创造教育",南苑一小专注于"目标教学",茶食胡同小学专注于"思想教育",丰台实验学校专注于"五年制"和"营养加锻炼"等,都获得了不错的成果,也为形成不同学校的办学特色奠定了基础。①

1996 年 7 月,第二轮实验完成,为期 14 年的"小学生全面发展教育实验"圆满结束。

(二)"小学生全面发展教育实验"的成效与经验

第一轮六年实验结束后,实验取得了明显成效,主要体现在三个方面:

首先,学生得到了比较全面的发展。实验工作组对实验班学生六年来的发展做了综合评价,结果表明,实验班学生的发展比较全面,达到了实验所提出的目标,在思想品德教育、智育、体育、兴趣爱好和特长方面都有了较大发展,各方面能力均明显高于对照班学生。

其次,实验积累了小学教育实现整体优化、促进学生全面发展的初步经验。在六

---

① 吴凯.《小学生全面发展教育实验》研究报告[J].教育科学研究,1997(1):28—33.

年实验过程中,实验工作组发现:

(1)优化教育者的教育观念,端正办学与教书育人的指导思想,是实现小学教育整体优化的首要问题,要实现学校教育系统的整体优化,必须首先优化教育者的教育观念;

(2)整体设计、宏观控制,纵横有序、重点突破、分步实施,是实现小学教育整体优化的关键;

(3)要优化学校教育系统的核心子系统——教育教学工作子系统。整体优化不等于全面优化,不一定要求每个子系统的工作全部优化(实际上也很难做到),但是居中心地位的子系统必须是高质量的,其余子系统也不能存在影响整体优化的严重缺陷。因此在实验中,主要精力要放在优化教育教学工作子系统上;

(4)要努力实现各个子系统的合理组合,加强与系统外部的信息交流,以增强学校系统的教育功能与效果;

(5)教育评价是实现小学学校教育整体优化的有力武器,要充分发挥其定向导航、调节激励、检查评估的作用,从而保证学校教育系统有目的、有秩序、有调节、有实效地运转。

再次,实验过程形成并锻炼了一个由科研人员、学校领导和实验教师组成的稳定的科研队伍。[1]

第二轮实验取得的成效主要有:

第一,提高了实验班全体学生的素质,使他们获得了比较全面、和谐、充分的发展。实验结果和跟踪调查表明,丰台实验学校五年级实验班的学生在德、智、体诸方面的发展水平都达到或超过了实验的预期效果,基础知识和基本技能及学习能力均优于同校六年毕业的学生,他们用五年时间完成了小学六年的学习任务,说明小学实行五年制是可行的。宏庙小学等六所学校实验班的学生,经过六年的实验,整体发展水平也都达到或超过了实验的预期效果,毕业成绩较好。

第二,培养和锻炼了教师队伍,提高了教师的思想理论水平和教育教学能力,其中有些教师已经由"经验型"转化为"科研型"。

第三,提高了参与学校的办学质量,有的学校已初具办学特色。参加实验研究的七所小学,实验前办学条件不好,生源较差,师资条件一般,实验后学校状态发生了较

---

[1] 北京市教育科学研究所实验研究组,北京市西城区宏庙小学实验研究组. 实现教育整体优化,促进学生全面发展——"小学生全面发展教育实验"实验报告(续完)[J]. 教育科学研究,1990(3):15—19.

大变化，获得了令人满意的成绩，七所小学多次被市、区表彰，有的学校已初具办学特色：如宏庙小学的整体改革，以优化管理指挥、教育教学、经济保障三个子系统为特色；香厂路小学的创造教育，以课堂教学的创造性思维培养、少先队的创造性活动实践、课内外的右脑开发以及校园环境创设为特色；丰台实验学校充分利用社会教育资源和家庭教育资源，以优化的"三结合"教育工作为特色；武定小学以落实《小学生守则》和《小学生行为规范》为内容，初具养成教育特色。①

经过了两轮共14年的实验研究，实验组得出以下主要结论：

（1）实验的出发点和落脚点是全面贯彻党的教育方针，使学生在德、智、体诸方面得到全面、和谐、充分的发展，其实质就是提高学生思想品德素质、文化科学素质、身体心理素质和劳动素质。教育的任务在于把国家和社会对人的要求"转化"为个人自身发展的需要，"内化"为个人的稳定的基本品质。实验的方法是：丰富感知——加深理解——促进认同——组织实践——反馈体验——坚持实践——实现内化。实验成果证明，这一方法是有效的。

（2）实验为学校整体改革，而非单项单科改革，研究的焦点是怎样办好一所小学，怎样实现学校教育功能的整体优化，怎样把素质教育落到实处。实验研究成果为实施素质教育提供了一种有效的模式，即以全面贯彻党的教育方针为指导思想，以提高全体学生素质为根本目的，以教育科研为先导，在学校教育整体改革中，坚持整体性、主体性、活动性三项原则，运用整体设计、抓"点"织"网"、教学为主、专题深入等策略，努力实现学校教育功能的整体优化，把国家对小学生的要求，转化为他们自身发展的需要，内化为他们自身稳定的品质，促进小学生全面、和谐、充分的发展。

（3）实验以培养学生学习适应能力为重点，对"教会学生学习"课题进行了有益的探索，获得了一些经验，认识到"引导学生爱学习"要做到：建立和谐的师生关系，形成良好的学习情境；教学过程要生动活泼，富于启发性；要帮助学生获得学习上的成功，让及时反馈和成功体验发挥动机作用；积极开展课外兴趣活动，充分发挥课内与课外的交互作用；提高学生学习的社会责任感。"指导学生会学习"要做到让学生掌握一般的学习方法，如学会上课、作业、预习、复习、计划、应试等方法；指导学生掌握学科的学习方法，如怎样学习数学、语文、外语等；还要指导学生学会一些课外的学习方法。"教导学生勤学习"要做到帮助学生养成良好的学习习惯。

---

① 吴凯.《小学生全面发展教育实验》研究报告[J].教育科学研究,1997(1)：28—33.

（4）学校的教育科学研究必须坚持理论联系实际的指导思想，切实解决学校教育中存在的问题，必须与日常的教育教学实践相结合，必须依靠和组织教师群体积极参与。①

二、杭州江干区凯旋教育集团改革实践

进入新世纪，为实现区域推进义务教育优质均衡发展，集团化办学逐渐兴起，其中杭州是较早也是较多开展集团化办学实践的地区。2013年杭州江干区成立凯旋教育集团，集团由四所小学和一所中学组成，聘请了华东师范大学基础教育改革与发展研究所的专家学者进行指导，开始了集团化学校变革之旅。凯旋教育集团的创建虽然是在政策引导和教育行政部门的指引下实现的，但与其他教育集团有很大不同——它是在高校教育专家引领下进行的学校变革，强调理念预设与实践生成的双向互动，就好像是教育行政部门主导创建了集团并搭建了集团发展的舞台，在这个舞台上，集团学校在高校专家的指导下翩翩起舞，火热朝天地进行着办学方式、课程、教学、科研等各个方面的改革探索，因此，笔者更愿意将凯旋教育集团的改革实验称为民间自主实验。

（一）杭州江干区凯旋教育集团的改革历程

2003年9月，杭州市江干区尝试通过名校集团化办学方式扶持薄弱学校，成立了采荷二小教育集团。2004年，杭州市委、市政府出台《关于进一步推进基础教育改革和发展的若干意见》，首次提出在全市实施名校集团化办学战略。2006年9月和2007年9月，杭州市又先后出台了《关于实施中小学名校集团化战略的若干意见》和《关于进一步推进名校集团化战略的意见》，进一步强化名校集团化战略。在一系列政策的引导下，杭州掀起了集团化办学的热潮。到2011年底，杭州市已成立了210个名校教育集团，其中主城区有76个，覆盖率达70.33%。②

在此背景下，杭州江干区教育局筹备在办学力量参差不齐的凯旋街道成立教育集团。2012年，华东师范大学基础教育改革与发展研究所受邀参加凯旋教育集团建设工作。专家学者们对凯旋街道的学校教育资源进行了多次需求调研与分析，深入了解各校校长和广大师生的愿望后，逐步达成了共识，明确了改革思路，确立了"在保持原有学校独立法人的基础上，建立凯旋教育集团松散型联盟"的发展定位，并形成了以区

---

① 吴凯.《小学生全面发展教育实验》研究报告[J].教育科学研究，1997(1)：28—33.
② 费蔚.从管理到治理：区域推进义务教育优质均衡发展的体制机制创新[J].教育发展研究，2014(15)：13—20.

域共享课程建设为抓手来促进学校优质均衡发展的改革思路。具体来说就是：以制订集团规划为引领，以集团共享课程建设为抓手，加强校际合作，尝试互聘教师、互选课程、共享实验设备、共享图书资源、共建信息平台等，将集团的整体发展与各校的特色发展结合起来，鼓励各校办出特色，促使集团内学校错位发展，在合作中竞争，达到和而不同的集团文化生态。[①]

2013年9月7日，杭州凯旋教育集团正式成立，下辖五个学校，分别为：杭州市景芳中学、杭州市南肖埠小学、杭州市景华小学、杭州市茅以升实验学校、杭州春芽实验学校。华东师范大学基础教育改革与发展研究所和江干区教育局就凯旋教育集团的发展签订合作协议，深度参与集团的教学研究、教师培训、教育科研、学校管理等活动。集团的任务是：第一，整合教育资源，实现优势互补和资源共享，使集团各校获得最佳效益；第二，开展集团共建，扬长补短，利用集团优势解决各校发展中存在的问题；第三，以集团名义开展国内外各类教育教学交流与合作，促使集团各校开拓视野；第四，通过集团内各校的设施设备联用、学生联招、教师联聘、活动联合、特色联建、成果联享等方式，实现开放式办学。

2014年9月，凯旋教育集团在华东师大基础教育改革与发展研究所的支持下，以"共享课程"建设为抓手，开始了集团内跨校选课的探索。"共享课程"是指各校将自己特有的优质校本课程与集团内其他学校共享。凯旋教育集团首批建设的共享课程包括茅以升实验学校的"桥·生命"校本课程、南肖埠小学的"国际象棋"校本课程、春芽实验学校的"软笔书法"校本课程、景华小学的"石之语·篆刻"校本课程。跨校选课指在集团内，以学生走校、教师走教和网络教学为主要形式进行课程选学。学生走校，即开课教师在自己学校的专业教室里组织教学，集团内各校学生跨校选课后，按时到开课教室上课，这种"教室固定、教师坐班、学生走班"的上课形式是共享课程实施的主要形式。教师走教，即开设共享课程的教师跨校上课，为选课的学生送教上门，这种形式主要用于学生年龄较小、走校不便或该校选课人数较多的情况。跨校上课的教师可根据学生情况与课程特点，自主确定上课形式，灵活采取大班授课、小组合作、社团体验或比赛等教学方式。网络教学，即充分利用现代信息技术，建设共享课程网络资源库，开展网络远程教学，打破学校时空壁垒，拓展学习空间，实现个性化教学。网络教学采取同步共享或异步共享两种方式，同步共享指实时双向交互式网络教学，实现了在线

---

① 黄忠敬.以共享课程建设推进区域教育优质均衡发展[J].课程·教材·教法,2016(3):58—64.

同步授课;异步共享指视频点播、资源库访问、论坛讨论等,实现了随时随地自主学习。共享课程实施过程还可以制作成视频材料,建成视频资源库、课件库、案例库、课程资源库等。对于上网条件有限的学生,集团还制作了共享课程光碟,供选课学生课后学习或在家学习。①

至今,凯旋教育集团仍在有序发展,不但集团内各学校办学水平和教学质量不断提升,而且参与其中的专家学者在对"名校集团化""区域推进基础教育优质均衡发展""教育新共同体"等理念与实践进行分析研究的过程中,还形成了一批成果,如:杨小微《探寻区域义务教育优质均衡发展的新机制——以集团化办学为例》(教育发展研究,2014年第24期);黄忠敬,费蔚《区域打造现代化学校的探索》(人民教育,2014年第20期);费蔚《从管理到治理:区域推进义务教育优质均衡发展的体制机制创新》(教育发展研究,2014第15期);黄忠敬《以共享课程建设推进区域教育优质均衡发展》(课程·教材·教法,2016年第3期);徐晖《新共同体:区域推进基础教育优质均衡发展的江干范式》(上海教育出版社,2017);费蔚《教育"新共同体":推进区域教育优质均衡发展新范式》(中小学管理,2019年第9期)等,这些研究成果在基础教育界产生了一定影响。

(二) 专家指导下的教育集团改革成效

教育专家指导下的凯旋教育集团成立后,已初见成效。主要体现在:

第一,办学理念优化。高校专家帮助教育集团在学校文化建设、课程设计、教学改革、科研、资源整合等方面进行了系统规划,帮助集团加强顶层设计,从各校的办学特色出发,进一步凝练、提升出核心价值理念,并将这种核心价值理念转化为努力的方向、行动的准则和可检测的指标。

第二,形成了特色课程与共享课程。一方面,集团在专家的助推下,积极发展特色课程,将五所学校原有特色课程进一步拓展深化,形成可持续发展的校本课程生长点;另一方面,集团学校的共享课程也使得学校之间的交流活动更加广泛,内容更为丰富,形式也更为多样,开阔了教师的眼界,提升了教师的课程开发能力,同时也满足了学生多样化的学习需求,让学生享受到更丰富的教育资源,更有利于其个性化发展。

第三,科研能力提升。高校派驻中青年教师到集团各校挂职担任科研副校长、教学顾问等,深度参与学校的教育教学和科研工作,进行专业引领,同时聚焦学校发展中

---

① 黄忠敬,费蔚.区域打造现代化学校的探索[J].人民教育,2014(20):16—17.

的热点、难点问题,开展项目研究,提升集团学校的教学和科研水平。

第四,集团各校共建共享,共同发展。集团化办学以校际互动的方式进行教学和科研,突破了学校限制,实行教师联聘、学生联招,使学校既能保持各自的发展特色,又能享受其他学校的特色资源,达到了特色联建的集群效应,同时,集团内各校教师可以流动,这样有利于教师专业发展和教师队伍结构优化。集团化办学还突破了教研组限制,运用校际教研活动联盟机制,建立凯旋学科教研大组,各校轮流申办组织教研活动,增强了教研氛围,提高了教研质量。集团学校之间开展的这些深度合作,实现了优势互补,资源共享,共同发展。指导凯旋教育集团改革实践工作的专家杨小微谈到,凯旋教育集团成立才一年,集团学校之间就已初步实现了共创共享,取得了可喜的成绩,他说:

> 合理建设"凯旋教育集团"的经验表明,起初是为了通过"抱团发展"应对周边先行成立的集团学校对尚未成立集团的"散在学校"的强势挤压,然而合作创建一年来,更多的优势显露出来,集团内校际关系由简单的抱团发展为多主体参与下的共创、共享和共生的关系。概括起来说就是:基于自主的协同共创,基于个性的资源共享。凯旋教育集团中教师联聘、学生联招等新机制的诞生,圆桌会、工作坊、大教研及区域共享课程等新平台的打造,都是共创共享的结果,相信在今后两年还会有更多的共创共享空间被开辟出来。[①]

第五,形成了教育"新共同体"。在集团化办学的基础上,多方力量协同,多种资源整合,凯旋教育集团逐渐形成了教育"新共同体",其运行机制也从初建时的"六联"(设施设备联用、学生联招、教师联聘、活动联合、特色联建、成果联享)升级为现在的"八联"(教师联聘、学生联招、专家联席、资源联享、活动联办、特色联建、中小联动、平台联通)。教育"新共同体"的内涵如下:

> 一是注入资源多样化。与名校集团化办学中,只有名校单一资源注入不同,教育"新共同体"有多种优质资源注入,如名校、高校、科研机构、社会力量等,丰富了资源提供类型,拓宽了资源供给广度,为学校自我发展、特色发展和创新发展提

---

① 杨小微.探寻区域义务教育优质均衡发展的新机制——以集团化办学为例[J].教育发展研究,2014(24):1—9.

供了有力支撑。

二是教育治理多元化。教育"新共同体"更强调和尊重各成员学校的办学特色和发展实际,在此基础上充分发挥学校的积极性和创造性,共建共享资源,使共同体内形成平等、合作、协同的治理格局,促进优势互补。

三是效益拉动整体化。教育"新共同体"的最终目的不是办好一所学校,而是以一个街道或乡镇为单位,对区块内所有学校进行合理规划,通过理念、资源、管理、成果的共享,促进共同体内每一所学校发展,整体拉动各区块教育水平,进而实现全域教育的优质均衡发展。[①]

教育"新共同体"有多种类型,如名校新校共同体、区域联盟共同体、院校合作共同体等,其中最为普遍的是院校合作共同体,凯旋教育集团就是这种类型。在政府的引领和社区的配合下,凯旋教育集团与高校合作,各学校协同,以区块发展带动全域发展,丰富了集团化办学的内涵,促进了区域教育公平和质量提升,成为了一个区域教育均衡发展的特色品牌。

三、理念预设与实践生成双向互动的学校集团式变革之路

与前两类学校变革方式(以单科教改推动学校整体变革、以问题为导向的学校综合变革)不同,专家引领下的学校集团式变革是一种理念预设与实践生成的双向互动过程。在进行变革之前,专家学者已有一些宽泛的实验假设和改革规划,根据实际调查结果调整实验假设和改革规划后,再施行于学校改革实践。实验的过程中,行动者不断总结经验,更新理念,调节方向和进度,理念与实践就在这样的互动中持续改进。从北京市"小学生全面发展教育实验"和江干区凯旋教育集团变革的实践过程来看,这一变革路径有以下四个共同特点:

第一,专家指导规划。"小学生全面发展教育实验"是由北京市教育科学研究所的专家引领进行的,实验之前,已有"实现教育的整体优化,促进学生的全面发展,发展有中国特色的小学教育理论与实践"的目标与理念预设,然后实验主导者结合调查情况,设计了较为规范完善的实验方案。由于目标明确,规划合理,且能结合各校实际情况和原有特色进行,实验效果较好。江干区凯旋教育集团的改革则是由当地教育局聘请

---

① 费蔚. 教育"新共同体":推进区域教育优质均衡发展新范式[J]. 中小学管理,2019(9):37—40.

华东师范大学的教育专家来进行指导,指导之前专家已有先进的教育理念,或者说教育理想。专家进行实地调查以后,再根据集团学校的情况帮助设计改革方案,参与改革实践,使得集团办学改革少走弯路,发展迅速。

第二,学校抱团发展。"小学生全面发展教育实验"是20世纪末期进行的实验,首轮实验只有一所试点学校,第二轮实验有七所学校参加,七校分工合作,协同攻关,成果共享,虽然合作程度还不够深,但实验成效仍然优于一所学校单独改革。江干区凯旋教育集团是21世纪初开展的变革,一开始设定的就是五所学校联动、设备联用、学生联招、教师联聘、活动联合、特色联建、成果联享,这种深层的合作有效促进了校际交流与各校的发展,也有利于学生开阔眼界,享受优质资源。后来凯旋教育集团进一步形成"新共同体",更加强调集团内部的平等合作、协同治理和优势互补。

第三,行政力量支持。"小学生全面发展教育实验"得到了北京市教育局、北京市西城区政府和教育局的重视与支持,江干区凯旋教育集团的改革更是在江干区教育局的督促与扶持下进行的。在行政力量的引导与支持下,学校集团式变革与发展能获得更多资源、空间与保障,各方的交流互动也会更为顺畅。

第四,有利于区域内教育优质均衡发展。两例个案都实现了区域内学校共建、资源共享和校际互动,一定程度上解决了教育资源分布不均、学生教育机会不平等、学校间产生不良竞争、学校发展不平衡等问题,而这正是未来基础教育学校改革发展的主要方向。

总之,专家引领下的学校集团化变革是当前兴起的一种有效变革方式,是当下学校变革的潮流所趋,比起各个学校单打独斗来说,这种方式确实有着无可比拟的优势。但改革者也应注意其中可能存在的问题,比如:如果前期的实践调查不充分,或者专家的教育理念与集团学校的实践经验差异较大,那预设的理念会不会限制甚至阻碍实践的改进与发展?教育集团的管理机构与机制要如何落实?如何协调好集团统筹规划与学校自主发展之间的关系?会不会有拉高补低现象?如何协调集团整体利益与各校实际需求,在推进集团共性项目的同时,充分尊重并发展各学校的个性化、特色化项目?集团化办学主要关注的是学校间的横向合作与联动,那纵向关联如何进行?集团内部中小学之间如何衔接?这些都是未来的学校集团化变革过程中值得关注和思考的深层问题。

第四节　改革开放后基础教育学校自主实验变革的总体特征

纵观上述三类具有代表性的学校自主变革个案,可以发现四个共同特征:都是有意识的本土教育思想自主创生;都重视实践者的经验,并强调由实践者的经验出发进行理论建构;变革行动是自觉产生的,主动改革且持续改进;越来越注重合作共享和多方共赢。

一、扎根本土的教育思想生成

无论是起步于单科教改的学校整体变革,或是以问题为导向的学校综合变革,还是专家引领下的学校集团式变革,都展现出改革者有意识的自主探索意愿与能力,都形成了一系列具有本土特色的教育思想和方法,有的思想和方法,如"成功教育",还走上了国际舞台。

李吉林主导的"情境教育"、顾泠沅主导的"青浦实验",以及黎世法主导的"异步教学法"实验是较早开始的改革探索,改革开放前后,三位主导者就针对本土教育问题展开了调查、思考与改进。在这个过程中,他们也参考各国教育理论,但主要还是立足于本土实践,通过长期的实验和思考,逐步以实践经验总结、筛选、提炼、验证的方式,形成了三个体系完整的教育理论。"情境教育"、"青浦经验"和"异步教学法"是在改革实践中生长出来的,带着浓浓的本土气息,有较强的适应性,因而易于推广。

刘京海的"成功教育"实验早年也借鉴国外教育理论,其基本原理与一些西方教育心理学理论不谋而合(如斯金纳的强化理论、班杜拉的自我效能感理论、韦纳的成败归因理论等),但它的实践体系与推广方式就完全是原创的,是扎根本土、因地制宜解决问题的范本。

北京市"小学生全面发展教育实验"和杭州江干区凯旋教育集团改革实践是在专家引领下的学校集团式变革,虽然没有形成体系完整的教育思想,但它们也展现出本土教育自主探索的特征,两项研究都致力于区域性学校的整体优化与均衡发展,注重实践的反馈与调节作用。

除上述个案外,基础教育界还有一批类似的本土教育思想自主创生案例。相较于民国时期学习欧美教育与建国初期学习苏联教育的热潮,改革开放后我国基础教育界主动开展教育实验,结合本土实际进行自主探索的意识更明确,这表明我国基础教育理论和实践工作者已经认识到移植和借鉴别国教育经验并不能解决中国教育问题,先进的教育理念必须结合本土实际,落地生根,因地制宜,才能真正产生作用,而在吸收融合、审慎假设与严谨实验基础之上自主创生的本土教育理念与实践经验,可能更有效力和生命力。

二、从实践者的经验出发进行理论建构

相较于过去注重理论指导实践的学校变革模式,改革开放后的学校自主变革探索更重视实践者的经验,强调从实践者的经验出发进行理论建构。比如顾泠沅的"青浦实验"前期花了三年时间进行现状调查,收集实践经验,后来又花了一年时间对收集到的经验进行筛选和提炼,形成理念,然后才正式开展实验,以验证其提炼出来规则和方法是否有效。黎世法的"异步教学法"实验前期也花了两年时间进行"学情调查",总结出若干学习规律,然后又花了三年时间总结探索教学规律,才提出最优化教学理论。刘京海主导的"成功教育"当初也花了近一年时间进行调查,发现闸北八中学生学习困难的主要原因是学生产生了失败者心态,学习自信心不足,学习习惯不良,然后刘京海针对性地提出相应策略,即改变教学理念和教学方式,让学生体验成功,培养学习自信心,形成良好的行为习惯,接下来他才在总结实践经验的基础上逐步形成"成功教育"理念和方法。李吉林的"情境教育"是借鉴中学外语情境教学,并基于自身教学经验提出来的,实验刚开始时是摸索前行,局部尝试取得良好效果后,才进一步总结、扩大。即使是专家引领下的学校集团式变革,改革过程中也非常重视实践经验,注重教师和学生的体验与看法,注重理论与实践的双向互动,根据实践效果不断调整改进预设理念与实施方案。

教育理论产生的目的就是改进实践,如果实践者能为行动而研究,在行动中研究,他们自身的体验和思考能更精准地反映实践中存在的问题,那在此基础上提炼和构建出来教育理论自然更符合实际,更能产生实效。这一趋势表明改革开放后我国基础教育界正在有意识地进行教育理论与实践的融合与互动,越来越看重一线工作者的经验和实践者的智慧。

三、行动自觉,持续改进

除凯旋教育集团改革实践由杭州江干区教育局主导创建外,上述五例个案都是学校或实验主导者在教育政策导向下自主开展的变革。"成功教育""情境教育""青浦实

验""异步教学法"实验是在国家倡导改进教学,大面积提高教育质量的背景下开展的。"小学生全面发展教育实验"是在国家倡导进行素质教育,促进学生全面发展的背景下开展的。虽然是在宏观政策导向下进行,但上述学校变革过程更多体现的是自觉行动,以主动改革来应对实践问题,而非等待指挥与安排,这是值得各个学校效仿的。此外,上述实验主导者们还富有改革的激情与动力,不满足于阶段性成果,持续改进,不断突破,如"情境教育"在成功推广以后,李吉林仍然持续探索,进一步深化理论研究,开发了情境课程。黎世法没有止步于"异步教学论"的提出,而是不断丰富和发展这一理论,并尝试以异步教育思想指导新课程教学。"成功教育"也在与时俱进,近年来,闸北八中在运用互联网技术促进学生主动学习和自主成功方面又有若干新举措、新成就。正是因为有这样的改革意识和动力,有自觉行动和持续改进的精神,上述学校的改革探索实验才能取得成功。

当前,我国教育处于大发展时期,激励学校变革发展的教育政策时有颁布,各级各类学校不但要抓住这个机遇获取更丰富的资源,更应在政策导向的基础上主动思考本校变革的方向与方式,制定本校改革发展的目标与战略,自觉开展改革探索实验,持续进行学校改进,有意识地推动学校向更高水平发展,而不能抱着"应对检查"或者"完成任务"的消极心态,不能以"上有政策,下有对策"或者"只顾眼前,见子打子"的消极方式来办学。

四、合作共享,多方共赢

"小学生全面发展教育实验"、"成功教育"实验和凯旋教育集团改革实践体现了学校变革过程中越来越善于多方合作,共享共建的趋势。"小学生全面发展教育实验"获得了双赢,参与实验的七所学校获得了较大发展,逐渐形成了学校特色;实验主导者,也就是北京市教育科学研究所获得了大量实验数据,形成了一些研究成果。"成功教育"委托管理办学使三方受益:地方政府和教育行政部门达到了快速改善薄弱学校、促进区域教育均衡发展的目的;被托管学校的办学能力和教学质量获得了较大提升;"成功教育"则得到了推广并产生了经济效益。凯旋教育集团改革实践更是实现了四方共赢:江干区教育局初步实现了推动区域教育优质发展的目标;集团学校优势互补,共建共享,获得良好的协调发展;高校获得了务实的研究成果,促进了理论与实践的有机结合;江干社区则在教育、文化、管理等方面得到了全面提升。当然,学校变革的最终受益者,也是最重要的受益者是学生。随着学校的办学水平和教学质量不断提升,学生必然获得更多样的优质教育资源和更好的发展机会。

加强多方合作,促使多方共赢是未来中小学发展的主要趋势之一,各个学校在进行改革与发展规划时应充分考虑这一点,争取联合相关学校或机构,努力获取更多资源与支持,有意识地打破壁垒和藩篱,进行深层次的沟通与合作,以实现和而不同,各具特色,相互支持,共同发展的学校变革良好局面。

总之,以上三种变革路径各有所长,形成了若干具有中国本土特色的学校变革样式。相信未来学校的自主改革探索会越来越多样化、综合化、数字化、人性化;越来越具有本土意识、实践情怀与合作精神;形成更多有利于学生个性化自主学习的教育共同体。

第十三章　新时期学校现代化探索的个案研究：以"新基础教育"的学校系统变革为例

华东师范大学叶澜教授首创并持续主持的"新基础教育"研究，1994年在上海市正式启动。它是一项中国社会转型时期的学校转型性变革综合研究，以"培育生命自觉""成事成人"为核心价值，以实施义务教育的中小学为合作研究对象，以创建当代中国新型学校为基本目标。进而通过学校整体转型变革、校际生态区建设等实现区域教育内涵优质均衡。"新基础教育"研究先后经历探索性（1994—1999年）、发展性（1999—2004年）、成型性（2004—2009年）、扎根性（2009—2012年）、生态式（2012—至今）研究阶段，目前处于生态区、共生体建设的第二阶段。目前，上海市闵行区、江苏省常州市、江苏省淮安市、山东省青岛市、山东省淄博市、广东省深圳市、广东省佛山市、浙江省宁波市、河南省巩义市、北京市、云南省昆明市、广西省桂林市等全国多个省市100余所学校正在开展"新基础教育"学校变革研究。

第一节　"新基础教育"研究概述[①]

"新基础教育"研究是直面世纪之交中国教育面临的时代挑战与机遇，对当代中国

[①] 主要参考资料：
(1) 叶澜."新基础教育"论——关于当代中国学校变革的探究与认识[M].北京：教育科学出版社,2006.
(2) 叶澜.回归突破："生命·实践"教育学论纲[M].上海：华东师范大学出版社,2015.
(3) 叶澜,李政涛."新基础教育"研究史[C].北京：教育科学出版社,2010.
(4) 叶澜."新基础教育"探索性研究报告集[R].上海：上海三联书店,1999.
(5) 叶澜."新基础教育"发展性研究报告集[R].北京：中国轻工业出版社,2004.
(6) 叶澜."新基础教育"成型性研究报告集[R].桂林：广西师范大学出版社,2009.
(7) 张向众,叶澜."新基础教育"研究手册[M].福州：福建教育出版社,2014.
(8) 叶澜."新基础教育"内生力的深度解读[J].人民教育,2016(3—4).

社会变革性质进行深度理论思考之后,基于"读懂"时代精神而形成变革目标,进入教育教学实践进行的学校整体变革研究,它是中国社会深刻、巨大变革引发的教育基本理论与学校教育实践重建研究。

一、"新基础教育"学校变革研究的目标与性质

"新基础教育"学校变革研究的目标有显性与深层之分。其显性目标是:在"成事"的意义上,创建"新基础教育"理论和现代新型学校;其深层目标是:在"成人"的意义上,改变师生在学校的生存方式,创造学校教育新生活。两层目标交互生成,合称"成事成人"。其展开表达和目标确定的依据阐述如下。

(一)培养"主动、健康发展"的时代新人

"新基础教育"学校变革研究,以认识当代中国社会变革的时代精神为开篇。基于教育学立场,在育人意义上,积极回应当代社会变革,把教育中的人——教师与学生发展置于其生存的当下生境中,将中国教育变革和学校转型放在当代社会变革的大背景中认识。

1. 读懂当代生境

全球化、信息化与后现代是当代社会格局、现代人的生境。[①] 自20世纪70年代以来,在关于当代人类社会特性的描述中,"全球化"、"信息化"、"后现代"属最多见的一类。"全球化"、"信息化"是对当代人类社会显著特征的概括,而"后现代"则是对时代变化性质的总体性概括。

当代中国社会正处在一个全球和本土都急剧变动、且交互影响的大时代,呈现出全方位的变革势态,既激烈迅猛,又复杂深刻,其变革的主题被聚焦为"社会转型与民族复兴"。这是中国历史上一次伟大的社会变革,当代中国的教育变革是它重要的内在构成。开发中华民族精神的内在生命力,创建美好富强的中国,为每个中国人的幸福生活提供可能与社会保障,这是中华民族伟大复兴的必行之事,也是身处大时代的当今中国教育改革与发展的社会历史使命。

生存于其中的每个人,能真切地感受到,变革对社会发展和个人发展的影响具有双刃性、弥漫性和深刻性,一个缓慢、稳定、相对封闭和单一的社会型态正加速成为过去,不确定性、复杂性、多元互动性、开放性正在成为越来越多的中国人必须面对的生

---

① 叶澜. 全球化、信息化背景下的中国基础教育改革研究报告集[R]. 上海:华东师范大学出版社,2004.

存环境,且以潜移默化、通过日常工作和生活等改变着个体,尤其改变着青少年。中国社会真正进入了社会的繁荣发展、同时需要以更多个体的富有时代性的充分发展作为条件的时代,社会发展与个体发展从来没有像今天这样具有直接的联系。

这正是当前中国学校教育需要转型性变革的最重要和具有根本性、前瞻性的社会依据,也揭示了学校实现转型的社会意义与个体意义。

2. 读懂时代精神、明晰育人目标

"新基础教育"在当代中国社会变革的现实背景下,有针对性地提出反映21世纪中国社会发展对新人及培养新人的教育的要求。它是面向未来的,但又必须建立在对现实、时代精神、社会发展的深刻认识的基础上;它需要体现社会需求,但又必须落实到对人的要求和对教育本质的深刻认识的基点上。

如何把握时代精神,寻找时代精神与教育改革本质的相关点?首先认识物质生产和经济领域变化的实质。这种变化对人的要求的变化,则是时代精神与教育改革本质的相关点。"新基础教育"研究得出的基本观点是:当今中国社会生产力发展面临着高科技挑战,经济领域中社会主义市场经济体制的确立,使时代在各方面都呈现出变化速度加快和价值多元化的倾向,人所生存的环境变动不居。社会的发展越来越依赖于人的潜力和主体性的发挥。每个人要想在社会中生存和得到发展,不仅需要基础性的知识与一般能力,更需要有对变化环境的判断能力;在多种可能性面前的选择能力;把握时机、敢于迎接挑战的勇气和决策能力;迅速适应环境变化、主动改造环境和不断超越自身局限的发展意识与决策能力。所有这些归结起来,就是要求人以积极主动的态度并有能力参与到周围世界的变革和实现自身的发展。也可以说,一个要求每个人学会掌握自己命运的时代在中国的大地上来临了!21世纪"中华民族伟大复兴"的希望寄托在体现这种时代精神的人身上。

以未来社会发展的这一时代精神来反观今日中国基础教育,可以看出其根本的弊病在于忽视学生主动性的培养,忽视学生自主意识和能力的培养。在学校中强调的是统一和服从、规范和秩序,忽视的是多样和创造、灵活和变化。教师或成人在儿童、少年的学习世界和生活世界中,基本上是主宰者,学校教育在相当程度上抑制学生多方面的生动活泼的发展。这种状态不变,教育就无法适应21世纪社会发展的需要。

3. "新基础教育"育人目标:培养主动、健康发展的生命自觉主体

基于上述分析,"新基础教育"研究主持人叶澜教授,在1994年提出了"新基础教

育"的育人目标：培养"主动、健康发展"的时代新人,其核心精神是"生命自觉"。①

培养目标是任何学校首先需要清晰的办学第一问。"新基础教育"结合对时代精神的剖析,提出"主动、健康发展"的理想新人(即学校培养目标)在认知、道德和精神力量等三个维度的要求。

表 13-1 面向 21 世纪理想新人形象的主要方面

	关于外部世界	关于内部世界	思维方式
认知方面	善于捕捉、组织和判断各种信息的能力,善于发现问题,综合运用知识、解决新问题的能力,即创造能力。	认识自己的反思能力,自觉进行自我调控的能力。	立体、多维、动态的思维方式,直觉、领悟的思维方式。
道德品质	自觉遵守社会公德(含法律、制度与纪律等具有社会意义的公德)和履行职业道德。	独立选择、综合形成积极的价值观,形成责任感、义务感,自尊与尊重他人相结合,在保持独立人格的同时善于与他人协调、对话。	发展个性与促进社会发展道德价值取向的统一。
精神风貌	在身处不利环境下具有奋斗精神,有迎接挑战的冲动与勇气。	自信,不怕挫折,敢冒风险,有开拓、创造精神,能实现对自身的超越与完善。	在有缺憾的人生中追求完美,在改造外部世界的同时改造主观世界。

"新基础教育"关注每一个学生,将学生"主动性""潜在性""差异性"聚焦到"具体个人"的概念上,要求把学生当作"具体个人"去认识和研究,"要承认人的生命是在具体个人中存活、生长、发展的"。② 把教育价值观聚焦到为每一个学生的终身学习与发展、实现幸福人生奠定基础上。

"健康"不只是指身体健康,还指学生个体的精神和心理健康,以及思想品德和社会性的健康发展。其中,道德要求是基础性构成。③ 人的健康发展包含着对人的发展的价值导向。

人的"主动"发展,是"新基础教育"研究始终关注的核心问题。培养主动发展的人,是对学校教育现实中忽视"人的主动发展",大量养成以被动接受现成知识,以适应、服从、执行他人思想与意志为基本生存方式,缺乏创造精神与能力的人的一种校正

---

① 关于"生命自觉"的展开论述,详见叶澜.回归突破:"生命·实践"教育学论纲[M].上海:华东师范大学出版社,2015.
② 叶澜.教育创新呼唤"具体个人"意识[J].中国社会科学,2003,(1).
③ 叶澜.试析我国当代道德教育内容的基础性构成[J].教育研究,2001,(9).

与超越。主动发展观强调：个体的发展，只能在人与其相关的各种关系和本人参与的各种活动的交互作用中实现，是一种开放的生成性的动态过程。唯有采取主动方式去参与形成积极的关系与活动，在活动中实现自我发展的人，才是具有生命自觉的人，才能在复杂多变的现实中实现其生命价值，创造理想的幸福人生。

让学生学会在不确定性中，通过主动选择和积极实践，把握和创造新的确定性，是"新基础教育"提出的学校教育在培养目标中富有当代价值和个体生命价值的选择。

(二) 明晰学校变革研究的性质

新人的培养，要求学校发生转型性变革。社会变革不仅作为教育变革的外部环境存在，更是推动教育变革的力量，而且还渗透、体现在学校内部，构成教育变革的内部因素，规定着当代中国学校变革的性质：整体转型性变革。

1. "学校转型性变革"的基本内涵

当代中国基础教育变革的性质属于整体转型性变革。[①] "新基础教育"研究是为实现学校整体转型性变革而开展的理论与实践交互建构的研究。学校"转型性变革"，是指学校教育的整体形态、内在基质[②]和日常的教育实践，要完成由"近代型"向"现代型"的转换。

在研究性质上，"新基础教育"突出变革的性质是"整体转型"，不是"修补"或"改进"。"整体转型"是涉及价值取向、构成学校系统的要素之基质、相互关系、结构整体框架、管理体制和运作机制等关涉系统整体性变化的各方面都发生变化，并带来整体型态的变革。

就总体目标而言，"新基础教育"是一项大的研究，落实到实践必须有具体范围的选择，不能什么都抓，结果什么也抓不好。范围选择对实践研究的开展，具有策略性的意义。"新基础教育"把实践研究的总单位定位在实施九年义务教育的学校。

教育工作者要承担教育内部改革的重任。教育改革尽管在宏观层面还有许多事情要做，但学校内部的改革不可能等外部条件具备了才开始。事情也许可以等，但每

---

① 叶澜.实现转型：世纪初中国学校变革的走向[J].探索与争鸣,2002,(7)：7—14.该文系统阐述了关于学校转型性变革的内涵。此后，就一直采用这一提法。叶澜."新基础教育"发展性研究报告集[R].北京：中国轻工业出版社,2004.载于其中的"'新基础教育'推广性、发展性研究的结题报告——世纪初中国基础教育学校'转型性'变革的理论与实践"一文明确表达了，在"新基础教育"的认识框架中，教育改革的性质属于转型性变革。
② 内在基质是指构成学校作为教育机构的基本要素的特质，主要包括学校物质因素（含校内建筑布局、内在设施、校园环境）和教师、管理人员的素质等。

一个孩子的生命无法等待,他们天天在长大。另外,尽管学校改革的外部环境有不少问题,但学校内部还是有须改革和可改革的空间,学校的改革只能由承担学校工作的校长、教师自己来做。

教育改革只有进入到学校内部,才可能对学生成长产生真实影响,才可能进入到培养理想新人的实践中。义务教育阶段的小学和初中的改革,基础性和涉及面最广,是人的一生、未来公民的奠基性教育,改革有效,受益面也会最广。因此,义务教育改革应该走在改革的最前面。而且在一定程度上,处在义务教育阶段的学生发展潜力和可改变性更大,学校经受社会对应试需求的直接压力也相对较小,这对改革的研究相对有利。以上是选择从基础教育的开端、承担九年义务教育的小学与初中做起的原因。

小学与初中的九年既是人生奠基和独立人格初步形成的重要时期,又是国家规定每一个中国公民必须接受义务教育的时期。提高这一阶段的学校教育质量,无论对个体一生的发展,还是民族素质的提高都具有普遍、深刻和长远的价值。因此,"新基础教育"研究,从理论和实践两方面以及在两者结合的意义上,探索、构建面向21世纪的基础教育的新观念和学校教育新路径。

"新基础教育"之"新"主要是相对于现有状态而言。教育改革的路径主要是指学生在学校参与的基本教育活动——课堂教学与班级活动。同时,也研究新型学校领导与管理变革,研究适应21世纪新型教师的特征及其自我更新等。

需要说明的是,"新基础教育"研究没有把课程改革和现代化教育技术手段在学校教育领域内的运用作为研究任务,因为当前的中国教育体制,课程改革集中由政府教育管理部门领导,并不是一个学校能左右,属另一个层次;教育技术手段运用的前提是硬件必须具备,师资要有培训,这些工作课题组和所有的学校不都能解决,而且,在观念系统和教育活动未能触动和发生根本变化前,现代化教育技术手段照样可为传统教育服务,所以,应率先进行观念系统和实践活动的改造,这是更为根本性的、当前学校实践中更迫切需要和有条件研究的问题,也是我们可以首先着手改革的方面。但这一选择并不等于"新基础教育"否定课程改革和校内信息技术的改革。事实上,已参与"新基础教育"研究的学校,都随着全国和当代教育改革的推进,参与到课程改革和信息技术的运用之中,有的还走在前列。

2. 现代新型学校的基本特征

"学校转型性变革"的研究必须回答:新型学校的特征是什么?

"新基础教育"所指的现代新型学校的特质,①从总体上来说,涉及以下几个方面:

第一,价值提升。现代型学校的存在价值不再停留和满足于传递、继承人类已有知识,实现文化的"代际遗传"和社会生产力、生产关系的复制式再生,而是追求为社会更新性发展、为个人终身发展服务的存在价值,使教育成为人类社会更新性的再生系统。在近代型学校中,受教育者被视为知识的承受者,在现代型学校中,受教育者被视为自我发展的承担者。因而,从传递知识为本转向以培养人的健康、主动发展的意识与能力为本,是现代型学校价值提升的核心构成。

第二,重心下移。主要体现在三个大方面。首先在教育对象与目标方面的重心下移。学校不是只关心少数"尖子"学生,为高一级学校培养专门化的、精英式的人物服务,仅以培养出获奖学生、考上名牌大学或后来成为著名人物的学生为荣(在各类校庆和校史展览中,人们最能感受这一点),而是致力于每一个学生的发展,为学生的终身学习与发展奠定坚实的基础。这不仅是教育由精英向大众的转换,而且体现了教育观念和行动中"具体个人"意识的诞生,对每一个人的幸福人生与生命价值的关爱。其次是教学内容方面的重心下移。把近代型学校中以为进入学术象牙塔做准备的学科知识为主的内容构成,移向学科领域知识与生活领域、职业实践领域、科学技术领域、人生领域等方面的沟通。这种沟通不局限于应用和理解,而且涉及学习者知识和能力的创生,是学科与生活、社会、职业世界多向交互作用的结果。最后,重心下移还包括管理重心的下移。除了中央、地方、地区把学校管理权交给学校自主以外,还包括学校在课程开发和师资培养、教育研究等方面的不离"土",它们与学生、学校教育的实践,教师个人的教学、教育实践,要真正做到结合、沟通与互动。这是对学校另一方面的主体——每个教师与教师群体的主动性和潜力的开发与提升。学校教育唯有在教师和学生双方的主动性和潜力都被开发,并在教育教学实践中积极产生交互作用时,才能办出个性和生气,才会成为参与学校教育和教学活动的每个具体人的生存发展的有机构成。

第三,结构开放。这是现代型学校的又一特质。除了表现为整个学制的开放性和弹性化以外,在学校结构层面上,主要表现为两个向度的开放。一个是向外的,包括对网络、传媒的开放;对社区、社会的开放;以及学校间、相关教育机构的相互交流开放。另一个是向内的,在管理上向师生开放,教育、教学活动中向学生发展的可能世界开放。结构开放不仅打破了近代型学校的基本封闭状态,也促使学校结构型态由宝塔型

---

① "新基础教育"新型学校特质的相关论述,参阅叶澜."新基础教育"发展性研究报告集[R].北京:中国轻工业出版社,2004:16—18.

向扁平型转换。即减少管理的层级,在学校教育实践的不同层面之间形成积极的互动,在同一活动过程中每个参与的个体或者有组织的群体,都是信息接受者、传递者和加工者,也是信息的创造者和发送者的"角色",人际的多向开放使结构整体呈网络态。

第四,过程互动。这是上述一系列转换对教育教学活动过程转型的要求。它与近代型学校基本以单向传递为主的教育教学过程状态,形成鲜明的对照。过程中的互动呈现多元、多层、多向、多群的状态。教学与教育过程中的创生和师生创造力,由潜在可能向现实的发展转化,在这样积极、有目的的互动过程中实现。

第五,动力内化。发展动力的转换是最深层次的转换。动力内化意味着学校形成自己内在的发展需求、动机和动力机制。动力内化机制的主要表现是:由贯彻上级行政要求式的执行机制,转向以校本研究为动力的学校发展机制。近代型学校的发展更看重对外部社会发展、变化的回应,看重外在的标准、显性的、可计量的成果和社会舆论的承认,看重在同类学校中的地位等等。在某种意义上,可以将其统称为"应式"办学。它有时是积极的,有时则是消极的。然而,重要的是学校只有具备了内在动力,认识到教育内在的使命和力量,认识到教育是直面生命、通过生命、为了生命的人类伟大而特殊事业时,才会把教育中具体人的健康、主动发展,看作既是目标,又是过程,更是动力。认识到只有把内在的价值与动力调动、开发出来,才能在应对外在需求时保持主动,善于选择且不丢失自己的相对独立性。

学校教育的价值转型、重心转型、结构转型、过程转型和发展动力转型,构成了学校转型的综合整体,它们的关系并非是并列式的,而是由价值的重建开始,至动力内化的整体转型过程完成,逐级内化与深化,也是学校变革实践所提供的经验基础上的理性抽象。

二、"新基础教育"学校变革研究的基本历程

"新基础教育"诞生于世纪之交的当代中国社会转型时期,以学校教育的整体转型性变革为核心问题开展研究。变革研究之初,创始人叶澜教授,就对当代社会转型进行深度思考,然后在学校教育变革领域进行策划、推进,可以说,20余年,"新基础教育"学校变革研究一直在思考、策划、推进和提升之中。

(一)探索性研究阶段:"两条腿"走路

1994年9月,该研究以上海外高桥保税区实验学校为试验基地正式启动,1995年9月,上海市华东师范大学第一附属中学、第二附属中学、第三附属中学、云岭实验中

学和华东师范大学附属小学各有一个班同时参与试验,并成立联合课题组。1996年初向全国教育科学规划领导小组正式提出立项申请。1997年初,"新基础教育"探索性研究课题被批准正式立项,定为国家教委重点课题,此时研究实际已进入第三年。同年2月,华东师大一附中因初中部改制等重大条件因素的变化而退出课题组。至此,探索性研究参与试验的学校为五所。

由于试验学校中没有九年一贯制的学校,试验研究分小学和初中两大部分,在小学先行一年后,中、小学同时进行。在小学组,各试验校的领导、组织和管理工作以校领导为主,改革涉及的专业指导,包括学科教学改革、班级建设、大型活动设计等由小学指导组负责(课题组成员分为小学指导组和中学指导组)。指导组无特殊情况,每周到试验学校一天,一般上午随堂听课、说课与评课,下午研讨班级活动,与教师讨论下一阶段的研究任务。在教学进入到一个新阶段,或者教学重心发生变化时,还要和老师一起备课。

此外,每学期的开学前或开学初,学期末或学期结束时,指导教师、学校领导和试验班教师要集中研讨,总结一学期研究工作、交流研究经验和体会、安排下一学期的工作。有时还在中小学两个学校分别交流的基础上进行大组交流讨论,相互学习,共同切磋。

在每学期的中期,中小学两个学校一般分别举行一些研究课,向全校或更大范围内开放。也曾组织试验中学的领导和小学的领导相互听课。每一次开放课前,要对前一阶段的试验进展作小结,看看有些什么进步,再提出问题,明确研讨课的指导思想、探索主题,完成设计方案。课后除教师自己"说课"、自评得失外,由指导教师及参与活动的其他教师评课,指出教学行为背后的内隐理念,即"捉虫",然后参照新基础的新观念系统进行重建,上课老师恍然大悟:"哦,原来还可以这样!",这被新基础人称为"喔效应"。持续介入的"捉虫"和"喔效应",①一方面使试验人员得到来自多方视角的反思和重建资源,促进自己进行"二度重建"(包括理念更新和实践变革),同时在试验组不同学校间进行交流学习。

中学组的研究活动,试验校领导和教师承担更多独立研究的责任,指导教师与试验教师的合作方式,主要是通过集中交流式的听课、研讨、学习、汇报总结、研制研究计划等方式进行。

"新基础教育"始终强调教学改革与班级建设"两条腿"走路,在班级层面上,对课堂教学和班级建设的实存状态,在进行深入反思、批判的同时,开展了持续的介入式变

---

① "捉虫"与"喔效应"是"新基础人"十分熟悉的习惯用语,"捉虫"指捉教师头脑中妨碍教学改革的传统观念之"虫";"喔"是指通过评课,教师有所发现和明白该如何改革时自然发出的声音,意味着产生了领悟效应。

革实践研究,尝试建构新的课堂教学和班级建设形态,使得研究人员对"新基础教育"在培养目标、课堂教学、班级建设、教师发展和学校管理等方面的内涵之"新",有了更为深入、系统的认识,也丰富、深化了相关教育学基本理论问题的思考和重建。①

(二) 发展性研究阶段:"推进型"中期评估促"整体转型"

"新基础教育"发展性阶段的一项主要工作,就是扩大、形成发展性研究的试验学校规模,以推广"新基础教育"探索性研究成果为主,深化班级层面上的日常教学、教育实践活动变革的系统研究和教师发展研究。

1999年5月到2000年9月,确立第一批试验学校,课题组组织校长暑期研修班,对第一批参加的学校作了普遍的实地调查,建立起"新基础教育共同体",形成基本研究制度。在大部分学校营造研究氛围,试验校开始学习、接触、实践"探索性研究"成果所提供的理论与经验,也产生了因推广而引起的新的问题与经验。

自2000年9月新学期始至2000年12月,第二批试验学校正式确立。同年11月25—27日上海市闵行区承办"新基础教育"共同体第三次会议。该会议既是对闵行区第一批参加发展性研究的试验校一年后改革状态的集中考察和展示,又承担向第二批自愿参加试验的学校介绍"新基础"和开展研修活动的任务。新学期伊始,华东师大课题组成员对新加入学校开展基础性调查,假期进行第二轮集中培训。当时核心学校总数为56所,发展性研究规模稳定。两年后其中一所学校因校长更替,新校长自动中止与"新基础教育"研究所的联系而退出。在区域性推广地区,有一些未作核心学校但也在开展"新基础教育"研究的学校,还有其他未加入课题组、也在进行"新基础教育"的地区与学校,据不完全统计约有50所左右。

发展性阶段的研究深化,主要体现在两个方面:

一是开始了以学校为单位,以创建21世纪新型学校为目标,强化校长是学校改革的第一责任人,以学校管理和校长发展为新增重点的、学校转型性变革实践的研究。在第二阶段中,探索性阶段开始的"课堂教学改革"与"班级建设"两个任务并没有停止,而是作为学校整体变革中的基础性部分纳入其中,并提出深化的要求。这个转变率先在闵行区开展。2002年1月新学期刚开始,闵行区27所"新基础教育"试验学校

---

① "新基础教育"探索性研究是全国教育科学规划"九五"国家教委重点课题,1999年结题。结题报告和主要研究成果,汇集在下列"探索性研究"丛书中:
 (1) 叶澜."新基础教育"探索性研究报告集[R].上海:上海三联书店,1999.
 (2) 叶澜."新基础教育"推广性研究教师指导用书(小学部分)[M].上海:上海三联书店,1999.
 (3) 叶澜."新基础教育"推广性研究教师指导用书(中学部分)[M].上海:上海三联书店,2000.

的校长与副校长,在教育局长的带领下,开始了为期一年、以"学校转型"为主题、共计10个专题的研修活动。同年5月,在上海市崇明县召开"新基础教育"共同体第六次会议,会议的主题为"加速、深入开展'新基础教育',创建21世纪新型学校",会上首次以"校长论坛"方式,为校长间的交流提供平台,把闵行开始的第二阶段实践研究主题,推向共同体的所有学校。

二是2002年9月,课题组采用了对研究开展状态进行中期评估的方式,推进研究的深化和质量提高。中期评估前,分别在各试验地区开展以学习评估方案为内容的短期培训。评估从闵行区第一批加入试验的学校始,而后推向其他地区的第一批学校,继而在闵行第二批加入试验的学校开展,历时共计1.5年,最后以广州第八次现场会议为终点。(第二批学校参与试验时间短,评估的重点放在班级层面上,未作全面评估。)这一措施有效推进了发展性研究第二阶段学校变革的整体发展,又使评估问题以系统的方式成为新的研究领域。

此外,"新基础教育"发展性阶段还深化了课堂教学改革和班级建设的相关理论研究,加强了研究实践中的重建。

同时,发展性研究突出要"成事成人",初步总结学校"研究性变革实践"对教师发展的重要意义,作了教师在转型过程的发展阶段分析。这意味着发展性研究已经开始超越探索性阶段,把重心从"改变"学校日常教学、教育活动之"事",转向对"变事"过程中如何"变人"的研究。一批在试验中取得成效的学校和教师崭露头角,对自己的实践经验和个人成长进行总结,并在区域推广中发挥积极作用。这些都使得"新基础教育"研究,引起国内基础教育界学校校长、一线教师以及理论研究者的关注和积极反响[①]。

(三) 成型性研究阶段:以"创精品"促"内生长"

1. 目标:从"全·实·深"到"精·特·美"

2004年5月,"新基础教育"发展性研究在上海市闵行区举行结题报告会和现场研讨活动,同时决定进行"新基础教育"第三阶段的研究。当时的项目名称定为"'新基

---

① "新基础教育"理论及推广性、发展性研究(简称"发展性研究")是全国哲学社会科学"十五"规划重点课题,2004年结题。结题报告和主要研究成果,汇集在下列"发展性研究"丛书中:
(1) 叶澜."新基础教育"发展性研究报告集[R].北京:中国轻工业出版社,2004.
(2) 杨小微、李家成."新基础教育"发展性研究专题论文、案例集(上)——学校管理·班级建设[C].北京:中国轻工业出版社,2004.
(3) 吴亚萍,吴玉如."新基础教育"发展性研究专题论文、案例集(下)——教师发展·学科教学[C].北京:中国轻工业出版社,2004.

础教育'基地学校建设",也称"品牌学校建设"。2006年,该课题进行中期评估后,改称"成型性"研究。

"新基础教育"成型阶段,基地学校要在做到改革"全·实·深"的基础上,基本达到学校转型性变革初见成效和新型学校的整体框架式呈现的预期目的,由此走向"精·特·美"。把"全·实·深"作为"成型性"研究"验收"的底线,把"精·特·美"作为高一级的要求。

2. 规模:聚集到创建基地的学校

为实现上述目标,在学校研究范围上进行调整:缩小实践研究的学校数量与分布的地域广度,加强研究深度,以建设少数基地学校的方式来实现目标。从"发展性"研究中相对成效显著的学校中选择,其中少量学校还参与过探索性阶段的研究。基地学校的创建通过双向选择确定最初的 11 所学校,其中 6 所来自上海市闵行区:闵行区实验小学、七宝明强小学、闵行区华坪小学、闵行区第四中学、闵行区马桥强恕学校、金汇实验学校,其余 5 所是:上海市普陀区洵阳路小学、浦东新区外高桥保税区实验小学、崇明县建设小学和实验中学、常州市第二实验小学。在 2006 年中期评估前后,基地学校的构成有所变化:一方面因多种原因,①外高桥保税区实验小学、崇明县两所学校退出基地学校建设;另一方面新增 2 所积极要求加入、并有一定研究条件的学校——闵行区汽轮小学和常州市局前街小学。② 形成了不同于最初确定的、共计 10 所学校的新组合,这一组合持续到本阶段研究结束。

3. 过程中的五项重点推进

首先,在学校领导与管理领域,开展学校组织调整与制度重建。这是继制订学校发展规划后,又一项涉及学校整体变革的框架式重建研究。由于这两项学校管理变革与学校日常工作息息相关,故采用系统研究、形成框架,不立不破、边建边改,各校自主、逐步健全的推进方式。

自 2004 年 9 月"成型性"研究启动始,在强化学校领导与管理改革的同时,坚持"新基础教育"研究传统,增强骨干教师培养;依托共同体集中活动,随教学进程探讨一

---

① 其中主要的原因有三:一是学校领导多次更换,后续者无意参与研究;个别学校还因区级层面领导更换多次后,对学校研究的支持相对减弱;二是学校研究开展相对困难较多、进展缓慢;三是课题组在有限时间内研究力量尚不足,故进一步收缩范围,主动中止合作关系。
② 闵行区汽轮小学的加入除闵行区的区域支持外,还因该校参与过"发展性"研究。常州市局前街小学加入的条件是:该校校长李伟平原为常州市第二实验小学副校长,有 5 年"发展性"研究的经验,此外,常州市教育局在 2006 学年始,也开始了市内"新基础教育"的推广研究,形成了区域支持。

些共性问题;对"发展性"研究中已形成的一些新的理论与实践经验作推广性研究;着力改变各基地学校研究中的不同薄弱点,促进学校教研和班主任工作研究的有效开展。

其次,启动、组织"新基础教育"指导纲要(以下简称"纲要")编写研究。2005年初,课题组内部就提出开展语文、数学、外语和班级建设四个方面的"指导纲要"系列研究,促使课题组专题研究的深化、具体化、系统和结构化,提升课题组成员自身的研究水平和能力,并籍此研究将基地学校骨干教师的力量组织起来,以跨校联合专题研究组的方式,集中优势力量,提高他们的实践水平和研究能力。

2005年下半年开学初,课题组相继启动"新基础教育"指导纲要的研究工作、分专题"指导纲要"的合作研究。同年10月18日和11月8日,语文、数学、外语和学生工作、教师发展、学校领导与管理六个专题分两次举行开题活动,建立由华东师大课题组专题研究负责人担纲,各校相关骨干教师、领导参与的研究小组,制定研究计划。各组分别从每个学校深入调查相关领域的现状开始,经集体讨论形成调查报告。进而形成组内的分项课题,由各学校认领、排出研究进程,结合日常实践逐步展开,再定期汇总交流。

第三,开展推进式中期评估[1]。经过三个学期的实践推进,在一些先行学校,已呈现出新型学校建设的积极成效,创造了许多新经验,也看到基地学校领导间、教师间发展速度和水平的不平衡,课题组意识到需要增强推进的力度,增进校际的相互学习与彼此促进,决定以"中期评估"为支点,对将近过半的成型性研究历程进行回顾、作出总结,并对下半阶段的研究进行具体策划。为此,华东师大课题组先行,根据改革实践的经验和对评估理论的深入研究,对"发展性阶段"制订的评估指标作了大幅度修改,形成了"推进式"的新评估方案与指标。

2006年9月,在中期评估中,各基地学校学习、内化评估方案与指标体系,先主动在校内进行自评估,完成学校自评报告、专题报告,并由校长带领学校研究团队,参加自评报告答辩;评估小组分别到参评基地学校进行现场评估。现场评估结束后,评估组根据评估报告、现场信息和日常研究状态等进行综合分析,最后形成对各校的总评意见和发展建议,并以"综合组"的方式分头到各校向领导班子作具体交流反馈,以"专题组"的方式向相关学科的组室和教师进行反馈。

第四,进行学校普查。中期评估之后,相关学校进入阶段性反思与调整,各校形成了"成型性"研究第三阶段的策划,决定用一年时间来"消化"中期评估的成果、经验,并

---

[1] 详见叶澜,主编."新基础教育"成型性研究报告集[C].桂林:广西师范大学出版社,2009。下同,不一一详注。

针对评估中存在的问题,进一步做好"全·实·深"。

2008年是"成型性"研究的最后一年,也是整体做好、做强的一年。为了更加深入地把握各校经一年调整后发展的情况和学校生活的实存状态,课题组用一年时间开展了基地创建学校的普遍调查(简称"普查")。根据中小学校发展的差异,"普查"先从小学开始,上半年,分上海地区和常州地区两个组两期进行,主要采用课堂教学和班级建设的现场研讨,与年级组、教研组全体教师座谈等方式开展。在学期结束校长研究交流会上,对小学普查的结果作总体反馈。

第五,开展"精品课/活动"研讨。此项研究活动,是在中期评估结束后,与普查在同时段开展,主要指向精品层次的培育与提升,加深学校文化研究。2007年4月,举行以"教育美"为主题的校长沙龙。深化对"精·特·美"目标的进一步认识,并从打造精品的角度,认识学校的基础与潜力,加强对新型学校内涵的系统构建,作出开展"精品课"现场研讨活动的决策。

2008年下半年,"精品课"现场研讨活动正式开展,它以专题为单位、而非以学校为单位。该活动共分语文、数学、外语、班队活动四个专场。由各校先推荐教师名单和课型,再按照低、中、高年级的分布,择优选出来自不同学校、属同一专场的4节课/班队活动,集中在1所小学举行。通过"精品课"专题研讨,"新基础教育"让更多人看到独特的"型"了。

事实上,"新基础教育"成型性阶段与前期的探索性阶段、发展性阶段,在研究时间上可以分段,但是在研究承继上无法分开,它们依次深化、推进。在成型性阶段,"新基础教育"研究成效加速、集中呈现并形成系统。①

---

① "新基础教育"成型性研究未作独立课题立项,但它是叶澜教授主持的两项大研究的组成。一项是教育部社科司组织的国家重大攻关项目"中国基础教育改革与教育学理论重建",2006年结题。另一项是国家哲学社会科学"十一五"规划(教育学科)重点课题"建设创新型国家与和谐社会背景下的素质教育研究"(2007年立项),2010年结题。结题报告和主要研究成果,汇集在下列"成型性研究"丛书中:
(1) 叶澜."新基础教育"成型性研究报告集[R].桂林:广西师范大学出版社,2009.
(2) 李政涛,吴玉如."新基础教育"语文教学改革指导纲要[M].桂林:广西师范大学出版社,2009.
(3) 吴亚萍."新基础教育"数学教学改革指导纲要[M].桂林:广西师范大学出版社,2009.
(4) 卜玉华."新基础教育"外语教学改革指导纲要[M].桂林:广西师范大学出版社,2009.
(5) 杨小微,李伟胜,徐冬青."新基础教育"学校领导与管理改革指导纲要[M].桂林:广西师范大学出版社,2009.
(6) 李家成,王晓丽,李晓文."新基础教育"学生工作与教育指导纲要[M].桂林:广西师范大学出版社,2009.
(7) 吴黛舒."新基础教育"教师发展指导纲要[M].桂林:广西师范大学出版社,2009.

(四) 扎根研究与生态式推进：内生长与内涵均衡

从"两条腿走路"到"学校整体转型"，经过探索性、发展性和成型性三个阶段的逐步创生历程，"新基础教育"在大中小学合作研究中，走出了一条区域行政、高校力量与基层学校之间深度合作、推进教育改革的路径，积累了在现实环境中领导、推进学校转型发展的经验，也涌现出一批具有内涵发展品质的新型学校。在此过程中，新理念系统和变革智慧，逐渐成为学校、教师自觉发展的内动力。

如何发挥前期改革的示范与辐射效应，实现"新基础教育"在基地学校的深扎根和内生长，并引领更多愿意发展的学校一起开展改革研究，推动区域教育的内涵式均衡发展？

2009年5月，基地学校创建成型时，华东师范大学新基础教育研究中心正式揭牌，开始运作。"新基础教育"研究一方面进入基地学校校本深化的扎根阶段，研究中心的成员不再以课题组的合作方式进入学校，而是以支持者的方式，在学校主动"需求"时再介入。目的是为了提升学校主动策划和开展变革研究的能力，把"新基础教育"的价值取向、思维方式、改革策略和行为方式等系列成果之根，深扎到学校的日常生活中，深扎到校长、教师的心里，深扎到学生的成长中。另一方面，在区域内扩大参与学校数量，发挥基地校引领、辐射改革经验的作用。2011年，上海市闵行区率先组建"生态区"，推进扎根研究成果，开启了"新基础教育"生态式推进的序幕。秉着自愿参加、自主选择的原则，在全区组建了以基地学校、组长学校为核心学校，面上学校为参与学校的中小学6个生态区，致力于辐射和提升"新基础教育"研究成果，以"价值追求"集结丰富多样的学校，变差异为资源，引导开放心态、团队学习，促进更多学校梯队联动式地实现整体变革。2012年，全国四个地区（上海市、江苏常州市、江苏淮安市和山东青岛市）分别组建了大小、数量不等，共计13个生态组，涉及近百所学校，数以万计的教师和数以十万计的学生，组建了"新基础教育"生态式推进全国研究共生体，努力创造区域教育内涵式均衡发展的中国经验。[①]

三、"新基础教育"学校变革研究的主要成效

"新基础教育"研究至今的成效，可简单概括为：一套教育理论，一批转型学校，一

---

① 2012年10月24日在华东师范大学举行了主题为"生态式推进学校变革"的专题研讨会，它标志着"新基础教育"生态式推进研究正式开始。至2018年底，"新基础教育"生态式推进已经在上海市、常州市、淮安市和青岛市等地举行了10次全国性的现场研讨活动。

条变革之路等。

(一) 一套教育理论

"新基础教育"研究历经 20 余年理论与实践交互创生的过程,至今已经形成一套有关当代中国学校教育改革的理论,并在此过程中重新认识了有关教育的一系列基本问题,进而催生了"生命·实践"教育学派的创建。在此,用"套"作"教育理论"的量词,意在表达"新基础教育"研究形成的理论并非单一式,而是成层次组合状的。就当代中国学校教育变革理论而言,"新基础教育"研究所形成的当代中国教育变革理论由两个层面构成:一是基本理论层面,二是应用研究层面。

1. 基本理论层面

基本理论层面上的代表作是在"新基础教育"研究十多年后,叶澜教授撰写、2006年出版的著作:《"新基础教育"论——关于当代中国学校变革的探究与认识》。[①] 从该书可以看出当代中国教育变革的基础理论之四大重要构成与特点。

一是形成了对中国教育变革的宏观、中观、微观相关的"通观"式理论。

"新基础教育"研究以"学校"为变革研究的基本单位,沟通宏观社会变革(以国际为背景、以中国为聚焦点)与教育系统的中观变革,着力于对教育变革当代背景的整体认识,为当代中国学校教育变革的不可规避性和反映社会发展需要的价值取向之确立,提供基于现实透析的理论依据。同时,从学校变革需要改善生境的视角,对当代中国社会和教育系统变革的历史与现状作出审视和批判性论述。我国当代诸多有关教育改革的研究,大量是从社会变革的需要——或经济、或政治、或文化需要等,来对教育、学校变革提出要求,或者主要关注学校内部变革的某些方面,很少有从学校变革与发展的需要,对社会变革提出要求和评论。《"新基础教育"论》作出了以"教育之眼"系统地看待、评论"世界"的尝试,改变了机械决定论式地研究社会与教育的关系,以生态学的观点探讨当代中国教育与社会的关系;阐明教育在社会变革中作为"更新性的社会系统再生产"的独特、重要功能和不可取代的育人价值。这样通观式研究不能说是唯一的,但至少在此之前并不多见。

二是构建了新的教育变革主体论。

研究提出了教育变革多元主体的地位、作用与利益关系的理论,不同于教育变革单一主体论,或仅把学校教育工作者定为改革的被动接受者、执行者的观点;深入辨析

[①] 叶澜."新基础教育"论——关于当代中国学校变革的探究与认识[M].北京:教育科学出版社,2006.

三类主体的不同关系,突出不同类变革主体,在不同层次、不同阶段、面对不同任务时,角色与主体关系的多重变化;突显了教育变革主体的状态和积极力量的激发、聚集、现实化,是教育变革能否取得成功的"决定性因素"。指出教师与学校领导人员对学校工作的策划和领导是无人能取代的权利,他们有自己的"作为空间",坐等外部环境改革完成才进行学校改革是不现实的,也是不可能的。主体自身发展价值的实现和利益的获得,须通过主体自身的创造性变革实践。教育变革主体研究中,渗透了"生命·实践"教育学的基本立场。

三是提出了当代中国学校内涵发展的理论。

1999年,叶澜明确提出:"在一个正处于重要转型时期的社会里,教育不可避免地本身也要转型……21世纪的中国教育要转型,要实现'转型式'的发展。"[①]2002年进一步勾勒了学校转型中追求的新型学校的整体特征,即价值提升、重心下移、结构开放、过程互动和动力内化。在《"新基础教育"论》中,对当代学校变革的转型性质作了系统和专章的深化论述,并进入到学校内部变革的基本领域做阐述,形成对当代中国学校在转型变革中需要实现的发展新质之内涵与形态的结构性认识。

在学校领导与管理层面,主要关涉的是:组织结构的扁平化和网络化;制度系统的人文价值取向和为学校与师生发展作出保障;管理机制上,建立了校长负责与民主参与的治校机制、分工负责与协作推进的实施机制、评价反馈与激励完善的发展机制、常规保证与研究创新的动力机制。上述组织、制度、机制的改革及其新指向,构成学校管理系统内涵发展的"硬件"组合。该领域中的"软件"是学校的文化建设,学校领导自身及教师个体与群体(领导团队、教研组和年级组等)的基本素养、专业素养及专业生活的内涵发展。

在学校基本教育实践层面上,完成两大类相关联又相区别、直接关系到学生发展的、每天都在进行着的教学工作与学生工作的内涵式发展(包括观念系统、活动系统和行为系统),最终实现师生在校生存方式的内在变化。

这一理论的形成,揭示了学校教育的价值和办学理念之"魂"与学校各种机构、活动、人员之"体"的内在关系。建构"魂体相附"、"形神皆备"的当代中国学校内涵发展的理论,体现出教育变革理论研究由批判走向建设的转换,呈现出学校内涵发展理论整体、综合、多层次、内在关联与相通的系统建成。

[①] 叶澜.把个体精神生命发展的主动权还给学生[A]//郝克明.面向21世纪 我的教育观[C].广州:广东教育出版社,1999:333—334.

四是揭示了学校教育变革过程的多重转换、互化、生成的创新本质。

"新基础教育"理论的重要特征是过程研究,在过程研究中又特别关注相关的人、观念、事物、活动之间的转化与生成。这是教育活动的过程本质,也是人的生命成长发展的过程本质。两个"过程本质"的协调,是实现教育目的的保证。教育不能没有转化与生成,不管是灌输论还是自生论,都不是教育过程本质。

"新基础教育"持续研究了教育过程中一系列转化与创生:社会发展外在需求向教育内部目标的转化与生成;教育研究人员的观念理论向学校教育工作者内在需求和认识的转化与生成;学校教育工作者的认识向教育实践中创造性设计与实施的转化与生成;教育、教学过程中师生交互作用及其内在逻辑的转化与生成;变革学校内部的教育实践向人之发展自觉的转化与生成;改革研究中学校教育工作者的智慧与创造向教育研究人员的理论认识形成的转化与生成。

可以说,离开对转化与生成的创新过程之研究,就不会有《"新基础教育"论》的一系列理论创新,也不会有"新基础教育"试验学校的真实发展。在一定意义上,人们也不易理解"新基础教育"研究及其理论的独特。所有的转化与生成都在变革实践和研究变革实践的过程中完成。进入变革实践是转化生成发生的最基本条件。研究转化双方的区别与联系、研究不同阶段转化的关节点,并满足相关要求,则是转化与生成有效性的重要保证。

2. 应用研究层面

构成当代中国教育变革理论第二层面的成果,是一系列贴近学校改革"地面"的应用性理论著作。他们以《"新基础教育"成型性研究》书系的方式呈现。[①] 这是研究团队在 15 年的改革实践中,与试验学校领导、教师一起反复探索提炼而成的作品。其中 6 本著作都以"新基础教育"为书名之首、以"指导纲要"为书名之尾,呈现内在的一致性。书名中间部分则是各书涉及的专业领域的表达。上述 6 本著作在各自的领域中体现了其研究的深度与特殊性,同时又以该领域的研究问题为载体,反映出"新基础教育"的共性,由此构成本套丛书的特性,主要有以下四点。

一是以各领域国内外主要研究状态和实践中基本状态的分析与判断为出发点,系统梳理本研究领域中的一些重要问题,寻找研究的新视角、新的切入点、新的深化层次,并追求一定意义的补充与突破,努力体现研究价值。

---

① 该书系包括《"新基础教育"成型性研究丛书》的 7 本著作。

二是实现"新基础教育"变革理论在本领域研究中的具体化与特质化,在相关研究中呈现创造力。比如,在语数外三门学科指导纲要的研究中,都专门研究各学科独特的"育人价值"①问题;在领导与管理改革的研究中,阐明办学价值观在学校变革与发展中的重要导向意义,以及如何渗透体现在具体的学校管理各方面;学生发展专题论著中,深入研究学生工作如何才能促进青少年主动发展,促进其发展需要与能力的提升;教师发展专题则分析、研究教师角色理想和审视自己教育、教学行为参照系的变化,对于当代教师参与变革、发挥创造精神和提高自我更新能力的前提性作用,等等。

三是研究和形成了各自研究领域中独特的变革实践发展演变过程与综合结构系统。如在学科教学改革中,不仅详细分析各学科内容的结构系统,而且研究综合学生学习发展需求与问题的、更为综合与具有动态生成性的课型结构系统,还进一步形成不同课型展开的教学结构系统。在学生发展中,研究学生成长发展的阶段系列与学校不同年级、主题的活动系列,形成双方相互观照的学生工作系列。教师发展研究则着重分析不同基础和状态的教师,在变革中可能经历的阶段及其内在关联性等。有关各领域内实践转型的发生、发展过程的阶段性和连续性的分析,表现出研究人员对转型之"转"与"型"之生成过程的认识。因而,转型的阐述不只停留在概念上,而是有载体的具体且理性的表达。

四是在对本领域中系统改革及关键问题作理论阐述的同时,都插入"新基础教育"研究中形成的典型案例或课例分析,指出推进不同领域变革的过程中,我们遇到的、他人也可能出现的障碍、问题与误区。这使专著既呈现"纲要性",又对实践者具有一定的"指导"作用,也体现作者对学校领导和教师在"新基础教育"改革研究中的创造与经验的尊重。

就推进当代中国教育学理论的更新而言,有关当代中国教育变革的理论与实践的持续研究,尤其是长期深入中小学一线的变革研究,促使重新认识教育学原理中的一系列基本问题,如:什么是教育及其价值,社会、人类为什么需要教育,社会转型时期与平缓发展时期教育功能的变化,教育的价值与事实形成的关系,教育中教师与学生、教与学、预设与生成、目标与过程的交互作用过程,教学的基本单位与过程展开逻辑,学生的生命实践与学校教育实践、社会实践的内在关系,学生发展在学校教育中的特

---

① "育人价值"在此并非等同于德育价值,而是指每一门学科可能对学生的身心、精神世界、个性、人格、思维方式等产生的积极和发展性的影响。它内含在学科之中,但并非自发产生,而是需要通过教育、教学实践者有意识地开发和转化,才会从"可能"变为"现实"。

殊性,学校各种因素与活动的相互作用如何有效促进学生发展,教育评价理论的变革等等。

对这些问题的研究,逐渐加深并体验到从教育学立场出发,研究教育的特殊性、内在过程及其逻辑的重要性与不可替代性;意识并体验到我国当代教育学的发展,必须在厘清教育系统与外部环境的多元、复杂和交互作用关系的同时,深入教育内部,以丰富的人类社会与我国教育研究的理论积淀为历史资源,以教育实践为鲜活的原始资源,形成揭示教育活动之本源性价值、内在关系与结构、活动过程与转化的实质的系统理论。

自然,关于当代中国教育学理论的更新性研究,不是从"新基础教育"研究开始的,也不是只在"新基础教育"研究中形成的,它是一个开始更早、发展时间更为长久和需要更多的历史、理论与学科、学术发展史研究的过程。然而,"新基础教育"催生了以"生命·实践"作为教育学理论基因式构成的、称之为"生命·实践"教育学派的面世。

(二) 一批转型学校

"新基础教育"研究的成效不只是理论的,也许为更多人所知的是实践的,即有一批参与研究的试验学校在转型发展和成长。

"新基础教育"研究基地学校在一开始就呈现一个共同的特点:学校领导都有通过"新基础教育"研究实现学校发展和提高教育教学质量的愿望,尽管强烈程度、动机水平尚存差异,但他们都自愿并坚持参与这项研究至今,且在研究中表现出越来越强的主动性、自主性和创造性,不断增强解决现实问题的能力、创建新型学校的信心和能力,以及追求自身发展的生命自觉。研究结果表明,上述初始条件都会在不同程度上影响转型进程的快慢、成效的大小和质量的高低,尤其在研究的开始阶段。但都还不是转型成败的决定性因素。真正的决定性因素是"人",是学校领导及其教师群体,是他们的价值取向、心志、认识、作风、专业基础、学习能力、研究的自觉与坚持,惯于反思和善于重建,认识自己和改变自己的意识与能力。

不管怎样,研究基地学校都已走在整体转型的路上,大部分已呈现出新型学校的构架与品质。他们与其原初状态相比都已发生了具有新质的变化,形成了亮点、生长点和积极的发展势态。从学校型态变化、学校成员发展和学校质量提升三个具体方面,可以看出"成型性"阶段实践方面的研究成效。

1. 主动、健康发展着的学生

学校型态变化方面,各基地校先后都确立了为学生主动、健康发展和终身发展奠基的办学理念。在学校的各项工作中普遍关注这一理念的落实,努力克服以升学率高低论成败的盛行标准,但并不放松对学校教育教学质量的分析、诊断与提高,而且全面加强学生工作。

各校普遍增设班级组织中的干部职责和管理岗位,并实现轮换制,其中岗位轮换的人次,在大多数学校和班级中,多于干部轮换的人次约2—3倍,少数班级可多至5倍。这使班级日常生活的管理,成为培养学生群体意识、服务观念和锻炼工作能力的构成。这在"新基础教育"基地学校中,成为较为普遍、日常化的改革实践。

以上改变,在"新基础教育"骨干教师任教和担任班主任的班级表现得更为充分。学生在校精神面貌、学习能力与水平、对学校和班级的认同感及参与活动的主动性和成长都有明显提高。

令人欣喜的是,在与常州第二实验小学某位家长的交谈中偶然得知,该校第一批参与试验、由许倩老师任班主任(自1999年—2005年夏)的学生(共计53名),在2008年的升高中考试中,竟有28名考上省高中、前黄高中(两所均为江苏省五星级高中)和常州市第一中学(江苏省四星级高中)。这在常州第二实验小学的历史上是从未出现过的,就普通小学的总体来看,出现这种比例的概率也不高。2008年暑假,我们请许倩老师召开了相关的10名学生和部分家长的座谈会。学生的普遍反映是:小学阶段的教育使他们有好的心态,自信,有工作能力;学会了自己安排时间,对于不同的环境适应调整能力强;自主学习的综合素养和课外阅读面广,能较快地从挫折中走出[①]。虽然我们没有时间作大规模的追踪调查,但这一个班级的例子,至少反映出认真开展"新基础教育"的班级,给学生留下的印迹和发展后劲。而且至少也说明,改革丰富学生的学校生活,加强学生自我教育和自我管理的能力,并不必定以牺牲升学率为代价。就基地校总体来看,各校多年的升学考试成绩也证明这一点:10所学校中,原先成绩好的3所保持高端稳定;原先处于全区上1/3偏中(或下)的学校,现已有2所进入到区内前列,还有1所维持原状;有2所学校与以前比有明显提高,进入到上1/3的中(下)层次,尚有2所因多种原因(包括骨干师资的流失等)成绩处于波动状态。但学校并没有把此归因到参与"新基础教育"研究上。

这打破了校长、教师的担心:搞改革试验会影响学生的学习成绩。"新基础教育"认为,改革不以学习成绩的提高为唯一目的,但不能影响学业成绩;降低学业成绩的改

---

① 资料来自常州市第二实验小学许倩老师的《追寻学生发展性成长的动力——"新基础教育"研究实验班学生成长追踪分析报告》,内部资料,2009年2月。

革不是有生命力的改革。学生的主动、健康发展是"新基础教育"研究期望达到的最终成效。

2. 自觉成长着的新型教师队伍

教师发展是学校转型能否最终实现的根本性和持续性保障。"新基础教育"研究为促进教师学习、反思、重建的意识与能力发展,提升教师对教育、教学工作意义的认识和相关工作的整体把握,花大量时间进入教育教学一线,开展面对面、跟踪式、针对问题和改革目标的现场研讨。各校领导更是做了大量工作,为教师发展创造条件、提供平台、加强交流和及时指导。这使"新基础教育"基地校教师的学校生活从内容到质量都发生了重要变化,使"研究性变革实践"成为广大教师职业生命质量提高的重要途径。与以往教师主要按照教学参考书统一备课、上课、批改作业,做大量无须创造和研究的操作性劳动的生存状态相比,由于增加了研究性新质和日常研讨频率的增加,而产生重要和深刻的变化,也加深了教师对自我更新式发展的体验。

在"成型性"研究的五年中,由于多方面研究活动的开展,基地学校的教师队伍总体水平的提高超过了本校以往及同类学校。从职称看,7所小学,特级教师增加1名,高级教师增加72名,中级教师增加48名。初中学校特级教师增加2名,高级教师增加75名,中级增加71名。在获奖方面,得到全国性教学奖项的教师增加47名、市级的增加64名、区级的增加11名。中小学不但表现为奖项增加,而且表现为得奖层次从大量区级奖上升到全国奖。就研究课题而言,大部分学校都有了区级教育研究课题,有3所学校已经获得市级和全国性课题。有些学校实现了论文发表零的突破和数量的大幅度增长。这些对基地学校中的大多数非名牌学校来说,都是超越式的。[1]

3. 具有内涵发展品质的新型学校

学校管理改革的过程,锻炼了一支以校长为首的领导队伍。他们在办学的价值取向和理念上,发生重要转换,善于凝聚人心,全校教职工在学校各项工作中合力实现教育价值,与学生一起成长,因而校长在教代会上的认同率极高。在管理内涵的人文与科学、规范与发展、刚性与弹性等一系列矛盾的合理处理上的长足进步,反映出校长在认识学校和策划发展的思想方法上有了质性变化。

在学校领导与管理新构架方面,10所基地学校中,共重组10个中层组织和新增了10个组织,重组的组织以功能整合为主,新增的组织主要是具有加强年级领导与管

---

[1] 叶澜."新基础教育"成型性研究报告集[C].桂林:广西师范大学出版社,2009:32.

理功能、学科研究与调查功能,以及校内督查和校外联合功能的组织。

在制度重建方面,学校在删减、归并的同时,也新增一系列研究型制度,每校平均增加35项。

"新基础教育"变革在实现办学质量和学校等级提升的同时,也实现领导群体与成员个体的发展,包括专业水平和职级提升。"新基础教育"追求的"成事"与"成人"统一的发展目标,在学校管理与领导层面上也得到较充分的实现。

据统计,10所学校的校长中,2位被评为上海市特级校长,3位为特级教师,1位为上海市十佳优秀青年校长,1位为优秀校长培养的市候选人才,所有的校长都具有中高职称,其中5名是在"成型性研究"的5年里提级的。他们中有的10年前才担任校长;有的尽管是老校长,但在这几年实现了跨层次的发展。在中层干部的职称变化上,与5年前相比,10所学校中层领导里增加了2名特级教师、35名获中高和6名获小高职称的成员。[①]

10所基地学校在参与"新基础教育"研究中获得的整体发展,在一定意义上是"新基础教育"研究存在价值及其可行性的现实、生动、有力的表现与证明。他们的发展引起海内外关注,也带动所在地区"新基础教育"研究的开展。上海市闵行区和江苏省常州市是其中的典型。这些学校以积极开放、合作沟通的心态与其他学校交流互动。如常州市第二实验小学在2008年一年中,与市内相关学校多种形式的交流就达48人次。各基地校还先后接待过来自国内许多地区(包括香港、台湾)的参观访问,接待过来自加拿大、美国、日本等其他国家的代表团。并以"新基础教育"研究代表团的名义出访过加拿大、美国,与两所大学的教育学院和当地教育局领导、学校进行国际交流。

(三) 一条变革之路

"新基础教育"研究是在当代中国变革现实中开展的一项研究,获得了国家科研项目的支持和相关市、区领导的包括经费在内的支持,但开展研究的地区和学校,并没有被划为特区、给予特权。试验学校的选择也并非以基础好、条件强为前提,而是以有改革的需求和决心,有与大学专业人员合作研究的愿望为首要条件。所以这是一个在当代中国学校教育所在地的常态下开展的一项研究。如何在现实常态中走出一条学校转型性变革之路,并没有现成的足迹可循、模式可依。"新基础人"用20年的时间走出了一条变革之路,形成了推进学校变革的三大策略——"整体策划与分阶段实施相结

[①] 叶澜."新基础教育"成型性研究报告集[C].桂林:广西师范大学出版社,2009:33.

合""日常持续开展与关键节点集中交流相结合""重点突破与梯度放大相结合",形成了以"推进性评价"为核心的综合评价体系。这些"新基础教育"研究成果的取得,主要与以下三个方面相关。

第一,当代中国社会改革开放的大背景,为研究人员相对独立地开展教育研究提供了基本保证。

第二,经长期"主动、深度介入式"合作研究,大学专业人员与试验学校形成了相对稳定的研究队伍,是研究持续发展的根本保证。

第三,具有"动力"和"筑路"双重功能的日常"研究性变革实践",是变革之路成为实存的根本力量。

第二节 "新基础教育"研究内容

"新基础教育"是学校整体转型性变革研究,涉及学校教育两大层面三个领域——学校领导与管理、课堂教学和综合活动①的整体变革与系统推进。

一、"新基础教育"学校领导与管理变革

在学校"有机体"的整体变革中,学校领导与管理是"头脑"意义上的首要变革领域。提升学校领导与管理者的变革领导力,发挥其在学校变革中的独特重要价值,是"新基础教育"研究自探索性阶段提出、在发展性阶段着力并不断深化研究的重要内容。研究,首先从发现问题开始,"新基础教育"学校领导与管理变革研究也不例外。

(一) 当代中国学校变革推进中的常见管理问题

有关学校管理的理论与实践,原来比较多地从公共管理、企业管理或政府管理研究引进。就学校作为一种社会组织而言,这些理论有一定启发价值。但学校是具体、独特的专门教育机构,不是抽象、通用的社会组织,更不是企业单位或行政机构的翻版,不能也不应照搬其他类型社会组织研究的理论与做法。学校在产生之初,就有迥异于企业、不同于政府机关的独特功能和实践。独特的功能需要独特的结构型态,以及与之相应的制度、机制和行为文化;独特的实践需要独特的理论,不能直接从企业管

---

① "新基础教育"综合活动,是最新的提法。该领域的变革研究最初始于"班级建设",后在发展推进中,改称"学生工作"。"班级建设"、"学生工作"、"综合活动",是"新基础教育"学校变革研究中,与课堂教学同样重要、但价值不同的独特教育领域。

理或行政管理进行推演。因为它们往往并不关注学校组织及其成员的特殊性,更不可能以之作为研究思考的大前提,这是教育学人、学校教育工作者必须自己研究思考的基本问题,不可能也不应该寄望他人承担此责。

对学校管理问题的研究思考,首先要有对"学校"及其成员"师生"之独特性的基本理解,并结合有关发展趋势和中国当代学校实践进行综合分析。

学校是一种独特的文化教育机构,它通过人类群体创造的文化培养个体人,又通过新一代社会成员的养成,实现社会和人类文化的"更新性再生产"。这不同于政治、经济机构。作为学校组织基本成员的师生,一方面拥有必须的文化资格,另一方面又具有强烈的文化发展、自我实现、变得更美好的"似本能需要"。他们通过人类社会文化进行交往,实现传承、发展与更新。文化的核心是价值观,交往的前提是群体规范,因此,学校组织具有鲜明的文化性、规范性、道德性以及交往转化性。在越来越强调"以人为本"的社会里,学校的这些基本特征将越来越弥漫、显现,得到更普遍重视。"学校是一种不同于企业组织的学习共同体,教师的工作不可能由'科学'来界定,具有专业精神和教育信仰的教师自会坚守'做正确的事情'的底线,并能发挥其聪敏才智和创造力。因此,校长的第一要务不是监督考核,不是和教师去做交易,不是为教学工作开具'科学处方',而是建树目的和文化建设。"[①]

学校处于特定时代、为实现特定教育目标而专门设立,在传承自身发展历史的同时,与所处时代、社会多重因素交互作用。中国近代学校型态,是在清末民初为"救亡图存"而从国外"引进"的,与传统型态迥异,诞生之初便责任重大。发展至今,在信息化时代、社会转型时期,当代中国学校面临多重交织的重任和复杂问题,需要重审千年传统、百年嬗变,结合当今时代精神与社会需求,确立新愿景,采取新内容,经历新过程,创建新型态。这是一场从近代型态走向现代型态的整体转型性变革,"它不仅要对原有的型态作深入的分析与批判,发现具有全面性和根本性的问题,而且要按新的价值取向和观念系统,作出新的系统策划和在实践中进行重建"。[②] 学校整体转型性变革是一个复杂的多层面转化的漫长过程,需要长远目标的指引、阶段推进的策划和日常创新的积累,需要学校变革主体,尤其是决策主体发挥能动性,先行清晰且担当。这首先是对以校长为第一责任人的领导团队提出的学校管理改革任务,包括:学校发展规划的策划与修订过程,各领域分工负责又整体融通的组织、制度变革,以及各类行为

---

① 冯大鸣.美、英、澳教育领导理论十年(1993—2002)进展述要[J].教育研究,2004,(3).
② 叶澜."新基础教育"论——当代中国学校变革的探究与认识[M].北京:教育科学出版社,2006:123.

主体的价值提升、实践智慧和文化形成等。

以此反思,可见如下制约学校变革推进的瓶颈式管理问题。

1. 运行重心太高,科层制明显

学校变革在发展规划和文化建设方面,常见问题是停留于对上级规划和文化口号的演绎,运行重心太高,自上而下的惯习变化不大。规划"墙上挂"、文化"文字化",主要功能异化为"应景",给"上面"看,给"别人"看,缺失了应有的"发展""内在"价值。外在于学校具体情况和广大成员,并非其自身发展需要和内在追求的所谓"发展规划"和"文化建设",难以得到学校广大成员的认同。

在学校组织和制度改革方面,党—政—工、高—中—基层,结构上仍呈现明显的科层制特征,缺乏网络化的民主协商和灵活沟通机制,即不能满足微观教学改革的经验提炼、推广,也难以创造性落实宏观体制机制改革的目标。制度繁杂,重"事"轻"人"、重"管"轻"理"、重"罚"轻"奖"、重物质轻精神,缺乏对教师内动力的激发和队伍建设的凝聚与促进。

2. 价值取向模糊,同一化明显

在三、四十年的教育改革中,学校所做的改革之事不可谓不多,但是在越来越多、越来越忙的变革举措中,校长、中层、基层教师作为重要的变革主体,在做事过程中判断、抉择,提升自身的研究力、策划力和变革领导力,包括对学校教育观念系统和教师发展等方面的理解与自我认同上,仍较多停留于经验的无意识层面,缺乏理性提升与深化。

就学校作为一个整体系统而言,学校教育培养人、育人功能的实现主要直接通过课堂教学、课外活动及其改革进行,同时,学校管理及其改革也有丰富、综合、直接和间接的"育人价值",但是"成事成人"的教育管理观尚未得到普遍体现。"启动组织发展项目完全是一个价值观问题……组织发展的价值观,随之而来的是对变革过程的基本理解,蕴含在组织发展中的有关学校的思维方式,所有这些都比组织发展的技术和工作方法重要得多"[1]。学校管理本身的育人价值尚待强化。

现实存在的学校事实上千差万别,但是学校管理的理念与行为方式,却存在同一化现象:一方面,学校管理方式趋同于社会经济、政治组织,缺乏必要的辨析和独特的创造,"教育产业化""人力资源化""班级老干部"等现象一度或至今仍普遍存在,有关

---

[1] 波·达林.理论与战略:国际视野中的学校发展[M].范国睿,主译.北京:教育科学出版社,2002:208.

改革的力度与效果尚不明显。另一方面,不同学校的管理理念和实践大同小异,即使是力图体现学校个性的特色建设,也往往停留于个别项目或校训表达,而非整体特质。在具体发展历程和当代时空背景中,纵横交织、综合生成的,内外整体融通的"学校特质"研究尚未引起普遍重视①。

3. 系统赋权不足,综合融通缺乏

这和前面两个问题都相关,同时受到学校系统外部多种因素的复杂影响。

在整个社会系统中,对教育系统赋权不足;在教育系统内,对学校赋权不足;在学校系统里,对广大教师赋权不足。科层制带来的逐层挤压、赋权不足、普遍被动,导致学校缺乏办学自主权、内动力和创造性,缺乏教育专业的内在尊严,这反过来又进一步加剧了赋权不足问题。深化教育综合改革所需要的"综合"思维,创造性落实治理理念所需要的生态式融通思维,尚待有意识培育。

上述这些都妨碍了学校变革推进中的校本创造与具体深化,也有悖于"治理"理念所强调的多元化、个性化和互动共生。重心下移、成事成人、多元参与、协商互动,这些发展趋势,恰恰可以解决目前学校管理中存在的主要问题。如,在分布式领导和治理理念下,学校领导与管理变革需要确立"成事成人"的价值观,建立责任人与合作者的人际关系,在变革过程中重心下移、开放互动,最终实现动力内化,达到新常态下的螺旋递进式自组织运行。反过来,在切实进行学校管理改革的过程中,可以进一步清晰相关的基本理念和大势所趋。在明晰基本理念发展趋势的基础上,针对目前存在的主要问题,重建学校管理的理念与实践,"牵一发动全身",推进学校整体变革,进而创造性地落实教育综合改革深化研究。

(二)"新基础教育"学校领导与管理变革的基本阶段

在学校领导与管理改革领域,"新基础教育"创造了包括价值取向、行为方式等在内的一系列新经验。

1. 变革之初:以学校发展规划修订为载体,校长带头学习、变革

在变革的初期阶段,校长作为学校发展的第一责任人,在管理稳定有序的前提下,发挥第一责任人的变革领导力,带头变革,以学校中长期发展规划的制订和修订为载体,改变以往重心高、墙上挂的做法,明确发展规划制订过程的"成事成人"价值,重心下移、开放互动,发动全体成员学习、研讨。

---

① 施洪亮.普通高中学校特质的内生路径研究——以华东师范大学第二附属中学为解读对象[D].华东师范大学,2017.

领导者先统筹形成规划框架,具体内容下放给各有关部门,这是第一次重心下移;第一次重心下移后,再自下而上进行具体内容的汇总整合,形成第一个轮次的上下互动。具体整合后的规划稿再次下放给全体成员,相互学习、讨论,进行具体修订,这是第二轮重心下移;具体修订后的规划稿还要自下而上,再次进行整合调整,这是第二轮次的上下互动——根据实际需要,这样的重心下移、上下互动,需要进行若干轮次,才能形成因普遍参与而可能普遍认同的阶段性规划定稿。"为什么反反复复做规划?就是要在学校里面形成大家一起思考的局面,更重要的是要转变思维方式,摸清家底,要有清晰的目标,对具体措施也有清晰的认识。"①

校长作为学校办学第一责任人,先行学习、变革,通过学校发展规划的制订、修订,更新管理理念,形成变革氛围和推进策略,发挥领导意义上的激发和引领作用,重心下移,不仅完成规划定稿,而且在此过程中培养领导团队和核心力量。

2. 成果转化:变革学校组织、制度,形成责任人系列

在变革推进过程中,不断把研究形成的成果,转化、体现到学校组织、制度的相应变革中,重心下移,赋权、激发各领域、各部门中层领导的主动性,创造性落实发展规划的目标,实现校级层面的成事成人。与之相应,学校各领域、各部门都要重心下移,形成各领域、各部门的具体发展规划,从培养骨干开始,经数年研究性变革实践,积淀形成新的教育教学行为及其文化。

以教研组建设为例,教研组要从传统的"上传下达"式基层管理组织切实转变为当代教学改革研究与教师发展组织。在事的意义上,教研组长首先要带头分析具体"家底"(包括基础、问题与发展空间和目标与措施等),长远策划专题系列教研活动,以之聚通各类日常教学活动,形成聚合力,防止散点应对。"在专题研究不断推进的过程中,如何发挥每位教师的智慧和力量,使常态化的专题研究能够持久、深入、高效地开展,并形成与日常研究相融互促的研究机制显得格外重要。这需要教研组将研究重心下移,即将原先一直由教研组调控的研究权下移到每个年级备课组中,下移到每位教师,实现专题研究由一统到开放的转变,调动教师的积极性和创造性。"②

在持续推进的改革研究中培养骨干教师,逐渐形成骨干稳定、梯队合理的教师队伍,同时积淀生成新的研讨制度、行为文化和组室文化,创生、形成正式与非正式的研究型组织与制度,如教师专业委员会、某某工作室、"磨课俱乐部""三人行""接力棒研

---

① 张向众,叶澜."新基础教育"研究手册[M].福州:福建教育出版社,2014:74.
② 伍红林.当代学校转型变革中的教研组建设[J].教育发展研究,2014,(24).

讨"等,①发现、提炼和推广各种创造性教研经验,激励核心又激发广大成员的主动创造,逐渐实现教研组和年级组层面的成事成人。

3. 整体融通:形成学校新文化自运行,师生治理、内生共生

不断重心下移才能把研究成果与研究方式逐层辐射,直至渗透影响到最广大的基层每个人,各类主体主动参与学校变革,共同实现学校发展规划修订所形成的发展愿景,同时提升各类变革事件的育人价值,逐渐提炼出体现在学校整体之中、且各个领域综合融通的学校新文化,保障学校变革成果的不断转化、自运行。

教学改革、综合活动改革、教师发展,最终体现在对学生发展的影响上。与之相应,班级层面也要重心下移,进行班级管理改革,让越来越多的学生主动参与班级建设,包括环境建设、岗位建设、主题活动开展和以班级为基本单位的各类学校、社会活动等。

以岗位建设为例,改变主要由教师指定、分配、评价等重心较高的做法,以及学生担任岗位长期不变等以完成任务为主的价值取向,改由教师引导学生发现岗位、自己选择岗位、自评互评等重心下降的做法,激发学生们(从核心骨干逐渐发展到广大成员)的主动积极性,一面为班级集体作贡献,一面锻炼能力、提升自我意识与能力。通过岗位的担当、评价、轮换和升级等,发挥岗位活动的多方面综合育人价值。"班级岗位建设与学生发展的关系研究……具体到实践改革中,依照时间序列,分别涉及岗位启蒙、岗位指导、岗位设置、岗位评价、岗位轮换、岗位升级等,涉及不同年段岗位建设独特性的研究,还有岗位建设与小干部培养的关系研究、岗位建设与班级文化建设的沟通研究、岗位建设与主题教育活动之间的沟通与对话研究等。"②

综上所述,在学校领导与管理领域改革中,就各阶段的突出特征而言:首先是管理者先行学习,转变角色,以学校发展规划的修订为抓手,启动变革之事;然后发挥领导者的激发、引领作用,把研究成果转化为相对稳定的组织、制度变革,逐渐提炼学校新常规,以改革成果巩固改革的推进,不断重心下移,在推进变革之事的过程中培养核心骨干与团队力量;再后来,以学校新文化的提炼为抓手,形成动力内化的自运行机制,在成事中成长、成熟起来的教师和学生,从少数骨干辐射到多元多类直至全体成员,他们需要且能被赋权,进一步重心下移、多元共生,以培养出来的多类多元主体之

---

① 叶澜,主编."生命·实践"教育学论著系列三——合作校变革史丛书[S].福州:福建教育出版社,2014.
② 李家成,等."新基础教育"学生发展与教育指导纲要[M].桂林:广西师范大学出版社,2009:90.

开放互动,形成分布式领导,共同协商治理,以变得更美好的广大成员,创造更美好的世界,这是班级、学校乃至社会发展的最可靠保障。简示如表13-2:

表13-2 学校领导与管理变革推进阶段

阶段	重心	抓手(事)	负责人(人)	成果
1	高层	学校发展规划修订	校长	管理理念与推进策略
2	中层	组织、制度改革	各领域负责人	研究成果的提炼与转化、巩固
3	基层	新文化提炼	基层师生	新文化自运行

学校变革推进中的管理改革不只是学校层面的事,而是管理理念与做法在学校系统内外多层面、多领域互动转化的整体存在。以学校内部高层、中层、基层不断重心下移,积累、辐射变革经验,实现研究成果与运行常规转化机制,学校内部才能呈现出"生命场"特有的教育力,既赢得专业尊严,又辐射影响家庭、社区,逐渐改善外部生态环境。

二、"新基础教育"课堂教学变革

为培养"主动、健康发展"的时代新人,"新基础教育"学科教学改革针对现实中的主要问题,如"被牵"(包括教师被教参、教案等"牵着走";学生被教师、教学流程牵着走)和"替代"(包括教参、教材等替代教师的思考与创造;教师替代学生的思考与表达;个别学生替代全体学生的主动与个性化发展)等问题,从课前的教学设计、课中的互动生成、课后的反思重建等方面,重建教学改革的价值目标、过程逻辑和推进型评价。

(一)教学设计:基于"两个解读"开发多方面"育人价值"

广大教师熟知的"备课""教案",在"新基础教育"研究中被称为"教学设计",以避免走教案、教学表演剧等问题,强调灵活、弹性、结构化的蓝图式设计。

教学设计,首先思考的是本学科对本年段、本班级各类具体学生发展的独特价值,而不是首先把握这节课教学的知识重点与难点。促进学生在已有基础上,多方面主动健康发展是教学价值的基本取向。具体而言,每个学科对学生的发展价值,除了一个领域的知识以外,从更深的层次看,至少还可以为学生认识、体悟、表达和改变这个自己生活在其中、并与其不断互动着的、丰富多彩的世界(包括自然、社会、人,生活、职业、家庭、自我、他人、群体,实践、交往、反思、学习、探究、创造等),提供不同的路径和独特的视角,发现的方法和思维的策略,特有的运算符号和逻辑;提供一种唯有在这个学科的学习中才可能获得的经历和体验；提升独特的学科美的发现、欣赏和表达能力。① 唯有如此，学生精神世界的发展才能从不同的学科教学中获得多方面的滋养，在发展对外部世界的感受、体验、认识、欣赏、改变、创造能力的同时，不断丰富和完善自己的生命世界，体验丰富的学习人生，提升生命的成长需要。

"新基础教育"开发学科独特育人价值有两个基本策略：一是"结构加工策略"，即开发教材知识关系形态中的育人资源，将点状、割裂的"碎片化"知识进行"重组"，使知识呈现出有机整体的"结构态"；二是"生命激活策略"，即开发知识形成过程中的育人资源，将抽象的"符号化"书本知识具体"激活"，呈现出鲜活的"生命态"。②

如，在单元内、学段内结构链上进行知识加工，将一节课的教学内容置于知识系列中。如小学数学的"空间与图形"教学，根据数学知识的纵向联系和变化发展的角度，将"空间与图形知识结构块，划分为三个不同分支的知识结构链，第一个分支是图形认识与论证知识结构链，主要包括一个图形的初步直观认识、要素认识、类型认识、特征认识和性质研究，以及两个图形的关系研究。第二个分支是图形测量与计算知识计算结构链，主要包括一维的长度的认识、测量工具和度量单位，以及平面图形周长的计算；二维的面积的认识、测量工具和度量单位，以及平面图形面积的计算；三维的体积的认识、测量工具和度量单位，以及物体表面积和体积的计算，还有数与形结合问题的计算。第三个分支是图形位置与变换知识结构链，包括位置不变的认识（位置、方向、坐标），位置运动变化的认识（图形的三种运动变换：平移、旋转和对称）。"③

又如，将结构化后的以符号为主要载体的书本知识重新"激活"，实现与三重生命的沟通④：书本知识与人类生活世界沟通，与学生经验世界、成长需要沟通，与发现、发展知识的人和历史沟通。用通俗的话来说，就是使知识恢复到鲜活的状态，与人的生命、生活重新息息相关，使它呈现出生命态。具有内在生命态的知识，更能激活、唤起学生学习的内在需要、兴趣、信心和提升他们的主动探求的欲望及能力。教师在寻找这三方面联系的同时，也拓展了自己的认识领域，并把注意力从研究教学内容转向研究学生的前在状态、潜在状态、生活经验和发展的需要，这是实现由"教书"为本转换到

---

① 详见叶澜."新基础教育"论——关于当代中国学校变革的探究与认识[M].北京：教育科学出版社，2006：254—255.
② 详见吴亚萍，等.学校转型中的教学改革[M].北京：教育科学出版社，2009：110—147.
③ 吴亚萍."新基础教育"数学教学改革指导纲要[M].桂林：广西师范大学出版社，2009：51.
④ 详见叶澜."新基础教育"论——关于当代中国学校变革的探究与认识[M].北京：教育科学出版社，2006：256.

在教书中"育人"的关键一步。

如在小学语文的"坐井观天"教学中，围绕着课文核心内容"小鸟与青蛙争论天有多大"进行阅读、讨论与体悟，此基础上，教师一般会向学生提出问题"小鸟与青蛙谁对谁错"，多数小学生会在教师的"循循善诱"下知道一个道理：要像小鸟一样见多识广，不能像青蛙那样目光短浅、自以为是。教师忠实地将教参中的"道理"传授给了学生，学生也用自己的"言说"方式忠实地接受了。但是，这样依赖教材、教参的道理说教，其本质在于，局限于课文内容中"孰是孰非"的争论，并未触及学生内心深处的困惑，也没有真正触动学生思维。在"育人"意义上，结合小鸟与青蛙关于"天有多大"的争论，让学生角色扮演、读编故事，在亲身体验中明白："天的大小"不能停留于"小鸟对、青蛙错"的理解上，而是认识到其根本原因在于，小鸟翱翔于天空而青蛙则是"坐井观天"，在现实生活中，我们每个人都有可能因为自己的视野所限，陷于"坐井观天"之境。关键是要学会跳出来、拓宽视野，从而看到更加宽阔的天空。

从局限、依赖于教材的知识性道理说教，转向学生现实的生活体悟，书本知识和学生现实生活沟通起来，才能更好地完成人类社会文化向个体精神成长转化的过程，内化到学生心灵深处。

教材知识的抽象符号化，实质上是从现实生活和世界中抽象、概括出来的，这一知识形成过程，饱含着人类的思想、智慧、创造、意志、精神、思维等。教师在进行教材解读时，需要重新将书本知识与人类生命实践沟通起来，与发现、发展知识的人和历史联系起来，"把教材中以符号为主要载体的现成知识，按其被人们发现和认识的过程进行还原，在教学中让学生经历和体验知识创生和发展的过程，在经历知识'再创造'的过程中，感受智慧、实践智慧、生长智慧"。①

当教师完成了上述两方面的教学内容的加工以后，就可能对的学科教学作出整体安排。"新基础教育"在教学时间的分布上要求打破"匀速运动"式的按章、按节的分配方案，主张按"长程两段"的要求，将每一结构单元的学习分为"教学结构"和"运用结构"两个阶段。在"教学结构"阶段主要用发现的方式，让学生从现实的问题出发，逐渐找出知识的结构和发现结构的步骤与方法；通过经历过程与反思总结，形成知识、方法、步骤综合的"类结构"。这一阶段的教学时间可适度放慢，让大多数学生有一个充分体验、发现和建构"类结构"的过程，让"类结构"通过学生与教师的教学互动逐渐生

---

① 吴亚萍."新基础教育"数学教学改革指导纲要[M].桂林：广西师范大学出版社，2009：58.

成,成为学生自己的"类结构"。在此基础上,"运用结构"的教学阶段就能以加速的方式进行。根据改革试验中实际进行的结果看,在总体上,教学进度不仅不会因第一阶段的放慢速度而落后,而且还比原定的安排提前。

"育人价值"的开发,其深层考验的是"学生观"及对具体学生的读懂水平。学生是"具体个人",就是"承认人的生命是在具体个人中存活、生长、发展的;每一个具体个人都是不可分割的有机体;个体生命是以整体的方式存活在环境中,并在与环境一日不可中断的相互作用和相互构成中生存与发展;具体个人的生命价值只有在各种生命经历中,通过主观努力、奋斗、反思、学习和不断超越自我,才能创建和实现;离开了对具体个人生命经历的关注和提升,就很难认识个人的成长与发展;具体个人是既有唯一性、独特性,又在其中体现着人之普遍性、共通性的个人,是个性与群性具体统一的个人"。[①] 在"具体个人"理念下,教学设计中的学情分析,包括学生的学习基础、困难与发展空间等。

在读懂教材、读懂学生的基础上,才有可能形成相对适切的教学目标。

教学目标,意味着学生经历一学年、学期、单元和每一节课的教学生活,能够知道什么、做什么、感受和内化什么。目标分析要与教材分析和学生分析相呼应,体现具体育人价值,包括从底线到高标要求的层次递进。

(二)实施过程:基于"有向开放"的互动生成

"新基础教育"课堂教学的内在过程逻辑是"有向开放——交互反馈——集聚生成"。

教师在确认教学目标的前提下"有向开放",设计面向全体学生的开放式大问题,把问题"放下去",使每个学生都能够独立面对问题,并参与到解决问题的过程中,激活学生的相关资源,改变个别学生的思考代替全班同学的"替代思维",改变学生信息和资源贫乏状况,改变教学缺乏针对性的现象,使教学贴近学生的实际。

"良好的开端是成功的一半",导入新课是课堂教学的重要环节,教师一般都非常重视导入环节,大多采用"温故知新""设置疑问""创设情境""表演实验"等方式,通过精心设置导言,激发学生的好奇心,引起学生积极的思维活动,使学生产生对新知识的强烈渴求。巧妙导课,可以紧紧抓住学生的注意力,一上课就进入学习状态。"新基础教育"课堂教学的开放式导入,关注全体学生的参与,没有全体学生的主动参与,就缺

[①] 叶澜.教育创新呼唤"具体个人"意识[M].中国社会科学,2003(1).

乏基础教育应有的"基础性"育人价值。为此,需要提出面向全体学生的开放式大问题,让全体学生都有可能运用已有的知识、才智打开问题分析的思维广度和深度,有可能在自己思考的基础上形成解决问题的多种方案。常常出现各种不同的"开放"状态。"不开放":教师按照既定路线行进或直接给出答案,不允许学生出现意外或错误;"假开放":等待自己需要的标准答案,走过场,对"意外"视而不见;"白开放":只选择自己需要的、为开放而开放;"半开放":无法判断自己需要什么,也无法做出恰当处理;"真开放":用生成的资源丰富预设目标,甚至改变之。有育人价值的开放式教学、互动生成需要教师在日常的"研究性变革实践"中逐渐练就。为此,"新基础教育"强调教师"知难而上,执着追求",同时学校领导要给予相应的变革支持。

"有向开放"带来学生各类资源的涌现,随之出现的教学步骤是"交互反馈",即让涌现出的各种资源,在生生之间多边互动,从而产生出更高质量的教学新资源。为此,需要教师视学生为宝贵的"教学资源"。在"新基础教育"教学改革中,学生是教学"资源"的重要构成者和互动生成的积极参与者。教学过程在一定意义上,就是围绕教学目标,激发、捕捉、重组各种资源,尤其是学生的"活资源",促进学生实现新发展的过程,这样的教学过程本身不断在互动中生长,有生命性。因此,教师要学会研究学生、倾听学生、发现学生,在教学过程中不仅要成为学生资源的"激发者",而且要不断捕捉、判断、重组课堂教学过程中生成的"活"资源,成为课堂教学过程中的"重组者"和动态生成的"推进者"。在课堂教学中,教师可以选用如下策略。整合策略:针对学生的点状思维,引导学生结构化;分类策略:针对学生的多向思维,引导学生建立标准、分类;比较策略:针对学生的偏差或错误,引导学生在比较中聚焦;放大策略:抓住亮点、精彩之处,全班学生都来思考、碰撞、生成;质疑策略:针对思维困惑或矛盾之处,反问、追问学生,深化思考;提升策略:针对学生的具体思维,帮助学生概括、抽象,达到新水平。

"交互反馈"可以在"有向开放"基本完成后继续进行,也可以穿插在"有向开放"的过程中。穿插在有向开放过程中的交互反馈,不仅能激活各种新资源的产生,而且能起到初步筛选有效资源和提升已有资源的作用,因而可以改变教学"视而不见""走过场""为开放而开放"等现象。

在此基础上,教学推进到下一步:"集聚生成"。

"集聚生成"是将师生在"有向开放"、"交互反馈"两个步骤中形成的,相对分散的、局部性的认识,进行聚类、清晰化和结构化的处理,形成相对完整、丰富和较聚集前更高层次的概括或更进一步的思考问题。这里需要教师对教学过程"资源重组"的现场智慧,即教师把学生交互反馈的基本状态和核心信息"收上来",形成更丰富、综合、完善的新认识,进而引出新的开放性问题,生成教学环节得以推进的过程性资源。如"萤火虫找朋友"教学片断:①

孩子们围绕自己提出的"萤火虫为什么找不到朋友"这一问题展开讨论。

生1:我认为纺织娘和蚂蚁并不是不愿意和萤火虫交朋友,只是它们现在都有自己急着要去做的事,顾不上交朋友。也许,等它们忙完了就会和萤火虫交朋友了。

(孩子的表达充分体现了他交友的标准和他的宽容与善良)

师:你的观点是,萤火虫虽然没有帮助纺织娘和小蚂蚁,但它们仍愿意和萤火虫交朋友,是吗?

生1:是的!

师:其他同学也是这样认为的吗?

生2:我对他的发言有意见。我认为纺织娘和蚂蚁后来也不会和萤火虫交朋友。因为文章最后3节写萤火虫还是打着灯笼飞到东、飞到西在找朋友,说明它还没有找到朋友。

师:你的意见是纺织娘和小蚂蚁不愿意和萤火虫交朋友。你从书上找到了依据。那么,你能说说它们为什么不愿和萤火虫交朋友吗?

生2:我认为萤火虫没有找到朋友是因为在朋友有困难请它帮忙的时候,它却说自己要去找朋友,没空。所以别人都不愿意和它交朋友。

师:你分析了萤火虫找不到朋友的原因。

生3:(抢着说)我不同意他的看法。萤火虫忙着找朋友,不是出来帮忙的。它要做自己喜欢的事,急着要做的事,没有空帮助纺织娘和蚂蚁。这有什么错?我想,等它找到朋友后一定会去帮助别人的。

(这个孩子的意见代表了他或者说还有一部分孩子以自我为中心的意识,他们或许认为找个朋友仅仅是找个陪伴自己玩的人)

师:你认为萤火虫不帮助别人是对的。其他同学认为这个观点对不对呢?

---

① 上海市普陀区洵阳路小学."教参"姓"参",不姓"我"[A]//吴亚萍,吴玉如."新基础教育"发展性研究专题论文、案例集(下)——教师发展·学科教学[C].北京:中国轻工业出版社,2004:71—72.

(教师抓住这一点引发学生的深入讨论)

生4：我不同意×××（生3）的意见，同意×××（生2）的意见。萤火虫不愿意帮助别人，谁会和这么自私的人交朋友？

生5：在别人有困难的时候应该尽力帮助。我曾经接受过陌生人的帮助。（举例）

师：我赞同他的观点。当别人有困难时应该尽力帮助。（板书）萤火虫不愿帮助别人，难道就不和它做朋友吗？

生6：（坐在座位上插话）好像这样也不对？

师：那该怎么办？

生6：我们要帮助萤火虫，让它懂得朋友之间应该互相帮助，特别是在别人有困难的时候。

生7：萤火虫不懂，我们也不应该怪它。而是要主动和它交朋友，让它感动。

师：听了你们的话，老师也很感动。你们愿意帮助有困难的人，愿意帮助伙伴改正缺点错误，都很懂事。希望你们在生活中也能够像今天说的这样去做，老师相信，愿意帮助别人的人，别人也一定愿意和他交朋友。老师希望你们能够交到许多朋友。（板书）

在该案例中，通过有向开放的大问题，激活不同学生的各种资源，有的资源相互补充，有的资源彼此相反，教师必须即时回应、判断。倾听、判断出学生出现"自我中心"的倾向后，意识到需要引导，但不能以教师的说教"替代"儿童思考。如何引导？教师对学生3的发言进行提炼，然后抛给全班，激发全班的新思考。学生5的发言露出了在新水平上思考的端倪，于是不仅口头回应，而且及时板书，放大新水平思考的育人价值："萤火虫不愿帮助别人，难道就不和它做朋友吗？"学生6的"好像"，体现出模糊的新思考，这是大部分学生在没有高一级的帮助、提升时，很难独自达到清晰的新水平。于是教师及时加入、深化思考："那么该怎么办？"学生6终于清晰了，而且有序地表达出来了。通过转问其他同学、追问怎么办，引导思考的路径和深度，在思考过程中不断提炼、提升，最后，全班在师生互动中达到了新水平，认知的、道德的、情感的新水平。

认真地分析学生的课堂发言，点出其精彩之处，才是真正的尊重学生，在教学资源的意义上，认同学生对于课堂教学有贡献，不仅是学的主体，也是教的参与者。仔细辨析、即时判断发言达到的水平，进行引导、提升，才是真正在教学，学生进出课堂发生水平级变化。

总结是良好的学习习惯之一,教学最后的环节要引导学生学会总结,通过写课堂记录卡、课堂笔记等,自主总结和自我提升,学会如下四个方面:在自我意识上,对照教学目标进行反思、评价,判断自己达成目标的程度,分析课堂表现以及自己学会的、不会的内容;在知识结构上,对所学内容进行整理,形成新旧知识之间的内在联系,通过解决问题打通知识与现实生活之间的沟通,从而真正使所学知识结构化、活化,实现灵活运用;在方法结构上,深入知识结构中的思维生成过程,以及在学习、解决问题中的策略、路径和方法;在为人处事上,通过知识学习的思考、总结以及学习、解决问题过程中的合作,学会做事、做人的原则和品质。

(三) 反思—重建:"发现问题就是发现发展空间"

教学结束后的反思与重建是完整的教学过程之不可缺少的部分,也是教师发展的日常途径。教师可以自觉地通过教学日记、案例记录和上重建课等方式进行反思和重建,把自己在研究过程中的思考和行为的感悟、改变与发展过程进行梳理,留下成长的痕迹。教研组层面上的反思和重建,大多数是通过研讨课的备课、上课、说课、评课和重建等进行。

备课:采取"教研前移"的策略,把个体、集体的智慧联合起来,转化落实在具体的教学设计上。在"研讨课"之前,教研组或备课组内的所有教师在一起集体研讨、理论分析并在"头脑风暴"中共同设计出弹性化的教学方案,落实"三步式"备课制度,第一步:教师根据自己对教材的理解和教学风格进行独立备课;第二步:骨干教师和教研组长参与讨论,在"新基础教育"指引下进行修改和调整,将教师的初始设计进行优化;第三步:开课教师根据自己的班级基础和学生实际进行第三轮修改。有条件的组,还可进行"接力式"重建备课,即通过平行班试教,对备课进行重建,再研究、再调整。

上课—听课:秉承"主动介入"的原则,听课前要拿到材料,有所准备,不是空空而来,因为听课是对课堂教学行为、学生状态和多边互动关系的理论解读,需要学习、思考,有备而来才能满载而归。"新基础教育"的听课,一般坐在教室的两侧,与教师和学生成45°角左右,确保能同时看到教师和学生,从而具体、准确地判断教学互动状态和学生发展情况。而不是坐在教室后面,主要看教师的"功夫",孩子们成了模糊的"背影"和抽象的"后脑勺"。听课者也是教育者,应该介入到观察学生、介入教学,去看孩子们丰富、不一样的眼神与表情,去听孩子们丰富、不一样的书写与表达,去判断孩子们丰富、不一样的发展,去思考孩子们可以怎样发展得更好。尤其是在"还"的时空中,听课者要走进学生,去看,去听,去判断,去思考。发现具体的师生状态,才能捕捉细节背后的理念、问题与创造。

说课:是教师个人对教学设计及其推进过程的理论思考,包括教学设计、过程反思和重建思考等。说课切忌背稿子或重述教学设计,要深究教学行为(包括教学设计、实施过程等)背后的理念,重心放在对教学过程实践下来的感受与思考。特别要说清楚大问题在哪里,是设计的问题,是互动的问题,是教学价值定位的问题,还是教学组织方式的问题?是思想的问题,是思维的问题,还是行为习惯的问题?有针对性地把重建思考说清楚。

评课:切忌泛泛而谈,要切中阶段发展的大问题。围绕育人价值的开发和落实,起始阶段:放了没有?全部学生都投入了吗?怎么有向开放设计大问题?放和放之间是否有关联?发展阶段:收得怎样?怎样互动生成、提升资源价值?每个孩子都有发展变化吗?初步成型阶段:日常化了没有?一节课反映出孩子们的学习养成如何?教研组、备课组内教师参与了初建、重建和现场研讨等全程活动,可以指出变化、亮点和个人"顽疾",由此提炼研究成果,同时聚焦出阶段发展需要花力气突破的主要问题。

基于上述"听说评课",教师还要进行"二度反思和重建",这意味着教师需要在同行或研究人员评课的基础上,再深入思考"类教学"的重建策略和具体举措,在自己今后的类教学中进行重建。完整的备课、听课、评课和反思重建,是教师开放心态、学习、实践、研究转化,逐渐练就"新基本功"的日常研究性变革实践之基本路径,也是教研组提高策划能力和研讨质量的日常过程,是学校推进教学改革的必由之路。

三、"新基础教育"综合活动改革

在"新基础教育"学校变革研究中,综合活动是与课堂教学同样重要但具有不同独特价值的教育领域。它重视真实交往的社会化实践对于学生社会化心智发展和个性人格养成的不可或缺价值,以及对于学生共同生活的群体组织:班级建设的价值,使学生个体的社会化健全人格养成与学生群体的班级成长处于良性的教育互动中,发挥学生相互教育、自我教育的独特价值。"新基础教育"综合活动的改革研究,先后经历了班级建设、学生工作等探索、发展阶段,目前正在全面、深度开发四季活动育人价值的意义上继续综合活动探索。"综合活动的独特在于它以主题和项目为核心。综合活动和学科教学在教育史上,一直是一对矛盾,学科重视基础性,活动则侧重综合性。但两个方面各有教育价值,不是非此即彼的对头,也不能相互替代。学科教学是基础,为综合活动提供发现、研究新问题的基础能力和保障。综合活动可以打开、跨界,从多个方面切入。……综合活动的跨界,可突破学科之界、学校行政组织之界、校内外空间之界、学期与假期之界,具有极大的灵活性,是相对自由的天地。"①

目前,教育界对该领域的称呼很多,如德育、班级管理、班主任工作等,"新基础教育"综合活动与上述相关但不同,它在20余年持续深化的研究推进中,日益聚焦出"综合活动"与"学科教学"在学校教育中同样重要,但不同且不能相互替代的教育价值与开展方式,简见表13-3。

表13-3 与学科教学相比较的综合活动独特性

	学科教学	综合活动
目的	传承人类文明 育成个体新人	个体社会化人格养成 班级生活共同体成长
要素	人—学科—人	人—活动—人
性质	人类经验课程化转化	社会生活组织化更新
内容	学科教学、学科活动	日常生活、主题活动
方式	学科育人价值开发 互动生成转化	活动策划体验 实践总结交流

概而言之,"综合活动是'新基础教育'创造的、有自己独特内涵的概念。……综合活动的特殊性:它是以学生的成长需要为出发点,以主题和项目(不是学科)为活动构架,以学生的全程参与(包括策划、组织和总结交流等),主动承担责任,产生积极发展效应为开展活动的原则。……这是一个相对开放、活泼、自由生长的天地,既是学生体验活泼心灵的成长天地,也是教师自如创造的研究天地。要让孩子有离开课程'透气'的活动……不能把综合活动课程化"。② 该领域的独特与重要内容,尚待更多有识、有智者投入、开发和创造。

(一)该领域的常见问题

与课堂教学相比,该领域在我国基础教育界还尚未得到应有重视。常见问题首先是对其"育人价值"的窄化、虚化、弱化和矮化;其次是学生立场的缺失、被替代,容易异

---

① 叶澜."生命·实践"教育学派的教育信条[N].光明日报,2017.2.21.
② 叶澜.探教育之"所是"创学校全面育人新生活——新时期"新基础教育"研究再出发[J].人民教育,2018(13—14).

化为对上级布置任务的层层执行，在开展过程中，存在统一化、讲空话等现象。

1. 教育性、实践性的缺失

该领域常常在口头或文件上被“高度重视”，但在教育实践中却被窄化、矮化，从显现层面看，学科教学与综合活动在每周课程表里的比例，孰重孰轻，一目了然。

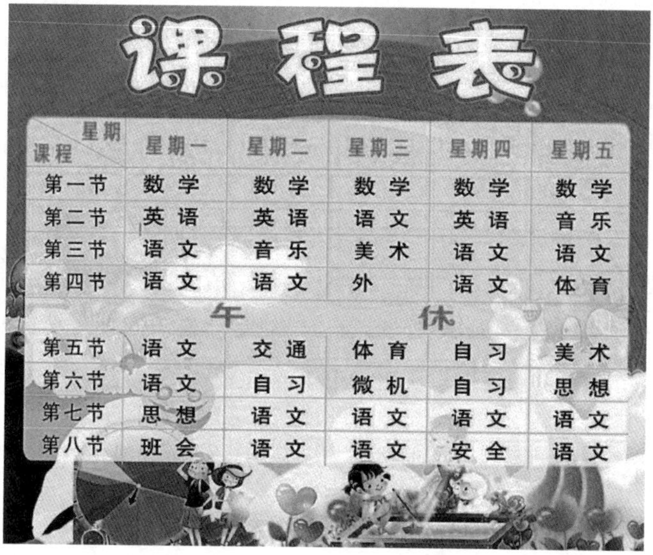
课程表

星期 课程	星期一	星期二	星期三	星期四	星期五
第一节	数学	数学	数学	数学	数学
第二节	英语	英语	语文	英语	音乐
第三节	语文	音乐	美术	语文	语文
第四节	语文	语文	外	语文	体育
午休					
第五节	语文	交通	体育	自习	美术
第六节	语文	自习	微机	自习	思想
第七节	思想	语文	语文	语文	语文
第八节	班会	语文	语文	安全	语文

图 13 - 1　一张常规的课程表

从图 13 - 4 这张小学课程表可以看出，在 40 节课里，可以归到“德育”、班级管理的、可算是该领域的有 5 个课时（含两节“思想”、一节“班会”、一节“交通”、一节“安全”），各学科教学有 32 个课时，此外还有 3 节自习。且不论该领域的 5 个课时是以“活动”还是“上课”的方式开展，即使将其算到综合活动领域，课堂教学与综合活动的比例还是高于 6∶1(32÷5)。单从课时量上，从开展的时间比重上，就可以明显看出该领域实际上是不被重视的。具体来看，该领域在现实中的处境，主要存在如下问题。

在当前学校机构中，普遍设有德育处或政教处、心理健康辅导咨询室等，专门负责相关工作，开展对学生的思想政治和品德教育，组织全校大型学生活动，进行班级管理等。少先队大队部和大队、中队辅导员，则属另一个系统。该领域被纳入“德育”，那么很自然学科教学领域就被隐蔽性地纳入“智育”，长此以往形成了实践中的割裂：教学是智育；班级活动、团队活动是德育。此外，该领域在班级层面上还常常被视为“管理”，有关教科书也专列“班级管理”，视其为维持学校教育正常秩序，开展学生奖优评先进，维持纪律和处理问题行为。德育偏于"高标",管理偏于"底线",该领域独特的育人价值在哪里?班级管理又往往被视为班主任的工作,而班主任常常由担任基础性学科教学的教师担任,故该工作往往被视为教学之外、琐碎而繁重的额外负担,尤其是在当前家校社教育责任关系尚未理顺,尚未形成教育合力,反而屡屡出现家校社矛盾的时候,对一般教师而言,班主任工作的难度和挑战比学科教师的大很多。该领域当前的现实发展状态,无论对学生成长、班级建设,还是对教师发展、学校建设,都缺乏应有的内在价值。从班主任工作与学生发展的关系来看,当前的主要问题是缺失教育性和实践性,即班主任工作局限于约束、规范和讲道理,尚未指向学生发展、班级建设和学校新生活的真实创生。

当学校办学质量等同于课堂教学、教学效果和学生成绩时,该领域被边缘化、处于不起眼的地位,也就"理所当然"了。在智育、分数"硬道理"的背景下,该领域大多处于"口头上很重要、行动上没必要"的被忽视状态,往往成为"课堂教学"的附属,被窄化和矮化为有效完成课堂教学的前提、保证,可以随时被替换为课堂教学。即使重视,也是强调学生的行为规范等,且多以口头讲说的方式开展,若与学科教学发生冲突,则为课堂教学"让路"。

2. 学生立场的缺失与高重心

该领域的活动内容,常常有许多上级规定,于是学校、班级层面往往按部就班、照指示完成上级"规定动作",缺乏研究学生成长需要,把上级规定转化为促进学生成长资源、抓手的意识。日常的班级管理常常被视为无需专业研究,而是凭班主任的良心和经验去做的事务。班队活动、主题教育等多是来自于上级部门的布置、学校统一安排,而非由领域负责人、各年级、各班级根据学生研究,主动策划长程系列主题活动,努力开发学校生活、班级生活内涵的育人价值。

在活动的组织开展过程中,普遍存在的问题是:个别"明星"学生替代全体、每一个具体学生。班级干部岗位的长期稳定,培养了一批少小的"老干部"。班级中少数同学长期担任大、中、小干部,多数同学则长期无"一官半职",默默地做着"配角"、群众。成人社会的科层制金字塔结构,在基础教育阶段无形中被传递、巩固,班级中分化出两个层——由少部分学生组成的管理层和由大部分学生组成的被管理层,两个层之间流动的可能性和概率都不大。此种状况不利于培养学生健全人格:大多数学生常处于被管理与被动服从的地位,缺乏合作、组织和管理能力的培养,也缺乏自我策划、自我管理的意识和能力;长期担任班干部的少数学生,管理层的优越感、"官本位"的意识被渗透、强化、固化,也缺乏健全人格的形成,缺乏责任、权利与义务意识。这都不是当代社会所需要的理想新人。在学校大型活动或比赛中,更是少数明星大展才艺、特长、强项,他们的成绩往往成为装饰学校门面的资源,多数学生则在门面之后默默无闻。

深究其里,在思想认识上:班级管理主要是为维持秩序服务,德育工作主要是为执行上级德育任务,班级干部主要是为了帮老师管理班级、完成任务。

此外,在责任主体方面,该领域主要由学校、班主任负责,校外、社会相关人员的参与和职责,尚未成为教育常态。

(二)"新基础教育"综合活动的改革探究

首先是增加活动在学校教育中的比重和频度,在活动过程中重心下移,更多放手给学生主动策划组织、实践体验、合作交流,逐渐形成适切于学生成长的长程系列活动。在活动开展过程中研究学生成长,形成基础教育阶段学生年段特征与相应的教育活动系列。

1. 研究学生成长需要,明确学生立场

"学生成长需要",是"新基础教育"综合活动领域在学生工作研究阶段特别花力气去探究,并形成系列成果的内容。

与教学改革相比,综合活动没有具体的教材,班主任往往为此而苦恼:如何找到教育主题?如何形成主题活动的系列?其实,恰恰是没有确定的教材、内容,才极大地体现了该领域的研究性、创造性和综合开放的教育功能,即直面学生的生命存在,研究学生的成长需要,聚焦学生的生命质量提升,创造性地策划和组织开展系列教育活动。与传统德育和班级管理相比,"新基础教育"也关注感恩、诚信、文化传统教育、时事教育等,也加强各类学生组织建设,但是,价值取向和开展过程却不一样。新基础强调"学生立场",不会仅仅为参与外面的评比而组织活动,而是在学生成长需要呈现时,发动学生、为了学生,和学生一起策划、组织活动,让学生个体与群体在全面投入全部活动的过程中,提升活动的综合育人价值;也不会仅仅为了完成上级任务而开展班队活动,而是把它融入学生、班级的日常生活中。

坚定、鲜明、基础性的学生立场是任何教育活动的根基之所在,这在学生工作、综合活动领域尤其明显。它面对着具体的学生,指向学生的主动、健康发展,不能不关注、研究学生,不能不建立在"读懂学生"的基础上,不能不以"成长需要"研究引领学生的成长。因此,这一领域的独特性,不能以成人立场——成人的思维、价值观、行为处事习惯——来对待学生,不能以成人的一厢情愿替代学生,不能以被动与重复的方式面对天天都在成长、日日有所不同的具体学生。

"研究学生",需要改变家访即告状、谈话即训话、观察即监视等传统管理方法。在"新基础教育"研究中,自觉地运用家访、个别谈话、集体谈话、同事间的咨询、日常观察、故事记录、调查问卷等方式,获得学生发展状况以及在发展中所遭遇的问题、困惑等真实情况。此外,教师也可以创造各种与学生思想认识、情感、态度和价值观有关的活动方式,诸如心愿树、自我发展计划制作、学生日记或者"你我有约"信箱、"心声热线"等,了解、读懂学生的真实情况和发展需求,在此基础上开展工作。

在发展性研究阶段,"新基础教育"初步形成了对一至九年级学生成长需要的系统认识。清晰每一年级学生的成长特征与发展需要,[①]为研究更加具体、特殊的"这个班级""这个学生",提供了新的认识基础和参照系。

具体形成了对一年级到九年级学生发展特点与成长需要的认识,基本的认识轨迹是把不同年段学生的生活空间与内容变化、身心的成熟与变化、个体生活实践的特殊性、个体角色的发展变化等作综合分析,并聚焦到对该年段学生的发展目标、与人与事的关系状态,形成对该年段学生成长需要的具体认识。

对一年级、五年级和六年级、九年级学生发展特点与成长需要的认识,特别要考虑该年段在"学段转换"中的特殊性(起始阶段或结束阶段)及其与学生成长的多种关系,综合考虑家长、教师、同伴等关系人的变化;对三年级、七年级学生发展特点和成长需要的认识,特别考虑到"学习要求"的转换;对四年级、八年级学生发展特点与成长需要的认识,特别关注到"生理、心理"的发展变化。

在不同年段学生工作路径的研究中,特别要考虑到改革实践带来的影响,尤其明显地体现在学生成长与班级组织关系的变化上:如一年级重在形成班级、开展岗位启蒙;二年级发展到小组、小队的建设;三年级转换为部门、班委的建设。改革实践本身构成了促进儿童发展的力量,并形成不同年段儿童的具体发展特点和成长需要。

2. 形成不同年段、年级主题活动系列,丰富学生社会化成长体验

基于对不同年段学生成长需要的系统认识,通过日常研究、实践的积累,逐渐形成

---

① 参阅:李家成,卢寄萍."新基础教育"班级建设改革研究报告[A]//叶澜."新基础教育"发展性研究报告集[C].北京:中国轻工业出版社,2004:195. 在本书第196页以列表方式,对一至九年级学生的成长需要及相应的成长系列进行了概括。

在2009年出版的"新基础教育"成型性研究丛书之《"新基础教育"学生发展与教育指导纲要》中,对一至九年级学生的成长需要及相应的学生工作进行了具体展开,详见:李家成,王晓丽,李晓文."新基础教育"学生发展与教育指导纲要[M].桂林:广西师范大学出版社,2009:第三编"学生成长需要与学生工作改革"。

提升学生成长需要的主题活动系列。

首先,从促进学生成长的意义上,形成对各年段学生发展目标的认识,具体内容包括:为人、处事、自我发展、参与并建设群体生活等,与对当代儿童成长的整体认识相呼应,直接指导各年段的教育活动。

其次,建立起各年段活动的具体要点,形成有指导性的活动建议。如,小学一年级,其要点涉及"习惯养成,顺势完成幼小过渡""岗位启蒙,初步建立班级组织""让墙壁成为展示自我、树立自信的舞台""家校合作,建立良好社会支持系统"等;小学三年级的工作要点,包括"在活动中培养班委自主管理能力,建构立体化的班级组织""引导学生聪明地自我管理,从小培养策略意识""提高岗位要求,鼓励学生聪明地做好岗位工作""拓展视野,自主建设班级环境文化""自主设计班歌、班徽、班级口号""在家庭中成为独立的成员"等,在岗位建设、干部培养、文化建设、家庭教育资源开发等领域具体展开,并体现出年段差异。相关工作既可以通过日常展开,又可以以主题活动的方式进行。

主题活动的开展可以围绕四个方面进行。一是一日学校生活的几个活动环节:早读、午间、放学;二是阶段性的班级活动,如选举班干部、岗位轮换等;三是结合全校性的主题活动,如读书节、科技节、体育节、劳动节等,自主确立本班的活动主题和方案;四是与思想品德相结合的主题班队活动。班级各项活动的开展,都努力使活动主题贴近学生生活;内容选择和组织适应并促进学生发展;活动类型丰富多样,为学生发展潜能提供舞台;活动组织由师生共同承担。①

再次,形成各年段综合活动的具体策略,其内在依据,还是该年段学生的成长需要。

在学校层面,放手给年级组,以年级组为单位,创新全体班主任工作例会,轮流主持班主任例会,重点研讨年级组的主题教育系列活动,开展专题研讨研修,如:一年级"小岗位促成长";二年级"自设小岗位 自主把家当";三年级"班委会的轮换制度";四年级"双班委的建立与培养";五年级"自主管理 争当校园小当家"等。

在年级组层面,放手给班主任及其班级育人团队,以骨干班主任为核心,加强对各年段学生成长系列的研究,形成以学生需求为出发点,以学生成长为主线,以日常生活为抓手,以主题活动为契机的教育新思路。

---

① 王冬娟,孙敏,等.越而胜己:源于坚持日常实践变革之伟力——常州市第二实验小学"生命·实践"教育学合作研究校创建史[M].福州:福建教育出版社,2014.

在班主任层面,放手给学生,完成从价值取向与行为方式的一系列转变:从"管住学生"到"激励学生",从"任务要求"到"学生需求",从"回避问题"到"寻找问题",从"事务型"转变为"研究型"。

由一个站在学生对立面的"管教者",转变成站在学生后面的"鼓励者";又由站在高处指挥学生进步的"设计者",转变为带领学生发展的"引路者",最终又成长为站在学生中间,以学生立场看待问题,与学生一同发展的"合作者"和"成长者"。①

班主任角色和学科教师在教育专业的意义上,具有同样重要但很不同的专业独特性,班主任新基本功至少包括:一,研究"具体学生",放手学生策划组织、实践体验、总结交流,在此反复提升的过程中,逐渐养成学生的社会化人格,提高自我教育、相互教育的意识和能力,让班级成为学生人生发展中不可缺失的精神家园,"班级是学生成长的重要支持,是学生满足同龄人交往与合作、在群体中发展个性、以个性丰富集体等社会化过程之温暖家庭。"②二,结合本校、本班学生发展的实际,逐渐养成自觉把握不同年级学生成长需要的新基本功,读懂自己班的具体学生,放手创生具体、有递进的主题活动系列,创造学校育人新生活。三,聚通"家校社",不仅是学校教育主体,而且有意识地影响家庭教育,开发社会教育资源,有意识地形成多方面教育主体对学生成长的教育合力,以多方面综合教育合力,培育多方面健全发展的未来社会新人,逐步唤醒社会的"教育责任"。

3. 综合融通,提升综合活动育人价值

"新基础教育"综合活动是在学校整体转型中,围绕提升学生的成长需要,涉及校内外、学校内各年级、班级的整体研究。学生的成长与发展是综合、动态的,学校工作的任何阶段、任何领域都不能片面或孤立、僵化。因此改革推进过程中,各层面主体都要建立起在整体转型中相互融通的意识和策略。综合活动的融通体现在校内外的家、校、社融通,校内各年级纵横融通(包括跨年级的融通),校级、年级和班级的融通,综合活动内部的班级建设、学校活动等的融通,综合活动与学科教学和学校领导与管理的

---

① 王叶婷、蔡勤,等.一坪绿色:在新世纪阳光下呈亮——上海市闵行区华坪小学变革史[M].福州:福建教育出版社,2014:103.
② 叶澜."生命·实践"教育学派的教育信条[N].光明日报,2017.2.21.

融通等。目前,"新基础教育"综合活动正在以"四季活动"①为载体,深化该领域的独特育人价值开发。

自 1994 年正式启动,已走过 20 多年的"新基础教育"学校整体转型性变革研究,依然行进在不断深化、自我超越之路上。

第三节 "新基础教育"学校变革研究之路的启示

作为本土原创的当代中国学校教育转型变革与教育学理论交互构建的一项综合、长期的研究事业,"新基础教育"已在实践、理论、国内外多个层面,不断产生越来越大的影响力。

一、以学校为基本单位,扎根中国本土持续原创

"新基础教育"是学校整体转型性变革研究,它以中国学校为基本研究单位,其"娘胎"是"中国",但并不闭关自赏,而是扎根中国大地,以"学校"为基本单位,持续进行原创,同时开放交流、国际对话,在国际参照中,不断清晰自己的独特存在价值。

"学校"是教育的"体",是师生交往互动的生命场,是教育理论的实践场。实践是具体的,"具体之所以具体,因为它是许多规定的综合,因而是多样性的统一……抽象的规定在思维行程中导致具体的再现"。② 理论则是一种相对抽象的表达,要对具体综合的实践产生影响力,从综合抽象运行到具体综合,理论须先经历从具体综合到综合抽象的运行,不能只是从抽象到抽象。

当代中国学校变革面临多重挑战,近代从西方引进的学校教育制度,面临着国外与本土、近代与当代等一系列矛盾,在被引进后的百年发展过程中,一系列矛盾交织出尤为复杂的当代中国学校变革问题。中国教育专业研究人员(首先是教育理论研究人员)对此责无旁贷,如何进入实践,读懂中国学校教育的过去、现在与未来,读懂中国学校教育变革的性质,明晰当代中国学校教育的价值目标、改革性质、发展可能,并且投身其中,走出当代中国学校教育变革之路,需要极大的历史使命和实践智慧。"新基础

---

① 详见叶澜.探教育之所"是" 创学校全面育人新生活——新时期"新基础教育"研究再出发[J].人民教育,2018(13—14).
② 马克思.马克思主义经典著作选读[C].北京:人民出版社,1997:85.

教育"研究以深度介入式大中小学合作研究走出了这样一条路。①

如前所述,"新基础教育"研究以读懂当代中国的时代精神,明晰教育理想、新人形象为起点,读懂当代中国学校的发展现状,明晰整体转型性变革的学校改革性质为前提,逐渐走出了"教天地人事　育生命自觉"的当代中国学校教育变革之路,在此过程中生成了具有中国特质的"深度介入式"合作研究方式。

深度介入式合作研究是"新基础教育"学校变革的独特方式。它不同于一般的大中小学合作方式,如:帮助总结优秀教师经验;作听课实录并出版,供研究者或教师学习用;大学研究人员主持课题,到中小学采集实证材料;大学研究人员到中小学作报告或指导研究等。②深度介入式合作"不仅意味着专业人员进入现场,而且要以实践变革合作者的身份参与到实践变革之中。整个研究期望的效果是:理论与实践、专业人员与实践者两个维度的交互创生与发展。没有专业人员深度介入实践,这一目标无法实现"。③世界范围内学校变革的成功案例大都强调:研究人员对学校变革的专业支持,是其必要但非充分条件;反之,不成功案例的失败原因很多,专业支持的缺乏是其要害之一。

教育理论深度介入教育实践,其合理性来自教育事业的价值规范性,更来自介入者的教育情怀与实践智慧,这是一条艰难之路。通过"新基础教育"研究解决学校发展困境,是自愿选择做"新基础"的动机之一,此外,也有虽然校长主动选择做"新基础",提升学校品质,但教师一开始不买账:带着盲目的骄傲看待"新基础",却逐渐被新基础的深度介入式合作研究折服,带着震撼的认同学习"新基础",然后带着真实的生长践行"新基础",终于带着生命的自觉主动创造和辐射"新基础教育"。④"研讨现场的表现印证了叶澜教授对局小最初要求加入'新基础教育'的动机的敏锐洞察。叶老师曾不止一次敲打着局小人,'不要忙着跑出来了,先在家里认清自己,只有找准了自己的问题才能有清晰的奋斗方向和目标,饭要一口一口地吃,路要一步一步地走'。叶老师的出现可以说对于局小的'新基础教育'研究之路具有重要的转折意义。局小人终于从虚荣浮躁中警醒过来,'新基础教育'研究不同于平时的一些'走过场'研究,它扎

---

① 详见叶澜.大学专业人员在协作开展学校研究中的作用[J].中国教育学刊,2009(9).
② 摘自叶澜教授2014年4月8日在加拿大温莎大学"中加互惠学习"合作项目年度会议上的主题发言。
③ 详见叶澜.大学专业人员在协作开展学校研究中的作用[J].中国教育学刊,2009(09).
④ 详见:李伟平,姜明红,等.整体化成:始于理念成于生存方式——常州市局前街小学"新基础教育"研究变革史[M].福州:福建教育出版社,2014:32—42.

根于真实的学校教育实践之中。"①正是在持续深度介入的合作研究中,校长、老师得到了来自多方位视角的反思—重建资源,促进了教师自觉学习、主动研究,在"二度重建"、接力棒式重建中实现理念更新与实践变革的交互构建,促进教师成为研究者,教师团队成为学习、实践的变革共生体。

当前,随着教育均衡、公平等宏观改革的强势推进,教师、校长流动对学校持续发展、学校改革持续推进带来一定程度的挑战。"新基础教育"研究秉持"知难而上,执着追求"的精神,在前期研究基础上,在第一批新型学校成型、成熟的基础上,自2012年起,开始探索校际联合的生态式推进共生体建设。在当地市、区教育局牵头下,由相对成熟的合作校承担周边区域10所左右中小学构成的生态区组长工作,主动辐射、带动生态区内其他学校联合研究,联动发展,创造当代中国内涵式优质均衡发展的新经验。

生态式推进能够走出学校教育内涵式均衡发展新路径,前提是合作校在十年左右的变革历程中,校本自觉、扎根创造,培养了一批批善于学习—实践、反思—重建,同时富有教育理念的研究型教师团队,养成了"新基础教育"研究理论与实践交互创生的思维品质、智慧、能力和价值情怀。学校变革"成事成人",实现学校内涵发展;生态式推进"强己及人",实现区域教育内涵均衡,在此意义上,中国原创正在解决世界级教育公平难题。

二、理论适度先行,理论与实践交互生成

"新基础教育"在扎根当代中国现实的变革研究中,运用复杂思维,创生了理论与实践交互生成的方法论策略。启动之初,秉持理论适度先行的原则,在变革研究推进过程中,大学专业人员不断从实践中创生理论,基层实践人员主动学习理论进行实践创造,两类主体之间处于良性互动相长,每个主体自身也努力实现理论与实践交互生成,"理论是教师自觉更新实践的认识基础,理论的可靠性,能够减少变革实践的纠错成本"。② 在理论适度先行"读懂"、深度介入变革实践的"共生"合作中,累进形成了变革"内生力",保障了理论的持久生长力。具体而言,"新基础教育"研究的实践力之生成,由三个基本阶段螺旋递进构成。

(一)第一阶段:理论适度先行,"读懂实践"是理论产生实践力量的前提条件

"1994年9月,由我提出并主持的'新基础教育'探索性研究正式启动了。启动的

---

① 李伟平,姜明红,等.整体化成:始于理念成于生存方式——常州市局前街小学"新基础教育"研究变革史[M].福州:福建教育出版社,2014:34.
② 叶澜."新基础教育"内生力的深度解读[J].人民教育,2016(3—4).

标志有二：一是作为该项研究的第一篇论文，关于课题提出的时代依据的论文发表；二是作为'新基础教育'第一所试验学校——外高桥保税区实验学校正式投入研究。"[①]研究启动的第一标志是发表了论文《时代精神与新教育理想的构建》，这表明了"新基础教育"的研究风格：理论适度先行。先行自清的理论才能读懂实践，包括社会与学校的现实与可能、教育教学的内在过程逻辑等。"读懂"是教育的前提，也是合作的基础。

"新基础教育"在 20 余年研究中，一直在努力读懂：读懂时代精神，才能把握学校变革的性质与方向，引领价值目标，这是理论产生实践影响力的前提；读懂学校和教师，才能把握变革的过程策略，深度介入变革实践的各个领域，进行有效的诊断和重建，这是理论产生实践影响力的关键；"读懂"理论与实践的关系，才能逐渐从主体间的转化共生达到个体内的主动内生，这是理论产生实践影响力的持续保障。"读懂"贯穿在"新基础教育"研究之前、之中，简示如表 13-4 和表 13-5。

表 13-4 "新基础教育"研究前的理论"读懂"实践

代表性理论	读懂实践	主要影响力	备注
叶澜：论文《论影响人发展的诸因素及其与发展主体的动态关系》，《中国社会科学》1986 年第 3 期	个体实践是影响人发展的现实因素；主体能动性在个体发展中的现实重要性	每个人的生命质量通过自己的生命实践实现，学校教育要提升发展主体自身的主动性和能动性	培养怎样的人是"新基础教育"的观念系统的原点，从三维双向的"时代新人"到"主动健康发展"再到"生命自觉"
叶澜：论文《时代精神与新教育理想的构建》，《教育研究》1994 年第 10 期	时代为人的主体精神之发展提供了需要与可能	培养"三维双向"主动发展的时代新人	

表 13-5 "新基础教育"研究中的理论"读懂"实践

代表性理论	读懂实践	影响力	备注
论文： 叶澜：《让课堂焕发出生命活力》，《教育研究》1997 年第 9 期 叶澜：《重建课堂教学价值观》，《教育研究》2002 年第 5 期	课堂教学的性质、价值与过程逻辑 学校教育改革的转型性质与新型特质	学科教学改革与教师发展 学校整体转型与师生在校生存方式更新	深度介入研究性变革实践过程

[①] 叶澜，李政涛，等."新基础教育"研究史[C].北京：教育科学出版社，2010：143.

续表

代表性理论	读懂实践	影响力	备注
叶澜：《重建课堂教学过程观》，《教育研究》2002年第10期 叶澜：《世纪初中国基础教育学校"转型性变革"的理论与实践》，《"新基础教育"发展性研究报告集·总报告》2004：2—73 叶澜：《课堂教学过程再认识》，《课程·教材·教法》2013年第5期 叶澜：《"新基础教育"内生力的深度解读》，《人民教育》2016年第3—4期 叶澜：《终身教育视界：当代中国社会教育力的聚通与提升》，《中国教育科学》2016年第3辑	学校教育与社会系统的互动关系	日常变革研究的自觉内生	
著作： 叶澜：《"新基础教育"论》，教育科学出版社，2006 叶澜：《"新基础教育"研究手册》，福建教育出版社，2014	当代中国学校变革的性质、主体和基本领域	系统提炼学校变革经验，使之普及推广	

理论适度先行、读懂实践的第一阶段，是理论产生实践影响力的前提条件，无此则缺乏介入实践的资格和实力，难以深度介入变革实践，也就难以产生持久的实践影响力。

（二）第二阶段：深度介入变革实践，在"共生"转化中产生创生力

"新基础教育"研究是理论与实践的深度合作。"所谓'深度合作'不仅意味着专业人员进入现场，而且要以实践变革合作者的身份参与到实践变革之中。整个研究期望的效果是：理论与实践、专业人员与实践者两个维度的交互创生与发展。没有专业人员深度介入实践，这一目标无法实现。"①深度介入的方式包括节点专题研讨、日常现场研讨和阶段系统研修等，通过持续的学习—实践、反思—重建，更新变革参照系、教育教学行为与思维方式，才能真正产生实践力量。

深度介入变革实践是理论之实践影响力的考验和体现，它是由主体间共生转化不断过渡到主体内内生化成的长时段复杂过程。因为"新基础教育"是社会转型中的学校整体转型变革，既要改变实践者头脑中原有的认识，形成新的价值取向、话语方式和思维方法，还要改变现实中原有的做事习惯，形成新的策略原则、行为方式和思维方

---

① 叶澜.大学专业人员在协作开展学校研究中的作用[J].中国教育学刊，2009(9).

式,所以在早期探索阶段,它常常表现为兴奋与迷茫、冲突与突破的痛苦纠结和艰难扭转。正因探索起步阶段的重要与艰难,所以"新基础教育"研究首先需要学校办学第一责任人(校长)自愿做改革,且能带领领导团队,发动教师队伍一起学习、实践,研究自己学校的发展基础、问题、目标、策略与阶段抓手,不畏挫折、曲折,不断反思重建,勇者胜,攀登新高峰。一旦由点及面地走出3—5年左右的探索期,进入发展推广期,则变革者会有"蜕变"式的成长感和研究的智慧,变革事业的价值目标和推进策略也更加清晰明朗。人的成长与事的成就相互转化,教师会逐渐享受到因师生成长和学校发展而带来的职业尊严与变革价值,积累生成自组织运行的"内生力",渐渐进入后续成型、扎根的主动研究。

深度介入变革实践的"共生"转化过程又包括两个基本阶段。

第一,以学习为载体的主体间理论转化。"新基础教育"从学习开始,学习从校长、领导开始。就实践者而言,学习才能改变"看"实践的参照系,改变参照系才能发现问题与发展空间,发现问题才能努力变革,进行重建。学习包括理论学习、现场学习和在自己实践中的学习等。"新基础教育"现场研讨中的"捉虫—喔效应"、"反思—重建—二度反思"是典型的主体间理论转化和实践者个体内理论与实践的转化。在合作的意义上,通过学习才能搭建理论者与实践者合作、对话的平台,以先行理论打开实践者的头脑和视野。学习—实践是深度介入式合作的第一个互动螺旋。

第二,以日常研究性变革为路径的实践转化。通过学习形成的新参照系,在适当频度的常态化合作研究中转化为新现实,才能产生实践价值。新基础不是说出来的,不是写出来的,而是做出来的,但它的做不是按别人的设计进行操作,不是机械式重复,而是带着自己的思考、策划、设计,并在实践中和实践后即时反思、重建,是前中后都带着价值思考和策略思维的做,是内含理论、为了自我更新的"研究性变革实践"。[①]通过一次次现场研讨、专题研修等节点与日常相结合的扎根式共生活动,校长、教师逐渐形成了校本办学的核心理念和教育理想,实现了自我角色更新,锤炼了变革领导力和教育教学新基本功。这是"新基础教育"内生力的主体表达,也是其实践力的根本保障。

(三)第三阶段:共生中的"内生",是实践创生力持续深化的保障

内生力从可能到现实,首先需要理论与实践主体间的转化;从一时的现实到持久

[①] 叶澜."新基础教育"发展性研究报告集[R].北京:中国轻工业出版社,2004:29—32.

的常态化现实,则更需要实践主体内的转化。再好的理论,若不通过实践转化为教师个体的内在理论,实现教师个体自身内在理论与外显行为的更新,则难以产生持久的生命力。

"内生力"体现为变革主体的内生力和学校系统的内生力等相互影响的多方面。就变革主体而言,在变革过程中,经持续的学习—实践、反思—重建、共生—内生,体悟、认同、积累形成新基本理念和新基本功,是主体内生力的基本构成,包括:读懂学校和教师队伍,生成、修订和落实学校发展规划的领导基本功,解读学情、开发学科育人价值、策划开展学生活动的研究设计基本功,有向开放、重心下移、多边互动、不断推进教学与活动的动态生成基本功,以及教学与活动后的反思重建、二度重建基本功等。有此实践主体的内生力,则变革的动力、目标、推进过程和策略智慧才能持续校本深化,学校变革事业也才能持续自组织运行。此外,学校内生力还体现在新型学校的组织、制度、机制和文化等系统新质所产生的新常态运行。简示如图 13-2。

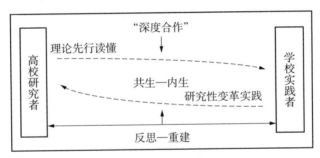

图 13-2 "新基础教育"理论实践力量的生成机制

理论与实践交互生成的方法论策略,不仅体现在"新基础教育"研究中理论对实践的影响力、创生力,而且体现在实践对理论发展的真实滋养和反哺作用。在"新基础教育"研究过程中,叶澜教授于 2004 年正式公开提出了创建"生命·实践"教育学,[①]持续至今,已公开出版了《"生命·实践"教育学论丛》(叶澜教授主编,2007—2009 年出版,共 4 辑,分别对"生命·实践"教育学的立场、基因和命脉等基本理论问题进行了专题研究),[②]《"生命·实践"教育学论著系列》(叶澜教授主编,2014—2015 年出版,三套共 30 本,从理论与实践、国内与国际、学术与学人等多层面呈现了"生命·实践"教育学

---

① 详见李政涛.为"生命·实践"教育学派的创建而努力——叶澜教授访谈录[J].教育研究,2004(2).
② 详见叶澜主编."生命·实践"教育学论丛(回望、立场、基因、命脉)[C].桂林:广西师范大学出版社,2007—2009.

的整体形态)①,及以"生命·实践"为题的论文百余篇。"生命·实践"教育学已完成创建期任务,形成了以教育学独立学科性为立场,以"生命·实践"为内核基因,扎根教育实践、教育学发展史、马克思主义哲学、当代科学哲学、民族文化精神与传统等命脉根系的当代中国教育学之整体形态。它确认:教育学是以"教育存在"为研究对象、以系统复杂思维和理论与实践交互生成为方法论的"复杂/综合性学科"。它对"教育是什么"作出了中国式表达:"教天地人事　育生命自觉"。通过对教育学元问题和教育基本理论问题的持续研究,"生命·实践"教育学已从多视角、多层面,形成了若干理论探索成果和实践变革成就。目前,"生命·实践"教育学正进入深化期,在以"社会教育力"为核心的"教育与社会"、以"溯源开来"为核心的"教育与自然"、以"元人性"为核心的"教育与人生"等方面进行重建式研究。中国"新基础教育"研究与"生命·实践"教育学创始人和持续领导者叶澜教授,年届八旬,却依然以青春的学术生命力引领着理实互生的研究团队,继续行走在当代中国教育研究的原创之路上……

---

① 详见叶澜主编."生命·实践"教育学论著系列(之一、之二、之三)[M]. 华东师范大学出版社,2015;福建教育出版社,2014—2015.

第十四章　基础教育学校现代化本土探索的当代成效与发展态势

现代意义上的中国基础教育学校变革萌发于19世纪后期的教育现代化运动。当前中国基础教育学校改革处于多重坐标时空变化背景下,全球化激荡基础教育学校深度转型,以互联网和人工智能为基础的信息技术促进基础教育学校个性化发展。回应全球化变革,基础教育学校现代化本土探索已取得一系列成功经验,正在努力求索一条更加符合中国国情的基础教育发展之路。

第一节　当前基础教育学校变革的多重坐标

基于全球化、信息化时代背景,当前基础教育学校变革重视实践创新,以核心素养为旨归,追求卓越,培养全球胜任力。但是,基础教育学校变革中的公平风险逐步累加,追求有质量的公平是化解新时代新基础教育发展矛盾的重要突破口。

一、全球化与基础教育学校变革

1492年,航海家哥伦布远航美洲,发现新大陆,成为人类发展史上的重要转折点。人们开始接受地理意义上的东半球和西半球概念。真正意义上的全球化进程由此开始。自此,人们之间的交往愈加频繁密切。相对而言,这种交流往来大体上是以国家和民族为主体进行的。换言之,全球化进程伴随着国家和民族的交流。

不同的学者或学派从不同的视角解读全球化。传播学学者认为科技发展直接推动全球化的发展。技术的进步改变人们的交流方式,信息的往来变得更加便利,各式各样的交通方式提供了多样化的选择,突破时空限制,极大地缩短了地理和社会的距离,为国家和民族之间的便利往来提供了可能性,使全球范围内的信息通达成为现实。从经济学角度来看,全球化指世界范围内的经济往来和市场的形成。罗伯森(Roland Robertson)指出:"全球化讨论在公共领域已经形成了我打算称为经济主义的形态。在使用'经济主义的'这一术语时,我指的是将全球化化约为具体经济因素的强烈倾向。总之,我在此指的是全球经济的市场化。"[①]生态学界大都把人类危机视为全球化的动力机制。人类物质文明的繁荣发展背后是大量的可持续发展问题:生态失衡、环境污染、能源枯竭、人口大爆炸、粮食匮乏等。这些生存问题在全球范围内广泛存在。除了人与自然的紧张关系之外,人与人之间、人与社会、个人内在体验均出现了"生态危机"。情感交流的减少,社交障碍的出现,精神贫乏的频发无不在彰显人类危机的严重危害性。

地理意义上的全球化为其他领域的全球化创造了可能性。正处在发展变化过程中的全球化在不同的历史阶段有不同的特征和倾向。集中到教育领域,全球化对教育产生了什么样的影响?如何解读教育全球化?教育全球化的未来在哪里?

随着时代变迁,社会不断发展变化,出现了地球村,形成了知识社会。社会与教育的关系日益错综复杂,二者相互影响又相互促进。从社会对教育的影响来看,社会对教育的冲击是如此快速、显著;从教育对社会的作用而言,教育承担的社会角色比重渐增,不再仅仅局限于传授知识,为社会培养人才,它与政治、经济、文化的相互作用愈加明显,对社会的影响在不断加深。同时,在全球化的时代背景下,教育不再是一个地区、国家、民族范围内"自给自足"的文化现象,而是融入全球化进程,与外域教育形式共同成长。不同区域的教育进行着交流、学习甚至融合,吸收其他地域教育有益的一面,同时又保持着各自的文化传统和特色。教育领域出现了教育全球化与教育现代化趋势,教育的发展"百花齐放,百家争鸣",展现出旺盛的生命力。集中到基础教育领域,变化更为显著。在教育全球化的时代背景下,基础教育走出了一条顺应时代发展的道路。基础教育学校作为实现基础教育的重要载体和平台,其形式、规模、机构等相应产生了变化。这些变化是什么?是在什么样的条件下产生的?这些变化对社会其他领域产生了什么样的影响?在未来,这些变化的走向又是什么样的?这一系列问题都需要进一步地研究和解答。在教育全球化、教育现代化迅猛发展的今天,我国的基础教育学校汲取传统文化教育养分,总结过去的失败教训,学习国外基础教育有益经

---

① 邬志辉.教育全球化:中国的视点与问题[M].上海:华东师范大学出版社,2004:22.

验,推动了具有鲜明特色的中国基础教育学校现代化变革现象的产生。新的时代有新的主题,需要解答新的问题。我国的基础教育发展也不例外。具体到学校,基础教育学校现代化的发展带有深深的全球化痕迹。20世纪90年代以来,虽然各国国情和基础教育的状况各有不同,但是,各国的共识是通过创新改革教育方式,提升学生培养质量。归根结底,基础教育的发展愈加重视发展个人潜力,人的本体发展成为关注焦点。法国学者朗格朗的《终身教育引论》、联合国教科文组织的研究报告《学会生存——教育世界的今天和明天》《教育——财富蕴藏其中》,都从教育的角度表达对个体本性的关注,通过教育使人更好地成长。①

(一) 重视基础教育改革实践创新

在不同的历史时期,人们对基础教育的期许不同,基础教育承担的社会角色不同,表现出来的教育形态也有所差异。全球化进程推动了社会转型,经济基础的改变带来上层建筑的变化。由于各个国家社会发展阶段不同,转型的时间、性质、形式各有差异。比较而言,发达国家的社会转型属于自发、外散型,转型在社会条件成熟的情况下自然发生;发展中国家的社会转型属于外发、后发型,经济基础与上层建筑发展没有达到自主转型的程度,而是在发达国家的影响下"被迫"转型,社会发展缓慢。但从世界范围来看,重视基础教育的公平和质量已成为共识。人类社会期望通过促进基础教育的公平、提升基础教育的质量来提高人口的综合素质,并为培养高素质的人才队伍打下坚实基础。提高基础教育的培养水平需要各方面的努力,各个国家进行了有益探索,主要体现在两个方面:实践创新和对核心素养的关注。

信息革命驱动社会快速发展,原有的基础教育管理体制已不再能够满足社会需求,从宏观的教育政策法规到微观的教育教学实践,基础教育进入到自我更新升级的必需阶段。社会大众期望提高基础教育水平,为学生的中后期教育打下坚实基础。在此背景下,世界各国展开了轰轰烈烈的基础教育改革,从教育政策、建设师资队伍、改革课程教材教法等不同角度助力改革进程。

教育政策具有导向性,具有鲜明的国家意志,集中解决重大现实教育问题。自1983年《国家在危急中——教育改革势在必行》出台后,教育改革,特别是基础教育改革成为美国政府的重要施政内容。从克林顿政府的《目标2000年:美国教育法》、小布什政府的《不让一个孩子落伍法案》、奥巴马政府的"力争上游计划"到特朗普政府现

---

① 黄书光,等.文化差异与价值整合——百年中国基础教育改革进程中的思想激荡[M].北京:教育科学出版社,2011:367.

行的基础教育"地方化"改革,美国各届政府都力图通过颁布法案推动改革进程。自20世纪90年代以来,日本基础教育改革进程加快,颁布了一系列法律法规等文件,在全国形成了纵横交错、覆盖面广泛的教育管理体系。日本"教育改革计划"和"21世纪教育新生计划"改革报告对基础教育均衡发展以及质量改进作了诸多规定。

与此同时,不断涌现出指导基础教育改革的新理念,表征为教育实践改革的即时性。及时反思基础教育领域出现的重大问题,实施相应的"补救"措施。美国1985年启动的"2061计划",旨在解决中小学科学知识掌握不足的问题。而奥巴马政府"力争上游计划"力图改变一味追求所谓的教育公平而放弃教育质量的不平衡局面,鼓励各州、学区实施改革,竞争总计43.5亿美元的教育资金。特朗普政府积极推行一系列基础教育改革,主要从州共同标准、学生择校两个角度推动教育自由、提高教育质量。

美国师资建设与课程教材教法紧密相关。20世纪80年代以后,全美教育协会和美国教师联盟开始注重发挥自身专业群体的影响,顺应全国基础教育改革大潮。进入21世纪,两大教师组织在促进政府出台高质量的教育政策以引领基础教育发展做了大量努力。《不让一个孩子落伍法案》对"高质量"教师提出的硬性标准难以测量教师的实际教学能力,尤其对教师与学生的互动效果把握不足,这也是提升教师专业素养的关键环节。因此,美国教师组织建议在实际操作中加强对教师的入职培训,制定科学的教师专业发展方案。日本有关教师的条文规定主要有《教师资格证书法》《教育公务员特例法》《面向新时代教师养成的改进对策》。为应对激烈的国际社会竞争,解决日本学生学习动力不足、学习效果低下和教师群体质量参差不齐的问题,日本从教师教育改革入手,提高教师教育目标,重视教师的培养和任用,不断改革教师任教资格规定以适应教育现状。[①] 教师应具备全球视野,对人类社会和生存的时代的认识与国际接轨;作为个体应具备的人际交往能力;在自身专业发展领域,提高专业素养,怀有崇高的教学热情等。完善在职教师研修制度,地方教育行政部门为老教师提供研修机会,调任教师在不同的学校间轮换任教,平衡学校间的教师资源分配,避免教师长期固定校区任教产生倦怠感,保持教学新鲜感和热情。芬兰具有严格的教师选拔标准,设有对接中小学一线教学需求的教师教育课程,主要包括教育类课程、主修课程、辅修课程、语言和通讯。从教育理论知识到学科知识,从教学实践能力到科研能力,芬兰形成了独特而全面的教师培养体系。更重要的是,教师被充分信任:自愿选择进入教师行

---

① 刘学智,陈淑清.日本基础教育中的教师教育改革:经验与启示[J].东北师大学报(哲学社会科学版),2011(04).

业、自主选择教学方法,赋予教师较多的自主权,鼓励教师追求自我发展,专注教学工作。① 欧律狄刻欧洲组织(the Eurydice European Unit)2001—2002年对欧盟国家的中小学教师教育调查显示,欧盟国家采取了多种措施提升教师质量。包括完善教师职前培养和职后培训,逐渐提高对教师的学历要求、延长教师培养时限。创新教师教育培养方式,中小学和大学合作联合培养教师。在教师入职后,继续对教师进行专业化教育,帮助教师解决实际教学过程中出现的问题,养成终身学习的理念。②

日本的课程改革始于对学生"学力低下"的担忧。日本每隔10年修订的《学习指导要领》指导着日本的基础教育课程改革。例如,增加课时数以培养学生"扎实学力"。从2011年开始,小学总课时数为5645节(每节课45分钟),初中总课时数达3045节(每节课50分钟)。③ 芬兰重在培养学生未来生活需具备的能力,特点是设置多学科、多样化的课程,方便学生自由选择,在学习过程中接受学校文化熏陶并养成综合素养。澳大利亚设置灵活丰富的课程体系,鼓励地方和学校立足地方特色开发校本课程,同时允许教师根据实际教学情景调整课程实施,给予教师较大的自主空间。国家课程校本课程均重视学生的学习兴趣和发展需要,开设选修课、未来就业指导课程,培养学生的生存发展技能。

(二) 以核心素养为旨归

哲学家克拉提说:"我的国家没有堡,没有屋檐。整个地球是我栖身之地,是一个等待我们所有人居住的家园。"④现代国土观不受现有的国家、组织、地域的限制,将整个地球视为共同的家园,居住在地球的居民是统一的整体,所有人共享一切资源。过去,倡导国家利益高于一切的价值取向成为教育发展的方向盘,忽视了个体价值的实现。真正的国家公民教育并非排斥个体追求自我发展。当个体实现自我发展,整个国家的公民教育才会取得更好的效果,而个体价值的实现离不开核心素养的提升。

"我们需要什么样的人才? 如何培养时代需要的人才?"是新世纪教育变革的核心话题。核心素养强调未来社会公民生存发展必备的关键素养,兼具促进社会发展的意蕴。

---

① 周玉芝、石瑒、张洲、崔香顺. 芬兰基础教育阶段教师的培养及课程改革[J]. 中学化学教学参考,2017(21).
② 弋文武. 欧盟国家中小学教师教育特点、面临的挑战——兼论对我国教师教育改革的启示[J]. 外国教育研究,2006(10).
③ 王凝. 日本新《学习指导要领》下的基础教育课程改革及其启示[J]. 现代教育科学,2015(10).
④ 邬志辉. 教育全球化:中国的视点与问题[M]. 上海:华东师范大学出版社,2004:126.

世界各国及国际组织纷纷开展对核心素养的内涵研究。培养个体的核心素养使其成为21世纪美国基础教育核心理念。日本基础教育理念努力平衡学科知识和学习能力取向，促进学生的综合发展，强调"尊重个性""扎实的学力"等理念。芬兰重视依据个人能力和需求帮助学生自我发展。英国、德国的核心素养重视能力的普适性，侧重关键能力的培养。法国和澳大利亚的核心素养强调培养学生终身学习能力。中国提出以文化基础、自主发展和社会参与为主的学生发展核心素养，使学生能够适应终身发展和社会发展需求。联合国教科文组织的核心素养指向终身学习，学会认知、学会做事、学会共同生活、学会生存是世界公民应具备的基本能力。纵观国际学生发展核心素养指标维度，可以归纳为三大领域：与基本文化知识能力有关的素养、与个体终身发展相关的素养和与社会交往有关的能力素养。当前，对核心素养的研究已深入至相关教材编写、课程安排、评价体系等具体教育教学活动中。

注重人的核心素养培养是全球化时代教育的重要目标。纵观各个国家的核心素养内涵，可以看出个人终身学习能力是首要因素。个体只有具备终身学习意识和能力，才能够在急剧变化的社会大环境中坚守自我，明了未来社会需求，清晰自我定位，主动学习，不断提升自己的综合能力。全球化现实呼吁国际视野，对核心素养的理解不能仅局限于个体自我价值的实现，应将目光投向更长久的未来，使自我发展融入社会发展，共同促进社会文明进步。个体需要不断反思现实，提升自我能力，将自我素养的提升与世界责任意识的培养来联系在一起。例如，对生态环境的关注与保护，对世界和平的呼吁与贡献，对人类文明的深切关怀等。

学生是未来社会的主人，其素养水平关乎国家命运，必须从基础教育阶段开始培养学生的核心素养。学校——培养学生核心素养的重要基地，基础教育学校需要做的不是对学生灌输知识，基础教育学校现代化变革的方向是教给学生学习的能力，让学生负责任地生活——为自己着想，为世界着想。

当今时代是快速变革的时代，是全球各地关联日益密切的时代，是国际社会休戚与共的时代。在这样的时代背景下，全球各国均在思考未来基础教育的走向，世界范围内的基础教育发展之路呈现出一些共性特征。

（三）追求卓越

在全球化时代，教育的辐射功能愈加凸显，教育水平已经成为国家综合实力的关键指标之一。只有提升教育质量，培养出高素质的人才，才能在激烈的国际竞争中掌握主动权。换言之，各国之间的竞争是教育质量的竞争。迎接未来社会的挑战，追求卓越成为国际基础教育学校现代化发展的重要价值导向,各国选择不同的实现路径。

一些国家从国家宏观管理层面着手,为卓越人才的培养提供政策保障和改革空间。全球化对人才提出了新需求,引发了各国对人才培养模式的思考。未来社会需要的绝不是闭门造车的专攻型单一人才,社会的广泛融合要求个体具备较高的综合素质。社会交往能力、分工合作是必然趋势。芬兰作为北欧岛国,敏锐感知到时代潮流,在国家核心课程中提出未来人才需要具备的七项横向能力:思考和学会学习;文化修养以及互动和表达;照顾自己和管理日常生活;多元识读;信息与通信技术能力;工作生活能力以及企业家精神;参与和建设可持续发展的未来。从学习能力、交往能力、人文关怀素养等角度塑造卓越人才。① 澳大利亚一方面颁布政策引领教育改革,于2016年3月,颁布"优质学校,优质成果"(Quality Schools, Quality Outcomes)的教育新政,保证充足的经费支持,计划从2017年到2020年将教育经费投入从160亿澳元增加到201亿澳元;另一方面坚守追求卓越和公平的基础教育理念,在《墨尔本宣言》指出:"要让所有的澳大利亚青少年都成为:成功的学者、自信和有创造力的个体、积极和明智的公民。"为达成此目标,在课程方面一改过去大而全的内容设置,重点扩充知识深度,培养学生的理解能力;对于学习能力不同的学生,在学习进度上进行不同进度的学习安排。② 英国于2016年发布《全面卓越》(*Educational Excellence Everywhere*)白皮书,指导未来5年基础教育发展。白皮书意在构建一个完整的卓越体系,包括师资队伍建设、课程建设、学校管理、保障体系等多个方面。放宽对学校的限制,支持学校多样化发展,扩大精英选拔来源。日本将卓越定义为实现国家利益的重要体现,在公立教育系统培养满足国家需要的精英人才。日本文部省颁布《第三期教育振兴计划(2018—2022)》,其突出主题是:让学生拥有梦想和自信,培养学生挑战未来社会中各种可能性的必要能力;为了实现社会的可持续发展,培养学生多样化的能力;构筑安全、共享的学习网络;完善生涯学习所需的社会环境;完善教育政策实施的社会基础。③

同时,也有从学校层面采取措施,利用现代信息技术,丰富办学形式。伴随着信息技术的迅猛发展,创造和分享信息变得更加便利。技术创新成为教育创新的重要推动

---

① 周玉芝、石瑒、张洲、崔香顺. 芬兰基础教育阶段教师的培养及课程改革[J]. 中学化学教学参考,2017(21).
② 王建梁、郭万婷. 融入全球 追求卓越——澳大利亚国家课程的特点与启示[J]. 外国中小学教育,2014(03).
③ 宋璇. 日本第三期教育振兴计划(2018—2022)述评[J]. 世界教育信息,2018(20).

力。在理念引领和技术应用的指导下,基础教育信息化特征逐渐凸显,不断产生各种新型的教学形式。信息技术大国——美国在这一方面做了大量探索,国内涌现出多种技术学校,采用不同的设计理念。一类是以学生为中心,提供个性化教学服务。Alt School 以项目为载体,弹性安排学习时间和学习进度并采用技术支持手段,增强学生、家长和学校之间的联系。可汗实验学校(Khan Lab School)改革分班传统,按照学生的学习能力分组,学生以项目学习的方式自主小组合作获取知识和技能,教师给予学生较大的自主空间,在必要时候进行指导。该学校发挥小容量学校优势,借助信息技术,重组教学方式、管理办法、师生关系等,一切以适应学生的个性化发展为要。另一类是强调知识应用的技术学校。STEM 课程学校在美国分布广泛,STEM 代表科学、技术、工程和数学四门学科,在此基础上构建跨学科课程。结合学生就业,在课程学习的过程中培养学生的批判性思维和创造性思维能力。达芬奇学校(Da Vinci School)自 2009 年建校以来,产生了导向各异的具体学校实践形式,有达芬奇学院、达芬奇传媒中学、达芬奇拓展学校和达芬奇提升中学,此类学校的办学形式是公私合办,因此大力倡导校企合作、学以致用。一方面在课程上组织学生进行项目设计、模拟面试,另一方面为学生提供多样的企业实习、学习机会,让学生接触真实情景,真正做到学以致用。"野趣学习"学校(Expeditionary Learning School,ELS)践行"做中学"的哲学理念和应用体验教育理念,建设"空间教室"、以主题式探险学习活动形式组织教学内容、鼓励学生积极学习和探索周围的物质世界。还有一类重在构建新型的学生评价体系,由近百所美国私立高中成立的"优势成绩单联盟"开发的学生评价体系——A New Model。该评价体系不以分数或等级为标识,而是持续追踪评价学生的 8 项能力。利用信息技术建立学生全息档案,全面展示学生的能力水平和发展情况。此档案有利于招生学校了解学生的发展水平,在现实中也得到了多所著名高校的认可。在信息技术的帮持下,基础教育学校正在尝试突破单一的学校空间,增设校外空间或模拟外界情境,增强学生对知识的真实感知。随着教育技术的发展,未来基础教育学校的办学形式会更加丰富,更加切合卓越人才的培养目标。①

(四)培养全球胜任力

2018 年,OECD 发布全球胜任力框架《让我们的青年为了一个包容和可持续的世界做好准备》,首次将"全球胜任力"概念引入国际测评考试项目 PISA(Program for

---

① 祝智庭,管珏琪,丁振月. 未来学校已来:国际基础教育创新变革透视[J]. 中国教育学刊,2018(9).

International Student Assessment)。这表明在全球化时代,全球胜任力成为评价学生国际认知能力的重要指标。OECD将全球胜任力(Global Competence)定义为:从多个角度批判地分析全球和跨文化议题的能力;理解差异是如何影响观念、判断,以及对自我和他人的认知的能力;在尊重人类尊严的基础上,与不同背景的他人进行开放、适宜、有效的互动的能力。该定义要求个体具备跨区域跨文化的思维能力和行动力,推动区域、全球可持续发展。知识、技能、态度和价值是全球胜任力的四个基石。知识技能是全球胜任力的基础,帮助个体理解全球性问题和跨文化知识;这里的技能指认知技能和动作技能,包括信息推理、跨文化交际技巧、视角选取、冲突解决和适应能力。态度即具有全球思想,自觉担负对全球成员的责任并尊重文化背景差异;价值维度要求形成重视人的尊严和重视文化多样性的价值观。增强对全球性问题的感知,反对一切暴力、无知、压迫及战争。[①]

在现代民族国家,全球胜任力被提升至国家战略高度。教育成为培养学生全球胜任力的重要切入口。日本加强对学生的外语文化教育,重视英语教育并为学生提供尽可能多的出国学习交流机会。韩国在2009年公布修订的基础教育课程大纲,提出新型的"未来型课程",确立"全球化创造性人才教育"的课程理念,培养能够与世界沟通的世界公民。《澳大利亚国家课程框架》规定跨文化理解和社交、亚洲及澳大利亚与亚洲的交往课程是课程的必要组成部分。诸如中医、针灸和中文课程等内容也包含在内。《墨尔本宣言》中"要让澳大利亚所有的青少年成为积极和明智的公民"就要求公民能理解其他区域、国家的文化。而《澳大利亚课程框架》中也指出,其教育目标不仅要让学生了解本国民主、平等和公正的价值观,而且还要使其获取对其他国家的理解。[②]

出于提升国际竞争力和维护国家安全的双重考量,美国在20世纪末就开始对全球胜任力进行持续关注和研究实践。在1988年《为全球胜任力而教:国际教育交流咨询委员会报告》(Educating for Global Competence: The Report of the Advison Council for International Educational Exchange)中提出了"全球胜任力"的概念,1988年的《为全球胜任力而教:美国的未来通行证》(Educating for Global Competence: America's Passport to the Future)和2012年的《国际教育、国际参与与全球成功》

[①] 李杨,曾小平. PISA2018全球胜任力评测[J]. 外国中小学教育,2018(5).
[②] 王建梁,郭万婷. 融入全球 追求卓越——澳大利亚国家课程的特点与启示[J]. 外国中小学教育,2014(3).

(Succeeding Globally Through International Education and Engagement)呼吁加强培养学生的全球胜任力,强调,"全球胜任力不是奢侈品,不是仅仅针对精英阶层,它是所有人必备的技能"。① 培养对象扩展至所有个体。2012年的《教育改革和国家安全》年度报告规划了具体实施步骤,将全球胜任力上升为国家战略。② 同时,美国国内探索研发全球竞争力理论模式、课程目标、开展"全球胜任力"教育实验。全球胜任力培养正如火如荼地进行着。培养具备竞争力的人才,教师的重要性不言而喻,美国"全球胜任力证书"项目(Global Competence Certificate)是面向基础教育阶段教师,培养其全球胜任力的一项在线教育课程。重视教师实践,与其他组织合作建立实习基地供教师参加"全球实习",教师在培养当地实习学校学生全球竞争力的同时学习其地方特色,加强教师对不同文化的体验,提升其合作能力和教学能力。

全球胜任力的内涵绝不仅仅停留在竞争国际话语权,更多的是共商共建共赢共享理念下的全球范围内的广泛、深度合作,从而使国家主体以更加昂扬的姿态参与国际事务,推动构建与个体休戚相关的人类命运共同体。

二、互联网、人工智能与基础教育学校变革

伴随着第四次工业革命的兴起,以人工智能为重要代表的信息技术革命渗透至社会各个领域。新一轮科技和产业革命方兴未艾。国际社会希望抓住此次机遇,发展人工智能,提升国家实力。

(一) 以互联网和人工智能为基础的信息技术促进基础教育学校个性化

2014年6月,欧盟委员会启动"SPARC"机器人研发计划,研究机器人在制造业、农业、健康、交通、安全和家庭等各领域的发展潜力,抢占未来新兴机器人市场。2016年10月,美国白宫发布《为人工智能的未来做好准备》(Preparing for the Future of Artificial Intelligence)和《国家人工智能研发战略规划》(The National Artificial Intelligence Research and Development Strategic Plan)报告,介绍了人工智能在当前及未来的广阔应用前景和面临的挑战,表明发展人工智能技术的强烈愿景。德国依据自身研发制造优势,提出"工业4.0"计划,旨在利用机器和信息化技术构建网络—实

---

① 滕珺,马健生,石佩,安娜. 全球视野下中国"国际教育"现代本质及其实现[J]. 比较教育研究,2019(12).
② Department of Education. Succeeding Globally Through International Education and Engagement [R/OL]. http://www2.ed.gov/about/inits/.ed/internationaled/international-strategy-2012-16.pdf. 2014-11-11.

体系统,实现工业领域的智慧连接。日本探索构建人工智能共存的超智能社会,为消费者提供个性化产品和服务。中国于2017年7月发布的《新一代人工智能发展规划》,提出了人工智能发展的战略目标和重点任务。

人工智能是一项正在成长的新兴技术,发展前景广阔。教育作为培养人才的重要一端,已经成为连接人工智能与人才的关键环节。随着人工智能技术的逐渐成熟,其对教育发展的助推作用愈加凸显,尤其是在基础教育领域。中国《新一代人工智能发展规划》明确提出建设智慧校园,推动人工智能在教学、管理、资源建设等全流程应用,提供精准推送的教育服务,实现日常教育和终身教育定制化。《中国教育现代化2035》提出加大信息技术在学校的应用,在实现规模化教学的基础上,进行个性化培养。终身教育定制化和个性化教育均体现教育目标和教育方法的多样化和差异化,尊重学生的个性特征,在此基础上,制定适合学生发展的独特方案。人工智能技术能为实现个性化教育提供技术支持,实现教育人工智能。同时,也要求改变传统的教育认知和教育实践,用全新的视角看待人工智能,利用信息化手段促进基础教育个性化培养目标的实现。

在人工智能的支持下,未来基础教育个性化在教育目标和教育实践方面产生新的变化。人工智能直观表现为技术变革,教育是有计划培养人的活动,人工智能和教育的融合不仅仅是教学手段的更新升级,而且在利用新兴教学手段的基础上,为学生提供丰富的学习资源和最优化的学习方式,将前沿知识及时传递给学生,培养学生信息化素养和创新思维,发展学生个性,增强学生在未来社会的竞争力。

人工智能时代对个人素质提出了新的要求。教育目标随之有了新变化。首先是提升学生的信息化素养,从提高学生掌握人工智能技术水平到高层次的提升学生的信息化素养。学生群体的发展目标多样化,"这个群体的人是有多个'模样'的,每一个人都是不一样的自我"。[①] 人工智能允许并能够推动实现学生个体发展多样化。对学生个体而言,教育目标体现为以信息化素养为主要标志的复合型素质,培养学生的计算思维、逻辑推理能力和创新能力,最终落脚到学生学习能力的提高。

人工智能时代,未来基础教育新形态的典型特征是基础教育个性化。在教育实践层面,基础教育的个性化主要体现在两个方面:一方面是教育系统和平台智能化;另一方面是教学模式的针对性设计。智能化教育系统收集学生的个性化信息并生成学

---

① 梁艳茹.人工智能时代的基础教育目标定位[J].当代教育科学,2019(1).

生个性化档案。教育平台打破传统的室内授课方式,突破多媒体和课本的简单结合,使学生置身于跨时空的教育空间。生成性的、动态的教育系统满足学生的实时需求,学生可以随时在智能化教育系统上与教师或其他学习者交流学习感受。教师的教学方式的选择更加多样化。教师可以依据学生个性化特征分析数据,在教育系统上进行教学模式选择,为学生定制学习计划,合理安排教学内容和教学进度,借助智能平台进行教学活动,实现教学内容输入—学生学习情况实时反馈—教学评价同步进行一体化。同时,教师可以通过系统上的反馈信息和评价结果,切实掌握学生的学习效果,并据此设计针对性教学。

当前"技术变革教育"已成为我国深化教育改革的重要动力和支撑,从中央政府到地方政府尤为重视通过信息技术促进教育公平,《国家中长期教育改革和发展规划纲要(2010—2020)》中强调政府逐步缩小城乡数字差距,建立城乡一体化的互联网教育资源配置体系。中共十八大三中全会通过的《中共中央关于全面深化改革若干重大问题的决定》提出,通过信息化促进城乡教育公平,缩小区域、城乡和校际教育发展差距,实现城乡教育均衡发展。中共十九大报告强调提升城乡教育质量和教育公平,让十三亿人民享有更好更公平的教育,以互联网为核心的信息技术改变传统学校运作模式,为提升城乡教育质量提供了平台。

(二)信息技术促进基础教育学校变革的公平隐忧

在教育信息化大背景下,互联网联网率不断攀升,当前中小学广泛实施"智慧校园"工程,互联网全面渗透中小学日常运作和管理。但是互联网是否真正被运用于学生学习和发展,需要通过深入的实证研究分析。探讨影响学生互联网行为因素,深入分析其背后的社会阶层背景,考察信息不平等再生产隐形机制,城乡学生互联网使用差异可能会导致新的教育不公平。城乡学生互联网使用的"新数字鸿沟"必须引起教育决策机构和教育行政部门的警觉。荷兰数字鸿沟问题研究专家迪耶克教授强调,数字鸿沟从配置差距逐步转向使用不平等,高学历阶层倾向于"严肃类运用",发挥互联网对学习和工作能力提升之功能,而低学历阶层倾向于"娱乐类运用",易于沉迷网络游戏和聊天。[①] 2015年经济合作与发展组织发布报告显示,伴随全球信息化迅猛发展,大多数国家社会底层家庭子女已有更多机会接触互联网,但是学生之间的教育差距并未因互联网的普及而日益缩小,反而"新数字鸿沟"呈现逐渐扩大态势。"新数字

---

① VAN DIJK, J. The Evolution of the Digital Divide: The Digital Divide Turns to Inequality of Skills and Usage [M]. Amsterdam: IOS Press, 2012: 57.

鸿沟"集中表现于城乡学生信息"使用鸿沟"。社会底层家庭子女较多地将互联网作为线上聊天和娱乐的工具,缺乏寻找有教育价值信息的意愿和动机。2013年美国哥伦比亚大学教师教育学院基于4万名学生50万门课程的大规模实证研究表明,在线学习的持续扩张是扩大而不是改善教育不公平,特别是社会底层家庭子女面临信息学习隐形不公平。[①]

教育技术专家艾伦·贾纳斯泽乌斯基指出全球范围内不公平使用信息技术状况持续存在。[②] 2015年经济合作与发展组织发布报告显示处境不利群体子女将更多的时间花费在网络聊天,而不是探索和发现有学习价值的知识和材料,处境不利群体子女在校外为聊天娱乐上网的比例高达90%。[③] 2016年世界银行发布《世界发展报告:数字红利》指出仅仅强调互联网的物理接入是无法真正实现教育公平的,正确使用互联网技术是"数字红利"普惠弱势群体的关键。[④]

随着我国社会主要矛盾的变化,人们对美好生活的需求日益强烈,对教育公平的诉求正由起点公平转向过程公平,由显性公平转向隐性公平。以互联网为核心的信息技术促进更高层次的教育公平是新时代教育改革的新诉求,当前必须站在新时代互联网技术向教育领域深度渗透背景下,重新审视影响教育公平实现的隐蔽再生产问题,由于不同社会阶层信息技术学习者能力和素养的区隔而导致信息占有和使用不平等,从而影响更高层次教育公平的实现。

应该看到优先发展信息技术促进教育公平作为既定的国家政策,被大力贯彻和执行,各类现代教育技术和操作模式已经被广泛推广和使用,但是政策背后的潜在风险尚未引起决策者的警觉。

当前我国城乡教育差距依然显著,优质教育资源城乡分配不均衡问题较为突出。国家及地方政府先后实施优质教育资源城乡信息化共享工程建设,"农远工程"已普及城乡学校,慕课等大型在线学习平台不断涌现,上海、江苏等省份推广云课堂城乡协同一体化教学模式,从"校校通"走向"班班通"再走向"生生通",逐步实现城乡互联网互

[①] 朱晓玲.研究表明:网络在线课程可能会扩大教育不公平[N].中国教育报,2013-4-02.
[②] [英]大卫·霍克里奇,汤姆·文森.教育技术与课堂教学[M].宋旸译.北京:北京师范大学出版社,2006:86.
[③] OECD. Student, Computers and Learning: Making the connection [M]. Paris: OECD Publishing2015:28.
[④] World Bank. World Development Report 2016: Digital dividends [M]. World Bank: Washington, DC, 2016.

惠普及和全方位覆盖。应该看到教育信息化迅猛发展拓展城乡弱势群体受教育机会,促进城乡优质教育资源均衡发展,提升城乡教育质量。但是以互联网为核心的信息技术普及是否意味着城乡学生教育机会公平呢?互联网究竟是促进教育公平抑或扩大教育不公平?对此,学术界一直有不同的争论。国内学者陈纯槿等认为互联网从更高层次促进教育公平和提升教育质量;[①]江峰等学者认为互联网可能导致"新数字鸿沟",从而扩大教育不公平。

当前以互联网为核心的信息技术对我国教育公平影响的实证研究较为缺乏,从微观层面考察互联网学习偏好或娱乐偏好与城乡家庭阶层背景相关性研究成果较少,以山东、安徽和甘肃城乡学生互联网使用行为调研数据为基础,从实证研究视角探讨城乡不同家庭经济文化地位对学生互联网使用行为偏好影响,当前影响教育公平实现的因素从显性转向隐性,城乡学生互联网使用偏好的隐蔽性可能扩大城乡教育差距,造成城乡学生发展机会不平等扩大,并据此提出互联网促进教育公平的若干对策。

课题组基于山东省莱西、沂水和微山县,甘肃省会宁、靖远和武威,安徽省萧县、无为县和肥西县等3省9市(县)的27所初中学校为调查样本,课题组调查时间集中于2017年3月—5月,采取多层次整群随机抽样方法,选择初三学生为调查对象,莱西实验中学发放问卷80份,其余26所学校每所学校发放问卷70份,总计1900份,回收有效问卷1840份,问卷有效回收率96.8%。其中,男生963人,占52%,女生877人,占48%;城市学生321人,占17%,县镇学生514人,占28%,农村学生1005人,占55%。通过SPSS22软件分析收集数据资料。调查问卷结构设计主要分为两大部分:第一部分是特征变量,包括调查对象的性别、民族、家庭居住地等。第二部分是核心变量,包括调查对象的家庭阶层地位、经济收入和父母受教育程度等。

城乡学生互联网使用偏好作为因变量,将学生互联网使用行为划分为学习应用偏好和娱乐应用偏好。学习应用类偏好包括运用互联网完成功课、小组作业、线上学习、拓展课外活动、个人创作等等,娱乐类偏好包括线上游戏、聊天、浏览网页、视频点播等行为。将学生的互联网学习应用偏好设置虚拟变量(Y=1),互联网娱乐应用偏好为参照(Y=0);由于研究的因变量为二分变量,建立logistic二元逻辑回归模型。

$$\text{Logit}(P) = \log(p/1-p) = a_0 + a_1 x_1 + a_2 x_2 + a_3 x_3 + a_4 x_4 + a_5 x_5$$

[①] 陈纯槿,顾小清. 互联网是否扩大了教育结果不平等——基于上海PISA数据的实证研究[J]. 北京大学教育评论,2017(1).

其中 P 为进入因变量中某一类的概率。p/1－p 即是"数量优势比"(Odds Ratio of Quantity)，是以互联网娱乐偏好为参照类型的机会比率。系数 a_0 表示自变量对因变量影响程度。

法国社会学家布尔迪约认为家庭资本是指家庭在社会结构中位置及其为子女发展提供的资源。本研究将家庭资本划分为社会资本、经济资本和文化资本三个维度，社会资本以父母一方职业背景较高为依据。依据《中国社会阶层报告》分类标准，将社会阶层划分优势阶层（国家与社会管理者、经理人员和私营企业主）；中产阶层（专业技术人员、办事人员和个体工商户）；基础阶层（产业工人、商业服务员工、农业劳动者、城乡无业、失业和半失业者）。

经济资本分为高收入家庭（家庭人均年收入 7.5 万元以上）、中等收入家庭（家庭人均年收入 2.5 万—7.5 万元）和低收入家庭（家庭人均年收入低 2.5 万元）；文化资本以父母一方较高教育程度为依据，分为高等教育程度（大专及其以上）、中等教育程度（高中、中专等）和初等教育程度（初中及以下）。

自变量 x_1 代表学生性别，x_2 代表家庭居住地，x_3 代表家庭社会资本，x_4 代表家庭经济资本，x_5 代表家庭文化资本。回归系数 a 表示在控制其他变量的情况下，x 每改变一个单位，城乡学生互联网学习偏好的优势比。

研究假设 1：家庭社会资本对学生信息技术使用方式具有显著影响。与基础阶层相比，优势阶层家庭、中产阶层家庭学生更倾向于运用互联网进行信息获取、教育学习等自我文化资本提高型的活动。

研究假设 2：家庭经济资本对学生互联网使用偏好具有显著影响。与低收入家庭子女相比，高收入家庭学生更易于形成互联网学习偏好。

研究假设 3：家庭文化资本对互联网使用偏好有显著的影响。受教育程度较低家庭子女更倾向于互联网娱乐应用偏好，受教育程度较高家庭子女更倾向于互联网学习应用偏好。另外，文化资本差异性影响城乡学生信息技术使用方式。

研究假设 4：家庭居住地对城乡学生互联网使用行为具有显著影响。城市、县镇家庭子女易于形成互联网学习偏好，而农村家庭子女易于形成互联网娱乐偏好。

采用家庭背景对互联网使用的二元逻辑回归的计量分析，显示家庭阶层背景对互联网使用偏好的二元逻辑回归模型的总体显著性水平高，似然函数对数值表明模型总体有效。

第一，从家庭社会资本分析，不同家庭所处的社会阶层对子女互联网使用方式具有显著的影响。优势阶层家庭子女互联网学习应用偏好概率是社会底层子女2.0倍。这一结论在一定程度上验证假设1,不同家庭阶层地位影响子女互联网使用方式,并造成信息技术使用方式的阶层差异,优势阶层家庭子女更易于形成互联网学习偏好。

第二,从家庭经济资本分析,高收入家庭子女更易于形成互联网学习偏好,其概率是低收入家庭子女1.6倍,这一结论在一定程度上验证假设2,家庭经济地位影响子女互联网应用偏好,相比低收入家庭子女,高收入家庭经济资本占有量充足,易于濡化子女互联网学习偏好。

第三,父母的文化程度对子女的互联网使用行为呈现显著影响,主要表现高等教育程度家庭、中等教育程度家庭与初中及以下文化程度家庭对子女互联网使用行为影响差异。父母为大专及以上文化程度,其子女互联网学习应用偏好概率是初中及以下受教育程度家庭子女的1.3倍;高中文化程度家庭子女,其互联网学习偏好概率是初中及以下受教育程度家庭子女的0.87倍,这一结论在一定程度上验证假设3。

第四,家庭居住地对子女互联网使用行为具有显著影响。城市家庭子女、县镇家庭子女形成互联网学习偏好概率分别是农村家庭子女的1.9倍和1.4倍,这一结论验证假设4。数据表明,城乡学生互联网使用行为差异明显。[①]

综上所述,家庭的阶层地位、经济资本、文化资本和家庭居住地对子女互联网使用行为产生显著影响。优势阶层家庭、高收入家庭、大专以上文化程度家庭和城市家庭子女,更易于形成互联网学习偏好。由此分析,学生互联网使用行为之学习偏好或者娱乐偏好,与社会阶层背景密切相关,社会处境不利家庭背景子女更易于形成娱乐偏好,这种城乡不同阶层学生互联网使用方式差异实际上是社会不公平和教育不公平在信息领域中的反映,城乡学生互联网使用方式差异较之信息资源配置差距更具有隐蔽性。

通过实证研究,可以看出城乡互联网广泛普及并不一定能够惠及处于不利境遇的农村学生,"数字红利"可能带来新的隐性教育不公平。

事实上,互联网和信息技术对教育公平发挥实质性影响,关键取决于如何正确地使用技术。仅靠"物理鸿沟"差距的缩小,难以实现教育实质上公平,必须从关注学生"物理鸿沟"差距转向关注学生"使用鸿沟"差距。但吊诡的是,互联网"使用鸿沟"并不是由学校教育系统的教育因素和技术因素所决定的。"使用鸿沟"与受教育者阶层背

---

① 张济洲,黄书光.隐蔽的再生产:教育公平的影响机制——基于城乡不同阶层学生互联网使用偏好的实证研究[J].中国电化教育,2018(11).

景以及态度期望相关。

为什么社会底层家庭子女易于形成互联网娱乐行为偏好呢？其背后与受教育者阶层背景、家庭教养方式和教育期望紧密相关。学校教育中的信息技术使用差距实际上反映了社会更广泛不公平，互联网使用行为事实上，无论显性或者是隐性的教育不公平，背后总是触及到更广泛的社会不公平。与城乡学生信息占有数量差异的"物理鸿沟"相比，学校教育中的信息"使用鸿沟"最具有隐蔽性，它掩盖城乡学生教育结果上实质不平等。

城乡学生信息"使用鸿沟"不仅是技术和教育问题，更重要的是社会学问题。信息技术不公平使用是社会不公平的重要表现形式。信息技术城乡学生互联网使用不平等是"新数字鸿沟"特有表征，反映深刻的社会结构因素。信息技术"使用鸿沟"涉及信息技术使用品质以及技术赋权和媒介素养等问题，背后隐含深刻的社会权力支配关系，更关涉宏观的社会分层和流动等结构性问题。社会处境不利群体信息教育隐性不公平问题，应该引起社会高度重视。当城乡中小学普及信息技术后，师生"如何使用"信息技术，是城乡学生互联网使用平等的关键。关于互联网使用行为调查，课题组发现39.5%的农村学生经常用来浏览网页，32.4%的农村学生沉溺于交友聊天，27.6%的农村学生热衷于视频点播，仅有19.1%的农村学生使用互联网进行课内外学习。

如果城乡学校实现互联网信息技术互惠普及，但是农村教师和学生仅仅运用互联网进行浏览网页、社交和交友等浅层次的信息收集，甚至娱乐化应用，而缺乏科学探究、问题解决和知识创新等深层次有意义的学习活动，那么"新数字鸿沟"会在两者之间日益加深。

当前教育技术学界较为关注城乡学生信息数量占有不公平，忽视文化资本在信息不平等再生产中的隐蔽作用。相比农村贫困家庭子女，城市优势阶层家庭学生占有优越的文化资本，更易于形成互联网学习偏好。关于文化资本对信息教育再生产的影响机制，社会学家雷蒙·布东将文化资本影响机制分为首属效应与次属效应。从宏观层面分析，首属效应强调社会不同阶层之间文化资本占有的不平等，关注家庭文化资源对子女学习能力分化作用。与社会底层不同，社会中上阶层家庭为子女提供文化资本占有量较为丰富，濡化子女不同水平的文化素养。次属效应从微观层面关注阶层地位对子女教育期望和教育激励。城乡不同阶层背景教育，无论是思维方式、生活趣味、人际交往、语言训练、家庭与教育机构关系等，都形成巨大差距，这些差距不断以结构化的方式，逐渐构成子女的认知体系和价值观念。

城乡不同阶层的文化品位、文化性情,构成不同阶层特有的文化符号,塑造不同行动主体的教育期望,而阶层的文化符号是通过家庭早期教育积淀和熏染,作用于不同个体的生活方式,这种生活方式与社会阶层位置在结构上具有一致性,从而进一步塑造个体的心智结构。因而,个体的文化资本是个体通过教育社会化的过程,浓缩个体的社会阶层位置、思维模式、认知结构和行为模式,文化资本的阶层差异是通过日常生活中不同主体的习性表现出来的。优势阶层地位的代际传递具有强烈的隐蔽性和潜在性。法国社会学布尔迪约强调,"教育系统最隐蔽、最特殊的功能就在于隐蔽它的客观功能,即隐蔽了它和阶层结构关系的客观真相"①。城乡不同家庭的文化资本差异塑造子女互联网使用行为偏好,城市优势阶层家庭子女拥有较高的文化资本占有量,更容易形成互联网学习偏好。

"新数字鸿沟"是隐藏于表面的数字公平之下的潜在问题。城乡学生互联网使用不平等是造成城乡学生信息不平等再生产的隐蔽机制。具有优势阶层地位的家庭,通过文化资本再生产机制,逐步形塑其子女的教育期望和媒介素养,濡化其子女互联网使用意愿和使用方式,优势阶层家庭子女在家庭各类资本向教育资源转化过程中,易于形成互联网学习类使用偏好。

而对于家庭处境不利的学生来说,由于经济资本、社会资本和文化资本匮乏,各类资本转换和交换能力缺乏,无法养成良好的互联网使用行为,互联网使用频次、时间增加并未真正转化为汲取新知识和技能的契机,因而无法有效降低教育结果的不平等。

城乡学生信息技术"使用鸿沟"比"物理鸿沟"更难弥合,它涉及复杂的社会阶层和社会资本再生产机制,"使用鸿沟"是社会阶层不公平在信息化社会的表征,甚至可能导致社会阶层不公平进一步加剧,乃至产生持久不公平的结果。

以信息化发展促进教育公平,提升教育质量是我国"十三五"教育信息化必然要求,当前社会各界对以信息技术很促进教育公平的呼声很高。但是政府通过信息化促进教育公平,仅仅着眼于城乡教育信息化"物理接入",而忽视城乡学生"使用鸿沟",城乡学生互联网"使用鸿沟"是导致互联网使用不平等的关键,必须从城乡教育信息化实质公平角度,推进城乡教育信息化均衡建设。

首先,当前各级政府及其教育行政机构须对城乡家庭资本处于相对不利地位的学生,给予补偿性的提升。通过信息化促进教育公平的着眼点不仅关注城乡学生信息资

---

① [法]布尔迪约,帕斯隆. 再生产——一种教育系统理论的要点[M]. 商务印书馆,2002:223.

本占有数量差异,弥补城乡学生电脑普及率以及联网率等物理鸿沟差距,更重要的是从关注城乡学生"信息占有差异",到关注"信息使用差异"。

通过上述实证研究表明,互联网使用偏好与家庭的社会资本、经济资本和文化资本密切相关,不同阶层背景家庭子女在信息技术使用技能、类型、频次和时间等方面存在显著差异,正因为不同社会阶层子女互联网"使用鸿沟"的隐形差距,造成城乡学生教育结果实质上不公平。为此政府及各级教育行政机构应加强对"数字弱势"家庭子女,特别是农村留守儿童家庭进行信息使用补偿性指导,化解阶层背景对农村弱势家庭子女信息不公平再生产之机制。政府、社区、学校和家庭应从微观层面优化低收入家庭子女文化学习环境和教养方式,提升家庭教育和学期教育质量,须要通过补偿性原则缩小农村学生信息技术素养的原生差异,改变社会低收入家庭认知图式,使其拥有积极的心理期待。当前各级政府及教育机构应将关注重点从城乡信息化"物理鸿沟"转向"使用鸿沟",应该加强对互联网促进教育公平工程和项目评估,避免信息技术教育促进城乡教育公平流于表层,社会处境不利子女能够接触信息技术仅仅是实现教育公平、缩小"数字鸿沟"的第一步,信息资源城乡配置差距是当前国家政策关注重点,但是更应关注农村处境不利家庭子女信息技术使用不平等,避免"新数字鸿沟"在城乡社会不同阶层学生群体之间的信息差距扩大。

其次,学校须扮演弥补城乡"使用鸿沟"关键作用的均衡者,培养城乡学生科学的网络学习观念,提升农村学生信息素养,引导农村学生认识互联网技术对自身学习和发展的真正价值。政府加强对农村学校消除"数字鸿沟"的努力,如果仅仅停留在技术设备和信息资源提供方面,那将是无法弥补城乡差距的,学校在消除"数字鸿沟"方面发挥更为关键的作用是增强农村学生互联网创造性运用能力,引领学生运用拓展自身能力和开拓视野,养成互联网学习偏好。目前农村学校普遍开设信息技术课程,须超越对信息技术使用技能的过度追求,应加强对农村学生网络责任感教育,规范农村学生接入网络的动机和行为,塑造健康的网络行为,利用信息技术创建有意义内容,实现个人专业发展,培养农村学生充分发挥互联网信息技术拓展课内外学习资源和提升自我发展能力,获得自身所需的信息资源。

再次,引入社会力量,充分发挥家庭、学校和社会对城乡学生网络行为的引导管理,为城乡学生创建健康的网络学习环境。伴随城镇化和市场化迅猛发展,农村家庭外出务工现象增多,家庭隔代抚养子女较为普遍,对子女教育期望值低、亲子互动机会较少。与城市学生相比,农村学生容易形成娱乐偏好的互联网行为,由于农村学生触网晚,抱有好奇心,由于缺乏父母监管,易于沉溺网络娱乐活动。在城镇化进程中,充分发挥城镇图书馆、社区中心和信息数码港等公益机构的作用,对农村学生父母和老人进行信息技术使用辅导,引导家长监管和监护子女网络行为,通过发挥家庭、学校和社会协力合作,引导农村学生从关注"娱乐类应用偏好"转向关注"严肃类应用偏好",避免过度娱乐化的信息技术应用。

第四,互联网促进教育公平的着力点是缩小城乡学生"使用鸿沟",培养城乡学生互联网自主学习习惯,养成健康科学的互联网使用行为,涵养良好的信息技术素养。由于城乡学生互联网使用意愿和动机存在明显差异,不同阶层学生互联网运用存在明显文化区隔,造成互联网不平等效应隐蔽地持续性存在,因此必须引导城乡学生正确审视网络资源,控制和管理互联网娱乐活动时间,积极促进农村学生运用互联网有意义学习,让农村学生和教师体验到运用互联网促进有意义学习的乐趣,鼓励学生通过互联网进行科学探究、知识创新等有意义的深层次学习活动,鼓励农村学生运用互联网资源开展学习辅导、拓展阅读和网络选修等活动,克服互联网娱乐应用偏好,培养农村学生运用互联网自主学习、自主服务和自主管理习惯,保证互联网技术真正用于农村学生学习和发展。

第二节 基础教育学校现代化变革路径的当代探索

现代意义上的中国基础教育滥觞于 20 世纪初的现代化改革运动。一个多世纪以来,在引进西方现代教育制度和理论的同时,中国教育改革先驱者始终进行着符合中国实际、具有中国特色的基础教育现代化探索,基础教育的现代化发展路径具有十分鲜明的特点。

进入 20 世纪 80 年代后,全球化进程不断加快,综合国力的竞争,是知识、技术、能力的竞争,归根到底,是人才的竞争。谁掌握了人力资源,谁就拥有主动权。党和政府颁布了一系列重要教育文件,扩大受教育规模,加快基础教育的发展步伐。1985 年中共中央发布《关于教育体制改革的决定》指出"把发展基础教育的责任交给地方,有步骤地实行九年制义务教育"。1993 年,《中国教育改革和发展纲要》提出双基目标:20 世纪 90 年代全国基本普及九年义务教育,基本扫除青壮年文盲。进入 21 世纪,全球化与现代化并存,知识创新日新月异,基础教育在国计民生中的关注度日渐升高。2001 年《关于基础教育改革与发展的决定》,明确了"把基础教育摆在优先发展的位置。"《中国教育发展和改革纲要(1990—2000)》提出经过十年的奋斗,在"本世纪末基本普及九年义务教育,全国城乡扎扎实实地普及初等义务教育,杜绝新文盲的产生"。《国家中长期教育改革和发展规划纲要(2010—2020)》中提出:"基本普及学前教育、推进义务教育均衡发展、加快普及高中阶段教育。"《国家教育事业发展"十三五"规划》指出"十三五"期间要缩小义务教育区域发展差距,"加快发展学前教育","普及高中阶段教育"。2017年《全国教育事业发展统计公报》显示,我国九年义务教育巩固率93.8%,小学学龄儿童净入学率达到99.91%。这些政策文件显示中国基础教育在受教育人群达标后,更加注重教育质量和效率,保持各学段的先后衔接与协调。同时,采取措施保障教育公平。在义务教育阶段,支持发展特殊群体教育,保障残疾儿童、农村留守儿童、进城务工人员随迁子女的接受义务教育权利。加大农村教育投入,尤其是学校义务教育薄弱的贫困地区,从学校布局、财政支持、师资培训等方面入手全面发展农村教育。

纵观中国基础教育发展历程,吸收借鉴与本土化发展并行,正在探索一条符合中国国情的基础教育发展之路。

一、回应全球化——基础教育学校现代化变革的本土探索

一直以来,中国基础教育改革都是在多元教育潮流的冲击下探索前行。中国基础教育学校现代化必然受到世界基础教育改革潮流的影响,民族文化与域外文化碰撞互动、国内教育实践与世界教育体系交流融合。其中,基础教育理论与实践研究者在全球化的浪潮下进行了一系列的有益探索,形成了富有中国特色的基础教育理论或学派,积累了丰富的实践教育经验。在世纪之交的时代变革大背景下,涌现了一批本土化的基础教育学校变革实践,其中以华东师范大学叶澜教授为代表的一批教育学者,基于教育实践和教育理论双向建构开展新基础教育改革,并创建"生命·实践"教育学派,得到社会大众广泛认可;以朱永新教授为代表的新教育实验是民间、草根的基础教育学校改革,关注教育共同体及其生活世界的改造,突出教育改革人文关怀;以李吉林老师为代表的情景教育实验,基于情景与教育相辅相成,关注儿童学习的情景性,创建情景教育流派,取得显著的基础教育改革效果。

(一)新基础教育改革——理论与实践的双重构建

著名教育家叶澜指出21世纪初期的中国进入了一个新的重要社会转型阶段。新阶段更加关注社会结构的完整性、社会发展的整体性和协调性,开始将社会发展与个

人发展紧密联系,追求二者的内在一致性。全球经济竞争以及科学技术发展、信息技术变革等对教育如何发展、教育如何培养人、教育如何服务社会发展提出了更高水平的要求。另一方面,在20世纪后20年,中国教育改革在宏观层面上探索教育体制、教育法制建设,在微观层面上改革教育理念、加强新教师队伍、新课程体系建设等依附学校领域的内容。在此过程中,中国基础教育培养国民素质、塑造国民性格的重要地位得到了社会大众的广泛认可。① 以叶澜为代表的一批教育工作者进行了"新基础教育"研究。

"新基础教育"研究分为四个阶段,每个阶段的研究问题、研究方法、研究领域和成效各有不同,在研究深度和内涵上逐步深化。

第一阶段:探索性研究(1994—1999年)

20世纪90年代以来,教育界讨论较多的是教育理论与实践的关系,"新基础教育"探索阶段的研究以行动沟通理论与实践。该研究选取上海外高桥保税区实验学校,和随后的上海市华东师范大学一附中、二附中、三附中、云岭实验中学和华东师范大学附属小学各选取一个班参与实验。具体的研究目标是从理论与实践探索、构建面向21世纪的基础教育新观念和学校内部新模式。用初步形成的教育观念和模式指导实验,在实验中反思原有教育实践的弊端、生成新的教育思想、推进下一步的理论研究。在理论研究方面,探索性研究进行了新教育理想的分析和未来新人形象的设计,并建构了"三观十性"的新教育观念系统。具体是(1)价值观:基础教育的未来性、生命性和社会性,树立未来导向,社会和个人应具备的能力素养;(2)学生观:学生的主动性、潜在性和差异性;(3)学校教育活动观:教育活动的双边共时性、灵活结构性、动态生成性和综合渗透性。在实践领域,重点关注课堂教学活动、班级教学活动,优化活动设计促进学生的发展。

第二阶段:发展性研究(1999—2004年)

这一阶段努力创建"新基础教育"理论和21世纪新型学校,改变师生的生存方式。极具行动指向性的表达"把课堂还给学生,让课堂充满生命活力"、"把班级还给学生"。② 相比前一阶段,发展性研究阶段秉持复杂科学方法论,鼓励多元主体合作,提升个体自主创造能力,并明确形成了"生命·实践"教育学派的理论构思。

---

① 杨小微,李家成."新基础教育"发展性研究专题论文、案例集[M].北京:中国轻工业出版社,2004:151.
② 黄书光,等.文化差异与价值整合——百年中国基础教育改革进程中的思想激荡[M].北京:教育科学出版社,2011:405.

第三阶段：成型性研究(2004—2009年)

进入第三阶段即成型性研究，结合教育部、国家社科课题、院校项目等研究，指向现实中的基础教育基地学校，开展深入的推进性实验研究。

这是对前两个阶段的深化和拓展，核心目标是基本完成当代中国学校整体转型性变革的实践和理论双形态构建。通过理论指导实践研究，同时在实践探索中增强理论研究的深度和高度，将"新基础教育"向纵深方向发展。

"新基础教育"影响深远，参与实验的学校、校长、教师和学生实现了蜕变，教育质量明显提升，实验产生的教育理念和方法对全国的基础教育实践具有重大的借鉴和指导意义。

第四阶段：升华性研究(2009年—今)

新基础教育实验进入升华性提升和区域推广阶段。"新基础教育"已深度介入沪、京、苏、浙、鲁、豫、闽、粤、滇、桂等12个省市200余所学校的教育教学改革，带动3000余名教师、数万名学生参与研究，建设了一批现代新型学校。项目科研成果荣获2014年度国家教学成果奖一等奖，研究团队被评为教育部全国高校首批"黄大年式教师研究团队"。

(二) 新教育实验——对一切人的关怀

新教育实验是一项具有民间性、自发性和草根性的校本行动研究，核心理念是为了一切的人，为了人的一切。对一切人的突出关注体现了新实验教育强烈的人文关怀特色。不因个体身份的差异区别对待，同样关注教师、学生、社会上的人的发展；关注个人的内在生存状态的健康发展，关怀个人的发展空间。

新教育实验的出发点是"进行教育共同体及其生活世界改造"，新教育实验新在其蕴含的辩证法精神和动态的面向未来的价值取向，具体来看，首先就是指以旧为新的教育理念，将新时代的社会需求注入教育领域，回归教育本质，提出新时代的人的教育主张。其次是实验对象的全面性，涵盖教育活动的直接相关主体：从专业阅读、专业写作和专业发展三方面促进教师的专业成长；同时提高教师在科研方面的成长；从学生的个性出发，发展学生潜力，让师生过一种幸福完整的教育生活。最后是实验手段的可操作性，新教育实验的实验手段在学生的最近发展区，诸如吃饭、扫地、唱歌、踏青等。学生可以做而且愿意去做这些事情，知道自己实施这些行为的原因。[①] 新教育实

---

① 文龙玉.新教育"新"在哪里？——有感于朱永新《新教育》[J].出版广角，2014(13).

验大力发挥周边环境的熏陶作用,提出六大行动建设路径:营造书香校园、师生共写日记、聆听窗外声音、熟练应用外语、建设数码社区、创建特色学校,提升了学生的阅读能力。为便利教育交流,新教育实验设有专门网络平台。

在朱永新教授看来,新教育实验的目的不止步于让人拥有知识,更重要是让人拥有智慧。知识是对事物的表层认识,智慧是关于人生的"知识",是人生的反观,只有智慧才是教育的应有之意和落脚之地。让人们拥有智慧是智者之言,也是新教育实验走向真正成功的内在归依。①

(三)情境教育实践——情景与教育的相辅相成

从20世纪70年代末开始至今,李吉林的情境教育研究已走过了将近40年的发展历程,形成了情景教学、情境教育、情景课程、情境教育与儿童学习四个发展阶段,属于实践改革型实验。其中,情景教育与儿童学习目前仍在探索发展过程中。

与国际"情景化教与学"相类似的是,情景教学强调将真实情境与教学相统一,关注情景设置下的知识技能授受。情境教学提出促进儿童发展的"五要素",即以培养兴趣为前提,诱发主动性;以指导观察为基础,强化感受性;以发展思维为核心,着眼创造性;以激起情感为动因,渗透教育性;以训练语言为手段,贯穿实践性。②

在逐渐关注人文、情感的国际国内氛围下,李吉林情境教育研究适时转向情境教育,即重点关注人的发展。情境教育从马克思关于人的活动与环境相一致的原理和现代心理学领域汲取营养,提出了自己的构成原理:暗示诱导原理、情感驱动原理、角色转换原理、心理场整合原理。创设真实的生活情景,让儿童在这种环境下开展学习。通过感官、情感的巨大带动作用,"有我之境"引导儿童成为主动要求学习的角色,并在老师的帮助下加速顿悟的产生,从而不断改变儿童的认知结构和心理结构。③

课程是教育理念的载体,学生是课程的面对对象和效果体现。李吉林运用核心领域的学科情境课程"、"综合领域的主题性大单元情境课程"、"衔接领域的过渡性情境课程"以及"源泉领域的野外情境课程"四个领域构建出情景课程。不同于传统的知识中心课程论,学科情景课程主张将"学科课程与儿童活动结合起来",④将儿童、需要学习的知识和社会统一起来,放置在共同的课程情境中,实现学生与情景的真实互动。

---

① 陶继新. 让师生拥有智慧——朱永新和他的"新教育实验"[J]. 当代教育科学,2004(04).
② 李吉林. 情感:情境教育理论构建的命脉[J]. 教育研究,2011(7).
③ 李吉林. 情境教育:促进"儿童—知识—社会"的完美建构[J]. 全球教育展望,2003(4).
④ 李吉林. 情感:情境教育理论构建的命脉[J]. 教育研究,2011(7).

主题性大单元情境课程可以解决综合性更强的跨学科课程,不再受课堂时间、学时乃至空间的限制。一个主题就可以将不同的学生、课程内容、知识点串联起来,符合学生知识学习规律,增强了学生学习知识的主动性和跨学科思考能力。过渡性课程帮助幼儿快速适应新的学习环境,具体策略便是"室内短课与室外观察相结合"。① 相对封闭的学校学习情景设置代替不了儿童对外界的真实感知,而且儿童正处于对外界充满好奇的成长阶段。只有在真实的情境中,儿童才能触摸到鲜活的知识。野外情境课程在过渡性课程的基础上加大儿童与外界的信息交流,将知识置于特定的自然情景中,让儿童主动发现,切实掌握。

怀抱对儿童和教育的真挚热爱,李吉林始终扎根中国基础教育一线阵地,进行着情境教育的实践探索并收获了教育界的一致好评。更重要的是,其理论成就不仅对中国基础教育活动极具解释力,也对世界范围内的基础教育富有启发和借鉴意义。这是因为中国教育是世界教育的构成部分,更是因为"教育需有必要情境,教师应当为引发学生主动、生动且高效地学习而创构必要情境"的思想论断在任何国家的所有教育情形下都是适用的。② 李吉林的情境教育体系是中国基础教育现代化回应世界的生动案例。

二、文化自觉——基础教育学校现代化变革的文化本根

全球化是政治、经济、科技的全球化,更是文化的全球化。在全球化时代,不同种族、国家、民族、地方文化汇聚至世界舞台,交流、碰撞、冲突、没落、融合、创新。约翰·汤姆林森说:"我们这个时代所经历的、由全球化所描绘的巨大的转型式进程,除非从文化的概念性词汇着手,否则就很难得到恰如其分的理解;同样,这些转型所改变的恰恰就是文化体验的构造。"③可以说,全球化进程中,不同的文化机制既分享着共同的文化追求,又保持着各自的文化特色,文化是全球化发展的深层推手。自近代以来,中国本土文化与外来文化交织纠缠,既有矛盾冲突,也有交流融合。余达忠教授将全球化时代的文化发展过程定义为文化转型过程,表现为强势文化的世界范围影响与本土文化的价值重构,因而全球化时代的文化表现出两种趋势:文化的非领土扩张与本土

---

① 李吉林. 情感:情境教育理论构建的命脉[J]. 教育研究,2011(7).
② 吴康宁. "李吉林情境教育探索"再理解[J]. 课程·教材·教法,2018(3).
③ 约翰·汤姆林森. 全球化与文化[M]. 郭英剑,译. 南京:南京大学出版社,2002:12.

重建。① 与此同时,教育进行着本土重建,邬志辉教授认为20世纪八九十年代以来,中国教育学本土化发展主要表现为教育学的中国化与全球化争论。② 在此意义上,中国基础教育学校现代化的变革是中国本土文化现代化的变革。重拾本土文化,形成强烈的文化认同感,自觉树立起传承创新本土文化的意识,开启以文化自觉为时代特征的中国基础教育学校现代化变革。

(一)基础教育变革的文化自觉

进入21世纪,科技迅猛发展,以电子计算机、互联网为核心的现代信息技术应用于教育领域,极大地冲击了一贯以来的学校教育模式,向学校、教师、家长及学生提出了挑战。中华民族优秀传统文化经历了历史的考验,成为中华儿女成长不可或缺的滋养之泉,在新的历史时期焕发出旺盛的生命力。中华民族优秀传统文化在新的历史时期展现出强烈的文化自信和文化自觉。

文化自觉为基础教育变革掌舵把航,通过文化资本熏陶帮助学生形成正确的价值观,更加关注学生的情感体验,重在引起学生的情感共鸣。首先是政府决策引导。2006年发布的《国家"十一五"时期文化发展规划纲要》指出:"重视中华优秀传统文化教育和传统经典、技艺的传承。在有条件的小学开设书法、绘画、传统工艺等课程,在中学语文课程中适当增加传统经典范文、诗词的比重,中小学各学科课程都要结合学科特点融入中华优秀传统文化内容。"2014年3月,教育部印发《完善中华优秀传统文化教育指导纲要》,强调了加强传统文化教育的重要性,规定了小学低、高年级与初高中学段的传统文化教育内容,提出要在课程和教材体系中体现中华优秀传统文化,打造优秀传统文化师资队伍。同年9月,习近平总书记在教师节前往北京师范大学时,提出"不赞成把古代经典诗词和散文从课本中去掉,应该把经典嵌在学生脑子里,成为中华民族文化的基因"。2017年1月,中共中央办公厅、国务院办公厅印发《关于实施中华优秀传统文化传承发展工程的意见》,提出要把中华优秀传统文化贯穿基础教育领域,以幼儿、小学、中学教材为重点,构建中华文化课程和教材体系。此后,对中小学的学科课程标准、教材编写工作陆续展开。自2017年9月使用的"部编本"语文教材的古诗文数量增加,小学有129篇,初中有132篇。《普通高中课程方案和语文等学科课程标准(2017年版)》明确规定语文课方面课内阅读篇目中,中国古代优秀作品应占

---

① 余达忠. 全球化时代的文化:非领土扩张化和本土重建[J]. 重庆邮电大学学报(社会科学版),2010(6).
② 邬志辉. 教育全球化:中国的视点与问题[M]. 上海:华东师范大学出版社,2004:126.

1/2，推荐的古诗文背诵篇目由原来的 14 篇（首）增加到 72 篇（首）。其次，地方基础学校的传统文化课程设置。例如以传统文化为主的选修课程："庄子选读"、"诗经鉴赏"、"红楼梦精讲"、"古代散文学"、"民俗文化学"等。最后，社会传统文化宣传活动。主流电视台举办的《中国汉字听写大会》、《中国诗词大会》、《中国成语大会》等节目广受好评，以大众喜闻乐见的方式宣传传统文化，对中小学生起到了很好的教育引导作用。

（二）基础教育变革的文化自信

习近平总书记在党的十九大报告中指出："文化是一个国家、一个民族的灵魂。没有高度的文化自信，没有文化的繁荣兴盛，就没有中华民族伟大复兴。"文化自信与文化自觉一脉相承，是对文化自觉的坚守，是对文化自觉的贯彻，是对文化自觉的进一步发展。

随着中国对外交流的发展，以"儒学"为代表的中华传统文化与当代文化赢得了世界各国的广泛关注，"自信"的中华文化走出国门，与各个国家开展文化交流合作。为传播中国文化，推广汉语，我国在世界各国设立孔子学院。中华文化通过孔子学院这一对外窗口成功走向世界。2004 年 11 月，全球首家孔子学院于韩国成立。截至 2017 年 12 月，全球 146 个国家（地区）建立 525 所孔子学院和 1113 个孔子课堂。外国中小学生在孔子课堂上接受中国基础教育模式熏陶，学习中华文化。孔子学院旨在对外开展汉语教学过程中进行中外文化交流与合作。孔子学院成为中华文化对外输出的成功例子。同时，中国基础教育学校的办学模式被广泛讨论。2015 年，英国广播公司 BBC 制作的纪录片《我们的孩子足够坚强吗？体验中式教学》（*Are Our Kids Tough Enough? Chinese School*）播出。该纪录片展示了中国式教学方式和英国学生学习方式的矛盾冲突，其背后实质上是中华文化与域外文化的交流碰撞。文化根植于区域特色，不同国家的文化存在显著差异是必然的。中英两国的文化是如此不同，对英国的博航特中学 4 周的教学实验作成功或失败的评论显然太过轻率，而且不能否认的是中式教学方式在培养学生方面取得了相当不错的成绩。"一种文化必须开放才能发展，'自产自销'必然自生自灭。"[①]中华文化在全球化环境中与其他文化进行交流，坚定立足自身特色的立场，既同化又顺应，从而实现自我更新、升级。基础教育学校在其中起承载、传播文化的功能。

---

① 杨小微,李家成."新基础教育"发展性研究专题论文、案例集[M].北京：中国轻工业出版社,2004：151.

三、关注生命——基础教育现代化变革的生命觉醒

全球化时代,国家间的竞争直接外显为可计量化的军事、科技实力。科技本是为了更好地改善人们生活,提高人们生活质量而出现、发展。但其爆炸式、飞跃式的发展历史折射出现代社会对物质利益的无限度爱好与对享乐生活的偏好。

科学技术的竞争,归根结底,就是人才的竞争,教育是培养人才的主阵地,已经成为各国"投资"建设的重点领域。在激烈的国际竞争形势下,科学知识话语权取得了霸权地位,教育批量化培训人力,对人的心灵成长和人格健全弃之不顾。人变成了科学教育的机器,批量再生产科学产品。科技的教育距科技越来越近,与生活渐行渐远。科技知识蕴含的经济价值越来越多,与生活本质紧密相关的人文、社科类行业却陷入"苦哈哈,穷兮兮"的尴尬境遇,最直观的表现就是:人文、社科类专业毕业生创造的经济价值与享受到的工资待遇平均水平远远低于理工类毕业生,这样的事实似乎有力印证科技毋庸置疑的优势地位。在社会大氛围的影响下,不同知识在学校教育实践中的比例明显不同。与科技相关的课程、科目类知识受到追捧,人文类知识只是生活的调剂品,只需要满足人们闲逸的好奇即可。"儿童像一个脱离现实的傀儡一样从事学习。"[①]没有了生活世界的坚实根基,失去了对生命本真意义的坚守,儿童的这种学习只是知识量的累积。北京中关村二小恶意欺凌同学事件,上海复旦大学医学院研究生故意投毒致舍友死亡案件远非偶然个例。缺乏对生命的敬畏,漠视他人价值的背后是教育实践对学生基本健康人格培养的忽视,生命价值观教育的失败。

德国文化派教育学者斯普朗格说:"教育绝非单纯的文化传递,教育之为教育,正在它是一个人格'心灵'的唤醒,这是教育的核心所在。"教育是有目的的培养人的社会活动。人既是教育活动的主体,又是教育活动的客体,教育要使人成之为人。教育的本质在于给人以精神上的陶冶,唤醒人对他人主体性、独立性的尊重,启迪人的精神世界,探求人存在的意义,尊重生命的价值。教育实践只有真正关注生命,才能实现人存在的价值,提高人的生命质量。人只有实现生命意义上的成长,才能主观能动地进行社会实践活动,创造出有利于整个社会良好运行的物质精神财富。

(一) 基础教育生命思想的理论探索

改革开放以来,哲学、文学、历史学、社会学等人文社会学科的发展,对于中国基础教育研究中生命思想的生成,产生了直接而深远的影响。存在主义教育思想的引入,

---

① 黄书光.中国基础教育改革的历史反思与前瞻[M].天津:天津教育出版社,2006:298.

"生与死""个人与社会""自我与他人""自由与自主"等思想给基础教育研究者以极大启迪。本土生命问题研究的繁荣发展,重新审视个人与环境的互动共生关系、自然教育的自然性与价值教育的自由性特点、课程的生命化内容融入等一系列研究成果不断加深人们对生命内在价值的体认。①

20世纪90年代开始,生命教育进入我国教育领域,国内学者纷纷展开了生命教育的理论研究与实践探索,产生了生命·实践教育学派、生本教育学派、生命化教育学派、情感教育学派、理解教育学派。生命教育主张个体的一生是生命接受教育的一生,关注个体从出生到死亡的整个人生历程的体验与感悟。正如华特士所言:"生命教育,顾名思义就是从生命中学习。"②于个体而言,生命教育是个体心灵与身体的交流,是与生命本真直接对话。对集体来说,生命教育关注整体、全体的人的发展。

比较著名的是以华东师范大学叶澜教授为代表的"生命·实践"教育学派。该学派敏锐地发现此前的中国教育,尤其是基础教育在引进国外教育思想和本土发展的进程中强调教育理论的体系化和规范化、教育经验的传递和教授、外显的教育目标实现程度,而忽视教育活动中最重要的组成部分——人。这样的教育没有到达人的内心深处,没有看到人在教育活动中的生命成长性,没有尊重人的生命价值。该教育学派的核心价值理念是:培育人的生命自觉。教育的首要功能是使人成为生命自觉之人。人应该首先认识自己,了解内心的真正需求,还应该能与生存环境和谐共处。人要了解现有生存环境于自我发展的意义,明确哪些方面有利于自我发展,哪些方面会阻碍自我发展;其次,人在认识自我和生存环境之后,要积极主动地思考在这样的生存环境下可以做什么,可以做到什么程度,不可以做什么;还可以如何创设更好的生存环境为自我发展服务。努力实践生命、应用生命、创造生命是对生命最大的尊重。因为,人存在的意义在于运用有限的生命尝试多样的可能,创造无限的价值。最后,人在创造自我价值的同时实现了社会价值。多个生命个体之间的交流碰撞激荡出多彩的生命之光,自我的生命经验又成为别人感知生命的一部分内容,整个人类社会"生命质量"因此得到提升。因为,"教育是直面人的生命、通过人的生命、为了人的生命质量的提高而进行的社会活动,是以人为本的社会中最体现生命关怀的一种事业。"③

---

① 黄书光,等.文化差异与价值整合—百年中国基础教育改革进程中的思想激荡[M].北京:教育科学出版社,2011:423—425.
② 杰·唐纳·华特士.生命教育——与孩子一同迎向人生的挑战[M].林莺,译.成都:四川大学出版社,2006:1.
③ 教育研究编辑部.为"生命·实践"教育学派的创建而努力——叶澜教授访谈录[J].教育研究,2004(2).

(二)关怀生命的基础教育实践表征

在"生命·实践"教育学派多年教育理论与实践丰厚经验积累和众多学者研究的基础上,我国基础教育现代化变革显现出关注生命、尊重生命的特点,主要表现在教师准入门槛、学生培养目标、课程设置方面。

过去,一位教师只要专业基础牢固,讲课有特色,有效率,那他就是一名合格的老师。如今教育部门对教师的素养要求越来越高。要成为一名在职教师,一个人要经过教师资格证考试、教师资格证书获取和学校教师招聘考试多个环节的考核。其中任何一个环节的失败都会导致无法进入教师行业。在日常教学实践中,个人需要掌握丰富的教育理论与实践知识并不断充实自我。同时,国家大力实施免费师范生、特岗教师等优惠政策,对准入人员严格要求,意在培养出一批高素养教师,为教育薄弱地区,如边远农村,输送教育资源,提高该区域的教育质量。教师在课堂教学过程中不是一味地讲授教材上的知识点,不再仅仅关注学生的学习成绩,不再以成绩为评价学生的唯一指标。教师开始变得更具有人文关怀,关注学生的内心感受和主观世界,注意疏通学生的不良情绪。基础教育阶段的学生正处于身心快速发展变化的阶段,对意外事件反应不灵敏,易受不良文化影响。加强教师对学生负面情绪的感知和应对能力在现代社会尤为必要。

彰显学生主体人格。一方面,教育理论与实践研究者认识到基础教育阶段学生作为"人"的主体价值。学生不是教材知识的被动接收者。即使是小学生,也会有喜怒哀乐,也会有想放松自己的想法。教育从业者能够理解并接受学生的正常心理变化和行为表现,并尽可能帮助学生解决内心冲突,进入正常健康的成长状态。另一方面,学生能力发展的多方面、多层次化。在基础教育阶段,学生接受各种各样的知识学习,广泛涉猎各学科门类。2014年,中国学生发展核心素养的提出进一步明确了全面发展的人教育目标。但在关怀学生发展方面,出现了一些负面行为动机。在鼓励发展学生综合素质的过程中,功利化倾向明显。部分学校、家长出于专业特长可以为学生升学加分的想法,让学生学习各种艺术类才艺,反而加重了学生的学习负担,走向了关怀学生生命价值的反面。

《国家中长期教育改革和发展规划纲要(2010—2020)》首次明确指出要重视生命教育。不同教育阶段的教育重点不同。幼儿阶段重在对幼儿进行体育教育和卫生教育,引导幼儿尊重、帮助他人,鼓励幼儿自主学习,近年来强调不超阶段对幼儿进行"小学化"教育,以帮助幼儿生命健康成长为主。义务教育阶段,教育部先后颁布文件对中小学生接受教育、人身安全、健康等方面加强生命关怀。例如：提高受教育数量和质量，减轻小学生学习负担，毒品预防专题教育，改善农村学生的营养，对特殊群体的政策倾斜——边远地区小学点的布局，进城务工人员随迁子女的义务教育帮扶、保障残疾儿童接受义务教育、在全国中小学开展心理健康教育和特色学校争创工作。著名的专项生命教育指导文件是 2005 年颁发的《上海市中小学生生命教育指导纲要》，构建了三阶段三实施途径六保障机制的生命教育体系，详细规定了生命教育的内容与实现形式。

基础教育课程充分体现了对生命的关怀。课程理念方面，课程的整体性与学生发展的整体性相统一。整个基础教育阶段的课程设计与安排要基本符合学生成长规律，使学生的知识结构、身体素养、能力水平等全面发展。课程深度在学生的最近发展区范围内。课程内容方面，内容安排关注生活世界，面向生活世界，联系生活世界。学生的学习内容与现实社会紧密联系，学生可以将学到的课程知识融入自己的生活实际中去，成为自我成长的养分。课程实施则将教师与学生联系在了一起，教师将课堂"还给"学生，与学生一起参与课程的学习，探讨学习内容的理解方法和运用途径。

第三节　全球化与本土化之张力——基础教育学校现代化变革的新抉择（上）

作为当前社会变革中所凸显出来的一种复杂的社会历史现象，全球化与本土化无疑是现代化在当代的一种新的展现方式。追求基础教育学校"现代化"变革，则要摒弃"全球化"与"本土化"彼此对立的思维逻辑模式，要基于"全球化—本土化"这一整体视角去充分把握现代化的本质，缺一不可。基于全球化与本土化这一整体背景下，对基础教育学校进行现代化的变革，可以更好地为我国基础教育事业的发展和人民的根本利益服务，以此促进我国整体事业的共同进步。当然，我国基础教育学校现代化事业也应保持自己的特色，带有我国特色的印记，从而在"全球化"与"本土化"的张力之间实现基础教育学校现代化的变革。

一、社会主要矛盾变化背景下基础教育学校现代化变革的新问题

中国特色社会主义进入新时代，我国社会主要矛盾已经转化为人民日益增长的美好生活需要和不平衡不充分的发展之间的矛盾。这个关于新的社会主要矛盾的科学判断，具有十分重要的理论价值和现实意义。在加快建设教育现代化、建设教育强国的进程中，尤其是我国正处于基础教育学校现代化变革进程之际，社会主要矛盾的转

化有益于基础教育学校的现代化之路的前进。随着基础教育学校现代化变革深入推进,对社会政治、经济、文化的发展所起的作用也日益显现。但是,在社会主要矛盾转化背景之下,基础教育学校现代化的进程中亦出现了一些新的问题,基础教育学校现代化的均衡发展和质量引起政府和人民的广泛关注和探讨,它是实现社会公平与发展的必要手段,因此,对基础教育的均衡发展与质量的研究,有着重要而深远的意义。新时代社会主要矛盾在基础教育领域的具体表现是:学生家长日益增长的对高质量基础教育的需要和基础教育质量不平衡不充分的发展之间的矛盾,其本质是人民对于基础教育需求的多样化与基础教育供给的单一、粗放、不匹配之间的矛盾,以致无法满足各地人民群众对基础教育多样化的需求。只有基础教育学校现代化处于优质均衡发展状态,基础教育从整体上、本质上、持续上才是有质量的,反之,只有基础教育质量普遍地、长久地、充分地提升了,满足了需求的多样化,基础教育学校现代化才能呈现优质均衡发展的状态。据教育部发布的数据,2018年全国已有2 379个县的义务教育发展实现基本均衡,占全国总县数的81%,"80%以上的县通过国家督导评估,这意味着剩下的不到20%都是难啃的'硬骨头'"。① 当前,我国基础教育学校在现代化的发展程度上,依然存在着城市与乡村之间、经济发达与欠发达区域之间、不同学校之间不平衡不充分的问题,形形色色的各种不平衡、不充分的核心问题是不能提供均衡而优质的基础教育。

(一)基础教育学校现代化发展的不平衡

由于不同地区在自然环境、文化传统、经济发展水平和生源质量方面的差异以及公共政策导向等诸多因素的影响,我国基础教育学校现代化的发展在城乡之间、区域之间、校际之间出现了不平衡的局面,这种不平衡是客观存在的,制约着我国国民素质的提升,弱化了国际竞争核心力。2017年,教育部制定了《县域义务教育优质均衡发展督导评估办法》,开展区域内义务教育优质均衡发展县(市、区)的督导评估工作,引导有条件的地方在实现县域内教育基本均衡后,进一步实现优质均衡发展。启动优质均衡发展督导评估成为未来一段时期内推进义务教育均衡发展的新标杆。因此,我们有必要对现状进行分析,以便采取有针对性的措施。

1. 基础教育学校现代化发展的区域不均衡

我国实行改革开放以来,国家的经济政策适当倾斜于东部地区,在一定程度上导

---

① 柴葳,刘博智.社会主要矛盾转化,教育如何应对[N].中国教育报,2018-03-07.

致了东西部在基础教育投资上的差距,从而加大了在资源配置上的失衡。尽管到目前为止,我国已经全面普及义务教育,城乡免费义务教育已全面实现,但因中西部地势地形的原因,仍存在居民居住分散、交通不便、缺乏住宿设施等诸多问题,这使学龄儿童接受教育的权利无法得到保障。同时,我国中西部地区仍因经济与社会发展条件、居民收入等原因,使得教育经费、校舍建设质量、教学设施投入程度与东部地区相比存在明显的差别,还仅仅局限于"上得起学""有学上",而离"上好学"还有很大的差距,中西部地区仍有较大提升空间。除东西部地区之间,不同省、市、县、镇(乡),由于历史发展、自然条件、认知偏差、地方政府的缺位、公共教育政策以及经济发展水平的差异,在师资力量、学校环境等方面存在一定的差距,部分经济发达的城市地区、沿海地区和富裕地区的基础教育学校现代化的程度已赶上甚至超过世界上的发达国家,而经济欠发达的内陆地区和贫困地区的基础教育学校现代化进程相对缓慢。基础教育学校现代化区域间的不平衡已是一个长期的产物,要进行改变也将是一个漫长的过程。

2. **基础教育学校现代化发展的城乡不均衡**

随着改革开放的深入推进,农村地区的经济逐渐得到发展,农民生活水平有了极大的提高,但城乡居民之间的人均收入仍存有较大差距,加之自然条件的限制,农村乡镇地区可获得的政府所分配的公共教育服务资源相对较少,农村地区的办学条件、师资力量、教学水平、入学率等皆低于同时期的城市水平。同时,恰逢我国处于社会转型期,城镇化进程迅速加快,人员流动速度加快,经济发达地区人员增加尤为明显,流动人员的增加,使流动人员子女随之增加。这不但使农村乡镇的各种优质生产要素(如青壮劳动力、优质学生等)不断流失,还势必对流动人员迁入地造成入学机会的增加。外来人口的剧增,使得城市地区学校学生的就读数量急剧增加,班级内学生人数难以控制,大班额现象难以禁止。而农村地区的学校则成为"空心化"学校,所就读学生大量流失,学校空置率随之增高,农村乡镇地区教育的规模和人数出现了萎缩状态。因此,出现了城镇学校"大班额"、乡村学校"小散弱"等尤为显著的问题,表现为基础教育学校现代化发展的一项突出问题。

3. **基础教育学校现代化发展的校际不均衡**

基础教育学校现代化校际之间的不均衡具体表现在同一地区、同级中小学校之间,在办学水平、办学条件、师资遴选等方面存在着显著的差别。声誉较高的学校拥有较高的社会认可度、经验丰富的教师、舒适的校舍、安静的学习环境,进而培养出来的学生会迈入更优秀的前方。而薄弱的学校则由于经费不足、办学能力有限、生源质量不高、缺少优秀毕业生等问题,无法赢得更高的声誉。同时,当前由于教育行政部门对重点学校采取培养与支持,并给予相应的政策倾斜,使学校与学校之间的差距更加人为地扩大,在一定程度上加剧了校际间的不均衡。究其根源,在于对教育资源配置的不合理。

(二) 基础教育学校现代化发展的不充分

基础教育学校现代化不充分主要体现为局部中的整体发展不够,体现在基础教育的质量还不能满足人民群众"上好学"的教育需求、满足每一个学习者多样化的学习需求,体现为基础教育在现代化建设中的战略引领作用还不够。教育质量提升中的不充分问题,体现为人们对"有学上"到"上好学"的需要转变,择校问题、大班额、课业负担都是与人们对优质教育的需要紧密关联。十八大以来,基础教育中的难点问题被逐步解决,基础教育学校现代化变革不断加快,努力从根本上解决基础教育中现存的问题。但就人们对优质教育的获得感和幸福感来讲,优质教育资源仍显得不充分、教育质量仍需不断提升,不仅要求扩大优质教育资源的覆盖面,更要求把工作重点摆在全面提高教育质量上。

1. "上好学"的需求仍然得不得满足

从资源配置上看,有限的优质教育资源往往集中于经济发展水平较为发达的城市、区域、学校,而欠发达区域、农村地区、薄弱学校因所拥有的教育资源质量有限,进而这些欠发达区域、农村地区、薄弱学校在教育发展中并不能够得到充分的提升,即基础教育学校现代化发展的程度远远还不能满足部分地区人民群众对于"上好学"的教育需求;而对于经济发达、发展良好的区域、城市、学校基于其所拥有优质教育资源,逐步实现"上好学"的需求,所面对的是如何满足多样基础化教育需求的不充分问题。由于学生不同特征和家长多样的需要特征,让每一个孩子获得适合自身的教育成为未来教育改革发展中的重点。

2. 个性化、多元化教育需求难以充分实现

首先,从资源建设上看,硬件建设与软件建设之间存在着不充分发展的问题。随着经济的发展和基础教育均衡发展工作的推进,我国在教育硬件建设上取得了有目共睹的成绩。相比之下,对师资、课程等软件方面的投入和效果却不尽如人意。尤其是在教师队伍建设上,虽然各级政府都强调其重要性,但一些地方在落实过程中却将之排在硬件建设之后,在具体做法上也常常墨守成规,缺乏与教育改革相配套的制度和措施,没有真正起到促进作用。现在基础教育学校的课堂仅是校园、教室、教师的简单

组合空间,固定的地点、固定的时间、固定教材的传统教育和学习模式,学生们更渴求处处可学、灵活时间、自定学习进度和内容的现代化学习方式。从机会公平到教育获得感的公平,就是基础教育体系中的学校和课程丰富、多元,课堂组织和形式多样,满足学习者个性化和多样化的学习需求。教师则是传统的课程讲授者,并没有将工作重点放在与学生情感互动、创新互动以及其他综合互动之中,在学习过程中更体现为一位旁听者。其次,基础教育学校现代化面对新技术新课堂准备不充分问题。人工智能作为未来社会的引领性技术,正在引致经济社会发展对人的发展的新要求,推进教育从数字化、网络化向智能化迅速跃升,为未来新型学校的出现和新型基础教育生态系统的形成提供了可能。目前,人工智能的发展,多种智能技术、平台开始深入课堂和学习过程,已经对基础教育学校教育教学和课堂产生了深刻影响。但其并未成功成为连接经济发达地区—经济欠发达地区、城市—学校以及学校与学校之间教师名师资源共享的桥梁。而且,技术资源也并没有充分运用到解决教育资源分布不均和机会的不均衡上来,没有为基础教育学校现代化如何适应新时代及教育创新提供新的渠道。

(三) 基础教育学校现代化治理的乏力

基础教育学校现代化的变革是一个不断前进的过程,但由于现实条件的一些限制以及缺少系统的经验可供我国进行借鉴,基础教育学校现代化的治理水平还有待进一步的完善与提升。

1. 基础教育学校治理理念滞后

明确的意识是良好行动的前提,只有我们建立科学的基础教育学校现代化的治理理念,才能使基础教育学校现代化的变革勇往直前。但是,当前基础教育学校现代化的治理面临理念滞后的问题,即对"现代化"这一概念理解不够透彻。我国传统的政治体制传承下来的集中制以及官本位的制度文化,使我国在各级教育中也形成了一股注重上下级别的科层制管理模式。在基础教育领域,中央政府享有管理事务的权力,各教育部门对相关事务积极进行协助与监督。但是,基础教育学校现代化的治理并不等同于管理,治理更多的是依靠以科学化、民主化、法制化的方式进行与基础教育学校现代化有关的决策与发展,尊重教育规律,实行民主治教。

2. 基础教育学校治理主体失衡

基础教育学校现代化治理主体的多元性需求是基础教育学校现代化治理的重要方面,但当前我国基础教育学校现代化进程中存在治理主体失衡的现象。主要是由于部分治理主体权威较大,而有些治理主体却极少有机会参与基础教育学校现代化的治理。一方面,政府与教育有关部门对基础教育学校相关的决策皆以任务的形式下达给各级学校,学校只负责进行贯彻落实,但是,每所学校有其自己的发展特点,而总的政策并非适合于所有的学校。另一方面,学校作为治理的另一主体,没有充分发挥其应有的作用。基础教育学校长期接受上一级行政式的命令,已形成依赖心理,从而造成在基础教育学校治理中责任的缺失。

3. 基础教育学校治理机制不健全

治理机制是一系列稳定的行动准则,而在基础教育学校现代化这一变革过程中,治理机制则是多个参与基础教育学校现代化治理的责任主体达成一致的前提下,所形成的行动准则。当下我们面临的治理机制不健全的问题主要体现在两个方面:一是在基础教育学校内部治理机制方面,基于校长负责制,校长作为总负责人,拥有绝对的话语权,在很多事务的决策方面都有极大的决策权。而基层教师、学生、家长很难真正的参与到学校治理中去。应该将广大人民群众纳入教育决策和管理主体,完善学校内部治理机制,建立现代学校制度。二是基础教育学校外部治理机制方面。政府及教育局等部门并没有做到真正的"放权",学校在很多方面缺少自主性,严重影响到学校的日常工作。

二、新高考与基础教育学校现代化变革的阶层之困

当下我国教育改革正处于全面深化改革攻坚阶段,高考改革是当前教育领域改革乃至社会整体改革的焦点之一,2017年中共中央、国务院印发《关于深化教育体制机制改革的意见》,建立科学而又公平的高考制度是教育治理体系和教育治理能力水平的重要体现。2014年国务院发布《关于深化考试招生制度改革的实施意见》,强调"综合评价,多元录取",建立招考分离的考试制度,同年上海、浙江作为高考改革制度试点省市,目前大多数省(区、市)启动新高考改革方案。从政策到实践,新高考改革的理念和行动如火如荼,这次被称为史上最彻底的新高考改革方案路线图仍需要在实践中不断检验和改进。高考作为我国教育体系的核心,对基础教育学校现代化的变革起着重要的引导作用。2014年8月,习近平总书记指出:考试招生制度是国家基本教育制度,深化改革考试招生制度,对促进教育公平、提高人才选拔水平,培养德智体美全面发展的社会主义建设者和接班人具有重要意义,并明确提出考试招生制度的总目标,形成分类考试、综合评价、多元录取的考试招生模式。2014年9月《国务院关于深化考试招生制度改革的实施意见》的发布意味着新一轮高考改革正式启动,其一系列改

革"意见"不仅反映了高考改革注重回应社会关切,更体现了国家对高考改革背景的深刻认识与科学判断。新高考改革旨在通过考试与评价方式的改变,引导基础教育深度变革,其"分类考试、综合评价、多元录取"等每一项改革都有明确指向,最终目标是促进素质教育的发展和多元化高素质人才的培养,其影响无疑会贯穿整个教育体系,不仅会直接改变高校的新生选拔生态,还会延伸到基础教育的底部,即要求中小学教育也发生相应地变革。从新高考改革的举措来看,其总体是在朝着科学引导基础教育的可为与应为方向迈进,即通过考试与评价方式的改变,引导或迫使基础教育深度变革,其最终目标是通过提高高考制度的公平性与科学性,在一定程度上促进素质教育的发展和多元化高素质人才的培养。但新高考背景之下,基础教育学校现代化变革过程中出现了一些不和谐的声音,社会各阶层对优质基础教育资源需求日益强烈,优质教育资源竞争成为新常态,新高考背后是基础教育中优质教育机会的争夺,进一步折射社会底层对教育公平与质量的忧虑,而并非局限于素质教育—应试教育的分割框架,因为对处于社会底层的家庭来讲,"分数"是唯一可以去除教育资源差异所带来的不利影响,并通过其实现社会流动的有力"权威",而"综合测评"、"全面发展"的考核方式对农村孩子和普通家庭学生来说是一种遥远的奢侈。

(一)新高考改革阶层之困

统一高考恢复 40 多年以来,高考录取标准"唯分论""一考定终身"和考生高分低能等弊端逐步凸显,因而高考制度改革亦从未停息,期间共经过大大小小 30 多次改革。每一次改革不仅没有从根本上改变既存诸多问题,反而遭遇层层阻碍。高考改革困境与不尽人意之处并不在于缺乏清晰而有说服力的改革蓝图,亦不在于教育行政机构缺乏决断的政策执行力,而在于高考改革的科学化和多样性探索触及社会最敏感的神经——如何保障新高考改革阶层公平性。当前社会阶层分化明显,虽然高考招生命题、录取机制、选拔标准和方式等科学化探索取得进展,然而实际运作中高考改革时常陷入科学和公平的悖论中举步维艰。

当前由社会阶层变化所带来的教育改革呈现一些前所未有的时代特征,而这些特征正在影响甚至围困高考改革的方向、推进和成效。由于高考所处社会阶层格局复杂性,被围困其中的高考改革如果仅仅从自身完成彻底意义上的蜕变几无可能。阶层的力量牵制高考改革进程,如果缺乏对高考改革的社会阶层格局和社会生态清晰把握,任何意义上的高考改革将会蹒跚回转。当前社会阶层分化趋势明显,不同阶层教育利益格局已经形成。在社会阶层分化格局与趋势面前,高考改革必然处处充满张力,不同阶层之间的各种排斥与区隔、规范与安抚将成为教育改革行动的新常态。被社会阶层所围困的高考改革必然陷入阶层化泥潭,阶层化的区隔抑或流动影响高考改革的科学性探索。

高考改革阶层机制始终存在功能论和冲突论之分歧。功能论学派旨在凸显高考功能的社会平等化效应,以积极的社会功能为基轴来探讨高考改革问题,对于高考改革寄予美好的期望,高考作为一部平等化机器,它提供了"公平竞争"的阶梯,是改变底层人群命运的重要渠道。

功能主义代表人物帕森斯强调考试对社会和谐以及均等化功能。伦斯基认为,教育和考试选拔是实现社会流动的重要途径,能够在很大程度上化解阶层对立,促进社会平等。技术—功能主义理论研究者认为,工业化和技术发展是理性化的过程,必然带来阶层结构的重组,社会分层结构随着工业化进步将不断走向开放,社会流动频率日益提高,考试选才标准从家庭背景等先赋因素逐步让位于能力成就等自致因素。功能主义学派强调工业化和现代化程度日益增强,教育和考试选拔将成为社会流动的重要动力,社会结构日趋平等。

但是随着功能论学派的保守倾向的凸现,它受到其他不同理论的批判和修正。新马克思主义和新韦伯主义代表人物鲍厄斯、金迪斯,从冲突论观点出发,认为教育不平等是永恒存在的,学校教育和考试选拔是社会精英阶层为垄断优势阶层地位而排斥其他社会阶层的工具,教育和考试在社会分层中所扮演的角色是再生产现有的社会地位。

冲突论认为,工业化带来经济与技术功能理性的发展无法改变高考阶层化生成机制,社会优势阶层自我复制能力增强趋势明显。虽然高考科学化改革不断深入,但是父辈与子代间强烈的遗传性,市场化进程不断加快,强化基于家庭背景的高考阶层机制的代际再生产。

考试制度既具有实现社会阶层流动功能,又有"社会再造"功能。一方面,公平而又公正的高考是促进社会良性流动重要利器,另一方面,不平等的教育和考试选拔又是复制和再造不平等的社会结构并使之合法化的最重要的工具。当前阶层之间、地区之间受教育机会差距的扩大,上层阶级的父母用权力资本和经济资本为子女提供了最优质且稀缺的教育资源,社会公众担忧新高考改革的多样化、科学化探索可能导致社会阶层隐蔽的再生产。

新高考改革的科学性和公平性是制约高考改革的最基本价值范畴。新高考改革方案力图深化科学取才和公平取才的价值取向,促进高考改革公平性和科学性平衡。应该看到,40多年来,高考改革在科学性和多样化方面取得较为显著成效,然而高考改革仍然是"戴着枷锁跳舞",被社会阶层公平所围困的高考遭遇的最突出问题便是在公平性和科学性之间徘徊,在悖论选择中蹒跚前行。

在社会阶层趋向固化背景下,公众对高考改革公平性焦虑日益增强。高考公平焦虑背后是阶层分化带来教育机会差距。与之相应,高考维护社会公平的功能被无限放大,已成为评判高考改革得失重要准绳。公平一直被视为高考改革最原始和最重要的根基,被公平紧紧捆绑的高考改革必须优先考虑着受教育者机会公平,甚至为公平而舍弃其他,一些颇有价值的高考改革探索,也因备受公平质疑而终止。高考加分项目原本旨在弥补高考招生制度僵化和死板等弊端,激励考生特长潜能发展,但是由于受到权力和资本侵蚀,社会公众和媒体对其公平性质疑,2014年各省份高考加分项目被迫紧缩,校长实名推荐制也因损害公平而被取消。自主招生政策因公平性和科学性备受争议呈现紧缩状态,缩减招生名额。

新高考改革的亮点在于增强学生的自主选择权,"两个依据,一个参考"实施中产生公平性隐忧。普通高中学业水平考试的选考组合、等级赋分制和学科间不等值等方面存在公平风险,"一科多考"造成考试次数多,考试密度大,考生压力更大,甚至为了取得更好的等级,考生一味变相多考。当前社会诚信体制尚不健全,将综合素质评价、平时学业成绩纳入高考录取标准,极易造成弄虚作假、权力寻租等现象,高考改革内容和形式的复杂化,容易导致考试公平性失真。

高考不仅是承担选才和育才之工具,而且亦是缩小社会阶层差距,减少社会矛盾的缓冲器。如果仅仅将高考改革归结为教育系统范畴问题,从教育角度论述高考改革,而没有从影响高考改革的社会因素研究高考改革,那么仅仅会在原地打圈,其实质上是一种化约主义,忽略高考改革背后复杂的社会阶层背景。高考除了育人和选人之外,还附加诸多社会功能。应该看到,高考承担纾解阶层矛盾和推动社会底层向上流动的功能,在社会阶层分化日益明显背景下,这种阶层流动功能愈益受到社会各界的关注。高考改革之难亦正因为背负沉重的社会责任,被泛化社会功能重重束缚的高考改革陷入公平性怪圈中难以自拔,高考的教育本质功能亦难以真正回归。基于教育内在价值彰显和个性自由舒展为高考改革逻辑起点,这无疑是一种浪漫主义教育情怀,其实质摈弃高考承担的社会功能和社会责任。

从1977年恢复全国统一高考以来,每一项高考改革无不在公平与科学之间取舍,正因为高考改革背负太多的社会责任,对高考改革公平性考量超越科学性探索,在社会公众和媒体看来,新高考改革方案患选才不科学,更患不公平,高考改革之科学选才必须以公平性为基础和首要前提,绝不能以强调科学性为理由,损害公平性,亦正因如此高考改革科学化探索步履蹒跚。

(二) 社会阶层围困高考改革的现实格局

我国正处于全面深化改革和社会阶层剧烈变动时期,社会阶层结构趋于定型化,社会阶层界限明显,社会弱势群体获利明显下降,向上流动比例减少。当前仅仅依靠社会体制和社会结构剧烈变迁诱发大规模社会流动的机会逐渐减少,以教育和高考为主的社会阶层升迁性流动仍然是未来社会流动的重要渠道。

吉登斯"结构化"理论强调教育改革与社会结构约束不断整合和重构过程。处于社会阶层结构中的教育变革无不被社会阶层所"结构化"。结构具有制约教育改革和促成教育改革的双重化效果,这种双重化既包括各种阶层结构因素对教育改革的规制,也包括教育变革在自我选择和调适。当前我国高考改革处于城乡差异、区域差异和阶层差异所围困之中,并且城乡、区域和阶层差异不断叠加强化,城乡、区域和阶层教育资源和教育机会不公平加剧高考改革的复杂性。

1. 社会阶层分化导致高考改革利益诉求博弈

现有社会阶层生态围困下高考改革遭遇的最大困境是陷入公平性怪圈难以自拔。社会行动主体对新高考改革利益诉求亦存在差异。社会政策制定者和理论研究者强调高考改革必要性、科学性和多样化,社会公众和媒体更侧重关注高考改革的机会公平性,一线基层教师强调高考稳定性,反对一味瞎折腾,存在一定程度抵制情绪。

社会不同阶层对高考改革公平性和科学性有不同期待,不同阶层之间寻求高考改革公平性和科学性之间最大公约数或重叠性共识是决定高考改革成败关键。

新高考改革理念和行动表明,人们对高考改革的科学性和多样性追求并没有变,但是对通过高考改革达成各社会阶层利益希冀的实现则充满疑虑。新高考改革能否提供多样化的教育机会、保障不同家庭的教育选择权利,社会各阶层对新高考改革的焦虑和关切,实质隐含着对"谁更容易上重点大学"的担忧。从社会阶层再生产和社会流动视角,社会公众更为担心新高考改革更有利于优势阶层获得教育成功。

高考改革的阶层之困集中表现在阶层分化与阶层固化对高考改革利益诉求的博弈。当前阶层分化趋势日益明显,优势阶层排他性教育需求和差异化教育需求强烈。阶层分化使教育已成为评判阶层的重要标准,社会优势阶层凭借对优质教育资源的垄断,使其在起跑线和竞争过程中与劣势阶层处于不同等级上,虽然高考形式上是公平的,但是优势阶层仍然通过权力和资本转换,确保子女在高考竞争中获得优势地位。

社会优势阶层已经从升学主义的教育成就取向中解放出来,对子女教育有更高的追求,不满足于学校教育标准化,批评学校教育对分数结果的过分强调,转向追求个性化、过程化和体验化教育。社会中产阶层对教育和高考态度较为暧昧,他们不满现有教育现状与所期望理想教育之间差距,但是仍将教育和高考视为社会阶层和流动的重要工具。

社会底层对子女的教育选择倾向于规避风险,对高考频繁改革持有怀疑态度,存有抵触情绪。斯科特认为社会底层的教育行为受一种道义理性支配,他们的教育期望首先是避害,其次是趋利,信奉"避免风险"和"安全第一"的生存经济学。韦伯认为,社会底层行动的目的是追求代价最小化,而不是利益最大化。

在道义理性支配下,社会底层教育选择过程与自身的社会阶层结构紧密相关。社会底层对自身阶层的劣势和社会资源占有不足具有清醒的认识,他们具有强烈的通过教育改变命运的愿望,但是其行动却是在一定的规则和资源条件下进行的。社会底层的教育行动无法摆脱这些结构性因素的制约,但恰恰又是这一结构性因素促使底层家庭想方设法地去改变不利的限制,通过"弱者"的武器在教育场域为自己利益争取有利的位置。社会底层会用自己的方式,对高考改革进行相应的表述,游走于既定的教育秩序与权力夹缝之间。

2. 社会阶层分化与高考改革

(1)"分数"比"素质"更公平——社会底层的高考哲学

2017年北京市文科状元的发言一时激起众多公众评论,他说:"高考是阶层性的考试,农村孩子越来越难考上好学校,作为中产阶层子女享受北京大城市优越教育资源,得到很多捷径。"他认为"现在很多状元都是城市的且家庭条件好的"。该发言又激起社会公众对寒门难出贵子以及阶层固化的担忧。

当前社会底层依然将高考视为改变命运重要桥梁,即便以应试教育为导向的传统高考模式经受不起新式教育理念的批评,但是对农村家长及其子女仍颇具说服力,受到社会底层追捧,虽然"高考工厂"是残酷的、原始的又是极其功利的,但是它又是社会底层实现自我拯救获得阶层流动必然之路,社会底层对"高考工厂"的青睐,可以看作是一种对高考改革的变相抵制。

当前对高考形式僵化、"唯分论"以及压抑学生个性等弊端的批评,都是站在都市知识人和文化精英立场上,显然这种以追求高考成绩为导向的"高考工厂",通过不断加强军事化、绩效量化教学管理,强化应试能力,提高高考成绩,是与素质教育倡导个性化理念完全相悖的。原北大附中校长康健,批评此类学校是采取典型的应试教育。他认为这些通过县城、乡镇高中严格管理升入重点高校学生的视野狭窄,通过这种闷罐式、圈养式的、流水线式的培养之学生精英素质肯定是不全面的。从都市知识文化精英和国家素质教育价值取向分析,这些对高考弊端抨击无疑是正确和合理的。

高考制度改革是关系社会不同阶层利益的复杂社会系统工程,对于文化资本及社会阶层背景存在明显差异的广大学生和家长来说,高考招生和命题方式的改革到底意味着什么?对于社会低阶层子女来说,分数是他们可以在教育竞争中获胜的唯一途径。安德鲁·基普尼斯发现:"一个更狭窄的、考试导向的、以记忆为基础的、扼杀创造力的教育制度,看起来可能是给社会底层子女社会流动的最大机会。"丹麦学者曹诗弟在山东邹平田野考察发现,政府主导的教育改革忽视社会底层的声音,农村学生和家长倾向反对对传统教学方法进行改革。

当前高考竞争在某种意义上是城市与农村资源的一种竞争,以农村匮乏的文化教育资源与城市竞争,农村学生必然付出非人道的代价。爱弥尔式浪漫主义教育无法提升农村学生向上流动的竞争力。

当前新一轮高考改革制度设计强调遵循学生身心自由发展和人才成长科学规律,以学生核心素养为导向,遵循教育教学规律,鼓励高校选拔创新精神的人才,新高考改革回归教育本体价值,这些无疑都是正确和科学的。新高考改革的录取标准关注学生"素养"、"见识"和"创新"等品质,但问题是哪些社会阶层子女更容易获得这些品质?如果说应试教育侧重考察学生知识和技能水平,与考生的学习勤奋和刻苦程度相关;那么综合素质测评更侧重考察学生视野、想象力,与家庭资本和社区环境密切相关。新高考录取标准改革无疑强化了优势阶层子女获得高考成功的机会。

新高考将综合素质测评纳入高考录取标准,是新高考改革扭转"唯分论"痼疾,彰显学生特长的重要举措。但是综合素质培养实施过程中,形式化现象严重。这种异化的素质教育极易被应试教育所俘获,形式化的素质教育充斥功利性,这种所谓"素质教育"要求家庭更多的资本投入,强迫子女学围棋、钢琴、芭蕾舞和奥数等特长项目,旨在使子女在综合素质测评中和高考竞争中加分,而并非出自子女兴趣和爱好。异化的素质教育倾向于"全方位、立体化"等特点,除了学校教育、父母、家庭教师之外,专业培训机构也参与其中,需要大量资金投入。这种费钱的素质教育,社会底层家庭较少有人问津。"素质"扩大社会底层群体在升学竞争中的劣势。

社会底层家庭及其子女头脑中的高考哲学认为,分数是没有家庭背景的考生的"硬实力","分数"比"素质"更公平。这种底层道义理性看似不合理,恰是弱势阶层生存环境的必然反映。

(2) 文化资本传递和资源转化——中产阶层的"教育鄙视链"和高考焦虑

中产阶层家庭背景对子女高考成就影响是通过文化资本传递和资源转化模式实现的。文化资本传递是以家庭的文化资源促进子女学业成就,提升子女高考竞争力。不同社会阶层的文化品位、文化性情,构成不同阶层特有的文化符号,塑造不同行动主体的教育期望,而阶层的文化符号是通过家庭早期教育积淀和熏染,作用于不同个体的生活方式,这种生活方式与社会阶层位置在结构上具有一致性,从而进一步塑造个体的心智结构。因而,个体的文化资本,浓缩个体的社会阶层位置、思维模式、认知结构和行为模式,文化资本的阶层差异是通过日常生活中不同主体的习性表现出来。

具有优势阶层地位的家庭,通过文化资本再生产机制,逐步形塑其子女的教育期望,从而潜移默化影响子女的学业成绩。法国社会学布迪厄强调,"教育系统最隐蔽、最特殊的功能就在于隐蔽它的客观功能,即隐蔽了它和阶层结构关系的客观真相"。①学校教育系统通过文化再生产模式将阶层差异转化为学业成绩差异并使之合法化。

资源转化模式强调经济资本和社会资本转化为子女学业成就的机制和渠道。中产阶层利用较为丰裕的家庭资本优势,动员各类经济资源和社会资源,减少其子女升学竞争激烈程度,将其他竞争者排斥于梯队序列之外,使子女赢在起跑线上。

通过经济资本实现对弱势阶层的资源排斥,为子女获得高考竞争中的优势,中产阶层从幼儿园阶段就开始进行高昂的教育投入和升学规划,动员各种资源,包括经济资本和社会资本。富裕阶层家庭通过购买学区房、缴纳择校费和赞助费等形式为子女提供优质教育资源,中产阶层的高考焦虑集中反映在城市不断攀升的学区房价和愈发火热的补习班。基于巩固社会地位和阶层流动下滑考虑,中产阶层渴望子女向更高社会阶层经济社会地位跃进,为此他们不惜投入重金,让子女参加各种辅导班、兴趣班、培优班和夏令营等,学习各种才艺和礼仪。2017年6月1日《人民日报》刊发《中产阶级"教育鄙视链"上无人是赢家》一文,由于教育投入的多寡,中产阶级家庭形成明显的分层,处于顶端或较上层瞧不起下层那部分人。父母给子女报名参加各类兴趣班,学

---

① [法]布尔迪约,帕斯隆. 再生产——一种教育系统理论的要点[M]. 北京:商务印书馆,2002:232.

马术鄙视学钢琴,学钢琴鄙视学美术的,竭尽财力为子女打造奢华的成长环境,教育鄙视链折射中产家庭的教育焦虑。中产阶层尤为重视子女从基础教育到高等教育阶段的优质教育链。教育链具有累积效应和逐级递增特点,高等教育入学机会阶层差距是基础教育链差距的积累和延续,高考恰是教育链最重要的机会节点,亦是中产阶级竭力争夺的孵化器。

通过社会资本实现对底层阶层教育资源占有的排斥。一些拥有强大的政治资本和社会资本的单位通过利益交换为本单位阶层子女提供优质教育资源占有或分配特权,社会机构、制度安排造成对既定阶层教育利益保护,加深阶层间教育机会差距。

(3)不满意升学主义教育成就——社会上层家庭子女选择回避国内高考

与中产阶层家庭对子女高考焦虑情绪不同,大多数社会上层阶层家庭子女根本不参加国内高考,对国内升学主义基础教育不认同,追求快乐体验式教育,更不满意国内本科教育质量,他们从幼儿园就开始选择每年学费高达数万元的国际学校,高中甚至初中就到欧美发达国家接受教育。随着留学低龄化趋势明显,富裕家庭子女高中阶段出国留学比例日益增多。据《2016年留学趋势报告》显示,超过45%的高净值家庭认为中学阶段应该送子女出国学习,社会上层家庭子女低龄留学已经成为主流的价值观。截至2017年北京市高考报名人数已经连续11年下降,累计减少51.9%。大都市上层阶层家庭子女出国留学已成为主流趋势。

总之,处于阶层分化和固化格局中的高考,不同阶层利益诉求呈现明显差异。底层家庭对子女高考教育具有清晰的理性算计,如果子女升学无望,不如让其放弃高考,"底层放弃教育,中产过度焦虑,上层不玩中国高考",折射高考选择的社会阶层画像。

三、当前新高考改革突破阶层困境之路径

当前全国大部分省市已公布新一轮的高考改革方案,但是一些方案并没有触及高考制度之实质问题,仅仅在高考录取制度框架内进行选考科目组合、分值构成、考试次数、学业水平考试、分类考试、高考加分、自主招生等技术层面的调整,这些并未触及高考制度之根本问题,高考改革问题背后是教育体制和社会体制本身问题。

高考改革中的考试公平与区域公平之间矛盾、自主招生与程序公平的矛盾、综合素质测评与形式化的矛盾等等,其实质是不同阶层主体利益博弈在高考改革中的映射,而这种利益博弈其实是教育矛盾或者社会矛盾造成的。高考问题仅仅是表象,其背后是优质高等教育资源分布不均衡以及社会资源分配不合理。当前社会阶层分化

趋势明显,以及"双一流"大学非均衡建设,加剧社会公众对高考焦虑感,仅在教育内部实现高考改革科学化探索不是零敲碎打就是隔靴搔痒,难以取得实质性进展。

(一) 重新厘清高考功能定位,减轻高考改革的社会包袱

高考问题是整个教育体制和社会资源分配机制的折射。被社会阶层结构所围困的高考,教育功能与社会功能相互纠缠,社会功能泛化遮蔽教育功能实现,高考社会功能泛化恰恰又是阶层结构分化对高考焦虑的过度反应。将高考捆绑在社会公平的"战车"上,高考社会功能所承担的责任和使命愈加沉重。被社会功能所束缚的高考强调分数面前人人平等,评价尺度简单易于操作,但是"唯分论"损害高考教育育人功能,高考选拔标准平面化,导致学生"死记硬背""高分低能",更有甚者将创新人才匮乏的"钱学森之问"都归结于高考制度弊端。高考几乎成为各类教育矛盾和社会矛盾的"替罪羊"。

当前对高考改革科学化探索旨在彰显高考教育功能,恢复和强化高考育人和选拔人才功能,但是高考改革科学化探索受制于社会不同阶层利益考量的牵制,遭遇公平受损考验,诸如改变单纯以分数作为录取标准可能会影响平民子弟上好大学的机会,相比死记硬背,核心素养和综合素质对学生家庭背景更为敏感,那些家庭背景较好,父母教育文化程度较高的家庭,其子女更易于在新高考改革中获得成功机会。社会不同阶层利益诉求分化进一步放大高考的社会功能,高考的社会公平功能、社会阶层流动功能以及社会整合和稳定功能等不断强化和泛化又进一步制约高考教育功能的实现。

通过高考改革科学化探索,重新厘清高考功能定位,凸显高考教育功能,以科学性推进高考公平,卸掉强加于高考的社会包袱,轻装上阵,深化高考改革的教育功能。

(二) 整合高考改革背后的阶层利益分化,达成重叠共识

党的十九大报告指出当前社会主要矛盾是人民日益增长的美好生活需求与不平衡不充分之间矛盾,具体在教育领域表现从"有学上"到"上好学"成为教育改革的主要矛盾,社会各阶层对优质教育资源需求日益强烈,优质教育资源竞争必然成为新常态,高考改革背后优质教育机会的争夺折射阶层利益得失的焦虑。关注不同阶层的利益主体在考试变革过程中的机会获得损失等内在利益诉求,达成多元重叠共识。

高考改革科学化探索受制于教育体制和社会阶层属性制约。高考制度镶嵌于整个社会宏观结构之中,高考改革不仅需要整个教育体制配套支持,而且需要教育制度之外的社会制度支持和创新。在市场化转型中,社会分化速度过快和社会差距扩大及其体制不健全,社会底层在社会利益和机会分享中因遭受各类排斥而产生强烈不公平

感和相对剥夺感。(改革需要)合理分配公共教育资源,并通过分配的公正性来提高社会中下层资源占有程度,减少或铲除阶层障碍,促使教育机会获得与阶层背景的关系不断减弱。推进教育机会均等,防止阶层分化条件下教育资源和教育利益分配失衡,缓和各个阶层在教育资源和利益分配中的矛盾,既是教育改革和发展的重要取向,也是促进高考改革实现公平性和科学性统一的必然要求。政府必须立足于"机会均等"和"差别补偿"原则,从最少受惠者的最大利益出发,加强对弱势群体教育支持和补偿,更要在微观教育活动领域给予弱势群体子女关爱和照顾,提高其学业信心和成功机会。

(三)高考改革顶层设计与底层视角相结合,倾听基层的声音

高考改革是教育改革的"硬骨头",不仅关系到创新人才培养、素质教育深化以及学生健康发展,而且关系到高等教育资源分配、社会公平和社会阶层整合。仅靠头疼医疼、脚疼医脚的纠偏和补救式改革已经难以为继,需要国家自上而下系统完整的顶层设计,为高考改革提供相对稳定的清晰的制度框架,继上海、浙江高考改革试点之后,大部分省市高考改革方案业已初步完成,明确高考改革实施步骤和推进时间表,至2020年全面建立新高考制度。

高考改革须有顶层设计,但是亦必须有底层视角,需要面对各方利益相关者以及各种不确定性,关注、倾听和反馈社会不同阶层对高考改革内容、考试实施和录取机制等现实反应,避免高考改革扁平化。高考改革的顶层设计应该与基层实践相结合,听取不同的声音尤其是来自学校基层的声音。顶层设计为高考改革提供宏观指引和制度保障,基层学校创新推动高考改革直面现实困境,通过基层创新,丰富和夯实顶层设计内涵,推动顶层制度设计倾听基层学校师生声音,不断完善新高考改革方案。

第四节 理想与现实之悖论——基础教育学校现代化变革的新抉择(下)

21世纪基础教育学校现代化的变革始终被理想与现实之悖论所围困,全球化是基础教育学校变革的重要维度,但是本土化应是基础教育学校变革必须彰显的品性,21世纪基础教育学校现代化变革必须在融会贯通过程中创造性转化。21世纪新基础教育学校变革的价值取向始终徘徊于价值理性与工具理性之间,全球化进程中人文精神失落,科学教育偏颇,基础教育学校变革疏忽了对生命本体的关注,21世纪基础教育学校变革价值取向必须是科学教育与人文教育有机融合。

一、全球化、本土化与基础教育学校现代化变革

在基础教育学校现代化变革的进程中,"全球化"与"本土化"两者并非彼此孤立的进行,而是一个过程的两个方面,即基础教育学校现代化变革过程中相互进行的两个方面。自改革开放以来,我国基础教育学校现代化改革取得了一系列的发展与成就。这些发展与成就既与我国根据具体国情所采取的系列改革措施有关,同时又无不与全球化背景下的国际基础教育的变革息息相关。

(一) **全球化与基础教育学校现代化变革**

全球化是现代化发展的延续,是现代化内在的表现形式与载体,具有鲜明的时代特性。它意味着某一国家或特定区域原有的东西跨越出原来所属区域,并逐渐变得共有化、普遍化取向的过程。基础教育改革全球化在本质上是现代性内在延续和发展,基础教育现代化脱离特定地域和国家特色,逐步趋向普遍化,形成了基础教育学校现代化变革的全球化运动。加拿大的安迪·哈格维夫斯(Andy Hargreaves)和丹尼斯·歇利(Dennis Shirley)在《第四条道路的全球视野》一书中阐述了基础教育改革全球化的历史脉络,阐明了基础教育全球化改革的四条道路。[①] 第一条道路形成在20世纪60—70年代,这时的英、美、法、日等国家主要强调基础教育的公立化,在国家政策的强力引导下,基础教育学校变革的主要价值取向是基础教育的普及,国民基本素质的提高。强调公立学校的改革,给予学校教师课程改革的权力,注重以儿童为中心的学习取向。第二条道路形成在20世纪80—90年代,强调市场哲学,开始关注国家管理与市场调控之间的活动张力。注重消费者(学生)的选择权,以为学生提供良好的教育为目的。国家开始减少对学校教育的管理,转向强调学校间的竞争,优质的学校会留下来,基础教育学校之间注重的是通过改革提高自身教育质量,鼓励新兴私立基础教育学校,强调根据学生成绩来进行绩效评估和奖金发放,注重在国家统筹之下学习规范的统一课程与举行统一考试。基础教育学校的第三条道路改革主要强调平衡教育效率与教育公平,一方面,克服传统的公共服务下降、福利系统羸弱、教育水平不足等问题,另一方面,寻求国家宏观管理与市场调控之间的平衡,激励第三部门的积极参与。第三条道路强调多元性,注重学生能力的培养,对教师进行增权赋能,以数据为基

---

① Hargreaves, A, & Shirley, D. The Fourth Way: the Inspiring Future of Educational Change. Thousand Oaks, CA: Corwin, 2009.

础进行教育决策,重视信息网络技术在基础教育领域的应用。第四条道路主张全纳、创新以及责任,主张个性化的师生教学,强调形成个人主导的发展方式,实现系统的、可持续的发展道路,建立具有生命力和自我规范力的专业社群。第四条道路是基础教育学校现代化变革的理想所在,是全球化背景下,基础教育学校改革的大势所趋。

  总言之,世界各国基础教育学校现代化的变革是在不断调整中前进的,其全球化总体趋势是:注重人力资本的培养,注重能力与标准的政策导向,注重平衡国家宏观调控与市场效率调控,注重学生创新能力和终身学习能力的发展,注重教师专业自主与基础教育教师队伍的建设等等。

(二) 本土化与中国基础教育学校现代化变革

  在与"全球化"相对应的语义上来定义"本土化",则可以将其理解为外来制度、文化等逐渐适应地方发展,遂带有各自地域或国家印记的过程。

  既然存在基础教育学校现代化变革的"全球化",那么必然存在基础教育学校现代化变革的"本土化",本土化的概念是与全球化相对而言的,本土化是指面对世界基础教育全球化的变革,在立足于本土国情的基础上做出的一系列适应性的调整与改变。自新中国成立以来,基础教育学校无时无刻不在应对着本土化的变革要求。20世纪50—70年代,基础教育学校教育资源十分匮乏,学校的各种教学措施非常落后,此阶段我国的基础教育改革政策是拿出仅有的资源重点支持"优质基础教育学校",将有限的教育资源重点集中,实行等级分配。从历史角度看,这一本土化的基础教育学校改革政策起到了促进基础教育发展的作用。从我国改革开放到20世纪末,受基础教育学校现代化变革的全球化的影响,同时,也面对东西部地域之间、城乡之间和学校之间教育发展不均衡的本土化问题,我国推行义务教育政策,出台了《关于加强大中城市薄弱学校建设,办好义务教育阶段每一所学校的若干意见》《中华人民共和国义务教育法》《关于进一步推进义务教育均衡发展的若干意见》等政策法律文件,以尽可能实现教育资源的公平分配,避免等级化的教育资源分配,促进区域内学校的均衡发展,实现基础教育学校标准化建设,保障教育公平。这个阶段的基础教育价值取向是以学校的数量为主,兼顾基础教育学校的质量。在21世纪之后,我国基础教育学校现代化变革持续深入,基础教育学校标准化建设不断延伸,世界开始进入大数据、"互联网+"时代,基础教育出现了许多新兴的教育模式,比如翻转课堂教学模式在各学科的应用,翻转了传统的上课学习新知识,课下巩固知识、练习作业的形式,而且转变为课下通过观看视频学习新知识,课上教师巩固学生自学的知识。这种新兴教育模式影响着我国的基础教育改革,许多基础教育学校"全纳"地吸收这种教学模式,完全没有考虑到中国的本土化问题,并没有为这种新兴的教学模式找到中国的根。客观而言,凡是全球化的事物必然牵扯到本土化,这并不是谁为主次的问题,而是要在立足基础教育学校现代化改革本土化的基础上,接受吸收先进的全球化基础教育学校改革经验。

就我国而言,随着基础教育学校现代化改革的深入,涌现出一批优秀的基础教育教师和引领性的教育政策,我国的基础教育学校现代化改革的本土化也有丰硕的成果。具体来说,我国出台了《中共中央国务院关于深化教育改革全面推进素质教育的决定》、《国务院关于基础教育改革与发展的决定》以及《基础教育课程改革纲要(试行)》等政策文件,养成了一批怀有关爱学生之心、熟练掌握教学技艺和具有终身学习能力的教师。我国的农村学校仍然面临教师结构性短缺和卓越教师缺少的问题,根据这一基础教育国情,我国政府制定了一系列小学全科教师培养政策与农村公费师范生培养政策,并且在实际实施过程中不断进行更新修改,生成了基础教育学校现代化变革的本土化硕果。当然,我国的本土化成果离不开全球化的影响,课程与基础教育师资培养方面的例子只是基础教育学校现代化变革本土化成果的"冰山一角",我国还有许多与此类似的本土化成果需要我们重新认识与发掘。无论是教育政策,还是教师培养、基础学校变革教育模式,都凝结了我国一线教育工作者和教育理论研究者的心血,都确确实实是我国的基础教育学校现代化改革本土化的成果。我国的这些优秀的本土化成果为我国基础教育的国际化打下了良好的基础。

(三)融会贯通:走向世界化的中国基础教育改革

随着基础教育学校变革的全球化,世界各国都不可避免地与其他国家产生或多或少的交流,中国自改革开放以后,不断与世界各国交流与合作,中国基础教育改革走向世界化是不可避免的趋势。我们需要最根本的思考是:我国基础教育学校改革走向世界化的本体意义是什么?从传统而言,它是形而上的"超验"本体思维;从近现代西方哲学流派的本体思维而言,它开始转向对"人"的关注,认为本体的探究是一种为人类生存活动提供"安身立命"之所的价值性建构。可以说,在近现代哲学本体论的视野里,本体的设定为人类探究自身发展问题提供了一种深层次的思维方式、一种理想的目的性价值赋予或承载、一种值得追求的精神愿望和一种可以归属的终极关怀。塑身于基础教育学校改革领域,我国基础教育学校改革走向世界化的本体意义是要在国际交流与合作中满足人的多元发展需求,树立以人为本、以生为本的教育理念,关注中国基础教育学校改革本土化的发展性与绵延性,为中国教育走向世界提供一种教育视野与教育形式。目前,我国基础教育学校改革走向世界化越来越体现在合作办学、联合举办活动等方面。在合作办学方面,中外合作学校主要集中在上海、北京、山东、江苏、广东等经济、文化较发达的东部沿海地区的大城市;从合作对象来看,外方合作者主要来自美国、澳大利亚、加拿大、日本、法国、英国等经济发达、科技及教育先进的国家和地区,中方合作者如北大、清华、复旦、同济等名牌大学;从办学层次看,跨越从幼儿教育到博士的各个学历层次;从专业分布看,开设工商管理类专业的机构和项目居多。合作办学的双方涉及教学、人才培养理念、教材、师资和管理等多种方面。2018年6月19日,教育部办公厅发布《关于批准部分中外合作办学机构和项目终止的通知》,进一步规范中外合作办学。在联合举办项目活动方面,中外双方先签订合作合同,通过项目交流聘请国外专家学者来我国教学,国内学者也可以去国外学习国外先进经验,可以派学生去国外短期学习、参观,以提升学生的学习能力与水平,学生也可以参加国外学校举办的夏令营活动,参加学生交换项目,去国外学校随班就读半年以上,去开阔眼界,去增长学识,把我国的优秀文化传播给国外友人。目前,我国基础教育学校改革走向世界化呈现出方式多样、数量众多、政府主导的特点。我国的基础教育学校改革是在政府主导下进行的,所以基础教育学校改革走向世界化也要发挥出我国政府的重要引领作用,发挥政府的监管作用。树立全球化的意识,培养出具有全球竞争力的学生是本土化走向世界化的根本。

二、全球化时代基础教育学校变革的理想追求

21世纪经济全球化日益加强,科技变革日新月异,人们在享受现代化进程中丰裕的物质生活的同时,却普遍感到精神家园的迷失和道德的滑坡。在物质繁荣的光环笼罩下,人们对价值的终极关怀的追求和健全人格精神的渴望已被世俗享乐所取代。于是"我们知道人制造的是什么,但我们不知道人是什么……或者说,现代人的悲剧在于人是这样一个存在:他竟忘记了'人是谁'"。①

(一)全球化进程中的人文精神失落

全球化是现代化内在延续和发展。现代化是一柄双刃剑,它魔幻般地带来丰盈的物质财富同时,人类也陷入享乐主义、科技霸权、个人主义、拜金主义的意识形态。在现代化世界中,"人类唯一真正的普遍共有的价值观都是纯粹功利性的——食物、居

---

① [美]赫舍尔.人是谁[M].槐仁莲,译.贵阳:贵州人民出版社,1995:5.

住、物欲的满足、财富与权力",资本主义清教徒的勤劳、节俭、禁欲的伦理精神在大众享乐的物欲横流中荡然无存。"资产阶级在它的不到一百年的阶级统治中所创造的生产力,比过去一切时代创造的全部生产力还要大,还要多。"①惊叹工业革命所创造的巨大物质财富,人的贪婪欲望也滋长起来。人在物欲诱惑面前,价值的坐标失衡了,人开始堕入物质主义的深渊,道德、责任、良心、正义、美德等人性的光辉在金钱面前,黯然失色。现代化是祛魅的过程,人们从神的束缚挣脱出来,发现人尊重人并解放人,然而启蒙理性开启现代性之后,毁灭了人的诗意生活,从而陷入精神危机。尼采"杀死了上帝"后,西方文化失去对终极信仰的皈依,人们失去了精神价值的追求,陷入虚无主义。

现代化以二元对立的方式展开,笛卡儿的"我思故我在",将人的主体性张扬极至,"知识就是力量"高唱向自然界征服的凯歌,人类踏上了"擅理智"和"役自然"的道路,原始自然图腾的敬畏让位于对自然的大肆掠夺。"人类每次向自然前进一步,就必然遭受自然的激烈报复。"在物质世界取得辉煌的同时,人类也付出了资源枯竭、生态恶化、人口爆炸等不可扭转的沉重代价。科学技术魔术般地赋予人类征服自然和改造自然的神奇力量,增强了人们对科学的痴迷和前所未有的乐观。人们陶醉在科学战无不胜的神话里,却忘记了潘多拉魔盒里的罪恶和希望是紧密包裹一起。科学受到人类顶礼膜拜的同时,也给人类带来空前劫难,两次大战、核威慑、军备竞赛、全球恐怖主义、海湾战火等等,人类余惊未平。

现代科学的危机是人们执迷于科技理性的世界,而遗忘了对人生和价值的拷问,人在知识海洋前进越远,越看不清整体世界,执迷于专业化训练,陷入"此在"的遗忘。正如胡塞尔所描述到的,现代人让自己世界观受实证科学的支配,并迷惑于实证科学所造就的"繁荣"。这种独特现象意味着,现代人漫不经心地抹去了那些对于真正的人来说至关重要的问题——探讨整个人生的意义。② 现代教育中人文精神缺失触目惊心,浙江金华中学生弑母事件,校园中学生跳楼自杀,大学生将硫酸泼到珍稀动物身上,甚至为琐事残忍杀害室友等等,这样的事例数不胜数。教育仿佛失去了最本质的东西,遗忘了对受教育者的人文关怀。教育的对象是人,教育面临的是人的世界,教育

---

① 中共中央马克思恩格斯列宁斯大林著作编译局.马克思恩格斯选集(第1卷)[C].北京:人民出版社,1995:277.
② [奥]埃德蒙德·胡塞尔.欧洲科学危机和超验现象学[M].张庆熊,译.上海:上海译文出版社,1988:5—6.

过程不是知识的堆积,而是心灵的交流和对话。然而,我们的教育正在成为"训练"和"教学"的代名词,正在成为工艺品塑造的"模具"。苏霍姆林斯基曾经说过:"在我们学校工作中,不论过去还是现在,教育方面是占主导地位的;不管教学离开教育有多远,教学也首选是一种教育,是从道德上培养人的个性。没有也不可能有,也不应该有与教育毫无联系的教学。"①如果教育仅看作是教学,那么人们关注更多的是知识技能传递的效率,而忽略培养人的精神性存在。人之所以为人,在于人能够超越生物性需求而形成内在精神价值导向。缺乏内在精神价值的追求的教育,不仅不会培养高尚的人格,而且使人性变得更加残忍。

(二) 科学教育的偏颇

科学秉承强劲的意志从人文学科的母体分离开来,并且凭借其物质领域的巨大胜利,不断排挤人文科学的生存空间,科学逐渐成为20世纪社会文化主流话语和最高标准。其他学科为分享科学的"尊贵"和"荣耀",也纷纷挂起"科学"牌子。科学已经从早期启蒙理性发展到信仰崇拜,成为主宰人类生存发展的唯一意义源泉,科学方法可以推广包括社会科学、人文科学等在内的人类所有的领域,从而滑向科学主义、工具理性的泥潭。科学文化丧失启蒙时代的深层次的目的性和价值性使命,日益彰显出效率、控制和功利的内涵。在科学主义影响下,分数至上和学历主义盛行,学校日益趋向工具化和实用化。实用性和工具性课程占据讲台中心位置,人文课程受到排挤;只重视知识灌输和技能培养,而忽略人文素养的养成。在商业化、市场化的炒作下,学校染上了传道求名、授业求利的铜臭味,其精神家园、理想净土早已荡然无存了。

科学在中国的进入与建构不是现代性启蒙方案的一部分。面对西方传教士的渗入,尤其是西方列强军事挑战在文化上的被动反应,在救亡压倒启蒙的时代背景下,科学在中国首先视作救国的工具,20世纪20年代发生一场激烈的"科玄论战",以丁文江为代表的科学派认为科学是解决社会问题的"万能钥匙",甚至人的情感、意志和人生观建立都必须应用科学方法。"科学的万能,不是它的材料,而是它的方法。"以张君劢为代表的"玄学派"坚持认为,科学只是手段,只具有"器用价值",不能解决人生幸福问题,不能给定人生意义。当时救亡图存是时代主题,科学又是中国极度缺乏的资源,人们没有更多时间去进一步探讨科学的精神内涵,科学救国就成为人们的普遍信仰。五四以后,中国科学主义话语盛行,科学隐喻了"正确"甚至"唯一的正确性"。科学主

---

① [苏]苏霍姆林斯基.少年的教育与自我教育[M].姜励群,译.北京:北京出版社,1984:267.

义胜利,一方面极大促进人们对科学知识学习的信心和热情,但是科学主义将科学标准推向极端,上升为绝对的意识形态,这样背离科学本身的自由、创新和批判的精神。受此影响,长期以来我国科学教育偏重科学的工具价值,对科学知识获取远远大于对科学精神的重视,并且许多情况是在违背科学精神前提下,获取科学知识。20 世纪 30 年代,梁启超曾经批评中国人把科学看得"太低了""太粗了""太呆了""太窄了",他们只有自然科学知识,却没有科学素养。"近几十年学校里都教的数学、几何、物理、化学,但总不见教人学会做科学。"今天,在"应试教育"的高压下,学校把主要精力放在对科学知识授受上,学生更注重对结论性和确定性的知识的理解、记忆,以便在考试上猎取高分。科学教育窄化为科学知识的灌输,以批判、质疑、创新为核心的科学精神游离于知识教育之外;学生裹着层层坚硬的知识外壳,而生命的智慧和灵性的涌动却失去了踪影。

凡是与市场经济联系密切,迅速转化金钱与财富的知识,受到空前重视和欢迎。"认为唯有实利的知识和技术才有价值,所以这种做学问的人都成了知识和技术的奴隶。"中国之所以出现不了一流的科学大师是与这种功利主义学风和教育分不开的。上个世纪 30 年代,梁启超就"大胆说一句话",中国人对待科学态度倘若长此以往,中国人不仅在世界上便没有学问的地位,而且"中国人不久必然成为现代被淘汰的国民"。现在,中国人又划定了冲刺诺贝尔科学奖的时间表,这种躁动的功利主义心态,只能使自己离科学真精神越来越远。中小学科学教育不仅注重科学知识和技能传授,更要培养质疑、批判和证伪的科学素养,培养一种超越功利、为科学而科学,敢为真理而献身的科学精神。试想,一个对科学知识呆读死记,缺乏批判和科技创新的民族如何屹立世界民族之林?

(三) 科学教育与人文教育融合

科学教育和人文教育具有不同性质、发挥不同的功能。科学旨在揭示自然和社会活动的规律,追求的是实然之真理;人文科学则探索人生的生活意义,追求的是应然之价值。科学与人文是人生于世界的两种互补的自然情怀,科学之长于深思,而人文之长于体验;科学执着于精确和简约,而人文关注于活泼和丰富;科学求真,立世之基础,人文求善,为人之根本。科学教育是做事的教育,而人文教育是做人的教育。科学教育失去人文精神,就像游骑迷失了方向,找不到生活的目的和归宿;人文教育缺少科学的指引,就会陷入空疏和颠邪。

理想的教育价值趋向不断地寻求科学精神和人文精神的动态平衡,既尊重客观规律,又要昭示人文关怀。执迷于科学实用价值追求,求真就有可能游离于生命的本真而为急切的功利驱使,学生的心灵和人格的张扬淹没在程序化和工具化的知识中,为了科学研究和专门化的需要,对许多青年人原来应该进行的充分而全面的培养被破坏得残缺不全,过高地估计了提高技术才能的重要性而损害了其他更有人性的品质。一旦知识成为牟利的工具,知识的增长必然带来价值的漠视、灵魂的扭曲和人性光辉的失落。

人文教育是感悟激情、体验和提升生命价值的教育,失去了情感的滋润、激情的飞扬,科学就会失去了灵性,丰富多彩的生命蜕化成冰冷的理性。人文教育张扬人类不断超越自我的自由精神恰是科学发展的内在动力,与人的创造性的本性的发挥互为因果。失去自由人文精神的激励,科学精神就会陷入枯竭与停滞。21世纪理想新人应该是科技素质和人文涵养的融合、科学理性和价值关怀的统一。21世纪新基础教育变革必将是科学教育与人文教育的融合,智慧激扬与灵魂碰撞的统一。

主要参考文献

一、史籍汇编

[1] [唐]杜佑撰. 通典[M]. 北京：中华书局, 1988.
[2] [清]赵尔巽. 清史稿[M]. 北京：中华书局, 1977.
[3] 清实录[G]. 北京：中华书局, 1985.
[4] [清]冯桂芬. 校邠庐抗议[M]. 上海：上海书店出版社, 2002.
[5] [清]张之洞. 劝学篇[M]. 北京：中华书局, 2016.
[6] [清]李鸿章. 李鸿章全集[M]. 长春：时代文艺出版社, 1998.
[7] 梁启超. 梁启超全集[M]. 北京：北京出版社, 1999.
[8] 严复. 严复集[M]. 北京：中华书局, 1986.
[9] [清]吴汝纶. 吴汝纶全集[M]. 合肥：黄山书社, 2014.
[10] 经亨颐. 经亨颐集[M]. 杭州：浙江大学出版社, 2011.
[11] 陈望道. 陈望道全集[M]. 杭州：浙江大学出版社, 2011.
[12] 蔡元培. 蔡元培全集[M]. 北京：中华书局, 1984.
[13] 冰心. 冰心全集[M]. 福州：海峡文艺出版社, 1994.
[14] 陶行知. 陶行知全集[M]. 成都：四川教育出版社, 1991.
[15] 陈鹤琴. 陈鹤琴全集[M]. 南京：江苏教育出版社, 1991.
[16] 高平叔, 编. 蔡元培教育论著选[C]. 北京：人民教育出版社, 1991.
[17] 白吉庵, 刘燕云, 编. 胡适教育论著选[C]. 北京：人民教育出版社, 1994.
[18] 董宝良, 编. 陶行知教育论著选[C]. 北京：人民教育出版社, 2011.
[19] 崔国良, 编. 张伯苓教育论著选[C]. 人民教育出版社, 1997.
[20] 余子侠, 郑刚, 编. 中国近代思想家文库·余家菊卷[C]. 北京：中国人民出版社会, 2013.
[21] 王文岭. 陶行知年谱长编[M]. 四川教育出版社, 2012.
[22] 朱泽甫. 陶行知年谱[M]. 合肥：安徽教育出版社, 1985.
[23] 胡颂平. 胡适之先生年谱长编初稿[M]. 台北：联经出版事业公司, 1984.
[24] 胡适. 胡适全集[M]. 季羡林, 编. 合肥：安徽教育出版社, 2003.
[25] 葛懋春, 李兴芝, 编. 胡适哲学思想资料选(上)[C]. 上海：华东师范大学出版社, 1981.
[26] 罗尔纲. 师门五年记·胡适琐记(增订本)[M]. 北京：生活·读书·新知三联书店, 1998.

[27] 高平叔,编. 蔡元培教育文选[C]. 北京：人民教育出版社,1980.
[28] 董远骞,施毓英,编. 俞子夷教育论著选[C]. 北京：人民教育出版社,1991.
[29] 欧阳哲生. 追忆胡适[M]. 北京：社会科学文献出版社,2000.
[30] 汤才伯,编. 廖世承教育论著选[C]. 北京：人民教育出版社,1992.
[31] 吕达,刘立德,编. 舒新城教育论著选[M]. 北京：人民教育出版社,2003.
[32] 韦善美,马清和,编. 雷沛鸿文集(上册)[C]. 南宁：广西教育出版社,1989.
[33] 韦善美,马清和,编. 雷沛鸿文集(下册)[C]. 南宁：广西教育出版社,1990.
[34] 韦善美,马清和,编. 雷沛鸿文集(续编)[C]. 南宁：广西教育出版社,1993.
[35] 郭戈,编. 李廉方教育文存[C]. 北京：人民教育出版社,2006.
[36] 郭戈,编. 李廉方语文教育论著选[C]. 北京：语文出版社,2006.
[37] 邹韬奋. 韬奋全集[M]. 上海：上海人民出版社,1995.
[38] 刘志毅,编. 育英史鉴(内部资料)[G]. 北京市第二十五中学校史编委会,2004.
[39] 李大钊. 李大钊全集(第三卷)[M]. 朱文通,等编. 石家庄：河北教育出版社,1999.
[40] 戚谢美,邵祖德,编. 陈独秀教育论著选[C]. 北京：人民教育出版社,1995.
[41] 宋恩荣,编. 晏阳初文集[C]. 北京：教育科学出版社,1989.
[42] 邓小平. 邓小平文选[M]. 北京：人民出版社,1993.
[43] 毛泽东. 毛泽东选集(第二卷)[M]. 北京：人民出版社,1968.
[44] 李天纲,编. 万国公报文选[C]. 北京：生活·读书·新知三联书,1998.
[45] 薛绥之,韩立群,编. 鲁迅生平史料汇编(第2辑)[G]. 天津：天津人民出版社,1982.
[46] 唐晓峰,王帅,编. 民国时期非基督教运动重要文献汇编[G]. 北京：社会科学文献出版社,2015.
[47] 罗伟虹. 中国基督教(新教)史[M]. 上海：上海人民出版社,2014.
[48] 王燕来,谷韶军,编. 民国教育统计资料续编　第3册[G]. 北京：国家图书馆出版社,2012.
[49] 杨亮功. 早期三十年的教学生活·五四[M]. 合肥：黄山书社,2007.
[50] 鲁迅. 鲁迅全集(第1卷)[M]. 北京：人民文学出版社,1982.
[51] 瞿葆奎,编. 教育学文集·教学[C]. 北京：人民教育出版社,1998.
[52] 《人民教育》社,编. 老解放区教育工作经验片段[G]. 上海：上海教育出版社.1978.
[53] 崔乐泉. 中国体育通史(第四卷)[M]. 北京：人民体育出版社,2008.
[54] 张挚,张玉龙,编. 中央苏区教育史料汇编(上册)[G]. 南京：南京大学出版社,2016.
[55] 王国平,编. 东吴大学史料选辑·历程[G]. 苏州：苏州大学出版社,2010.
[56] 王云五,丘汉平,阮毅成. 私立中国公学[M]. 台北：南京出版有限公司,1982.
[57] 北京四中,编. 北京四中[M]. 北京：人民教育出版社,1997.
[58] 厦门市集美中学,编. 厦门市集美中学[M]. 北京：人民教育出版社,1998.
[59] 湖南省长沙一中,编. 湖南省长沙一中[M]. 北京：人民教育出版社,1997.
[60] 南京师大附中,编. 南京师大附中[M]. 北京：人民教育出版社,1996.
[61] 北京师大附中,编. 北京师大附中[M]. 北京：人民教育出版社,2000.
[62] 上海市大同中学,编. 上海市大同中学[M]. 北京：人民教育出版社,1997.
[63] 江苏省扬州中学,编. 江苏省扬州中学[M]. 北京：人民教育出版社,1997.
[64] 南京市金陵中学,编. 南京市金陵中学[M]. 北京：人民教育出版社,1998.

[65] 朱有瓛,主编.中国近代学制史料(第2辑)(上册)[G].上海：华东师范大学出版社,1987.
[66] 朱有瓛,主编.中国近代学制史料(第2辑)(下册)[G].上海：华东师范大学出版社,1989.
[67] 朱有瓛,主编.中国近代学制史料(第3辑)(下册)[G].上海：华东师范大学出版社,1992.
[68] 朱有瓛,高时良,主编.中国近代学制史料(第4辑)[G].上海：华东师范大学出版社,1993.
[69] 陈学恂,主编.中国近代教育史教学参考资料(下)[G].北京：人民教育出版社,1997.
[70] 陈元晖,主编.璩鑫圭,唐良炎,编.中国近代教育史资料汇编·学制演变[G].上海教育出版社,1991.
[71] 陈元晖,主编;汤志钧,陈祖恩,汤仁泽,编.中国近代教育史资料汇编·戊戌时期教育[G].上海：上海教育出版社,2007.
[72] 陈元晖,主编;高时良,黄仁贤,编.中国近代教育史资料汇编·洋务运动时期教育[G].上海：上海教育出版社,2007.
[73] 陈元晖,主编;璩鑫圭,唐良炎,编.中国近代教育史资料汇编·学制演变[G].上海：上海教育出版社,2007.
[74] 陈元晖,主编;璩鑫圭,童富勇,张宁智,编.中国近代教育史资料汇编·实业教育师范教育[G].上海：上海教育出版社,1994.
[75] 陈元晖,主编;李桂林,戚名琇、钱曼倩,编.中国近代教育史资料汇编·普通教育[G].上海：上海教育出版社,2007.
[76] 《陶端予纪念集》编辑组,主编.陶端予纪念集[C].北京：人民教育出版社,1994.
[77] 课程教材研究所,主编.20世纪中国中小学课程标准·教学大纲汇编(课程教学计划卷)[G].北京：人民教育出版社,2001.
[78] 教育部教育年鉴编纂委员.第一次中国教育年鉴(甲编)[M].开明书店,1934.
[79] 教育部教育年鉴编纂委员会.第二次中国教育年鉴(第1编)[M].商务印书馆,1948.
[80] 教育年鉴编纂委员会.第二次教育年鉴[M].台湾：台北文海出版社,1948.
[81] 教育部.小学课程标准[M].商务书印书馆,1948.
[82] 宋恩荣,章咸,编.中华民国教育法规选编[G].南京：江苏教育出版社,2005.
[83] 于述胜.中国教育制度通史(第七卷)[M].济南：山东教育出版社,2000.
[84] 中国教育年鉴编辑部.中国教育年鉴(1949—1981)[M].北京：中国大百科全书出版社,1984.
[85] 何东昌,编.中华人民共和国重要教育文献(1949—1997)[G].海口：海南出版社,1998.
[86] 何东昌,编.中华人民共和国重要教育文献(1998—2002)[G].海口：海南出版社,2003.
[87] 李桂林,编.中国现代教育史教学参考资料[G].北京：人民教育出版社,1987.
[88] 中共中央党史研究室,中央档案馆,编.中国共产党第三次全国代表大会档案文献选编[G].北京：中共党史出版社,2014.
[89] 中共中央文献研究室,中央档案馆,编.建党以来重要文献选编(1921—1949)第14册[G].北京：中央文献出版社,2011.
[90] 金铁宽.中华人民共和国教育大事记[M].山东教育出版社,1995.
[91] 中华续行委办调查特委会.中华归主(下册)[M].北京：中国社会科学出版社,1987.
[92] 中国基督教教育调查会,编.中国基督教教育事业[M].上海：商务印书馆.1922.
[93] 上海社会科学学院历史研究院《传统中国研究集刊》编辑委员会,编.传统中国研究集刊第14辑[G].上海：上海社会科学院出版社,2016.

[94] 中共中央文献研究室,编.十五大以来重要文献选编(上)[G].北京:中央文献出版社,2011.

[95] 无锡市史志办公室,编.薛明剑文集　上[C].北京:当代中国出版社,2005.

[96] 中国人民政治协商会议河北省保定市委员会文史资料委员会,编.保定文史资料(第17辑)[G].2001.

[97] 河南省教育志编辑室,编.河南教育资料汇编(清代部分)[G].河南省教育志编辑室,1983.

[98] 中国人民政治协商会议浙江省上虞县委员会文史工作委员会,编.上虞文史资料(第1辑)[G].1986.

[99] 《纪念江隆基文集》编委会,编.江隆基教育文选:纪念江隆基诞辰100周年[C].兰州:兰州大学出版社,2005.

[100] 山东省地方史志编纂委员会,编.山东史志资料1982年(第2辑)[G].济南:山东人民出版社,1983.

[101] 上海市文物保管委员会,编.康有为遗稿·戊戌变法前后[C].上海:上海人民出版社,1986.

[102] 江西省教育学会,编.苏区教育资料选编(1929—1934)[G].南昌:江西人民出版社,1981.

[103] 浙江省政协文史资料委员会,编.浙江文史资料选辑(第45辑)·浙江近代著名学校和教育家[G].杭州:浙江人民出版社,1991.

[104] 中国人民政治协商会议上海市委员会文史资料工作委员会,编.文史资料选辑(1978年第2辑)总第22辑[G].上海:上海人民出版社,1979.

[105] 山西文史资料编辑部,编.山西文史资料全编(第2卷)[G].出版信息不详,1999.

[106] 贝满人语编委会.教育的启示:贝满人语[M].北京:知识产权出版社,2008.

[107] 全国政协文史资料委员会,编.中华文史资料库(第17卷)[G].中国文史出版社,1996.

[108] 北京燕山出版社,编.古都艺海撷英[M].北京:北京燕山出版社,1996.

[109] 中国人民政治协商会议北京市东城区委员会文史资料委员会,编.北京市东城区文史资料选编(第3辑)[G].1992.

[110] 中国社会科学院近代史研究所中华民国史组,编.胡适来往书信选　中[G].北京:中华书局,1979.

[111] 政协广西壮族自治区委员会文史资料研究委员会,编.广西文史资料选辑(第二十六辑)·雷沛鸿纪念文集[C].南宁:政协广西文史委,1988.

[112] 广西省政府统计处.广西年鉴第三回(下册)[M].南宁:广西省政府统计处,1944.

[113] 中国社会教育社广西考察团.广西的教育及经济[M].无锡:中国社会教育社理事会事务所,1937.

[114] 全国人大常委会办公厅,中共中央文献研究室,编.人民代表大会制度重要文献选编(1)[G].北京:中国民主法制出版社,2015.

[115] 广西省政府财政厅秘书室.广西财政纪要新编[M].广西省财政厅,1938.

[116] 四川省文史研究馆,编.四川军阀史料(第五辑)[G].成都:四川人民出版社,1988.

[117] 山东解放区教育史编写组.山东解放区教育史[M].济南:明天出版社,1989.

[118] 陕西师范大学教育科学研究所,编.陕甘宁边区教育资料·小学教育部分[G].北京:教

育科学出版社,1981.
[119] 陕西师范大学教育科学研究所,编.陕甘宁边区教育资料·中学教育部分(上册)[G].北京:教育科学出版社,1981.
[120] 江西省档案馆,中共江西省委党校党史教研室,编.中央革命根据地史料选编(下)[G].南昌:江西人民出版社,1982.
[121] 河南人民出版社,编.老解放区学校教育资料选集(第2辑)[G].郑州:河南人民出版社,1958.
[122] 《莒南县教育志》编纂委员会.莒南县教育志 1840—1997[M].济南:山东人民出版社,1999.
[123] 本社,编.老解放区教育工作回忆录[G].上海教育出版社,1979.
[124] 天津延安中学革命委员会,天津东风大学教育革命办公室.四年制普通中学教学改革方案(试用稿)[M].天津:天津人民出版社,1968.
[125] 山东中小学教材编写组.山东省初中课本《数学(第一册)》[M].济南:山东人民出版社,1975.
[126] 宫炳成,编.光辉旗帜 中国共产党第七次全国代表大会[G].石家庄:河北人民出版社,2012.
[127] 《红色档案延安时期文献档案汇编》编委会,编.陕甘宁边区政府文件汇编(第11卷)[G].西安:陕西人民出版社,2014.
[128] 谢忠厚,主编;晋察冀边区革命史编纂委员会,编.晋察冀边区革命史编年[M].石家庄:河北人民出版社,2007.
[129] 华东师范大学教育系,编.中国现代教育文选(修订版)[C].北京:人民教育出版社,1998.
[130] 中央教育科学研究所,编.老解放区教育资料(一)[G].北京:教育科学出版社,1981.
[131] 中央教育科学研究所,编.老解放区教育资料(二)[G].北京:教育科学出版社,1986.
[132] 中央教育科学研究所,编.老解放区教育资料(三)[G].北京:教育科学出版社,1991.
[133] 夏之莲,编.外国教育发展史料选粹(上)[G].北京:北京师范大学出版社,2001.
[134] 广西雷沛鸿教育思想研究会,编.雷沛鸿教育思想研究文集(一)[C].南宁:广西教育出版社,1992.
[135] 国家教育委员会,编.中国教育综合统计年鉴(1993)[G].北京:高等教育出版社,1994.
[136] 临安市教育局.临安市基础教育工作会议资料[G].临安:临安市教育局,2002.
[137] 国务院法制办公室.中华人民共和国义务教育法[G].北京:中国法制出版社,2006.

二、著作

(一) 中文著作

[1] 滕大春.外国教育通史(第四卷)[M].济南:山东教育出版社,1992.
[2] 滕大春.外国近代教育史(第二版)[M].北京:人民教育出版社,2002.
[3] 滕大春.美国教育史(第二版)[M].北京:人民教育出版社,2001.
[4] 罗荣渠.现代化新论续编·东亚与中国的现代化进程[M].北京:北京大学出版社,1997.
[5] 毛泽东.矛盾论(第一卷)[M].北京:人民出版社,1991.

[6] 褚宏启.教育现代化的路径——现代教育导论[M].北京：教育科学出版社,2013.
[7] 张君劢,丁文江.科学与人生观[M].济南：山东人民出版社,1997.
[8] 王小侠.西方文化史论[M].沈阳：辽宁大学出版社,2005.
[9] 张明,于井尧.西方文化与教育史[M].长春：吉林文史出版社,2006.
[10] 徐新.西方文化通览[M].北京：北京大学出版社,2015.
[11] 张斌贤.外国教育史[M].北京：教育科学出版社,2008.
[12] 吕宁.工业革命的科技奇迹[M].北京：北京工业大学出版社,2014.
[13] 王觉非.近代英国史[M].南京：南京大学出版社,1997.
[14] 马克垚.世界文明史（上）[M].北京：北京大学出版社,2004.
[15] 王承绪.英国教育[M].长春：吉林教育出版社,2000.
[16] 刑克超.法国教育[M].长春：吉林教育出版社,2000.
[17] 杨孔炽,徐宜安.美国公立中学发展研究[M].武汉：湖北人民出版社,1996.
[18] 周谷平.近代西方教育理论在中国的传播[M].广州：广东教育出版社,1996.
[19] 李步青.新制各科教授法[M].上海：中华书局,1914.
[20] 臧佩红.日本近现代教育史[M].北京：世界知识出版社,2010.
[21] 王晴佳.台湾史学史：从战后到当代[M].上海：上海古籍出版社,2017.
[22] 谭皓.近代日本对华官派留学史（1871—1931）[M].北京：社会科学文献出版社,2017.
[23] 吴伟明.在日本寻找中国：现代性及身份认同的中日互动[M].香港：香港中文大学出版社,2013.
[24] 日本国立教育研究所.日本教育的现代化[M].北京：教育科学出版社,1980.
[25] 孙培青.中国教育史[M].上海：华东师范大学出版社,2015.
[26] 吕顺长.清末中日教育文化交流之研究[M].北京：商务印书馆,2012.
[27] 汪向荣.日本教习[M].北京：商务印书馆,2014.
[28] 李林.最后的天子门生：晚清进士馆及其进士群体研究[M].北京：商务印书馆,2017.
[29] 陈侠.近代中国小学课程演变史[M].福州：福建教育出版社,2007.
[30] 石鸥,吴小鸥.简明中国教科书史[M].北京：知识产权出版社,2015.
[31] 蒋廷黻.中国近代史[M].北京：中国法制出版社,2016.
[32] 应星.新教育场域的兴起：1895—1926年[M].北京：三联书店,2017.
[33] 熊月之.西学东渐与晚清社会[M].上海：上海人民出版社,1994.
[34] 王树槐.基督教与清季中国的教育与社会[M].桂林：广西师范大学出版社,2011.
[35] 王李金.中国近代大学创立和发展的路径：从山西大学堂到山西大学1902—1937的考察[M].北京：人民出版社,2007.
[36] 苏云峰.三两江师范学堂：南京大学的前身,1903—1911[M].南京：南京大学出版社,2002.
[37] 郭秉文.中国教育制度沿革史[M].福州：福建教育出版社,2007.
[38] 张彬.从浙江看中国教育近代化[M].广州：广东教育出版社,1996.
[39] 史静寰.狄考文和司徒雷登在华的教育活动[M].台北：文津出版社,1991.
[40] 尹作升,李平生.斯文一脉（上）[M].济南：山东人民出版社,2014.
[41] 顾长声.传教士与近代中国[M].上海：上海人民出版社,2004.
[42] 杨思信,郭淑兰.教育与国权：1920年代中国收回教育权运动研究[M].北京：光明日报

出版社,2010.

[43] 余英时. 论戴震与章学诚：清代代中期学术思想史研究[M].北京：三联书店,2000.
[44] 杨思信,郭淑兰. 教育与国权[M].北京：光明日报出版社,2010：61.
[45] 尹文涓,编. 基督教与中国近代中等教育[M].上海：上海人民出版社,2007.
[46] 安徽省陶行知教育思想研究会. 陶行知一生[M].长沙：湖南教育出版社,1984.
[47] 周洪宇,刘来兵,主编. 全球视野的陶行知研究[M].北京师范大学出版社,2015.
[48] 周洪宇. 陶行知研究在海外（新编本）[M].北京：人民教育出版社2017.
[49] 余子侠. 山乡社会走出的人民教育：陶行知[M].湖北教育出版社1999.
[50] 周洪宇. 陶行知生活教育学说[M].湖北：湖北教育出版社,2011.
[51] 陈秀云,编. 我所知道的陈鹤琴[M].北京：金城出版社,2011.
[52] 黄书光. 陈鹤琴与现代中国教育[M].上海：上海教育出版社,1998.
[53] 上海市陈鹤琴教育思想研究会. 行走在"活教育"路上：教育转型背景下的陈鹤琴教育思想实践研究[M].桂林：广西师范大学出版社,2016.
[54] 蔡元培研究会,编. 论蔡元培[M].北京：旅游教育出版社,1989.
[55] 张晓唯. 蔡元培与胡适（1917—1937）——中国文化与自由主义[M].北京：中国人民出版社,2003.
[56] 苏玉章,等. 现代美国哲学[M].北京：人民出版社,1990.
[57] 舒新城. 近代中国留学生[M].北京：中华书局,1928.
[58] 张斌贤. 社会转型与教育变革——美国进步主义教育运动研究[M].湖南：湖南教育出版社,1998.
[59] 赵廷为. 教材及教学法通论[M].上海：商务印书馆,1947.
[60] 舒新城. 道尔顿制概观[M].北京：中华书局,1923.
[61] 庄泽宣. 如何使新教育中国化[M].北京：中华书局,1938.
[62] 舒新城. 中国教育建设方针[M].北京：中华书局,1937.
[63] 舒新城. 道尔顿制研究集[M].北京：中华书局,1924.
[64] 俞子夷. 一个小学十年努力记[M].北京：中华书局,1928.
[65] 廖世承. 东大附中道尔顿制实验报告[M].上海：商务印书馆,1925.
[66] 吕达,刘立德. 舒新城教育论著选[M].北京：人民教育出版社,2003.
[67] 廖世承,等. 施行新学制后之东大附中[M].北京：中华书局,1924.
[68] 庄泽宣. 我的教育思想[M].上海：中华书局,1934.
[69] 庄泽宣,陈学恂. 民族性与教育[M].香港：商务印书馆,1939.
[70] 余训培. 民国时期的图书馆与社会阅读[M].北京：清华大学出版社,2013.
[71] 庄泽宣,徐锡麟. 民众教育通论[M].上海：中华书局,1934.
[72] 生活书店编译所. 生活文选（第1集）[C].上海：生活·读书·新知三联书店,2012.
[73] 庄泽宣. 改造中国教育之路[M].上海：中华书局,1946.
[74] 苏培成. 二十世纪的现代汉字研究[M].太原：书海出版社,2001.
[75] 朱智贤. 朱智贤全集（第2卷）[M].北京：北京师范大学出版社,2002.
[76] 刘宝瑞,秦亚欧,朱成涛. 民国图书馆学文献学著译序跋辑要[C].北京：国家图书馆出版社,2012.
[77] 周谷平,张雁,孙秀玲,郭晨虹. 中国近代大学的现代转型：移植、调适与发展[M].杭州：浙江大学出版社,2012.

[78] 马勇.梁漱溟教育思想研究[M].沈阳:辽宁教育出版社,1994.

[79] 韦善美,程刚.雷沛鸿教育思想研究[M].沈阳:辽宁教育出版社,1994.

[80] 桑兵,关晓红.先因后创与不破不立:近代中国学术流派研究[M].北京:生活·读书·新知三联书店,2007.

[81] 中国社会科学院近代史研究所民国史研究室,四川师范大学历史文化学院.一九三〇年代的中国(下卷)[C].北京:社会科学文献出版社,2006.

[82] 《交通大学校史》撰写组,编.交通大学校史资料选编(第1卷)1896—1927[G].西安:西安交通大学出版社,1986.

[83] 田正平.中国教育史研究(近代分卷)[M].上海:华东师范大学出版社,2009.

[84] 陈学恂,高奇.中国教育史研究(现代分卷)[M].上海:华东师范大学出版社,2009.

[85] 施良方.课程理论:课程的基础,原理与问题[M].北京:教育科学出版社,1996.

[86] 邓文正.细读《政治学》[M].北京:生活·读书·新知三联书店,2019.

[87] 古楳.现代中国及其教育[M].上海:中华书局,1934.

[88] 刘百川.小学校长与教师[M].上海:商务印书馆,1935.

[89] 刘百川.乡村教育实施记(第2集)[M].上海:黎明书局,1936.

[90] 刘百川.一个小学校长的日记[M].北京:华文出版社,2012.

[91] 刘百川.乡村教育实施记(第1集)[M].上海:黎明书局,1936.

[92] 刘百川,沈慰霞,章柳泉.教育行政[M].成都:建华书局,1942.

[93] 庄泽宣.教育概论[M].福州:福建教育出版社,2006.

[94] 崔运武.舒新城教育思想研究[M].沈阳:辽宁教育出版社,1994.

[95] 龚启昌.中学普通教学法(下册)[M].福州:福建教育出版社,2006.

[96] 陈达,符宗韩,陈朝岫,潘谦.小学校道尔顿制实验报告[M].上海:商务印书馆,1924.

[97] 赵宗预.设计式的各科教学法[M].上海:商务印书馆,1928.

[98] 陶行知.教学做合一讨论集[M].上海:商务印书馆,1930.

[99] 杨逸群.小学校道尔顿制实施法[M].北京:中华书局,1936.

[100] 王策三.教学论稿(第2版)[M].北京:人民教育出版社,2005.

[101] 北京市教育科学研究所编.百年老校话今昔[M].北京:北京市教育科学研究所,1986.

[102] 龚家玮.广西新教育之观感[M].南宁:广西普及国民基础教育研究院,1936.

[103] 黄旭初.中国建设与广西建设[M].桂林:建设书店,1939.

[104] 李华兴.民国教育史[M].上海:上海教育出版社,1997.

[105] 黄书光.中国基础教育改革的历史反思与前瞻[M].天津:天津教育出版社,2006.

[106] 于述胜.中国教育制度通史(第七卷)[M].济南:山东教育出版社 2000.

[107] 苏步青.中学百科全书[M].华东师范大学出版社,1994.

[108] 刘清波.民法概论[M].台湾:开明书店,1979.

[109] 人民教育出版社,编.毛泽东同志论教育工作[M].北京:人民教育出版社,2000.

[110] 王炳照.简明中国教育史[M].北京:北京师范大学出版社,2012.

[111] 陈桂生.中国革命根据地教育史[M].上海:华东师范大学出版社,2015.

[112] 顾明远.中国教育大系　20世纪中国教育[M].武汉:湖北教育出版社,2015.

[113] 常春元.新民主主义教育教程[M].上海:上海杂志公司,1950.

[114] 郭大松,杜学霞.中国第一所现代大学　登州文会馆[M].济南：山东人民出版社,2012.
[115] 陶钝.一个知识分子的自述[M].济南：山东人民出版社,1987.
[116] 张侠.鲁中南妇女运动史　抗日战争解放战争时期[M].济南：山东大学出版社,1993.
[117] 吕型伟.上海普通教育史(1949—1989)[M].上教育出版社,1994.
[118] 谢济堂.闽西苏区教育[M].厦门：厦门大学出版社,1989.
[119] 汪霞.国外中小学课程演进[M].济南：山东教育出版社,2000.
[120] 皇甫束玉,宋荐戈,龚守静.中国革命根据地教育纪事(1927—1949)[M].北京：教育科学出版社,1989.
[121] 方晓东,等.中华人民共和国教育史纲[M].海口：海南出版社,2002.
[122] 张荣伟.新中国教育实验改革[M].天津：天津教育出版社,2010.
[123] 段发明.新中国"红色"课本研究[M].北京：知识产权出版社,2015.
[124] 段力佩.段力佩教育文集[M].上海：上海教育出版社,1982.
[125] 王一兵.八十年代发达国家教育改革的动向和趋势述评[M].北京：人民教育出版社,1994.
[126] 孙翠香."利益博弈"中的变革力量——学校变革动力研究[M].天津：南开大学出版社,2014.
[127] 杨小微,刘良华.学校转型性变革的方法论[M].北京：教育科学出版社,2010.
[128] 叶澜.中国基础教育改革发展研究[M].北京：中国人民大学出版社,2009.
[129] 张文昌.中学教务研究[M].上海：民智书局,1933.
[130] 袁振国.论中国教育政策的转变：对我国重点中学平等与效益的个案研究[M].广州：广东教育出版社,1999.
[131] 李进.上海教育发展60年重大事件纪实[M].上海：上海教育出版社,2010.
[132] 崔相录.素质教育——中小学教育改革的主旋律[M].济南：山东教育出版社,1999.
[133] 崔相录.中小学多样化特色化大趋势[M].北京：教育科学出版社,1998.
[134] 朱小蔓.对策与建议：2005—2006年度教育热点难点问题分析[M].北京：教育科学出版社,2006.
[135] 施家琦.奠基工程：一个县的教育改革[M].北京：人民教育出版社,1995.
[136] 熊明安,喻本伐.中国当代教育实验史[M].济南：山东教育出版社,2005.
[137] 王敏勤.国内著名教改实验评介[M].青岛：青岛海洋大学出版社,1993.
[138] 杨小微.整体转型：当代学校变革"新走向"[M].南京：江苏教育出版社,2012.
[139] 胡俊生,符永川,高生军.空心村·空壳校·进城潮——陕北六县农村教育调查研判[M].北京：高等教育出版社,2015.
[140] 陈效民.走向优质均衡的本土创新——上海市学校委托管理及其评估研究[M].上海：上海教育出版社,2014.
[141] 顾志跃.中小学生课业负担状况调查与分析[M].南宁：广西教育出版社,1999.
[142] 钱在森,等.困难初中改革之路[M].上海：华东师范大学出版社,1992.
[143] 中国教育报编辑部.中华师魂[M].长春：吉林教育出版社,1999.
[144] 叶澜,李政涛,等."新基础教育"研究史[M].北京：教育科学出版社,2010.
[145] 钟启泉,崔允漷.新课程的理念与创新(师范生读本)[M].北京：高等教育出版社,2003.
[146] 吴德刚.西藏教育调查[M].北京：中共中央党校出版社,2005.

[147] 中国中小学幼儿教师奖励基金会,全国中小学整体改革专业委员会.素质教育的整体改革与实验[M].北京:中国和平出版社,1996.

[148] 华东师大教科所,华东师大附小综合实验组.未来小学教育探索[M].上海:华东师范大学出版社,1986.

[149] 恽昭世.走向未来的学校:中小学教育模式探讨[M].北京:人民教育出版社,1993.

[150] 徐亦尤,胡克英.小学教育整体改革实验报告[M].北京:教育科学出版社,1988.

[151] 杨小微,旷习模.中小学整体改革实验[M].成都:四川教育出版社,1997.

[152] 刘家访,余文森,洪明.现代课程论基础教程[M].长春:东北师范大学出版社,2007.

[153] 教育部基础教育司.走进新课程——与课程实施者对话[M].北京:北京师范大学出版社,2002.

[154] 钱澜.草根情怀教育:全球视野中小学素质教育的本土建构[M].南京:江苏人民出版社,2017.

[155] 素质教育调研组.共同的关注——素质教育系统调研[M].北京:教育科学出版社,2006.

[156] 许世红,等.基础教育学生评价研究:历史沿革、现实状况与未来走向[M].广州:广东高等教育出版社,2014.

[157] 教育部基础教育司,教育部师范教育司.校本教研与教师专业发展[M].北京:高等教育出版社,2004.

[158] 徐晖.新共同体——区域推进基础教育优质均衡发展的江干模式[M].上海:上海教育出版社,2017.

[159] 徐继存,张广君.当代课程论文选[C].济南:山东教育出版社,2013.

[160] 何学锋.根深叶茂:老校在变革中焕发活力——上海市闵行区实验小学"新基础教育"研究变革史[M].福州:福建教育出版社,2014.

[161] 改革开放以来的教育发展历史成就和基本经验研究课题组.改革开放30年中国教育重大历史事件[M].北京:教育科学出版社,2008.

[162] 史及伟.杭州蓝皮书2006年杭州发展报告(社会卷)[M].杭州:杭州出版社,2006.

[163] 张云鹰.开放式教育[M].北京:教育科学出版社,2016.

[164] 刘京海.成功教育[M].福州:福建教育出版社,2007.

[165] 顾明远.中国教育大百科全书(第4卷)[M].上海:上海教育出版社,2012.

[166] 王本陆.中国教育改革30年 课程与教学卷[M].北京:北京师范大学出版社,2009.

[167] 叶澜.全球化、信息化背景下的中国基础教育改革研究报告集[R].上海:华东师范大学出版社,2004.

[168] 张向众,叶澜."新基础教育"研究手册[M].福州:福建教育出版社,2014.

[169] 叶澜."生命·实践"教育学论著系列三——合作校变革史丛书[M].福州:福建教育出版社,2014.

[170] 李家成."新基础教育"学生发展与教育指导纲要[M].桂林:广西师范大学出版社,2009.

[171] 吴亚萍.学校转型中的教学改革[M].北京:教育科学出版社,2009.

[172] 吴亚萍."新基础教育"数学教学改革指导纲要[M].桂林:广西师范大学出版社,2009.

[173] 叶澜."新基础教育"论——关于当代中国学校变革的探究与认识[M].北京:教育科学

出版社,2006.

[174] 李伟平,姜明红.整体化成:始于理念成于生存方式——常州市局前街小学"新基础教育"研究变革史[M].福州:福建教育出版社,2014.

[175] 叶澜."生命·实践"教育学论丛(回望,立场,基因,命脉)[C].桂林:广西师范大学出版社,2007—2009.

[176] 邬志辉.教育全球化:中国的视点与问题[M].上海:华东师范大学出版社,2004.

[177] 杨小微,李家成."新基础教育"发展性研究专题论文案例集(上)[M].北京:中国轻工业出版社,2004.

[178] 黄书光,等.文化差异与价值整合—百年中国基础教育改革进程中的思想激荡[M].北京:教育科学出版社,2011.

[179] 郭戈.李廉方教育思想研究[M].北京:教育科学出版社,1995.

[180] 李吉林.李吉林与情境教育[M].北京:北京师范大学出版社,2006.

[181] 李吉林.情境教育精要[M].北京:教育科学出版社,2016.

[182] 顾泠沅.教学实验论:青浦实验的方法学与教学原理研究[M].教育科学出版社,1994.

[183] 顾泠沅,郑润洲,李秀玲.青浦实验启示录[M].上海:上海教育出版社,1999.

[184] 刘京海.践行成功[M].上海:上海三联书店,2011.

[185] 黎世法.异步教学论[M].武汉:湖北教育出版社,1989.

[186] 黎世法.异步教育学(新版)[M].北京:新华出版社,2003.

[187] 张荣伟.中国教育改革大系(教育实验卷)[M].武汉:湖北教育出版社,2016.

[188] 黄忠敬.基础教育发展的中国之路[M].上海:华东师范大学出版社,2016.

(二) 外文译著与原著

[1] [德]阿尔弗雷德·韦伯.文化社会学视域中的文化史[M].上海:上海世纪出版集团,2006.

[2] [英]罗伯特·艾伦.近代英国工业革命揭秘 放眼全球的深度透视[M].杭州:浙江大学出版社,2012.

[3] [意]卡洛·M.奇波拉.欧洲经济史(第三卷)工业革命[M].北京:商务印书馆,1989.

[4] [美]约翰·S·布鲁巴克.教育问题史[M].济南:山东教育出版社,2012.

[5] [德]鲍尔生.德国教育史[M].北京:人民教育出版社,1986.

[6] [美]约翰·杜威,[美]爱丽丝·C.杜威.杜威家书 1919年所见中国与日本[M].[美]伊凡琳·杜威,编,刘幸,译.北京:北京师范大学出版社,2016.

[7] [英]克里斯托弗·戈托-琼斯.现代日本[M].南京:译林出版社,2014.

[8] [美]丁韪良.花甲忆记[M].上海:学林出版社,2019.

[9] [美]丁韪良.花甲忆记:一位美国传教士眼中的晚清帝国[M].桂林:广西师范大学出版社,2004.

[10] [美]毕乃德.洋务学堂[M].杭州:杭州大学出版社,1993.

[11] [美]芮玛丽.同治中兴 中国保守主义的最后抵抗 1862—1874[M].北京:中国社会科学出版社,2002.

[12] [英]李提摩太.亲历晚清四十五年:李提摩太在华回忆录[M].天津:天津人民出版社,2005.

[13] [英]苏慧廉.李提摩太在中国[M].桂林：广西师范大学出版社,2007.
[14] [日]实藤惠秀.中国人留学日本史[M].北京：生活·读书·新知三联书店,1983.
[15] [日]同文館編輯局.日本教育文庫·学校篇[M].東京：同文館,1911.
[16] [日]岩内亮一.教育学用語辞典[M].東京：学文社,1980.
[17] [日]石川謙.近世教育史の諸問題[M].東京：大空社,1997.
[18] [日]教育週報社.明治大正教育教授物語[M].東京：大空社,1998.
[19] [日]陈永明.中国と日本の教師教育制度に関する比較研究[M].东京：株式会社ぎょうせい,1994.
[20] [日]汪婉.清末中国对日教育视察の研究[M].東京：汲古書院,1998.
[21] [日]永井道雄.近代化与教育[M].长春：吉林人民出版社,1984.
[22] [美]凯瑟琳·坎普·梅林,安娜·坎普·爱德华兹.杜威学校[M].王承绪,等,译.上海：华东师范大学出版社,1991.
[23] [美]约翰·杜威.杜威全集·中期著作(1899—1924)第二卷(1902—1903)[M].张留华,译.上海：华东师范大学出版社,2012.
[24] [美]简·杜威,等.杜威传[M].单中惠,编译,合肥：安徽教育出版社,2009.
[25] [美]迈克·富兰.变革的力量——透视教育改革[M].北京：教育科学出版社,2000.
[26] [美]海伦·帕克赫斯特.道尔顿制教育计划[M].陈金芳,等,译,北京：北京大学出版社,2005.
[27] [美]亨廷顿.文明的冲突与世界秩序的重建[M].周琪,等,译.北京：新华出版社,1998.
[28] [美]杜威.学校与社会·明日之学校[M].赵祥麟,等,译.北京：人民教育出版社,1994.
[29] [美]艾恺.最后的儒家：梁漱溟与中国现代化的两难[M].王宗昱,冀建中,译,南京：江苏人民出版社,2011.
[30] [美]杜威.民主主义与教育[M].王承绪,译.北京：人民教育出版社,2012.
[31] [美]杜威.杜威全集(第八卷)[M].俞吾金,孔慧,译.上海：华东师范大学出版社,2012.
[32] [加]许美德[法]巴斯蒂.中外比较教育史[M].上海：上海人民出版社,1990.
[33] [英]诺武德.英国教育制度[M].李鼎声,译.上海：商务印书馆,1935.
[34] [挪威]波·达林.理论与战略：国际视野中的学校发展[M].范国睿,主译.北京：教育科学出版社,2002.
[35] [美]约翰·汤姆林森.全球化与文化[M].郭英剑,译.北京：南京大学出版社,2002.
[36] [德]马克思.马克思主义经典著作选读[C].北京：人民出版社,1997.
[37] [英]大卫·霍克里奇,汤姆·文森.教育技术与课堂教学[M].宋旸,译.北京：北京师范大学出版社,2006.
[38] [法]布尔迪约,帕斯隆.再生产——一种教育系统理论的要点[M].北京：商务印书馆,2002.
[39] [美]赫舍尔.人是谁[M].隗仁莲,安希孟,译,贵阳：贵州人民出版社,1995.
[40] [美]R.麦克法夸尔,费正清.剑桥中华人民共和国史(上卷)[M].中国社会科学出版社,1990.
[41] [德]马克思,恩格斯.马克思恩格斯选集(第1卷)[M].北京：人民出版社,1995.
[42] [德]埃德蒙德·胡塞尔.欧洲科学危机和超验现象学[M].张庆熊,译.上海：上海译文出版社,1988.

[43] Hans Khon. The Idea of Nationalism: A Study of Its Origins and Background [M]. New York: The Macmillan Company, 1946.

[44] Elie Kedourie. Nationalism [M]. New York: The Humanities Press, 1901.

[45] Ho Ping-ti. The Ladder of Success in Imperial China: Aspects of Social Mobility, 1368-1911, [M]. New York: Wiley, 1964.

[46] Benjamin Elman. A Cultural History of Civil Examinations in Late Imperial China, [M]. Berkeley: University of California Press, 2000.

[47] R. P. Dore. Education in Tokugawa Japan. [M]. Berkeley: University of California Press, 1965.

[48] Rebekah Clements. A Cultural History of Translation in Early Modern Japan [M]. Cambridge: Cambridge University Press, 2015.

[49] Okakura Kakuzo. The Awakening of Japan. [M]. New York: The Century Co., 1905.

[50] Hargreaves, A, & Shirley, D. The Fourth Way: the Inspiring Future of Educational Change [M]. Thousand Oaks, CA: Corwin, 2009.

[51] VAN DIJK, J. The Evolution of the Digital Divide: The Digital Divide Turns to Inequality of Skills and Usage [M]. Amsterdam: IOS Press, 2012.

[52] OECD. Student, computers and learning: Making the connection [M]. Paris: OECD Publishing, 2015.

[53] World Bank. World development report 2016: Digital dividends [M]. World Bank: Washington, DC, 2016.

[54] Chai-hsuan Chuang: Tendencies toward a Democratic System of Education in China, [M]. Shanghai: Commercial Press, 1922.

三、报纸期刊文章

（一）报纸文章

[1] 李提摩太. 新政策[N]. 万国公报, 1896.

[2] 办理山西耶稣教案章程[N]. 万国公报, 1901.

[3] 琉球述闻[N]. 申报, 1884-06-28.

[4] 扶桑载笔[N]. 申报, 1885-10-22.

[5] 东瀛佳话[N]. 申报, 1887-05-02.

[6] 振兴学校论[N]. 申报, 1890-06-23.

[7] 太常寺少堂盛告白[N]. 申报, 1897-03-01.

[8] 师范学堂[N]. 申报, 1897-03-07.

[9] 论盛京卿创设师范学堂之善[N]. 申报, 1897-03-05.

[10] 论中国创兴师范学堂事[N]. 益闻录, 1897-03-24.

[11] 考取师范[N]. 申报, 1897-03-13.

[12] 太常寺少堂盛续考覆试师范生示[N]. 申报, 1897-03-23.

[13] 师范学堂第三次考取名单[N]. 申报, 1897-04-01.

[14] 招覆师范生示[N]. 申报, 1897-04-25.

[15] 直督通饬从速筹款添设初级师范学堂札[N]. 申报, 1905-10-07.

[16] 川督奏陈学务情形[N].申报,1905-11-09.
[17] 两广总督岑等奏为筹设两广游学预备科造就高等师范请饬立案以免中辍折[N].申报,1905-11-25.
[18] 教育部布告第八号[N].政府公报(第481号),1917-05-14.
[19] 教育部布告第六号[N].政府公报(第1131号),1919-03-29.
[20] 教育部布告第十一号[N].政府公报(第1710号),1920-11-19.
[21] 中央财政报告[N].天津公报,1935-05-16.
[22] 教育学研究所.教育学研究所对于大学院编订课程之意见[N].国立中山大学日报,1928-11-15.
[23] 朱晓玲.网络在线课程可能会扩大教育不公平[N].中国教育报,2013-04-02.
[24] 叶澜."生命·实践"教育学派的教育信条[N].光明日报,2017-02-21.
[25] 燕国材.应重视非智力因素的培养[N].光明日报,1983-02-11.
[26] 毕晓莹.从北京育英学校看教会学校与中国现代教育[N].团结报,2011-12-08.
[27] 李斌.让教育自由呼吸[N].中国青年报,2014-04-15.
[28] 张建新,薛飞.初中毕业生综合素质评价取代"一考定终身"[N].中国青年报,2007-09-16.
[29] 李建平.课改:教师直面"蜕变"[N].中国教育报,2002-02-07.
[30] 程聚新.《2011年教师评价新课改的网络调查报告》显示不足三成教师对新课改成效满意[N].人民日报,2011-10-24.
[31] 国家教育督导团.国家教育督导报告2005(摘要)[N].中国教育报,2006-02-24.
[32] 赵秀红,余冠仕.均衡是义务教育发展的方向[N].中国教育报.2006-09-11.
[33] 谢湘,董伟,李斌.北京示范校让农村教师看了难过[N].中国青年报,2003-09-15.
[34] 叶圣陶.我呼吁[N].人民日报,1981-11-26.
[35] 社会主要矛盾转化,教育如何应对[N].中国教育报,2018-03-07.

(二)期刊文章

1. 近代期刊文章

[1] 各属初级师范学堂职员学生人数一览表[J].直隶教育杂志,1907(7).
[2] 本处招考初级师范学生告示[J].教育杂志(天津),1905(2).
[3] 张彬.保定初级师范学堂开学演说[J].教育杂志(天津),1905(2).
[4] 陈启天.我们主张收回教育权的理由与办法[J].中华教育界,1924(8).
[5] 基督教大学中国行政人员会议的结果[J].中华基督教教育季刊,1925,1(1).
[6] 中华基督教教育界宣言[J].中华基督教教育季刊,1925,1(2).
[7] 刘湛恩.五卅惨案与教会学校[J].中国基督教教育季刊,1925,1(3).
[8] 吴雷川.教会学校的已往及其将来[J].中国基督教教育季刊,1927,3(1).
[9] 刘廷芳.会长通函第三号:为解释部令第十六号第五条事[J].中华基督教教育季刊,1926,2(3).
[10] 杨效春.基督教之宣传与收回教育权运动[J].中华教育界,1925,14(8).
[11] 赵乃传.科学的态度与新教育[J].新教育评论,1925,1(1).
[12] 舒新城.道尔顿制可有的弊端[J].中华教育界,1923,13(2).

[13] 舒新城.什么是道尔顿制[J].教育杂志,1922(11).
[14] 舒新城.畅吾庐教育日记[J].中华教育界,1923,13(2).
[15] 雷沛鸿.中国教育的新要求[J].教育杂志,1930,22(4).
[16] 简冠三.由中国经济的立场观察中国的近代教育[J].教育杂志,1930,22(10).
[17] 陶行知.胡适的普及教育理论[J].生活教育,1935,(24).
[18] 陈独秀.近代西洋教育——在南开学校的演讲[J].新青年,1917(5).
[19] 沈百英.参观南高附小杜威院,维城院记略[J].教育杂志,1923(11).
[20] 侯鸿鉴.四十年来江苏教育之回顾[J].江苏教育,1932(9).
[21] 李邦和.小学旧教法中参用新教法之试验方案[J].教育杂志,1927,19(11).
[22] 沈仲九.国文科试行道尔顿制的说明[J].教育杂志,1922,14(11).
[23] 俞子夷.小学实施道尔顿制的批评[J].中华教育界,1925,15(5).
[24] 薛纯德.如何改进中学训育[J].今论衡半月刊,1938,1(6-7).
[25] 李垂铭.小学训育的理论与实施[J].江西教育行政旬刊,1932,2(4).
[26] 韬奋.读几篇教育革命的文章[J].生活(上海1925A),1930(25).
[27] 山夫.三民主义教育通论(续)[J].新广西旬报,1928,2(13).
[28] 崔载阳.批评小学课程暂行标准[J].教育研究(广州),1929(16).
[29] 杨奎松."七七事变"前部分中间派知识分子抗日救亡主张的异同与变化[J].抗日战争研究,1992(02).
[30] 崔载阳,方惇颐.根本改造我国小学课程之尝试[J].教育研究(广州),1934(51).
[31] 崔载阳.如何使小学课程主义化,儿童化,效率化[J].教育研究(广州),1929.
[32] 四年制小学民族中心课程大纲.教育研究(广州),1934(51).
[33] 崔载阳,戚焕尧.一个国民基本教育的试验:民族中心小学课程的实验[J].中华教育界,1947(8).
[34] 崔载阳.民族中心教育的基本理论[J].教育研究,1935(60).
[35] 方惇颐.民族中心制小学课程编制之演进[J].教育研究,1935(60).
[36] 梁瓯第.民族中心制小学政治基础教育[J].教育研究,1935(60).
[37] 谭允恩.民族中心制小学军事基础教育[J].教育研究,1935(60).
[38] 伍慕英.民族中心制小学经济基础教育[J].教育研究,1935(60).
[39] 周葆儒.筹办龙眼洞乡村教育实验区的经过[J].教育研究,1935(59).
[40] 各所一年来概况:教育研究所一年来概况[J].国立中山大学研究院年刊,1936.
[41] 舜凡.我们的下一代:记广东儿童教养院[J].妇女共鸣,1943,12(5/6).
[42] 吴菊芳.认识本职:广东儿童教养院吴院长给该院导师的一封信[J].浙江妇女,1941(6).
[43] 崔载阳.我的民族教育信念[J].教育通讯,1938(17).
[44] 沈百英.参观南高附小杜威院维城院记略[J].教育杂志,1923(11).
[45] 杨汝熊.江苏省立大港乡村教育实验区工作现况一瞥[J].乡村建设,1936(5).
[46] 张信炎.乡村教育观感记:大港镇社会的观察[J].乡村教育,1936(2).
[47] 王钟琳.大港乡村教育实验区生活学校创设之经过及其计划[J].江苏教育(苏州1932),1934(3).
[48] 苏省地方自治实验事业概况:江苏省立大港乡村教育实验区施行计划大纲[J].苏声月刊,1934(5).

[49] 省教机关工作之部.大港乡村教育实验区：半年来工作概况[J].江苏教育（苏州 1932），1935(4).

[50] 刘百川.接办大港乡教实验区以后[J].山东民众教育月刊,1936(1).

[51] 张鹏鼎.乡村教育观感记：到大港镇的第一日[J].乡村教育,1937(5).

[52] 蔡爱璧.大港乡村教育实验区女教师的自我素描[J].女子月刊,1937(5).

[53] 省立大港乡村教育实验区.一刻教育[J].江苏省小学教师半月刊,1934(11).

[54] 张锡昌.怎样免除设计教学的弊端[J].中华教育界,第 14 卷,(12).

[55] 王雅,黄炎,舒新城.关于道尔顿制之讨论[J].教育杂志,1923,15(11).

2. 现代期刊文章

[1] 吴研因.北京市小学实验五年一贯制两年来的初步经验[J].人民教育,1952(12).

[2] 瞿葆奎.如何在教育学领域中实现"百家争鸣"[J].人民教育,1956(11).

[3] 陶补湟.百家争鸣中的几个问题[J].江苏教育,1956(10).

[4] 张际春.展开人民教育大跃进,人民教师红专大跃进——与"人民教育"编辑同志谈教育的大跃进[J].人民教育,1958(04).

[5] 陈之璘.忆苏联幼儿教育专家戈林娜同志[J].江苏教育,1957(21).

[6] 王平秀.苏联专家安德洛索夫同志对我的教育[J].江苏教育,1957(21).

[7] 郑琪.学习苏联经验中的问题[J].人民教育,1953(2).

[8] 江苏省中苏友好协会宣传部.苏联教育专家在中国[J].江苏教育,1957(21).

[9] 进一步学习苏联的先进教育经验——迎接中苏友好月[J].人民教育,1952(11).

[10] 常州市教育局.我市初等教育学习苏联获得了成绩[J].江苏教育,1957(21).

[11] 何伟.办好半农半读学校,促进农村教育革命[J].人民教育,1965(7).

[12] 天津市第二教育局.天津市试办半工半读学校工作总结[J].人民教育,1965(12).

[13] 斯霞.分散识字浅见[J].教育研究,1979(1).

[14] 斯霞.我的教学生涯[J].小学语文教学,2010(3).

[15] 斯霞.再谈随课文识字[J].小学教学研究,1980(3).

[16] 斯霞.我的识字教学观[J].小学语文教学,2010(3).

[17] 斯霞.多快好省地提高小学语文教学质量[J].江苏教育,1960(12).

[18] 斯霞.谈谈小学语文教师的基本功[J].河南教育,1979(6).

[19] 斯霞.谈随课文识字[J].小学语文教学,2010(1).

[20] 段力佩.一个班减轻学生负担的初步经验[J].人民教育,1964(3).

[21] 段力佩.育才中学的教育改革[J].教师博览,1995(5).

[22] 段力佩.教育改革的指导思想和实践（一）[J].教育科研,1984(2).

[23] 王乃信.深化基础教育管理体制改革研究[J].教育研究,1996(5).

[24] 苏春景.关于我国教学法改革实验的统计分析[J].教育研究与实验,1992(2).

[25] 卜玉华.学校变革三十年：进步与转型[J].教育科学研究,2008(07).

[26] 钱澜.草根化学术沙龙与校长课程领导力[J].江苏教育研究.2007(7).

[27] 马云鹏.基础教育课程改革：实施进程,特征分析与推进策略[J].课程教材教法,2009(4).

[28] 吴刚.我国教育评价发展的回顾与展望[J].教育研究,2000(8).

[29] 黎天宇.廖世承教育实验思想和实践[J].当代教育论坛,2004(3).

[30] 李静蓉.廖世承教育实验活动及思想[J].教育研究与实验,1996(3).
[31] 许雪莲.抗战时期广东儿童教养院保育工作述评[J].广东党史,2005(3).
[32] 肖微.抗战时期广东儿童教养院的教养管理[J].党史与文献研究,2018(3).
[33] 杨来恩."校长"称谓流变与近代中国教育的发展[J].集美大学学报(教育科学版),2016,17(06).
[34] 刘古平.刘百川先生年表(一)[J].徐州师范大学学报(教育科学版),2010(3).
[35] 罗志田.从文化看复兴与崛起[J].读书,2014(11).
[36] 黄书光.从"仿美"到"学苏":共和国基础教育改革的方向转移[J].杭州师范大学学报(社会科学版),2010(6).
[37] 陶文中.北京市基础教育课程改革十年学科教学的进展与问题[J].教育科学研究 2012(7).
[38] 高凌飚,钟媚.课程改革试验区学生学习方式调查[J].基础教育课程.2005(8).
[39] 崔允漷.新课程"新"在何处?——解读《基础教育课程改革纲要(试行)》[J].教育发展研究,2001.
[40] 宋旭辉,金正扬.从"传统疗法"到"手术疗法"——上海市静安区教育局局长袁是人谈"薄弱学校更新工程"[J].人民教育,1996(4).
[41] 吴康宁.及早谋划省域义务教育基本均衡发展的国家战略[J].教育研究与实验,2015(2).
[42] 杨小微.我国学校变革区域推进中合作的三种类型[J].中国教育学刊,2009(7).
[43] 刘海峰.一流大学建设中的公平与效率问题[J].探索与争鸣,2016(7).
[44] 杨小微.探寻区域义务教育优质均衡发展的新机制——以集团化办学为例[J].教育发展研究,2014(24).
[45] 郭元祥,彭雪梅."素质教育"向何处去[J].教育研究与实验,1997(2).
[46] 杨天宏.民族主义与中国教会教育的危机——北洋时期收回教育权运动之背景分析[J].社会科学研究,2006(5).
[47] 侯怀银.20世纪上半叶教育学在中国引进的回顾与反思[J].教育研究,2001(12).
[48] 马晓强,都李萍.教学组织形式的嬗变与网络教学[J].教育研究,2002(4).
[49] 谢文庆.论近代知识分子转型及其教育推动力[J].湖南师范大学教育科学学报,2012,(5):86.
[50] 谢文庆.中国百年教育变革的本土化审视[J].教育研究与实验,2012,(5).
[51] 黄书光.中国教育现代化变革的文化透视[J].教育发展研究,2017,37(04).
[52] 费孝通.跨文化的"席明纳"——人文价值再思考之二[J].读书,1997(10).
[53] 李宏图.论近代西欧民族主义和民族国家[J].世界历史,1994(06).
[54] 初育国.试论民族国家的演进及现状[J].北京大学学报(哲学社会科学版),2003(04).
[55] 常明明.英国经济结构在工业革命中的变化[J].财经政法资讯,2001(2).
[56] 程西筠.论19世纪英国初等教育改革[J].世界历史,1989(4).
[57] 李子江,卢嘉濠.19世纪英国公学改革论[J].河北师范大学学报(教育科学版),2016(1).
[58] 肖菊梅.清末民初赫尔巴特"五段形式教学阶段"的导入及推广——以汤本武比古的《教授学》为考察中心[J].教师教育学报,2014,1(06).
[59] 孙世庆.中国之初等教育[J].北京师大教育丛刊,1923(4-2).
[60] 杨晓.清末赫尔巴特"形式教学阶段"传入的中国变式[J].教育科学,2000(1).
[61] 瞿葆奎.中国教育学百年(上)[J].教育研究,1998(12).

[62] 齐姗. 赫尔巴特教育学何以在中国扎根[J]. 教育理论与实践,2018(7).

[63] 侯怀银,祁东方. 赫尔巴特《普通教育学》在中国的传播及其影响[J]. 教育理论与实践,2017(10).

[64] 吴洪成,姜柏强. 赫尔巴特五段教授法在中国:引进,实践及反思[J]. 徐州工程学院学报(社会科学版),2014(2).

[65] 肖朗,肖菊梅. 清末民初教学论的知识结构,特征及其影响——以教材文本分析为中心[J]. 社会科学战线,2013(1).

[66] 申光荣. 亚洲的近代化与"东道西器"论和亚洲价值观的辩论[J]. 当代韩国,2005(01).

[67] 刘海玲. 耶稣会文化适应策略源头之考察——论沙勿略时期"同宿"身份的形成[J]. 基督教文化学刊,2016(01).

[68] 武安隆. 从"和魂汉才"到"和魂洋才"——兼说"和魂洋才"和"中体西用"的异同[J]. 日本研究,1995(01).

[69] 袁晓晶. 癸卯学制中的"中体西用"观与儒家教化的近代危机[J]. 教育学报,2013(05).

[70] 贺晓舟. 晚清政府选择明治日本学制的原因探析[J]. 华东师范大学学报(教育科学版),2012(04).

[71] 张海荣. 清末三次教育统计图表与"学部三折"[J]. 近代史研究,2018(02).

[72] 刘广京. 一八六七年同文馆的争议——洋务运动专题研究之一[J]. 复旦学报(社会科学版),1982(05).

[73] 罗志田. 传教士与近代中西文化竞争[J]. 历史研究,1996(06).

[74] 郑晓沧. 浙江两级师范和第一师范校史志要——近代浙江地方教育史资料之一[J]. 杭州大学学报,1959(04).

[75] 夏泉,程强强. 广州圣三一中学学潮与收回教会教育权运动的发轫[J]. 民国档案,2010(04).

[76] 陈钊. 党化教育与教会学校:广州国民政府时期圣心,圣三一中学学潮[J]. 南京理工大学学报(社会科学版),2015,28(06).

[77] 李勤. 对集团化学校管理组织结构变革的探讨[J]. 中小学管理,2006(9).

[78] 端阳. 教师与学生一起成长——访广东深圳西乡街道中心小学校长张云鹰[J]. 人民教育,2008(17).

[79] 张云鹰. 配方课程:开放个性发展空间[J]. 人民教育,2014(9).

[80] 张贵勇. "学校就该有学校的样子"——深圳市坪洲小学校长张云鹰谈学校设计[J]. 未来教育家,2014(3).

[81] 李勤. 对集团化学校管理组织结构变革的探讨[J]. 中小学管理,2006(9).

[82] 钱澜,张勤坚. 文化融合视野中的学校共同体建设:太仓市实验小学托管九曲小学,直塘小学的个案研究[J]. 江苏教育研究,2011(28).

[83] 别敦荣. 论高校内涵发展[J]. 中国高教研究,2016(5).

[84] 张德祥,林杰. "高等教育内涵式发展"本质的历史变迁与当代意蕴[J]. 国家教育行政学院学报,2014(11).

[85] 张景斌. 大学与中小学的伙伴协作:动因,经验与反思[J]. 教育研究.2008(3).

[86] 吴康宁. 从利益联合到文化融合:走向大学与中小学的深度合作[J]. 南京师大学报(社会科学版).2010(3).

[87] 周玉芝,石旸,张洲,崔香顺.芬兰基础教育阶段教师的培养及课程改革[J].中学化学教学参考,2017(21).

[88] 王建梁,郭万婷.融入全球 追求卓越——澳大利亚国家课程的特点与启示[J].外国中小学教育,2014(3).

[89] 祝智庭,管珏琪,丁振月.未来学校已来:国际基础教育创新变革透视[J].中国教育学刊,2018(9).

[90] 李杨,曾小平.PISA2018全球胜任力评测[J].外国中小学教育,2018(5).

[91] 张济洲,黄书光.隐蔽的再生产:教育公平的影响机制——基于城乡不同阶层学生互联网使用偏好的实证研究[J].中国电化教育,2018(11).

[92] 余达忠.全球化时代的文化:非领土扩张化和本土重建[J].重庆邮电大学学报(社会科学版),2010(6).

[93] 刘学智,陈淑清.日本基础教育中的教师教育改革:经验与启示[J].东北师大学报(哲学社会科学版),2011(4).

[94] 弋文武.欧盟国家中小学教师教育特点,面临的挑战——兼论对我国教师教育改革的启示[J].外国教育研究,2006(10).

[95] 王凝.日本新《学习指导要领》下的基础教育课程改革及其启示[J].现代教育科学,2015(10).

[96] 石中英,张夏青.30年教育改革的中国经验[J].北京师范大学学报(社会科学科学版),2008(5).

[97] 梁艳茹.人工智能时代的基础教育目标定位[J].当代教育科学,2019(1).

[98] 陈纯槿,顾小清.互联网是否扩大了教育结果不平等——基于上海PISA数据的实证研究[J].北京大学教育评论,2017(1).

[99] 陶继新.让师生拥有智慧——朱永新和他的"新教育实验"[J].当代教育科学,2004(4).

[100] 李吉林.情境教育:促进"儿童—知识—社会"的完美建构[J].全球教育展望,2003(4).

[101] 李吉林.情感:情境教育理论构建的命脉[J].教育研究,2011(7).

[102] 吴康宁."李吉林情境教育探索"再理解[J].课程·教材·教法,2018(3).

[103] 伍红林.当代学校转型变革中的教研组建设[J].教育发展研究,2014(24).

[104] 冯大鸣.美、英、澳教育领导理论十年(1993—2002)进展述要[J].教育研究,2004(3).

[105] 叶澜.时代精神与新教育理想的构建[J].教育研究,1994(10).

[106] 叶澜.世纪之交中国学校教育的文化使命之思考[J].教育改革,1996(5).

[107] 叶澜.试析我国当代道德教育内容的基础性构成[J].教育研究,2001(9).

[108] 叶澜.实现转型:世纪初中国学校变革的走向[J].探索与争鸣,2002(7).

[109] 叶澜.教育创新呼唤"具体个人"意识[J].中国社会科学,2003(1).

[110] 叶澜.大学专业人员在协作开展学校研究中的作用[J].中国教育学刊,2009(9).

[111] 叶澜."新基础教育"内生力的深度解读[J].人民教育,2016(3-4).

[112] 叶澜.探教育之"所是"创学校全面育人新生活——新时期"新基础教育"研究再出发[J].人民教育,2018(13-14).

[113] 田正平.清末毁学风潮与乡村教育早期现代化的受挫[J].教育研究,2007(5).

[114] 庞庆举.论"新基础教育"理论的实践影响力[J].中国教育学刊,2017,(6).

[115] 刘京海.成功教育的基本模式[J].上海教育,1997(1).

[116] 黎世法.异步教学法研究与实践30年[J].课程·教材·教法,2013(9).
[117] 湖北大学《异步教学研究》编辑部.异步教学改革大事记(1979年—2010年)[J].异步教学研究,2010(5).
[118] 北京市教育科学研究所实验研究组,北京市西城区宏庙小学实验研究组.实现教育整体优化,促进学生全面发展——"小学生全面发展教育实验"实验报告[J].教育科学研究,1990(2).
[119] 北京市教育科学研究所实验研究组,北京市西城区宏庙小学实验研究组.实现教育整体优化,促进学生全面发展——"小学生全面发展教育实验"实验报告(续完)[J].教育科学研究,1990(3).
[120] 吴剀.《小学生全面发展教育实验》研究报告[J].教育科学研究,1997(1).
[121] 黄忠敬.以共享课程建设推进区域教育优质均衡发展[J].课程·教材·教法,2016(3).
[122] 黄忠敬,费蔚.区域打造现代化学校的探索[J].人民教育,2014(20).
[123] 费蔚.从管理到治理:区域推进义务教育优质均衡发展的体制机制创新[J].教育发展研究,2014(15).
[124] 费蔚.教育"新共同体:推进区域教育优质均衡发展新范式[J].中小学管理,2019(9).
[125] Evans Clinchy. Magnet Schools Matter [J]. *Education Week*, 1993(14).
[126] Anthony D. Smith. Nationalism: A Trend Report and Bibliography [J]. *Current Sociology*, 1973.
[127] 曹天忠.民族中心教育与三民主义教育[J].学术研究,2005(07).

四、学位论文

[1] 霍云丽.赫尔巴特学派教育理论在华传播及影响[D].华东师范大学硕士学位论文,2009.
[2] 李杰泉.清末的师范教育(1897—1911年)[D].香港:香港中文大学博士学位论文,1997.
[3] 施洪亮.普通高中学校特质的内生路径研究——以华东师范大学第二附属中学为解读对象[D].华东师范大学,2017.
[4] 杨小微.社会转型时期学校变革的方法论初探[D].上海:华东师范大学.2002.
[5] 张捷.民国时期中学章程研究[D].上海:上海师范大学,2015.
[6] 武金凤.刘百川学校管理理论与实践研究[D].南京:南京师范大学,2010.
[7] 季小燕.中国现代乡村教育实践的探索者——刘百川[D].上海:华东师范大学,2010.

五、网络资料

[1] [日]文部省.《学制百年史.资料编》:御誓文ノ趣旨ニ基ク立宪政体树立ニ关スル诏书(明治八年四月十四日)[EB/OL]. http://www.mext.go.jp/b_menu/hakusho/html/others/detail/1317934.htm,2018-9-6.
[2] [日]文部省.《学制百年史.资料编》:教学圣旨大旨(明治十二年)[EB/OL]. http://www.mext.go.jp/b_menu/hakusho/html/others/detail/1317935.htm,2018-9-6.
[3] [日]文部省.《学制百年史.资料编》:小学条目二件[EB/OL]. http://www.mext.go.jp/b_menu/hakusho/html/others/detail/1317935.htm,2018-9-6.
[4] [日]文部省.汉英佛独教育勅语译纂[EB/OL]. http://dl.ndl.go.jp/info:ndljp/pid/

899326,2018-9-6.

[5] [日]高橋陽一.《教育勅語の徳目の構造と解釈論》,教育史学会公開シンポジウム講義(お茶の水女子大学,2017年6月10日),[EB/OL]. http://kyouikushigakkai.jp/wp/wp-content/uploads/2017/06/e3a2f595c40193aaaf78979d046adb56.pdf,2018-9-7.

[6] [日]文部省.《学制百年史.資料編》:"戊申詔書(明治四十一年十月十三日)"[EB/OL]. http://www.mext.go.jp/b_menu/hakusho/html/others/detail/1317938.htm,2018-9-6.

[7] [日]文部省.《学制百年史.資料編》:"学校系統図(明治六年)"[EB/OL]. http://www.mext.go.jp/b_menu/hakusho/html/others/detail/1318188.htm,2018-9-27.

[8] [日]文部省.《学制百年史.資料編》:"学校系統図(明治十四年)"[EB/OL]. http://www.mext.go.jp/b_menu/hakusho/html/others/detail/1318188.htm,2018-9-27.

[9] [日]文部省.《学制百年史》:"森文相と諸学校令の公布"[EB/OL]. http://www.mext.go.jp/b_menu/hakusho/html/others/detail/1317609.htm,2018-9-27.

[10] [日]文部省.《学制百年史.資料編》:"学校系統図(明治三十三年)"[EB/OL]. http://www.mext.go.jp/b_menu/hakusho/html/others/detail/1318188.htm,2018-9-27.

[11] [日]文部省.《学制百年史.資料編》:"小学教則概表(明治五年十一月十日文部省布達番外)"[EB/OL]. http://www.mext.go.jp/b_menu/hakusho/html/others/detail/1318006.htm,2018-9-28.

[12] [日]文部省.《学制百年史》:"小学校教育の内容と方法"[EB/OL]. http://www.mext.go.jp/b_menu/hakusho/html/others/detail/1317589.htm,2018-9-27.

[13] [日]文部省.《学制百年史》:"学科課程の整備"[EB/OL]. http://www.mext.go.jp/b_menu/hakusho/html/others/detail/1317623.htm,2018-9-28.

[14] [日]文部省.《文部省事務報告書》(明治15年—17年):日本国立公文書館アジア歴史資料センター[EB/OL]. https://www.jacar.go.jp/,2018-9-3.

[15] [日]文部省.《文部省事務報告書》(明治15年—16年):日本国立公文書館アジア歴史資料センター[EB/OL]. https://www.jacar.go.jp/,2018-9-3.

[16] [日]文部省.《学制百年史》:"文教政策の変化と教科書の統制"[EB/OL]. http://www.mext.go.jp/b_menu/hakusho/html/others/detail/1317589.htm,2018-9-28.

[17] [日]文部省.《学制百年史.資料編》:"明治6年以降教育累年統計"[EB/OL]. http://www.mext.go.jp/b_menu/hakusho/html/others/detail/1318190.htm,2018-9-27.

[18] [日]文部省.《学制百年史》[EB/OL]. http://www.mext.go.jp/b_menu/hakusho/html/others/detail/1318190.htm,2018-9-27.

[19] Department of Education. Succeeding Globally Through International Education and Engagement [R/OL]. http://www2.ed.gov/about/inits/ed/internationaled/international-strategy-2012-16.pdf.2014-11-11.

[20] 周恩来. 政府工作报告(1957年)[EB/OL]. 全国人民代表大会官网. http://www.npc.gov.cn/wxzl/gongbao/2000-12/06/content_5328386.htm

[21] 中共杭州市委杭州市人民政府关于进一步推进基础教育改革和发展的若干意见[EB/OL]. (2013-07-01)[2019-1-11] http://www.hzedu.gov.cn/sites/main/template/detail.aspx?id=35955

[22] 从"名校+新校"到"新校=名校"[EB/OL].(2004-09-21)[2019-1-11]http://news.sina.com.cn/e/2004-09-21/15283730815s.shtml.

[23] 中共杭州市人民政府.中共杭州市委,杭州市人民政府关于进一步推进名校集团化战略的意见[EB/OL].(2007-09-26)[2019-1-11]http://www.hangzhou.gov.cn/art/2007/11/21/art_808474_3052.html

[24] 教育史上的今天—12月23日[EB/OL].中华人民共和国教育部政府门户网站.http://www.moe.gov.cn/jyb_sjzl/moe_1695/tnull_42954.html

[25] 教育史上的今天—5月7日[EB/OL].中华人民共和国教育部政府门户网站.http://www.moe.gov.cn/jyb_sjzl/moe_1695/tnull_190263.html

[26] 教育史上的今天—8月8日[EB/OL].中华人民共和国教育部政府门户网站.http://www.moe.gov.cn/jyb_sjzl/moe_1695/tnull_37968.html